스펄전 설교전집 24

요한복음 I

스펄전 설교전집 24

The Treasury of the Bible

스펄전 설교전집
요한복음 I

이광식 옮김

CH북스
크리스천
다이제스트

차례

■　요　한　복　음　Ⅰ

요
한
복
음

I

제
1
장
—

믿음과 그에 수반하는 특권들

—

"자기 땅에 오매 자기 백성이 영접하지 아니하였으나, 영접하는 자 곧 그 이름을 믿는 자들에게는 하나님의 자녀가 되는 권세를 주셨으니, 이는 혈통으로나 육정으로나 사람의 뜻으로 나지 아니하고 오직 하나님께로부터 난 자들이니라." — 요 1:11-13

이 본문에 따르면, 우리의 구원에 있어서 가장 중요한 문제는 믿음입니다. 믿음은 예수님을 "영접하는" 것으로 묘사됩니다. 그것은 넘치는 샘물 밑에 놓여 있는 빈 잔과 같습니다. 돈 없는 자도 와서 하늘의 시혜(施惠)를 바라며 손을 내밀 수 있습니다. 그것은 또한 본문에서 "그 이름을 믿는 것"으로 묘사됩니다. 그리고 '영접하는 것'과 '믿는 것'은 참된 경건에 있어서 주된 요소입니다. 믿음은 가장 이해하기 쉬운 것입니다. 사람들이 이런 노래를 부르지요. "믿기만 하세요, 구원을 받을 것입니다." 이 노래는 진리를 담고 있습니다. "그를 믿는 자는 심판을 받지 않는다"(요 3:18)는 것에 우리는 확신을 가지고 있습니다. 복음의 메시지는 "주 예수 그리스도를 믿으라, 그리하면 구원을 얻으리라"는 것입니다. 믿음의 행위는 세상에서 가장 단순한 것으로서, 어린아이에 의해서도 수행될 수 있고, 종종 다른 문제들에서는 지적인 행위가 거의 불가능할 정도로 지능이 떨어지는 사람들에 의해서도 수행될 수 있습니다. 그러나 믿음은 단순하면서도 숭고하며, 소박하면서도 강력한 효능이 있습니다. 그것은 무능(無能)과 전능(全能) 사이를, 전적인 결핍과 전적인 충족(充足) 사이를 연결해 주는 고리입니다. 믿음으로 하나님께 손을 내미는 자는 가장 단순하면서도 가장 장엄한 지적 행위를 수행한 것입니다. 믿음은 외관상 너무나 작은 문제여서, 복음을 듣는 많은 사람들이, 믿으면 영혼의 구원을 얻는다고 전하는 우리의 가르침을 잘 납득하지 못합니다. 그들은 심지어 우리를 오해해 왔습니다. 그리고 마치 우리가 '사람이 구원받았다고 믿는다면, 그는 구원을 받을 것이다'라고 가르치는 것처럼 오해했습니다. 만일 그런 것이 이신칭의(以信稱義)의 교리라면, 그것은 가장 사악한 속임수일 것입니다. 우리가 가르치는 것은 그렇지 않습니다. 예수님을 우리의 구주로 믿는다는 것은, 실제로는 구원받지 못하고서 구원받은 것처럼 믿도록 우리 자신을 설득하는 것과는 다릅니다. 우리는 사람이 '오직 믿음으로(faith alone)' 구원받는다고 믿는 것이지, '믿음 하나만으로(faith which is alone)' 구원받는다고 믿지 않습니다. 사람은 '행위와 무관하게 믿음으로만(faith without works)' 구원받는 것이지, '행위 없는 믿음으로(faith which is without works)' 구원받는 것이 아닙니다. 구원하는 믿음이란 인간의 지성에 알려진 가장 중요한 작동 원리입니다. 구원을 위해 예수를 믿는 자는 구원을 받으며, 또한 그가 구원받은 것을 알기에, 그를 구원하신 그분을 사랑하는 것이며, 또한 그 사랑이 모든 문제의 핵심입니다. 사랑하는 신자는 그가 사랑하는 분이 싫어하시는 모든 일들을 그만둡니다. 그는 그가 사랑하는 구원자를 기쁘시게 하기 위해 모든 애를 씁니다. 그런 식으로 구원은 감사의 가장 큰 이유가 되는 것이며, 마음을 바꾸어 놓습니다. 또한 마음이 변화를 받으면서, 삶의 모든 관심사들도 달라집니다. 그 사람은 마치 새로운 태엽을 갖게 된 손목시계, 즉 단순히 시계 겉모양과 손목 끈만 수선한 것이 아니라, 내부 기기 전체를 바꾸고 수선하여서 잘 작동하게 된 손목시계와도 같습니다. 그는 내부에서 바르게 고쳐졌기 때문에, 전에는 그릇되게 작동하였으나 이제는 올바로 작동하게 된 셈입니다. 믿음은 아주 단순해서, 믿음을 갖게 된 어린아이도 주 안에서 곧 강하게 됩니다. 그것은 믿는 사람의 삶을 좌우하는 중요한 힘이기 때문에, 그를 전과는 다른 사람이 되게 하며, 그로 하여금 점점 자라게 하여 단순한 사람에서 하나님의 사람으로 성장하게 합니다. 믿음은 그들을 영웅이 되는 데까지 이끌기도 하여, 그들이 사자들의 입을 막기도 하며, 타오르는 불을 끄기도 하며, 약속을 받기도 하고, 마침내 안식에 들어가기도 하는 것입니다. 겨자씨 같은 믿음이 산을 옮기는 믿음으로 발전하기도 하며, 어린아이의 믿음이 거인의 믿음으로 자라기도 합니다. 이것이 얼마나 진실인지를 우리가 경험으로 알 수 있기를 바랍니다.

우리의 목적은 믿음이 어떤 일을 하는지를 보여주는 것입니다. 믿음은 주님께서 사람들에게 주시는 커다란 선물로서, 믿음으로써 사람들이 다른 모든 선물들을 얻습니다. 오, 내가 이것을 힘써 말하는 동안에, 여러분 중 예수님을 믿지 않던 많은 이들이 그분께 다가와서 그분을 믿게 되기를 바랍니다. 만일 그렇게 된다면, 이 본문에 있는 모든 복된 내용들이 틀림없이 당신의 것이 될 것입니다.

1. 믿음은 사람들을 구분하는 가장 큰 특징이다.

우선, 믿음은 사람들을 구분하는 가장 큰 특징이라는 말로 시작하고자 합니다. 이는 본문에서 분명히 보여주고 있습니다. 믿음은 사람들을 구분해주는 가장 중요한 특징입니다. 본문은 이렇게 시작합니다. "자기 땅에 오매 자기 백성이 영접하지 아니하였으나" — 이것이 한 부류입니다. "영접하는 자 곧 그 이름을 믿는 자들에게는" — 이것이 또다른 부류입니다. 한 천사가 칼을 빼어들고서 여기에 찾아온다면, 그리고 갑자기 의인과 악인을 단번에 가른다면, 그 칼끝은 이 질문에 따라 사람들을 나눌 것입니다. "너는 주 예수 그리스도를 믿느냐?" 이것이 사람들을, 믿고 구원받은 자들과, 믿지 않아서 하나님의 진노가 그 위에 머물러 있는 자들을 구분할 것입니다. "그를 믿는 자는 심판을 받지 아니하는 것이요 믿지 아니하는 자는 하나님의 독생자의 이름을 믿지 아니하므로 벌써 심판을 받은 것이니라"(요 3:18). 사람들을 구분하는 기준은 많이 있을 것입니다. 예를 들어, 어떤 이들은 품위가 있고 어떤 이들은 품위가 없으며, 그런 식으로 끝없이 사람들을 구별할 수 있을 것입니다. 부한 자들이 있고 가난한 자들이 있을 터인데, 나로서는 가난한 자들이 전혀 없는 사회 체계는 결코 없으리라고 봅니다. 통치자들이 있고 통치 받는 자들이 있으며, 지혜로운 자와 어리석은 자들이 있고, 가르치는 자들이 있고 배우는 자들이 있습니다. 그러나 이런 구분들은 다 사라지는 것임을 기억하십시오. 무덤은 무서운 '평등주의자'입니다. 그곳에서는 카이사르도 신하들을 거느리지 못하며, 소크라테스도 그의 발을 씻던 노예보다 위대하지 않습니다. 통치의 홀을 휘두르던 위대한 황제도 무덤에서는 맷돌 갈던 여종보다 더 높은 계급에 있지 않습니다. 죽음은 어떤 계급도 알아주지 않으며, 무덤은 평등을 믿을 뿐입니다. 책임과 관련된 것을 제외하고는, 심판대에서 일시적인 구분들은 전혀 고려의 대상이 되지 않을 것입니다. 오히려 책임의 문제와 관련해서, 위대하고 강력했던 자들 중 일부는 오히려 노예였더라면 하고 바랄 것이며, 그들이 억압했던 자들 가운데에서 머리를 숨기지 못하는 것을 유감스럽게 생각할 것입니다. 영원토록 지속될 가장 중요한 구분은 믿음이 있느냐 없느냐의 여부입니다. 당신은 믿습니까, 혹은 의심합니까? 이것이 구분하는 선입니다. 그리스도를 영접한 자와 영접하지 않은 자 ― 친구여, 당신은 어디에 속했습니까?

사람들을 구분하는 믿음이 여기에서는 '받아들이는 믿음(receptive faith)'으로 묘사된 것을 주목하시기 바랍니다. 구원의 믿음(saving faith)은 정도의 차이는 있지만 활동하는 믿음(working faith)입니다. 그러나 믿음은 우선은 받아들이는 것이며, 실상 믿음의 활동은 그 후에도 언제나 받아들이는 믿음이어야 합니다. 우리는 하나님께서 우리 속에서 활동하시는 한에서 우리의 구원을 이룰 수 있으며, 심지어 우리가 수행할 수 있는 가장 높은 단계의 행위조차 하나님이 주시는 힘으로만 수행되는 것입니다. 활동하는 믿음이란 실상 행위에 있어서 수용하는 믿음입니다. 수용하는 믿음이 핵심 요점이며, 영혼이 예수님을 모든 것의 모든 것 되시는 분으로 받아들이는 것이 절대적으로 필요합니다. "영접하는 자들에게는." 당신은 그분을 영접하였습니까? 주 예수를, 진정한 그리스도를 영접하셨습니까? 당신은 그분에게 말을 합니까? 그분을 알고 있습니까? 그분이 당신의 동반자이며, 당신의 친구이십니까? 당신이 개인적으로 그리스도를 영접하고 믿고 맡기고 의지한다면, 당신은 안전한 편에 서 있는 것입니다.

더 나아가 본문은 이렇게 말합니다. "영접하는 자 곧 그 이름을 믿는 자들에게는." 그분의 이름을 믿는다는 것이 무엇일까요? 이 장의 앞의 구절들에서 사용된 이름을 들어 설명하는 것이 아주 정당하고 좋은 방법이라는 생각이 들었습니다. 오늘 본문이 있는 요한복음 1장에서 예수님의 이름이 어떻게 묘사되는지를 주목해 보시기 바랍니다. "태초에 말씀(the Word)이 계시니라"(1절). 말씀, 그것이 첫 번째 이름입니다. 그 의미가 무엇입니까? 왜 예수 그리스도께서 말씀으로 호칭되는 것입니까? 왜냐하면, 형제들이여, 만일 내가 글이나 말로써 당신과 의사소통하기 원한다고 하면, 내가 말을(word) 사용하기 때문입니다. 내 생각은 여기에 있고, 당신의 생각은 저기에 있습니다. 내가 그림으로써 내 생각을 당신에게 부분적으로 전할 수 있을 것인데, 하나님께서 자연을 통해 하신 일이 바로 그것입니다. 그러나 우리가 모든 생각과 지식을 나누려면 그림에만 의존할 수는 없으며, 말을 활용해야 합니다. 마찬가지로, 하나님께서도 인간에게 말씀하시기를 원하셔서, 하나님의 말씀인 그리스도를 보냄으로써 말씀하신 것입니다. 당신은 당신을 향한 하나님의 말씀으로서 그리스도를 영접하셨습니까? 그분이 얼마나 놀라운 말씀이신지, 생각을 해 보시겠습니까? 하나님이 말씀하셨습니다. "인간이 나와 너무 멀리 떨어져 있지 않도록 하기 위해, 내가 가서 그들 중에 거해야겠다." 삼십삼년 동안 하나님의 아들이 사람의 아들들 가운데 사셨습니다. 그분이 말씀하셨습니다. "인간들이여, 내가 반드시 너희의 죄를 벌하리라." 그분의 아들이 인간의 죄로 인해 피를 흘리던 그 나무에서 하나님이 놀라운 방식으로 말씀하십니다. "나는 죄를 미워한다. 그래서 예수가 죽어야 했느니라." 주님께서 그 다음에 외치셨습니다. "인간들이여, 이제 내가 의로울 뿐 아니라, 너희를 의롭게 할 수 있느니라. 오라, 내게로 오라." 예수님은 죽은 자 가운데서 살아나셨고 하늘로 올라가셨습니다. 예수님의 죽음과 부활로 인간이 하나님의 보좌에 받아들여졌으며, 하나님께서 우리에게 이렇게 말씀하십니다. "내가 나의 보좌에서 너를 기꺼이 받아들이리라." 행위는 말보다 크게 말합니다. 그러나 그리스도께서는 말씀이십니다. 그리스도는 사랑의 말씀이시며, 긍휼의 말씀이시며, 하나님의 마음에서 우러나온 말씀이십니다. 그분의 말씀에는 그분이 하신 말씀에 설득력을 더하는 행위들이 수반됩니다. 하나님께서는 그리스도에게 말씀하실 때 아무것도 감추지 않으셨습니다. 그리스도는 하나님께 들은 말씀을 전하셨고, 그 말씀은 죄인들을 향하여 하나님의 뜻을 충분히 전달하였습니다. 당신은 당신과 하나님 사이의 말씀으로서의 그리스도를 영접하였습니까? 당신은 그리스도의 이름에 힘입어 하나님께 반응하여 말한 적이 있습니까? 하나님, 그리스도가 아니고서는 저와 당신 사이에 의사소통이란 있을 수 없습니다. 당신께서 저에게 말씀하실 때마다 당신은 "그리스도"를 말씀하시고, 저의 대답 역시 "그리스도"입니다. 당신께서 저를 용서해 주시기를 바랄 때, 저는 "그리스도"라고 말합니다. 당신께서 저에게 복 주시기를 바랄 때, 저는 "그리스도"라고 하며 호소합니다. 그리스도는 하나님께서 인간에게 주시는 말씀이며, 또한 인간이 하나님께 반응하는 말씀입니다. 이제, 말씀으로서 그분의 이름을 믿는 모든 자들에게, 그분이 하나님의 자녀가 되는 권세를 주십니다. 그러나 "그 말씀으로서" 그분을 받아들이지 않는 자들에게는, 하나님께서 아무런 말씀도 하시지 않은 것과 다름없습니다. 그들은 귀가 먹었습니다. 어쨌든, 말씀이 있을 때에 그들이 그것을 받아들이지 않은 것입니다.

　이 장을 읽어 내려가다 보면 예수님이 **생명**(the life)으로 묘사되시는 것을 발견할 것입니다. "만물이 그로 말미암아 지은 바 되었으니 지은 것이 하나도 그가 없이는 된 것이 없느니라. 그 안에 생명이 있었으니"(3-4절). 당신은 생명으로서 그분의 이름을 믿습니까? 인간은 죽었습니다. 본성상 날 때부터 죽은 것입니다. 하나님께서 아담에게 [선악을 알게 하는 나무의 열매를] "네가 먹는 날에는 반드시 죽으리라"(창 2:17)고 말씀하셨으므로, 아담이 그 열매를 먹은 날 그는 죽은 것입니다. 그것은 성경에서의 죽음을 이해하는데 있어서 핵심어입니다. 그가 존재하기를 멈춘 것입니까? 아닙니다, 당신도 그렇지 않을 것입니다. 그러나 그는 살기를 멈추었습니다. 산다는 것이 매우 다른 것이 되어버렸습니다. 존재하는 것이 사는 것은 아닙니다. 존재하는 것과 사는 것 사이에는 광범위한 차이가 있습니다. 죽는 것이 존재하지 않는 것은 아닙니다. 어떤 지각이 있는 사람이 그런 오류에 빠지겠습니까? 죽음이란 무엇입니까? 실제적으로 그것은 살아 있는 존재가 그것을 구성하는 요소로 분리되는 것입니다. 씨를 땅에 뿌릴 때 씨가 죽지 않으면 살아나지 못한다고 사도는 말합니다(고전 15:36). 씨가 죽는다는 것은 곧 씨를 구성하는 요소들로 해체되는 것입니다. 씨는 더 완전하게 살기 위해서 죽는 것입니다. 우리가 죽을 때, 우리의 몸도 영혼도 존재하기를 멈추는 것이 아닙니다. 오히려 몸과 영혼이 연합되기를 멈추는 것이며, 그 분리가 바로 죽음입니다. 영혼이 떠날 때(그리고 몸의 생명은 영혼입니다) 몸의 생명도 끝나는 것입니다. 영혼이 죽을 때 그것은 하나님으로부터 분리되는 것입니다. 하나님과의 연합이 영혼의 참된 생명이기 때문입니다. 그것이 아담이 죽었던 그 죽음이며, 또한 모든 회개치 않는 죄인들이 죽게 될 죽음입니다. 아니, 그것은 지금 모든 죄인들이 처해 있는 바로 그 죽음입니다. 왜냐하면 "아들을 순종하지 아니하는 자는 영생을 보지 못하고 도리어 하나님의 진노가 그 위에 머물러 있느니라"(요 3:36)고 했기 때문입니다. 잘 보시기 바랍니다. "하나님의 아들을 순종하지 아니하는 자는 영생을 보지 못한다"고 했습니다. 그에게는 생명이 없는 것입니다. 그는 존재하고 있지만, 그리고 항상 그럴 것입니다.

하지만 그에게는 생명이 없으며, 오히려 죽음에 거하고 있습니다. 그러나 예수를 믿는 자에 대해 말하자면, 그는 자기 하나님께로 돌아왔으며, 그것이 바로 그의 생명입니다. 예수님이 말씀하십니다. "나는 부활이요 생명이니 나를 믿는 자는 죽어도 살겠고, 무릇 살아서 나를 믿는 자는 영원히 죽지 아니하리라"(요 11:25-26). 우리가 하나님께로 되돌아왔을 때, 하나님께서 우리 영혼을 살게 하십니다. 하나님 없는 영혼은 버려진 궁전과도 같습니다. 그 모든 공간을 다 돌아다녀도 아무런 소리가 들리지 않습니다. 온통 죽음뿐이며, 부패하고, 텅 비어 있습니다. 그러나 왕이 그 궁전으로 되돌아올 때, 즐거운 종소리가 널리 울려 퍼지고, 그 집 전체에 다시 활기가 돌며 기쁨이 넘치게 됩니다. 하나님은 영혼의 생명이시기에, 그리스도 안에서 하나님을 영접하는 자마다 그 생명을 받는 것입니다.

자, 이제 보십시오. 예수님은 우선 말씀이십니다. 그분을 통해 하나님이 인간에게 말씀하십니다. 둘째로, 예수님은 생명이십니다. 그분을 통해 하나님은 인간을 소생시키시며, 그 안에 거하십니다. 우리는 하나님의 그리스도를 영접하였습니까?

여기에서 세 번째 이름을 주목하십시오. "그 안에 생명이 있었으니 이 생명은 사람들의 빛(the light)이라"(4절). 예수님의 이 이름이 이 장 전체를 읽을 때 매우 자주 반복되고 있음에 유의하십시오. "요한이 이 빛에 대하여 증언하러 왔으며, 그는 이 빛이 아니요 이 빛에 대하여 증언하러 온 자라, 참 빛 곧 세상에 와서 각 사람에게 비추는 빛이 있었나니"(7-9절). 이런 식으로 계속되고 있습니다. 그러므로 이 장에서 우리가 보는 그리스도의 다음 이름은 그 빛입니다. 우리는 그리스도를 빛으로서 영접하였습니까? 빛이 무엇입니까? 그것은 우리로 보게 하는 것입니다. 모든 사람이 빛을 봅니다. 한 가지 예화를 들겠습니다. 어떤 마을에 한 상인이 찾아왔습니다. 그는 그곳이 장사하기에 좋은 곳인지를 둘러보고 평가했습니다. 그가 말합니다. "여기는 나쁜 장소로군, 여기에서는 사람이 살 수가 없어. 아주 나쁜 상황이야." 그는 사람들이 좀 더 붐비는 런던의 상업 구역 같은 곳으로 가야만 만족할 수 있습니다. 자, 이제 한 예술가를 보십시오. 그는 다른 빛을 가지고 있습니다. 당신이 그 예술가를 그 큰 도시로 데려갑니다. 그러자 그가 이렇게 말합니다. "나는 벽돌로 둘러싸인 이 쓸쓸하고 황량한 곳, 안개가 가득한 이곳에서는 살 수가 없소. 나를 북 웨일스 지방으로 데려다주시오." 그가 북 웨일스의 한적한 마을에 도착하고서 이렇게 말합니다. "이 곳은 아름답군." 저기 저 부자 양반에게 한 번 말해 보십시오. "당신은 이곳에 서 이십 년은 살아야 합니다." 그가 대답합니다. "이십 년이라고요? 터무니없 는 말이군. 나는 여기서는 한 달도 살 수가 없소. 이곳은 사람이 살 곳이 아니란 말이오." 아주 쾌활한 한 젊은이를 경건 모임에 데려와 보십시오. 그러면 그가 이렇게 말할 것입니다. "오, 나로서는 삶을 좀 즐길 수 있는 곳을 원합니다." 나 는 이따금씩 경치가 매우 아름다운 곳을 여행했습니다. 그런데 그런 곳에서 젊 은이들에게 이런 말을 듣곤 했습니다. "이곳은 지겨운 곳이에요. 여기는 삶의 활력이 없어요." 자, 모든 사람이 자기가 보는 빛의 관점으로 봅니다. 나의 친 애하는 청중이여, 당신은 그리스도의 빛으로 사물을 본 적이 있습니까? 당신은 이렇게 느낀 적이 있습니까? "이곳은 내가 살 수 있는 곳이야. 여기에는 복음이 선포되고, 내 영혼이 여기에서는 좋은 양식을 얻을 것 같아. 나는 그리스도에 대해 많은 것을 배우게 될 거야. 이곳의 분위기는 나에게 굉장히 유익하군." 당 신이 생명을 얻을 때에 빛도 얻을 것입니다. 그리고 그 빛으로 사물들을 보게 될 것입니다. 당신은 그리스도의 빛으로 당신 자신을 보게 될 것입니다. 당신은 이렇게 말할 것입니다. "오 하나님이여 나와 같은 죄인을 긍휼히 여기소서." 모 든 것이 당신의 빛에 따라 보입니다. 노란색 안경을 쓰면 모든 사물이 노랗게 보일 것입니다. 그러나 참 빛을 얻으면, 세상에 임하여 사람들의 어둠을 밝혀줄 그 빛을 얻으면, 모든 것이 진리 안에서 보일 것입니다. 당신 안에 그리스도를 모시면, 당신은 진정 빛을 얻은 것입니다. 다시 질문하겠습니다. 우리는 말씀으 로서, 생명으로서, 빛으로서 예수의 이름을 믿습니까? 우리가 믿는다면, 그것이 우리를 다른 사람들과 구분해 줄 것입니다. 그리고 하나님께 감사하게도, 한 거 대한 심연이 우리를 두르고 있어서, 일단 사람들이 주권자의 은혜에 의해 우리 에게로 오게 되면 다시는 그 심연을 넘어 되돌아갈 수가 없습니다. 그 말씀을 영 접한 자는 그 말씀이 썩지 않는 씨임을 알게 될 것입니다. 그 생명을 영접한 자 는 "내가 살았기 때문에 너 또한 살 것이라"는 확신을 가지게 될 것입니다. 그리 고 그 빛을 영접한 자는 완전한 날에 이르기까지 그 빛이 갈수록 빛나게 될 것임 을 알 것입니다.

그러므로 이 구분은 매우 큰 것이며, 다른 모든 차이들을 무색하게 하는 구 분입니다. 본문은 "영접하는 자 곧 그 이름을 믿는 자들에게는"이라고 표현하고 있습니다. 즉, 만일 굴뚝 청소부가 그리스도를 영접하면, 그는 하나님의 자녀입니다. 만일 러시아의 차르(황제)가 그리스도를 영접한다면, 그 역시 하나님의 자녀이며 또한 그 이상은 아닙니다. 핵심은 이것입니다. 사람들이 그분을 영접하면, 그들이 하나님의 자녀들이 되는 것입니다. 그러므로 이러한 구분은 우리는 후에도 깊이 생각해야 하며, 이 문제는 오늘 본문의 문제와도 관련이 있습니다. "영접하는 자 곧 그 이름을 믿는 자들에게는 하나님의 자녀가 되는 권세를 주셨으니"(12절). 이제 여러분에게 촉구합니다. 신앙을 당신이 죽고 난 이후에 해당되는 문제로 생각하지 마십시오. 당신의 친구들이 생각하듯이, 장의사가 당신을 땅에 묻은 이후에 해당되는 문제로 간주하지 마십시오. 나의 집 벨은 때때로 한밤중이나 혹은 새벽 세시에도 울립니다. "오셔서 죽어가는 사람을 위해 기도해 주시겠습니까?" 그들은 심지어 이렇게 말합니다. "죽어가는 사람에게(to) 기도해 주십시오." 그들이 무엇 때문에 나를 찾겠습니까? 왜 그들은 그 사람이 건강할 때 나를 찾을 생각을 하지 않았을까요? 그들은 그 사람이 고통을 줄이기 위해 마취제를 맞았을 때에나, 혹은 고통이 너무 심해서 아무런 생각도 할 수 없을 때 나를 찾습니다. 혹은 내가 와서 무슨 유익을 주기보다는, 내 방문 자체가 무슨 미신적인 효과가 있는 것처럼 여기고서 나를 찾을 때도 있습니다. 신앙은 죽을 때뿐 아니라 삶을 위해서 필요한 것입니다. 신앙은 오늘을 위한 것입니다. "우리가 지금은 하나님의 자녀라"(요일 3:2). 오, 오늘 복음을 받으십시오. 오늘, 오늘, 오늘입니다! 모든 사람이 삶의 마지막 날에 회개해야 한다고 하는 말이 있습니다. 그런데 당신에게 오늘이 바로 그날일 수도 있습니다. "오늘 너희가 그의 음성을 듣거든 너희 마음을 완고하게 하지 말라"(히 4:7). 할 말이 많이 있지만, 시간이 빨리 가고 있고, 또 뒤에도 할 말이 많이 남아 있습니다. 첫 번째 요지를 요약하자면 이렇습니다. 믿음은 사람들을 구분하는 가장 큰 특징입니다.

2. 믿음을 얻는 것은 가장 큰 것을 얻는 것이다.

둘째로, 믿음을 얻는 것은 모든 선물 중에서 가장 큰 것을 얻는 것입니다. "영접하는 자 곧 그 이름을 믿는 자들에게는 하나님의 자녀가 되는 권세를 주셨으니"(12절). 이 구절의 끝에서 권세 곧 "특권"에 대해 말합니다. 이 표현은 '권리'로 읽을 수도 있으나, '특권'(privilege)으로 읽는 것이 보통입니다. 엑수시아

(exousia)라고 하는 단어는 헬라어에서 아주 대단한 권세와 힘을 나타내는 단어입니다. "특권"이라는 말로 그 의미를 다 담을 수는 없습니다. 그것은 힘, 특권, 그리고 그 이상의 다양한 의미를 내포합니다. 예수님을 믿는 모든 사람은 이 특권, 힘, 그리고 하나님의 아들로서 다른 모든 것을 가진 셈입니다. 이것은 믿는 자에게만 독특하게 주어지는 특권으로 묘사되고 있습니다. 그러나 하나님이 인간을 만드셨다는 이유로 그분의 "부성애"에 대해서만 끊임없이 말하는 사람들이 더러 있습니다. 나는 저 탁자를 만든 사람이 저 탁자의 아버지라고 생각합니다. 그들은 창조주 하나님이 그분이 지은 피조물의 아버지라고 주장합니다. 그것은 신자들이 "하늘에 계신 우리 아버지여"라고 말할 때의 의미가 아닙니다. 만약 당신이 마귀의 자녀이며 또한 그의 일을 행하고 있다면, 왜 하나님을 당신의 아버지로 부르는 것입니까? 어떻게 당신이 그럴 수 있습니까? 당신이 하나님의 아들을 믿지 않으면, 하나님은 이 본문의 의미에서 당신의 아버지가 아니며, 당신에게는 당신 스스로를 그분의 아들이라고 간주할 자격이 없습니다. 이 본문에서 말하는 특권은 "영접하는 자 곧 그 이름을 믿는 자들에게" 주어진 것입니다. 하나님께서는 그들에게 "하나님의 자녀가 되는 권세를" 주셨습니다. 믿지 않는 자들에 대해서는 어떻게 말하고 있습니까? "하나님의 진노가 그 위에 머물러 있느니라"고 기록되어 있습니다(요 3:36).

여기에서 오랫동안 합법적으로 사용된 '종'이라는 단어 대신 "자녀"라는 단어를 사용함으로써 구분하려는 의도가 담겨 있음을 알 수 있습니다. 율법 시대 아래에서 얻을 수 있는 최상의 호칭은 종입니다. "모세는 하나님의 온 집에서 종으로서 신실하였고"(히 3:5). 그렇습니다. 그것이 전부입니다. 하나님의 종이 된다는 것도 얼마나 복된 일인지요! 가련한 탕자는 고용된 품꾼의 하나로 간주된다 해도 기쁠 것이라 여겼습니다(눅 5:19). 그러나 우리 주님이 이렇게 말씀하십니다. "이제부터는 너희를 종이라 하지 아니하리니 종은 주인이 하는 것을 알지 못함이라 너희를 친구라 하였노니"(요 15:15). 우리는 이렇게 말씀하신 분을 압니다. "그러므로 형제라 부르시기를 부끄러워하지 아니하시고"(히 2:11). 왜냐하면 그들이 한 집의 자녀들이기 때문입니다. 오, 노예에서 자녀로 승격하다니 얼마나 기쁜 일이며, 율법의 속박에서 하나님의 자녀의 영광의 자유에 이르니 얼마나 기쁜 일입니까! 우리 모든 믿는 자의 지위는 바로 그것입니다. 우리는 단지 이따금씩만 이 자녀의 특권을 누리는 것이 아닙니다. 율법 아래에 있는 자들은 자녀로 신분이 오르지 않습니다. 혹 그들이 자녀라면, 그들은 아직 미성년 시기에 있는 것입니다. 미성년자는 비록 모든 것의 주인이라고 하더라도, 종과 별로 다른 것이 없습니다. 성년이 되기까지 그는 여전히 초등교사 아래 있는 것입니다(갈 3:24). 그리스도께서 오셨으며, 이제 우리는 더 이상 초등교사 아래에 있지 않으며, 하나님의 자녀들이 되었습니다. 그분의 이름을 찬송합니다. 우리가 하나님의 자녀이므로, 우리의 아버지를 기쁘게 섬기는 것입니다. 아버지를 섬기는 것은 단지 군주와 통치자를 섬기는 것과는 매우 다른 것입니다. 우리가 하나님의 자녀로 불리는 것은, 그것이 우리의 새로운 본성이기 때문입니다. 우리는 출생으로 하나님의 자녀가 되었습니다. 우리는 또한 형상으로도 자녀들입니다. 하나님의 성령이 우리 안에 거하셔서 우리를 하나님 닮게 만드시기 때문입니다. 하나님과 하나님의 자녀 사이가 닮는 것은 참되며 진실입니다. 당신 자신과 당신의 자녀가 닮은 것을 보지 않았습니까? 그렇습니다. 당신의 자녀는 당신을 매우 닮았습니다. 그의 몇 가지 성품들은 바로 당신의 자화상을 보여줍니다. 당신은 그에게서 당신의 형상을 볼 수 있습니다. 다소간 왜곡되어 있거나 혹은 불완전하더라도, 어쨌든 그것은 당신 자신의 모습입니다. 아이가 어른이 되어감에 따라 더욱 당신 자신을 닮아갑니다. 그러나 아이는 아직 어른이 아닙니다. 그렇게 하나님께서도 그분의 자녀들을 그분을 닮게 만드십니다. 그들이 여전히 아직 작고, 어리며, 유치하고, 연약하기도 하지만 말입니다. 그들은 많은 면에서 불완전하며 부족합니다. 그러나 여전히 "신의 성품에 참여하는 자가 되게 하셨다"(벧후 1:4)는 말씀이 우리에게 적용됩니다. 도덕적인 특징들에서, 영적인 특징들에서, 그분은 우리에게 하나님의 자녀들이 되는 힘을 주셨습니다. 그것은 곧 우리를 하나님 닮게 하시는 것입니다. 하나님이 우리로 그분의 맏아들의 형상을 본받게 하십니다(롬 8:29). 오, 이것이 얼마나 놀라운 특권인지요! 이에 대해 자세하게 설명하고 싶은 마음이 간절하지만 표현할 재능의 한계를 느낍니다. 나는 그저 사도 요한이 했던 말을 들려주고자 합니다. 요한이 그에 대해 우리에게 말하고자 했을 때 "보라"고 외쳤습니다. 마치 '내가 너희에게 표현하기가 어려우니 너희 스스로 보라'고 말하는 듯합니다. "보라! 아버지께서 어떠한 사랑을 우리에게 베푸사 하나님의 자녀라 일컬음을 받게 하셨는가, 우리가 그러하도다"(요일 3:1). 특징에 있어서, 성품에 있어서, 그분을 닮아 자라감에 있어서, 특권에 있어서, 우리는 이제 하나님의 자녀들입니다. 여러분 중 일부는 이 말이 무슨 의미인지 알지 못합니다. 당신이 알다시피, 자녀들은 아버지를 대할 때에 많은 자유를 누리며, 또한 아버지와 친밀합니다. 어떤 재판관의 어린 자녀들이 그의 아버지를 마치 법정에서 머리에 큰 가발을 쓴 채 죄수들을 심문하는 근엄한 재판관을 대하듯이 대하겠습니까? 물론 자녀들이 아버지에게 큰 존경심을 느낄 것이라는 점에 대해서 나는 의심하지 않습니다. 그러나 자녀들은 그의 아버지를 집에서 봅니다. 난로 앞에 깔린 양탄자에서 아이들은 아버지의 등에 올라탑니다. 그런 것이 아버지입니다. 아버지는 재판관으로서의 지위를 잊어버리며, 자녀들 또한 그들의 아버지가 재판관인 것을 기억하지 않는 듯이 보입니다. 그들에게 그는 아버지일 뿐입니다. 오, 내 영혼은 하나님 앞에서 경외감에 압도되어 수없이 엎드리며, 그분에게 손을 내밀며 이렇게 말합니다. "나의 아버지, 당신은 위대하십니다. 당신은 너무나 위대해서 당신이 나의 아버지이심을 잊어버릴 정도입니다. 당신은 제게 그렇게 말하도록 가르쳐주셨지요. 당신은 이렇게 말씀하셨습니다. '너희는 기도할 때에 우리 아버지여 하고 하라.' 그래서 저는 그렇게 말합니다. 그리고 저는 '아바, 아버지'가 내 속에 있는 영의 자연스런 외침이라고 느낍니다. 당신께서는 그렇게 외치며 부르는 소리에 대답하지 않으시겠습니까?" 그분은 우리에게 대답하십니다. 마치 아버지가 자녀들을 불쌍히 여기듯이 그분이 우리를 불쌍히 여기십니다. 전능하신 그분께서 낮은 우리를 굽어보시고 작은 일에 힘겨워하는 우리를 도우시며, 그분의 강한 팔로 작은 역경들에 어려워하는 우리를 도우십니다. "그가 별들의 수효를 세시고 그것들을 다 이름대로 부르시는도다 상심한 자들을 고치시며 그들의 상처를 싸매시는도다"(시 147:3-4). 천체들을 굴리시고 온 세계를 운행하시는 분이 상심한 자들을 고치시려고, 하늘의 붕대로 그들의 상처를 싸매어 피를 너무 많이 흘리지 않게 하시려고 스스로를 낮추십니다. 그분의 복되신 이름을 찬송합니다!

> "높은 곳에서 좌정하신 하나님이여,
> 하늘의 폭풍 구름을 타시고,
> 그 뜻대로 천둥 번개를 내리시며
> 바다 물결도 다스리시나이다.

이토록 두려우신 분이 우리의 하나님 되시니
우리 아버지, 우리를 사랑하시는 이시라;
그가 하늘의 천사들을 보내어
우리를 높이 들어올리시리라."

이처럼 믿음은 사람들을 구분하는 가장 큰 특징입니다. 또한 믿음을 얻는
것은 모든 선물 중에서 가장 큰 것을 얻는 것입니다.

3. 믿음은 가장 큰 경험의 증거이다.

셋째로, 믿음은 가장 큰 경험의 증거입니다. "그 이름을 믿는 자들은 혈통으로
나 육정으로나 사람의 뜻으로 나지 아니하고 오직 하나님께로 난 자들이라"고
본문은 말하고 있습니다. 이 구절이 우리에게 가르치는 것은 예수님을 믿는 모
든 사람은 거듭난 사람이라는 것입니다. 그는 하나님께로부터 난 자입니다. 거
듭난다는 것이 얼마나 놀라운 일인지요! 물을 뿌림(세례)으로써 사람이 거듭난
다고 말하는 가련하고 눈먼 사람들이 있습니다. 믿음도 없고, 자라는 것도 전혀
없음에도 말입니다. 주께서 그들의 눈을 열어 주시길 바랍니다! 그에 대해서는
더 이상 말하지 않겠습니다. 하지만 거듭남이 있는 곳에는 언제나 믿음이 있어
야 합니다. 요한복음 3장을 읽어보십시오. 믿음과 거듭남이 어떻게 함께 작용
하는지를 보십시오. 본문의 이 구절을 읽어보십시오. "영접하는 자 곧 그 이름
을 믿는 자들에게는 하나님의 자녀가 되는 권세를 주셨으니, 이는 혈통으로나
육정으로나 사람의 뜻으로 나지 아니하고 오직 하나님께로부터 난 자들이니
라"(12-13절). 거듭남의 으뜸가고 유일한 증거는 믿음입니다. 자, 거듭난다는
것이 무엇입니까? 나는 한 번은 키가 크고, 강하고, 튼튼한 사람을 본 적이 있는
데, 그는 명백히 죄를 자각하고 있었으며 이렇게 말했습니다. "하나님께서 차라
리 저를 태어나지 않게 하셨더라면 좋겠습니다." 그는 생각을 거듭한 후에 이
렇게 말했습니다. "내 어머니의 무릎에 안겨 기도하던 때를 기억합니다. 그 때
는 죄와 악함에 대해서 아무것도 몰랐건만 이제는 많은 죄를 짓고 말았습니다.
하나님께서 나로 하여금 어린아이처럼 다시 삶을 시작할 수 있게 해주신다면
좋으련만!" 나는 그가 하는 말을 듣고 기뻤으며, 그에게 이렇게 말할 수 있었습
니다. "당신이 말한 그대로 될 것입니다. 당신이 예수를 믿기만 한다면 말입니

다. 당신은 다시 태어날 것입니다." 우리가 처음 태어났을 때처럼 다시 태어날 수 있다고 해도, 즉 육체적으로 다시 태어날 수 있다고 해도, 그것은 육체에서 나는 것이기 때문에 태어나는 것은 여전히 육체일 것입니다. 성령으로 태어나는 것은 영입니다. 그러므로 당신은 "위로부터 거듭나야" 하는 것이며, 하나님의 성령으로부터 태어나야 하는 것입니다. 하나님의 성령이 우리를 위해 행하시는 일은 새로운 생명을 주시는 일이며, 새로운 본성으로 새로운 삶을 출발하게 하시는 일입니다. 예수를 믿는 자마다 거듭났습니다. 거듭남은 커다란 신비이지만, 그러나 당신이 그 신비를 경험했습니다. 새로운 출생에 대해 당혹스러워하지 마십시오. 당신이 주 예수님을 진정으로 믿는다면 당신은 이미 그것을 경험한 것입니다. 내가 방금 그것을 설명하려고 시도한 것처럼, 당신은 거듭났습니다. 당신은 그리스도 예수 안에서 새로운 피조물입니다. 당신은 삶을 다시 시작했습니다. 옛 본성을 고쳐보려고 시도하는 것은 아무 소용이 없습니다. 그것은 너무나 낡아빠졌습니다. 한때 어떤 왕자가 "하나님 나를 고쳐주소서!"라고 외치며 맹세하곤 했습니다. 그러나 한 선한 사람이 이렇게 말했지요. "나는 그가 새로운 사람이 되었으면 좋겠다고 생각합니다." 어떤 사람들은 하나님께서 그들을 고쳐주시리라고 생각하지만, 그것은 그들의 오류입니다. 나는 술주정꾼이 맨 정신으로 돌아오는 것을 좋아합니다. 그리고 도둑이 정직하게 되는 것도 좋아합니다. 할 수 있는 대로 스스로를 고쳐나가야지요. 그러나 그가 정말로 원하는 것은 다시 출발하는 것입니다. 한 사람이 수선을 위해 총기 수선공에게 총을 가지고 왔습니다. 그 총기 수선공이 말했습니다. "당신은 그것을 수선하기 원하시는군요. 자, 그러자면 개머리판, 방아쇠, 총열을 모두 새 것으로 바꾸어야겠는데요." 그것은 새로운 총을 만드는 것과 다름이 없습니다. 당신은 아예 새롭게 시작하는 편이 좋습니다. 옛 율법은 육체의 부정을 씻어내는 특징이 있었지만, 새 언약의 법은 그보다 훨씬 더 두드러진 특징을 가지고 있습니다. 그리스도께서 세례를 시행하는 그의 백성들에게 뭐라고 말씀하십니까? 이렇게 말씀하십니다. "너는 죽었다. 너는 장사되어야 한다. 그리고 다시 일어나 새로운 삶을 살아야 한다." 세례 자체는 이런 일을 할 수 없습니다. 그러나 세례 의식은 우리 옛 본성이 죽어야 할 것과 새로운 삶으로 부활해야 할 필요성을 나타냅니다. 우리는 거듭나야 합니다. 단지 씻거나, 오물을 제거하거나, 수선되는 정도가 아니라, 그리스도 예수 안에서 새로운 피조물이 되어야 하는 것입니다. 그리고 예수님을 믿는 자마다 이 경이로운 변화를 경험하였습니다. 그는 혈통으로 난 것도 아니며, 자연적인 출생의 방식을 따라 난 것도 아니며, 새로운 하늘의 방식으로 다시 태어난 것입니다. 그는 사람의 뜻이나 의도를 따라 난 것이 아닙니다. 구원의 문제에 있어서, 사람의 뜻이란 할 수 있는 모든 일을 했을 때에도 실상 아무 일도 하지 않은 것과 다름이 없습니다. 거듭난다는 것은 '혈통으로나 육정으로나 사람의 뜻으로 나지 아니하고 오직 하나님께로부터' 나는 것입니다. 우리는 초자연적인 힘에 의한 새로운 출생을 필요로 합니다. 오직 하나님만이 창조하실 수 있고(create), 또 하나님만이 새롭게 창조하실 수 있습니다(new-create). 새로운 피조물을 만드는 것은 세상을 창조하는 것보다 훨씬 더 놀라운 일입니다. 왜냐하면 하나님께서 세상을 만드셨을 때에는 그분의 일에 방해되는 것이 없었지만, 그러나 그분이 새로운 피조물을 만드실 때에는 옛 피조물이 그분께 대항하기 때문입니다. 표현의 오류가 허용된다면, 나는 재창조를 하기 위해서는 두 배의 전능함이 요구된다고 말하고 싶습니다. 우리는 위로부터 태어나야 합니다. 그러나 우리가 주 예수를 믿는다면 우리는 구원을 받았습니다. 여기에 아직 믿지 않는 자들이 있다면, 하나님께서 그들을 거듭나게 해주시기를, 그리스도 예수를 믿는 믿음을 주시기를 바랍니다.

4. 믿음은 신자를 가장 고귀한 상태로 이끌어준다.

여러분이 지치지 않도록, 이제 마지막으로 말하겠습니다. 믿음은 신자를 상상할 수 있는 가장 고귀한 상태로 끌어올려 줍니다.

그리스도를 영접한 사람은 새롭게 태어났습니다. 하나님의 자녀가 된 것입니다. 이제, 첫째로, 하나님의 자녀가 되는 것의 상상하기 어려운 영예를 주목해보십시오. 오, 그 계급과, 존엄성과, 영예와, 칭호는 인간이 상상할 수 있는 모든 표현을 동원해도 충분치 못합니다. 하나님의 자녀 중 가장 천하고, 가장 가련하고, 가장 멸시받는 자녀라 할지라도, 그에게 속한 영예에 대해서는 인간의 모든 표현을 동원해도 극히 일부분을 표현할 수 있을 뿐입니다. 하나님의 아들! "하나님께서 어느 때에 천사 중 누구에게 너는 내 아들이라 오늘 내가 너를 낳았다 하셨느냐"(히 1:5). 나는 이 본문이 그리스도에게 적용되는 것을 알고 있지만, 그러나 그것은 또한 그분의 모든 백성에게도 적용되는 말씀입니다. 그분의 천사들은 종들이지, 아들들이 아닙니다. 우리를 돌보고 지키는 일이 그들의 기쁨입니다. 마치 종들이 왕의 어린 자녀들을 돌보는 것과 같습니다. "그들이 그들의 손으로 너를 붙들어 발이 돌에 부딪히지 아니하게 하리로다"(시 91:12). 비록 육체적인 눈으로는 볼 수 없지만, 하나님의 자녀에게는 빛나는 광채가 있습니다. 그것은 하나님의 광채 같은 것이며, 육신의 눈으로 보기에는 너무나 눈부셔 볼 수 없는 것입니다. 나는 하나님의 자녀를 시온의 딸이라고 묘사하고 싶습니다. 그녀는 가련하고 위태해 보이는 소녀입니다. 그녀는 꿰맨 수의를 셔츠처럼 걸치고 있으며, 위층에 누워 죽어가고 있습니다. 당신은 그녀처럼 근근이 연명하고 싶지는 않을 것입니다. 그녀는 초라한 작은 방에 거주하고 있으며, 가구도 거의 없으며, 침대는 딱딱하며, 그녀는 그곳에 고통 중에 누워 있습니다. 그녀는 거의 숨쉬기조차 어렵습니다. 그녀는 헐떡이면서 겨우 숨을 쉬고 있습니다. 그녀는 매우 가난합니다. 그녀가 의지하던 사람들은 그녀를 짐으로 느끼기 시작했으며, 때로로 그녀에게 거친 말을 쏟아냅니다. 이곳은 침울한 장소입니다, 그렇지 않습니까? 여기로 와 보십시오.

한 선지자가 그의 사환의 눈을 열어 보게 했던 것처럼, 내가 당신의 눈에 잠시 안약을 바르겠습니다. 자, 이제 당신은 무엇을 봅니까? 당신은 그리스도의 몸의 지체 중의 하나가 마지막 사투를 벌이는 것을 보고 있습니다. 이제 곧 승리를 얻으려는 참입니다. 그녀에게 귀를 기울여 보십시오. 그녀는 당신에게 그리스도께서 그녀와 함께 있다고 말해줄 것입니다. 당신은 그분을 봅니까? 그분이 깊은 동정심을 갖고서 그곳에 서 계십니다. 그분의 사랑하는 자에게 몸을 숙이고, 세상의 기초가 놓이기 전에 그분이 선택하신 한 영혼에게 미소를 짓고 계십니다. 그 딸에게, 그분은 왕족이 입기에 어울리는 의복을 입혀 주십니다. 그녀는 왕의 딸인 것입니다. 그 방을 둘러보십시오. 천사들이 와 있습니다. 그들이 그녀 주변에 둘러서서 기다리고 있습니다. 그녀를 본향 집으로 데려가기 위해서입니다. 성령님께서 친히 그녀의 영혼 안에 계십니다. 당신은 그분의 위로와 계시의 빛을 봅니까? 눈이 열려 있다면 당신은 그것을 볼 수 있을 것입니다. 그렇습니다. 아버지께서 친히 이곳에 계십니다. 그분은 그분의 자녀가 죽어가는 침상 곁을 결코 떠나시지 않습니다. "그의 경건한 자들의 죽음은 여호와께서 보시기에 귀중한 것이로다"(시 116:15). 그녀의 병은 악화되어 왔습니다. 그녀의 눈은 흐려졌고, 목소리는 희미해졌습니다. 그녀에게 귀를 기울여 보십시오! 나는 공상으로 꾸며낸 장면을 묘사하고 있는 것이 아닙니다. 나는 그 소리를 들었습니다. 그녀는 이제 막 생명으로 들어가려 합니다. 그리고 이렇게 외칩니다.

> "내 심장의 줄이 끊어지는 소리를 들을 때,
> 이 몇 분의 시간이 얼마나 달콤하게 흘러가는지요!
> 내 육신의 뺨은 죽음처럼 창백하지만,
> 내 영혼 속에는 영광으로 가득합니다."

만일 그녀에게 힘이 충분히 남아 있다면, 당신은 그녀가 이렇게 노래하는 것을 들을 것입니다.

> "어둠의 그늘 한가운데서도, 그분이 나타나시면
> 나의 새벽이 시작된다네;
> 그분은 내 영혼의 밝은 새벽 별,
> 또한 나의 떠오르는 해라네."

나에게 잔 다르크(Joan of Arc)에 대해 말하지 마십시오! 이 여인이야말로 진정한 영웅입니다. 그녀는 죽음과 싸우고 있으며, 죽어가면서도 노래하고 있습니다. 두려움이요? 그녀는 오래 전에 그 의미를 잊어버렸습니다. 의심이요? 그것은 격퇴되었습니다. 고통이요? 낙심이요? 그녀는 그것들을 모두 뒤에 남겨 두었습니다. 그녀는 신자입니다. 그녀는 예수님을 영접했으며, 하나님의 자녀가 되는 권세를 받았습니다. 오, 위로부터 태어나는 영예와 존엄이여!

이제, 이 출생의 안전에 대해 주목하시기 바랍니다. 당신이 하나님의 자녀라면, 당신은 얼마나 안전한지요. 여기에 있는 어떤 아버지나 어머니도 자기 자녀를 모든 위험과 해로움으로부터 지켜줄 수는 없다고 나는 확신합니다. 우리들 중 어느 누구도 그들을 보호할 수 있다고 장담하지 못합니다. 당신은 하나님께서 그분의 자녀들이 해를 당하도록 방치해 두실 것이라고 생각합니까? 그분은 그분의 날개로 자녀들을 덮으십니다. 그분의 자녀들은 그분의 날개 아래에서 안심할 수 있습니다. 그분의 진리가 그들의 방패요 보호막이 될 것입니다. 어떤 악도 그것을 뚫을 수가 없습니다. 어떤 악도 그들이 거하는 곳 가까이에 올 수 없습니다. "나 여호와는 포도원지기가 됨이여, 때때로 물을 주며 밤낮으로 간수하여 아무든지 이를 해치지 못하게 하리로다"(사 27:3). "내가 그들에게 영생을 주노니 영원히 멸망하지 아니할 것이요 또 그들을 내 손에서 빼앗을 자가 없느니라. 그들을 주신 내 아버지는 만물보다 크시매 아무도 아버지 손에서 빼앗을 수 없느니라"(요 10:28-29).

"예수의 팔에 안기어 안전하도다."

당신이 그 노래를 즐거이 부를 수 있기를 바랍니다. 당신이 하나님의 자녀라면 그 노래를 부를 것입니다.

더 많은 말을 할 수 있지만, 마지막으로, 하나님의 자녀임을 아는 이것이 사람에게 어떤 행복을 가져다주는지를 생각해 보도록 합시다. 약 이십 년 전의 일을 기억합니다. 조셉 스미스(Joseph Smith)의 신성한 사명을 나에게 확신시키기를 원하는 한 몰몬교 신도가 나를 찾아와서 기다리고 있었습니다. 그가 하는 말을 어느 정도 들은 후에, 내가 말했습니다. "선생, 당신이 나에게 줄 수 있는 것에 대해서, 그리고 내가 그것을 어떻게 얻을 수 있는지 말해주겠습니까? 그러면 내가 당신의 말을 경청하지요. 그 후에 내가 당신에게 줄 수 있는 것에 대해 말하도록 허락한다면, 내가 그것에 대해 말하겠습니다." 나는 큰 인내심을 가지고 그의 말을 들어주었습니다. 그런데 그는 내 말에 그리 인내심을 가지고 듣지 못하더군요. 어쨌든 내가 말을 마쳤을 때 그는 내게 이렇게 인사를 했습니다. "당신이 말한 것이 사실이라면, 당신은 세상에서 가장 행복한 사람임에 틀림없습니다." 그 말에 내가 이렇게 대답했지요. "선생님, 당신 말이 맞습니다. 나는 틀림없이 행복하고, 아니 그 이상으로 행복하지요!" 그렇게 나는 그를 떠나보냈습니다. 진정 나는 행복하며, 또한 자신의 특권을 따라 살아가는 하나님의 모든 자녀가 행복할 것입니다. 이 놀라운 특권 이외에, 대체 당신은 무엇을 더 원하는 것입니까? 사람이 황제의 자녀가 되고서도 "나는 더 원한다"라고 말할까요? 내 사랑하는 성도들이여, 그 이상 무엇을 더 원할 수 있습니까? 당신이 하나님의 자녀라면, 그 이상 무엇을 더 요청할 수 있습니까? 나는 내가 죄에 속박되었을 때를 기억합니다. 아마도 당신도 기억하겠지요? 그때 나는 내가 지옥에 보내질 것이라고 생각했습니다. 그리고 만약 주님께서 제게 "나는 너를 용서

할 것이다. 그러나 너는 죽을 때까지 빵과 물만 먹고 살아야 한다"라고 말씀하
신다면, 손뼉을 치며 기뻐하리라고 생각했습니다. 나는 이렇게 말하곤 했습니
다. "주여, 그렇게 하시더라도 저를 구원해 주소서. 저의 죄가 없어질 수만 있다
면, 가장 어려운 운명도 저는 기쁘게 여길 것입니다." 우리가 구원받은 자임을
고백한다면, 결코 불평하지 말도록 합시다. 주님을 기뻐하는 것이 여러분의 힘
입니다. "주 안에서 항상 기뻐하라 내가 다시 말하노니 기뻐하라"(빌 4:4).

　실제적인 차원에서 이 말을 기억하십시오. 오랜 프랑스 속담에 '노블레스
오블리주(noblesse oblige)'라는 말이 있습니다. 귀족들에게는 의무가 있다는
뜻입니다. 당신은 위대한 왕들이 거리를 청소하는 것을 보리라고 기대하지 않
을 것입니다. 당신은 왕이나 여왕이 젖 짜는 여자처럼 말하는 것을 들으리라고
기대하지 않을 것입니다. 자, 이제, 당신이 하나님의 자녀라면, 당신은 그에 맞
게 행동해야 합니다. 만일 누가 "나는 하나님의 자녀입니다"라고 말하는 것을
내가 들었는데, 그가 저울을 속이거나, 상거래에서 매우 인색하다면, 나는 그
사람을 부끄럽게 여길 것입니다. 그가 하나님의 자녀입니까? 하나님의 자녀가
돈을 벌어서 움켜쥐어야만 하고, 쌓아두어야만 합니까? 그가 하나님의 자녀입
니까? 그런 사람은 그의 아버지를 닮지 않은 것입니다. 하나님의 아들! 그런 사
람이 날카롭고, 성질이 급하고, 화를 내며, 악의를 품다니요! 그런 사람도 그의
아버지를 닮지 않은 것 같습니다. 하나님의 자녀라 하면서, 그렇게 천박한 짓을
한단 말입니까?

　사랑하는 형제여, 당신은 대체 누구입니까? 하나님의 자녀이면서, 거짓말
을 한단 말입니까? 하나님의 자녀이면서, 누군가를 두려워한단 말입니까? 하나
님의 자녀이면서, 동료에게 그렇게 얼굴을 붉히며 대한단 말입니까? 하나님의
자녀이면서, 집에서는 폭군처럼 행세합니까? 그런 행동은 일고의 가치도 없으
며, 그런 사람은 크게 잘못하고 있는 것입니다. 위대한 황제 나폴레옹이 권좌에
있을 때, 그의 가족 중 어느 누구라도 낮은 계층과 결혼한다면, 그 사람은 황제
의 분노를 감수해야 했습니다. 황제의 가문에 속한 사람은 그의 존엄에 어울리
는 배필을 만나야 한다고 여겼기 때문입니다. 여기에 있는 소녀들이여, 당신들
은 하나님의 딸들입니다. 황제의 가문에 어울리지 않는 결혼을 하겠습니까? 절
대 그러지 마십시오. 어울리지 않는 멍에를 메지 않도록 주의하십시오. 한 왕이
감옥에 갇혔을 때, 알렉산더가 그에게 어떻게 대우를 받기 원하느냐고 물었습

니다. 그는 "왕처럼(like a king)"이라고 대답했습니다. 그리스도인이여, 왕처럼 행동하십시오. 다투기 좋아하는 사람이 우리를 성가시게 할 때, 우리는 마음에서 이렇게 말하도록 합시다. "이전 같으면 당신과 싸웠겠지만, 이제는 그럴 수가 없소. 나는 하나님의 자녀이니까!"

나는 언젠가 귀조 가문(Guizot's)의 사람이 그의 원수들에게 신랄하게 말하는 대목을 읽었습니다. 그 내용은 이런 것입니다. "계단을 밟고 올라오라. 네가 할 수 있는 대로 높이 올라오라. 그리고 네가 꼭대기에 이르렀을 때, 너는 내 밑에서 경멸을 받게 될 것이다." 종종 하나님의 자녀들도 세상에 대해서, 그리고 세상의 모든 유혹들에 대해 그렇게 생각하며 대꾸할 수 있을 것입니다. "나에게는 해야 할 큰 일이 있다. 어떻게 너에게 내려갈 수 있겠느냐. 나는 하나님의 자녀이며, 나는 하늘에서 대화한다. 내 지위를 버리고 너에게로 내려갈 수가 없다." 빛의 자녀들로 행하십시오. "너희가 어떠한 사람이 되어야 마땅하냐? 거룩한 행실과 경건함으로 [살아야 하리라]"(벧후 3:11). "너희는 택하신 족속이요 왕 같은 제사장들이요 거룩한 나라요 그의 소유가 된 백성이니"(벧전 2:9), 이는 너희로 "선한 일을 열심히 하는 자기 백성이 되게 하려 하심이라"(딛 2:14). 스스로의 품위를 떨어뜨리지 마십시오.

자녀로서의 길을 가십시오. 당신의 아버지의 성령이 당신과 함께 하실 것입니다. 아멘.

제
2
장
—

참된 성막, 그 은혜와 평화의 영광

—

"말씀이 육신이 되어 우리 가운데 거하시매, 우리가 그의 영
광을 보니 아버지의 독생자의 영광이요 은혜와 진리가 충만
하더라." — 요 1:14
"율법은 모세로 말미암아 주어진 것이요, 은혜와 진리는 예
수 그리스도로 말미암아 온 것이라." — 요 1:17

하나님께서 자유롭게 인간과 친교를 나누시던 때가 있었습니다. 날이 서늘
할 즈음이면 주 하나님의 음성이 동산 가운데 거니는 동안에 들려왔습니다. 위
대하신 하나님께서 타락하지 않은 아담과 함께 거하시며 달콤하고 친밀한 교제
를 나누셨습니다. 그러나 죄가 들어와서는 그 동산을 망쳐놓았을 뿐 아니라, 하
나님과 그의 피조물인 인간 사이의 교제도 망쳐놓았습니다. 사악한 인간과 무
한하도록 순결하신 하나님 사이에는 거대한 심연이 생겨났습니다. 지존자의
놀라운 은총이 없었더라면, 우리 모두는 필연적으로 그분의 임재와 그분의 영
광으로부터 영원히 쫓겨났을 것입니다. 주 하나님께서 무한하신 사랑으로 친
히 이토록 멀어진 거리를 잇는 다리가 되기로 작정하셨고, 다시금 인간과 함께
거하기를 원하셨습니다. 그 표시로서, 그분은 택하신 백성인 이스라엘이 광야
에 있을 때 그들에게 친히 자기를 나타내셨습니다. 그분은 모형과 상징으로 그
분의 백성들 가운데, 곧 그들의 진영 한가운데에 거하기를 기뻐하셨습니다. 당
신은 저 거대한 장막촌 한가운데에, 휘장을 염소의 털로 만든 그 성막을 볼 수

있습니까? 그 내부를 들여다볼 수는 없습니다. 그러나 그것은 너무나 영광스러웠습니다. 내부는 귀한 나무와 정금으로 된 기구들이 있었으며, 다양한 색상으로 장식되었습니다. 지성소 내부에서는 그룹 날개 사이로 밝은 빛이 비추었습니다. 그 빛은 주님의 임재의 상징이었습니다. 그러나 그 내부를 볼 수 없다고 해도, 당신은 그 성스러운 장막 위로 구름이 있는 것을 볼 수 있습니다. 그 구름은 지성소의 꼭대기에서부터 솟아올라, 거대한 나무처럼 널리 뻗어나가서 그 백성 전부를 위에서 덮을 정도였습니다. 그 구름은 하나님의 택한 백성들을 태양의 열기로부터 보호해 주었으며, 광야의 여행자들이 타는 듯한 모래 위를 걷는 동안 지치지 않게 해주었습니다. 해가 질 때까지 기다리면, 그 동일한 구름이 불기둥이 되어 진영 전체를 환히 비추었습니다. 그것은 그늘이 되기도 하고, 빛이 되기도 했습니다. 그렇게 누리는 안전은 후에 이런 약속의 형태로 표현되었습니다. "낮의 해가 너를 상하게 하지 아니하며 밤의 달도 너를 해치지 아니하리로다"(시 121:6). 그 보호와 위로는 너무나 영광스러운 것입니다. 주께서는 어떤 백성도 그렇게 대하시지 않았으며, 오직 그분의 백성 이스라엘만을 구원하셨고, 그들에게 이렇게 말씀하셨습니다. "내가 그들 가운데 거하며 두루 행하여 나는 그들의 하나님이 되고 그들은 나의 백성이 되리라"(고후 6:16).

모형의 시대는 끝이 났습니다. 이제는 더 이상 다른 민족들과 분리된 한 민족이 "광야 교회"라고 불리는 시대가 아닙니다. 하나님께서는 그분의 거주를 한 민족에게로 제한하지 않으십니다. 왜냐하면 "그는 온 땅의 하나님이라 일컬음을 받으실 것"(사 54:5)이기 때문입니다. 이제는 온 땅 중에 하나님께서 다른 곳보다 선호하여 거하시는 지점은 없습니다. 우리 주님께서 수가 마을의 우물에서 이렇게 말씀하시지 않았습니까? "여자여, 내 말을 믿으라, 이 산에서도 말고 예루살렘에서도 말고 너희가 아버지께 예배할 때가 이르리라"(요 4:21). "아버지께 참되게 예배하는 자들은 영과 진리로 예배할 때가 오나니 곧 이 때라"(요 4:23). 참된 마음들이 주님을 찾는 곳마다, 그들은 그분을 찾게 될 것입니다. 그분은 외딴 산기슭에도 계시며, 저기 대교회의 회랑에도 계시며, 또한 이 교회당의 신도석에도 거하십니다. "그러나 지극히 높으신 이는 손으로 지은 곳에 계시지 아니하시나니 선지자가 말한 바, 주께서 이르시되 하늘은 나의 보좌요 땅은 나의 발등상이니 너희가 나를 위하여 무슨 집을 짓겠으며 나의 안식할 처소가 어디냐"(행 7:48-49).

그렇지만 하나님의 참된 집, 무한하신 분의 참된 성전, 하나님이 거하시는 거주지가 있습니다. 히브리인들에게 보내는 서신은 이렇게 말합니다. "이 장막은 주께서 세우신 것이요 사람이 세운 것이 아니니라"(히 8:2). 하나님께서 인간과 만나서 교제를 나누시는 약속의 장소가 여전히 있습니다. 그 장소는 주 예수 그리스도의 인격입니다. "그 안에는 신성의 모든 충만이 육체로 거하시고"(골 2:9). 그리스도의 인격은 이스라엘 진영 가운데 있던 장막의 원형(原型)이 되셨습니다. 하나님은 그리스도 예수 안에 계십니다. 그리스도 예수는 하나님이십니다. 그분의 복되신 인격 속에서 하나님은 마치 장막 안에 거하듯이 우리 가운데 거하십니다. 오늘 본문이 내포하는 의미는 바로 그런 것입니다. "말씀이 육신이 되어, 성막 혹은 장막이 되어, 우리 가운데 거하시매"(4절). 말하자면, 그리스도 예수 우리 주님께서 사람들 가운데 거하시는 것은 마치 하나님께서 예전에 이스라엘 족속들 가운데 성소에 거하시던 것과 같습니다. 이는 우리에게 매우 기쁜 일이며 소망스러운 일입니다. 주 하나님께서 그분의 아들의 성육신을 통해 우리 가운데 거하시는 것입니다.

그러나 본질은 그림자를 훨씬 능가합니다. 광야에서 주님은 단지 인간의 거처 안에 거하셨습니다. 그러나 지금 그분은 우리에게 훨씬 더 가까이 다가오셨습니다. 그분이 인간의 육체 안에 거하시기 때문입니다. "말씀이 육신이 되어 우리 가운데 거하시매." "육신"이라는 말을 주목하십시오. 본문은 "말씀이 인간이 되었다"고 말하지 않습니다. 본문은 "육신"이라는 단어를 사용함으로써, 주 예수께서 우리에게 훨씬 더 가까이 오셨다는 것을 의미하며, 또한 그분이 친히 인간의 본성과 실체를 취하셨음을 보여줍니다. 그분은 단지 인간성의 명목이나 개념이나 겉모습만 취한 것이 아니라, 실체를 취하셨습니다. 우리의 약함, 고통, 인간성의 죽음의 성질 등을 그분 자신에게로 결합하신 것입니다. 그분은 실체 없는 유령이나 허깨비가 아니었으며, 인간의 몸과 인간의 영혼을 가지셨습니다. "말씀이 육신이 되었습니다." 주께서 우리의 뼈 중의 뼈가 되셨고, 살 중의 살이 되셨습니다. 성육신을 통해, 그분은 과거 이스라엘 가운데 성막 안에 거하실 때보다도 인간에게 훨씬 더 가까워지셨습니다.

나아가, 더욱 주목해야 할 것은, 하나님께서 예수님의 인격 안에서 단지 사람들 가운데 거하실 뿐 아니라, 그분이 친히 인간과 결합하셨다는 것입니다. 말씀은 단지 육신 안에 거하신 것이 아니라, "육신이 되셨습니다." 인간의 언어를 사용해서 하나님의 아들의 놀라운 성육신을 정확하게 묘사한다는 것은 불가능합니다. 그러나 본문에서 사용된 말들은 진실로 그리고 실제로, 우리 주님께서 하나님이실 뿐 아니라 인간이심을 보여줍니다. 하나님께서 인간의 몸에 거하실 뿐만 아니라, 또한 우리 주 예수님은 한 인격 안에서 하나님이며 인간이십니다(God and man). 그분은 사람들을 그의 형제들이라 부르기를 부끄러워하지 않으셨습니다. "자녀들은 혈과 육에 속하였으매 그도 또한 같은 모양으로 혈과 육을 함께 지니심은"(히 2:14). 그렇게 주 예수님은 우리와 더불어 하나가 되셨습니다. 그분은 우리에게 너무나 가까이 오셨습니다. 하나님은 결코 성막과 하나가 되시지 않았으나, 그리스도 예수 안에서 그분은 우리와 하나가 되셨습니다. 이 연합에는 긍휼의 달콤함이 있으며, 관계의 부드러움이 있고, 교제를 위한 놀라울 정도의 겸양이 있습니다. 이제 우리는 저 복되신 이름 임마누엘의 음악에 귀를 기울입니다. "하나님이 우리와 함께 하시다." 독생자의 인격 안에서, 우리 주님이시며 구원자이신 예수 그리스도의 인격 안에서, 우리는 하나님이 세상과 화목하신 것을 봅니다. 우리가 예수님 안에서 이스라엘이 지존자의 성소에서 누렸던 것보다 더 많은 것을 누리고 있음을 기뻐하고 즐거워합시다. 옛 신자는 성막을 바라보았습니다. 그러면서 그는 제물을 드리는 성소를 생각하고, 성소 안에 주께서 거하시는 지성소를 생각했습니다. 그러나 우리는 그보다 무한대로 더 많은 것을 누립니다. 우리는 우리 안에 하나님이 거하시는 것을 누리며, 또한 우리가 그분 안에 있습니다. "우리의 사귐은 아버지와 그의 아들 예수 그리스도와 더불어 누림이라"(요일 1:3).

주께서 이스라엘 진영 가운데 거하시던 그 장막 안과 주변에는, 하나님의 임재의 현시(顯示)가 있었습니다. 이것이 그 성막의 영광이었습니다. 하지만 계시는 얼마나 불충분했던가요! 내가 이미 언급했던 영광의 밝은 빛은 속죄소 위에서 빛나고 있다고 했습니다. 그러나 대제사장만이 그것을 볼 수 있었으며, 그것도 일년에 한 차례 그가 피를 가지고 휘장 안에 들어갈 때만 볼 수 있었습니다. 바깥 성소 위에서는, 낮에는 구름 기둥의 영광이 나타났으며, 밤에는 불이 나타났습니다. 이것으로도 하나님께서 그곳에 계셨다는 것을 증언하기에는 충분합니다. 하지만 여전히, 구름과 불은 물리적인 현상일 뿐이며, 영이신 하나님의 참된 형상을 나타내 보이지는 않습니다. 하나님은 감각으로 지각될 수 없습니다. 불과 구름 기둥은 눈에만 호소할 수 있습니다. 그리스도 안에서 하나님의 내주하심의 탁월함은 이런 것입니다. 즉, 그분 안에는 아버지의 독생자로서의 영광이 있으며, 신성의 도덕적 영적 영광이 그분 안에 있습니다. 눈으로는 아니지만, 이것은 볼 수 있는 것입니다. 육체적 감각으로는 아니지만, 이것은 지각될 수 있습니다. 이것은 영적인 사람들에게 볼 수 있고, 들을 수 있으며, 알 수 있는 것입니다. 영적인 사람들의 정신적 지각은 육신으로 보고 듣는 것보다 훨씬 예민합니다. 주님의 인격 안에 있는 영광을 우리는 믿음으로 볼 수 있으며, 거듭난 영으로 분별할 수 있습니다. 그분이 우리의 마음속에서 활동하는 것을 우리는 느낄 수 있습니다. 성소 안에 있는 하나님의 영광은 아론 가문의 제사장만이 볼 수 있었습니다. 그리스도의 얼굴에 있는 하나님의 영광은 모든 신자들이 볼 수 있으며, 이제 그들 모두가 하나님의 제사장들입니다. 구약의 제사장은 그 영광을 보았으나 오직 일년에 한 차례였습니다. 그러나 우리는 지속적으로 어느 때라도 그 영광을 보며, 그것을 봄으로써 변화를 받습니다. 예수 그리스도의 얼굴에 있는 하나님의 영광은 외면적인 모양새가 아닙니다. 그것은 구름 기둥과 불 기둥처럼 눈으로 볼 수 있는 것이 아닙니다. 그러나 우리 주 예수 그리스도에게서는 거룩하시며, 은혜로우시며, 진실하신 성품의 광채가 지속적으로 발하고 있습니다. 그 영광의 광채는 성화에 의해 그것을 식별하기에 적합하게 된 사람들이 가장 잘 관찰할 수 있습니다. 마음이 청결한 사람들은 복이 있습니다. 그들이 하나님을 볼 것이기 때문입니다. 그렇습니다. 그들은 그리스도 예수 안에서 그분을 봅니다. "본래 하나님을 본 사람이 없으되 아버지 품 속에 있는 독생하신 하나님이 나타내셨느니라"(18절). 우리들 중 많은 이들이 사도와 더불어 이렇게 말할 수 있습니다. "우리가 그의 영광을 보니 아버지의 독생자의 영광이요 은혜와 진리가 충만하더라"(14절). 우리는 예수님이 죽은 자를 일으키시는 것을 보지 못했습니다. 우리는 그분이 귀신들을 쫓아내는 것을 보지 못했습니다. 우리는 그분이 바람을 꾸짖으시고 풍랑을 잠재우시는 것을 보지 못했습니다. 그러나 우리는 봅니다. 우리의 마음의 눈으로 그분의 흠 없는 거룩하심을 보며, 그분의 무한한 사랑을 보며, 그분의 뛰어난 진리를 보며, 그분의 경이롭고 장엄한 모습을 봅니다. 한 마디로, 그분이 은혜와 진리로 가득한 것을 우리는 보았고, 또한 보고 있습니다. 그리고 우리는 하나님께서 그리스도 예수 안에서 사람과 거처를 함께 하신다는 사실에 즐거워합니다. 우리 속에 거하시는 그분의 영광이 단지 불꽃과 광채로 빛나는 것보다 더욱 실제적이라는 사실에 기뻐합니다. 자기를 낮추신 그리스도의 사랑은 우리에게 구름 기둥보다 더욱 영광스러우며, 우리 주님의 자기희생의 열정은 불 기둥보다도 탁월합니다. 우리 주님의 인격 안에서 마주치는 거룩한 신비들을 생각할 때에, 우리는 "구름이 회막에 덮이고 여호와의 영광이 성막에 충만했을"(출 40:34) 때에 이스라엘에 허락된 영광의 현시를 부러워하지 않습니다. 우리의 성육신하신 하나님 안에서, 우리 모두는 그 모든 것과 그 이상을 누리고 있기 때문입니다. 우리 안에 거하시는 그분은 세상 끝날까지 우리와 항상 함께 하실 것입니다.

성령께서 도와주시기를 바라며, 첫째로, 우리가 하나님이 우리와 함께 거하심을 바라보도록 합시다. 둘째로, 하나님이 우리와 함께 거하심에 힘입어서, 모든 면에서 그 목적에 부합되게 살도록 합시다.

1. 하나님이 우리와 함께 거하심을 바라봅시다.

첫째로, 하나님이 우리와 함께 거하심을 바라봅시다. "우리가 그의 영광을 보니 아버지의 독생자의 영광이요 은혜와 진리가 충만하더라"(14절). 예수 그리스도 안에서 하나님의 모든 속성들을 볼 수 있습니다. 가리어져 있지만, 그러나 진실로 그분 안에 있습니다. 복음서를 읽기만 하면, 그리고 기꺼이 보고자 하는 눈으로 본다면, 그리스도 안에서 하나님에게서 볼 수 있는 모든 것을 보게 될 것입니다. 그것은 인간의 육신 안에 가리어져 있으며, 또 그렇게 되어야 마땅합니다. 하나님의 영광이 우리에게 무조건적으로 보여서는 안 되기 때문입니다. 우리의 연약한 눈으로 보도록 하기 위해 그 광채는 누그러뜨려졌습니다. 그러나 하나님의 신성이 거기에 있으며, 완전한 신성이 그리스도의 완전한 인성과 연합하였습니다. 예수 우리 주, 그분께 영원한 영광을 돌려드립니다.

다른 무엇보다도 두 가지의 신적 특성을 예수님에게서 분명히 볼 수 있습니다. 이 두 가지를 함께 숙고하면서, 그 다음에 그 두 가지를 하나씩 따로 떼어 말하고자 합니다. 그 두 가지는 바로 "은혜와 진리의 충만"입니다.

이 영광스러운 특징들을 주목해 보십시오. '은혜와 진리'는 따로 분리되지 않고 결합되어 있습니다. 그리고 그 특징들이 **구체적으로** 언급되고 있음을 주목하십시오. 사도는 독생자께서 "은혜와 진리로 충만하시다"고 말합니다. 그분은 은혜와 진리에 대한 소식으로 충만한 것이 아니며, 은혜와 진리 그 자체로 충만하십니다. 다른 사람들은 은혜로운 소식을 전하는 전령들이었습니다. 그러나 그분은 직접 은혜를 주기 위해 오셨습니다. 다른 사람들은 진리에 대해 가르칩니다. 그러나 예수님은 진리이십니다. 다른 사람들은 은혜와 진리에 대해 말하지만, 그분은 그분 자신이 은혜와 진리이십니다. 예수님은 단순한 교사나, 권고자나, 은혜와 진리의 일꾼이 아닙니다. 그러나 은혜와 진리의 신성한 요소들이 그분 안에 있습니다. 그분은 그런 것으로 가득하십니다. 여러분이 이 점에 주목하기를 바랍니다. 그리스도와 다른 사람들의 차이가 여기에 있습니다. 다른 사람들에게 가면 은혜와 진리에 대해서 들을 수 있습니다. 그러나 은혜와 진리를 보기 위해서는 그리스도께 가야 합니다. 다른 사람에게도 은혜가 있을 수 있습니다. 그러나 그리스도 안에 있는 것과 같지 않습니다. 그들은 마치 배관을 통해 물이 흐르듯이 은혜를 가지고 있지만, 그리스도에게는 흐르는 물의 근원으로서 은혜가 있습니다. 그분은 사람들에게 은혜를 주시되, 한량없는 은혜를 주시며, 본질적이며 지속적인 은혜를 주십니다. 다른 사람들에게도 하나님께서 성령을 통해 부여하신 진리가 있습니다. 그러나 진리가 그리스도 안에 있는 것처럼 그들 속에 있는 것은 아닙니다. 그분 안에는 진리의 깊이, 진리의 정수, 진리의 실체가 있습니다. 은혜와 진리는 그분에 의해 우리에게 주어집니다. 그러면서도 그것들은 그분 안에 영원히 지속됩니다. 다시 말합니다. 우리 주님은 단지 은혜와 진리에 대해 가르치기 위해 오신 것이 아니며, 혹은 그들에게 진리에 대한 인상을 심어주기 위해 오신 것도 아닙니다. 오히려 그분은 그분 자신의 인격과 삶과 활동 안에서, 우리가 필요로 하는 은혜와 진리의 모든 것을 보여주기 위해 오셨습니다. 그분은 우리에게 은혜를 강물처럼, 진리를 시내처럼 가져다 주셨습니다. 은혜와 진리가 그분에게는 무한대로 가득하시며, 이 충만함으로부터 그분의 모든 성도들이 시혜(施惠)를 입는 것입니다.

　　이 은혜와 진리는 섞여 있습니다(blended). 이 두 단어 사이의 "그리고(and)"를 나는 일반적인 접속사 이상으로 다루고 싶습니다. 두 강이 하나의 충만함 속에서 연합하는 것입니다. "은혜와 진리가 충만하더라." 말하자면, 은혜는 진리로 가득한 은혜입니다. 허구나 상상 속에서의 은혜가 아니며, 바라거나 꿈꾸는 은혜가 아니며, 모든 원자(原子)들이 사실 자체인 은혜입니다. 속량하는 속죄이며, 죄를 제거하는 용서이며, 실제로 새롭게 하는 갱신이며, 완전하게 건져내는 구원입니다. 이 은혜는 귀만 즐겁게 하고 영혼을 속이는 축복이 아닙니다.

오히려 실제적이며, 본질적인 은혜로서, 거짓말하실 수 없는 하나님께로부터 온 것입니다. 다음으로 이 두 가지를 다른 방식으로 섞어 보십시오. "은혜와 진리." 주님께서 우리에게 진리를 가져다주시기 위해 오셨습니다. 그러나 그 진리는 가혹하고, 정죄하며, 벌을 주는 종류의 진리가 아닙니다. 그것은 은혜로운 진리이며, 사랑으로 흠뻑 젖어든 진리이며, 긍휼로 가득한 진리입니다. 예수님이 자기 백성들에게 가져다주시는 진리는 심판대에서 가져오신 것이 아니라, 은혜의 보좌에서 가져온 것입니다. 거기에는 은혜로운 취지와 목적이 있으며, 궁극적으로 구원에 이르게 하려는 뜻이 있습니다. 그분의 빛은 사람들의 생명입니다. 만일 당신이 진리의 어두운 그늘 아래에서 절망에 깊이 빠져들고 있다면, 다시 그것을 쳐다보십시오. 그러면 당신은 그 속에 의인들을 위해 뿌려놓은 감추어진 빛이 있다는 것을 보게 될 것입니다. 죄를 자각하게 하고 겸손하게 하는 진리의 어두운 측면이 빛을 발하게 됩니다. 자신에 대해 절망하게 함으로써, 마음을 살피는 진리는 당신을 참된 희망으로 이끌어 갈 것입니다. 예수 그리스도의 입에서 나오는 모든 말씀에는 하나님의 백성들을 위한 은혜가 있습니다. 그분의 입술은 향긋한 냄새를 발하는 몰약(沒藥)을 떨어뜨리는 백합화와 같습니다. 몰약은 그 자체로는 씁니다. 우리 주 예수님이 주시는 은혜도 그러하여서, 그분의 입술에서 떨어지는 은혜는 향긋합니다. 은혜와 진리가 어떻게 서로 섞이고, 서로에게 어떻게 영향을 미치는지를 보십시오! 은혜는 온통 진리이며, 진리는 온통 은혜롭습니다. 이것은 놀라운 결합이며, 하늘의 약제사의 기술에 따라 섞인 것입니다. 달리 어느 곳에서 은혜가 그토록 참되며, 혹은 진리가 그토록 은혜롭던가요?

더 나아가, 은혜와 진리는 **균형**이 잡혔습니다(balanced). 이 아침에, 내가 이 구절을 묵상할 때에 깨달았던 생각들을 잘 전달할 수 있다면 좋겠습니다. 그러나 이 생각도 거의 스스로 말을 합니다. 주 예수 그리스도는 은혜로 충만하십니다. 그러나 그분은 좀 더 엄격한 다른 특징, 즉 진리를 소홀히 하지 않으십니다. 나는 이 세상에서 사랑과 인정이 넘치는 사람들을 많이 알아 왔습니다. 그러나 그들은 진실하지는 못했습니다. 다른 한편으로, 나는 엄격할 정도로 정직하고 진실한 사람들을 알고 있습니다. 그러나 그들은 친절하거나 부드럽지 않습니다. 그러나 주 예수 그리스도 안에서는 어느 쪽도 결핍된 것이 없습니다. 그분은 은혜로 충만하여 대중들과 죄인들을 그분에게로 초청하셨습니다. 그러나 그분은 진리로 충만하여 바리새인들과 위선자들을 배격하셨습니다. 그분은 아무리 무서운 것이라도 진리를 사람들에게서 감추지 않으십니다. 오히려 그분은 명백하게 모든 불의한 자들에 대한 하나님의 진노를 선언하십니다. 그러나 그분이 무서운 진리를 말씀하실 때, 그분은 그것을 아주 은혜롭고도 부드러운 방식으로, 많은 동정의 눈물로 말씀하셨습니다. 그리하여 길을 잃은 무지한 자들이 그분의 진리에 의해 죄를 깨닫듯이, 그분의 은혜에 의해 길을 찾은 자가 되도록 하셨습니다. 우리 주님의 사역은 진리만이 아니며, 은혜만도 아닙니다. 그분의 사역은 은혜와 진리가 잘 조화되고 균형을 이룬 것입니다. 주님의 성품 속에는 공의로움과 구원의 긍휼이 있습니다. 그분은 의의 왕이시면서 또한 평화의 왕이십니다. 그분은 부당하게 구원하시지 않으며, 무정하게 진리를 선포하지도 않으십니다. 은혜와 진리는 그분에게서 동등하게 두드러진 특징입니다.

사랑하는 이여, 우리 주님에게서 이러한 특징들 모두가 충만한(full) 것을 주목하십시오. 그분은 "은혜로 충만하십니다." 그분보다 은혜로우신 분이 어디 있습니까? 예수 그리스도의 인격 안에서 측량할 수 없는 하나님의 은혜가 가득 쌓여 있습니다. 하나님은 우리를 위하여, 예수 그리스도를 통해, "우리가 구하는 것이나 생각하는 모든 것에 더욱 넘치는 일을" 행하셨습니다(엡 3:20). 하나님께서 그리스도 예수 안에서 우리를 은혜롭게 대하신 것보다 더 은혜로운 어떤 사람을 가정하는 것은 상상조차 불가능합니다. 당신은 독생자의 인격과, 직분과, 사역과, 죽음에서 나타난 은혜보다도 더 큰 은혜를 바랄 수도 없으며, 요구할 수도 없습니다. 지식이 많고 창조적인 지성을 가진 자들이여, 와서 머리를 짜내어서, 하나님께서 그분의 아들의 인격 안에서 우리에게 주신 은혜의 무한한 영광에 필적할만한 것을 고안해 낼 수 있는지 보십시오. 또한 우리 주님은 동등하게 진리로도 충만하십니다. 그분 자신이, 우리에게 하나님의 계시와 현시로 오셨기 때문에, 그분은 진리의 어떤 면에 대해서가 아니라 진리 전체를 우리에게 선포하십니다. 하나님의 모든 것이 그리스도 안에 있습니다. 그리스도가 하나님의 모든 것이란, 그분의 모든 것이 진리이며, 모든 것이 옳으며, 모든 것이 참되며, 모든 것이 정당하며, 모든 것이 의와 거룩함을 따른 것임을 의미합니다. 그리스도 예수는 우리에게 정의, 진리, 하나님의 의를 충만하게 가져다 주셨습니다. 그분은 우리의 의입니다. 그리스도께는 꺼림칙한 사실이 전혀 없습니다. 진리에 관하여, 우리에게 숨겨져서 우리를 깜짝 놀라게 할 것은 없으며, 우리의 확신을 흔들 만한 그 어떤 것도 없습니다. 다른 한편으로, 우리의 확신을 증대시켜 줄 수 있는 무언가를 감추신 것도 없습니다. 그분이 말씀하십니다. "그렇지 않으면 너희에게 일렀으리라"(요 14:2). 의의 태양의 광채에 탄복하십시오. 빌라도처럼 "진리가 무엇이냐?"고 묻지 말고, 하나님의 아들에게서 그것을 보십시오. 오, 이 주제에 대해서 당신에게 충분하고 깊이 전할 수 있으면 좋으련만! 풀잎에 서린 반짝이는 이슬방울에 불과한 내가, 어찌 이 의의 태양의 충만한 영광을 반사시킬 수 있을까요? 그러나 모든 진리와 모든 은혜가 그리스도 안에 거하며, 상상할 수 있는 것 이상으로 충만하게 거하고 있습니다. 이 두 가지가 서로 영원히 결합하여, 우리에게 무한한 복을 주며, 무한한 기쁨과 영광을 가져다줍니다.

지금까지 그 두 가지를 함께 묶어 생각했습니다. 이제 그 두 가지를 하나씩 따로 생각해보기를 원합니다.

은혜가 먼저 왔습니다. "우리가 그의 영광을 보니 아버지의 독생자의 영광이요 은혜와 진리가 충만하더라." 예수 그리스도는 하나님의 아들이십니다. 그분은 하나님의 독생자이십니다. 다른 이들도 하나님에게서 났지만, 그러나 다른 어느 누구도 그리스도처럼 난 이가 없습니다. 결과적으로, 그분이 세상에 오셨을 때 그분의 영광은 하나님의 독생자로서의 영광이었습니다. 매우 독특하고, 매우 특별하며, 설명하기 힘든 영광이 우리 주님의 인격 안에 머물렀습니다. 이 일부가 그분의 은혜의 영광입니다. 오늘 아침에 우리가 일부를 읽었던 구약성경 출애굽기 34장에서, 하나님의 영광은 그분의 성품에 있다는 것을 볼 수 있습니다. "여호와라, 여호와라, 자비롭고 은혜롭고 노하기를 더디하고 인자와 진실이 많은 하나님이라"(출 34:6). 아버지의 독생자의 영광은 아버지의 영광과 같은 성품, 즉 노하기를 더디하시고 인자와 진실이 많으신 성품에 있습니다. 그리스도 안에서 놀라운 온유와, 인내와, 긍휼과, 자비와, 하나님의 사랑이 나타납니다. 단지 그분이 하나님의 은혜에 대해 가르치셨던 것이 아니라, 또한 우리를 하나님의 은혜로 초대하셨던 것이 아니라, 그분 자신 속에서 하나님의 은혜를 나타내셨던 것입니다.

첫째로, 이것을 그분의 성육신에서 볼 수 있습니다. 말씀이 육신이 되어 우리 가운데 거하신다는 것은 하나님의 은혜의 놀라운 현시이며, 그분의 영광을 우리에게 계시하시는 것입니다. 그리스도의 성육신에서 발생하는 다른 것들을 제외하고서도, 성육신 자체만으로도 놀라운 은혜의 행위입니다. 예수 그리스도를 통하여 인간이 하나님께 가까워졌다는 것은 놀라운 소망이 아닐 수 없습니다. 천사들이 "지극히 높은 곳에서는 하나님께 영광이요"라고 노래할 뿐 아니라, 또한 "땅에서는 하나님이 기뻐하신 사람들 중에 평화로다"(눅 2:14)라고 노래했을 때, 그들이 틀린 것이 아닙니다. 베들레헴에서 하나님의 아들이 처녀에게서 태어나셨기 때문입니다. 하나님이 우리의 본성을 입으신 것은 그분이 우리를 너그럽게 생각하셨음을 의미합니다. 만약 주님께서 인간을 멸하기로 작정하셨다면, 그분은 결코 인간과 함께 거하시거나 인간을 그 자신에게로 연합시키지 않으셨을 것입니다. 말씀이 육신이 되어 우리 가운데 거하셨다는 그 사실 속에 은혜의 충만이 있습니다.

더 나아가서, 그분이 여기서 사셨고 우리의 대제사장이 되셨음을 생각할 때, 그리스도의 삶에 은혜의 충만이 있습니다. 그분은 받으신 고난으로 온전케 되셨고(히 2:10), 우리의 모든 고통을 동정하는 분이 아니십니까? 그분은 우리의 연약함을 동정하시며, 우리의 슬픔을 지고, 우리의 어깨를 무겁게 짓누르는 인간의 삶의 십자가들을 감당하신 분이십니다. 그리고 이 모든 것 때문에 그분이 우리를 은혜롭게 대하시고, 친절하게 형제처럼 대하실 수 있는 것입니다. 이 놀라운 형제애로부터 발생되는 것들을 제외하고도, 이러한 교제 자체만으로도 그 은혜의 깊이를 가늠할 수가 없습니다. 주 예수님께서 우리를 저주하실 수 없는 것은, 그분이 우리의 저주를 지셨기 때문입니다. 그분이 나에게 불친절하실 수 없는 것은, 그분이 나의 슬픔을 나누셨기 때문입니다. 내 마음에 느끼는 모든 고통이 그분의 마음에 전달되었으며, 내 모든 슬픔을 지고 그분은 내가 내려간 곳보다 더 깊은 곳으로 내려가셨습니다. 그것은 틀림없이 그가 나를 사랑하신다는 의미이며, 다른 것을 의미할 수가 없습니다. 그것은 또한 진리를 의미함에 틀림없습니다. 예수님은 교제 속에서 유희를 즐기지 않으셨으며, 그분의 슬픔은 실제적이었습니다. 그러므로 그리스도 예수의 인격 안에서의 하나님의 현시는 은혜와 진리가 가득했던 그분의 슬픔의 삶에서도 볼 수 있습니다.

그러면 잠시 그분이 행하신 일에 대해 감사합시다. 그분이 은혜로 충만하셨기에 그분의 말씀에는 은혜가 가득하였으며, 그분의 모든 대화는 사랑의 이슬로 젖어 있었습니다. 그분이 여기저기로 다니시며 사람들을 만지실 때에는 그분의 미덕이 나타났는데, 이는 그분이 미덕으로 가득했기 때문입니다. 어느 때에는 그분이 죄인을 용서하시며 이렇게 말씀하셨습니다. "네 죄가 용서받았다." 또다른 때에 그분은 죄의 결과와 싸우시며, 인간을 질병과 죽음에서 건져 내셨습니다. 또한 그분은 어둠의 왕과 직접 싸우시며, 그가 괴롭히는 사람들에게서 그를 쫓아내셨습니다. 그분은 비를 뿌리는 큰 구름처럼 돌아다니시며, 어디든 메마른 곳마다 풍부하게 비를 내려주셨습니다. 그분의 삶은 끝없는 긍휼입니다. 그분의 의복에도, 그분의 목소리에도, 그분의 표정에도 은혜의 힘이 있었으며, 너무도 진실하셨기 때문에 어느 누구도 그분에게 속임수를 쓸 수 없었습니다. 그분이 가는 모든 곳마다 그분은 사람들에게 은혜를 나누어 주셨습니다. 그것은 이제도 마찬가지입니다. 그분에게는 여전히 은혜의 충만이 있습니다.

그분이 죽음에 이르렀을 때에도, 은혜의 충만함이 나타났습니다. 그분은 정녕 은혜로 충만하여, 사람들을 구원하기 위해 그분 자신을 비우실 정도였습니다. 그분은 인간의 구원자이십니다. 그분은 우리를 위해 자신을 내어주셨습니다. 그분은 정녕 은혜로 충만하여, 그 몸으로 우리의 죄를 대신 짊어지고 나무에 달리셨습니다. 그분은 사랑이셔서, 그 높은 십자가에 달려 "의인으로서 불의한 자를 대신하여" 죽으셨고, "우리를 하나님 앞으로 인도하셨습니다"(벧전 3:18). "대속(代贖, substitution)"이라는 말을 발음해 보십시오. 죄인을 '대신하여 죽으신' 것에서 은혜의 충만함을 느끼지 않을 수 없을 것입니다. 혹은 "대표자(representative)"라는 단어를 사용하여, 예수님이 행하신 일, 즉 그분이 자기 백성의 언약의 대표로서 행하신 일을 기억해 보십시오. 만일 그분이 죽으셨다면, 그들이 그분 안에서 죽은 것입니다. 만일 그분이 다시 사셨다면, 그들이 그분 안에서 다시 산 것입니다. 그분이 높이 올라가셨다면, 그들이 그분 안에서 높이 올라가는 것입니다. 그분이 하나님 우편에 앉아 계시다면, 그들 역시 그분 안에서 하늘의 처소에서 앉게 될 것입니다. 그분이 두 번째로 오실 때, 그것은 그분 자신과 그분의 택하신 자들을 위한 왕국을 차지하기 위함입니다. 영원한 미래의 모든 영광은 그분의 것일 뿐 아니라, 또한 그분의 백성들을 위한 것이기도 합니다. 그분이 말씀하셨습니다. "내가 살아 있고 너희도 살아 있겠음이라"(요 14:19). 오, 그분의 백성의 대표자로서 우리 주 예수 안에 있는 은혜와 진리의 풍성함이여! 그분은 그 백성들이 그분과 더불어 기뻐하지 않는다면, 다른 무엇으로도 기뻐하지 않을 것입니다. "나 있는 곳에 나를 섬기는 자도 거기 있으리니"(요 12:12). "이기는 그에게는 내가 내 보좌에 함께 앉게 하여 주기를 내가 이기고 아버지 보좌에 함께 앉은 것과 같이 하리라"(계 3:21).

　"대속"이라든가 혹은 "대표자"라는 말보다 더 고차원적인 다른 단어가 있습니다. 그것은 "연합(union)"이라는 단어입니다. 우리는 그리스도와 더불어 하나입니다. 우리는 결코 깨뜨려질 수 없는 연합으로 그분과 하나가 되었습니다. 그분이 우리를 대표하실 뿐 아니라, 우리가 한 영으로 그분과 결합하였으며, 그분의 몸의 지체들이 되었고, 그분의 영광의 참여자들이 되었습니다. 이것이 은혜, 곧 말로 다할 수 없는 은혜가 아니겠습니까? 땅의 벌레와 같은 자들이 성육신하신 하나님과 영원토록 하나가 되다니, 그렇게 하나가 되어서 영원무궁토록 결코 분리되지 않다니, 이것이야말로 사랑의 기적이 아니겠습니까?

　지금까지 우리 주님 안에 은혜가 충만함을 제시했습니다. 당신 자신의 생각으로 이 광맥을 더 깊이 파 보십시오.

　그러나 그분 안에서는 또한 진리의 충만함이 있습니다. 나는 이에 대해 그리스도께서 말씀하시고 행하시고 약속하신 일에서 뿐만 아니라, 그분 자체 속에 진리의 충만이 있다고 이해합니다. 이것은 먼저, 그분이 그분과 관련된 이전의 모든 약속들을 성취하셨다는 사실에서 볼 때 진실입니다. 하나님은 그분의 선지자들을 통해 메시야의 오심에 대해 약속하셨습니다. 그러나 그 모든 예언들은 전적으로 독생자의 인격 안에서 사실들이 되었습니다. "하나님의 약속은 얼마든지 그리스도 안에서 예가 되니 그런즉 그로 말미암아 우리가 아멘 하여 하나님께 영광을 돌리게 되느니라"(고후 1:20). 진실로 그분은 뱀의 머리를 상하게 하셨습니다(창 3:15). 진실로 그분은 우리의 질고를 지고, 우리의 슬픔을 당하셨습니다(사 53:4). 진실로 그분은 포로된 자에게 자유를 전파하셨습니다(사 61:1). 진실로 그분은 그분 자신이 모세와 같은 선지자임을 입증하셨습니다(신 18:15).

　이 본문의 17절에 따라, 나는 우리 주 예수님께서 "진리"이심이 모든 모형들의 실체시라는 의미로 이해합니다. 모세로 말미암아 주어진 율법은 단지 진리를 상징하고 가리키는 것이었습니다. 그러나 예수님은 진리이십니다. 그분은 진정 새 언약의 중보자로서, 아벨의 피보다 더 나은 것을 말하는 뿌리는 피입니다(히 12:24). 그분은 진정으로 하나님의 유월절 어린 양이십니다. 그분은 번제이며, 속죄제이며, 화목제이며, 그리스도 한 분이 모든 제사의 참된 실체이십니다! 그분은 참된 속죄 염소이며, 아침과 저녁에 상번제로 드리는 참된 어린 양이십니다. 사실, 그분은 진리 안에서 모든 모형들과 인물들의 원형이십니다. 하나님을 찬송합니다. 형제들이여, 당신이 구약성경에서 모형으로 제시된 위대한 일들을 볼 때마다, 당신은 주 예수 그리스도의 인격 안에서 그 일들의 참된 진리를 보는 것입니다. 유대인들은 우리가 가진 것을 갖지 못했습니다. 그들은 단지 윤곽과 그림자만을 가졌을 뿐이며, 우리는 그 실체를 가진 것입니다. 언약은 그리스도 안에서 온전히 성취됩니다. 예언은 모세에게 있지만, 성취는 예수 안에 있습니다. 율법에는 그림자가 있지만, 진리는 육신이 되신 말씀 안에 있습니다.

우리 주 예수 그리스도를 이런 의미에서 은혜와 진리로 부르는 것 이상으로, 그분은 진실로 그 모든 사실들을 우리의 구원을 위해 적용하십니다. 나는 그리스도의 구원에 관한 세상의 관념이 단지 예쁜 꿈, 멋진 감상에 불과한 것을 알고 있습니다. 그러나 그리스도의 구원에는 어떤 몽상적인 요소도 없습니다. 그것은 허구가 아니며, 있는 그대로의 사실입니다. 주 예수 그리스도는 인간의 상황을 꾸미거나 감추지 않으십니다. 그분은 인간이 정죄받은 것을 아시며, 인간이 최악의 의미에서 정죄받았으며, 큰 죄로 인해 정죄받은 것을 아십니다. 그리고 그분은 인간을 대신하여 큰 형벌을 견디셨고, 죄인을 대신하여 죽으셨습니다. 주 예수님은 죄인을 타락한 것으로 보시며, 허물과 죄로 죽은 자로 보십니다. 그리고 그분은 인간을 그분의 부활의 생명으로 소생시키십니다. 그분은 타락과 실제적인 죄의 결과에 눈을 감지 않으십니다. 오히려 그분은 죽은 죄인에게 오셔서 그를 살리십니다. 그분은 병든 마음에 찾아오셔서 그 마음을 치유하십니다. 나에게 복음은 전능자의 지혜와 진리의 놀라운 체현(體現)입니다. 만약 복음이 인간에게 이렇게 말했더라면 어떻게 되었을까요? "하나님의 율법은 분명 의롭다. 그러나 그것은 너무 엄격하고 너무 가혹하므로, 하나님께서 많은 죄들을 눈감아주실 것이다. 그리고 인간의 많은 죄를 벌하지 않으시고 구원을 제공하실 것이다." 내 형제들이여, 만일 그랬더라면 우리는 줄곧 위태롭게 지내왔을 것입니다. 만일 하나님께서 우리를 구원하시기 위해서 불의하실 수 있다면, 그분은 또한 변개하실 수 있으며, 우리를 버리실 수도 있을 것입니다. 만약 우리의 구원의 상태에 어떤 부패한 부분이 있다면, 우리는 그것이 결국 우리를 망하게 할 것이라는 두려움을 떨칠 수 없을 것입니다. 그러나 우리의 기초는 견고합니다. 주님께서 땅을 파고 큰 반석을 놓으셨습니다. 그분은 감상적이거나 속임수 같은 요소를 조금도 허용하지 않으셨습니다. 그분의 구원은 철저하게 참되며 실제적입니다. 그분의 구원은 은혜와 진리의 영광스러운 구원입니다. 그 속에서 하나님은 죄인을 죄인으로 간주하시고, 있는 모습 그대로 대하시며, 참된 의의 원리로 대하십니다. 그러면서도 죄인을 구원하십니다.

그러나 그 이상의 의미가 있습니다. 주님은 우리를 은혜의 방식으로 대하십니다. 그 은혜는 크고 많은 소망들을 불러일으키며, 또한 그 모든 소망들은 모두 실현되었습니다. 그분이 우리를 진리로 대하시기 때문입니다. 우리의 궁핍을 채우려면 많은 것들이 필요한데, 은혜가 실제로 그 모든 것들을 다 공급합니다. 옛 율법은 제단에 나아오는 자의 양심을 온전케 하지는 못했습니다. 그러나 하나님의 은혜는 신자들의 양심을 온전케 합니다. 내가 그리스도에 의한 나의 구원에 하나의 흠이라도 있는지 아무리 상상하려 시도해 보아도, 나로서는 할 수가 없었습니다. 나무에 달려 그 몸으로 내 죄를 감당하신 그분을 내가 믿기에, 나를 위한 그분의 속죄가 실패할 가능성을 전혀 느끼지 못합니다. 나는 불신의 구실을 꾸며대기 위해 헛된 상상을 하는 것이 아닙니다. 나는 예수 그리스도를 믿는 자를 유혹하여 넘어뜨리는 어떤 구덩이나 함정을 생각하고 있는 것이 아닙니다. 내 양심은 만족하며, 더할 나위 없이 만족합니다. 때때로 나로서는, 내 죄로 인해 하나님의 아들이 죽으실 필요가 있었을까 여겨질 때가 있습니다. 속죄가 죄보다 더 큰 것입니다. 율법을 옹호하는 편에서 말해 보겠습니다! 율법을 옹호하는 것이 수치스러운 것은 아닙니다. 하나님의 율법은, 아무도 그 율법을 어긴 적이 없거나 혹은 율법을 어긴 모든 인류가 영원한 파멸로 떨어지는 경우에 비해, 속죄를 위한 희생 제물이 되신 그리스도를 통하여 말할 수 없는 영광 중에 한층 더 빛나고 있지 않습니까? 오 형제들이여, 예수의 구원 안에는, 맞설 수 없는 은혜의 진리가 있습니다! 그리스도의 희생 제물 속에는 심오한 사실이 있으며, 실체가 있으며, 내적인 영혼의 만족이 있습니다. 그것은 우리로 하여금 그것이 완전한 속죄이며, "은혜와 진리"의 원천이라고 느끼게 해 줍니다.

지금까지 애를 쓰긴 했지만, 아직 그 의미를 다 제시하지는 못했습니다. 그리스도는 우리를 "은혜와 진리"로 이끌어 주십니다. 말하자면, 그분은 신자 속

에서 은혜와 진리가 모두 역사하도록 하십니다. 우리는 죄로부터 우리를 건져
주는 은혜가 필요한데, 그분이 그것을 우리에게 주셨습니다. 또 우리는 우리 내
면에 새겨진 진리가 필요한데, 그분이 그것을 우리에게 주셨습니다. 속죄에 의
한 구원의 체계는 진실한 인간을 낳는다고 생각할 수 있습니다. 큰 희생 제물을
통하여 구원을 바라보는 습관은 정의의 정신을 함양하며, 악에 대한 깊은 혐오
감을 발생시키며, 바르고 참된 것에 대한 사랑을 불러일으킵니다. 본성상 우리
는 모두 거짓말쟁이들이며, 거짓말을 일삼거나 혹은 좋아합니다. 이런 이유로
우리는 거짓말을 은신처로 삼기도 하고, 속임수로 우리 자신을 둘러쌉니다. 육
적인 상태에서, 우리는 거짓으로 가득 차 있습니다. 그러나 그리스도 안에서 주
님께서 우리에게 찾아오실 때, 더 이상 우리의 범죄로 우리를 고소하지 않으시
면서, 우리의 마음에서 거짓과 지독한 불의를 제거하십니다. 그분이 그러지 않
으셨더라면 그것들은 여전히 그 자리에 남아 있을 것입니다. 내가 공언하건대,
그리스도 안에서 하나님의 내주하심에 의한 구원과 인간을 위하여 그분이 베풀
어주신 속죄는, 그 속에 은혜를 영혼에 주입시키고 또한 삶에서 진리의 열매를
맺게 하는 경향이 있습니다. 성령께서 그 목적을 위해 활동하십니다. 우리로 하
나님과 인간 모두를 사랑하게 만드는 은혜에 의해, 그리고 삶의 모든 문제에서
우리에게 작용하는 진리에 의해, 당신과 내가 그것을 입증하기를 기도합니다.

이렇게 우리 주님께서는 그분에게 충만한 은혜와 진리 안에서 하나님의 영
광을 우리에게 보이셨습니다. 이 장엄한 주제를 너무 빈약하게 전하지 않았을
까 염려됩니다. 제 말의 빈약함에도 불구하고, 그리고 빈약한 제 말을 통해서
도, 성령께서 당신에게 복 주시기를 바랍니다!

2. 하나님이 우리와 함께 거하심에 부합되는 삶을 삽시다.

이제 몇 분간 더 여러분에게 말하기를 원합니다. 형제와 자매들이여, 오십
시오. 이제 우리가 하나님이 우리와 함께 거하심에 힘입어서, 모든 면에서 그 목적에
부합되게 살도록 합시다.

첫째로, 하나님께서 육신이 되신 말씀으로 사람들 가운데 오셔서 거하신다
면, 우리의 장막들을 중심부의 성막 부근에 세웁시다. 하나님이 멀리 떨어져 계신 것
처럼 살지 말도록 합시다. 이스라엘 백성들에게, 하나님께서는 진영의 사분의
일을 이루는 사방의 지파들로부터 동일하게 가까운 곳에 계셨습니다. 그 성막

은 중심부에 있었으며, 그 중심은 주변의 모든 지점에 대해 동등하게 가까웠습니다. 참된 이스라엘 백성이라면 이렇게 말할 수 없었습니다. "하나님을 찾기 위해 나는 바다를 건너야 하고, 하늘로 올라가야 하며, 혹은 바다 깊은 곳으로 내려가야 해." 모든 이스라엘 백성들이 이렇게 말할 수 있었습니다. "그분은 그룹 사이에 거하신다. 내가 그분의 성막으로 가기만 하면 그분의 임재 앞에 서게 되고 그분에게 말씀드릴 수가 있다." 우리의 하나님은 오늘날 그분의 백성 중 어느 누구로부터도 멀리 떨어져 계시지 않습니다. 우리는 그리스도의 피로 가까워졌습니다. 하나님은 어디에나 계시지만, 독생자의 인격 안에서 더 높은 차원에서 임재하시고 효과적으로 은혜를 베푸십니다. 마치 우리가 멀리 떨어져 계신 하나님께 예배하는 것처럼 살지 맙시다. 우리가 버려진 것처럼 투덜거리지 맙시다. 홀로 있다고 느끼지 맙시다. 아버지께서 우리와 함께 하시기 때문입니다.

> "하나님이 그대 가까이 계시니
> 슬픈 영혼이여 기뻐하라."

다니엘이 그랬던 것처럼, 예루살렘을 향하여 창문을 여십시오. 당신의 눈을 들어 그리스도를 바라보며 기도하십시오. "그 안에 신성의 모든 충만이 육체로 거하시는 그분이"(빌 2:9), 우리들 매우 가까이에 계십니다. 그리스도께서 사람들 가운데 거하시기 위해 오신 이후로, 하나님은 결코 멀리 떨어져 계신 적이 없습니다.

다음으로, 때를 따라 돕는 은혜를 얻기 위하여 이 중심 성막에 자주 가도록 합시다. 두려움 없이 그리스도께 가까이 갑시다. 그분에게는 주실 은혜가 있으며, 그분은 우리가 은혜를 필요로 할 때마다 풍성하게 주실 것입니다. 나는 이 본문의 표현을 곰곰이 생각하는 것을 좋아합니다. 본문은 이렇게 말하고 있습니다. "말씀이 육신이 되어 우리 가운데 거하시매 은혜와 진리가 충만하더라." 만일 그분에게 충만한 은혜가 없었더라면 그분은 그토록 성가시게 하는 사람들 가운데 거하시지 못했을 것입니다. 그러나 그분이 은혜가 충만하여 우리 가운데 거하신다면, 우리는 우리의 죄나 실패 때문에 그분이 우리를 버리실 거라고 두려워할 필요가 없습니다. 그러므로 나는 여러분을 초대합니다. 용서의 사랑이 가득한 그분에게로 담대히 나아오십시오. 그분의 풍성한 은혜를 얻기 위해 나아오십시오. 은혜는 그것이 전달될 때에 참된 은혜이며, 전달되지 않는 은혜는 명목상으로만 은혜일 뿐이기 때문입니다. 당신은 이렇게 말합니다. "아, 나는 너무 많은 은혜를 원합니다." 형제여, 그리스도 안에는 측량할 수 없는 은혜가 쌓여 있습니다. 그분 안에는 은혜가 가득하기 때문에 당신은 그것을 얻을 수 있습니다. 우리는 죄인에게도 은혜가 있다고 설득하지 않습니까? 그런데 성도들에게 은혜가 값없이 주어진다고 내가 굳이 설득할 필요가 있습니까? 우리는 죄인을 향해, 하나님을 멀리서 찾을 필요가 없으며 그분은 은혜를 주려고 기다리신다고 말하지 않습니까? 내가 신자에게 같은 말을 해야 합니까? 당신은 이 순간 당신이 필요로 하는 모든 은혜를 얻을 수 있습니다. 문이 열려 있습니다. 들어가서 원하는 것을 취하십시오. 멈추지 마십시오. 당신이 집으로 돌아가서 몇 가지 신앙적인 일을 실천할 때까지 기다리지 마십시오. 바로 여기서, 지금, 예수를 온전히 믿으십시오. 진영의 한가운데에 성육하신 하나님이 계십니다. 이스라엘은 어려운 일이 닥칠 때 도움을 얻기 위해 중앙에 있는 성막으로 가기만 하면 되었습니다. 그리스도의 인격 안에서, 그분이 말씀하셨습니다. "내가 세상 끝날까지 너희와 항상 함께 있으리라"(마 28:20). 그곳에 진리가 있으며, 당신이 필요로 하는 모든 은혜가 있습니다. 이 우물에 와서 마시기 바랍니다. 그분의 충만한 데서 받으며, 기뻐하며 당신의 길을 가십시오.

다음으로 우리가 무엇을 해야 하겠습니까? 형제들이여, 하나님께서 그리스도 안에서 우리들 가운데 계시기 때문에, 우리에게 은혜와 진리이신 그분 안에서 즐겁고, 평온한 확신 속에서 살아갑시다. 우리는 누구에게 가야 합니까? 우리가 우리의 하나님을 떠날 수 있습니까? 우리가 그분의 은혜, 그분의 진리에서 떠날 수 있습니까? 그분이 변하실 거라고 꿈도 꾸지 마십시오. 그분은 하나님이십니다. 그분이 떠나셨다고 헛된 상상을 하지 마십시오. 그분이 이렇게 말씀하셨습니다. "이는 내가 영원히 쉴 곳이라 내가 여기 거주할 것은 이를 원하였음이로다"(시 132:14). 그분의 은혜와 진리가 고갈되었다고 상상하지 맙시다. 그분의 충만은 영원하기 때문입니다. 강한 위로를 얻고, 굳게 서서, 흔들리지 마십시오. 이 땅과 저 하늘에서 우리가 바랄 수 있는 모든 것을 확실하게 믿고, 차분히 안식하십시오. 지금 이 순간 우리에게 필요한 것과, 다가올 모든 순간마다 우리에게 필요한 모든 것이, 그리스도 예수 안에 간직되어 있습니다. 하나님은 그분의 교회 한가운데에, 하나님의 현현이신 그리스도 안에, 영원히 계실 것입니다.

한 가지 더 말하겠습니다. 만일 우리가 그러하다면, 하나님께서 진실로 그리스도 안에서 그분의 백성들 가운데 거하시며 또한 "은혜와 진리가 충만하시다면", 그것을 모든 사람에게 말하도록 합시다. 나는 만약 내가 광야의 이스라엘 백성이었더라도, 그리고 아말렉 족속이나 에돔 사람들을 만났더라도, 나의 하나님 안에서, 그리고 나를 안전히 지키시는 그분의 임재의 특권 속에서 기뻐했을 것이라고 확신합니다. 우리는 아말렉이나 에돔 사람들이 주의 집에 들어올 수 없었다는 것을 압니다. 그러나 지금은, 만약 우리가 어떤 낯선 사람을 만난다면, 우리는 그에게 우리의 특권에 대해 말해줄 수 있습니다. 그 이방인을 어린 양의 피를 통해 하나님 가까이 오도록 부드럽게 설득할 수 있습니다. 그러므로 하나님께서 사람들과 함께 거하시는 것에 대해 많이 들려주도록 합시다. 모든 사람에게 주님께서 인간을 찾아오셨으며, 분노나 심판을 위해서가 아니라, "은혜와 진리로 충만하여" 오셨음을 말하도록 합시다. 오, 회심하지 않은 청중이여, 예수께로 오십시오! 그분은 그분을 통해 하나님께 나아오는 자들을 모두 구원하실 수 있습니다. 겸손하고 온유하신 예수께 가까이 나아오십시오. 그러면 당신은 하나님을 가까이 하는 것입니다. 그분이 말씀하셨습니다. "나를 본 자는 아버지를 보았느니라"(요 14:9). 은혜의 초청을 사방에 알리십시오. 은 나팔을 불고, 혹 그것이 없다면 양각 나팔을 부십시오. 어떻게 하든지 모든 사람이 인간과 함께 하시는 하나님의 성막에 대해 알게 하십시오. 이 소식을 먼 나라에 가서 말하십시오. 그러면 방황하는 탕자가 그 소리를 듣고 이렇게 외칠 것입니다. "내가 일어나 아버지께 가리라"(눅 15:18). 하나님이 사람들에게 오셨습니다. 사람들이여, 하나님께로 오지 않으시렵니까? 그리스도 예수 안에서 하나님께서 사람들을 오라고 초대하십니다. 당신은 와서 그 은혜와 진리를 받아들이지 않겠습니까?

한 가지의 교훈이 더 남았습니다. 우리 가운데 거하시는 여호와께 대해 우리가 어떤 태도로 살아야 할까요? 시내 광야의 약 이백만의 진영 중에서 한 구성원이 되는 일은 매우 엄숙한 일이었음에 틀림없습니다. 그 진영 가운데 거하시는 하나님의 임재는 모든 장막을 신성하게 만들었음이 틀림없습니다. 우리가 이스라엘 백성들이 된 것처럼 그 장막 속의 거리를 걷다보면, 우리는 이런 생각을 하며 대화했을 것입니다. "이것은 다름 아닌 하나님의 집이요 이는 하늘의 문이로다(창 28:17). 보다시피, 여호와께서 우리 가운데 거하십니다. 그분의 성막 위로 밝은 빛이 비치는 것이 보이지 않습니까?" 우리는 틀림없이 그러한 진영은 전체가 거룩해야 한다고 느꼈을 것입니다. 죄의 오염이 그곳에서 숨겨져서는 안 됩니다. 하나님의 임재가 진영의 영광이자 보호인 그런 곳에서는 끊임없는 기도와 찬송이 그분께 올려져야 했습니다. 오늘날 우리의 회중도 거룩한 총회가 되도록 합시다. 우리 자신이 하나님께 거룩하도록 합시다. 우리는 성별된 남자들과 여자들이며, 매우 가까이에서 주님을 뵈옵는 사람들입니다. 나는 엄숙히 말합니다. 공포와 슬픔이 아닌, 기쁨으로 가득한 엄숙함으로 말합니다. 하나님이 가까이 계시는 것은 엄숙한 일이며, 또한 그와 똑같은 차원에서 기쁜 일이기도 합니다. 지극히 높으신 하나님께 영광을, 그분이 여기에 거하시니 영광을 돌립니다! 우리의 낮과 밤들을 기쁨과 즐거움으로 보내도록 합시다. 하나님은 그분의 사랑하는 아들의 인격 안에서 우리와 화목하셨습니다. 그리고 우리는 그리스도 예수 안에서 하나님과 교제하는 것입니다. 그러므로 영원토록 즐거워합시다. 아멘 또 아멘.

제
3
장
—

충만함과 채움

—

"우리가 다 그의 충만한 데서 받으니 은혜 위에 은혜러라."
—요 1:16

　　어느 주일에 나는 이탈리아의 알프스 건너편의 한 마을에서 머물고 있었습니다. 물론 그곳 사람은 모두 로마 가톨릭이었지요. 우리 중 둘 혹은 셋만이 개신교도였는데, 우리가 원하는 단순한 방식으로 하나님께 예배드리기 위해 작은 예배모임을 이루었습니다. 이 일 후에, 나는 산보를 하러 밖으로 나갔습니다. 날씨는 찌는 듯이 더웠습니다. 그래서 나는 그 마을의 외곽에서 가능한 조용하고 시원한 장소를 찾아 나섰습니다. 우연히 내가 한 언덕 기슭에 있는 아치형 거리를 지나고 있을 때, 그곳에서 한 공고문을 보았습니다. 내용인즉슨, 그 언덕을 어떤 적합한 취지로 오르는 자에게는 닷새간의 죄와 방종을 용서한다는 것이었습니다. 나도 다른 사람들처럼 닷새간 맘대로 시간을 가지는 것도 괜찮지 않을까 하는 생각이 들었지요. 또 만일 그것이 유익이 된다면, 그냥 보관해 두어도 좋겠다고 생각했습니다. 내가 지나면서 보았던 모든 것을 여러분에게 들려줄 수는 없습니다. 첫 번째 사람이 그 언덕을 오르고, 또다른 사람이 역시 그 언덕을 오르더군요. 그곳에는 작은 교회들이 연이어 있었습니다. 그 창문들을 통해 사람들은 마치 소년 시절에 요지경을 들여다보듯이 밖을 내다볼 수 있었습니다. 그 모든 장면과 상황은 그리스도의 수난과 죽음을 본따서 만든 것입니다. 겟세마네 동산에서의 그분의 고뇌로부터 시작됩니다. 그곳에서 그분은,

세 제자들로부터 돌을 던질 정도의 거리를 두고서, 온 힘을 다하여 땀방울을 핏방울처럼 흘리며 기도하셨습니다. 나머지 제자들은 동산 울타리 바깥에 머물러 있었습니다. 모든 인물들이 마치 그 장소에 있었던 것처럼 실제적으로 보였습니다. 나는 여러 무리의 사람들을 꼼꼼히 살펴보고, 또 라틴어로 기록된 표시판들을 찬찬히 살펴보면서, 마침내 그 언덕 꼭대기에 올랐습니다. 그곳에서 나는 한 정원을 보았는데, 마치 영국의 정원 같았습니다. 문을 밀면서 열 때에 나는 이런 글귀와 마주쳤습니다. "동산이 있고 동산 안에 아직 사람을 장사한 일이 없는 새 무덤이 있는지라"(요 19:41). 길을 따라 내려가면서, 나는 한 무덤에 이르렀습니다. 그래서 나는 베드로가 했던 것처럼 몸을 굽혀서 안을 들여다보았습니다. 그곳에, 그리스도의 시신의 그림을 보는 대신, 금박을 입힌 글씨로 이렇게 쓰인 글을 보았습니다. "그가 여기 계시지 않고 살아나셨느니라 와서 그가 누우셨던 곳을 보라"(마 28:6). 계속해서 가다가, 어느 한 곳에 이르렀는데, 그곳은 그분의 승천을 나타낸 곳이었습니다. 정상에는 큰 교회가 있었고, 그곳으로 나는 들어갔습니다. 아무도 거기에 없었습니다. 하지만 그곳은 내게 큰 흥미로 다가왔습니다. 천장 높은 곳에는 주 예수 그리스도를 나타낸 조야한 조각상이 매달려 있었고, 그 주변으로 선지자들의 조각상들이 있었으며, 그들은 모두 손가락으로 그분을 가리키고 있었습니다. 그곳에는 이사야도 있었는데, 그가 왼손에 든 두루마리에는 이렇게 쓰여 있었습니다. "그는 멸시를 받아 사람들에게 버림받았으며 간고를 많이 겪었으며 질고를 아는 자라"(사 53:3). 예레미야도 서 있었는데, 그의 두루마리에는 이렇게 쓰여 있었습니다. "나의 고통과 같은 고통이 있는가 볼지어다"(애 1:12). 그 교회를 둘러보다가 나는 또 이런 글을 읽었습니다. 비록 천장 꼭대기에 문장으로 새긴 글이긴 하지만, 충분히 볼 만큼 큰 글이었습니다. "모세와 모든 선지자들이 그분에 대하여 말하고 기록하였다"(눅 24:27, 44).

자, 내가 결코 잊을 수 없었던, 그 인상적인 광경을 보도록 여러분을 그곳으로 데려갈 수는 없지만, 여러분이 마음의 눈으로라도 그와 같은 장면을 상상하며 볼 수 있기를 바랍니다. 아담의 시대로부터 구약성경을 종결하는 말라기 시대로까지, 살았던 모든 성도들을 상상해 보십시오. 그 다음 초대 교회 시대를 거쳐, 크리소스톰(Chrysostom)과 아우구스티누스의 시대를 거쳐, 그 후 종교개혁자들 주변에 모였던 모든 거룩한 사람들을 상상하고, 또한 그 이후에도 모든 곳에서 하나님을 섬겨왔던 모든 성도들을 생각해 보십시오. 거대한 원을 그리며 서서, 그들이 한 가지로 가리키는 분이 누구일거라고 당신은 생각합니까? 그들 모두는 누구를 증언할 것 같습니까? 팔을 뻗어서, 그들 모두는 주 예수 그리스도를 가리킬 것이며, 그분을 칭송하며 말할 것입니다. 그들의 개인적인 역사에 대해 조사해 본다면, 그들의 성품은 비록 매우 아름답기는 하지만, 동시에 매우 다양하다는 것을 발견할 것입니다. 어떤 이는 용기로 명성을 날리고, 다른 이들은 온유함으로 유명합니다. 어떤 이는 견디는 인내로, 다른 이들은 부지런한 노동으로 두드러지지만, 그러나 모두가 같은 믿음으로 고쳐되었습니다. 그들 모두는 뜨거운 감사로 달아올랐으며, 그들 모두는 뜨거운 사랑의 시선으로 그들에게 은혜를 주신 한 분을 향해 바라보고 있습니다. 그 한 분은 예수 그리스도, 하나님의 아들, 사람들의 구주이십니다. 이 법칙은 단 하나의 예외도 인정하지 않습니다. 각 사람들은 자신들이 처한 곳에서, 자신들의 특정한 소명 속에서, 그들의 다양한 개인적인 경험 속에서, 셀 수 없이 많은 음성으로, 구분되지만 조화를 이룬 합창으로, 온 땅에서부터 하늘을 향하여 이렇게 외칩니다. "우리가 다 그의 충만한 데서 받으니 은혜 위에 은혜러라." 생각하건대, 탁월한 영광에는 반응이 뒤따르게 마련입니다. 하늘의 거주자들이 힘써 이렇게 화답합니다. "우리 영화롭게 된 영혼들이, 그분의 충만한 데서 받으니 은혜 위에 은혜러라." 이것이 전투적인 교회(the Church militant)의 증언이며, 또한 승리한 교회(the Church triumphant)의 공통된 증언입니다. 그렇습니다. 그것은 모든 시대 모든 장소에서, 그분의 날개 그늘에 자기를 의탁한 모든 이들의 증언입니다.

　우리의 본문은 두 가지 사상을 제시하는 듯 합니다. 하나는 **충만**(fullness)이며, 또 하나는 **채움**(filling)입니다. 이 각각의 주제에 대해 나는 조금, 아주 조금만 말하려고 시도할 것입니다. 그렇게 무한한 주제에 대해, 우리는 마치 바닷물을 조개껍질에 조금 담은 어린애와 다를 바가 없다고 여겨집니다. 그 조그만 국자로는 대양을 담을 수가 없지요. 나는 거대한 대양의 한쪽 모퉁이에 서 있습니다. 대양의 측량할 수 없는 깊이에 대해서는 여러분의 묵상에 맡기고자 합니다. 그분의 충만함! 이는 고갈되지 않는 저수지입니다. 우리의 채움! 이는 제한 없는 기증입니다. 사랑하는 이여, 하나님의 강은 물로 가득하여서, 작은 하천과 샘들에 충분한 은혜, 은혜 위에 은혜를 공급할 수 있습니다.

1. 그분의 충만(His fullness)

그것은 그분의 충만, 하나님의 아들 예수 그리스도의 충만입니다. 오! 그분은 얼마나 충만하신지요! 그 충만은 그분의 인격에 속한 것입니다. 이 점을 주목하고 잊지 마시기 바랍니다. 우리의 구주는 본질적으로 하나님이십니다. 본성에 있어서 신성을 가지신 분이십니다. 그분이 스스로 낮아지셔서 우리의 본성을 취하셨으며, 그래서 그분은 가장 확실하고도 참되게 인간이십니다. 참된 하나님! 그분에게 여호와의 모든 특성이 속해 있습니다. 참된 사람! 그분이 우리의 살과 피를 취하셨을 때, 그분은 우리의 모든 피조성(creature-ship)을 공감하셨습니다. 신성과 인성의 복합적인 본성 속에서 그분은 충만을 소유하셨습니다. 그분 안에 신성의 모든 충만이 육체로 거하십니다. 그분은 전능(全能)으로 충만하시며, 하늘에서와 땅에서 중보자로서의 모든 능력이 그분에게 부여되었습니다. 전지(全知)하심도 그분의 것입니다. "두세 사람이 내 이름으로 모인 곳에는 나도 그들 중에 있느니라"고 그분이 말씀하셨습니다(마 18:20). 그분에게는 지혜의 본질이 있습니다. 지상에 계실 때에도 예수님은 사람들에게 몸을 의탁하지 않으셨는데 이는 "친히 모든 사람을 아심이요, 또 사람에 대하여 누구의 증언도 받으실 필요가 없었으니, 이는 그가 친히 사람의 속에 있는 것을 아셨기" 때문입니다(요 2:24-25). 그분은 공의로 충만하십니다. 아버지께서는 모든 심판을 아들에게 맡기셨습니다. 하나님께서 "정하신 사람으로 하여금 천하를 공의로 심판할 날을 작정하시고, 이에 그를 죽은 자 가운데서 다시 살리신 것으로 모든 사람에게 믿을 만한 증거를 주셨습니다"(행 17:31). 그분은 은혜로 충만하십니다. "이 사람을 힘입어 죄 사함이 우리에게 전파되기" 때문입니다(행 13:38). 그분에게 있어 하나님의 속성들은 완전하고도 전체적입니다. 그분의 본성은 독특하게 하나로 연합되었습니다. 나누고 세분하는 것은 우리의 일입니다. 그분의 본성을 세분하여 부분적으로 설명하려는 것은 우리의 이해력이 연약하고 단편적이기 때문입니다. 아무리 깊이 생각해도, 당신의 사고로는 하나님의 전체를 묘사할 수 없습니다. 왜냐하면 하나님은 선하고 복된 것의 총체가 되시기 때문입니다. 하나님이 그러하시듯, 그리스도께서도 그러하십니다. 모든 신적인 특성들이 그리스도 예수 안에 충만하게 내포되어 있고 또 그분을 통해서 겉으로 나타납니다. 그분의 신성의 충만은 그분의 고난의 수치에 의해서도 감소되지 않지만, 그러나 그분의 승리에 의해 더욱 밝게 빛을 발합니다.

"그 안에는 신성의 모든 충만이 육체로 거하시고"(골 2:9). 그분은 아버지의 본체의 형상이시며, 단순한 영광이 아니라, 아버지의 영광의 광채이십니다(히 1:3). 이 사실이 우리 마음에 얼마나 큰 확신을 불어넣는지요! 당신과 내가 받는 은혜는 그분의 충만에서 나온 것인데, 그 충만은 다름 아닌 하나님의 무한한 충만이며, 영원토록 복되시며 우리와 함께 하시는 임마누엘 하나님의 충만인 것입니다.

그리스도 안에는 또한 그분의 인성의 측면에서도 충만이 있습니다. 완전한 인간을 구성하는 특성과 관련하여, 그분에게 결핍된 것은 아무것도 없습니다. 그분은 순수하십니다. 그분은 어떤 죄도 물려받지 않으셨습니다. 그분의 성향은 어떤 악으로도 기울지 않았습니다. 나아가, 하나님이 지으신 피조물로서의 인간 본래의 특성들이 가장 충만하게 발달된 것은 그리스도 안에서입니다. 그러므로, 내 형제들이여, 그분에게는 공감과 긍휼이 가득합니다. "우리에게 있는 대제사장은 우리의 연약함을 동정하지 못하실 이가 아니요 모든 일에 우리와 똑같이 시험을 받으신 이로되 죄는 없으시니라"(히 4:15). 예수님이 당신 자신보다 덜 인간적일 거라고 생각하지 마십시오. 그분은 온전히 인간이셨습니다. 그분이 인간의 약함과 고통에 대해 당신보다는 덜 약할 거라고 생각하지 마십시오. 그분도 온전히 약하셨습니다. 그분의 심장이 사랑으로 녹을 정도였습니다. 어머니에게는 종종 아버지에게서 볼 수 없는 부드러움이 있습니다. 남성적인 힘과 용기가 여성의 부드럽고 동정적인 특징들과 항상 잘 섞이는 것은 아닙니다. 그렇지만 하나님께서 인간을 자기 형상대로 지으셨을 때, 그분은 인간들을 남자와 여자로 지으셨습니다. 남성과 여성의 덕목들이 우리 주님 안에서 결합되었다고 말할 수 있습니다. 우리 인간성의 부드러움과 굳셈, 남성적이면서 여성적인 덕목이 하나로 결합된 것입니다. 인간성의 총체성과 완전성이 그분에게 속했으며, 또한 그분을 통해 나타났습니다. 긍휼과 동정의 성품이 다른 사람들의 슬픔을 보는 그분의 눈물에 녹아들었으며, 다른 사람들과 기쁨을 나누는 미소에 나타났습니다. 또한 여호와의 군대 전사처럼 두려움으로 타협하지 않고, 민첩하게 행동하며, 불굴의 정신으로 인내하는 영웅적 특성을 그분에게서 볼 수 있습니다. 그렇게 우리 구주 예수 그리스도 안에는 신성의 충만뿐 아니라 인성의 충만도 있습니다. 당신이 신뢰하고 경탄할 만한 완벽한 충만이 그분의 복되신 인격 속에 결합되어 있는 것입니다.

마찬가지로, 더 좋은 말이 부족하여 감히 이렇게 표현합니다만, 우리 주님 안에는 획득된 충만(an acquired fullness)이 있습니다. 그분은 지상에 거하셨으며, 하나님의 율법에 온전히 순종하여 그 길에서 벗어나지 않으셨습니다. 스스로 종의 형태를 취하시고, 그분의 의로써 영원한 은혜의 근원이 되는 충만을 삯으로 획득하셨습니다. 그분의 전 삶을 통해서 그분은 하나님의 율법을 존중했으며, 하나님을 땅에서 영화롭게 하였습니다. 그분은 자발적으로 또 인간을 대리하여 아버지의 뜻을 행하셨으며, 그리하여 없어지지 않는 공로의 토대를 세우시고, 그분의 이름을 믿는 우리 모두가 아버지의 보좌 앞에 나아가 호소할 수 있게 되었습니다. 더욱 특별한 것은, 그분은 죽음으로 순종을 완성하셨다는 것입니다. 참된 가치, 본질적인 덕목을 확립하신 것입니다. 그분의 죽음은 숭고합니다. 감람산에서 그분은 피의 땀방울을 흘리셨으며, 마지막 순간에는 이렇게 외치셨습니다. "내 영혼을 아버지 손에 부탁하나이다"(눅 23:46). 채찍질과 침 뱉음, 모욕, 매 맞음, 못 박힘, 갈증, 버려짐, 그리고 죽음 자체를 통해, 그분은 우리를 위한 속죄를 완수하셨습니다.

> "우리가 결코 감당할 수 없던 것을 그분이 감당하셨으니,
> 그것은 아버지의 의로우신 분노라."

이제 그분이 죽음에서 일으켜지시고, 하나님 보좌 우편으로 올라가심으로, 그분이 피로써 호소하실 때 그분의 중재에는 충만한 효력이 있습니다. 성령께서 그 피를 죄인의 양심에 적용하실 때 충만한 죄 씻음의 능력이 나타나며, 그분의 피가 아벨의 피보다 더 나은 것을 말할 때(히 12:24), 우리 마음에 충만한 평화가 임하게 됩니다. 임마누엘의 혈관에서 흘러나온 피로 가득한 그 샘은 인간의 모든 죄를 씻어도 메마르지 않습니다. 그분은 아버지께서 명하신 일을 다 이루셨습니다. 이제 하나님과의 언약이 비준되었기에, 그분은 "자기 영혼의 수고한 것을 보고 만족히 여기십니다"(사 53:11). 이러한 관점에서 우리는 귀하신 우리 주님께는 인격적인 충만뿐 아니라 획득하신 충만이 있다고 확신하는 것입니다.

그분에게는 또한 높고 탁월함, 존엄의 충만함이 있습니다. 그분은 선지자이십니다(a Prophet). 그분에 의해 그분의 모든 백성이 가르침을 얻으며, 훈계와 상

담을 받으며, 복된 소망으로 격려를 받습니다. 그분은 제사장이십니다(a Priest). 그분에 의해 우리는 죄로부터 씻김을 받으며, 하나님께 바쳐집니다. 더 나아가, 그분은 또한 왕이십니다(a King). 그분의 백성들을 위해 보호의 방패를 펼치시며, 그들을 위해 평화를 선포하십니다. 그분의 자비로운 통치를 받으며, 그분의 백성들은 번성합니다. 당신은 선한 목자이십니다(Shepherd)! 양들의 위대한 목자이십니다! 우리의 복지를 위해 필요한 일이나 의무는 없으니, 오직 당신께서 그 모든 일을 행하시고 우리를 위해 완수하셨습니다! 주님, 당신은 우리에게 우리가 바라며 또한 바랄 수 있는 모든 것이 되십니다! 여러분이 필요로 하고 또 공감할 수 있는 모든 덕목들을 상상해 보십시오. 여러분은 그 모든 덕목들이 주 예수님 안에 풍성하고 넘치게 있음을 발견할 것입니다. 그분의 탁월함과 존엄에는 제한이 없습니다. 단번에 영원한 효력이 있는 제물을 드리신 제사장으로서, 그분의 사면(赦免)과 축복의 선언은 결정적이며 취소시킬 수 없습니다. 선지자로서, 그분의 권위는 나무랄 데가 없습니다. 그분의 가르침의 권위는 어떤 반박도 용인하지 않습니다. 왕으로서, 그분은 힘과 권리를 모두 가지고 있습니다. 시온에서는 그분의 백성들이 그분의 선하신 통치 아래에서 즐거이 순종하며, 바깥세상에서 반감을 품은 반역자들도 그분의 통치의 홀에 굴복할 수밖에 없습니다. 그분은 헛된 자만심으로 효력 없는 지시만 남발하는 그런 제사장이 아니십니다. 그분은 가르침의 논조가 불확실하거나 제한되어 있는 그런 선지자가 아니십니다. 그분은 그 권위가 지혜의 재가를 받지 않는 그런 왕이 아니시며, 그 다스림이 사랑으로 불붙지 않은 그런 왕이 아니십니다. 다스림의 모든 영역에서, 주님은 완벽한 통치자의 특성을 보여주시며 또한 그 백성들에게는 충만한 만족감을 주십니다. 그런 면에서 그분에게는 맞설 자가 없으며, 또한 맞설 자가 일어날 가능성도 없습니다.

    이런 일들에서 우리 주님께서 보여주시는 능력은 우리에게 경건한 확신을 불러일으킨다는 점을 말하고 싶습니다. 당신은 진리에 대해 배우기를 원합니까? 오! 나사렛의 그 선지자에게로 오십시오! 그러면 당신은 그분의 가르침 속에 진리가 가득함을 보게 될 것이며, 그러한 진리는 이교도의 예언이나 다른 히브리 선견자들에게서 결코 찾을 수 없음을 알게 될 것입니다. 혹은 하나님 앞에서 받아들여지기를 원합니까? 오! 그러면 레위 지파에 속하지 않고 멜기세덱의 반차를 따른 제사장, 충성됨으로써 존엄한 제사장 직분의 영예를 얻은 그 제사장에게로 오십시오! 그분은 당신의 예물을 그분의 많은 공로의 향과 함께 드려서 하나님 보좌 앞에 받으실 만한 제물이 되게 하실 것입니다. 혹은 당신은 힘을 필요로 합니까? 당신의 싸움을 싸워줄 분, 방패를 쥐고, 창을 들고, 활을 다룰 수 있는 용사를 원하십니까? 저 이스라엘의 영웅을 보십시오! 당신의 노래들이 그의 공적을 기리고 있지 않습니까? 하늘의 권리에 의해서 뿐 아니라 정당한 정복에 의해 왕이 되신 분, 충만한 권세와 위엄을 가지시고 누구도 감히 대적할 수 없는 분, 바로 예수님이십니다! 그가 다스리십니다. 그의 통치는 그분의 백성에게는 위로요, 그들의 평화의 보장입니다. 이는 그저 윤곽만 말한 것입니다. 그분이 행하시는 모든 일들은 열거하기에는 내게 시간이 부족합니다. 그 일들은 너무나 많습니다. 그러나 그 일들이 아무리 많다 하더라도, 그리스도께서는 그 모든 일을 능히 감당하십니다. 그분은 그 모든 일들에 요구되는 모든 수고를 즐기시며, 또한 그 모든 일들을 완전히 수행하실 수 있는 능력이 있습니다.

그러나 그리스도 안에는 진실로 **모든 종류의 완벽함**이라는 복된 충만함이 있습니다. 훌륭하고 좋은 평판을 얻을 만한 모든 요소들이 그리스도 안에서 발견됩니다. 인간적 성품의 덕스럽고 호감을 주는 모든 것, 가장 큰 특권을 부여받은 피조물에게 하늘이 부여한 모든 고귀하고 뛰어난 특징들을 우리 주님은 가지고 계십니다. 헨리 8세(Henry VIII, 1491-1547)에 대해, 역사상 과거의 폭군적인 요소들이 모두 사라졌다고 하더라도, 그 괴물 같은 하나의 왕에게서 그 모든 요소들이 되살아났을 것이라는 말이 있습니다. 그런 식으로, 만약 지금까지 살았던 족장들과 선지자들과 성도들과 순교자들의 모든 거룩한 특징들이 역사의 화폭에서 지워졌다고 하더라도, 그 모든 것이 단 한 분, 즉 영원히 흠모할 만한 우리 주 예수 그리스도의 거룩한 인격과 삶에서 모두 새롭게 되살아났을 것입니다. 그분 안에는 한 가지 특성의 완벽함만 있는 것이 아니라, 모든 완벽한 특성들이 서로 섞이고 어우러져서 비할 바 없는 하나의 완벽함을 이루는 것입니다. 그분 속에 하나의 달콤한 맛만 있는 것이 아니라, 모든 달콤한 맛들이 결합하여 하나의 완벽한 단 맛을 내는 것입니다. 요한에게는 사랑이 있었고, 베드로에게는 용기가, 바울에게는 열정이 있는 등, 각각의 성도에게는 그 나름의 거룩한 특성이 있습니다. 그러나 그리스도 안에서는 그 모든 선함과 은혜의 특징들이 하나로 통합되어 있습니다. 그분에게서는 그 특징들이 최고의 수준에서, 가장 아름답게 조화를 이루며 나타나는 것입니다. 그런 방식으로 그 특징들이 그분 안에서 결합되어 하나의 성품을 이루는데, 그와 같은 성품은 전에 알려진 바가 없고, 앞으로도 다시 볼 수 없을 것입니다.

또한 **성령의 충만함**이 그리스도 안에 있었음을 잊지 마십시오. 하나님께서 그분에게 성령을 일정 부분을 주신 것이 아닙니다. 그분 자신에게 성령의 수여권(授與權)이 있습니다. 그분은 머리로서, 거기에서부터 성령의 기름이 충만하게 부어지는 것입니다. 우리는 그분의 의복의 끝자락에 불과한 자들로서, 그분에게서 떨어지는 얼마간의 은혜를 입습니다. 하지만 성령의 기름의 충만은 우리 주님께 부어졌으며, 그분으로부터 그분의 지체들이 각자의 분량을 받고 기뻐하는 것입니다.

그분의 충만! 내가 이 말에서 떠나기가 어렵습니다. 이 말의 묵상에 흠뻑 젖어들었기 때문입니다. 그러한 충만은 줄어들지 않습니다. 영속적인 충만이기 때문입니다. 모든 시대의 모든 성도들이 얼마든지 그리스도께 나아온다 하더라도, 그들은 그분으로부터 필요를 공급받을 것이며, 그러면서도 그분은 언제나 충만하실 것입니다. 처음 온 자들은 풍성하게 마시다가, 수많은 사람들이 마시면서 부분적으로 양이 줄어드는 그런 샘물을 생각하지 마십시오. 사도들은 그분의 충만한 데서 받았으며, 우리 역시 그러합니다. 그들은 우리의 권리를 해치지 않습니다. 우리는 우리 다음에 와서 마실 사람들의 권리를 해치지 않습니다. 사도들이 온 후로 1800년 후에 내가 그리스도께 왔지만, 그럼에도 나는 베드로와 요한과 바울이 받았던 것과 동일하게 그분의 충만한 데서 받을 수 있습니다. 이러한 시혜(施惠)는 또다른 천년 동안 지속될 것이며, 어떤 가련하고 떠는 인생들이 십자가 밑에 와서 그 은혜를 받을 것입니다. 그들 역시 그리스도의 절반쯤 충만한 데서 받는 것이 아니며, 그리스도의 충만한 데서 받을 것입니다. 그리스도의 충만은 영속적이기 때문입니다. 그것은 가득한 것에서 결코 모자라지 않으며, 가득한 것 이상이 될 수도 없습니다. 그분 안에 있는 은혜와 진리는 무궁무진(無窮無盡)합니다. 그분 안에 있는 충만함은 모든 시대에, 당신의 모든 상황 속에서, 때로는 시련들 속에서와, 심지어 죄의 상황 속에서도 변하지 않습니다. 그리스도의 충만은 언제나 신자들이 믿음으로 구하는 것 이상으로 공급할 수 있습니다. 당신이 그 어느 때보다도 더욱 고갈되었음을 느낄 때, 그 때에도 당신은 그분의 풍성함으로부터 다시 가득해질 수 있습니다. 그러므로 그분의 영속적인 충만, 다함이 없는 충만, 우리가 혜택을 볼 수 있는 충만을 생각하면서, 나는 여러분에게 머뭇거리지 말고 이 충만을 활용하라고 호소합니다. 충만이 있으므로, 채워짐도 있습니다.

2. 우리의 채움(Our filling)

채움, 이것이 두 번째 요점입니다. 그에 대해서는 간략히 말해야겠습니다. "우리가 다 그의 충만한 데서 받으니." 진정 예전에는, 모든 성도들이 비어 있었습니다. 내 형제여, 당신은 비어 있습니다. 아브라함도 그러했고, 바울도 그러했습니다. 은혜, 거저 주시는 하나님의 은혜가 베드로와 유다를 전혀 다르게 만들었습니다. 전자는 회개했고, 후자는 절망했습니다. 전자는 하늘의 길을 따라 여행했으며, 후자는 지옥으로 급히 내려갔습니다. 죄를 범한 것에 있어서 그들은 같은 자리에 서 있었지만, 은혜가 그들을 달라지게 만들었습니다. 올바른 관점에서 볼 때, 무엇이 이 두 사람 사이에 근본적인 차이를 만들었습니까?

"모든 사람이 죄를 범하였으매 하나님의 영광에 이르지 못하더니"(롬 3:23). 아무런 공적도 없이 그리스도께 나아와야 한다는 점에 있어서는 모두가 똑같습니다. 그렇지 않으면 그들은 결코 그리스도께 나아올 수 없습니다. 얼마 전, 올바르고 훈계적인 내용을 담은 훈훈한 이야기를 들은 적이 있습니다. 훌륭하고, 착실하고, 부지런한 어떤 여성이 천박하고, 무가치하며, 자유분방한 한 남성과 결혼했습니다. 그러나 그 둘은 복음을 몰랐다는 점에서는 같았습니다. 그들이 기도의 집에 함께 왔습니다. 그들이 함께 은혜의 말씀을 들었고, 그들 각자가 믿게 되었습니다. 그들 각자는 구주를 영접했으며, 그래서 그 둘 모두가 같은 방식으로 구원받았습니다. 그들은 동일하게 은혜를 얻었습니다. 그들은 서로 경쟁하듯 하나님의 풍성하고, 주권적이며, 거저 주시는 은혜를 찬송했습니다. 그 일은 사실입니다. 바로 지난 주에 있었던 일입니다. 내가 이 말을 하는 것이 당신이 좀 더 잘 납득하는데 도움이 될지는 모르겠지만, 엘리후가 욥에게 했듯이 말하도록 하겠습니다. "실로 하나님이 사람에게 이 모든 일을 재삼 행하심은, 그들의 영혼을 구덩이에서 이끌어 생명의 빛을 그들에게 비추려 하심이니라"(욥 33:29-30).

그 채우심이 보편적인 것임을 주목하십시오. 모든 성도들이 거기에 참여합니다. "우리가 다 그의 충만한 데서 받으니." 주의 백성들에게는 수많은 다양한 경험들이 있습니다. 그러나 어떤 점에서 그들은 비슷한 경험들을 공유합니다.

어떤 성도들은 다른 사람들이 겪는 시련과 환난의 고난을 겪지 않습니다. 그렇지만, 여기에는 어떤 차별도 없습니다. 그들 모두는 그리스도의 충만으로부터 받습니다. 그들 중 어느 누구도 그것을 받지 않고 살 수는 없으며, 그들 중 어느 누구도 하늘의 시혜자(施惠者)가 아닌 다른 손에서 받을 수는 없습니다. 그들은 그것을 삯으로 획득하지 않았습니다. 그들은 그것을 선물로 받았으며, 예수 그리스도로부터 받았습니다.

이는 성도들에게만 고유하게 해당되는 일입니다. "우리가 다 그의 충만한 데서 받으니"라는 말씀에서, 어떤 일단의 사람들이 그 특권의 참여자가 되었으며, 모든 사람이 다 그것을 받은 것은 아니라는 것이 명백합니다. 복음 잔치에 초대를 받았을 때 수천 수만의 사람들이 그 초청을 거부하며 이렇게 말합니다. "가난뱅이들이나 그 잔치에 참여하라고 해. 나는 거기 가느니 차라리 굶어죽을 테야." "우리가 다"란 모든 믿는 자들을 말합니다. 그러면 "우리"는 누구이며 "우리"는 무엇이기에, 그런 은혜가 다른 사람들보다도 우리에게 주어진단 말입니까? 아! 형제들이여, 우리가 스스로 만족할 만한 이유는 조금도 없습니다! 우리 중에 공적을 이유로 선택받은 사람은 아무도 없습니다. 우리는 비천하고, 가장 무가치하며, 가장 호감이 가지 않으며, 모든 면에서 가장 소망 없는 자들이었습니다! 오! 은혜, 그것이 가장 어울리지 않는 마음속에 찾아왔으며, 사랑의 영광, 그것이 가장 어두운 집에서 발견된 것입니다. "우리가 다" 한때 죄와 허물로 죽었던 자들이었습니다. 우리는 한때 탕자와 같이 잃어버린 자들이었으며, 길 잃은 양처럼 방황하던 자들이었으며, 잃어버린 한 푼의 동전과도 같은 자들이었습니다. 우리는 누군가 찾아 주고, 발견해 주고, 구원해 주는 이가 필요했습니다. 그러나 그분의 충만으로부터 우리 모두가 은혜를 받았습니다. 이러한 받아들임이 믿는 자들에게만 해당되는 것임을 기억하십시오. 그것은 믿는 자들 밖으로 흘러나가지 않습니다.

그렇지만, 모든 경우에서 개인적인 받아들임이 있고, 또 있어야 함을 명심하십시오. "우리가 다 그의 충만한 데서 받으니." 우리 중 아무도 다른 이로부터 그것을 받거나 전달받을 수 없습니다. 오직 우리 각자가 그것을 직접 그분에게서 받아야 합니다. 당신의 부모의 은혜가 당신을 구하지 못합니다. 어리석은 처녀들이 기름을 나누어 달라고 말했을 때, 슬기로운 처녀들이 어떻게 슬기롭게 대답했습니까? "우리와 너희가 쓰기에 다 부족할까 하노니 차라리 파는 자들에게 가서 너희 쓸 것을 사라"(마 25:9). 가족의 경건은 의무이지만, 그러나 그것이 개인적인 경건을 대체할 수는 없습니다. 사랑하는 청중이여, 당신은 그리스도께 당신 스스로 나아가야 합니다. 구원받은 모든 이들이 그렇게 해서 구원을 받았습니다. 당신도 그렇게 하지 않으면 구원받지 못합니다. 당신도 그리스도 앞으로 인도되어야 합니다. "우리가 다 그의 충만한 데서 받으니"라고 한 말씀은 개인적인 채움입니다.

그 풍성함은 거저 주시는 것입니다. 다음 말씀에 주목해 보십시오. "은혜 위에 은혜러라." "그의 충만한 데서 값을 주고 샀으니"라고 말하지도 않고 "그의 충만한 데서 획득했으니"라고 말하지도 않습니다. 그것은 모두 수동적입니다. 우리는 그저 받은 것입니다. 물을 그 속에 붓기 위해, 그릇이 할 일이 대체 무엇입니까? 아무것도 없습니다. 그릇이 할 수 있는 일이란 달리 아무것도 하지 않고 가만히 있는 것입니다. 말하자면, 채워지도록 스스로를 비우고 준비하는 일뿐입니다. 오! 여러분 중 누구라도 예수 그리스도를 발견하기를 바란다면, 행할 일이라고는 비우는 일뿐입니다. 채워지기 위해서 당신은 비워져야 합니다. 준비란 당신이 아직 준비되지 않았음을 의식하는 것입니다. 미처 준비되지 못함 속에서 당신은 그리스도를 위해 준비되는 것입니다. 이것은 불가해한 수수께끼입니다. 그들 스스로 그분을 위해 준비되었다고 생각하는 자들은 실상 그렇지 못하며, 미처 준비되지 못했음을 아는 사람들의 영혼에 은혜가 찾아옵니다. 부유함이 아닌 가난, 보는 것이 아닌 보지 못함, 가득함이 아닌 비워짐, 덕목이 아닌 악함, 바로 이런 것들이 그리스도를 찾는 것들입니다. 그분은 잃어버린 자들을 찾으시고 구원하십니다. 스스로 승리를 쟁취하거나 스스로 훌륭하다고 자평하는 자들이 아니라, 패배하고, 무너졌으며, 잃어버린 자들을 찾아와 구원하십니다. 만일 당신이 잃어버린 자라면, 그분이 당신과 같은 자들을 찾으시고 구원하기 위해 오십니다. 오! 한때 잃어버린 자였으나 이제는 찾은 자 된 그대여, 그분의 충만한 데서 받은 것으로 인해 그분의 이름을 찬송하십시오!

"은혜 위에 은혜러라!" 이 말씀이 무엇을 의미합니까? 우리는 마치 제비가 연못의 물을 스치듯이 그것을 스칠 수밖에 없습니다. 우리는 주제넘게 그 깊은 곳으로 들어간다고 감히 말할 수 없습니다. "은혜 위에 은혜러라." 그것은 옛 언약 아래에서 은혜를 받은 자들이 후에 새 언약의 은혜를 받게 되었음을 의미하지 않을까요? 그것은 성령의 역사에 의해 죄를 자각하는 은혜를 받은 우리들이 점차로 자유의 영을 받는 것, 죄의식에서 출발하여 회심을 통과하고서 마침내 완전한 용서와 하나님과의 화평을 누리는 단계로 들어감을 의미하지 않을까요? 그것은 은혜가 영광으로 변하게 되는 그런 은혜를 말하지 않을까요? 그것은 우리가 보좌 앞으로 나아올 때 은혜가 점진적으로 주어지고 거듭하여 주어지는 것, 처음에는 작은 은혜에서 시작하였다가 후에는 더욱 커지는 은혜가 아닐까요? "더욱 큰 은혜를 주시나니"(약 4:6). 은혜에 뒤따르는 은혜, 그렇게 계속하여 넘치는 은혜가 아닐까요? 우리가 영원토록 은혜의 보좌 앞에 나아올 때, 마침내 은혜가 영광으로 변하는 그런 은혜가 아닐까요? 하나님께서 우리를 한 걸음 한 걸음씩 인도하시고, 우리의 영적인 부요함을 더하시며, 처음에는 단순한 것들로 출발하였지만 후에는 더 깊은 곳으로 이끌어 주시는, 그런 것을 의미하지 않을까요? "은혜 위에 은혜러라."

그렇습니다. 그 말씀의 의미는 그럴 것이며, 그리고 그 이상을 의미할 것입니다. 하나님께서는 더 나은 은혜의 준비로서 은혜를 주십니다. 상한 심령의 은혜는 깊은 회개와 죄에 대한 혐오로 이끌어 줍니다. 죄를 미워하는 은혜는 거룩하고 신중한 삶으로 이끌어 주며, 예수님 안에서의 겸손과 믿음의 삶으로 이끌어 줍니다. 신중한 삶의 은혜는 그리스도와의 친밀한 교제의 은혜로 이끌어 줍니다. 또한 주 예수 그리스도와 친밀한 교제의 은혜는 그분의 형상을 온전히 닮는 은혜로 이끌어 줍니다. 아마도 그분의 형상을 닮는 은혜는 더 빛나고 더 높은 은혜로, 곧 주 예수님의 심장 속으로 더 가까이 연합하는 은혜로 이끌어 줄 것입니다. 은혜 안에서 성장하도록 돕는 것이 은혜입니다. 어떤 거지가 당신에게 일 페니의 동전을 구할 때, 당신이 그에게 동전 하나를 줍니다. 그는 당신에게 큰 돈을 구하지 않습니다. 혹 당신이 그에게 일 실링(1페니의 12배, 1파운드의 1/20의 가치, 지금은 폐지되었음 - 역주)을 준다면, 그는 당신이 그에게 일 파운드의 돈을 줄 수도 있지 않겠는가 하는 생각을 하게 될 것입니다. 당신은 하나님께 대해서 그렇게 생각할 수 있습니다. 예를 들어, 당신이 '일 온스(1/16 파운드)' 정도의 은혜를 받았다면, 그것은 당신이 더 크고 많은 무게가 나가는 은혜를 구할 수 있는 이유가 될 것입니다. 나중에는 그보다 훨씬 뛰어나고 영원한 가치가 있는 영광을 구할 수 있을 것입니다. 그분이 은혜 위에 은혜를 주시는 분이심을 믿으십시오. 즉, 더 큰 은혜를 얻기 위해 입을 크게 여십시오. 당신이 받은 은혜는 당신의 마음을 넓힐 것이며, 더 큰 은혜를 받을 공간을 마련할 것입니다. 당신의 자녀를 'A B C'를 배우도록 학교에 보냅니까? 당신은 자녀가 알파벳을 배우는 것을 은혜라고 말할 수 있습니다. 그렇지만, 그것은 또한 철자교본(spelling-book)을 읽고 배우도록 준비하는 과정입니다. 자, 그가 철자교본을 읽는 법을 배우는 것은 무엇을 위한 것입니까? 다른 책들을 읽을 준비입니다. 그런 식으로, 하나의 은혜는 또다른 은혜를 위한 준비가 되며, 우리는 은혜 위에 은혜를 받아 그분의 충만함으로부터 갈수록 채워져 가는 것입니다.

혹은, 이 본문을 "은혜에 상응하는(answerable) 은혜"로 가정해서 읽어 봅시다. 이렇게 해서 이중의 의미를 추정할 수 있습니다. 하나님께서 제게 설교자가 되는 은혜를 주셨다면, 그분은 틀림없이 그 일을 감당할 수 있는 은혜도 주실 것입니다. 아마도 그분은 당신에게 주일학교에서 가르치는 은혜를 주셨을지 모릅니다. 그렇다면 당신은 유능한 교사가 될 수 있도록 그 이상의 은혜가 공급되기를 원할 것입니다. 혹은 당신이 그리스도를 위하여 고통을 감당해야 하는 은혜를 받을 수 있으며, 그럴 경우 당신은 고통과 박해 중에서 당신을 지탱시켜 줄 인내의 은혜를 더 필요로 할 것입니다. 당신이 기도하도록 부름을 받았다면, 당신은 기도 중에 하나님과 씨름하기 위해 당신 자신을 쳐 복종시켜야 할 것입니다. 이것은 큰 은혜입니다. 오! 당신이 은혜에 부응하는 은혜를 받기 바랍니다. 당신이 얍복 강가에서 천사를 만나게 되었을 때, 그분의 힘을 의지하여, 그분의 약속과 언약과 맹세에 호소하며, 그분이 당신을 축복할 때까지는 그분을 절대 가시도록 하지 마십시오. 이렇게 해서 절뚝거리며 의기소침하던 야곱은 유력한 이스라엘이 될 수 있었습니다. 우리도 이렇게 은혜에 부응하는 은혜를 받기 바랍니다.

"은혜 위에 은혜"는 그리스도 안에서 어떤 은혜에 부응하기 위한 또다른 차원의 은혜를 의미할 수 있습니다. 오! 우리 그리스도인들이 그분 안에 우리를 위해 저장된 은혜의 크기에 비례하는 은혜를 받을 수 있기를 바랍니다! 그분 안에 있는 모든 것이 당신의 것입니다. 당신에게 공급되는 정도는 그분의 풍성하고 무한한 부요와 충만에 어울리는 것이어야 합니다. 큰 영지의 상속자는, 아직 성년이 아닐 경우 일반적으로 유언집행자나 법정 관리자의 허락을 받아야 하지만, 그럼에도 불구하고 그의 지위에 걸맞을 정도의 소유는 현재에도 점유할 수 있습니다. 그가 장래에 매년 (당시 화폐가치로) 100,000 파운드의 거액을 소유할 상속자라면, 아직 어리다고 해서, 가난한 사람의 자녀처럼 한 주에 일 페니

동전으로 사용액이 제한될 수는 없을 것입니다. 넓은 영지를 물려받게 된 자가, 초라한 오두막에서 목숨만 근근이 유지할 정도의 필요를 공급받을 것이라고는 상상할 수 없습니다. 오, 절대 그렇지 않습니다. 그 정도는 그의 지위에 비례해서 볼 때 너무나 빈약한 분량입니다.

하나님의 어떤 자녀가 항상 슬피 울고 있고, 또다른 때는 항상 의심하고 있으며, 또다른 때는 항상 궁리만 하고 있는 것을 볼 때, 나는 일종의 실망감을 느낍니다. 그들이 그들의 특권에 못 미치는 삶을 살고 있기 때문입니다. 그들은 장차 받기 위해 간직된 은혜에 상응하는 현재의 은혜를 갖지 못한 듯이 보입니다. 사람들은 흔히 수입에 상응하는 적당한 수준의 생활을 하라는 권고를 듣습니다. 그러나 나는 하나님의 자녀들에게, 영적인 의미에서, 그들의 수입을 초과하여 살라고 도전합니다. 소비할 수 있는 돈을 거의 가지지 못한 당신은 누가복음 15장의 비유에서의 큰 아들과도 같습니다. 당신은 이렇게 말합니다. "아버지는 내게 염소 새끼라도 주어 나와 내 벗으로 즐기게 하신 일이 없습니다"(눅 15:29). 그러자 당신의 아버지가 이렇게 대답하시지요. "얘야, 너는 항상 나와 함께 있으니 내 것이 다 네 것이란다"(눅 15:31). 만일 당신이 그것을 갖지 못했다면, 그것은 당신 자신의 잘못입니다. 아버지께 있는 모든 것이 얼마든지 당신의 것이 될 수 있습니다. 구하십시오, 찾을 것입니다. 오! 그리스도 안에 있는 넘치는 은혜를 우리가 한 번 얻게 된다면, 우리는 얼마나 놀라운 그리스도인들이 될는지요! 더 이상 별처럼 빛나는 그리스도인이거나 달처럼 빛나는 그리스도인들이 아니라, 해처럼 빛나는 그리스도인들이 될 것입니다. 그래서 우리의 빛을 사람들 앞에서 널리 비출 것입니다. 오! 우리의 다윗 왕께 가장 강력한 세용사 중의 하나가 되기를 바랍니다! 우리 각 사람이 그러한 지위를 사모하며, 또한 하나님께서 그분의 사랑으로 인해 우리에게 그런 은혜를 주시길 바랍니다.

"은혜 위에 은혜러라"는 말씀은 명백히 **풍성한** 은혜를 의미합니다. 바다 물결처럼, 하나가 오면 그 바로 뒤에 또다른 것이 밀려옵니다. 하나가 갔다고 말하기도 전에, 또다른 것이 그 자리를 채웁니다. 바다 물결은 그렇게 옵니다. 그 수를 누가 세겠습니까? 오래도록 연속하여, 물결은 물결을 뒤따릅니다. 하나님의 은혜도 그러합니다. "은혜 위에 은혜러라." 하나의 은혜가 당신의 영혼 속으로 들어왔다 싶으면, 또다른 은혜가 찾아옵니다. 로울랜드 힐(Rowland Hill) 목사에게 한 가난한 목사를 위해 맡겨진 일백 파운드의 돈이 있었습니다. 그는 가난한 목사에게 한꺼번에 보내기에는 돈의 액수가 너무 크다고 생각했습니다. 그는 아마도 그 돈을 아껴서 쓸 줄 모를 것이며, 더 작은 액수로 나누어서 주는 것보다 더 감사하지 않을 거라고 여겼습니다. 그래서 그는 우선 오 파운드를 보내고, 편지에 이렇게 썼습니다. "더 올 것입니다(More to follow)." 우편 요금이 구 페니나 십팔 페니 정도 할 무렵에는 우편이 자주 도착하지는 않았습니다. 그러나 대략 한 주가 지난 후에 그는 또다시 오 파운드를 보내고서, 이런 내용의 편지를 동봉했습니다. "더 올 것입니다." 또 짧은 기간이 지난 후에 그는 같은 일을 반복했으며, 다시 이런 말을 첨부했습니다. "더 올 것입니다." 오랫동안 그런 일이 지속되고, 언제나 "더 올 것입니다"는 전갈이 동봉되었습니다. 그 친절하고 선한 사람은 많은 좋은 선물들을 어떤 방식으로 주어야 좋은 줄을 알았던 것입니다.

하나님께서 나에게 대하셨던 방법이 꼭 그와 같습니다. 그리고 나는 그분이 똑같은 일을 그분의 백성인 여러분 모두에게도 행하신다고 믿습니다. 그분은 당신에게 은혜를 보내셨습니다. 그리고 그분이 그것을 보내셨을 때, 만일 당신이 그 봉투를 자세히 보았다면 이런 글씨가 쓰여 있는 것을 보았을 것입니다. "더 올 것이다." 당신이 오늘 받은 은혜에는 명료한 글씨가 쓰여 있습니다. "더 올 것이다." 그리고 내일 당신이 얻게 될 은혜에도 이렇게 쓰여 있을 것입니다. "더 올 것이다." "은혜 위에 은혜러라." 오! 새 노래로 그분께 노래합시다! 매번 새로운 은혜를 주실 때마다 새로운 노래들을 부릅시다. 그분이 은혜를 계속 더 하심에 따라, 당신 역시 그분의 이름에 찬송의 노래를 더하여야 할 것입니다.

"은혜 위에 은혜러라." 그것은 우리 안에 은혜의 열매를 맺게 하는 은혜를 의미하지 않을까요? 우리는 그리스도의 충만한 데서 은혜를 받았으며, 그 은혜는 살아 있는 씨로서 우리 속에서 그에 맞는 열매를 맺게 하기 위한 것입니다. 하나님의 너그러우신 은혜는 우리 속에 감사의 은혜를 열매로 맺어야 합니다. 그분의 모든 선하심에 우리는 즐거워하며 감사해야 합니다. 나는 우리가 모든 고난 아래에서는 인내의 은혜를 가지고, 우리의 모든 수고하는 일에서는 열심의 은혜를 가지기를 희망합니다. 내 형제들이여, 우리가 특별히 수고하며 죄인들의 회심을 간절히 바라는 이와 같은 시기에는, 우리가 예수님께로부터 우리 속에 열매를 맺게 하고 향기가 가득하게 하는 모든 은혜를 얻을 수 있습니다! 그리하여 우리가 주님의 정원에 감람 열매가 되고, 무화과 열매들이 되며, 백합화가 되고, 향기를 발하는 여러 꽃들이 되어, 그분이 우리를 보고 기뻐하실 수 있을 것입니다! 고레스(Cyrus)가 그리스의 사신을 그의 정원에 데리고 갔을 때, 그는 그에게 정원의 아름다움을 칭송하도록 요구했습니다. 스파르타 사람들은 그들이 본 모든 것의 아름다움은 인정했지만, 칭송에는 차갑고 냉소적이었습니다. 그 정원의 주인이 이렇게 말했습니다. "이 정원은 당신들이 상상할 수 있는 이상의 큰 기쁨과 만족을 내게 준다오." 방문자가 물었습니다. "왜 그렇습니까?" 고레스가 대답했습니다. "왜냐하면, 내가 모든 나무를 손수 심었기 때문이오. 내가 모든 통로들을 고안했고 모든 꽃들을 길렀소. 나 외에 어느 손도 흙을 파지 않았고, 식물들을 돌보지 않았으며, 나무의 가지를 손질하지 않았고, 이 정원의 무슨 일이든 내가 친히 했기 때문이오."

왕이 그곳에 그토록 애정을 느낀 것은 그의 수고와 땀 때문이었습니다. 진실로, 그리스도께서도 그분의 백성들을 돌보실 때 그렇게 말씀하실 수 있습니다. "저기에 열매맺는 가지가 있다. 내가 그것을 돌보았다. 그는 병들었었고, 오랫동안 일을 하지 못하고 누워 있었다. 그는 가족이 굶주릴 것을 두려워했다. 그때 나는 그를 가지치기 하고 있었다. 그러나 나는 이제 그가 맺은 열매를 기뻐한다. 그것이 어떻게 해서 맺어졌는지를 내가 알기 때문이다. 저기 저 식물은 지금 꽃을 피우고 있고 아주 사랑스러운 향기를 발하고 있다. 그것이 시들고 거의 죽어가게 되었을 때를 내가 잘 기억하고 있다. 그때 내가 가서 물을 주었지. 수줍은 제자인 그녀는 이렇게 말할 것이다. '내 가련하고 바짝 말라 시들어가던 뿌리에 자양분을 주시고, 이슬을 떨어뜨려 주신 그 자애로운 손길을 찬송합니다!'"

그렇습니다. 우리 구주께서 우리에게 은혜의 열매를 맺을 수 있도록 "은혜 위에 은혜를" 주셨습니다. 나는 당신이 성숙하게 자라기 위해 그 주제를 스스로 묵상하기를 바라며, 성령께서 당신 안에 "은혜 위에 은혜"를 위해 역사하시도록 기도할 뿐입니다. 오! 여러분 모두가 그분에게서 은혜를 받기 바랍니다. 당신은 다른 어느 곳에서도 은혜를 얻을 수 없을 것입니다. 믿음으로 그분에게 곧장 가서, 겸손히 기도하십시오. 그분에게 풍성한 은혜가 있음을 발견할 것입니다. 당신이 지금 필요로 하는 모든 은혜와 또한 장래에 당신을 위해 간직된 모든 영광이 그분 안에 있습니다. 그분의 은혜야말로 우리의 복입니다. 여러분 모두가 그 은혜의 복에 참여하는 자가 되기를 바랍니다! 아멘.

제
4
장
—

어린 양을 보라

—

"보라 하나님의 어린 양이로다." — 요 1:36

설교자의 주요 임무는, 그리고 내가 생각하기에 설교자의 유일한 임무는 이렇게 외치는 것입니다. "보라 하나님의 어린 양이로다!" 바로 그 이유 때문에 요한이 태어났고 세상으로 보내진 것입니다. 요한과 관련하여 앞서 있었던 예언들은 바로 그러한 것이었습니다. 그는 회개를 전한 가장 유능한 설교자였으며 또한 당대의 죄에 맞서 싸운 가장 진지한 선포자이긴 했지만, 그럼에도 불구하고, 그가 만일 이렇게 말하는 것을 잊어버렸다면 그는 일생 동안 한 일을 아쉬워했을 것입니다. "보라 하나님의 어린 양이로다." 그가 회개하는 군중들에게 세례를 준 것이나 바리새인들을 만났을 때 씩씩하게 말한 것은 아주 잘한 일이었습니다. 또한 헤롯을 꾸짖을 때에 그는 진정한 영웅이었습니다. 그러나 그 모든 것에도 불구하고, 그의 주요 임무는 메시야를 예고하는 일이었으며, 하나님의 아들을 증언하는 일이었습니다. 우리가 요한에 대해 할 수 있는 말을 하나님이 보내신 다른 사역자에 대해서도 할 수 있을 것입니다. 그는 하나님의 그리스도를 증언하도록 보내어졌습니다. 그가 다른 무슨 일을 할 수는 있지만, 그러나 만일 그가 이 일을 지속적으로, 꾸준하게, 진지하게 수행하지 않으면, 그는 그를 보내신 그의 주인의 심부름을 수행하지 않고 있는 것입니다. 그는 그보다 낮은 용무로 관심을 돌려버린 셈입니다. 목사로 부름을 받은 우리들 중 누가 죽을 때에, 그리고 주님 앞에 가서 우리가 한 일을 보고드릴 때에, 우리가 단지 이런 말밖에 할 수 없다면 매우 유감일 것입니다. "주님, 저는 제가 속한 교회의 신조에 대해 설교했습니다." 우리가 사람들로 하여금 살아 계신 구주께로 향하도록 했다는 보고를 할 수 없다면 유감이고말고요. 만일 우리가 사람들 중에서 그리스도를 높이지 않았더라면, 정확한 논리로 논쟁했던 일이나 고상한 수사로 설득했던 일들은 모두 허사로 돌아가고 말 것입니다. 이렇게 말하는 것은 참으로 헛된 일입니다. "저는 시대의 회의주의에 맞서서 설교했습니다. 저는 제 주변에 횡횡했던 죄들을 책망했습니다. 그리고 제가 알고 있는 대로 하나님의 본성과 섭리에 대해 가르치며 하나님의 영광을 선포했습니다." 왜냐하면 우리의 주된 임무는 주 예수의 이름과 그분의 보혈의 능력을 선포하는 일이기 때문입니다. 지극성(指極星, the Pointers)이라고 불리는 별들이 항상 북극성을 가리키듯이, 우리는 항상 구속자를 가리키고 있어야 합니다. 내 생각에, "보라 하나님의 어린 양이로다"라고 외치는 것에 실패한 목사는 마지막에 혹평을 들으며 고문자들과 운명을 함께하리라고 예상합니다. 강대상에 올라갔을 때, 하늘의 빵을 갈망하며 굶주린 불멸의 영혼들을 화려한 연설솜씨로 조롱하고, 폭죽같이 현란한 웅변술로 자기 청중들을 현혹한 사람이 처하게 될 운명을 나로서는 상상하기가 너무 끔찍합니다. 그리스도 없는 설교는 그 설교자를 정죄하고 청중을 미혹합니다. 그 내용에서 그리스도를 가리키지 않는 설교에 대해서는, 심판장께서 그분의 크고 흰 보좌에 앉으실 때(계 20:21), 신성모독이나 살인죄만큼이나 해명하기가 어려울 것입니다. 영원한 불에 떨어질 위험에 처해 있는 영혼들 앞에서 하찮은 말로 기분이나 풀어주는 것은 잔인한 짓입니다. 사람들의 영혼을 가지고 희롱하는 것은 살인적인 행위입니다. 진실로 하나님의 어린 양을 전하지 않는다면, 그 목회는 영혼들을 데리고 희롱하는 것에 불과합니다. 그러나 요한은 자신의 일생의 사명을 철저하게 수행했습니다. 언제나 "보라 하나님의 어린 양이로다"라고 말했기 때문입니다.

　　이 본문에서 그 설교자의 태도를 주목해 보십시오. 매우 교훈적입니다. 예수님이 거니시는 것을 보고, 요한은 말했습니다. "보라 하나님의 어린 양이로다!" 설교자가 그의 주님을 향해(to) 가리키는 동안 그의 눈은 그의 주님에게(upon) 머물러 있었습니다. 그리스도를 가장 잘 보는 사람이 그분을 가장 잘 전합니다. 요한은 자기 눈을 예수님께 고정시켰습니다. 그랬기 때문에 그는 "하나님의 어린 양을 보라"고 전한 그의 말에 스스로 본이 되었습니다. 만일 당신이 복잡한 거리의 어느 한 장소에서, 선 채로 몇 분 동안 하늘의 어떤 사물을 바라본다면, 혹은 무언가 위에 볼 것이 있는 것처럼 위쪽을 응시한다면, 당신이 요청하지 않아도 사람들이 당신 주변에 몰려들어 같은 방향을 보기 시작하는 것을 알게 될 것입니다. 요한이 그랬습니다. "보라 하나님의 어린 양이로다"라고 말하는 것에 더하여, 그 자신이 그분을 바라봄으로써 사람들의 시선이 그분께 향하도록 최선의 일을 한 것입니다. 그는 경이로워하며, 감탄하며, 숭배하는 눈으로 예수님께 시선을 고정시켰습니다. 요한은 "세상 죄를 지고 가는 하나님의 어린 양"을 보는 것 외에 다른 데로 시선을 돌리지 않았으며, 그래서 그가 전하는 말씀에는 방향성이 있고 능력이 있었습니다. 그리스도께서 그에게 오실 때만이 아니라, 그분이 그의 곁으로 지나실 때도, 요한의 시선이 그리스도께 고정되어 있었던 것을 주목하십시오. 설교자에게 주님이 앞에 오셔서 교제로써 격려해 주시고 또한 그분의 임재로써 그를 영예롭게 해주신다면 좋은 일입니다. 그러나 이 경우에, 예수님은 홀로 걷고 계셨습니다. 마치 묵상 중이신 듯이, 아마도 그분의 시선은 땅을 바라보며 거니셨을 것입니다. 그분이 항상 요한을 찾아오신 것 같지는 않습니다. 그분은 한 차례 그렇게 하셨고, 그러심으로써 그분의 종에게 영예를 주셨습니다. 그러나 이 때는, 사람들이 예수님이 요한을 의지하고 있다는 생각을 하지 않도록, 요한을 찾아오시지 않았습니다. 그분은 조용히 생각에 잠겨 거닐고 계셨으며, 마치 다른 문제에 몰두하신 듯합니다. 그럼에도 불구하고, 그 세례자는 그의 주님을 잊지 않았으며, 다시 그분을 공개적으로 가리킨 것입니다. 설혹 주님께서 그분의 평온한 임재로 설교자를 만나주시지 않더라도, 친교를 통해 십자가에 달리신 분의 이마에서 발하는 빛이 설교자를 비추지 않더라도, 언제나 어디에서나 여전히 우리의 일은 믿음의 눈으로 그리스도를 바라보도록 전하는 일입니다. 그리고 여전히 다른 사람들에게 고동치는 심장으로 이렇게 외쳐야 하는 것입니다. "보라 세상 죄를 지고 가는 하나님의 어린 양이로다"(29절) 내가 사슬에 매여 전한다 해도 나는 예수님을 높이려 애쓸 것이며, 내가 전하는 말의 대상이자 목적이신 그분을 바라보면서 말씀을 전할 것입니다.

나의 일은 내가 믿는 분, "보지는 못하였으나 내가 사랑하는"(벧전 1:8) 구주 예수님을 전하는 것입니다. 나는 지금 그분을 모든 것 되시는 분으로 바라보고 있으며, 여러분도 그렇게 하시길 바랍니다. 나는 그분 속에서 최상의 아름다움을 보는데, 여러분도 그것을 보기 바랍니다. 나는 그분 속에서 신성을 보며 경배하는데, 여러분도 그분께 경배하기를 바랍니다. 나는 여러분에게 알려지지 않은(unknown) 하나님에 대해 전하거나 혹은 확인되지 않은(untried) 구주를 전하는 것이 아닙니다.

　본문에는 청중들이 주목할 만한 무언가가 있습니다. 이것은 짧지만 무게 있는 설교이며, 천 번이라도 전할 만한 가치가 있습니다. "보라 하나님의 어린 양이로다"는 설교가 구식이라면 아무도 신식 설교를 필요로 하지 않습니다. 요한은 모여든 군중 앞에서 같은 설교를 했습니다. 그러나 지금 그에게는 오직 두 명의 청중이 있습니다. 그들은 회개하지 않은 자들이 아닙니다. 그들은 요한 자신의 제자들인데, 그들은 아직 하나님 나라에 들어가지는 않았어도 적어도 매우 가까이에 있는 자들입니다. 그러나 이미 제자들인 단 두 명을 향해 그는 같은 메시지를 전합니다. "보라 하나님의 어린 양이로다." 그는 생각이 풍부하고 언제든 말할 준비가 되어 있지만, 그는 모든 모임에서 오직 이 한 가지 요점만을 고수했습니다. 만일 우리가 군중들에게 설교하기 위해 큰 극장으로 들어간다면, 우리는 틀림없이 그리스도를 전할 것입니다. 여러분에게 묻고 싶습니다. 성도들이 모인 곳에서는 어떤 주제가 더 적합할까요? 나는 여러분이 내게 말할 수 있기를 바랍니다. 거리에서 전하는 사람은 단순한 복음으로 자신의 주제를 한정해야 한다는 말이 있습니다. 내 형제들이여, 그러면 그런 주제가 적합하지 않고 어울리지 않는 장소는 어디입니까? 바울은 고린도인들 사이에서 예수 그리스도와 그분이 십자가에 못 박히신 것 외에는 아무것도 알지 않기로 했습니다. 그런 결심은 모든 모임에서 안전한 것입니다. 이와 관련된 면에서 어떤 설교자들은 너무 많이 알고 있습니다. 하지만 그들이 '거룩한 무식자(holy know-nothings)' 되는 편이 빠를수록 더 좋습니다. 일천 명의 냉소자들을 향해서 뿐 아니라, 단 두 명의 제자들을 위해서도, 그리스도는 적절한 주제입니다. 그분은 죽은 자들에 대해서도 부활이시며, 또한 이미 소생한 자들에게도 생명이 되시기 때문입니다. 성도들에게, 우리 주님이 죽으신 십자가보다 더 달콤하고, 더 신선하고, 더 감동을 주고, 더 거룩하게 만드는 주제는 없습니다. 구원받기 원하는 죄인도 그것을 필요로 하지만, 인내해야 하고, 진보해야 하고, 정복해야 하며, 온전해져야 하는 성도들 역시 그것을 필요로 합니다. 내게 수금을 주어 연주하게 하고, 내 손가락들이 그 줄에서 떠나지 말게 하십시오. 내가 연주하는 수금의 줄은 오직 그리스도의 사랑만을 울려 퍼지게 할 것입니다. 복된 단음 (monotone)으로 예수의 이름만을 연주하는 것이 참된 사역이며, 그 단음의 주제가 그 외의 모든 주제들보다도 더욱 다양합니다. 예수님을 처음에 두고, 가운데 두고, 마지막에 두십시오. 그렇습니다. 예수님을 모든 것의 모든 것이 되게 하시고, 그럼으로써 우리 사역의 진정성을 입증하십시오. 우리가 이렇게 말할 수 있다면 잘 하는 것입니다. "내가 말한 것들을 요약하자면, 우리에게는 하늘의 보좌 우편에 계시는 대제사장이 있습니다." 우리의 사역에서 그리스도께서 "모든 것의 모든 것" 되게 하시길 바랍니다. 그렇게 함으로써 하나님께서 그분의 아들 예수에 대해 증언하도록 우리를 부르신 것을 입증하시기 바랍니다.

이것은 우리 주제의 도입 부분이라 할 수 있습니다. 이제 본문 자체를 살펴봅시다. 요한은 이렇게 말했습니다. "보라 하나님의 어린 양이로다."

첫째로 예수님을 바라보고, 그분이 하나님의 어린 양이심을 알도록 합시다. 이 점을 깊이 확신하고, 그분의 아들에 대한 하나님의 증언을 마음으로 받아들여야 합니다. 그렇게 하였다면, 두 번째로는 그분을 바라봅시다. 즉 그분을 곰곰이 묵상하고, 위대한 화목 제물이시면서 참된 속죄 제물이신 그분을 겸손하고도 주의 깊게 바라보십시오. 그 다음 세 번째로는, 그분을 다시 바라보면서, 하나님의 어린 양으로서의 구원자의 모습에서 교훈을 얻도록 합시다. 네 번째로, 그분을 바라보면서, 죽임당하신 어린 양으로서의 그분을 경건하게 경배합시다.

1. 그분이 하나님의 어린 양이심을 알도록 합시다.

첫째로, 우리 주님을 바라봅시다. 그리고 그분이 하나님의 어린 양이심을 배우도록 합시다.

"하나님의 어린 양", 이 말이 무슨 의미입니까? 히브리인들은 가장 위대하고, 고귀하며, 가장 으뜸 되는 것에 대해 "하나님의(of God)"라는 표현을 쓰는 것에 익숙했습니다. 예를 들어, 그들은 백향목을 "하나님의 나무"라고 불렀으며, 천둥을 "하나님의 음성"이라고 불렀습니다. 그러므로 우리는 우선 "하나님의 어린 양"이라는 표현을 예수님이 모든 희생 제물 중에서 으뜸, 즉 속죄를 위해 하나님께 드려지는 모든 제물 중에서 으뜸이라는 의미로 이해할 수 있습니다. 그리고 진실로 그분은 그러합니다. 그분이 다른 모든 제물보다 뛰어나신 것은 그분이 다른 모든 제물을 내포하고 있기 때문입니다. 하나님이 명하신 다른 모든 제물들은 단지 그분 자신을 가리키는 그림이며, 묘사이자, 상징이며, 그림자에 불과합니다. 죄를 위한 제물은 오직 하나만 있으며, 다른 것은 존재하지도 않았으며 존재할 수도 없습니다. 속죄를 위해서 아론의 제사 제도 아래에서 드려졌던 그 모든 제물들은 하나의 제물(One Sacrifice)을 묘사하는 것일 뿐입니다. 그것들은 실체의 묘사이며 그 이상은 아닙니다. 예수님은 그 모든 것을 훨씬 능가하십니다. 하나님께서는 아벨이 믿음으로 드린 제물을 받으시고 그를 존중해 주셨습니다. 사랑하는 이여, 만일 당신이 아벨이 제단에 드렸던 그 어린 양을 보기 원한다면, 당신은 예수 그리스도를 바라보아야 합니다. 왜냐하면 우리는 하나님의 어린 양이신 그분 안에서 받아들여지기 때문입니다. 하나님께서는 이 제물을 가지고 오는 누구라도 존중해 주십니다. 그러나, 로마의 가인 족속들(가톨릭)이 어리석게도 피 없는 제물을 미사에서 드리는 것처럼, 누구라도 피 없는 제물을 가지고 온다면, 하나님은 그런 자를 결코 존중하지 않으십니다. 단번에 드려진 예수의 피는 영원히 죄를 없애주기 때문에, 더 이상의 속죄 제물을 가져올 수 없습니다. 참되고 유일한 제물로서의 예수님을 의지하는 자마다 그 믿음으로 하나님께 받아들여집니다. 노아가 방주에서 나왔을 때 그가 드린 어린 양을 보고 싶다면, 당신은 예수 그리스도를 바라보아야 합니다. 노아가 다른 제물과 함께 드린 그 어린 양에 대해 성경은 이렇게 말하고 있습니다. "여호와께서 그 향기를 받으시고"(창 8:21). 노아가 드린 수소들과 수양들과 어린 양들은 모두 십자가에서 드려진 그리스도 예수의 향기로운 예물을 가리키고 있습니다. 사랑하는 이여, 아브라함이 이삭에게 말했던 어린 양이 바로 이 분입니다. "내 아들아 번제할 어린 양은 하나님이 자기를 위하여 친히 준비하시리라"(창 22:8). 무엇보다도, 천사가 온 애굽 땅을 다니며 그 땅의 장자들을 치던 그 무서운 밤에, 이스라엘 백성들이 잡고 피를 뿌리며 그 고기를 먹었던 유월절 어린 양에 대해 이해하기를 원한다면, 양심에 뿌려지는 참된 유월절의 피는 누구의 피며 또한 하나님의 자녀들이 먹고 사는 고기가 누구의 살인지 진정 알기를 원한다면, 당신은 예수님을 바라보아야 합니다. 그분이 하나님의 유월절 어린 양이시기 때문입니다. 계속 연구하기를 바랍니까? 만일 당신의 관심이 옛 성막이나 혹은 솔로몬의 성전을 향한다면, 매일 아침 죽임을 당해 피를 쏟으며 매일 저녁에도 같은 방식으로 제물로 드려졌던 어린 양에 대해 알기 원한다면, 아침과 저녁으로 어린 양들을 드려야 했던 의미가 무엇인지 알기를 원한다면,

당신은 그 어린 양들이 사람에 의해 드려진 사람들의 어린 양들에 불과하며, 궁극적으로 하나님의 어린 양을 가리키고 있다는 것을 알게 될 것입니다. 제물에 담긴 모든 가르침은 그분 안에 집약되어 있습니다. 그분이 실체이며 다른 제물들은 그림자입니다. 예수님은 세상의 기초가 세워지기 전에 아침에 드려진 제물이시며, 또한 이 마지막 종말의 날에 그분의 백성들을 위해 드려지는 저녁의 제물이십니다. 다른 모든 제물들에 대해서도 우리는 이런 식으로 말할 수 있으며, 예수님 안에서 참된 성취가 이루어졌음을 보여줄 수 있습니다. 속죄는 진정으로 하나님의 아들 안에서 발견됩니다. 오직 그분 안에서만 사면이 있으며, 오직 그의 피에만 율법의 요구를 만족시키는 효력이 있습니다.

이 진리는 엄격하지만, 우리는 그것을 반복하는 일에 움츠러들어서는 안 됩니다. 하나님의 도덕적인 통치 하에서, 죄는 형벌 없이 제거될 수 없습니다. 이는 하나의 규칙으로서 예외가 없으며, 또한 예외가 있어서도 안 됩니다. 왜냐하면 만일 정의가 만족되지 않은 채 방치된다면 사회의 기초가 어그러지기 때문입니다. 무한한 지혜는 우리를 위해 대속(代贖) 제물의 방식으로 빠져나갈 길을 마련해 주셨습니다. 그러나 그 지혜가 공의를 훼손하지는 않습니다. 우리가 다른 사람 곧 우리의 대리자였던 아담의 죄에 의해 애초에 타락한 것을 보시고서, 하나님께서는 다른 분 즉 두 번째 아담이신 예수님의 고난과 의를 통해 우리가 살아나는 것이 적절하다고 간주하셨습니다. 예수님은 그분의 백성들과 하나이시기 때문에, 또 그들과 연합한 머리이시기 때문에, 그분이 그들을 대신해서 수난을 당하는 것이 허용되었고, 또 그 일을 그분이 행하셨습니다. 이 외에도, 모든 사람이 그 자신의 죄와 형벌의 짐을 지고 있습니다. 사람이 자기 죄를 용서받을 수 있는 유일한 길은 그의 합법적인 대리자이신 주 예수 그리스도께서 그 죄의 형벌을 대신 받는 것입니다. 예수님은 모든 믿는 죄인들이 짊어져야 할 짐을 그 자신이 짊어지셨고, 영원한 공의에 가해진 손상을 충분히 보상하셨습니다. 다른 어떤 사람도 우리 죄를 위한 대속물이 될 수 없습니다. 다른 어느 누구도 ─ 설혹 그가 죄가 없다 하더라도 ─ 우리의 머리가 아니며 하나님 앞에서 우리의 대표자가 아니기 때문입니다. 하늘 아래 우리가 구원을 얻을 다른 이름을 주신 적이 없습니다. 주 예수님은 하나님이 지명하신 분이며, 우리를 대신하여 고난받기로 준비되신 분이시며, 그 몸으로 형벌을 당하심으로써 세상 죄를 지고 가신 분이십니다. 그리하여 그를 믿는 자마다 죄의 형벌에서 속량을 입는 것입니다. 그것이 복음입니다. 나로서는 호메로스(Homer)나 밀턴 (Milton)처럼 즉흥적인 시로 전할 능력이 없습니다. 그러나 설혹 그럴 수 있다 고 해도, 기꺼이 가장 단순한 언어로 말하기를 원합니다. 가장 심오한 강연이나 혹은 가장 장엄한 서사시에서보다도, 더욱 고귀한 진리와 값을 매길 수 없는 배 움이 이 믿음의 말 속에 담겨 있습니다. "그리스도 예수께서 죄인을 구원하시려 고 세상에 임하셨다"(딤전 1:15). 당신이 그것을 들은 것에 감사하십시오. 예수 그리스도께서 사람들의 구주가 되셨기 때문에 하나님의 용서가 있는 것입니 다. 오, 동료 죄인이여, 당신은 당신 자신이 고통에 빠지지 않고서도 당신의 하 나님께 나아갈 수 있습니다. 희생 제물을 직접 가지고 올 필요도 없습니다. 예 수 그리스도께서 어린 양으로서 죽임을 당하셨기 때문이며, 그분의 목숨이 속 죄의 제물이 되셨기 때문입니다. 떨지 마십시오. 다만 하나님의 어린 양에 의해 효력을 발휘하게 된 화해를 받아들이십시오. 담대히 나아오십시오. 길이 활짝 열려 있으며, 인간이 자기 하나님께 나아올 수 있도록 초대를 받기 때문입니다.

둘째로, 우리의 구주께서 하나님의 어린 양으로 불리시는 것은, 그분이 다 른 모든 제물보다 뛰어나기 때문만이 아니라, 또한 그분이 하나님이 지명하신 어 린 양이시기 때문입니다. 영원 전부터 하나님은 주 예수님을 지명하셨습니다. 그분은 죄를 위한 위대한 제물이 되도록 선택받고 임명되셨습니다. 이 성경의 책들 중에서 가장 오래된 책 가운데에 그분에 관해 그런 내용이 기록되고 선언 되었습니다. "나의 하나님이여 내가 주의 뜻 행하기를 즐기오니"(시 40:8). 때가 찼을 때 예수님은 아버지의 뜻을 행하러 오셨습니다. 그러므로 그렇게 수행되 어야 할 뜻, 성취되어야 할 법이 있었다는 것이 명백합니다. 예수님은 선택되신 분이십니다. 베드로는 주 예수님이 "흠 없고 점 없는 어린 양이시며, 창세 전부 터 미리 정해지신 분(foreordained, 벧전 1:19-20, KJV; 한글개역개정은 "미리 알린 바 된 이"라고 되어 있음)"이라고 우리에게 들려줍니다. 예수님은 아버지께서 선택하 신 분이십니다. 우리의 마음은 그것을 기뻐합니다. 왜냐하면 우리가 우리를 구 원하실 예수 그리스도를 의지하는 것은 곧 하나님이 그 백성을 구원하시기 위 해 지명하신 분을 의지하는 것이기 때문입니다. 가련하고 흠 많은 죄인으로서 나는 나의 죄를 하나님의 어린 양이신 그리스도께 맡깁니다. 나는 그것을 하나 님이 떠넘기라고 명하신 대상, 곧 아사셀(scapegoat, 레 16장)에 떠넘기는 것입 니다. 나는 오래 전 속죄의 제물로 하나님께서 친히 지명하신 제물 안에서 안도

합니다. 오 영혼이여, 당신이 만일 하나님께서 친히 지명하신 길로 들어오면 받아들여질 것이라는 점에는 의문의 여지가 있을 수 없습니다. 만일 당신이 받아들여지지 않는다면 이렇게 말해도 좋습니다. "오 하나님이시여, 당신께서는 그리스도를 구주로 보내셨습니다. 그런데 당신께서는 그분을 통하여 사람을 구하시지 않습니다. 당신은 그분에게 이렇게 말하라고 명하셨습니다. '내게 오는 자는 내가 결코 내쫓지 아니하리라'(요 6:37). 그런데 제가 왔으나 당신께서 저를 내쫓아내십니다. 이런 일은 당신의 말씀과 다릅니다, 오 주여." 그런 일은 결코 일어나지 않습니다. 어떤 인간의 입술도 그런 불평을 하지 않을 것입니다. 하나님의 지명은 누구든지 예수님을 믿는 자는 받아들여질 것이라는 보증입니다.

셋째로, 그리스도께서 "하나님의 어린 양"으로 불리시는 것은 그가 하나님이 예비하신 분이기 때문입니다. 아버지께서는 그분의 아들을 속죄의 제물로 지명하셨을 뿐 아니라, 또한 그분을 그런 목적으로 우리에게 값없이 주셨습니다. 하나님의 가슴으로부터 예수 그리스도께서는 사랑의 가장 풍성한 은총으로 우리에게 오셨습니다. 그분은 아버지의 독생자이시며, 하나님의 사랑의 아들이시며, 우리에게는 "그분의 말할 수 없는 선물"이십니다. 하나님은 자기 아들을 아끼지 아니하시고 우리 모든 사람을 위하여 내어주셨습니다(롬 8:32). "사랑은 여기 있으니 우리가 하나님을 사랑한 것이 아니요 하나님이 우리를 사랑하사 우리 죄를 속하기 위하여 화목 제물로 그 아들을 보내셨음이라"(요일 4:10). 율법 아래에서는 사람이 스스로 제물을 준비하라는 명을 들었으나, 복음의 유일한 제물은 하나님의 선물이십니다. "또 증거는 이것이니 하나님이 우리에게 영생을 주신 것과 이 생명이 그의 아들 안에 있는 그것이라"(요일 5:11). 예수님이 택하신 자들을 향한 하나님의 가장 소중한 맹세라는 것을 알게 된다면, 우리는 예수님께 한없는 애정을 느끼게 될 것입니다.

넷째로, 그분은 하나님이 지명하신 분이요 또한 하나님이 우리에게 주신 선물이실 뿐 아니라, 또한 하나님의 제물이십니다. 예수 그리스도께서 인간 제사장에 의해 하나님께 드려지지 않았음을 결코 잊지 맙시다. 만일 그랬더라면 그 제사에는 약간의 실수가 있었을 것입니다. 이 참된 제물이 아론의 자손들에 의해 하나님께 드려지도록 하지 않았습니다. 우리가 잘 알고 있듯이, 제물은 적절한 순서와 합법적인 방식으로 드려져야 합니다. "여호와께서 그에게 상함을 받

게 하시기를 원하사 질고를 당하게 하셨으며, 여호와께서는 우리 모두의 죄악
을 그에게 담당시키셨도다"(사 53:6,10). 하나님이 친히 그의 아들을 고난에 넘
기셨습니다. 이 외침이 무슨 의미이겠습니까? "나의 하나님, 나의 하나님, 어찌
하여 나를 버리셨나이까?"(막 15:34). 바로 하나님께서 그분을 외면하셨으며,
그리하여 그분의 영혼을 극심한 고통 속에 처하게 하셨음을 의미합니다. 성경
이 무어라고 말합니까? 이렇게 말씀하신 것은 아버지의 음성이 아닙니까? "만
군의 여호와가 말하노라 칼아 깨어서 내 목자, 내 짝 된 자를 치라"(슥 13:7). 오,
사랑하는 이여, 마치 또다른 아브라함이 그 아들 이삭을 드리듯이, 하나님께서
그분의 아들을 속죄 제물로 택하시고 또한 그분이 친히 그 일을 행하셨습니다.
이를 생각할 때 나는 그 제물이야말로 충분히 받아들여지리라고 느낍니다. 또
한 그 제물을 의지하는 자는 자기 영혼이 구원받은 것에 대해 조금도 의심할 필
요가 없다고 느낍니다.

또 하나 숙고해야 할 점이 여기 있습니다. 이 제물은 또한 사람들에게 하나
님이 공표하시는 제물입니다. 이 성경 본문을 기억하십시오. "이 예수를 하나님이
그의 피로써 믿음으로 말미암아 화목제물로 세우셨으니 이는 하나님께서 길이
참으시는 중에 전에 지은 죄를 간과하심으로 자기의 의로우심을 나타내려 하심
이니"(롬 3:25). 우리가 하나님의 대사로서 예수 그리스도에 대해 당신에게 말
할 때, 오래 참으심을 통해 전에 지은 죄를 간과하시는 하나님의 의로우심을 당
신에게 선포할 때, 우리는 우리 자신의 이름으로 그렇게 하는 것이 아니라 우리
주님의 분부를 따라 하는 것입니다. 우리를 통해 하나님께서 친히 그리스도를
공표하시고, 그분을 보이시며, 그분을 계시하시고, 그분을 제시하시며, 그분에
게 오도록 당신에게 명하시는 것입니다. 하나님이 말씀하십니다. "보라, 내가
그를 백성들의 언약으로 주었으며, 백성들의 지도자이자 사령관으로 주었다."
그리스도께서 땅 끝까지 알려지는 이것이 하나님의 뜻입니다. 모든 곳에서 예
수님이 전파되어야 합니다. 사람들이 그분 앞에 경배하든지 하지 않든지 간에
그리해야 합니다. 우리가 그리스도를 전할 때 우리는 하나님의 뜻을 행하고 있
다고 확신합니다. 우리가 온 세상으로 나아가 모든 사람에게 그분을 전하라는
명을 받았기 때문입니다. 확신하건대, 주님께서는 친히 공표하고 제시하시는
것을 기꺼이 그것을 찾는 자들에게 주실 것입니다. 하나님은 우리를 우롱하는
분이 아니십니다. 그분은 배고픈 자에게 빵을 보여주고서 주기를 거절하시는

분이 아니십니다. 혹은 헐벗은 자에게 의복을 보이시고는 주기를 거절하시는 분이 아니십니다. 십자가에 달려 사람들에게 널리 공표되고 제시된 예수님을 본 자들은 복이 있습니다. 그분 안에서 소망의 굳건한 토대를 찾았기 때문입니다.

　이제, 죄인이여, 여기를 보십시오. 당신은 당신의 죄를 없애기를 원합니다. 당신은 이 아침에 당신의 죄를 의식하고 있으며 부끄러움을 느끼며 그것을 고백하고 있습니다. 자, 그렇다면, 당신을 용서하시는 하나님의 방법은 당신의 죄를 예수께 옮기는 것입니다. 당신이 염려하는 문제에 있어서, 당신은 단순한 믿음의 행위로써 골고다의 위대한 속죄의 공덕을 모두 얻을 수 있습니다. 구약시대에 유대인이 그 손을 희생제물 위에 올렸던 것처럼, 그리하여 그 제물이 그의 대속물이 되었던 것처럼, 만일 당신이 당신의 떨리는 손을 그리스도께 대기만 하면, 그분은 당신을 위해 죄의 짐을 가져가실 것입니다. 그분은 당신을 위한 속죄 제물입니다. 얼마나 복된 속죄 제물인지요? 요점을 다시 되풀이하자면, 그분은 모든 제물들 중에 으뜸이시며, 하나님이 지명하시고, 하나님이 수여하시고, 하나님이 제시하시고, 이제 하나님이 당신에게 공표하신 제물이십니다. 당신이 그 이상 무엇을 가지려 하십니까? 이 문제에서 모든 일들이 하나님께 속하기 위해서, 처음부터 끝까지 예수님은 하나님의 어린 양이십니다. 이것이 좋은 일이 아닙니까? 예수님은 하나님이 친히 선택하신 구세주이시니, 이보다 좋은 것이 어디 있겠습니까? 당신이 안식할 만한 더 견고한 터가 어디에 있습니까? 오 당신이 그분께로 인도되어 그분을 영접하고서, 이제부터 영원까지 당신의 것으로 삼으시길 바랍니다. 예수님은 나의 모든 것 되시며, 나는 당신과 같은 사람입니다. 그러니 그분이 당신에게도 모든 것이 되어주시지 않을까요?

　나는 여기서 잠시 지체하고서 이 모든 청중 사이를 돌아다니고 싶은 기분이 듭니다. 그러면서 이 엄숙한 질문을 한 사람 한 사람에게 던지며 답하도록 하고 싶습니다. 당신은 나사렛 예수, 하나님의 아들을 당신의 죄를 지고 가신 하나님의 어린 양으로 당신의 영혼에 영접하실 겁니까? 그분을 가리키고 그분을 증언하는 일은 우리의 일이지만, 당신은 우리의 증언을 받아들이겠습니까? 진실로 그분은 위대하신 하나님이시며 구주이십니다. 우리는 그분을 신뢰해 왔으며, 그러므로 이제 당황하지 않습니다. 오, 하나님의 성령께서 부드럽게 당신을 인도하셔서 당신의 마음으로 이렇게 고백하도록 하시기를 바랍니다.

"내 믿음의 손을 살며시 들어
당신의 사랑스런 머리 위에 올려놓습니다.
참회자로서 여기에 서서
내 죄를 당신께 고백합니다."

당신이 그렇게 한다면 지금과 영원을 위해 너무나 좋은 일입니다. 용기를 내십시오. 당신의 죄가 아무리 많아도 용서받을 수 있습니다! 계속해서 나아가 십시오. 그분이 환대하실 것입니다! 당신의 허물들이 구름처럼 사라질 것입니다. 그 중 하나도 더 이상 영원토록 당신을 정죄하지 않을 것입니다. 오, 복되신 하나님의 성령이시여, 큰 은혜를 내려주시어 이 수많은 사람들이 이 시간 주 예수님께 손을 내밀게 하소서!

2. 하나님의 어린 양을 묵상합시다.

이제 두 번째 요점으로 넘어가야겠습니다. 하나님의 어린 양을 보십시오! 즉, 그러한 성품의 관점에서 예수님을 곰곰이 묵상합시다. 몇 분간 그분을 묵상하고 그 후에 계속해서 그분께 우리의 생각을 고정시키도록 합시다.

예수 그리스도는, 속죄의 제물로서, 모든 신자들의 생각에서 가장 중요한 대상이 되어야 합니다. 우리가 생각해야 할 다른 주제들이 세상에는 많이 있습니다. 아직 우리가 몸 안에 살고 있기 때문입니다. 그러나 우리의 영혼은 이 한 가지 주제에 몰두해야 합니다. 마치 새들이 그들의 둥지로 날아가듯이, 우리의 생각이 느슨해질 때마다 다시 예수 그리스도께로 날아 되돌아가야 합니다. 그분이 매일 낮의 생각과 매일 밤의 묵상의 주된 주제가 되어야 합니다. 진심으로, 우리는 시편 1편의 말씀을 이렇게 표현할 수도 있습니다. "복 있는 사람은 오직 하나님의 그리스도를 즐거워하고 그분을 주야로 묵상하는 자로다. 그는 시냇가에 심은 나무가 철을 따라 열매를 맺으며 그 잎사귀가 마르지 아니함 같으니 그가 하는 일이 다 형통하리로다."

하나님의 어린 양을 많이 묵상하는 것은 우주에서 가장 위대한 사색의 주제에 당신의 생각을 집중하는 것입니다. 다른 모든 것은 그에 비하면 시시하지 않습니까? 학문이란 결국 인간의 무지를 질서정연하게 배열해 놓은 것이 아닙니까? 그분의 가르침에 비할 때, 고전 작품들이란 바벨의 허튼 방언들 중에 최상 정도가 아닙니까? 그분의 임재 앞에서는, 시인들은 꿈꾸는 자들이요 철학자들은 바보들에 불과하지 않습니까? 예수님만이 홀로 지혜요, 미요, 웅변이요, 힘이십니다. 묵상을 위한 주제로서 모든 주제들 중에서 가장 고귀한 이 분에 필적할 만한 것이 없습니다. 인성과 결합되신 하나님, 무한한 하나님, 사람들 가운데서의 성육신, 인간성과의 연합 속에서 인간의 죄를 짊어지신 하나님, 엄청난 사랑으로 자기를 낮추시어 죄인들 중 하나로 헤아림을 당하심, 그 자신의 것이 아닌 죄로 고난을 당하심, 이 모든 것이 위대한 주제가 아닙니까? 오, 경이와 낭만이여! 만일 인간이 그대를 바란다면 그들은 그대를 그리스도에게서 찾을 것이라! 오, 사랑이여! 만일 인간들이 그대를 추구한다면 그들은 오직 그리스도에게서 그대를 볼 것이라! 오, 지혜여! 만일 인간들이 그대를 찾아 광맥을 파고 들어간다면, 그들은 그리스도에게서 가장 순결한 광석(鑛石)을 찾을 것이라! 오, 행복이여! 만일 인간들이 그대를 갈망한다면, 그대는 하나님의 그리스도와 함께 거하고 있으니, 그분 안에 사는 자들이 그대를 향유할 것이라! 오 주 예수시여, 당신은 우리가 필요로 하는 모든 것이십니다!

> "당신을 발견한 이는 보화를 발견한 것이니
> 깊고, 신비하고, 감추어진 것입니다.
> 세상의 기쁨들을 모두 뭉쳐놓을지라도
> 당신 안에서 누리는 기쁨에는 미치지 못하나이다."

위로 하늘을 살피며 아래로 땅을 다니며 찾아보십시오. 비록 당신이 비밀의 신비들을 꿰뚫어보고 사물의 원천과 원리들을 발견한다 하더라도, 당신은 다른 모든 것에서보다 나사렛 사람(the Man of Nazareth)이시며 하나님과 동등하신 그분에게서 더 많은 것을 찾을 것입니다. 그분은 모든 진리의 총체이자 본질이시며, 모든 피조물의 근원이시며, 생명의 정수, 빛 중의 빛, 하늘들 중의 하늘이시며, 그러면서도 이 모든 것보다 훨씬 더 위대하시며, 또한 내가 언급할 수 있는 다른 모든 것보다 뛰어나십니다. 그처럼 광대하고, 그처럼 숭고하며, 그처럼 순수하고, 그처럼 거룩하고, 그처럼 우리 영혼을 고양시키는 주제가 세상에는 없습니다. 나로 주 예수님을 바라보게 하시고, 내 눈이 가장 귀한 분을 보게 하소서!

형제들이여, 어떤 주제도 하나님의 어린 양이신 예수님처럼 우리 영혼의 균형을 이루게 하지 못합니다. 다른 주제들은 정신적 평온을 깨뜨리고, 하나에 집중하면 다른 것을 손해 보기 마련입니다. 나는 신학교에서 어떤 형제들이 거의 전적으로 교리를 묵상하는 것을 보았습니다. 내가 이 말을 하는 것은 그다지 심한 비평은 아니라고 생각합니다. 그들에게는 완고해지고, 엄격해지고, 너무 전투적이 되어가는 경향이 있습니다. 어떤 교리주의자들이 그리스도의 말씀을 위해 싸우느라고 그리스도의 정신을 잃어버리는 것은 두려운 일입니다. 내가 만일 참된 신앙을 위해 진지하게 싸우는 일을 반대하여 말한다면, 그것은 하나님이 금하실 것입니다. 그러나 살아 계신 구주와의 교제가 없이는, 우리가 논쟁을 통해서 일방적이고도 잘못된 방향으로 치우칠 수 있습니다. 나는 모든 생각을 경험에만 집중하는 형제들도 보아왔는데, 그들 역시 다소 균형을 잃었다고 생각합니다. 그들 중 어떤 이들은 인간의 부패의 경험을 곰곰이 생각하다가 마침내 우울증 기질을 얻었으며, 동시에 자유를 향유하는 하나님의 자녀들을 혹평하는 성향이 되고 말았습니다. 다른 형제들은 그들의 모든 관심을 밝은 쪽의 경험에 집중합니다. 이들은 세속적인 정신에서 자유롭지 못하며, 하나님 안에서 그 영혼이 떨며 근심하는 사람들을 마치 참된 믿음을 갖지 못한 사람들인 것처럼 깔보는 성향이 있습니다. 나는 또한, 실천 신학의 신전에 온통 경의를 표하며, 율법적이 되고, 믿는 자의 특권들을 종의 속박과 맞바꾸려는 성향이 있는 사람들을 보았다고 생각합니다. 이 또한 중대한 잘못입니다. 그러나 사람이 십자가에 못 박히신 그리스도 예수를 깊이 생각할 때, 그는 하나에서 모든 것을 얻는 것입니다. 교리, 경험, 실천이 하나로 결합됩니다. 가나안 땅에 갈멜 산이 있고, 사론 평원이 있고, 에스골 골짜기가 있는 것처럼, 예수님은 모든 좋은 것들을 다 포함하고 계십니다. 만일 "세상 죄를 지고 가는 하나님의 어린 양"이 우리 묵상의 대상이 된다면, 우리는 포도주와 우유를 얻고, 버터와 꿀을 얻으며, 고기와, 곡식과 기름을 모두 하나의 반석에서 얻는 것입니다. "나의 사랑하는 자는 몰약 향주머니요, 엔게디 포도원의 고벨화 송이로구나"(아 1:13-14).

> "모든 인간적인 미와 신성의 아름다움이
> 내 사랑하는 분에게서 만나고 빛나도다."

사랑하는 이여, 진정 이것은 당신에게 가장 필요한 묵상의 주제입니다. 당신은 다른 많은 것을 잊어버리고도 심각한 손해를 입지 않을 수 있으며, 심지어 어떤 중요한 문제들에서 실수를 해도 안전할 수 있습니다. 그러나 그리스도를 의지해서 살아야 하며, 당신의 영혼은 그분을 묵상해야 합니다. 그렇지 않으면 잔칫상에서 떡을 놓치고 우물에서 물을 잊어버리는 셈이 됩니다. 우리가 못 박히신 구주를 묵상하는 것은 마치 우리가 숨쉬기 위해 공기를 필요로 하는 것과 같습니다. 예수의 피는 참된 신앙에 있어서 생명의 피입니다. 피 없는 신앙은 생명 없는 신앙입니다. 나는 어제 우리가 돌보는 고아들 중 한 아이의 열려 있는 무덤 곁에 서 있었습니다. 그 작은 무덤은 그 주위를 둘러서서 흐느끼고 있는 사람들에게 내가 말할 수 있는 것보다 훨씬 많은 말을 했습니다. 그것은 내게 해 아래에서 추구하며 살 만한 가치 있는 것이 없음을 내게 상기시켜 주었습니다. 모든 것이 하나의 꿈이기 때문입니다. 그 가엾은 고아를 내려다보면서, 그리고 내 주위의 아이들을 보면서 나는 속으로 생각했습니다. '그래, 가난한 자들을 돕고 젊은이들을 교육하고, 사람들을 더 경건하고 행복하도록 돕는 것은 추구할 가치가 어느 정도 있지.' 그 때 나는 또 생각했습니다. "그러나 그들 역시 나와 마찬가지로 죽어가는 피조물들이며, 따라서 그들이 받는 모든 혜택이란 것도 결국은 사라져 버리고 마는 거야. 영원과 관련하여, 더 높은 빛으로 그것을 보지 않는다면, 사람들을 위해 산다는 것은 만족스럽지 못해. 그러나 우리가 온 마음으로 예수를 위해 살 때 그것은 박애주의에 못지않아. 그것은 그분을 위해 사람들을 사랑하는 것이며, 더 나아가 그 사랑의 대상이 하나님께로 확대되기 때문이지. 예수님은 참된 하나님 바로 그분이시기 때문에, 우리가 예수를 사랑할 때 하나님을 사랑하는 것이지.'

사랑하는 이여, 이런 생각이 결국 나를 그 문제의 본질로 이끌어 주었습니다. 예수님을 거룩한 분으로 믿는 것이 참된 기독교의 본질이며, 또한 신앙의 가장 주된 요소로서, 그리스도인들을 다른 사람들과 구별해 주는 점입니다. 그 나사렛의 선지자에게 크게 감탄하는 사람들을 많이 볼 수 있습니다. 그러나 그들은 그분을 하나님의 아들, 혹은 하나님의 어린 양으로 알지 않습니다. 그들은 그분의 신성을 부인하며, 그분의 속죄를 거절합니다. 미사여구와 달변의 화술로 그들은 그분의 성품을 칭송하며, 하잘것없는 칭찬의 말로 그분의 이름을 치장하려 합니다. 그러나 그들은 그리스도인들이 아닙니다. 그들이 그분의 이름을 표방할 때, 그들은 오히려 그분의 이름에 불명예를 안깁니다. 최근에 우리는 그리스도인 형제들이라고 하면서 우리 주님의 신성을 부정하는 자들에 대한 말을 들었습니다. 지금 내 상식으로는 충분히 이렇게 말할 수 있습니다. 어떻게 그리스도를 거절하는 사람이 그리스도인으로 불릴 수 있단 말입니까? 자선이 허위에 지나지 않을 수도 있으며, 일치가 치명적인 오류일 수도 있습니다. 예수 그리스도를 하나님으로 믿지 않고 그분이 속죄의 제물이심을 믿지 않는 자들과의 연합은 영광의 주님께 대한 반역입니다. 그런 사람들이 뛰어난 이슬람교도일 수는 있고, 유대교도일 수도 있고, 순수한 유신론자일 수도 있지만, 그러나 그들이 그리스도인은 아닙니다. 설혹 그들이 그릇되게 그 이름을 표방한다 해도, 우리는 그들을 용인할 수 없습니다. 이 문제에 있어서 우리 주님과 함께하지 않는 자는 그분을 반대하는 자이며, 그분과 함께 모으지 않는 자는 널리 흩어 버리는 자입니다. 우리 주님의 신성과 속죄를 분명하고도 진심으로 인정하지 않고서, 어떻게 그리스도와 함께하는 자가 된단 말입니까? 참된 그리스도인들은 이런 진리의 문제에 있어서는 의혹이 없습니다. 그들에게 예수님은 세상 죄를 지고 가는 하나님의 어린 양이시며, 온 세상이 경배할 하나님의 아들이십니다.

3. 하나님의 어린 양에게서 교훈을 얻도록 합시다.

　이제, 세 번째 요점을 숙고하되, 그러나 매우 간략히 하도록 합시다. 하나님의 어린 양을 바라봅시다. 즉 하나님의 어린 양으로서의 예수님의 모습에서 교훈을 얻도록 합시다.

　나는 여러분이 어떤 교리적인 교훈을 얻기를 바랍니다. 만일 하나님께서 인간의 속죄를 위해 예비하신 제물이 다름 아닌 하나님 자신의 아들이어야 했다면, 그렇다면 죄는 거대한 악이며, 필연적으로 죄의 형벌 역시 엄청난 것이어야 합니다. 내가 고통스럽게 목격하고 있는 것은, 죄에 합당한 형벌의 주제와 관련하여, 성경의 의미를 축소시키려는 시도가 자행되고 있는 것입니다. 죄의 형벌에 대한 성경의 진술은 영속적인 효력이 있다고 통상 믿어져 왔습니다. 그러나 이것이 지금은 부인되고 있습니다. 그것도 성경에 직접적으로 맞대어서 부인되고 있습니다. 자, 우리가 지옥의 공포에 대한 우리의 생각을 완화시키기 시작하는 순간, 죄의 악함에 대한 우리의 생각 역시 누그러지며, 그럼으로써 구세주에 대한 우리의 평가도 낮아지게 됩니다. 진리의 성전에서는 모든 것들의 치수를 제대로 재어야 합니다. 만일 당신이 지금 인기를 얻는 것처럼 보이는 사상과 관련하여 일 인치를 줄이면, 전체 공간이 그만큼 줄어들게 됩니다! 작은 지옥은 작은 속죄와 관련됩니다. 그러나 당신이 신성한 구주와 무한한 속죄를 인정한다면, 당신은 또한 무한한 죄의 과오와 그에 따른 장래의 형벌의 영원성 또한 인정해야 합니다. 그래야 모순이 없습니다. 성경에 있는 이 모든 진리들은 서로가 서로를 의지해서 서 있습니다. 그래서 그 중 하나에 대한 견해가 잘못된 영향을 받는다면, 다른 모든 문제에 대한 판단 역시 그릇된 영향을 받습니다. 당신이 오류에 빠지지 않기를 기도합니다. 하나님의 그리스도를 높이고, 하나님의 어린 양을 다름 아닌 "참 하나님에게서 나신 참 하나님(very God of very God, 니케아 신조에 담긴 표현)"으로 믿으며, 할 수 있는 최고의 경의를 표하며 그분을 숭배하십시오. 당신 영혼의 깊은 곳에서부터, 구주를 거절하고 죄 중에서 멸망하는 자들의 운명에 대해 깊은 두려움이 생기고 떨린다 할지라도, 구주를 제쳐두고 당신의 기분만 누그러뜨리려 하지 마십시오.

더 나아가, 주 예수님을 우리의 구원을 위한 선물로 주신 하나님의 사랑을 생각해 보십시오. 죄에 대한 하나님의 무서운 진노에도 불구하고, 그분은 죄인들을 너무 사랑하셔서 그를 구하기 위해 그분의 독생자를 죽음에 내주셨습니다! 여기에 사랑이 있습니다. 그 선물로부터, 그분이 기도에 기꺼이 응답하시리라는 생각을 추론해 내십시오. "자기 아들을 아끼지 아니하시고 우리 모든 사람을 위하여 내주신 이가 어찌 그 아들과 함께 모든 것을 우리에게 주시지 아니하겠느냐"(롬 8:32)? 여기서 또한 성도의 안전이 확실하다는 증거를 보도록 합시다. 만일 그리스도께서 하나님의 어린 양이시며 또한 하나님의 아들이시라면, 그러한 제물을 드려 구원한 이들이 어찌 멸망할 수 있겠습니까? 우리를 구한 것이 하나님의 아들의 피라면, 우리는 가장 확실하게 구원을 얻은 것이며, 심판의 두려움을 이길 수 있습니다. 이런 식으로 당신은 하나님의 어린 양을 바라봄으로써 교훈적인 진리를 얻을 수 있습니다.

이제, 만일 당신이 경험적인 도움을 바란다면, 역시 하나님의 어린 양을 바라보십시오. 여기에 죄로 인해 어려움을 겪는 심령이 있습니까? 당신의 죄를 곰곰이 생각하지 마십시오. 죄와 관련된 고찰을 통해 위로를 발견하리라고 기대하지 마십시오. 그것은 마치 지옥에서 천국을 바라보는 것과 같습니다. 위로의 원천을 당신 자신에게서 찾지 마십시오. 열대의 더위 속에서 북극해를 찾는 것과 같습니다. "보라 하나님의 어린 양이로다." 죄는 구주께서 나타나실 때에 사라집니다. 당신은 죄의 힘에 의해 고통을 겪습니까? 사랑하는 이여, 당신이 진정 당신 속에 있는 죄를 정복하기를 갈망한다면, 하나님의 어린 양을 보십시오! 못 박힌 채로, 예수님이 죽으신 그 십자가에 당신의 죄가 걸려 있을 것입니다. 구주께서 '죄의 죽음(death of sin)'이심을 묵상하시고, 다른 어떤 무기도 죄를 멸할 수 없음을 기억하십시오. 당신이 오늘 어떤 개인적인 환난을 겪고 있고, 그것을 감당할 새 힘을 필요로 한다면, "하나님의 어린 양을 보십시오!" 그분의 길은 당신의 길보다 훨씬 거칠었고 어두웠습니다. 용기를 내십시오. 그분이 당신을 부축하여 가실 것입니다. 그분은 당신의 모든 질고에 익숙하며, 그분의 긍휼어린 시선이 슬픔을 겪는 당신을 향하고 있습니다. 오, 만일 당신이 삶의 싸움에 지치고 하나님을 섬기는 일에 기운이 약해졌다면, "하나님의 어린 양을 보십시오!" 피 흘리기까지 싸우십시오. 다시 용기가 생길 것입니다. 한여름의 무더위에 수확하는 이여, 그분이 못 자국난 손으로 낫을 쥐고 계심을 바라보십시오! 그분이 얼마나 진척을 보이고, 지치지도 않고서 피와 같은 땀방울을 흘리기까지 그분이 얼마나 수고하시는지를 보십시오. 당신도 그분의 곁에서 일하며 계속해서 수확하십시오. 하나님의 집을 세우는 자여, 비록 그 성전이 당신의 기대만큼 올라가는 것을 보지 못하더라도, 당신의 망치와 흙손을 놓지 마십시오. 저 위대한 건축가가 곁에 서서 지칠 줄 모르는 인내로 그분의 영광스러운 설계도를 따라 일을 진행하고 있는 것을 보십시오. 하나님의 어린 양이 당신 앞에 계시니, 자기부인과 자기희생이 어렵다고 하지 마십시오. 인내하기가 어렵다고 하거나, 수치나 혹은 조롱이 참기 어렵다고 하지 말 것이며, 혹은 패배나 혹은 죽음을 이기기가 불가능하다 말하지 마십시오. 하나님의 어린 양이 그대 앞에 계시기 때문입니다. 그분은 골고다에서 이기셨습니다. 아마도 당신도 그곳에서 이길 수 있을 것입니다. 오직 당신의 시선을 하나님의 어린 양께 고정시키십시오. 이것이 당신을 강하게 하여, 인내하게 하고 또 승리하게 해 줄 것입니다.

   하나님의 어린 양을 바라봄으로써 유익을 얻도록 하나님의 자녀들을 계속해서 권고하고 싶지만, 그러나 이 한 가지만 더하도록 하겠습니다. 어느 때고 우리가 하나님의 일에 대해 낙심될 때에, 그리고 그 일이 성공하지 않을 것 같아 염려될 때에, 우리를 위한 최상의 격려는 하나님의 어린 양을 바라보는 것입니다. 당신의 영혼 속에서 죄가 승리할 것이라는 두려움이 생깁니까? 어떻게 그런 일이 가능합니까? 예수님께서 당신을 위해 죽으셨으며, 또한 다시 일어나 승리하시지 않았습니까? 당신도 그렇게 일어날 것이며, 당신도 틀림없이 승리자가 될 것입니다. 그리고 오늘날 이 세상에서, 목사가 되어 그리스도를 섬기는 일이 매우 지치는 일이 아닙니까? 세상의 안락함과 관련해서, 내가 만일 스스로 선택할 수 있었더라면, 나는 사람들을 돌보며 목회하는 일보다는 다른 직업을 선택했을 것입니다. 이 귀먹은 세대는 우리에게 귀 기울이지 않으며, 마치 우리가 허공을 치는 것 같기 때문입니다. 이 패역한 세대가 수년 동안의 거듭된 설교를 통해 더 나아진 것이 무엇입니까? 여기 이 땅의 사람들은 그 선조들이 받아들이지 않았을 그릇된 교리들로 되돌아가고 있습니다. 협정을 맺는데 능한 사람들이 로마의 사제들과의 교제를 계속하고 있습니다. 세상에 말씀을 전할 가치가 없는 듯합니다. 우리가 피리를 불어도 춤추지 않고, 우리가 슬피 울어도 가슴을 치지 않습니다(마 11:17). 세상은 엘리야를 필요로 합니다. 이와 같이 악한 세대를 불과 벼락으로 다룰 사람이 필요합니다. 그러나 그 모든 것에도 불구하고, 실망할 여지는 없습니다. 진리가 시대를 이길 것이기 때문입니다. 세상은 실패하지도 주저하지도 않는 분의 손에 있습니다. 그분은 쇠하지 아니하며 낙담하지 아니하며, 마침내 세상에 정의를 세울 것이며, 섬들이 그 교훈을 앙망할 것입니다(사 42:4). 오늘날 싸움은 아직 어느 쪽으로도 기울어지지 않은 듯이 보입니다. 그러나 승리는 반드시 그분의 차지가 될 것이며, 그분에게는 그럴 권세가 있습니다. 그분이 그분의 팔 아래 있는 왕들의 모든 홀을 모아 한 다발을 이룰 것이며, 그들의 이마에서 왕관을 취하여 많은 왕관으로 이루어진 왕관을 쓰실 것입니다. 하나님이 그렇게 말씀하셨기 때문입니다. 그리고 하늘과 땅이 사라질 것이지만, 그분의 모든 약속은 반드시 성취될 것입니다. 그러므로 계속해서 나아가십시오. 십자가의 군사들이여, 적군들 사이를 뚫고서 앞으로 나아가십시오! 그리스도의 군사들이여, 연기와 먼지 사이를 뚫고 싸워서 저 언덕에 오르십시오! 당신의 깃발을 지금 당장은 볼 수 없을지도 모르고, 승리를 알리는 나팔 소리를 아직 듣지 못할 수도 있습니다. 그러나 안개가 사라질 것이고, 당신은 그 언덕의 꼭대기를 차지할 것이며, 당신의 원수들은 당신 앞에서 도망칠 것입니다. 그리고 왕이신 그분이 오십니다. 그리고 그분을 섬기는 일에 끝까지 견고했던 당신은 상을 받을 것입니다.

4. 하나님의 어린 양을 경배합시다.

마지막으로 생각할 점은 이것입니다. 하나님의 어린 양을 경배하며 바라보십시오. 시간이 없어 자세히 말하지는 않겠습니다. 지금 당신의 눈을 들고 그분을 경배하십시오. 그분은 살아 계십니다. 진정 그분은 여기 지상에 계셨던 것과 마찬가지로 지금 하늘에 계십니다. 그분을 보십시오. 그분을 경배하십시오. 그분을 신뢰하며, 그분을 사랑하십시오. 그분이 머잖아 다시 오실 것을 기억하십시오. 믿지 않는 자에게는 어린 양의 진노가 임할 것입니다(계 6:16). 요한계시록을 끝까지 읽어보십시오. 내 생각에, 거기서 주께서 어린 양으로 묘사되는 것을 스무 번 이상 찾을 수 있을 것입니다. 이긴 자들이 부르는 노래는 "모세의 노래와 어린 양의 노래"입니다(계 15:3). 어린 양께 경배가 드려집니다. 그분이 경배받기에 합당하시기 때문입니다. 두루마리 책에서 일곱 인을 떼는 이가 어린 양이시며, "산 자와 죽은 자를 심판하러" 오실 분이 어린 양이십니다. 하나님이 노하시지 않도록 아들에게 입 맞추십시오. 그분의 진노가 아직 불타오르지 않을 때에 멸망을 피하십시오. 그분이 머지않아 다시 오시니, 지금 그분에게 경배하십시오. 사시는 주님 앞에 서서 말하건대, 그분이 여러분 모두를 그분의 법정으로 소환하실 것입니다. 그분이 당신에게 두려움의 대상이 되지 않도록, 불신앙 속에 머물지 않도록 주의하십시오. 오히려 그분께로 돌이켜서, 그분이 나타나실 때 그분이 당신의 기쁨과 즐거움이 되시도록 하십시오. 아멘.

제
5
장

—

매일 쓰임받음

—

"데리고 예수께로 오니" — 요 1:42

    신앙의 부흥을 위한 뜨거운 열망을 키움과 더불어 우리는 어떻게 하면 하나님께서 우리 가운데 임하실까 하는 생각을 마음속으로 해 보았을 것입니다. 우리는 부흥이 일어났던 옛 시절에 대한 소문을 기억하고 그때와 똑같은 외형적인 표적들이 오늘날에도 일어나기를 기대합니다. 즉, 쇼츠(Shotts) 교회에서 리빙스턴(Livingstone)에게 역사하신 것, 혹은 뉴 잉글랜드(New England)에서 조나단 에드워즈(Jonathan Edwards)에게 역사하신 것, 혹은 우리 지역에서 횟필드(Whitefield)에게 역사하신 것과 같은 주님의 역사를 우리는 갈망합니다. 아마도 여러분은 하나님께서 비범한 설교자를 세우셔서 그의 사역으로 군중을 휘어잡고, 그가 설교하는 동안 성령 하나님께서 말씀과 함께 역사하심으로 말미암아 수많은 사람들이 설교 때마다 회개할 것을 마음속으로 기대하였을 것입니다. 그리고 그와 같은 영을 가진 다른 전도자들이 일어나서 복음을 증거하므로 섬 이 끝에서 저 끝까지 모든 사람들이 진리를 듣고 그 능력을 체험할 것을 기대하였을 것입니다.

    이제도 하나님께서 우리에게 임하실 것입니다. 부흥의 시기에 자주 나타났던 표적과 이적들을 다시금 볼 수 있을 것입니다. 하나님의 성령께서 홍수로 넘치고 엄청난 급류로 모든 것을 쓸어버리는 큰 강물처럼 자신을 계시하실 수 있습니다. 하지만 성령께서 원하시면, 그의 능력을 부드러운 이슬처럼 감추시며 눈에 띄지 않게 온 땅을 새롭게 하실 수 있습니다. 불과 바람이 엘리야 앞에서 지나갔을 때 여호와께서 그런 큰 세력들 가운데 계시지 않았으나 세미한 소리로 그의 종과 교제하기를 더 좋아하셨던 그런 현상이 우리에게도 일어날 수 있습니다. 아마도 이 세미한 소리는 하나님의 백성 가운데 임하는 은혜의 언어일 것입니다. 우리가 영원하신 하나님의 길을 자세하게 표시한다는 것은 무모한 짓이 될 것이며, 하나님께서 우리에게 주시기를 기뻐하시는 온갖 좋은 것을 다만 우리의 마음에 들지 않는다는 이유로 거절한다는 것은 쓸데없는 짓이 될 것입니다.

그러므로 나는 실제적인 문제들과 모두의 손에 닿을 수 있는 노력들에 대하여 말씀드리기 위해 본문을 선택하였습니다. 나는 복음의 일반적인 승리에 대해서는 말하지 않을 것이며, 다만 개개인의 심령 속에서 거두는 복음의 승리에 대하여 말할 것입니다. 나는 전 교회의 노력을 다루지 않을 것이며, 다만 각각의 제자들의 경건한 열정을 다룰 것입니다.

1. 전도하는 제자

안드레는 그리스도의 모든 제자들이 마땅히 되어야 할 모습입니다. 최초로 전도에 성공한 이 전도자는 예수님의 신실한 제자였습니다. 자기 자신부터도 그리스도를 알지 못하는 설교자는 저주받은 사람입니다. 하나님께서 무한한 섭리 가운데 설교자를 다른 사람들에게 복을 베푸는 도구로 삼으시지만, 그리스도를 모르는 자가 강단에 서면 그는 사기꾼이요, 설교할 때마다 그는 하나님을 업신여기는 것이며, 주님 앞에서 회계할 때에 그는 화를 당할 것입니다.

주일학교에서 가르치는 일을 맡았으나 아직 회심하지 않았고, 자신도 모르는 것을 다른 사람들에게 가르쳐야 하는 젊은 여러분은 별나게 점잔을 빼야 하며, 비상한 위험에 빠질 처지에 놓여 있습니다. 내가 "비상한 위험"이라고 말한 이유는 선생이라는 사실로 인해 여러분이 아는 체할 것이며, 여러분이 말한 대로 심판받을 것이며, 여러분 자신의 입으로 스스로 정죄를 받을까 염려하기 때문입니다. 여러분은 단지 이론적으로만 신앙을 알고 있으며, 신앙의 능력에는 문외한이니 그런 신앙이 도대체 무슨 소용이 있겠습니까? 여러분 스스로 거절하는 길로 어찌 다른 사람들을 인도할 수 있겠습니까?

그 밖에, 그리스도를 믿기도 전에 교회에서 적극적으로 일한 사람들은 그때까지 받은 사회적인 명성에 만족하면서 믿음 없는 상태로 그냥 남아있기 쉽다는 사실을 나는 발견하였습니다. 귀한 친구들이여, 이런 현상을 주의하십시오. 요즈음 위선이 만연되어 있으며, 자기 망상에 너무 쉽게 빠집니다. 그러므로 나는 그런 악을 피할 수 없는 곳에 여러분을 버려 두지 않을 것입니다. 사람이 자신의 경건을 당연하게 여기는 곳에 자원하여 있게 되면, 그런 사람의 다음 단계는 경건의 흉내만을 내게 될 것이며, 장래에 그는 아주 성공적으로 흉내낸 것을 실제로 그러하다는 믿음에 빠져 우쭐거리게 될 것입니다. 거짓된 이 세대는 자기 성찰에 거의 도움을 주지 못합니다. 그렇다면 다른 사람들을 그리스도께로 인도하려고 하기 전에 우리 각자는 더욱 간절하게 "내가 과연 그리스도의 제자인가? 내가 그리스도의 보혈로 깨끗한가? 나는 그리스도의 영으로 새로워졌는가?"라고 스스로에게 물어보아야 하지 않을까요? 만일 그렇지 않다면, 나의 첫 번째 임무는 강단에서 전하는 것이 아니라 무릎 꿇고 기도하는 일일 것입니다. 나의 첫 번째 업무는 주일학교 반을 맡는 일이 아니라 나의 골방에서 죄를 자백하며 구속의 제물로 말미암아 죄사함 받는 일일 것입니다.

안드레는 비록 초신자였지만 다른 사람들의 영혼을 위한 열심이 있었습니다. 그에 관한 자료를 최대한 살펴본 결과, 안드레는 어느 날 예수님을 하나님의 어린 양으로 바라보았고, 바로 그 다음 날 그의 형제인 베드로를 찾아 나섰던 것으로 보입니다. 어제 기쁨과 평안은 맛본 여러분이 거듭난 열심과 기운찬 충성을 하는 것을 금지할 생각 따위는 우리에게 전혀 없습니다. 나의 형제 자매들이여, 지체하지 마십시오. 지금 여러분에게 아주 생생하고 충만한 기쁨을 주는 복음을 서둘러 널리 전파하십시오. 나이 많고 경험이 많은 성도들은 뒤에 남아서 흠잡기 잘하고 의심 많은 자들을 다루어야 하지만, 여러분 같이 젊은 성도들은 여러분이 감당할 수 있는 사람들을 찾아 나서야 할 것입니다. 곧 여러분의 꾸밈 없는 이야기를 잘 들어주고 여러분의 단순한 증거를 믿을 수 있는 시몬 베드로와 같은 형제들, 소중한 자매들을 찾아 나서야 할 것입니다. 은혜 면에서 여러분은 아직 어리고 훈련받지 못하였지만 영혼을 구원하는 일을 시작하십시오.

"주변의 죄인들에게 알리십시오
여러분이 얼마나 소중한 구주를 만났는지."

예수 그리스도에 대한 신앙이 이해하기 힘든 심오한 교리로 되어 있다면, 기독교 구원의 진리가 다루기 힘든 형이상학적인 논지라면, 하나님의 모든 일꾼들에게는 신중한 판단력이 필요할 것이며, 초신자에게 조심스럽게 "배우기까지 자제하라"고 말해야 할 것입니다. 하지만 영혼을 구원하는 진리는 A, B, C와 같이 단순합니다. 그 진리는 오직 "믿고 세례 받는 사람은 구원을 얻을 것"(막 16:16)이라는 사실, 즉 그리스도의 공로를 믿는 자는 구원을 받을 것이라는 사실입니다.

안드레는 새로운 제자였으며, 아울러 평범한 제자, 보통의 재능을 가진 사람이었습니다. 그는 그의 형제 시몬 베드로가 보여준 두드러진 성격의 소유자가 아니었습니다. 예수 그리스도의 생애 동안에 안드레의 이름이 언급되기는 하였지만 그러한 경우라도 별로 주목할 만한 사건이 아니었습니다. 만년에 그는 의심할 여지 없이 가장 쓸모 있는 사도가 되었으며, 구전에 따르면. 십자가에서 죽음으로써 그의 평생의 사역을 마감하였지만, 초창기에 안드레는 재능에서 보통의 신자였으며, 뛰어난 것이 없는 평범한 사람이었습니다. 그러나 안드레는 후에 쓸모 있는 사역자가 되었습니다. 따라서 예수 그리스도의 종들은 주님의 나라의 영역을 확장시키지 못한 것에 대하여 "나에게는 뛰어난 재능이나 남다른 능력이 없어서 그렇습니다"라는 말로 핑계하지 못할 것입니다. 얼마 안 되는 은사를 받은 사역자들을 헐뜯고 그들이 마치 강단에 절대로 서서는 안 될 것처럼 비아냥거리는 그런 자들을 나는 반대합니다. 형제들이여, 하나님의 종인 우리가 단지 웅변의 능력으로 판단받아야 합니까? 제자들의 신앙이 사람의 지혜에 있지 않고 하나님의 능력에 있게 하려고 말의 지혜를 포기한 바울의 방식이 바로 이런 것이었나요?

교회의 기쁨이 되는 탁월한 설교자들이 수준이 떨어지는 사람들에게 이끌려 교회로 나오는 경우가 얼마나 많은지요! 마치 안드레에게 이끌려 시몬 베드로가 회개한 경우처럼 말입니다. 안드레가 아니었다면 시몬 베드로가 어떻게 되었을지 누가 알겠습니까? 교회가 안드레의 입을 막았더라도 교회가 베드로와 같은 사람을 얻었을 것이라고 누가 말할 수 있겠습니까? 재능이 좀 떨어지는 형제나 자매에게 손가락으로 가리키며 "이런 사람들은 침묵을 지켜야 해"라고 누가 말할 수 있겠습니까? 아닙니다. 형제들이여, 여러분에게 한 가지라도 재능이 있다면 더욱 열심히 그 재능을 사용하십시오. 하나님께서 여러분에게 요구하시는 것이 바로 이것입니다. 형제들이 여러분을 제지하여 그 재능을 발휘하지 못하게 하거든 그런 방해를 단호히 거절하십시오.

그리스도에 대한 신앙을 고백하는 개개인은 주님 나라의 확장을 위해 일익을 감당해야 한다는 결론에 이르도록 이런 식으로 나의 설교를 전개할 것입니다. 우리 교회에 속한 교인들은 모두 달란트를 얼마나 받았든지, 안드레처럼 민첩하기를 바랍니다. 안드레는 회개하자마자 전도인이 되었습니다. 가르침을 받자마자 가르치기 시작하였습니다. 나는 안드레처럼 민첩할 뿐만 아니라 끈기 있는 사람들을 원합니다. 안드레는 제일 먼저 베드로를 찾았습니다. 이것이 그의 첫 번째 성공이었습니다. 하지만 후에 그가 찾아낸 영혼들이 얼마나 많은지 누가 말하겠습니까? "그가 먼저 자기의 형제 시몬을 찾아"(요 1:41). 그는 영적으로 많은 영혼들의 아버지였습니다. 그러나 그에게 가장 큰 기쁨은 그의 친형제인 베드로의 영적인 아버지가 된 것이었습니다. 베드로가 육신으로는 그의 형제였지만 그리스도 예수 안에서는 영적으로 그의 아들이었던 것입니다.

내가 만일 여러분 모두를 개인적으로 찾아가서 여러분의 손을 꼭 붙잡을 수 있다면, 나는 아주 다정하면서도 진지하게 여러분을 위해 기도하되, 여러분의 영혼을 인도하고 여러분의 심령을 각성하게 하여 사랑하는 주님을 섬길 수 있게 한 그 사람 곁에서 기도할 것입니다. 핑계대지 마십시오. 큰 값으로 산 바 된 사람들에게는 핑계가 있을 수 없습니다. 일하는 데 많은 신경을 써야 한다고 여러분은 내게 말할 것입니다. 나도 그런 줄 알고 있습니다. 그러므로 여러분이 일하는 가운데 하나님을 섬길 수 있는 식으로 그렇게 여러분의 일을 조정하십시오. 여러분은 시간을 쪼개어 거룩한 섬김에 헌신해야 합니다. 여러분은 직접적으로 사람들을 주님께로 인도할 기회를 마련해야 합니다. 또 여러분 가운데 여가 시간이 있는 사람들은 "일"을 핑계대지 못할 것입니다. 제발 부탁하건대, 여러분의 여가시간을 하찮은 일을 하고 잡담하고 잠자고 방종하는데 허비하지 마십시오!

여러분은 아무것도 할 수 없다는 쓸데없는 신념으로, 혹은 큰 시험을 준비한답시고 시간을 흘려보내지 마십시오. 이제 안드레처럼 즉시 서둘러 예수님을 섬기십시오. 여러분이 오직 한 사람에게만 접근할 수 있더라도 그 사람을 버려두지 마십시오. 시간은 빨리 흘러가며 사람들은 죽어가고 있습니다. 우리는 이런 무서운 현실을 직시하기에 하찮은 일에 시간을 쓸 수 없습니다. 내게 능력이 된다면, 이 거대한 도시가 죄악 속에서 뒹구는 실상을 묘사함으로써 나의 모든 형제 그리스도인들의 마음과 영혼을 감동시키면 정말 좋겠습니다. 분명히 죄, 무덤, 그리고 지옥은 아무리 무디고 냉담한 죽은 귀라도 따끔하게 하는 주제들입니다. 오, 영혼들을 대속하기 위해 십자가에서 죽으신 구세주를 여러분 앞에 소개하면 정말 좋겠습니다! 오, 죄인들이 들어가지 못하는 천국을 설명하고, 자신들이 버림당한 사실을 깨달을 때 그들의 후회하는 모습을 보여줄 수 있었으면 정말 좋겠습니다! 나는 전도하는 제자의 모습을 기술하였습니다.

2. 그의 위대한 목적

안드레의 위대한 목적은 베드로를 예수님께로 데리고 오는 것이었던 것 같습니다. 안드레의 이러한 목적은 중생한 모든 심령들의 목적이 되어야 할 것입니다. 곧 우리의 친구들을 어느 당파에 속하게 하는 것이 아니라 예수님께로 데리고 오는 것 말입니다. 어떤 적대적인 분파들은 다른 교회에서 교인들을 빼앗기 위하여 바다와 육지를 두루 다닙니다. 이들은 합법적으로 좋은 진주를 구하는 상인들이 아니라 약탈로 살아가는 해적들입니다. 우리는 그들에게 긍휼을 베풀어야 하며 분노해서는 안 됩니다. 물론 혐오감을 조금도 갖지 않는다는 것은 어려운 일이지만 말입니다. "저 사람이 목회하는 교회는 비록 큰 교회지만 다른 교회에서 빼앗은 교인들로 구성되어 있대"라는 말이 내게 들린다면, 나는 이를 최대의 수치로 생각할 것입니다. 전에는 불경하고 되는대로 살았던 사람이지만 이제는 세상에서 나와서 그리스도와 교제하는 사람들을 나는 값으로 따질 수 없을 만큼 소중히 여깁니다. 이들은 친구의 해안에서 몰래 가져온 횡재가 아니라 적의 수중에서 칼날로 사로잡은 포획물입니다. 우리는 굳세지 못한 심령들을 감언이설로 속여서 현재 그들이 예배드리는 곳에서 빼내기보다는 죽어 가는 영혼들을 돌볼 것입니다.

게다가 영혼을 구원하는 사람의 목적은 사람들을 단순히 외형적인 의로 인도하는 것이 아닙니다. 여러분이 단순히 안식일을 범하는 자를 안식일을 지키는 자로 만든다고 여러분이 그를 위해 해야 할 일을 다했다고 말할 수 없을 것입니다. 여러분이 기도하지 않던 자를 설득하여 다만 기도의 모양만 갖추게 하고 정작 그가 마음으로 기도하지 못한다면, 여러분이 그를 위해 할 일을 다했다고 말할 수 없을 것입니다. 여러분이 바꾼 것은 죄의 모양일 뿐 그 사람은 여전히 죄가운데 살아가고 있는 것입니다. 그 사람이 소금물에 빠지는 것은 막았지만 그러나 여러분은 그를 깨끗한 물에 집어던진 것입니다. 여러분은 그에게서 한 가지 독을 빼앗았지만 다시금 다른 독에 노출시킨 것입니다. 사실상 여러분이 그리스도를 참으로 섬기고자 한다면, 여러분의 관심의 대상이 된 그 사람을 위해 계속해서 기도하고 열심을 내되, 그가 완전히 은혜를 받고 예수 그리스도를 붙잡으며, 구속의 희생제물로 말미암는 영생을 얻을 때까지 그리해야 합니다. 사람들을 예수께로 인도하는 것, 오 이것이야말로 여러분과 저의 목적입니다. 즉, 사람들을 세례로 이끌고 예배당으로 이끌고 예배의 형태를 채택하는 것이 우리의 목적이 아니라 "평안히 가라. 너의 많은 죄가 모두 사하여졌느니라"고 유일하게 말씀하실 수 있는 소중한 주님 발 앞에 그들을 인도하는 것이 우리의 목적입니다.

형제들이여, 기독교 신앙의 핵심인 예수님을 우리가 믿을진대, 그리스도께로 나오지 않는 자는 참된 경건을 전혀 얻지 못합니다. 어떤 이들은 제사장에게 가서 그로부터 면죄 받는 것으로 크게 만족합니다. 그들은 성례에 참석하여 교회에서 떡을 먹는 것으로 크게 만족합니다. 그들은 기도문을 받고 종교행사를 통과하는 것으로 크게 만족합니다. 하지만 우리가 알건대, 심령이 예수님께로 나아가지 않는 한 이런 모든 것들은 아무것도 아니며 무익한 것입니다. 심령이 예수님을 하나님께서 언약하신 속죄제물로 영접하지 아니하고 오직 그분만을 믿지 않는 한 그 심령은 헛된 외식과 불안 속에서 걸어갈 것입니다. 그러므로 형제들이여, 오늘 이후부터 여러분의 한 가지 포부는 여러분의 동료들을 예수 그리스도께로 인도하는 것이 되도록 합시다.

여러분의 친구들을 위해 중보하십시오. 그들을 위해 그리스도께 간청하십시오. 여러분이 기도할 때마다 끊임없이 그들의 이름을 언급합시다. 특별히 시간을 마련하여 그들을 위해 하나님께 간구합시다. 여러분이 중보의 기도를 드릴 때 여러분의 소중한 (영적인) 자녀의 이름을 늘 말합시다. 여러분의 소중한 자매들이 상태를 중보자이신 주님의 귀에 늘 아룁시다. 아브라함이 이스마엘을 위하여 간청하였던 것처럼 주변에 있는 사람들을 위해 여러분이 부르짖음으로써 주님께서 자비로 그들을 심방하시기를 기뻐하게 하십시오. 중보는 영혼들을 그리스도께로 인도하는 것인데, 여러분이 다른 어떤 방법을 사용할 수 없을 때 이 중보의 방법이 효력이 있을 것입니다.

여러분이 사랑하는 사람들이 오스트레일리아 어느 이주자의 오두막에 있어서 편지조차 전하지 못한다 할지라도 기도는 그들을 찾아낼 수 있을 것입니다. 기도는 어떤 대양이라도 건널 수 있으며, 아무리 먼 거리라도 나아갈 수 있습니다. 사랑하는 자들이 아무리 멀리 있어도 여러분은 믿음의 기도로 그들을 품에 안을 수 있으며, 그들을 예수님께로 인도하여 "주님, 이 사람들에게 자비를 베푸소서"라고 말씀드릴 수 있습니다. 직접 가서 전하지도 가르치지도 못하는 자들에게 소중한 무기가 있으니, 그들은 모든 기도의 검을 휘두를 수 있는 것입니다. 심령이 너무 완고하여 설교를 거부하고 선한 조언을 거절할지라도 그래도 그런 심령을 사랑할 수 있는 여지가 있는 것은 말 안 듣는 자를 위해 하나님께 간구할 수 있기 때문입니다. 은혜의 자리에서 우리가 뜨거운 눈물을 흘리고 탄식하며 그곳에서 승리한다면, 주님께서는 완고한 심령들 가운데 틀림없이 그의 강력한 은혜를 나타내실 것입니다.

사람들을 예수님께로 인도하기 위해 여러분은 다음의 방법들을 채택할 수 있습니다. 말하자면, 직접 그들을 가르치는 방법, 복음의 소식을 들을 수 있는 곳으로 그들을 데리고 가는 방법입니다. 복음의 빛이 우리에게는 풍족한 반면, 그 빛이 이 나라에서 아주 편중되게 보급되어 있다는 것은 너무 이상한 일입니다. 그리스도 안에서 내가 가진 소망을 화급히 두세 가지 피력하면서 깨달은 사실은, 내가 청중들에게 완전히 새로운 일을 말하고 있다는 것입니다. 내가 그리스도의 대속의 교리를 설명하였을 때 지식 있는 많은 영국인들의 얼굴에서 깜짝 놀라는 기색을 나는 보았습니다. 젊어서부터 교구교회에 참석했던 사람들을 만나보았는데, 그들도 믿음으로 말미암아 의롭다함을 받는다는 이 단순한 교리를 전혀 모르고 있었습니다. 국교에 반대하는 교회에 다닌 일부 사람들도 자기 행위로 구원받지 않고 오직 예수 그리스도의 보혈과 의를 믿는 믿음으로 말미암아 구원을 받는다는 이 기본적인 진리를 확고히 붙들지 못한 것 같았습니다.

이 나라는 지금 자기 의의 교리(self-righteous doctrine)에 깊이 빠져 있으며, 마르틴 루터의 개신교 교리는 전반적으로 알려져 있지 않은 상태입니다. 하나님의 은혜로 부르심을 받은 많은 사람들은 이 진리를 지키고 있지만, 밖에 있는 큰 세상은 여전히 인간이 최선을 다한 다음에야 하나님의 자비를 기대할 수 있다고 말하고 있습니다. 그리고 그들은 율법적인 자기 의(自己義)만을 주장하는 한편, 예수님을 믿는 자는 예수님께서 이루신 공로로 말미암아 구원을 받는다는 중요한 교리를 광신(狂信)이라고 비웃거나, 혹은 방탕으로 이끄는 주범이라고 비난합니다. 그러므로 이 진리를 사방에 알립시다. 여러분의 영향권 아래에 있는 사람들은 누구라도 이 진리를 모르는 일이 없도록 합시다. 내가 복음을 말할 때 종종 하나님의 손길이 임하여 그 복음을 들은 영혼이 즉각 평안으로 인도받았던 사실을 나는 간증할 수 있습니다.

얼마 전에 나는 거의 액면 그대로의 천주교 정서를 가진 부인을 만났던 적이 있습니다. 나는 그 부인과 대화를 나누는 가운데 복음이 그녀에게 얼마나 흥미 있고 매력적인 것인가를 깨닫고는 기뻐하였습니다. 그녀는 자신이 가진 종교 때문에 마음의 평안을 누릴 수 없다고 불평하였습니다. 그녀는 한 번도 만족해 본 적이 없었던 것 같습니다. 그녀는 사제의 사면을 소중히 여겼으나 분명히 그것이 그녀의 영혼에 평안을 주지 못하였습니다. 그녀는 죽음을 두려워하였고, 하나님이 무서웠으며, 심지어 그리스도도 사랑의 대상이기보다 두려움의 대상이었습니다. 나는 그녀에게 예수님을 믿기만 하면 누구든지 죄 용서함을 완전히 받았다고 말하였습니다. 나 또한 죄 사함받았고, 나의 존재를 걸고 확신하건대, 살든지 죽든지 두렵지 않으며, 하나님께서 그의 아들 안에서 내게 영생을 주셨기 때문에 삶과 죽음은 내게 똑같은 것이라고 말하였습니다. 그러자 새로운 사상에 그녀의 마음이 깜짝 놀라는 것을 나는 보았습니다. 그러면서 그녀는 "내가 그런 사실을 믿는다면 나는 세상에서 가장 행복한 사람이 되겠네요" 하였습니다. 나는 그런 추정을 부인하지 않고, 도리어 그것이 진리라는 사실이 입증되었다고 주장하였습니다. 우리가 나눈 짧은 대화를 그녀가 계속 잊지 않고 있다는 소식을 나는 듣고 있습니다.

여러분의 모범을 통하여 많은 사람들이 그리스도께로 인도될 수 있기를 축원합니다. 정말로, 거룩한 삶만큼 강력한 설교는 이 세상에 존재하지 않습니다. 이러한 사실이 때때로 나를 부끄럽게 하며, 나의 주님을 증거할 때에 나를 약하게 만듭니다. 왜냐하면 내가 이 자리에 서서 주님을 증거할 때에 신앙 고백자들 가운데 일부는 그들이 믿는 신조뿐만 아니라 일반 윤리 면에서까지 수치스러운 존재라는 생각이 들기 때문입니다. 이러한 사실 때문에 나는 마치 숨이 멎고 무릎이 떨리는 채로 말하는 듯한 느낌이 들며, 그때에 나는 하나님의 교회에 속했다고 하지만 실상은 지독한 죄로써 하나님의 뜻을 더럽히고 자신에게는 영원한 멸망을 스스로 자초하는 그런 자들의 가증한 위선을 생각합니다.

교회가 거룩한 만큼 그에 비례하여 교회의 증언이 힘이 있을 것입니다. 우리가 순결한 성도들이라면, 우리의 증언은 그루터기 가운데 타는 불과 같을 것이며, 곡식 단 가운데 타오르는 불덩어리 같을 것입니다. 하나님의 성도들이 세상과 같지 않다면, 좀 더 사심이 없고, 좀 더 기도하며, 좀 더 경건하다면, 행군하는 시온의 군사들은 나라들을 요동하게 할 것이며, 그리스도의 승리의 날이 확실히 밝아올 것입니다. 오 제발, 하나님을 경외함과 성령의 능력으로 여러분을 보는 사람들이 "도대체 이 사람이 어디서 이런 거룩함을 얻었는고?"라고 물을 정도로 그렇게 살기를 바랍니다. 그리하여 그들이 여러분을 따름으로써 결국에는 여러분으로 말미암아 그들이 예수 그리스도께 나와 하나님을 가까이 하며 살아가는 비결을 배울 수 있기를 바랍니다.

아마도 여러분은 휫필드(Whitfield)의 일화를 들었을 것입니다. 그는 어느 집에 머물든지 그 집 식구들에게 그들의 영혼에 대하여 이야기해 주는 습관이 있었습니다. 하지만 어느 대령 집에서는 그런 이야기를 하지 않았습니다. 그 대령의 집은 그리스도인이 아니라는 사실 말고는 더 이상 바랄 것이 없는 그런 사람이었습니다. 그는 그 집의 환대를 받고 기뻤습니다. 그리고 착한 대령과 그의 아내와 딸의 성격은 전체로 매력적이었습니다. 만일 그들의 성격이 좋지 않았더라면 그의 단호한 생각을 밝혔겠지만, 그들의 성격이 너무 좋아서 그들에게 말할 수가 없었습니다. 그는 한 주일 동안 그들과 함께 있었습니다. 그리고 지난 밤에 하나님의 성령께서 그를 찾아와 감동하셔서 잠을 잘 수가 없었습니다. 그는 혼자서, "이 사람들은 그동안 내게 매우 친절하게 대해 주었어. 하지만 나는 그들에게 진실하지 못했어. 내가 떠나기 전에 반드시 나는 그들에게 진실을 말해야 돼. 그들이 아무리 좋은 성품을 가지고 있다 해도 예수님을 믿지 않으면 버림당할 수밖에 없다는 사실을 나는 그들에게 전해 주어야 돼"라고 말하였습니다.

그는 밤중에 일어나 기도하였습니다. 기도한 후에도 그는 여전히 마음속에서 갈등을 느꼈습니다. 그의 옛 성품은 "나는 못해"라고 말했으나, 성령께서는 "그들을 권고하지 않고는 떠나지 말라"고 말씀하시는 듯했습니다. 드디어 그는 한 가지 꾀를 생각해 내고는 그 꾀를 받아 달라고 하나님께 기도하였습니다. 그는 다이아몬드 모양으로 되어 있는 창문 유리 위에 그의 반지로 이렇게 기록하였습니다. "당신들에게 아직도 한 가지 부족한 것이 있습니다"(막 10:21). 그는 그들에게 말할 자신이 없었습니다. 하지만 그들이 회개하게 해달라고 많은 기도를 드리고 길을 떠났습니다. 그가 떠나자마자 휫필드 목사를 크게 존경하였던 그 집의 착한 부인이 "그의 방에 올라가 봐야지. 하나님의 사람이 머물던 곳을 보고 싶어"라고 말하였습니다.

부인은 올라가서 유리창에 "당신들에게 아직도 한 가지 부족한 것이 있습니다"라고 기록된 글자를 보았습니다. 이 글이 순간적으로 그녀의 잘못을 깨닫게 하였습니다. 그녀는 이렇게 말하였습니다. "아, 그분은 머무는 곳마다 그 집 사람들을 위해 언제나 기도해 주시는 것으로 알고 있었는데, 나는 그분이 우리를 위해서는 기도해 주지 않기에 우리에게 별 관심이 없고 우리 집에 대하여 화가 나 있는 줄 생각했어. 그런데 알고 보니 그게 아니야. 그분은 마음이 너무나 섬세하셔서 우리에게 말씀하실 수 없었던 거야." 부인은 딸들을 불렀습니다. "딸들아, 휫필드 목사님이 창문에 쓴 저 글씨를 봐. '당신들에게 아직도 한 가지 부족한 것이 있습니다.' 너희 아버지를 불러라." 아버지가 올라와서 역시 그 글씨를 읽었습니다. "당신들에게 한 가지 부족한 것이 있습니다." 하나님의 사람이 잠잤던 침대 주위에 모두가 무릎을 꿇고 그들에게 한 가지 부족한 것을 채워 달라고 간구하였습니다. 그리고 그 방을 나가기 전에 그들은 한 가지 부족한 것을 깨달았습니다. 그리고 온 가족이 예수님 안에서 즐거워하였습니다. 얼마 전에 내가 한 친구를 만났는데, 그 친구가 다니는 교회의 교인이 바로 그 유리창을 가 보처럼 보존하고 있답니다.

자, 여러분이 한 가지 방식으로 훈계하고 권고할 수 없겠거든 다른 방식으로 해 보십시오. 삼가 주의하여 여러분의 영혼이 여러분의 친척과 친구들의 피로부터 깨끗해지십시오. 그리하여 하나님의 심판대 앞에서 그 피가 여러분의 옷을 새빨갛게 물들이고 여러분을 정죄하지 못하도록 하십시오. 여러분이 하나님 앞과 사람의 영혼들 앞에서 신실할 수 있도록 어떻게 해서라도 그렇게 살고 그렇게 말하고 그렇게 가르치세요.

이제 세 번째 대지로 넘어가야 하겠습니다. 지금까지 우리는 전도하는 제자에 대해서, 그리고 그의 위대한 목적에 대하여 살펴보았습니다.

3. 그의 지혜로운 방법

나는 이미 이 주제에 대하여 고찰한 바 있습니다만 그것이 별 도움은 되지 못할 것 같습니다. 열심이 있던 안드레는 지혜로웠습니다. 열심은 때로 신중하게 하며, 사람으로 하여금 재능은 없을지라도 재치 있게 만들어 줍니다. 안드레는 자신에게 있었던 능력을 사용하였습니다. 안드레가 만일 내가 알고 있는 젊은 사람들 같았다면, 그는 이렇게 말했을 것입니다. "나는 하나님을 섬기고 싶어. 내가 설교하는 것을 얼마나 좋아하는데! 그러니 나에게는 많은 회중이 필요해." 런던에는 거리마다 강단이 있습니다. 우리가 사는 이 대도시에는 하나님께서 지으신 푸른 하늘 아래에서 설교할 수 있는 아주 넓고 충분한 공간이 있습니다. 하지만 이 젊은 열심당원들은 야외보다는 더 손쉬운 적당한 장소를 선호할 것입니다. 그리고 그는 아주 큰 강단에 초빙되지 않기 때문에 아무 일도 하지 않습니다. 만일 안드레처럼 가시권 안에 있는 사람들 가운데 들어가 자신이 가진 재능을 사용하기 시작했다면, 그래서 거기서 또다른 단계로 밟아 올라가고, 거기서 또다른 단계로 매년 진보하였다면, 그들은 지금보다 훨씬 나을 것입니다. 성도 여러분, 만일 안드레가 그의 형제를 돌아오게 하는 도구가 되지 못했다면, 사도가 되지 못하였을 가능성이 높습니다. 그리스도는 몇 가지 근거를 가지고 사도들을 택하시고 그들에게 직분을 맡기셨습니다. 아마도 안드레가 예수님의 사도로 뽑힌 근거는 이런 것이었을 것입니다. 주님은 다음과 같이 말씀하셨을 것입니다. "그는 열심 있는 사람이야. 그는 시몬 베드로를 내게로 데리고 왔어. 그는 언제나 각 사람들에게 복음을 전하겠지. 나는 그를 사도로 삼을 거야."

이제, 젊은 여러분들이여, 여러분이 전도책자를 열심히 돌리고, 주일학교 일에 열심을 낸다면, 아마도 여러분은 사역자가 될 것입니다. 그러나 여러분이 모든 것을 다 할 수 있을 때까지 가만히 있고 아무 일도 하지 않는다면 여러분은 쓸모없는 사람이 되고 말 것입니다. 교회에 도움이 되기는커녕 교회에 장애물이 될 것입니다. 여러분이 그런 실수를 한다면 하나님은 여러분에게 일을 맡길 수 없습니다. 여러분이 얼마간 재능을 받은 것이 틀림없으며, 그 중에 어떤 것은 다른 사람은 아무도 흉내낼 수 없는 그런 재능입니다. 사람의 몸의 전체적인 구조에서 볼 때, 작은 모든 근육, 모든 세포 하나하나는 고유의 작용과 역할을 가지고 있습니다. 어떤 의사들이 이런저런 기관들은 없어도 살 수 있다고 말했다지만, 내가 믿기로는, 인간의 본성이라는 전체 자수에서 단 한 개의 실이라도 없어서는 안 될 것입니다. 직물 전체가 필요한 것입니다. 이와 마찬가지로 신비로운 몸인 교회는 가장 작은 지체라도 꼭 필요한 존재입니다. 아주 못난 지체라도 교회의 성장을 위해 꼭 필요합니다. 여러분에게 꼭 맞는 곳이 어디인지 알려 달라고 하나님께 구하십시오. 그리고 그곳에 자리를 잡고, 예수 그리스도께서 오셔서 여러분에게 상을 주실 때까지 그곳을 지키십시오.

안드레가 한 영혼을 중요시하였다는 점에서 그의 지혜는 입증되었습니다. 처음에 그는 한 사람에게 온갖 수고를 쏟았습니다. 훗날 안드레는 성령으로 말미암아 많은 사람들을 전도하는 좋은 점수를 받았지만, 처음에 그는 한 사람을 가지고 시작했습니다. 한 영혼을 소중히 여기는 이런 셈이야말로 얼마나 훌륭한 셈인지요! 한 영혼이 회개할 때 천국에 있는 모든 종들이 울립니다. 죄인 하나가 회개할 때 천사들이 즐거워합니다. 한 영혼이 회개할 수만 있다면 그 영혼을 위해 전 생애를 바친들 그것이 무슨 상관이겠습니까? 여러분이 진주처럼 소중한 영혼을 구원한다면, 그 영혼이 여러분의 목숨과도 같은 가치를 여러분에게 선사할 것입니다. 그러므로 여러분의 (주일학교) 반 숫자가 떨어진다고, 혹은 여러분이 구원하기 위해 산고를 치르고 있는 사람들 대부분이 여러분의 증거를 거절한다고 우울해하거나 낙심하지 마십시오. 사람이 하루에 얼을 수 있다면 그는 만족할 수 있을 것입니다. "하나를 가지고 뭘 해요?"라고 사람들은 말합니다. 내가 말하고자 하는 것은 일 페니가 아니라 일천 파운드입니다. "아, 그 정도면 굉장한 보상이군요"라고 여러분은 말합니다. 이처럼 여러분이 단 한 영혼만을 얻는다해도 그것이 얼마나 큰 가치가 있는지 여러분은 바로 판단해야 합니다. 사람이 온 천하를 얻고도 자기 목숨(영혼)을 잃으면 무슨 유익이 있겠습니까? 사랑하는 형제들이여, 여러분이 온 천하를 잃고 여러분의 영혼을 얻는다면, 그리하여 하나님께서 여러분을 사용하여 다른 사람들의 영혼들을 얻는다면, 여러분에게 무슨 손실이 있겠습니까?

여러분이 안드레를 본받기 위해 먼 데까지 갈 필요는 없습니다. 많은 그리스도인들은 자기 집으로부터 5 마일(8km) 안에서 모든 선한 일을 할 수 있습니다. 그때에 갔다가 돌아오는 시간도 자기 포도원에서 한가롭게 보내는 시간이면 족할 것입니다. 신자들로서 우리가 감당해야 할 의무는 하나님께서 우리를 있게 하신 곳, 특히 우리 집안에서 할 수 있는 선한 일을 모두 다 하는 것입니다. 우리가 모든 남성들에게 해야 할 의무보다 우리 자식들에게 해야 할 의무가 더 큰 것입니다. 힘이 닿는 데까지 내가 모든 여성들의 영혼을 돌아보아야 할 책임이 있다면, 나의 혈육에 대해서는 그보다 더 큰 책임이 있는 것입니다. 자비와 함께 경건은 집에서 시작되어야 합니다. 회심은 우리와 가장 밀접한 유대관계를 갖고 있는 사람들에게서 시작되어야 할 것입니다. 형제 자매들이여, 내가 이 달에 여러분에게 권고하고자 하는 것은 인도에서 선교하라는 것이 아니며, 아프리카로 건너가 긍휼을 베풀라는 것이 아니며, 천주교와 이교도의 땅을 위해 눈물을 흘리며 수고하라는 것이 아닙니다. 그보다도 여러분의 자녀들을 위해, 여러분의 혈육을 위해, 여러분의 이웃들을 위해, 여러분이 알고 있는 사람들을 위해 그리하라는 것입니다. 그들을 위해 하늘에다 더욱 소리 높여 부르짖으십시오. 그런 후에야 여러분은 열방 가운데서 복음을 전하게 될 것입니다.

　아마 어떤 이는 "안드레가 시몬 베드로를 어떻게 설득하였기에 그가 그리스도께로 나왔나요?"라고 물을 것입니다. 첫째, 안드레는 자신의 체험을 직접 들려줌으로써 베드로를 설득하였습니다. "우리가 메시야를 만났다"고 그는 말했습니다. 여러분이 그리스도에 대하여 체험한 바를 다른 사람들에게 들려주십시오. 둘째, 안드레는 그가 만난 분이 누구인지 베드로에게 지혜롭게 설명하여 주었습니다. 안드레는 자기에게 감동을 주었지만 도대체 그가 누구인지 모르는 그런 사람을 만났다고 말하지 않았습니다. 그는 메시야, 곧 그리스도를 만났다고 베드로에게 말했습니다. 복음을 분명히 알고 체험하십시오. 그런 다음에 여러분이 구원하고자 하는 영혼에게 복음을 전하십시오. 안드레는 분명한 확신이 있었기 때문에 베드로를 사로잡을 수 있었습니다. "내가 그리스도를 만났기를 바란다"고 말하지 않고, "내가 그리스도를 만났다"고 그는 말하였습니다. 그는 확신하였습니다. 구원에 대한 확신을 가지십시오. 확신만큼 강력한 무기는 없습니다. 다른 사람을 설득하려고 하면서 정작 자신은 의혹을 가지고 말한다면, 이는 다른 사람이 자기의 증거를 제발 의심해 달라고 요구하는 것이나 마찬가지입니다.

　안드레는 베드로 앞에서 진지한 모습으로 복음을 전하였기 때문에 그를 사로잡았습니다. 안드레는 마치 흔해빠진 일인 것처럼 "메시야가 왔나봐"라고 베드로에게 말하지 않았습니다. 모든 메시지 중에 가장 중요한 메시지를 전하는 만큼 그에 어울리는 어조와 몸짓을 하면서 "나는 확신하는데, 우리가 그리스도라고 하는 메시야를 만났어"라고 전하였습니다. 자, 형제 자매들이여, 여러분의 친척에게 여러분의 믿음, 여러분의 기쁨, 여러분의 확신을 말하되, 확고하게, 사실임을 확신하고 말하십시오. 그리하면 하나님께서 여러분의 일을 축복하실 것을 누가 감히 의심하겠습니까?

4. 안드레가 받은 기분 좋은 보상

한 영혼을 구원한 것, 그것도 그의 형제의 영혼을 구원한 것, 그것이 그가 받은 보상입니다. 그는 그런 보화를 얻은 것입니다! 그는 다름 아닌 시몬을 구원하였습니다. 그리스도께서 시몬을 영혼을 낚는 어부로 만드셨는데, 그는 처음 복음의 그물을 던져서 한 번에 삼천 명의 영혼을 건져낸 사람입니다! 초대교회의 바로 그 설교의 황제인 베드로가 주님께서 사용하신 모든 종들 가운데 가장 능력 있는 한 사람이 되었으니 그를 주님께로 인도한 안드레에게 베드로는 기쁨이 되었을 것입니다. 나는 안드레가 의심하고 두려워하는 날에 다음과 같이 말하는 것을 이상하게 여기지 않을 것입니다. "베드로를 그토록 쓰임받게 하신 하나님을 송축할지어다! 일찍이 내가 베드로에게 소개한 하나님을 송축할지어다! 내가 할 수 없는 바를 베드로는 능히 하리로다. 나는 속수무책으로 앉아 있지만 나의 소중한 형제 베드로는 자랑스럽게 많은 영혼들을 그리스도께로 인도하고 있으니 나는 이를 기쁘게 여기노라."

오늘 이 예배당에는 아직 회개하지 않은 횟필드 같은 사람이 앉아 있을 수도 있습니다. 오늘 오후 여러분의 반에 아직 구원받지 못한 존 웨슬리 같은 사람, 칼빈 같은 사람, 루터 같은 사람이 묵묵히 이름 없이 나왔다가 여러분을 통하여 은혜의 부르심을 받을 수 있습니다. 지금까지도 조율되지 않아서 그리스도를 찬양하지 못하는 살아 있는 마음의 수금이 우리 주변에 존재합니다. 그러한 마음의 수금이라도 무아지경에 이르도록 여러분의 손가락으로 연주해야 하는데 아직까지 여러분은 깨어나지 못한 상태에 있는 것입니다. 여러분은 거룩한 희생 제물, 곧 그리스도에 대한 헌신의 삶을 태울 수 있는 불을 일으켜야 합니다. 오직 적극적으로 주 예수님을 위해 일하십시오. 끈질기게 기도하십시오. 열심을 내고 자신을 희생하십시오. 주님께서 자신의 이름을 위하여 그리 되게 하실 것입니다. 아멘.

제
6
장
—

나다나엘과 무화과나무

—

"빌립이 나다나엘을 찾아 이르되 모세가 율법에 기록하였고 여러 선지자가 기록한 그이를 우리가 만났으니 요셉의 아들 나사렛 예수니라. 나다나엘이 이르되 나사렛에서 무슨 선한 것이 날 수 있느냐? 빌립이 이르되 와서 보라 하니라. 예수 께서 나다나엘이 자기에게 오는 것을 보시고 그를 가리켜 이르시되, 보라 이는 참으로 이스라엘 사람이라. 그 속에 간 사한 것이 없도다. 나다나엘이 이르되, 어떻게 나를 아시나 이까? 예수께서 대답하여 이르시되, 빌립이 너를 부르기 전 에 네가 무화과나무 아래에 있을 때에 보았노라. 나다나엘 이 대답하되 랍비여, 당신은 하나님의 아들이시요 당신은 이스라엘의 임금이로소이다. 예수께서 대답하여 이르시되, 내가 너를 무화과나무 아래에서 보았다 하므로 믿느냐? 이 보다 더 큰 일을 보리라. 또 이르시되, 진실로 진실로 너희에 게 이르노니 하늘이 열리고 하나님의 사자들이 인자 위에 오르락 내리락 하는 것을 보리라 하시니라." ― 요 1:45-51

우리는 자주 죄인 중에 괴수에게 복음을 전합니다. 자주 이런 일을 하는 것 이 우리의 임무라고 나는 믿습니다. 우리 주님께서 모든 족속에게 복음을 전하 라고 제자들에게 분부하시면서 "예루살렘에서 시작하여"(눅 24:47)라는 말을 사용하시지 않았나요? 죄인들 중에 괴수가 사는 곳에 먼저 복음이 전파되었습니다. 그러나 아울러 온 인류가 똑같이 지독하고 노골적으로 하나님께 범죄한 자들이라고 생각한다면 이러한 생각은 관찰이 부족해도 너무나 많이 부족하다는 사실을 드러낼 것입니다. 이러한 생각은 지혜가 부족함을 보일 뿐만 아니라 진실성이 결여되어 있는 것입니다. 왜냐하면 모든 사람이 죄를 범하므로 하나님의 진노를 받아 마땅하지만 회개하지 않은 사람들 모두가 복음에 대하여 그와 같은 마음 상태는 아니기 때문입니다.

씨뿌리는 자의 비유에서 우리가 배우는 것은 좋은 씨가 밭에 떨어지기 전에 먼저 여러 가지 다양한 밭이 있었다는 사실입니다. 어떤 밭은 돌이 많은 땅이었으며, 또 어떤 밭은 가시덤불 밭이었으며, 세 번째 밭은 길처럼 사람들이 하도 밟고 지나가서 딱딱해진 땅이었습니다. 그리고 마지막 밭이 주님께서 "착하고 좋은" 마음이라고 설명하신 밭입니다. 모든 경우에 육신의 생각은 하나님과 원수가 되지만 많은 경우에 그런 육신의 생각이 억제되지 않았음에도 불구하고 그런 적의(敵意)를 누그러뜨리는 힘이 작동합니다.

많은 사람들이 돌을 들어 우리 주님을 죽이려고 한 반면, 주님의 말씀을 기쁘게 들었던 다른 사람들도 있었습니다. 오늘날에도 수많은 사람들이 복음을 거부하는 한편, 기쁨으로 복음의 말씀을 듣는 사람들도 있습니다. 이러한 차이점의 원인을 우리는 하나님의 선행적 은혜(anticipatory grace)에 돌립니다. 어쨌든 이러한 차이를 보이는 사람들은 이러한 은혜가 자신에게 작용하고 있다는 사실을 모르고 있다고 우리는 믿습니다. 이 선행적 은혜는 구원하는 은혜와 형태 면에서 똑같지 않습니다. 왜냐하면 이 은혜를 받은 영혼은 그리스도의 필요성이나 구원의 좋은 점을 아직 모르기 때문입니다. 그 영혼에게 긍휼을 베풀기 위한 예비적인 어떤 일이 있습니다. 이 일로 말미암아 그 영혼은 한층 더 차원 높은 은혜 받을 준비를 하게 됩니다. 이는 마치 씨를 뿌리기 전에 밭을 가는 것과 같습니다.

우리 회중들 가운데 많은 분들은 감사하게도 아주 지독한 악을 행치 않았으며, 도덕적으로 순수하고 훌륭한 면을 보여주고 있으며, 악하게 복음을 반대하지 않고 오히려 이해만 된다면 충분히 복음을 받아들일 준비가 되어 있으며, 심지어 예수 그리스도로 말미암아 구원받기를 열망하며, 비록 지금까지는 경배의 의미를 알지 못하지만 그의 이름을 경배한다고 나는 믿습니다. 그들은 구속의 주님을 잘 알지 못하므로 주님 안에서 쉼을 얻을 수 없습니다. 하지만 이런 부족한 지식은 주님을 믿는데 주저하게 만드는 요소에 불과합니다. 그들이 주님의 명령을 이해한다면 기꺼이 순종할 것입니다. 그들이 우리 주님의 인격과 사역을 분명히 이해하기만 한다면, 그들은 주님을 그들의 주와 하나님으로 기쁘게 영접할 것입니다.

1. 나다나엘의 인물됨

본문은 그 속에 간사한 것이 없는 사람, 곧 참으로 이스라엘 사람이라고 말씀합니다. 말하자면, 그는 야곱처럼 "꾸밈없는 사람"(a plain man; 창 25:27, 개역개정판에는 "조용한 사람"으로 번역됨)이었으며, "교활한 사냥꾼"(a cunning hunter; 개역개정판에는 "익숙한 사냥꾼"으로 번역됨)인 에서와 같지 않았습니다. 어떤 심령들은 나면서부터 뱀처럼 교활하고, 비뚤어져 있으며, 뻔뻔스럽습니다. 구부러진 생각만을 합니다. 그들의 동기는 복잡하고 얽혀 있으며, 그들은 두 마음을 품습니다. 이 사람들의 보는 방향과 노를 젓는 방향은 반대입니다. 그들은 두 얼굴을 가진 야누스 신을 숭배하며, 예수회 회원들(Jesuits)처럼 같은 교파가 아니라면 이처럼 이중적인 행동을 합니다. 그들은 사실을 꾸밈없이 말하지 못하며 혹은 말하는 동안 여러분의 표정을 살핍니다. 왜냐하면 그들의 심리는 심리유보(心裏留保, mental reservations: 표시행위가 표의자(表意者)의 진의(眞意)와 다른 의미로 해석되는 것을 알면서 하는 의사 표시. 예를 들면, 사실 증여할 의도가 없는데 증여의 의사 표시를 하거나, 팔 의사가 없는데 판다는 의사 표시를 하는 경우 등이다 ― 역주)와 세심한 경계로 가득 차 있기 때문입니다.

나다나엘은 이 모든 심리와 정반대였습니다. 그는 위선자가 아니었고 교활한 사기꾼도 아니었습니다. 그는 자신의 감정을 숨기지 않았습니다. 그의 말을 들어보면, 그의 생각과 말이 일치한다는 사실을 여러분은 알 수 있습니다. 그는 어린아이 같고 순진하고 유리처럼 투명한 사람이었습니다. 그러나 그는 뭐든지 다 믿는 바보는 아니었습니다. 또다른 한편으로, 요즈음 칭송받는 그런 바보, 즉 아무것도 믿지 않고 난해한 철학에 대한 자신의 신념을 지키기 위하여 너무나 자명한 진리까지도 의심할 필요가 있다고 생각하는 그런 바보도 아니었습니다. 개화된 이 시대의 이런 "사상가"(thinkers)들은 엄청난 궤변을 늘어놓습니다. 하나님의 존재가 정오의 태양같이 분명한 사실인데도 그들은 과연 하나님이 계시는지 의심한다고 공언할 것입니다. 나다나엘은 남의 말에 속지도 않았지만 의심이 많지도 않았습니다. 그는 진리의 힘 앞에 정직하게 굴복할 줄 아는 사람이었습니다. 그는 증거를 기꺼이 받아들였으며 증거 앞에서 굴복하였습니다. 갈릴리가나에 이보다 더 순진한 사람은 없었습니다.

나다나엘은 순진한 사람이었으며 아울러 열심 있는 구도자였습니다. 빌립이나다나엘을 찾았던 것은 복음이 그의 흥미를 끌 것이라고 느꼈기 때문이었습니다. "우리가 메시야를 만났다"는 말은 메시야를 고대하지 않은 사람에게는 그다지 기쁜 소식이 되지 못할 것입니다. 그러나 나다나엘은 그리스도를 고대하고 있었습니다. 아마도 그는 모세와 선지자의 글을 잘 이해했기 때문에 그리스도의 신속한 강림을 고대하게 되었을 것입니다. 메시야가 그 성전에 홀연히 임하시는 때가 분명히 도래하였습니다. 그리고 그때에 나다나엘은 열 지파의 신실한 모든 자들처럼 그들의 구원이 나타나기를 기다리고 바라면서 밤낮으로 기도하였습니다. 그는 이스라엘의 영광이 실제로 임하였다는 소식을 아직 듣지 못하였으나 학수고대하고 있었습니다. 여러분이 지금 진리를 알기를 간절히 원하고 그 진리로 구원받기를 간절히 열망한다면, 이처럼 소망스러운 마음 상태가 되기를 바랍니다! 이것이 바로 나다나엘의 마음 상태였습니다. 그는 명백한 진리를 정직한 마음으로 사랑하며, 그리스도를 만나기를 열망한 구도자였습니다.

어떤 면에서 그가 무지했다는 것은 사실입니다. 그가 모세와 선지자의 글에 무지하지는 않았으며, 오히려 깊이 알고 있었으나 그는 그리스도께서 이미 오신 사실을 몰랐던 것입니다. 나사렛은 가나에서 약간 떨어진 곳에 있었습니다. 그러므로 메시야가 오셨다는 소식이 가나에까지 전해지지 않았습니다. 나쁜 소식이었다면 아마도 그 소식은 독수리의 날개를 타고 날아왔을 것이지만, 좋은 소식이었기 때문에 천천히 왔습니다. 왜냐하면 사람들은 악보다 선을 말하는데 열심을 품지 않기 때문입니다. 따라서 빌립이 올 때까지 나다나엘은 나사렛 예수의 소문을 듣지 못하였습니다. 이 나라에도 복음의 의미를 아직 모르지만 그것을 알고 싶어하는 사람들이 얼마나 많습니까! 만일 그들이 복음의 의미를 알기만 한다면 그 복음을 받아들일 것입니다. 우리 회중 가운데, 그리고 우리의 경건한 가족들 가운데 무지의 요새가 있습니다. 이런 무지한 사람들이 성경을 읽는 사람들일 수 있으며, 복음을 들은 사람들일 수 있습니다. 그러나 그들은 하나님께서 그리스도 안에서 세상을 자기와 화목하게 하셨다는 이 위대한 진리를 여태껏 깨닫지 못하였을 수도 있는 것입니다. 그들은 그리스도께서 죄인을 대신하신 사실이 무엇을 의미하는지, 죄인이 믿음으로 말미암아 대속의 희생으로부터 나오는 복을 받는 것이 도대체 무엇인지 전혀 깨닫지 못하였을 수도 있습니다. 어떤 사람들은 지금도 이렇게 말합니다. "이것이 모두 어떻게 된 일인가? 나는 믿음에 대한 많은 이야기를 듣고 있는데 믿음이 대체 무엇이란 말인가? 이 그리스도, 하나님의 아들은 누구인가? 죄로부터 구원 받는다는 것, 중생한다는 것, 성결케 된다는 것이 도대체 무엇을 의미하는가?" 사랑하는 친구들이여, 여러분이 어둠 속에 있어야 한다는 것이 유감스럽습니다. 하지만 내 마음이 기쁜 것은, 비록 여러분이 알아야 할 사실을 모르고 있지만, 여러분은 순진하고 진리를 사랑하며 진지하게 찾고 있기 때문입니다. 여러분은 빛을 거절하지 아니하고, 이제 예수님을 알고 예수님도 여러분을 알게 될 것이라고 나는 확신해 마지않습니다.

아울러 나다나엘은 편견을 가지고 있었습니다. 빌립이 요셉의 아들 나사렛 예수를 만났다고 말하자 나다나엘은 "나사렛에서 무슨 선한 것이 날 수 있느냐?"고 하였습니다. 그의 편견은 변명의 여지가 상당히 많다는 사실을 주목합시다. 왜냐하면 그 편견은 빌립의 잘못된 증거에서 비롯되었기 때문입니다. 빌립은 회개한 지 얼마 안 된 사람이었습니다. 그는 바로 전날 예수님을 만났을 뿐입니다. 진실로 은혜를 받은 모든 영혼의 본능은 그리스도의 복된 모습을 전하려는 것입니다. 그래서 빌립은 자기 친구 나다나엘에게 이 사실을 말하려고 갔던 것입니다. 하지만 그는 복음을 전하는 데에 너무나 많은 실수를 저질렀습니다! 비록 실수하긴 하였지만 나다나엘을 그리스도께로 데리고 오는데는 별 문제가 없었습니다. 하지만 빌립의 인도는 실수로 가득하였습니다. 여러분이 그리스도를 단지 조금만 안다 할지라도, 그리고 여러분이 그 약간 아는 바를 자제하지 못하고, 전하면서 많은 실수를 저지른다 할지라도, 하나님은 그 허물을 너그럽게 여기시고 진리를 세우실 것입니다. 이제 빌립의 말을 주목해 봅시다.

그는 "우리가 만났으니 요셉의 아들 나사렛 예수니라." 이 이름은 우리 주님의 대중적인 이름이었지만 결코 정확한 이름은 아니었습니다. 주님은 나사렛 예수가 아니었습니다. 주님은 나사렛에서 태어나지 않았으며, 베들레헴에서 태어나셨습니다. 나사렛에서 사셨던 것은 분명하지만, 예루살렘 사람이라고 칭해져서도 안 되었던 것처럼 나사렛 사람이라고 칭해져서도 안 되었던 것입니다. 또한 빌립은 예수님을 "요셉의 아들"이라고 말하였습니다. 단순히 요셉의 아들로 일컬어졌지만 사실상 주님은 가장 높으신 이의 아들이셨습니다. 빌립은 평범하고 잘못된 이름으로 우리 주님을 칭하였지만 이 이름은 생각 없는 사람들이 입에서 입으로 전한 이름에 불과하였던 것입니다. 그는 "우리가 하나님의 아들을 만났다"거나 "다윗의 아들을 만났다" 하지 못하고 겨우 그가 알고 있던 전부를 말하였지만, 이는 하나님께서 저와 여러분에게 기대하는 전부입니다.

참으로 은혜로운 것은 우리의 사역이 불완전할지라도 그 때문에 우리를 통해 영혼들을 구원하시는 하나님의 계획은 방해받지 않는다는 사실입니다! 만일 하나님의 계획이 방해를 받았다면 세상에서 구원의 사역은 이루어지지 못하였을 것입니다! 존 웨슬리(John Wesley)는 복음의 한쪽 면을 열렬히 전하였으며, 윌리엄 헌팅던(William Huntingdon)은 또다른 한쪽 면을 전하였습니다. 두 사람은 서로에 대하여 지독한 혐오감을 느꼈으며, 아주 신중하게 서로를 비난하였습니다. 하지만 이성을 초월한 사람이라면 존 웨슬리나 윌리엄 헌팅던에 의해 영혼들이 구원받지 못하였다고 감히 말하지 못할 것입니다. 왜냐하면 하나님께서 두 사람 모두 축복하셨기 때문입니다. 두 사역자들 모두 실수가 있었지만 그들 모두 진지하였고, 또 쓰임을 받았습니다. 우리의 모든 증거도 그와 같습니다. 우리의 증거는 모두 불완전하며, 한 가지 진리를 지나치게 과장하고 다른 쪽의 진리를 오해합니다. 하지만 우리가 모세와 선지자들이 예언한 참되신 그리스도를 증거하는 한 우리의 실수는 용서될 것이며, 하나님께서 우리의 모든 약점에도 불구하고 우리의 사역을 축복하실 것입니다.

나다나엘에게도 부족한 점이 있었습니다. 그러나 나다나엘의 편견은 빌립의 서투른 말투에서 비롯된 것이었습니다. 우리는 쓸데없는 편견을 유발하지 않도록 실수를 없애야 합니다. 사람들이 우리의 실수로 성나게 되면 그들이 성을 내는 대상이 복음을 전하는 우리의 방식이 아니라 바로 복음이라는 생각을 가지고 우리는 복음을 설명해야 할 것입니다.

신앙에 대하여 완전히 알지 못하기 때문에, 혹은 일부 사역자의 거친 태도 때문에 여러분이 그리스도의 거룩한 복음에 대하여 약간의 편견을 가질 수 있습니다. 하지만 그런 것 때문에 여러분이 비뚤어지지 않으리라고 나는 믿어 의심치 않습니다. 여러분은 공정하게 그리고 거짓없이 예수님께 나와 직접 그분을 뵐 것이라고 나는 기대하고 있습니다. 직접 주님을 살펴봄으로써 그 제자의 보고를 고쳐 보십시오. 빌립은 "와서 보라"고 말함으로써 자신의 실수를 만회하였습니다. 여러분이 직접 예수님께 와서 보고 그의 복음을 들어 보십시오.

나다나엘의 또다른 특징을 말씀드리고자 합니다. 그는 모든 면에서 최대한 경건하고 진지한 사람이었습니다. 그는 예수님을 믿는 사람이 아니었지만 "참으로 이스라엘 사람"이었습니다. 그는 은밀한 기도를 드리는 사람이었으며, 바리새인들이 단지 외식적인 예배를 드림으로써 하나님을 조롱한 것처럼 하나님을 조롱하지 않았습니다. 그는 마음속으로 하나님께 예배드리는 자였으며, 아무도 보지 않을 때 그의 영혼은 하늘에 계신 하나님과 은밀히 교제하였습니다. 여러분의 경우도 그러하리라고 나는 믿습니다. 여러분은 아직까지 평안을 얻지 못하였을 것입니다. 그러나 여러분은 기도하며, 구원받기를 간절히 바라고 있습니다. 여러분은 위선자가 되기를 원치 않습니다. 무엇보다도 형식에 빠지는 것을 여러분은 두려워하고 있습니다. 그리스도인이 된다면 정말로 참된 그리스도인이 될 수 있게 해 달라고 여러분은 기도합니다. 나는 바로 그런 성격을 찾고 있습니다. 여러분의 성격이 그렇다면 여러분은 나다나엘이 받은 복을 받을 것입니다.

2. 나다나엘이 예수님을 보았다.

"빌립이 이르되, 와서 보라 하니라." 빌립의 말을 듣고 나다나엘은 구세주를 뵈러 왔습니다. 이 같은 사실은, 비록 그가 새로운 메시야에 대하여 약간의 편견이 있기는 하였지만 빌립의 주장을 알아볼 만큼 충분히 공정하였습니다. 사랑하는 친구들이여, 여러분이 예수 그리스도의 참된 복음에 대하여 조금이라도 편견이 있다 할지라도, 그 편견이 나면서부터 있었든 아니면 그렇게 배웠기 때문에 생겼든, 혹은 이전에 다른 어떤 신앙을 고백하였기 때문이든, 정직한 마음으로 예수 그리스도의 복음을 한 번 공정하게 들어보십시오. 여러분이 복음을 철저하게 조사하기까지 복음을 버리지 마십시오. 내가 여러분에게 요구하는 것은, 진지하게 앉아서 여러분이 성경에서 발견하게 될 은혜의 교리, 그 중에서도 그리스도의 생애, 그리고 그를 믿는 자들에게 주시는 복을 깊이 고찰하라는 것입니다. 이런 사실들을 주의 깊게 조사해 보세요. 이런 사실들이 여러분의 마음을 끌 것입니다. 왜냐하면 하나님께서는 이미 옳게 판단할 수 있는 마음을 여러분에게 마련해 주셨기 때문입니다. 여러분이 판단할 때, 여러분의 마음을 확실하게 사로잡을 복음의 진리에 대하여 여러분은 특별한 아름다움과 매력을 느끼게 될 것입니다.

래티머(Hugh Latimer, 케임브리지에서 교육을 받고 성직자가 되었으나 차차 프로테스탄트로 전향하여 헨리 8세와 캐서린의 이혼 때에는 왕을 지지하였다 - 역주)는 전에 복음의 교리를 반박하는 설교를 하였습니다. 그의 설교를 듣고 있던 청중 가운데는 나중에 순교자가 된 경건한 사람이 있었습니다. 그는 래티머의 설교를 듣고 그의 논조 속에서 비록 적수지만 정직함을 발견하였습니다. 그래서 래티머에게 빛이 임한다면 그 빛으로 그가 깨닫게 될 것이라는 희망을 가졌습니다. 이 경건한 사람은 래티머를 찾았고, 그와 대담하였습니다. 이 경건한 사람의 설명은 정직한 래티머의 마음을 개혁교회의 입장으로 완전히 돌려놓았습니다. 그리고 여러분도 아시다시피 래티머는 대단히 용맹스럽고 대중적인 새 언약의 사역자가 되었습니다. 그러므로 나의 정직한 친구들이여, 예수님의 보혈을 믿는 믿음으로 말미암는 구원의 복음에 한 번 공정하게 귀를 기울여 주세요. 우리는 그 결과를 두려워하지 않습니다.

또한 나다나엘은 매우 활기찬 마음으로 그리스도께 왔습니다. "와서 보라"는 말을 듣자마자 그는 와서 보았습니다. 그는 그 말을 듣고도 가만히 앉아서 "자, 이 새로운 교리 안에 어떤 빛이 있다면 그것이 내게 오겠지"라고 말하지 않았습니다. 반대로 그는 그 빛으로 나아갔습니다. 사람들에게 가만히 앉아 있으라고 말하는 가르침은 믿지 마십시오. 진리의 좁은 문으로 들어가려고 애쓸 필요가 없다는 그런 사고방식으로는 평안을 구하지 마십시오. 은혜가 여러분에게 임하면, 그 은혜는 여러분을 무기력으로부터 깨워 그리스도께 나아가도록 인도할 것입니다. 그리고 여러분은 아주 활기찬 심령으로 뜨거운 열심을 가지고 감추어진 보화를 찾듯 그리스도를 찾을 것입니다.

날개를 단 심령을 본다는 것은 기쁜 일입니다. "와서 보라"고 빌립이 말하였고, 나다나엘은 와서 보았습니다. 나다나엘이 그의 육신의 눈으로 한 번 본 것으로써 그리스도께로 돌이키리라고 기대한 것 같지는 않아 보입니다. 그의 판단은 정신적인 관점에서 형성되었습니다. 그가 메시야의 몸을 본 것은 사실입니다. 하지만 인간의 모습에서 어떤 특징을 보고 그분이 어떤 분인지 판단하리라고 그는 예상하지 못하였습니다. 그는 메시야가 입을 열어 말씀하실 때까지 기다렸습니다. 그리고 드디어 메시야가 말씀하셨을 때, 그는 저 신비로운 분의 전지(全知)하심, 곧 그의 마음을 능히 읽으시고 그의 은밀한 행위를 다 아시는 것을 보고 그는 믿었습니다.

　여러분 가운데 일부가 다분히 물리적인 현상이 나타나기를 기대하므로 여전히 어둠 속에 거하는 것을 볼 때 나는 유감스럽습니다. 여러분은 생생한 꿈, 혹은 여러분의 육체 가운데서 느끼는 상당히 이상한 느낌, 혹은 여러분의 가정에서 일어나는 놀라운 사건을 기대합니다. "너희는 표적과 기사를 보지 못하면 도무지 믿지 아니하리라"(요 4:48). 그리스도를 바라봄으로써 구원을 얻는 것은 이런 물리적인 현상이 아닙니다. 진리가 여러분의 정신에 감동을 주고, 여러분의 지각을 깨우며, 여러분의 감정을 사로잡아야 합니다. 그리스도께서 세상 가운데 임하시는 것은 영적인 일이며, 따라서 여러분은 이와 같은 인간의 눈이 아니라 영혼의 눈으로 그리스도를 바라보아야 할 것입니다. 여러분은 그의 아름다운 성품, 위엄 있는 인격, 완전하고 충분한 구속을 깨달아야 할 것입니다. 바로 이런 진리들을 깨달을 때, 성령께서 그리스도를 믿고 살도록 여러분을 감동하실 것입니다.

　한 가지 더 중요한 사실을 우리는 주목해야 하겠습니다.

3. 그리스도께서 나다나엘을 보셨다.

　예수님께서 나다나엘을 보자마자 "보라 이는 참으로 이스라엘 사람이라"고 말씀하셨습니다. 이 말씀은 그리스도 예수님께서 나다나엘의 마음을 읽고 계셨다는 사실을 우리에게 보여줍니다. 나는 우리 주님께서 나다나엘을 단지 인간의 눈으로 보셨다고 생각하지 않습니다. 우리 주님께서 나다나엘의 성격을 꿰뚫고 있었던 이유는 주님께서 관상학의 대가였기 때문이 아닙니다. 그래서 한눈에 그가 순진한 사람이라는 것을 알아채셨기 때문이 아닙니다. 그 이유는 주님께서 나다나엘을 지으신 창조주이셨기 때문입니다.

　주님은 사람의 마음과 뜻을 살피시는 분이시므로 마치 사람이 자기 눈 앞에 펼쳐져 있는 책을 읽듯이 나다나엘의 성격을 다 아셨던 것입니다. 주님은 그 구도자의 속에 있는 모든 것을 한 번에 다 보시고 그에게 거짓이 없다는 판결을 내리셨던 것입니다. 그런 다음에 주님께서는 얼마나 철저하게 나다나엘에 관한 모든 사실을 아시는가를 입증하기 위하여 한 작은 사건을 말씀하셨습니다. 이 작은 사건은 여러분이나 나 자신이나 혹은 다른 어느 누구라도 설명할 수 없는 것이며, 오직 나다나엘과 예수님만이 설명해 줄 수 있습니다.

이 작은 사건은 오로지 나다나엘과 예수님만이 아는 특급 비밀입니다. 주님은 "빌립이 너를 부르기 전에 네가 무화과나무 아래에 있을 때에 보았노라"고 나다나엘에게 말씀하셨습니다. 나다나엘이 무화과나무 아래에서 무엇을 하였는지 우리는 추측만 할 뿐 정확히 알 수는 없습니다. 헤르몬과 미살 산이 다윗에게 의미 있는 곳이었던 것만큼 무화과나무가 나다나엘에게 의미 있는 곳이었다고 믿는 것은 아마도 별 무리가 없을 것입니다. 다윗은 "내가 요단 땅과 헤르몬과 미살 산에서 주를 기억하나이다"(시 42:6) 하였습니다. 그 거룩한 추억이 도대체 무슨 내용이었는지 다윗은 우리에게 말하지 않았습니다. 우리가 예리하게 추측해 볼 수는 있지만 그 정확한 내용은 오직 다윗과 하나님만이 아시는 완전한 비밀입니다.

무화과나무와 관련된 사실을 우리는 알 수 없지만 그리스도와 나다나엘 사이에 있는 공통적인 지식이었습니다. 따라서 우리 주님께서 그 신성한 장소를 언급하신 순간, 그곳에 대한 나다나엘의 추억은 아주 은밀하고 성스러운 것이었기 때문에 모든 것을 다 아시는 분이 자기 앞에 계시다는 것을 그는 깨달았습니다. 잠시도 의심할 수 없는 증거가 바로 눈앞에 있었습니다. 왜냐하면 나다나엘이 아무에게도 한 번도 말하지 않은 자신의 은밀하고 특별한 비밀이 신비한 기적에 의한 것처럼 드러났기 때문입니다. 그의 일기에 붉은 글자로 표시된 날짜가 무화과나무에 대한 언급으로 말미암아 되살아났습니다. 그리고 그의 영혼속에 감추어진 원기를 촉진시킬 수 있는 분은 틀림없이 하나님의 아들임에 분명합니다.

그런데 추측해보건대 나다나엘이 무화과나무 아래서 과연 무엇을 하였을까요? 동양의 경건한 사람들이 특별한 기도처를 마련하였던 것으로 보아 무화과나무 그늘은 아마도 나다나엘이 기도를 드리곤 했던 곳이었을 것입니다. 아마도 빌립이 찾기 전에 나다나엘은 이곳에서 혼자서 죄를 고백하였을 것입니다. 그는 동산을 둘러보고 아무도 들어오지 못하도록 대문을 잠근 후, 무화과나무 그늘 아래서 자기 하나님의 귀에 대고 하기 어려운 고백을 쏟아내었습니다. 그리스도께서 "네가 무화과나무 아래에 있을 때에"라고 말씀하셨을 때, 나다나엘은 자신의 상하고 깊이 뉘우치는 마음을 얼마나 쏟아내었는지, 그리고 오직 하나님만이 아시는 모든 죄를 얼마나 간절히 고백하였는지 그때의 장면이 떠올랐습니다. 그리스도를 뵘으로써 그가 드렸던 죄의 고백이 떠올랐을 것이며, 주님의 말씀과 주님의 모습이 함께 교차하면서 "나는 너의 비밀한 짐을 알고 있고, 네가 그 짐을 주님께 내려놓고 평안을 얻은 줄 알고 있노라"고 말씀하시는 것처럼 느껴졌을 것입니다. 따라서 그 순간 예수님이 바로 이스라엘의 하나님이 틀림없다는 사실을 그는 느꼈습니다.

죄의 고백과 아울러 그는 무화과나무 아래서 자신의 마음을 깊이 성찰하였을 것입니다. 의로운 사람들은 대체로 자신의 죄를 고백하면서 자신을 성찰합니다. 그는 간사한 것이 없는 사람이었기에 자신의 본성의 성향을 살펴보고, 자신의 타락한 본성의 깊고 깊은 근원을 놀라움으로 바라볼 수 있었을 것입니다. 그는 마치 에스겔이 우상의 방을 돌아다니며 이스라엘의 죄를 목격한 것처럼 자신의 마음속에 있는 우상들을 보고, 그가 우상의 방에 있는 것보다 더 혐오스러운 자신의 추행을 보았을 것이며, 주님 앞에서 낮아졌을 것입니다. 그리고 그 무화과나무 아래서 그는 욥처럼 부르짖었을 것입니다. "티끌과 재 가운데서 회개하나이다"(욥 42:6). 이러한 모습을 예수님께서 보셨던 것입니다.

또한 무화과나무 아래서 나다나엘은 매우 간절히 기도하였습니다. 야곱이 브니엘에서 날이 새도록 씨름하면서 이전에 약속하신 것을 이루어 달라고 하나님께 간구하였던 것처럼, 나다나엘은 무화과나무 아래서 이방인들에게 빛이 되시고 자기 백성 이스라엘에게 영광이 되실 약속된 메시야를 보내 달라고 간구했을 것입니다. 무화과나무는 그에게 하나님의 집이요 천국의 문인 벧엘과 같은 곳이었습니다.

나다나엘은 무화과나무 아래서 기도할 뿐만 아니라 엄숙한 서원을 하였다고 제안한다면 어떨까요? 여호와께서 임하셔서 어떤 표적과 유익한 표시를 보여주신다면 자기가 여호와의 것이 될 것이며, 주님을 위해 바쳐질 것이라고 말입니다. 또한 여호와께서 메시야를 보내신다면, 자기가 제일 먼저 제자가 될 것이라고 말입니다. 여호와께서 천사나 기타 다른 방법으로 자기에게 말씀하신다면, 자기는 그 목소리에 순종하겠다고 말합니다. 그런데 예수님께서 천사들이 오르락 내리락 하는 것을 그가 보게 되리라고 그에게 말씀하십니다. 그리고 나다나엘이 엄숙하게 서원한 바로 그 메시야라고 자신을 밝히십니다. 이러한 제안은 아마 가능할 것입니다.

또한 무화과나무 아래서 나다나엘은 자기 하나님과 가장 달콤한 교제를 즐겼습니다. 사랑하는 친구들이여, 여러분은 어떤 신성한 장소들이 생각나지 않습니까? 나는 살아오면서 너무나 신성하여서 말로 표현할 수 없는 한두 가지 장소를 가지고 있습니다. 온 세상을 잊어버린다 해도 그 장소들은 언제나 내 기억 속에서 생생하게 살아 있을 것입니다. 그곳은 예수 나의 주님께서 나를 만나주시고 나에게 그의 사랑을 보여주신 참으로 거룩한 곳입니다. 주님께서 석류로 빚은 향기로운 술을 꺼내 주신 특별한 축제를 우리는 때때로 기억합니다. 그때에 우리의 기쁨이 너무 커서 연약한 몸으로는 감당할 수 없을 정도였으며, 우리의 기쁜 심령은 칼집에 있는 칼처럼 가만히 앉아 있을 수 없었습니다. 아, 진실로 주님은 그의 사랑의 불 가운데서 우리에게 세례를 베푸셨으며, 따라서 우리는 그 은밀한 장소들, 그런 소중한 일들을 영원히 기억할 것입니다. 그러므로 무화과나무 아래는 그리스도와 나다나엘 사이에 은밀한 표시였습니다. 이로써 그 제자는 그의 거룩하신 친구요 미래의 선생님과 주님을 알아보았습니다. 그가 전에는 영적으로 메시야를 만났으나 이제는 혈과 육으로 만나고 있으며, 이 신호로써 그는 메시야를 알아보고 있습니다.

이와 같이 나다나엘이 실제로 예수님을 믿는 신자가 되기도 전에 주님께서는 그가 행하던 일 가운데서 그를 보셨다는 사실을 우리는 깨닫습니다. 이러한 사실을 통해 우리가 알 수 있는 진리가 있습니다. 여러분이 의로워지고 진리를 깨닫게 되기를 간절히 열망해 왔다면, 그러한 열망과 갈망을 하고 있는 여러분 각자를 주님께서 이미 알고 계시다는 사실입니다. 여러분이 말씀을 깨닫지 못하여 눈물 흘릴 때 예수님은 그 눈물을 보셨습니다. 여러분이 심령의 만족을 얻지 못하여 탄식할 때 예수님은 그 탄식하는 소리를 들으셨습니다. 진실한 마음으로 그리스도를 찾을 때 그리스도는 반드시 그 마음을 아십니다. 그리스도는 그 마음을 너무나 잘 아십니다. 왜냐하면 주님을 향해 떨리는 마음의 그 모든 떨림이 바로 주님의 사랑으로 말미암기 때문입니다.

주님께서 끈으로 여러분을 둘러싸고 있다는 사실을 여러분은 감지하지 못하겠지만 주님은 여러분을 끌어당기고 계십니다. 주님은 여러분의 마음을 끌어당기시는 숨겨진 천연자석이십니다. 이 진리는 아직 어둠 속에 있지만 간절히 빛을 찾는 모든 자들에게 넘치는 위로가 됩니다. 목사가 여러분에게 설교하기 전, 곧 여러분이 무화과나무 아래 있을 때, 침대 곁에 있을 때, 골방에 있을 때, 톱질 구덩이에 내려가 있을 때, 건초 두는 곳에 있을 때, 울타리 뒤편 들판을 거닐고 있을 때, 예수님은 여러분을 보셨습니다. 예수님은 여러분의 열망을 아셨고, 여러분의 갈망을 읽으셨으며, 여러분의 사정을 철저하게 간파하셨습니다.

지금까지 우리는 나다나엘이 그리스도를 뵌 일과 그리스도께서 나다나엘을 보신 일을 살펴보았습니다.

4. 나다나엘의 믿음

나는 이러한 제목 하에 다시금 똑같은 근거를 자세히 살펴보겠습니다. 그의 신앙의 근거가 무엇이었는가를 주목하십시오. 나다나엘은 예수님을 메시야로 기쁘게 영접하였는데, 그가 예수님을 영접한 근거는 이런 것이었습니다. 예수님은 나다나엘에게 그의 생애에 특별한 사건을 언급하셨습니다. 그 사건은 전능하신 하나님 외에는 아무도 알 수 없는 것이라고 그는 확신하였습니다. 이에 근거하여 그는 예수님께서 전능하신 하나님이라고 결론을 내렸고, 예수님을 즉시 자신의 왕으로 영접하였습니다. 이는 흔히 사람들이 그리스도를 믿게 되는 그런 모습이었습니다. 똑같은 상황이 같은 복음서에서 몇 장 뒤에 기록되어 있습니다.

주님은 우물가에 앉아서 사마리아 여인과 대화하셨습니다. 그녀에게 아무런 느낌도 없다가 주님께서 "너에게 남편 다섯이 있었고 지금 있는 자도 네 남편이 아니라"(요 4:18)고 말씀하시자 달라졌습니다. 그때에 '이 낯선 사람이 나의 개인적인 역사를 훤히 알다니. 그는 예사로운 인물이 아니야. 그는 위대하신 선지자야'라는 생각이 문득 들었습니다. 그녀는 동네로 달려가서 자기 마음속에 있는 것을 입으로 말하였습니다. "내가 행한 모든 일을 내게 말한 사람을 와서 보라. 이는 그리스도가 아니냐?"(요 4:29)

삭개오도 같은 경우였습니다. 그러나 이러한 형태의 회심은 주님께서 육체로 계시던 날, 곧 기적의 시대에만 있었던 것이라고 여러분은 생각하겠지만 사실은 그렇지 않습니다. 사실 오늘날에도 복음을 통한, 마음의 생각에 대한 발견이 성령께서 사람들로 하여금 복음의 진리를 믿게 하시는 유력한 방법입니다. 나는 구도자들이 자주 다음과 같이 말하는 소리를 들었습니다. "목사님, 그 설교가 꼭 나를 위해 준비된 것처럼 느껴졌습니다. 누군가 나에 대하여 설교자에게 틀림없이 말했다고 느낄 정도로 내 사정과 꼭 맞는 말씀들이었습니다. 그리고 하나님 외에는 그런 생각들을 아무도 알 수 없다고 내가 확신할 정도로 그 말씀과 교훈들은 나의 은밀한 생각을 아주 자세하게 설명하였습니다. 그래서 나는 하나님께서 복음을 통해 내 영혼에게 말씀하고 계시다는 사실을 깨닫게 되었습니다."

그렇습니다, 이런 일은 언제나 있을 것입니다. 복음은 은밀한 일을 낱낱이 드러냅니다. 복음은 마음의 생각과 뜻을 감찰합니다. 예수 그리스도는 복음 안에서 여러분의 죄에 대한 모든 것, 여러분이 추구하는 모든 것, 여러분이 닥치는 모든 어려움을 아십니다. 바로 이러한 것 때문에 복음은 신성한 것이라고 여러분이 믿게 되는 것입니다. 왜냐하면 복음의 가르침이 마음을 폭로하고, 또한 복음이 영적인 모든 질병을 치료하기 때문입니다. 복음의 아주 짧은 구절에 나타난 인간 본성에 대한 지식은 플라톤이나 소크라테스의 작품들보다 더 심오합니다. 복음은 꼬불꼬불하고 비틀어져 있는 타락한 상태의 인간 본성을 마치 열쇠처럼 꿰뚫고 있습니다. 오, 복음의 소리가 여러분에게 직접적으로 가슴에 사무칠 수 있기를 바랍니다. 성령으로 말미암아 여러분이 죄, 의, 심판에 대하여 확신하고, 영생을 얻을 수 있게 되기를 축원합니다.

나다나엘의 믿음은 그 근거뿐만 아니라 명석하고 이해가 빨랐다는 면에서 독특하였다고 말씀드리지 않을 수 없습니다. 그는 예수님을 하나님의 아들로 즉시 영접하였습니다. 예수님은 그에게 신성을 가지신 분이셨으며, 그래서 그는 예수님을 경배하였습니다. 그는 또한 예수님을 이스라엘의 왕으로 모셨습니다. 예수님은 그에게 왕이었으며, 그래서 그는 예수님에게 경의를 표하였습니다. 여러분과 제가 예수 그리스도를 이런 식으로 모시기를 바랍니다. 예수님은 참 사람이신 동시에 참 하나님이십니다. 예수님은 멸시받고 버림당한 사람인 동시에 형제들 위에 기름 부음을 받으신 메시야로서 만왕의 왕, 만주의 주가 되십니다.

나는 다시금 나다나엘의 믿음에 감탄합니다. 왜냐하면 그의 믿음은 기민하고 솔직하고 과단성 있는 것이었기 때문입니다. 그리스도는 과단성 있고 기민한 이런 믿음으로 말미암아 영광을 받으셨습니다. 그리스도를 믿기를 지체하는 것은 그를 모욕하는 일입니다. 정직한 심령, 신실한 마음이여, 여러분에게 부탁하건대, 가능한 한 빨리 참된 믿음의 빛과 자유 가운데로 나오십시오 한결같이 복되신 임마누엘의 속죄희생과 거룩한 인격 안에서 여러분이 성령의 감동을 받아 즉시 만족을 얻을 수 있기를 축원합니다.

5. 나다나엘의 이후의 발견(AFTER-SIGHT)

어떤 이들은 예수님을 믿기 전에 기독교 안에 있는 모든 내용을 보고자 합니다. 말하자면 그들은 초등학교에 가기도 전에 대학교 수준의 떠들썩한 요구를 하는 것입니다. 많은 사람들이 요한복음 3장을 읽기도 전에 로마서 9장을 알고자 합니다. 그들 모두는 "믿으면 살리라"는 단순한 기초를 이해하기도 전에 커다란 신비를 깨달으려고 합니다. 하지만 지혜로운 사람들, 그리고 나다나엘과 같은 사람들, 말하자면 그리스도께서 하나님의 아들이시요 이스라엘의 왕이시라는 그런 사실부터 흔쾌히 믿는 사람들은 갈수록 더 많은 것을 알게 될 것입니다.

우리 주님의 말씀을 읽어보십시오. "이보다 더 큰 일을 보리라. 또 이르시되, 진실로 진실로 너희에게 이르노니 하늘이 열리고 하나님의 사자들이 인자 위에 오르락 내리락 하는 것을 보리라 하시니라." 성숙한 제자들에게 예수님은 "이보다 더 큰 일을 하리라"고 약속하셨습니다. 그리고 방금 회심한 자들에게 예수님은 "이보다 더 큰 일을 보리라"고 약속하셨습니다. 예수님은 우리가 받을 수 있는 능력에 맞게 약속하십니다. 나다나엘에게 주신 약속은 그에게 가장 알맞은 것이었습니다. 그는 참으로 이스라엘 사람이었습니다. 그러므로 그는 이스라엘의 꿈을 꿀 것입니다. 이스라엘 곧 야곱이 꿈속에서 보았던 그 큰 광경이 무엇이었습니까? 그는 천사들이 오르락 내리락 하는 사다리를 보았습니다. 정확히 바로 이 사다리를 나다나엘이 볼 것입니다. 그는 예수 그리스도를 보되 열린 하늘과 축복 받은 땅을 이어주는 중보자로서 볼 것이며, 그 인자 위에 천사들이 오르락 내리락 하는 것을 보게 될 것입니다. 여러분이 이스라엘의 인격을 가진다면 여러분은 이스라엘의 특권을 누리게 될 것입니다. 여러분이 참으로 이스라엘 사람이라면 여러분은 이스라엘을 기쁘게 만든 그 은총을 받을 것입니다.

나다나엘은 예수님을 하나님의 아들로 모셨습니다. 여기서 그는 영광을 받으시는 인자(人子, 사람의 아들)를 볼 것이라는 말씀을 듣습니다. 본장의 마지막 말씀을 주목하십시오. 이 말씀은 그리스도께서 겸손하게 자신을 인자라고 부르셨다는 의미보다 ─ 물론 이것도 사실이지만 ─ 더 큰 의미가 있습니다. 하나님이신 그리스도의 영광을 본다는 것은 간단한 일이지만, 사람이신 그리스도의 영광을 보고 이해한다는 것은 믿음의 시각이 필요한 일입니다. 그리고 아마도 주님의 재림의 날에 이러한 믿음의 시각이 꼭 있어야 할 것인데, 이는 재림의 때에 우리의 분별력이 요구되기 때문입니다.

골고다에서 고난당하신 바로 그분, 백보좌에서 산 자와 죽은 자를 심판하시는 바로 그분이 나타나실 때, 여러분이 예수님을 하나님의 아들로 믿는다면, 우주의 홀을 잡고 통치하시며 온 땅의 왕으로 위에 오르신 인자의 영광을 여러분은 보게 될 것입니다. 나다나엘은 예수님을 이스라엘의 임금이라고 불렀습니다. 그런데 이제 그는 천사들의 왕이신 주님을 볼 것이며, 하나님의 천사들이 그 위에 오르락 내리락 하는 것을 보게 될 것입니다.

　나의 소중한 형제들이여, 여러분이 그리스도를 알고 있는 한 그를 믿으세요. 그리하면 여러분은 그리스도를 더 많이 알게 될 것입니다. 여러분의 눈을 열어 율법의 촛불을 바라보십시오. 그리하면 여러분은 조만간 복음의 햇빛을 보게 될 것입니다. 주님은 매우 은혜로우셔서 "무릇 있는 자는 받아 풍족하게 되리라"(마 25:29)는 복음의 규칙을 이루어 주십니다. 여러분이 이스라엘의 왕을 인정하면, 천사장들이 그 앞에서 얼굴을 가리고 스랍들이 섬기는 만군의 여호와이신 주님을 뵙게 될 것입니다.

　내가 생각하기에, 나다나엘이 믿음의 결과로 얻은 위대한 발견은 변화하신 주님의 모습, 또는 어떤 사람들의 생각처럼 주님의 승천하시는 모습을 본 것이 아니었습니다. 그 위대한 발견이란 하늘과 땅을 연결시켜 주시는 그리스도의 중보의 능력을 영적으로 본 것이었습니다. 이는 참으로 다른 모든 사람들을 능가하는 발견입니다. 오 심령이여, 그대는 이런 발견을 할 수 없나요? 여러분이 발견한다면 그 발견으로 인해 기뻐하게 될 것입니다. 여러분은 이제 추방되지 않습니다. 오히려 여러분은 아버지 집의 윗층 다락방으로 연결된 계단 앞에 서 있습니다. 여러분의 하나님은 위에 계시며, 밝은 영혼들은 중보자의 인격이라는 열린 통로를 끊임없이 통과하여 아버지께로 나아갑니다.

　의심할 여지 없이 나다나엘이 보는 앞에서 이 약속은 이루어지고야 말 것인데, 이는 하나님의 섭리를 그리스도 예수께서 주관하신다고 그가 인정하였기 때문입니다. 그리고 그리스도 예수께서는 교회의 유익을 위하여 만물을 다스리시는 분이기 때문입니다. 천사들이 인자 위에 오르락 내리락 하리라는 비유 가운데 말하자면, 생명체든 물질이든 모든 요인들, 율법과 그리스도의 통치 하에 있는 모든 것들이 이미 계획되어 있는 것입니다. 따라서 "하나님을 사랑하는 자 곧 그의 뜻대로 부르심을 입은 자들에게는 모든 것이 합력하여 선을 이루느니라"(롬 8:28)는 말씀이 성립되는 것입니다.

　사람들은 조국에 대하여 안달이 나서 이렇게 말합니다. "지금 새로운 교리들이 생기고 있고 우리 조상들이 알지 못했던 새로운 신들이 출현하고 있습니다. 성직자들이 믿음에서 떠나고 있으며, 악한 날이 교회에 도래하였습니다. 이제 가톨릭교가 몰려오며 그에 따라 불신앙도 함께 몰려오고 있어요." 이 모든 말이 사실이기는 하지만, 하나님께서 의도하신 위대한 목적을 이루는 데는 이러한 것이 조금도 문제가 되지 않습니다. 하나님은 악어의 입에다 재갈을 물리시며, 가장 강한 대적들에게 당신의 뜻대로 행하실 수 있습니다. 하나님은 그룹 날개를 타고 다니시며, 폭풍을 다스리십니다. 구름은 그의 발에 낀 먼지에 불과합니다. 섭리가 혼란에 빠졌다는 말을 절대로 믿지 마십시오. 이 거대한 엔진의 바퀴는 어떤 때는 이리로, 어떤 때는 저리로 회전하지만, 그 결과는 확실하게 나타날 것입니다. 왜냐하면 위대한 예술가(명인)는 최종적인 결과가 확실하다는 것을 알고 있기 때문입니다. 하나님의 영광은 모든 것으로부터 드러날 것입니다. 천사들이 내려오나 올라가나 똑같이 하나님의 뜻을 행할 것입니다. 어떤 일들은 불행, 심지어 큰 재난처럼 보이기도 합니다. 그러나 결국 이 모든 것들이 최선을 위한 과정이었다는 사실이 입증될 것입니다. 왜냐하면 하나님은 이런 분이시기 때문입니다.

> "악하게 보이는 것으로부터
>   선을 끌어내시며,
>   무한한 과정 속에서
>   점점 더 좋아지게 하시네."

　　형제들과 구별되신 주께서 머리에 면류관을 쓰시고, 모든 영광이 그의 보좌 앞에서 파도소리처럼 크게 울려 퍼질 때까지, 저와 여러분이 끊임없이 이 위대한 광경을 점점 더 분명하게 목도할 수 있습니다. 주님께서 호령과 천사장의 나팔소리와 하나님의 음성과 함께 하늘로부터 강림하실 때까지, 그리고 한순간에 하늘과 땅이 뒤섞이는 것을 우리가 볼 때까지, 우리는 끊임없이 인자 위에 천사들이 오르락 내리락 하는 것을 볼 것입니다. 이 비길 데 없는 모든 영광은 우리가 처음 구세주를 보았던 그 조그만 창을 통해 우리에게 임할 것입니다. 모든 미래를 볼 수 있을 때까지 우리가 예수님을 주님으로 바라보지 않는다면, 우리는 어둠 속에서 망하고 말 것입니다. 여러분이 믿지 않고 굳건히 서지 못한다면, 여러분은 망하고 말 것입니다. 하지만 순진하고 진실한 마음을 가지고 예수님을 찾고 그 앞에 나와 주님, 이스라엘의 왕으로 영접한다면, 이보다 더 큰 일들이 여러분을 위해 마련될 것입니다. 그때에 여러분의 눈은 왕의 아름다움과 저 멀리 있는 땅, 그리고 주께서 강림하시는 날을 볼 것입니다. 그때는 왕께서 자기 땅에 오시고, 면류관이 다윗의 아들의 머리에 씌워지는 날이기 때문에, 하늘과 땅이 넘치는 기쁨으로 깃발을 펄럭일 것입니다. 여러분이 그때에 이런 광경을 목도할 것이며, 이 모든 것을 볼 것입니다. 왜냐하면 주님께서 계시는 곳에 여러분도 있을 것이기 때문입니다. 그러므로 여러분은 주님의 영광, 곧 아버지께서 세상의 기초를 세우시기 전에 아들에게 주신 바로 그 영광을 보게 될 것입니다.

제
7
장
—

아직 오지 않은 큰 일, 누가 그것을 볼 것인가?

—

"예수께서 대답하여 이르시되, '내가 너를 무화과나무 아래서 보았다 하므로 믿느냐? 이보다 더 큰 일을 보리라.' 또 이르시되, '진실로 진실로 너희에게 이르노니 하늘이 열리고 하나님의 사자들이 인자 위에 오르락 내리락 하는 것을 보리라' 하시니라." — 요 1:50-51

이 본문의 주제에 접근하기에 앞서 이야기(narrative)에 대해 조금 언급하지 않을 수 없습니다. 어떤 표어들은 아주 주목할 가치가 있는데, 그 이유는 그 표어들이 풍부한 교훈으로 가득하기 때문입니다. 메시야가 나사렛에서 날 수 있는지에 대해 나다나엘이 의심했을 때, 빌립이 그에게 대답했습니다. "와서 보라"(46절). 이 말은 예수님이 가장 초기의 제자들이 그분을 따르기 시작했을 때 그들에게 하신 말씀입니다. 예수님은 그들에게 이렇게 말씀하셨습니다. "와서 보라"(39절). 하나님이 복되게 하신 표현을 우리가 반복해서 사용하는 것은 언제나 안전합니다. 주님께서 "와서 보라"고 말씀하시지 않았습니까? 그러므로 우리도 예수님이 하신 말씀보다 더 좋은 말을 할 수가 없고, 가능한 한 영감을 받은 그 말씀에 가까운 표현을 사용하는 것이 좋습니다. "와서 보라"는 그 짧은 문장이 다른 영혼들에게 말할 때 유용한 표현이지 않습니까? 영혼들을 얻고자 하는 이들은 성경에서 시험해 보고 효과적으로 입증된 복음의 그물을 사용하는 것보다 더 잘할 수가 없습니다. 우리들 중 누구라도 영혼의 문제에 대해 다른 사람들에게 말할 수 있습니다. 이 짧은 성경의 문장이 우리 회심의 수단이기도 했으며, 우리로서는 진심 어린 목소리로 다른 사람들에게 그것을 반복하여 말하는 것이 최상입니다. 하나님이 우리에게 은혜를 주셨듯이 다른 사람들에게도 은혜 주시기를 바라면서 말입니다.

"와서 보라"는, 초대의 말로는 짧지만, 지혜로 가득 차 있습니다. 우리 주님은 인간의 정신 체계를 이해하시며, 의심하는 마음속에 믿음을 발생시키는 최상의 방법을 알고 계십니다. "와서 보라"는 불신앙에 대한 확실한 치유입니다. 어떤 이들은 의심하는 자들에게 앉아서 생각해 보라고 말하며, 또 사물의 본성을 숙고해 봄으로써 믿음을 일으켜 보려고 합니다. 우리가 오래도록 인간의 상태와 우리 본성의 상태에 대해 숙고해본들 구원의 길에 대해 깨우침을 얻기는 어렵습니다. 만일 우리가 그리스도에 대해 판단을 내리려면 그리스도 자체에 대해 숙고해야 합니다. 그분이 그분 자신에 대한 최상의 논증입니다. 인간의 머리로 짜낸 논증은 마치 거미집과 같아서 쉽게 끊어질 수 있습니다. 그러나 사실들, 즉 구세주의 삶과 죽음에 대한 논박할 수 없는 사실들은 마치 쇠줄처럼 인간의 마음과 이해력을 붙들어 맵니다. 우리의 구주께서 말씀하셨듯이, 그리고 그분의 종 빌립이 말했듯이, 우리 역시 그리스도를 알고자 하는 모든 사람들에게 이렇게 말합시다. "와서 보라." 미리 예상함으로써 편견에 눈멀거나 오도(誤導)되지 말고, 다만 그분의 이야기를 스스로 읽어보시기 바랍니다. 그분의 얼굴을 당신 스스로 찾으십시오. 그리하여 주님의 선하심을 맛보아 아시기 바랍니다. 예수님과의 개인적인 교제야말로 여전히 그분의 인격적 탁월성과 구원의 능력에 대한 최상의 증거입니다. 형제여, 당신은 주님께 대해 어떤 의심을 가지고 있습니까? "와서 보십시오." 당신은 속으로 이렇게 말하고 있습니까? "그분이 나와 같은 사람을 구원하신 수 있을까?" "와서 보십시오." 당신의 죄가 당신을 실망시키고 낙담하게 하여, 심지어 구속자의 피마저도 당신을 씻을 수 없으리라는 두려움이 생깁니까? "와서 보십시오." 하나님의 아들(the Son of God)이시면서 그리고 인자(the Son of man)이신 그분을 보십시오. 그분의 삶에서 거룩함을 보고, 그분의 죽음에서 대속(代贖)을 보십시오. 혹은 만일 당신이 원한다면, 저기 하나님의 우편에 계시며 죄인들을 위해 간구하시는 그분을 보십시오. 당신이 그분을 바라보는 동안, 성령의 능력으로 당신도 모르는 사이에 믿음이 당신의 마음속으로 스며들어 올 것입니다. 마음의 눈으로 보아야 하며, 그러는 사이에 회개와 믿음이 영혼 속으로 들어올 문을 찾을 것입니다. "와서 보십시오." 개인적으로 인격적인 주님을 보는 것이 아니고는 그 어떤 것도 인간을 구원할 수 없습니다. 그러므로 "세상 죄를 지고 가는 하나님의 어린 양을 보십시오"(29절). 주님께서 친히 말씀하셨습니다. "땅 끝의 모든 끝이여 나를 바라보고(KJV, 한글개역개정은 내게로 돌이켜로 되어 있음) 구원을 받으라"(사 45:22).

우리 주님께서는 빌립의 조언 방식이 적절했음을 입증한 듯이 보이며, 더 나아가 그분 자신이 그와 같은 표현을 사용하셨습니다. 빌립이 "와서 보라"고 말하지 않았습니까? 그 때 예수님께서 말씀하십니다. "빌립이 너를 부르기 전에 네가 무화과나무 아래에 있을 때에 내가 너를 보았다. 너는 나를 보러 왔지만, 내가 이미 너를 보았다. 내게는 선견지명이 있다. 네가 나에 대해 무언가를 알기 전에, 혹은 빌립을 통해 나에 대해 무언가를 듣기 전에, 내가 너를 보았다." 그분은 대화의 끝까지 음성의 분위기를 바꾸지 않으시고 이런 말로 맺으십니다. "내가 너를 무화과나무 아래서 보았다 하므로 믿느냐? 이보다 더 큰 일을 [네가] 보리라"(50절). 당신이 보듯이, 여기에 구원의 큰 계획이 있으며, 이 일이 우리 안에서 이루어졌습니다. 먼저 구주께서 우리를 보십니다. 우리가 아무리 멀리 떨어져 있을 때도 그러합니다. 그리고 우리가 다가와서 보며, 그리고 우리의 마음이 주님 안에서 안식을 얻습니다. 그런 다음 여러 날이 지나면 그분이 우리에게 그분과 그분의 왕국을 볼 수 있는 더 밝고 더 선명한 시력을 주십니다. 오, 이러한데도 와서 보려 하지 않는 사람이 누구입니까? 우리가 처음 와서 볼 때 생명과 안식을 발견한다면, 아직 드러나지 않은 더 큰 일들이 반드시 있지 않겠습니까? 믿음이 지금껏 발견한 모든 것은 더 영광스러운 광경을 미리 조금 보는 것에 불과하며, 그 영광스러운 광경이 장차 우리의 눈에 활짝 펼쳐질 것입니다. 예수님이 이렇게 말씀하셨기 때문입니다. "이보다 더 큰 일을 보리라."

이 대화의 다른 부분들도 동일하게 주목할 가치가 있습니다. 모든 진실하고 어린이 같은 마음을 가진 사람들이 항상 그러하듯이, 어린애 같은 나다나엘과 '거룩한 아이(holy child)'이신 예수님이 서로 어떻게 대화하는지를 우리에게 자세히 보여줍니다. 우리 주님께서는, 나다나엘을 보시자마자 그를 이렇게 부르셨습니다. "이는 참으로 이스라엘 사람이라, 그 속에 간사한 것이 없도다"(47절). 그분은 그의 단순하고, 솔직하고, 숨기지 않는 성격을 아셨으며, 그가 그런 성격의 한 본보기임을 제시하셨습니다. 나다나엘은 얼굴을 붉히지도 않았고 거짓 겸손으로 그 찬사에 의문을 제기하는 척하지도 않았습니다. 단지 가장 단순하면서도 꾸밈없는 태도로 그는 재치 있게 그 묘사가 사실임을 인정하면서 이렇게 말했습니다. "어떻게 나를 아시나이까?"(40절) 그는 자신의 양심에서 다투는 야곱이었다가 후에는 훌륭한 이스라엘이 되었던 이의 참된 후손임을 느꼈습니다. 그리고 그 명칭을 인정하고서 예수님의 말씀에 대한 답으로 이런 의미의 말을 했던 것입니다. "맞습니다. 저는 이스라엘 사람입니다. 그러나 당신은 이스라엘의 왕이십니다." 이에 대해 우리 주님께서는 이렇게 대답하신 듯이 보입니다. "너는 이스라엘 사람이다. 그리고 너는 이스라엘의 왕을 인정했다. 이제 너는 이스라엘의 특권을 얻게 될 것이다. 왜냐하면 너는 하늘이 열리고 하나님의 천사들이 인자 위에 오르락 내리락 하는 것을 볼 것이기 때문이다." 마치 맑은 물 속에 얼굴이 비치듯이, 이 거짓 없는 두 마음의 교제 속에서 서로의 마음이 비치었던 것입니다. 그들의 생각이 너무나 진실했기 때문에 그들은 잘 작곡된 음악의 각 부분들처럼 조화를 이루었습니다. 그들의 언어는 솔직하게 마음을 표현했기 때문에 그들은 마치 소리의 메아리처럼 서로에게 화답할 수 있었습니다. 이것이 바로 우리 주님과 그분의 성화된 백성 사이에 볼 수 있는 교제의 특성입니다. 그분이 말씀하셨습니다. "나는 선한 목자다." 그러면 성도의 마음은 이렇게 화답합니다. "여호와는 나의 목자시니 내게 부족함이 없나이다." 신부가 이렇게 말합니다. "예, 그분은 너무나 사랑스럽습니다." 그러면 신랑이 이렇게 대답합니다. "나의 사랑, 그대는 너무나 아름다워 그 속에 아무런 흠이 없습니다." 우리 주님은 우리를 이렇게 부르십니다. "나의 사랑, 나의 비둘기, 나의 완전한 자야"(아 5:2). 또한 우리는 그분과의 온전한 연합 속에서 이렇게 화답합니다. "내 사랑하는 자는 내게 속하였고 나는 그에게 속하였도다"(아 2:6). 폭풍이 부는 바닷속에서 깊은 파도가 깊은 파도를 부르듯이, 성화된 마음 안에서는 천상의 고요함 속에서 진리가 진리를 부릅니다. 사랑의 한 마디가 또 다른 말을 깨우고, 겸손의 사랑에서 표현된 칭찬이 감사의 애정에서 우러나온 칭송을 불러일으킵니다. 그러나 이런 상호간의 공감을 불러일으키기 위해서는 거짓이 없는 공통의 성품이 있어야 합니다. 이것이 예수님과의 교제에서 큰 조

건입니다. 우리를 향한 하나님의 길은 아주 교훈적인 방식으로 우리 자신의 길
과 만나게 되어 있습니다. "자비한 자에게는 주의 자비하심을 나타내시며 완전
한 자에게는 주의 완전하심을 보이시며, 깨끗한 자에게는 주의 깨끗하심을 보
이시며 사악한 자에게는 주의 거스르심을 보이시리이다"(삼하 22:26-27). 그분
의 자녀들이 그분께 마음을 열 때 그분도 그들에게 마음을 여십니다. 그들이 참
이스라엘 사람이 될 때 그분은 그들에게 참 이스라엘의 특권들을 주십니다. 그
들이 그분을 위대하고 영광스러운 왕으로 인정할 때 그분은 그들에게 그분의
왕국의 위대한 일들을 보여주십니다. 나다나엘이 그러했던 것처럼, 우리들도
은혜를 통해 이스라엘의 자녀가 되어 하나님의 나라를 볼 수 있기 바랍니다.

　서두를 충분히 진술했으니 이제 우리 주 예수님께서 나다나엘에게 하신 약
속을 숙고하도록 합시다. 성령께서 그에 대해 우리를 가르쳐 주시길 바랍니다.
나는 이것이 주님께서 개인적으로 주신 약속으로는 첫 번째라고 생각하는데,
틀리지 않을 것입니다. 또한 그것은 주님께서 그의 제자들 중 가장 재능 있는
자들이 아닌, 가장 순수한 마음을 가진 이들에게 주셨다는 점에서 교훈적이라
고 생각합니다. 게다가 그것은 대수롭지 않은 약속이 아니라 큰 의미를 담고 있
는 약속입니다. "이보다 더 큰 일을 보리라." 나다나엘이 이미 본 것보다 더 큰
일이라면 매우 큰 일임에 틀림없습니다. 이 말 속에는 한없는 기대를 품을 여지
가 있습니다. 그것은 이미 온 것과 연결된 또다른 것에 대한 약속입니다. 하나
의 거룩한 은총이 금사슬로 연결되어 또다른 은총을 끌어오는 경우가 얼마나
빈번한지요. "이보다 더 큰 일을 보리라"는 약속에 "하늘이 열리는 것을 보리라"
는 말씀이 뒤따르고 있습니다. 이 말씀의 매력은, 비록 나다나엘이 처음에 "네
가 보리라"는 말씀을 그 자신을 위한 약속으로 얻었다 해도, 그것이 그의 모든
형제들을 위한 약속으로 연결된다는 것입니다. 왜냐하면 51절의 말씀이 "네가
하늘이 열리는 것을 보리라"로 기록되지 않고, "너희가(복수) 하늘이 열리는 것
을 보리라"고 기록되었기 때문입니다. 개인적인 약속을 받는 것은 위대한 일입
니다. 그러나 주님의 식구 모두를 위한 약속을 얻는 것은 더욱 위대한 일입니
다. 하늘이 열리어 하늘과 땅 사이에 교류가 있을 것이며, 성도들이 그들의 중
보자이신 주님을 통하여 하늘과 교통하게 되리라는 선언을 들은 나다나엘은 행
복합니다. 우리 자신이 은혜를 입을 뿐 아니라 다른 사람들을 부유하게 하는 일
이 될 때, 그것이 최상의 은총입니다. 이것이 바로 아브라함의 최상의 유업이

아니었습니까? "네게 복을 주리니, 너는 복이 될지라"(창 12:2).

주님께서 나다나엘에게 하신 말씀을 숙고하면서, 나는 당신이 이런 점에 주목하기를 바랍니다. 첫째, 그분이 말씀하신 은혜를 입은 사람(the favoured man), 둘째, 은혜 입은 사람들에게 언급된 은혜로운 상급(the gracious reward), 셋째, 그 상급에 내포된 특별한 시각(the special sight)입니다. 이 모든 일에 우리가 단순한 방관자들이 아닌 실제적인 참여자가 되기를 바랍니다.

1. 은혜를 입은 사람

이 은혜 입은 사람에 대해 생각해봅시다. 나다나엘은 "참 이스라엘 사람이며 그 속에 간사한 것이 없습니다." 그는 육체를 따라 선택된 자손에 속했을 뿐 아니라, 성령을 따라 선택된 자손 중의 한 사람입니다. 그는 소박하고, 순수하며, 대낮처럼 정직한 사람으로 알려졌습니다. 그는 진실한 사람이었으며, 술책이나, 술수나, 이중적인 거래나, 숨김에 대해 알지 못했습니다. 그는 기만술이 없는 사람, 올곧고 솔직담백한 사람, 속속들이 참되고 유리처럼 투명한 사람이었습니다. 교활한 탈취자인 야곱 족속이 아니라, 참된 이스라엘 사람이었습니다. 야곱의 요소가 빠져나온, 순수하고, 단순하며, 정직한 사람이었습니다. 어린애처럼 유치하지는 않지만 어린애같이 순수한 사람이었습니다. 그런 사람에게 이 말씀이 주어졌습니다. "이보다 더 큰 일을 보리라."

먼저, 그가 정당하게 떠오르는 의문들에 대해서 정직하게 질문했다는 점을 주목하십시오. 신자가 되기 이전에, 그는 어떤 사람들이 그러하듯이 일부러 의문점을 생각해 내어 질문하지 않았습니다. 그들이 제기하는 질문이란 그저 질문을 위한 질문일 뿐입니다. 그는 스스로 대답할 수 있는 문제를 빌립에게 물어보지 않았으며, 교묘한 화술로서 가르치는 교사를 당혹스럽게 하려고 시도하지도 않았습니다. 그런 인품이 아니었습니다. 그는 진리를 추구했지, 논쟁이나 입씨름을 위하지 않았습니다. 그가 제기한 두 가지 질문들은 그의 마음속에서 나온 것이었으며, 그에게는 아주 중요한 요점으로 보였습니다. 그는 어려운 문제들을 일부러 찾아다니지 않았으며, 그 때 거기서 떠오른 점을 아주 솔직하게 질문했습니다. 그는 메시야를 보았다는 말을 들었으며, 그가 나사렛의 예수라는 말도 들었습니다. 나는 그가 구약성경에 정통했다는 것을 의심하지 않습니다. 그는 구약의 어느 책에서도 그리스도께서 나사렛에서 나실 거라는 내용을 기억하지 못했으며, 그래서 속으로 이렇게 생각했습니다. '나는 베들레헴 에브라다에서 이스라엘을 다스릴 자가 나올 것이라는 말씀은 읽었어. 하지만 나사렛과 관련된 말씀은 기억나지 않는걸.' 그는 주저 없이 이렇게 물었습니다. "나사렛에서 무슨 선한 것이 날 수 있느냐?"(46절) 그곳은 가난하고 천한 작은 고을이었으며 그다지 평판이 좋지 않았습니다. 그래서 이것이 의문이었고, 정말 어려운 문제였습니다. 그래서 그 문제를 제기했고, "와서 보라"는 말에 동의했습니다. 구주께서 그를 만나 "이는 참으로 이스라엘 사람이라 그 속에 간사한 것이 없도다"는 말씀을 하셨을 때, 그는 여쭈었습니다. "어떻게 나를 아시나이까?"(48절) 가장 자연스런 질문입니다. 왜냐하면 그 말씀의 가치는 그 대답에 달려 있기 때문입니다. 그를 이토록 정확하게 묘사하는 일이 없었더라면, 나다나엘이 소문만 듣고 예수님께 나아왔을까요? 만일 빌립이나 다른 친구가 나다나엘의 성격을 예수님께 전한 것이라면, 그것은 예수님의 신분을 입증하지 못합니다. 그러나 만일 예수님께서 그분 자신의 통찰에 의해서 낯선 한 사람의 성품을 읽으신 것이라면, 그럴 경우 나다나엘은 어떤 결론을 내려야 할지를 알았습니다. 그래서 그는 여쭈어야 했던 것을 여쭌 것이며, 의도적으로 함정이 있는 질문을 제기한 것이 아닙니다. 이런 구도자들을 만나는 것을 내가 얼마나 좋아하는지요! 그들은 어떤 난점에 빠져 있어도 기꺼이 거기에서 빠져 나오기를 바라며, 더 어려운 질문을 짜내려고 애쓰지 않습니다. 여러분 중 일부는 스스로 의도적으로 기분을 어둡게 하기 때문에 그리스도 안에서 평화를 찾지 못합니다. 당신은 의심으로 공격받지 않으면서, 당신을 공격하는 의심을 당신 자신이 만들어 내고 있습니다. 당신은 인정하는 것 이상으로 이미 많은 것을 믿고 있는지도 모릅니다. 하지만 믿고 싶지 않아서, 스스로 불신앙의 구실을 찾고 있습니다. 왜 구원받지 말아야 하는지에 대한 이유들을 찾으려고 애쓰다니요? 사람이 그런 정신 상태에 빠지는 것은 슬픈 일이지만, 실제 그러고 있는 사람들이 많습니다. 난점들을 일부러 만들어 내고, 단순한 문제를 복잡하게 만드는 정신은 불행합니다. 그런 정신은 어떤 문제의 직접적이고 단순한 의미를 포착할 수 없으며, 오직 혼동에 빠져 당황할 수밖에 없습니다. 어떤 사람들은 너무 지적이어서 가난한 사람의 복음, 평범하게 이해할 수 있는 복음, "믿으면 살리라"는 복음을 믿지 못합니다. 그들은 어떻게든지 복잡한 신비에 빠지거나 흥분되거나 혹은 절망에 빠지기를 바라며, 그렇지 않으면 믿기를 거절합니다. 이것은 어리석지 않습니까? 그런 느낌(감동)을 기대하지 말라고 당신에게 호소합니다. 만일 당신이 그러하다면, 당신은 은혜를 놓치게 될 것입니다. 그러나 아직 당신이 온전한 믿음을 얻지 못했을 때에라도, 만일 당신이 이해하지 못하는 난제들만을 정직하게 인정한다면, 당신 속에서는 이스라엘의 하나님께로 향하는 어떤 선한 것이 있는 것입니다. 그로 인해 주님이 찬송을 받으소서.

다음으로, 간사한 것이 없는 나다나엘은 진리의 힘에 정직하게 굴복한 사람입니다. 예수님이 나다나엘에게 하신 정확한 진술로 인해, 전지(全知)하심이 그리스도의 특성임이 나다나엘에게 입증되었습니다. 무화과나무 아래에서 나다나엘이 무엇을 하고 있었습니까? 누군가 말합니다. "나는 압니다. 그가 기도하고 있었다는 말을 들은 적이 있습니다." 글쎄요, 나로서는 그가 기도하지 않고 있었다고는 말할 수 없겠지만, 누구든 그가 기도하고 있었음을 입증할 수 있는지 도전해 볼 작정입니다. 그 무화과나무 아래에서 나다나엘은 무엇을 하고 있었을까요? 우리는 탈무드 같은 책에서 학식 있는 사람들이 무화과나무 아래에서 율법을 연구했다는 내용을 자주 읽습니다. 나다나엘이 율법을 연구하고 있었을까요? 나는 그가 그렇게 하지 않았다고 말하지 않습니다. 하지만 나는 누구든 그가 그렇게 하고 있었음을 입증해 보라고 도전할 것입니다. 그가 무화과나무 아래서 무엇을 하고 있었을까요? 오직 두 분만이 우리에게 말할 수 있을 것인데, 이 두 분 모두가 이 문제에 대해서는 침묵하고 있습니다. 예수님과 나다나엘만이 알며, 다른 누구도 알 수 없습니다. 그가 무화과나무 아래서 하고 있었던 일에 우리가 억지로 추측해서는 안 됩니다. 그 문제는 어둠 속에 남겨두는 편이 더 교훈적이기 때문입니다. 우리 주님이 나다나엘에게 하신 일종의 비밀스러운 표시였지만, 그러면서도 더욱 확증적인 표시가 된 것은, 나머지 모든 사람이 그 문제에 대해서는 완벽히 알거나 해석하지 못하기 때문입니다. 나다나엘이 세례 요한에게 세례를 받으러 갔었고, 그래서 거기 앉아서 그가 한 일에 대해서 생각하고 있었던지, 혹은 세례를 받은 후 집으로 가는 도중에 갑자기 거기 앉아서 기다려야겠다는 강한 인상을 느꼈던지, 나는 안다고 말할 수가 없습니다. 그러나 무화과나무 아래에서의 장면은 그에게 아주 중요한 인상을 남겼으며, 그래서 그가 그렇게 기억하고 있는 것입니다. 예수님께서 그를 보시며 "네가 무화과나무 아래에 있을 때에"라고 말씀하시자마자, 나다나엘은 깜짝 놀라 예수님이 그의 은밀한 마음을 알고 계시다는 확신을 갖게 된 것입니다. 그

나무 아래서 그는 자신만이 알고 있는 어떤 행동을 하였거나, 말을 하였거나, 혹은 생각을 했습니다. 그런데 그 사람(the Person)이 어떻게 그 행동을 알고 계시다는 말인가요? 행동이든, 말이든, 생각이든, 무화과나무 아래서 그가 한 행동은 참되고 순수하며, 순박하고 정직한 것이었습니다. 그러나 예수님이 어찌 그것을 아셨을까요? "만일 그분이 내가 무화과나무 아래 있었던 것과 또한 거기서 내가 하던 일을 아신다면, 내가 거기에 있을 때에 나의 단순하고 거짓 없는 성격을 읽으셨다면, 그분은 하나님의 아들이시며, 이스라엘의 왕이시다." 이것이 나다나엘의 즉각적인 결론이었습니다. 그 논증은 매우 단순하면서 완벽했습니다. 나다나엘의 회심 직후에 다른 사람들도 유사한 방식의 논증을 활용했으며, 같은 결론에 도달했습니다. 우리 주님께서 사마리아 여인에게 "가서 네 남편을 불러 오라"(요 4:16)고 말씀하셨을 때, 그녀는 "나는 남편이 없나이다"라고 대답했습니다. 그러자 예수님께서 다시 이렇게 말씀하셨습니다. "네가 남편이 없다 하는 말이 옳도다. 너에게 남편 다섯이 있었고 지금 있는 자도 네 남편이 아니니 네 말이 참되도다." 그 다음에 여인이 이렇게 말했습니다. "나의 행한 모든 일을 내게 말한 사람을 와서 보라 이는 그리스도가 아니냐?" 그것은 좋은 논증이었습니다. 전지(全知)는 신성을 입증하기 때문입니다. 여기 사람의 육신으로 사람들 중에 계시는 전지하신 분은 하나님의 기름 부으신 이가 틀림없습니다. 그분이 그리스도이심에 틀림없습니다. 나는 나다나엘이 성경 구절을 상기했는지는 모르겠지만, 그러나 이것이 그분이 하나님 자신이심을 입증하실 때 그분이 친히 활용하신 논증 방식입니다. 이사야 44장 5절과 6절을 보시기 바랍니다. 그 구절의 많은 말들이 오늘 본문의 내용과 병행을 이룹니다. "한 사람은 이르기를 나는 여호와께 속하였다 할 것이며, 또 한 사람은 야곱의 이름으로 자기를 부를 것이며, 또다른 사람은 자기가 여호와께 속하였음을 그의 손으로 기록하고 이스라엘의 이름으로 존귀히 여김을 받으리라. 이스라엘의 왕인 여호와, 이스라엘의 구원자인 만군의 여호와가 이같이 말하노라, 나는 처음이요 나는 마지막이라 나 외에 다른 신이 없느니라." 그리고 그 증거가 무엇입니까? "내가 영원한 백성을 세운 이후로 나처럼 외치며 알리며 나에게 설명할 자가 누구냐? 있거든 될 일과 장차 올 일을 그들에게 알릴지어다"(사 44:7). 그분은 거짓 신들에게 은밀한 곳에서 행한 것을 말하고, 미래에 이루어질 일에 대해 말하라고 도전하시며, 이것이 그분이 하나님 되심의 증거라고 말씀하십니다.

이교도 사제들도 예언을 시도합니다. 왜냐하면 그들도 예언이 그들의 신들에 대한 분명한 증거가 된다고 간주하기 때문입니다. 우리 주님은 마음을 통찰하시는 분으로서, 학자들이 책을 세밀하게 살펴보듯이 마음을 읽으십니다. 그리고 우리는 그분이 우리의 하나님이심을 압니다. 나다나엘은 경이로운 시편 139편의 정수를 들이켜 마셨습니다. 만물이 주 앞에 벌거벗은 것같이 드러난다는 사실보다 신성의 더 큰 증거는 없습니다. "여호와여 주께서 나를 살펴보셨으므로 나를 아시나이다. 주께서 내가 앉고 일어섬을 아시고 멀리서도 나의 생각을 밝히 아시나이다"(1-2절). 내가 무화과나무 아래 있을 때 당신께서 내 마음을 읽으셨습니다. "나의 모든 길과 내가 눕는 것을 살펴보셨으므로 나의 모든 행위를 익히 아시오니, 여호와여 내 혀의 말을 알지 못하시는 것이 하나도 없으시니이다"(3-4절). "주께서 나의 앞뒤를 둘러싸시고 내게 안수하셨나이다. 내가 주의 영을 떠나 어디로 가며 주의 앞에서 어디로 피하리이까"(5,7절). 이 모든 것이 신성의 표현인 것을 당신은 압니다. 그러므로 나다나엘은 이렇게 논증했습니다. "아무도 보지 않을 때 그분은 나를 보셨다. 그분은 단순한 행동에서 내 성격을 읽으셨다. 그 행동을 다른 사람들은 오해했을 수도 있었고, 그로 인해 나를 바보로 생각할 수도 있었지만 그분은 달랐다. 그분은 내 마음의 정직함을 파악하셨다. 그러므로 이제 나는 그분의 신성을 확실히 알게 되었다."

더 나아가, 확인된 한 가지 사실에 입각하여 단순하고 정직하게 믿은 사람에게 은혜가 임했다는 점을 주목하십시오. 그리스도께서 사람의 마음의 은밀한 곳까지 읽으실 수 있다는 것이 입증되었습니다. 그분의 신성을 입증하는 이 사실로부터, 나다나엘은 "이분이 위대한 선생이시다"는 점을 추론하고서 자신의 최초의 믿음의 고백으로 그분을 '랍비여'라고 불렀습니다. 그는 모든 것을 아시는 분이 교사의 자격이 있으신 것을 확신했고, 그분에게 교사의 호칭을 부여했습니다. 우리가 이미 말했듯이, 그는 그분의 전지하심을 보고서 그분에게 "당신은 하나님의 아들이십니다"라고 고백했습니다. 또한, 거기에 만족하지 않고, 그는 만일 그분이 하나님의 아들이시라면 그분이 통치자요 주님이심이 틀림없다고 보았으며, 그래서 그분을 '이스라엘의 왕'으로 불렀습니다. 여기서 그가 어떻게 두 번째 시편의 정신을 받아들이고 있는지를 보십시오. 그 시편에서 아들이면서 왕이신 분이 위대한 조화를 이루고 있습니다. "내가 나의 왕을 내 거룩한 산 시온에 세웠다 하시리로다. 내가 여호와의 명령을 전하노라 여호와께서 내게 이르시되 너는 내 아들이라 오늘 내가 너를 낳았도다. 그의 아들에게 입맞추라 그렇지 아니하면 진노하심으로 너희가 길에서 망하리니 그의 진노가 급하심이라 여호와께 피하는 모든 사람은 다 복이 있도다"(시 2:6-7, 12). 나다나엘은 즐거이 그 아들에게 복종했으며, 그분을 이스라엘의 임금이시라고 선포했습니다. 우리 주님께서 공생애를 시작하신 이후 실제로 왕이라고 선포되었던 것은 이번이 처음이 아니던가요? 동방의 박사들이 먼 곳에서부터 그분의 별을 보고 따라 왔을 때, 그들의 질문에 대한 대답이 이것이 아니었던가요? 그분은 유대인의 왕으로 나셨습니다(마 2:2). 이 거짓 없는 사람은, 그 속에 간사한 것이 없어 보이는 이 사람은, 그의 동료들 이상의 것을 보았습니다. 나다나엘의 눈은 거짓이나 의혹에 흐려지지 않아 왕을 볼 수 있었습니다. 그분이 겸손하게 그분의 왕복을 벗고 그분의 왕관을 벗고 오셨음에도 불구하고 말입니다.

사랑하는 이여, 우리의 첫 번째 주제의 요점은 이것입니다. 마음이 청결한 자가 하나님을 볼 수 있습니다(마 5:8). 우리는 정직하고 진실해야 합니다. 우리는 모든 간교와 책략으로부터 깨끗해야 합니다. 우리는 그분 앞에서 유리처럼 투명해야 합니다. 그렇지 않으면 주님께서 우리에게 자신을 나타내시지 않습니다. 그분은 거짓 없고 진실한 자들을 사랑하십니다. 그분이 우리의 눈을 맑게 하실 때 그분은 우리에게 빛을 비추실 터이지만, 그러나 그때까지는 그러지 않으십니다.

또한 주목하십시오. 나다나엘이 그러했듯이, 확실한 증거에 근거하여 믿을 준비가 되어 있는 사람들은, 계속해서 더 많은 것을 보게 될 것입니다. 나다나엘은 그분에게 반복하여 증거를 요구하지 않았습니다. 그는 한 번에 믿을 만한 근거를 보았으며, 그 증거로 스스로를 납득시켰습니다. 한 가지 문제에서 입증이 되었다면, 그것은 입증된 것이며, 그것으로 종결된 것입니다. 순수한 사람의 마음에는 한 가지의 결정적인 근거가 이십 가지의 증거들만큼 유효합니다. 기꺼이 보고자 하는 자들은 보게 될 것입니다. 편견의 비늘이 눈에서 제거된 자들에게 천국은 활짝 열려 있습니다. 그 자신을 주님께 명백히 드러내는 자들에게, 주님도 그분 자신을 명백히 드러내십니다. 만일 당신이 가장 고차원적인 유형의 그리스도인이 되려면, 당신은 속속들이 진실해야 합니다. 그러면 당신은 그분을 볼 수 있는 강력한 믿음으로 그분을 믿게 될 것이며, 그분이 가까이 계신 것을 인식하게 될 것입니다. 예수님의 임재와 능력은 당신의 영혼 속에 조금의 의심도 없이 받아들여질 것이며, 마치 당신 자신의 존재만큼이나 확실한 사실이 될 것입니다. 그리고 당신은 우리가 이제 살펴보려고 하는 이 말씀을 경험하게 될 것입니다. "이보다 더 큰 일을 보리라"(50절).

2. 은혜로운 상급

이제 은혜로운 상급에 대해 살펴보도록 합시다. 여기에는 많은 말이 필요치 않습니다. 왜냐하면 이 순박한 마음을 가진 사람은 주님께서 그의 마음을 보고 아셨다는 한 가지 근거로 믿었으며, 또 더 큰 일을 보게 되리라는 약속으로 호의를 입었기 때문입니다. 이 말씀으로 주님께서는 그의 지각(知覺)이 더욱 생생해질 것임을 의미하셨습니다. 당신은 믿습니까? 당신은 보게 될 것입니다. 만일 우리가 먼저 보기를 요구한다면 우리는 결코 믿을 수 없습니다. 그러나 만일 우리가 기꺼이 믿고자 한다면 우리는 점점 더 보게 될 것입니다. 믿음이 성장하다보면 점점 더 거의 느끼는 것에 가까워지기도 합니다. 가장 좋은 의미로서의 "감각(sense)"이라는 말로 표현할 수 있겠습니다. 우리는 처음에 단순하게 하나님의 증언에만 근거해서 믿으며, 점차로 개인적인 경험에 근거해서도 믿습니다. 우리가 믿는다는 것은, 믿음의 대상을 생생히 실감하여, 보이지 않는 것들을 보고, 보이지 아니하시는 분을 보는 데까지 믿는 것입니다. 여기에서 더 나아가서, 우리는 생명의 말씀을 맛보고 만져볼 수도 있습니다. 믿음이 바라는 것들의 실상이 되는 것입니다. 그리스도를 바라보는 것에서 출발하여, 우리의 전 존재가 그분 안에서 살며, 움직이는 것입니다. 믿음의 눈은 힘을 얻습니다. 처음에 그것은 눈물을 통해 그리스도를 보며, 비록 그분을 인식하는 것이 상대적으로 희미하기는 하지만, 그 바라봄이 영혼을 구원합니다. 그러나 시일이 지난 후 그 믿음의 눈은 아주 강력해져서 한낮에도 태양을 바라볼 수 있는 독수리의 눈에 필적할 정도가 됩니다. 그리하여 믿음이 제이의 시력이 되는 셈입니다. 우리 주님께서 마르다에게 하신 말씀을 기억하십시오. "내 말이 네가 믿으면 하나님의 영광을 보리라 하지 아니하였느냐"(요 11:40). 믿으십니까? 그러면 보게 될 것입니다!

주님이 하신 말씀의 의미는 이것이 전부가 아닙니다. 그분이 나다나엘에게 실질적으로 약속하신 것은 그가 아직 알지 못하는 다른 진리들을 발견하리라는 것이었습니다. "이보다 더 큰 일을 보리라." 자, 그리스도의 전지(全知)하심을 보는 것보다 더 큰 일이 무엇일까요? "이 지식이 내게 너무 기이하니 높아서 내가 능히 미치지 못하나이다"(시 139:6). 이보다 더 큰 일이 있을까요? 예, 그렇다고 구주께서 말씀하십니다. 나는 그분이 이런 의미로 말씀하셨다고 추측해 봅니다. 첫째로, "네가 너의 개인적인 경우에서 나의 전지함을 보았으니 앞으로는 모든 인류와 관련해서도 나의 전지함을 보게 될 것이다. 내 복음이 사람들의 속 모습을 그들 자신들에게 드러낼 것이기 때문이다." 하나님의 말씀은 살았고 운동력이 있어서 사람들의 마음의 생각과 의도를 드러내고 판단합니다(히 4:12). 나다나엘이 수년 후에 복음을 전했을 때 그는 그것을 보았으며, 또한 그리스도께서 모든 사람의 마음을 읽으시는 것을 직접 목격했습니다. 이것이 우리의 시대, 우리가 살고 있는 곳에서도 진실임을 우리가 알고 있으니 이 얼마나 기이합니까? 여기서 하나님의 말씀이 우리를 발견하고 우리의 양심에 우리를 벌거벗은 것 같이 드러내고 있습니다. 때때로 당신은 당신의 자리에서 깜짝 놀랐을 것입니다. 어떻게 그럴 수 있는지, 당신의 경험이 총체적으로 당신 앞에 드러날 뿐 아니라, 심지어 아주 사소한 경험들까지도 세밀하게 다루어지는 것을 보고 놀랐을 것입니다. 하나님의 지식의 탁월함이 당신을 감탄하게도 하고 놀라게도 했을 것입니다. 우리 주님께서는 "내가 나무 아래에서 너를 보았다"고 말씀하지 않으셨습니다. 그곳에는 상수리나무나 감람나무도 있을 수가 있었습니다. 우리 주님께서는 "그 무화과나무"라고 콕 집어서 말씀하셨습니다. 그분은 자주 목회자들을 통해 그렇게 매우 자세하고 구체적으로 말하도록 하시기 때문에, 여러분은 '목사님이 어떻게 알았을까?' 궁금히 여기는 것입니다. 그리스도께서 전파될 때마다 이런 일들이 있기 때문에, 진실로 우리는 처음에 우리 자신의 성품이 드러나는 것을 인식했을 때보다 더 큰 일들을 보는 것입니다.

다음으로, 그가 "큰 일"을 보리라는 것은 그가 그리스도의 신성을 더 보게 되리라는 것입니다. 당신은 그분의 전지하심을 보았습니까? 그러면 그분의 전능하심을 보게 될 것입니다. "내가 너의 마음을 읽을 수 있다는 것을 알았느냐? 내가 너의 마음을 바꿀 수 있다는 것을 알게 될 것이다. 너는 내 눈이 네 영혼의 은밀한 곳을 들여다볼 수 있다는 것을 알았느냐? 너는 내 말이 귀신들을 쫓아내고, 병자들을 치유하며, 폭풍을 잠재우는 것을 보게 될 것이다. 너는 내가 너의 마음을 읽은 이 하나의 경험보다 더 분명한 내 신성의 표징들을 보게 될 것이다."

주님은 그분 스스로를 인자(the Son of man)로 부르시면서 나다나엘에게 더 큰 일들 중의 하나를 보이십니다. 그는 예수님이 자신의 마음을 읽으신 것으로 인해 그분을 하나님의 아들이라고 인식했습니다. 그분의 신성을 인식한 것은 분명 큰 일이었습니다. 그러나 신성이 인성과 결합되었음을 인식하는 일은 그보다 훨씬 큰 일입니다. 예수님은 하나님의 아들로서 영광스러운 분이시지만, 그러나 그분은 동시에 인자로서 이중의 영광을 가지신 것입니다. "너는 내가 하나님의 아들임을 믿었으니, 너는 내가 인자인 것을 또한 보리라." 그런데 이것이 더 큰 일입니까? 어떤 의미에서 예수님이 인자가 되시는 것은 비하(卑下)이지만, 그럼에도 불구하고 당신이 이 수수께끼를 올바로 이해한다면, 신성 그 자체보다는 신성이 인성과 결합되었을 때에 더욱더 경이로운 것입니다. 성육신에는 신성의 신비에서도 볼 수 없는 신비로움이 있습니다. 하나님에 대해서 이교도들도 나름대로 설명을 시도하지만, 그러나 하나님이 인간의 육신으로 오셔서 우리 중에 거하신다는 것은 천사들도 자세히 살펴보기 원하는 신비입니다. 우리 주님이 이스라엘의 왕이시라는 사상보다 그분이 모든 민족과 관련이 있으시다는 사상이 더욱 크며, 그 사상이 '인자'라는 칭호 속에서 제시된 것입니다. 아마도 나다나엘이 생각했던 것처럼, 그분은 은혜를 이스라엘에만 한정하시지 않습니다. 오히려 그분은 모든 인류의 형제이십니다. 여기에 큰 일들 중의 하나가 있습니다.

또한, 나다나엘은 단지 열린 마음(opened heart)을 보았을 뿐이지만, 이제 그는 열린 하늘(opened heaven)을 볼 것입니다. 그는 은밀한 곳을 꿰뚫어보시는 그리스도의 눈을 보았지만, 이제 그는 인간의 상한 마음과 천국의 은밀한 처소 사이에 있을 교통을 보게 될 것입니다. 그는 그리스도께서 어떻게 인자가 되어 사람들 가운데 계신지를 보았습니다. 이제 그는 하나님과 사람의 거처가 어떻게 하나로 결합되는지를 볼 것이며, 땅과 하늘 사이의 고상한 교제가 어떻게 유지되는지를 보게 될 것입니다.

나는 거짓 없는 신자들이 더 큰 일을 보게 된다는 한 가지 사상으로 되돌아옵니다. 믿음으로 이미 많은 것을 얻은 자들에게는 더 많은 것이 주어질 것입니다. 사랑하는 이여, 하나의 교회이자 백성으로서, 우리는 이곳에서 주님이 우리 가운데 행하신 큰 일들을 보아왔습니다. 또한 우리는 최근에 우리를 향하신 주님의 인자하심에 대해 큰 기쁨과 감사로 경축하였습니다. 이것을 출발점으로 삼아, 주님이 하시는 말씀을 들으십시오. "오늘부터는 내가 너희에게 복을 주리라"(학 2:19). 우리는 이미 우리가 알고 있는 것보다 훨씬 더 큰 일들을 보기 원합니다. 이를 위해 우리는 더 큰 믿음을 가져야 하며, 그 믿음은 더 단순하고 어린애 같이 순수한 것이 되어야 합니다. 하나님 나라의 규칙은 우리의 믿음대로 된다는 것입니다. 불신앙은 은혜의 길을 가로막습니다. 우리가 믿지 않는 것은 예수님의 손을 묶어놓는 셈입니다. 이렇게 기록되지 않았습니까? "그들이 믿지 않음으로 말미암아 거기서 많은 능력을 행하지 아니하시니라"(마 13:58). 우리는 믿어야 합니다. 그렇지 않으면 설 수 없을 것이며, 우리의 일도 형통할 수 없습니다. 우리가 믿음으로 어떤 일을 성취해 왔더라도, 우리가 그보다 백배나 되는 믿음을 보였더라면 그보다 백배나 되는 큰 일들을 성취했을 것입니다. 주님께서 우리에게 솔직하고, 정직하며, 단순한 믿음을 주시길 축원합니다. 그러면 우리는 이 일들보다 더 큰 일들을 볼 것이며, 모든 장애물들이 제거되는 것을 볼 것이며, 영원한 사랑이 우리들 가운데 기적들을 행하시는 것을 보게 될 것입니다. 믿음은 사람을 하나님이 사용하실 만한 적합한 도구가 되게 합니다. 하나님은 믿음의 사람을 통해 큰 일들을 행하십니다. 당신이 믿지 않는다면, 마치 전사가 갈대를 무기로 사용하지 않는 것처럼 하나님께서 당신을 사용하지 않으실 겁니다. 그분은 믿지 않는 목사들이나 믿지 않는 교회들을 통해 어떤 이적들도 행하지 않으십니다. 그들이 그런 복을 받기에 준비가 되지 않았기 때문입니다. 그들은 주인의 쓰기에 합당한 그릇들이 아닙니다. 가장 나쁜 형태의 녹이 그들에게 묻어 있습니다. 당신의 마음이 주 안에서 안식하고 있을 때, 그분이 팔을 걷어 부치고 나서실 것을 보리라고 기대할 때, 그분이 어떻게 영광을 얻으시고 그분의 약속을 성취하시는지를 보기 위해 잠잠히 기다릴 때, 그때 당신은 더 큰 일들을 보게 될 것입니다. 믿음이 실패할 때는 우리의 자격이 박탈되는 것이며 취소되는 것입니다. 우리는 그것을 심지어 모세와 아론의 경우에서도 볼 수 있습니다. 그들에게 주께서 말씀하셨습니다. "너희가 나를 믿지 아니하고, 이스라엘 자손의 목전에서 내 거룩함을 나타내지 아니한 고로, 너희는 이 회중을 내가 그들에게 준 땅으로 인도하여 들이지 못하리라"(민 20:12).

　　우리는 믿음을 가져야 합니다. 믿음이 모든 약속에 실제적으로 첨부되어 있는 조건을 만족시키기 때문입니다. 믿지 않으면서 부르짖기만 하는 기도에 주님께서 응답하시리라는 약속을 하신 적이 있습니까? 오히려 의심하며 요동하는 자들에 대해 그분은 이렇게 말씀하셨습니다. "이런 사람은 무엇이든지 주께 얻기를 생각하지 말라"(약 1:7). 믿음이 바로 우리의 생명이 아닙니까? "의인은 믿음으로 살리라." 믿음이 우리가 축복으로 들어가는 입구가 아닙니까? 광야의 이스라엘이 가나안으로 들어갈 수 없었던 것은 그들의 불신앙 때문이었음을 우리는 보았습니다. 모든 약속들은 믿는 자들을 위한 것이며, 믿지 않는 자들을 위한 약속은 아무것도 없습니다. "네 믿은 대로 될지어다"(마 8:13)는 말씀이 나타내듯이, 믿음으로 받는 복의 크기에는 다른 제한이 없습니다.

거짓 없는 성품과 결합된 강한 믿음은 사람을 하나님의 특별하고도 만족스러운 사랑으로 이끌어줍니다. 비록 그분이 그분의 택하신 자 모두를 사랑하시더라도, 그분이 모두를 똑같이 기뻐하시는 것은 아닙니다. 제자들 중에는 사도들도 있었습니다. 열둘 중에도 특별히 선발된 세 사람이 있었습니다. 그 셋 중에서도 특히 총애하는 한 사람이 있었습니다. 하나님이 가장 총애하시는 자는 그분을 가장 온전히 신뢰하는 자이며, 가장 어린애처럼 순수한 자입니다. 하나님께서는 그분을 가장 신뢰하고 그분에게 가장 솔직한 자를 통해 가장 큰 일들을 행하실 것입니다. 다윗은 주님을 신뢰하여 주님 한 분만을 의지할 대상으로 삼았으며, 또한 하나님의 마음을 닮은 자였습니다. 아브라함은 믿음으로 그의 친 아들까지도 포기할 수 있었으며, 또한 하나님의 벗이었습니다. 의심하기에는 너무나 어린 자가 되고, 의문을 제기하기에는 너무나 미약한 자가 되고, 주님을 의심하기에는 너무나 순박한 자가 되기까지는, 우리는 아직 하나님 안에서 성숙한 자가 되지 못한 것입니다. 거룩한 삶과 사역에 있어서 우리의 진보에 필요한 유일한 한 가지는 믿음 안에서 자라는 것입니다. 그리스도를 위하여, 성령께서 그 일을 우리 안에서 이루시기를 바랍니다.

3. 특별한 시각

시간 문제로 나다나엘에게 약속된 **특별한 시각**에 대해서는 아주 짧은 시간을 할애해야겠습니다. 그는 하늘이 열리는 것을 볼 것입니다. 영광의 문들이 지금 신자들에게 활짝 열려 있으며, 신자들이 그 광경에 도취되어 있습니다. 천국은 그 모든 시민들에게 활짝 열려 있으며, 그들이 아직 지상에 살고 있는 동안에도 그러합니다. 이는 믿는 자의 마음에 커다란 기쁨입니다. 천국과의 자유로운 교통은 우리 심령의 즐거움입니다. 이에 대해 내가 어떻게 상세히 말해야 할지 모르겠는데, 이는 다른 설교에서 다루는 편이 좋을 것 같습니다. 그러나 적어도 이 정도만큼은 언급해야 할 것 같은데, 즉 그리스도 안에서 성도들은 하나님께 매우 가까이 갈 수 있으며, 지금에라도 하늘의 예루살렘에 갈 수 있다는 것입니다. 새 예루살렘의 관할권은 우리가 머무는 이 낮은 땅에까지 확대되었습니다. 성막이 대여되었고, 우리는 지성소에 접근할 수 있습니다. 분리의 벽은 제거되었으며, 지금 지상 교회라고 하는 거처는 천국에 부속되어 있습니다. 새 예루살렘이라고 하는 거대도시의 변두리 지역이라고도 할 수 있지요. 문들은 닫히지 않을 것이며, 분리도 없을 것이며, 교통이 중단되는 일도 없을 것입니다. 그리스도 예수의 인격 안에서 천국이 지상에 활짝 개방되고, 또한 땅과 하늘 사이에 교통이 가능해진 것이 영광스럽지 않습니까? 사랑하는 이여, 당신은 그것을 알고 있습니까? 그것은 말하기 어렵지 않은 일입니다. 그러나 당신은 그것을 알고 있나요? 당신은 시민권을 가지고 있으며, 그래서 "우리의 시민권은 하늘에 있습니다"라고 말할 수 있나요? 당신이 무화과나무 아래에 앉아 있는 동안, 천국의 어느 장소에서 그리스도와 함께 앉아 있는 것이란 어떤 것인지에 대해서도 알고 있습니까? 당신은 지금도 그분과 함께 일어나 다스리고 있습니까? 만일 그러하다면, 이는 아주 즐거운 일이며, 우리에게 큰 확신을 주는 일입니다. 우리는 지금도 우리 하나님의 집에 거주하고 있습니다. 혹은 최소한 천국 문 바로 곁에 앉아 있습니다. 하나님은 우리의 상황을 알고 계시며, 그분은 우리 가까이에서 우리를 도우십니다. 우리는 그분이 보지 않는 상황에서 고난을 당하거나, 살피지 않는 상황에서 수고하는 것이 아닙니다. 그 어느 것도 하나님의 도움을 가로막지 못하며, 그 어느 것도 그분의 안전한 구조를 방해하지 못합니다.

중보자의 길을 통하여 천국과 지상 사이에 교제가 있을 것이라는 주님의 약속은, 가능할 뿐만 아니라 실제적입니다. 사다리가 놓여졌으며, 거기에서 천사들이 오르락 내리락 하고 있습니다. 하나님께서 청결한 마음으로 믿는 자들의 소리를 들으시고, 그들을 도우시며, 또 그들과 대화하십니다.

본문에서 천사들이 먼저 올라간다고 한 것을 주목하십시오. 본문은 우리가 자연스럽게 상상하듯이 "내리락 오르락" 한다고 말하지 않습니다. 오히려 천사들은 먼저 올라갑니다. 왜냐하면 예수님께서 지상에 계실 때 그들이 이미 여기에 있었기 때문이며, 그분의 명령에 따라 위로 보내는 그분의 전갈을 가지고 올라갔기 때문입니다. 예수 그리스도께서 여기 계실 때 그분에게 천사들의 호위

대가 없었던 적이 없었으며, 또한 이들이 바로 그분의 전갈을 하늘의 궁전으로
전하는 사신들이었습니다. 사랑하는 이여, 오늘날 우리는 영원하신 분의 군대
에 의해 둘러싸여 있습니다. 그들이 처음으로 우리에게 온 것이 아닙니다. 보십
시오, 그들은 이 오랜 세월 동안 구원받은 자들을 겹겹이 둘러싸며 지켜왔습니
다. 새로운 위험이 다가올 때 그들은 신속히 파수대와 호위대의 역할을 수행했
으며, 또한 천국의 보초들에게도 전갈을 보냈습니다. 기도합시다. 우리가 기도
할 때, 우리의 기도는 하늘로 올라가며 또한 우리의 찬송도 그러하기 때문입니
다. 우리가 만일 천사와 같은 삶을 산다면 우리의 생각들은 항상 천국으로 올라
갈 것이며 또한 거기에서 되돌아올 것입니다. 사랑하는 이여, 당신은 이것을 인
식하고 있습니까? 당신은 그리스도의 말씀의 증언에 근거하여 그분을 믿으며,
그리하여 언제라도 천상의 보좌에 접근할 권리를 지금 가지고 있습니까? 그렇
다면 당신은 단지 하나님께 말씀드리십시오. 그러면 하나님이 들으실 것입니
다. 하나님의 백성들 중 어떤 이들은 이에 대해 많이 알지 못합니다. 그들에게,
기도는 종교적인 행위이며 또한 매우 적절한 의식이지만, 그러나 하나님과 대
화하는 것은 아닙니다. 그들에게 기도란 하나님과 문제를 의논하거나 그분의
손에서 필요한 공급을 받는 일이 아닙니다. 그들에게 기도는 천사들 없는 사닥
다리이거나, 혹은 오직 천사들이 올라가기만 하고 하늘의 선물을 가지고 내려
오지 않는 일과 같다고 말할 수 있습니다.

　사랑하는 이여, 나는 당신이 이런 오류에 빠지지 않기를 바랍니다. 뭐라고
요? 기도가 당신에게는 실제적이지 않다고요? 기도에서 어떤 것도 기대하지 않
는다고요? 당신이라면 천사에게 헛된 심부름을 보내겠습니까? 천사들이 천국
에 올라가는 일이 단지 노는 일이고, 할 일도 없이 급히 올라갔다 내려갔다 한
단 말입니까? 기도할 때에 용무를 정합시다. 그렇지 않으면 우리는 하늘의 주
재를 조롱하는 자들이 될 것입니다. 너무나 많은 사람들이 하나님 앞에 나아와
서, 일반적으로 모든 것을 구하면서 구체적으로는 아무것도 구하지 않습니다.
그래서 그들의 요점 없는 기도에 대해 아주 불충분한 응답만 얻는 것입니다. 또
한 그보다 더 많은 사람들이 기도에서 매우 태만하며, 그래서 그들의 영혼을 거
의 아사(餓死)시키고 있습니다. 많은 천사들이 먼저 올라가야지 내려올 수 있
습니다. 기도는 우리에게 지속적이며 실제적이어야 합니다. 우리가 진정으로
하나님의 능력으로 살려면, 엘리야처럼 갈멜 산 꼭대기에 올라 하늘에 도달하

는 기도를 하고 은혜의 소나비에 흠뻑 젖을 수 있어야 합니다. 그렇게 살지 못하고 있습니까? 그러면 잘못은 당신 편에 있습니다.

그 다음이 무엇입니까? 나다나엘은 천사들이 인자 위에 내려오는 것을 볼 것입니다. 말하자면, 그는 하늘의 영들과 은총들이 예수 그리스도에 의해 지상에 내려오는 것을 볼 것입니다. 진실로 그리스도를 믿고, 거짓이 없는 자는, 높은 곳으로부터 계속적인 원조를 얻을 것입니다. 천국이 그에게 개방되어 있습니다. 하나님은 그를 섭리를 통해 도우실 것이며, 은혜로 도우실 것이며, 천사들을 통해 도우실 것이며, 그리스도의 모든 능력으로 영적으로도 도우실 것입니다. 내 눈으로 보아온 것을 이 아침에 이 교회가 볼 수 있기를 내가 얼마나 갈망하는지요! 내 믿음의 눈은 그리스도의 일에 필요한 것들을 공급하기 위해 하늘이 열린 것을 보며, 또한 하나님이 모든 능력으로 그분의 목적을 성취하기 위해 일하고 계신 것을 봅니다. 나는 하나님을 위해 또다른 일을 막 시도하고 있습니다. 어떤 이들은 우리에게는 이미 할 일들이 많은데 좀 기다리면 안 되느냐고 말합니다. 나는 강권적으로 계속해서 앞으로 나아가고 있습니다. 나는 가야 합니다. 나는 두렵지도 않습니다. 보십시오! 하늘이 열리고 하나님의 천사들이 그리스도 예수의 길로 오르락 내리락 하고 있습니다. 우리에게 원조를 가져다 주기 위해서입니다. 모험일 수 있습니다. 그러나 그 일에 모험이란 없습니다. 우리가 어떤 일에서 하나님을 신뢰할 수 있다면, 모든 일에서 하나님을 신뢰할 수 있습니다. 그러므로 곧장 나아가십시오. 때때로 그리스도를 신뢰하는 것은 물 위를 걷는 것처럼 보입니다. 특히 금과 은의 문제에서 그러합니다. 그러나 우리는 두려워할 필요가 없습니다. 우리가 단순히 믿을 수만 있다면, 물은 우리의 발 밑에서 유리바다가 될 것입니다. 그러나 오, 우리는 스스로를 깨끗이 해야 합니다. 우리는 거짓이 없어야 하고, 자기 유익을 추구하지 말아야 합니다. 하나님의 영광을 위한 순박한 바람이 있어야 하고, 그 외에는 아무것도 바라지 말아야 합니다. 우리는 자아를 수장(水葬)시켜야 하며, 그리스도만이 다스리셔야 합니다. 그리고 신뢰하며 앞으로 나아가야 합니다. 나는 우리 모두가 이 문제에서 옳기를 바랍니다. 그리고 만일 그러하다면, 우리는 하나님의 구원을 볼 것입니다. 어떤 것도 우리를 멈출 수 없습니다. 보십시오, 오늘날 하나님을 사랑하는 자들에게는 모든 것이 합력하여 선을 이룹니다. 이 전쟁터의 돌들도 우리와 동맹을 맺었습니다. 그렇습니다. 우리의 동맹군은 지상에만 있지 않습니다. 하늘의 별들도 우리의 원수들과 대적하여 역할을 하고 있으며, 모든 하늘이 격동하여 하나님을 섬기는 우리의 일에 우리의 우방이 되어주고 있습니다. 저 사닥다리에 오르락 내리락 하는 천사들을 보십시오! 천국은 천국의 일을 하는 모든 자들을 호위하고 있습니다. 하나님께서 친히 우리의 대장으로 우리와 함께 계시며, 또한 매우 많은 그분의 천군들도 마치 불 말과 불 병거들로 그 선지자를 둘러쌌던 것처럼 우리를 둘러싸고 있습니다. 필요한 모든 것이 주어질 것이며, 오늘의 밝은 해처럼 우리의 힘도 그러할 것입니다.

내 형제들이여, 기운을 내고 새로운 시도를 위하여 분발하십시오. 주 안에서 강하십시오. 이보다 더 큰 일들을 볼 것입니다. 약함으로 가득하지만, 그러나 그분의 능력 안에서 남자답게 굳게 서십시오. 이렇게 말하십시오. "내게 능력 주시는 자 안에서 내가 모든 것을 할 수 있느니라"(빌 4:13). 당신의 허리를 동이기 위해 전능자가 기다리십니다. 허리에 띠를 띠우고 하나님의 능력으로 강하십시오. 우리의 머리이신 그리스도 예수께서 하늘과 땅의 모든 권세를 가지셨으며, 그 권세를 그분의 모든 지체들에게 부어주실 것입니다. 나 자신과, 또한 내가 믿기로는 나의 사랑하는 교회와 친구들이 역시, 우리 주님을 위한 더 많은 수고에 믿음으로 헌신할 것입니다. "이보다 더 큰 일을 보리라"는 말씀에 의지하여 그렇게 할 것입니다. 그리스도 예수를 통하여 하늘의 모든 권세들이 우리와 동맹할 것이며, 주의 뜻이 기필코 성취될 것임을 믿습니다.

제
8
장
—

가나의 물항아리

—

"예수께서 그들에게 이르시되 항아리에 물을 채우라 하신즉
아귀까지 채우니" — 요 2:7

　여러분은 본문이 말하고 있는 이야기의 전말(顚末)이 무엇인지 알고 있습니다. 예수님께서는 잔치에 참여하고 계셨습니다. 그리고 포도주가 떨어졌습니다. 그래서 즉시 그 포도주를 풍성하게 공급하여 주셨습니다. 만일 제가 예수님께서 이때에 만드신 포도주가 어떠한 종류였는지에 대하여 토론하려고 한다면 별 유익이 없을 것이라고 생각하는 바입니다. 그것은 포도주였습니다. 제가 확신하기로는 예수님께서 만드신 포도주는 아주 좋은 극상품의 포도주였을 것입니다. 왜냐하면 주님께서는 가장 좋은 것 외에는 아무것도 내지 않으시는 분이시기 때문입니다. 지금 사람들이 포도주라고 할 때에 그러한 유의 포도주를 말하는 것인가요? 하여튼 간에 포도주였습니다. 그러나 영국에서는 여기서 말하는 의미의 포도주를 마신다는 것이 무엇인지 아는 이가 그리 흔하지 않은 것 같습니다. 영국에서 포도주라는 이름 아래 유통되고 있는 것은 참 포도주가 아니고, 그저 여러 가지의 혼합물 가운데서 불로 끓여서 정제한 것에 지나지 않습니다. 예수님께서는 이런 포도주는 한 방울도 맛보지 않으셨을 것입니다. 현대의 포도주 공장들을 경영하고 있는 자들이 만들어 내는 화주(火酒)나 알코올 정제(精製)들은 포도즙과는 전혀 다른 상품입니다. 술에 취하지 않고도 포도주를 즐기던 지난 세기에 흔히 사용하던 그 포도즙은 순하고 유쾌하게 만드는 것이었습니다. 동방에서 사용되는 포도주의 경우에는 그 포도주에 취하려면 과도하게 마셔야 합니다. 물론 사람들이 취하게 되는 경우도 있을 수 있었습니다. 그러나 취하는 것은 당시 예수님의 시대에나 그전 시대에는 흔하지 않던 악덕이었습니다.

만일 우리의 대모본(大模本)이 되시는 이가 무서울 정도로 마셔대는 분위기에 둘러싸인 현재의 환경 속에서 사셨다면, 그가 어떻게 처신하셨을지 압니다. 지금 마시는 그 일로 인하여 수천 수만의 사람들이 망하고 있습니다. 저는 확신합니다. 주님께서 지금과 같은 상황에서는 몸과 영혼을 송두리째 파멸시키는 독한 술의 강물에 접근하는 것을 말이나 행실을 통해서 전혀 보이지 않으셨을 것이라고 말입니다.

예수님께서 만드신 포도주는 이러한 종류였을 것입니다. 곧, 세상에서 그것을 마시는 것을 가지고 말할 사람이 전혀 없을 정도로 순한 것일 겁니다. 그 포도주는 어느 누구에게도 해를 끼치지 않았을 것임에 분명합니다. 그렇지 않았다면 우리의 사랑하는 구주 예수님이 그 포도주를 만드시지 않으셨을 것입니다.

어떤 이는 포도주의 양에 대해 의문을 제기합니다. 제가 생각하기로는 아마 120갤런쯤이나 그보다 조금 더 많았든지 할 것입니다. 어떤 이는 "그들은 그렇게 많은 포도주를 원하지 않았었다. 그저 가장 약한 유의 포도주를 주었다 할지라도 아주 좋은 대우를 받는다고 생각하였을 것이다"라고 말합니다. 그러나 여러분은 여기서 보통의 혼인 잔치를 생각하고 있는 것이지요. 거기 그 혼인 잔치가 응접실에 그저 10명, 아니면 12명이나, 20여 명이 함께 모여 있었던 잔치였나요? 그것은 동방의 혼인 잔치와는 전혀 다른 것입니다. 혼인 잔치가 그저 갈릴리 가나와 같은 마을에 국한된 일이기는 하지만, 모든 이가 먹고 마시러 왔습니다. 그래서 그 잔치는 한 주간이나 두 주간 정도의 기간 동안 계속되었습니다. 수백 명의 사람들을 먹여야 할 판입니다. 아예 그 혼인 잔치를 하는 집의 문을 열어 놓기도 하였습니다. 그 잔칫집에 들어오는 이는 아무도 거절당하지 않았습니다. 그래서 거기에는 음식이 아주 많아야 했습니다.

그 밖에도 그들은 즉시 그 포도주를 다 소비하지는 못했을 것입니다. 주님께서 떡과 물고기를 통해서 오천 명을 먹이실 때 그들은 즉시 그 떡과 고기를 먹어야 했습니다. 아니면 그 떡은 금방 곰팡이가 나고, 고기도 역한 냄새가 났을 것입니다. 그러나 포도주는 저장해 놓았다가 여러 달 후에도 사용할 수 있었습니다.

저는 예수님께서 만드신 포도주는 사용하기 위해 간수해 놓아도 족할 만한 포도주였다고 확신하는 바입니다. 그리고 그 가족들이 포도주를 저장할 것을 금방 세우지 않았습니까? 그 집은 부잣집이 아니었습니다. 그 가정에서는 원하면 팔 수도 있었을 것입니다. 어쨌든 간에 그것은 제가 다룰 설교의 주제는 아닙니다. 저는 냉수의 문제를 접어두고 뜨거운 물로 들어가는 일을 하지 않으려 합니다. 저는 모든 형태의 알코올을 마시는 것을 삼가고 있습니다. 저는 다른 이들도 그렇게 하는 것이 지혜로울 것이라고 생각합니다. 그러나 이 경우에 있어서 각자 자기 자신의 경우에 맞게 결정해야 할 것입니다.

예수 그리스도께서는 복음 시대를 복수(復)의 이적으로 시작하지 않으셨습니다. 모세의 경우에는 그 이적이 복수의 이적의 양상(樣相)을 띠고 있었습니다. 물을 변화시켜 피가 되게 하는 이적으로 시작하였기 때문입니다. 그러나 예수님께서는 자유하게 하는 이적을 통해서 당신의 복음 시대를 시작하신 것입니다. 물을 변화시켜 포도주가 되게 하셨기 때문입니다. 그는 필요한 것만큼만 주지 않으시고 넘치도록 주셨습니다. 이 점은 그의 은혜의 나라에 있어서 매우 의미심장한 것입니다. 하나님의 은혜의 나라에서는 죄인들에게 구원만 주시는 것으로 만족하지 않습니다. 풍성하게 주시되 은혜 위에 은혜로 주시는 언약의 선물들은 인색하거나 모자람이 없습니다. 양이나 질에 있어서도 모자라지 않습니다. 주께서는 사람들에게 생명수를 주시되 마시고 힘을 얻게 하는 정도로만 주시는 분이 아닙니다. 잔이나 병의 숫자를 세지 않고 그저 풍성하게 주는 왕과 같이 주시는 것입니다. 거기 만드신 그 120여 갤런의 포도주는, 가장 궁핍한 영혼들에게 그의 풍성하신 은혜의 마음으로 값없이 주시기를 기뻐하사 베푸신 사랑과 긍휼의 강물에 비하면 정말 얼마나 적은 것에 지나지 않습니까!

여러분은 포도주 문제에 대하여 말끔히 잊어도 무방합니다. 그 포도주가 좋든 나쁘든 간에 그것이 문제가 아닙니다. 저는 그 문제에 우리가 덜 연연할수록 좋다고 확신합니다.

자, 지금 우리는 우리 주님의 자비하심에 대하여 생각합시다. 포도주는 그의 은혜를 모형적으로 나타내는 상징, 또한 값없이 풍성하게 베푸시는 그의 은혜의 풍성함의 모형임을 알아야 할 것입니다.

자, 이 이적에 대하여 얼마나 단순하고 순순하게 처신하셨는지에 주목하는 것이 좋습니다. 어떤 이는 아마 이러한 기대를 하였을지도 모릅니다. 위대하신

만유의 주님께서 여기 인간의 모습으로 오셨을 때에 서기관들과 바리새인들을 소환하여 놓고 그의 이적적인 생애를 시작하였을 거라고 말입니다. 만일 세상의 모든 임금들과 왕자들을 다 불러 모아 놓고 하지는 않으셔도, 적어도 서기관과 바리새인들은 초청하여 그들로 하여금 보게 하실 만도 한데 하는 생각이 난다는 것입니다. 그래서 그의 부르심의 표시를 보게 하고, 그의 사명의 보증들이 무엇인지를 알게 하실 수도 있었다는 것입니다. 그 모든 이들을 모아 놓고 그들 앞에서 어떤 이적을 행하셨으면 그들은 예수님을 메시야로 확신하였을 것이 아닙니까. 모세와 아론은 바로 앞에서 그리했는데 말입니다. 그러나 주님께서는 그와 같은 일을 하지 않으셨습니다. 그저 가난한 자들 중에서 행해지는 조촐한 혼인 자리에 가서서 거기서 가장 단순하고 가장 자연스러운 방식으로 당신의 영광을 드러내신 것입니다. 물이 포도주로 변하게 될 때, 처음 이적으로 그 일을 행하려 하실 때에, 그 잔치의 연회장을 부르거나 신랑을 부르거나 거기 있는 특별한 손님을 불러 놓고 "너희에게 포도주가 떨어진 것을 분명하게 알게 되었다. 나는 이제 너희 앞에서 대단히 큰 기사를 보여주겠다. 물이 변하여 포도주가 되게 하는 이적이다"라고 말씀하지 않으셨습니다. 그는 종들과 함께 아주 조용하게 행하셨습니다.

그는 거기 하인들에게 물항아리를 채우라고 말씀하십니다. 그는 거기에 몸을 정결하게 하기 위하여 있는 용기를 사용하신 것입니다. 그는 어떤 새로운 그릇을 준비하라고 하지 않으셨습니다. 거기에 있던 것을 사용하십니다. 어떤 호들갑이나 퍼레이드를 벌이지도 않으셨습니다. 그는 또한 물을 사용하십니다. 물이라면 거기에 아주 넘치게 있는 것이었습니다. 이렇게 말해도 좋을지 모르겠지만 그는 가장 자연스럽고 가장 상식적인 스타일로 이적을 행하신 것입니다. 바로 그것이 예수님의 스타일입니다.

자, 만일 그것이 로마 교회 사람들이 행하는 이적이었다면 매우 신비롭고, 많은 이들이 보게 하는, 깜짝 놀라게 하는 방식으로 많은 장비를 동원하여 행하였을 것입니다. 그러나 예수님께서 행하신 그 이적은 순전한 이적이었고, 할 수 있는 한 초자연적인 일을 하시되 자연이 함께 갈 수 있는 최대한의 한계까지 함께 가게 하셨던 것입니다. 예수님께서는 물항아리를 비우지 않으시고 포도주로 그 항아리를 채우신 것입니다. 그러나 그는 자연의 법칙이 갈 수 있는 데까지는 최대한 가시려 하셨습니다. 그래서 물을 사용하시어 포도주로 만드신 것입니다.

그래서 거기서 그는 매일 작용하고 있는 당신의 섭리의 과정을 따르신 것입니다.

물이 하늘에서 떨어져 땅으로 스며들어 포도나무의 뿌리에까지 미치게 되고 아주 불그스레한 즙이 가득 찬 포도송이가 나게 하는 것입니다. 포도주가 생산되는 것은 물을 통해서입니다. 포도주가 포도송이에서 나오는 즙으로 만들어지는 것과 물로 포도주를 만드는 것 사이에는 그 한 가지 차이만 있을 뿐입니다.

우리 주님께서는 어떤 외인들에게 그것을 하라고 요구하지 않으시고 거기 일하는 하인들을 불러서 보통 물을 가져오라고 하셨던 것입니다. 그들이 그 물을 떠다가 주었거나, 그들의 눈에는 물로 보이는 것을 떠다가 주고 나서, 그 물이 포도주로 변하게 된 것을 알게 되었던 것입니다.

자, 여러분이 예수 그리스도를 섬기려 할 때마다 그것을 떠벌려 자랑하지 말아야 합니다. 예수님께서는 당신이 행하실 일을 하실 때에 떠벌리신 적이 전혀 없으셨으니 말입니다. 심지어 기이한 일을 행하실 때에도 그리하지 않으셨습니다. 만일 여러분이 좋은 일을 하고 싶거든 가서 할 수 있는 한 자연스럽게 하십시오. 단순한 생각과 단순한 마음을 먹고 하십시오. 그저 혼자만 알고서 말입니다. 경건의 일을 행할 때에도 호언장담하며 하늘로 가고 있는 듯이 하지 마십시오. 여러분 자신의 발로 걸어서 조용히 여러분의 집 앞에 당도하여 집안의 난로 옆으로 가기까지 경건에 대하여 떠벌리지 마십시오. 만일 여러분이 큰 일을 행할 것이면, 그저 일을 단순하게 하십시오. 그것은 바로 고상함에 아주 가까운 것입니다. 장식이 달리고 허식이 붙으면 작고 유치한 것이 되는 것입니다. 단순하게 자연스러운 것이 아니면 진정한 아름다움이 없는 법입니다. 구주의 이 이적에는 그러한 단순함의 아름다움이 있었습니다.

저는 서론으로 이 모든 요점들을 먼저 지적하였습니다. 이제 저는 "이 본문에 숨어 있는 원리들"을 그려내고, 둘째로는 그 원리들을 여러분 앞에 제시해 보려고 합니다. 그래서 어떻게 그 원리들을 "우리의 삶에 적용시켜 이행하여" 나갈 것인지에 대하여 보여주고 싶습니다.

1. 본문에 숨어 있는 원리들

"예수께서 그들에게 이르시되 항아리에 물을 채우라 하신즉." 우리 주님의 행동의 순서 중에 숨어 있는 원리들이 무엇인지 알아봅시다.

첫째, 하나의 원칙으로 그리스도께서 복을 베푸시려 하실 때 명령을 내리신다는 사실을 지적하렵니다. 여러분의 기억력을 되살려 보면 순간적으로 그 사실이 금방 확증될 것입니다. 언제나 그런 것은 아닙니다. 그러나 보편적인 원칙으로는 능력의 말씀보다 앞서 명령의 말씀이 발해집니다. 아니면 능력의 말씀과 함께 명령의 말씀이 나오듯이 말입니다. 그분이 이제 포도주를 주려 하십니다. 그러나 우리 주님께서는 "포도주가 될지어다"라고 말씀하지 않으시고, 먼저 사람들에게 명하시는 일을 말씀하십니다. ─ "항아리에 물을 채우라."

여기에 한 눈먼 사람이 있습니다. 그리스도께서 그 사람으로 하여금 보게 하려 하십니다. 주님이 진흙을 이겨서 그의 눈에 바르십니다. 그리고 "실로암 못에 가서 씻으라"고 하십니다. 손을 펼 수 없는 이가 있었습니다. 그리스도께서 그것을 회복시키시려 하십니다. 그래서 "네 손을 펴라"고 말씀하셨습니다. 아주 합당하게 보이지 않는 여러 경우에서도 그러한 원칙이 통용되었습니다. 죽은 아이의 경우에도, "소녀야 일어나라"고 하셨습니다. 또한 나사로의 경우에는 죽은 지 나흘이 되어 냄새가 났습니다. 그런데도 "나사로야 나오라"고 하셨습니다. 그와 같이 예수님께서는 명령으로 선을 베푸십니다. 복음의 은택은 복음의 훈계와 함께 오는 것입니다.

여러분은 이적들에서 보여진 이 원리가 그의 신적인 은혜의 기사들 속에서 보이는 것이 이상하게 느껴집니까? 여기에 구원받아야 하는 죄인이 있습니다. 그리스도께서 무어라고 말씀하셨습니까? "주 예수를 믿으라 그리하면 너와 네 집이 구원을 받으리라."

스스로 믿을 수 있나요? 죄 가운데서 죽어 있지 않습니까? 형제들이여, 그러한 질문을 던지지 말고, 오히려 예수 그리스도께서는 사람들에게 믿으라 명하셨고, 그의 제자들에게 "회개하라 천국이 가까이 왔느니라"고 외치도록 명하신 것을 아시기 바랍니다. "알지 못하던 시대에는 하나님이 간과하셨거니와 이제는 어디든지 사람에게 다 명하사 회개하라 하셨으니"(행 17:30).

주께서는 우리더러 가서 이 말씀 ─ "주 예수 그리스도를 믿으라 그리하면 네가 구원을 얻으리라" ─ 을 전파하라고 하십니다. 왜 그렇게 명하십니까? 그렇게 하시는 것이 주의 뜻입니다. 그리고 스스로 자신을 그리스도의 제자라고 하는 이는 그 말만 해도 충분히 이해해야 합니다. 옛날에도 그러하였습니다. 죽은 나라를 다루실 때에도, 환상 속에서 여전히 그러한 방식을 보여주셨습니다. 마른 뼈들이 골짜기에 널려 있습니다. 정말 많은 마른 뼈들이 말입니다. 에스겔을 보내사 그들에게 예언하라 하셨습니다. 선지자가 무어라 했습니까? "오, 너희 마른 뼈들아 여호와의 말씀을 들을지어다." 그들을 살리는 주님의 방식이 그러하지요? 그러합니다. 들으라는 명령을 내리신 것입니다. 마른 뼈들이 할 수 없는 일을 하라고 하신 것입니다. 그는 마르고 힘없고 죽은 자들을 향하여 명령을 발하시고, 그 명령의 능력으로 살아나게 하시는 것입니다.

저는 여러분에게 간청합니다. 복음에 불순종하지 마십시오. 믿음은 의무입니다. 아니면 "믿음의 순종"에 대해 읽지 말아야 합니다. 예수 그리스도께서 복을 주시려 하실 때에 그의 왕적인 명을 발하심으로써 사람들의 순종에 도전하십니다. 우리가 회심하지 않는 이들로부터 신자들에게로 넘어갈 때에도 여전히 문제는 동일합니다. 하나님께서 당신의 백성들에게 복을 주시려 하시고, 복되게 하시려 하실 때에, 그들에게 명령을 발하시는 방식을 통해서 그리하십니다. 우리는 주님께서 일어나셔서 주님의 팔을 우리에게 보여주십사고 기도해 왔습니다. 주님의 대답은 "일어나라. 일어나라 오, 시온이여!"입니다.

우리가, 세상이 주님의 발 앞에 부복(俯伏)하게 하여 주십사고 기도하면 주님의 응답은 이러합니다. "하늘과 땅의 모든 권세를 내게 주셨으니 그러므로 너희는 가서 모든 민족을 제자로 삼아 아버지와 아들과 성령의 이름으로 세례를 베풀고 내가 너희에게 분부한 모든 것을 가르쳐 지키게 하라"(마 28:18-20).

명령은 우리에게 있어서 축복의 수레입니다. 만일 우리가 회심자들이 늘어나는 복을 받고, 교회들을 세우려 한다면, 그리스도께서 우리에게 은혜를 주셔야 합니다. 그것은 전적으로 그의 은사입니다. 물로 포도주를 만드신 것이 바로 주님의 선물이듯이 말입니다. 그러나 무엇보다 먼저 주님께서 우리에게 하시는 말씀은 "너희는 가서 내 구원을 땅끝까지 선포하라"는 것입니다. 그처럼 우리는 물항아리에 물을 가득 채워야 하는 것입니다. 만일 우리가 그의 명령에 순종한다면, 우리는 주께서 어떻게 일하시는지 보게 될 것입니다. 그가 우리와 얼마나 능하게 함께 계시며 우리의 기도가 어떻게 응답되는지를 보게 될 것입니다. 그것이 바로 제가 여기서 발견하는 제일의 원리입니다. 곧 그리스도께서는 당신이 복 주실 이들에게 명령을 발하신다는 것입니다.

둘째로, 그리스도의 명령들은 복종할 것이지 의심할 것이 아니라는 점입니다. 사람들은 포도주를 원하였습니다. 그리스도께서 말씀하십니다. "항아리에 물을 채우라." 만일 그 하인들이 현대의 비평가들의 정신을 가지고 있었다면 아마 우리 주님을 뚫어지게 바라보면서 대담하게 반론을 폈을 것입니다. "우리는 물이 필요한 것이 아닙니다. 이 잔치는 몸을 정결하게 하려는 잔치가 아닙니다. 이 잔치는 혼인 잔치입니다. 우리는 혼인 잔치에서 물을 요구하지는 않습니다. 회당에 갈 때나 성전에 갈 때 물을 원합니다. 그것은 우리의 관례를 따라서 우리 손을 씻기 위함입니다. 그러나 지금은 물이 필요한 것이 아닙니다. 지금 이 시간 우리의 사정에 꼭 필요한 것은 '포도주'입니다." 그와 같이 의문을 가지거나 흠을 잡으려고 하는 일을 하지 말고 곧바로 그가 명하시는 대로 행해야 합니다.

때때로 그리스도의 명령이 현재의 필요한 상황에 전혀 어울리지 않게 보이는 경우도 있습니다. 예를 들어서, 죄인이 "주여, 나를 구원하소서. 내 속의 내 죄를 이기게 해주세요"라고 말합니다. 우리 주님께서는 "믿으라"고 하십니다. 그러나 죄인은 예수님을 믿는 것이 어떻게 성가시게 하는 죄를 제압하게 할 능력을 주는지 알 수가 없습니다. 언뜻 보기에는 구주를 단순하게 믿고 신뢰하는 것과 악한 성질을 죽이는 것이나 악한 습관, 곧 성을 잘 내거나 정욕이나 탐심이나 거짓말 같은 악한 버릇을 제거하는 일 사이에 어떤 연관이 있는 것 같지가 않아 보입니다. 그러나 거기에는 연관이 있는 것입니다. 여러분이 그 관계를 알든 모르든 간에 여러분이 할 일은 "어째서 그리해야 합니까?"라고 의문을 던지는 것이 아니라, 예수께서 하라고 명하신 대로 하는 것입니다. 긍휼어린 이적이 바로 그 명령의 방식으로 행해질 것이기 때문입니다. "항아리에 물을 채우라." 그대들이 원하는 것이 포도주일지라도 말입니다.

사람들은 알지 못하지만 그리스도께서는 물과 포도주 사이의 연관을 보십니다. 그리스도께서는 물로 항아리를 채우라고 명하신 이유가 있습니다. 그러나 사람들은 모릅니다. 여러분은 대번에 예수님께서 행하라고 하신 것을 해야 합니다. 그가 명하셨으니 해야 하는 것입니다. 그제야 여러분은 그의 계명들이 무거운 것이 아니라는 것을 알게 될 것입니다. 계명들을 지키는 것에는 큰 상급이 있습니다. 때로는 이 명령들이 하찮아 보일 수도 있습니다. 마치 주님께서 우리를 가지고 노시는 것같이 보일 수도 있습니다. 지금 그 가족들은 포도주가 필요합니다. 예수님께서는 "항아리에 물을 채우라"고 하십니다. 그 하인들은 그 말씀을 듣고 이렇게 불만을 가질 수도 있었습니다. "이분이 분명 우리를 가지고 장난을 치고 있는 것이 분명하다. 아니, 우리가 이 가난한 사람들의 친구들에게 돌아다니면서 또다른 포도주 부대가 있는지 알아보고 그들더러 좀 포도주를 달라는 편이 낫겠다. 그런데 이분은 우리더러 항아리를 채울 물을 떠오라고 하니 이상하다. 물이 아직도 그 항아리에 많은데 거기에 또 물을 더 부어 채우라고 하니 어린아이들의 장난이 아니면 무어냐?'

형제들이여, 때로는 의무를 행하는 것이 마치 바람직한 결과에 이르지 못할 것같이 보일 수도 있다는 것을 압니다. 우리는 무언가 많은 일을 하기를 원합니다. 무언가 많은 일이 잘못되어 있다고 생각해서 말입니다. 우리가 보기에는 우리의 꾀대로 쉽게 일을 하였으면 더 나을 뻔했다는 생각이 들 때도 있습니다. 그래서 우리는 명령 받은 것과는 달리 행하고, 금지된 경로를 동경하게 됩니다.

저는 알고 있습니다. 많은 양심들이 예수님을 단순하게 믿는 것이 너무나 적은 일이라고 생각하고 있는 것을 말입니다. 속임수에 속한 마음은 더욱 효과적으로 보이는 경로를 제안합니다. "어느 정도의 고행을 하라. 무언가 비통함을 느껴라. 어느 정도의 눈물을 가지도록 울라. 마음을 괴롭게 하라. 아니면 마음을 부서지게 하라." 육신적인 자아는 그러한 것으로 부르짖습니다.

예수님께서는 단순하게 명하십니다. "믿으라." 그 말씀대로 하는 것이 너무나 작아 보입니다. 마치 예수 그리스도를 믿어서는 영생이 주어지지 않을 것 같은 생각이 드는 것입니다. 그러나 우리가 여러분에게 가르치고 싶은 원리가 바로 이것입니다. 예수 그리스도께서는 어떤 복을 주시려 하실 때에 우리가 의문시해서는 안 된다는 명령을 발하십니다. 그 명하심에 온전하게 복종해야 하는 것입니다. 만일 여러분이 믿지 않을 것이면 여러분은 견고하게 세워지지 못하는 것입니다. 그러나 만일 여러분이 기꺼이 순종하게 되면 여러분은 땅의 좋은 것으로 먹을 것입니다. "무슨 말씀을 하시든지 그대로 하라."

세 번째 원리는 이러합니다. 우리가 그리스도께로부터 어떤 명령을 받게 될 때마다 열심히 그 명령을 수행해 나가려고 애를 쓰는 것이 항상 지혜입니다. 그는 "항아리에 물을 채우라"고 하셨습니다. 그들이 '아귀까지' 물을 채웠습니다. 여러분이 아시다시피 항아리에 물을 채우는 방법이 하나 있습니다. 그러나 다른 방식도 있습니다. 항아리가 가득 찼습니다. 더 이상 부을 자리가 없습니다. 그러나 여전히 물이 흘러넘치기까지 물을 채워 넣을 수 있습니다. 액체는 마치 작은 수정 폭포에서 떨어져 내려야 하는 물 같이 두려워 떨고 있는 모습을 보입니다. 아주 가득 채웠습니다. 그리스도의 명하심을 성취함에 있어서 더 이상 할 수 없을 정도까지 넘치도록 순종해야 합니다. 우리는 아귀까지 채워질 정도로 순종해야 합니다. "믿으라"고 하시면 우리는 온 힘을 다해서 믿어야 합니다. 온 마음으로 그를 신뢰하여야 합니다. 만일 "복음을 전파하라"고 하면 때를 얻든지 못 얻든지 간에 전파해야 합니다. 복음을 전하되 전체 복음을 전해야 합니다.

아귀까지 채워야 합니다. 사람들에게 반쪽 복음만 전해서는 안 됩니다. 흘러넘치는 복음을 주어야 합니다. 그 그릇들의 아귀까지 채워야 합니다. 만일 여러분이 회개하려고 하면 마음 깊이 회개하되 그 아귀까지 채우는 식으로 회개하여야 합니다. 만일 여러분이 믿고자 하면 깊고 절대적인 의뢰심을 가지고 믿음의 아귀까지 채울 수 있게 구해야 합니다. 만일 여러분이 복을 위하여 성경을 탐구하려면 끝에서 끝까지 찾아야 합니다. 성경 읽는 것을 아귀까지 채워야 합니다. 그리스도의 명하심은 결코 마음이 반밖에 없는 식으로 되어서는 안 되는 것입니다. 우리는 우리 영혼 전체를 드려 주님께서 명하시는 대로 행합시다. 우리가 아직 주님께서 우리에게 그 일을 하라고 명하신 이유를 전혀 알 수 없을 때에도 그리해야 하는 것입니다. 그리스도의 명령은 열심을 다해서 행할 것이고, 할 수만 있으면 그 명령을 최후의 순간까지 지켜야 하는 것입니다.

네 번째 원리는, 우리가 그리스도께 간절하게 순종하는 행동은 우리가 그를 온전하게 신뢰하는 것과 반대되지 않고, 도리어 필요한 일입니다.

저는 이제 그 점을 여러분에게 보여주려고 합니다. 제가 알고 있는 형제들이 있는데, 그들이 이렇게 말하였습니다. "자, 여기 보세요! 목사님이 부흥회라고 부르는 것을 붙잡고 있어요. 그리고 간절함과 흥분어린 연설을 통해서 사람들을 일깨우려고 애를 쓰고 있군요. 목사님께서는 하나님께서 당신 자신의 일을 하실 것을 알지 못하나요? 이러한 노력들은 결국 하나님의 손에서 일을 빼앗아 버리려고 노력하는 것에 불과합니다. 올바른 방식은 그를 신뢰하는 것이고, 아무것도 하지 않는 것입니다."

형제여, 좋습니다. 우리는 그렇게 말하는 당신의 말이 일리가 있다고 봅니다. "그를 믿고 아무것도 하지 말라니" 말입니다. 저는 그대가 그리스도를 믿고 있는 것을 확신하지 못할 자유를 가지고 있습니다. 만일 그대가 누구인가를 기억하고 제가 그대의 집에 갔었던 일을 기억한다면, 그대는 정말 비참해질 것이고, 절망에 겨워할 것입니다. 내가 아는 불신앙적인 사람이 바로 그대이기 때문입니다. 십중팔구 그대는 자신이 구원받았는지 전혀 알지 못할 것입니다.

좋습니다. 그대가 그대 자신의 믿음을 위하여 와서 부르짖는 일은 하기가 어려울 것이라고 생각합니다. 만일 그대가 놀랍게도 큰 믿음을 가지고 있다면, 그대의 믿음을 따라 그것이 그대에게 이루어질 것임을 의심하지 않을 것입니다. 그대가 올해 아무것도 하지 않음으로 말미암아 그대의 출석 교회에 얼마나 많은 이들이 가입되었나요? 아무 일도 하지 않는 그대의 복된 믿음을 인하여 복된 여러분의 교회에 얼마나 보탬이 되었습니까? 얼마나 많은 이들이 그대의 그러한 믿음으로 인하여 인도함을 받았나요? 아마도 그대는 "그렇다. 우리 교회는 매우 많은 이들이 가입하지 않았다"고 답할 것입니다.

나는 그대가 많은 이들이 그대의 교회에 들어오는 것을 싫어한다고 생각합니다. 만일 그대가 아무 일도 하지 않으면서 구속주의 나라의 확장에 대해 생각하게 되면, 그리스도께서 칭찬하실 '방식'으로 일해 가는 것이 아니라고 생각합니다. 그러나 우리는 감히 말합니다. 그리스도를 위하여 온 마음과 목숨을 다해서 일을 하고 있는 우리는 복음을 듣게 하기 위해 우리의 힘이 미치는 한에서 사람들을 인도하려고 온갖 수단을 다 동원하고 있습니다. 그런데 그대와 똑같이 성령을 떠나서는 문제의 일을 아무것도 할 수 없다고 느끼고 있습니다. 우리는 하나님을 신뢰합니다. 그대가 하나님을 신뢰하는 것만큼 하나님을 신뢰하고 있습니다. 우리의 믿음이 그대의 믿음이 하는 것보다 더 많은 결과를 거두었기 때문입니다. 일을 전혀 하지 않는 그대의 믿음은 죽어 혼자 있는 반면, 일을 하는 우리의 믿음은 결국 살아 있는 것으로 판명이 된다 할지라도 의심하지 않으려 합니다.

저는 그 경우를 이렇게 묘사하려고 할 것입니다. 예수 그리스도께서는 "항아리에 물을 채우라"고 말씀하십니다. 이렇게 가정해 봅시다. "내 주여, 저는 주께서 물 없이도 이들을 위하여 포도주를 만드실 수 있음을 믿습니다. 그리고 외람되게도 저는 물을 떠오지 않을 것입니다. 저는 하나님의 일에 전혀 간섭하지 않으려 합니다. 저는 주께서 우리의 도움을 필요로 하지 않으시다는 것을 확신하고 있습니다. 은혜로운 주님이시여, 주께서는 우리가 한 양동이의 물을 길어오지 않아도 물항아리를 가득 채우실 수 있습니다. 그래서 우리는 그 영광을 당신에게서 빼앗지 않으려 해요. 우리는 뒤로 물러서서 당신이 하시는 것을 지켜보려 해요. 포도주가 만들어질 때에 우리는 그것을 맛보며 주님의 이름을 찬미할 것입니다. 그러나 잠시 우리가 주께 한 가지만 말씀드릴 수 있도록 허락해 주세요. 양동이 통은 무거워요. 이 모든 항아리에 물을 채우려면 여러 번 퍼다 부어야 해요. 그러나 그렇게 하면 신적인 역사(役事)를 방해하는 것이 되고요. 그러니 그저 우리는 편안하게 가만히 있을게요."

그렇게 말하는 종들이 있다면 그들은 예수님을 전혀 믿지 않는 자들이라는 생각을 하지 않겠습까? 우리는 그것이 그들의 불신앙을 증명하는 것이라고 말하지는 않을 것입니다. 그러나 그런 식으로 말하면 불신앙적인 사람들로 보일 것이라고 말할 것입니다. 그러나 거기 있는 한 종이 예수님께서 "항아리에 물을 채우라"고 하시자마자 이렇게 말한 종이 있다고 생각해 봅시다. "난 대체 저분이 어찌시려고 그러는지 모르겠네. 물을 퍼다가 붓는 것과 포도주를 가져다주는 것 사이에 어떠한 연관이 있는지 나는 알지 못한다. 그러나 나는 우물로 가야 한다. 여기 있는 양동이 통들을 달라. 형제여 함께 가세. 가서 물통에 물을 채우도록 도와주게."

그들이 우물로 갔습니다. 그리고 곧장 기쁨에 차서 물을 가지고 돌아와서는 아귀에까지 찰 때까지 그 항아리에 물을 부었습니다. 제가 보기에 그들은 명령에 순종하는 믿는 종들로 보입니다. 하지만 그 명하심을 이해하지는 못합니다. 그러나 어찌되었든 간에 예수 그리스도께서는 당신의 이적을 행하실 방식을 알고 계시다는 기대감에 차 있는 사람들 같이 보인다는 것입니다.

사랑하는 친구 여러분, 우리가 간절하게 애쓴다고 해서 주님을 방해하는 것이 아닙니다. 천만의 말씀입니다. 만일 주께서 하라고 하시는 대로 그를 위하여 일하고, 온전한 믿음으로 그분만 의뢰하면, 우리가 그를 믿는 것을 증거하고 있는 셈입니다.

제가 같은 강세(强勢)로 강조할 다섯 번째 원리는, 우리의 행동만으로는 충분하지 않다라는 것입니다. 우리는 그 점을 알고 있습니다. 그러나 저는 여러분에게 다시 그 요점을 상기시켜 드리려 합니다. 여기에 이러한 물항아리가 있고 물통들이 있고 수조통들이 있습니다. 그 그릇들이 다 채워졌습니다. 더 이상 채워질 수 없습니다. 그러니 그 물을 엎질러 버리면 어떻게 되겠습니까! 그 종들이 거기에 물을 채우려고 이리 뛰고 저리 뛰고 하였음을 여러분도 아실 것입니다. 그러합니다. 이 모든 여섯 개의 물통들이 물로 가득 찼습니다. 그 모든 물통에 포도주가 있습니까? 한 방울도 없습니다. 그들이 길어 온 것은 바로 물밖에 다른 것은 없었습니다. 여전히 그 항아리에 채워져 있는 것은 물이었습니다.

그들 하인들이 잔치석에 그 물을 떠다주어야 한다는 것을 상상해 보십시오. 거기 있는 손님들이 그냥 찬물이 혼인 잔치에서 마시기에 좋은 것으로 생각하지 않을 것이라고 생각을 하니 두려워집니다. 그러나 이제 그들은 그렇게 생각하여야 합니다. 그들이 금주(禁酒) 학교에서 교육 받지 않은 것이 걸립니다. 그들은 연회장에게 "아니 당신은 아주 좋은 포도주를 주었도다. 그래 놓고 물을 가져다 주면서 잔치를 끝내자는 것이군"이라고 말할 것입니다.

저는 그러한 일이 일어나지 않았을 것을 확신합니다. 하지만 여전히 물이었습니다. 하인들이 그 항아리에 부은 것은 물 외에 다른 것이 전혀 아니었습니다. 그러니 죄인들이 할 수 있는 모든 것을 다해 보아도, 인간의 노력으로는 영혼을 구원하기 위해 유효한 어떤 노력도 할 수 없는 것입니다. 그리스도께서 능력의 말씀을 발하시기까지 말입니다. 바울이 심었고 아볼로가 물을 주었으되, 하나님께서 자라게 하기 전에는 전혀 자라지 못하였습니다. 복음을 전파하고, 영혼들과 함께 애를 써 보고, 설득하여 보고, 간청해 보고, 권하여 보기도 하지만, 예수 그리스도께서 당신의 신적인 능력을 행사하시기 전에는 여러분이 행한 그 어떤 것 속에도 능력은 없는 것입니다. 그의 이름을 찬미하리로다! 그가 오실 것입니다. 만일 우리가 물항아리에 물로 가득 채우게 될 때에 주님께서는 그것을 포도주로 변하게 하실 것입니다. 그만이 그 일을 하실 수 있습니다. 항아리에 물을 채우느라고 가장 민첩하게 움직인 종들은, 그 일을 행하실 수 있는 이는 그분밖에 없다고 가장 먼저 고백할 자들의 반열에 설 것입니다.

여기서 우리가 발견하는 마지막 원리는, 인간의 활동이 그 자체로는 소기(所基)의 목적을 이루기에 모자라지만 그럼에도 인간의 활동은 그 나름의 가치를 가지고 있으며, 하나님께서 당신의 정하심에 따라서 그 인간의 활동을 필요하게 하셨다는 사실입니다.

어째서 우리 주님께서는 이 물항아리를 물로 채우라 하셨습니까? 그 일을 하시기 위해서 그것이 필수적이었다고 말하지는 않으렵니다. 그 물 자체가 절대적으로 필요한 것은 아니었습니다. 그러나 이적이 공개되고 널리 전파되기 위하여는 그것이 필요하였던 것입니다.

예수님께서 "물항아리로 가서 포도주를 퍼다 주어라"고 하셨던 것을 생각해 보십시오. 그를 지켜보던 이들은 거기에 있던 포도주를 퍼다 주라 한 것이라고 말했을 가능성이 있습니다. 그래서 전혀 이적이 아니라고 그들은 주장하였을 것입니다. 우리 주님께서 그들에게 아귀까지 물을 채우라고 하신 것은 거기에 어떠한 포도주도 남겨져 있을 여지가 전혀 없음을 보여주시기 위한 것이었습니다. 엘리야의 경우와 마찬가지입니다. 거기 갈멜 산의 제단 위에 감추어 둔 불이 전혀 없다는 것을 증거할 양으로 바다로 가서 물을 퍼다가 제단 위와 번제물 위에 부으라 하였던 것입니다. 그래서 그 아래로 도랑이 되어 내려갈 정도로 붓게 한 것입니다. 그러한 다음에 엘리야는 "또다시 그리하라"고 말했습니다. 그들은 다시 그 일을 반복하였습니다. 그랬더니 그는 "다시 그와 똑같이 하라"고 말하였습니다. 세 번째도 그리하였습니다. 예수님께서도 속임수를 쓰셨다는 생각을 아예 하지 못하게 그리하게 하신 것입니다. 그래서 우리는 그 항아리들이 물로 채워져야 하는 것이 필요하였던 이유를 알게 된 것입니다.

또한 다른 측면에서도 그 일은 필요하였습니다. 왜냐하면 그렇게 한 것은 그 하인들에게 교훈적이었기 때문입니다. 연회장이 좋은 포도주의 맛을 보고는 그것이 어디서 났는지 알지 못하였다는 것을 여러분은 알고 계시지요? 연회장은 어디서 난 포도주였는지 알 수 없었습니다. 그러나 그의 놀라움을 보여주는 표현 속에 그의 무지가 함께 섞여 있었습니다. 그러나 본문에 기록되기를, "물 떠온 하인들은 알더라"고 하였습니다. 영혼들이 교회에서 회심하게 될 때에 많은 경우가 그와 같은 방식으로 회심합니다. 선한 사람들은 죄인들의 회심에 대하여 많은 것을 알지 못하는 것입니다. 그들은 부흥의 시기에 많은 기쁨을 느끼지 못합니다. 사실 말해서, 탕자의 형과 같이 그들은 부흥의 시기에 거친 성품의 소유자들이 교회에 인도함을 받는 것을 의심합니다. 그들은 자기들이야말로 매우 존경받을 만한 이들이라고 생각하고, 낮은 층에 속한 이들이 자기들과 함께 회중석에 앉는 것을 좋아하지 않습니다. 그들은 그들에게 가까이 가는 것에 겁을 냅니다.

그들은 진행되어 가고 있는 일에 대하여 별로 아는 것이 없습니다. "그러나 물 떠온 하인들은 알더라." 바로 그러합니다. 일을 열심히 하는 신자들은 압니다. 그들은 물항아리를 채우려고 합니다. 그들은 그것에 대하여 모든 것을 압니다. 예수님께서는 그들에게 그릇에 가득 채우라고 명하셨습니다. 물을 떠온 이들이 그것이 이적이었다는 것을 알 수 있게 말입니다. 회개하는 자들의 울부짖는 소리를 들으면 여러분은 기뻐 뛸 것입니다. 새롭게 거듭난 신자가 자기의 죄가 씻겨지고 자기가 새롭게 되었다는 느낌을 가지고 그 얼굴에 희색을 띠게 되는 것을 볼 때에 정말 여러분은 참으로 기뻐 뛰게 될 것입니다.

만일 여러분이 예수 그리스도의 이적적인 능력을 알기를 원하면, 가서 이적들을 행하는 것이 아니고, 그저 항아리에 물을 가득 채우는 것과 같은 일을 하여야 합니다. 곧 그리스도인들로서 마땅히 해야 할 일상적인 일들을 하십시오. 그 의무들 자체 속에는 그 어떠한 능력도 없습니다. 그러나 예수 그리스도께서는 여러분이 행하는 일반적인 의무들을 그의 신적인 역사와 관련있게 만드시는 것입니다. 또한 그러한 일들을 하는 것이 여러분에게 교훈과 위안을 주게 될 것입니다. "물 떠온 하인들은 알더라."

제가 생각하기로 이 본문 속에 숨어 있는 원리들에 대하여 충분하게 말한 셈입니다.

2. 신적인 명령을 수행하는 방법

여러분은 제가 이 원리들을 여러분의 실제적인 목적들에 적용하는 동안 인내하시고 따라와야 합니다. "우리는 이제 이 신적인 명령 — '항아리에 물을 채우라' — 을 어떻게 이행할 것인지 알아봅시다."

첫째 여러분이 가지고 있는 여러 가지의 능력들을 그리스도를 섬기는 데 사용하십시오. 거기에 항아리가 여섯 개 있었습니다. 예수님께서는 거기에 이미 있던 것들을 사용하신 것입니다. 우물에는 물이 있었습니다. 우리 주님께서는 여전히 그것도 사용하십니다. 우리 주님께서는 당신의 백성들을 사용하시기를 잘하십니다. 그들이 가지고 있는 능력들을 사용하시어 당신의 일을 이루십니다. 천사들이나 고상한 계층에 있는 자들을 의도적으로 새롭게 만드시는 것보다 말입니다.

자, 사랑하는 형제자매 여러분, 만일 여러분이 황금의 성찬배(聖餐杯)들을 가지고 있지 않더라도 여러분의 질그릇들을 채우십시오. 만일 여러분이 여러분 자신을 은으로 만든 받침 달린 아름다운 잔으로 생각할 수 없다거나, 자신을 프랑스의 세브르 도자기에 비유할 수 없다고 할지라도, 그것은 문제가 되지 않습니다. 여러분이 가지고 있는 그릇들을 채우십시오. 만일 여러분이 엘리야의 경우와 같이 하늘로부터 불을 내리게 할 수 없고, 사도들과 같이 이적을 행할 능력이 없다면, 여러분이 할 수 있는 것을 하십시오. 여러분이 은과 금은 전혀 가지고 있지 않지만 여러분이 가지고 있는 것을 그리스도께 바치세요. 가장 평범한 은사들이라도 그리스도의 목적을 섬기는 데 드려질 수 있습니다. 예수님께서는 몇 개의 보리떡과 물고기 몇 마리를 취하사 그것으로 군중을 먹이신 것과 같이, 여섯 항아리와 물을 가지고 포도주를 만드셨습니다.

자, 그들은 자기들이 가지고 있는 것들을 잘 활용하였습니다. 물항아리들은 비어 있었습니다. 그러나 거기를 물로 채웠습니다. 여기 대학 출신의 형제들이 많습니다. 그리고 그들은 자기들의 은사와 재능을 활용하여 좋은 일을 하려고 애를 쓰고 있습니다. 사랑하는 형제들이여, 그렇게 하는 것이 잘하는 것입니다. 그러나 저는 어떤 이들이 이렇게 말하는 것도 듣습니다. "주 예수님께서는 그대의 학식을 원하지 않는다." 아닙니다. 예수님께서 물을 필요로 하셨듯이 여러분들의 학식도 그것에 못지않게 필요로 하시는 것입니다. 그러나 예수님께서는 여러분의 바보스러움과 여러분의 무지는 원하지 않으시며, 여러분의 거칠고 교양 없는 말투도 원하지 않으십니다. 주님께서는 이 본문의 경우에서 물 항아리들을 비우라 하지 않으셨습니다. 오히려 거기에다 물로 가득 채우라 하셨습니다. 그래서 하인들이 거기에 물을 부어 채운 것은 잘한 것입니다. 오늘날 우리 주님께서는 당신의 사역자들이 텅 빈 머리나 텅 빈 마음을 가지고 있는 것을 원하지 않으십니다. 그러니 내 형제들이여, 여러분의 물항아리를 물로 가득 채워야 합니다. 열심히 일하시고, 열심히 공부하시고, 할 수 있는 한, 모든 것을 배우십시오. 그래서 물항아리들을 물로 채우십시오.

어떤 이는 이렇게 말할 것입니다. "그러나 사람들을 회심하게 하는데 있어서 그러한 연구들이 무슨 소용이 있는가? 회심이란 포도주와 같은 것이다. 이 젊은이들이 배우게 될 모든 것은 그저 물과 같은 것이다." 그러합니다. 그러나 여전히 저는 이 학생들에게 물항아리들을 물로 가득 채우며, 주 예수님께서 그 물을 포도주로 변하게 하시는 것을 기대하라고 명하는 바입니다. 주님께서는 인간의 지식을 거룩하게 하시어 예수 그리스도를 아는 지식을 선양(宣揚)하는 데 유용하게 하실 수 있습니다. 저는 무지와 조잡한 것들이 그리스도의 나라에 도움이 된다는 헛된 꿈을 꾸었던 시대가 지나갔기를 바랍니다. 위대한 선생이신 그리스도는 당신의 백성들에게 그들이 알 수 있는 모든 것을 알게 하실 것입니다. 특히 자신과 성경을 알게 하시어 그들로 하여금 당신을 나타내고 당신의 복음을 선포하게 만드시는 것입니다. "항아리에 물을 채우라."

둘째, 이 원리를 또 이렇게도 적용할 수 있습니다. 곧 하나님께서 정하신 복의 수단으로 사용할 수 있다는 것입니다. 그러한 수단들이 무엇입니까? 성경을 읽는 것입니다. "성경을 상고(詳考)하라." 여러분이 할 수 있는 한 성경을 상고하시기 바랍니다. 성경을 이해하려고 하시기 바랍니다. "그러나 내가 성경을 알게 됨으로써 내가 구원을 받게 될 것이다." 아닙니다. 그리스도를 성령님으로 말미암아 알아야 합니다. 그럼에도 "항아리에 물을 채우라"입니다. 여러분이 성경을 연구하면서 구주께서 당신의 말씀을 복되게 하사 물이 포도주로 변하게 하시기를 기대하십시오. 또한 은혜의 방편들에 참여하는 것이 좋습니다. 복음의 말씀 사역을 청종하십시오. 물로 항아리를 채울 것을 명심하십시오. "그러나 나는 천 번도 더 설교를 들었지만 아직도 구원을 받지 못했는데요"라고 하는 이들이 있습니다. 저도 그 사실을 알고 있습니다. 그러나 여러분의 일은 물로 항아리를 가득 채우는 것입니다. 그러면 여러분이 복음을 청종하고 있는 동안에 하나님께서 그것을 복되게 하실 것입니다. "믿음은 들음에서 나며 들음은 그리스도의 말씀으로 말미암았느니라"(롬 10:17).

하나님께서 정하여 주신 방편들을 사용해야 함을 유념하셔야 합니다. 우리 주님께서 말씀을 설교하는 것을 통해서 사람들을 구원하시려고 정하셨으니, 끊임없이 당신의 복음을 설교할 자들을 일으키사 때를 얻든지 못 얻든지 길에서나 문 안에서나 항상 전파하게 하시기를 기도합니다. "그러나 그들은 우리가 설교하는 것으로 인하여 구원받지 못할 것입니다." 물론 그러할 수 있음을 알고 있습니다. 설교는 물입니다. 우리가 설교하고 있는 동안에 하나님이 그것을 복되게 하시어, 물을 포도주로 변하게 하실 것입니다.

우리는 신앙 서적이나 읽을거리들을 반포합시다. "오, 그러나 그러한 것들을 읽음으로 사람들이 구원받지는 못할 것입니다." 정말 그렇게 해서 구원 받기란 쉽지 않습니다. 그러나 그들이 그러한 책들을 읽는 동안에 하나님께서는 당신의 진리를 기억나게 하시고 그들의 마음에 인상 깊이 새겨 주실 것입니다. "항아리에 물을 채우라." 읽을거리들을 대량으로 반포하세요. 신앙적인 문서들을 어느 곳에서고 뿌리세요. "항아리에 물을 채우라." 그러면 주님께서는 그 물을 포도주로 변하게 하실 것입니다.

기도회에 참석하는 것도 좋습니다. 그 일은 얼마나 복된 은혜의 방편인지요! 기도회는 교회의 모든 일들을 위하여 능력을 이끌어 내는 것입니다. 항아리에 물로 채우시기 바랍니다. 여러분이 기도회에 참석하지 않는다고 해서 불만을 가져서 하는 말이 아닙니다. 그러나 사랑하는 여러 형제들이여, 계속 참석하세요! 여러분도 기도할 수 있습니다. 그의 이름을 찬미하시기 바랍니다. 여러분은 기도의 정신을 가지고 있습니다. 계속 기도하십시오. "항아리에 물을 채우라." 그러면 예수님께서 그 기도의 응답으로 물이 포도주가 되게 하실 것입니다.

주일학교 교사들이여, 여러분의 유용한 그 복된 방편들을 게을리하지 마십시오. "항아리에 물을 채우라." 주일학교를 위하여 힘을 다해서 일하세요. "그런데도 그들을 모아 놓고 예수님을 가르치는 것만으로는 그들이 구원받지 못해요." 누가 여러분더러 구원하라 했습니까? "항아리에 물을 채우라." 예수 그리스도께서는 그것이 포도주가 되게 하는 법을 알고 계십니다. 우리가 그의 명령에 순종하게 될 때 그는 그 일에 실패하지 않으십니다.

모든 방편들을 사용하시되, 그 방편들을 성심으로 사용하셔야 할 것을 유념하셔야 합니다. 저는 여기 본문 중에서 "채우라 하신즉 아귀까지 채우니"라고 한 부분으로 나아가려 합니다. 여러분이 주일학교에서 어린이들을 가르칠 때 그들을 잘 가르쳐야 합니다. 아귀까지 채워야 합니다.

여러분, 설교하실 때에 마치 아직도 잠에서 깨어나지 못한 사람처럼 설교하지 마세요. 분발하세요. 여러분의 그 설교 사역의 아귀까지 채우세요. 여러분이 회중들을 복음화시키려고 애를 쓸 때 온전한 마음이 아닌 그저 건성으로 해서는 안 됩니다. 마치 그들의 영혼이 구원받든지 아니 받든지 상관없다는 식으로 설교해서는 안 됩니다. 아귀까지 채워야 합니다. 있는 힘을 다해서, 하늘로부터 능력이 임할 것을 간구하면서 설교하세요. 모든 그릇의 아귀까지 채우십시오. 무엇이든지 가치 있는 것은 그것에 합당하게 행해져야 합니다.

아무리 그리스도를 섬겨도 너무 지나치게 했다 할 사람은 없는 것입니다. 어떤 예배들을 보니 그들이 너무 열심을 내더라 하는 이야기를 들은 적이 있습니다. 그러나 그리스도를 섬기는 일에 있어서 신중하기만 한다면 있는 힘을 다해서 열심을 내도 지나치지 않을 것입니다. "항아리에 물을 채우되." 아귀까지 채워야 합니다. 가서서 마음과 목숨과 힘을 다하여 선한 일을 해 나가세요.

더 나아가 이 원리를 적용하기 위하여, 여러분이 할 수 있는 모든 일을 해 놓고도 그 자체로는 큰 부족이 있다는 것을 확실하게 기억해야 합니다. 신앙적인 문서들을 배포하고, 주일학교 교육을 행하고, 설교하고, 그 모든 것이 다 잘된 것입니다. 그리고 집으로 가서도 무릎을 꿇고 기도하며 부르짖어야 합니다. "주여, 저는 명하신 대로 다 행하였나이다. 그러나 만일 주님께서 완성하시는 손길을 주지 않으시면 아무것도 한 것이 없는 것같이 됩니다. 주여, 저는 항아리를 채웠습니다. 비록 저는 물로 채울 수 있었고, 아귀까지 채울 수 있었습니다. 주여, 저의 있는 힘을 다했습니다. 저는 스스로 사람들을 얻으려고 애를 썼습니다. 그러나 제가 행한 일 그 자체로는 한 영혼도 구원받지 못하고, 한 어린이도 회심하지 못하고, 당신의 이름을 조금도 영화롭게 할 수 없나이다. 그러니 내 구주께서 이적을 행하시는 말씀을 하시옵소서. 그릇에 채워진 물이 포도주가 되게 하시옵소서. 저는 할 수 없지만 주께서는 하실 수 있나이다. 이제 저의 짐을 당신께 드리나이다."

이제 저는 그 원리를 적용하는 마지막 요점에 이르게 되었습니다. 일을 행하실 여러분의 주님을 신뢰하라는 것입니다. 여러분은 물항아리를 채우기 위해 두 가지 방식이 있음을 아실 것입니다. 이 사람들이 물을 채우라고 명령을 받지 않았고, 그들이 행한 일이 그리스도와 어떤 연관도 없었다고 상정(想定)해 봅시다. 그리고 그것이 그저 그들 자신의 상상의 일시적 기분에 지나지 않아 "이 사람들은 포도주가 없다. 그러나 만일 그들이 좋아하면 목욕을 하도록 여섯 개의 물항아리에 물을 채울까" 하고 말하였다고 가정해 봅시다. 그러한 행동 속에서는 아무런 일도 일어날 수가 없습니다. 거기에 물이 있기는 하였습니다. 이튼 학교의 학생인 한 소년이 이렇게 말하였습니다. "의식 있는 물이 그 하나님을 알아 얼굴에 부끄러운 홍조를 띤 것이다." 정말 시적인 표현이기는 합니다. 그러나 그런 식으로 말을 하려면 그 의식 있다는 물은 하인들을 보았지요. 그래서 얼굴이 빨개지지는 않았을 것입니다. 그러한 색조를 띠고 있다고 해도 그것은 그들 하인들의 얼굴이 물에 비친 것에 지나지 않습니다. 그러나 그 이상은 아무 일도 일어나지 않았습니다.

예수 그리스도께서 친히 오셔야 합니다. 오셔서 능력을 행사하사 이적을 베풀어야 합니다. 우리의 주권적인 임금이신 그분께 그러한 표현이 무엄하지 않을까 조심이 되지만, 우리 주님께서 오셔서 그 이적을 하지 않으실 수 없었던 것은 하인들에게 항아리에 물을 채우라 명하셨기 때문입니다. 만일 그러한 경우가 아니라면 주님께서는 그들을 바보로 만드셨을 것입니다. 그리고 그들 역시 돌아서서 "어째서 당신은 우리에게 그와 같은 명령을 내리십니까"라고 하였을 것입니다. 만일 우리가 물항아리에 물을 가득 채웠는데 예수님께서 우리를 통해서 일을 하지 않으셔도, 우리는 그가 명하신 대로 행할 수 있을 것입니다. 그러나 만일 우리가 그를 믿고 있다면, 저는 담대하게 그가 오실 것이라고 말할 수 있습니다. 왜냐하면 만일 주님께서 당신의 능력을 베풀지 않으시면 우리는 무섭게 넘어져 실패자들이 될 것이기 때문입니다. 그리고 우리는 슬피 우는 자들이 될 수밖에 없습니다. "나는 헛수고만 했네. 내 힘을 다 소진시켰지만 아무것도 아니게 되었어" 하면서 말입니다. 그러나 우리는 그러한 식으로 실패자들이 되지 말아야 합니다. 만일 그렇게 하면 세상은 즉시 그리스도의 명령이 헛되고 열매가 없고 형편없는 것이라고 확언할 것입니다. 또 그리스도께 순종하여도 아무런 열매를 맺지 못함이 천명(闡明)될 것입니다. 세상은 말할 것입니다. "그가 명하여 네가 항아리에 물을 채웠고, 그가 그 물을 포도주로 변하게 하실 것이라고 기대하였다. 그러나 너의 믿음은 헛된 것이다. 너의 온전한 순종이 결국 아무런 의미도 없이 되었다. 그는 섬김을 받을 만한 합당한 선생이 아니다."

우리만 손해를 보는 것이 아니라 그분 그리스도께서는 더 큰 손해를 보시는 것입니다. 당신의 영광에 상처를 받기 때문입니다. 제 입장에서는 그리스도를 위한 선한 말이 한 마디도 헛되게 될 수 있다고 믿지 않습니다. 저는 확신합니다. 그 속에 그리스도가 계신 설교가 행해지고 나서 아무런 열매도 맺지 못하는 일은 없다고 말입니다. 오늘 밤이나 내일이 아닐지라도 어떤 열매가 나타날 것입니다. 제가 한 편의 설교문을 인쇄하여 책으로 잘 만들어 내었을 때, 그것으로 인하여 여러 영혼들이 구원받았다는 기쁜 소식을 오래 전에 들었습니다. 저는 저의 설교문을 인쇄하여 책으로 내지 않고, 그냥 설교만 하였을 때에도 그 설교로 인하여 어떤 일이 올 것이라고 생각하였었습니다. 저는 그리스도를 설교하였습니다. 저는 그 설교 속에 구원하시는 그리스도의 진리를 넣었습니다. 그 씨는 죽을 수가 없는 것입니다. 만일 그것이 몇 년 간 책으로 그냥 남아 있게 될 수도 있습니다. 마치 미라 시체의 손에 쥐어 있는 밀 알갱이같이 말입니다. 그러나 그 씨는 살아 있습니다. 그리고 자라게 되고 열매를 맺을 날이 있습니다. 정말 그러합니다. 저는 한 영혼이 제가 20년 전에 파크 스트리트예배당과 엑서터 홀에서 행한 제 설교들을 통해 최근에 구원받았다는 소식을 들었습니다. 그래서 저는 하나님께서는 신실한 증거는 하나도 땅에 그냥 떨어지게 하지 않는다는 것을 느끼고 있습니다.

형제들이여, 계속 하십시오. 계속 항아리에 물을 가득 채우세요. 최선을 다

하고 나서 많은 것을 하고 있다고 믿지 마세요. 여러분의 과거의 성공을 의지하여 자축하는 일을 시작도 하지 마세요. 모든 것이 그리스도께로부터 오기 마련입니다. 그리고 앞으로도 그리스도께로부터 '올' 것입니다. 기도회에 가면서 "바울은 심고 아볼로는 물을 줄 수도 있었겠지. 그러나"라는 식으로 말해서는 안 됩니다. 그 대목은 그러한 식으로 되어 있지 않습니다. 그 정반대입니다. "바울은 심고 아볼로는 물을 주나 오직 하나님께서 자라게 하신다." 심고 물 주는 일이 바르게 되어 있는 곳에서 자라는 일이 하나님에 의해 확실하게 주어지는 것입니다. 하인들은 항아리를 채웠습니다. 구주께서 그 물을 포도주로 변하게 하셨습니다.

주여, 우리에게 은혜를 주사 당신의 명령에 순종하게 하소서. 특히 "믿으라 그리하면 살리라"는 명령에 순종하게 하는 은혜를 주옵소서. 그래서 우리가 저 위 하늘나라의 혼인 자리에서 당신을 뵈옵고, 함께 영원히 영원히 새 포도주를 마시게 될 수 있게 하옵소서. 아멘.

제
9
장

—

거듭남의 필요성

—

**"내가 네게 거듭나야 하겠다 하는 말을
놀랍게 여기지 말라." — 요 3:7**

우리의 신앙에 어떤 신비들이 있다고 해서 놀랄 필요가 없는 것은, 어느 곳에든 신비가 있기 때문입니다. 자연 속에는, 우리가 이해하지 못하는 수천 가지의 일들이 있습니다. 우리 자신의 몸에도 설명할 수 없는 신비들이 많이 있습니다. 조금이라도 생각하는 사람이라면, 심지어 어떻게 해서 음식이 우리의 살로 변하는가와 같은 단순한 문제에 대해서도, 우리로서는 어떤 화학적 과정이나 기계적 장치를 활용해서도 그렇게 하는 것이 불가능하다는 것을 압니다. 모든 인간의 삶에는 신비가 있으며, 인간의 눈으로는 들여다볼 수 없는 비밀의 방이 있습니다. 지금 이 순간에도 우리 주변은 온통 신비로 가득합니다. 우리가 이 건물 밖으로 나간다면, 우리는 니고데모처럼 바람이 부는 것을 볼 것입니다. 우리는 바람이 부는 것을 압니다. 우리가 그 소리를 듣기 때문입니다. 그러나 그것이 어디에서 오는지, 혹은 어디로 가는지에 대해서 우리는 아무것도 알지 못합니다. 자연에 신비들이 있고, 우리의 신체에도 신비들이 있고, 심지어 가장 일상적인 일에서도 우리 온 사방에 신비들이 있기 때문에, 하나님 나라에도 신비들이 있으리라는 것은 놀랄 만한 일이 아닙니다.

그러나 그리스도께서는 바람의 은유를 사용하셔서, 신비는 하나의 사실이며, 또한 그 신비는 실제적으로 설명될 수 있음을 보여주십니다. 왜냐하면, 비록 우리가 바람에 대해 모두 이해하지는 못하더라도, 그것이 불 때를 알기 때문입니다. 또한 비록 우리가 그것을 다 알지는 못해도 그것을 활용할 수 있기 때문입니다. 바람은 천년 동안이나 인간의 편익을 위해 활용되어 왔습니다. 그리고 우리가 꼭 그것을 이해해야만 그것을 활용할 수 있는 것은 아닙니다. 사람은 바람의 기원에 대해서 아무것도 모르면서도 뛰어난 선원이 될 수 있습니다. 그가 단지 어떻게 돛을 펼치고, 혹은 방향을 변경하거나, 혹은 돛을 말아서 접는 법만 이해한다면, 그는 충분히 잘 해 나갈 수 있습니다. 하나님 나라의 신비들도 마찬가지입니다. 비록 우리가 그 신비들을 이해하지 못해도, 그 신비들을 실제로 활용하는 것은 매우 단순한 문제이기 때문에, 그것을 잘 배워서 활용할 수 있습니다.

　　나는 새로운 출생의 신비에 대해 설명을 시도하려는 것이 아닙니다. 그것은 전적으로 내 능력을 벗어난 것이며, 나는 단지 그 결과들만을 설명할 수 있을 뿐입니다. 그러나 당신의 주의를 고정시키기 원하는 하나의 요점이 있습니다. 그것은 만일 당신이 구원받으려면, 반드시 이 새로운 출생을 경험해야 한다는 것입니다. "네가 거듭나야 하겠다"고 말씀하신 분은 왕 중의 왕이십니다. 이 본문은 절대적인 필요성을 언급하고 있습니다. 이 진리를 옆으로 제쳐둘 수 없는 것입니다. "네가 거듭나야 하겠다." 만일 당신이 하나님 나라에 들어가려면, 혹은 그것을 보기라도 하려면, 당신은 당신이 크게 불쾌하게 만든 하나님과 화목해야 합니다. 즉 "당신은 거듭나야 합니다."

　　그러나 거듭나는 것이 무엇인가요? 나는 하나님의 성령께서 거듭나지 못한 자에게 어떻게 역사하시어 그리스도 예수 안에서 새로운 피조물이 되게 하시는지에 대해서는 설명할 수 없다고 이미 말했습니다. 나는 그분이 일반적으로 말씀을 통해, 복음 진리의 선포를 통해 역사하시는 것을 압니다. 우리가 아는 한, 그분은 마음에 새겨진 율법을 따라 우리를 깨닫게 하심으로써 우리의 마음에 역사하십니다. 다음으로 그분은 판단력을 조종하시고, 의지에 영향을 미치시며, 감정도 바꾸십니다. 그러나 우리가 묘사할 수 있는 그 모든 것을 초월하여 그분은 어떤 놀라운 힘을 가하시는데, 그것은 여전히 가장 불가사의한 신비 중의 하나로 남아 있습니다. 설혹 우리가 그것을 얼마간 이해할 수 있다고 해도, 여전히 헤아리기 힘든 신비로 남아 있습니다. 이 힘에 의해, 너무나 놀라운 결과가 파생되어 사람이 새 사람이 됩니다. 원초적인 무의 상태로 되돌아가서 전적으로 더 높은 차원에서 다시 태어나는 것입니다. 비록 옛 본성이 전적으로 제거되지는 않았지만, 새로운 본성이 그 안에 창조되었습니다. 옛 본성은 궁극적으로 파멸될 것이지만, 처음부터 파멸되는 것은 아닙니다. 그러나 새로운 본성이 그 사람 안에서 태어나는데, 새 본성은 옛 본성이 사랑했던 것을 미워하며, 옛 본성이 미워했던 것을 사랑합니다. 새 성품은 하나님의 성품을 닮았습니다. 베드로후서에는 이토록 아름다운 문장이 있습니다. "[너희가] 신성한 성품에 참여하는 자가 되게 하려 하셨느니라"(1:4). 베드로는 그의 첫 번째 서신에서 이렇게 말했습니다. "너희가 거듭난 것은 썩어질 씨로 된 것이 아니요 썩지 아니할 씨로 된 것이니 살아 있고 항상 있는 하나님의 말씀으로 되었느니라"(벧전 1:23). 이 살아 있는 씨가 우리의 마음에 뿌려지고, 그곳에서 자라기 시작하며, "처음에는 싹이요 다음에는 이삭이요 그 다음에는 이삭에 충실한 곡식이"(마 4:28) 되는 것입니다. 새로운 출생은 그 살아 있는 씨를 영혼 속에 심는 것입니다. 그것은 우리 안에서의 새롭고, 신성하며, 불멸하는 생명의 창조입니다. 우리는 그 생명을 가져야 하며, 그렇지 않으면 하나님 나라를 보거나 들어갈 수 없습니다.

나의 주제는 거듭남의 절박한 필요성입니다. 첫째로, 나는 여러분에게 그 새로운 출생이 너무나 필요하다는 것을 보여주고 싶습니다. 둘째로, "우리 모두가 그것을 경험했는가?"를 묻고 싶습니다.

1. 새로운 출생의 절박한 필요성

첫째로, 나는 새로운 출생이 너무나도 필요하다는 것을 보이기를 원합니다.

새로운 출생의 필요성은 너무나도 명백합니다. "네가 거듭나야 하겠다"고 말씀하신 분이 예수님 자신이시며, 그분이 실수하실 리 없기 때문입니다. 우리가 그분을 전적으로 거부하려고 작정하지 않았다면, 우리는 그분을 하나님께서 보내신 오류 없는 교사(infallible Teacher)로 믿어야 합니다. 그분이 당신에게 "반드시(must) 거듭나야 한다"고 말씀하셨다면, 그 말씀에 따라, 당신이 구원받기 위해서는 "반드시" 거듭나야만 합니다. 그분은 인자하고 자비로우신 분이십니다. 그분은 인간이 질 수 없는 무거운 짐을 인간의 어깨 위에 결코 올려놓지 않으십니다. 그분은 너무나 온유하셔서 어린아이들을 무릎 주변에 불러모으셨으며, 그들을 팔로 안으셨으며, 그들을 축복하셨습니다. 만일 그분이 "너는 새

로운 출생을 경험하지 않고서도 천국에 들어갈 수 있다"고 말씀하실 수 있었더
라면, 그렇게 말씀하셨을 것이라고 나는 확신합니다. 그분이 "생명으로 인도하
는 문은 좁고 길이 협착하다"(마 7:14)고 하신 것은 진리만을 말씀하셔야 했기
때문입니다. 다른 곳에서, 그분은 이렇게 말씀하시면서 그 은혜의 문을 활짝 열
어 놓으셨습니다. "누구든지 목마르거든 내게로 와서 마시라"(요 7:37). 그분의
최종적인 복음의 초청은 이것입니다. "원하는 자는 값없이 생명수를 받으라"
(계 22:17). 이 본문의 말씀이 더욱 엄숙한 이유는, 그것이 어느 한 영혼이라도
영원한 행복에서 제외시키고 싶어하지 않는 분의 입에서 떨어진 말씀이기 때문
입니다. 부드럽고, 온유하시며, 인자하신 그리스도께서 "네가 거듭나야 하겠다"
고 말씀하셨으며, 그리하여 거듭나지 않은 자는 천국 문으로 들어가지 못하도
록 빗장을 걸어 잠그신 것입니다.

거듭남의 필요성은 보편적입니다. 왜냐하면, 만일 가능하다면, 새로운 출생을
면제해도 될 만한 부류의 한 사람에게 그리스도께서 이 말씀을 하셨기 때문입
니다. 니고데모는 진지하게 진리를 알고자 했으며, 구원의 길에 대해 진실로 배
우기를 원했던 사람이었습니다. 그가 그리스도에게 온 것은 그분의 말씀에서
흠을 잡고자 하는 불미스러운 의도로 온 것이 아닙니다. 오히려 그는 하나님이
보내신 선생(God-sent Teacher)이 그에게 들려주는 말씀에서 간절하게 배우기
를 원했습니다(2절). 그러나 거듭나지 않으면, 니고데모는 하나님 나라에 들어
갈 수 없습니다. 세상에서 가장 진지하게 진리를 찾는 구도자 역시 마찬가지입
니다. 정직하고 솔직한 마음을 가진다는 것은 매우 훌륭하지만, 그리스도께서
는 그런 사람들에게도 이렇게 말씀하십니다. "네가 거듭나야 하겠다." 나는 설
혹 복음을 반대하더라도 정직한 사람들을 만나는 것이 즐겁습니다. 왜냐하면
종종, 복음이 그들 앞에 신실하게 제시될 때, 그들의 정직함이 그들로 하여금
복음의 주장에 수긍하도록 만들기 때문입니다. 그리스도의 처음 추종자들 중
몇 사람은 순박하고 솔직한 어부들이었으며, 그 됨됨이가 정직한 사람들이었습
니다. 하지만 그들도 거듭나야 했습니다. 아무리 선한 사람이라도, 아무리 진지
하게 진리를 찾는 사람이라도, 전 인류에게 적용되는 이 보편적인 필요성으로
부터 면제되지 않습니다. "네가 거듭나야 하겠다."

더 나아가, 니고데모는 지혜로운 사람이었습니다. 성경을 잘 배운 사람이
었습니다. 랍비가 되려면 구약 성경을 철저히 교육받아야 합니다. 의심할 바 없

이 니고데모는 그가 속한 산헤드린 공회의 다른 사람들 못지않았습니다. 그러나 비록 성경 연구가 칭찬할 만한 것이기는 하지만, 새로운 출생 없이 그 영혼을 구원하지는 못합니다. 진리로 우리를 구하는 것은 그리스도에 관한 단순한 읽기가 아니라, 우리 안에 그리스도가 계시도록 하는 것입니다. 하나님의 성령께서는 이 복된 책을 기록하셨습니다. 그러나 동일한 성령께서 그 진리들을 우리의 마음에 쓰셔야 합니다. 그렇지 않으면, 구원의 문제에 관한 한, 그 진리들은 우리에게 가치가 없습니다. 당신이 얼마나 많은 지식을 획득하든지 간에, 심지어 신학박사 학위를 얻더라도, 또한 지식을 다른 사람들에게 전달하는 기술이 얼마나 뛰어나든지 간에, 심지어 이스라엘의 선생이 된다 하더라도, 거듭나지 않고서는 그것이 당신을 천국에 들어가게 하지 못합니다.

또한, 니고데모는 지혜롭고, 천성이 착한 사람이면서, 매우 종교적이기까지 했습니다. 그는 "바리새인 중의 한 사람이자, 유대인의 지도자"였습니다(1절). 바리새인들은 특별히 종교적인 분파였습니다. 그들은 율법의 준수를 극단까지 몰고 갔습니다. 외부적 의식의 모든 상세한 부분들에 대해서도 매우 신중한 주의를 기울였습니다. 그들은 금식과 자선의 가치를 크게 신봉했고, 기도를 자주 했습니다. 그들은 그 시대의 '고교회주의자들'(High Churchmen, 교회와 국가의 일치, 국왕의 권위, 특히 주교의 권위 및 예배 의식적 요소에 '높은' 신적 권위를 주장함 — 역주)이었습니다. 하지만 가장 양심적인 바리새인을 향해서도 그리스도께서는 이렇게 말씀하셔야 했습니다. "네가 거듭나야 하겠다." 바리새인들은 박하와 회향과 근채의 십일조를 드렸으며(마 23:23), 포도주를 마시는 문제에서도 아주 엄격했거나 혹은 아예 멀리했습니다. 그러나 이 모든 것도 거듭나지 않으면 아무 소용이 없습니다. 거듭남은 모든 인류에게 해당되는 보편적인 필요성입니다. 이 본문은 행상인들이나, 술주정꾼들이나, 매춘부들이나, 죄수들에게뿐 아니라, 왕들이나, 왕자들이나, 귀족들이나 주교들에게도 똑 같이 해당됩니다. 여자에게서 난 모든 사람들 중에 이 절박한 필요성에서 제외되는 사람은 단한 사람도 없습니다. "네가 거듭나야 하겠다."

우리가 성경의 권위를 존중한다면 이 필요성은 명백합니다. 인간의 본성과 관련한 성경의 증언을 살펴보십시오. 성경은 우리에게 말합니다. "의인은 없나니 하나도 없으며, 깨닫는 자도 없고 하나님을 찾는 자도 없고, 다 치우쳐 함께 무익하게 되고 선을 행하는 자는 없나니 하나도 없도다"(롬 3:10-12). "온 머리는 병들었고 온 마음은 피곤하였으며, 발바닥에서 머리까지 성한 곳이 없이 상한 것과 터진 것과 새로 맞은 흔적뿐이라"(사 1:5-6). "만물보다 거짓되고 심히 부패한 것은 마음이라"(렘 17:9). 자, 당신이 이렇게 황폐한 상태라면, 당신이 하나님 나라에 들어가려면, "당신은 거듭나야 합니다." 당신을 고치고, 헝겊으로 깁듯이 수선하고, 당신을 개조하고, 탈바꿈을 한다고 해도, 아무 소용이 없습니다. 당신은 새롭게 창조되어야(new-created) 하며, 그렇지 않으면 다른 무엇으로도 소용이 없습니다.

> "지상의 어떤 외적인 형식들도,
> 하나님이 주신 어떤 의식들도,
> 사람의 어떤 의지나, 어떤 피나, 어떤 출생 성분도,
> 영혼을 천국에 데려다주지 못하네.
> 오직 하나님의 주권적인 뜻으로
> 우리를 은혜의 상속자들로 창조하시네.
> 그분의 아들의 형상대로 태어나야만
> 새롭고도 특별한 인류가 된다네."

복음이 인간에게 요구하는 것을 또한 기억하십시오. 인간은 복음을 들을 수 있습니다. 귀가 있기 때문입니다. 그러나 그들은 하나님의 성령이 그들의 생각과 마음을 열어 복음을 받아들이도록 하시기까지는 복음을 이해하지 못합니다. 예수님 당시의 시대와 마찬가지로 오늘날의 시대에도 사람들은 귀가 있어도 듣지 못합니다. 우리가 말하여도 그들은 이해하지 못합니다. 육적인 사람이 어떻게 영적인 일들을 받아들이겠습니까? 거듭나지 않은 마음이 복음을 이해하지 못하는 것은 말이 천문학을 이해하지 못하는 것과 다르지 않습니다. 복음은 육적인 인간의 이해력을 전적으로 초월한 것입니다. 우리가 단 하나의 비유만을 사용해도, 자연인은 그것을 문자 그대로 간주합니다. "사람이 거듭나지 아니하면 하나님 나라를 볼 수 없다"고 하면, 마치 니고데모가 그랬던 것처럼 이렇게 말합니다. "사람이 두 번씩 모태에 들어갔다가 날 수 있단 말입니까?" 그리스도께서 수가 마을의 우물에 있던 여인에게 생수에 관해 말씀하셨을 때, 그녀는 이렇게 말했습니다. "주여 그런 물을 내게 주사 목마르지도 않고 또 여기 물 길으러

오지도 않게 하옵소서"(요 4:15). 그리고 오늘날에도, 그리스도께서 성찬의 떡에 관해 "받아먹으라, 이것은 나의 몸이다"고 말씀하실 때, 육신적인 생각을 하는 사람들은 그 떡이 살로 변한다고 말합니다. 주 예수 그리스도께서 사용하셨던 가장 단순한 비유조차 영적으로 이해하지 못하는 것입니다. 영적인 일들은 영적으로라야 분별할 수 있으며, 따라서 육적인 생각으로는 그것들을 이해하지 못합니다.

복음이 마음속에 처음으로 비치기 시작할 때에 나타나는 은혜들은 전적으로 인간의 힘으로는 얻을 수 없는 것들입니다. 복음은 "회개하시오"라고 말합니다. 거듭나지 않은 사람은 자기 죄들을 사랑하며 그 죄로부터 돌이켜 회개하려고 하지 않습니다. 그는 자기 죄를 가슴 깊숙한 곳에 숨겨둡니다. 자기 본성이 바뀌기까지는, 그는 결코 혐오감과 슬픔으로 자기 죄를 바라보지 않습니다. 복음은 말합니다. "믿으시오. 당신 자신의 모든 공로와 자랑을 버리고, 예수를 믿으시오." 그러나 육적인 마음은 거만하게 이렇게 말합니다. "왜 내가 믿어야 합니까? 왜 내가 다른 이의 공로에 의해 구원을 받아야 합니까? 선한 감정이건, 훌륭한 기도이건, 혹은 어떤 선행을 해서, 나 스스로도 무언가 공적을 쌓고 싶습니다." 회개와 믿음은 거듭나지 않은 사람들에게는 싫은 일입니다. 그들은 참된 회개에서 우러나오는 한 방울의 눈물을 흘리기보다는 형식적인 기도를 천 번이라도 반복하려 합니다. 그들은 예수 그리스도에 의해 값없이 주어지는 하나님의 선물로서의 구원을 단순히 받아들이는 대신, 스스로의 노력으로 천국에 가려고 애를 쓰며, 그렇게 하기 위해서라면 마치 지옥까지도 통과하려는 태세입니다. 형제들이여, 우리는 거듭나야 합니다. 하나님의 성령이 마음에 역사하여 우리를 거듭나게 하시지 않으면, 우리는 복음의 진리도 이해할 수 없으며, 복음의 명령에 순종할 수도 없기 때문입니다.

복음의 특권들에 관하여, 예를 들자면 그리스도와의 교제에 대해, 거듭나지 않은 사람들이 어떻게 관심을 기울이겠습니까? 하나님께 다가감, 사랑받는 자로서 용납, 하나님의 가족으로의 양자됨, 그는 이런 일들에 대해서는 아무것도 모르며, 또한 그에 대해 아는 것도 바라지 않습니다. 사업에서의 형통, 가정의 행복, 이런 것만 있으면 그는 은혜로운 언약이나 주 예수 그리스도 안에서 간직된 보화들이 없이도 완벽하게 만족합니다. 그를 복음 잔치에 부르더라도 그는 오지 않을 것입니다. 무엇 때문에 와야 하는지를 모르기 때문입니다. 그를 초청하더라도, 또한 그것이 우리의 의무이지만, 그는 이렇게 말할 것입니다. "나는 소 한 겨리를 새로 샀으니 시험해 보러 농장에 가야 합니다." 혹은 "나는 막 결혼했으니 신부에게 가야 하며 그래서 갈 수가 없습니다. 양해해 주시길 바랍니다." 그는 영원한 사랑이 베풀어지는 하늘의 연회에 오는 일만 빼고는 무슨 일이든 할 것입니다. 왜냐하면, 그가 거듭나기 전에는, 복음이 그에게 제시하는 특권들을 이해하지 못하기 때문입니다.

　형제들이여, "여러분이 거듭나야 합니다." 거듭나지 않은 상태로는 천국에 들어가는 것이 불가능하기 때문입니다. 지상에서, 당신은 새로운 출생이 없이는 하나님과의 화평을 누리지 못합니다. 하나님은 육체의 본성과는 결코 화해하지 않으십니다. 그것은 더러운 것이며, 반드시 제거되어야 합니다. 옛 본성은 죽어야 하고 장사지내야 합니다. 신자들의 세례 의식은 그 위대한 진리를 우리에게 가르쳐줍니다. 그것은 육체의 불결을 제거하는 것이 아닙니다. 새 언약 속에서, 그것은 전적으로 육의 본성을 매장하는 것입니다. 그것은 그리스도와 함께 죽고 장사지내는 것으로 간주되어야 하며, 단번에 영원히 그렇게 된 것으로 간주되어야 합니다. 오, 성령께서 우리 각 사람에게 이렇게 역사하시길 바랍니다! "혈과 육은 하나님 나라를 이어받을 수 없습니다"(고전 15:50). 또한 정신적인 의미에서도, 육체의 본성은 하나님 나라를 물려받을 수 없습니다. 그것은 죽어야 하며, 부패한 것으로 간주되어 완전히 제거되어야 합니다. 우리는 그리스도 예수 안에서 새로운 피조물이 됨으로써 하늘의 생명을 소유해야만 하늘에 들어갈 수 있습니다. 사랑하는 벗들이여, 여러분은 이것이 의미하는 바를 경험적으로 알고 있습니까?

　좀 더 숙고해야 할 점은, 어떻게 해도 이 필요성에서 벗어날 수 없다는 것입니다. 나의 친애하는 청중이여, 당신은 스스로 원하는 바를 할 수 있으며, 또한 나는 당신이 당신 영혼의 구원을 진지하고 참되게 추구하고 있다고 신뢰합니다. 하지만 당신이 최선을 다했을 때에도, 당신은 거듭나야 합니다. 바로 이 시각부터 당신이 성경을 탐구하는데 일생을 바친다 해도, 당신은 거듭나야 합니다. 성경을 탐구하는 문제에 대해, 그리스도께서 하신 말씀에서 강력한 빛을 본 적이 있습니까? 정확히 읽어보십시오. 그 본문은 이렇게 말씀합니다. "너희가 성경에서 영생을 얻는 줄 생각하고 성경을 연구하거니와 이 성경이 곧 내게 대하여 증언하는 것이니라. 그러나 너희가 영생을 얻기 위하여 내게 오기를 원하지 아니하는도다"(요 5:39-40). 성경을 읽는 많은 사람들이 성경 읽기 자체로 만족하고, 그리스도께로 나아오지 않습니다. 그러나 성경 연구 자체만으로는 구원을 위해 충분하지 못합니다. "네가 거듭나야 하겠다." 지금 이 시각부터, 만일 당신이 규칙적으로 개인적인 경건 생활을 한다 해도, 그리고 지속적으로 공적인 예배에 참석한다고 해도, 여전히 이 선언은 유효합니다. "네가 거듭나야 하겠다." 당신이 구원을 받으려면, 당신은 새로운 마음과 새로운 영을 가져야 하며, 이런 것들은 당신 스스로 얻을 수 없습니다. 나무는 새로운 가지를 내지만, 그러나 스스로 그 본성을 바꾸지는 못합니다. "네가 거듭나야 하며, 위로부터 거듭나야 한다"고 주님께서 우리에게 말씀하십니다. 당신으로서는 할 수 없는 일이 당신 속에 이루어져야 하며, 그 일은 오직 성령 하나님만이 하실 수 있는 일입니다. 그것이 없이는 당신은 용납해 주시는 하나님의 얼굴을 볼 수 없습니다.

또한, 당신이 할 수 있는 어떤 일에 더하여, 목회자들이 당신을 위해 할 수 있는 일을 다 한다고 해도, 그들이 당신을 천국에 데려갈 수는 없고 또한 당신을 하나님의 자녀로 만들 수는 없습니다. 당신은 거듭나야 합니다. 나는 어떤 참된 결과들을 만들어 낸 부흥에 대해 하나님께 감사합니다. 그러나, 참된 종류의 부흥에서 내가 기뻐하는 이유와 꼭 마찬가지로, 많은 '상상의 회심자들'(supposed converts)에 대해 생각할 때 나는 떨게 됩니다. 그들은 예수 그리스도 안에서의 참된 믿음으로 회심한 것이 아니라 자기기만(self-conceit)이나 다른 망상(妄想)으로 회심한 자들입니다. 살아 계신 하나님의 이름으로 나는 여러분 각 사람에게 촉구합니다. 구원의 근거로서 단순한 흥분이나 상상에 의존하지 마십시오. 당신은 그리스도 예수 안에서 새로운 피조물로 만들어져야 합니다. 당신의 본성이 변화되어야 합니다. 당신 삶의 전체적인 성향과, 흐름과, 방향이 바뀌어져야 하며, 또한 그것은 인간의 논증이나 설득에 의한 것이 아니라 성령의 능력에 의한 것이어야 합니다. 그렇지 않으면 당신은 하나님 나라에 들어갈 수 없습니다. 세상에 있는 모든 기도하는 부모들과, 기도하는 교사들과, 기도하는 목사들과 부흥사들이 단 한 명의 영혼도 구원할 수 없습니다. 영혼이 거듭나야 합니다. 또한 영혼이 거듭날 때, 부모나 교사나 목사들이 기적을 행하는 것이 아닙니다. 하나님께서 그들의 가르침에 복을 주실 수는 있습니다. 하지만 성령님이 그 모든 찬사를 받으셔야 하는 것은, 오직 그분만이 이 놀라운 변화를 가능하게 하시기 때문입니다.

세상에서 거듭나는 것을 대체할 수 있는 것은 없습니다. 당신의 열정이 그칠 줄을 모르고, 당신의 눈물이 쉼 없이 흐른다 해도, 이 본문은 여전히 진실입니다. "네가 거듭나야 하겠다." 이 말씀은 천국 문 앞에 우뚝 서 있습니다. 그래서 여러분 모든 사람에게 이런 질문이 주어집니다. "당신은 새로운 출생의 증거나 표시를 보여줄 수 있습니까?" 만일 그럴 수 있다면, 당신은 들어갈 수 있습니다. 그러나 대답할 수 없다면, 당신은 결코 천국에 들어갈 수 없습니다. 이 필요성은 당신에게 무엇보다 절박한 것입니다. 나는 여러분 중 어떤 이들 앞에 서서 울면서 이렇게 말하고 싶은 기분이 듭니다. "당신은 거듭나야 합니다." 나는 다가올 심판에 대해서 반복해서 말하고 또 말했지만, 그것이 당신에게 아무 영향도 미치지 못합니다. 나는 그리스도의 삶에 대해, 죽음에 대해, 그리고 부활에 대해 여러분에게 전했지만, 그것이 당신에게 감동을 주지 않습니다. 조만간 당신은 임종의 침상에 눕게 될 것이며, 그때는 당신이 거듭나지 않으면 아무도 당신의 도움이 되어줄 수가 없습니다. 조금 후에 당신은 영원 속에 있게 될 것입니다. 그리고 당신이 거듭나지 않으면, 당신은 하나님의 면전에서 쫓겨나서 영원토록 바깥 어둠 가운데 처하게 될 것이며, 거기서 슬피 울며 이를 갈게 될 것입니다. 오 선생들이여! "당신은 거듭나야 합니다." 그렇지 않으면 저주가 있을 것입니다! "당신은 거듭나야 합니다." 그렇지 않으면 당신은 결코 흰 옷을 입고서 예수님을 찬미하는 무리 중에 설 수 없습니다. 당신을 향한 사랑의 마음을 품고서, 당신이 거듭나야 한다고 우리는 선언합니다. 어머니의 눈물과, 아버지의 기도와, 목사의 탄원도, 모두 하나님께 이렇게 외치는 듯합니다. "주여, 우리의 자녀들이, 우리의 청중들이 거듭나야 하겠습니다. 오, 당신의 사랑과 자비로 인하여 이 큰 기적을 행하소서!" 수금으로 오직 이 한 줄만을 연주한다면 당신을 지치게 할 수 있겠지요. 하지만 나로서는 이 진리의 소리가 당신의 영혼 속으로 파고들기를 바랄 뿐입니다. 내가 말하는 것이나 혹은 다른 설교자가 말하는 것을 당신이 기억하는지의 여부는 그다지 문제가 아닙니다. 우리에게는 과오가 있을 수 있기 때문입니다. 그러나 성경 본문에는 과오가 없습니다. 그것은 오류 없는 진리입니다. 그 말씀이 '큰 글씨로' 이렇게 기록되어 있습니다. "네가 거듭나야 하겠다."

2. 우리는 거듭남을 경험했는가?

이제 두 번째로, 매우 간략하게 이 질문에 대답하기를 바랍니다. 우리는 이 새로운 출생을 경험했습니까?

아마도 누군가는 이렇게 말할 것입니다. "글쎄요, 나는 세례에 의해 거듭났지요. 세례를 받을 때, 나는 '그리스도의 한 지체'요, 하나님의 자녀이자, 천국의 상속자가 되었다는 말을 들었습니다." 그렇습니다. 당신은 그런 말을 들었습니다. 그러나 나는 당신에게 이 한 가지를 묻습니다. 당신은 진정으로 당신의 세례에 의해 그렇게 되었습니까? 나는 어릴 때 물로 뿌림을 받았습니다. 그러나 그로 인해 내가 그리스도의 한 지체이자 천국의 상속자가 되지는 않았음을 나는 알고 있습니다. 나는 그런 일이 내 속에 일어나지 않았던 것을 알고 있습니다. 오히려 죄를 지을 수 있으면서부터 죄 속에 빠져들었고, 계속해서 죄 안에서 행했던 것을 알고 있습니다. 내가 확신하건대, 내가 열다섯 살 무렵이 되기까지, 그때 주님께서 성령의 거듭나게 하시는 역사를 통해 내 영혼에 구원을 가져다 주시기까지, 그래서 내가 나의 구주로서 예수님을 의뢰할 수 있게 되기까지, 나는 거듭나지 않았었습니다. 당신은 기도서(prayer-book)가 당신이 세례에서 거듭났음을 가르친다고 말합니다. 그러나 당신에게 다시 묻습니다. "당신은 거듭났나요?" 당신은 거듭난 사람으로서 살아 왔습니까? 당신은 거룩한 것들을 사랑했습니까? 당신은 진정 하나님의 자녀로 지내 왔습니까? 당신은 진정으로 죄를 미워해 왔으며, 그리스도를 신뢰하여 왔습니까? 만일 당신이 그래 왔다면, 나는 사실들을 부인하지 않겠습니다. 그러나 세례에서 거듭났다고 말하는 무수한 사람들이, 물로 뿌림을 받은 적이 없는 사람들과 다름없이 나쁜 술주정꾼이요, 거짓으로 맹세하는 자들이요, 간음하는 자들이며, 심지어 살인자들로 드러나는 것을 볼 때, 나는 "세례"에 대해 그들처럼 확신을 가질 수 없습니다. 실상, '세례의 중생'이란 거짓말이며, 교황주의자의 사악한 고안품이며, 하나님의 말씀은 그에 대해 조금도 보증하지 않습니다. 어느 누구도 세례에서 거듭난 적이 없으며, 누구도 그럴 수가 없습니다. 성경에서, 누구라도 편견 없이 성경을 읽고 거기에 계시된 진리를 알고자 한다면 볼 수 있듯이, 거듭남이란 언제나 믿음과 함께 옵니다. 이른바, 구원을 위해 영혼이 기댈 수 있는 성례들(sacraments)이란 성경에 없습니다. 설혹 당신이 세례를 받았더라도, 심지어 물에 잠기는 침례를 받았다 하더라도, 하나님의 성령이 당신을 새 사람으로 갱신하지 않으셨다면, "당신은 거듭나야 하며, 위로부터 태어나야 합니다."

누군가 이렇게 묻습니다. "내가 거듭났는지를 내가 어떻게 알 수 있나요?" 자, 거듭남의 첫 번째 증거들 중 하나는 예수 그리스도께 대한 믿음입니다. 예수 그리스도에 대한 진실한 믿음이 있는 곳이면 어디에서든 새로운 출생이 반드시 경험되어 왔기 때문입니다. 이 믿음은 그리스도에 의해 "하나님의 일"로 묘사되었습니다. 사람들이 "우리가 어떻게 하여야 하나님의 일을 하오리이까?" 하고 물었을 때(요 6:28), 그분은 이렇게 대답하셨습니다. "하나님께서 보내신 이를 믿는 것이 하나님의 일이니라"(요 6:29). 니고데모에게 예수님이 말씀하셨습니다. "그를 믿는 자는 심판을 받지 아니하는 것이요"(18절). 또한 자기를 죽이려 하는 유대인들에게 그분이 이렇게 말씀하셨습니다. "내가 진실로 진실로 너희에게 이르노니 내 말을 듣고 또 나 보내신 이를 믿는 자는 영생을 얻었느니라"(요 5:24). 그처럼, 믿음은 새로운 생명을 소유한 증거이며, 그 생명은 영원한 것이며 거듭남을 통해 주어진 것입니다.

새로운 출생의 또다른 증거는 회개입니다. 죄로 인한 슬픔은 새로운 본성의 확실한 표징들 중의 하나입니다. 새로 태어난 그리스도인은 전에 그가 사랑했던 죄들을 미워하며, 계속해서 그 죄들을 미워합니다. 그리고 그가 더 오래 살아갈수록, 그가 범한 죄들에 대해 더욱 슬퍼합니다. 죄에 대한 그의 혐오는 은혜에서의 그의 성장과 함께 점점 커집니다. 그리하여 그가 아주 성화되었을 때에, 죄는 너무나 증오스러운 것이 되고 맙니다. 우리가 천국에 점점 가까워짐에 따라, 하나님 앞에서 죄를 범했던 것에 대해 더욱더 부끄러워질 것입니다.

진실한 기도 역시 거듭남의 확실한 증거 중 하나입니다. 다소 사람 사울에 대해, 아나니아에게 어떤 말씀이 들려왔습니까? 그가 주님의 "택한 그릇"이라는 증거가 무엇이었습니까? "그가 기도하는 중이니라"(행 9:11). 사울이 기도하고 있었던 것은 기도 모임에서가 아닙니다. 그는 홀로 기도하고 있었습니다. 은밀한 기도에서 하나님과 교제하는 것이 습관화된 사람은 살아 있는 사람입니다. 기도는 영혼의 가장 중요한 호흡이기 때문입니다. 신생아가 살아 있다는 증거들 중의 하나는 울음입니다. 그리고 사람이 자기 영혼에서 우러나오는 소리로 하나님을 찾을 때, 그는 살아 계신 하나님의 살아 있는 자녀입니다.

당신이 거듭났는지를 알기 위해 스스로 해 볼 수 있는 또 하나의 질문은 이것입니다. 전에 당신이 갖지 못했던 새로운 생명이 당신 속에 있음을 느낍니까? 누군가 이렇게 말합니다. "글쎄요, 나는 지금의 나와 다른 특별한 변화를 경험하지 못했습니다. 나는 항상 착했습니다." 그렇다면, 유감스럽지만 나는 당신이 스스로를 잘못 평가하고 있으며, 또한 당신은 결코 당신이 말한 대로 "선하지" 못했다고 생각합니다. 스스로를 의롭게 여기는 사람은 이렇게 말하지요. "글쎄요, 정말이지 나는 당신이 말한 것과 같은 그런 변화의 필요성이 있다고는 생각지 않습니다." 아! 그러나 그렇게 생각해서는 안 됩니다. 본문이 무어라고 말씀하고 있습니까? "네가 반드시(must) 거듭나야 하겠다." 다른 사람들은 이렇게 말합니다. "그렇지만, 우리에게는 경건한 부모님이 계십니다. 우리는 아주 훌륭한 본보기를 보면서 살았습니다. 우리는 어릴 때부터 말씀을 들어왔으며, 지금까지 사는 동안 교회 사역에도 규칙적으로 참여해 왔습니다." 그 모든 것이 사실을 바꾸지는 않습니다. "당신은 거듭나야 합니다." 그렇지 않으면 이 모든 특권들이 당신의 책임을 가중시킬 뿐입니다. 예수님은 당신에게도 여전히 말씀하십니다. "네가 회심하지 않고서는, 그리고 어린아이처럼 되지 않고서는, 천국에 들어갈 수 없다." "너희가 회개하여 각각 예수 그리스도의 이름으로 세례를 받으라"(행 2:38)가 구원을 얻기 위해 무엇을 해야 하는지 묻는 자들에 대한 사도 베드로의 대답이었습니다. 회개는 모든 경우에 필수적입니다. 당신이 한때 사랑했던 것을 미워하고, 한때 미워했던 것을 사랑하는 이러한 급격한 변화가 있어야만 합니다. 나는 감히 회개의 절대적 필요성에 대해 조금이라도 줄여서 말할 수가 없습니다. 하나님의 심판대 앞에서 내가 당신에게 말한 것에 대해 해명해야 하기 때문입니다. 만일 내가 당신에게 아첨하여 어떤 견고한 근거도 없는 헛된 희망을 갖도록 만든다면, 당신은 마지막에 나를 돌아보며 이렇게 말할 것입니다. "당신이 우리를 속여서 우리가 구원받지 못했을 때에 구원받은 것으로 믿게끔 만들었소." 나는 그런 일을 당하지 않을 것이며, 그러므로 당신에게 이렇게 말합니다. "당신은 거듭나야 합니다."

그러면, 당신은 이 새로운 생명이 당신 속에 있음을 느낍니까? 전에는 없었던 거룩한 욕망이 당신에게 생겼습니까? 전에는 가지지 못했던 새로운 소망을 가졌습니까? 전에는 알지 못했던 경건한 두려움이 있습니까? 실제로, 이전 것들이 다 사라지고, 모든 것이 새로워진 새로운 세계로 당신은 들어왔습니까? 당신은 이렇게 말한 어떤 여인처럼 느낍니까? "세상이 온통 변해 버렸든지, 아니면 내가 온통 변해 버렸습니다." 이것이 당신 속에서 일어난 변화의 결과입니까? 이제 당신은 하나님을 사랑하고, 이제 당신은 그분을 기쁘시게 하기 위해 애쓰며, 이제 영적인 일들이 당신에게 실제적인 일들이 되었으며, 이제 오직 예수의 피가 당신의 유일한 의지가 되었으며, 이제 당신은 하나님이 거룩하신 것처럼 당신도 거룩해지기를 갈망합니까? 만일 그러한 새로운 생명이 당신 속에 있다면, 비록 그 생명이 마치 신생아의 목숨처럼 아주 미약하다고 해도, 당신은 거듭난 것이며, 그 복된 사실 속에서 기뻐할 수 있습니다.

누군가는 이렇게 말합니다. "아! 나는 이런 설교가 많은 사람들을 크게 실망시키지 않을까 염려됩니다." 글쎄요, 이 설교가 그들을 어떻게 실망시킬까요? "이 설교는 그들을 실망시켜서 스스로를 구원하려고 애쓰지 못하도록 할 것입니다." 그것이 바로 내가 원하는 것입니다. 나는 그들이 그 불가능한 일을 시도하지 못하도록 실망시키기를 바랄 뿐이며, 오히려 그 문제와 관련하여 그들을 더 깊은 절망 속으로 밀어넣기를 바랄 뿐입니다. 사람이 스스로를 구원할 수 없다고 전적으로 절망할 때, 바로 그때에, 그는 하나님이 자기를 구원해 주시도록 부르짖습니다. 나로서는, 우리가 사람을 실망케 하여 그가 스스로를 구원할 수 있다고 의지하는 모든 것에서부터 돌아서도록 하는 것만큼 그 사람에게 유익을 끼치는 일은 없다고 믿습니다.

또다른 사람이 이렇게 말합니다. "좋아요, 하지만 그것은 죄인들로 하여금 자기 안을 들여다보게 만들기가 쉽습니다." 그렇습니까? 내가 죄인들이 자기 내부를 바라보는 것에 대해 한 마디라도 한 적이 있습니까? 나는 당신에게 당신 스스로 거듭나야 한다고 말하지 않았습니다. 오히려 나는 성령의 효과적인 활동에 의해 "당신이 거듭나야 합니다"라고 말했습니다. 정말이지 그것은 죄인들로 하여금 자기 내면만을 쳐다보게 만들지 않습니다. 그것은 그들로 하여금 위를 향하여 그들 자신보다 무한히 더 높은 어떤 분을 바라보게 만듭니다. 사랑하는 친구들이여, 사실 새로운 출생의 필요성에 관한 설교는 그것이 진실이기 때문에 계속되어야 합니다. 그것은 하나님의 말씀 안에 있는 것이며, 또한 분명한 목적이 있기 때문에 그 속에 있는 것입니다. 그것은 눈에 띄지 않는 후면(後面)에 위치한 것이 아니며, 또한 그렇게 취급당해서도 안 됩니다. 영혼에 은혜의 활동이 있는 곳마다, 새로운 출생의 필요성에 대한 설교는 그 활동을 더욱 심화시켜 준다고 나는 믿습니다. 나는 그리스도께 나아와 믿음을 고백하는 수많은 사람들을 압니다. 나는 그들이 진정으로 그분께 나아오기를 희망합니다. 비록 그들이 우리들 중 일부가 죄를 자각했을 때 경험했던 것을 결코 느끼지 못했더라도 그렇게 하기를 바랍니다. 자, 만일 그들이 그리스도께 나아온다면, 그것은 좋은 것이며, 나는 기쁩니다. 그러나 나는 여전히 오래된 유형(old-fashioned type)의 회심을 신봉합니다. 나는 번민의 과정이 없는 새로운 출생은 많지 않다고 생각하며, 혹은 양심의 불안과 죄로 인한 마음의 큰 슬픔 없이 그리스도께 나아오는 영혼들이 많지 않다고 생각합니다. 내가 회심했을 때, 죄인들이 이런 방식으로 그리스도께 나아오곤 했습니다. 그들은 믿음으로 죄로 인해 창에 찔리신 그분을 바라보았고, 마치 장자를 잃은 슬픔에 빠진 사람처럼 그분의 수난을 애통해했습니다. 죄에 대한 혐오, 자아를 미워함, 하나님의 주권적 은혜에 의하지 않은 구원에 대한 전적인 절망, 이런 것들이 어느 정도라도 뒤따르지 않는 회심은 좀처럼 본적이 없다고 생각합니다. 형제들이여, 기억하십시오. "육으로 난 것은 육입니다"(6절). 또한 "모든 육체는 풀과 같고 그 모든 영광은 풀의 꽃과 같으니, 풀은 마르고 꽃은 떨어집니다"(벧전 1:24). 오직 "주의 말씀"과 주의 역사만이 영영토록 지속될 것입니다. 그러므로 만일 당신 속에 어떤 역사하심이 있다면, 그것이 나의 활동이거나 혹은 당신을 감동시키려는 어떤 열성적인 사람의 활동이 아닌, 하나님의 활동이기를 기도합니다. 오직 성령 하나님의 진정한 활동이 처음부터 끝까지 당신 속에 지속되기를 기도합니다.

만일 내가 내 영혼에 대해 걱정하는 상태에 있고, 그리고 이와 같은 설교를 듣는다면, 나는 이렇게 느낄 것입니다. "오, 내가 하나님의 성령께 얼마나 의존하고 있는지!" 그것은 나로 하여금 영혼 깊은 곳에서 호흡하며 이렇게 기도하도록 할 것입니다. "오 주여, 저를 구원하소서!" 이와 같은 설교는 나로 하여금 스스로를 구원하려는 어떤 일에 대해서도 절망하게 하며, 그리하여 구세주의 팔에 나 자신을 맡기도록 할 것입니다. 그리하여 그분이 내게 성령을 주시고, 그로 인해 내가 거듭나게 되기를 소망할 것입니다. 기억하십시오. 죄인이 그렇게 하는 순간, 그는 거듭난 것입니다. 그가 그리스도께 자신을 맡기자마자, 그는 사망에서 생명으로 옮겨지는 것이며, 중생의 기적이 그 속에서 일어나는 것입니다.

사랑하는 친구들이여, 우리가 거듭남의 필요성을 엄숙하게 전할 때, 거기에는 사람 안에 있는 모든 거짓된 것들을 뒤집어엎는 좋은 효과가 있으며, 또한 인간성에서 나오는 대부분의 것이 헛되다는 것을 전하는 효과가 있습니다. 당신은 불결한 환경에서 버섯을 키울 수도 있을 것입니다. 하지만 사론의 장미는 그것과는 다른 토양을 필요로 합니다. 그리스도인이라고 말하는 사람들, 한 달이나 두 달 동안은 매우 열성적이다가, 그 다음에는 세상으로 다시 되돌아가는 남자와 여자들을 쉽게 키울 수 있을 것입니다. 하지만 영원토록 지속되는 생명을 창조하시는 이는 오직 성령님 한 분이십니다. 단지 신앙을 고백하는 자들의 경우에, 아주 적은 책망은 그들을 화나게 하여 멀리 가 버리게 만드는 결과를 낳습니다. 그러나 은혜에 의한 참된 신앙 고백자들은 그렇지 않습니다. 우리의 하늘 아버지께서 심으신 것은 결코 뿌리 뽑히지 않으며, 가해지는 모든 시험들을 견디어 낼 것입니다. 그리스도 안에 있는 나의 믿음을 고백하는 문제로 내가 목사님을 찾아갔을 때, 나는 그가 나를 시험하고, 탐문하고, 검증하기를 바랐습니다. 내가 만일 위선자이거나 혹은 자기를 기만하는 자라면 그가 나를 적발해 주기를 바랐습니다. 나는 모든 참된 회심자들이 나와 매우 비슷하게 느낄 것이라고 생각합니다. 우리는 어떤 피상적인 일을 하기를 원치 않으며, 우리의 사역이 흐릿하기를 원치도 않습니다. 우리가 바라는 것은 그 일이 철저하게 수행되어서 영원까지 지속되는 것입니다. 예수의 보혈을 통한 진정한 평화가 없이는, 나는 그 어떤 평화도 갖기를 원치 않습니다. 참된 평안이 없는 곳에서 "평안이요, 평안이요"라고 외치는 것은 끔찍한 일입니다. 그런 것은 틀림없이 압도적인 실망으로 끝나든지, 혹은 그보다 더 나쁜 치명적인 기만으로 끝날 것입니다.

　　나는 거듭남의 필요성에 대해 설교하는 것이 사탄의 목적에 손상을 가하는 가장 효과적인 방법들 중의 하나라고 확신합니다. 왜냐하면 마귀 군대의 주동 자격인 큰 죄인을 회심시키기 위해서는 그보다 효과적인 것이 달리 없기 때문입니다. 존 번연은 매우 이상한 말을 한 적이 있습니다. 그는 자신의 다음 세대와 관련해서는 큰 희망을 가진다고 말했습니다. 그 시대의 젊은이들이 그만큼 매우 악했기 때문입니다. 만일 그들이 구원받을 수 있다면 ─그는 그들 중 많은 사람들이 그렇게 되리라고 기대했습니다 ─그들이 한때 큰 죄인이었던 만큼 큰 성자들이 되리라고 그는 생각했습니다. 그는 그 자신이 큰 죄인이었음을 알았고, 하나님의 은혜가 어떻게 변화시켰는지를 또한 알았으며, 그 사실이 그로 하여금 다른 사람들에게도 큰 희망을 품게 했던 것입니다. 기묘한 표현이기는 하지만, 그 말은 옳습니다. 만약 주께서 여기에 있는 어떤 큰 죄인을 성도가 되도록 변화시키신다면, 그가 자신의 집에서 얼마나 크게 달라지겠습니까! 아마도 그의 회심은 교구 전체에 영향을 미칠 것입니다. 나는 한때 죄의 괴수들이었다가 회심하여 그들이 살던 지방 전체에 놀라운 영향을 끼쳤던 몇 사람을 알고 있습니다. 그들과 함께 술 마시며 어울리던 사람들이 서로에게 이렇게 말하곤 했습니다. "너는 늙은 톰에게 일어난 일을 알고 있니?" "아니, 그에게 무슨 일이 있는거야?" "아유, 그가 회심했다고 말하더라고! 일전에 그를 만났는데, 내가 그에게 이렇게 말했지. '최근에 무슨 소식 있어?' 그랬더니 그가 이렇게 말하더군. '내가 들은 가장 좋은 소식은 그리스도 예수께서 죄인들을 구하시려고 세상에 오셨다는 거야. 죄인들 중에 내가 괴수였지.' 나는 그에게 일어난 일을 이해할 수 없어." 그러자 모든 사람이 이렇게 말합니다. "그 사람을 그렇게 바꾸어놓은 걸 보면 종교에 무언가 있긴 있나보군." 내가 목사 직임을 받았던 초창기 시절, 워터비치(Waterbeach) 교회에서 최대의 술주정꾼이 교회에 속하게 된 것을 나는 잘 기억하고 있습니다. 그의 회심으로 인해 교회당은 즉시 사람들로 붐비게 되었습니다. 사람들이 말했습니다. "자, 만약 저 젊은 목사의 목회가 그런 오랜 죄인에게 그토록 축복이 되었다면, 거기에는 우리가 신뢰할 만한 무언가 있는 거야." 그러면서 그들은 호기심을 가지고 말씀을 들으러 왔습니다. 최상의 사냥터지기가 한때는 밀렵꾼들이었으며, 큰 죄인들을 향한 최상의 설교자들이 한때는 그들 자신이 큰 죄인들이었습니다. 그들은 죄인의 마음속에 들락날락하는 것이 무엇인지 압니다. 그래서 그들은 이론 대신에 경험에서 우러나오는 이야기를 할 수 있습니다. 화재를 경험해 본 사람은 여전히 그 냄새를 역력하게 기억하며, 그런 사람이 불 가지고 장난하지 말라고 경고하는 사람입니다. 은혜로 구원받은 큰 죄인들을 통해, 하나님께서는 사탄의 나라를 그 중심부에서부터 흔드시며, 또한 거기에서 데리고 나온 죄인들을 변화시키셔서 그분의 사랑의 아들의 나라로 인도하십니다. 모든 참된 회심이 그러하듯이, 그런 회심은 오직 성령에 의해서만 이루어집니다.

나는 여러분 모두가 성령님을 존중하기를 기도합니다. 그분을 가장 깊은 존경심으로 생각하시기를 바랍니다. 그분의 능력에 의해 소생하게 된 그리스도인들은 하나님의 일을 할 때에는 언제라도 그분의 힘을 의지하십시오. 그분이 아니라면 당신이 아무것도 할 수 없기 때문입니다. 성령 안에서 기도하며, 성령 안에서 말씀을 전하고, 하나님의 영을 떠나서는 단 한 사람의 영혼도 회심할 수 없다는 것을 믿으십시오. 가서 전하십시오. "주 예수를 믿으라 그리하면 너와 네 집이 구원을 받으리라"(행 16:31). 할 수 있는 대로 자유롭게 전하십시오. 그러나 당신의 전도는, 그 자체만으로는, 한 영혼도 잃어버린 상태에서 일으킬 수 없음을 기억하십시오. 이것이 당신의 위안이 될 것입니다. 만일 당신이 하나님의 성령을 신뢰하며, 또한 전적으로 그분만을 의지한다면, 그분이 친히 당신과 함께 일하시며 또한 당신을 통해서 일하실 것입니다. 한 사람의 예외도 없이, 죄인들인 여러분에게 말합니다. 만일 당신이 예수 그리스도께 나아오고, 또한 그분을 단순히 신뢰한다면, 당신은 구원을 얻게 될 것이며, 단번에 얻을 것입니다.

그러나 내 복음 선포가 어떤 결과를 가져오리라는 나의 확신은 당신이 잘 준비되어 나아오리라는 나의 희망에 근거하지 않으며, 혹은 진리를 제시하여 당신을 그리스도께로 인도하는 방식에 있어서의 나의 확신에 근거하지도 않습니다. 그렇지 않습니다! 나는 그렇게 확신할 만한 조금의 근거도 없으며, 나 자신을 신뢰하지도 않습니다. 그러나 나에게는 이런 확신이 있습니다. 즉 만일 내가 신실하게 예수 그리스도와 그분이 십자가에 못 박히신 것을 전하면, 그분이 친히 죄인들을 그분 자신에게로 이끄시리라는 것입니다. 또한, 비록 내가 그들을 알지 못할지라도, 그분이 이 회중에서 몇 사람을 구원하시리라고 믿습니다. 내 앞에 있는 여러분은 마치 내게 한 무더기의 쇳가루와 같습니다. 여러분을 분리하는 것은 내가 할 일이 아닙니다. 내 일은 여러분을 자석 속으로 밀어넣는 것이며, 그러면 자석이 제 기능을 할 것입니다. 그리스도를 자신의 구주로 영접할 사람은 그분을 얻을 것이며, 그분을 영접하지 않을 사람은 자신의 죄에서 멸망할 것입니다. 그러나 만일 당신이 그리스도를 영접한다면, 그것은 하나님의 성령께서 그렇게 되도록 당신을 이끄셨기 때문입니다. 성령께서 당신에게 주신 새로운 생명이 당신으로 하여금 그리스도를 받아들이게 한 것입니다. 만일 당신이 그분을 거부한다면, 당신의 피가 당신의 머리 위에 영원히 있을 것입니다. 이것은 엄숙한 문제입니다. 나는 내가 말한 것을 통해 당신이 이를 진정으로 엄숙한 문제로 생각하기를 바랍니다. 그리하여 당신이 침상에 눕기 전에, 이 문제가 매우 사소한 문제이며, 원할 때는 언제든지 들을 수 있으며, 당신이 원하는 대로 가볍게 취급할 수 있는 문제라는 모든 생각을 떨쳐 버리기를 바랍니다. 오히려 여러분 각자가 이렇게 말할 수 있기를 바랍니다. "오 하나님, 저는 당신만이 저를 구원하실 수 있다는 것을 압니다! 당신은 저를 가루로 만드실 수도 있으며, 혹은 저를 구원하실 수도 있습니다. 저로서는 당신에게 어떤 주장도

할 수 없습니다. 당신께서 저를 멸하신다 해도, 당신의 뜻은 정당합니다. 그렇
지만, 주여, 당신의 사랑하는 아들을 위하여 저를 구원하소서!" 아멘.

제
10
장
—

하늘의 바람

—

"바람이 임의로 불매 네가 그 소리는 들어도 어디서 와서 어
디로 가는지 알지 못하나니 성령으로 난 사람도 다 그러하
니라." — 요 3:8

    우리가 성령님에 대해 감복해야 하는 것은, 그분이 성경에서 우리에게 가
르쳐 주시는 위대한 진리들 때문만이 아니라, 그 진리들이 조화를 이루게끔 하
는 놀라운 방식 때문이기도 합니다. 하나님의 말씀은 우리에게 한 가지에 대해
너무 많은 것을 가르치거나, 혹은 다른 것에 대해 너무 적게 가르치지 않습니
다. 그것은 한 교리를 극단까지 몰고 가지 않으며, 오히려 그에 상응하는 교리
와 조화를 이루도록 조절합니다. 진리는 적어도 두 개의 평행선상에서 달리는
듯이 보입니다. 그리고 성령께서 우리에게 하나의 선을 제시하실 때에 그분은
지혜롭게도 우리에게 다른 선을 바라보도록 가리키십니다. 하나님의 주권에
관한 진리는 인간의 책임에 의해 적절하게 조절되며, 넘치는 은혜에 대한 가르
침은 단호한 공의에 대한 기억에 의해 또한 적절하게 조절됩니다. 성경은 우리
에게 산성과 알칼리를 함께 제공하며, 딱딱한 반석과 반석에서 흘러나오는 부
드러운 기름을 함께 공급하며, 자르는 칼과 치료하는 연고를 함께 제시합니다.
우리 주님께서 전도자들을 둘씩 짝지어 보내셨던 것처럼, 그분은 또한 그분의
진리도 둘씩 짝지어서 보내시는 듯이 보입니다. 그리하여 하나가 다른 하나를
돕고, 그것을 듣는 자들에게 복이 되도록 하시는 것입니다. 이제 아주 유명한

요한복음 3장에서 당신은 두 개의 진리들을 대하게 될 것인데, 그것들은 마치 태양광선으로 기록된 듯이 아주 명백하게 우리를 가르치며, 또한 나란히 우리에게 제시되고 있습니다. 하나는 주 예수 그리스도께 대한 믿음의 필요성이며, 또다른 하나는 누구든지 그분을 믿는 자마다 멸망을 당하지 않는다는 것입니다. 이것은 아주 중요한 가르침입니다. 그러나 그것을 하나님의 말씀의 다른 부분과 상관없이 매우 편향되게 전함으로써 사람들을 심각한 오류로 인도할 가능성이 있습니다.

이신칭의(以信稱義, justification by faith)는 아주 귀한 진리입니다. 그것은 복음의 골수이자 심장입니다. 하지만 당신은 그것만을 너무 배타적으로 생각함으로써 다른 실제적이면서도 경험적인 중요한 진리들을 망각할 수가 있습니다. 그것은 심각한 잘못입니다. 소금은 좋은 것이지만, 그것이 사람이 살아가는 데 필요한 전부는 아닙니다. 만약 사람들이 최상의 마른 빵만 먹고 다른 것은 먹지 않는다면 그들은 건강할 수 없습니다. 신성한 가르침의 모든 부분이 실제적인 가치가 있으며, 따라서 소홀히 취급되어서는 안 됩니다. 그래서 성령님은 이 장에서 동일한 두 가지의 강조를 제시하시는데, 하나는 새로운 출생의 필요성 혹은 성령의 역사입니다. 그리고 그분은 또다른 한 가지를 역시 중요한 진리로서 명백하게 진술하고 계십니다. 그 진리들이 어떻게 섞여 있는지 보십시오. "네가 거듭나야 하겠다"(7절). 그러나 "그를 믿는 자마다 영생을 얻게 하려 하심이니라"(15절). "사람이 물과 성령으로 나지 아니하면 하나님의 나라에 들어갈 수 없느니라"(5절). 그러나 "그를 믿는 자는 심판을 받지 아니하는 것이요"(18절).

두 개의 위대한 진리들이 천국 문 위에 빛의 문자들로 쓰여 있으며, 그것은 마치 거기로 들어가는 모든 자에게 필수적으로 요구되는 내용입니다 ― 예수 그리스도의 피에 의한 화해, 그리고 성령의 역사에 의한 거듭남. 우리는 이 진리들 중 어느 하나도 다른 것 앞에 둘 수 없습니다. 어느 하나로 다른 하나를 지워버리거나 가리는 일이 허용되지 않습니다. 그 둘은 동일하게 중요합니다. 그 두 가지 모두가 동일하신 성령님에 의해 계시되었으며, 또한 영원한 구원을 위해 마찬가지로 필요하기 때문입니다. 이들 중 어느 한 가지를 전하기 좋아하는 사람은 다른 것을 가르치는 일에도 부지런해야 합니다. 그래야만 그는 저 유익한 계명을 어기는 잘못에 빠지지 않을 수 있습니다. "하나님이 짝지어 주신 것을 사람이 나누지 못할지니라"(마 19:6). 모든 형태의 믿음의 태만을 피하십시오. 마찬가지로 성령의 활동을 평가절하하는 모든 일을 피하십시오. 그러면 당신은 진리의 길이 놓여 있는 좁은 경로를 발견할 것입니다. 하나님께 받아들여지기 위해 당신은 그리스도를 반드시 신뢰해야 합니다. 그러나 당신이 흠 없이 거룩하신 하나님과 교통하기 위해서는 당신 속에서의 성령의 역사가 절대적으로 필요합니다. 믿음은 우리에게 하나님의 자녀가 되는 권세를 줍니다. 하지만 우리가 자녀의 본성을 얻기 위해서는 새로운 출생을 반드시 경험해야 합니다. 우리가 활용할 능력이 없는 권리라면 그것을 얻은들 무슨 소용이겠습니까?

　그것은 하나님의 성령의 일이며, 또한 성령이 그 안에서 역사하시는 사람의 일이기도 합니다. 이 본문의 취지를 따라, 오늘 아침에 내가 말하고자 하는 것은 바로 그것입니다. 본문을 두 가지 방식으로 읽을 수 있습니다. 첫 번째는 본문이 명백히 성령님 자신에 대해 언급하고 있다는 것입니다. 당신은 이 본문이 이렇게 읽혀지기를 예상하지 않습니까? ― "바람이 임의로 불매 네가 그 소리는 들어도 어디서 와서 어디로 가는지 알지 못하나니, 하나님의 성령도 그러하시다." 당신이 자연스럽게 그 문장을 끝까지 읽으면서 예상하는 것이 그런 방식이 아닙니까? 그렇습니다. 나는 그런 방식이 진정으로 주님이 말씀하신 의미였다는 것을 의심치 않습니다. 그러나 빈번하게도, 신약성경의 관용어구에 따르면, 그 진리는 우리가 읽고 예상하는 방식으로 진술되지 않습니다. 예를 들어보겠습니다. "천국은 좋은 씨를 제 밭에 뿌린 사람과 같으니"(마 13:24). 여기서 천국은 그 사람과 같지 않으며, 오히려 그 사람이 주요 참여자가 되는 비유 전체의 상관관계입니다. "천국은 마치 좋은 진주를 구하는 장사와 같으니"라고 했습니다(마 13:45). 그러나 천국은 그 사람과 같은 것이 아닙니다. 오히려 비유는 그 사람의 행동 전체와 연결되어 있습니다. 그런 식으로, 여기서도 주 예수님께서는 더 넓은 의미에서 성령님의 활동 영역을 제시하시는 것입니다. 이런 의미를 더 명확하게 해주는 독법(讀法)이 있습니다. 이 본문에서 "바람"으로 묘사된 헬라어 단어를 "영"으로 번역하여 읽는 것입니다. 그러면 이렇게 읽을 수 있습니다. "성령이 임의로 불매 네가 그 소리는 들어도 어디서 와서 어디로 가는지 알지 못하나니." 나는 이런 독법을 채택하지 않습니다. 그러나 뛰어난 권위자들이 그런 독법을 선호하며, 또한 그렇게 읽는 것이 우리의 주제를 더 잘 보여주는 경향이 있습니다.

두 번째 의미로, 본문의 말씀을 거듭난 사람과 관련하여 읽을 때, 우리는 이렇게 읽을 수도 있습니다. "바람이 임의로 불매 네가 그 소리는 들어도 어디서 와서 어디로 가는지 알지 못하나니, 성령으로 난 사람도 다 그러하니라." 그를 거듭나게 하신 성령처럼, 그 사람 자신이 자유롭고 그의 행동 방식은 신비롭지만, 그러나 소리에 의해 그의 활동과 삶을 알아볼 수는 있습니다.

1. 본문을 성령님과 관련하여 읽기

먼저, 본문을 성령님 자신과 관련하여 읽겠습니다. 비유의 단어는 바람입니다. 그리고 여러분 대다수가 아시다시피 히브리 단어로 "바람" 그리고 "영"을 나타내는 단어는 동일합니다. 그리고 흥미롭게도 헬라어로 단어 "프뉴마(pneuma)" 역시 "호흡"과 "영" 둘 다의 의미를 가집니다. 그러므로 구주께서 사용하신 비유는 그분이 채택하신 단어에서부터 자연스럽게 파생되는 것입니다. 바람은 활동 중인 공기이며, 그리고 당연히 물질입니다. 그러나 공기는, 불을 제외하고는, 외관상 다른 원소들보다도 영적입니다. 왜냐하면 그것은 손으로 잡을 수도 없고 눈에 보이지도 않기 때문입니다. 바람이 실제로 존재하는 것은 확실합니다. 우리가 그 소리를 듣고, 그것이 미치는 다양한 결과들을 보기 때문입니다. 하지만 그것은 만질 수 없고, 손으로 다룰 수 없으며, 눈으로 응시할 수 없습니다. 사람은 그것을 매매할 수 없고, 양을 잴 수도 없으며, 저울에 무게를 달아볼 수도 없습니다. 우리는 여러 시간 동안 구름을 관찰하면서, 마치 그것이 날개달린 새처럼 서둘러 지나가는 것을 보기도 하지만, 그것을 그토록 몰아치게 만드는 기운은 눈으로 볼 수가 없습니다. 그러므로 그 단어는 성령님의 강력한 힘을 상징하기에는 아주 훌륭한 단어입니다. 성령님의 존재는, 누구든 그분의 영향력 아래 있을 때에 의심할 수 없습니다. 하지만, 그럼에도 불구하고, 그분의 활동을 추적할 수 없으며, 그분의 거룩한 인격을 볼 수도 없습니다. 그분은 신비롭고, 불가해하며, 신성하시기 때문입니다.

바람의 비유는 성령님을 온전히 제시할 수 없으며, 따라서 그분의 영향력의 다양한 양상들을 표현하기 위해 바람, 이슬, 물, 빛, 기름 등등 다른 많은 자연의 상징들이 사용됩니다. 그러나 여전히 바람은 아주 교훈적인 비유이며, 우리가 한 편의 설교에서 그 모든 가르침을 제시할 수 없기 때문에, 본문을 가능한 한 자세히 숙고하는 것으로 만족하도록 합시다.

첫째, 바람은 성령님의 자유로움의 비유입니다. "바람이 임의로 불매." 우리는 자유의 이미지로서 바람을 말합니다. 우리를 속박하려는 사람들에게 우리는 "가서 바람을 묶어보라"고 말합니다. 우리 자신에 대해 우리는 "자기 뜻대로 돌아다니는 바람처럼 자유롭다"고 주장합니다. 아무도 바람을 묶어둘 수는 없습니다. 옛 페르시아의 왕 크세르크세스(Xerxes)는 헬레스폰트(Hellespont) 해협에 사슬을 던져 바다를 연결하려 했습니다. 그러나 그는 바람을 묶을 족쇄를 만들 만큼 어리석지는 않았습니다. 산들바람이라도 결코 명령을 받지 않습니다. 카이사르는 자신이 원하는 대로 명령을 내릴 수 있지만, 바람은 자신이 바라는 방향으로 얼굴을 돌립니다. 교황이 폭풍의 진로가 바뀌도록 명령할 수는 있지만, 바람은 더하지도 덜하지도 않고서 여전한 속도로 교황과 추기경들을 향해 불 것입니다. 유럽의 모든 강국들의 전권대사들이 모여 앉아서, 동풍이 다음 육 개월 동안 불지 못하도록 만장일치로 결의한다고 해도, 바람은 거기에 개의치 않고서 총독들의 눈에 먼지를 뿌릴 것이며, 그들의 지혜를 비웃으며 휘파람을 불 것입니다. 하늘 아래 어떤 선포나 어떤 결의로도 바람에 영향을 미칠 수 없으며, 나침반 눈금의 반 개 정도라도 방향을 바꿀 수 없을 것입니다. 바람이 스스로 내키는 대로 불고, 내키는 장소와, 내키는 때와, 내키는 방식을 따라 붑니다. 실로 "바람은 임의로 붑니다." 그보다 훨씬 높고 훨씬 강한 의미에서, 성령님도 그러하십니다. 그분은 아주 자유롭고 절대적인 분이시기 때문입니다. 당신이 아시다시피, 바람은 하나님의 손에 있습니다. 그분은 산들바람이 불게도 하시고, 폭풍이 불게도 하십니다. 가장 높은 보좌의 명령에 따라 바람이 생성되고 폭풍이 붑니다. 그러나 성령님에 대해서 말하자면, 그분은 하나님 자신이십니다. 그분은 절대적으로 자유로우시며, 그분 자신의 뜻과 의도에 따라 사람들 가운데서 역사하십니다. 성령님은 한 나라를 방문하시면서 다른 나라는 하지 않으실 수 있습니다. 왜 그러시냐고 누가 말할 수 있습니까? 영국에 빛이 강하게 비치는 동안 왜 당신은 이교도의 땅 흑암 가운데 누워 있습니까? 왜 종교개혁이 영국과 유럽의 북쪽 나라들에서는 뿌리를 내리고, 스페인이나 이탈리아 같은 나라들에서는 그 흔적조차 찾기가 어려울 정도입니까? 그것은 그분이 자기 뜻대로 행하셨기 때문이 아닙니까? "내가 긍휼히 여길 자를 긍휼히 여기고 불쌍히 여길 자를 불쌍히 여기리라"(출 33:19; 롬 9:15)는 말씀은 거룩한 주권자의 선언이며, 또한 하나님의 성령께서 그 활동을 통해 그 선언을 확증하십니다. 하나님의 성령께서 활동하시는 열방 중에서, 어찌해서 그분이 한 사람에게는 복을 주시고 다른 사람에게는 그렇지 않으시는 것입니까? 어찌해서 두 사람이 동일한 설교를 듣고, 또한 가정에서 같은 분위기 속에서 자라고서, 한 사람은 데려감을 당하고 한 사람은 남는 것입니까? 동일한 품에서 젖을 먹고, 동일한 부모 아래서 양육을 받은 두 명의 자녀들이, 자라서는 전혀 다른 방향으로 갈라집니다. 죄 가운데서 멸망하는 자는 그 자신 외에는 탓할 수가 없으며, 구원을 받은 자는 모두 은혜의 덕택으로 돌려야 합니다. 은혜가 왜 그에게 임한 것입니까? 우리는 감히 회개치 않고 하나님을 믿지 않는 과실을 인간에게서 면제하려고 하는 것이 결코 아닙니다. 그런 일은 복음에 복종하기를 거절한 악한 의도에 책임이 있습니다. 그러나 우리는 믿고 구원을 받는 자의 경우에 있어서, 그 차이를 그 사람 안에 있는 어떤 타고난 선함 탓으로 돌리지도 않습니다. 우리는 그 모든 것을 하나님의 은혜의 덕택으로 돌리며, 성령께서 그런 사람에게 그분의 뜻대로 행할 수 있도록 소원을 주시고 행하게 하셨다고 믿습니다. 그러나 왜 그분이 우리 속에서 역사하시는 것입니까? 왜 선택받은 자 속에서 일하시는 것입니까? 아, 왜입니까? "바람이 임의로 불매."

목회자들에게 임하는 축복도 그러합니다. 한 사람은 가득한 곡식 단을 추수하는 즐거운 농부처럼 영혼들을 얻어 하나님께 드립니다. 그러나 또 한 사람은 그의 열성적인 동료에게 조금도 뒤지지 않는 강렬한 희망을 품고 나가지만, 한 줌의 이삭만을 가지고서 집으로 돌아옵니다. 그것도 아주 수고한 뒤에야 겨우 주운 것이지요. 왜 한 사람은 그물 가득히 고기를 잡고, 왜 다른 사람은 완전히 텅 빈 그물을 끌어올리는 것입니까? 주님의 한 종은 복음을 전하기 위해 단에 설 때마다, 마치 그 입 속에 황금 사슬이라도 있는 것처럼 듣는 사람들의 마음을 사로잡아 그의 주님이신 예수께로 이끌어옵니다. 반면 또다른 종은 영혼의 고통 속에 이렇게 외칩니다. "우리가 전한 것을 누가 믿었느냐"(사 53:1). 진실로, 바람은 임의로 붑니다. 아! 그리고 이런 변화들은 각 사람에게도 여러 번씩 일어납니다. 한 날은 설교자가 활기로 가득하여, 그의 영은 그 속에서 힘차게 약동치고 있으며, 명백히 하늘로부터 보내어진 성령님과 함께 말씀을 전할 것입니다. 그런데 내일 그는 둔하고, 무겁게 처지는 자신을 발견할 것입니다. 그 자신이 의식하기에도 그럴 것이며, 그의 청중들이 느끼기에는 더욱더 그럴 것입니다. 능력이 그에게 머물러 있지 않기 때문입니다. 한 날에 그는 하나님의 음성처럼 말을 하지만, 또다른 날에 그는 바람에 흔들리는 갈대처럼 말합니다. 지난 세월의 아름답고 살진 암소들이 현재의 흉하고 파리한 다른 암소들에 의해 잡아먹힙니다(창 41:4). 그는 한때는 풍부했으나 이제는 기근에 처해 있습니다. 당신은 오늘 그에게 주님의 기름 부으심이 함께 하는 것을 볼 것이며, 그의 얼굴이 지존하신 분과의 교제의 영광으로 빛나는 것을 볼 것입니다. 그리고 내일에는 그가 이렇게 말할 것입니다. "나를 보십시오. 내 얼굴빛이 검어졌습니다." 그에게 있던 영광이 떠날 것이기 때문입니다. 우리는 삼손이 결박된 것을 끊어버리고 나올 때가 어떤 것인지를 압니다. 그리고 다른 때에는 스스로 떨치리라 하고 일어나지만 주께서 우리와 함께 하시지 않으심을 발견합니다(참고. 삿 16:20). 이 모든 일의 이유가 무엇인가요? 그것은 "바람이 임의로 불기" 때문이 아닌가요? 성령님은 그분 자신의 지혜로운 이유들이 있어서, 어떤 사람에게 항상 동일한 힘을 불어넣어 주시지는 않는 것입니다. 우리는 살아 계신 하나님의 영을 통제하거나 지휘할 수 없습니다. 그분은 가장 높은 의미에서 자유로운 분이십니다. "당신의 자유의 영"(thy free spirit, KJV; 한글개역개정판은 "자원하는 심령"으로 되어 있음. 시 51:12)은 다윗이 그분에게 부여한 이름이며, 그 이름은 그분에게 가장 적절합니다.

    그러나 사랑하는 이여, 오해하지 마시기 바랍니다. 성령님은 그분의 활동에서 절대적으로 자유로우시지만, 아무렇게나 전횡을 일삼는 분은 아닙니다. 그분은 자신의 뜻대로 움직이시지만, 그분의 의지는 오류 없는 지혜입니다. 비록 우리가 통제할 수는 없어도, 바람이 그 나름의 법칙을 가지고 있듯이, 성령님께서도 그분 나름의 법칙을 가지고 계십니다. 그분은 자신의 뜻대로 행하시지만, 그분의 뜻은 언제나 최선을 위한 것입니다. 더 나아가, 우리는 바람과 관련하여 거의 언제나 미풍이 부는 특정한 장소들을 압니다. 이렇게 복잡한 도시도 아니고, 산으로 둘러싸여 있는 골짜기 아래도 아니며, 저기 찌는 듯한 늪지대도 아니지요. 그러나 눈을 들어 저 언덕들을 보십시오. 한적한 마을의 길을 따라 어떻게 산들바람이 불며, 산둥성이를 따라 바람이 어떻게 지나가는지를 보십시오. 아침과 저녁에, 내륙의 공기는 마치 화덕처럼 뜨겁지만, 바다에서 불고 바다를 향해 부는 서늘한 바람이 어부들의 뺨을 식혀 줍니다. 공기가 항상 정체되어 있어서, 그 뜨거운 적막 속에 있으면 사람의 마음까지 무거워지는 그런 장소들을 찾을 수 있습니다. 반면에, 신선한 공기가 계속해서 원기를 돋우어 주어 삶이 쾌적한 높은 언덕들도 있습니다. 형제들이여, 활기찬 성도들 가운데에서, 은혜의 수단들을 활용하는 중에, 은밀한 기도를 하는 중에, 주님과의 교제 속에서, 당신은 항상 활동하며 임의로 부는 그 바람을 발견할 수 있을 것입니다.

바람은 또한 어떤 지역에서는 부는 때와 시기가 있습니다. 우리는 일년 중 특정한 시기에 어떤 바람이 불 것이라고 기대할 수 있습니다. 바람이 예측과 다르게 하루나 이틀 정도 불지 않을 수는 있지만, 그러나 통상적으로, 예상되는 시기의 한 달 사이에는 폭풍이 닥쳐옵니다. 또한 무역풍도 있고 계절풍도 있습니다. 이 바람들은 현저하게 규칙적으로 불기 때문에 뱃사람들은 그것을 예측할 수 있습니다. 하나님의 성령도 그러하십니다. 우리는 어떤 특정한 때에 그분이 교회를 방문하시는지를 압니다. 그리고 어떤 특정한 상황에서 그분의 능력을 부여하시는지를 압니다. 예를 들어, 강력한 기도가 있는 곳에서는 하나님의 성령이 활동하시는 것을 확신할 수 있습니다. 만일 하나님의 백성들이 모여 은혜의 보좌를 둘러싸고서 눈물로 간구한다면, 영적인 기압계가 그 복된 바람이 불어오고 있음을 표시해 줍니다. 이뿐 아니라, 성령님은 은혜롭게도 두 가지 사실과 관련이 있으신데, 곧 진리와 기도입니다. 진리를 전하고, 예수 그리스도의 복음을 선포하십시오. 그러면 그 말씀을 사람들의 마음에 살아 있고 강력하도록 만드는 것이 성령님의 습성입니다. 만약 우리가 그분의 말씀을 그릇되게 전하면, 우리가 진리의 일부를 뒤로 감추면, 우리가 충실하지 못하면, 성령께서 우리에게 복을 주시리라는 기대를 할 수 없습니다. 그러나 만일 우리가 십자가에 못 박히신 그리스도에 대해 충실하게 가르치고 전한다면, 또한 하나님의 은혜의 온전함을 참되게 선포한다면, 성령께서 그 진리를 소중히 여기시고 그것을 하나님의 큰 능력이 되도록 하실 것입니다. 나는 그것이 항상 그러하며 예외가 없다고는 말하지 않겠습니다. 하지만 예외는 매우 드물다고 생각합니다. 거의 변함없이 성령님은 사람들을 회심하게 만드는 진리를 증언하십니다. 기도에서도 마찬가지입니다. 믿음의 기도라면, 성령님은 기도와 관련되기를 기뻐하시며, 이러한 관계는 매우 깊은 것입니다. 왜냐하면 믿음의 기도를 하게 하시는 그분이 바로 하나님의 영이시기 때문입니다. 믿음의 기도의 응답으로 성령이 주어지는 것은 진실이며, 그뿐 아니라 이미 성령이 주어진 것 또한 진실입니다. 그렇지 않았더라면, 믿음의 기도를 결코 드릴 수 없었을 것이기 때문입니다. 기도의 영, 사람을 회개에 이르도록 하는 근심의 영은, 성령께서 이미 그분의 백성들의 마음속에서 활동하고 계심을 나타내는 가장 확실한 표징들 중의 하나입니다.

하지만, 우리가 성령을 통제할 수 없다는 큰 사실로 되돌아와서, 우리가 그 진리를 어떻게 받아들여야 할까요? 이렇게 하면 되지 않을까요? 우리가 성령님을 향해 매우 부드러우면서도 갈망하는 태도를 갖는 것입니다. 그분을 근심하게 하여 그분이 우리를 떠나시게끔 하지 않는 것입니다. 성령님을 노엽게 하지 마십시오. 당신이 그분의 은혜로운 활동을 향유할 때는 경건하게 감사할 것이며, 성령님이 계속해서 활동하시도록 하기 위해서 하나님 앞에서 겸손히 행해야 할 것입니다. 또한 그분이 역사하시는 동안, 당신 편에서 태만하여 하나님의 은혜를 헛되이 받는 일이 없도록 하십시오. 바람이 불었으나, 선원이 잠들었습니다. 그것은 호의적인 순풍이었으나, 그는 닻을 내리고 배를 움직이지 않았습니다. 그가 잠든 지난밤에 그가 그것을 알기만 했더라면, 그는 돛을 펼치고 뱃머리를 항구로 향하고 순항했을 것입니다. 그러나 그는 잠들었고, 그 복된 바람이 부는 동안 그 배는 한가롭게 체류하고 있었습니다. 우리는 그러지 말도록 합시다. 우리와 함께 하시는 성령님을 괴로우시게 하지 말며, 그분에게 우리가 그분의 임재에 무관심하게 보이지 않도록 합시다. 옛날에는, 시골 사람들이 곡식을 갈기 위해 풍차의 활용에 지금보다 더욱 의존했습니다. 어떤 지역에서 몇 주 동안 바람이 없을 때에는, 사람들이 거의 굶주릴 정도였습니다. 방앗간 주인은 노심초사하며 바람을 기다렸고, 그 지방의 모든 사람들이 풍차의 파수꾼이 되어 그것이 움직이기를 고대했습니다. 만약 한밤중에 산들바람이 불면, 방앗간 주인이 깊이 잠들었을 때에, 누군가가 달려가서 문을 두드려 그를 깨웠습니다. "바람이 불고 있어요, 바람이 불고 있어요, 우리의 곡식을 갈아주세요." 하나님의 성령께서 그분의 교회에서 활기차게 역사하실 때마다 우리도 그러해야 합니다. 우리는 그분의 능력을 활용하기를 갈망해야 합니다. 우리는 그분의 거룩한 활동을 너무나 갈망하여 모두가 깨어서 살펴야 하며, 만일 누군가가 그것을 발견하지 못하면 그것을 목격한 다른 사람들이 이렇게 외쳐야 합니다. "성령께서 우리 중에 역사하고 계십니다. 일어나서 더 많이 일하도록 합시다." 바람이 호의를 보일 때 돛을 올리십시오. 당신이 바람을 조종할 수는 없습니다. 그러므로 깨어서 그것을 활용하십시오.

　　그러나 좀 더 나아가야겠습니다. 둘째, 성령님은 그분의 현시(顯示)와 관련하여 바람과 같다고 묘사되십니다. 예수님이 말씀하십니다. "네가 그 소리는 들어도." 바람이 불고 있음을 나타내는 다른 많은 표징들이 있으며, 어떤 이들은 그것을 매우 상세하게 설명하기도 했습니다. 당신은 그것을 느낄 수 있고, 나무나 물결에 미치는 바람의 결과를 볼 수도 있으며, 때로는 바람이 야기한 파괴의 흔적으로 바람의 활동을 확인할 수 있습니다. 그러나 여기에서 우리 구주께서는 큰 바람보다는 부드러운 미풍을 더 암시하고 계십니다. 헬라어로 "프뉴마"는 "호흡(breath)"으로 번역되며, 폭풍의 의미로는 거의 사용되지 않습니다. 주께서 여기서 말씀하시는 것은 서풍(西風)처럼 부드러운 바람입니다. 내가 이미 말했듯이, 큰 바람들은 어느 정도 예측할 수 있습니다. 그러나 당신이 저녁 서늘할 때에 동산에 앉아 있으면, 산들바람이 어디에서 불어오고 또 어디로 가는지 아는 것이 전적으로 불가능합니다. 그런 바람은 움직임이 너무나 변화무쌍하여 그 행로를 추적할 수가 없습니다. 여기에서, 저기에서, 사방에서, 저녁의 산들바람은 꽃들 사이로 숨어듭니다. 우리 주님께서는 그처럼 부드러운 미풍의 소리가 들린다고 우리에게 말씀하십니다. 니고데모는 밤의 고요함 속에서 그 소리들을 들을 수 있었습니다. "네가 그 소리를 듣는다." 나뭇잎들이 바스락거리고, 그것으로도 충분합니다. 당신은 나뭇가지가 부드럽게 움직이는 소리를 듣습니다. 마치 딸랑거리는 작은 종소리처럼, 당신은 바람이 화단과 울타리 사이를 지나가는 것을 알아챌 수 있습니다.

　　자, 사랑하는 이여, 이것은 사람들에게 찾아오시는 성령님을 분별하도록 하나님께서 들을 귀를 요구하신다는 것을 우리에게 보여줍니다. 대부분의 사람들에게, 들을 귀는 성령님을 분별하는 유일한 식별 기관입니다. "네가 그 소리를 듣는다." 주님께서 얼마나 놀라운 존엄성을 귀라고 하는 이 작은 기관에 부여하셨는지요! 로마 가톨릭 교회는 언제나 시각(視覺)을 선호합니다. 그 사제들은 언제나 굉장한 공연을 함으로써 사람들을 놀라게 하여 은혜를 끼치려 애쓰는 편입니다. 그러나 하나님의 방법은 "믿음은 들음에서 나며"입니다(롬 10:17). 또한 성령을 처음으로 감지하는 기관은 귀입니다. 내가 이미 말했듯이, 어떤 사람들에게 귀는 그분의 신비로운 임재를 알려주는 유일한 계시자입니다. 그들은 거기에서 소리를 듣습니다. 말하자면, 그들은 복음이 전파되는 것을 듣고, 하나님의 말씀이 낭독되는 것을 듣습니다. 진리가 말씀으로 표현될 때,

성령의 바람이 나부끼는 소리가 있습니다. 그것은 신비롭게도 영원하신 성령님께서 회중 사이로 거니시는 발걸음 소리와도 같습니다. 오, 비통하게도, 어떤 이들은 여기에서 조금도 더 나아가지 못하고 오직 니고데모가 처음에 그랬던 상태에 머물러 있습니다. 그들은 소리를 듣지만 그 이상 아무것도 듣지 못합니다. 여러분 중 어떤 이들은 매일같이 진리를 듣고 있으며, 아마도 그 횟수가 수천 번은 될 것입니다. 그러나 그것이 당신을 구원하지 못합니다. 당신은 천국 백성들에게 들려주시는 바로 그 진리를 듣고 있습니다. 하지만 여전히 당신은 영생의 소망도 없는 상태로 머물러 있습니다. 그러나 확실한 것은, 하나님의 나라가 당신 가까이에 왔다는 것입니다. "네가 그 소리를 들어도." 당신이 듣는 그 바람의 속삭임은 당신 자신의 뺨에서 멀지 않습니다. 나뭇가지들이 나부끼는 소리를 들을 때 그 산들바람이 당신에게서 멀지 않듯이, 당신이 그분의 소리를 들을 때 하나님의 성령께서도 당신에게서 멀지 않습니다.

　하지만, 듣는 자들 중에서 어떤 이들은 그보다 더 나아갑니다. 그들은 성령의 소리를 그들의 양심으로 들으며, 그 소리가 그들의 마음을 불안하게 합니다. 다른 사람들처럼 그들도 잠자리에 듭니다. 하지만 때때로 바람이 들어와 열쇠구멍을 통해 신호를 보내거나, 혹은 굴뚝을 통해 윙윙거리는 소리를 냄으로써, 그 게으름뱅이를 깨웁니다. 혹은 만약 그 사람이 정원에 누워 잠들어 있으면, 산들바람이 그의 귓가에서와 얼굴에서 장난을 치며 그를 놀라게 합니다. 회심하지 않은 많은 사람들의 경우가 그러합니다. 그들은 잠잠할 수가 없습니다. 양심 안에서 성령의 소리를 듣기 때문에 불안하고 당혹스럽습니다. 부흥이 있지만 그들은 구원받지 못하고, 오히려 그 때문에 그들은 놀라고 불안해졌을 뿐입니다. 그들의 자매는 회심했으나, 그들은 그렇지 않습니다. 하지만 여전히 그 소리는 그들 가까이에 있어서, 마치 화살이 '쉥' 소리를 내며 귓가를 스쳐가는 듯 합니다. 부흥의 한가운데서 태만한 상태로 계속 살아가는 것이 어렵습니다. "네가 그 소리를 들어도." 그러나 여러분 중 어떤 이들의 양심에는, 가족과 친척들이 한 명씩 한 명씩 주님을 알게 되었다는 소리가 들려옵니다. 당신은 어떤 강력한 존재가 사방에 계시다는 느낌을 피할 수 없지만, 그분이 아직 거듭나게 하는 능력을 당신에게 발휘하시지는 않았습니다.

　구원받은 사람에 대해서는, 그는 가장 강조적인 의미에서 성령의 소리를 들으며, 다양하게 들려오는 소리를 듣습니다. 먼저, 그는 성령의 소리를 위협하는 바람 소리처럼 듣습니다. 그 소리는 그를 슬픔 속에서 엎드리게 하며, 마치 가을바람에 낙엽들이 날려가듯이, 그의 모든 희망들이 날아간 듯 느껴지게 만듭니다. 성령의 소리가 처음으로 내 귀에 들렸을 때, 그것은 마치 통곡의 울음 같았고, 무덤들 사이의 바람 소리 같았으며, 시든 백합화들의 한숨 소리와도 같았습니다. 내 모든 희망들이 연기처럼 바람에 날려간 듯이 보였으며, 혹은 밤의 안개가 아침의 미풍 속에 날려간 듯이 보였습니다. 나의 무가치함을 슬퍼하는 일 외에는 아무것도 남은 것이 없었습니다. 그 때 나는 동쪽에서 불어오는 뜨거운 열풍(熱風) 같은 소리를 들었는데, 마치 그것은 불타는 화덕에서 불어오는 듯 했습니다. 당신은 이런 성경 구절을 알 것입니다. "풀은 마르고 꽃이 시듦은 여호와의 기운[영, 바람]이 그 위에 붊이라, 이 백성은 실로 풀이로다"(사 40:7). 내 영혼에는 한때 황금 미나리아재비로 가득한 풀밭이 있었으며, 화려한 색깔을 자랑하는 예쁜 꽃들이 많이 있었습니다. 하지만 하나님의 영이 불어서 그 모든 것을 시들게 했으며, 황량하고 빛바랜 풀밭만을 남겨 놓았습니다. 그곳에서는 어떤 생명도 아름다움도 없었습니다. 그렇게 그 성스러운 바람은 악한 것을 모두 시들게 했지만, 거기에서 그치지 않았습니다. 우리가 소생케 하는 바람으로서의 성령의 소리를 들었으니 하나님께 감사합니다! 여호와는 에스겔 선지자로 하여금 이렇게 외치도록 했습니다. "생기야 사방에서부터 와서 이 죽음을 당한 자에게 불어서 살아나게 하라"(겔 37:9). 선지자가 대언한 대로, 그 생기가 불어와서 그 죽은 자들이 살아 일어나서 큰 군대가 되었습니다(겔 37:10). 그와 같은 기적이 내게도 일어났습니다. 우리 자신의 사망의 마른 뼈들이 움직여 그분의 뼈에 연결되고, 살이 그 위에 덮이고, 이제 하나님의 생기로 인해 우리가 살기 시작했습니다. 또한, 이제 성령께서 우리를 방문하시어, 그분이 우리의 생명과 힘을 새롭게 하시며, 우리는 더욱 풍성하게 생명을 누리게 되었습니다. 그 때 이후로 성령은 우리에게 충만하게 거하셨으며, 때로는 녹이는 바람이 되기도 하셨습니다. "그의 말씀을 보내사 그것들을 녹이시고 바람을 불게 하신즉 물이 흐르는도다"(시 147:18). 얼음 사슬에 감금되어 겨우내 물은 얼음과 같았습니다. 하지만 봄바람이 불어오자, 실개천은 자유를 얻고, 뛰듯이 강을 향해 흘러갑니다. 그리고 강들은 그 모든 자유의 힘을 다하여 하나가 되어 바다를 향해 갑니다. 그렇게 하나님의 성령께서는 때때로 우리 영혼의 얼음을 깨뜨리시고 기쁨의 자유를 주십니다. 그분은 바위처럼 얼어붙은 마음을 녹이시고, 무쇠처럼 단단한 영을 녹이십니다. 그분이 지나가는 소리에 사람들은 감동을 느낍니다. 우리는 또한 이 바람 소리가 잠든 은혜를 일깨우는 숨결과 같다는 것을 압니다. "북풍아 일어나라 남풍아 오라 나의 동산에 불어서 향기를 날리라"(아 4:16). 오, 하나님의 성령이 우리를 방문하실 때마다 우리 마음속에는 거룩한 감사, 사랑, 소망, 기쁨의 향기가 있었지요. 꽃 속에 감추어진 달콤한 향수는 사랑의 바람이 불어와 유혹하기까지는 널리 발산되지 않습니다. 마찬가지로, 거듭난 영혼 속에 감추어져 있는 달콤한 은혜들은 성령이 오셔서 그들에게 말씀하시고, 그들이 그분의 음성을 듣고 그분을 만나기 위해 나올 때에, 비로소 그 향기를 널리 퍼뜨리게 됩니다.

그렇습니다. 내 형제들이여, 이 모든 것을 우리는 알고 있습니다. 또한 우리는 성령의 소리를 다른 의미로도 들어 왔습니다. 즉, 여호와의 싸움을 위해 우리와 함께 나아가는 진군의 소리입니다. 우리는 다윗이 그랬던 것처럼, 뽕나무 꼭대기에서 걸음 걷는 소리를 들으며 분발하였고, 승리는 우리의 것이 되었습니다(참조. 삼하 5:24). 설혹 우리가 오순절에 임했던 그 급하고 강한 바람 같은 소리(행 2:2)는 듣지 못했더라도, 우리는 그 거룩한 감화력을 느껴 왔습니다. 그것은 지금도 멈추지 않았으며, 가서 열방 가운데 복음을 전하라고 명령을 받은 우리에게 여전히 생명과, 능력과, 힘과, 사람들의 회심을 위해 필요한 모든 것을 공급해 주고 있습니다. 이 모든 일에서, 마치 바람이 그러하듯, 성령님은 그분의 소리에 의해 자신을 나타내셨습니다. "네가 그 소리를 듣는다." "그 소리가 온 땅에 퍼졌고 그 말씀이 땅 끝까지 이르렀도다"(롬 10:18).

성령님이 바람과 유사한 세 번째 특징은 그 신비에 있습니다. "어디서 와서 어디로 가는지 알지 못하나니." 바람에 대해 우리는 그것이 대략 어떠한 방향이나 지점에서 시작된다고 말할 수 있을지 모릅니다. 그러나 지도상에서 손가락으로 가리키며 "북풍은 이곳에서 시작되고, 서풍은 여기에서 발생합니다"는 식으로 말할 수는 없습니다. 진정, 우리가 바람에 대해 그 기원이나 법칙들에 대해 아는 것은 매우 적습니다. 자신이 사는 지역에서 삼십 년 동안의 모든 바람들을 꼼꼼하게 관찰하고 기록한 사람도, 마침내 그 시기가 끝날 무렵, 초기에 그가 제기했던 몇 가지 규칙들을 폐기했습니다. 어떤 규칙도 유효하지 않다는 것을 알았기 때문입니다. 누구도 바람이 어디에서 시작되는지를 알 수 없습니다. 어떤 이교도가 한 동굴에 관한 꿈을 꾸었습니다. 그곳에서는 바람들이 마치 감옥에서처럼 갇혀 있었으며, 차례로 빠져나가려면 힘이 들었습니다. 그것은 단지 하나의 우화입니다. 우리는 바람이 어디에서 처음으로 날개를 펴는지, 혹은 그들이 언제 고요히 잠드는지 알지 못합니다. 사람의 마음속에 역사하시는 성령님도 그러합니다. 그분의 첫 움직임은 신비 속에 감추어져 있습니다. 사랑하는 친구여, 당신은 당신이 회심했다는 것을 압니다. 그리고 어느 곳에서 어느 무렵에 그랬는지도 압니다. 아마도 당신은 주께서 당신의 구원을 위해 사용하신 수단들에 대해서도 어느 정도 기억할 것입니다. 그러한 외적인 환경들에 대해 당신은 알고 있습니다. 하지만 성령님이 어떻게 당신에게서 활동하셨는지에 대해서는 알지도 못하고 알 수도 없습니다. 마치 씨앗 속에 있는 생명이 어떻게 싹을 틔우고 자라서 이삭에 충실한 곡식이 되는지 알 수 없는 것과 같습니다. 혹은 나무의 수액이 어떻게 겨울에는 내려가고 나중에 봄이 되면 다시 올라가는지 알지 못하는 것과 같습니다. 자연에는 드러나지 않은 신비들이 있으며, 성령의 활동에는 훨씬 더 많은 신비가 있습니다. 어떤 사람도 그에 대해 자기 동료나 자기 자신에게 확실하게 설명할 수 없습니다. 내 친구여, 왜 당신이 어떤 설교를 통해서는 복을 받지만, 또다른 설교에서는 복을 얻지 못하는 것입니까? 그러나 당신이 자매와 대화할 때, 그녀는 첫 번째 설교보다는 두 번째 설교에서 더 큰 은혜를 받은 것을 보게 됩니다. 왜 그런 것일까요? 능력은 설교자에게서 나오지 않으며, 그러므로 "어디서 와서 어디로 가는지 알지 못한다" 하신 말씀이 확실합니다.

당신이 기도할 수 있을 뿐 아니라 기도해야 한다고 느낄 때가 있습니다. 어떻게 해서 당신은 그런 상태가 되었나요? 나는 주님 안에서 기쁨의 황홀경을 느끼는 것이 무엇인지 알지만, 그에 대해서 설명하기란 매우 어렵습니다. 왜냐하면, 또다른 때에는, 내가 똑같은 일에 종사하고, 또 내가 생각하기에 같은 열성으로 종사했지만, 하나님 안에서의 그런 커다란 환희를 의식하지 못했기 때문입니다. 어느 때에는, 마음이 죄로 인해 깨어진 듯하여 참회로 가득할 것이고, 또 어느 때에는 용서의 은혜 안에서 그 죄가 거의 잊혀진 듯하고 그리스도 안에서의 기쁨이 마음에서 흘러넘칠 것입니다. 왜 이런 다양한 작용들이 있을까요? 우리는 이따금씩 마치 생의 마지막 몇 시간을 진지하게 준비하는 듯이 죽음을 예민하게 의식할 때가 있고, 또 어떤 때는 거의 죽음을 잊어버리고 이미 불멸의 삶을 살고 있는 듯이 느낄 때가 있습니다. 마치 이미 부활하여 그리스도와 함께 앉아 있는 듯이 느끼는 것입니다. 그러나 이러한 성령의 다양한 양상과 형식과 활동들이 어떻게 오는지에 대해 우리 가운데 누가 말할 수 있습니까? 할 수 있다면, 이른 아침 이슬방울들의 흔적을 추적해 보십시오. 그리고 번갯불이 어디로 갔는지 길을 찾아보십시오. 혹은 어떻게 천둥이 산봉우리를 따라 울리는지를 추측해 보십시오. 그러나 당신은 하나님의 성령이 당신의 영혼에 어떻게 오시는지에 대해서는 알지도 못하고 추측할 수도 없습니다.

우리는 바람이 어디로 가는지에 대해서도 알지 못합니다. 여기에 또 하나의 신비가 있습니다. 오, 우리가 성령의 능력 안에서 진리를 풀어놓으면 그것이 어디로 날아갈지 우리는 결코 알 수 없습니다. 또 그것이 얼마나 매혹적인지 모릅니다. 어떤 아이가 씨앗 하나를 가졌습니다. 작고 솜털 같은 씨앗으로서 바람을 타고 날아갈 수 있도록 낙하산이 달려 있습니다. 아이가 그것을 공기 속으로 불어 날립니다. 그러나 그 솜털 같은 씨가 어디에 떨어질지, 어느 정원에 떨어져서 자랄지 누가 알겠습니까? 젖 먹는 어린아이 같은 자의 입에서 나온 진리도 그러합니다. 대륙 전체에 낯선 꽃들이 가득한 것은 저기 외국의 씨앗들이 바람을 타고서 날아왔기 때문입니다. 선원들이 남쪽 바다에서 햇살 가득한 작은 섬들을 발견했습니다. 그곳은 사람이 아직 밟은 적이 없는 곳이지만, 거기서도 많은 꽃들과 식물들이 있는 것은 씨앗들이 바람을 타고 거기까지 날아갔기 때문입니다. 진리의 씨를 사방으로 뿌려 보십시오. 성령께서 그 진리를 어디로 날아가게 하실지 우리는 알 수가 없습니다. 그것을 바람에 날려 보십시오. 그러면 여러 날 후에 당신은 그것을 발견할 것입니다. 살아 있는 씨를 두 손으로 뿌리며, 북으로, 남으로, 동으로 서로, 보내십시오. 그러면 하나님께서 거기에 날개를 주실 것입니다.

> "바람이여 그분의 이야기를 퍼뜨려다오,
> 바닷물결이여, 그분의 이야기를 널리 퍼뜨려다오,
> 마침내 저 영광의 유리 바다처럼
> 복음이 온 세계에 퍼지게 되리."

일전에 내가 심하게 아팠을 때 편지 한 통을 받았습니다. 그것은 그리스도 안에서의 한 자매가 브라질에서 쓴 것입니다. 그녀는 나의 「아침의 묵상」

(*Morning Readings*)(「스펄전 묵상록」으로 본사 역간)을 읽었으며, 거기서 평화의 길을 발견했다고 했습니다. 그녀가 보내준 애정어리고 가슴 저민 편지를 읽다가 나는 눈물을 흘렸습니다. 하지만 편지에 쓴 내용보다 더 애절한 어떤 사연이 있었음에 틀림없습니다. 편지의 끝부분이 다른 사람의 손으로 기록되었기 때문인데, 편지 말미에 덧붙여진 글의 취지는 이렇습니다. 즉 상기의 편지를 쓴 사랑하는 아내가 편지 쓰기를 마친 후 곧 숨을 거두었으며, 남편인 그가 애절한 심정으로, 또 말씀이 멀리 떨어진 나라에 있는 아내의 영혼에 찾아온 것에 기뻐하면서, 편지를 내게 보낸다는 것이었습니다. 형제들이여, 말씀이 어디로 갈지, 또한 그와 더불어 성령이 어디로 가실지 우리는 알 수가 없습니다. 보헤미아에서 교황주의자들은 복음을 짓밟았다고 생각했습니다. 그들은 잔인한 칙령을 내려 신교의 모든 사상들을 억눌렀습니다. 그러나 최근에 신앙의 자유가 허용된 이후, 복음이 그 지방에 전파되어 왔습니다. 그리고 놀랍게도, 보헤미아 숲 속의 외딴 오두막들과 대도시들의 곳곳에서 수많은 남녀들이 오래된 성경책들을 들고 나아왔으며, 죽은 그들의 선조들을 기억하면서 고귀한 진리를 배우기를 열망하였습니다. 진리는 여러 세기 동안 멈추지 않았던 것입니다. 마치 강처럼, 진리는 이렇게 노래합니다.

> "사람들은 오고 사람들은 갈 수 있지만,
> 나는 영원히 계속되리."

"어디서 와서 어디로 가는지 알지 못하나니." 천년왕국이 올 때까지 진리의 바람은 멈추지 않을 것입니다. 진리는 죽지 않는다는 말을 널리 전하십시오. 박해자들이 그것을 죽일 수 없습니다. 진리를 보내신 하나님이 불멸이시듯, 진리 역시 불멸입니다. 박해자는 심지어 진리가 가는 길을 멈출 수도 없습니다. 그것은 신성하기 때문입니다. 성경의 한 장이라도 지상에 있는 동안은, 혹은 구주를 아는 단 한 사람이라도 살아 있는 동안은, 교황제도는 위험할 것입니다. 적그리스도가 승리할 수는 없습니다. 성령께서 말씀의 검으로 그것과 맞서 싸우십니다. 진리가 어떻게 오류의 심장 깊은 곳까지 뚫고 들어갈지 우리는 알 수 없습니다. 허위가 패배하고 죄가 사망하기까지 성령님은 계속하여 행진하시겠지만, 그러나 그 방식을 우리는 알 수가 없습니다.

"어디서 와서 어디로 가는지 알지 못하는" 것은 한 사람의 마음에서도 그러합니다. 만약 당신의 마음속에 성령을 영접했다면, 그분이 어디로 당신을 데려가실지 당신은 알지 못합니다. 윌리엄 캐리(William Carey)가 그의 젊은 가슴을 그리스도께 드렸을 때, 그는 하나님의 성령이 그를 세람포(Serampore)로 데려가서 힌두교도들에게 복음을 전하게 하리라고는 상상치 못했을 것입니다. 조지 휫필드(George Whitefield)가 처음 성령의 생수를 마셨을 때, 글로스터에 있는 벨 여인숙(Bell Inn)의 머슴이었던 그가, 두 대륙에 복음의 천둥이 되어 수천 명을 그리스도께로 돌아오게 하리라는 생각은 전혀 하지 못했을 것입니다. 그렇고말고요! 당신은 이 바람이 당신을 어느 복된 목적지로 날려 보낼지 절대 알지 못합니다. 당신 자신을 그 바람에 맡기십시오. 하늘의 비전에 불순종하지 마십시오. 하나님의 성령이 당신을 도우시는 대로 몸을 맡길 것이며, 마치 여름철의 미풍에 티끌이 날리듯이 그렇게 하십시오. 그리고, 오 하나님의 자녀여, 당신은 하나님의 성령께서 당신에게 높고 거룩한 지식과 기쁨의 황홀함을 어느 정도까지 가져다주실지 알지 못합니다. "하나님이 자기를 사랑하는 자들을 위하여 예비하신 모든 것은 눈으로 보지 못하고 귀로 듣지 못하고 사람의 마음으로 생각하지도 못하였습니다"(고전 2:9). 비록 하나님이 성령으로 이것들을 우리에게 보이시지만(성령은 모든 것 곧 하나님의 깊은 것까지도 통달하시기에)(고전 2:10), 가장 잘 가르침을 받은 하나님의 자녀라도 하나님의 영이 어디로 가시는지 다 알지는 못합니다. "너희는 여호와를 영원히 신뢰하라 주 여호와는 영원한 반석이심이로다"(사 26:4). 그분이 당신을 앞으로 그리고 위로 데려가실 것이며, 온전한 데 이르도록 하실 것이며, 그곳에서 당신은 예수님과 함께 거하며, 그분의 영광을 보게 될 것입니다.

2. 본문을 거듭난 사람과 관련하여 읽기

두 번째 요지를 다룰 시간이 얼마 남지 않았습니다. 그러나 여기에 대해서는 많은 말을 하고 싶지 않기 때문에 그리 많은 시간이 필요치 않습니다. 이 본문은 성령으로 난 자들과 관련이 있습니다. "바람이 임의로 불매 네가 그 소리는 들어도 어디서 와서 어디로 가는지 알지 못하나니 성령으로 난 사람도 다 그러하니라." 출생은 부모의 본성에 참여하는 것입니다. 성령으로 난다는 것은 성령님과 닮는다는 것이며, 이는 마치 육으로 난 자는 육이며, 육신의 출생으로 육신의 부모를 닮는 것과 마찬가지입니다. 두 번 태어난 사람은 그를 태어나게 하신 성령님을 닮으며, 또한 그는 우리가 이미 숙고한 여러 면에서 성령님을 닮습니다.

자유에 관하여, 당신은 그에 대해 이렇게 말할 수 있습니다. "그는 임의로 분다." 하나님의 성령이 믿는 자를 자유의 사람이 되게 하십니다. 그에게, 전에는 없었던 것, 곧 그분의 뜻을 따르려는 자유를 부여하시며, 자유의 의식을 즐거이 누리게 하십니다. "아들이 너희를 자유롭게 하면 너희가 참으로 자유로우리라"(요 8:36). 나는 모든 영적인 사람이 의지대로 자유롭게 행한다고 단정하지는 않습니다. 왜냐하면, 아, 우리 지체들 속에 또다른 법이 있어 우리 마음의 법과 싸우기 때문이며, 또 우리를 죄의 법 아래로 사로잡아 오기 때문입니다. 그러나 그럼에도 불구하고, "주의 영이 있는 곳에는 자유가 있습니다"(고후 3:17). 전에는 그럴 수 없었지만, 이제 당신은 기도할 수 있습니다. 전에는 감사치 않는 마음에서 단 한 마디의 찬미의 곡조도 끌어낼 수 없었던 당신이었지만, 이제는 찬미할 수 있습니다. 이제 당신은 "아바, 아버지"라고 부르짖을 수 있으며, 하나님 가까이에 나아갈 수 있습니다. 이제 당신은 더 이상 사람의 통제 아래에 있지 않고, 당신이 원하는 곳으로 바람처럼 갈 수 있습니다. 이제 당신은 사제들의 술책에 속아 끌려가지 않으며, 당신 동료의 견해에 의해 지배당하지도 않습니다. 주께서 당신을 자유롭게 하셨습니다. 그리고 당신은 자유롭게 하나님의 말씀이 명하는 곳으로 갈 수 있으며, 그 길을 가면서 최상의 자유를 발견합니다. 오, 형제들이여, 영적인 자유의 문제에 있어서 거듭난 사람이 느끼는 변화를 어떻게 다 표현할 수 있을까요! 당신이 율법의 속박이나 혹은 풍습이나 죄의 속박 아래에 있었을 때, 혹은 죽음의 두려움과 지옥의 공포에 사로잡혀 있었을 때, 당신은 마치 해수면 아래에 위치한 베네치아의 감방들 중의 하나에 갇힌 듯 했습니다. 그곳에서는 공기도 불결하고, 가련한 죄수가 할 수 있는 일이란, 오직 한 평 남짓한 어둠의 공간에서 겨우 몸을 움직이는 것입니다. 그러나 하나님의 성령이 오셨을 때 그 영혼을 어둠에서 빛으로 옮기셨고, 춥고 습기 찬 곳에서 시원한 바람이 있는 곳으로 옮기셨습니다. 그분은 당신이 보는 앞에서 문을 활짝 열어 주시고, 하나님의 계명의 길을 따라 달릴 수 있도록 당신을 도우십니다. 그것으로도 충분치 않은 듯이, 그분은 당신에게 날개를 빌려 주시고, 독수리 날개 치듯 올라가라고 말씀하시며, 당신을 자유롭게 하셨습니다.

또한, 성령으로 난 사람은 어느 정도 눈에 띄며, 그 소리로 알아볼 수 있습니다. "네가 그 소리를 들으니." 만일 그리스도인 가까이에 산다면, 가장 불경건한 사람도 그의 소리를 들을 것입니다. 내면의 은밀한 삶은 말을 합니다. 벙어리가 아니기에, 그리스도인들은 언어로도 말할 것이지만, 그러나 행동으로는 그보다 더 크게 말할 것입니다. 심지어는 행동으로가 아니더라도, 진정으로 거듭난 사람의 마음과 분위기가 말을 할 것이며, 불경건한 사람도 그 소리를 듣게 될 것입니다. "네가 그 소리를 들으니."

그리고 그리스도인에게 있는 신비를 주목해 보십시오. 만일 당신이 거듭나지 않은 사람이라면, 신자의 삶에 대해서는 아무것도 알지 못합니다. 왜냐하면 그는 죽었고, 그의 생명은 그리스도와 함께 하나님 안에 감추어져 있기 때문입니다. 당신은 그가 이른 아침에 왜 일어나는지를 알 수 없고, 그의 삶에서 풍겨 나는 향기를 볼 수 없으며, 그가 기도 중에 슬피 우는 이유도 알 수 없고, 그가 아침을 시작할 때 누리는 교제의 기쁨을 알 수가 없습니다. 당신 자신이 성령으로 나기까지는 결코 알 수 없습니다. 당신은 또한 영적인 사람이 어디로 가는지도 알지 못합니다. 고난의 한가운데서도 그는 잠잠한 듯이 보입니다. 당신은 그가 그 귀한 평온함을 어디서 얻는지를 압니까? 사망의 때에도 그는 승리한 사람처럼 보입니다. 당신은 그가 그토록 즐겁게 죽는 법을 어디서 배웠는지를 알고 있습니까? 아니요, 거듭나지 못한 사람은 믿는 자가 어디로 가는지 알지 못합니다. 지존자의 은밀한 처소가 있으며, 믿는 자는 전능자의 그늘 아래에 거하게 될 것입니다. 그곳에 들어가는 법을 배웠기 때문입니다. 그러나 육적인 사람들은 이 은밀한 처소에 들어오지 못합니다. 그리스도인의 삶은 처음부터 끝까지 온통 신비입니다. 세상에 속한 자에게는 모두가 신비이며, 그리스도인 자신에게도 하나의 수수께끼입니다. 그리스도인 역시 그 수수께끼를 다 풀거나 이해하지는 못합니다. 그가 아는 한 가지는 이것입니다. "내가 맹인으로 있다가 지금 보는 그것이니이다"(요 9:25). 이것 역시 그는 알고 있습니다. "여호와여 나는 진실로 주의 종이요, 주의 여종의 아들 곧 주의 종이라, 주께서 나의 결박을 푸셨나이다"(시 116:16). 그는 또한 이것도 알고 있는데, 즉 주께서 나타나실 때 그 역시 태양처럼 밝게 빛나리라는 것입니다. 영원한 생명이 그 속에 들어온 것이 그로서는 하나의 신비입니다. 그러나 그는 그 시점에서부터 하나님과 교제하였기에 그로 인해 하나님을 찬송합니다. 비록 사람들은 그가 어디에서 왔고 또 어디로 가는지 알지 못하더라도, 주께서는 그를 아시며, 그 또한 자신이 그의 아버지이신 하나님께로 가고 있음을 압니다. 그는 이것을 느끼며 그에게 주어진 길을 계속해서 갈 것입니다. 오, 여러분 모두가 이토록 즐거운 소망을 간직하시길 바랍니다. 하나님께서 예수님을 위하여 그 소망을 당신에게 주시길 기도합니다.

제
11
장
—

놋뱀의 신비

—

"모세가 광야에서 뱀을 든 것 같이 인자도 들려야 하리니,
이는 그를 믿는 자마다 영생을 얻게 하려 하심이니라."
— 요 3:14-15

학자들의 말에 따르면, 모든 언어는 부호에 기초하며, 문명화된 인간들의 말은 주로 부호와 상징으로 구성되었다고 합니다. 실제로 가장 문명화된 사람들의 언어도 가장 기초적인 단위까지 쪼개어 보면, 부호의 집단으로 구성되어 있고, 그렇게 해서 언어로 활용되고 있습니다. 우리가 어린이들에게 말을 가르치려 할 때, 사물들을 정확하게 우리에게 알려진 이름으로 부르기보다는, 그것들이 나타내는 부호나 소리로 부릅니다. 예를 들자면, [의성어(擬聲語)나 의태어(擬態語)와 같이] 어떤 동물이 내는 소리나 모양으로 그 동물을 지칭하기도 합니다. 다양한 부호들을 이런저런 방식으로 활용하는 것은, 어린이에게 그 사물들을 가리키는 것으로 쉽게 이해됩니다. 미개한 종족들 중에는 언어가 거의 전적으로 상징으로 구성되어 있는 경우도 있습니다. 인디언 전사가 추장들에게 소식을 전하거나, 전쟁하도록 그들을 격동시키는 것을 들어보십시오. 그는 하늘과 땅의 모든 상징들을 끌어 모아 자신의 의사를 전달합니다. 인디언 전사들에게 부여된 이름들에서도 똑같은 것을 볼 수 있습니다. 여러분 중에서 명명법(命名法)에 대해 알고 있는 사람들은, 위대한 인디언들에게는 가장 기이한 이름들이 주어지며, 그들이 상징과 부호의 방식으로 생각을 인상 깊게 표현한다

는 것을 기억할 것입니다.

사랑하는 여러분, 자연적인 언어에서 그러하듯이 영적인 언어에서도 마찬가지입니다. 니고데모는 은혜에 있어서 어린아이에 불과합니다. 예수 그리스도께서 하나님 나라의 일들과 관련하여 그를 가르치며 말씀하고자 하셨을 때, 그분은 추상적인 용어로 말씀하시지 않았습니다. 오히려 그분은 비유적인 말들을 사용하셔서, 하나님 나라의 일의 본질을 더 잘 이해할 수 있도록 하셨습니다. 그분이 니고데모에게 말씀하실 때, 그분은 성화에 관해 어떤 말씀도 하지 않으셨습니다. 대신 그분은 이렇게 말씀하셨습니다. "사람이 물과 성령으로 나지 아니하면"(5절). 그분은 마음의 커다란 변화에 대해 어떤 것도 말씀하지 않으셨습니다. 대신 그분은 "사람이 거듭나지 아니하면 하나님의 나라를 볼 수 없느니라"고 말씀하셨습니다. 그분은 처음 시작하실 때 성령님에 대해 많이 말씀하지 않으셨으며, 이렇게 말씀하셨습니다. "바람이 임의로 불매"(8절). 그에게 믿음을 가르치고자 하셨을 때 그분은 이런 말로 시작하시지 않았습니다. "믿음으로 우리는 그리스도와 연합하며, 우리의 살아 계신 머리로부터 구원을 얻습니다." 오히려 그분은 이런 식으로 말씀하셨습니다. "모세가 광야에서 뱀을 든 것 같이"(14절). 그런 식으로, 회심한 사람들의 최초의 신앙적인 대화는 언제나 비유적이어야 합니다. 순수한 교훈적 가르침을 담고 있는 바울의 서신서들이 아니라, 예수님의 말씀이 먼저 죄인들에게 적용되어야 합니다. 그가 성령의 조명을 받고 하나님 나라의 신비들을 이해하기 전에는 그렇게 해야 합니다. 나는 우리 주님께서 이 비유를 사용하신 이유가 바로 거기에 있다고 믿으며, 니고데모와 대화하며 비유에 비유를, 상징에 상징을 거듭 사용하신 이유는 모든 언어의 뿌리가 상징에 있기 때문이라 믿습니다.

나는 오늘 이 많은 회중에게 주 예수를 믿는 믿음이라는 단순한 주제에 관해 말하려고 합니다. 그 믿음으로 인간은 구원을 받지요. 나는 그 주제를 교훈적이고 교리적인 방식으로 전하기보다는, 이 본문의 비유를 채택할 것이며, 우리 주님의 본보기를 최대한 모방하려고 애쓸 것이며, 그럼으로써 은혜에서 어린아이에 불과한 이들에게 믿음을 명백하게 제시할 수 있기를 바랍니다.

그러므로 사랑하는 친구들이여, 먼저, 광야에서의 백성들을 묘사하는 것을 용인해 주십시오. 그들은 죄인들을 나타내는 자들입니다. 다음으로, 본문의 놋뱀을 묘사할 것입니다. 이는 십자가에 달리신 예수 그리스도의 표상입니다. 다음으로는 **놋뱀**에게 가해진 일에 대해 주목하겠습니다. 그것은 높이 달렸으며, 그리스도께서도 높이 달리셨습니다. 그런 다음, 뱀에게 물린 자들에게 일어난 일을 살펴보도록 합시다. 그들은 장대에 달린 놋뱀을 쳐다보아야 했으며, 죄인들도 그리스도를 그렇게 믿어야 합니다.

1. 광야에서 불뱀에 물린 백성들

우리의 첫 번째 상징은 죄의 상태에 있는 인간들을 나타냅니다. 그 상징은, 불뱀들에 의해 공격을 당했을 때 광야에 있는 이스라엘 백성들로부터 빌려왔습니다. 이스라엘 백성들이 날샌 불뱀 군대에 의해 공격을 당하고 있음을 알았을 때, 그들의 얼굴에 서려 있는 공포와 절망감을 당신은 상상할 수 있습니까? 그들은 아말렉 족속에게 용맹하게 맞서 싸웠습니다. 그러나 이런 불뱀들은 칼을 두려워하지 않았습니다. 야셀(Jasher)의 책에 기록된 것에 따르면, 모세는 그들에게 활을 사용하라고 가르쳤습니다. 그러나 이 뱀들은 화살로도 이길 수 없는 것들이었습니다. 이스라엘 백성들은 피곤과 목마름과 배고픔을 견디어 왔습니다. 때때로 낮에는 태양이 그들을 괴롭혔고, 밤에는 이슬이 괴롭혔으며, 만일 하나님의 보호하심이 없었더라면, 광야의 역경들이 그들을 지면에서 아주 끊어 버리고 말았을 것입니다. 그들은 그 모든 것들을 견디었고, 또 그만큼 단련이 되었습니다. 하지만 이 불뱀들은 처음이었습니다. 모든 새로운 공포들이 처음에 가장 무서운 법이지요. 당신은 그들이 이 끔찍한 방문자들을 보았을 때 서로 어떻게 말을 시작했을지 상상할 수 있겠습니까? 또한 당신은 그들의 공포가 어떻게 들불처럼 진영 전체에 퍼져갔을지, 그 불뱀의 소문이 그들을 얼마나 소름 끼치게 했을지 상상할 수 있겠습니까?

사랑하는 친구들이여, 만약 오늘날 우리 모두가 세상에서의 우리의 상태를 볼 수 있다면, 우리는 이스라엘이 그들에게 다가오는 불뱀들을 보았을 때처럼 느낄 것입니다. 우리의 자녀들이 이 세상에 태어날 때, 우리는 그들 속에 죄가 있다고 믿습니다. 설혹 태어날 때는 뱀이 아직 그들을 물지 않았다고 해도, 도처에 헤아릴 수 없는 악한 것들이 그들을 둘러싸고 있다고 생각하니 얼마나 끔찍한지요! 이 악한 세상에서 악한 것들이 사방으로 에워쌀 것을 의식하면, 아버지가 아들을 어떻게 두려움 없이 세상으로 내보낼 수 있겠습니까? 그리고 그리스도인이 이 악하고 음란한 세대의 한가운데를 어떻게 스스로를 의지하고 걸어

갈 수 있겠습니까? 사방이 유혹들로 가득한 것을 느끼면서, 만일 홀로 남겨진다면, 불뱀보다 천배나 더 위험한 일에 빠질 수 있다는 것을 느끼면서 그가 어떻게 자기를 신뢰하고 걸어갈 수 있겠습니까?

그러나 장면은 더 어둡습니다. 우리의 상황을 그림으로 제대로 그리려면 좀 더 짙은 음영(陰影)을 드리워야 합니다. 뱀에 물린 후의 백성들의 모습을 보십시오! 뱀의 독이 그들의 혈관을 타고 흐를 때 몸부림치며 괴로워하는 그들의 모습을 그릴 수 있겠습니까? 옛 저자들의 글에 따르면, 이런 뱀들에게 물리면 격렬한 열이 오르고 고통이 온 몸으로 퍼지는데, 마치 혈관들을 따라 뜨거운 다리미가 지나간 듯하다고 합니다. 뱀에 물린 사람들은 큰 갈증을 느꼈습니다. 물을 마시고서도, 여전히 속이 불붙은 듯하여 계속해서 물을 달라고 외칩니다. 근원에서부터 뜨거운 불이 붙어 모든 신경과 힘줄을 타고 흐릅니다. 그들은 고통으로 기진맥진하고, 아주 끔찍한 경련을 일으키며 죽습니다. 자, 내 형제들이여, 우리는 죄가 이와 같은 결과를 끊임없이 만들어 낸다고 말하지는 못합니다. 그러나 단언하건대, 죄를 그대로 두면, 죄는 점점 자라서 뱀에 물린 것보다 훨씬 심한 불행을 야기할 것입니다. 중독의 독배를 들이키는 젊은이는 그 잔에 뱀이 있다는 것을 알지 못합니다. 미량의 독이 있을 뿐 뱀은 보이지 않기 때문입니다. 자기의 부를 자랑하는 여인이 거만하게 화려한 치장을 하였을 때, 뱀이 그녀의 허리 부분을 감고 있는 것을 알지 못합니다. 그녀가 알기로는 거기에 뱀은 없었습니다. 하지만, 그녀의 사치가 끝나는 날에는 그것을 알게 될 것입니다. 하나님을 저주하는 자는, 독사가 독을 퍼뜨려서 그로 하여금 그의 창조주를 비방하게 했다는 것을 알지 못합니다. 그러나 그가 그것을 알게 될 날이 올 것입니다. 우쭐거리는 술주정꾼을 보십시오. 그렇게 술에 중독되어 몇 년이 흐른 뒤에는, 그에게서 인간다운 면이 모두 손상되고 말 것입니다. 비틀거리며 자기 무덤으로 가는 저 가련하고 연약한 존재를 보십시오. 그의 집 기둥들은 흔들리고, 그의 힘은 소진되었으며, 하나님의 형상대로 지음받은 존재가 불행의 화신과 같은 형상이 되고 말았습니다! 짧은 쾌락의 날이 끝났을 때, 저 음탕한 난봉꾼의 모습을 보십시오! 오, 그것을 묘사하기가 너무나 끔찍합니다. 내 입술은 우리 주변의 병원들이 매일같이 목격하는 그 비참한 광경을 묘사하기를 거부합니다. 역겹고도 끔찍한 모습입니다. 저주받은 질병이 죄에 탐닉했던 자의 모든 뼈까지도 부패시키고 말았습니다. 불뱀들은, 불 같은 정욕에 비하면 아무것도 아닙니다! 불뱀은 피 속에 독을 주입하겠지만, 정욕은 그와 같은 일을 더 심하게 합니다. 영혼 속에 저주를 주입하기 때문입니다! 죄가 그 일을 완수했을 때, 즉 그 잉태되었던 것이 태어나고 자라서 흉악한 범죄와 가증스런 부정의 형태로 장성하게 되었을 때, 그때 우리는 불뱀에 물린 이스라엘 백성들의 광경보다 더 끔찍한 광경을 그릴 수 있습니다!

　하지만, 장면은 좀 더 어두워집니다. 어둠은 더욱 짙고, 구름은 한층 더 무겁게 드리웠습니다. 그 뱀들에 의해 죽은 자들의 사망은 얼마나 더 끔찍할는지요! 어떤 죽음에 대해서는 생각하면 기분이 좋습니다. 저명한 설교자였던 고(故) 뷰몬트(Beaumont) 박사의 죽음은 모든 사람이 부러워할 만한 죽음입니다. 그는 그의 강단에서 죽었습니다. 그의 영혼은, 하나님을 찬미하는 노래가 울려 퍼지는 가운데, 몸을 떠나 하늘로 올라갔으며, 하나님 보좌 앞에까지 곧장 올라갔습니다. 주님을 섬겨 왔던 그의 죽음은, 마치 완전히 익은 곡식 알갱이가 떨어지는 듯하고, 혹은 태양이 경주를 마치고 지는 듯합니다. 그의 죽음에는 기쁨으로 되새기고 추억할 만한 무언가가 있습니다. 하지만 죄인의 죽음은, 탐욕의 뱀에 물리고서도 그리스도 안에 있는 믿음으로 구원받지 못한 사람의 죽음은, 오 얼마나 끔찍한지요! 하나님도 그리스도도 없이 살아온 사람의 임종의 침상에는, 인간의 언어로는 제대로 묘사할 수 없는 끔찍한 공포가 있습니다. 나는 지금까지 살았던 모든 연설가들에게, 그들의 모든 어휘를 사용하고, 공포와 두려움으로 가득한 모든 표현들을 구사하여, 하나님을 대적하며 살아온 사람이 죽음의 순간에 이르러서야 양심이 깨어나서 세상을 떠나는 장면을 묘사해 보라고 도전합니다. 어떤 사람들은 죄 속에서 살다가, 죽기 직전까지 죄의 마지막 찌꺼기에 심취하고, 눈먼 채로 구덩이에 빠지며, 조금의 두려움을 느끼지 못한 채 죽는 것도 사실입니다. 그러나 양심이 깨어난 사람은 그렇게 죽지 않습니다. 오, 그 날카로운 비명소리, 그 부르짖는 소리, 그 절규하는 소리들이란! 오, 그 얼굴의 표정은 고뇌와 고통으로 일그러져 있습니다. 주먹을 움켜쥐고서 죽지 않을 것이라고 저주하듯이 맹세하는 사람의 말을 들어본 적이 있습니까? 그들은 놀라서 이렇게 불평을 터뜨리며 선언합니다. "나는 죽을 수 없어. 죽지 않을 테야. 아직 준비가 되지 않았어!" 그 불타는 심연을 보고 놀라 뒤로 자빠지며, 그들은 의사를 움켜잡고서 만일 가능하다면 수명을 조금이라도 연장시켜 달라고 애원합니다. 아아, 많은 간호사들이 그런 사람을 다시는 간호하지 않겠다고 맹세합니다. 그 공포의 광경이 죽을 때까지도 지워지지 않기 때문입니다.

　내 사랑하는 청중들이여, 당신은 지금 당장 죽지는 않을 것입니다. 하지만 당신은 곧 죽을 것입니다. 여러분 중 어느 누구도 생명의 차용증서를 갖지 않았습니다. 여러분 스스로가 삶을 단 한 시간이라도 더 보장한다는 것은 불가능합니다. 만일 당신이 하나님도 없고 그리스도도 없는 상태라면, 당신의 모든 혈관 속에는 사망의 독이 가득하고, 그로 인해 당신의 죽음은 표현할 수 없을 정도로 고통스러울 것입니다! 당신에게 이 주제를 간절한 열심과 열정으로 전할 수만 있다면, 차라리 나의 이 더듬거리는 혀의 힘줄을 잘라버리기를 하나님께 요청하고 싶은 심정입니다. 우리 주위에서 매일같이 사람들이 죽고 있습니다. 바로 이 시간에도 수천 명의 사람들이 영혼의 세계로 떠나고 있습니다. 위층 침실 방들에서는 슬피 우는 친척들이 병상의 죽어가는 사람들 위로 눈물의 홍수를 쏟아내고 있습니다. 저 멀리 거친 바다에서는, 오직 갈매기들의 우는 소리만이 난파된 선원 위로 들리고 있습니다. 아래로 저기 깊고 깊은 골짜기에서도, 위로 가장 높은 언덕들에서도, 사람들은 지금 죽어가고 있으며, 내가 묘사하려고 시도했으나 실패했던 그런 고뇌 속에서 죽어가고 있습니다. 아, 여러분도 반드시 죽을 것입니다! 그런데도 여러분은 경솔하게도 계속해서 앞으로만 가고 있습니다. 계속해서 발걸음을 옮기며, 종일토록 즐겁게 노래 부르며, 다가올 일에 대해서는 생각조차 하지 않습니다! 오, 당신은 도살자에게 쉽게 이끌려가는 수소처럼 될 건가요? 도살업자의 칼을 핥는 염소처럼 될 건가요? 미친, 오 미친 사람이여! 당신은 영원한 진노를 향해 가고 있으며, 잔인한 파멸의 장소를 향해 가고 있으면서, 당신의 마음에서 어떤 탄식도 없고, 당신의 입술에서 어떤 신음소리도 나오지 않는군요! 당신은 매일 죽음의 고통을 겪으면서도 결코 신음하지 않는군요. 마침내 당신에게 죽음의 날이 오면, 그 날이 당신의 불행의 시작입니다. 그렇습니다. 수많은 사람들의 상태는 불뱀에 물렸을 때의 이스라엘 백성들의 상태와 똑같습니다

2. 놋뱀: 십자가에 달린 예수 그리스도의 표상

　이제 치유책에 대해 살펴볼 차례입니다. 불뱀에 물린 이스라엘 백성들의 치유책은 놋뱀이었습니다. 치료의 수단으로 장대 위에 높이 매달린 놋뱀에 대해 들었을 때, 이스라엘 자손 중 일부는 "부질없는 소리, 말도 안 돼요"라고 했습니

다. 그들 중 많은 이들은 불신앙의 술판 속에서 비웃었습니다. "그런 말을 듣다
니 불합리하고 우스꽝스럽군. 어떻게 그런 일이 가능하단 말이오. 놋뱀이 장대
위에 매달리고, 우리가 그것을 쳐다보면 이런 상처들이 낫는다니! 의사들이 모
든 기술을 동원해도 할 수 없는 일을 놋뱀을 쳐다보기만 하면 된단 말이오? 그
런 일은 불가능합니다!" 이런 반응이 많다는 것을 나는 압니다. 비록 놋뱀을 멸
시하지는 않았더라도, 십자가에 달린 그리스도를 멸시하는 많은 사람들이 있습
니다. 그들이 그분에 대해 어떻게 말하는지 내가 말해 볼까요? 그들은 그분에
대해 이스라엘 자손들이 놋뱀에 대해 말했던 것처럼 말합니다. 어떤 똑똑한 사
람이 이렇게 말했습니다. "나쁜 짓을 한 것은 뱀이 아니요? 그런데 뱀이 어떻게
그것을 원상태로 돌린단 말입니까?" 그렇습니다. 모든 사람들이 이런 식으로
말합니다. "죄와 죽음이 세상에 들어온 것은 인간에 의해서입니다. 그런데 한
인간이 어찌 우리 구원의 수단이 된단 말입니까?" 또다른 사람은 그분에 대해
유대인의 편견을 가지고서 이렇게 말합니다. "아, 그는 인간이었지 않습니까!
왕도 아니고, 왕자도 아니고, 힘센 정복자도 아니었습니다. 그는 단지 가난한
촌뜨기였고, 그래서 십자가에서 죽었지요." 아, 이스라엘 진영의 어떤 사람들도
그런 식으로 말했습니다. 그들은 그것은 단지 놋뱀에 불과하다고, 황금 뱀도 아
니고, 놋뱀 하나가 무슨 쓸모가 있느냐고 말했습니다. "그것이 부러지면 많은
돈을 받고 팔 수도 없습니다. 그것이 무슨 소용입니까?" 사람들은 그리스도에
대해서도 그런 식으로 말합니다. 그분은 멸시를 받아 사람들에게 버림받았으
며 간고를 많이 겪었으며 질고를 아는 자가 되었습니다. 마치 사람들이 그에게
서 얼굴을 가리는 것 같이 멸시를 당했습니다(사 53:3). 그들의 치료에 그분이
어떻게 적합한지 이해하지 못하기 때문입니다.

　　한층 더 나아가, 어떤 이들은 십자가를 전하는 일이 인간을 구원하지 못할
뿐 아니라, 악을 증대시킬 것이라고 주장합니다. 나이 든 의사들은 그 놋쇠가
사람들을 더 빨리 죽게 했을 것이라고 내게 말합니다. 어떤 빛나는 사물을 쳐다
보는 것은 독의 효과를 더 강력하게 할 것이며, 그래서 놋쇠를 쳐다보면 빨리
죽을 수 있다는 겁니다. 그러나 이상한 말이지만, 그 놋뱀을 쳐다보는 것이 그
들을 살렸습니다. 그 무신론자가 말합니다. "그리스도를 전한다고 해서 어떻게
인간이 죄에서 구원을 받는다는 것인지 나는 이해할 수 없습니다." 그는 말합니
다. "정말이지, 선생, 사람들이 죄를 그다지 많이 짓지도 않았는데도, 당신은 그

들에게 가서 믿기만 하면 그들의 죄가 씻겨 사라질 것이라고 말합니다! 그들은 오히려 그 말을 이용해서 이전보다 더 악해질 것입니다. 당신은 사람들에게 그들의 선행이 아무 소용이 없다고 말하며, 오직 그리스도만 의지해야 한다고 말합니다." 그 회의론자는 말합니다. "내 친애하는 동무여, 그것이 치료하기는커녕 오히려 모든 도덕의 파괴를 야기하고, 결국에 사람은 죽고 말 것입니다. 왜 그것을 전하는 겁니까?"오, 십자가의 도가 멸망하는 자들에게는 미련한 것이요 구원을 받는 우리에게는 하나님의 능력이며(고전 1:18), 또한 하나님의 지혜입니다(고전 1:24). 나 자신이 인정할 수밖에 없는 것은, 그 놋뱀을 처음 보면 가장 불합리한 고안품으로 보였으리라는 것입니다. 그 자체로는, 뱀에 물린 자들을 위한 치료책으로서, 어떤 인간의 생각도 고안해 낼 수 없었습니다. 그러나 내가 가까이 가서 그것을 바라보며 연구해 보면, 그것이야말로 하나님 자신이 발휘하신 최고의 지혜입니다. 나는 그리스도의 십자가에 대해서도 외양으로만 본다면 그와 같다고 보며, 지극히 단순하고도 단순할 뿐입니다. 그것은 그다지 깊이 사색할 만한 것이 없는 듯이 보입니다. 그러나 그것을 연구하고서, 한편으로는 공의를 옹호하면서도 또 한편으로는 십자가의 속죄의 피를 통해 인간을 용서하시려는 하나님의 놀라운 계획을 이해하게 된다면, 하나님의 강력한 지성도 그리스도의 십자가보다 더 지혜로운 계획을 고안해 낼 수 없었을 것이라고 단언합니다. 하나님의 지혜는 십자가에 달리신 그리스도 예수 안에서 나타났습니다.

그러나 기억하십시오. 놋뱀에 대해 들었던 많은 사람들이, 다른 치료책이 없으면서도, 그것을 멸시했을 것입니다. 내가 구원의 전체적인 이야기를 말하는 동안 잠시 귀를 기울여 주십시오. 사람들이여, 형제들이여, 그리고 아버지들이여, 우리는 악한 세대에서 태어났습니다. 우리는 스스로 우리의 죄를 키웠고, 우리에게는 희망이 없습니다. 우리가 무엇을 하더라도, 우리는 스스로를 구원할 수 없습니다.

> "우리의 열망은 쉴 줄을 모르며,
> 우리의 눈물은 멈출 줄을 모르지만,
> 그 모든 것으로도 우리 죄를 속할 수 없네."

그러나 형제들이여, 그리스도 예수께서, 하나님의 영원한 아들이 세상에 오시고, 동정녀 마리아에게서 나셨습니다. 그분은 고통과 슬픔의 삶을 사셨으며, 마침내 말로 표현할 수 없는 고통이 수반된 죽음을 당하셨습니다. 그것은 죄에 대한 징벌이었으며, 뉘우치며 그리스도께 나아오는 자들의 속죄를 위한 것이었습니다. 만일 당신이 오늘 그렇게 회개하고 예수님을 신뢰한다면, 그 믿음과 회개야말로 그리스도께서 당신을 위해 징벌을 당하셨다고 하는 확실한 증거입니다.

3. 놋뱀에게 가해진 일

그 놋뱀에게 어떤 일이 가해졌습니까? "모세가 광야에서 뱀을 든 것같이"라고 본문은 말합니다. 또한 우리는 그분도 장대 위에 높이 달리셨다는 것을 성경에서 읽습니다. 아, 사랑하는 친구들이여, 그리스도 예수께서 높이 달리셔야 했습니다. 그분은 높이 달리셨습니다. 악한 자들이 그분을 매달았으며, 저주받은 나무에 못을 박아 그분을 매달았던 것입니다! 성부 하나님이 그분을 높이셨습니다. 모든 정사와 권세자들보다도 훨씬 위로 그분을 높이셨습니다. 목사가 할 일도 그분을 높이는 것입니다. 세상에서 자기들의 사명이 그리스도를 높이는 것임을 망각한 목사들이 있습니다. 하나님께서 놋뱀을 높이 달라고 그에게 명하셨을 때, 모세가 스스로 이렇게 생각했다고 가정해 보십시오. '내가 그것을 높이 달기 전에 몇 마디 설명하는 말을 하는 편이 낫겠군. 그것을 속된 군중들 앞에 매다는 대신, 몇 가지 증거들을 제시해서, 그들이 그것을 이해할 수 있도록 해야겠군. 이 놋뱀에 황금 천을 입히고, 은색으로 무늬들을 장식해야지. 그래서 이 저속한 군중들이 직접 그것을 쳐다보지 못하게 하고, 내가 힘써서 그들에게 그것을 설명해주도록 해야지.' 바로 이것이 이 시대와 지나간 시대의 수많은 성직자들이 시도해 왔던 일입니다. 오, 복음이 가난한 자들에게 전파되지 못하도록 한 것입니다! 로마 교회는 이렇게 말합니다. "성경이 저속한 군중들에 의해 읽혀져서는 안 된다! 그들이 어찌 그것을 이해하겠는가? 그것은 일반인들이 보기에는 너무나 신성한 것이다! 안 된다, 그 놋뱀을 포장해라. 천으로 포장하고, 그것이 보이지 않게 하라." "아니오," 우리 신교 목회자들 중 많은 이들은 이렇게 말합니다. "성경은 그들에게도 주어져야 하고, 결코 우리가 그것을 변질시켜 번역하거나 해석해서는 안 되오." 현재의 번역본에도 너무 모호한 구절이 몇 군데 있어서, 설명이 없이는 누구도 그 구절들을 제대로 이해할 수 없습니다. 이 시대의 성직자들이 이렇게 말합니다. "그러나 안 됩니다. 우리는 적절하게 번역된 성경을 갖지 않을 것이오. 사람들도 잘못된 번역을 언제까지나 참아야 합니다. 놋뱀은 포장되어야 합니다. 만일 우리가 새 번역을 가지게 되면 몇 가지 복잡한 문제들이 생길 것입니다!" 다른 사람들은 또 이렇게 말합니다. "아니요, 만일 필요하다면, 새 번역본을 가져야겠지요. 하지만 진리의 어떤 부분에 대해서는 전하지 말아야 합니다!"

나는 목회 사역에 종사하는 내 형제들의 몇 가지 입장을 잘못 대변하고 있는 것이 아닙니다. 나는 그들이 하나님의 말씀의 어떤 교리들에 대해서는 전하지 말아야 한다고, 최소한 매일 전하지는 말아야 한다고, 주장하는 것을 압니다. 그들은 선택(Election)의 교리가 정당하다고 말합니다. 그러나 그들은 결코 거기에 대해 언급하지 않습니다. 그들은 예정(Predestination)이 의심할 바 없이 신성한 교리라고 말하지만, 그것을 사람들에게 가르치지는 말아야 한다고 합니다. 그것이 그들의 신조에는 포함되어야 한다고 말합니다. 그렇지 않으면 교리적으로 건전하지 않으니까요. 하지만 강단에서는 전혀 언급하지 말아야 할 것으로 간주합니다.

로마 교회는 말합니다. "아니요. 만일 우리가 놋뱀을 가지게 되면, 우리는 그것을 보이지 않는 성소에 보관해 두고, 그 앞에서 향을 피울 것이오. 그래서 그것이 분명히 보이지 않게 할 것이며, 화려한 의식과 형식의 가리개를 설치해 두어, 일반 대중이 그것을 속되게 쳐다보지 못하도록 할 것이오. 우리는 수천 가지의 예식들로 그 사방에 줄을 칠 것이며, 그리하여 복음에 대한 사람들의 관심을 빼앗고, 그들로 하여금 예배의식에만 만족해서 돌아가게 할 것이오!" 이것이 이 시대의 거대한 추세입니다. 퓨지주의자들(Puseyites: 옥스퍼드 대학에서 히브리어를 가르친 Pusey의 추종자들. 가톨릭적인 전통을 강조하고 국교회의 권위를 회복하고자 한 것이 그들의 목적임 ― 역주)은 복음의 단순함을 전하는 대신, 복잡한 도식(圖式)을 전하려고 애를 썼습니다. 그들은 말합니다. "오, 고딕 양식의 교회는 얼마나 숭고한지요. 고딕풍의 기둥들이 숲을 이룬 곳에 앉아 있으면, 그것이 어떻게 영혼을 하늘까지 높여주는지요! 오, 훌륭하게 연주된 오르간 소리가 정신에 얼마나 좋은 영향을 미치는지요!" 그들은 잘 차려 입은 의복이 일종의 천상의 영향력을 미칠 수 있다고 우리에게 말합니다. 그리고 사제가 자기 역할을 거룩하고 경건한 태도로 수행하는 것을 보는 것이 영혼에 감화를 주는 아주 훌륭한 방식이라고 합니다. 그들은 크리스마스 장식용 호랑가시나무가 아주 신성하고 영적인 것이라고 믿도록 만듭니다. 그들은 우리의 열정이 이 조그만 녹색의 잔가지들에 의해 하늘로 올라간다고 가르치며, 이따금씩 가스 등잔이 놓인 곳에 꽃을 바치는 것이 우리의 영혼을 낙원으로 이르게 하는데 아주 뛰어난 효과가 있다고 가르치며, 밝게 빛나는 촛불이 의의 태양을 온 세상에 보여주는 가장 뛰어난 방식이라고 가르칩니다!

　　자, 우리는 그들의 관점에 동의하지 않으며, 그들과 똑같이 실족하지 않을 겁니다. 우리는 이런 장소가 어린이들에게 어울린다고 믿습니다. 그들은 그곳에서는 좀처럼 울지 않을 것입니다. 그들을 즐겁게 해주는 것들이 많기 때문입니다. 하지만 우리는 어른이, 퓨지주의자들의 종교에서 볼 수 있듯이, 알록달록하게 멋을 부려 치장한 것을 보려고 앉아 있는 모습을 기대하기 힘듭니다. 그곳에는 그야말로 허튼 일 외에는 아무것도 없습니다. 복음은 전혀 볼 수가 없습니다. 마치 아론이 놋뱀 앞에서 향으로 가득 찬 향로를 흔들며 큰 연기를 내는 것 같습니다. 사람들은 놋뱀을 볼 수가 없습니다. 그 때 뒤에 있던 모세가 서둘러 놋뱀을 보여주려 하지만, 그 앞을 가리고 있는 연기 때문에 가련한 영혼들 누구도 그것을 볼 수가 없습니다. 그래서는 안 됩니다. 십자가에 못 박히신 그리스도 예수에 대해 우리가 해야 할 유일한 일은, 그분을 높이 올리고 그분을 전하는 것입니다. 시골 농부의 말투로 전할 뿐이지만, 하늘에서는 수많은 별로 장식된 빛나는 왕관을 쓰게 될 사람들이 많이 있습니다. 그들은 그리스도를 높이고, 죄인들은 보고서 구원을 받았기 때문입니다. 학식 있는 박사들이 많이 있고, 그들은 애굽의 방언을 비롯하여 어둡고 신비로운 언어들을 구사합니다. 하지만 그들이 천국에 들어가게 될지, 또한 그들의 왕관에 단 하나의 별이라도 장식될지 알 수가 없습니다. 그들은 결코 그리스도를 높이지 않았고, 그들의 주님께 왕관을 드린 적이 없기 때문입니다. 목회의 엄숙한 직무로 부르심을 입은 우리 각 사람은 기억해야 합니다. 우리는 교리를 높이기 위해 부르심을 받은 것이 아니며, 교회나 정부나, 혹은 특정 교파를 높이기 위해 부르심을 받은 것이 아닙니다. 우리의 일은 그리스도 예수를 높이며 그분을 온전히 전하는 것입니다. 교회의 치리가 논의되어야 하고, 특정 교리들이 옹호되어야 하는 때가 더러 있습니다. 하나님께서는 우리가 진리의 일부에 대해 침묵하는 것을 금하십니다. 그러나 목회의 주된 업무는, 그것의 일상의 업무는, 그리스도를 제시하며 죄인들에게 이렇게 외치는 것입니다. "믿으시오, 믿으시오, 세상 죄를 지고 가는 하나님의 어린 양이신 그분을 믿으시오."

또한 이 점을 기억하도록 합시다. 만일 목회자가 그리스도를 명백히 전하기만 한다면, 그것이 바로 그가 해야 할 일의 전부입니다. 애정을 가지고, 기도하면서, 그가 그리스도를 온전히 전한다면, 구원받은 영혼이 아무도 없다 해도 ─ 내가 믿기로 그것은 불가능하지만 ─ 그는 그의 일을 다 한 것이며, 그의 주인은 이렇게 말씀하실 것입니다. "잘 하였도다." 내가 이 예배당을 떠나 있을 때, 다양한 교리들에 대해 전한 후에 많은 사람들이 어리석게도 나에게 찬사를 보냈습니다. 그러나 나는 나 자신에게 이렇게 말했습니다. "온통 그 주제에 대해서 말한 것이 한탄스럽구나." 그리고 또다른 때에는, 설교 시간에 우물거리며 말하고 나니, 거의 천 번이나 실수를 범했습니다. 그러나 그 때 나는 왕자처럼 행복한 마음으로 떠날 수 있었습니다. 스스로에게 이렇게 말할 수 있었기 때문입니다. "나는 그리스도를 전했다." 죄인들이 구원받기에는 그것으로 충분합니다. 설혹 세상의 모든 신문들이 나를 혹평한다 해도, 세상의 모든 사람들이 야유를 퍼붓는다 해도, 설교자가 스스로 이렇게 느끼는 한 그는 여전히 살아 숨쉴 것입니다. "나는 죄인들에게 설교해왔다. 그리스도께서 그들에게 전파되었다. 이제 그들은 그분을 이해하고 붙들 수 있고, 구원을 얻을 수 있게 되었다."

4. 뱀에 물린 자들에게 일어난 일

이제, 사랑하는 친구들이여, 거의 결론에 도달했습니다. 그러나 이 부분을 전할 때에 나로서는 가장 큰 힘이 필요합니다. 이스라엘은 무엇을 해야 했습니까? 죄를 자각한 죄인들이 무엇을 해야 합니까? 이스라엘 사람들은 바라보아야 했으며, 죄를 자각한 죄인들은 믿어야 합니다. 당신은 모세가 경건한 머리를 꼿꼿이 들고서, 담대하게 온 힘을 다해 이렇게 외치는 모습을 그려볼 수 있습니까? "보라, 보라, 보라!" 오른손으로 장대를 붙잡고, 그것을 높이 들어올려서, 위대한 기수처럼 진영을 돌아다니며 행진하는 그의 모습을 볼 수 있습니까? 그의 손가락으로 지시하며, 손짓으로 말하며, 눈과, 입술과, 발과, 몸의 모든 부분을 사용하여, 뱀에 물린 이스라엘 사람들에게 "바라보라"고 열정적으로 외치는 그를 볼 수 있습니까? 아마도 당신은 그 장면을 그려볼 수 있을 것입니다. 서로 엉기어 뒹굴며, 거의 죽어가던 사람들이 그 놋뱀을 보고 살기 시작합니다. 그 진영에는 놋뱀을 바라보지 않으려는 사람들 또한 더러 있었다는 것을 주목하십시오. 그들은 고집스럽게 눈을 감습니다. 그 장대가 그들 가까이 올 때에는 그들은 눈을 떠 바라보지 않습니다. 그들은 아마도 불신앙으로 이렇게 말했을 것입니다. "그게 무슨 소용이 있어? 그것은 뱀에 물린 자들에게 아무 효능도 없을 거야!" 장대가 그 앞에 있는데도, 여전히 그것을 바라보지 않는 가엾은 사람이 있습니다. 그는 어떻게 될까요? 오, 죽음의 고통이 그에게 있습니다. 죽음이 그를 어떻게 괴롭히고 있는지를 보십시오! 그의 육신은 고통 속에 뒤틀린 듯이 보입니다! 그는 안간 힘을 쓰면서 그 놋뱀을 보지 않으려고, 살지 않으려고, 스스로 눈을 감고 있습니다.

　아! 나의 청중이여, 오늘 여기에도 그런 사람이 있습니다. 여기에는 그리스도께 나아와서 구원받지 않으려 하는 사람들이 많습니다. 복음이 전해질 때 그들은 그것에 저항합니다. 그것을 멸시하고, 거절합니다. 복음의 환대는 너무나 은혜로운 것임에도, 사람이 그것을 완강히 거부하는 것입니다. 또한 나는 여기에 종종 양심의 자극을 받는 사람들이 있다는 것을 압니다. 그들은 종종 마음에 감동을 받아 믿으려 하다가, 해로운 영향에 너무나도 깊이 빠져들었기 때문에, 그리스도께 나아오려 하지 않습니다. 오, 죄인이여, 당신의 운명이 얼마나 불길한지 당신은 거의 모르고 있습니다. 당신은 오늘 내게 구주를 믿지 않는다고 말할지 모릅니다. 당신은 경고에 귀를 막으며 이렇게 말할지 모릅니다. "그 문제를 그렇게 시끄럽게 외칠 필요가 무어람? 나는 믿느니 차라리 죽을 테야. 그리스도가 구원할 수 있다고 생각하지 않아! 믿어서 좋은 게 뭐지?" 아, 선생이여, 당신은 나를 거절할 수는 있습니다. 하지만 나보다 더 큰 설교자가 곧 당신에게 올 것입니다. 그는 뼈대만 남은 팔과, 앙상한 손가락과, 차가운 음성으로, 당신을 떨게 만들고 확신시킬 겁니다! 그것은 죽음이라고 불립니다! 오늘 내 얼굴을 보십시오. 그리고 나에게 거짓말을 전한다고 말하십시오. 당신은 쉽게 그렇게 할 수 있습니다! 내일 죽음의 얼굴을 보고, 그렇게 말하려 하면, 그것이 쉽지 않다는 것을 알 것입니다. 아아, 당신이 그렇게 말할 정도로 완고하다면, 당신은 위대한 재판장의 얼굴을 차마 쳐다보지 못할 것입니다. 그분이 보좌에 앉으실 때, 그분의 복음이 참되지 않았다고 감히 말하지 못할 것입니다. 놀라고 두려워서, 당신은 보좌에 앉으신 그분의 얼굴을 피해 숨기를 바랄 것입니다.

아마도 이스라엘 진영 중에는 장래에 바라보겠다고 말하는 사람들이 있었을 것입니다. 그들은 말했습니다. "오, 지금은 볼 필요가 없어요. 독이 아직 퍼지지 않았거든요. 우리는 아직 죽지 않았어요. 그러니 조금 더 있다가요!" 몸이 뻣뻣하게 굳고 흙처럼 차가워지기 전에 그들이 마지막 말을 할 수 있기를 바랍니다! 얼마나 많은 사람들이 그와 똑같이 행동합니까? 그들은 아직까지는 신앙에 관심이 없습니다. 다른 날, 다른 시간으로 미룹니다. 그들은 그들이 원할 때에 신앙을 가질 수 있을 거라고 믿습니다. 그릇된 생각이지요! 그래서 할 수만 있다면 그 문제를 뒤로 미루고 있습니다. 얼마나 많은 사람들이 구원의 날을 미루어왔으며, 마침내 저주의 날이 다가왔습니다. 그들이 미처 회개하지 않았을 때 말입니다! 오, 얼마나 많은 사람들이 이런 식으로 말해 왔습니까? "좀 더 자자, 좀 더 졸자, 손을 모으고 좀 더 누워 있자"(잠 6:10). 그들은 마치 배가 가라앉고 있을 때에 여전히 갑판에 머물고 있는 사람들 같습니다. 할 수 있을 때에 피하려 하지 않고, 여전히 갑판 위에서 지체하는 자들입니다. 마침내 바다가 그들을 삼키고, 그들은 산 채로 깊은 물 속으로 잠깁니다. 꾸물거리지 않도록 주의하십시오. 지체하는 것은 위험하며, 어떤 지체는 저주스러운 것입니다! 여기를 보십시오, 여기 십자가에서 피 흘리시는 그리스도를 보십시오. 지금 보십시오, 성령께서 이렇게 말씀하시기 때문입니다. "오늘 너희가 그의 음성을 듣거든 격노하시게 하던 것 같이 너희 마음을 완고하게 하지 말라"(히 3:15).

거기에 의사들을 찾는 사람들도 더러 있었을 것이라고 생각합니다. "저 놋뱀을 보라." 이런 외침을 듣고서 그들은 이렇게 말합니다. "우리는 아니야! 의사 선생님, 이리로 오시오. 당신의 연고를 가지고 오시오. 당신은 내 팔에서 쓰리고 화끈거리게 하는 독을 제거할 수 있지요? 그리고 감로주를 좀 부어서 우리를 구원해 줄 수 있겠지요? 의사 선생님, 당신은 내 피를 식혀줄 해독제를 가지고 있지요? 아, 나는 저 놋뱀을 비웃습니다. 나는 그것을 쳐다보지 않을 겁니다. 나는 당신의 기술을 믿을 것입니다. 오, 학식 있는 의사 선생님!" 얼마나 많은 사람들이 그와 똑같은 일을 하고 있습니까? 그들은 말합니다. "나는 그리스도를 믿지 않을 겁니다. 나는 더 좋은 것을 시도해 볼 겁니다. 나는 나 자신을 개혁할 것이며, 교회의 모든 의식에도 참석할 것입니다. 내가 나 자신을 도울 수 있다면, 그리고 나 스스로를 개선할 수 있다면, 예수님이 무슨 필요가 있겠습니까?" 아, 당신이 시도할 수는 있겠지만, 당신이 그 아첨하는 기름을 당신의 영혼에 바를 수는 있겠지만, 그리고 곪은 상처를 덮을 수는 있겠지만, 그러는 동안 당신의 부패는 속에서 잠들어 있다가 마지막 순간에 터지며 불꽃같은 고통을 당신에게 안겨 줄 것입니다. 당신에게는 치료를 시도할 시간이 더 이상 없을 것입니다. 모든 시간이 지나갔습니다. 병원에도 자비를 호소할 수 없고, 마치 나병 환자처럼 되어 사람들에게서도 외면당하고, 은혜의 소망으로부터 완전히 멀어지게 될 것입니다.

　　너무나 분주한 나머지, 놋뱀을 쳐다볼 생각도 하지 않는 사람들이 있었을 것입니다. 가련한 인생들입니다. 그들은 고통 속에서 드러누운 채로 발바닥에 난 상처만 쳐다봅니다. 그들은 아파서 울면서도 결코 놋뱀은 쳐다보지 않습니다. 수십 명 수백 명이 그런 식으로 죽어갔습니다. 그런 죄인이 말합니다. "오, 나는 그렇게 악하지 않았어요!" 인간이여, 그렇게 하소연한들 무슨 소용입니까? 그리스도께 모든 공로가 있으니, 그분을 바라보십시오. 또다른 사람이 말합니다. "아니, 아니요. 나는 그리스도를 바라볼 수 없습니다. 오, 선생님, 당신은 내가 얼마나 많은 죄를 지었는지 모르십니다. 나는 술주정꾼이었고, 거짓 맹세자였고, 창기와 놀아난 자였으니, 이런 내가 어떻게 구원을 받을 수 있겠습니까!" 친애하는 이여, 당신이 어떤 죄인이었는지는 문제가 아닙니다. 십자가에 달린 그리스도만을 바라보십시오. 불뱀에 물린 어떤 가련한 인생이 나에게 이렇게 말했습니다. "이제는 내가 그곳을 바라보아도 아무 소용이 없어요. 거대한 뱀이 내 허리를 감고 있으며, 또다른 뱀이 내 손을 삼키고 있습니다. 내가 어떻게 살 수 있겠어요?" 나는 그에게 이렇게 말합니다. "내 사랑하는 친구여, 당신에게 한 마리의 뱀이 있든지 오십 마리의 뱀이 있든지 거기에 주목하지 마십시오. 한 번을 물렸든지 오십 번을 물렸든지, 당신이 해야 할 일은 놋뱀을 바라보는 것뿐입니다. 몇 번을 물렸는지는 문제가 아닙니다. 당신이 그런 고통을 느끼고도 놋뱀을 바라보지 않으면, 그것 때문에 망하는 것입니다. 그러니 그리스도를 똑바로 쳐다보십시오." 그리고 죄인 중에 괴수인 당신도 주 예수를 믿으십시오. 당신의 죄가 아무리 크다 해도, 그분은 가장 흉악한 죄인이라도 능히 구원하실 수 있으며, 그분을 통해 하나님께 나아오는 누구라도 구원하실 수 있습니다. 헛된 망상들에 속아 죽어간 사람들이 얼마나 많은지요. 그들의 눈앞에 복음을 두고도, 그토록 명백하게 장대 위에 높이 달려 있음에도, 그들이 쳐다보지 않는 것에 우리는 놀랄 뿐입니다.

이제 나는 가련한 죄인들을 격려하기 위해 한두 가지 위로의 말을 해야겠습니다. 오, 이 아침에 죄인임을 알게 된 그대여, 당신에게 이런 말을 하게 해 주십시오. "그리스도를 바라보십시오." 놋뱀이 높이 달렸고, 그것은 불뱀에 물린 진영의 모든 사람이 살도록 하기 위함임을 기억하십시오. 이제 그리스도께서 높이 달리신 것은 "그를 믿는 자마다 멸망하지 않고 영생을 얻게 하려 하심입니다"(요 3:16). 죄인이여, 마귀는 당신에게 끝났다고 말합니다. "그분을 믿는 자는 누구든지" 끝나지 않았다고 마귀에게 말하십시오. "누구든지(whoever)" 라고 하는 말이 얼마나 귀한지요! 가련한 영혼이여, 당신은 그 말을 움켜쥐고서 이렇게 말합니다. "그러면 선생님, 만일 내가 믿으면 그분이 나를 쫓아내지 않으시는 거죠?" 나는 자기 죄로 슬퍼하는 저 매춘부를 봅니다. 그녀는 그리스도께서 자기를 구원하시는 것이 불가능하다고 말합니다. 그러나 그녀는 "누구든지"라고 하는 말을 듣고서, 그리스도를 보았고, 살았습니다! 기억하십시오. 그들의 나이가 얼마든지, 뱀에게 얼마나 많이 물렸든지 그런 것은 문제가 아니며, 그들이 진영의 어느 곳에 사는지도 문제가 아닙니다. 그들은 단지 바라보았고 살았습니다. 그리고 이제 당신의 머리는 죄 속에서 백발이 되었고, 당신의 머리는 검기보다는 희게 되었습니다. 만일 머리 색깔이 당신의 성품을 보여준다면, 당신의 머리 색깔은 죄 속에서 살아온 연수만큼 검어졌을 것입니다. 큰 죄인들을 위해서나 작은 죄인들을 위해서나, 그리스도는 동일하심을 기억하십시오. 백발의 노인을 위해서나 갓난아기를 위해서나, 그리스도는 동일하십니다. 가난한 자들을 위해서나 부자들을 위해서나, 그리스도는 동일하십니다. 굴뚝 청소부들을 위해서나 군주들을 위해서나 그리스도는 동일하시며, 창녀들을 위해서나 성인들을 위해서나 그리스도는 동일하십니다. "누구든지." 나는 넓은 범위를 나타내기 위해 넓은 의미를 지닌 표현을 사용합니다. 즉 인류의 모든 죄인들을 통틀어서, 누구든지 그리스도를 바라보는 자는 살 것입니다.

또한 기억할 것은, 적게 바라본다면 살지 못할 것이라고 성경이 말하지 않는다는 것입니다. 아마도 뱀에 물려서 눈꺼풀이 부어올라 거의 볼 수 없는 사람들도 있었을 것입니다. 고(故) 크리스토퍼 네스(Christopher Ness) 목사는 말했습니다. "그들 중에는 시력이 너무 약해 한 눈으로 찡그리며 주시해야 했던 사람들도 있었을 것이다." 그는 이렇게 표현했습니다. "설혹 그들이 그 놋뱀을 조금밖에 주시하지 못했더라도, 그들은 살았다." 믿음이 없다고 한탄하는 당신이여, 만일 하나님께서 겨우 한 알갱이 정도의 믿음을 주신다 해도, 그 믿음이 당신을 천국으로 인도할 것입니다. 당신이 이렇게만 말할 수 있으면 됩니다. "오주님, 제가 믿고자 합니다. 저의 믿음 없는 것을 도와주소서"(막 9:24). 당신은 그저 시몬 베드로처럼 손을 내밀며 이렇게 말하면 됩니다. "주여, 저를 구원하소서(마 14:30). 제가 죽어가나이다." 그것으로 충분합니다. 당신은 오랜 경험을 한 성도들과 더불어 이런 찬송을 부르지 못할 수도 있습니다.

> "그분의 손 바닥에 새겨진 내 이름은,
> 　영원토록 지워지지 않으리."

하지만 그저 이렇게 부를 수만 있다면, 그것으로 충분하다는 것을 기억하십시오.

> "그분께 가기만 하면 멸망하지 않으리니,
> 　나는 시도하기로 결심했다네;
> 　그분에게서 멀리 떨어져 있으면
> 　영원히 죽고 말 것을 알기 때문이라네."

가련한 영혼들에게 할 말이 거의 끝났습니다. 그러나 당신을 가도록 내버려 둘 수가 없습니다. 나는 당신에게서 눈물을 보며, 당신이 슬퍼하며 죄를 고백하는 소리를 듣습니다. 고개를 들어 나의 주님을 보고 살라고 당신에게 말합니다. 나의 주님께 가는 것을 두려워하지 마십시오. 그것이 얼마나 부끄러운 일인지 나는 압니다. 나도 같은 일을 경험했고, 그분이 나를 구원하시지 않을 것이라고 생각했었습니다. 오십시오, 그대 영혼이여! 당신은 홀로 은밀한 중에 있습니다. 수천 명이 주위에 있어도, 나는 오직 당신 한 사람을 향해 말하고 있다고 느끼며, 실제로 그렇습니다. 내 형제여, 내 자매여, 당신은 오늘 죄로 인해 울고 있습니다. 예수님을 바라보십시오. 당신에게 용기가 되도록 이 세 가지를 유의하십시오.

첫째로, 예수 그리스도께서는 당신이 그분을 바라보도록 하시려고 십자가에 달리셨습니다. 그분이 죽으신 유일한 이유는 가련한 죄인들이 그분을 보고 구원을 얻는 것입니다. 이제, 내 사랑하는 형제들이여, 그것이 그리스도께서 나무에 달리신 목적이라면, 당신이 그렇게 하지 못한다고 생각할 필요가 없습니다. 하나님께서 강물을 내시고, 우리가 마시도록 그것을 우리에게 허락하셨으면, 마시지 않는 것은 그분을 실망시켜드리는 것이 아니겠습니까? 그러지 말고 오히려 이렇게 말하십시오. "그분이 내가 그것을 마시기를 원하십니까? 그러면 내가 마시겠습니다." 자, 예수님도 죄인들이 바라보도록 하기 위해 십자가에 달리셨습니다. 그분을 보고서, 그분을 바라보고서, 구원을 얻으십시오.

또한 이것을 기억하고 용기를 얻으십시오. 그분은 바라보라고 당신에게 요청하십니다. 그분은 믿으라고 당신을 초대하십니다. 그분은 그분의 종을 오늘 보내셨으며, 당신에게 그렇게 하라고 명하십니다. 그분은 내게 이렇게 말씀하셨습니다. "너희는 온 천하에 다니며 만민에게 복음을 전파하라. 믿고 세례를 받는 사람은 구원을 얻을 것이라"(막 16:15-16). 나는 내 주님의 문이 당신에게 활짝 열려 있다고 단순하게 말할 필요가 없습니다. 나는 그 이상을 말하려 합니다. 그분은 내게 말씀하시기를, 당신에게 들어오도록 요청하라고 하셨습니다. 지혜가 크게 외칩니다. 거리에서 목소리를 높이며, 당신을 초대하며 이렇게 말하고 있습니다. "나의 소와 살진 짐승을 잡고 모든 것을 갖추었으니 혼인 잔치에 오소서"(마 22:4). 그렇습니다. 내 주님께서는 만일 사람들이 스스로 오지 않으려 하거든, 그들을 강권하여 그분의 집을 채우라고 당부하셨습니다. 그러므로, 가련한 죄인이여, 당신은 틀림없이 환대받을 것입니다. 그분은 많은 죄인들을 초대하여 그분의 연회석이 가득 채워지도록 할 것입니다. 그분이 당신에게 죄인임을 느끼게 하셨다면, 죄인이여, 어서 오십시오. 주저 말고 와서 그분의 환대를 받으십시오.

내 마지막 격려는 이것입니다. 내 주님께 와서 그분의 선하심을 맛보고 아십시오. 그분은 당신의 구원을 약속하십니다. 예수 그리스도의 약속들은 모두가 서약처럼 효력이 있으며, 결코 파기되지 않습니다. 그분이 말씀하십니다. "그를 믿는 자마다 멸망하지 않고 영생을 얻으리라"(16절). 자, 설혹 여기에 스스로를 세상에서 가장 비열한 죄인이라고 선언한 사람이 있다고 해도, 나는 그에게 말할 것입니다. 젊은이여, 나는 하나님의 약속의 신실하심을 입증하기를 매우 좋아합니다. 이제 하나님이 말씀하십니다. 만일 당신이 믿는다면 당신은 멸망하지 않을 것입니다. 내 사랑하는 친구여, 보통의 죄인에게도 하나님의 약속은 실패가 없으며, 그 신실하심의 증거는 있습니다. 그러나 당신은 아주 큰 죄인이지요. 자, 큰 죄인인 당신이여, 이 약속에 당신 자신을 맡기십시오. 그분은 당신이 멸망하지 않으리라고 말씀하십니다. 와서 그분의 신실하심을 경험해 보십시오. 그리고 기억하십시오. 하나님께서는 스스로를 부인하실 수 없으시며, 진실하심을 멈추지 않으시기에, 그리스도를 믿는 죄인을 결코 저주하실 수 없습니다. 무거운 죄의 짐을 지고 비틀거리는 당신이여, 와서 그 단순한 약속 위에 짐을 풀어놓으십시오. "자기를 힘입어 하나님께 나아가는 자들을 온전히 구원하실 수 있으니"(히 7:25). 그리스도께 당신의 전부를 맡기십시오. 그러고도 당신이 구원을 받지 못한다면, 하나님의 책은 거짓말이며, 하나님이 그분의 진리를 깨뜨리는 셈이 됩니다. 그러나 그런 일은 있을 수 없습니다. 와서 시험해 보십시오. "그리스도를 믿는 자마다 멸망하지 않고, 영생을 얻게 하려 하심이라."

제
12
장

—

측량할 수 없는 사랑

—

"하나님이 세상을 이처럼 사랑하사 독생자를 주셨으니
이는 그를 믿는 자마다 멸망하지 않고 영생을
얻게 하려 하심이라." — 요 3:16

얼마 전에, 지금까지 설교했던 본문들의 목록을 살펴보다가, 이 구절로 설교했던 기록이 없음을 보고서, 나는 크게 놀랐습니다. 이는 아주 기이한 일이었습니다. 왜냐하면, 내가 진실로 말할 수 있듯이, 그것은 내 일생의 사역의 유일한 주제로서 나의 모든 설교 모음 중에서 제일 앞에 위치할 만한 것이기 때문입니다. 그리스도 예수 안에서 인간을 향한 하나님의 사랑을 전하는 것이 나의 유일한 사명이었습니다. 나는 최근에 고령의 어떤 목사님에 대한 말을 들은 적이 있는데, 그분에 대해 이렇게 말하더군요. "설교 본문이 무엇이든, 그는 사랑으로서의 하나님과 속죄로서의 그리스도를 전하는 일에 실패한 적이 없다." 나 역시 그런 말을 들을 수 있기를 너무나 소망합니다. 내 심장의 열망은 이 복음의 소리를 나팔처럼 널리 울려 퍼지게 하는 것입니다. "하나님이 세상을 이처럼 사랑하사 독생자를 주셨으니 이는 그를 믿는 자마다 멸망하지 않고 영생을 얻게 하려 하심이라."

우리는 조금 후에 성찬의 식탁에 둘러앉을 것입니다. 그리고 나는 이 본문에서 단순한 복음 설교 외에는 어떤 것도 전할 수가 없습니다. 성찬을 위해서 이보다 더 좋은 준비를 바랄 수 있겠습니까? 우리는 예수 그리스도 우리 주 안에

서 나타난 무한한 사랑을 근거로, 하나님과의 교제와 성도 상호간의 교제를 나
누는 것입니다. 복음은 흠 없이 깨끗한 흰 세마포 천과 같아서 성찬의 식탁을
덮기에는 제격입니다. 더 고상한 진리들, 더 많이 깨닫고 경험한 사람들에게 속
한 진리들, 고상한 삶의 교제에 대해 말해주는 더 풍성한 진리들 — 이 모든 것
들이 거룩한 교제에 도움이 될 것입니다. 그러나 나는 그런 것들에 대해서보다,
우리가 하나님 나라에 처음으로 들어가게 되었을 때 수단이 되었던 초보적이고
기본적인 진리들에 더 큰 확신을 가지고 있습니다. 그리스도 안에서 아기들과
또한 그리스도 안에서 어른들은 여기서 한 가지 공통된 음식을 먹을 것입니다.
오십시오, 나이 든 성도들이여, 다시 어린아이들이 되십시오. 또한 주님을 오래
도록 알아왔던 당신도, 처음 글을 배우던 때의 단어 책을 붙잡고 다시 'ABC'를
읽으십시오. 하나님이 세상을 이처럼 사랑하사 독생자를 죽음에 내어주시고
그를 믿는 자마다 영생을 얻도록 하셨다는 것을 배움으로써 그렇게 하십시오.
나는 당신이 글자를 잊어버렸기 때문에 초보적인 교훈을 다시 배우라고 요청하
는 것이 아닙니다. 오히려 그렇게 하는 것이 기억을 새롭게 하고, 복된 일을 다
시 생생하게 느끼도록 해 주기 때문입니다. 옛 사람들이 열십자형 행렬(Christ-
cross Row, 인쇄용 활자들의 보관 판)이라고 부른 것에는 글자들 외에는 아무것도
담겨져 있지 않습니다. 하지만 언어로 인쇄된 모든 책들이 그 행렬에서 만들어
져 나옵니다. 그러므로 나는 여러분이 십자가로 되돌아가기를 요청하며, 거기
서 피 흘리신 분께로 돌아가기를 요청합니다. 때때로 우리 모두가 우리의 출발
지점으로 되돌아와서, 우리가 영원한 길 안에 있음을 확인하는 것은 좋은 일입
니다. 만일 우리가 하나님이 우리와 함께하기 시작하신 지점에서, 그리고 우리
가 하나님과 처음으로 함께하기 시작했던 지점에서 새롭게 출발한다면, 우리의
성혼식의 사랑은 영원토록 지속될 것입니다. 의지할 곳 없이, 절박하고, 무거운
짐을 지고서, 십자가에서 울며, 창으로 찔린 분의 발 아래 우리의 짐을 풀었던
그 첫날처럼, 그분에게 새롭게 다가오는 것은 지혜로운 일입니다. 그곳에서 우
리는 주님을 바라보는 것을 배웠고, 사는 법과, 사랑하는 법을 배웠습니다. 그
곳에서 우리는 그 교훈을 되풀이하다가, 마침내 영광 중에 그것을 완벽히 재연
할 것입니다.

오늘 밤에, 우리는 하나님의 사랑에 대해 이야기해야 합니다. "하나님이 세
상을 이처럼 사랑하사." 하나님의 그 사랑은 아주 놀라운 것이며, 우리가 잃어

버리고, 타락하고, 죄 많은 세상에서 그것을 바라볼 때 특히 그러합니다. 세상 속에 하나님이 사랑하실 만한 요소가 무엇이 있습니까? 그 속에는 사랑할 만한 것이 전혀 없습니다. 건조한 사막에서는 어떤 향기나는 꽃도 자라지 않습니다. 그분에게 적대감을 품고, 그분의 진리를 증오하며, 그분의 율법을 무시하며, 그분의 명령에 반기를 드는 세상입니다. 가시와 엉겅퀴가 이 황무지를 가득 덮고 있습니다. 그곳에는 어떤 호감이 가는 것도 꽃을 피우지 못했습니다. 하지만, "하나님이 세상을 사랑하셨습니다." 본문이 말하듯이 "이처럼" 사랑하셨기에, 심지어 요한복음의 저자조차도 얼마나 많이 사랑하셨는지를 말할 수 없었습니다. 하지만 너무나도 크게, 너무나도 거룩하게 하나님이 세상을 사랑하셨기에, 그분의 아들을, 그분의 독생자를 주시고, 세상을 멸망으로부터 구속하고자 하셨고, 그곳에서부터 그분의 찬송이 될, 한 백성을 불러 모으고자 하셨습니다.

하나님의 사랑이 어디에서 오는 것입니까? 하나님 자신이 아닌 외부에서는 어떤 사랑도 오지 않습니다. 하나님의 사랑은 그분 자신으로부터 솟아납니다. 그분이 사랑하시는 것은 그렇게 하시는 것이 그분의 본성이기 때문입니다. "하나님은 사랑이시라"(요일 4:16). 내가 이미 말했듯이, 온 지면을 둘러보아도 그분의 사랑을 획득할 만한 것은 아무것도 없었으며, 오히려 그분의 불쾌감을 불러일으킬 것들이 많았을 뿐입니다. 이 사랑의 시내는 영원한 신성의 은밀한 원천으로부터 흘러나와서, 땅의 빗물이나 하천의 도움을 전혀 받지 않습니다. 하나님이 사랑하신 것은 그분이 사랑하고자 하셨기 때문입니다. 우리가 왜 주님께서 이 사람이나 혹 저 사람을 사랑하셨는지를 여쭐 때, 그 질문에 대한 답으로 주님께서는 이런 말씀을 들려주실 것입니다. "옳소이다, 이렇게 된 것이 아버지의 뜻이니이다"(마 11:26). 하나님은 그분의 본성상 사랑이 많으시기에, 자기의 죄로 멸망해가는 세상을 향해 그 사랑을 흘러가게 하실 필요가 있었습니다. 그 사랑이 흘러나올 때, 그 사랑은 너무나 깊고, 너무나 넓고, 너무나 강하여서, 성령의 감동도 그 크기를 측정할 수가 없었습니다. 그래서 성령님은 "이처럼(SO)"이라고 하는 위대하고 작은 단어를 우리에게 주시고, 그 거룩한 사랑을 더욱더 알아가면서, 그 크기를 측량해 보는 일을 우리에게 맡겨 두셨습니다.

이제, 위대하신 하나님께서 그분의 측량할 수 없는 사랑을 나타내실 수 있는 한 사건이 발생했습니다. 세상은 슬프게도 그릇된 길을 갔습니다. 세상은 길을 잃어버렸습니다. 세상은 유혹에 넘어가 정죄를 받았습니다. 세상은 그 죄로 인하여 멸망하도록 넘겨졌습니다. 도움이 필요했습니다. 아담의 타락과 인류의 파멸은 전능자의 사랑을 나타내기에 충분한 거대한 범위와 공간을 만들었습니다. 인류의 황폐함 한가운데에, 여호와께서 인생들을 얼마나 많이 사랑하시는지 보여줄 공간이 있었습니다. 그분의 사랑의 폭은 세상보다 크며, 그 사랑의 목적은 구덩이에 빠져가는 인간들을 구원해 내는 것이었으며, 그 사랑의 결과는 그들을 위한 속죄제물을 찾는 것이었습니다. 그 사랑의 원대한 목적에는 부정적인 측면과 긍정적인 측면이 모두 있습니다. 즉, 예수를 믿으면, 인간은 멸망하지 않으며 영생을 얻습니다. 인간의 절망적인 질병은 오직 하나님만이 고안하시고 제공하실 수 있는 거룩한 치유책을 소개할 기회를 제공했습니다. 은혜의 계획에 의해, 또한 그 계획을 수행해야 할 큰 선물에 의해, 주님께서는 그분의 무한한 사랑을 죄인들에게 나타내실 수단을 찾으셨습니다. 타락이 없었더라면, 멸망도 없었을 것이며, 하나님께서는 그분의 보좌를 둘러싸고 있는 순수하고 완벽한 영들을 사랑하시듯이 우리들도 사랑하시는 것을 나타내 보이셨을 것입니다. 그러나 지금 그분이 우리를 사랑하시는 만큼의 사랑을 나타내 보이실 수는 없었습니다. 그분의 독생자의 선물 속에서, 우리가 아직 죄인이었을 때에, 그리스도께서 경건치 않은 자들을 위해 죽으심으로써, 하나님께서 우리를 향한 그분의 사랑을 나타내신 것입니다. 어둡고 검은 죄의 배경은 밝은 사랑의 선을 더욱 선명하게 빛나도록 만듭니다. 검은 폭풍의 이마 위에 번개가 불붙은 손가락으로 주님의 이름을 쓰실 때, 우리는 그것에 주목할 수밖에 없습니다. 마찬가지로 사랑이 우리의 죄의 마음 판에 십자가를 새길 때, 눈먼 자라도 이 글을 볼 수밖에 없을 것입니다. "사랑은 여기 있으니"(요일 4:10).

　나는 오늘밤 이 본문을 천 가지의 다양한 방법으로 다루고 싶습니다. 하지만 단순함을 위해서, 그리고 하나님의 사랑을 전하는 한 가지 요점을 유지하기 위해서, 여러분이 다섯 가지의 다양한 특징들을 통해 그 위대한 사랑을 볼 수 있기를 바랍니다.

1. 선물

　첫째는 선물입니다. "하나님이 세상을 이처럼 사랑하사 독생자를 주셨으니." 많이 사랑하는 사람들은 많이 주고 싶어합니다. 그리고 대개는 사랑의 진실성을 자기 부인과 희생으로써 측정합니다. 아무것도 아까워하지 않는 사랑,

오로지 대상을 돕고 축복하는데 스스로를 소비하는 사랑이 진정한 사랑입니다. 적게 사랑하는 자는 발 씻을 물을 가져오는 것도 잊어버리지만, 많이 사랑하는 자는 옥합을 깨뜨려 귀한 향유를 쏟아 붓고도 아까워하지 않습니다(참조. 눅 7:36-47).

그러므로 하나님이 주신 이 선물이 어떤 것인지를 숙고해 보십시오. 값 주고도 살 수 없는 이 은혜를 온전히 표현하려면 아주 큰 수고가 필요합니다. 나는 그 불가능한 일을 시도하다가 실패를 자초하지 않겠습니다. 나는 단지 위대하신 아버지께서 그분의 사랑을 인간들에게 입증하시기 위해 주신 그 거룩한 분에 대해 생각해 보라고 요청할 뿐입니다. 그분은 하나님의 독생자, 하나님의 사랑하는 아들, 하나님이 크게 기뻐하시는 분이었습니다. 우리들 중 누구에게도 그렇게 내어줄 아들이 없습니다. 우리의 아들들은 사람의 아들들이며, 그분의 아들은 하나님의 아들이십니다. 아버지는 또다른 자아(His other self)를 내어주셨으며, 그 자신을 내어주신 것입니다. 하나님이 그분의 아들을 주셨을 때, 그분은 하나님 자신을 주신 것입니다. 왜냐하면 예수님은 그분의 영원한 본성에 있어서 다름 아닌 하나님이셨기 때문입니다. 하나님께서 하나님을 주셨으며, 그분이 그분 자신을 우리를 위해 주신 것입니다. 그 이상 무엇을 그분이 주실 수 있었을까요? 하나님은 그분의 모든 것을 주셨습니다. 그분은 그분 자신을 주셨습니다. 이 사랑을 누가 측량하겠습니까?

아버지들은 당신이 얼마나 당신의 아들들을 사랑하는지 판단해 보십시오. 당신은 그들을 원수를 위해 죽도록 내어줄 수 있습니까? 독자를 둔 당신에게 묻습니다. 당신의 마음이 당신의 첫 아들이자 당신의 유일한 아들에게 얼마나 엉키어 붙어 있는지를 가늠해 보십시오. 아브라함이 그의 아들, 그의 독자, 그가 사랑했던 아들을 하나님께 아끼지 않았을 때, 하나님께 대한 그의 사랑을 입증할 더 높은 증거는 없었습니다. 영원하신 아버지께서 그분의 독생자를 우리를 위해 죽게 내어주셨을 때, 그분의 사랑을 그보다 더 크게 보여주는 것은 정녕 있을 수 없습니다. 살아 있는 것이라면 자기가 낳은 것을 잃어버리고 싶어하지 않습니다. 인간은 아들을 잃었을 때 특별한 슬픔을 겪습니다. 하나님은 더욱 그러시지 않았을까요? 자기 자녀들을 아끼는 부모들에 대한 이야기를 우리는 자주 듣습니다. 동양에서 기근 중에 아버지와 어머니가 극심한 굶주림에 처하게 되었습니다. 가족의 생명을 보존하는 유일한 가능성은 자녀들 중에 하나를 종으로 파는 것이었습니다. 그래서 그들은 그 문제를 고려해 보았습니다. 배고픔의 고통이 참을 수 없는 지경에 이르렀고, 자녀들은 빵을 달라고 보채며 그들의 가슴을 찢어지듯 아프게 했습니다. 결국 그들은 하나를 팔아서 나머지 자녀들의 목숨을 살리는 생각을 받아들이는 수밖에 없었습니다. 그들에게는 네 명의 아들이 있었습니다. 이 중에 누구를 팔아야 할까요? 장자를 팔수는 없었습니다. 첫 아들 없이 어찌 지내겠습니까? 둘째는 이상하게도 아버지를 닮아서 마치 아버지를 빼다놓은 듯 했습니다. 그래서 어머니는 그를 떼어놓을 수는 없다고 말했습니다. 셋째는 특이하게도 어머니를 너무나 닮아서 아버지가 그 사랑스러운 아이를 종으로 보내느니 차라리 죽는 편이 낫겠다고 말했습니다. 그리고 넷째 아들에 대해서는, 그는 그들의 베냐민이었습니다. 그들의 막내아들, 그들의 사랑스러운 아들이었기에, 그들은 그 역시도 떠나보낼 수 없었습니다. 마침내 그들은 그들 자녀들 중에서 하나를 떠나보내느니 차라리 모두 함께 죽는 편이 낫겠다고 결론을 내렸습니다. 그들에게 공감이 가지 않습니까? 나는 여러분이 그럴 거라고 봅니다. 하지만 하나님께서는 우리를 너무나도 사랑하셨습니다. 그것을 강하게 표현하자면, 그분은 우리를 그분의 독생자보다도 더 사랑하신 듯하여, 우리를 멸망에서 보존하시기 위해 그분을 아끼지 않으신 것입니다. 그분은 그분의 아들이 사람들 가운데에서 죽는 것을 허락하셨습니다. "그를 믿는 자마다 멸망하지 않고 영생을 얻게 하려 하심입니다."

　　만일 당신이 하나님의 사랑이 얼마나 큰지를 보고 싶다면, 그가 어떻게 자기 아들을 주셨는지를 숙고해야 합니다. 사람들은 흔히 아들을 바친다고 종교적으로 공언하고서 여전히 아들과 함께 있는 것을 즐깁니다. 그분이 자기 아들을 주신 것은 그런 식이 아닙니다. 그분은 그분의 아들을 사람들 가운데로 유배를 보내신 것입니다. 그분은 그분의 아들을 완벽하게 인성과 결합하도록 하여, 처음에는 한 아기의 형태로, 저기 외양간의 구유로 보내셨습니다. 그분이 잠드신 그곳은 뿔 달린 소들이 꼴을 먹던 곳입니다! 주 하나님은 모든 만유의 상속자를 목수의 가게에서 고생하게 하셨습니다. 못을 박고, 대패를 밀고, 톱을 사용하게 하셨습니다. 하나님은 그분을 서기관들과 바리새인들 가운데로 내려 보내셨습니다. 그들은 교활한 눈으로 그분을 감시하고, 잔인한 혀로 그분에게 천박한 비방과 조소를 보냈습니다. 하나님은 그분을 배고프고, 목마르고, 빈곤 중에 머리 둘 곳이 없는 곳으로 내려 보내셨습니다. 하나님은 그분을 가시관을 쓰는 곳으로, 등을 내밀어 채찍 맞는 곳으로, 뺨을 내밀어 침 뱉음 당하고, 머리를 잡아 뜯기는 곳으로 내려 보내셨습니다. 마침내 하나님은 그분을 죽음에 내어주셨습니다. 중죄인으로서의 죽음, 십자가에 못 박히는 죽음이었습니다. 저 십자가와, 거기에서 죽으신 그분의 고뇌를 보십시오. 아버지께서 그분을 어떻게 내어주셨는지를 주목해 보십시오. 아버지는 아들에게서 얼굴을 가리시고, 마치 그 아들을 부인하신 듯이 보입니다! "라마 사박다니"(막 15:34)는 어떻게 하나님께서 그분의 아들을 죄인들을 위한 속죄의 제물로 내어주셨는지를 잘 보여줍니다. 하나님은 우리를 위하여 그 아들을 저줏거리가 되게 하셨고, 그분을 죽기까지 내어주셨습니다. "의인으로서 불의한 자를 대신하셨으니 이는 우리를 하나님 앞으로 인도하려 하심이라"(벧전 3:18).

사랑하는 성도들이여, 나는 여러분이 국왕의 명을 섬기도록 자녀들을 내어주어 멀리 인도에 보내는 것을 이해할 수 있습니다. 혹은 우리 주 예수님의 사명을 수행하도록 카메룬이나 콩고에 내보내는 것도 이해할 수 있습니다. 나쁜 기후를 염려하면서도 자녀들을 포기하며 내어주는 것을 잘 이해할 수 있습니다. 설혹 그들이 죽는다 해도, 그들은 영광스러운 대의를 위해 영예롭게 죽는 것이기 때문입니다. 하지만 중죄인으로서 죽도록 자녀들을 떠나보내는 것을 생각할 수 있습니까? 교수대에 달려, 입에 담지 못할 저주를 들으며, 육체적으로는 옷이 벗겨지고, 정신적으로는 버림받은 채로 죽는 것을 생각할 수 있습니까? 그것은 너무나 심하지 않습니까? 당신은 이렇게 부르짖지 않겠습니까? "나는 내 아들이 이렇게 비참하게 되도록 보낼 수가 없습니다. 가장 친한 친구의 피에 손을 씻는 그토록 가증스러운 자들을 위해 왜 내 아들이 그토록 잔인하게 죽임을 당해야 하는 것입니까?" 우리 주 예수님께서 그 나라 사람들이 저주스러운 죽음으로 여기는 죽음을 당하셨음을 기억하십시오. 로마 사람들에게 십자가는 유죄 선고를 받은 노예의 죽음이었으며, 모든 고통과 치욕과 멸시가 극단적으로 뒤섞인 죽음이었습니다. "우리가 아직 죄인 되었을 때에 그리스도께서 우리를 위하여 죽으심으로 하나님께서 우리에 대한 자기의 사랑을 확증하셨느니라"(롬 5:8). 예수 그리스도께서 죽으시다니, 이 얼마나 놀라운 사랑의 표현입니까!

하지만, 하나님이 그분의 아들을 내어주신 때를 당신이 주목하기까지는 이 요점을 멈출 수가 없습니다. 바로 그 때에 하나님의 사랑이 나타났기 때문입니다.

"하나님이 세상을 이처럼 사랑하사 독생자를 주셨으니." 하지만 그분이 언제 그렇게 하셨습니까? 그분의 영원하신 목적 속에서, 그분은 세상의 기초가 세워지기 전에 이 일을 행하셨습니다. 여기에서 "하나님이 독생자를 주셨다"는 말은 그리스도의 죽음에만 관련된 말이 아닙니다. 왜냐하면 요한복음 3장에 기록된 이 말씀을 하셨을 때 그분은 아직 죽으시지 않았기 때문입니다. 우리의 주님은 니고데모와 대화를 하고 계셨습니다. 그리고 그 대화는 그분의 사역 초기에 있었습니다. 사실 예수님은 언제나 하나님의 선물이었습니다. 예수님에 대한 약속은 에덴 동산에서 주어졌으며, 거의 아담이 타락하자마자 주어졌습니다. 우리의 파멸이 결정된 바로 그 장소에서, 그 발꿈치를 상하겠지만 또한 뱀의 머리를 상하게 할 구원자가 주어졌습니다(창 3:15).

　오랜 세대를 거치는 동안 아버지는 줄곧 그분의 선물에 대해 증거하셨습니다. 아버지는 그분의 독생자를 인간의 희망이자 택하신 백성들의 유업으로 간주하셨습니다. 택하신 백성들이 아들 안에서 모든 것을 소유할 수 있게 하신 것입니다. 모든 희생 제물은 그분의 은혜의 선물에 대한 약속의 갱신이며, 그분이 그 선물을 주셨으며 다시 물리는 일은 없을 것이라는 재보증입니다. 율법 아래에서 상징들의 전체 체계가 그분이 아들을 주실 것임을 미리 보여주는 것입니다. 때가 차면 주께서 참으로 아들을 주실 것이며, 여자에게서 나게 하시고, 그 백성들의 죄를 짊어지고, 그들을 위해 죽게 하실 것을 미리 보여주셨습니다. 나는 이 불요불굴(不撓不屈)의 사랑에 크게 감복합니다. 많은 사람들이 잠시 동안은 너그러운 마음으로 흥분되어 최고의 박애적인 행위를 수행할 수 있습니다. 하지만 그것을 잠잠히 참고 바라보거나, 해가 바뀌어도 계속해서 숙고하지는 못합니다. 꺼져가는 심지를 오랫동안 바라보는 일은 참을 수 없는 일이 되고 맙니다. 만약 주께서 저기 사랑스런 소년을 그 어머니의 품에서 데려가신다면, 비록 여린 심정으로 견디기 힘들기는 하겠지만, 그녀는 어느 정도까지는 그 고통을 인내하며 견딜 수 있을 것입니다. 하지만 만약 그녀가 그녀의 아들이 죽게 될 날을 확실하게 통보받는다면, 그리하여 여러 해 동안 죽은 자를 바라보듯이 자식을 바라보아야 한다면, 그것은 그녀의 장래의 삶의 매 순간마다 어두운 먹구름을 드리우는 것이 되지 않겠습니까? 또한 그 아들이 정죄를 받아서, 나무에 달려 죽게 될 것임을 그녀가 알고 있다고 상상해 보십시오. 그것은 그녀에게 너무나 고통스럽지 않겠습니까? 만일 그녀가 그런 시련을 취소시킬 수만 있다면,

무엇인들 하려고 하지 않겠습니까? 틀림없이 그럴 것입니다. 하지만 주 하나님은 그분의 아들을 아끼지 않으셨습니다. 오히려 아낌없이 우리 모두를 위해 그분을 내어주셨습니다. 한 세대에서 또 한 세대로 바뀌는 동안 그분의 마음에서는 그 일을 늘 생각하셨습니다. 여기에 사랑이 있습니다. 많은 물로도 끌 수 없는 사랑이며, 영원하고, 상상하기 어려우며, 무한한 사랑입니다!

이제, 이 선물이 우리 주님의 죽음에만 관련된 것이 아니라, 그 이전의 세대들에도 관련되는 것과 마찬가지로, 그것은 이후로 오는 모든 세대들 역시 포함하는 것입니다. "세상을 이처럼 사랑하사 독생자를 주셨으니 ─ 그리고 여전히 주시니 ─ 이는 그를 믿는 자마다 멸망하지 않고 영생을 얻게 하려 하심이라." 주님은 오늘 밤에도 그리스도를 주고 계십니다. 오, 여기 온 수천 명의 사람들이 그 말로 다할 수 없는 선물을 기쁘게 받으시기 바랍니다! 거절할 사람이 있나요? 이 좋은 선물을, 이 완벽한 선물을, 당신은 거부할 수가 있나요? 오, 당신은 믿음을 가지고 예수님을 붙잡을 수 있습니다. 그렇게 하면 그분은 당신의 것이 될 것입니다. 그분은 거저 주시는 하나님의 선물이며, 누구나 값없이 받을 수 있습니다. 텅 빈 죄인들을 위한 충만한 그리스도이십니다. 요청하는 당신의 빈손을 내밀 수만 있다면, 바로 이 순간 하나님께서 그리스도를 당신에게 주실 것입니다. 이보다 더 후한 선물은 없습니다. 하나님의 손에서 받는 신선한 선물보다 더 가치 있는 것은 없습니다. 이 선물은 언제나 가득합니다. 샘은 영원하지만, 그곳에서 흘러나오는 물은 처음 그 샘이 열릴 때처럼 한결같이 신선합니다. 이 선물이 소모되는 일은 없습니다.

> "사랑하는 어린 양이시여, 당신의 귀한 피는
> 영원토록 그 능력이 변치 않으니,
> 값 주고 사신 하나님의 모든 교회가
> 구속받아 더 이상 죄가 없을 때까지 지속되리이다."

그러므로 하나님의 사랑이 어떠한지를 보십시오. 예부터 그분은 아들을 주셨고, 그 선물을 결코 철회하지 않으셨으며, 그분의 선물을 전하시고, 여전히 계속해서 주십니다. 기꺼이 그분을 받아들이고자 하는 모든 자에게 그분의 사랑하는 아들을 주십니다. 그분의 은혜의 풍성함으로부터 그분은 주셨고, 주고 계시며, 또 주실 것입니다. 주 예수 그리스도와, 그분 안에 간직된 모든 값진 선물들을, 그분을 단순히 신뢰하는 모든 궁핍한 죄인들에게 말입니다.

나는 이 첫 번째 요점에서, 하나님의 사랑을 찬미하라고 당신에게 요청합니다. 하나님은 이 초월적이고 위대한 선물, 바로 그분의 독생자를 세상에 주셨습니다.

2. 위대한 계획

이제 두 번째로, 나는 동일한 감탄으로, 구원의 계획 안에서 하나님의 사랑을 말하고자 합니다. 그분은 이렇게 표현하셨습니다. "이는 그를 믿는 자마다 멸망하지 않고 영생을 얻게 하려 하심이라." 일단 마음이 자발적으로 순종하고자 하는 상태가 되면, 구원의 길은 매우 단순하여 얼마든지 이해할 수 있으며, 매우 쉬워 얼마든지 실천할 수 있습니다. 은혜 언약의 방법이 행위 언약의 방법과 크게 다른 것은, 마치 빛과 어둠이 다른 것과 같습니다. 하나님께서 그분의 아들을 그분의 율법을 지키는 모든 자에게 주시겠다고 말씀하신 것이 아닙니다. 우리가 그렇게 할 수 없기 때문이며, 따라서 그 선물이 우리들 중 누구에게도 혜택이 되지 못하기 때문입니다. 하나님께서 그분의 아들을 끔찍한 절망과 고통스러운 가책을 경험한 모든 자에게 주시겠다고 말씀하신 것도 아닙니다. 그런 것을 경험하지 않고도 주님의 백성이 된 사람이 많기 때문입니다. 오히려 하나님께서는 "그를 믿는 자마다", 즉 그분의 아들을 믿는 모든 자에게 그분의 아들을 주셨으며, 그들이 멸망하지 않게 하셨습니다. 믿음은, 아무리 빈약할지라도, 영혼을 구원합니다. 그리스도를 신뢰하는 것은 영원한 행복을 위한 확실한 길입니다.

자, 예수님을 믿는다는 것이 무엇입니까? 바로 이것입니다. 그것은 당신 자신을 그분께 의탁하는 것입니다. 당신의 마음이 준비되어 있다면, 이전에 예수님을 믿은 적이 없다고 해도, 당신이 지금 그분을 믿을 것이라고 나는 기대합니다. 오, 은혜로우신 성령님께서 그렇게 해주시길 바랍니다.

예수님을 믿는 것이 무엇입니까? 첫째는, 그것은 진리에 대한 확고하고 진심 어린 동의입니다. 즉 하나님께서 그분의 아들을 보내어 여자에게서 나게 하시고 죄인들을 대신하여 고난을 당하게 하신 것과, 그 아들로 하여금 우리의 죄를 짊어지게 하신 것과, 그리하여 그 아들이 우리의 죄악을 인하여 징벌을 받으시고 우리를 위하여 저주를 받으신 것을 인정하고 동의하는 것입니다. 우리는 성경의 이런 진술을 진심으로 믿어야 합니다. "그가 징계를 받음으로 우리는 평화를 누리고 그가 채찍에 맞음으로 우리는 나음을 받았도다"(사 53:5). 나는 여러분에게 대속(代贖)의 위대한 교리에 동의하기를 요청합니다. 그것은 복음의 정수입니다. 오, 당신이 그 진리에 즉시 동의하도록 성령 하나님께서 이끌어 주시길 기도합니다. 참으로 놀라운 것은, 하나님께서 그리스도 안에서 세상을 자기와 화목하게 하셨으며, 그들의 죄를 그들에게 돌리지 않으셨다는 사실입니다(고후 5:19). 오, 이것이 진실임을 당신이 믿고 기뻐하기를 바라며, 하나님 자신에 의해 그러한 복된 사실이 계시된 것에 감사하시길 바랍니다. 하나님의 아들의 대속이 확실함을 믿으십시오. 많은 사람들이 그러하듯이, 그 계획에 트집을 잡지 말며, 그 효력이나 타당성에 의문을 제기하지 마십시오. 아! 그들은 하나님의 위대한 제물에 퇴짜를 놓으며, 그것을 유감스런 날조라고 간주해 버립니다. 나로서는, 하나님께서 대속의 제물을 통해 인간을 구원하시기로 정하셨기에, 나는 그분의 방법에 기쁘게 동의하며, 그 계획에 감탄하고, 그 계획의 입안자를 칭송하는 것 외에, 달리 행할 이유를 찾지 못하겠습니다. 나는 그러한 계획이 입안되어서, 그로 인해 하나님의 공의가 옹호되며, 그분의 은혜가 그분이 기뻐하시는 모든 자에게 값없이 주어진 것으로 인해, 기뻐하고 즐거워할 뿐입니다. 죄는 그리스도의 인격 안에서 정죄를 받지만, 은혜는 죄인들에게 넘치게 되었습니다. 그리스도 안에서 은혜는 공의에 의해 지지를 받으며, 공의는 은혜의 행위에 의해 만족됩니다. 세상의 지혜는 이 무한한 지혜의 계획을 반박합니다. 하지만 나로서는, 십자가를 사랑하며, 그것을 지혜의 중심이자, 사랑의 초점이자, 의의 핵심이라고 간주합니다. 이것이 믿음의 요지입니다. 우리를 위하여, 우리를 대신하여, 하나님이 예수님을 고난당하시도록 내어주셨다는 것에 진심으로 동의하고, 우리의 지성과 마음으로 이 구원의 방식에 공감하는 것입니다.

두 번째는, 이것을 당신 자신을 위해 받아들이는 것입니다. 아담의 죄에서, 당신은 개인적으로 죄를 짓지 않았습니다. 그 때 당신은 존재하지 않았기 때문입니다. 하지만 당신은 타락했습니다. 당신은 이제 그에 대해 불평할 수도 없습니다. 왜냐하면 당신이 자진해서 개인적인 죄를 범함으로써 아담의 죄에 동조하고 그것을 승인했기 때문입니다. 그러므로 당신은 또다른 죄에 의해 타락한 것인데, 그것을 당신 자신이 채택하고 승인하였습니다. 비슷한 방식으로, 당신은 또다른 의에 의해 구원을 받아야 하며, 그것을 당신이 승인하고 채택해야 합니다. 예수님은 속죄 제물로 바쳐졌습니다. 그리고 그 속죄는 당신이 그분을 신뢰하고 그것을 받아들일 때 당신의 것이 됩니다. 당신이 이렇게 말할 수 있기를 바랍니다.

> "당신의 사랑스러운 머리 위에
> 내 믿음의 손을 올리나이다.
> 참회자로 여기에 서서
> 내 죄를 고백하나이다."

진정 이 일은 매우 어려운 일이 아닙니다. 십자가에 달리신 그리스도께서 나의 그리스도가 되리라고 말하는 것은, 정녕, 폭넓은 지성을 요구하지도 않으며 뛰어난 성품을 요구하지도 않습니다. 하지만 그것은 영혼에 구원을 가져다주는 행위입니다.

필요한 것이 하나 더 있습니다. 그것은 개인적인 신뢰입니다. 처음에는 진리에 동의하고, 다음에는 그 진리를 당신 자신을 위해 받아들이고, 다음에는 단순히 당신의 전부를 그리스도께 맡기는 것입니다. 믿음의 본질은 신뢰, 의존, 위탁입니다. 예수님께 의지하는 것만 제외하고, 다른 모든 의지하는 것들을 내어버리는 것입니다. 허깨비 같고 그림자와 같은 것이 당신의 의지가 되지 못하게 하십시오. 오직 하나님께서 속죄를 위해 보내신 그 한 분만이 당신의 의지할 대상이 되게 하십시오. 나는 이 순간에도 그렇게 합니다. 당신도 그렇게 하지 않겠습니까? 오, 자비하신 하나님의 성령께서 지금 당신이 예수님을 신뢰하게 해주시길 바랍니다!

다음으로, 하나님의 사랑이 그토록 명백하고 그토록 쉬운 방법으로 제시되었음을 보십시오. 오, 당신은 깨어지고, 부서지고, 낙심한 죄인입니다. 당신은 선을 행하지는 못해도, 참된 것을 믿을 수는 있지 않습니까? 당신은 탄식하지 못하고, 당신은 울지 못하며, 당신은 돌 같은 마음을 녹이지 못합니다. 하지만 당신은 예수님이 당신을 위해 죽으신 것과, 그분이 당신의 마음을 바꾸어 새로운 피조물이 되게 하실 수 있음을 믿을 수는 있지 않습니까? 당신이 이를 믿을 수 있다면, 그 일을 행하실 수 있는 예수님을 신뢰할 수 있다면, 당신은 구원받은 것입니다. 그분을 믿는 자는 의롭다고 인정되기 때문입니다. "아들을 믿는 자에게는 영생이 있고"(요 3:36). 그는 구원받은 사람입니다. 그의 죄들은 용서되었습니다. 그런 사람은 평안히 가십시오. 그리고 더 이상 죄를 짓지 마십시오.

나는 먼저 커다란 선물에 나타난 하나님의 사랑에 감복하며, 다음으로는 죄인들이 그 선물을 얻을 수 있도록 한 위대한 계획에 감복합니다.

3. 선물을 받는 사람들

셋째로, 하나님의 사랑은 세 번째 요점에서도 뛰어난 빛을 발하는데, 즉 이 선물의 혜택이 주어지는 사람들에게서 빛을 발합니다. 그들은 이런 말로 묘사되었습니다. "그를 믿는 자마다." 본문에는 제한이 없는 표현이 있습니다. "하나님이 세상을 이처럼 사랑하사"입니다. 하지만 그 다음에 제한을 묘사하는 표현이 옵니다. 조심해서 그 표현을 주목하시기 바랍니다. "독생자를 주셨으니 이는 그를 믿는 자마다 멸망하지 않고 영생을 얻게 하려 하심이라." 하나님께서는 세상을 이처럼 사랑하셨지만, 그리스도를 믿지 않는 자라도 누구든지 구원을 받도록 세상을 사랑하신 것은 아닙니다. 하나님께서는 그의 아들을 믿기를 거부하는 자들까지 모두 구원을 받도록 아들을 주신 것이 아닙니다. 어떻게 말씀하고 있는지를 다시 보십시오. "하나님이 세상을 이처럼 사랑하사 독생자를 주셨으니 이는 그를 믿는 자마다 멸망하지 않고."

여기 사랑의 범위가 있습니다. 모든 불신자들은 제외된 반면, 모든 신자들은 포함되었습니다. "그를 믿는 자마다." 육체의 정욕을 따라 악명이 높을 정도로 죄를 지은 사람이 있다고 가정해 보십시오. 그가 얼마나 혐오스러운지 마치 도덕적 나병환자처럼 최급당해 마땅하고, 그를 보거나 듣는 자들에게 감염시킬 것이 두려워 구별된 집에 출입이 금지되었다고 가정해 보십시오. 그리고 또 한 사람이 있다고 가정해 보십시오. 그는 이기적인 동기를 따라 가난한 자들을 짓밟으며, 동료 거래자들을 강탈하고, 율법이 명시하는 실제적인 죄들을 범해 왔습니다. 하지만 그런 사람 역시도 주 예수 그리스도를 믿으면 사취한 것을 배상할 것이고, 그의 죄는 사해질 것입니다. 나는 어떤 설교자가 사슬에 묶인 한 무리의 사람들에게 말씀을 전하는 것을 들은 적이 있습니다. 그들은 살인과 기타 범죄로 사형 선고를 받은 자들이었습니다. 그들은 외관상으로 볼 때 마치 야수들의 무리 같았으며, 그들에게 설교한들 아무 희망이 없을 듯이 보였습니다. 하지만 내가 만일 그런 비참한 지경에 빠진 무리들을 담당하는 원목이라면, 나는 주저 없이 그들에게 이렇게 말할 것입니다. "하나님이 세상을 이처럼 사랑하사 독생자를 주셨으니 이는 그를 믿는 자마다 멸망하지 않고 영생을 얻게 하려 하심이라."

　오 사람들이여, 만일 당신이 예수님을 그리스도로 믿고자 한다면, 당신이 지은 과거의 죄들이 아무리 끔찍하더라도 모두 지워지고 말 것입니다. 당신은 악한 습관의 권세로부터 구원을 받을 것입니다. 또한 당신은 마치 갓 태어난 아이처럼 새롭고도 참된 삶을 다시 시작하게 될 것입니다. 하나님이 그 생명을 당신에게 주실 것입니다. "그를 믿는 자마다." 비틀거리는 걸음으로 무덤으로 향하는 노령의 인생들이여, 이 말씀을 마음에 새기십시오. 오, 백발이 성성하게 된 죄인이여, 그분을 믿으면, 당신은 멸망하지 않습니다. 이제 십대에 갓 들어선 사랑스런 소년이여, 본문의 말씀은 당신도 포함하고 있습니다. 그분을 믿으면, 당신은 멸망하지 않을 것입니다. 어여쁜 처녀들이여, 이 말씀을 마음에 새기십시오. 아직 청춘의 때에 이 말씀이 당신의 소망과 기쁨이 되게 하십시오. 이 말씀은 주 예수 그리스도를 믿는 모든 사람을 포함하고 있습니다.

　지옥의 모든 귀신들조차 그리스도를 믿는 자는 결코 잃어버리지 않으리라는 이유를 알고 있습니다. 성경에 이렇게 기록되었기 때문입니다. "내게 오는 자는 내가 결코 내쫓지 아니하리라"(요 6:37). 그들이 이렇게 말하지 않을까요? "주여, 오래도록 그가 내게 올 것을 기대했었는데요?" 주께서 대답하십니다. "그가 내게 오지 않았느냐? 그가 오래도록 지체하긴 했지만, 나는 그를 결코 내쫓지 않을 것이다." 하지만 주여, 그는 신앙을 고백한 후에도 죄를 지었는데요? "그가 결국에는 내게 오지 않았느냐? 그가 한때 배도한 적이 있었지만, 그럼에도 내게 온 그를 내쫓지 않을 것이다." 그러나 주여, 그는 입이 거친 비방자였습니다. "그가 내게로 오지 않았느냐? 그러니 그의 모든 비방에도 불구하고, 나는 그를 내쫓지 않을 것이다." 그러나 누군가 말합니다. "이 사악한 파렴치한에게는 구원을 예외로 해야 합니다. 그는 너무나 혐오스럽게 행동해 왔기 때문에 모든 공의로 판단해 보면 그는 지옥에 보내어져야 합니다." 그래야 마땅하겠지요. 하지만, 만일 그가 자기 죄를 회개하고 주 예수 그리스도를 믿는다면, 그가 누구일지라도, 그는 거기로 보내어지지 않을 것입니다. 그의 성품은 변화될 것이며, 그래서 그는 결코 멸망하지 않고 영생을 얻을 것입니다.

자, 이 "누구든지"가 얼마나 큰 범위를 설정하는지 주목하십시오. 그것은 모든 단계의 믿음을 포함합니다. "그를 믿는 자마다." 그에게 충만한 확신이 없을 수도 있습니다. 그에게는 확신이 전혀 없을 수도 있습니다. 그러나 만일 그에게 믿음이 있다면, 참되고 어린아이 같은 믿음이 있다면, 그 믿음으로 그는 구원을 얻을 것입니다. 비록 그의 믿음이 너무 적어 그것을 보려면 나로서는 안경을 써야 하겠지만, 그럼에도 그리스도께서는 그것을 보시고 그 믿음에 상을 주십니다. 그의 믿음은 작은 겨자씨 한 알 같아서 가까이서 들여다보아도 알아보기가 힘들지만, 그럼에도 그것이 그에게 영원한 생명을 가져오며, 그 자체에 생명의 요소가 있는 것입니다. 주님은 그 겨자씨에서 한 나무를 보시며 그 가지에 공중의 모든 새들이 깃들일 것을 보십니다.

> "내 믿음은 약합니다, 그저 어렴풋이
> 당신의 말씀을 믿는다고 고백합니다.
> 하지만 저를 적게 긍휼히 여기시지는 않겠지요?
> 당신에게서 멀리 떨어져 있는 저를요, 주님!"

오 주 예수님, 제가 시몬처럼 당신의 팔을 붙들 수 없다고 해도, 적어도 혈루증 앓던 여인처럼 당신의 옷자락을 만지겠습니다. 성경은 이렇게 기록되었습니다. "하나님이 세상을 이처럼 사랑하사 독생자를 주셨으니, 이는 그를 믿는 자마다 멸망하지 않고 영생을 얻게 하려 하심이라." 그것이 제게는 의미가 있습니다. 나는 오늘밤 여러분에게 충분히 전하지는 못합니다. 하지만 힘을 다해 전하고 싶습니다. 오, 이 진리가 당신의 영혼에 스며들기를 바랍니다. 오, 스스로 죄인이라고 느끼는 당신이여, 또한 죄인임을 자각하지 못했다는 이유로 죄스럽게 느끼는 당신이여, 마음이 깨어지지 않은 것으로 인해 상심하고 있는 당신이여, 느끼지 못하는 것을 느끼고 있는 당신이여, 내가 그리스도 안에서 믿음에 의한 구원을 전하는 대상은 바로 당신입니다. 당신은 슬퍼하지 못하는 것으로 인해 슬퍼합니다. 하지만 당신이 누구이든지, 당신은 여전히 이 강력한 말씀의 범주 안에 있습니다. "그를 믿는 자마다 멸망하지 않고 영생을 얻게 하려 하심이라."

여기까지, 하나님의 선물, 구원의 방법, 구원이 임하는 사람들 ― 이 세 가지 요점으로 하나님의 사랑을 여러분에게 전했습니다.

4. 구원

이제 네 번째로, 거룩한 사랑의 또다른 광선이 본문에서 부정문의 형태로 언급되어 있습니다. 구원이라는 의미가 이 말씀 속에 내포되어 있습니다. "그를 믿는 자마다 멸망하지 않고."

나는 이 말을, 비록 막 멸망하기 직전에 있을지라도, 주 예수 그리스도를 믿는 자는 멸망하지 않는다는 의미로 이해합니다. 그의 죄들은 그의 멸망을 초래하는 원인으로 작용하지만, 그는 결코 멸망하지 않습니다. 그는 그리스도 안에서 처음으로 믿음의 작은 소망을 보았습니다. 하지만 그 믿음은 너무나 미미합니다. 그가 멸망할까요, 멸망하지 않을까요? 멸망하지 않습니다! 이 약속이 그것을 보증하기 때문입니다. "그를 믿는 자마다 멸망하지 않고." 그 참회자는 예수님을 믿었으며, 그러므로 그리스도인이 되기 시작했습니다. 원수는 이렇게 외칩니다. "오, 그를 내버려 두세요. 그는 곧 우리에게로 되돌아올 겁니다. 그는 여느 때처럼 곧 방탕한 삶을 살게 될 겁니다." 이 말을 귀 기울여 들으십시오. "그를 믿는 자마다 멸망하지 않고." 그러므로 그는 이전의 상태로 돌아가지 않을 것입니다. 이는 성도의 최종적인 견인(堅忍, perseverance)을 입증합니다. 만일 신자가 신자이기를 멈춘다면 그는 멸망할 것입니다. 하지만 그는 멸망하지 않을 것이기 때문에, 그가 신자이기를 지속할 것임은 명백합니다. 만일 당신이 예수님을 믿는다면, 당신은 그분을 믿는 것에서 결코 떠나지 않을 것입니다. 만일 당신이 그분을 믿는다면, 당신은 당신의 오랜 죄에서 기쁨을 찾지 못할 것입니다. 만일 당신이 그분을 믿는다면, 당신은 영적인 생명을 결코 잃어버리지 않을 것입니다. 영원한 것을 당신이 어떻게 잃어버릴 수 있겠습니까? 만일 당신이 그것을 잃어버린다면, 그것이 영원한 것이 아니었음이 입증되는 것이며, 당신은 멸망하게 되는 것입니다. 그러면 당신은 이 말씀을 무효로 만드는 셈입니다. 하지만 마음으로 그리스도를 믿는 자는 누구든지 구원받은 자입니다. 오늘 밤에만 그런 것이 아니라, 앞으로 있을 모든 밤에도 그럴 것이며, 저 두려운 죽음의 밤에도 그럴 것이며, 영원하신 분 앞에 가까이 갈 때에도 그럴 것입니다. "그를 믿는 자마다 멸망하지 않고." 그는 죽을 수 없는 생명을 가지게 될 것이며, 무효화될 수 없는 의를 얻은 것이며, 결코 멈추지 않는 사랑을 얻은 것입니다.

멸망한다는 것이 무엇입니까? 그것은 그리스도 안에 있는 소망을 잃어버리는 것이며, 하나님 안에서의 기대, 생명의 빛, 하늘의 평강, 기쁨, 축복, 하나님과의 연합을 모두 잃어버리는 것입니다. 그리스도를 믿는다면 이런 일은 당신에게 결코 일어나지 않습니다. 당신이 믿는다면, 당신이 그릇 행할 때 징계를 받을 것입니다. 하나님은 그분이 사랑하시는 모든 자녀를 징계하시기 때문입니다. 하나님이 징계하시지 않는 자녀가 어디 있습니까? 당신이 믿는다 해도, 마치 흔들리는 배에 승선한 사람처럼, 당신의 상태에 대해 의심하고 불안해할 수 있습니다. 하지만 당신은 결코 침몰할 수 없는 배에 타고 있습니다. 그리스도와 연합한 사람은 완전함과 연합한 것이며, 전능과 영광과 더불어 연합한 것입니다. 믿는 자는 그리스도의 지체입니다. 그리스도께서 그분의 지체를 잃어버리시겠습니까? 그리스도께서 완전하시거늘 어찌 그분의 작은 손가락인들 잃어버리실 수 있겠습니까? 그리스도의 지체가 부패하여 끊어질 수 있습니까? 불가능합니다.

당신에게 그리스도께 대한 믿음이 있다면 당신은 그리스도의 생명에 참여한 자요, 따라서 당신은 멸망할 수 없습니다. 사람들이 나를 익사시키려 해도, 내 머리가 물 위에 있는 한 그들은 나를 익사시킬 수 없습니다. 우리의 머리가 물 위에 계신 한, 저기 영원한 태양 빛 가운데 계신 한, 그분의 몸의 가장 작은 지체라도 결코 멸망당할 수 없습니다. 예수님을 믿는 자는 그분과 연합한 것이며, 그러므로 예수님이 사시기 때문에 그 역시 살게 되어 있습니다. 오, 이 말씀이 얼마나 귀합니까? "내가 그들에게 영생을 주노니 영원히 멸망하지 아니할 것이요, 또 그들을 내 손에서 빼앗을 자가 없느니라. 그들을 주신 내 아버지는 만물보다 크시매, 아무도 아버지 손에서 빼앗을 수 없느니라"(요 10:28-29). 예수를 믿는 자마다 멸망하지 않는다는 말씀을 읽을 때, 나는 이것이 여러분에게 전할 장엄한 복음이라고 느낍니다. 나는 보잘것없는 허튼소리를 하는 것이 아니며, 어떤 이들이 전하듯이, 영혼들이 잠시 떠다니다가 영원히 배교로 떠밀려 내려갈 일시적인 구원을 전하는 것이 아닙니다. 나는 일단 그리스도 안에 속하게 된 사람이, 죄 속에서 계속 살면서 죄에서 기쁨을 누리다가, 그러고도 구원받는다고 믿지 않습니다. 그런 것은 가증스러운 가르침이며, 내 가르침이 아닙니다. 오히려 나는 그리스도 안에 있는 사람은 죄 속에 살지 않을 것이라고 믿습니다. 그는 죄로부터 구원을 받은 자이기 때문입니다. 그는 자기의 옛 죄악으로 되돌아가지 않을 것이며, 그 속에서 거하지 않을 것입니다. 왜냐하면 하나님의 은혜가 계속해서 그를 그의 죄로부터 구원하실 것이기 때문입니다. 갱생(更生)에 의해 그러한 변화가 일어나기 때문에 새로 태어난 사람은 죄 속에 거주할 수 없으며, 죄 속에서 위안을 찾지도 못합니다. 오히려 그는 거룩함을 사모하며 그 속에서 진보해갑니다. 구스인이 그의 피부를, 표범이 그의 반점을 변하게 할 수 없습니다(렘 13:23). 하지만 하나님의 은혜는 그런 변화를 가능하게 하십니다. 하나님의 은혜가 표범의 반점을 희게 하실 때, 그 반점은 결코 원상태로 되돌아갈 수 없습니다. 하나님의 역사를 무효화하는 것은 그 일을 행하는 것만큼이나 커다란 기적일 것입니다. 새로운 피조물을 멸망하게 하는 것은 새로운 피조물을 만들 정도의 큰 능력을 요구합니다. 그리고 그분은 그분 자신의 손으로 행하신 일을 결코 무너뜨리지 않으십니다. 하나님이 건축을 시작하시고 마치지 않으시겠습니까? 그분이 전쟁을 시작하시고 승리를 얻기도 전에 마치시겠습니까? 그리스도께서 한 영혼을 구원하고자 시작하신 일이 실패로 마쳐진다면 마귀가 무어라고 말하겠습니까? 그리스도를 믿는 자들이 지옥에 떨어지는 일이 있을 수 있다면, 우리 주님의 왕관 위에 큰 먹구름을 드리우는 일이 될 것입니다. 그럴 수는 없으며, 그런 일이 있지도 않을 것입니다. 하나님의 사랑은 너무나 크시기 때문에 그분의 사랑하는 아들을 믿는 자마다 멸망하지 않을 것입니다. 이 확신 속에서 우리는 크게 기뻐하는 것입니다.

5. 소유

마지막으로, 하나님의 사랑을 소유라고 하는 차원에서 제시합니다. 어느 정도는 같은 근거를 되짚어 보아야 하겠기에, 조금 더 짧게 다루도록 하겠습니다. 하나님께서는 그리스도를 믿는 모든 자에게 영생을 주십니다. 당신이 믿는 그 순간, 당신의 가슴속에는 하늘로부터의 생명의 불꽃이 들어오며, 그 불꽃은 결코 꺼지지 않습니다. 당신이 그리스도께 당신 자신을 의탁하는 바로 그 순간, 그리스도께서 항상 살아 있고 썩지 않는 말씀으로 당신에게 오십니다. 비록 당신의 가슴에 하늘의 생명수가 단 한 방울만 떨어진다고 해도, 거짓말을 하실 수 없는 그분이 하신 이 말씀을 기억하십시오. "내가 주는 물은 그 속에서 영생하도록 솟아나는 샘물이 되리라"(요 4:14).

내가 처음 영원한 생명을 얻었을 때 나는 얼마나 큰 보화가 내게 주어졌는지 미처 알지 못했습니다. 나는 무언가 매우 특별한 것을 얻었다는 것은 알았지만, 그 최상의 가치에 대해서는 알지 못했습니다. 작은 예배당에서 나는 단지 그리스도를 바라보았으며, 영생을 얻었습니다. 나는 예수님을 바라보았으며, 그분은 나를 보셨고, 우리는 영원히 하나가 되었습니다. 그 순간, 이전에 내 슬픔이 극단의 고통으로 나를 몰고 갔던 것처럼, 내 기쁨은 한없이 컸습니다. 나는 그리스도 안에서 온전히 안식했으며, 그분으로 만족했으며, 내 마음은 기뻤습니다. 하지만 나는 이 은혜가 영원한 생명인 줄은 알지 못했습니다. 성경을 읽기 시작하면서, 비로소 하나님께서 주신 이 보석의 가치를 더욱 온전히 알게 되었습니다. 다음 주일에, 여느 때처럼 나는 아주 자연스럽게 동일한 예배당으로 갔습니다.

그러나 그 이후로 다시는 가지 않았습니다. 바로 이런 이유 때문이었습니다. 그 첫 주간 동안 내 속에 있던 새 생명은 생존 자체를 위해 투쟁해야했기 때문입니다. 옛 본성과의 싸움은 격렬하게 진행되었습니다. 나는 이것이 내 영혼에 내주하는 은혜의 특별한 증거임을 알았습니다. 하지만 그 동일한 예배당에서 나는 이에 대한 설교를 들었습니다. "오호라 나는 곤고한 사람이로다 이 사망의 몸에서 누가 나를 건져내랴"(롬 7:24). 설교자는 바울이 그런 경험을 했을 때 그는 그리스도인이 아니었다고 선언했습니다. 비록 나는 아기였지만, 그런 불합리한 말을 믿을 정도는 아니었습니다. 하나님의 은혜가 아니면, 구원 이후의 내적인 죄로 인한 그런 탄식과 절망이 어떻게 나올 수 있습니까? 나는 그런 말도 안 되는 말을 할 수 있는 사람이라면 참된 신자의 삶에 대해 거의 모르고 있다고 느꼈습니다. 나는 스스로에게 말했습니다. "뭐라고! 내 속에서 싸움을 느끼기 때문에 내가 살아 있는 것이 아닌가? 내가 불신자였을 때는 이런 싸움을 결코 느낀 적이 없어. 내가 그리스도인이 아니었을 때 나는 결코 죄에서 자유롭게 되기 위해 신음해 본 적이 없어. 이 싸움은 내 새로운 출생의 가장 확실한 증거 중의 하나인데도, 이 사람은 그것을 보지 못하는군. 그는 죄인들에게 좋은 충고자일지는 모르지만, 신자들을 먹일 줄을 모르는군." 나는 그 목초지에는 다시는 가지 않기로 결심했습니다. 거기서는 꼴을 먹을 수 없었기 때문이지요. 나는 그 싸움이 점점 더 치열해지는 것을 느꼈습니다. 죄에 대해 매번 승리할 때마다 또다른 악의 군대와 마주치게 되었습니다. 나는 내 칼을 칼집에 꽂아둘 수 없었고, 기도와 경계를 멈출 수 없었습니다.

나는 기도 없이는 일 인치도 앞으로 나아갈 수 없을 뿐더러, 깨어서 굳게 서 있지 않으면 이미 얻은 것의 일 인치도 지킬 수가 없습니다. 은혜만이 나를 보존하며 온전케 합니다. 옛 본성은 할 수만 있다면 새 본성을 죽일 것입니다. 이 순간에도 나의 새 본성이 죽지 않는 유일한 이유는 이것입니다. 그것이 죽을 수 없기 때문입니다! 만일 그것이 죽을 수 있는 것이라면, 오래 전에 이미 죽임을 당했을 것입니다. 그러나 예수님이 말씀하셨습니다. "내가 내 양에게 영생을 주노라"(요 10:27-28). "믿는 자는 영생을 가졌나니"(요 6:47). 그러므로 믿는 자는 죽을 수 없습니다. 당신을 구원할 유일한 신앙은 이 한 가지입니다. 즉 은혜가 당신을 소유하였고, 당신을 떠나지 않을 것이기에, 당신도 그것에서 떠나지 않으리라는 것입니다. 만일 당신이 포기할 수 있는 교리를 붙들고 있다면, 그것을 포기하십시오. 그러나 만일 그 교리들이 당신이 사는 날 동안 꼭 붙들어야 할 정도로 당신에게 강한 인상을 주고, 또한 당신 자신이 연소되었을 때 당신의 유해조차도 그 동일한 교리를 붙들고자 한다면, 그렇다면 당신은 옳은 것을 발견한 것입니다.

그리스도께서 당신을 영원히 구원하시지 않았더라면 당신은 구원받은 사람이 아닙니다. 하지만 당신의 존재 깊은 곳에서도 잘 느껴질 정도로 당신을 꼭 붙들고 있는 것은 하나님의 능력입니다. 그리스도를 당신 안에서 사시게 한다는 것은, 진리를 당신 자신의 영혼에 깊이 스며들게 한다는 것은, 오 선생들이여, 바로 이것이 영혼을 구하는 것입니다! 본문은 이렇게 기록되어 있습니다. "하나님이 세상을 이처럼 사랑하사 독생자를 주셨으니 이는 그를 믿는 자마다 멸망하지 않고 영생을 얻게 하려 하심이라." 이 생명은 당신이 칠십 인생을 사는 동안에 지속되는 생명이며, 당신이 일백 년을 넘게 산다고 해도 지속되는 생명이며, 당신이 무덤 입구에 누워 있을 때에도 여전히 건강한 생명이며, 당신이 몸을 떠나고 그 몸이 무덤에서 썩고 있을 때에도 여전히 사는 생명이며, 당신의 몸이 다시 일어났을 때에도 그리고 당신이 그리스도의 심판대 앞에 서게 될 때에도 여전히 지속되는 생명입니다. 이 생명은 저 해와 달과 별들보다도 밝게 빛나는 생명이며, 영원한 아버지의 생명과 마찬가지로 영원히 지속될 생명입니다. 하나님이 살아 계시는 한, 믿는 자는 단지 존재할 뿐만 아니라 또한 사는 것입니다. 천국이 존재하는 한, 당신은 그것을 향유할 것입니다. 그리스도께서 계시는 한, 당신은 그분의 사랑 안에 살 것입니다. 영원이라는 것이 있는 한, 당신은 계속해서 그 영원의 세월을 기쁨으로 채울 것입니다.

하나님이 당신에게 복을 주시고 예수님을 믿게 하시기를 바랍니다. 아멘.

제
13
장

—

오직 예수로만!(1)

—

"그를 믿는 자는 심판을 받지 아니하는 것이요."

— 요 3:18

구원의 길은 성경에 매우 명백한 말로 기록되어 있습니다. 하지만, 영혼 구원의 문제와 관련하여, 성경의 진리에 대한 것만큼 많은 오류들이 유포된 것도 없을 것입니다. 경험으로도 잘 입증되어 왔듯이, 그리스도의 모든 가르침들은 신비입니다. 그 자체로서 신비라기보다는, 망하는 자들에게 가리었다는 점에서 신비입니다. 이 세상의 신이 그들 마음의 눈을 가린 것입니다(고후 4:4). 성경은 너무나 명백하기에, 누구라도 "달려가면서도 읽을 수 있다"(합 2:2)고 말할 수 있습니다. 하지만 인간의 눈이 너무도 침침하기에, 또한 그의 총명이 너무도 흐려졌기에, 그는 성경의 가장 단순한 진리조차도 왜곡하고 오해하는 것입니다. 또한 나의 형제들이여, 믿음이 무엇인지 개인적으로 또 경험적으로 아는 자들이라도, 그것을 잘 설명하기가 항상 쉽지는 않다는 것을 발견합니다. 그들은 목표물을 명중시켰다고 생각하다가, 그 다음 번에는 맞추지 못했다고 한탄합니다. 믿음의 어떤 부분을 설명하기 위해 애를 쓰면서, 그들은 다른 부분을 잊어버린 것을 발견합니다. 또한 가련한 죄인에게 한 가지 오류를 보게 해주려고 지나치게 열심인 나머지, 종종 그를 더 심한 오류로 이끌기도 합니다. 그래서 나 역시 이렇게 말할 수 있다고 생각합니다. 즉, 믿음이 온 세상에서 가장 단순한 것이지만, 그것은 그 엄청난 중요성 때문에 전하기가 가장 어려운 것 중의 하나라고 말입니다. 그것에 대해 말하면서 우리 영혼은 떨기 시작하고, 그럴 때에는 우리가 바랐던 만큼 명확하게 전하지 못하는 것입니다.

이 아침에 내가 의도하는 것은, 하나님의 도움으로, 믿음에 대한 무수한 생각들을 결집시키는 것입니다. 내가 그 하나하나의 사상들을 여러분에게 들려주긴 했지만, 앞에서 그 사상들을 하나의 설교로 결집시킨 적은 없었습니다. 의심할 바 없이, 믿음에 관한 여러 생각들을 결집시켜서 적절한 연속적인 순서로 제시하는 것이 꼭 필요하다고 생각합니다. 나는 이 각각의 요점들에 대해 간략히 말하도록 하겠습니다. 첫째, 믿음의 대상(object), 즉 그것이 바라보는 것. 둘째, 믿음의 이유(reason), 왜 그것이 오는가? 셋째, 믿음의 근거(ground), 그것이 올 때 무엇을 제시하는가? 넷째, 믿음의 보증(warrant), 왜 그것은 담대히 그리스도께 나아오는가? 다섯째, 믿음의 결과(result), 그것이 그리스도께 나아올 때 어떤 일을 진척시키는가?

1. 믿음의 대상, 혹은 믿음이 바라보는 것

하나님의 말씀은 나에게 믿으라고 하십니다. 내가 무엇을 믿어야 합니까? 나는 바라보라는 말씀을 들었습니다. 내가 무엇을 바라보아야 합니까? 내 소망, 신뢰, 확신의 대상은 무엇입니까? 그 대답은 단순합니다. 죄인에게 믿음의 대상은 예수 그리스도이십니다. 얼마나 많은 사람이 이 문제와 관련하여 성부 하나님을 믿어야 한다고 잘못 생각하는지 모릅니다! 하나님께 대한 믿음은 예수님께 대한 믿음 이후에 따르는 결과입니다. 우리가 아버지의 영원한 사랑을 믿게 되는 것은 아들의 보혈을 신뢰한 결과입니다. 많은 사람들이 말합니다. "만약 내가 선택된 것을 안다면 그리스도를 믿겠습니다." 이것은 아버지께 나아오는 것인데, 어느 누구도 그리스도에 의해서가 아니면 아버지께 나아올 수 없습니다. 선택은 아버지의 일입니다. 당신은 그분께 직접적으로 나올 수 없습니다. 그러므로 당신이 먼저 구속자이신 그리스도를 믿기 전에는 당신의 선택을 알 수가 없습니다. 그리스도의 구속을 통하여 당신은 비로소 아버지께 가까이 할 수 있고 또한 당신의 선택도 알 수 있습니다. 또한 어떤 이들은, 성령 하나님의 역사를 바라보는 실수를 합니다. 그들은 자신들의 내면에서 어떤 느낌이 있는지를 보려 합니다. 그래서 그 느낌이 있으면 믿음이 강하다고 여기며, 그 느낌이 사라져 버리면 믿음이 약하다고 여깁니다. 그런 식으로 그들은 성령님의 활동을 바라보는데, 성령님은 죄인들의 믿음의 대상이 아니십니다. 구원의 완성을 위해서는, 아버지와 성령님을 모두 신뢰해야 합니다. 하지만 칭의와 용서의 특별한 은혜를 위해서는 오직 중보자의 피에 호소해야 합니다. 그리스도인들은 회심 이후에 성령을 신뢰해야 합니다. 하지만 그것은 죄인들의 일은 아닙니다. 만일 죄인인 그가 구원을 받으려면, 성령님을 의지하거나 바라보는 것이 아니라, 그리스도 예수를 바라보아야 하고, 그분만을 의지해야 합니다. 나는 당신의 구원이 삼위일체께 의존하고 있다는 것을 잘 압니다. 하지만 죄인이 의롭게 되기 위한 차원에서는, 성부 하나님(God the Father)이나 성령 하나님(God the Holy Spirit)이 아니라, 인간의 몸으로 성육신하시고 죄인들을 위하여 속죄의 제물이 되신 성자 하나님(God the Son)이 믿음의 최우선적이고 직접적인 대상입니다. 당신에게 믿음의 눈이 있습니까? 그렇다면, 영혼이여, 하나님으로서의 그리스도(Christ as God)를 바라보십시오. 당신은 구원받기를 원합니까? 그렇다면, 그분을 만유 위에 계시며 영원히 복되신 하나님으로 믿으십시오. 그분 앞에 경배하며, 그분을 "참 하나님에게서 나신 참 하나님(very God of very God)"으로 받아들이십시오. 그렇지 않으면 당신은 그분과 관계가 없습니다. 당신이 이렇게 믿을 때, 또한 사람으로서의(as man) 그분을 믿으십시오. 그분의 성육신의 놀라운 이야기를 믿으십시오. 유아 속에서 무한(Infinite)을 잃어버리고, 죽을 몸 속에 영원(Eternal)이 감추어졌으며, 하늘의 왕이신 그분이 인자가 되시어 종이 되셨다고 선포하는 전도자들의 증언을 신뢰하십시오. 그분의 성육신의 신비를 믿고 찬미하십시오. 당신이 이를 믿지 않으면 구원을 얻지 못하기 때문입니다. 다음으로 특히, 당신이 구원받기를 바란다면, 그분의 완전한 의(perfect righteousness) 속에서 그리스도를 바라보십시오. 율법을 흠 없이 지키셨으며, 아버지께 온전히 순종하셨으며, 흠 없이 고결함을 유지하신 그분을 바라보십시오. 이 모든 것이 당신을 위해 수행된 것임을 숙고하십시오. 당신은 율법을 지키지 못했고, 그분이 당신을 위해 지키셨습니다. 당신은 아버지께 온전히 순종하지 못했고, 그분이 당신을 대신하여 아버지께 순종하셨으며, 그로 인해 당신이 구원을 받습니다. 그러나 당신의 믿음은 죽어 가시며 죽으신 분으로서(as dying and as dead) 그리스도께 주로 고정되어야 합니다. 털 깎는 자 앞에서 잠잠한 하나님의 어린 양이신 그분을 보십시오. 슬픔의 사람이자 질고를 아는 분으로서의 그분을 보십시오. 그분과 함께 겟세마네로 가서, 땀이 땅에 떨어지는 핏방울

같이 되도록 기도하신 그분을 보십시오. 주의하십시오! 믿음이란, 당신 자신 속에 있는 어떤 것과는 아무런 관련도 없습니다. 당신의 믿음의 대상은 당신 속에 있는 것이 아니며, 당신 바깥에 있습니다. 그분을 믿으십시오. 저기 나무에 손과 발에 못이 박힌 채 죄인들을 위하여 생명을 쏟으신 그분을 믿으십시오. 거기에 구원을 위한 당신의 믿음의 대상이 있습니다. 당신 안에서도 아니고, 성령께서 당신 안에 이루신 어떤 것에서도 아니며, 혹은 그분이 당신을 위해 행하실 것이라고 약속하신 어떤 것에서도 아니라, 오직 당신은 그리스도를 바라보아야 하며, 그리스도 예수 한 분만을 바라보아야 합니다. 다음으로 당신의 믿음으로 하여금 죽은 자 가운데서 살아나신 분으로서 그리스도를 바라보게 하십시오. 그분을 보십시오. 그분은 저주를 짊어지셨으며, 그리고 이제 의를 획득하셨습니다. 그분은 빚을 갚기 위해 죽으셨고, 다시 일어나셔서 채무를 다 변제했다고 십자가에 육필로 써서 붙이셨습니다. 높이 올라가시는 그분을 보십시오. 오늘 아버지 보좌 앞에서 간구하고 계시는 그분을 보십시오. 그분은 거기에서 그분의 백성들을 위해 간구하고 계시며, 그분을 통해 하나님께 오는 모든 자를 위해 효력 있는 탄원을 하고 계십니다. 하나님으로서, 사람으로서, 살아 계시며, 죽으시며, 부활하시며, 위에서 다스리시는 그분을 바라보십시오. 오직 그분만이 죄의 용서를 위한 당신의 믿음의 대상입니다.

다른 어떤 것도 의지해서는 안 됩니다. 그분이 당신이 기댈 유일한 버팀목이자 기둥이 되셔야 합니다. 그분 외에 당신이 보태는 다른 모든 것들은 사악한 적그리스도가 될 것이며, 주 예수님의 주권에 대항하는 반역이 될 것입니다. 그리스도를 바라볼 때에 그분을 대리자(substitute)로 바라보도록 하십시오. 대속의 교리는 구원의 전체 계획에 너무나 중요하여서 나는 이곳에서 천 번이라도 그것에 대해 설명해야 합니다. 하나님은 공의로우시기에, 반드시 죄를 벌하십니다. 하나님은 자비로우시기에, 예수님을 믿는 자들을 기꺼이 용서하십니다. 어떻게 이런 일이 있을 수 있습니까? 어떻게 그분이 공의로우시어 죄를 벌하시면서, 또 동시에 자비로우시어 죄인들을 용납하시는 것입니까? 그분은 그 일을 이렇게 행하십니다. 그분은 그 백성의 죄를 들어 그리스도께로 옮기십니다. 그리하여 그들이 마치 죄를 결코 지은 적이 없는 것처럼 무죄한 자로서 서는 것입니다. 또한 그리스도께서는 마치 세상의 모든 죄인들이 그 한 분으로 합해진 것처럼 하나님에 의해 간주되시는 것입니다. 그분의 백성의 죄는 그들에게서 옮겨

집니다. 비유나 상징적으로가 아니라, 사실적이며 실제적으로, 그리스도께 그
죄가 전가된 것입니다. 그 때 하나님께서 그분의 불칼(화염검)을 가지고 죄인
을 만나 심판하러 오셨습니다. 그분은 그리스도를 만나셨고, 그리스도는 그 자
신은 죄가 없으십니다. 하지만 그분의 백성들의 죄가 모두 그분에게 전가되었
습니다. 그러므로 공의는 그리스도를 마치 그분이 죄인이셨던 것처럼 대하여,
그분의 백성들의 죄를 인하여 그리스도를 벌한 것입니다. 공의는 행사할 수 있
는 모든 권리를 사용하여 그리스도께 형벌을 가하였으며, 죄의 마지막 미분자
에 대해서까지도 형벌받기를 요구하였으며, 그 형벌의 잔을 남김없이 마시기를
요구했던 것입니다. 그리하여 이제는, 그리스도를 그분의 대속자로 볼 수 있는
자는, 그분을 신뢰하며 의탁하는 자는, 율법의 저주로부터 구원을 받는 것입니
다. 영혼이여, 당신이 율법에 순종하시는 그리스도를 볼 때, 믿음으로 이렇게
말할 수 있습니다. "그분은 그분의 백성들을 위해 순종하신다." 죽임당하신 그
분을 볼 때, 그 핏방울에 대해 이렇게 간주하고 말할 수 있습니다. "이렇게 해서
그분이 내 죄를 가져가셨다." 그분이 죽은 자 가운데서 다시 살아나신 것을 볼
때 이렇게 말할 수 있습니다. "그분이 그분의 모든 택하신 자들의 대표자요 머
리로서 다시 살아나셨다." 아버지의 우편에 앉아 계신 그분은, 자기 죽음으로써
구원하신 모든 자들도 아버지 우편에 앉게 될 것임을 보증하십니다. 우리는 그
렇게 그분을 바라볼 수 있습니다. 하나님의 관점에서 마치 그분이 죄인이셨던
것처럼 그리스도를 바라보는 법을 배우십시오. "그에게는 죄가 없느니라"(요일
3:5). 그분은 "의인으로서(the just)" "불의한 자들을(the unjust)" 대신하여 고난
을 당하셨습니다(벧전 3:18). 의로우신 그분이 불의한 자들의 자리에 대신 서시
고, 불의한 자들이 져야 할 짐을 대신 지신 것입니다. 그리스도는 단번에 그분
자신을 제물로 삼아 그들의 죄를 모두 감당하신 것입니다. 바로 이 분이 믿음의
위대한 대상입니다. 이 문제에 대해 실수가 없기를 기도합니다. 이 문제에서의
실수는, 치명적이지는 않다 하더라도, 위험하기 때문입니다. 믿음으로 그리스
도를 바라보되, 생애, 죽음, 고난, 부활의 관점에서 그분을 바라보고, 또한 아버
지께서 그분에게 주신 모든 자들을 위한 대리자이며, 모든 믿는 자들의 속죄를
위한 대속제물로서 그분을 바라보십시오. 그러므로 지금까지 제시한 대로, 그
리스도는 칭의(稱義)를 위한 믿음의 대상이십니다.

　　여러분 중에는 이렇게 말하는 사람이 더러 있을 것입니다. "오, 만일 그렇

다면 내가 믿고 구원받을 수 있을 텐데." 만일 무엇입니까? 만일 그리스도께서 죽으셨다면 말입니까? "오 아니요, 선생님, 제 의심은 그리스도께 대한 것이 아닙니다." 나도 그렇게 생각합니다. 그러면 그 의심은 무엇입니까! "무언가 하면, 만일 내가 그렇게 느낀다면, 혹은 그렇게 느꼈더라면, 믿을 거라는 말입니다." 바로 그것이었군요. 하지만 당신에게 말합니다. 만일 당신이 그렇게 느낀다 해도, 혹은 그렇게 느꼈다 해도, 당신은 예수님을 믿을 수 없습니다. 왜냐하면, 당신이 믿으려 하는 것은 당신 자신이지 그리스도가 아니기 때문입니다. 쉽게 말하자면 그런 것입니다. 만일 당신이 이러저러한 사람이고, 혹은 이러저러한 것을 느꼈더라면, 그 때 당신은 확신을 가질 수 있다고 합니다. 무엇에 대한 확신입니까? 바로 당신의 느낌에 대한 확신, 당신의 행위에 대한 확신이 아닙니까? 그런 것은 명백히 그리스도께 대한 확신과는 정반대가 아닙니까? 믿음은 내 속에 있는 어떤 선한 것에서 파생되는 것이 아닙니다. 확실히 말하자면, 오히려 하나님 보시기에 나에게 죄가 있고 그분의 진노를 살 만하다고 하는 사실에도 불구하고, 그럼에도 불구하고 그분의 아들이신 예수 그리스도의 피가 나를 모든 죄에서 씻어 주리라는 것을 믿는 것입니다. 비록 내 현재의 죄의식이 나를 정죄한다 해도, 여전히 내 믿음은 내 죄의식을 압도하고, 나는 "자기를 힘입어 하나님께 나아가는 자들을 온전히 구원하실 수 있는"(히 7:25) 분을 믿는 것입니다. 성자로서(as a saint) 그리스도께 나아오는 것은 매우 쉬운 일입니다. 당신이 회복되고 있을 때 의사가 당신을 치료해 줄 것이라고 믿는 것은 매우 쉽습니다. 하지만 당신의 몸에 사형 선고가 내려진 것처럼 느껴질 때, 속 질병이 피부 겉에까지 올라오는 것을 볼 때, 당신의 궤양이 독을 축적하고 있을 때, 그 때 의사를 신뢰하고 치료의 효능을 믿는 것, 바로 그런 것이 믿음입니다. 당신의 죄가 당신을 지배하고 있을 때, 율법이 당신을 정죄한다고 느낄 때, 바로 그 때, 죄인으로서(as a sinner) 그리스도를 신뢰하십시오. 이것이야말로 세상에서 가장 뛰어난 공훈입니다. 여리고의 성벽을 무너뜨린 믿음, 죽은 자를 살린 믿음, 사자의 입을 막은 믿음이, 자신의 모든 죄들이 날카로운 이빨들을 드러내고 있을 때 담대히 예수 그리스도의 피와 의를 신뢰하는 한 가련한 죄인의 믿음보다 더 위대하지는 않습니다. 바로 그렇게 하십시오, 영혼이여, 그러면 당신이 누구일지라도 구원을 받습니다. 믿음의 대상은 죄인들을 위한 대리자이신 그리스도이십니다. 그리스도와 무관하신 하나님이 아니라 그리스도 안에서의 하나님을, 그리고 성령의 어떤 역사가 아니라 오직 예수님이 하신 일을 당신의 소망의 기초로 삼아야 합니다.

2. 믿음의 이유

두 번째로, 사람은 왜 믿는 것입니까? 또한 그의 믿음은 어떻게 해서 오는 것입니까? "믿음은 들음에서 나며"(롬 10:17). 인정합니다. 하지만 모든 사람이 듣는 것은 아니며, 여전히 많은 사람이 불신앙 가운데 있지 않습니까? 그러면, 한 사람이 어떻게 믿음에 이르게 되는 것입니까? 그 자신의 경험에서, 믿음은 필요의 느낌(sense of need)의 결과로 찾아옵니다. 그는 자신에게 구원자가 필요하다고 느낍니다. 그는 그리스도가 그가 필요로 하는 구원자이심을 발견합니다. 구원의 문제에서 스스로를 도울 수가 없기 때문에 그는 예수님을 믿습니다. 그 자신은 아무것도 가진 것이 없으므로, 멸망하지 않으려면 그리스도를 붙들어야 한다고 느낍니다. 그렇게 하지 않으면 안 되기 때문에 그렇게 하는 것입니다. 그는 상당히 곤경에 처했습니다. 빠져나갈 길은 오직 이 하나밖에는 없습니다. 말하자면, 다른 의(義)에 의한 것입니다. 그는 어떤 선행으로나 혹은 그 자신의 고행으로도 빠져나갈 수 없다고 느낍니다. 그래서 그는 그리스도께 와서 겸손히 자기를 낮춥니다. 그리스도가 없이는 어찌할 수 없기 때문에, 그분을 붙들지 않으면 멸망할 수밖에 없기 때문에 그렇게 하는 것입니다. 그러나 이 질문을 좀 더 깊은 차원에서 제기하자면, 그 사람의 '필요의 느낌'은 어디서 오는 것입니까? 어떻게 해서 그는, 다른 사람들과는 달리, 그리스도의 필요성을 느끼는 것입니까? 그리스도가 필요한 것은 다른 사람들에게도 마찬가지입니다. 그러면, 그는 어떻게 해서 자신이 잃어버린 자요 타락한 자임을 알게 되었을까요? 그가 자신의 부패함을 느끼고서 회복자로서의 그리스도를 붙들게 된 것은 어찌된 연유입니까? 대답은, 이것이 하나님의 선물이라는 것입니다. 이것이 성령의 역사라는 것입니다. 성령께서 이끌어 주시지 않으면 누구도 그리스도께 오지 않습니다. 또한 성령께서 사람들을 그리스도께 이끄시는 것은, 그들을 율법 아래에서 죄를 자각하게 하시고, 그리스도께 나아오지 않으면 멸망하게 됨을 자각하도록 하시는 방법에 의해서입니다. 날씨의 강한 압박에 의해, 그들은 배의 침로(針路)를 돌려 하늘의 항구로 달려오는 것입니다. 그리스도에 의한 구원은 우리의 육적인 정신으로는 달갑지 않고 또한 인간의 공적을 선호하는 성향과도 모순되기 때문에, 성령께서 우리로 하여금 우리 자신이 아무것도 아닌 것을 깨닫게 하시지 않는다면, 그리하여 그리스도를 붙잡도록 강권하시지 않는다면, 우리는 결코 그리스도를 우리의 모든 것 되시는 분으로 간주하지 않을 것입니다.

하지만, 여전히 그 질문은 좀 더 깊은 차원으로 들어갑니다. 어떻게 해서 하나님의 성령은 어떤 사람들에게는 그들의 필요를 가르치시고, 다른 사람들에게는 그리하지 않으시는 것일까요? 왜 여러분 중 일부는, 다른 사람들이 자기의(self-righteousness) 가운데 계속 살다가 멸망하는 와중에, '필요의 느낌'에 의해 그리스도께 오게 되는 것입니까? 이 말씀 외에는 다른 답이 없습니다. "옳소이다, 이렇게 된 것이 아버지의 뜻이니이다"(마 11:26). 최종적으로는 하나님의 주권에 관한 문제입니다. 주님께서 말씀하셨습니다. "이것을 지혜롭고 슬기 있는 자들에게는 숨기시고 어린아이들에게는 나타내심을 감사하나이다"(마 11:25). 그리스도께서 표현하신 대로라면 이러합니다. "내 양은 내 음성을 들으며"(마 10:27). "너희가 내 양이 아니므로, 믿지 아니하는도다"(요 10:26). 어떤 신학자들은 그 구절을 이런 식으로 읽는 것을 좋아합니다. "너희가 믿지 아니하기 때문에, 내 양이 아니로다." "아버지께서 내게 주시는 자는 다 내게로 올 것이요"(요 6:37). 그들이 그리스도께 오지 않는다면, 그것은 아버지께서 그들을 그리스도께 주신 적이 없다는 확실한 증거입니다. 영원 전부터 그리스도께 주어진 자들, 성자 하나님에 의해 구속되도록 성부 하나님께 선택된 자들, 이런 자들이 성령에 의해 인도를 받으며, '필요의 느낌'을 통해 그리스도께 나아와서 그분을 붙드는 것입니다. 그리스도가 필요하다는 것을 느끼지 않고서도 그리스도를 믿은 자는 지금껏 없으며, 또 앞으로도 없을 것입니다. 성령께서 그렇게 느끼도록 하시지 않고서도 그리스도의 필요성을 느낀 자는 지금껏 없으며, 또 앞으로도 그럴 것입니다. 또한, 하나님께서 택하신 자들의 이름을 새겨둔 영원한 책에 그 이름이 기록된 자가 아니고서는, 성령께서 구원자 예수님의 필요를 느끼도록 하시는 자가 없습니다. 나는 이 요점에 대해 잘못 이해하지 않았다고 생각합니다. 믿음의 이유, 혹은 사람들이 믿는 이유는, 하나님의 선택적 사랑이며(electing love), 선택받은 자들은 성령의 이끄심을 따라 필요의 느낌을 가지게 되고 예수 그리스도께 나아오는 것입니다.

3. 믿음의 근거

이제 또다른 요점을 다루고자 할 때, 신중한 주의를 기울여 주기를 바랍니다. 내가 죄인의 믿음의 근거, 혹은 어떤 근거로 주 예수 그리스도를 담대히 믿을 수 있는지에 대해 다룰 때, 여러분은 내가 모순된다고 생각할 수도 있습니다.

사랑하는 친구들이여, 나는 이미 그리스도의 필요를 느끼지 않고는 어느 누구도 그분을 믿지 않을 것이라고 말했습니다. 그렇지만 여러분은, 내가 그리스도께 나아올 때 그분의 필요를 느낀다고 호소하면서 나아오지는 않는다는 말을 종종 들었을 것입니다. 내가 그리스도를 믿는 이유는 그분에 대한 나의 필요를 느끼기(feel) 때문이 아니라, 그분에 대한 필요를 가지고 있기(have) 때문입니다. 사람이 예수님께 나아오는 근거는, 분별 있는 죄인으로서가 아니라, 죄인으로서, 단지 죄인으로서 입니다. 그는 각성하지 않으면 나아오지 않을 것입니다. 하지만 그가 나아올 때, 이렇게 말하지는 않습니다. "주여, 저는 각성한 죄인이기 때문에 당신께 나아옵니다. 저를 구원하소서." 오히려 그는 이렇게 말합니다. "주여, 저는 죄인입니다. 저를 구원하소서." 각성했기 때문이 아니라, 죄인이기 때문에, 감히 주님께 나아오는 것입니다. 어쩌면 당신은 내가 지금 나 자신의 생각을 정확히 설명하지 못하고 있다고 간주할 지도 모릅니다. 꽤 많은 칼빈주의 신학자들의 가르침을 언급하자면, 그들은 죄인에 대해 이런 식으로 말합니다. "자, 그리스도에 대한 필요를 당신이 느낀다면(if you feel), 만일 당신이 많이 회개하였다면, 만일 당신이 율법에 의해 어느 정도 괴로움을 당했다면, 그 때 당신은 각성한 죄인이라는 근거로 그리스도께 나아올 수 있습니다." 나는 그것이 잘못이라고 말합니다. 어느 누구도 자신이 각성한 죄인이라는 근거로 그리스도께 나아오지는 못합니다. 그는 반드시 죄인으로서(as a sinner) 그분께 와야 합니다. 내가 예수님께 나아올 때, 내가 각성하지 않았더라면 예수님께 나아오지 않는다는 것을 알지만, 그럼에도 불구하고, 각성한 죄인의 자격으로 오는 것은 아닙니다. 필요의 느낌은 좋은 느낌입니다. 하지만, 내가 십자가 밑에 설 때에, 나는 내가 좋은 느낌을 가지고 있기 때문에 그리스도를 믿는 것이 아니며, 내가 좋은 느낌을 가지고 있건 아니건 그것과는 무관하게 그분을 믿는 것입니다.

"단 하나의 구실도 없이, 있는 모습 이대로,

오직 나를 위해 흘리신 당신의 피를 보고서,
당신에게로 오라고 당신은 내게 말씀하십니다.
오 하나님의 어린 양이시여, 제가 옵니다."

　청교도 시대의 로저(Roger) 목사, 셰퍼드(Sheppard) 목사, 플라벨(Flavell) 목사, 그리고 여러 뛰어난 신학자들과 그중에서도 특히 리처드 백스터(Richard Baxter) 목사는, 사람이 그리스도께 나아오기 위해서는 그 전에 반드시 무엇을 느껴야 하는지에 대해 설명하곤 했습니다. 이제, 나는 페너(Fenner) 목사의 언어로 말하고자 합니다. 그는 그들과 마찬가지로 훌륭한 신학자들 중의 한 분이지만, 그 자신은 스스로에 대해 그들과 비교하면 은혜에서 아기에 불과하다고 말했습니다. 그는 이렇게 말했습니다. "나는 감히 말하건대, 이 모든 것은 성경적이지 않다. 죄인들은 그리스도께 나아오기 전에 이런 것들을 느낀다. 하지만 그들이 그것을 느낀다는 것을 근거로 나아오지는 않는다. 그들은 죄인이기 때문에 나아오는 것이지, 그 외에 다른 이유로 오는 것이 아니다."
　은혜의 문은 열려 있으며, 그 문 위에는 이렇게 쓰여 있습니다. "미쁘다 모든 사람이 받을 만한 이 말이여 그리스도 예수께서 죄인[들]을 구원하시려고 세상에 임하셨다 하였도다"(딤전 1:15). "구원하시려고(save)"라는 단어와 그 다음 단어인 "죄인들"(sinners) 사이에는 어떤 수식어도 없습니다. 그것은 "뉘우치는 죄인들", "각성한 죄인들", "깨달은 죄인들", "슬퍼하는 죄인들" 혹은 "놀란 죄인들"이라고 말하지 않습니다. 그렇지 않습니다. 그것은 단지 "죄인들"이라고 말합니다. 나는 이것을 알고 있습니다. 내가 그리스도께 나아올 때, 오늘 그리스도께 나아올 때, 내가 그리스도의 십자가에 와야 할 내 삶의 필요가 얼마나 많은지를 느끼고 있습니다. 이는 내가 십 년 전에 그분께 왔을 때, 내가 죄를 의식하거나 각성한 죄인으로서 담대히 나아온 것이 아니라 단지 한 죄인으로서, 내 손에 아무것도 든 것이 없는 상태에서 그분께 나아왔을 때와 마찬가지입니다. 나는 이번 주에 한 나이 든 분을 요크셔(Yorkshire)에 있는 한 예배당의 부속실에서 만났습니다. 나는 이런 식의 이야기를 들었습니다. 그 노인은 수년 동안 그리스도인이었으며, 그가 이렇게 말했습니다. "이 노래에 담긴 뜻을 그리 정확하게 알지 못했습니다. 하지만 이제 알 것 같습니다. 이것이 바로 내가 주님께 나아오는 방법이지요. '주여,

　　　　빈손 들고 앞에 가 십자가를 붙드네,
　　　　의가 없는 자라도 도와주심 바라고,
　　　　생명 샘에 나가니 나를 씻어주소서.' "

　　　　　　　　　　（통일찬송가 494장 '만세반석 열리니'의 3절 가사）

　　그 노인은 "죄로 검은 채로 생명 샘에 나가니 나를 씻어주소서"라고 말했습니다. 믿음은 당신 자신으로부터(from) 나와 그리스도 안으로(into) 들어가는 것입니다. 나는 수많은 사람들의 영혼이 그들의 목회자가 이렇게 말한 것 때문에 고통을 겪고 있는 것을 알고 있습니다. "만일 당신이 당신의 필요를 느끼면, 그리스도께로 올 수 있습니다." 그 말을 들은 사람들은 이렇게 말합니다. "하지만 저는 나의 필요를 충분히 느끼지 못하고 있어요. 충분히 느끼지 못하는 것이 확실해요." 그렇게 고통받는 가련한 사람들에게서 받은 수십 통의 편지는 이렇게 토로합니다. "만일 내가 부드러운 양심을 가진다면 그리스도께서 저를 구원해주시도록 믿고 싶습니다. 만일 내가 부드러운 마음을 가진다면, 하지만 오, 내 마음은 빙산처럼 얼어 있으며 전혀 녹을 것 같지 않습니다. 내 필요를 느끼고 싶어도 느낄 수가 없습니다. 그러니 나는 예수님을 믿을 수가 없나봅니다."

　　오! 그것을 내려놓으십시오, 그것을 타도하십시오! 그것은 사악한 적그리스도입니다. 그것은 뻔뻔한 교황주의입니다! 당신에게 믿을 자격을 부여하는 것은 당신의 부드러운 마음이 아닙니다. 당신이 그리스도를 믿어야 하는 이유는 당신의 굳은 마음을 새롭게 하기 위해서이며, 당신에게 죄밖에 없어도 그분에게 나아와야 합니다. 죄인이 그리스도께 나아오는 이유는 그가 죄로 검기 때문이며, 또한 죄로 죽었기 때문이지, 죄로 죽은 것을 그가 알기 때문이 아닙니다. 그가 잃어버렸기 때문에 그리스도께 나아오는 것이지, 잃어버린 자임을 스스로 알기 때문에 나아오는 것이 아닙니다. 나는 그가 그것을 알지 않으면 그리스도께 나오지 않을 것임을 압니다. 하지만 그것이 그가 그리스도께 올 수 있는 근거는 아닙니다. 사람이 그리스도께 나아오는 것에는 좀 더 은밀한 이유가 있으며, 그가 이해하고 있는 공개적이고 단정적인 이유 때문이 아닙니다. 여기에 있는 나는, 수 년 동안, 그 필요를 충분히 느끼지 못한다고 생각했기 때문에 그리스도께 나아오는 것이 두려웠습니다. 쿠퍼(William Cowper)의 찬송에서 "강철처럼 감각이 무디었다"는 대목을 자주 읽곤 했습니다.

"보고자 하나 볼 수가 없고
강철처럼 무디어 느끼지도 못하니
느끼는 것이 있다면 오직 고통뿐
느끼지 못하는 나 자신만 발견할 뿐이네."

내가 그리스도를 믿었을 때, 나는 아무것도 느끼지 못했다고 생각했습니다. 지금 내가 다시 회고해 볼 때, 내가 느끼지 못한다고 생각했던 와중에도, 아주 예민하고 강력하게 느끼고 있었다는 것을 발견합니다. 일반적으로 크게 회개하는 사람들은 스스로를 완고하다고 생각하며, 또한 사람들이 필요를 크게 느끼는 때는 스스로 전혀 느끼지 못한다고 생각할 때입니다. 우리는 우리의 느낌을 판단하는 재판관들이 아니며, 복음의 초대는 우리가 재판관이 될 수 있는 그 어떤 것에도 근거하지 않습니다. 누군가 이렇게 말합니다. "좋아요, 하지만 성경은 '수고하고 무거운 짐 진 자들아 다 내게로 오라 내가 너희를 쉬게 하리라'(마 11:28)고 말하고 있습니다. 그렇다면 우리가 '수고하고 무거운 짐'을 진 상태여야 하지 않을까요?" 바로 그렇습니다. 성경은 그렇게 말하고 있습니다.

하지만 또다른 구절이 있습니다. "오라, 원하는 자는 값없이 생명수를 받으라"(계 22:17). 그 구절은 '수고하고 무거운 짐'에 대해서는 어떤 것도 말하지 않습니다. 게다가, 그 초대가 수고하고 무거운 짐 진 자들에게 대한 것이긴 하지만, 그 약속은 그들이 수고하고 무거운 짐 진 자들이기 때문에 주어진 것이 아니라, 그들이 그리스도께 나아오는 자들이기 때문에 주어지는 것입니다. 그들이 그리스도께 나아올 때, 그들은 수고하고 무거운 짐을 지고 있다는 것을 몰랐습니다. 그들은 정녕 지치고 무거운 짐을 지고 있었지만, 그들이 원하는 만큼 충분히 지치지 못하고 또한 그들이 느끼기 원하는 만큼 충분히 느끼지 못한 것도, 그들을 지치게 하고 무겁게 하는 부분적인 이유였습니다. 그들은 있는 모습 그대로 그리스도께 왔으며, 그분은 그들을 구원하셨습니다. 그들의 수고에 어떤 공적이 있거나 혹은 그들이 무거운 짐을 진 것에 어떤 효능이 있어서가 아니라, 단지 죄인으로서 그들을 구원하신 것이며, 그분의 피로 그들을 씻어 깨끗하게 하신 것입니다. 나의 사랑하는 청중이여, 이 진리를 마음에 간직하시기 바랍니다. 만일 당신이 이 아침에 그리스도께 나아오기를 원한다면, 그분은 당신을 내쫓지 않으실 것입니다.

토비아스 크리스프(Tobias Crisp, 1600-1643. 영국 국교회 목사이면서 칼빈주의 자 - 역주) 목사는 그의 설교 중에서 이 요점에 대해 이렇게 말했습니다. "나는 담대히 말합니다. 당신이 누구라 할지라도, 그리스도께 오기만 하십시오. 당신 이 그리스도께 오는데도 그분이 받아들이시지 않는다면, 그렇다면, 그분은 그 분의 말씀에 진실하지 않으신 것입니다. 왜냐하면 그분은 이렇게 말씀하셨기 때문입니다. '내게 오는 자는 내가 결코 내쫓지 아니하리라'(요 6:37)." 만일 당 신이 그리스도께 오고자 한다면, 자격이나 사전 준비에 대해 마음 쓰지 마십시 오. 그분은 어떤 의무나 혹은 느낌들을 자격으로 요구하지 않으십니다. 당신은 있는 모습 그대로 올 수 있으며, 비록 당신이 지옥에서 나온 가장 큰 죄인이라 할지라도, 세상에서 가장 도덕적이고 뛰어난 사람과 마찬가지로 그리스도께 나 아오기에 적합합니다. 목욕탕이 있습니다. 누가 씻기에 적합합니까? 죄로 검은 사람이 씻지 못할 이유가 무엇입니까? 오히려 그로서는 씻어야 할 더 분명한 이 유가 있는 것입니다. 우리 도시의 행정장관들이 가난한 자들에게 원조를 제공 할 때, 누구도 이런 식으로 말하지 않습니다. "나는 너무 가난합니다. 그러므로 나는 원조를 받기에 적합하지 않아요." 당신의 빈곤이 당신의 준비이며, 여기에 서는 검은 것이 흰 것입니다. 기이한 모순입니다! 당신이 그리스도께 가지고 올 수 있는 유일한 것은 당신의 죄와 당신의 사악함입니다. 그분이 요구하시는 모 든 것은, 당신이 빈손으로 오라는 것입니다. 만일 당신이 당신 자신의 무언가를 가지고 있다면, 오기 전에 모두 두고 와야 합니다. 만일 당신 속에 어떤 선한 것 이 있다면, 당신은 그리스도께 의탁할 수 없습니다. 당신은 손에 아무것도 들지 않고서 와야 합니다. 그분을 모든 것 중의 모든 것 되시는 분으로 여기고, 바로 그것이 가난한 영혼이 구원받을 유일한 근거라고 여기십시오. 죄인으로서, 단 지 죄인으로서 말입니다.

4. 믿음의 보증

네 번째 요점은 믿음의 보증, 혹은 왜 사람이 담대히 그리스도를 신뢰하는가 하는 것입니다. 누구든 자기를 구원할 분으로 그리스도를 신뢰하는 것은 무분 별한 것이 아니지 않습니까? 특히 자신에게 어떤 선한 것도 없을 때에 말입니 다. 그럼요, 그것은 결코 무분별한 것이 아닙니다. 인간의 죄를 책망하면서도, 인간으로 하여금 하나님이 참되신 것을 믿고 인정하도록 하며 또한 예수님의 피의 가치를 믿도록 만드는 것은 성령님의 고귀한 사역입니다. 하지만 왜 어느 누구라도 대담하게 그리스도를 믿을 수 있는지에 대해 이제 당신에게 묻고자 합니다. 어떤 사람이 말합니다. "글쎄요, 나는 내 속에서 성령님의 역사가 있다고 느꼈기 때문에 그리스도를 믿고자 하는 믿음이 생겨났습니다." 당신은 전혀 그리스도를 믿는 것이 아닙니다. 또다른 사람이 말합니다. "나는 내가 그리스도를 믿을 수 있는 자격이 있다고 생각했습니다. 왜냐하면 무언가를 느꼈거든요." 그러한 것을 믿음의 근거요 보증으로 삼았다면, 당신에게는 그리스도를 믿을 자격이 전혀 없습니다. 그렇다면 그리스도를 믿을 인간의 근거와 보증이 무엇입니까? 여기에 있습니다. 그리스도께서 인간에게 무언가를 하라 말씀하시면, 바로 그것이 그의 보증입니다. 그리스도의 말씀이 그리스도를 믿는데 있어서 죄인들의 보증입니다. 그가 무엇을 느끼는지 혹은 그가 어떤 사람인지와는 무관하게, 그리스도께서 그에게 하라 말씀하신 그것이 보증입니다. 복음은 이렇게 말합니다. "믿는 사람은 구원을 얻을 것이요, 믿지 않는 사람은 정죄를 받으리라"(막 16:16). 그러므로 그리스도께 대한 믿음은 복된 특권일 뿐 아니라 명령으로 주어진 의무입니다. 그것이 의무라고 하는 것이 얼마나 은혜인지 모릅니다. 왜냐하면 사람이 자기 의무를 수행할 자격이 있다는 점에는 어떤 의문도 제기할 수 없기 때문입니다. 이제 하나님께서 나에게 믿으라고 명령하신 것을 근거로, 내가 누구이든지, 나는 믿을 자격을 가진 것입니다. 복음은 모든 인간에게 제시된 것입니다. 나는 그 인간이라는 족속에 속해 있으며, 나는 인간 중의 하나이며, 복음이 나에게 믿으라고 명하기에 나는 믿습니다. 내가 믿는 것에 어떤 잘못도 없는 것은, 믿으라는 명령을 받았기 때문입니다. 하나님의 명령을 순종하는 것이 내게 잘못일 수가 없습니다. 그것이 모든 인간에게 주어진 하나님의 명령이기 때문에, 하나님이 보내신 예수 그리스도를 믿는 것입니다. 죄인이여, 이것이 당신의 보증입니다. 그것이 복된 보증인 것은, 지옥도 그것을 부정할 수 없고, 천국도 철회할 수 없는 것이기 때문입니다. 당신은 스스로의 경험에서 희미한 보증을 찾으려고 내면을 들여다볼 필요가 없습니다. 당신은 그리스도를 믿을 어떤 희미하고 불충분한 근거를 찾아내려고, 당신 스스로의 행위나 느낌을 바라볼 필요가 없습니다. 당신이 그리스도를 믿을 수 있는 것은 그분이 그렇게 하라고 당신에게 말씀하시기 때문입니다. 그것이 굳게 설 수 있는 확고한 근거이며, 그 점에 대해서 어떤 의심도 제기될 수 없습니다.

우리 모두가 굶주리고 있다고 상상해 보겠습니다. 성은 군사들이 에워싸고 접근이 차단되었습니다. 길고 긴 기근이 지속되어 왔으며, 우리는 곧 굶주림으로 죽게 될 지경입니다. 이 때 어떤 왕궁으로부터 즉시 와서 먹고 마시고 기운을 회복하라는 초대장이 왔습니다. 하지만 우리는 너무 어리석게 되어서, 그 초대를 받아들이려 하지 않습니다. 지금 우리를 사로잡고 있는 끔찍한 광기를 상상해 보십시오. 우리는 차라리 죽기를 바라고, 초대에 응하기보다는 굶어죽기를 바라고 있습니다. 왕의 전령이 이렇게 말한다고 상상해 보십시오. "잔치에 오시오. 가난하고 배고픈 영혼들이여! 당신들이 오려고 하지 않는다는 것을 알기 때문에, 내가 이런 위협을 덧붙입니다. 만일 당신들이 오지 않으면, 나의 전사들이 당신들을 덮칠 것이오. 그들은 당신들에게 칼의 날카로움을 느끼도록 할 것이오." 사랑하는 친구들이여, 나는 우리가 이렇게 말해야 한다고 생각합니다. "우리는 그 위협에 대해 위대하신 왕을 칭송합니다. 이제 우리는 '내가 오는 것은 허락되지 않을 수도 있을 텐데'라는 말을 하지 않아도 되기 때문입니다. 이제 우리는 멀리 서 있을 필요가 없습니다. 오지 않는 것에 대해 경고를 받았기 때문에, 내가 오는 것이 적절한가에 대해 염려할 필요가 없게 되었습니다. 이제 나는 기꺼이 초대에 응하도록 하겠습니다." '믿지 않는 사람은 정죄를 받으리라'는 무서운 경고는 분노에 의해 부가된 말씀이 아닙니다. 오히려 우리가 천둥 같은 소리로 잔치에 오라는 소리를 듣지 않으면, 너무나 어리석은 나머지 우리 스스로 은혜를 거절할 수 있음을 주님이 아셨기 때문에 하신 말씀입니다. "사람을 강권하여 데려다가 내 집을 채우라"(눅 14:23). 이 말씀은 우리 주님이 전에 하신 말씀이며, 잔치에 오라는 강력한 권유의 일부로서 하신 말씀입니다. "강권하여 데려다가 내 집을 채우라!"

죄인이여, 그리스도를 신뢰하면 길을 잃지 않습니다. 오히려 당신이 그분을 믿지 않으면 잃은 자가 될 것입니다. 나는 이제 그것을 담대히 표현합니다. 죄인이여, 당신은 올 수 있을 뿐만 아니라, 오, 당신을 위해서 기도하니, 오기를 거절하여 하나님의 진노에 맞서지 마십시오. 은혜의 문은 활짝 열려 있습니다. 왜 오지 않으려 합니까? 왜 그런 것입니까? 왜 그토록 거만합니까? 왜 당신은 여전히 그분의 음성을 거절하고 죄 속에서 멸망하려 합니까? 새겨들으십시오. 여러분 중에 어느 누구라도, 만일 멸망한다면, 당신의 피는 하나님의 문이나 그리스도의 문이 아닌, 당신 자신의 문에 쏟아져 있을 것입니다. 그분은 당신에게 이렇게 말씀하실 수 있습니다. "너희가 영생을 얻기 위하여 내게 오기를 원하지 아니하는도다"(요 5:40). 오! 떨고 있는 가련한 자여, 만일 당신이 오고자 한다면, 하나님의 말씀 중에 당신이 오기를 금하는 것은 아무것도 없습니다. 오히려 당신이 서둘러 오도록 재촉하는 위협과 강권하는 말씀은 모두 있습니다. 여전히 나는 당신이 이렇게 말하는 것을 듣습니다. "나는 그리스도를 믿을 수가 없습니다." 당신은 믿을 수 있습니다(may). 다시 말하건대, 하늘 아래 모든 인간에게 믿으라는 명령이 주어졌으며, 명령으로 받은 것을 당신은 할 수 있습니다. 한 사람이 말합니다. "아! 여전히 제가 그럴 수 있다고 느껴지지 않아요." 당신은 같은 차원의 말을 반복하고 있습니다. 당신은 당신 자신의 어리석은 느낌 때문에, 하나님이 당신에게 말씀하신 것을 하지 않겠다고 말하고 있습니다. 당신이 스스로 무언가를 느끼기 때문에 믿으라고 말하는 것이 아니며, 단지 당신이 죄인이기 때문에 믿으라는 것입니다. 지금 당신은 당신이 죄인인 것을 압니다. 한 사람이 말합니다. "저는 죄인입니다. 그리고 그것이 저의 슬픔입니다." 당신이 왜 슬퍼하는 것입니까? 그것은 당신이 느끼고 있다는 어떤 표징입니다. 한 사람이 또 말합니다. "아아, 하지만 저는 충분히 느끼지 못합니다. 그것이 제가 슬퍼하는 이유입니다. 저는 제가 느껴야 할 만큼 느끼지 못하고 있습니다." 자, 당신이 느끼든지, 못 느끼든지, 당신은 죄인입니다. 그리고 당신에게 필요한 말씀은 이것입니다. "미쁘다 모든 사람이 받을 만한 이 말이여, 그리스도 예수께서 죄인을 구원하시려고 세상에 임하셨다 하였도다"(딤전 1:15).

"오, 하지만 저는 너무 늙은 죄인입니다. 저는 죄 속에서 육십 년을 살아 왔습니다." 육십년이 지나면 구원받을 수 없다고 한 말씀이 어디에 기록되었습니까? 선생이여, 그리스도께서는 당신이 백 살이라도, 아니 죄 속에서 살아 온 '므두셀라'라고 할지라도 능히 구원하실 수 있습니다. "그 아들 예수의 피가 우리를 모든 죄에서 깨끗하게 하실 것이요"(요일 1:7). "오라, 원하는 자는 값없이 생명수를 받으라"(계 22:17), "자기를 힘입어 하나님께 나아가는 자들을 온전히 구원하실 수 있으니"(히 7:25). 또 한 사람이 말합니다. "그렇습니다, 하지만 저는 술주정꾼이었으며, 음탕한 자였고, 불경스런 자였습니다." 그러니까 당신은 죄인입니다. 당신은 남들보다 죄를 많이 지었지만 그리스도께서 구원하실 수 없을 정도는 아닙니다. 또다른 사람이 말합니다. "아아, 하지만 당신은 내 죄가 얼마나 심각한지를 모르실겁니다." 그것은 당신이 죄인임을 입증하는 것이며,

그러기에 당신은 구원받기 위해 그리스도를 믿으라는 명령을 듣는 것입니다. 여전히 또다른 사람이 외칩니다. "아아, 하지만 당신은 내가 얼마나 자주 그리스도를 거부해 왔는지를 모르실거예요." 예, 그것도 당신이 죄인임을 말해주고 있군요. "당신은 제 마음이 얼마나 완고한지 모르십니다." 그렇겠지요, 하지만 그것 역시 당신이 죄인임을 입증하는 것뿐이며, 그리스도께서 오셔서 구원하실 대상들 중 한 사람임을 입증합니다. "오, 하지만 선생님, 저는 어떤 선한 일도 행한 것이 없습니다. 선한 일을 조금이라도 했다면, 좀 더 용기를 가질 수 있을 텐데요." 나로서는, 당신이 아무 선한 일도 하지 않았다는 사실이, 내가 말씀을 전하도록 보내심을 받은 대상이 바로 당신임을 입증합니다. 그리스도께서는 잃어버린 자들을 구원하러 오셨으며, 당신이 말한 모든 것은 당신이 잃어버린 자임을 입증할 분입니다. 그러므로 그분이 당신을 구원하러 오신 것입니다. 그분을 신뢰하십시오, 그분을 신뢰하십시오.

또 누군가 말합니다. "만일 제가 구원받는다면, 저는 여태껏 구원받은 사람들 중에 가장 큰 죄인이 될 것입니다." 그러면 당신이 천국에 갈 때, 그곳에서 음악이 더 크게 연주될 것이며, 그리스도께는 더 큰 영광을 얻으실 것입니다. 더 큰 죄인일수록, 마침내 그가 그리스도를 따라 본향에 도달한다면, 그리스도께는 더 큰 영예가 되는 것이지요. "아아, 하지만 내 죄는 넘칠 정도입니다." 그분의 은혜는 더욱더 넘칩니다. "하지만 내 죄는 하늘까지 도달할 정도입니다." 그렇습니다, 하지만 그분의 은혜는 하늘 위에까지 도달합니다. "오! 하지만 내 죄는 온 세계만큼 광범위하답니다." 그런가요? 하지만 그분의 의(義)는 천 개의 세계를 덮을 정도로 더욱 넓습니다. "아아, 하지만 내 죄는 너무나 붉습니다." 예, 하지만 그분의 피는 당신의 죄보다 더욱 붉으며, 더욱 진한 붉은 피로 당신의 붉은 죄를 씻을 것입니다. "아아! 하지만 저는 잃어버리기에 합당한 자입니다. 죽음과 지옥이 나의 저주를 외치고 있습니다." 예, 죽음과 지옥이 그렇게 외치겠지요. 하지만 예수 그리스도의 피가 죽음이나 지옥보다 더 크게 외칠 수 있으며, 그 피는 오늘도 이렇게 외치고 있습니다. "아버지여, 저 죄인을 살게 하소서." 오! 내 속의 생각을 내 입으로 충분히 말할 수 있으면 좋으련만, 그래서 당신의 머릿속에 주입시킬 수 있으면 좋으련만! 하나님이 당신을 구원하실 때, 그것은 당신 속에 있는 그 어떤 것 때문이 아니라, 그분 자신 안에 있는 그 무엇 때문입니다. 하나님의 사랑은, 그분 자신의 깊은 동정심 외에 달리 이유가 없습니다. 죄인을 용서하시는 하나님의 이유는 그분 자신의 마음 안에서 발견되는 것이지, 죄인 속에서 발견되지 않습니다. 왜 당신이 구원받는지에 대한 이유는 왜 다른 사람이 구원받는지에 대한 이유와 마찬가지로, 쉽게 말해서, 전혀 이유가 없습니다. 당신 속에는, 왜 그분이 당신에게 긍휼을 베푸시는지에 대한 이유가 전혀 없습니다. 당신 속에서 찾는 이유도 없습니다. 오직 이유는 하나님 안에, 그분 안에만 있습니다.

5. 믿음의 결과

이제 결론에 도달했습니다. 나는 당신이 나를 참아줄 거라고 믿습니다. 왜냐하면 내 마지막 요점은 매우 영광스러운 것이고, 죄인으로서 담대히 그리스도를 믿는 영혼들에게는 커다란 기쁨이기 때문입니다. 마지막 요점은 곧 믿음의 결과, 혹은 그리스도께 나아올 때 믿음이 어떤 일을 진척시키는가에 관한 것입니다.

본문은 이렇게 말합니다. "그를 믿는 자는 심판을 받지 아니하는 것이요." 저기에 지금 이 순간에 믿은 사람이 있습니다. 그는 심판을 받지 않습니다. 그는 죄 속에서 오십 년을 지내 왔으며, 모든 종류의 악에 탐닉했습니다. 그의 죄는, 너무나 많지만, 모두 용서받았습니다. 그는 이제, 마치 전혀 죄를 짓지 않은 사람처럼, 무죄로 하나님 앞에 서 있습니다. 그것이 예수의 피의 능력입니다. "그를 믿는 자는 심판을 받지 아니하는 것이요." 이것이 심판의 날에 일어날 일과 관련이 있습니까? 나는 여러분이 본문을 읽어보고, 본문이 "그를 믿는 자는 심판을 받지 아니할(shall not be condemned) 것이요"라고 말하지 않는 것을 발견하기를 바랍니다. 오히려 본문은 그를 믿는 자는 심판을 받지 않는다(is not condemned)고 현재형으로 말하고 있습니다. 만일 그가 지금 심판을 받지 않는다면, 그는 앞으로도 결코 심판을 받지 않을 것입니다. 그리스도를 믿는 자에게 그 약속은 영원하기 때문입니다. "그를 믿는 자는 심판을 받지 아니하는 것이요." 나는 오늘 내가 심판을 받지 않는다고 믿습니다. 오십 년 후에도 그 약속은 여전히 유효할 것입니다. "그를 믿는 자는 심판을 받지 아니할 것이요." 그러므로 사람이 그리스도를 믿은 그 순간, 그는 과거와 현재와 다가올 미래의 모든 정죄로부터 벗어났습니다. 바로 그 날부터, 그는 점도 흠도 없으며 주름잡힌 것도 없는 자처럼 하나님 앞에 서 있습니다.

당신은 말합니다. "하지만 그는 죄를 지어요." 정말 그렇습니다. 하지만 그의 죄는 더 이상 그를 고소하지 못합니다. 그 죄들은 예전에 그리스도께서 떠맡으셨습니다. 또한 하나님께서는 '처음에는 그리스도에게, 다음에는 죄인에게' 하는 식으로 죄의 책임을 두 번 묻지 않으십니다. "아아, 하지만 그는 종종 죄에 빠지는걸요." 그런 일이 가능할 수 있습니다. 하지만 하나님의 성령이 그 속에 계시기에 그는 예전처럼 죄를 짓지는 않습니다. 그는 연약하기 때문에 죄를 짓는 것이지, 죄를 사랑하기 때문에 죄를 짓는 것은 아닙니다. 그는 이제 죄를 미워합니다. 당신이 원한다면, 어떤 식으로 거기에 문제를 제기하더라도, 나는 대답할 수 있습니다. "예, 그는 죄를 짓습니다. 하지만 그가 죄를 짓더라도, 그는 더 이상 하나님 보시기에 유죄가 아닙니다. 그의 모든 죄는 그에게서 떠나갔으며, 그리스도께 전가되었기 때문입니다. 확실하게, 말 그대로, 실제적으로, 그에게서 예수 그리스도께로 옮겨졌습니다." 이스라엘 백성들의 경우에서 속죄양을 보십니까? 속죄양인 아사셀이 끌려 나옵니다(레 16장). 대제사장이 백성들의 죄를 고백하고 아사셀의 머리 위에 안수합니다. 그 모든 죄는 백성들에게서 떠나 아사셀에게로 옮겨집니다. 아사셀은 멀리 광야로 보내어집니다. 백성들에게 어떤 남은 죄가 있습니까? 만약 있다면, 아사셀이 그것을 가져가지 않은 것입니다. 왜냐하면 동일한 죄가 여기에도(here) 있고 저기에도(there) 있을 수는 없기 때문입니다. 가져간 죄가 뒤에 남겨질 수는 없습니다. 당신은 말합니다. "없습니다. 성경은 아사셀이 죄를 멀리 가져갔다고 말합니다. 아사셀이 죄를 가져갔을 때 백성들에게 남은 죄는 없었습니다." 그와 마찬가지로, 믿음으로 우리가 그리스도의 머리에 손을 얹을 때, 그리스도께서 우리의 죄를 가져가시거나, 혹은 가져가시지 않은 것입니다! 만일 그분이 가져가시지 않는다면, 우리가 그분을 믿는 것은 아무 소용이 없습니다. 그러나 그분이 진정으로 우리의 죄를 가져가신다면, 우리의 죄가 그분에게도 있으면서 우리에게도 있을 수는 없습니다. 만일 죄가 그리스도께 옮겨졌다면, 우리는 자유하게 되었고, 깨끗하게 되었고, 받아들여졌으며, 의롭게 되었습니다. 바로 이것이 믿음으로 의롭다 함을 얻는다는 참된 교리입니다.

　사람이 그리스도 예수를 믿자마자, 그의 죄는 그에게서 모두 떠나갔으며, 멀리 멀리 보내어졌습니다. 그는 이제 깨끗하게 되었습니다. 사람이 일백 파운드를 빚지고 있었다 해도, 만일 그가 지불 영수증을 가지고 있다면, 그는 자유롭습니다. 면제된 것입니다. 장부에서 지워졌으며, 빚은 더 이상 없습니다. 비록 그 사람이 죄를 범하지만, 그 죄의 빚은 그 빚이 청구되기도 전에 이미 지불되었습니다. 그러므로 그는 더 이상 하나님의 율법에 대하여 채무자가 아닙니다. 성경은, 하나님께서 자기 백성의 죄를 바다 깊은 곳으로 던지신다고(미 7:17) 말하고 있지 않습니까? 죄가 바다 깊은 곳에 던져졌다면, 그분의 백성들에게 남아 있을 수는 없습니다. 복되신 그분의 이름을 찬송합니다! 그분이 우리의 죄를 바다 깊은 곳에 던지시는 날, 그분은 우리를 정결하게 보시며, 우리는 그분 앞에 사랑받는 자로 서는 것입니다. 그분이 또 말씀하십니다. "동이 서에서 먼 것 같이 우리의 죄과를 우리에게서 멀기 옮기셨다"(시 103:12). 옮겨진 것이 여전히 여기에 있을 수는 없습니다. 그러므로 당신이 그리스도를 믿는다면, 당신은 하나님 앞에서 더 이상 죄인이 아닙니다. 당신은 마치 온전한 자처럼, 율법을 온전히 지켜 왔던 자처럼 하나님께 받아들여집니다. 그리스도께서 율법을 지키셨기에, 그분의 의가 당신의 것이 된 것입니다. 당신은 율법을 어겨 왔지만, 당신의 죄가 그분의 것이 되었으며, 그분이 그에 대해 징벌을 받으셨습니다.

더 이상 스스로 죄를 짓지 마십시오. 당신은 더 이상 예전의 당신이 아닙니다. 당신이 믿을 때, 마치 전에 그리스도께서 당신의 편에 서신 것처럼, 당신은 그리스도의 편에 선 것입니다. 변화는 완벽하며, 교환은 확실하고 영원한 것입니다. 하나님께서는 예수를 믿는 자들을 받으시되, 마치 그분의 영원한 아들을 받으시는 것처럼 받으십니다. 믿지 않는 자들은, 그들이 원하는 대로 하게 하십시오. 그들은 여전히 자기 의를 이루려고 애를 쓸 것입니다. 하지만 그들은 율법 아래에 거하는 것이며, 여전히 저주 아래 있습니다. 자, 예수님을 믿는 당신은 이 위대한 진리의 영광 안에서 행하십시오. 당신은 스스로는 죄인이지만, 그리스도의 피로 씻기어졌습니다. 다윗은 말합니다. "나의 죄를 씻어 주소서 내가 눈보다 희리이다"(시 51:7). 여러분은 최근에 눈이 내리는 것을 보았습니다. 얼마나 깨끗한지요! 얼마나 하얀지요! 더 이상 어떻게 흴 수 있을까요? 하지만 그리스도인은 그보다 더 흽니다. 당신은 말합니다. "그는 검습니다." 나는 그가 누구보다도 검은지를 잘 알고 있습니다. 지옥만큼 검은 자였지요. 하지만 그 핏방울이 그에게 떨어졌습니다. 그래서 그는 눈처럼 희어졌으며, 아니 "눈보다 희어졌습니다." 다음 번에 수정같이 하얀 눈이 하늘에서 내리는 것을 보면 이렇게 말하십시오. "아! 비록 나 스스로를 들여다볼 때는 깨끗하지 못한 자라고 고백할 수밖에 없지만, 그리스도를 믿기에, 그분이 내게 그분의 완벽한 의를 주셨으며, 그리하여 내가 하늘에서 내리는 눈보다 더 희어졌다네." 오! 믿음을 위해 이것을 붙드십시오. 오! 압도적인 믿음을 위해 이것을 붙드십시오. 그리하여 모든 의심과 두려움들을 이기고, 그리스도께서 우리를 자유하게 하신 그 자유를 누리십시오. 그리스도를 믿은 그대여, 집으로 가십시오. 가서 오늘 밤 당신의 침상에서 이렇게 말하십시오. "내가 이 침상에서 죽는다 해도 나는 심판을 받지 않는다." 마귀가 당신을 조소할 때, 그에게 이렇게 말하십시오. "아! 너는 저주하겠지만, 나는 정죄를 받지 않는다." 때때로 당신의 죄가 살아나면 이렇게 말하십시오. "아, 나는 너를 알아. 하지만 너는 영원히 떠나갔으니, 나는 정죄를 받지 않는다." 그리고 당신이 죽을 때가 되었을 때, 평안히 눈을 감으십시오.

> "그 날에 그대는 담대히 서리니,
> 누가 그대를 정죄하리요!"

은혜로 온전히 용서받았으니, 마지막 날에 당신은 거대한 죄의 저주와 수치가 떠나간 것을 보게 될 것이며, 그 일이 당신이 행한 어떤 일 때문이 아닌 것을 알게 될 것입니다. 나는, 당신이 할 수 있는 모든 일을 그리스도를 위해 감사함으로 행하기를 기도합니다. 하지만 당신이 그 모든 일을 행했을 때에도, 거기에 안주하지 마십시오. 오직 대속의 제물이 되신 그분 안에서만 안식하십시오. 하나님 아버지 앞에서 그리스도를 본받아 행하십시오. 그리스도께서 당신을 대신하여 모든 형벌을 당하셨다고 말할 수 있게 되었을 때, 공의도 자비도 당신을 괴롭힐 수 없습니다. 왜냐하면 그리스도의 십자가를 믿는 사람을 구원하기 위해 견고한 작정 가운데 공의와 자비는 손을 맞잡았기 때문입니다. 하나님, 주님을 위하여 이 말씀에 복을 주옵소서. 아멘.

제
14
장

—

오직 예수로만!(2)

—

> "그를 믿는 자는 심판을 받지 아니하는 것이요."
>
> — 요 3:18

아침의 설교에서, 우리는 주로 믿음이 무엇인지에 대해 살펴보았습니다. 믿음이 우리를 어디로 이끌어 주는지에 대해서는 몇 분간 짧게 언급하고 마쳐야만 했습니다. 믿음은 칭의(justification)의 특전을 입도록 이끌어 주는데, 그것은 믿음의 결과 영혼에 주어지는 선물입니다. 이 높은 특전에 대해 오늘 밤 우리의 관심을 집중하기를 바랍니다. 본문은 말합니다. "그를 믿는 자는 심판을 받지 아니하는 것이요."

이 주제를 질서정연하게 살펴보기 위해, 가장 먼저 속죄의 선언(satisfactory declaration)에 대해 주목할 것입니다. 둘째로, 이 문제와 관련하여 종종 그리스도인들을 실망에 빠뜨리는 몇 가지 오해들을 바로잡기 위해 애쓸 것입니다. 마지막으로, 이 본문이 내포하고 있는 것과 배제하고 있는 것을, 긍정적이고 부정적인 차원 모두에서 숙고할 것입니다.

1. 속죄의 선언

첫째로, 무엇보다도 본문의 의미는 속죄의 선언입니다! "그를 믿는 자는 심판을 받지 아니하는 것이요."

우리의 법정에서 "죄 없음"이라는 판결은 방면(放免)에 해당하는 판결이며,

그에 따라 죄수는 즉시로 석방됩니다. 복음에 있어서도 마찬가지입니다. "심판을 받지 아니한다"는 문장은 죄인의 칭의(稱義)를 내포합니다. 그것은 그리스도를 믿는 자는 지금, 현재적인 의를 얻게 되었음을 의미합니다. 믿음은 그 열매를 미래에 맺는 것이 아니라, 지금 맺습니다. 칭의가 믿음의 결과인 한, 그것은 영혼이 그리스도께 가까이 가서 그분을 가장 소중한 분으로 영접하는 순간 주어집니다. 오늘 밤에 하나님 앞에 의롭다 하심을 얻고서 설 자들이 있습니까? 우리가 그러합니다. 진실로 그리스도를 믿는 우리는 하늘에서 흰 옷을 입고 그분께 찬양하는 무리들과 마찬가지로 의롭게 되었습니다. 십자가의 그 강도는 믿음의 눈으로, 자기 옆에 달리신 예수님을 바라본 순간 의롭다 하심을 얻었습니다. 오랫동안 주님을 섬겨왔던 노년의 바울이라 하더라도, 전혀 주님을 섬기지 않았던 그 강도보다 더 의롭게 된 것은 아닙니다. 우리는 오늘 사랑받는 자로 용납된 것이며, 오늘 죄에서 사면된 것이며, 오늘 하나님 앞에서 무죄가 된 것입니다. 오, 이 얼마나 영혼을 도취케 하는 황홀한 생각인지요! 이 포도나무에는 우리가 천국에 갈 때까지는 따지 못할 열매송이들이 몇몇 있습니다. 하지만 '칭의'는 처음 익은 송이들 중의 하나이며, 지금 여기서 따서 먹을 수 있습니다. 이것은 우리가 요단 강을 건널 때까지는 먹을 수 없는 들판의 곡식과 같은 것이 아닙니다. 오히려 이것은 우리가 광야에서 순례하는 동안 하나님이 공급해 주시는 만나와도 같은 것이며, 혹은 일상의 의복과도 같은 것입니다. 우리는 지금, 바로 지금 용서받았습니다. 바로 지금 우리의 죄가 치워졌으며, 바로 지금 우리는 마치 죄를 전혀 범하지 않은 자처럼 하나님 앞에 서 있습니다. 우리의 선조 아담이 금지된 나무의 열매를 먹기 이전에 흠 없이 고결한 모습으로 하나님 앞에 섰던 것처럼, 타락의 독성이 우리의 본성에 전혀 주입되지 않은 것처럼, 우리는 하나님 앞에 서 있습니다. "그러므로 이제 그리스도 예수 안에 있는 자에게는 결코 정죄함이 없나니"(롬 8:1). 바로 지금, 하나님의 책에는 그분의 백성 중 어느 한 사람에게도 책임을 물을 죄가 기록되어 있지 않습니다. 그들을 정죄할 아무런 죄도 없습니다. 어떤 얼룩이나 오점이나 구겨진 것도 없으며, 칭의와 관련해서는 온 세상을 심판하시는 재판장 앞에서 해결되지 않은 문제가 어떤 신자들에게도 남아 있지 않습니다.

　좀 더 나아가, 명백하게, 본문은 단지 현재의 칭의를 의미할 뿐 아니라 계속적인 칭의를 의미합니다. 당신과 내가 믿는 순간, 우리에게 이런 말씀이 주어졌습니다. "그는 심판을 받지 아니한다." 그로부터 많은 날들이 지나가고, 우리는 많은 변화들을 겪어 왔습니다. 하지만 "그는 심판을 받지 아니한다"는 말씀은 오늘 밤에도 여전히 진실입니다. 오직 주님만이 우리에게 정해진 날 수가 얼마인지를 아시며, 우리에게 임대된 날 수가 얼마 후에 끝날지, 그리고 그림자처럼 그 날들이 사라져갈지를, 오직 그분만이 아십니다. 하지만 우리는 이것을 알고 있습니다. 하나님의 모든 말씀은 확실하며, 하나님의 선물에는 후회가 없기 때문에, 비록 우리가 오십 년을 더 산다고 해도 여전히 하나님의 말씀은 이렇게 기록되어 있을 것입니다. "그를 믿는 자는 심판을 받지 아니하는 것이요." 설혹 어떤 신비한 섭리의 손길에 의해 우리의 목숨이 인간의 평균 수명의 열 배로 늘어난다고 해도, 므두셀라처럼 팔백 년이나 구백 년을 산다고 해도, 여전히 하나님의 말씀은 동일할 것입니다. "그를 믿는 자는 심판을 받지 아니하는 것이요." "내가 그들에게 영생을 주노니 영원히 멸망하지 아니할 것이요 또 그들을 내 손에서 빼앗을 자가 없느니라"(요 10:28). "의인은 믿음으로 말미암아 살리라"(롬 1:17). "그를 믿는 자는 부끄러움을 당하지 아니하리라"(벧전 2:6). 이 모든 약속들은 믿는 자에게 주시는 그리스도의 의의 선물이 계속적인 것이며, 우리가 사는 날 동안에 끝까지 지속될 것임을 보여줍니다. 또한 그것은 시간 속에서만 아니라 영원 속에서도 지속될 것임을 기억하십시오.

우리는 하늘에서 지금 우리가 입고 있는 옷과 다른 옷을 입는 것이 아닙니다. 오늘 의인들은 그리스도의 의를 입고 서 있습니다. 그들은 같은 옷을 입고 서 저 위대한 결혼식 잔치에 참여할 것입니다. 하지만 그 옷이 닳아지면 어떻게 하지요? 다가올 영원 속에서 의의 가치가 손상되면 어떻게 하지요? 오 사랑하는 이여! 우리는 그에 대해서 염려할 필요가 전혀 없습니다. 하늘과 땅이 사라져 없어질지라도 이 의는 결코 낡거나 해어지지 않습니다. 좀이 먹지 못하며, 도둑이 훔쳐가지 못하고, 슬피 우는 손이 움켜쥐어도 두 조각으로 찢지 못합니다. 그것은 그리스도 자신과 마찬가지로, 우리의 의이신 여호와와 마찬가지로 영원합니다. 스스로 존재하시며, 영원하시며, 그의 연대가 다함이 없으며, 그 힘이 쇠하지 않는 그분이 우리의 의가 되시기 때문에, 우리의 의는 끝이 없습니다. 그 완벽함과 그 아름다움에도 끝이 없습니다. 나는 이 본문이, 그리스도를 믿는 자는 영원토록 지속되는 의를 받았다는 것을 우리에게 아주 분명히 가르쳐 준다고 생각합니다.

또한, 잠시 생각해 보십시오. 여기서 말하는 칭의는 완벽합니다. "그를 믿는 자는 심판을 받지 아니한다"는 말은 조금도 정죄를 당하지 않는다는 말입니다. 내가 알기로, 일부 사람들은 우리가 절반은 정죄를 당하고, 절반은 용인되는 상태에 있을 수 있다는 식으로 생각합니다. 우리가 죄인인 만큼 정죄를 당하고, 우리가 의로운 만큼 받아들여진다는 것입니다. 오 사랑하는 이여, 그와 같은 생각을 성경에서는 찾아볼 수 없습니다. 그것은 전적으로 복음의 가르침과는 동떨어진 것입니다. 만일 의롭게 되는 것이 행위로 되는 것이라면, 그것은 더 이상 은혜에 속한 일이 아니며, 반대로 만일 은혜로 되는 것이라면 더 이상 행위에 속한 일이 아닙니다. 행위와 은혜는 마치 불과 물처럼 서로 섞일 수 없습니다. 이것이거나 저것이거나 둘 중 하나인 것이지, 둘 다가 될 수는 없습니다. 둘은 서로 결탁할 수 없습니다. 둘은 서로 혼합될 수 없으며, 하나로써 다른 하나를 희석할 수 없습니다. 믿는 자는 모든 불법과 죄책과 비난으로부터 벗어났습니다. 마귀가 송사한다 해도 그것이 거짓 송사가 될 수밖에 없는 이유는 우리가 모든 정죄로부터 해방되었기 때문입니다. 마귀의 송사에 우리는 담대하게 반박할 수 있습니다. "누가 능히 하나님께서 택하신 자들을 고발하리요"(롬 8:33). "누가 유죄를 입증하리요?"라고 말하지 않고 "누가 고발하리요?"라고 말하고 있습니다. 믿는 자들은 정죄로부터 완전히 벗어났기 때문에, 어떤 오점의 흔적도 그들의 영혼에서 발견할 수 없으며, 가장 사소한 불법의 흔적도 그들에게 어두운 그림자를 드리우지 않습니다. 그들은 절반의 무죄로 하나님 앞에 서 있는 것이 아니라, 완벽한 무죄로 서 있습니다. 반쯤 씻음받은 것이 아니라, 눈보다 희게 씻어졌습니다. 그들의 죄는 단순히 지워진 것이 아니라, 흔적 없이 제거되었습니다. 단지 눈에 보이지 않도록 치워진 것이 아니라, 바다 깊은 곳으로 던져졌습니다. 단순히 보낸 것이 아니라, 동이 서에서 먼 것처럼 멀리 보내어졌으며, 단번에 영원히 보내 버린 것입니다.

사랑하는 여러분, 여러분은 유대인들이 정결 의식에서 결코 죄로부터 양심의 자유를 얻지 못했다는 것을 압니다. 유대인은 하나의 희생 제물을 드린 후에도 여전히 또다른 제물을 드려야 했습니다. 이러한 제물들이 제물 드리는 자를 결코 온전하게 하지 못했기 때문입니다. 다음 날 지은 죄는 또다시 새로운 어린 양을 필요로 했으며, 다음 해에 어긴 불법은 역시 또다른 속죄의 희생 제물을 필요로 했습니다. "오직 그리스도는 죄를 위하여 한 영원한 제사를 드리시고 하나님 우편에 앉으셨습니다"(히 10:12). 더 이상의 번제가 필요하지 않으며, 더 이상의 정결의식, 더 이상의 피, 더 이상의 속죄, 더 이상의 희생제물이 필요치 않습니다. "다 이루었다!"(요 19:30) 하시는 구주의 음성을 들으십시오. 당신의 죄에 치명타가 가해졌으며, 당신의 의(義)의 의복에 마지막 한 땀이 마무리되었습니다. 모든 것이 끝났고, 마무리되었으며, 완성되었습니다. 더할 필요가 없습니다. 조금의 모자람도 없습니다. 오, 그리스도인이여, 이 고귀한 생각을 붙잡으십시오. 나는 미약한 언어로 겨우 표현할 수 있을 뿐이지만, 내 연약함 때문에 그 영광스러움과 그 고귀한 가치를 식별하는 일에 방해를 받지 마십시오. 우리는 그리스도 안에서 완벽하게 받아들여졌습니다. 우리의 의는 부분적이지 않습니다. 우리의 의에는 제한된 범위가 있는 것이 아닙니다. 우리의 의는 모든 것을 덮어 줍니다. 우리는 완전히 그리고 돌이킬 수 없이, 정죄로부터 자유하게 되었습니다. 이에 대한 생각은, 다리에 무거운 추를 달아 놓는다고 해도 사람을 충분히 뛰게 만들며, 입에 재갈을 물린다 해도 노래하게 만듭니다!

한 가지 더 있습니다. 정죄가 없다는 것에는 실제적인 효력이 있습니다. 왕이 인정하는 의의 특전은 무효화되지 않습니다. 그것은 모든 믿는 자에게 효력을 지닙니다. 조지 3세(George III)의 통치 때에 우리 교회 성도 중의 한 아들이 문서 위조죄로 사형 선고를 받았습니다. 내 선임자인 리폰(Rippon) 목사님이 엄청난 노력을 기울인 후에, 그 선고의 집행을 유예하겠다는 약속을 얻어냈습니다. 어떤 뜻밖의 사건이 발생하여, 지금 고령이 된 집사님이 감옥 간수장으로부터 집행 유예 영장이 도착하지 않은 것을 알게 되었습니다. 리폰 목사님이 황급히 윈저 궁으로 가서 침실에 있는 왕을 접견하지 않았더라면, 그래서 한 관리가 부주의하게 방치해 둔 집행유예 영장의 사본을 왕으로부터 직접 받지 않더라면, 이 불행한 죄수의 처형이 다음 날 아침에 집행되었을 것입니다. 왕은 리폰 목사님께 말했습니다. "목사님, 급하게 서두를 것을 당부합니다." "폐하, 그에 관해서라면 저를 믿으십시오." 노 목사님은 그렇게 대답하고서 런던으로 돌아왔습니다. 겨우 시간 안에 돌아올 수는 있었지만, 그 시간이 너무도 아슬아슬하여, 그 죄수는 많은 참관인들과 함께 교수대로 이동하고 있었습니다. 아아, 사면령이 내려졌지만, 그 영장이 제때에 효과적으로 전달되지 못해 그 사람의 형이 집행될 뻔했던 것입니다.

하지만 하나님께 감사하게도, 우리를 위한 사면령은 즉시로 효력을 발휘합

니다. 그것은 서신의 문제가 아니며, 사실의 문제입니다. 당신과 내가 율법의
무거운 짐에 눌려 영혼의 고통을 당할 때, 우리는 그 저주가 바티칸의 분노처럼
가짜 천둥이 아니라고 느꼈습니다. 그 저주는 실제적이었으며, 우리는 하나님
의 진노가 정말로 떨리게 만드는 것이라고 느꼈습니다. 그것은 실제적이고 현
실적인 사실이었습니다. 이제, 재판장의 유죄 판결이 실제적인 것과 꼭 마찬가
지로, 은혜가 부여하는 칭의 역시 현실적입니다. 당신이 그리스도를 믿는다면,
당신은 명목상으로 무죄일 뿐 아니라 실제적으로도 무죄입니다. 당신은 명목
상으로만 무죄의 자리에 서게 되는 것이 아니라, 실제적으로 예수님을 믿는 순
간 그곳에 서게 됩니다. 당신의 죄가 사라졌다고 선언되는 것으로 그치지 않고,
실제로 당신의 죄는 사라집니다. 하나님께서 당신을 용납할 만한 자로 간주해
주시는 것으로 그치지 않고, 실제로 당신을 받아 주십니다. 그것은 당신에게 사
실의 문제이며, 당신이 죄를 지은 것이 사실인 것과 마찬가지로 사실입니다. 당
신은 죄를 지은 것을 의심하지 않습니다. 그것을 의심할 수가 없지요. 그렇다면
당신이 믿을 때 당신의 죄도 사라지는 것을 의심하지 마십시오. 당신이 죄를 지
었을 때 어떤 검은 오점이 당신에게 떨어지는 것이 확실한 것처럼, 당신이 임마
누엘의 피로 가득한 샘물에 목욕했을 때 모든 것이 깨끗이 씻겼다는 것도 확실
합니다.

　오라, 내 영혼아, 이것을 깊이 생각하라! 너는 실제적으로 또한 효과적으로
죄에서 깨끗해졌도다! 너의 감옥에서 풀려났도다! 노예의 차꼬에 더 이상 묶여
있지 않도다! 너는 이제 율법의 속박에서 벗어났도다! 너는 죄에서 해방되었으
니 이제 자유인으로 당당히 걸을 수 있게 되었도다! 너의 구주의 피로 너의 사
면이 이루어졌도다! 오라, 내 영혼아, 너는 이제 너의 아버지의 발 앞에 올 권리
를 가졌도다! 어떤 복수의 화염도 너를 위협하지 못하며, 어떤 불칼이나 공의도
죄 없는 자를 괴롭히지 못하도다! 오라, 내 영혼아, 너의 무능함도 제거되었도
다! 너는 한때 네 아버지의 얼굴을 볼 수 없었으나, 이제는 볼 수 있게 되었구
나! 너는 그분과 이야기할 수 없었고 그분도 너와 이야기하실 수 없었으나, 이
제는 우리가 서 있는 이 은혜 안에서 담대히 그분께 나아갈 수 있게 되었구나!
한때 너에게는 지옥의 공포가 있었으나, 이제는 너에게 지옥은 존재하지 않는
구나!

　무죄한 자를 어떻게 벌할 수 있겠습니까? 믿는 자는 죄가 없고, 심판을 받

지 아니하니, 형벌을 받을 수 없는 것입니다. 보복하시는 하나님의 두려운 표정을 면하게 되었습니다. 만일 하나님을 재판장으로 보게 될 때, 그분이 죄 있는 자들에 대해 얼마나 얼굴을 찡그리시겠습니까? 하지만 그 재판장이 사면된 자들에게 두려운 인상을 지으실까요? 당신이 결코 죄를 짓지 않았더라면 누릴 수 있었던 모든 특전들이, 이제는 의롭게 된 당신의 것입니다. 만일 당신이 율법을 더욱 잘 준수했더라면 당신이 얻을 수 있었던 모든 복들이, 오늘 밤 당신의 것입니다. 그리스도께서 그 모든 것들을 당신을 위해 간직해 오셨기 때문입니다. 완벽하게 순종하는 자만이 하나님께 얻을 수 있었던 모든 사랑과 환대가 이제는 당신의 것입니다. 그리스도께서 당신을 위해 완벽히 순종하셨기 때문입니다. 그분의 모든 공로를 당신의 계좌로 귀속시켰기 때문에, 당신을 위해 엄청나게 궁핍하게 되셨던 그분을 통해서, 이제 당신은 엄청나게 부요하게 되었습니다.

오, 성령께서 우리 마음을 넓혀 주셔서 이 생각의 달콤함에 취할 수 있게 해 주시길 바랍니다! 정죄는 없습니다. 게다가, 앞으로도 정죄는 없을 것입니다. 용서는 부분적이지 않으며 완벽합니다. 그것에는 실제적인 효력이 있어서 율법의 모든 징벌로부터 우리를 구원하며, 우리가 결코 죄를 범하지 않았더라면 도달했을 높은 곳으로 우리를 데려다줍니다. 그것은 우리의 지위를 타락하기 이전보다도 더욱 견고하게 고정시켜 줍니다. 아담은 타락하고 죽을 수도 있었지만, 우리는 지금 아담이 있던 곳에 있지 않습니다. 오히려 우리는, 가정해 본다면, 아담이 그 동산에 칠 년 동안 범죄하지 않고 지낸 후에 하나님께서 그에게 이렇게 말씀하셨을 때의 위치에 있다고 상상할 수 있습니다. "네가 칠 년 동안 순종했으므로, 너의 유예 기간은 곧 끝날 것이며 너에게 상을 줄 것이다." 하나님의 자녀들은 어떤 의미에서 유예의 상태에 있다고도 말할 수 있지만, 또 다른 의미에서는 유예가 전혀 없다고도 할 수 있습니다. 하나님의 자녀가 구원받는 것에 대해서는 유예 기간이 없습니다. 그는 이미 구원받았습니다. 그의 죄는 이미 씻기어졌습니다. 그의 의는 완벽합니다. 만일 그 의에 천 년의 유예 기간이 있다 하더라도, 그 의는 결코 손상되지 않을 것입니다. 사실상, 그 의는 하나님 앞에서 언제나 동일하게 서 있으며, 영원무궁토록 변하지 않을 것입니다.

2. 그리스도인들을 낙심하게 만드는 몇 가지 오해들

이제, 이 문제와 관련하여 종종 그리스도인들을 실망에 빠뜨리는 몇 가지 오해들을 살펴보고, 이를 바로잡고자 합니다.

우리는 얼마나 숙맥들인지요! 우리의 자연적인 연령이 어떠하든지, 영적인 일에서는 우리가 얼마나 유치한지요! 처음 그리스도를 믿을 때 우리가 얼마나 큰 바보들이었는지요! 처음에 우리의 용서와 관련이 있다고 생각하는 많은 일들이, 나중에서야 우리의 용서와는 아무런 관련이 없다는 것을 우리는 알게 됩니다. 예를 들자면, 우리는 다시는 죄를 짓지 않을 거라고 생각합니다. 모든 싸움이 끝이 났다고 상상합니다. 아름다운 목초지로 인도되어 더 이상 싸울 일은 없다고 생각합니다. 사실상 우리가 승리를 거두었으며, 종려나무 가지를 흔들며 서 있기만 하면 된다고 간주합니다. 모든 것이 끝났으며, 하나님께서 우리를 그분께로 부르셨기 때문에 지상에서 더 이상 어떤 원수들과도 싸울 필요 없이 천국에 들어갈 것이라고 여깁니다. 하지만, 이 모든 생각들이 명백한 실수입니다. 비록 본문이 중대한 의미를 지니고 있지만, 그것은 전혀 이런 식의 의미를 내포하지는 않습니다. 비록 본문이 "그를 믿는 자는 심판을 받지 않는다"고 말하지만, 믿는 자가 믿음을 단련하고 발휘하지 않을 거라고 말하지는 않습니다. 당신의 믿음은 단련되어야 합니다. 확인되지 않은 믿음은 전혀 믿음이 아닙니다. 하나님께서 시련의 과정을 거칠 의향도 없이 믿음을 주신 것이 아닙니다. 믿음은 인내의 목적을 위해 주어진 것입니다.

사격장에서 군인들이 목표물을 세우는 것은 쏘아 맞추기 위한 목적인 것과 마찬가지로, 하나님께서 믿음을 주신 것은 시련과 고난의 과정을 인내하도록 하기 위해 주신 것이며, 또한 죄와 사탄이 그것을 목표로 화살을 쏘도록 하기 위해 주신 것입니다. 당신에게 그리스도께 대한 믿음이 있다면 그것은 커다란 특권입니다. 하지만 그것은 커다란 시련과 관련이 있다는 것을 기억하십시오. 당신은 다른 사람이 구하지 않은 큰 믿음을 구했습니까? 그렇다면 당신은 큰 고난도 함께 구했다는 것을 알고 있습니까? 당신은 큰 믿음을 방치해 두고 녹슬도록 할 수 없습니다. 존 번연의 「천로역정」에서 담대 씨(Mr. Greatheart)는 매우 강한 사람이었습니다. 하지만 그랬기에 그가 얼마나 힘든 일들을 감당해야 했습니까? 그는 여인들과 어린아이들과 함께 수십 번씩 천성(天城)으로 올라가야 했고, 다시 되돌아와서 거인들과 싸워야 했으며, 사자들과 맞서야 했으며, 착한행실과괴자(Slaygood)라는 별명의 거인을 죽여야 했고, 절망성(the Castle of Despair)을 무너뜨려야 했습니다. 만일 당신이 큰 믿음을 가지면, 당신은 그것을 사용해야 할 필요에 봉착할 것입니다. 믿음의 작은 조각도 여분으로 놀려둘 수는 없습니다. 당신이 우리 주님의 열 처녀 비유에서의 슬기로운 처녀라 할지라도, 당신에게서 꾸고자 하는 다른 사람들에게 이렇게 말할 수밖에 없을 것입니다. "우리와 너희가 다 쓰기에는 부족하다"(마 15:9).

하지만 당신의 믿음이 시련을 통해 단련되어도, 당신의 죄로 인해 심판을 받는다고 생각하지 마십시오. 오, 그렇지 않습니다, 믿는 자여. 많은 훈련이 있겠지만, 심판은 없습니다. 많은 시련이 있겠지만, 여전히 우리는 의롭다고 인정되었습니다. 우리가 종종 실패할 수는 있어도 결코 정죄를 당하지 않습니다. 우리가 종종 낙심할 수는 있어도, 주의 칼이 우리의 심장을 치는 일은 있을 수도 없고, 있지도 않을 것입니다. 더 나아가, 우리의 믿음이 훈련을 받을 뿐 아니라 또한 매우 쇠퇴할 수 있다고 해도, 여전히 우리는 정죄를 당하지 않습니다. 비록 당신이 예수님을 믿는다 해도, 당신의 믿음은 마치 바닷물이 해안에서 멀어져갈 때처럼 광활한 갯벌을 남겨둘 수 있습니다. 그러면 누군가 말하기를, 바다가 멀어졌고 말라 버렸다고 말할 수도 있겠지요. 하지만 당신의 믿음이 거의 말랐어도 당신은 심판을 받지 않습니다. 아아! 내가 담대히 말하건대, 당신의 믿음이 밀물처럼 밀려들어 가득할 때에도, 당신의 믿음이 썰물처럼 밀려갔을 때보다도 더 하나님께 받아들여지는 것은 아닙니다. 하나님께 받아들여지는 것은 당신의 믿음의 양에 달린 것이 아니기 때문입니다. 그것은 오직 당신의 믿음의 진실성에 달려 있습니다. 만일 당신이 진실로 그리스도를 의지한다면, 비록 당신의 믿음이 단지 하나의 불꽃과도 같고 또한 수천의 악령들이 그 하나의 불꽃을 꺼뜨리려고 시도할 수 있어도, 당신은 여전히 정죄를 당하지 않으며, 그리스도 안에서 받아들여진 자로 서 있을 것입니다. 당신의 믿음이 쇠퇴하게 되면 필연적으로 당신의 위로도 줄어들겠지만, 하나님께 용납되는 것은 조금의 변화도 없습니다. 비록 믿음이 온도계처럼 올랐다가 떨어지기는 하지만, 마치 진공관 속의 수은과도 같아서 날씨가 변할 때마다 변하기는 하지만, 여전히 하나님의 사랑은 지상의 날씨나 혹은 계절의 변화에 의해 영향을 받지 않습니다. 그리스도 안에서 얻은 우리의 의는 마귀들이 발로 차는 축구공처럼 변덕스러운 것이 아닙니다. 그리스도의 완벽한 의가 변하지 않는 한, 당신을 향한 하나님의 사랑도 결코 변하지 않을 것입니다. 그리스도 안에서 당신은 사랑받은 자녀로 완벽하게 용납될 것입니다.

　　하나님의 자녀를 종종 연단하는 또다른 것이 있습니다. 그는 때때로 아버지의 얼굴 빛을 잃어버립니다. 기억하십시오. 본문은 "그를 믿는 자는 하나님의 얼굴 빛을 잃지 않을 것이다"라고 말하지 않습니다. 그는 하나님의 얼굴 빛을 잃을 수도 있습니다. 하지만 그럴 수는 있어도 심판을 받지는 않습니다. 여러 날이나 혹은 여러 달 동안, 당신은 그리스도와의 교제가 거의 없는 상태로, 하나님과의 즐거운 교통이 거의 없는 상태로 지낼 수 있습니다. 약속은 깨어진 듯이 보이고, 성경의 위로도 너무나 희박할 수 있습니다. 눈을 들어 하늘을 볼 때에도, 단지 아버지의 회초리로 맞은 듯한 아픔만을 더욱 격렬히 느낄 수도 있습니다. 당신이 그분의 성령을 근심하게 하고 노엽게 함으로써, 그분이 그 얼굴을 당신에게서 외면하실 수도 있습니다. 하지만 그 모든 일에도 불구하고 당신은 심판을 받지 않습니다. 이 증언을 주목하십시오. "그를 믿는 자는 심판을 받지 아니하는 것이요." 심지어 아버지께서 당신을 때리시고 회초리 자국을 선명히 남겨 놓으시고, 피를 흘리시게 할 때에도, 그분의 회초리에는 전혀 심판의 의미가 담겨 있지 않습니다. 분노에 의해서가 아니라, 언약의 사랑 안에서, 그분은 당신을 징계하시는 것입니다. 아버지의 손으로 때리시는 사랑의 징계에는, 예수 그리스도의 사랑의 입맞춤과 마찬가지로, 오직 순수한 사랑과 애정이 배어있을 뿐입니다. 오! 이것을 믿으십시오. 그러면 당신의 마음이 용기를 얻을 것이며, 해나 달이 보이지 않을 때에도 기운을 낼 수 있을 것입니다. 그 믿음이 당신의 하나님을 영화롭게 할 것입니다. 그분의 얼굴이 보이지 않을 때, 여전히 그분을 믿고 이렇게 고백하십시오. "그분이 내게서 얼굴을 숨기실 때에도 그분은 여전히 신실하십니다."

　　좀 더 말하겠습니다. 하나님의 자녀는 사탄의 공격을 받을 수도 있으며, 거의 절망적인 상태에 처할 수도 있지만, 심판을 받지 않습니다. 마귀들이 지옥의 북소리를 그의 귀에 크게 들려주고, 마침내 그는 그 자신이 거의 파멸의 가장자리에 이르렀다고 여길 수도 있습니다. 그가 성경을 읽어도, 모든 말씀이 그를 위협하는 듯하고, 약속들은 침묵하고 그를 위로하지 않을 것입니다. 마침내 그는 실망에 실망을 거듭한 끝에, 버드나무 벽면에 오랫동안 걸려 있던 수금을 깨뜨리려고 합니다. 그는 이렇게 말할지 모릅니다. "주께서 나를 아주 버리셨으며, 내 하나님이 더 이상 나를 긍휼히 여기시지 않는구나." 그러나 그것은 사실이 아닙니다. 비록 그는 하나님의 자비가 영원히 사라졌다고 한탄하고, 그분의 신실하심이 영원히 실패하고 말았다고 천 번이라도 맹세할 태세이지만, 그것은 사실이 아닙니다. 그것은 진실이 아닙니다! 거짓을 맹세하는 천 명의 거짓말쟁이들이 허위를 진실로 만들 수 없듯이, 우리의 의심과 두려움들도 모두 거짓말쟁이에 불과합니다. 같은 내용을 공언하는 사람들이 일만 명이 있다 해도, 하나님이 그분의 백성을 버리실 수 있다고 하거나 혹은 그분이 무죄한 사람을 정죄할 수 있다고 말하는 것은 거짓입니다. 기억하십시오, 당신은 예수님을 믿을 때에 무죄가 되었습니다. 이렇게 말하겠습니까? "하지만, 저는 죄로 가득합니다." 나는 이렇게 말하겠습니다. "하지만 그 죄를 그리스도께서 담당하셨습니다." 당신은 이렇게 말합니다. "오, 하지만 나는 매일 죄를 짓습니다." 나는 이렇게 말합니다. "하지만 그 죄는 당신이 그 죄를 범하기도 전에 그분에게 옮겨졌습니다. 그것은 당신의 것이 아닙니다. 그리스도께서 단번에 그 모든 것을 가지고 가셨습니다. 당신은 믿음으로 의인이 되었으며, 하나님께서는 의인을 버리시지 않으며, 무죄한 자에게 형벌을 내리시지도 않습니다." 나는 말합니다. 하나님의 자녀의 믿음이 썰물 때처럼 메마를 수 있다 해도, 그가 아버지의 얼굴 빛을 잃어버릴 수 있다 해도, 심지어 처절한 낙심 속에 빠질 수 있다 해도, 여전히 그 모든 것이 이 본문을 논박할 수는 없습니다. "그를 믿는 자는 심판을 받지 아니하는 것이요."

당신은 말합니다. "하지만 하나님의 자녀가 죄를 지으면 어떻게 되는 겁니까?" 그것은 깊고도 민감한 주제입니다만, 여기서 잠시 다루어야겠습니다. 나는 하나님의 진리를 있는 그대로 말하여, 아무도 그것을 악용하지 못하기를 바랍니다. 하나님의 백성들이 아닌 사람들 중에 이렇게 말하는 사람들이 더러 있습니다. "죄를 짓자, 그러면 은혜가 풍성해질 것이다"(참조. 롬 6:1). 그들에 대한 심판은 정당합니다. 나는 진리의 왜곡을 참을 수 없습니다. 최상의 음식을 마치 독이 든 것처럼 섭취하고, 최상의 진리를 거짓말로 간주하여 자신들의 영혼에 저주가 되게 만드는 사람들이 항상 있습니다.

당신은 묻습니다. "하나님의 자녀가 죄를 지으면 어떻게 됩니까?" 나는 대답합니다. 하나님의 자녀도 죄에 빠집니다. 그가 선을 행하기를 원하며 매일 같이 슬퍼하고 탄식한다 해도, 그에게 악이 여전히 남아 있습니다. 하지만 비록 그가 죄에 빠진다 해도, 그는 그로 인해 심판을 받지 않습니다. 그 중의 한 가지로 인하여도 심판을 받지 않으며, 그 모든 것을 합친 것으로 인하여도 심판을 받지 않습니다. 왜냐하면 그가 받아들여진 것은 그 자신에 의한 것이 아니며, 그리스도의 완전한 의에 따른 것이기 때문입니다. 그 완전한 의는 그 사람 자신의 어떤 죄에 의해서도 무효화되지 않습니다. 그는 그리스도 안에서 완전합니다. 그리스도께서 완전하시기 때문에, 인간의 불완전성이 하나님 앞에서 믿는 자의 의를 손상시키지 않습니다.

　　하지만 오! 만일 그가 어떤 명백한 죄에 빠질 때, 그는 뼈가 부러지는 고통을 겪을 것이며, 그런 상태로 천국까지 가야 할 것입니다. 비록, 그를 시험하고 그로 하여금 그 자신의 악함을 보게 하기 위하여, 그가 길을 잃는 고통을 겪는 일이 있다 할지라도, 그를 값 주고 사신 분이 그를 잃어버리지는 않으십니다. 그분은 그에게 이렇게 말씀하실 것입니다. "나, 곧 나는, 나를 위하여 네 허물을 도말하는 자니 네 죄를 기억하지 아니하리라"(사 43:25). 다윗처럼 멀리 떠나갈 수는 있지만, 아주 잃어버리지는 않습니다. 그는 돌아와서 이렇게 부르짖습니다. "오 하나님이여, 저를 불쌍히 여기소서!" 모든 믿는 자의 영혼은 그러합니다. 그리스도께서 그를 돌이키게 하실 것입니다. 그가 비록 미끄러질 수는 있어도 아주 망하지는 않을 것이며, 모든 택하신 자녀들이 보좌 주변에서 만날 것입니다. 비록 어떤 이들이 이 진리에 당혹스러워하기는 해도, 만일 이 최종적인 진리가 없다면, 일부 하나님의 백성들의 운명이 어떻게 되겠습니까? 그들은 절망에 빠지고 말 것입니다.

　　설혹 내가 어떤 배교자에게 말하고 있다고 해도, 나는 그가 내가 말한 것을 악용하지 않기를 기도합니다. 나는 그에게 이렇게 말하고 싶습니다. "가련한 배교자여! 당신의 아버지가 애타는 심정으로 당신을 기다리고 있습니다. 그는 당신의 이름을 호적에서 말소하지 않았습니다. 돌아오십시오. 이제 그분에게로 돌아와서 이렇게 말하십시오. '저를 너그럽게 받아주소서, 저를 용납하시고 사랑해주소서.' 그러면 그분은 이렇게 말씀하실 것입니다. '나는 너를 자녀들 중의 하나로 용납하노라.' 그분은 당신의 지난날의 죄와 불법을 용서하시고 당신을 치유하실 것입니다. 그리고 당신은 다시 한 번 그분의 은혜 안에 서게 될 것이며, 구속자의 의(義) 안에서 여전히 용납되고 그분의 피로 구원받은 자신을 발견할 것입니다."

　　이 본문은 하나님의 자녀가 시험을 받지 않는다는 의미가 아니며, 혹은 때때로 시련을 겪지 않는다는 의미도 아닙니다. 이 본문은 이 한 가지를 의미하고, 그 의미는 영원히 변하지 않을 것입니다. 즉 그리스도를 믿는 자는 심판을 받지 아니합니다. 어느 때에라도, 어떤 수단으로도, 그는 결코 정죄의 심판을 받지 않으며, 하나님 앞에서 영원히 의로운 자로 인정되었습니다.

3. 이 본문이 내포하고 있는 것과 배제하는 것

이제, 사랑하는 형제들이여, 마지막 요점을 다루기 위해 약간의 시간이 남았습니다. 그러므로 조금 서둘러서, 이 본문이 명백하게 내포하고 있는 것을 살펴보도록 합시다. 하나님께서 이 몇 마디 말을 통해 우리 영혼에 은혜를 주시기를 바랍니다.

"그를 믿는 자는 심판을 받지 아니하는 것이요." 만일 우리가 심판을 받지 않는다면, 그렇다면 하나님께서 그분의 자녀들을 바라보실 때, 그들이 그리스도를 믿고 있다면, 유죄로 바라보실 때는 한 번도 없습니다. 내가 그렇게 표현해서 놀랐습니까? 다시 말하겠습니다. 당신이 그리스도를 믿는 그 순간부터, 하나님께서는 당신을 유죄로 바라보기를 멈추셨습니다. 그분이 당신을 그리스도와 분리된 자로 바라보시지 않기 때문입니다. 당신은 종종 스스로를 유죄로 바라봅니다. 그리고 당연히 그래야 하듯이, 무릎을 꿇고 슬피 웁니다. 그러나 심지어 그 때에도, 타고난 죄의 본성과 실제적인 죄로 인해 슬퍼하며 울 때에도, 그분은 여전히 천국에서 말씀하고 계십니다. "너의 칭의(justification)에 관한 문제에 있어서는, 너는 온통 정당하고 사랑스럽다." 당신은 게달의 장막처럼 검을지라도, 솔로몬의 휘장처럼 아름답습니다(아 1:5). 전자가 자연인으로서의 당신이며, 후자가 그리스도 안에서의 당신입니다. 당신은 검습니다. 그것이 아담 안에서의 당신입니다. 하지만 아름답습니다. 그것이 두 번째 아담 안에서의 당신입니다. 오, 이것을 생각해 보십시오! 당신은 하나님 보시기에 항상 아름다우며, 항상 사랑스러우며, 항상 완벽한 듯합니다. 사도가 여러 곳에서 표현했듯이, 당신은 그리스도 예수 안에서 완벽하며 완전하기 때문입니다. 그리스도로 옷 입을 때 당신은 언제나 온전한 모습입니다. 이를 기억하십시오. 그것이 분명이 본문에 내포된 의미이기 때문입니다.

본문에 내포된 또 하나의 위대한 사상은 이것입니다. 당신은 믿는 자로서 결코 형벌의 책임을 지지 않습니다. 당신은 마치 아버지가 자녀를 징계하듯이,

죄로 인해 하나님의 징계를 받을 수 있습니다. 그것은 복음 안에서 가능한 일입
니다. 하지만 당신은 마치 율법수여자가 죄수를 때리듯이 당신의 죄로 인해 매
를 맞지는 않습니다. 당신의 아버지는 종종 그분이 악한 자들을 벌하듯이 당신
을 벌하실 수 있습니다. 하지만 결코 같은 이유로는 아닙니다. 불경건한 자들은
그들 자신의 잘못에 근거하여 벌을 받습니다. 그들의 고통은 그들 자신의 과오
에 따른 응분의 징벌입니다. 하지만 당신의 슬픔은 단지 과오에 상응하는 결과
로서 당신에게 찾아오는 것이 아닙니다. 그것은 사랑의 차원에서 당신에게 찾
아옵니다. 하나님께서는 당신의 슬픔이 어떤 의미에서는 큰 은혜이기 때문에
당신이 그것을 유익으로 여길 수 있다는 것을 아십니다. 나는 심한 고난에 처할
때에 종종 그 문제를 생각해 왔습니다. 나는 어떤 사람들이 "당신은 그 고난에
합당합니다"고 말하는 것을 압니다.

예, 그렇지만 내 사랑하는 형제들이여, 공로가 많은 그리스도인이라 하더
라도 하늘 아버지의 사랑의 책망처럼 선한 것을 받기에 합당하지는 않습니다.
아마도 당신은 그것을 이해하지 못할 것입니다. 당신은 고난이 언약 안에서 참
된 축복으로 올 수 있다고 생각하지 못합니다. 하지만 나는 언약의 회초리가 언
약의 피와 마찬가지로 은혜의 선물이라는 것을 압니다. 그것은 잘못이나 공로
의 문제가 아닙니다. 그것은 우리에게 필요하기 때문에 주어진 것입니다. 하지
만 우리가 그것을 얻기에 합당할 만큼 선한지의 여부에 대해서는 의문입니다.
우리는 하나님의 징계의 회초리를 그토록 풍성하고 은혜로운 언약의 축복으로
간주할 만큼 높은 차원에 이르지는 못했습니다.

믿음 안에서, 당신의 생애 어느 때에도 율법의 징벌이 당신에게 가해진 적
이 없었습니다. 당신이 그리스도를 믿은 이후로 당신은 율법의 사법권에서 벗
어났습니다. 영국의 법은 프랑스 인을 손대지 못합니다. 그가 자기 왕의 보호
아래에 살고 있을 동안에는 그럴 수 없습니다. 당신은 이제 율법 아래에 있지
않으며, 은혜 아래에 있습니다. 시내 산의 율법은 당신을 손댈 수 없습니다. 당
신이 그 사법권에서 벗어났기 때문입니다. 당신은 시내 산이나 아라비아 광야
에 있는 것이 아닙니다. 당신은 여종인 하갈의 아들이 아니며, 사라의 아들이
자, 예루살렘의 자유로운 자녀입니다. 당신은 아라비아 광야에서 나왔으며 하
나님의 복된 땅에 도달했습니다. 당신은 하갈이 아닌 사라의 슬하에 있으며, 하
나님의 은혜의 언약 아래에 있습니다. 당신은 약속의 자녀이며, 따라서 당신은

하나님의 상속권자입니다. 이를 믿으십시오. 율법의 징벌의 매가 결코 당신에게 가해지지 않을 것입니다. 하나님의 진노가 사법적인 차원에서 당신에게 떨어지지 않을 것입니다. 그분이 당신에게 징계의 회초리를 들 수는 있지만, 그 회초리는 죄의 결과에 따른 것이 아니라 그분의 풍성한 은혜에 따른 것입니다. 그 회초리는 당신을 죄에서 나오도록 하기 위한 것입니다. 물론 당신은 지금도 예수 그리스도의 피와 의 안에서 완벽하고 온전하지만, 그 회초리는 당신을 성화(sanctification)의 과정에서 온전하게 하기 위한 것입니다.

나는 이 본문이 포함하고 있는 목록을 깊이 다루려 했습니다. 하지만 시간이 허락하지 않는군요. 그러므로 마지막 남은 몇 분을 이 본문이 배제하고 있는 것을 말하는데 써야 하겠습니다.

그것이 무엇을 배제합니까? 자, 나는 그것이 자랑을 배제한다고 확신합니다. "그를 믿는 자는 심판을 받지 아니하는 것이요." 아! 만일 이 본문이 "행하는 자는 심판을 받지 아니하는 것이요"라고 말했다면, 당신과 나는 어느 정도 자랑하려 했을 것입니다. 하지만 본문이 "믿는 자는"이라고 말하기 때문에, 우리로서는 옛 자아에 대해서는 한 마디도 할 것이 없습니다. 없습니다. 주여, 만일 제가 정죄를 받지 않는다면, 그것은 당신의 너그러운 은혜 때문입니다. 왜냐하면, 나로서는 오늘 밤 이 강단에 선 이후에도 천 번이라도 정죄를 받기에 합당하기 때문입니다. 내가 무릎을 꿇고 있을 때, 나는 정죄를 받지 않으며, 나는 그것이 주권자의 은혜라고 확신합니다. 왜냐하면 심지어 내가 기도할 때조차도 나는 정죄를 받기에 합당하기 때문입니다. 심지어 우리가 죄 짓는 것을 회개할 때에도, 우리는 그것을 회개하는 동안에 우리의 죄를 더하고 있습니다. 육체의 행위로는, 우리가 행하는 모든 행위들이 다시 죄를 짓는 것입니다. 우리의 최선의 행위조차 죄로 더럽혀져 있어서 그것이 선행인지 악행인지 구분하기 어려울 정도입니다. 그 행위들이 우리 자신의 것인 한에서는, 그 행위들은 악할 뿐입니다. 그 행위들이 성령의 활동인 한에서는, 그 행위들은 선합니다. 하지만 그 때에도 선함은 우리에게 속한 것이 아니라 성령께 속했으며, 우리에게는 악함이 있을 뿐입니다.

아, 그러므로 우리는 자랑할 수 없습니다! 떠나가라, 교만이여! 떠나가라! 그리스도인은 겸손한 사람이어야 합니다. 만일 그가 무언가를 말하려고 머리를 든다면, 그 때 그는 진정 아무것도 아닙니다. 일단 그가 자랑하기 시작하면,

마치 그 자신의 오른손으로 승리를 쟁취한 것처럼 말하면, 그는 자신이 어디에 있는지를 알지 못하고, 혹은 어디에 서 있는지를 알지 못하는 자입니다. 당신의 하나님 앞에서 겸손히 행하십시오. 자축의 말이 한 마디라도 당신의 입술에서 빠져나오지 않게 하십시오. 자기를 희생하고, 이것이 보좌 앞에서의 당신의 노래가 되게 하십시오. "우리가 아니라, 우리의 이름이 아니라, 오직 당신의 이름이 영원히 영광을 받으소서."

이 본문이 배제하는 것이 또 무엇입니까? 내 생각으로는 ─ 나는 지금 나 자신을 훈계하려 하고 있습니다 ─ 이 본문은 의심과 두려움들을 배제해야 합니다. "그를 믿는 자는 심판을 받지 아니하는 것이요." 당신과 내가 어찌 얼굴을 찌푸리며, 마치 온 세상의 염려들을 등에 짊어진 것처럼 행할 수 있겠습니까? 만일 내가 십 년이나 십일 년 전 무렵에 이 본문이 내게 확실하고, 내가 심판을 받지 않는다는 것을 알았더라면, 얼마나 좋았을까요? 그 때 나는, 만일 내가 용서받았다고 느낄 수만 있다면, 빵과 물만 먹으며, 지하 감옥에 갇혀서, 매일 아홉 가닥으로 된 채찍으로 맞더라도, 기쁘게 그것을 받아들이겠다고 생각했습니다. 내 죄가 용서받았다고 한 번이라도 느낄 수 있다면 말입니다.

이제 당신은 용서받은 사람입니다. 그런데도 당신은 낙심하고 있습니다! 오! 부끄러워하십시오. 심판이 없습니다! 그런데도 비참하단 말입니까? 저런, 그리스도인이여! 일어나서 눈물을 닦으십시오! 오! 다음 주에 처형될 사람이 지금 감옥에 누워 있다면, 그리고 당신이 그에게 가서 "당신은 용서받았습니다"라고 말할 수 있다면, 그는 기뻐하며 자리에서 벌떡 일어나지 않겠습니까? 설혹 그가 상당한 재산을 잃어버렸다 하더라도, 그런 일이 그에게 있었다 하더라도, 용서받은 후에도 많은 어려운 일들을 겪어야 한다 하더라도, 목숨을 구했으니, 그는 그 모든 것을 대수롭지 않게 여기지 않겠습니까?

이제, 그리스도인이여, 당신은 용서받았습니다. 당신의 죄가 모두 사해졌습니다. 그리스도께서 당신에게 말씀하셨습니다. "너의 많은 죄가 사하여졌도다"(눅 7:47). 그런데도 당신이 불행하단 말입니까? 자, 설혹 그렇게 느낄 때가 있다 하더라도, 할 수 있는 대로 그 시간을 줄이도록 합시다. 때때로 우리가 실망하는 경우가 있더라도, 주님께 우리를 다시 일으켜 주시도록 요청합시다. 나는 우리 중 어떤 이들이 나쁜 습관에 빠져서, 습관적으로 우울하게 되는 것을 염려합니다. 주의하십시오, 그리스도인이여, 주의하십시오. 그 조바심치는 정신이 당신 속에서 자라지 못하게 하십시오. 만일 당신이 그 죄에 저항하지 않으면, 그 증세는 점점 더 악화될 것입니다. 만일 당신이 이 염려와 두려움들이 당신에게서 떠나도록 하기 위해 하나님께 나아오지 않는다면, 그것들은 곧 애굽의 파리 떼처럼 당신에게로 몰려들 것입니다. 당신이 첫 번째의 큰 의심을 죽일 수 있을 때, 아마도 백 개를 죽이는 것과 같을 것입니다. 하나의 큰 의심은 천 개의 의심을 낳으니, 그 어미를 죽이는 것이 그 모든 새끼들을 죽이는 것입니다. 그러므로 첫 번째의 의심을 눈여겨 감시하고, 의기소침에 빠지거나 슬픈 절망에 사로잡히지 않도록 하십시오. "그를 믿는 자는 심판을 받지 아니하는 것이요." 이 말씀은 자랑을 배제하며, 한편으로는 의심들 또한 배제합니다.

한 가지 더, 그를 믿는 자는 심판을 받지 않는다는 말씀은 더 이상의 죄를 짓는 것을 배제합니다. 내가 주님께 그토록 수없이 죄를 지었건만, 나의 주님께서 너그러이 그 모든 죄에서 나를 용서하시지 않았습니까? 나로 하여금 다시 죄를 짓지 않도록 하는 일에 있어서 이보다 더 강력한 동기가 무엇입니까? 아, 이것이 방종을 조장하는 가르침이라고 말하는 사람들이 더러 있습니다. 이 가르침에서 방종을 발견하는 사람이라면, 일천 마리의 귀신이 들었음에 틀림없습니다. 뭐라고요! 내가 용서받았기 때문에 가서 죄를 짓는다고요? 예수 그리스도께서 내 죄를 짊어지시고 나를 대신해서 고초당하신 것 때문에 가서 죄를 짓는다고요? 인간의 본성이 정말 악하기는 하지만, 내 생각에는 이런 태도야말로 인간 본성의 최악의 상태라고 여겨집니다. 값없이 주시는 하나님의 은혜에서 죄를 위한 근거를 끌어내다니요! 나는 악한 자이지만, 그러나 이것만은 느낍니다. 즉 용서하시는 하나님께 대해 죄를 범하는 것이 어렵다는 것입니다. 용서의 은혜를 받고서도 그리스도의 피를 거역하고 죄를 짓는 일은, 율법의 공포와 위협을 거역하여 죄를 짓는 것보다 훨씬 더 어렵습니다. 나는 인간이 하나님의 진노의 공포에 의해 크게 놀랐을 때에도 죄를 지을 수 있다는 것을 알지만, 그분의 사랑이 마음속에 부어지는 것을 느끼고도 죄를 짓기는 어렵습니다. 그런데도 죄를 짓는다면, 이보다 끔찍한 일이 어디 있습니까! 당신의 신분을 분명히 알고도 죄를 짓다니요? 오, 배은망덕한 자여! 당신은 지옥 가장 깊은 곳의 가장자리에 서 있습니다. 그러나 당신이 하나님의 자녀라면, 당신의 신분을 명확히 알고, 그리스도 예수 안에서 의롭다 하심을 얻었다고 느낀다면, 당신이 이렇게 말하리라고 확신합니다.

"이제, 사랑을 위하여 그분의 이름을 간직하고,
　　전에 내게 유익하던 것들을 이제는 손실로 여기리.
　　이전의 자랑을 내 수치로 부를 것이며,
　　내 영광을 그분의 십자가에 못 박도다."

　　그렇습니다. 나는 모든 것들을 예수님을 위하여 손실로 여겨야 하며, 또 그렇게 할 것입니다. 내 영혼이 그분 안에서 발견되기를 원하며, 그분의 의(義) 안에서 온전하기를 원합니다! 이것이 당신을 그분 가까이에 살도록 만들 것입니다. 이것이 당신을 그분처럼 살도록 만들 것입니다. 깊이 생각하고서, 이 교리가 당신을 함부로 죄 짓도록 허용한다고 생각하지 마십시오. 오히려 이 교리는 당신으로 하여금, 다시 죄를 짓는 것이 그리스도를 못 박은 완고한 사형집행자들처럼 되는 것으로 생각하게 만들 것이며, 하나님의 영원한 팔에 의해서가 아니면 결코 제거될 수 없는 끔찍한 짐을 지는 것으로 여기게끔 만들 것입니다. 이 교리를 깊이 생각한다면, 당신은 온 마음을 다해 죄를 미워하게 될 것입니다. 왜냐하면 다시 죄를 짓는 것은 인자하시고 은혜로우신 하나님을 거역하는 반역이기 때문입니다. 이 교리를 잘 숙고한다면, 이것이 당신으로 하여금 모든 종류의 의심과 변명을 거부하게 하며, 주 예수님과 더욱 잘 동행하도록 이끌어 주며, 어린 양이 가시는 곳 어디라도 따르게 해줄 것입니다.
　　나는 이 전체 설교가, 비록 하나님의 자녀들에게 전한 말씀이기는 하지만, 죄인들에게도 역시 해당된다고 생각합니다. 죄인이여, 당신도 그렇게 말하기를 바랍니다. 당신이 이를 안다면, 그를 믿는 자는 심판을 받지 아니하는 이것을 안다면, 그렇다면 죄인이여, 당신이 믿으면 심판을 받지 않습니다. 오늘 밤 내가 말한 모든 것이 당신의 영혼이 이 믿음을 갖는데 도움이 되기를 바랍니다. 오, 당신은 이렇게 말하는군요. "내가 그리스도를 믿어도 되나요?" 오늘 아침에 내가 말했듯이, 그것은 당신이 믿어도 되는지 아니 되는지의 문제가 아닙니다. 당신은 믿으라는 명령을 들었습니다. 성경은 복음을 세상 모든 사람들에게 전하라고 명하고 있으며, 또한 복음의 내용은 이것입니다. "주 예수 그리스도를 믿으라, 그리하면 구원을 받을 것이다."
　　나는 당신이 너무 교만하여, 하나님께서 그분의 은혜에 의해 당신을 낮추시지 않는다면, 당신이 믿지 않으리라는 것을 압니다. 하지만 오늘 밤 당신이 스스로 아무것도 아니며, 스스로 아무것도 가진 것이 없다고 느낀다면, 당신이 그리스도를 당신의 가장 귀한 분으로 기쁘게 영접하리라고 생각합니다. 만일 당신이 가난한 행상인처럼 "저는 가련한 죄인이요 아무것도 아닙니다"라고 말할 수 있다면, 당신은 오늘 밤 이렇게 말하며 갈 수 있습니다. "하지만 예수 그리스도께서 저의 모든 것 되신답니다." 하나님께서 예수님의 이름을 위하여 그렇게 할 수 있도록 은혜 주시길 바랍니다. 아멘.

제
15
장
—

불신자의 불행한 상태

—

"아들을 순종하지 아니하는 자는 영생을 보지 못하고,
도리어 하나님의 진노가 그 위에 머물러 있느니라."
— 요 3:36

이 구절은 세례 요한의 강론 중의 일부입니다. 우리에게는 그 강력한 설교자가 전한 설교가 많이 없습니다. 하지만 많지 않은 그의 설교를 통해서도, 우리는 그가 아주 단호하게 하나님의 율법을 전함으로써 '나무 밑동에 도끼를 두었다'는 것을 충분히 알 수 있습니다. 또한 그는 복음을 선포하는 법을 알았습니다. 어느 누구도 우리 앞에 있는 이 본문보다 더욱 확실하게 구원의 길을 제시하는 말을 할 수 없었습니다. 참으로, 요한복음의 이 세 번째 장은 잘 알려져 있으며, 성경의 어느 부분보다도 더 분명하고 선명하게 두드러집니다. 세례 요한은 확실히 귀한 것과 천한 것을 구분할 줄 아는 설교자였으며 ― 많은 설교자들이 실패하는 점입니다 ― 그러기에 사람들에게 하나님의 입이 되었습니다. 그는 그들에게 모두가 잃어버린 자라고 말하지 않았으며, 모두가 구원받는다고 말하지도 않았습니다. 단지 그는 두 부류의 사람들을 제시했으며, 하나님을 경외하는 자와 경외하지 않는 자 사이의 경계선을 유지했습니다. 그는 믿는 자의 특권을 명백하게 선언합니다. 그는 믿는 자가 바로 지금 영생을 가졌다고 말합니다. 그리고 동일한 단호함으로 그는 불신자의 슬픈 상태에 대해 증언합니다. "아들을 믿지 않는 자는 영생을 보지 못하고, 도리어 하나님의 진노가 그 위에 머물러 있느니라." 세례 요한은 기독교 설교자라고 공언하는 많은 이들을 효과적으로 가르칠 수 있을 것입니다. 비록 하나님 나라에서 지극히 작은 자라도 세례 요한보다 크긴 하지만(마 11:11), 바로 그렇기 때문에 기독교 설교자들은 복음을 더욱 분명하게 전해야 합니다. 하지만 철학을 가르치고, 여러 가지 뒤섞인 잡탕을 전함으로써, 복음을 혼잡하게 하는 사람들이 많습니다. 이런 사람들은 저 광야의 투박한 설교자에게 가서 배우는 것이 좋으며, 그에게서 이렇게 외치는 법을 배워야 합니다. "보라 세상 죄를 지고 가는 하나님의 어린 양이로다"(요 1:29). 나는 이 아침에 그 세례자의 강론 책에서 한 장을 취하여 배우기를 원합니다. 나는 그가 했던 것처럼 주 예수 그리스도의 복음을 전하기 원합니다. "나는 그의 신을 들기도 감당하지 못하겠노라"(마 3:11). 하나님의 깊은 것들을 강해하는 기쁨을 누리는 것이 나의 진지한 열망입니다. 나는 은혜 언약의 복들을 개봉하는 것에서, 그리고 옛 것과 새 것의 보화를 제시하는 것에서 심오한 즐거움을 느낍니다. 나는 구약의 예표들을 묵상하는 것이 행복하고, 신약의 예언들은 접하기만 해도 행복합니다. 하지만, 여전히 구원받지 못한 사람들이 많이 있기 때문에, 내 마음은 예수 그리스도의 복음을 단순하게 전하지 않고서는 만족할 수 없습니다. 아직 회심하지 않은 사랑하는 청중이여, 당신이 그리스도께로 인도되는 것을 본다면, 그 때 복음의 기초에서 더 나아가도록 하겠습니다. 하지만 그러는 와중에도, 지옥이 입을 크게 벌리고 있기 때문에, 틀림없이 여러분 중에 상당수가 그것을 채우는데 일조할 것이기 때문에, 나는 여러분에게 경고하지 않을 수가 없습니다. 나로서는, 구원의 복된 소식을 당신에게 반복해서 전하도록 강권하는 신성한 충동을 거역할 수 없습니다. 나는 요한처럼, 계속해서 나무뿌리 곁에 도끼를 둘 것이며, 이렇게 외칠 것입니다. "회개하라 천국이 가까이 왔느니라"(마 3:2). 그가 했던 것처럼, 우리는 하나님의 아들을 믿지 않는 자의 슬픈 상태에 대해 선언할 것입니다.

이 아침에, 우리는 주님이 주시는 부담감을 가지고서 본문에 대해 말할 것입니다. 우리의 첫 번째 요점은 "아들을 믿지 않는 자가"(KJV. 한글개역개정판은 "순종하지 아니하는"으로 되어 있음) 유죄(guilty)임을 발견하는 것입니다. 다음으로, 우리는 그의 범법(his offence)을 살펴볼 것입니다. 셋째로, 이 불신을 야기한 악한 이유들(sinful causes)을 드러낼 것입니다. 넷째로, 아들을 믿지 않는 끔찍한 결과(terrible result)를 제시할 것입니다. "아들을 순종하지 아니하는 자는 영생을 보지 못하

고, 도리어 하나님의 진노가 그 위에 머물러 있느니라." 성령께서 이 모든 과정
에서 도와주시길 기도합니다.

1. 믿지 않는 자는 유죄이다.

우선, 누가 유죄입니까? 여기서 말하고 있는 불행한 사람이 누구입니까? 그
는 백년에 한 번 만날 만한 사람입니까? 우리는 이처럼 궁지에 몰린 사람을 군
중 속에서 한 사람을 찾듯이 찾고 찾아야 발견할 수 있는 것입니까? 아! 그렇지
않습니다. 여기서 말하는 사람들은 보통 사람들입니다. 그들은 심지어 우리의
거룩한 모임 가운데서도 많이 발견될 수 있습니다. 그들을 우리의 거리에서 수
천 명씩 만날 수 있습니다. 오호라, 오호라! 그들은 이 세상 인구의 다수를 형성
하고 있습니다. 예수님께서 자기 백성에게 오셨으나, 자기 백성이 그분을 영접
하지 않았습니다. 유대인들은 여전히 믿지 않고 있습니다. 이방인들에 대해 말
하자면, 그분은 빛이시지만, 그들은 어둠 속에 앉아 있기를 더 좋아하여 그분의
빛을 거부합니다. 우리는 이 아침에 난해한 주제에 대해 말하지 않을 것입니다.
믿는 자들과는 그다지 관련이 없는 주제라 할지라도, 여기에는 이 말을 들어야
할 사람들이 많이 있으며, 우리는 하나님의 말씀이 그들의 영혼에 능력으로 임
하기를 간절히 기도합니다.

여기서 언급되는 사람들은 하나님의 아들을 믿지 않는 자들입니다. 예수
그리스도는, 무한한 긍휼로, 세상에 오셨습니다. 친히 우리의 본성을 취하시고,
그 본성 속에서 의로운 자로서 불의한 자를 대신하여 고통을 당하심으로써, 우
리를 하나님께로 이끌어 주셨습니다. 그분의 고난 때문에, 복음의 소식이 이제
모든 사람들에게 선포됩니다. 그들은 "그를 믿는 자마다 멸망하지 않고 영생을
얻게 하려 하심이라"(요 3:16)는 말씀을 확실하게 들을 수 있습니다. 이 본문에
서 언급하는 불행한 사람들은 예수 그리스도를 믿지 않는 자들입니다. 그들은
하나님의 은혜의 길을 거부합니다. 그들은 복음을 듣고도, 그 명령에 순종하기
를 거부합니다. 이 개인들이 반드시 무신론자임을 공언한 사람들일 것이라고
상상하지 마십시오. 이 사람들 중에 많은 사람들이 계시된 진리의 많은 부분을
믿기 때문입니다. 그들은 성경이 하나님의 말씀이라고 믿습니다. 그들은 하나
님이 존재하신다고 믿습니다. 그들은 예수 그리스도께서 세상에 구주로서 오
셨음을 믿습니다. 그들은 십자가와 관련된 대부분의 교리들을 믿습니다.

아! 그들은 이렇게 하고서도, 하나님의 진노가 그 위에 머물러 있습니다. 만일, 그들이 하나님의 아들을 믿지 않는다면 말입니다. 이 사람들 중에 많은 이들이 정통 교리에 매우 큰 관심이 있다는 것을 안다면 놀랄 것입니다. 그들은 그들이 진리를 발견했다고 믿으며, 그 발견의 가치를 매우 크게 보며, 그리하여 빈번하게 그들과 입장이 다른 사람들에 대해 뜨겁게 흥분합니다. 그들은 많은 책을 읽었으며, 건전한 교리를 옹호하는 면에서 논쟁의 대가들입니다. 그들은 이단을 용납하지 않습니다. 그러나 슬픈 사실은, 그들이 하는 일의 가치를 믿으며, 그렇게도 많이 알지만, 하나님의 아들을 믿지 않는다는 것입니다. 그들은 선택의 교리를 믿지만, 하나님의 선택에 대한 믿음은 없습니다. 그들은 성도의 최종적인 견인(堅忍)을 맹세하지만, 불신앙 속에서 버티고 있습니다. 그들은 칼빈주의 오대 교리들(Total Depravity(전적 타락), Unlimited Election(무조건적 선택), Limited Atonement(제한 속죄), Irresistible Grace(거부할 수 없는 은혜), Perseverance of the saint(성도의 견인). 영문 머리글자를 따서 "TULIP"교리라고도 함 —역주)을 모두 고백하지만, 그들이 구원받기 위해 예수님을 바라보아야 한다는 가장 필요한 요점에는 도달하지 못했습니다. 그들은 우리들이 확고하게 믿고 있는 진리의 신조들을 받아들입니다. 하지만 그들은 모든 사람들이 받을 만한 미쁘신 말씀, 즉 그리스도 예수께서 죄인을 구원하시려고 세상에 오셨다는 말씀을 받아들이지 않습니다(딤전 1:15). 하여간, 그들은 그들 영혼의 구원을 위해서 개인적으로 또한 실제적으로 복음을 받아들이지 않았습니다.

이들 중 적지 않은 사람들이 도덕성에 있어서 흠이 없다는 것을 인정해야 합니다. 자세히 살펴보아도, 이 사람들의 외적인 생활에서 부정직함, 거짓, 부정, 혹은 비행을 찾아내지 못합니다. 그들은 이런 점에서 흠이 없을 뿐 아니라, 아주 명백한 덕목들을 나타냅니다. 그들 성품의 상당 부분은 칭찬할 만합니다. 그들은 자주 예의바르고, 동정심이 있으며, 관대하고, 부드러운 마음을 가지고 있습니다. 자주, 그들은 너무나 사랑스럽고 칭송할 만하여, 그들을 보고 있노라면, 유사한 경우에 우리 주님께서 "아직도 무엇이 부족합니까?"라고 물었던 청년을 어떻게 사랑하셨던가를 이해할 수 있을 것 같습니다(막 10:21). 그들에게 부족한 한 가지는, 그들이 그리스도 예수를 믿지 않는다는 것입니다. 구주께서 그들이 멸망하는 것을 싫어하시지만, 도와줄 수가 없습니다. 모든 믿지 않는 자에게는 한 가지 공통된 운명만이 있습니다. 그들은 영생을 보지 못하고, 하나님의 진노가 그 위에 머물러 있다는 것입니다.

많은 경우에 있어서, 이런 사람들은 도덕적일 뿐 아니라, 어느 정도 종교적입니다. 그들은 예배당의 일상적인 모임에 빠지지 않으려 합니다. 그들은 아주 신중하게 안식일을 준수하고, 하나님의 책을 존중하며, 기도문을 사용하고, 예배당에서 찬양의 노래를 부를 때에도 동참하며, 하나님의 백성들처럼 앉고 섭니다. 하지만, 오호라, 그들의 달콤한 과실 한복판에 벌레가 있습니다. 그들은 한 가지 본질적인 것, 빠뜨리면 파멸에 이르는 것을 놓치고 말았습니다. 하나님의 아들을 믿지 않는 것입니다. 아, 인간이 얼마나 성공할 수 있는지, 그러고서도 이 한 가지 일에 부족하여 하나님의 진노가 그 위에 머물 수 있는지요! 자녀가 회심하기를 바라는 부모들이 있습니다. 그 자녀가 외적인 대화나 태도로 보아서는 그리스도인들에 의해서도 칭찬할 것밖에 없다고 평가되지만, 그 모든 것에도 불구하고, 그 젊은이는 하나님의 진노 아래 있을 수 있습니다. 하나님은 의로운 재판장으로서 악인들에게 매일 분노하시는 하나님이시기 때문입니다 (시 7:11). 하나님의 진노는, 그가 누구일지라도, 예수님을 믿지 않는 자 위에 머물러 있습니다.

자, 만일 우리의 본문이, 하나님의 진노가 감옥의 죄수들에게 머물러 있다고 말한다면, 대부분의 사람들은 그 진술에 동의할 것이며, 누구도 그에 대해 의문을 제기하지 않을 것입니다. 만일 우리의 본문이, 하나님의 진노가 습관적으로 비행에 빠지고 모든 율법들을 하나씩 계속해서 어기는 자들 위에 머물러 있다고 선언한다면, 대부분의 사람들이 "아멘"이라고 말할 것입니다. 하지만 본문은 다른 성품의 사람들을 겨냥하고 있습니다. 하나님의 진노가 공공연한 죄인들 위에 머물러 있다는 것은 진실입니다. 하지만, 오 선생들이여, 하나님의 진노가 자기의 미덕을 자랑하고 하나님의 아들 예수를 믿지 않는 자들 위에 머물러 있다는 것도 역시 사실입니다. 그들은 궁전에 거주할 수도 있습니다. 하지만, 만일 그들이 믿지 않는 자라면, 하나님의 진노가 그 위에 머물러 있습니다. 그들이 상원 의석에 앉아 있을 수도 있고 국민들의 갈채를 받을 수도 있지만, 만일 그들이 그 아들을 믿지 않는다면 하나님의 진노가 그들 위에 머물러 있습니다. 그들의 이름이 귀족 명부에 등재되고, 셀 수 없는 자산을 소유한다 할지라도, 하나님의 진노가 그들 위에 머물러 있습니다. 그들이 습관적으로 자선을 행하고, 외적으로 경건한 행위를 많이 할 수도 있습니다. 하지만, 그들이 구주로 지명된 분을 받아들이지 않는다면, 하나님의 말씀은 그들에 대해 이렇게 증언하고 있습니다. "하나님의 진노가 그 위에 머물러 있다."

2. 믿지 않는 자의 범법

이제, 하나님의 성령에 의해 마음을 각성하고, 그들의 범법(犯法)에 대해 생각해 보도록 합시다.

하나님의 진노를 그 위에 머물러 있게 만드는 이 특이한 죄가 무엇입니까? 그것은 그들이 하나님의 아들을 믿지 않는다는 것입니다. 그 죄가 어느 정도입니까? 그 죄는 우선, 그들이 하나님의 자비를 받아들이기를 거절하는 것입니다. 하나님께서는 한 법을 만드셨고, 그분의 모든 피조물들이 그 법을 존중하고 순종하도록 하셨습니다. 우리는 그 법을 거부했고, 거기에 등을 돌렸습니다. 그것은 마음의 적대감을 드러내는 표시였지만, 그것은 어떤 의미에서, 우리가 은혜의 복음을 거부할 때에 하나님께 사악한 적대감을 철저하고 강렬하게 드러낸 것에 비할 정도는 아니었습니다. 하나님께서 지금은 우리에게 율법을 제시하시는 것이 아니라 복음을 제시하셨으며, 이렇게 말씀하셨습니다. "나의 피조물들아, 너희는 나의 법을 어겼다. 너희는 나에 대해 매우 악하게 행동하였다. 나는 그 죄를 벌해야만 한다. 나는 하나님으로서 나의 공의를 버릴 수가 없기 때문이다. 하지만 나는 한 방법을 고안해 냈다. 그것은 나의 속성 중 어느 하나에도 손상을 입히지 않고서, 너희에게 자비를 베풀 수 있는 방법이다. 나는 지난 과거를 용서하고, 너희의 잃어버린 지위를 그 이상으로 회복시킬 준비가 되어 있다. 그리하여 너희를 내 아들들과 딸들로 삼을 것이다. 너희에게 주는 나의 유일한 명령은, 내 아들을 믿으라는 것이다. 이 계명에만 순종한다면, 나의 새 언약의 모든 복들이 너희의 것이 되리라. 그를 믿으라, 그를 따르라. 보라, 나는 그를 내 백성의 지도자요 사령관으로 삼았느니라. 대리자로서 속죄를 이루는 자로서 그를 영접하라, 그리고 그에게 순종하라."

자, 하나님의 법을 거부하는 것은 불신앙의 악한 마음을 보이는 것입니다. 하지만 하나님의 멍에뿐 아니라 하나님의 선물까지도 거부하는 자의 마음속에는 얼마나 더 깊은 반역의 정신이 도사리고 있겠습니까? 잃어버린 인간들을 위하여 구주를 보내신 것은 하나님의 관대한 선물입니다. 그 선물에 의해 모든 결핍된 자들이 필요를 공급받고, 우리의 모든 악이 제거되고, 땅에서의 평화가 우리에게 확보되며, 하나님께는 영원토록 영광이 돌려질 것입니다. 이 선물에 대한 거절은 결코 작은 죄가 아닙니다. 모든 것을 보고 계시는 분은, 인간들이 그분의 사랑의 최상의 선물을 퇴짜 놓는 것을 보실 때, 그러한 거절이 그분에 대한 그들 마음의 적개심을 나타내는 최악의 증거라고 간주하십니다. 성령께서 죄를 깨닫도록 하기 위해 인간에게 찾아오실 때, 그가 빛 가운데로 이끌어 와서 드러내시는 특별한 죄는 이렇게 묘사됩니다. "죄에 대하여라 함은, 그들이 나를 믿지 아니함이요"(요 16:9). 심판이 인간에게 임하였으니, 그 심판이 무엇입니까? "그 정죄는 이것이니, 곧 빛이 세상에 왔으되 사람들이 자기 행위가 악하므로 빛보다 어둠을 더 사랑한 것이니라"(요 3:19). 또한 이 의미심장한 구절을 기억하십시오. "믿지 아니하는 자는 하나님의 독생자의 이름을 믿지 아니하므로 벌써 심판을 받은 것이니라"(요 3:18). 그가 무엇 때문에 정죄를 받는 것입니까? "하나님의 독생자의 이름을 믿지 아니하였기" 때문입니다.

더 말하자면, 그리스도 안에서 제시된 하나님의 자비를 거절하면서, 믿지 않는 자는 하나님께 대한 강한 원한을 드러냅니다. 어떻게 그런지를 한번 보십시오. 그는 그리스도 안에 있는 하나님의 자비를 받아들이든지, 혹은 심판을 받든지 해야 합니다. 다른 선택은 없습니다. 그는 속죄를 위해 하나님이 보내신 그리스도를 의지하든지, 아니면 하나님 앞에서 쫓겨나 영원한 형벌에 떨어지든지 해야 합니다. 불신자는 사실상 이렇게 말하는 셈입니다. "나는 그리스도 안에 있는 하나님의 자비를 받아들이느니 차라리 저주받는 쪽을 택하겠다." 위대하신 아버지의 무한한 동정심에 대하여 이보다 더 큰 모욕을 상상할 수 있습니까? 한 사람이 다른 한 사람에게 상해를 입혔다고 생각해 보십시오. 그를 아주 심하게 또 반복해서 모욕했습니다. 하지만 그 상해를 입은 사람이 그 사람이 마침내 아주 딱하고 불쌍한 상태에 떨어진 것을 보고는, 그를 찾아가서 친절한 마음으로 이렇게 말합니다. "나는 당신이 지금껏 내게 행한 모든 잘못을 대가 없이 용서합니다. 나는 당신의 빈곤을 덜어줄 용의가 있고, 고통 속에 있는 당신을 위로하고 싶습니다." 그런데 상대방이 이렇게 말한다고 상상해 보십시오. "아니요, 당신에게서 무언가를 받느니 차라리 말라죽는 편을 택하겠소." 그러한 결심은 그의 마음속에 존재하는 강한 적개심의 분명한 증거가 아니겠습니까?

바로 그처럼, 여러분 불신자 중의 모두가 실제로 그렇게 말하고 있습니다. "그리스도를 믿음으로 그분께 영광을 돌리느니 차라리 지옥에 영원히 눕는 편을 택할 테야." 이는 하나님과 그분이 보내신 그리스도께 대한 증오심의 아주 분명한 증거입니다. 불신자들은 하나님을 미워합니다. 당신에게 묻겠습니다. 무엇 때문에 당신은 그분을 미워하는 것입니까? 그분은 당신의 코에 호흡을 주셨습니다. 당신에게 식량과 의복을 제공하고, 과실이 풍성한 계절을 허락한 것은 그분입니다. 이 좋은 것들 때문에 당신은 그분을 미워합니까? 당신은 그분이 선하신 것 때문에 그분을 미워합니다. 아, 그렇다면, 그 이유는 틀림없이 당신 자신이 악하기 때문이며, 당신의 마음이 의(義)로부터 멀리 떨어져 있기 때문입니다. 하나님께서 영원한 성령의 빛으로 이 커다랗고 긴급한 죄악을 당신 눈앞에 밝히 보여주시기를 바라며, 그리하여 당신이 그 죄를 회개하고, 불신앙에서 돌이켜서, 오늘 살게 되기를 바랍니다.

더 나아가, 불신자들은 그의 불신에 의해 하나님의 예민한 부분을 건드려 하나님의 노여움을 촉발하고 있습니다. 의심할 바 없이, 이 세상을 지으신 것은 위대하신 조물주께는 즐거운 일이었습니다. 하지만 인간의 구원의 문제와 관련한 하나님의 기쁨에는 달리 필적할 만한 것이 없습니다. 우리는 그분에 대해 말할 때 신중해야 합니다. 하지만 이렇게 표현할 수 있다면, 인간에게 그분의 사랑스런 아들을 선물로 주신 것과 구원의 모든 계획은, 하나님 자신의 걸작(masterwork)이었다고 말할 수 있습니다. 그분은 능력과, 지혜와, 사랑에서 무한하십니다. 그분의 길은 마치 하늘이 땅보다 높음 같이 우리의 길보다 높습니다. 하지만 성경은, 내 생각으로는, 이렇게 말하는 것을 보증할 것입니다.

> "사람을 구원하신 그 은혜 안에서
> 그분의 영광이 가장 밝게 빛나도다;
> 여기 십자가에 가장 아름다운 글이 새겨져 있으니
> 보혈의 피로 붉게 쓴 글씨로다."

자, "하나님이 없다"고 말하는 사람은 바보입니다. 하지만 하나님의 구원의 영광을 부인하는 사람은, 그의 어리석음에 더하여, 주님의 왕관에서 가장 아름다운 보석을 훔치려는 자이며, 그분의 신성한 영광에 치명적인 손상을 가하려는 자입니다. 그런 사람은 그리스도를 멸시함으로써 하나님의 눈동자를 건드리는 자라고 말할 수 있습니다. 하나님은 말씀하십니다. "이는 내 사랑하는 아들이니, 너희는 그의 말을 들으라." 그분은 하늘에서 그렇게 말씀하십니다. 하지만 사람들은 귀를 막고서 이렇게 말합니다. "우리는 그를 받아들이지 않을 겁니다." 나아가, 그들은 십자가에 대해 화를 내며, 하나님의 구원으로부터 등을 돌립니다. 하나님께서 이런 일을 언제나 참으실 거라고 생각합니까? 당신이 알지 못하던 때에는 그분이 간과하셨거니와, "이제는 어디서든지 사람에게 다 명하사 회개하라 하셨습니다"(행 17:30). 당신은 그분의 사랑에 맞설 작정입니까? 인간에게 은혜를 주려는 그토록 깊고도 독창적인 계획이 그분의 사랑에서 우러나온 것이 아닙니까? 그분의 최상의 활동이 당신에게서 전적으로 업신여김을 당한단 말입니까? 만일 그렇다면, 이렇게 기록된 것이 놀랄 일이 아닙니다. "하나님의 진노가 그 위에 머물러 있느니라."

　나는 이 문제를 좀 더 파헤치기를 원합니다. 믿지 않는 자는 복되신 삼위일체의 모든 위격에 대해 죄를 범하고 있습니다. 그는 자신이 믿지 않는 것이 매우 작은 문제라고 여길 테지만, 하지만 정녕 그것은 가시 돋친 화살을 하나님을 향해 쏘는 것입니다. 복되신 삼위일체의 위격들(Persons)에 대해 생각해 보십시오. 우리에게 가장 가까이 다가오신 성자 하나님(God the Son)을 먼저 생각해 보십시오. 나로서는 이 말씀이 내가 들었던 모든 말 중에 가장 놀라운 것이었습니다. "말씀이 육신이 되어 우리 가운데 거하시매"(요 1:14). 인도 지역의 선교사들이 종종 이런 말을 듣는 것이 이상한 일이 아닙니다. "하나님께서 친히 인간과 같은 본성을 취하시다니 너무나 믿기 어려운 놀라운 일입니다!" 하지만, 그보다 더 놀랍게 보이는 것은, 그리스도께서 사람이 되셨을 때, 그분이 인간의 모든 슬픔과 연약한 것을 짊어지셨다는 것이며, 그뿐 아니라, 많은 사람의 죄를 감당하셨다는 것입니다. 무엇보다도 놀라운 사실은, 무한히 거룩하신 그분이 "범죄자 중 하나로 헤아림을 받았다"(사 53:12)는 것입니다. 하나님이 죄를 알지도 못하신 이를 우리를 대신하여 죄로 삼으신 것입니다(고후 5:21). 경이 중에 경이입니다! 그분이 왕관과 보좌를 두고서 나무에 달려 죽으셨다는 것은, 의로운 자로서 불의한 자를 대신하셨다는 것은, 죄인들에게 돌아가야 할 형벌을 대신 당하셨다는 것은, 단지 놀랍다는 말로는 다 표현할 수 없는 경이로움입니다. 자, 이를 알고도, 당신들 중 대부분의 사람들이 여전히 믿기를 거부하면서, 실제적으로 이렇게 말합니다. "성육신하신 하나님이 구원하실 수 있다는 것을 나는 믿지 않아." 어떤 사람은 이렇게 대꾸합니다. "오, 아닙니다. 우리는 그분이 구원하실 수 있다는 것을 진지하게 믿습니다." 그러면서도, 당신은 여전히 이렇게 느끼고 있음에 틀림없습니다. "그분이 구원하실 수 있다는 것을 믿지요. 하지만 그분이 나를 구원하시도록 하지는 않을 겁니다." 전자의 경우에는 그런대로 변명을 들어줄 수도 있지만, 후자의 경우는 더 심한 비난을 가할 수밖에 없습니다. 당신의 대답은 믿지 않겠다고 말하는 것은 아닙니다. 그렇다면 왜 당신은 여전히 불신앙 가운데 있는 것입니까? 사실은 당신은 그분을 신뢰하지도 않고, 그분께 순종하지도 않고 있는 것입니다. 나는 당신이 그 사실을 해명하기를 요구합니다. 누군가 말합니다. "제가 그분을 믿어도 될까요?" 누구든지 목마른 자는 와서 값없이 마시라고 일만 번이나 말하지 않았습니까? 만일 장벽이 있다면, 그것은 하나님 편에 있는 것이 아니며, 그리스도에게 있는 것도 아니며, 당신 자신의 악한 마음에 있습니다. 당신은 지금 구주께로 올 수 있습니다. 당신이 지금 그분을 신뢰한다면 그분은 영원토록 당신의 것이 될 것입니다. 하지만, 오, 믿지 않는 자여, 그리스도께서 죽으신 것이 당신에게는 아무것도 아닌 것처럼 보이는군요. 그분의 상처가 당신의 마음을 끌지 못하는군요. 죄인들을 구하고자 하시는 그분의 고통스런 신음소리가 당신에게는 전혀 감흥 없는 음악처럼 들리는군요. 당신은 인간을 위해 피를 흘리시는 성육신하신 하나님께 등을 돌렸습니다. 그렇게 함으로써 스스로를 모든 소망에서 단절시키고, 영생에 합당치 않은 자로 자처하고 있습니다.

더 나아가, 그리스도를 고의적으로 거부하는 것은 성부 하나님(God the Father)께도 모욕입니다. "하나님을 믿지 아니하는 자는 하나님을 거짓말하는 자로 만드나니, 이는 하나님께서 그 아들에 대하여 증언하신 증거를 믿지 아니하였음이라"(요일 5:10). 그리스도를 거부함으로써, 당신은 하나님의 선물과 하나님의 증언을 거부하는 것입니다. 당신이 그분의 비할 데 없이 값진 사랑의 선물을 짓밟거나 던질 때, 그것은 은혜로우신 아버지의 인자하심과 진실하심에 대한 직접적인 모독입니다.

또한 복되신 성령님께 대해서는, 여기 지상에서 그리스도를 증언하시는 것이 그분의 일입니다. 기독교 사역에서, 성령께서는 매일같이 사람들에게 그리스도께 오라고 외치십니다. 그분은 여러분 중 많은 이들의 마음에서 고투(苦鬪)하셨으며, 당신으로 하여금 어느 정도 죄를 자각하게 하셨고, 또한 그리스도의 영광에 관한 어느 정도의 지식을 얻게 하셨습니다. 하지만 당신은 그것을 억제해 왔으며, 온 힘을 기울여 하나님의 성령을 거역하여 왔습니다. 내 말을 믿으십시오, 이것은 가벼운 죄가 아닙니다. 믿지 않는 자는 성부 하나님과, 성자 하나님과, 성령 하나님의 원수입니다. 오, 믿지 않는 자여, 복되신 삼위일체께 대한 당신의 죄명은 상습적인 모독죄입니다. 당신은 계속하여 믿지 않음으로써, 지금 하나님의 면전에서 그분을 모독하고 있습니다.

또한, 덧붙여야 할 말은, 불신앙 속에는 하나님의 모든 속성에 대한 모독이 담겨 있다는 것입니다. 불신자는 사실상 이렇게 선언하는 셈입니다. "만일 하나님의 공의가 그리스도에게 죄의 형벌을 내리는 것에서 나타났다 해도, 나는 그분의 공의에 관심을 두지 않겠다. 나는 나 자신의 벌을 감수하겠다." 그 죄인은 이렇게 말하는 듯 합니다. "하나님은 그리스도를 선물로 주셔서 우리를 대신해서 고난받게 하실 정도로 자비하시다. 하지만 나는 그분의 자비를 바라지 않으며, 그분의 자비가 없어도 상관없다. 다른 사람들은 유죄일 수 있고, 또 그들은 구속자를 신뢰하겠지만, 나는 그런 죄를 느끼지 못하고, 또 용서를 애원하지도 않을 것이다." 불신자들은 하나님의 지혜를 공격합니다. 하나님의 지혜는 그분의 선물이신 예수님 안에서 온전히 계시되기 때문에, 그들은 이렇게 말합니다. "그것은 독단이야. 철학적인 이치에 반하는 것이며, 낡아빠진 교리야!" 그들은 하나님의 지혜를 어리석음으로 간주하며, 그럼으로써 하나님의 속성에 경멸을 보내는 것입니다. 나는 하나님의 모든 속성과 특권들을 상세히 언급하고 싶고, 그래서 당신이 구주를 거절하는 것이 하나님의 모든 속성과 그분 자신을 모독하는 것임을 입증하고 싶습니다. 하지만 그것은 우리가 계속 다루기에는 너무나 슬픈 주제입니다. 그러므로 그 문제를 지나서 우리 주제의 또다른 국면을 살펴보고자 합니다. 물론 내가 느끼기에, 이 역시 마찬가지로 슬프지 않을까 염려되기도 합니다.

3. 불신앙을 야기한 악한 이유들

불신앙을 야기한 악한 이유들(sinful causes)을 살펴보도록 합시다. 아주 많은 사람들의 경우에, 불신앙은 구원의 길에 대한 부주의한 무지(ignorance)의 탓이라 할 수 있습니다. 내가 짐작하기로, 여러분 중 많은 이들이 이런 식으로 생각할 것입니다. 즉, '복음을 이해하지 못한다면, 믿지 않는 것에 대한 상당한 변명이 될 수 있을 것이다'고 말입니다. 하지만 선생들이여, 그렇지 않습니다. 당신은 세상에 있으며, 아프리카 중앙의 이교도들 가운데 있는 것이 아니라, 계몽된 영국에, 복음의 빛이 대낮처럼 밝게 비추는 땅에 있습니다. 당신의 사방에 예배처소가 있으며, 그곳에 참석하기에 아무런 어려움이 없습니다. 하나님의 책을 매우 싸게 구입할 수 있습니다. 당신의 집에는 성경이 있습니다. 당신은 얼마든지 그것을 읽을 수도 있고 들을 수도 있습니다. 그런데도, 왕께서 자신을 당신에게 나타내시기를 기뻐하셨고, 당신에게 구원의 길을 말씀해 오셨음에도 불구하고, 여전히 당신은 이십대에도, 삼십대에도, 사십대에도 구원의 길을 배우지 못했단 말입니까? 그것이 무슨 의미입니까, 선생? 어떻게 설명할 겁니까? 하나님께서 성경에서 자기를 나타내기를 기뻐하셨는데, 그리고 당신에게 지옥을 벗어나 천국에 들어가는 길을 알려주기를 기뻐하셨는데, 당신이 너무 게을러서 그 길을 찾지 않은 것이 아닙니까? 당신은 감히 하나님께 이렇게 말하고 있습니다. "나는 당신이 계시하신 것을 배우는 일이 그다지 가치 있는 일이라고 생각하지 않습니다. 당신께서 인간에게 보내신 선물에 대해 아는 일에도 그다지 관심이 없습니다." 그런 무지가 어떻게 당신의 죄에 대한 변명이 될 수 있다고 생각합니까? 그보다 더 불쾌한 변명이 어디 있습니까? 당신이 알지 못한다면, 알도록 해야 합니다. 만일 당신이 복음의 메시지를 배우지 못했다면, 얼마든지 그것을 배울 수 있었습니다. 우리 중에는 문맹자조차도 이해할 수 있도록 어렵지 않은 말로 전하는 사람들이 있습니다. 그들은 혹 어려운 말을 사용했을 때, 곧 그 말을 철회하고, 어린이의 지성으로도 혼동하지 않을 쉬운 말로 전하고 싶어합니다. 구원의 길은 성경책에 명백합니다. "믿으면 살리라"는 말은, 이 영국 땅에서는, 마치 하늘에 인쇄된 것처럼 어디에서나 보고 읽을 수 있는 말입니다. 주 예수를 믿으면 구원을 얻으리라는 말은 널리 알려진 소식입니다. 하지만, 여전히 당신이 이 모든 것을 모른다고 말하면, 나는 이렇게 대꾸하겠습니다. "친애하는 선생이여, 그것을 알려고 해보십시오." 성경으로 달려가서, 그것을 연구해 보고, 거기에 무엇이 쓰여 있는지를 보십시오. 또한 복음에 귀를 기울이십시오. 이렇게 기록되어 있기 때문입니다. "너희는 귀를 기울이고 내게로 나아와 들으라. 그리하면 너희의 영혼이 살리라"(사 55:3). "믿음은 들음에서 나며 들음은 그리스도의 말씀으로 말미암았느니라"(롬 10:17). 당신의 영혼을 위해 촉구합니다. 당신이 알아야 할 것에 대해, 알지 않으면 멸망할 것에 대해, 더 이상 무지하지 마십시오!

　　일부 다른 사람들에게서는, 불신앙의 이유는 무관심(indifference)입니다. 그들은 그 문제를 그다지 중요하다고 생각하지 않습니다. 그들은 그들이 옳지 않다는 것을 의식하고 있지만, 결국에는 어떻게 해서든 올바르게 될 것이라는 개념을 가지고 있으며, 그러기 때문에 그 문제로 고심하지 않습니다. 오, 사람이여, 당신을 위해 기도하며, 당신을 위해 충고를 한 마디 하겠습니다. 하나님께서는 그분의 진노가 불신자로서의 당신 위에 머물러 있다고 선언하십니다. 그런데 당신은 그것이 별 문제가 아니라고 여긴단 말입니까? 하나님은 “나는 너에게 화가 났다”라고 말씀하시는데, 당신이 그분에게 이렇게 말한단 말입니까? “나는 신경 안 써요. 그 문제가 나에게는 그리 중요하지 않아요. 하나님께서 나에게 화가 나셨는지 아닌지의 여부보다, 채권 값이 오르고 내리는 문제가 내게는 훨씬 더 중요하답니다. 무한하신 하나님께서 나를 사랑하시는지 미워하시는지 여부보다는, 오늘 저녁 식사가 알맞게 조리되었는지의 여부가 내게는 더 중요하답니다.” 쉽게 말해 당신의 행동은 그런 식입니다. 그것이 당신의 창조주께 대한 더없이 뻔뻔한 행동이 될지, 혹은 영원한 통치자에게 대항하는 끔찍한 반역이 될지에 대해서는, 당신의 판단에 맡겨 두겠습니다. 하나님이 당신에게 노하셨다는 사실이 당신을 근심하게 하지 않는다면, 반드시 그렇게 될 날이 올 것입니다. 그것이 당신을 근심하게 하지 않는다는 사실이 나를 근심하게 만드는군요. 우리는 살인죄를 범한 사람들이 재판 때에도 냉정하고 침착하게 행동했던 것을 들은 적이 있습니다. “유죄가 아니다!”라고 항변하는 듯 했던 그들의 냉정함은, 다름 아니라 그들을 피 흘리는 행동으로 이끌었던 마음의 완고함입니다. 큰 죄를 지을 수 있는 사람은 그와 관련하여 큰 수치를 당할 수 있습니다. 하나님께서 그에게 노하셨을 때에도 느긋하게 즐거워할 수 있는 사람은, 그의 마음이 강철보다 더 딱딱하다는 것을 스스로 보여주는 셈입니다.

　　어떤 경우에는, 이 불신앙의 뿌리가 다른 방향으로 놓여 있습니다. 그것은 교만(pride)에 의해 자라납니다. 이런 죄를 품고 있는 사람은 그에게 구주가 필요하지 않다고 믿습니다. 그가 가진 생각은, 최선을 다하고, 교회에 아주 규칙적으로 출석하고, 자주 기부도 하며, 부분적으로는 자신이 행한 일에 의해서 또 부분적으로는 그리스도의 공로에 의해서 천국에 간다는 것입니다. 그렇기 때문에 그리스도를 믿지 않는 것은 그에게 크게 중요한 문제가 아닙니다. 왜냐하면 그는 헐벗지 않았고, 가난하지 않으며, 비참하지 않기 때문입니다. 오히려 그는 부요하며, 영적인 일에서도 많은 선행을 쌓아 두었습니다. 믿음으로 구원받는 것은 창기들과 술주정꾼들과 강도들을 위한 종교입니다. 하지만 그와 같이 존경받을 만하고, 어려서부터 율법을 잘 지켜왔던 사람들은, 그리스도를 붙들어야 할 특별한 필요를 느끼지 못하는 것입니다. 그런 사람들의 행동은 나에게 쿠퍼(Cowper)의 말을 생각나게 합니다.

"필연코, 미덕은 망하고 거부되리니,
그것으로써 주를 모독했던 바보들도 그리되리라."

하나님께서는, 인간을 구원하기 위해서는, 구속자께서 죽으시는 일이 필요하다고 믿으셨습니다. 하지만 스스로 의로운 당신은 명백히 그 죽음을 불필요한 일로 여기고 있습니다. 인간이 스스로 구원할 수 있는데, 왜 주께서 그를 구원하기 위해 하늘에서 내려와 죽으셔야 한단 말입니까? 점잖은 풍습과 도덕에 의해 그리스도 없이도 천국에 이르는 길이 있는데, 그리스도의 유용성이 무엇이란 말입니까? 만일 사람이 선해서 대속자나 중보자를 필요로 하지 않을 정도이면, 대속자나 중보자가 전적으로 불필요할 것입니다. 하나님의 면전에서, 당신은 그분이 당신에게 거짓말을 하고 있다고 말하고 있습니다. 당신이 그렇게 악하지 않기 때문에, 그분이 당신을 믿도록 설득할 필요도 없으며, 그분이 말씀하시듯이 대속의 제물 같은 것은 필요하지 않다고 말하고 있습니다. 오, 선생이여, 당신의 이런 교만은 하나님께 대한 거만한 반역입니다. 당신의 멋진 행위들을 바라보면 당신은 너무나 훌륭합니다만, 당신의 동기는 천박합니다. 당신의 넘치는 교만이 당신의 행위를 더럽혔습니다. 때 묻은 검은 손으로 당신이 한 일들을 모두 망쳐 놓았습니다. 하나님의 길보다 당신의 길을 더 좋아하므로, 하나님의 의보다 당신의 의를 더 좋아하므로, 하나님의 진노가 당신 위에 머물러 있습니다.

어쩌면 아직 내가 당신의 불신앙의 이유를 정확히 맞추지 못했을지 모릅니다. 그래서 한 가지를 더 말하겠습니다. 많은 사람들에게 있어서, 죄를 사랑함(love of sin)이 자기 의에 대한 자랑보다 구주를 멀리하는 더 큰 이유가 됩니다. 그들이 예수님을 믿지 않는 것은, 그들이 기독교 진리에 대해 어떤 의심이 있어서가 아닙니다. 단지 그들이 즐기는 죄에 대해 매혹적인 사랑에 빠져 있기 때문입니다. 어떤 사람이 말합니다. "만일 내가 그리스도를 믿게 된다면, 물론 그분께 순종해야 할 것입니다. 믿는 것과 순종하는 것은 같이 가는 거니까요. 그러면 나는 더 이상 술꾼이 되지 못하고, 내가 원하는 방식으로 장사를 하지 못하고, 은밀한 쾌락들도 누리지 못하고, 불경건한 자들이 죄 속에서 떠들며 험담하며 즐기는 장소에도 자주 참석하지 못할 것입니다. 내가 이렇게 아끼는 죄들을 포기할 수 없습니다." 아마도 이 죄인은, 더 이상 죄를 즐길 수 없을 때, 하루의 재미를 위해 자기 영혼이라도 팔려고 할 것입니다. 그는 하나님께 순종하는 것보다 죄의 쾌락을 더 좋아하기 때문에, 그분의 구원을 받아들이기보다는 불신앙에 머뭅니다. 오, 죄의 달콤함이여! 오, 죄의 독이여! 네가 얼마나 많은 영혼을 죽이고 있단 말이냐! 어떤 뱀들은 먹이를 잡기 전에 눈으로 먹이를 한참을 바라보고 매혹시킨다고 합니다. 그리고 마지막에는 그것을 삼켜버립니다. 마찬가지로 죄도 아담의 어리석은 후손들을 매혹시킵니다. 그들은 죄의 매력에 빠지고, 그것 때문에 멸망합니다. 죄는 단지 순간의 쾌락을 제공할 뿐이지만, 그 삯은 영원한 슬픔입니다. 그런데도 사람들은 거기에 매혹당합니다. 낯선 여인의 길, 부정한 길은 필연적으로 사망의 방으로 안내합니다. 하지만 사람들은 마치 나방이 양초의 타오르는 불꽃에 끌리듯이 죄로 유인되며, 결국엔 파멸합니다. 아! 인간은 위험한 정욕으로 무분별하게 바위를 향해 돌진하며, 죄의 매력에 빠져 자발적으로 멸망에 떨어집니다. 영원하신 하나님보다 창기를 더 좋아하는 것, 천국 그 자체보다도 부정직하게 번 몇 푼의 돈을 더 좋아하는 것, 창조주를 사랑하고 화평과 구원의 기쁨을 누리기보다 탐욕의 배를 불리기를 더 좋아하는 것은, 애석하기 짝이 없는 일입니다. 이스라엘에 황금 송아지를 세우고서 "이스라엘아, 이것이 너희 신이로다"(출 32:4)고 말한 것은 하나님께 대한 심한 모욕이었습니다. 풀을 먹고 사는 황소의 형상을 살아 계신 하나님의 대용물로 삼다니요! 지면을 만나로 덮으시고, 시내 산을 그분의 임재의 연기로 가득하게 하시고, 온 광야를 그분의 행진 아래 떨게 하셨던 분을, 뿔과 굽이 있는 수소의 형상과 나란히 취급한단 말입니까? 인간이 금속을 녹여 만든 형상을 무한히 거룩하시고 영광스러운 여호와 하나님보다 더 좋아한단 말입니까? 하지만, 단연코 하나님보다 쾌락을 더 좋아하는 것은 그보다 더 큰 모독입니다. 그분의 뜻에 순종하기보다 자기 정욕에 복종하고, 그분의 은혜보다 죄를 더 선호하는 것, 이는 죄 중에서도 중죄입니다. 하나님이시여, 주의 긍휼로 우리를 그 죄에서 건져내소서!

4. 아들을 믿지 않는 끔찍한 결과

이 설교의 끝 부분에서 가장 무거운 내용, 곧 불신앙의 끔찍한 결과를 다루어야 합니다. "그는 영생을 보지 못하고, 도리어 하나님의 진노가 그 위에 머물러 있을 것입니다." "하나님의 진노!" 어떤 말로도 이 표현을 충분히 설명할 수 없습니다. 휫필드(Whitefield)가 설교할 때, 그는 종종 손을 높이 들고서, 눈에서는 눈물이 시내처럼 흐르는 상태에서, 이렇게 외치곤 했습니다. "오, 진노가 임합니다! 진노가 임합니다!" 그럴 때 그는 감정이 격해져서 말을 멈추곤 했습니다. 하나님의 진노! 나는 누군가 나에게 화를 내면 불편함을 느끼지만, 어느 정도는 평정심을 유지하고서 어리석고 성질 급한 사람들의 화를 참아낸다고 고백합니다. 하지만 하나님의 진노는 이유 없이는 결코 화를 내지 않으시는 분의 화이며, 오래 참으시고 인내하시는 분의 화입니다. 그분은 좀처럼 화를 내시지 않는 분이지만, 불신자들에 대해서는 화를 내십니다. 그분은 약하거나 보잘것없다는 이유로는 결코 화를 내시지 않으며, 오직 그릇된 것에 대해서만 화를 내십니다. 그분의 노여움은 다름 아니라 불타오르는 그분의 거룩하심입니다. 그분은 죄를 참으실 수 없습니다. 그분이 죄를 참으시리라고 누가 바랄 수 있습니까? 올바른 정신을 가진 사람이라면 어떻게 하나님이 악을 기뻐하시기를 바라겠습니까? 그런 생각은 하나님을 악의 화신으로 간주하는 것입니다. 그분은 하나님이시기 때문에, 그분은 어디든 죄가 있는 곳에서는 진노하십니다. 그분의 진노는 정당하고 거룩한 분노입니다. 기억하십시오. 그분의 진노는 전능자의 분노이며, 나방을 뭉개버리듯 우리를 쉽게 뭉개버리실 수 있는 분의 분노입니다. 그것은 무한하신 분의 분노이며, 따라서 무한한 분노이고, 그 높이와 깊이와 넓이와 길이를 인간이 측량할 수 없습니다. 오직 성육신하신 하나님만이 하나님의 진노의 힘을 온전히 아셨습니다. 그것은 모든 생각을 뛰어넘습니다. 하지만 나의 청중이여, 그 진노가 당신 위에 머물러 있습니다. 아아, 만일 당신이 믿지 않는 자라면, 바로 이것이 하나님 앞에서의 당신의 상태입니다. 그것은 내가 지어낸 허구도 아니며, 성령의 감동으로 된 진리의 말씀입니다. "하나님의 진노가 그 위에 머물러 있느니라."

그 다음 단어를 눈여겨보십시오. "머물러 있느니라." 말하자면, 그 진노가 지금 당신 위에 있다는 것입니다. 그분은 바로 이 순간, 그리고 항상, 당신에게 화가 나셨습니다. 당신은 분노하시는 하나님이 당신의 얼굴을 노려보고 계시는 동안에, 잠자리에 들고, 아침에 일어납니다. 당신의 눈이 흐리지 않다면, 당신은 그분의 찡그리신 얼굴을 알아볼 수 있을 것입니다. 그분은 당신에게 화가 나셨습니다. 심지어 당신이 그분에게 찬양의 노래를 부를 때에도 화를 내십니다. 당신이 생각 없는 언어들을 엄숙한 목소리로 쏟아내며 그분을 조롱하기 때문입니다. 당신이 무릎을 꿇을 때에도 그분은 당신에게 화를 내십니다. 당신이 기도하는 시늉만 하고, 마음 없이 말만 쏟아내기 때문입니다. 당신이 불신자인 한, 그분은 매 순간 당신에게 화를 내실 것입니다. "매일 분노하시는 하나님이시로다"(시 7:11).

　본문은 하나님의 진노가 머물러 있다고 말씀합니다. 현재 시제가 오래 지속되면, 그 진노는 항상 당신에게 머물러 있을 것입니다. 하지만 어쩌면 존재를 멈춤으로써 그 진노에서 벗어날 수도 있지 않을까요? 본문은 그런 생각을 배제합니다. 비록 본문이 당신에게 "영생을 보지 못하고"라고 말하지만, 그것은 하나님의 진노가 당신 위에 있다는 것을 가르쳐 줄 뿐입니다. 생명의 부재는 영혼의 소멸이 아니기 때문입니다. 영적인 생명은 오직 믿는 자에게만 있습니다. 당신에게는 지금 그 생명이 없습니다. 하지만 당신은 여전히 존재하며, 하나님의 진노가 당신 위에 머물러 있고, 앞으로도 영원히 그럴 것입니다. 당신이 영생을 보지 못하는 동안에도, 당신은 영원한 죽음 속에서 존재할 것입니다. 하나님의 진노가 존재하지 않는 사람 위에 머물 수는 없기 때문입니다. 그 진노가 지금 당신 위에 머문다는 것은 너무나 무서운 일입니다. 그 진노가 영원히 당신 위에 머문다는 것은 공포 중의 공포이며, 지옥 중의 지옥입니다.

　반드시 그렇게 되는 이유는, 당신이 당신을 치유할 유일한 것을 거부했기 때문임을 알아두십시오. 신앙 시인 조지 허버트(George Herbert)가 말했듯이, "기름이자 향유이신 분을 죽인 자를, 어떤 연고가 치료할 수 있겠습니까?" 그리스도께서 친히 당신을 살리기 위해 죽으셨거늘, 당신이 그분을 거부하고서 어떻게 구원을 얻을 수 있겠습니까? 오직 하나의 문이 있는데, 당신이 불신앙으로 그 문을 닫았다면, 어떻게 당신이 천국으로 들어가겠습니까? 오직 하나의 치유약이 있는데, 만일 당신이 그 약을 섭취하기를 거부한다면, 죽는 일밖에 무엇이 남았습니까? 오직 하나의 생명수가 있는데, 당신이 그것을 마시기를 거절합니다. 그러면 당신은 영원히 목마를 수밖에 없습니다. 당신은 자발적으로 당신을 유일하게 속량해 줄 구속자를 배척합니다. 그러면 당신이 어떻게 죄로부터 속량을 받겠습니까? 그리스도께서 다시 죽으셔야 하고, 당신을 위해 다시 한 번 제물로 바쳐져야 합니까? 오, 선생이여, 설혹 그럴지라도, 당신은 지금 그분을 배척하는 것처럼 그 때도 그분을 배척할 것입니다. 하지만 죄를 위한 더 이상의 제물은 남아 있지 않습니다. 십자가에서, 인간들을 위한 하나님의 은총은 충분히 나타났음에도, 당신은 하나님의 은혜의 최후통첩을 거절하겠습니까? 그분의 마지막 호소를 거부하겠습니까? 만일 그렇다면, 당신은 매우 위험합니다. 그리스도께서 죽은 자 가운데서 살아나셨으며, 더 이상 죽지 않으십니다. 그분은 다시 오실 터이지만, 구원을 위한 더 이상의 속죄제는 없습니다.

기억하십시오, 선생들이여. 하나님의 진노는 결코 사람의 마음을 누그러지게 하고 구원하는 효과를 만들어 내지 않습니다. 죄인이 하나님의 진노에 의해 일정 기간 고통을 받은 후에는, 회개하고, 그 진노에서 벗어날 수 있다는 주장이 제기되어 왔습니다. 하지만 우리가 목격하고 경험한 바에 의하면 하나님의 진노는 사람의 마음을 결코 부드럽게 하지 않으며, 앞으로도 영원히 그럴 것이라고 우리는 믿습니다. 하나님의 진노로 고통을 겪는 자는 계속해서 완고해질 것이며, 갈수록 그 완고함의 정도는 심해질 것입니다. 그들이 더 고통을 받을수록, 그들은 더욱 미워합니다. 그들이 더 벌을 받을수록, 그들은 더욱 죄를 짓습니다. 당신 위에 머무는 하나님의 진노는 당신에게 어떤 선한 결과를 만들어 내지 않으며, 오히려 당신은 악에서 악으로 더욱 치달을 것이며, 하나님의 임재로부터 더욱 멀어져갈 것입니다.

하나님의 진노가 불신자 위에 머무는 이유는 부분적으로 그의 다른 모든 죄가 여전히 그에게 있기 때문입니다. 믿는 자를 정죄하는 죄는 없습니다. 그리고 어떤 것으로도 믿지 않는 자를 구원할 수는 없습니다. 하나님께서는 우리가 믿는 순간에 모든 죄를 제하십니다. 하지만 우리가 믿지 않을 때에는, 튼튼한 채찍으로 우리의 죄를 벌하십니다. 가룟 유다의 죄는 마치 철필로 쓴 것처럼 기록되었으며, 다이아몬드 촉으로 새겨졌습니다. 당신의 마음이 당신의 주님이신 예수 그리스도와 반목하고 있을 때, 그 무엇도 당신을 죄에서 방면하지 못합니다.

기억하십시오. 내가 알기로, 하나님께서는 불신자들을 제외하고는 어떤 부류의 사람들에 대해서도 맹세를 하신 적이 없습니다. "하나님이 누구에게 맹세하사 그의 안식에 들어오지 못하리라 하셨느냐, 곧 믿지 아니하던(KJV, 한글개역개정은 "순종하지 아니하던"으로 되어 있음) 자들에게가 아니냐"(히 3:18). 계속된 불신앙을 하나님은 결코 용서하지 않으십니다. 그분이 그렇게 맹세하셨기 때문입니다. 그분이 맹세를 하시고서, 그 맹세를 철회하시겠습니까? 그럴 수는 없습니다. 오, 당신에게 은혜가 임하여, 당신이 불신앙을 철회하고, 복음에 마음을 열어 구원 얻을 수 있기를 바랍니다.

이제 나는 한 가지 반대 의견을 듣습니다. "당신은 어떤 사람들 위에 하나님의 진노가 머물러 있다고 우리에게 말합니다. 하지만 그들은 매우 형통합니다." 내 대답은, 저기 수소가 곧 도살되리라는 것입니다. 하지만 그것은 여전히 살이 찌고 있습니다. 오, 불경스런 사람이여, 당신의 형통은 공의의 도살을 위해 살을 찌우는 것과 같습니다. 아, 하지만 당신은 이렇게 말합니다. "그들은 매우 즐겁습니다. 그리고 용서받은 사람들 중 어떤 이들은 매우 슬픕니다." 자비는 그들이 할 수 있을 때 즐거워하도록 허용합니다. 두 사람에 대한 이야기가 있습니다. 이륜마차에 실려 런던의 사형장으로 끌려갈 때, 그들은 교수대에 도착할 때까지 웃고 마셨다고 합니다. 그것은 그들이 얼마나 나쁜 사람들이었는지를 입증할 뿐입니다. 그와 마찬가지로, 죄인이 여전히 즐거움을 누릴 수 있다면, 그것은 그의 악함을 입증할 뿐입니다.

물어보겠습니다. 내가 당신에게 전한 이 엄숙한 진리들에 관하여 당신이 어떻게 생각해야 마땅하겠습니까? 내 생각이 어떠했는지 아십니까? 나는 행복하게 잠자리에 들 수 없었습니다. 나는 내가 예수 그리스도를 믿는다는 사실에 매우 감사하였습니다. 하지만 그 엄숙한 진리들에 대한 생각이 밤에 나를 놀라게 하고, 아침에 큰 짐을 진 채로 잠을 깨었습니다. 나는 당신에게 이 말을 하러 여기에 왔습니다. 당신이 항상 불신자로 머물러 있다면, 필연적으로 하나님의 진노가 당신 위에 머물지 않겠습니까? 만일 그럴 수밖에 없다면, 나로서는 무서운 결론을 내려야 할 듯하지만, 하여간 그 문제를 직면하고 숙고하시기 바랍니다. 만일 당신이 저주를 받기로 결심한다면, 말릴 수는 없을 것입니다. 하지만 충고를 진지하게 생각해 보십시오. 오, 선생들이여, 하나님의 진노 아래 처하는 것이 가장 비참하다는 것을, 굳이 논증을 통해 확인시켜 줄 필요가 없을 것입니다. 당신은 용서받는 것이 얼마나 복된 일인지를 확인시켜 줄 어떤 논증도 바라서는 안 됩니다. 당신 자신이 직접 그것을 확인해야 합니다. 당신에게는 이성의 확신이 필요하기보다는 마음의 갱신이 필요합니다.

이상이 전체 복음을 짤막하게 요약한 것입니다. 오십시오, 그대 죄인이여. 있는 그대로의 모습으로, 구주께서 완성하신 일에 기대어 안식하십시오. 그분을 영원히 당신의 주님으로 삼으십시오. 지금 예수님을 믿으십시오. 당신의 현재 상태에서 그렇게 될 수 있습니다. 하나님의 성령이 당신의 마음에 은혜를 주시면, 당신은 이 순간 이렇게 말할 수 있습니다. "주여, 내가 믿나이다, 나의 믿음 없는 것을 도와 주소서"(막 9:24). 당신은 지금 예수님을 의지할 수 있습니다. 여기 온 사람들 중에 용서받지 못한 사람들이, 허물의 사함을 받고 죄가 가려진 자가 되어, 구원받은 영혼들의 머리 위로 오르락 내리락 하는 저 천사들을 노래하게 만들 수 있습니다. 하나님이 아시거니와, 당신의 마음에 감화를 끼칠 수 있도록 복음 전하는 법을 배울 수만 있다면, 나로서는 어떤 희생과 수고도 마다하지 않을 것입니다. 지금으로서는, 그저 당신에게 경고하는 것을 목표로 삼는 수밖에 없습니다. 내가 전하는 말이 표현상의 수사나 인간적인 능력에 그치지 않기를 바라며, 오직 산 자와 죽은 자를 심판하실 그분께 나의 메시지를 의탁합니다. 하지만 이것만은 아십시오. 만일 당신이 아들을 믿지 않는다면, 나는 신속하게 당신의 반대 증인이 될 것입니다. 하나님께서 그분의 자비를 인하여 그렇게 되지 않도록 하시기를 바랍니다. 아멘.

요 한 복 음 I

제16장 생명의 물 〈 요 4:15 **299**

16

장

—

생명의 물

—

"여자가 이르되, 주여, 그런 물을 내게 주소서."
— 요 4:15

당신은 우리 주님께서 사마리아 여인과 생수에 관해 대화하신 것을 기억할 것입니다. 그분은 그 여인이 하는 일과 상황에 맞는 은유를 사용하여 그녀의 주의를 이끌어 내려 하셨습니다. 물은 그녀의 생각에 가장 먼저 떠오르는 대상이었으며, 예수님은 그분의 은혜로운 목적을 이루기 위해 그 요소를 활용하셨습니다. 우물 곁에 앉아 계시는 그분의 진지한 표정과, 전에는 한 번도 해본 적이 없는 대화를 그분과 나누는 동안 놀라는 그녀의 얼굴을 나는 상상할 수 있습니다. 그 대화의 주제는 사람을 다시 목마르게 하지 않는 물에 관한 것이었습니다. 처음에 여인은 이런 질문들을 했습니다. 그녀의 의심은 그녀로 하여금 대꾸하고, 이의를 제기하고, 흠을 잡고, 논쟁을 하도록 만들었습니다. "주여 물 길을 그릇도 없고 이 우물은 깊은데 어디서 당신이 그 생수를 얻겠사옵나이까"(11절). 계속해서 그런 식입니다. 그녀에게서 무신론자들의 모든 모습을 보는 듯하지 않습니까? 하지만 주님과의 대화를 통해, 그녀는 질문의 단계에서 요청의 단계로 들어갑니다. 그리고 이번에는 이렇게 소리칩니다. "주여, 그런 물을 내게 주소서." 나는 그녀가 여전히 매우 무지한 상태라고 생각합니다. 그녀는 자신의 간청이 무엇인지조차 이해하지 못했습니다. 본문의 다음 말을 통해 그 점이 명백해집니다. "목마르지도 않고 또 여기 물 길으러 오지도 않게 하옵소서."

그녀는 물질적인 의미로 영적인 진술을 했습니다. 그리스도께서 생수에 관해 말씀하실 때, 곧 그녀의 마음을 적시어 줄 수 있는 그분의 은혜와 사랑에 관해 말씀하실 때, 그녀는 목을 축여 주는 물을 생각했습니다. 그녀의 눈은 매우 어두웠습니다만, 그녀의 얼굴은 올바른 쪽으로 향하게 되었습니다. 무엇보다도, 눈먼 자를 바르게 인도하실 수 있는 예수님께서 그곳에 계셨습니다. 나는 그녀에 대해 안심할 것이며, 당신도 그녀를 내버려 둬도 괜찮을 듯하며, 오히려 당신 자신에 대해 생각해야 할 것입니다.

나는 여기 있는 사람들 중 이 여인처럼 무지한 몇 사람들을 설득하여, 그녀가 그러했듯이 질문과 의심의 단계를 통과하도록 도울 수 있기를 희망합니다. 당신이 누구이며 어디에 있는지는 당신 자신이 가장 잘 알겠지요. 하지만 나는 당신이 구원의 은혜에 동참하기를 열망합니다. 당신은 어려운 문제들을 많이 제기해 왔습니다. 유익이 되지 않는 시시콜콜한 문제들과 논쟁들을 충분히 제기했습니다. 당신은, 구원의 가능성에 관한 의심들, 그리스도께서 구주이신지 아닌지에 관한 질문들을 끊임없이 제기하는 것에서 아무 유익도 얻지 못한다고 느낍니다. 그래서 당신은 회의적인 단계에서 벗어나 다른 방향의 길로 들어섰습니다. 당신은 지금 희망의 지점에 도달했는데, 그 지점은 우리가 가는 길의 종착역이 아니라 첫 번째나 두 번째 역에 해당합니다. 나는 당신이 여기까지 온 것을 기뻐합니다. 은혜에 대해 당신은 이렇게 말하고 있습니다. "오 내가 은혜를 받을 수만 있다면!" 당신은 주 예수 그리스도께서 말씀하신 용서와 평화와 영생을 모두 믿으며, 또한 그것을 얻기를 바라고 있습니다. 당신은 물에 빠진 사람이 구명줄을 붙잡으려는 듯이, 당신의 손을 뻗고 있습니다. 당신의 갈망은 깨어 있으며, 당신의 생각은 더 이상 잠들어 있지 않습니다. 당신은 무관심과 완고함을 깨뜨리고 일어났으며, 이제는 예수 그리스도에 의한 구원을 얻기를 간절히 바라고 있습니다.

오늘 저녁에 내가 말하고 싶은 대상은 바로 당신입니다. 먼저, 이 본문에서 말하고 있는 물에 대해 설명함으로써 당신의 갈망을 더욱 일깨우려고 애쓸 것입니다. 둘째로, 당신이 이 물을 얻을 가능성에 대해 말함으로써 당신의 마음을 확신시키기 위해 애쓸 것입니다. 마지막으로, 당신이 이 예배당을 떠나기 전에 이 기도를 하늘에 올리도록 당신을 권고할 것입니다. "주여, 이 물을 내게 주소서. 이 물을 오늘 밤 내게 주소서."

1. 이 물은 어떤 물인가?

먼저, 이 본문에서 말하는 물에 대해 설명함으로써 당신의 갈망을 더욱 일깨울 수 있기를 바랍니다.

물은 자연 세계에서 중요한 요소입니다. 영적인 세계를 설명할 때에, 자연 세계에서 취한 유추(類推)들을 활용해야 할 때가 있습니다. 그런 차원에서, 정신적이고 영적인 세계에서의 하나님의 은혜는 자연 세계에서의 물과 똑같습니다. 당신은 인간으로서 물이 필요합니다. 당신에게 물이 있어야 합니다. 어떤 경우에 물은 아주 절박한 필수품이 됩니다. 당신은 물을 마셔야 하며, 그렇지 않으면 죽습니다. 당신은 인간으로서 은혜가 필요합니다. 당신의 몸을 위해서가 아니라 당신의 영혼을 위해서이지요. 그리고 그 필요성은 절박한 것으로서, 당신에게는 은혜가 있어야 합니다. 그렇지 않으면 당신의 영혼은 먼저 이 세상에서 고통을 겪을 것이며, 또한 죽을 때는 쓰라린 회한의 아픔이 영혼을 사로잡을 것이며, 또한 그 이후에는 영원한 갈증 곧 결코 채워지지 않는 갈증이 둘째 사망의 때에 당신에게 임할 것입니다.

하나님의 은혜는, 적어도 여덟 가지의 감각에서 물과 같습니다. 하지만 당신을 놀라게 하고 싶지 않습니다. 당신을 지치게 하고 싶지 않습니다. 나는 당신의 영혼을 얻기를 간절히 바라며, 지치게 만드는 것은 내 목적에 부합하지 않습니다. 나는 단지 여덟 가지의 유사점들을 짧게 언급할 것이며, 각각의 항목을 신속하게 지나가도록 할 것입니다.

첫째로, 물은 갈증을 해소하며, 하나님의 은혜도 그러합니다. 물을 마시는 사람은 목마르지 않으며, 그의 육체적인 갈증이 해소됩니다. 마음에 하나님의 은혜를 받는 사람은, 그의 본성이 결핍된 것을 얻는 것이며, 그의 고통스런 갈증이 해소됩니다. 인간은 본래 너무나 어리석어서 그의 본성이 필요로 하는 것이 무엇인지를 알지 못합니다. 하지만 무언가 결핍되었음을 느끼기는 하지요. 각성한 사람들은 그들 자신에 대해 이런 식으로 말합니다. "나는 나에게 무엇이 결핍되었는지는 모르지만, 결핍된 것을 알고 있습니다. 세상이 내게 줄 수 없으며, 나 자신에게서 찾을 수도 없고, 내 동료 인간이 내게 줄 수 없는 무언가를 나는 결핍하고 있습니다. 나는 무언가를 간절히 필요로 하고 있습니다. 오 나의 하나님, 그것이 무엇입니까? 그것이 무엇인지 제게 말해주소서!" 친구여, 만일 당신이 이런 상태에 있다면, 우리 주 예수 그리스도의 복음은 바로 당신의 것입니다. 복음 안에서 주님은 당신에게 결핍된 것이 무엇인지를 알려주실 뿐 아니라, 그것을 당신에게 주실 것이기 때문입니다. 그분은 당신에게 그분의 사랑이 필요하다고 말씀하십니다. 만일 그분의 은혜가 당신의 마음에 부어지면, 당신의 죄는 용서받고, 당신은 그분의 자녀가 되며, 그리스도 예수를 통하여 하나님께 용납될 것입니다. 그리고 당신의 영혼은 이렇게 말할 것입니다. "이제 나는 내게 결핍된 것을 얻었습니다. 이제 내게 부족함이 없습니다. 나는 잠잠히 앉아서 '내 갈망을 채우셨으니 하나님을 찬송합니다'라고 말할 수 있습니다. 세상이 결코 채울 수 없었던 빈 공간이 이제는 넘치도록 채워졌습니다. 내 영혼이 갈망하면서도, 정작 그것이 무엇인지 알지 못했던 것을 이제는 얻었습니다. 나는 이제 온전히 만족하여 앉아 있을 수 있습니다!" 사람이 "나는 만족합니다!"라고 말할 수 있다는 것은 멋진 일이며, 그리스도의 참된 신자들은 그렇게 말할 수 있습니다. "좋은 것으로 네 소원을 만족하게 하사 네 청춘을 독수리 같이 새롭게 하시는도다"(시 103:5). 예수를 믿는 자들은 '만족의 진주'를 그 가슴에 품고 있습니다. 예수님은 초조한 마음을 없애주시고, 참 평안을 우리에게 주십니다. 예수님은 마음에 꼭 맞는 문이시기에, 그분이 우리 가까이 오실 때 그분은 세상의 추위와 더위를 차단해 주시며, 우리에게 달콤한 만족을 주십니다. 오, 무언가를 추구하며 달려가는 야심가여, 당신은 무엇이 당신의 불멸의 영혼을 만족하게 할 수 있는지를 알지도 못합니다. 십자가로 방향을 돌리십시오. 십자가 아래에서 영혼을 만족하게 하는 성스러운 샘이 솟아나기 때문입니다. 그곳에 몸을 굽혀 마시기만 한다면, 채워질 줄 모르는 당신의 야망이 끝날 것이며, 더 이상 부족함이 없을 것입니다. 마음과 지성과 양심의 가장 깊은 곳의 갈망이 예수님의 상처에서 솟아나는 샘물에서 채워질 것입니다. 믿음은 은잔입니다. 그 잔으로 넘치는 샘물을 떠서 마시십시오. 오 거룩하신 성령님, 내 목마른 형제들의 입술에 그 잔을 허락하소서!

둘째로, 물은 또한 생명을 보존합니다. 물이 없는 광야에서는 입술이 갈라집니다. 피부는 건조해집니다. 혀는 횃불과도 같고, 입은 화덕과도 같습니다. 지친 여행자들은 물을 마셔야 하며, 그렇지 않으면 죽습니다. 오, 그곳에서의 한 모금의 물을 위하여! 그곳에서는 한 다발의 다이아몬드로도 한 병의 물을 살 수가 없습니다! 생명을 살리는 한 모금의 물을 값으로 칠 수가 없습니다. 저기 멀리에는 소금의 바다가 보일 뿐입니다.

"물, 물이 사방에 있건만
마실 물은 한 방울도 없다네."

난파당한 뱃사람들은 사방에 바닷물이 넘쳐나더라도, 마실 만한 신선하고 깨끗한 몇 방울의 물이 없으면 곧 죽게 된다는 것을 압니다. 오, 하늘이 긍휼히 여겨서 물방울을 내려주시길! 혹은 누군가 친절하게 외쳐서 저 난파당한 자들을 찾게 해 주시길! 하나님의 은혜가 사람의 영혼에 미치는 영향이 그와 같습니다. 온 세상 어디에서도, 하나님의 은혜가 아니고서는 영혼을 구할 수 있는 것이 아무것도 없습니다. 당신의 선행이 당신을 구원하지 못하는 것은, 바닷물이 목마른 선원들에게 마실 물을 주지 못하는 것과 같습니다. 여러 종교 의식들이 더 이상 당신의 마음을 평화로 채우지 못하고 생명을 주지도 않는 것은, 광야의 뜨거운 모래가 지친 여행자들의 갈증을 해소하지 못하는 것과 같습니다. 하나님께서는, 지팡이로 맞은 저 반석(the Rock)에서 흘러나오는 영원한 생수의 강으로 당신을 인도하실 것입니다. 당신은 예수 그리스도를 통하여 은혜를 얻어야 합니다. 그렇지 않으면 당신에게는 소망이 없으며, 한밤의 절망이 영원한 당신의 운명이 될 것입니다. 거기에서는 잃어버린 영혼들이 끝없는 죽음 속에서 죽을 수 없는 그들의 목숨을 한탄하며 울부짖습니다. 오, 영혼이여, 당신이 하나님의 은혜를 얻는다면, 당신은 결코 죽지 않습니다! 당신은 이를 믿습니까? 하나님의 은혜가 당신의 영혼 속으로 흘러들어온다면, 당신은 영원한 생명 곧 무덤에 저항하는 불멸의 활력을 소유할 것이며, 죽음의 턱 밑에서도 노래할 수 있을 것입니다. 이 물을 마시는 자는 그리스도 안에서 영원히 살 것이기 때문입니다. "나를 믿는 자는 죽어도 살겠고, 무릇 살아서 나를 믿는 자는 영원히 죽지 아니하리니"(요 11:25-26). 그러므로 이 하나님의 은혜는, 목마름을 해소할 뿐 아니라 생명을 보존합니다. 당신은 그것을 알고 있습니까? 친구여, 당신은 아직 이 말에 수긍하지 않고, 한두 가지 궁리로 이 상황을 모면하려 합니까? 만일 당신이 이 설교를 잊어버린다면, 그것은 내 탓이 아닐 것입니다. 나는 당신이 이 설교를 기억하도록 압박하고 있으니까요.

셋째로, 물은 더러움을 씻어 줍니다. 사람이 더러워졌을 때 개울로 가서 씻는 것보다 더 좋은 것은 없습니다. 온 나라를 수없이 돌아다니는 가난한 여행자는 깨끗한 개울에서 자기 얼굴이 비치는 것을 보고, 허리를 숙여 이마를 문지르고 얼굴을 씻고 목욕을 합니다. 그리고는 훤해진 모습으로 다시 길을 갑니다. 마치 슬픔을 기쁨으로 바꾸고, 회한의 눈물을 즐거움의 기름으로 바꾼 듯이 말입니다. 우리 모두가 본성상 그러하듯이, 죄인이 아무리 더러워졌다 하더라도, 영원한 은혜의 강에 자신을 담그고 씻기만 하면, 그는 깨끗해질 것입니다. 이 흐르는 물은 다른 무엇으로도 지울 수 없는 오물을 지울 수 있습니다. 우리의 죄는 진홍빛 염료와도 같아서, 깨끗이 씻겨지기 전에는 대서양조차도 붉게 물들일 것입니다. 하지만 이 생명의 물은 그것을 제거할 수 있고, 어떤 정욕과 훼방의 얼룩도 깨끗이 씻어낼 수 있습니다. 그것은 거짓과 살인의 오물도 제거합니다. 십자가에 와서 예수님께 의지하는 사람의 모든 종류의 죄가 용서됩니다. 저 위대한 구속자를 믿는 자는 누구든지, 그가 범한 모든 범죄가 완벽히 용서되었음을 발견할 것입니다. 오, 그것을 시험해 보십시오. 여기 있는 사람 중 가장 검고 검은 죄인일지라도 그렇게 해 보십시오! 가장 크게 죄를 지은 당신도, 당신의 죄 많은 영혼을 이 샘에 담그십시오. 그리고 거기에 잠겼던 당신의 영혼이 다시 일어날 때, 마치 어린아이의 깨끗이 씻은 몸처럼, 아무런 오점도 없이 얼마나 깨끗하고 순결해졌는지를 보십시오. 당신의 더러움을 제거하는 이 은혜의 시냇물은 십자가에서 흘러나옵니다. 거기서 예수님께서 우리의 죄에 해당하는 진노를 우리를 대신하여 감당하셨습니다.

"골고다 기적의 자취를 따라가니,
정의가 은혜 안에서 확대되도다.
거기서 흐르는 진홍빛 시냇물
그 물에 내 죄가 씻겨졌도다."

친구여, 당신은 믿음으로 이렇게 할 수 있습니까? 용서를 위해 하나님의 사랑의 아들의 피를 의지하겠습니까?

넷째로, 물은 또한 빈번하게, 부드럽게 하는 작용으로 잘 알려져 있습니다. 물 속에 담가두면, 곧 딱딱함이 풀어지고 부드럽고 유연하게 되는 것들이 더러 있습니다. 하나님의 이 은혜의 물에도 부드럽게 해주는 놀라운 힘이 있습니다. 단단한 맷돌, 아니 맷돌보다 단단한 강철이라 할지라도, 이 샘에 한 번 잠기면 녹아 버리고 맙니다. 가장 완고한 마음도 그리스도 예수 안에서 나타난 하나님의 사랑의 능력 앞에서 굴복하고 맙니다. 나는 여러분 중 한 사람이 이렇게 외치는 소리를 듣습니다. "그것은 내게 좋은 소식입니다. 나는 그리스도께서 저를 용서하실 수 있는 것을 압니다. 하지만 나는 내 죄의 심각성을 제대로 느끼지 못합니다. 나는 너무나 목이 곧은 죄인이고, 너무나 완고하며, 너무나 고집스러워서, 제가 원하는 만큼 저의 필요를 깊이 느끼지 못하고 있습니다." 영혼이여, 하나님의 은혜가 당신의 마음속으로 흘러든다면, 그 은혜가 당신의 돌 같은 마음을 단번에 속살처럼 부드럽게 변화시킬 것입니다. 하나님의 은혜가 이기지 못할 단단함은 없습니다. 설교자가 그의 청중들에게 부드러운 마음을 주지도 않았고, 또 시작할 때에 그들에게서 부드러운 마음을 발견하지도 못했지만, 그럼에도 그가 전한 복음이 놀라운 변화의 기적을 일으킨 것을 회고하는 것이 설교자에게 얼마나 복된 일인지요. 그것은 모세의 지팡이보다 더 큰 경이입니다! 왜냐하면 우리가 복음으로 딱딱한 바위를 칠 때, 회개의 샘물이 터져 나오기 때문입니다. 바위 같은 영혼이 죄를 의식하고서 저절로 녹아 버립니다. 오, 다소의 사울 같은 사람도 지금 이 샘물로 씻을 수 있습니다! 그는 더 이상 하나님의 교회의 원수가 아니라, 어떤 가난한 제자를 찾아가 무엇을 하여야 구원을 얻을 수 있는지에 대해 물을 것입니다. 그것은 마음을 녹이는 물입니다. 주께서 여기 있는 우리 모두에게, 여전히 마음이 굳어 있는 모든 자에게, 그 물을 주시길 바랍니다. 나 역시 그 물에 새롭게 목욕하고 싶은 마음이 간절하지만, 당신이 그 물에 씻기를 바라는 마음이 더욱 간절합니다. 친구여, 당신은 스스로 그렇게 느끼지 않습니까?

　다섯째로, 지상의 물처럼, 이 물은 불을 끄는 속성을 가지고 있습니다. 아무리 새로운 것을 발명해도, 불을 끄기에 물보다 좋은 것은 없습니다. 불이 나면 급히 소방차가 달려가서 물을 뿌려대는 것보다 더 좋은 방법이 무엇이 있습니까? 하지만 인간의 마음속에서 타는 불도 있습니다. 깊은 화산 불 같은 것이 지옥의 심연으로부터 옮겨 붙습니다. 그 불꽃은 인간의 내면에서 격렬하게 타오릅니다. 조만간 죄의 용암이 분출하여 흐르고 그의 전 생애를 덮어 버릴 것입니다. 그것은 마치 불이 나무 그루터기를 삼켜 버리듯 그의 목숨을 삼켜 버릴 것입니다. 그러나 하나님의 은혜가 임할 때, 그 불이 얼마나 빨리 꺼지며, 또 영원히 꺼져 버리는지요! 또한 영혼 속에 타오르는 다른 불들이 있습니다. 시기심과 악의의 불이며, 분노와 추한 욕망의 불꽃입니다. 하나님의 은혜가 임하기까지는 이 불꽃들이 얼마나 활활 타오르는지요! 시기심이나 악의나 분노와 추한 욕망 없이 살 수 있다고 말하는 것이 얼마나 많은 사람을 어리둥절하게 만드는지를 나는 알고 있습니다. 사람들은 이렇게 말합니다. "오, 나는 그런 것이 없이는 살 수 없었습니다. 나는 습관적으로 그 속에 빠졌으며, 그렇게 빠질 수밖에 없었습니다." 아! 하지만 당신은 새로운 사람이 될 것입니다. 완전히 새로운 사람이 되어서, 만일 당신의 옛 자아와 마주치게 되면, 당신은 그 천박한 것을 너무나 혐오하여서 그 불한당을 피하든지 혹은 그와 맞서 치열하게 접전을 벌일 것입니다. 당신이 사는 동안에는 당신의 옛 자아와 결코 좋은 관계 속에 살 수 없을 것입니다. 당신은 당신의 옛 자아를 미워할 것이고, 그것을 죽이는 것이 당신의 매일의 소원이 될 것입니다. 당신은 그의 손과 발에 못을 박기를 시도할 것이며, 예수님이 달리셨던 십자가에 그를 매달려고 시도할 것입니다. 당신은 그를 날마다 죽이지 않고서는 만족하지 않을 것이며, 그의 정욕과 탐욕을 억제하지 않고서는 안주할 수 없을 것입니다. 오, 하나님의 강력한 은혜는 그 죄의 불꽃들을 꺼뜨릴 수 있습니다! 오 죄인이여, 지옥의 불꽃들은 하나님의 이 은혜에 의해 꺼집니다. 나는 구원받은 영혼과 관련하여 이 말을 하는 것입니다. 이 샘에 씻은 영혼은 그 속에 하나님이 벌하실 지옥의 불꽃이 없습니다. 그분이 어찌 용서받은 죄인을 벌하실 수 있겠습니까? 그리스도 예수 안에 있는 자가 어찌 그 불꽃 속으로 던져지겠습니까?

> "어떤 정죄도 이제는 두렵지 않으니,
>   정의가 내 중보자의 머리를 치셨기 때문이라."

"누가 능히 하나님께서 택하신 자들을 고발하리요"(롬 8:33). 그리스도께서 그의 대속제물이 되신 자는 모든 지옥의 공포에서 벗어났습니다. 그는 그 두려운 심연을 내려다볼 수 있으며, 그곳의 어떤 불타는 역청도 그를 태우지 못한다고 느낍니다. 누구라도 죽게 마련이지만, 그리스도 안에 있는 자는 결코 죽을 수 없습니다. 친구여, 당신의 영혼 속에 있는 불꽃들이 이 영광스러운 적대자를 만났습니까? 은혜의 소방차들이 당신의 영혼에 몰려들고 있습니까? 양심이 그에 반응하게 하고, 양심이 그 소리에 귀를 기울이게 하십시오.

여섯 번째의 특성은 일반적인 물에는 발견되지 않는 것으로서, 그것이 샘

을 만드는 물(spring-creating water)이라는 것입니다. 이 생명의 물이 떨어지는 곳
에서, 그것은 새로운 샘을 만들어 내며, 그 샘은 곧바로 생명수를 솟구치며 흐
르기 시작합니다. 곧 하나님의 은혜가 인간의 마음속에 임하게 되면, 그것이 불
멸의 원천이 된다는 의미입니다. 구주께서 말씀하십니다. "그 배에서 생수의
강이 흘러나오리라"(요 7:38). "내가 주는 물은 그 속에서 영생하도록 솟아나는
샘물이 되리라"(요 4:14). 연못과 흐르는 샘 사이에는 얼마나 큰 차이가 있는지
요! 자주 알프스 산을 지나가는 한 사람이, 매우 지치고 목마르게 되었을 때, 흐
르는 샘 곁에 앉아 얼굴과 발을 씻거나 목욕을 하는 것은 아주 달콤한 휴식입니
다. 아마 당신도 발이 피곤할 때까지 걸어 보았을 것이며, 또 앉아서 발을 씻어
본 경험이 있겠지요. 만일 물이 고여 있는 연못을 발견하고서, 바닥을 휘저어
보면, 물은 금방 더러워질 것입니다. 하지만 흐르는 샘을 만날 때는 그렇지 않
습니다. 당신은 앉아서 씻을 수 있고, 씻고 또 반복해서 씻을 수 있습니다. 설혹
그 바닥의 모래를 휘젓는다 해도, 흙은 곧 씻겨져 내려가며, 물은 항상 깨끗합
니다. 왜냐하면 신선한 물이 계속해서 솟아나오기 때문입니다. 성도 안에 있는
하나님의 은혜도 마찬가지입니다. 그것은 결코 더러워지지 않습니다. 흐리거
나 죽은 물이 되지 않습니다. 우리가 날마다 발을 씻는다 해도 오염되지 않습니
다. 그것은 생명의 샘이기 때문이며, 날마다 "신선한 샘"이 그곳에서 솟아나기
때문입니다. 당신 속에 그 샘이 없다면, 그리스도인의 역할을 하기란 매우 힘듭
니다. 사람이 생명력도 없이 해마다 신앙을 고백하는 일은, 노예의 일이나 다름
이 없습니다. 당신은 내가 단지 존경을 얻으려는 의도로, 예배 때마다 여기로
찾아와서 앉아 있는 것이 가능하리라 생각합니까? 전혀 그렇지 않았습니다만,
혹 그렇게 되느니 차라리 노예가 되는 편이 낫겠습니다! 신앙에서조차 마치 폭
군 아래 있는 농노처럼 되는 사람은 비참한 사람입니다. 하나님의 집에 오기를
흠모하기 때문에 이곳에 오고, 노래하지 않을 수 없기 때문에 노래하고, "유유
상종(類類相從)"이기 때문에 하나님의 백성들과 함께 거하며 그들과 연합하는
것, 이런 요소들이 실제적이고 진지한 차원에서 당신의 신앙생활에 있어야 합
니다. 자기 영혼에 경건의 샘이 없는 사람은 종교의 속박 아래 있는 것이며, 탁
자 아래의 부스러기조차 그의 몫으로 돌아올 것이 없는 개와 같은 삶을 영위
하는 셈입니다. 형제들이여, 이 점을 기억하십시오. 이 샘이 없다면, 말씀을 전
하는 것은 그것이 없이 말씀을 듣는 것보다 더욱 힘겨운 것입니다. 당신에게 이

샘이 없다면, 당신은 설교 주제를 찾기 위해 죽은 자의 서적들을 뒤적일 수도 있고, 또 죽은 자의 서점들을 찾아 나설 수는 있겠지만, 당신은 곧 시들어 버리고 말 것입니다. 하지만 성령 하나님께서 당신 안에서 샘이 되시면, 당신은 고귀한 진리로 가득 채워질 것이며, 하나님이 말씀하시는 한 쏟아낼 말들이 많을 것입니다. 이 생명의 물이 그리스도인 안에서 샘이 되는 것이 얼마나 복된 일인지요! 형식으로 고여 있는 연못처럼 되어 위선의 악취만 뿜어내는 것은 얼마나 저주스런 일인지요! 친구여, 당신은 어디에 있습니까? 당신에게 재차 물어보아야겠습니다. 하나님 앞에서 당신은 이 문제와 관련하여 어떤 상태에 있습니까?

일곱 번째로, 그것은 과실을 맺게 하는 물입니다. 비가 내리지 않는다면, 나무에 과실이 어떻게 있겠고, 목초지에 어찌 풀이 있으며, 들판에 어찌 곡식이 있을 수 있겠습니까? 물이 없으면 모든 것이 메마를 것입니다. 또한 적당량의 물이 공급되지 않으면, 물이 있다 한들 얼마나 빈약한 열매가 되어버리고 마는지요! 유월에 지방에 간 적이 있습니다. 그곳에 큰 소나기가 내렸고, 그 비가 무슨 유익이 있을지 생각하지 않을 수 없었습니다. 밀 알갱이는 살이 차오르고 있었으며, 비가 내리자 곡식이 충실해졌습니다. 물론 그 비가 없었어도 밀은 밀이었겠지만, 하지만 가뭄이 끝나면서 밀 알갱이는 더욱 충실해질 수 있었습니다. 형제들이여, 우리 역시 적은 은혜로는 적은 열매를 맺을 수밖에 없습니다. 하지만 우리가 더 많은 은혜를 얻는다면, 열매가 얼마나 풍성해지겠습니까! 우리의 열매가 얼마나 더 많아지고, 얼마나 더 알차겠습니까! 우리가 이 열매를 맺게 하는 물을 더 많이 얻을 수 있다면, 하나님께 대한 우리의 섬김이 얼마나 더 나아지고 온전해지겠습니까! 당신은 하나님의 은혜가 없이는 그분을 섬길 수 없습니다. 그분이 먼저 당신에게 은혜의 비를 내리시지 않으면, 계속해서 은혜 위에 은혜를 주시지 않으면, 당신은 그분에게 참된 찬양을 드릴 수 없고, 참된 기도도 할 수 없으며, 참된 예배라든지, 그분이 받으실 만한 그 어떤 것도 할 수가 없습니다. "그들의 열매로 그들을 알리라"(마 7:20). 친구여, 당신은 어떤 열매를 맺었습니까? 오, 은혜가 저 말라버린 무화과나무를 과실 맺는 좋은 나무로 바꾸어주시길!

마지막 요점은, 그것이 하늘로 올라가는 물이라는 것입니다. 정수역학(靜水力學, hydrostatics)의 규칙에 따르면, 물은 그 원래의 높이만큼 올라간다고 합니다. 얼마 전에 내가 그런 것을 경험했다고 생각합니다. 나는 도로가 조금 막힌 곳을 지나고 있었습니다. 물을 한 곳에서 다른 곳으로 운반하기 위한 커다란 분수(噴水) 배관 꼭지가 도로를 점유하고 있었고, 그곳에서 물이 뿜어져 나와 통행자들에게 물을 튀기고 있었으며, 도로가 엉망이 되었습니다. 그들이 도로 아래로 물줄기를 흐르게 하고 다시 위로는 관을 손쉽게 연결할 수도 있었을 것입니다. 하지만 내 생각에, 아마 그 분수 꼭지가 만들어졌을 때에는 물이 그 원천만큼 높이 올라간다는 것이 알려지지 않았던 것 같습니다. 자, 하나님의 은혜도 역시 그 원천만큼 높이 올라갑니다. 만일 당신과 내가 우리에게서 시작되는 은혜를 가졌다면, 그 은혜는 우리 자신 이상으로 올라가지 않습니다. 당신이 세례를 받았을 때, 성직자가 당신에게 은혜를 주었다고 한다면, 그 은혜는 결코 그 성직자 이상으로 올라가지 못합니다. 하지만 당신이 하나님의 은혜 곧 하늘에서 내려오는 참된 은혜를 받았다면, 그것은 당신을 새 예루살렘의 높이만큼 데려다 줄 것입니다. 당신이 받은 은혜가 바로 그곳에서 내려왔기 때문입니다. 저기 하나님 보좌 높은 곳에 참된 은혜의 영원한 샘이 있습니다. 거룩한 주권자의 발 아래에 한 샘이 있어, 수정같이 맑고, 아무 오염도 없는 순수한 물이 십자가의 길을 통해 지상으로 흘러내립니다. 그리고 그 은혜의 물은 그 원천으로까지 높이 올라갈 것입니다. 보좌 있는 곳까지 다시 올라가고, 그 물이 내려온 원래의 높이만큼 회귀하며, 당신을 그 물에 띄워서 그곳까지 데리고 갈 것입니다. 만일 하나님의 은혜로, 당신이 예수님의 십자가의 사랑의 물결에 휩쓸린다면, 당신은 그 물결의 원천인 하나님 계신 곳으로 올라가게 될 것입니다. 하나님께로부터 내려온 그 은혜를 당신이 맛보고 느꼈으며, 또한 그 은혜에 흠뻑 젖어들었기에, 그 은혜의 원천인 곳에서 하나님이 주시는 분깃을 영원히 누리게 될 것입니다. 강물이 바다로 흘러드는 것은 원래 그것이 바다에서 왔기 때문입니다. 태양이 바다에 입을 맞추고, 바다의 물을 구름 속으로 높이 올라가게 하는 것은, 비가 되어 다시 내려오게 하려 함이 아닙니까? 그와 마찬가지로, 우리 속에 있는 모든 은혜의 강물들은 바다로 흘러들 것입니다. 그 은혜가 왔던 곳으로, 깊이와 넓이가 한이 없는 영원한 사랑의 바다로 흘러들 것입니다. 왜냐하면 바로 그곳이 우리가 얻는 모든 은혜들의 영원한 원천이기 때문입니다. 고통의 구름들이 예수님의 가슴에서 떠올라, 은혜의 소낙비가 되어 다시 땅으로 되돌아와 가련한 죄인들 위에 쏟아집니다. 친구여, 당신의 영혼은 이런 것을 알고 있습니까?

지금까지, 예수 그리스도 안에서 나타난 하나님의 은혜에 대해 말했습니다. 나는 여기에 있는 누군가가 이렇게 말할 수 있기를 바랄 뿐입니다. "그 물로 씻기어지기를 바랍니다! 그 물로 내 갈증이 해소되기를 원합니다! 내 영혼에 그 은혜의 물이 넘쳐나기를 갈망합니다! 그 은혜를 힘입어 하늘에까지 올라갈 수 있기를 바랍니다!" 오! 그렇다면 영혼이여, 당신이 그 갈망을 갖게 된 것이 나는 기쁩니다. 그 갈망을 기도로 바꾸십시오. 그리고 본문의 말씀이 당신의 기도가 되게 하십시오. "그런 물을 내게 주소서."

2. 이 물을 얻을 가능성

이제, 정말로 매우 간략하게, 두 번째 요점을 살펴보도록 하겠습니다. 이는 당신의 마음을 격려하기 위한 것으로서, 당신이 이 생수를 얻을 가능성에 대해 몇 가지를 숙고해 보는 것입니다.

나는 당신이 진정으로 그것을 원한다고 가정하겠습니다. 만일 당신이 "주여, 그런 물을 내게 주소서"라고 말한다면, 당신은 그것을 얻게 될 것입니다. 나는 당신이 왜 그것을 얻게 될 것이라고 말하는지에 대해 설명할 것입니다. 그 이유는 첫째로, 보통의 사람이라면 이런 물을 거부하지 않을 것이라고 생각하기 때문입니다. 만일 내가 우물 곁에 서 있다면, 그리고 당신이 내게 다가와서 "내게 이 물을 주십시오"라고 말한다면, 나는 "당신이 원하는 만큼 드십시오"라고 대답할 것입니다. 누가 물을 주려 하지 않겠습니까? 물은 아주 일반적인 호의의 표시입니다. 물이 아주 귀한 것으로 여겨지는 근동 지방에서도, 구주께서는 물을 주는 것을 아주 일반적인 호의의 행동으로 언급하셨습니다. "누구든지 제자의 이름으로 이 작은 자 중 하나에게 냉수 한 그릇이라도 주는 자는 내가 진실로 너희에게 이르노니 그 사람이 결단코 상을 잃지 아니하리라"(마 10:42). 누가 물 한 컵 주는 것을 거절하겠습니까? 그러면 주목하십시오. 본문에 따르면, 구원의 은혜를 주는 것이 우리의 위대하신 구주께는 당신에게 물을 주는 것과 다를 바가 없습니다! 은혜는 당신에게 너무나 값진 혜택입니다. 하지만 예수님께서는 기쁨으로 그 혜택을 주십니다. 당신이 물을 주면, 그만큼 남은 물은 줄어들 겠지요. 하지만 그리스도께서는 은혜를 주신다고 해도, 남은 은혜가 조금도 줄어들지 않습니다. 그분의 인격 속에는 여전히 줄어들지 않는 은혜의 충만함이 있습니다. 태양이 언제나 빛을 발하면서도 밝게 빛나듯이, 대양이 구름에게 수

분을 증발시켜 주어도 여전히 물이 가득하듯이, 예수님께서도 용서의 은혜와 구원의 능력을 항상 베풀어 주시고도 언제나 충만하십니다. 예수 그리스도께서 당신과 나에게 충분한 은혜를 관대하게 주시는 것은, 그분에게 은혜의 물이 충만하시기 때문입니다. 가련하고 곤핍한 영혼들에게 복을 주시는 일이 예수님께는 전혀 수고로운 일이 아니며, 그분에게 전혀 손실도 아니며, 그분에게 어떤 무거운 부담을 지우는 일도 아닙니다. 오래 전에 그분은 모든 수고와 대가를 치르셨습니다. 그리고 이제는 죄인을 구원하는 일이 그분의 보상이며, 그 일에서 그분은 자기 영혼의 수고한 것을 보시고 만족히 여기시는 것입니다(사 53:11). 만일 여기서 하나님의 은혜를 금으로 비유했다 하더라도, 그 비유는 은혜의 가치를 표현하기에 아주 적절했을 것입니다. 물론 당신은 이렇게 말했겠지요. "누가 금을 준단 말입니까?" 하지만 여기서 은혜는 사람이 넉넉하게 인심을 쓰는 물로 비유되었으며, 이 비유로써 우리 주 예수님께서 그분에게 그것을 구하는 자에게 결코 거절하지 않으신다는 것을 보이셨습니다. 그렇다면, 보통 사람이 물을 인심 좋게 주고, 또 그리스도께서 그분의 은혜를 물에 비유하셨다면, 당신이 "저에게 이 물을 주소서"라고 요청할 때 그분이 당신을 거절하시겠습니까? 친구여, 불신앙으로 주 예수님을 인색하고 불친절하신 분으로 여기지 마십시오. 믿음으로 그분에게 그 생수를 요청하십시오. 그러면 그 물을 주실 것입니다.

또한, 만일 당신이 어떤 사람들에게는 물을 주기를 거절한다고 해도, 목마른 사람에게는 거절하지 않을 것이라고 나는 믿습니다. 만일 당신이 숨을 헐떡이는 사람을 본다면, 뜨거운 열기가 그 얼굴에 내리쬐어서 말조차 하기가 힘들고, 겨우 숨을 가쁘게 몰아쉴 정도의 힘만 남아 있는 사람을 본다면, 그리고 그 사람이 "선생님, 물 한 컵 주신다면 진심으로 감사하고 축복하겠습니다"라고 말한다면, 당신은 곧바로 달려가서 시원한 냉수를 떠올 것입니다. 그리고 그가 물을 마시는 모습을 보면서 큰 기쁨을 얻을 것입니다. 그렇지 않습니까? 나는 당신이 그럴 것이라고 확신합니다. 자, 만일 당신이 목마른 영혼이라면, 그리스도께서 당신에게 생명의 물을 주실 것이라고 나는 확신합니다. 그분은 요청하는 누구에게든 주실 것이며, 누구도 거절하지 않으실 것입니다. 하지만 목마른 당신에게는 그분이 신속히 그것을 주실 것이며, 두 번이라도 주실 듯합니다. 그분은 당신을 목마른 채 보내지 않으실 것입니다. 그분이 친히 이렇게 약속하셨기 때문입니다. "가련하고 가난한 자가 물을 구하되 물이 없어서 갈증으로 그들의 혀가 마를 때에 나 여호와가 그들에게 응답하겠고 나 이스라엘의 하나님이 그들을 버리지 아니할 것이라. 내가 헐벗은 산에 강을 내며 골짜기 가운데 샘이 나게 하며 광야가 못이 되게 하며 마른 땅이 샘 근원이 되게 할 것이라"(사 41:17-18). 한 사람이 이렇게 말합니다. "오, 내가 구원받기를 얼마나 바라는지요! 내가 그리스도를 얻기를 얼마나 갈망하는지요!" 그러면 당신은 그분을 얻게 될 것입니다. 예수 그리스도는 결코 목마른 죄인을 거부하지 않으셨으며, 가난한 자에게 그분의 양식을 주기를 결코 거절하지 않으셨으며, 헐벗은 자에게 옷을, 병든 자에게 치료약을 주기를 결코 거절하지 않으셨습니다. 그분은 그런 자들에게 복을 주시려고 오셨습니다. 단지 "주여, 이 물을 제게 주소서"라고 기도한다면, 당신이 이 모든 복을 얻을 수 있을 듯합니다. 아니, 틀림없이 그렇게 될 것입니다.

또다른 이유가 당신에게 위로를 줍니다. 그것은 그 은혜가 **풍성하게** 있다는 것입니다. 사도 요한은 그가 "생명수의 강"을 보았다고 말합니다(계 22:1). 깊고도 넓게 흐르는 강에서 물을 긷는 것을 두려워할 필요가 없습니다. 누가 갈증 때문에 템스 강이 고갈될 것을 염려하고, 다뉴브 강이 메마를 것을 두려워합니까? 게다가, 존 번연이 우리에게 상기시켜 주듯이, 강물은 누가 마시더라도 공짜입니다. 강물의 원천은 은밀합니다. 많은 강들이 공원이나 개인의 영지에서 발원합니다. 하지만 그 강 자체는 공적입니다. 물이 상당한 시내가 되어 흐르면서, 그 물은 공적인 수로(水路)가 되기도 하고, 보편적인 물의 공급원이 됩니다. 강물은 자유로이 흐르고 싶은 길을 따라 흐릅니다. 강들은 일종의 주권을 소유하고 있으며, 그 물길을 좁은 선 안에서만 흐르도록 하거나, 기하학의 엄격한 법칙으로 통제할 수 없습니다. 강들은 그들 자신의 원하는 길을 따라 흐릅니다. 만일 강이 어느 마을 곁을 지나가고 다른 마을은 비켜가기로 결정한다면, 강은 그 자신의 길을 따라 흐를 것이며, 누가 그 흐름을 막고자 시도하겠습니까? 하지만 흐르는 길과 방향은 강물의 주권이지만, 그것은 공공의 유익을 위해 자유로이 쓸 수 있습니다. 가축도 와서 마실 수 있으며, 심지어 불쌍한 개가 물을 마시기 위해 얼마든지 강가에 올 수 있습니다. 만일 삼복의 더운 날씨에 개가 물을 핥아 혀의 열기를 식히려 한다면, 누가 안 된다고 금지하겠습니까? 가련한 죄인이여, 당신은 하나님의 은혜가 값없이 당신에게 제공되는 것을 볼 것입니다. 그 은혜는 얼마든지 있기 때문입니다. 그 은혜는 강둑에까지 차올라 있습니다. 아니, 강둑 위로 넘치고 있습니다. 은혜의 물은 범람하고 있습니다. 크게 범람하기 때문에, 모든 사람이 와서 마신다고 해도 부족할 가능성은 결코 없습니다. 천천만만의 사람들이 한꺼번에 온다고 해도, 각 사람의 필요를 채워줄 충분한 은혜가 예수님 안에 있음을 발견할 것입니다. 하나님은 그리스도 예수 안에서 그들의 모든 필요를 공급하실 수 있습니다. 하나님의 은혜는 그 선택에 있어서 주권적이며, 또한 그 길에 있어서 선택적이지만, 그 충만한 은혜를 갈망하는 모든 목마른 영혼에게 값없이 주어집니다.

또한, 나는 또다른 생각에 의해서도 위로를 받습니다. 즉, 이 강은 목마른 자들을 위해 흐른다는 것입니다. 자비란, 죄와 불행 때문에 자비를 필요로 하는 사람들을 위해 있는 것이라고 나는 확신합니다. 죄인들을 위해서가 아니라면, 그리스도께서 무엇을 위해 속죄의 제물로 죽으셨겠습니까? 건강하여 의사도 약도 필요 없는 사람들을 위해 그 사랑의 의사가 하늘로부터 내려오셨을 가능성은 없습니다. 스스로의 수확물이 있는 사람들을 위해 그분이 하늘의 커다란 곡물창고를 개방하셨을 것 같지는 않습니다. 우리의 요셉은 배고픔으로 멸망할 사람들을 위해 곡식을 저장해 두셨음이 틀림없습니다. 오, 그대 궁핍한 영혼이여, 오십시오. 환영합니다. 그 샘은 특별히 당신을 위해 개방되었습니다. 그 물이 흐르는 것은 바로 당신이 와서 마시도록 하기 위함입니다. 친구여, 우리의 초대가 당신에게 설득력이 없습니까? 오 성령님, 오늘 이 사람들로 당신의 능력을 갈망하게 하소서!

나는 또한 주님을 찾는 당신이 그분의 은혜를 찾을 것이라고 확신합니다. 왜냐하면 아직까지 한 사람도 거절된 적이 없기 때문입니다. 사랑하는 어느 형제가 ─ 아마 지금 여기에 참석했으리라고 믿습니다만 ─ 내게 이런 말을 한 적이 있습니다. 젊은 시절의 그의 회심은, 이름을 알지 못하는 어느 설교자가 전했던 설교 내용 중 한두 문장 덕택이었다고 했습니다. 그 형제는 그 설교자가 시골 마을의 통나무 더미 위에 서서 설교하는 것을 들었습니다. 그 형제는 그 때까지 어디에서도 복음에 귀를 기울인 적이 없었지만, 우연히 그 마을을 지나다가 그 설교를 들었습니다. 그 설교를 통해 그 형제는 자기 영혼이 진지하게 예수 그리스도를 통하여 하나님을 찾은 적이 없었음을 알았고, 마침내 얼마 후에 평화의 상태로 들어올 수 있었습니다. 여러분 모두에게 말합니다. 은혜는 누군가의 마음에 스며들 수 있고, 그리고 어느 날 위로를 줄 것입니다. 당신이 주님을 찾았음에도 그분이 당신의 소리를 듣지 않으셨다는 말은 영원토록 할 수 없을 것입니다. 내 어머니가 이런 말을 하셨을 때, 내가 얼마나 위로를 얻었는지를 나는 기억하고 있습니다. 그녀는 세상에서 많은 악한 일들에 대해 들었지만, 예수 그리스도를 통해 하나님을 진지하게 찾았던 사람이 끝내 거절되었다고 할 정도의 악한 말은 들어본 적이 없다고 했습니다. 내가 그 말을 들었을 때, 어떤 생각이 들었는지를 말하고 싶습니다. 나로서는 내가 주님을 찾았다고 확신했지만, 그때까지 어떤 위로의 응답도 얻지 못했었습니다. 하지만 나는 그런 말을 하지 않았으며, 결코 그런 말을 할 이유도 없었습니다. 왜냐하면 내가 그런 절망의 상태로 떨어지기 전에, 나는 그분을 바라보았고 빛의 비추임을 얻었기 때문입니다. 내가 그렇게 납득할 수 있었던 것 같이 당신도 그럴 수 있기를 바랍니다. "이 물을 제게 주소서"라고 말하고서 거절당한 사람은 한 사람도 없었으며, 당신이 그 첫 번째 사람이 되지는 않을 것입니다.

이 요점을 마무리하고자 합니다. 예수 그리스도께서 구원의 은혜를 주시는 것은 그분 자신에게 영광이 되며, 그러므로 그분이 거절하지 않으시리라는 것을 확신하십시오. 가련한 죄인에게 자비를 거절하시는 것이 그리스도께 영광스러운 일이 될 수 없습니다. 간절히 찾는 죄인의 얼굴을 외면하고 문을 닫으시는 것이 그분에게 유익이 될 수 없습니다. 피 흘리신 어린 양이 피 흘리는 가련한 심령들을 더 이상 불쌍히 여기시지 않는 일은 불가능합니다. 그 위대한 의사의 이름을 영광스럽게 했던 모든 일에 의해, 죄인들을 위한 그분 영혼의 모든 고통에 의해, 그분이 당신을 거절하지 않으시리라고 나는 확신합니다. 왜 그런가요? 의사가 더 많은 사람들을 고칠수록, 그의 명성은 더욱 커지기 때문입니다. 구주께서 더 많은 영혼들을 구원하실수록, 그의 명예는 더욱 높아지기 때문입니다. 예수 그리스도께서 더 많은 사람들에게 복을 주실수록, 그분을 찬미하는 소리는 더욱 높아질 것이기 때문입니다. 어린 양의 피로 씻음받은 천천만만의 죄인들이 하늘에 올라가면, "할렐루야!"를 외치는 음성이 더욱 힘찰 것이기 때문입니다. 그러므로 오십시오. 은혜를 구하는 죄인이여, 이제 나아오십시오. 겸손한 믿음으로 중보자를 신뢰하십시오. 눈에서 흐르는 눈물을 닦으십시오. 용기를 내십시오. 담대하십시오. 그분이 당신을 부르십니다. 그분의 식탁에 좌석이 있습니다. 문이 열려 있습니다. 그분의 넓은 가슴에, 당신을 위해 죽으신 그분의 품에 안기십시오. 만일 당신이 그리스도를 바란다면, 그분은 당신을 바라실 것입니다. 만일 당신이 그 잔치에 참여하기를 갈망한다면, 그분은 당신을 초대하기를 기꺼이 원하십니다. 단지 그분을 신뢰하십시오! 하나님께서 당신을 도우셔서 성령으로 그분을 의지하게 하시고, 그리하여 당신이 살 수 있게 해주시길 기도합니다.

3. 기도의 권고: "주여, 이 물을 내게 주소서."

마지막으로, 당신을 권고하고 싶습니다. 오늘 밤에, 당신이 이 예배당을 떠나기 전에, 오늘 본문의 기도를 따라 기도하도록 당신을 권고합니다.

갈망은 자루 속에 든 씨앗과 같습니다. 하지만 기도는 그 씨앗을 밭고랑에 뿌리는 것과 같습니다. 갈망은 병 속에 든 물과 같지만, 기도는 그 물을 마시는 것입니다. 이제, 나는 당신에게 이 본문의 기도를 추천합니다. "주여, 그런 물을 내게 주소서." 그리스도를 높여드림으로써 당신의 기도를 시작하십시오. 그분을 "선생님(Sir, KJV)"으로 부르지 말고 "주여(Lord)"라고 부르십시오. 그 여인은 자신의 존경심에 부합하는 최고의 호칭으로 예수님을 불렀습니다. 그녀는 아직 그분의 다른 면을 알지 못했으며, 다만 그분을 "선생님"으로 불렀습니다. 이제, 예수님을 "주님(Lord)"으로 부르십시오. 당신이 그리스도의 명예를 훼손하면 은혜를 얻지 못할 것이기 때문입니다. 그분을 죄인들을 위해 고난당하신 하나님의 독생자로 생각하십시오. 그분을 "주여"라고 부르십시오. 그렇게 부를 수 있습니까? 만일 당신이 그분의 신성을 거부한다면, 당신은 그분의 왕국에서 스스로를 격려하는 셈입니다. 그분을 구주로서 뿐 아니라 '주와 하나님'으로 시인하여야 합니다. 당신은 말합니다. "오! 나는 오래 전부터 그분을 '주여'라고 불렀습니다. 나는 그분의 신성을 알고 있습니다. 나는 그분의 영원한 능력과 신성에 대한 사상을 기뻐합니다. 나는 내가 가진 모든 것으로 그분을 높여드리고 싶습니다." 그렇다면, 당신의 출발은 좋습니다. 하지만 은혜는 당신을 그 이상으로 이끌어 갈 것입니다.

이제, 본문의 입장에서, 만일 당신이 이 기도를 올바르게 드리고자 한다면, 당신의 무가치함을 고백하십시오. 본문의 기도는 "주여 이 물을 제게 파소서"가 아니며, "주여 이 물을 제게 주소서" 입니다. 당신은 달리는 그것을 얻을 수가 없습니다. 당신의 공로로 사려는 생각을 버리십시오. 당신의 기도나, 당신의 눈물이나, 당신의 필요의 느낌을 의지하려는 생각을 버리십시오. 은혜는 주어지는 것이며, 그렇지 않고서는 당신은 결코 그것을 얻을 수 없습니다. "주여, 제게 주소서. 제게 주소서, 제게 이 물을 주소서. 오 주여, 제게 은혜를 주소서. 그렇지 않으면 제가 죽겠나이다. 당신께서 죄인 중의 괴수라도 구원할 것을 약속하셨으니, 제게 당신의 넉넉한 은혜를 주소서. 주여, 제게 그 은혜를 주소서. 저는 자랑과 결별했습니다. 저는 다른 사람과 같지 않아 감사한다고 했던 바리새인의 사고방식을 버렸습니다. 저는 빈손으로 왔습니다. 헐벗고, 가난하고, 비참한 채로 나아왔습니다. 제게 은혜를 주소서. 제게는 그것을 살 만한 것이 아무것도 없습니다. 오, 제게 주소서. 돈 없이, 값없이, 당신의 구원을 제게 주소서." 친구여, 당신의 교만이 이런 태도를 비웃습니까? 나는 당신이 지혜로울 수 있기를 위해, 그리하여 당신이 목을 숙여 은혜의 멍에를 멜 수 있기를 위해 기도합니다.

또한, 주의하여 그 기도가 개인적인 기도가 되도록 하십시오. "주여, 그것을 저에게 주소서." 이 순간에는 당신의 이웃들에 신경을 쓰지 마십시오. 당신이 구원받을 때 그들에게 관심을 기울이십시오. 당신 자신이 안전할 때 그들의 구원을 위해 애쓰십시오. 하지만 지금 이 순간은 먼저 당신 자신에게 관심을 기울여야 할 때입니다. 당신의 자녀들이오? 아아, 그들을 위해 기도하십시오. 당신의 친척들이오? 예, 그들을 고려해야지요. 하지만, 그렇기는 하지만, 지금 관심을 기울여야 할 대상은 다름 아닌 당신 자신입니다. 이 회중 전체를 생각하지 마십시오. 지금은 개인적으로 당신 자신의 영혼만을 생각하십시오. "주여, 저에게 이 물을 주소서." 나는 당신에게 말하고 있습니다, 마리아 부인. 나는 또한 당신에게 말하고 있습니다, 토머스 씨, 그리고 요한 씨. 당신 자신의 입술로 그 기도가 나오게 하십시오. 직접적으로 당신 자신에게서 분명히 나오게 하십시오. 당신이 지금 이 집에서 앉아 있건 서 있건, 조용히 이 탄원의 기도를 호흡처럼 내쉬십시오. "주여, 당신의 은혜를 주소서, 저에게 주소서."

"저를 지나치지 마소서, 오 은혜로우신 아버지여!
비록 제 마음에 죄가 많이 있을지라도,
저를 저주하실 수 있다 할지라도,
오직 당신의 은혜의 빛을 비추소서, 바로 저에게.

저를 지나치지 마소서, 오 자비로우신 구주시여!

> 저로 당신을 사랑하여 당신께 매달리게 하소서,
> 저는 당신의 은혜에 목이 마르니,
> 주께서 오실 때 저를 불러주소서, 바로 저를."

한 가지 더, 나는 당신이 이 기도를 현재 시제로 드리기를 바랍니다. "저에게 이 물을 내일 주소서"가 아니라, "오늘 밤에 그것을 제게 주소서. 주여, 내 영혼을 지금 구원하소서"라고 기도하십시오. 대부분의 사람들에게 이런 경우가 최악입니다. 그들은 구원받기를 원합니다. 하지만 그 때는 그들이 죽을 때이어야 한다는 것입니다. 당신은 평생을 마귀를 섬기다가, 마지막 순간에서야 그를 속이고 당신의 영혼을 구하고 싶어합니다! 천하고, 비참한 생각입니다! 만일 하나님이 하나님이시라면, 그분을 섬길 것이며, 또한 그분을 지금 섬겨야 할 것입니다! 우리가 죽을 때에 그분이 우리를 소유하시길 바라듯이, 우리가 사는 동안에도 주님이 우리 삶을 소유하시도록 하십시오. "이 물을 제게 주소서." 당신은 이 기도를 다가오는 수요일에 하고자 하지만, 그 생각은 아주 바보스러운 것입니다! 이 문제에 아주 관심이 많은 어떤 젊은 여인이 부흥 집회에서 이렇게 말하더군요. "예, 하지만 내일은 무도회가 있는걸요." 그 일 때문에 모든 선한 일이 연기되었습니다. 하지만 그녀는 그 무도회에서 쓰러져 죽고 말았습니다! 여기서는 그렇게 뒤로 미루는 일이 없기를 바랍니다. 이 중대한 일을 미루다가, 과거의 용서가 없는 영원 속으로 떨어지는 일이 없기를 바랍니다.

우리는 지금 그리스도를 영접할 수 있습니다. 내일은 우리가 태양을 볼 수 없을지도 모릅니다. 비록 해가 거의 지고 말았지만, 이 저녁의 해가 완전히 지기 전에 우리의 생애가 먼저 끝날 수도 있습니다. 우리는 얼마나 죽음 가까이에서 있는지요! 그러면서도 그 일을 거의 생각지도 않고 있습니다. 우리는 종종 우리의 무덤 바로 곁에 있지만, 여전히 우리는 마치 오랜 삶을 보장받은 듯이 웃고 즐기고만 있습니다! 당신은 죽음을 잊고 있습니다. 공동묘지는 시내에서 멀리 떨어져 있습니다. 하지만 영구차가 아주 규칙적으로 그곳을 왔다 갔다 하고 있음을 잊어서는 안 됩니다. 장례를 알리는 교회당의 종은 녹슬지 않았으며, "흙은 흙으로, 티끌은 티끌로, 재는 재로 돌아가리라"는 말이 여전히 우리들 귀에 친숙합니다. 곧 당신이 죽을 차례가 될 것입니다. 당신도 역시 침상에서 당신의 발을 모을 것이며, 당신의 열조의 하나님을 만날 것입니다. 하나님께서 그 때에 당신을 그분 우편에 앉게 해주시기를 바랍니다. 이 문장들이 누구에게 특별히 간직될지는 나는 거의 알지 못합니다. 하지만 나의 친구여, 당신이 이 말을 간직하기를 바랍니다. 여러분 중에 몇 사람이 검정색 옷을 입은 것을 봅니다. 당신은 지금껏 다른 사람들이 떠난 것을 슬퍼하며 무덤에 가야 했습니다. 하지만 이제는 다른 사람들이 당신 때문에 검정색 옷을 입게 될 것입니다. 지금은 당신을 알고 있는 그 자리가 더 이상 영원히 당신을 알지 못할 것입니다. 오! 인생의 덧없음으로 인하여, 창조주께 더 가까이 다가감으로 인하여, 죽음의 확실성으로 인하여, 나는 당신이 이 기도를 할 수 있기를 간절히 바랍니다. "주여, 당신의 은혜를 저에게 주소서." 그 기도를 할 수 있도록, 주께서 당신을 도우시기를 기도합니다. 아멘.

제
17
장
—

사마리아 여자와 그녀의 전도

—

"이때에 제자들이 돌아와서 예수께서 여자와 말씀하시는 것
을 이상히 여겼으나 무엇을 구하시나이까 어찌하여 그와 말
씀하시나이까 묻는 자가 없더라. 여자가 물동이를 버려 두
고 동네로 들어가서 사람들에게 이르되 내가 행한 모든 일
을 내게 말한 사람을 와서 보라. 이는 그리스도가 아니냐 하
니 그들이 동네에서 나와 예수께로 오더라." — 요 4:27-30

거룩하고 능숙한 솜씨로 우리 주님께서 한 영혼을 찾아 구원하시는 모습을 보십시
오. 우리는 대형집회를 갖지만 영혼을 구원하려는 마음은 없습니다. 이 시대의
버릇은 오직 자랑할 일만 합니다. 아무도 보지 않고, 단 한 명의 제자도 곁에 없
을 때, 몰래 살그머니 친절을 행하고 싶은 확고한 열망을 주님께서 우리 안에 주
시기를 기도합니다. 우리가 타락한 한 여자나 한 술주정뱅이를 구세주 앞에 데
려오기 위해 몇날 며칠을 투자할 정도로 한 영혼의 가치를 소중하게 여길 수 있
기를 축원합니다.

들리는 소리는 없지만 일을 계속하며 주님으로부터 받을 상을 바라보는 자
는 복이 있습니다. 한창 뜨거울 때 주 예수님은 많은 사람들이 경멸의 눈초리로
밖에는 쳐다보지 않는 여자와 말씀을 나누시는 가운데 평온과 원기를 회복하셨
습니다. 은혜로우신 구세주여, 당신께서 여자와 이야기하시는 모습에 제자들이
놀랐던 것처럼 우리는 그다지 놀라지 않습니다. 다만 우리가 정말로 크게 놀라

는 것은 당신께서 몹시 타락하고 당신을 욕되게 하며 마음을 아프게 한 우리 같은 죄인들과 이야기를 나누신다는 사실입니다. 오, 참으로 긍휼하신 구주의 마음이여!

본 장을 면밀히 읽어 보면 긍휼로써 익히신 주님의 노련한 대화 솜씨를 볼 수 있습니다. 주님은 여자와 이야기하고, 그녀의 질문에 응할 만반의 준비가 되어 있었습니다. 주님께서 나사렛에서 은둔하며 지낸 30년 세월이 결코 헛된 시간들이었다고 생각하지 마십시오. 내가 어리다면, 그리고 주님의 성령께서 나를 가르쳐 주신다면, 나는 주님의 대화 기술을 배우기 위해 30년을 기꺼이 투자할 것입니다. 그때에 성령은 주님의 완전하신 교사였습니다. 주님은 인간으로서 하늘로부터 임하는 성령의 교훈에 귀를 기울이셨고, 따라서 주님의 지혜가 자라고 사역을 감당할 자격을 갖추셨습니다. 이는 우리가 익히 아는 말씀과 같습니다. "주 여호와께서 학자들의 혀를 내게 주사 나로 곤고한 자를 말로 어떻게 도와 줄 줄을 알게 하시고 아침마다 깨우치시되 나의 귀를 깨우치사 학자들 같이 알아듣게 하시도다. 주 여호와께서 나의 귀를 여셨으므로 내가 거역하지도 아니하며 뒤로 물러가지도 아니하며"(사 50:4-5).

주님은 하나님과 개인적으로 교제하시고, 은둔 가운데 사람들을 연구하심으로써 하나님의 마음과 아울러 인간의 본성을 깨달으시고, 인간의 마음을 다루는 법을 터득하셨습니다. 구세주께서 사마리아 여자를 영원한 생명과 진리로 이끄셨을 때 사용하신 바로 그 친절과 지혜에 의해 심령들이 구원을 받는 것입니다. 짧지만 복된 몇 마디 말씀으로 주님께서 그녀에게 행하신 놀라운 능력을 나는 이렇게 밖에는 설명할 수가 없습니다.

완전한 인간이자 무한한 하나님께 우리는 사랑스럽게 경배하였습니다만, 이제는 이 영광스러운 분으로부터 잠시 관심을 돌리겠습니다. 그분의 제자들이 돌아왔습니다! 그들과 그들의 선생님께서 먹을 양식을 구하러 시내에 들어갔다가 꼭 필요한 심부름을 하고 돌아왔습니다. 그런데 보세요! 주님께서 여자와 이야기하시는 것을 알고 그들은 각자 자기 방식으로 놀라워합니다. 어떤 제자들은 말문이 막히고 그런 현상을 설명할 수가 없었습니다. 그리고 다른 제자들은 할 수만 있다면 그 상황에 끼어들어 여자에게 이렇게 말하려 했을 것입니다. "이 암여우야, 저리 가지 못해. 네가 여기서 무슨 권리로 우리 지도자와 같은 분과 이야기를 하는 거냐? 우리도 그의 신발 끈을 풀 자격이 없단 말이야. 네가 이분을 가까이하는 것은 그를 욕되게 하는 짓이야. 썩 물러가라.”

　　비록 주님이 두려워서 그런 말을 입에서 꺼내지는 못했지만 그들은 눈짓으로 그렇게 말했습니다. 이렇듯 예수님의 제자들은 관습처럼 되어 버린 그 시대의 혐오감에 젖어 있었던 것입니다.

　　첫째, 예수님께서 이야기를 나눈 사람이 여자였다는 사실은 충분히 모욕적인 일이었습니다. 사랑하는 자매들이여, 여러분은 복음에 많은 빚을 지고 있습니다. 왜냐하면 여러분의 지위가 오늘날 높아진 것은 순전히 복음의 힘으로 말미암은 것이기 때문입니다. 고대에 랍비들은 뭐라고 말했는지 아십니까? 그들은 “여자들에게 율법을 가르치느니 차라리 그 율법을 불태우는 것이 낫다”고 하였습니다. “남자는 누구나 여자와 대화를 길게 하지 말라. 아무도 길거리에서 여자와 이야기하지 말고, 심지어 자기 아내하고도 이야기하지 말라”고 하였습니다. 당시에 여자들은 심오한 종교적인 교훈을 받기에는 부적절하며, 열등한 존재들이라고 여겨졌던 것입니다.

　　자매들이여, 여러분 가운데 일부는 우리보다 더 우월하다고 생각하겠지만 우리는 그렇게 생각하지 않습니다. 다만 우리는 여러분과 평등하다고 생각하며, 그리스도 예수 안에는 남자도 없고 여자도 없다고 알고 있습니다. 예수님은 여러분의 지위를 높여 주셨으며, 남자와 대등하게 서 있도록 만들어 주셨습니다. 사도들도 처음에는 그런 끔찍한 미신에 오염되어 있었기 때문에 예수님께서 스스럼없이 한 여자와 이야기하시는 것을 보고 놀랐습니다. 게다가 예수님께서 그런 (부도덕한) 여자와 이야기하신다는 사실에 놀라워했습니다! 나는 제자들이 그 여자의 됨됨이에 대하여 잘 알았다고 생각하지는 않습니다. 하지만 타락한 사람들은 자기도 모르게 자신의 타락한 모습을 보이는데 아마도 그런 모습을 제자들이 보았을 것입니다. 타락한 사람들은 악을 행하는 가운데 자신의 자유분방함을 숨길 수가 없습니다.

　　제자들은 속으로 ‘예수님께서 이스라엘 가운데 나이 지긋하고 점잖은 부인, 곧 덕이 높은 어머니 같은 여자와 이야기하셨다면 그리 놀랄 일이 아니었을 텐데, 어쩌자고 저런 여자와 이야기를 나누시지’라고 생각했을 것입니다. 그들은 멸망해 가는 자를 구출하시고 잃은 자를 구원하시는 주님의 사명을 아직까지 이해하지 못하였던 것입니다.

　　이 가련한 여자는 불행하게도 사마리아인으로 태어났습니다. 무엇보다도 유대인들은, 감히 야곱을 자기들의 조상이라고 부르고 자신들이 정통이라고 믿는 사마리아인들을 이방인들과 이교도들처럼 미워하였습니다. 유대인들과 사마리아인들은 서로 유사한 점이 많았습니다. 여러분도 아시다시피, 서로 가까이 지내는 분파들이 일반적으로 서로 지독하게 미워하는 것은 비슷한 동류이기 때문입니다. 그들은 자기들과 거리가 먼 사람들에게는 아주 관대합니다. 왜냐하면 그 사람들은 완전히 잘못되었기 때문에 다소 용서할 여지가 있는 것입니다. 하지만 그들은 상당한 빛을 받은 사람들과는 눈을 마주치기를 몹시 싫어합니다. 이 여자는 사마리아 이교도들 중에 한 사람이었습니다. 사마리아인들은 감히 예루살렘 성전에 대항하는 성전을 세웠고, 그들도 역시 하나님의 백성이라고 주장하였습니다. 따라서 제자들은 이 여자를 보고 주춤하였으며, 예수님께서 전혀 개의치 않고 이야기하시는 것을 보고 놀랐습니다. 어떻게 이렇게 선하신 분이 그렇고 그런 여자와 어울릴 수 있는가?

이 질문에는 또다른 측면이 있습니다. 예수님께서 제자들을 택하시고 부르신 후에도 어찌 그들이 예수님께서 그 누구와 이야기한다고 놀랄 수 있단 말입니까? 분명히 그들이 다른 사람들에게 눈살을 찌푸린 것은 자신들도 거름더미에서 컸다는 사실을 망각하였기 때문입니다. 예수님께서 제자들을 부르셨을 때 그들이 어디에 있었으며, 또한 그들이 괴팍함으로 얼마나 많이 주님의 마음을 아프게 하였는지 기억하기만 했다면, 그들은 그다지 놀라지 않았을 것입니다. 주님께서 나에게 말씀해 주신 이후로 주님께서 그 누구와 이야기를 하여도 나는 조금도 놀라지 않았습니다. 주님께서 나와 눈높이에 맞추어 주신 지금, 주님께서 아주 저급하고 천한 사람과 눈높이를 맞추시는 것은 내 마음속에서 전혀 놀랄 만한 일이 되지 못합니다. 그런데 내가 보기에 어떤 형제들은 자기들도 전에 애굽에서 나그네였다는 사실을 망각하고 있으며, 그러한 징후들이 분명히 있다고 나는 생각합니다.

그들은 은혜로 말미암아 자신들이 죄 씻음을 받고 정결하게 되었으며, 은혜가 아니었다면 지금도 그들이 부정할 것이라는 사실을 망각하였습니다. 사도 바울도 "너희 중에 이와 같은 자들이 있더니"(고전 6:11)라고 하였습니다. 유감스러운 것은 구원받은 사람들이 최고로 정결하고 놀랍도록 영적인 것처럼 가장하고, 예수님께서 받아들이신 그런 사람들을 외면한다는 사실입니다. 아아, 이러한 제자들은 자기 선생님께서 보여주신 친절을 갖추지 못하였습니다! 우리의 거룩하신 주님께서는 우리 모두의 친절을 합친 것보다 더 많은 친절을 죄인들에게 베푸십니다.

제자들을 보세요! 저쪽에 요한이 있군요. 그는 마음이 부드럽지만 주님께서 여자와 대화하시는 것을 보고는 놀라는군요. 저기에 베드로가 있습니다. 그는 허물이 있지만 착하지요. 하지만 그도 주님의 모습에 놀랍니다. 저기에 생각이 깊은 도마가 있습니다. 그 또한 놀랍니다. 그들 모두 착한 사람들이지만 예수님께서 가련한 여자에게 은혜를 베푸시는 모습에 놀랍니다. 오, 베드로, 요한, 야고보, 그리고 여러분 모두 자신의 마음을 살피십시오. 성령의 빛으로 여러분의 어두운 심령을 환하게 밝히세요. 그리하면 여러분은 이와 같은 독선적인 놀람을 버리고 그 여자의 마음을 아프게 하지 않을 것이며, 주님의 사랑에 깊이 공감하게 될 것입니다. 우리는 질이 아주 나쁜 남자들이나 여자들을 절대로 경멸하지 맙시다. 오히려 있는 힘을 다해 그들에게 구애하여 주님께로 인도합시다.

보세요, 제자들의 이러한 행동으로 말미암아 지금까지 열린 가장 아름다운 상담들 중 하나가 깨지고 말았으며 절정의 순간에 끝나고 말았습니다. 예수님께서 "네게 말하는 내가 그라"(요 4:26)고 말씀하신 바로 그 때에 회의는 끝을 맺어야 했습니다. 왜냐하면 이 차갑고 무정한 자들이 끼어들었기 때문입니다. 그런데 그들은 제자들이었습니다. 그렇지 않습니까? 그들은 진짜 제자들이었습니다. 하지만 그들이 선생님의 뜻에 공감하지 않을 때 그리스도의 제자들은 친교를 깨뜨리는 무례를 가장 많이 범하는 자들이 되고 맙니다. 여러분도 아시다시피, 그들은 구세주에게 필요한 양식을 생각하고 있습니다. 이런 생각을 하는 것은 당연하지만 이는 고상한 생각이나 영적인 생각은 아닙니다. 제자들이 돌아와서는 예수님께서 한 여자와 이야기하시는 것을 보고 놀랐으며, 그리하여 상담이 중단되었고, 여자는 돌아갈 수밖에 없었습니다.

여러분 가운데 누구라도 그리스도께 가까이 나아가, 주님이 귀하신 얼굴에서 은빛 베일을 거두고, 여러분의 눈으로 주님을 바라볼 때, 여러분의 문이 닫혀 있는지 주의하십시오. "하지만 문 앞에는 좋은 사람이 있는데요." 맞습니다. 하지만 그는 다른 사람들과 마찬가지로 여러분과 주님의 교제를 방해할 가능성이 매우 높습니다. 아무리 좋은 사람들이라도 때때로 여러분과 사랑하는 주님 사이에 끼어들 수 있으며, 틀림없이 천국에 들어간 것 같은 교제가 이로 인하여 급속도로 슬픈 종결을 고하고 말 것입니다.

상담은 이처럼 깨져 버렸지만 주님은 종종 악에서 선을 끌어내시기에 그 결과는 주님의 영광이었습니다. 여자는 앉아서 주님의 거룩한 얼굴을 응시할 수 없고, 주님의 복된 입술에서 흘러나온 희한한 음악도 들을 수 없으므로 ─ 제자들의 방해 때문에 ─ 그녀는 거룩한 활동에 전념할 것입니다. 여자는 동네로 들어가 사람들에게 전합니다. 이는 옳은 일입니다. 사람들의 마음이 곧으면 여러분이 아무리 방해해도 그리스도를 영화롭게 하려는 그들의 마음을 돌이킬 수 없기 때문에 개탄할 필요가 없습니다. 여러분이 하고 싶은 대로 하십시오. 여러분이 그들의 은밀한 교제를 방해한다면 그들은 즉시 공개적으로 섬길 것입니다.

마리아처럼 주님의 발 앞에 앉아 있다가 쫓겨나거든 일어나서 마르다처럼 주님을 위해 식탁을 준비하는 역할을 수행합시다. 여러분이 갑작스럽게 일상생활을 하지 못하게 될 때 주님께서 여러분이 행할 특별한 일을 주신다는 사실을 항상 생각하십시오. 나는 매우 행복했던 경건한 가정에서 나와서 불경건한 가정에 들어가게 된 그리스도인을 본 적이 있습니다. 이러한 환경은 그들이 바라지도 원하지도 않은 것이었습니다. 하지만 이는 그들로 하여금 그 집을 경건하게 만들고 어둠 가운데 빛을 비추도록 하기 위하여 하나님께서 계획하신 일이었습니다.

친구들이여, 여러분도 역시 여러분의 심령이 힘을 얻었던 이 교회를 떠날 수 있을 것입니다. 그러면 여러분은 마치 추방되거나 빼앗긴 느낌이 들 것입니다. 하지만 걱정 마십시오. 여러분이 전체적으로 음울하고 마비되어 있는 교회에 보내어진다면, 거기서 불쏘시개처럼 성도들의 마음에 불을 붙이세요. 하나님께서 여러분의 평안을 잠시 깨뜨리신 것은 여러분으로 하여금 고귀한 봉사를 하도록 하기 위함입니다. 이처럼 하나님께서는 여러분을 통해 영광을 받으실 것이며, 또한 장차 여러분을 높이시고 위로하실 것입니다.

이 여자가 지금 그리스도의 사자(使者)가 되어 있다는 사실에 주목합시다. 그녀는 주님과 대화하기를 그치고, 가서 주님에 대하여 증거합니다. 하긴 이 여자가 주님의 명령을 받지 않고 간 것은 아니었습니다. 왜냐하면 주님께서 "가서 네 남편을 불러 오라"(요 4:16)고 말씀하신 것을 여자가 기억하였기 때문입니다. 그래서 여자는 남편을 불러 오기 위해 갑니다. 근거를 가지고 행동을 하는 것이 좋습니다. 보세요. 여자는 자신이 받은 명령을 매우 자유롭게 해석합니다. 그리스도께서 "너에게 남편 다섯이 있었고 지금 있는 자도 네 남편이 아니니 네 말이 참되도다"(요 4:18)라고 말씀하셨을 때, 여자는 사실상 자기 남편이 아닌 동거남에게만 자기 임무를 수행할 것이 아니라 자신과 함께 살았던 여섯 명의 남자들 중 누구라도 부르는 것이 좋겠다고 생각하였습니다. 그리하여 여자는 광장 사거리를 돌아다니던 모든 남자들에게 말을 걸어 자신이 체험한 은혜를 알렸습니다. 우리 구세주께서 자신의 선지자적 사명에 대하여 얼마나 폭넓게 해석하였는지 기억하십시오. 주님은 이스라엘 집의 잃어버린 양들 외에는 교사로서 보내심을 받지 않으셨습니다. 하지만 주님께서 비록 자신의 구역을 넘지는 않았을지라도 구역 끝까지 가셨습니다. 언제나 여러분의 사명의 한계지역까지 가십시오. 절대로 중간에 멈추지 마세요. 있는 힘을 다해 선을 행하려고 노력하십시오. 그리하면 여러분은 성공할 것입니다.

이 여자가 물동이를 버려두고 간 것을 주목하십시오. 하나님의 성령께서 사려 깊게 이 상황을 잘 기록해 주셨기 때문에 나는 여기서 많은 교훈을 얻을 수 있다고 생각합니다. 여자는 빨리 가기 위해 자신의 물동이를 버려두었습니다. 아마도 이 물동이가 정원에 물을 뿌리기 위해 쓰는 영국의 일반적인 물동이였을 것이라고 여러분은 머릿속으로 생각할 것입니다. 아마도 여러분은 그런 상상을 할 것입니다. 그러나 전혀 그런 종류가 아닙니다. 그것은 큰 항아리였거나 질그릇으로 된 큰 물주전자였습니다. 여자는 이것을 머리에 혹은 어깨에 메고 가야 했으며, 그녀에게 아주 큰 짐이었습니다. 그래서 좀 더 빨리 달려가기 위해서 그녀는 그것을 버려두고 가야 했던 것입니다. 그녀는 신속하게 움직여야 했을 때 자신의 물동이를 버려둘 만큼 지혜로운 여자였습니다. 왕(주님)의 일이 급할 때 방해가 되는 모든 것을 버려두는 것이 지혜롭습니다.

우리 주 예수님께서는 친히 한 영혼을 평안으로 인도하려는 열정으로 자신의 배고픔도 잊으셨습니다. 그래서 시편은 주님에 대하여 "내가 음식 먹기도 잊었으므로"(시 102:4)라고 예언하였습니다. 주님은 하늘의 일에 몰입되어 있었기 때문에 "내게는 너희가 알지 못하는 먹을 양식이 있느니라"(요 4:32)고 말씀하셨던 것입니다. 사람이 때때로 땅의 일을 잊지 않고는 영원한 일의 권세를 거의 체험하지 못합니다. 모든 일을 한꺼번에 생각할 수는 없습니다. 여러분의 생각에는 한계가 있기 때문입니다. 그러므로 여러분이 두 가지 이상의 목표를 가짐으로써 생각의 힘이 나뉜다는 것은 현명하지 못합니다. 따라서 여자는 자기 물동이를 버려두었습니다.

여자는 생각한 대로 행동을 취하였습니다. 물동이가 그녀의 행동에는 방해가 되었을 테지만, 그리스도와 제자들에게는 도움이 되었을 것입니다. 이것으로 제자들은 그리스도께 마실 물을 떠드릴 수 있었습니다. 주님은 목이 마르셨고, 아마도 제자들도 그랬을 것입니다. 그들은 여자의 물동이로 물을 마실 수 있었습니다. 게다가 버려둔 물동이는 여자가 다시 돌아온다는 표시였습니다. 여자가 물동이를 버려둔 행동은 "내가 지금 달려가서 임무를 수행하겠지만 다시 돌아올 것입니다. 내가 위대하신 선생님의 말씀을 들은 것은 이번이 마지막이 아닙니다. 내가 주님을 잘 알고 온전히 그를 믿을 수 있을 때까지 나는 돌아와서 선생님의 말씀을 들을 것입니다"라고 말한 것과 같습니다. 여자가 자기 물동이를 버려두고 간 것은 이러한 의미가 있었던 것입니다. 때때로 여러분은 한 영혼을 얻기 위해 가게의 문을 닫아야 할 필요가 있을 것입니다. 염려하지 마세요. 아마도 여자는 자기 물동이를 도로 찾았을 것입니다. 이처럼 여러분도 일을 도로 하게 될 것입니다. 그리고 한 영혼이 구원받으면 여러분이 아무리 큰 손실을 입어도 여러분에게 이득이 될 것입니다.

우리는 이 여자의 전도에 깜짝 놀랍니다. 지금 나는 이 여자의 말하는 태도를 자세히 살펴보기를 원합니다. 여기에 우리가 받아야 할 교훈이 있기 때문입니다. 여자는 사람들에게 "내가 행한 모든 일을 내게 말한 사람을 와서 보라 이는 그리스도가 아니냐?"(요 4:29)고 하였습니다. 첫째로 주목할 것은, 그녀가 사람들에게 갔을 때 한 가지 목표밖에는 없었다는 사실입니다. 그것은 그들을 예수님께로 인도하는 것이었습니다. 그녀는 "와서 보라"고 외쳤습니다. 그 때에 여자는 사람들의 죄에 대하여는 조금도 말하지 않았고, 그들의 습관을 고치려고도 하지 않았습니다. 여자는 사람들을 바로잡아 주실 수 있는 주님께로 그들을 즉시 데리고 왔습니다. 자신이 사람들을 그리스도께로 데리고 가기만 한다면 반드시 모든 일이 제대로 될 것을 알았습니다. 한 가지 표적만을 쏘는 것이 좋습니다.

여러분의 계획과 목표를 한 가지 일에 집중하고 두 가지 목표를 갖지 마세요. 사람들의 영혼을 위해 하나님의 이름으로 부지런히 일하여 그들을 그리스도께로 인도하십시오. 그리스도께는 부족한 것이 전혀 없습니다. 이 사마리아 여자는 이러한 목표를 가졌고, 아주 열정적인 자세로 그 목적을 이루기 위하여 노력하였습니다. "내가 행한 모든 일을 내게 말한 사람을 와서 보라." 여러분이 주님의 일을 감당하고자 한다면 마음을 바치세요. 한 마디 말씀이라도 열정적으로 전하십시오. 그리고 여러분이 정말로 살아 있다면 여러분은 그런 행동양식을 배울 필요가 없을 것입니다. 목적을 위해 마음을 드린 사람들은 자연히 그런 행동양식을 갖게 되기 때문이니까요.

여자는 자신을 잊고 말하였습니다. 그녀는 자기 자신을 완전히 잊은 듯하였지만 사실은 자신을 기억하고 있었습니다. 이는 역설(逆說)이지만 모순(矛盾)은 아닙니다. 여자는 "내가 행한 모든 일을 내게 말한 사람을 와서 보라"고 하였습니다. 그녀는 자신을 예로 들었습니다. 여자가 자신을 생각했더라면 자신의 삶에 관한 이야기를 단 한 마디도 하지 않았을 것입니다. 그녀는 사람들이 "그거 정말 재미있는 이야기네!"라고 대답할까봐 우려했을 것입니다. 사람들은 그 여자에 대하여 잘 알고 있었습니다. 그런데도 여자는 사람들로 하여금 재미삼아 자신에 대하여 말하게 하였습니다.

"내가 행한 모든 일을 내게 말한 사람을 와서 보라." 자신의 모든 감정을 제쳐놓은 저 진정한 수수함이 이 여자의 능력의 한 부분이었습니다. 여러분의 본래 모습과 달리 보이려고 힘쓰지 마세요. 여러분이 지금까지 큰 죄인이었다면 그런 사실을 부끄러워하십시오. 하지만 거기서부터 여러분을 구원하신 그 사랑을 부끄러워하지 말고, 주저하지 말고 그 사랑의 능력을 증거하십시오. 사람들이 여러분에 대하여 뭐라 생각할까 하는 생각을 버리세요. 그리고 예수님께서 여러분을 용서하시고 새롭게 하신 사실에 대하여 사람들이 뭐라 생각할까 하는 사실만을 바라보세요.

여자의 증거가 얼마나 간결하였는지 주목하십시오. 여자의 증거는 한 구절 안에 모두 담겨 있습니다. 그녀의 증거는 한 마디의 초청과 한 마디의 질문이었습니다. 더 이상의 말이 필요 없었습니다. 아니 반 마디도 필요 없었습니다. 그것으로 충분하였습니다. 사람들을 예수님께로 인도하는 것이 그녀의 성공의 비결이었습니다. 왜냐하면 예수님의 설교가 여자의 많은 말보다 훨씬 낫기 때문입니다. 간결함은 큰 덕목입니다. 유창하기를 갈망하지 말고 다만 열정을 갖게 해달라고 기도하십시오.

다음에, 여자는 활기가 넘쳤습니다. "사람을 와서 보라." 이 말은 활기가 넘치며, 둔함과 침울함과는 거리가 멉니다. "와서 보라." 이는 "왔노라, 보았노라, 이겼노라"고 한 율리우스 카이사르의 유명한 급보(急報)만큼이나 간결합니다. "내가 행한 모든 일을 내게 말한 사람을 와서 보라 이는 그리스도가 아니냐?"

다음에 여자의 증거는 매우 분별이 있었습니다. 여자의 말의 진의가 무엇인지에 대하여는 논란이 있습니다. 하지만 정확한 해석을 하고 있는 대부분의 역본들은 우리가 가지고 있는 역본과는 다릅니다. 여자가 마음에 품고 믿었던 사실은 그녀의 말과 꼭 일치하는 것은 아닙니다. 여자는 아마도 "내가 행한 모든 일을 내게 말한 사람을 와서 보라. 이 사람이 그리스도일 수 있을까?"라고 말했을 것입니다. 혹은 "이 사람이 그리스도는 아니겠지, 그렇지?"라고 말했을 것입니다. 여자는 예수님께서 그리스도라고 단정지어 말하지 않았습니다. 다만 아주 겸손하게 사람들에게 한 번 알아보라고 제시하였던 것입니다. 물론 그녀는 예수님께서 그리스도이심을 믿었습니다. 하지만 사람들이 자기와 같은 여자에게 가르침받는 것을 싫어한다는 사실을 알고 있었습니다. 그래서 이 문제를 직접 알아보라고 겸손하게 제시하였던 것입니다.

"이 사람이 과연 우리가 고대하고 있는 기름 부음받은 자일까? 가서 판단해 보라." 여자는 자신이 믿는 모든 것을 다 피력하지 않았는데, 그 이유는 사람들에게 반감을 주지 않기 위함이었습니다. 그녀는 교묘하고 지혜로웠습니다. 여자는 자기 선생님의 방식대로 고기를 낚았습니다. 여자는 주님께서 자기를 교묘하게 낚으신 법을 눈치로밖에는 알 수 없었습니다. 하지만 그녀는 재기(才氣) 넘치는 학생이었으며, 자신에게 은혜를 베푸신 친구를 겸손하게 흉내냈습니다. "내가 행한 모든 일을 내게 말한 사람을 와서 보라. 이 사람이 과연 그리스도일 수 있을까?" 이제 막 변화된 여자의 말을 듣고 그들이 예수님께로 오지 않을 수 없었을 것입니다. 아마도 그들은 그녀를 천하고, 잘못을 많이 저지른 여자로 생각했을 것입니다. 하지만 그들은 그들의 좀 더 나은 지혜로 이 문제를 알아보고자 하였으며, 여자가 바라는 대로 하겠다고 승낙하였습니다. 우리에게도 예수님을 위한 이런 재치가 있어야겠습니다!

여자의 논리는 설득력이 매우 강하였습니다. "이 사람이 내가 행한 모든 일을 내게 말해 주었다." 만일 여자가 "그는 틀림없이 그리스도야"라고 말하는 것이 지혜롭다고 생각되었다면 그렇게 하였을 것입니다. 이제 이번 설교의 마지막 대지입니다. 이를테면, 자신에게서 끌어낸 논리를 사람들에게 적용한 것입니다. 그녀의 설득력 있는 논리를 살펴봅시다. 자신의 마음을 꿰뚫어보고 자신의 모습을 그녀 자신에게 보여주신 그분의 능력이야말로 그가 특별한 기름 부음을 받은 사람이라는 사실을 입증하는 결정적인 증거였다는 것입니다.

1. 여자의 초청에 대하여 생각해 봅시다.

여자는 성실과 진심으로 사람들을 예수님께로 초청하였을 뿐만 아니라 영리하게 초청하였습니다. 여자는 "와서 보라"고 말하였습니다. 이는 아주 공정한 초청이었습니다. 사람들은 공정한 제안을 좋아합니다. 그리고 성령님도 각자의 마음에 맞는 방법으로 역사하십니다. 여자는 "당신들은 내가 말하는 것을 반드시 믿어야 돼"라고 말하지 않았습니다. 여자는 결코 그렇게 말하지 않았습니다. 그녀는 아주 똑똑하게 "여러분 스스로 와서 보라"고 하였습니다. 내가 지금 여기서 믿지 않는 모든 사람에게 말하고자 하는 것이 바로 이것입니다. 주 예수님은 내가 늘 꿈에 그리던 그런 아주 소중한 구세주이십니다. 와서 그를 시험해 보세요! 그는 정말로 사랑스러우시며, 내 영혼에 말로 할 수 없는 은혜를 베풀어 주셨습니다. 하지만 여러분이 내 말 때문에 믿기를 나는 원치 않습니다. 와서 직접 보세요.

이보다 더 공정한 제안이 어디 있겠습니까? 기도로써 그분을 찾아보세요. 믿음으로써 그분을 신뢰해 보세요. 그분의 복음을 여러분 스스로 시험해 보세요. 이는 오래 전에 있었던 공정한 제안입니다. "너희는 여호와의 선하심을 맛보아 알지어다"(시 34:8). "만군의 여호와가 이르노라 … 그것으로 나를 시험하여 (보라)"(말 3:10). 사실상, 이 제안은 그리스도께서 첫 제자들에게 하신 제안이었습니다. "와서 보라." 또한 제자들이 다른 제자들을 초청할 때에도 예수님의 방법대로 "와서 보라"고 하였습니다.

게다가 이 여자의 초청이 사람들에게 책임감을 느끼게 하였습니다. 여자는 "와서 보라"고 하였습니다. 나도 여러분에게 이렇게 말하겠습니다. 여러분이 와서 보지 않는다면 내가 여러분에게 아무런 도움을 줄 수 없습니다. 내가 여러분의 보증인이 되어 드릴 수 없습니다. 여러분이 직접 판단하시고 분명하게 알아보세요. 여러분 자신을 위하여 와서 보세요. 여러분이 와서 보지 않는다면 모든 책임은 여러분에게 있습니다. 여러분이 와서 본다면, 여러분의 조사로 말미암아 결국 여러분은 반드시 은혜를 받을 것입니다.

내가 여러분에게 복음을 전할 수는 있습니다. 하지만 내가 여러분을 대신하여 그리스도께로 갈 수는 없습니다. 여러분에게 간청하고 설득하는 것은 나의 몫이며, 모든 수단을 동원하여 여러분을 구세주 앞으로 인도하는 것도 나의 몫입니다. 하지만 구세주 앞으로 나오는 것은 여러분 각자의 몫입니다. 정말로 성령의 은혜로 말미암아 여러분이 스스로 예수님 앞에 나오기를 바랍니다. 여러분의 성품에 임하시는 성령의 역사로 말미암아 여러분이 예수님 앞에 직접 나와야만 합니다. 여러분이 와서 회개하고 믿어야 합니다. 그리고 여러분 스스로 영생을 취해야 합니다. 자기 자신의 믿음만이 여러분을 구원할 수 있습니다. 여자의 초청은 그런 면에서 아주 좋은 제안이었다고 할 수 있습니다.

또한 말하는 사람이 듣는 사람들에게 인정(人情)을 나타내기 위해서 상냥하게 제안해야 하지 않을까요? 여자는 "가서 보라"(Go, see a man)고 말할 수도 있었지만, 그렇게 말하지 않고 "와서 보라"(Come, see a man)고 말하였습니다. 이 말은 이런 뜻입니다. "함께 갑시다. 나도 당신들과 동행하여 길을 인도하겠습니다. 그분은 보면 볼수록 더욱 보고 싶어집니다. 와서 이 놀라운 분을 보세요."

소중한 친구들이여, 여러분이 한 영혼을 구원하려고 할 때, "가라"는 방식을 사용하지 말고 "오라"는 방식을 사용하십시오. 사람이 "나는 그리스도께로 갈 수 없어"라고 소리치거나 혹은 "나는 그리스도께로 가지 않겠어"라고 소리치거든 눈물로 그를 바라보며 이렇게 외치세요. "친구여, 나도 너와 똑같은 죄인일세. 예수님의 보혈밖에는 소망이 없단 말일세. 와서 함께 기도하자. 우리 함께 예수님께로 가자."

그리고 여러분이 그를 위해 기도할 때 "주님, 나는 당신의 한 성도인데, 지금 이 죄인을 당신께로 데리고 갑니다"라고 말하지 마세요. 물론 맞는 말이지만 그렇게 말하는 것은 지혜로운 방법이 아닙니다. "주여, 여기에 당신으로부터 진노를 받아 마땅한 두 죄인이 있나이다. 이제 와서 비옵나니 당신의 자비하심 가운데 구세주를 만나게 해주시고 당신의 성령으로 말미암아 우리의 마음을 새롭게 하옵소서." 이런 식으로 해야 전도자들이 하나님의 도움으로 다른 사람들을 구원할 수 있는 것입니다. 우리가 "오라"고 말하고 직접 그 길을 인도합시다. 여자는 "와서 보라"고 조용히 말하였지만 그녀의 마음은 큰 소리로 "오라"고 소리쳤던 것입니다.

또한 말한 사람은 은혜롭게 모습을 감추었습니다. 나는 설교하는 형제들이 자의식이 너무 강하여 설교를 망치게 된다는 이야기를 들었습니다. 이런 사람은 자기가 말을 제일 잘하고, 자신이 매우 경건하다는 느낌을 여러분에게 주기를 바랍니다. 이 사람이 설교를 마쳤을 때, 사람들은 "지금까지 이렇게 똑똑한 사람의 설교를 들어본 적이 없다"고 모두 공감하며 감탄합니다. 하지만 그는 마땅히 갖추어야 할 지혜를 갖추지 못하였습니다. 왜냐하면 정말 올바른 설교자는 듣는 여러분으로 하여금 자기 자신을 잊도록 만들어야 하기 때문입니다. 사실 올바른 설교자에 대한 관찰이 다 끝나고 나면 사람들은 이렇게 말합니다. "솔직히 나는 그가 말을 유창하게 한다는 느낌이 전혀 들지 않아. 누구든지 그 정도는 말할 수 있지. 하지만 어쨌든 나는 전에 한 번도 느껴보지 못한 은혜를 받았어." 물고기는 낚시꾼을 전혀 눈치채지 못하지만 낚시꾼은 그놈이 낚시바늘을 삼킨 때를 압니다.

　진리가 듣는 자의 마음을 정통으로 찔렀을 때 어떤 형식으로 연설하였느냐 하는 것은 그다지 중요하지 않습니다. 이 여자는 사마리아 사람들로 하여금 자기 자신을 칭찬하도록 하는 그런 말을 조금도 하지 않았으며, 오로지 그들을 예수님께로 인도하기 위하여 "와서 보라"고 말하였습니다. 다만 이 여자가 자기 자신에 대하여 한 말은 오직 구세주를 높이고자 하는 속셈이었습니다. 이는 "그는 흥하여야 하겠고 나는 쇠하여야 하리라"(요 3:30)고 한 세례 요한의 위대한 말과 같습니다. 요한이 쇠하면 쇠할수록 그리스도는 더욱더 흥하셨습니다.

2. 이제 여자의 논리에 대하여 살펴봅시다.

　여자의 말 속에는 논리가 숨어 있습니다. 여러분이 일이 분 정도만 살펴본다면 이 논리를 깨달을 것입니다. 여자는 사람들이 이미 이 논리에 동의한다고 믿었기 때문에 이 논리를 감추었습니다. 이 논리는 이렇습니다. 즉, "예수께서 기름 부음을 받으신 그리스도라면, 당신들이 나와 함께 와서 그를 보는 것이 마땅하다"는 논리입니다. 여자가 이 점을 주장하지는 않았는데, 그 이유는 모든 사마리아 사람들이 이 논리에 동의하였기 때문입니다. 예수님께서 그리스도(메시야)시라면 우리는 마땅히 가서 그의 말씀을 경청하고, 그분의 모습을 뵙고, 그를 따르는 제자들이 되어야 합니다. 나는 여러분에게 이러한 논리를 강하게 주장하지 않을 수 없습니다. 왜냐하면 여러분은 이들 사마리아 사람들처럼 실천하지 않기 때문입니다.

　여러분은 예수님이 그리스도이심을 믿습니다. 남자나 여자나 여러분 모두가 그렇다고 나는 생각합니다. 그런데 어찌하여 여러분은 예수님을 여러분의 구세주로 믿지 않는 것입니까. 여러분은 한 번도 예수님의 신성에 대하여 의심해 본 적이 없습니다. 그런데 어찌하여 그분이 여러분의 하나님이 되지 못하나요?

그리스도는 "내가 (진리를) 말할지라도 너희가 믿지 아니할 것이요"(눅 22:67)라고 말씀하셨습니다. 이분이 사람들의 죄를 제거하라고 하나님께서 보내신 기름부음받으신 분이라면, 여러분은 어찌하여 여러분의 죄를 제거해 달라고 이분에게 구하지 않나요? 이분이 여러분의 죄를 씻을 수 있는 샘이시라면, 여러분은 어찌하여 죄 씻음을 받지 않습니까?

여러분의 이러한 행동에는 명분이 없습니다. 여러분은 비논리적이고 비이성적으로 행동하고 있는 것입니다. 구세주가 계실진대, 올바른 도리를 배운 사람이라면 그분을 모시고야 말겠다고 서약할 것입니다. 죄를 씻을 수 있는 샘이 있을진대 그는 그 샘에서 씻음받으리라고 결심할 것입니다. 하나님과 바른 관계를 맺을 수 있을진대 그는 서둘러 관계를 개선할 것입니다. 보십시오. 이 여자는 이러한 논리를 주장하지 않았습니다. 왜냐하면 이러한 논리는 주장할 필요조차 없었기 때문입니다. 이러한 논리는 말할 필요 없이 그대로 행하면 되는 것입니다.

그런데 여자의 주장은 "지금 우물가에 앉아 있는 이 사람이 그리스도가 아니냐?"는 것이었습니다. 여자는 이러한 사실을 어떻게 알게 되었습니까? 첫째, 여자는 착하게도 "그분이 내 모습을 드러내셨기 때문에 틀림없이 그리스도이십니다. 그분은 내가 행한 모든 일을 내게 말씀하셨습니다"라고 했습니다. 이 말은 과장되어 있습니다. 잠깐, 소중한 여자여. 분명히 주님은 당신의 삶 전부를 드러내지 않으셨소. 말씀으로 다 드러내지 않으신 것이 틀림없소. 주님은 다만 당신의 부정을 드러내셨을 뿐이며, 그 외에는 아무 말씀도 하지 않으셨소. 하지만 이 여자의 생각이 옳습니다.

여러분은 컴컴하고 어두운 밤에 밖에 나가서 번개가 치는 것을 본 적이 있습니까? 번개는 들판에 서 있는 오크 나무 한 그루를 쳤을 뿐이지만 그 때에 번개는 주변의 모든 전경을 보여주었습니다. 번개는 하나의 목표물을 맞혔을 뿐이지만 그 순간 여러분 주변에 있는 모든 것이 대낮처럼 밝게 보였습니다. 이처럼 주 예수 그리스도께서 이 여자의 호색(好色)을 드러내셨을 때, 여자는 이 한 가지를 봄으로써 자신의 삶에 관한 모든 것을 분명히 깨달을 수 있었습니다. 따라서 주님께서 그녀가 행한 모든 일을 말씀하셨다는 여자의 말은 진실이었습니다. "이 사람이 그리스도가 아니냐?"는 여자의 말이 이상합니까?

사랑하는 자들이여, 여러분의 죄를 보여주지 못하는 사람은 그 누구라도 참으로 기름 부음받은 자가 아닙니다. 누군가 선생이라고 하면서 회개하지 않고 죄를 뉘우치지 않고도 구원받을 수 있다고 여러분의 가슴을 부풀게 한다면 그는 그리스도께 속한 사람이 아닙니다. 여러분은 예수님을 떠나서는 아무런 소망이 없습니다. 내가 여러분에게 명하노니, 이러한 사실과 일치하지 않는 그 어떠한 소망이라도 단호히 던져 버리세요. 여러분이 죄인이라는 것을 모른다면 그리스도께서 구세주이심을 알 수 없습니다. 어떤 이들은 요즈음 울지 않는 신앙(dry-eyed faith)을 권장하고 있습니다. 그리고 거듭남, 죄의 자각, 참회가 본래는 없는 것인 양 사람들은 막바로 확신으로 도약하는 것 같습니다. 하지만 그렇지 않습니다. 주님은 "네가 거듭나야 하겠다"(요 3:7)고 말씀하셨습니다.

이 거듭남은 고통이 없지 않습니다. 그리스도를 믿을 때 죄를 미워하게 되며 죄 때문에 애통하게 됩니다. 사람은 자기가 모르는 것을 미워할 수가 없습니다. 하지만 이 여자는 자신의 죄를 깨닫게 되었으며, 이러한 깨달음으로 인하여 자기에게 말씀하신 분이 메시야라는 사실을 알게 되었습니다. 회개가 없는 선지자들은 평화가 없는 곳에서 "평화로다, 평화로다"라고 외칩니다. 그들은 쓰리고 아픈 곳을 덮어 버리지만, 예수님은 그 속에다 란셋(외과 수술용 작은 칼)을 넣어 넓게 벌리시고 환자에게 그 상처의 근원을 보여주십니다. 그런 다음 그곳을 봉하고 하늘의 기름을 발라 확실하게 치료해 주십니다.

깨지지 않은 마음은 봉함을 받지 못합니다. 마음이 항상 편한 사람은 위로받지 못합니다. 항상 의로운 사람은 의롭다함을 받지 못합니다. 더럽지 않은 사람은 씻음받지 못합니다. 그렇습니다. 메시야께서는 이렇게 질병을 드러내십니다. 이것으로 그가 하나님으로부터 보내심 받은 자라는 것을 알 수 있습니다. 왜냐하면 메시야는 속이 들여다보이게 알랑거리는 사기꾼들의 방식을 받아들이지 않고 곧바로 진실을 말씀하시기 때문입니다. 여자의 논리는 분명합니다. 즉, 그가 내게 나 자신의 모습을 보여주셨기 때문에 그는 틀림없이 메시야라는 주장입니다.

둘째로, 그가 틀림없이 메시야인 것은 그가 내게 자신의 모습을 보여주셨기 때문입니다. "더러움을 깨닫자마자 나는 즉시 그가 나를 깨끗하게 해주기를 간절히 원하신다는 사실을 깨달았습니다." 죄인의 눈이 먼저 죄를 보기 전까지는 결코 구세주를 볼 수 없습니다. 겉으로 나타난 인간의 힘 저편에 기록된 절망을 사람이 발견할 때에 비로소 그는 돌이켜 인자(the Son of man)의 자비로운 눈에서 부드럽게 발하는 소망을 발견합니다. 하지만 그때까지 사람은 소망을 발견할 수 없습니다. 예수님은 자신의 모습을 보여주셨으며, 이에 여자는 "그가 나에 대한 모든 것을 알고 계심을 나는 압니다"라고 말하였습니다. 복음의 옷이 사람에게 어찌나 정확히 맞는지 놀랄 지경입니다. 사람이 이 복음의 옷을 입을 때 이 예복을 만드신 이가 자신의 체형을 아신다는 사실을 깨닫게 됩니다. 아마도 여러분은 자신들만의 어떤 연약함이나 독특한 기형을 가지고 있을 것입니다. 그러나 여러분은 예수님께서 그 모든 것을 알고 계신다는 사실을 곧 깨닫게 될 것입니다. 왜냐하면 예수님의 구원은 우리의 부족함을 정확히 충족시켜 주기 때문입니다.

또한 여자는 사람들에게 이렇게 말한 것 같이 보입니다. "이 사람은 여러분이 느끼는 것보다 내게 훨씬 크게 느껴집니다. 왜냐하면 그분이 나를 개인적으로 대해 주셨기 때문입니다. 그러므로 나는 그분이 그리스도라고 확신합니다. 여러분도 직접 가서 그분이 그리스도라는 똑같은 증거를 얻어 보세요." 만일 주 예수 그리스도께서 여자의 세 번째 남편이 행하였던 모든 일을 그녀에게 이야기하셨다면, 여자가 행한 모든 일을 이야기해 주신 경우보다 주님께서 그녀에게 영향력을 그다지 끼치지 못하였을 것입니다. 자신의 죄를 뼈저리게 느끼고 자신의 상태와 성격에 대하여 전부 알게 될 때, 이러한 자각으로 말미암아 여러분의 마음과 생각은 큰 감동을 받고 여러분은 "이 사람이 그리스도다"라고 말하게 될 것입니다.

아울러 상처 입고 심하게 부서진 나를 주님께서 수술하신 사실을 기억할 때 나는 기꺼이 이렇게 소리칠 것입니다. "그가 나를 어떻게 대하셨는지 보세요. 그는 더할 나위 없이 강한 손을 가지셨으나 부드러운 손으로 나를 만지셨고, 그는 더할 나위 없이 사자와 같이 강한 마음을 지닌 의사이셨지만 여인과 같은 손으로 나를 치료하셨습니다. 그분이 나를 받쳐 주실 때 나는 그의 힘을 느끼고, 그분이 나를 안아 주실 때 나는 그의 부드러움을 느낍니다. 분명히 그는 기름 부음 받으신 분이며, 상한 마음들을 싸매어 주라고 여호와께서 보내신 분입니다. 왜냐하면 그분이 나의 상한 마음을 싸매어 주셨기 때문입니다. 내가 치료받은 것을 보면 그분이 그리스도라는 사실이 분명합니다. 여러분도 와서 직접 이와 같은 확신을 체험해 보세요."

게다가 아마도 여자의 말 속에는 우리가 아직 눈치채지 못한 힘이 있었습니다. "와서 보라"는 여자의 말은 다음과 같은 말입니다. "내가 알기에, 여러분은 그분 앞에 올 수 있습니다. 왜냐하면 내가 우물에 갔을 때 그분은 나를 노려보지 않았으며, 내가 그에게 물을 주지 않았을 때 그분은 내게 화가 나서 '무례한 여자 같으니, 나도 너와 말하지 않겠어'라고 말씀하지 않으셨습니다. 반대로 나는 그분을 뵙는 순간 마음이 편안하였습니다. 와서 나를 편안하게 만들어 주시고 내가 행한 모든 일을 내게 말해 주신 그분을 보세요. 나는 그분이 메시야라고 확신합니다. 메시야는 맹인의 눈을 뜨게 하려고 오시며, 기적을 행하기 위하여 눈먼 자들 가운데 계시지 않을 수 없습니다. 그는 죄수들을 감옥에서 풀어 주십니다. 그들이 감옥에 있는 아주 형편없는 인생들일지라도 그는 그들에게 나아갑니다. 그러므로 함께 갑시다. 내가 먼저 가서 여러분을 그분께 소개해 드리겠습니다."

여자의 말은 짧지만 얼마나 인자한지요! 그녀가 알지 못한, 그러나 우리는 알고 있는 한 가지 사실을 나는 덧붙여 말씀드리겠습니다. 어떠한 말로 믿지 않는 여러분을 속히 그리스도께로 오게 할 수 있는지 나는 그 비결을 알았으면 좋겠습니다. 아무튼 여러분은 속히 그리스도 앞으로 나와야 합니다. 여러분이 생명 있는 동안에 그리스도 앞에 나오지 않고 그리스도 없이 죽는다고 가정해 봅시다. 여러분이 그리스도의 말씀을 듣지 못하고 그를 영접하지 못한 채 죽지 않기를 하나님께 바랍니다만, 그러나 만일 여러분이 그렇게 된다면 여러분의 영원한 운명은 어떻게 될까요?

여러분은 마지막 날에 무덤에서부터 깨어날 때 소름끼치는 나팔소리와 함께 "심판(審判)을 받으러 나오라! 심판을 받으러 나오라! 어서 나오라!"는 소리를 들을 것입니다. 여러분이 원하든 원하지 않든 여러분은 나와야 할 것이며, 크고 흰 보좌에 앉아 나라들을 심판하는 한 사람을 볼 것입니다. 그 때에 그 사람이 여러분에게 어떻게 행하실지 아십니까? 그는 여러분이 그동안 행한 모든 일들을 여러분에게 말씀하실 것입니다. 그리고 여러분의 행위를 담은 장면들이 여러분의 영혼의 눈앞에 지나가고, 여러분이 한 말들이 여러분의 귀에 다시금 울릴 때, 여러분은 심히 괴로워하며 "이는 그리스도가 아니냐?"고 한 여자의 주장을 뒤늦게 깨닫게 될 것입니다.

하지만 그 때에 그분은 여러분에게 구세주가 아닐 것입니다. 왜냐하면 여러분이 그분을 거절하였기 때문입니다. 그 때에 그분은 여러분에게 "내가 불렀지만 너희는 거절하였고, 내가 손을 내밀었으나 아무도 관심을 보이지 않았노라"고 말씀하실 것입니다. 여러분이 행한 모든 일들에 대한 이야기가 계속 이어질 것이며, 그리고 결론적으로 이런 말씀이 떨어질 것입니다: 너희가 긍휼을 거절하였고, 너희가 예수를 거부하였고, 너희가 구원받기를 외면하였으며, 너희를 구원할 이 사람을 모시지 않았으니, 그러므로 너희의 과거는 너희를 태울 영원한 불을 지피는 연료가 되었도다.

아무도 이런 상황에 이르지 않기를 하나님께 빕니다.

제
18
장
—

신비한 양식

—

"그 사이에 제자들이 청하여 이르되 랍비여 잡수소서. 이르
시되 내게는 너희가 알지 못하는 먹을 양식이 있느니라. 제
자들이 서로 말하되 '누가 잡수실 것을 갖다 드렸는가?' 하
니, 예수께서 이르시되, 나의 양식은 나를 보내신 이의 뜻을
행하며 그의 일을 온전히 이루는 이것이니라. 너희는 넉 달
이 지나야 추수할 때가 이르겠다 하지 아니하느냐? 그러나
나는 너희에게 이르노니 너희 눈을 들어 밭을 보라 희어져
추수하게 되었도다. 거두는 자가 이미 삯도 받고 영생에 이
르는 열매를 모으나니 이는 뿌리는 자와 거두는 자가 함께
즐거워하게 하려 함이라. 그런즉 한 사람이 심고 다른 사람
이 거둔다 하는 말이 옳도다. 내가 너희로 노력하지 아니한
것을 거두러 보내었노니 다른 사람들은 노력하였고 너희는
그들이 노력한 것에 참여하였느니라." — 요 4:31-38

　제자들은 먹을 것을 사러 동네에 들어갔으며, 이 점에서 그들을 비난할 수
는 없습니다. 음식을 마련하는 일은 필요하며, 그 임무를 수행하는 것은 자연적
으로 그들에게 할당된 몫이었으니까요. 이 일 때문에 그들을 육적이라거나 혹
은 비(非)영적이라고 탓하지 마십시오. 가장 영적인 사람들도 살기 위해서는
먹어야 하기 때문입니다. 그들이 음식을 사고서 돌아왔을 때, 그들은 그들의 주

님이 우물 곁에 앉아 계신 것을 보았습니다. 그들이 떠날 때의 모습 그대로였습니다. 그들은 당연히 그분이 그들이 가져온 음식을 드실 것이라고 예상했습니다. 하지만 그분은 그 음식에 대해 전혀 관심을 두지 않으셨습니다. 그분은 명백히 음식에 대한 생각이 없으셨습니다. 그분은 무언가 다른 일에 몰두되어 있으셨고, 따라서 제자들은 그분에게 음식을 드셔야 할 필요성을 상기시켰습니다. 나는 그들 자신도 아직 먹지 않았다고 생각합니다. 주님께서 아직 드시지 않았을 동안 그들이 먼저 음식을 먹었을 것 같지는 않습니다. 그러기에 그들 자신도 먹기를 바랐고, 주님께서 음식을 드시고 기운을 회복하는 일에 관심이 없다는 사실에 더욱 충격을 받았습니다. 그들이 주님을 우물 곁에 남겨두고 떠났을 때, 주님이 얼마나 피곤하셨던가를 잘 알고 있었습니다. 너무 피곤하시어 그분은 제자들만 동네에 다녀오도록 명하셨습니다. 그들은 주님께서 음식에 무관심한 것에 당황했으며, 아마도 그분이 너무나 지치셨다고 판단했으며, 그래서 그들은 주님께 음식을 드시라고 요청했습니다. 끈질기게, 한 사람씩 이렇게 아뢰었습니다. "좋으신 선생님, 음식을 드신지 오래 되었습니다. 길이 힘들었고, 날은 덥습니다. 주님은 매우 지치신 듯이 보입니다. 음식을 조금 드시고 기운을 회복하시기를 간청합니다. 주님과 대화를 나누던 여인은 떠났습니다. 당신의 선한 일이 잠시 동안 끝이 났습니다. 저희랑 함께 드시지요."

다시금, 나는 이 제자들을 비난하는 사람들의 의견에 동조하지 않는다고 고백합니다. 음식을 제공하는 일이 비록 매우 숭고한 일까지는 아니라 하더라도, 그런 행동이 전혀 무가치한 것만은 아닙니다. 나는 그들이 주님을 섬기려 했던 것을 칭찬합니다. 나는 그들이 주님의 배고픔을 채우시도록 애써 재촉했던 것을 칭송합니다. 영적인 사람이 배고픔을 잊어버릴 수도 있습니다. 하지만 그의 진실한 친구들이 그의 건강을 위해 먹어야 한다고 상기시키는 일도 틀린 일이 아닙니다. 사역자가 자기의 약함을 잊어버리고 경건한 섬김의 일에 몰두하는 것은 칭찬할 만한 일입니다. 하지만 중간에 개입하여 주의를 당부하는 말을 하고, 또한 그 불타는 듯한 영혼에게 그의 신체가 티끌일 뿐임을 상기시키는 것도, 인간적이고 사려 깊은 행동으로서 타당합니다. 나는 제자들이 이렇게 말한 것이 잘한 일이라고 생각합니다. "랍비여, 잡수소서." 더 나아가, 나는 여러분이 그들을 본받으라고 말합니다. 예수님은 실제적인 인간의 몸으로는 이제 당신을 떠나셨습니다. 하지만 그분의 신비한 몸은 여전히 당신과 함께 있습니다. 그분의 몸의 어느 부분에 필요를 발견하게 되면, 당신이 진지하게 그 필요를 돌보십시오. 이렇게 말하면서 요청하십시오. "랍비여, 잡수소서." 만일 당신이 그분의 백성 중 어느 누가 빈궁한 것을 알면, 당신의 풍성한 식탁에 참여하도록 요청할 것이며, 혹시라도 주님께서 마지막에 당신에게 이렇게 말씀하실 일이 없도록 하십시오. "내가 배고팠을 때에 네가 나에게 먹을 것을 주지 않았도다." 우리 주님의 영성은 배고픈 육체들에게 음식 먹이는 일을 멸시할 정도로 몽상적이지 않습니다. 그분의 가난하고 궁핍한 백성들을 돌보십시오. 만일 당신이 그런 일을 하지 않는다면 어떻게 당신을 진정으로 영적이라고 할 수 있겠습니까? "하나님 아버지 앞에서 정결하고 더러움이 없는 경건은 곧 고아와 과부를 그 환난 중에 돌아보고 또 자기를 지켜 세속에 물들지 아니하는 그것이니라"(약 1:27). 자선에 대해 일상적으로 많은 관심을 기울여야 합니다. 예수님은 다른 사람들의 연약함과 필요를 살피라고 우리에게 명하십니다. 그러므로 나는 주님께 이렇게 요청한 제자들을 다시금 칭찬합니다. "랍비여, 잡수소서."

그 열둘에게 이렇게 공정한 평가를 내린 후, 그들이 모여들었던 그 거룩한 분에게 더 높은 영예를 드리도록 합시다. 그 때 그분의 생각은 영적인 일에 몰입되었습니다. 그렇기 때문에, 그분은 제자들로 하여금 더 높은 밭을 바라보도록 하길 원하셨고, 따라서 그들의 일상적인 말을 더 높은 의미를 지닌 말로 바꾸셨습니다. 그분은 말씀하셨습니다. "너희는 나에게 음식을 먹으라고 청하는구나. 하지만 내게는 너희가 알지 못하는 먹을 양식이 있느니라." 그들은 그분이 의미하는 바를 이해하지 못했습니다. 그분이 물(생수)에 대해 말씀하실 때 사마리아 여인이 이해하지 못했던 것처럼, 그분의 제자들도 그분이 양식에 대해 말씀하실 때 이해하지 못했습니다. 하지만 당신은 주님께서 일상의 표현을 사다리로 사용하셔서 더 높고 영적인 무언가를 가리키려고 하시는 것을 볼 수 있습니다. 이것이 시작부터 끝까지 주님의 방식이었습니다. 언제나 눈에 보이는 것을 비유로 들어 눈에 보이지 않는 것을 제시하셨습니다. 언제나 사람들이 이해하고 있는 것을 취하여, 그것을 아직 그들이 도달하지 못한 어떤 큰 진리에 이르게 하는 수단으로 활용하셨습니다. 음식에 관해 말하자면, 제자들은 음식의 필요성을 보았습니다. 주님께서는 그 생각을 좀 더 깊은 방향으로 전환하셔서, 그들에게 다른 음식에 대해, 즉 그분 자신이 즐기시고 그들도 그분과 함께 나누기를 바라신 음식에 대해 말씀하십니다. "랍비여, 잡수소서"라는 제자들의 요청에 대해 주님께서는 실상 이렇게 응답하신 셈입니다. "나는 가장 좋은 의미에서 이미 음식을 먹었다. 그리고 나는 너희도 나와 함께 먹기를 바란다." 그분은 그분 자신에게 그토록 강한 만족을 주었던 섬김 속으로 그들도 들어오 도록 하셨던 것입니다. 그 섬김 속에서의 기쁨을 그들도 알기를 바라셨던 것입니다.

이 아침에 설교 주제의 흐름은 이렇게 될 것입니다. 첫째, 잘 알려지지 않은, 우리 마음을 위한 양식이 있습니다. "내게는 너희가 알지 못하는 먹을 양식이 있느니라"(32절). 둘째, 이 양식은 우리 주님을 만족하게 했습니다. 그분을 너무나 만족하게 해 드렸기에 그분은 떡을 먹는 일도 잊으셨습니다. 셋째, 매우 실제적인 차원에서, 이 음식을 즉시로 섭취하고, 우리도 천상의 기쁨 속에서 지상의 필요들을 잊어버리도록 합시다. 오, 복되신 은혜의 성령님, 우리가 이 아침에 이 주제를 묵상하는 동안, 이 은밀하고 신성한 양식을 우리에게 주소서!

1. 마음을 위한 양식

첫째, 우리에게 잘 알려지지 않은, 마음을 위한 양식이 있습니다. 일반적으로 사람들은 몸을 위한 음식에 대해서는 충분히 알고 있습니다. "우리가 무엇을 먹고 무엇을 마실 것인가?"에 대한 질문들은 오랫동안 그리고 주의 깊게 연구되어 왔습니다. 우리가 피로나 혹은 약함을 이기고 회복되려면 유형적인 음식을 섭취해야 한다는 것은 모든 사람에게 너무나 명백합니다. 하지만 하나님의 말씀에는 또다른 원리도 제시되어 있습니다. "사람이 떡으로만 살 것이 아니요 하나님의 입으로부터 나오는 모든 말씀으로 살 것이라"(마 4:4; 신 8:3). 주님께서는 몸이 음식을 통해 지탱되는 것이 일반적으로 필수적이라고 밝히기를 기뻐하셨습니다. 하지만 몸은 결국 소멸되고 말 것입니다. "음식은 배를 위하여 있고 배는 음식을 위하여 있으나, 하나님은 이것 저것을 다 폐하시리라"(고전 6:13). 결코 소멸되지 않을 새로운 몸은 아마도 어떤 음식두 필요로 하지 않을 것입니다. 만일 하나님이 원하신다면, 몸은 보이는 음식이 없이도 지탱될 수 있습니다. 자연의 질서나 섭리의 뜻에 따라 반드시 그렇게 되어야 한다는 절대성은 없습니다. 심지어 지금도 많은 방식으로 열량의 소모를 중지시킬 수 있고, 음식의 필요를 크게 줄일 수 있습니다. 어떤 상태에서는 거의 믿을 수 없을 정도로 소량의 음식만 섭취하고도 목숨이 지탱되는 경우가 있습니다. 만일 하나님이 원하신다면, 그분은 은밀하게 신체 조직에 활력을 주입하시고, 보이지 않는 기름을 수단으로 하여 생명의 등불을 타오르게 하실 수 있습니다. 우리는 흔히 생각하는 만큼 절대적으로 우리가 먹는 빵에 의존하지는 않습니다. 음식은 단지 생존의 도구일 뿐입니다. 하나님께서는 그것이 없이도 우리 생명을 지탱하실 수 있습니다.

형제들이여, 여기서 우리 주 예수 그리스도께서는 유형의 음식이 아닌 다른 자양분을 발견하신 것입니다. 사람들을 위한 일반적인 음식보다 뛰어난 음식입니다. 하지만 이 음식은 제자들에게는 알려지지 않았습니다. 인류의 일반적인 무리들은 영적인 음식에 대해 알지 못합니다. 하지만 제자들은 일반적인 무리들이 아닙니다. 그들은 세상에서 선택된 자들이고, 일정 기간을 주님과 함께 보냈습니다. 그럼에도 불구하고, 그들은 영혼에 가해지는 어떤 영향력으로 인해 사람이 힘을 얻어서, 육체적인 음식의 결핍에 의한 피로를 이길 수 있다는 생각을 이해하지 못했습니다. 그들은 아직 주님의 비밀 속으로 들어가지 못했습니다. 그분에게는 그들이 알지도 못하는 먹을 양식이 있었던 것입니다.

그들이 알지 못하는 것을 그분만이 아시는 이유는 부분적으로, 제자들이 도달한 것보다 더 높은 차원에서 이 자양분을 즐길 수 있다는 사실 때문입니다. 그들은 어느 정도는 영적인 사람들이었지만, 아직은 그리 높을 정도로 영적이지는 못했습니다. 육체적인 발달 과정에 비유하자면, 그들은 은혜에서 아기들에 불과했습니다. 그들은 아직 그들의 영혼이 그들의 본성의 나머지를 다스릴 정도의 수준에 이르지 못했으며, 그들의 영혼이 수행해야 할 적절한 임무도 제대로 배우지 못했습니다. 그들은 아직 영적으로 어린아이였기 때문에, 영적인 음식을 충분히 즐길 수 없었습니다. 우리의 구주께서는 성령으로 충만하셨고, 내면의 본성으로부터 그분은 깊고도 강렬하게 영적이셨으며, 보이지 않는 것과 지속적인 교류 가운데 사셨습니다. 그러기에 그분은 제자들이 알지 못하는 "먹을 양식"을 아셨던 것입니다. 오, 우리에게 성화된 미각(味覺)이 없어서 하늘의 진미(珍味)를 놓치는 일이 없기를! 그것은 영성의 결핍에서 비롯되는 슬픈 무지입니다. 주님께서 우리를 그 무지에서 이끌어 내시길 빕니다.

또한, 이 음식이 제자들에게 아직 알려지지 않은 이유는, 그들이 스스로 생각하던 것보다 더 깊이 자아에 빠져 있었기 때문입니다. "나의 양식은 나를 보내신 이의 뜻을 행하는 것이라"(34절)고 예수님이 말씀하셨습니다. 이 말씀은 주님께서 얼마나 자신을 낮추신 표현인지요! 그분은 "나의 양식은 내 아버지의 뜻을 행하는 것이다"라고 말씀하지 않으셨습니다. 그분은 아들보다 더 낮은 지위를 취하셨으며, 하나님의 뜻과 관련된 그분의 사명과 섬김의 일에 몰입하셨습니다. 그분은 하나님의 보냄을 받은 자로서, 하나님이 명하신 일을 수행하는 것에서 양식을 발견했던 것입니다. 종이 되는 것에서, 하나님의 뜻에 순종하는 것에서, 보내신 이의 일을 수행하는 것에서, 그분은 너무나 편안함을 느꼈으며, 그 일을 생각하면서 기운을 회복하셨던 것입니다. 다른 사람들은 그들 자신의 영예를 얻는 것에서 기운을 얻지만, 우리 주님은 그 영예를 내려놓음으로써 기운을 얻으신 것입니다. 육적인 마음은 자기 뜻(self-will) 안에서 먹고 마시지만, 그리스도께서는 하나님의 뜻을 행하심으로써 먹고 마십니다. 자기 자신의 일을 하고, 자기 자신의 목적대로 일하는 것은, 자연인의 양식과 음료입니다. 우리 주 예수님의 즐거움은 그와 정반대였습니다. 나의 청중이여, 당신도 그러합니까? 당신도 당신 자신의 뜻대로 행하고, 당신 자신이 주인이 되어 행하고 있습니까? 그렇다면 당신은 바람을 잡으려 하고 있습니다. 당신은 공허한 것을 추구하고 있으며, 결국에는 당신의 굶주림이 당신을 삼키고 말 것입니다. 하지만 오, 믿는 자여, 당신은 주님의 계획을 시도해 본 적이 있습니까? 당신은 주님의 멍에를 메고 그분을 배우고 있습니까? 만일 그렇다면 당신은 영혼의 쉼을 발견할 것입니다. 자아 속에서가 아니라, 자기 포기 속에서, 마음의 충만을 누릴 수 있습니다. 당신은 당신의 것이 아니며, 당신을 값 주고 사신 그분의 종이기 때문입니다. 당신의 합당한 입장을 취하는 것에서 평화를 발견할 것입니다. 이제부터 당신의 일생의 사업은 당신 스스로 선택하는 일이 아니며, 당신의 위대한 주님이며 주인이신 분이 당신에게 정해 주시는 일입니다. 종들은 자기의 뜻을 내려놓고, 주인의 명에 따라 행동합니다. 사람이 이런 상태로 온전히 들어가게 되면, 내가 증언하건대, 그 사람은 그로 인해 새로운 기운을 얻을 것입니다. 만일 내가 내 직업을 내가 선택한 것이라고 느끼면, 나의 메시지는 나 자신의 고안품이며, 나는 안식을 누리지 못할 것입니다. 그 책임감이 나를 짓누를 것입니다. 하지만 내가 나를 보내신 그분의 뜻을 행하고 있다고 느끼면, 그리고 주님의 일에 전적으로 내가 헌신한 것을 알면, 나는 용기를 얻을 것이며, 불안감 없이 분발할 수 있을 것입니다. 이 일을 하라고 나를 보내신 그분의 이름 안에서 나는 새 힘의 원천을 발견합니다. 그러나 형제들이여, 우리는 자신을 낮추어야 합니다.

우리는 스스로 주도자가 되어 무언가를 고안해 내고 우리 자신의 새로운 목적을 수행하려는 사고를 버려야 합니다. 우리는 오직 명령에 따라 행동해야 합니다. 우리는 오직 우리 주님의 말씀만을 말하고, 그분의 일만 행해야 합니다. 그때 우리는 예수님께서 그 열두 제자들이 알지 못했던 양식을 먹고 만족하셨던 것과 동일한 양식을 먹게 될 것입니다. 우리가 가장 높으신 분의 보내심을 받은 것을 아는 바로 그 사실에 우리의 양식이 있습니다. 아버지께서 그리스도를 세상에 보내신 것처럼, 그리스도께서 우리를 세상으로 보내신 것을 느낄 필요가 있습니다. 만일 우리가 그렇게 느끼지 않는다면, 우리는 영적 양식 중에서 최상의 음식을 놓치게 될 것입니다.

더 나아가, 제자들에 비해 우리 주님은 더 높은 차원에서 사셨으며, 자아를 더 많이 내려 놓으셨을 뿐만 아니라, 하나님과 더욱 온전한 조화를 이루며 사셨습니다. 그분이 말씀하십니다. "나의 양식은 나를 보내신 이의 뜻을 행하며 그의 일을 온전히 이루는 이것이니라"(34절). 하나님의 뜻은 그분의 뜻이었습니다. 수동적으로가 아니라 능동적으로, 그분은 그 일을 행하기를 원하셨습니다. 하나님의 일은 전적으로 그분의 일이었기에, 그분은 그 일을 완수하기를 원하셨습니다. 그분은 하나님의 영원한 목적의 모든 것을 다 이루기를 갈망하셨고, 그분 자신과 관련된 하나님의 목적을 온전히 이루기를 원하셨습니다. 사람이 이렇게 느낀다고 가정합시다. "나의 한 가지 열망은 하나님의 뜻을 행하는 것이다. 나에게는 그분의 뜻 이외에 다른 뜻이 없다. 나 자신의 뜻은 마치 시냇물이 강물에 흘러들어 합류되듯이 하나님의 뜻과 합류되었다." 이렇게 느낀다면, 그에게는 평화가 있을 것입니다. 주님의 뜻을 더욱 온전히 이루도록 하기 위해, 우리 자신의 뜻을 기꺼이 십자가에 못 박는 일은 복된 일입니다. 사람이 하나님의 뜻 행하기를 원할 때, 어떤 대가를 치르더라도 그 일을 완수하기를 바랄 때, 그는 틀림없이 마음속에서 힘을 느낄 것입니다. 어떤 희생을 치르더라도 하나님을 영화롭게 하고자 하는 사람은 행복한 사람입니다. 마음을 다하고 목숨을 다하고 힘을 다하여 하나님을 섬기는 사람은 매 시간마다 그에게 새로운 힘이 주어지는 것을 느낄 것입니다. 하나님이 그에게 새로운 샘물을 열어주시기 때문입니다. 아마도 당신은 이 진리를 보지 못하는 듯하군요. 하지만 만일 당신이 당신의 전 영혼을 제단에 바치는 일이 무엇인지 경험한 적이 있다면, 그리고 그리스도를 위해 살고 또 죽을 수도 있다고 느낀다면, 그렇다면 당신도 경험으로 내가 말하는 진리를 알 것입니다. 먹이를 찾아다니는 젊은 사자들처럼, 당신의 마음속에 간절한 소원이 있다면, 당신의 영혼이 하나님의 뜻에 온전히 복종하는 것에 의해 그 소원은 채워질 것입니다. 당신의 뜻이 하나님의 뜻이 될 때, 당신의 뜻은 그분의 뜻을 얻을 것입니다. 당신의 뜻이 하나님의 뜻과 조화되어 울릴 때, 당신이 발걸음을 딛는 곳 사방에서 달콤한 음악이 들려올 것입니다. 우리의 주된 슬픔은 우리의 이기심의 뿌리에서 솟아납니다. 여호수아가 가나안 왕들을 죽여 나무에 매달았듯이(수 10:26), 태양의 면전에서 당신의 자아를 높이 매다십시오. 그러면 당신의 영혼이 불만족의 배고픔과 갈증으로 지치는 일이 더 이상 없을 것입니다. 당신이 하나님과 온전히 조화를 이루게 될 때, 비록 당신이 가난한 오두막에 기거하게 되고 혹은 병상에 눕는다 할지라도, 당신은 지상에서 천상의 삶을 시작하는 것입니다. 나는 당신이 고난 중에서나 혹은 섬김의 사역 중에서 힘을 새롭게 하는 방법을 경험으로 알고 있습니다. 그것은 당신이 지존하신 분의 뜻과 목적에 더욱더 하나가 되는 것입니다. 하나님의 영광이 삶의 유일한 목적이 되면, 우리는 그분 안에서 모든 것을 얻을 수 있습니다.

또 한 가지, 사랑하는 우리의 구주께서 이 비밀스런 양식에 의해 기운을 얻으신 것은 그분이 작은 것에서 많은 것을 보는 비법을 이해하셨기 때문입니다. 혹은 달리 표현한다면, 그분은 진수성찬을 먹고 계셨습니다. 그분은 왕의 연회를 능가하는 잔치에 참여하고 계셨습니다. 어떻게요? 그분은 한 여인에게 복을 주셨습니다. 평판이 나쁘고, 죄 많은 여인이었지요. 그분은 그녀가 그분이 메시야이심을 알아볼 수 있는 데까지 그녀를 인도해 주셨습니다. 이것이 그분에게는 축제였습니다. 어떤 이들은 그 일이 사소하다고 생각할 것입니다. 하지만 지혜로운 자는 도토리 한 알에서 숲을 보듯이, 예수님께서는 이 작은 사건이 어떤 큰 결과로 이어질지를 보셨습니다. 많은 사람들이 이런 식으로 말할 것입니다. "태버너클 교회처럼 큰 회중 앞에서 설교하도록 부름을 받는다면 배고픔이나 다른 불편한 일들을 쉽게 잊어버릴 수 있을 거야. 그토록 많은 사람들의 얼굴을 대하는 일은 크게 힘을 북돋아 주는 요소가 되지." 하지만 당신의 주님께서 한 사람의 얼굴을 대하고서 크게 힘을 얻으셨다는 것을 주목하십시오. 그 평범한 마을 사람의 얼굴, 수가 동네에서 물을 긷기 위해 물동이를 이고 온 그 슬픔에 빠진 인물의 얼굴을 보시고서 힘을 얻으신 것입니다. 그분이 전하신 말씀은 연설이 아니었습니다. 그분은 심지어 뛰어난 웅변술로 찬탄을 자아내는 그런 설교를 하신 것도 아닙니다. 하지만 그분의 온 마음이 그가 행하신 일에 몰입되셨습니다. 그것은 단지 집집마다 방문하는 도시 전도에서의 대화 형태와도 같았으며, 혹은 성경을 들고 이웃에게 전도하는 대화의 한 풍경과도 같았습니다. 하지만 우리의 거룩한 모범자(Exemplar)는 한 영혼의 가치를 크게 보셨기에, 또한 한 영혼을 가르치는 기회의 가치를 소중하게 보셨기에, 그 단순한 대화에서 신성한 만족감을 얻으셨던 것입니다. 그분은 그 여인에게서 추수의 씨앗을 보셨고, 그리하여 그녀와의 대화에서 크게 기운을 얻으셨던 것입니다. 우리는 대개 어떤 일들을 올바르게 평가하지 않습니다. 나는 우리의 저울과 추가 잘못되었다고 확신합니다. 우리는 커다란 논쟁에 뛰어들거나, 혹은 전국에서 읽혀질 기고문을 쓰거나, 혹은 수천 명을 놀라게 할 정도로 센세이션을 일으키면, 큰 일을 하고 있다고 생각합니다. 하지만, 정말이지, 그렇지 않습니다. 주님께서는 바람 가운데도 계시지 않고, 폭풍 가운데도 계시지 않습니다(참조. 왕상 19:11-12). 우리는 세미한 작은 음성으로 가르치고 설득하는 일을 계속해야 합니다. 당신은 주일학교의 작은 어린이들과 계속해서 대화해야 합니다. 당신이 방문할 수 있는 병든 자들에게 계속해서 말해야 합니다. 예수 그리스도를 작은 방에서도 전하려고 애써야 하며, 도시의 거리에서나 시골 마을의 골목 어귀에서 만나는 사람들에게도 전해야 합니다. 그것은 오래된 방식으로서, 조용하고 개인적인 전도이지만 효과가 있습니다. 만일 우리가 선한 것은 모두 커야 한다고 생각한다면, 매우 유감스러운 정신 상태에 빠지는 셈입니다. 겉날리는 식으로 수행된 큰 규모의 일에서보다, 철저하게 잘 수행된 작은 일에서 하나님이 영광을 받으십니다. '겉날리는 식으로'라는 단어는 요즈음 기독교 사역의 많은 부분을 제대로 묘사해 줍니다. 도덕적 건축물의 거대한 공사가 '날림공사 업자들(jerry-builders)'에 의해 수행되고 있습니다. 그들에게는 겉모양이 모든 것이며, 실체는 아무것도 아닙니다. 그런 건물은 머잖아 무너질 것입니다. 그러면 유사한 공사업자들이 동일한 비참한 방식으로, 허풍을 떨며 화려하게 팡파르를 울리며 그 일을 다시 시작합니다. 한 여인의 회심을 위해서도 일 년의 시간을 쓸 가치가 있습니다. 아아, 만일 제대로만 수행할 수 있다면, 한 소년의 회심을 위해 평생의 시간이라도 쓸 가치가 있습니다. 한 여인이나 어린이의 참된 회심이, 온실 속의 버섯들처럼 흥분에 의해 강요된, 시끄럽고 떠들썩한 일백 명의 가짜 회심보다는 훨씬 더 가치가 있습니다. 우리는 참된 사역을 원하지, 떠들썩한 사역을 원하지 않습니다. 예수님이 그 우물에서 행하셨듯이, 인간 영혼의 한가운데에서 일하기를 원합니다. 이러한 종류의 사역이 우리의 심령에 활기를 주며, 다른 것은 결국 쓰라린 실망감으로 끝날 것입니다. 우리가 위대하신 하나님의 능력 안에서 작은 일들을 행하는 것에서 참된 만족을 얻으리라고 나는 확신합니다. 우리는 거기에서 우리의 양식을 발견할 것입니다. 어떤 사람은 이 시점에서 일어나 말합니다. "이제 알겠습니다. 항상 대중 앞에서 일하는 사역자들이 큰 기쁨을 얻을 것이라고 저는 언제나 생각해 왔습니다. 하지만 이제는 은밀하고 숨겨진 사역자들에게도 상이 있다는 것을 이해하겠습니다." 주 예수 그리스도께서는 우물 곁에 앉아서 한 사람과 대화하는 것에서 만족을 얻으셨습니다. 이제부터 당신은 어머니들의 모임을 가지는 것에서 만족하고, 혹은 구역 모임에서, 혹은 성경 공부 반에서, 혹은 아이들과 가족 모임에서 만족하시기 바랍니다. 끈기 있게 걸어가십시오. 진실한 마음으로, 성령의 능력 안에서, 예수님을 위해 하는 일이라면, 가장 작은 일에도 무한한 가능성들이 숨어 있습니다. 왕자들의 넓은 방에 가득한 향기는 작은 장미봉오리 속에 잠들어 있습니다. 작은 섬김을 결코 멸시하지 마십시오. 오히려 그 일을 수행하도록 허락받은 것에 감사하십시오.

2. 우리 주님을 만족하게 한 양식

사랑하는 친구들이여, 나와 함께 계속해서 우리의 두 번째 주제로 나아갑시다. 이 은밀한 양식이 우리 주님을 배부르게 했습니다. 내가 이것에 대해 말하는 이유는, 그분이 양식을 발견한 곳에서 우리도 역시 그 양식을 발견할 수 있음을 상기시키기 위함입니다. 왜 보내신 이의 뜻을 행하고 그 일을 온전히 이루는 그 일이 우리 주님을 만족하게 했을까요?

첫째로, 그분이 그 일에 너무나 배고프셨기 때문입니다. 수천 년 동안 그리스도께서는 여기 사람들 가운데 있기를 고대하셨습니다. 그분이 말씀하셨습니다. "사람이 거처할 땅에서 즐거워하며 인자들을 기뻐하였느니라"(잠 8:31). 실제로 그분이 인간의 살과 피로 나타나시기 전에, 우리 주님은 다양한 형태로 많이 나타나셨습니다. 왜냐하면 그분의 일에 열심이셨기 때문입니다. 그리고 그분이 태어나셨을 때, 그분이 아직 소년이었을 동안에, 그분이 이렇게 말씀하셨습니다. "내가 나의 아버지의 일을 해야 될 줄을 알지 못하셨나이까?"(눅 2:49. KJV.

한글개역개정판은 "내가 내 아버지 집에 있어야 될 줄을 알지 못하셨나이까"로 되어 있음) 이 것이 그분의 전 생애의 정신이었습니다. "나는 받을 세례가 있으니 그것이 이루 어지기까지 나의 답답함이 어떠하겠느냐"(눅 12:50). 그분은 인간을 구원하는 일을 하기를 간절히 원하셨습니다. 그분은 은혜를 베푸시는 그분의 최상의 일을 수행하기를 갈망하셨습니다. 요한복음 2장 17절을 읽어보십시오. 그분이 성전에 들어가셔서 장사하는 자들을 쫓아내셨습니다. 그 다음에 이렇게 기록되어 있습니다. "제자들이 성경 말씀에 주의 전을 사모하는 열심이 나를 삼키리라 한 것을 기억하더라." 그 사건은 그분이 '나를 보내신 이의 뜻을 행하며 그의 일을 온전히 이루는 것이 나의 양식이다'는 말씀을 제자들에게 하시기 전의 일이었습니다. 우리 주님은 하나님을 섬기고 사람들을 축복하려는 열심이 너무도 가득하셨기에, 그 일을 수행하셨을 때 그분은 크게 기뻐하셨으며, 다른 모든 일들을 마치 일고의 가치도 없는 듯이 땅바닥에 던져 버리셨습니다. 만일 당신과 내가 하나님을 섬기고 영혼들을 얻고자 하신 우리 주님의 열심을 느낄 수 있다면, 그분이 하신 것처럼, 우리는 섬김 그 자체에서 양식을 발견할 것입니다.

　우리 주님께서 그분의 일을 수행하실 때 그분은 그 일에 자신을 전적으로 헌신하셨습니다. 그분은 영혼을 얻는 일에 온 마음과 열성을 기울이셨습니다. 우리 주님께는 목적에 대한 놀라운 집중력이 있습니다. 그분은 그 일에 즉각적이면서 또한 지속적이셨습니다. 그분은 온통 거기에 몰두하시고, 언제나 그 일에 몰두하십니다. 예수 그리스도의 사역자들이라고 공언하고서도 그 마음은 사냥터에 가 있는 사람들이 있습니다. 그들의 사역이 수치일 뿐이라는 것에 놀랄 이유가 있습니까? 첫 번째로는 자연애호가이고, 두 번째가 성직자인 다른 사람들도 있습니다! 그들의 사역이 실패로 입증되는 것에 놀랄 필요가 있습니까? 말하기가 유감스럽습니다만, 그리스도의 사역자들이라고 공공연히 알려진 많은 사람들이 복음을 전하기보다는 복음을 비난하는데 마음을 쏟고 있습니다. 과거에 그런 때가 있었고, 지금도 그렇습니다. 그들은 믿음을 증진시키기보다는 의심을 뿌리는 일에 더 보람을 얻는 듯합니다. 그들은 그들이 확신하지 못하는 일을 전하고, 그들의 관심을 끌지 못하는 일을 전합니다. 주님의 뜻을 행하는 것이 그들의 양식이 아닙니다. 주님께서 그들을 보내신 적이 없기 때문입니다. 그들은 설교함으로써 양식을 얻지만, 설교하는 것이 그들의 양식은 아닙니다. 틀림없이, 그들이 멸시하는 옛 이야기를 전해야 하는 일이 그들에게는 고역일 것입니다. 그들은 얼마나 비참한 자들인지요! 나는 그들을 더 좋게 말할 수가 없습니다. 사람이 그리스도의 종이라고 공언하고서 그리스도를 섬기는 일에 마음을 두지 않는 것은 나로서는 끔찍하게 여겨질 뿐입니다. 원한다면, 당신은 가서 담배나 팔든지, 차나 설탕을 파는 편이 좋을 듯합니다. 하지만 당신이 복음을 열의도 없이 마지못해 전한다면, 그것은 또다른 문제입니다. 당신은 당신이 전하는 것을 모두 망칠 것입니다. 무성의한 설교에서 어떤 선한 것이 올 수 있겠습니까?

그리고 당신, 주일학교에서 가르치거나 혹은 예수님을 위한 다른 일에 종사하는 선한 친구여, 차가운 무관심으로 손이 마비되어서 당신이 손댄 모든 일을 망친 기억이 있습니까? 당신이 하는 일에 당신의 혼이 들어 있지 않다면, 그 일을 그냥 내버려 두는 편이 좋습니다. 당신의 마음이 그 속에 없다면, 차라리 당신은 섬김의 일을 하기보다는 악행을 하는 셈입니다. 예수님께서 그 여인과 대화하실 때, 그분은 모든 힘을 거기에 기울이셨습니다. 그분은 모든 기회를 활용하시고, 모든 기회를 붙잡으십니다. 그분은 교수법의 대가처럼 대화하십니다. 왜냐하면 가르침이란 그분의 온 열정을 담는 일이기 때문입니다. 형제들이여, 우리가 그렇게 일을 수행할 때 우리는 그 일에 의해 새 힘을 얻을 것입니다. 만일 당신이 하고 싶지 않은 일을 한다면, 그것은 당신을 지치게 만들 것입니다. 하지만 당신의 일이 당신의 마음에 기쁨이 된다면, 당신은 그 일을 하는 것에서 게으른 자들이 알지 못하는 먹을 양식을 찾을 것입니다.

우리 주님은 그 일 자체에서 큰 기쁨을 찾으셨습니다. 한 목마른 영혼에게 생수에 대해 말해 주는 것이 그분에게는 강렬한 기쁨이었다고 나는 믿습니다. 오랫동안 갇혀 있던 한 영혼을 자유롭게 하는 일, 오랫동안 죄의 수렁에 빠져 있던 정신 속에 새로운 생각을 창조하는 일이 그분에게는 매우 숭고한 기쁨이었습니다. 그 여인이 그분께 이렇게 말하는 것을 들으시고 그분이 얼마나 기뻐하셨을까요? "어디서 당신이 그 생수를 얻겠사옵나이까"(11절). 그 말을 듣고서 그분에게 얼마나 많은 생각이 떠올랐을까요! 비록 여인이 물을 긷기 위해 두레박을 우물 속에 내리지도 않았지만, 이미 예수님께 마실 물을 드린 셈입니다! 영혼에 유익을 끼치는 일이 그분에게는 너무나 기쁘고 행복한 일이었기에, 그것 자체가 그분께는 보상이었습니다.

나는 주님께서 그 날 떡 잡수시기를 잊으신 이유가 부분적으로 그 영혼을 찾는 열정이 그분께 가득했기 때문이라고 생각합니다. 영양(羚羊) 사냥꾼은 해가 뜨기 오래 전에 침상을 떠나 산을 오릅니다. 새벽의 어스레한 빛 속에서 그는 그가 추적하는 대상물을 바라봅니다. 하루 종일 아무것도 먹지 못하고 저녁 늦게 돌아올 때 기분이 어떠냐고 그에게 물어보십시오. 그는 이렇게 대답합니다. "나는 음식 생각은 하지 못했습니다. 나는 멀리 바위산에 서 있는 영양을 보았고 서둘러 그 뒤를 따랐습니다. 개울을 뛰어넘고, 가파른 바위 절벽을 오르고, 다시 뛰어내렸습니다. 나는 거의 그것을 잡을 뻔했지만, 그만 놓쳐 버리고 말았습니다. 나는 절벽을 다시 기어 올라갔고, 그 양이 내 기척을 느끼고 놀라게 하지 않도록 하기 위해 가쁜 숨을 참았습니다. 나는 사냥 외에 아무것도 생각하지 않았습니다. 내 총알이 사냥감의 심장에 명중하기까지, 내 사냥칼을 칼집에서 빼낼 때까지, 배고픔 같은 것은 아예 잊어버렸습니다. 그 사냥감을 어깨에 짊어지고 나서, 비로소 나는 그날 내가 아무것도 먹지 않았다는 생각을 했습니다." 당신은 이런 열정이 무엇을 의미하는지, 또한 그 열정이 사냥꾼을 얼마나 기운차게 하는지를 이해할 것입니다. 여러분 중 어떤 분들은 스코틀랜드의 강에서 연어 사냥을 해 보았을 것입니다. 낚싯대를 던지고 접기를 거듭하다가, 마침내 커다란 물고기를 낚아챕니다. 잡은 물고기를 땅에 내려놓고서 한참을 관찰한 후에야, 식사 시간이 훨씬 지났음을 발견합니다. 공복으로 거의 기절할 정도가 되기까지 배고픈지도 모르고 있었다는 것을 발견하고 깜짝 놀라곤 합니다. 흥미가 있으면 하는 일에 몰두하게 됩니다. 그 일이 끝났을 때에야 당신은 배가 고프기 시작합니다. 이와 같이 주님께서도 영혼을 구원하는 일에 몰두하셨으므로 다른 사람이 알지 못하는 먹을 양식이 있었던 것입니다. 우리도 때때로 이와 같이 완전히 몰두하는 상태에 빠지기를 바랍니다. 주님은 그분을 의지하여 하나님께 나아오는 자들을 능히 구원하실 수 있습니다. 죄인들을 그분께로 인도하고자 하는 불타는 열망에 사로잡히기를 바랍니다. 수수께끼가 모두 풀리지는 않았습니다. 하지만 나는 그분에게 그들이 알지 못하는 먹을 양식이 있었다는 것을 압니다. 그분에게는 영혼을 얻으려는 열망이 강했던 것입니다.

또한, 주님은 영혼을 찾는 열정을 느끼셨을 뿐 아니라, 불쌍히 여기는 심정으로 크게 감동되셨습니다. 영양을 사냥하는 사람은 그의 사냥감에 대해 동정심이 없습니다. 연어를 낚시하는 사람은 그 물고기에 대해 연민의 감정이 없습니다. 하지만 영혼을 축복하고자 애쓰시는 그분은 동정심으로 가득하십니다. 많은 고귀한 부인들이 병자들을 간호하기를 좋아합니다. 그들의 마음은 고통당하는 자들의 침상 곁에 있을 때 편안함을 느낍니다. 고통을 덜어 주어야 하고, 식은 땀을 닦아 주어야 할 때, 그들은 밤에 잠을 자지 않습니다. 그들의 친절한 동정심이 아픈 자들에게 참을 수 있는 더 큰 힘을 줍니다. 그들은 몇 시간이고 병자들을 살피고 돌보아줍니다. 마침내 기진맥진해졌을 때, 그들은 스스로 이렇게 묻습니다. "내가 어떻게 그렇게 오랫동안 쉬지도 않고 있었을까?" 너그러운 동정심이 피로를 이긴 것입니다. 어머니들이 아픈 자녀들을 위해 얼마나 오래 인내하는지를 보십시오! 그들은 사랑하는 자녀가 열 때문에 뒤척이거나 아파서 신음할 때 잠을 자지 못합니다. 금방이라도 끊어질 것 같은 여린 생명을 돌보는 동안에, 그들은 음식 먹을 생각을 잊어버립니다. 마치 아론의 지팡이가 다른 지팡이들을 모두 삼켜 버렸듯이, 참된 연민은 다른 모든 생각을 삼켜 버리는 듯합니다. 때때로 고통을 보고서도 당신이 도울 수 없을 때가 있을 것입니다. 그 끔찍한 장면 외에는 다른 모든 것을 잊어버립니다. 음식을 쳐다보기도 싫습니다. 마음이 아픕니다. 그 슬픔이 당신 자신의 슬픔이 됩니다. 그 후로 몇 주 동안이나 잘 때에도 깜짝 놀랍니다. 그 사고에서 다친 사람이 당신 눈앞에 나타나기 때문입니다. 그와 같이 우리 주님은 잃어버린 영혼들을 불쌍히 여기셨습니다. 그분은 그 사마리아 동네의 위험을 아셨고, 그 생각 때문에 먹기를 잊으신 것입니다.

그 이상입니다. 그것은 단순한 동정심뿐만이 아닙니다. 그분은 현재의 성공에서 큰 기쁨을 느끼셨습니다. 그분은 한 영혼을 생명과 빛으로 인도한 것을 보시고는 기뻐하셨습니다. 한 여인이 메시야를 믿는 것을 보시고, 그리고 그녀의 마음과 삶이 깨끗해졌음을 아시고, 그분은 더 없는 기쁨을 느끼셨습니다. 나는 구원받은 죄인의 손을 잡는 것보다, 사람의 고통과 피곤을 잊어버리게 만드는 다른 것을 알지 못합니다. 구원받은 사람이 말합니다. "오, 전능하신 하나님께서 당신에게 복을 주시기를! 당신이 나를 예수님께로 인도했습니다." 이것은 새로운 노력을 기울이도록 우리를 북돋아 줍니다. 나는 이 일을 경험으로 말합니다. 어제 저녁에, 내가 이 주제를 생각하고 있을 때, 고통과 약함으로 나 자신이 좀 무기력함을 느꼈습니다. 하나님이 주시는 감동을 느끼며 나는 침례교선교회 보고서를 집어들었는데, 그 보고서는 6월 1일에 발행된 것이었습니다. 그 보고서를 훑어보다가, 나 자신의 이름을 보았습니다. 산토도밍고(Santo Domingo)

에 있는 우리 선교사가 낙심에 빠진 해가 있었습니다. 하지만 한 가지 아주 기쁜 사건을 통해 그 낙심은 회복되었습니다. 한 사람이 아이티(Haiti) 내륙으로부터 내려와 세례를 요청했습니다. 그가 매우 지적인 그리스도인이며 복음을 잘 배운 것을 발견하고는, 그 선교사는 그가 어떻게 그런 것을 알게 되었는지를 물었습니다. 그가 대답하기를, 그는 프랑스어로 번역된 한 설교에 몰입하게 되었는데, 그 설교는 스펄전 목사가 전한 것이라고 했습니다. 오 친구들이여, 나는 더 이상 무기력하지 않았습니다! 나는 먹을 양식을 얻었습니다. 내 서재에 천사가 서 있었다고 하더라도, 한 죄인이 구원받은 것을 읽었을 때보다 천사의 방문이 더 큰 기쁨을 주지는 못했을 것입니다. 여기 프랑스어로 번역된 설교가 있고, 멀리 아이티에까지 전달되었습니다. 나는 어찌된 영문인지도 몰랐습니다. 그런데 그곳에서 한 로마 가톨릭신자가 그 설교에 의해 구원을 발견한 것입니다. 하나님이 그에게 복 주시기를! 그런 성공 후에는 무기력할 수가 없습니다. 당신은 그럴 수 있겠습니까? 나로서는, 내 병에도 불구하고, 계속 전진하기로 결심했습니다. 내 온 힘을 다해 복음을 전하고, 더 많은 설교를 인쇄하고, 그것을 땅 끝까지 보내기로 결심했습니다. 형제들이여, 비관하지 마십시오. 포기하지 마십시오. 당신의 일에 대한 하나님의 축복이 당신을 새롭게 하시길 바랍니다.

열거한 것을 마무리하면서 한 가지를 더 언급하자면, 복되신 주님께서는 배고픔을 잊게 만드는 무언가가 있었습니다. 그것은 그분이 더 좋은 일들에 대한 전망을 보셨다는 것입니다. 그 동네에서 많은 사람들이 예수님을 찾아왔습니다. 한 여성 전도자가 마을로 되돌아가서 그녀의 이야기를 들려주었습니다. 그러자 사람들이 예수님의 말씀을 직접 듣기 위해 몰려왔습니다. 우리 주님께서는 또한 훗날 전도자 빌립이 사마리아 지방으로 내려갈 때와, 많은 사마리아인들이 진리를 아는 지식에 이르게 될 때를 미리 내다보셨습니다. 오 친구들이여, 우리의 눈을 떠서 하나님이 장차 행하실 일에서 양식을 발견합시다! 미래에 대한 밝은 전망을 가집시다. 스무 사람을 구원한 복음은 백 사람을 구원할 수 있습니다. 한 회중에게 복을 주었던 설교는 모든 회중들에게 복을 줄 수 있습니다. 우리는 복음을 더욱 굳게 믿고, 더 큰 확신을 가지고 그것을 전해야 하며, 그것을 전파하는 일을 더욱더 우리의 일생의 과업이 되게 해야 합니다. 그러면 온 세상이 예수님의 발 아래로 모여들 것이며, 오랜 복음, 지금 멸시를 당하는 옛 복음이 다시금 영예를 되찾을 것입니다. 용기를 내도록 합시다. 예수님이 하나님을 섬기셨듯이 우리도 그분을 섬기기만 하면, 예수님이 그러하셨듯이 우리도 충분히 우리를 만족하게 할 먹을 양식을 소유할 것입니다.

3. 이 양식의 즉각적인 추구

셋째로, 즉시 이 양식을 찾도록 합시다. 그것이 우리가 실천해야 할 일입니다. 만일 우리가 알지 못하는 먹을 양식이 있다면, 즉시 그것에 대해 알도록 노력합시다. 물론, 나는 회심한 사람들, 예수 그리스도를 믿음으로써 구원받은 사람들에 대해서만 말하고 있습니다. 아직 믿지 않는 자들은 이 비밀한 양식을 먹을 수 없습니다. 믿지 않는 자들은 하나님께 대해 산 자들이 아니기 때문입니다. 그런 사람은 하나님의 성령에 의해 소생되어야 합니다. 하늘의 떡을 먹을 수 있기 전에 먼저 거듭나야 합니다. 하나님께서 예수 그리스도 안에 있는 구원의 믿음에 이르도록 즉시 당신을 이끌어 주시기를 바랍니다! 하지만 나는 주님을 알고 있는 사람, 그분을 위해 수고하는 사람, 오늘 새롭게 기운을 회복할 필요가 있는 사람에게 말하고 있습니다. 양식을 위해 올바른 곳을 바라보십시오. 지쳤습니까? 그렇다면 본문에서 우리 주님의 지시를 따라 이 양식을 찾도록 하십시오.

먼저, 우리가 하나님의 보내심을 받았다는 것을 기억합시다. 그것을 잊지 마십시오. 주님과 함께 이렇게 말하십시오. "나의 양식은 나를 보내신 이의 뜻을 행하는 것이다." 구원받은 각 사람은 그의 구원자에 의해 보내심을 받았습니다. 나는 주님께서 무엇을 하도록 당신을 보내셨는지는 모릅니다. 여러분 스스로가 그것을 알기를 바랍니다. 하지만 당신이 무엇을 위해 부름을 받았는지를 알 때, 누구도 당신을 말리지 못하게 하십시오. 어떤 사람의 동의도 기다리지 말며, 후원이나, 도움도 기다리지 마십시오. 하나님이 당신을 보내셨다는 확신에 의거하여 영혼의 힘을 얻고, 앞으로 나아가십시오. 하나님이 당신을 보내셨다면, 누가 당신을 막겠습니까? 여왕의 사신도 우리가 그를 위해 길을 비켜줄 것을 요구합니다. 여왕의 문서를 지닌 관리는 그의 길을 재촉하기 위해 모든 사람에게 지시를 내릴 권위가 주어졌습니다. 왕의 업무로 길을 가는 사람에게는 다른 모든 사람보다 우선권이 주어집니다. 그리스도인 친구여, 예수님이 당신을 보내셨음을 느끼십시오. 바로 여기에 당신의 용기를 위한 양식이 있습니다. 당신이 사명을 가졌고, 그 사명 때문에 가는 것을 아십시오. 당신의 길을 막아서는 자를 누구라도 믿지 마십시오. 반대자들에게는 반대가 소용없을 것임을 알리십시오. 만일 하나님이 당신을 보내신다면, 그 보내심에는 힘과 세력이 있어서 무엇이든 저항하고서는 안전할 수 없기 때문입니다. 소란을 피우지 마십시오. 뽐내며 호통치는 것을 억제하십시오. 오직 조용히 당신의 일에 착념하십시오. 하나님이 당신을 보내셨다면, 당신은 하나님의 보내심을 받은 더 위대하신 종(예수)과 같이 될 것입니다. 그 종에 대해 성경은 이렇게 말합니다. "그는 다투지도 아니하며 들레지도 아니하리니 아무도 길에서 그 소리를 듣지 못하리라." 하지만 동시에 "그는 쇠하지 아니하며 낙담하지 아니하리라"(사 42:1-4; 마 12:18-21).

다음으로, 우리가 새 힘을 얻기를 바란다면, 하나님의 일과 뜻 안에서 즉시 기쁨을 발견하도록 합시다. 당신은 지금까지 당신 자신의 일에서 즐거움과 양식을 찾으려 노력해 왔고, 또한 실패했습니다. 이제는 다른 방향으로 항해하십시오. 하지만 이에 대해서는 이미 말했습니다. 만일 당신과 내가 해야 하는 모든 일이 하나님의 일이 될 수 있다면, 만일 우리가 모든 일들을 그분의 영광을 위해서 한다면, 그것이 구두를 수선하는 일이든, 의복을 만드는 일이든, 혹은 설교하는 일이든, 밭을 가는 일이든, 우리는 하나님 안에서 행복할 것이며 또한 우리의 영혼은 최상의 양식을 먹게 될 것입니다. 가장 천한 노동이라도 제사장적인 섬김의 일부로 간주된다면 어떤 고단함도 이겨낼 것입니다. 당신 자신의 일에서보다 하나님의 일에서 기쁨을 찾으라고 권면할 때, 나는 당신의 마음을 최상의 진미가 있는 곳으로 안내하고 있다고 확신합니다.

다음으로, 일에 착수합시다. 주님은 제자들에게 말씀하십니다. "너희는 넉 달이 지나야 추수할 때가 이르겠다 하지 아니하느냐?"(35절) 이는 게으른 자들에게서 듣는 일반적인 말입니다. 일할 때가 오지 않았다는 것입니다. 그들은 언제나 미루기 위한 핑계를 찾습니다. 추수는 언제나 넉 달이 지나야 온다고 합니다. 많은 사람들이 지금 많은 일을 하려고 합니다. 바로 지금 그들은 일을 시작합니다. 하지만 게으른 자들은 넉 달이 지나야 일하는 것을 볼 수 있습니다. 우리 주변의 많은 그리스도인들이 진정한 만족을 발견하지 못하는 이유는 그리스도를 위한 거룩한 일에 즉각적으로 힘을 다해 일하지 않기 때문입니다. 어떤 사람이 "선한 일을 할 수 있는 최상의 방법이 무엇이냐?"고 묻습니다. 우리의 대답은 "그것을 하라"입니다. 나는 이보다 더 좋은 것을 추천할 수가 없습니다. 그리스도를 섬기는 최상의 방법은 그분을 섬기는 것입니다. 어떤 배고픈 사람에게 정찬을 먹는 최상의 방식이 무어냐고 물었을 때, 그는 이렇게 대답했습니다. "나에게 나이프와 포크를 주십시오. 나에게 기회를 주십시오. 그러면 내가 곧바로 보여드리겠습니다." 어떻게 하면 하나님을 섬길 수 있느냐는 질문을 받을 때, 첫 번째 기회를 붙잡고 그 일을 행함으로써 대답하십시오. 우리의 기쁨과 위로를 위해서, 기회가 많이 있으며 또한 지금 있다는 것을 기억하십시오. "너희는 넉 달이 지나야 추수할 때가 이르겠다 하지 아니하느냐? 너희 눈을 들어 밭을 보라 희어져 추수하게 되었도다."

　더 나아가, 만일 우리가 그리스도인의 삶에서 기쁨과 만족을 얻기를 바란다면, 즉시 우리의 위치로 뛰어듭시다. 제자들은 씨를 뿌리는 자들이 아니라 열매를 거두는 자들이었습니다. 많은 다른 사람들은 거두는 자들이 아니라 뿌리는 자들이었습니다. 당신은 주님께서 데려다 놓으시는 곳에서 일에 착수해야 합니다. 위치를 골라잡는 일이 있어서는 안 됩니다. 주님이 정해 주시는 곳에 뛰어 들어가서 시작하십시오. 당신은 이렇게 말할 수도 있습니다. "나는 전적으로 새로운 일을 시작하고 싶어요." 하지만 만일 주님께서 다른 누군가가 수년간 수행해온 일을 당신이 계속하도록 지정하신다면, 주저하지 마십시오. 아마도 당신은 이렇게 말할지도 모릅니다. "초기의 힘든 일이 끝난 곳에서 일하고 싶습니다." 하지만 당신의 주님께서 전혀 개척하지 않은 처녀림에서 시작하도록 지시하신다면, 거기에 이의를 제기하지 마십시오. 당신은 마지막 벽돌 통을 운반하여 굴뚝을 세우고 싶을 수도 있습니다. 하지만 그 집의 건축 상황이 아직 거기까지 이르지 않았다면, 지하실 땅을 파는 일이라도 기꺼이 시작하도록 하십시오. 우리는 어디에든 달라붙어 기꺼이 일하고자 해야 합니다. 지도자가 되든지 혹은 짐꾼이라도 되십시오. 첫 번째가 되든지 혹은 마지막이라도 되십시오. 뿌리는 자가 되든지 거두는 자가 되든지, 주님이 정하시는 대로 행하십시오. 사랑하는 친구들이여, 까다롭게 자기주장을 내세우며 밭으로 뛰어든다면, 그리고 자신이 선택하겠다고 고집을 부린다면, 그리스도를 섬기는 일에서 결코 양식을 얻지 못할 것입니다. 이는 섬김의 참된 정신과는 정반대이기 때문입니다. 고르지 마십시오. 그러면 만족을 찾을 것입니다.

　우리의 영혼을 위한 양식을 얻고자 하면서 우리는 또한 보수를 기대할 수 있습니다. 일꾼들이 그리스도께 모여 삯을 받을 때가 있습니다. 본문은 말합니다. "거두는 자가 이미 삯도 받고"(36절). 우리나라에서 농장 노동자들은 너무나 보수가 적어서 그것을 보수라고 부르기도 어렵습니다. 하지만 추수 때가 오면, 거두는 자는 진정으로 수고의 보수를 받습니다. 가장 고집스러운 구두쇠라도 거두는 일에 합당한 보수를 지불해야 합니다. 그렇지 않습니까? 가장 인색한 수전노라도 거두는 자에게 삯을 지불해야 합니다. 곡식 단을 베고 거두는 자들에게는 특별 임금을 지불해야 합니다. 계속해서 일합시다. 우리 주님께서 삯에 대해 우리에게 말씀하시기 때문입니다. 그리고 그분은 언제나 후하게 주십니다. 당신의 보상은 현재 당신이 얻는 것이 아니며, 오히려 영광스러운 미래에 있습니다. 주 예수님께서 오실 때 그분은 그분의 모든 하인들과 종들에게 보상하실 것입니다. 예수님께서 이 땅에 돌아오실 때 일한 것에 따라 상을 주실 것입니다. 이는 사복음서에서 제시된 너무나 명백한 사실입니다. 여기에 우리의 먹을 양식이 있으며, 이 양식이 한낮의 더위 속에서 수고하는 우리를 잘 지탱해 줄 것입니다.

　다음으로 끝이 옵니다. 누구라도 새 힘을 얻기를 바란다면, 끝을 기억하십시오. 뿌림의 끝은 무엇이고 거둠의 끝은 무엇입니까? 추수의 완수가 아닙니까? 곡식으로 짐을 실은 마지막 수레를 보십시오! 그 꼭대기에 올라탄 어린이들을 보십시오! 지상의 귀한 열매를 거두고서도 시골 사람들이 얼마나 기쁨으로 소리치는지를 들어보십시오! 그리고 밤에는 만찬이 있습니다. 추수 주인은 그의 살진 짐승을 잡았습니다. 그리고 모든 일꾼들을 식사에 초대합니다. 그들은 주인과 함께 잔치를 즐깁니다! 계속 씨를 뿌리십시오. 계속 일하십시오. 계속 거두십시오. 하늘과 땅이 즐거운 함성으로 진동할 날이 올 것입니다. 주님의 목적이 완수되었고, 그분의 일이 끝났기 때문입니다. 그 때 우리는 어린 양의 식탁에 앉을 것이며, 함께 기뻐할 것입니다. 우리 중 많은 이들이 우리 주님이 그분의 생애에서 수고하셨던 그 복된 일과 섬김에 참여했기 때문입니다. 그러므로 당신의 마음의 허리를 동여매십시오. 이 아침에 용기를 내고 새롭게 기운을 차리십시오. 주님께서 공급하시는 영원한 진미(珍味)를 먹으며, 그분의 이름 안에서 기뻐하십시오.

제
19
장
—

왕의 신하의 믿음

—

"예수께서 다시 갈릴리 가나에 이르시니 전에 물로 포도주
를 만드신 곳이라 왕의 신하가 있어 그의 아들이 가버나움
에서 병들었더니 그가 예수께서 유대로부터 갈릴리로 오셨
다는 것을 듣고 가서 청하되 내려오셔서 내 아들의 병을 고
쳐 주소서 하니 그가 거의 죽게 되었음이라 예수께서 이르
시되 너희는 표적과 기사를 보지 못하면 도무지 믿지 아니
하리라 신하가 이르되 주여 내 아이가 죽기 전에 내려오소
서 예수께서 이르시되 가라 네 아들이 살아 있다 하시니 그
사람이 예수께서 하신 말씀을 믿고 가더니 내려가는 길에서
그 종들이 오다가 만나서 아이가 살아 있다 하거늘 그 낫기
시작한 때를 물은즉 어제 일곱 시에 열기가 떨어졌나이다
하는지라 그의 아버지가 예수께서 네 아들이 살아 있다 말
씀하신 그 때인 줄 알고 자기와 그 온 집안이 다 믿으니라."
—요 4:46-53

이 기사는 영혼 속에서 믿음이 어떻게 일어나며, 어떻게 진행되어 가는가를
예증해 줍니다. 저는 이 본문에 대해서 말씀드리려 할 때, 우리도 똑같이 그와
같은 경로를 체험적으로 따라갈 수 있었으면 하고 바라며 기도합니다. 또한 그
러한 믿음이 우리의 마음속에서도 일어나고, 우리의 심령 속에서 진전되어, 이

왕의 신하 속에 있었던 믿음보다도 우리가 더 강해질 수 있기를 바랍니다.

　　형제 여러분, 제가 말씀드리려는 요점은 이러한 것에 대해서 듣고자 하는 것만이 아니라 그러한 것이 여러분 자신의 영혼 속에서도 반복되기를 원한다는 것입니다. 우리는 진정한 유익이 있는 일을 하고 싶어합니다. 하나님께 속한 것들을 곧바로 우리 자신 속에 적용시킬 수 있기를 원하는 것입니다. 가버나움에서 온 이 왕의 신하의 믿음을 듣는 것만이 아니라, 우리 자신의 영혼 속에서도 그 왕의 신하의 영혼 속에서 역사하셨던 은혜의 역사를 맛보고자 하는 것입니다. 동일하게 살아 계신 그리스도께서 지금 여기 계십니다. 그 왕의 신하가 주님의 도움이 필요했던 것과 똑같이 우리도 그 주님의 도움이 절실하게 필요합니다. 그가 그 도움을 요구하였듯이 우리도 그 도움을 간절히 구하기를 바랍니다. 그래서 그가 그 도움을 얻었던 것처럼 우리도 얻기를 바랍니다!

　　이 본문 말씀을 영감(靈感)하신 성령께서 책의 지면이 아니라 우리 자신의 심비(心碑)에 그 본문을 새겨 주시기를 바라는 것입니다. 가장 먼저 우리는 "무엇보다 고통이 이 예의바른 사람을 예수님께 인도했다"라는 사실을 주목해 보아야 합니다. 만일 그가 그러한 시련을 겪지 않았다면 자기 하나님과 구주를 생각하지 않은 채, 살 수도 있었을 것입니다. 그러나 슬픔이 그 집에 닥쳐왔습니다. 그것은 변장한 하나님의 천사였습니다.

　　사랑하는 친구 여러분, 오늘 아침에 여러분이 고통 중에 처하여 있을 수 있습니다. 그러하다면 그 환난이 여러분의 문에 긍휼을 태워다 주는 검은 말이 될 수 있기를 바랍니다. 어떤 자들에게 있어서는 주님께서 섭리 속에서 그들을 더 잘 대해 주면 대해 줄수록 그것을 나쁜 쪽으로 이용하고 있습니다. 그것은 정말 서글픈 현실입니다. 반면에, 주님께서 치실 때 주님께 돌아오는 마음들이 있습니다. 그들이 깊은 물에 빠지거나, 도저히 먹을 것을 얻을 수 없거나, 질병이 그들의 몸을 공격해 오거나, 특히 하나님의 자녀들이 징계를 받을 때, 그들은 그 때에야 하나님에 대하여 생각하기 시작합니다. 그리고 사태(事態)가 더 개선됩니다. 그러한 경우에 있어서 위대하신 아버지의 징계는 너무나 놀랍고 복된 것입니다. 그리고 고통당하는 사람들의 그 환난에 그들의 마음을 회개하도록 유도하였고, 그들로 하여금 용서를 구하도록 촉구하였다면 아주 좋은 일입니다.

　　이 왕의 신하에게 찾아온 시련의 형태는 자기 자식의 질병의 문제였습니다. 그가 정말 사랑하는 그 어린 아들이 죽을 열병에 걸리게 된 것입니다. 그 아버지는 천성적으로 친절하고 애정 어린 사람이었던 것 같습니다. 그의 종들은 그에게 큰 관심을 가졌고, 그를 슬프게 한 그 엄청난 환난에 대해서도 동정심을 가졌을 것입니다. 그들이 그 왕의 신하를 만나러 와서는 그 아들이 회복되었다는 것을 얼마나 열심히 말해 주었는가를 보면 알 수 있습니다. 자기의 사랑하는 아이가 죽음의 문턱에 있음을 보고 그 아버지의 마음은 슬픔으로 인하여 큰 상처를 받았습니다. 의심할 여지 없이 그는 당시 알려진 모든 처방을 다 써 보았을 것입니다. 가버나움에서 몇 마일 떨어진 지역에서 찾아낼 수 있는 모든 의사의 왕진을 요청하였을 것입니다. 그런데 지금 그는 나사렛 예수님에 대한 소문을 듣게 되었습니다. 그가 가나에서 물로 포도주를 만드셨다는 것을 들었을 것입니다. 그리고 예루살렘에서 많은 능하신 일을 행하셨음을 또한 들었을 것입니다. 그래서 그는 간절한 간구와 처절함마저 보이는 소망으로 그에게 졸라대는 것입니다. 만일 그에게 사랑하는 아이가 죽어 가는 일이 없었다면 그 사람은 예수님을 생각조차 하지 않았을 것입니다.

자녀들이, 천사들이 이룩하는 것보다 더 좋은 일을 해내는 적이 얼마나 자주 있습니까! 물론 그들이 천사들은 아니지만 말입니다. 왜냐하면 그들이 부모님을 하나님과 하늘로 아름답게 인도하여 들이기 때문입니다! 자녀들은 우리의 마음을 감고 올라가는 덩굴 식물과 같습니다. 그 자녀들이 고통당하게 되면 동정어린 우리의 마음은 고뇌로 크게 휩싸이게 되는 것입니다. 그래서 "오 하나님, 제 자식을 살려 주세요! 주님 제 어린 자식에게 긍휼을 베풀어 주세요!"라고 울부짖는 것입니다.

많은 사람들의 마음속에서 나오는 첫 번째 기도는 하나님 안에서 가장 사랑하는 어린 자식 때문에 닥쳐온 그 슬픔으로 말미암아 야기된 것들입니다. "어린 아이에게 끌리며"(사 11:6)라는 말씀이 있지 않습니까? 이 사람의 경우에도 그러하였습니다. 그는 고통에 이끌려 예수님께 왔던 것입니다. 자기 자식에 대한 염려 때문에 예수님께 이끌림을 받아 왔던 것입니다. 저는 바로 이 순간에 그 점을 강하게 말씀드리고 싶습니다. 저는 지금 회개하지 않은 어떤 사람들에게 말하고 있음을 말입니다. 그러나 그들이 여기에 온 것은 큰 슬픔을 당했기 때문입니다. 사랑하는 어린 자식이 파리해져가고 있을 수도 있습니다. 가능하면 그 고귀한 목숨을 살릴 수 있기 위해서 그 마음으로 하나님께 울부짖고 있는 것입니다. 그들은 기도의 집에서 뭔가 위안을 느낍니다. 그러나 그들의 마음은 자기들이 그

처럼 무섭게 당하는 손실 때문에 깨어질 위기에 있는 것입니다. 저는 바로 이 고
통을 은혜의 방편으로 사용해 주십사고 우리 주님께 얼마나 많이 기도하는지요!

　환난은 하나님의 은혜의 역사를 위한 지시였고 서막(序幕)이었습니다. 우리
는 이 신적 은혜의 구원하는 부분에 대해서 살펴보려고 합니다. 특히 이 왕의 신
하의 마음속에 생겨난 믿음에 대해서 알아보겠습니다. 우리는 먼저, 믿음의 불똥
을 엿보려고 합니다. 그 다음에는, 믿음의 연기가 밖으로 뿜어져 나오는 것에 대해서
알아보겠습니다 ─ 그 믿음은 많은 압박과 많은 제약을 받아서 불로 나타나기보
다는 연기로 나타낼 수 있습니다. 세 번째로, 우리는 믿음의 화염에 대해서 살펴
보겠습니다. 믿음은 결국 단호한 모습을 보이기 마련입니다. 네 번째로는, 믿음
의 큰 불에 대해서 말씀드리려 합니다. 믿음은 결국 그 사람 속에서 불을 일으키
고, 그의 성품 전체를 불태우고, 그의 집 전체에까지 번져 나갔습니다. "그 온 집
이 다 믿으니라." 저는 말씀드립니다. 이제 우리는 묵상 속에서 뿐만 아니라, 그
사실을 기초로 해서 추적해 나가기로 하십시다.

1. 믿음의 불똥

　저는 여러분이 믿음의 '불똥'을 유심히 주목하기를 원합니다. 제가 말씀드
리고 있는 이 설교 전부를 통해서 말입니다. 저는 그러한 믿음의 불똥을 가지고
있는가 살펴보려고 하는 것입니다. 또한 내가 그 믿음의 불똥을 얻었다면 정말
크게 그것을 자랑할 것이고, 성령께서 그 믿음의 온화한 호흡을 불어넣어 주십
사고 기도드리려 합니다. 그래서 더 영구(永久)하고 강력한 것이 되도록 하시기
를 간구할 참입니다.

　이 왕의 신하의 믿음은 처음에는 전적으로 다른 사람들이 전해 주는 소문에 의존
한 것이었습니다. 그는 가버나움에 살고 있었습니다. 가버나움은 바닷가 저편에
있었습니다. 그리고 그 소문들을 통해서 큰 이적을 행하고 계신 어떤 큰 선지자
가 일어났다는 이야기를 늘 들어 왔습니다. 그 자신은 예수님을 본 적이 없었고,
예수님이 말씀하시는 것을 들은 적도 없었습니다. 그러나 그는 다른 사람이 하
는 이야기를 믿었습니다. 그가 그렇게 한 것은 잘한 것이었습니다. 왜냐하면 그
다른 사람들은 믿을 만한 사람들이었기 때문입니다.

　의심할 여지 없이 많은 사람들이 믿음의 초기 단계에 있습니다. 그들은 친
구들이 하는 말을 들었습니다. 예수님을 영접하면 구원을 얻는다는 말을 말입니

다. 그리고 예수님께서 죄를 없이하시며, 양심의 가책을 잠잠하게 하시며, 그 성품을 변화시키시며, 기도를 들으시며, 고통 중에 있는 자기 백성들을 붙잡아 주신다는 친구들의 말을 들었습니다. 그들이 좋게 생각하는 사람들로부터 이러한 것들을 들었습니다. 그러므로 그들은 그 말들을 믿었습니다.

친애하는 친구 여러분, 여러분이 자신에 대해서 "그것이 모두 진실임을 나는 의심하지 않는다. 물론 그것이 내게 해당될지는 잘 모르겠다. 나는 오늘 이 아침에 고통 중에 있다. 주 예수께서 나를 도우실 것인가? 나는 심령의 압박을 받고 있다. 기도가 주님께 상달되어 주께서 나를 건져 주실까?"라고 말하고 있는 자신을 발견할 것입니다. 여러분은 전에 예수님에 대해서 안 어떤 것을 기초로 하여 예수님께서 여러분을 그렇게 축복하실 것을 안다고 말할 수는 없을 것입니다. 그러나 친구들이 여러분에게 한 이야기를 듣고 주께서 그렇게 하실 것이라는 추론을 할 수는 있습니다. 그렇습니다. 믿음은 흔히 그러한 방식으로 시작됩니다.

사람들은 하나님의 사랑의 능력을 체험한 유명한 사람들을 통해서 전해지는 보도(報道)를 믿습니다. 처음에 그렇게 합니다. 사마리아 사람들이 여자가 보도한 것 때문에 믿었듯이 말입니다. 시간이 지나면서 그들은 자기들이 듣고 보고 맛보았고 만져 보았던 그것 때문에 믿기에 이릅니다. 그리고 그러한 식으로 시작하는 것은 좋은 일입니다. 다른 사람들이 보도해 주는 것으로 말미암아 생겨난 믿음은 한 불똥과 같습니다. 그것을 잘 간수하십시오. 하나님께서 여러분에게 은혜를 베푸사 그 불똥이 화염을 일으키는 데까지 진전되도록 역사하기를 기도드립니다.

이 사람의 믿음은 병든 자식의 치료에 관해서만 관심이 있는 정도로 약한 믿음이었습니다. 이 왕의 신하는 자기 자신의 마음이 치료를 받아야 한다는 사실을 알지 못했습니다. 그리고 자기 자신이 예수님께 대하여 무지하며, 메시야에 대한 영적 맹인임을 지각(知覺)하지도 못했습니다. 아마 그는 자기가 거듭나야 한 필요성도 알지 못했을 것입니다. 또한 구주께서 자기에게 영적 생명과 빛을 주실 수 있음도 이해하지 못했을 것입니다. 그는 구주의 영적 능력을 아는 지식이 별로 없었습니다. 그래서 그의 믿음은 매우 편협(偏狹)한 것이었습니다. 그가 믿었던 주 예수께서 자기 집에 오시면 자기 아들이 열병으로 죽어가는 데서 건짐을 받을 수 있으리라는 정도였습니다. 그의 믿음은 거기까지만 미쳤습니다. 그가 그러한 믿음만 가지고 있었다 하더라도 그는 즉시 그 믿음을 실제로 적용시켰습니다.

여러분은 아직도 내 주님께서 얼마나 위대하신 분이며, 그가 자기를 믿는 사람들을 위해서 얼마나 위대한 일을 하시는지를 아직도 모르고 있습니다. 그러나 여러분은 "분명히 그가 현재 내가 겪고 있는 이 시련에서 오늘 아침에도 나를 도우실 수 있으며, 현재의 난관에서 벗어나게 하실 수 있다"고 말하고 있습니다. 그 정도라도 매우 좋은 것입니다.

여러분이 가진 그 믿음을 사용하십시오. 주님께 시련의 문제를 가지고 나아가십시오. 저는 여러분에게 그렇게 하라고 부추기고 있습니다. 만일 여러분이 하늘에 속한 것들 때문에 예수님께 나아갈 수 없더라도, 현재로서는 여러분이 지상에서 만나는 슬픔과 시련의 문제로부터 시작할 수 있습니다. 만일 여러분이 영원한 복락을 위하여 그분에게 나아갈 수 없더라도, 지나가는 그 열병 때문에 주님께 올 수는 있습니다.

그리고 그분은 여러분의 기도를 들으실 채비를 갖추고 계십니다. 비록 여러분의 기도가 이 세상에 속한 것들에 관하여서만 드려지고 있고, 순전히 본성적인 기도 외에 아무것도 아니라 할지라도, 기도하십시오. 왜냐하면 그는 어린 까마귀들이 울부짖을 때도 그 필요를 들어 주시기 때문입니다. 그 까마귀들은 영적인 기도를 드리고 있음이 아님이 확실합니다. 까마귀들이 구하는 것은 오직 벌레와 날파리들일 것입니다. 그럼에도 불구하고 주님께서는 그들의 울부짖음을 들으시고 그들을 먹이십니다. 그러니 여러분, 바로 이 순간에 매우 일상적인 긍휼이나 더 미미(微微)한 복락에 속한 어떤 것을 위하여서만 기도하고 있다 할지라도 은혜로우신 주님에 대한 믿음만 가지고 있다면 확신을 가지고 기도하십시오. 비록 그 믿음이 작은 불똥에 불과하지만, 저는 그것을 꺼버리지 않을 것입니다.

주 예수님께서도 그렇게 하지 아니하십니다. 주께서는 꺼져 가는 심지도 끄지 아니하신다고 말씀하셨기 때문입니다. 만일 여러분이 그분에 대하여 어떤 소원을 가지고 있고, 그분을 어느 정도는 믿고 있다면, 그 믿음을 살리시고, 그 사랑하시는 구주의 발 앞에 믿음으로 엎드리십시오.

그 왕의 신하의 믿음은 너무나 연약한 나머지 예수님의 능력을 예수님께서 계신 곳에만 국한시켰습니다. 그래서 그의 기도는, "선생님 내 아이가 죽기 전에 내려오소서"였습니다. 만일 그가 예수님께서 병든 아이가 누워 있는 방으로 들어가 도록 안내할 수 있었다면, 그는 예수님께서 열병을 향하여 명하면 그 열병이 사라질 것이라고 믿었던 것입니다. 그러나 그는 주 예수 그리스도께서 25마일 떨어진 거리에서도 그 일을 하실 수 있다는 사실에 대해서는 전혀 생각하지 못했습니다. 주님의 말씀이 주님이 계신 데서 멀리까지 역사하실 수 있다는 개념을 전혀 갖고 있지 못했습니다. 그럼에도 불구하고 그러한 제한된 믿음을 가지고 있는 것이 믿음을 전혀 갖지 않는 것보다는 훨씬 낫습니다.

하나님의 자녀인 여러분, 여러분이 이스라엘의 거룩한 자를 제한시키고 있다면 그것은 엄청난 죄를 짓고 있는 것입니다. 그러나 만일 믿음의 무지와 연약으로, 주님을 구하고 있는 사람들이 주님을 제한시키고 있다면, 그들에게는 변명할 구실이 더 많을 것입니다. 주 예수님께서 그것을 은혜롭게 대해 주셨고, 온화한 질책으로 책망하셨습니다. 처음 믿는 사람이 믿음을 연약하게 가지는 것과 하나님의 선하심을 오랫동안 맛보았던 사람이 주님을 잘못 믿는 것이 동일한 것은 아닙니다.

그러므로 저는 주 예수님으로부터 선한 일을 시작하심을 받은 여러분에게 말씀드리고 싶습니다. 만일 여러분이 "주 예수께서 여기 계셨다면 나를 고치실 수 있으셨다. 주께서 여기 계셨다면 나를 도우시고 내 부르짖음에 응답하셨다"라는 식으로 말할 정도밖에 믿음이 없더라도 믿지 않는 것보다는 훨씬 낫습니다. 여러분의 편협한 믿음은 예수님을 극히 제한시키고 있습니다. 매우 좋은 방에 예수님을 가두어 놓고 있는 것입니다. 그러므로 예수님께서 여러분을 위해서 많은 능한 일을 하시리라고 기대할 수 없습니다. 그럼에도 불구하고 여러분의 믿음의 정도에 따라서 예수님은 여러분과 함께 가셔서 복을 주실 것입니다. 예수님께서는 기약하지 아니하신 주권적인 은혜의 차원에서 여러분이 구하거나 생각한 것보다 더 풍성하게 하실 수도 있습니다. 그러므로 저는 여러분의 믿음을 어린아이와 같이 취급할 것입니다. 저는 그 아이가 홀로 설 때까지 돌보아 줄 것이며, 그 아이가 똑바로 설 때까지 그를 손으로 붙잡아 줄 것입니다. 여러분은 아이를 책망하지 않을 것입니다. 왜냐하면 아이는 뛰거나 달려갈 수 없기 때문입니다. 우리는 그 아이를 잘 보양(保養)하고, 더 큰 힘을 갖도록 힘을 줄 것입니다. 때가 되면 그 아이는 뛰고 달려갈 수 있는 힘을 기르게 될 것입니다. 우리 주 예수 그리스도께서는 우리 각자로부터 가장 큰 믿음을 받으실 만한 분이십니다.

그의 능력을 의심하는 것은 정말 그분을 슬프게 해 드리는 것입니다. 그러니 여러분이 어떠한 믿음을 가지고 있다 할지라도 그분에게 드리고, 더 많은 것을 구하십시오.

그가 예수 그리스도를 믿은 것은 매우 약한 불똥과 같은 것이었음에도 불구하고 이 왕의 신하에게 영향을 끼친 것은 믿음이었습니다. 그 믿음이 그를 이끌어 우리 주님을 찾아 나서게 하였습니다. 그는 가버나움에서 가나의 언덕길로 올라갔습니다. 그리하여 예수님을 만나면 탄원하려고 했던 것입니다. 그는 직접 갔습니다. 그 사람은 높은 지위에 있는 사람이었기 때문에 그렇게 한 것은 좀 더 더 주목할 만한 일입니다. 그 사람이 헤롯의 청지기 구사였는지에 대하여서는 확실하지 않습니다. 저는 그 사람이 구사였다는 데 대하여 놀라지는 않아야 한다고 생각합니다. 왜냐하면 다른 귀족의 가문이 그리스도의 편에 들어서 있다는 소리를 들어본 적이 없기 때문입니다. 우리는 헤롯의 청지기 구사의 아내에 대한 이야기를 듣습니다. 우리 주님을 자기의 소유로 섬겼던 자들 중에 그 여인이 들어 있습니다. 우리는 또한 헤롯의 젖동생 마나엔에 대하여서도 듣습니다. 그녀도 예수님을 자기의 소유로 섬겼던 자들 중에 들어 있을 수도 있으나 확실하지는 않습니다.

그러나 왕의 신하들이 그 당시의 교회에 출석하는 일은 아주 드문 일이었습니다. 지금도 그러합니다. 그러므로 우리는 본성적으로 이와 같은 사람의 이야기를 다시 듣고 싶어하는 것입니다. 우리가 이 두 사람을 영예롭게 언급할 때, 이 귀인이 그들 중의 한 사람이었다는 추측을 하는 것이 매우 무모하지는 않습니다. 대체적으로 지금 귀족들은 자기들이 부리는 많은 종들이 있기 때문에 스스로 직접 여행할 생각을 하지 않습니다. 그러나 이 왕의 신하는 직접 그리스도께 갔습니다. 그리고 오셔서 자기 아들을 치료하여 주십사고 직접 간청했습니다.

만일 여러분의 믿음이 어떤 국면들에서 연약하고, 또다른 사람들을 직접 그리스도께 이끌거나 직접 그리스도께 기도하도록 유도할 정도로 강하다면, 그 믿음은 인정받을 만한 정도에 이른 것입니다. 만일 그 믿음이 여러분으로 하여금 전심을 다해 기도하게 하며, 간구하게 한다면, 그것은 바른 유의 믿음인 것입니다. 만일 여러분의 믿음으로 하여금 그리스도께 긍휼을 베푸시기를 위하여 기도한다면, 그 믿음은 영혼을 구원하는 믿음인 것입니다. 그 믿음이 겨자씨 한 알만큼 작을 수도 있습니다. 그러나 그 믿음의 끈덕짐은 그 속에 생명력을 가지고 있음을 보여줍니다. 그 믿음은 참된 겨자씨입니다.

사랑하는 여러분, 여러분은 바로 지금 이 순간 슬픔 때문에 기도하기를 시작하고 있습니까? 침묵 속에서 여러분의 영혼이 "오 하나님! 나를 오늘 구해 주세요! 내가 이 런던에 다른 것들을 보려고 왔습니다. 그런데 오늘 여기 이 아침에 절망에 빠졌습니다. 오늘 이 아침이 내 고통에서 벗어나는 날이 되고, 내 자신이 구원받는 날이 되게 하시옵소서"라고 울부짖고 있습니까? 만일 여러분의 믿음이 여러분으로 하여금 그렇게 기도하게 한다면, 그것은 바로 인정받는 은혜의 자녀입니다. 왜냐하면 참되게 태어난 믿음은 언제나 울부짖게 마련입니다. 만일 여러분의 믿음이 여러분을 도와서 예수님을 결연한 자세로 붙잡게 만들며, "나는 당신을 가시게 할 수 없습니다. 나에게 복을 주지 아니하시면 못가십니다"라고 말하게 한다면, 그것이 연약한 믿음이라 할지라도 참된 믿음입니다. 그것이 바로 하나님의 성령으로 말미암아 여러분 속에서 역사하고 있으며, 그 믿음은 여러분의 영혼에 복락을 불러올 것입니다. 여러분은 이 믿음을 통해서 구원을 받게 될 것이고, 우리 주님의 영광과 여러분 자신의 위안을 동시에 나타내게 될 것입니다.

저는 이 사람의 믿음이 그 자신으로 하여금 바른 태도로 기도를 드리는 법을 가르쳤다고 봅니다. 그가 사용한 논증을 살펴보십시오. 그는 예수님께서 내려오셔서 자기 아들을 고쳐 주십사고 간절히 간청합니다. 왜냐하면 그 아들이 지금 죽음의 경각(頃刻)에 달려 있기 때문입니다. 그는 어떠한 공로도 내세우지 않았습니다. 다만 자기 자신이 처한 비참한 경우만을 토로하며 간구할 뿐입니다. 그 아이가 귀족 신분이라고 늘어놓지도 않았습니다. 그러한 식으로 늘어놓았다면 예수님께 아주 잘못한 것이겠지요. 또한 그 아이는 사랑스러운 아이라고 말하지도 않았습니다. 만일 그렇게 했다면 정말 형편없는 논리였을 것입니다. 다만 그는 자기 아이가 죽어 가고 있다는 것만 아뢰었습니다. 그 아이가 지금 죽어 가고 있다는 그 급박함을 들어서 긴급히 와서 도와주십사고 요청하고 있는 것입니다. 그 아이가 지금 죽음의 문턱에 있습니다. 그러므로 그 아버지는 긍휼의 문이 그 아이에게 열리기를 간청하고 있습니다.

사랑하는 여러분, 여러분이 은혜를 통해서 똑바로 기도하는 법을 배울 때에는, 여러분 자신의 위험과 곤궁함을 나타내는 사실들을 토로해야 합니다. 여러분으로 하여금 부요하고 의롭게 만드는 것들을 아뢰어서는 안 됩니다. 다윗이 기도한 방식을 기억하십시오. 다윗은 "주여 내 불의를 용서하여 주옵소서. 내 불의는 심히 크니이다"라고 기도하였습니다. 그것이 바로 복음적인 간청입니다. 만일 사람들이 다윗의 경우에 처해 있었다면 거의 모든 이들이 이렇게 말하였을 것입니다. "주여 내 불의를 용서하소서. 제게는 그만한 사정이 있었습니다. 그래도 나와 같은 위치에 있는 사람들이 행한 그 극악한 행동은 하지 않았잖아요." 다윗은 더 잘 알았습니다. 그의 부르짖음은 이러했습니다. "내 불의를 용서하소서. 내 불의는 심히 크니이다."

　불쌍한 죄인이여, 하나님께 여러분의 필요의 절실성에 대해서만 아뢰십시오. 여러분의 곤궁한 상태에 대해서만 아뢰십시오. 여러분이 죽음의 경각에 달려 있다고 말씀드리시며, 여러분이 간청하는 그 문제야말로 삶과 죽음이 달려 있는 문제라고 말씀드리십시오. 이것이 바로 무한하신 긍휼을 가지신 이의 마음을 움직이기에 합당한 논증일 것입니다. 여러분으로 하여금 그 기도의 그림 속에 그래도 자기가 선하다는 의식의 어떤 점을 찍어 넣게 하는 교만이 있다면, 그것이야말로 그 기도를 망쳐 버리는 것입니다. 검은 색깔로 그 점을 여러 번 칠하십시오. 하나님께 긍휼만을 구하십시오. 여러분이 아직 용서받지 못한 죄인일 때 소망을 갖고 기도할 수 있는 유일한 근거는 바로 긍휼이라는 그 신적 속성뿐입니다. 여러분이 행한 그 어떠한 공로나 업적 때문에 주 예수님께 복을 주십사고 구할 수는 없습니다. 여러분은 그러한 어떤 흔적도 가지고 있지 않기 때문입니다. 여러분의 곤궁한 것만 아뢰는 것이 지혜로울 것입니다. "오 하나님, 저에게 긍휼을 베푸소서. 저는 정말 긍휼이 필요한 자입니다!"라고 울부짖으십시오. 여러분의 아이의 경우를 진술하며 "그 아이가 지금 죽어 가고 있습니다"라고만 말하십시오. 그것이 바로 긍휼의 문을 여는 열쇠입니다.

　제 설교를 듣는 사랑하는 여러분, 제 말을 이해하시겠습니까? 어쨌든 여러분 중에는 일시적인 고통이 여러분을 지독하게 누른다는 그 이유 때문에 주 예수 그리스도께 나아가고 싶은 소원을 가지고 있는 분이 있을 것입니다. 말한테 빨리 달리라고 열두 번씩이나 채찍으로 때리는 걸 말은 원하지 않습니다. 옆구리에 상처를 내는 것만으로도 고통은 충분한 것입니다. 그 고통이 너무 깊게 들어갔기 때문에 그걸 느끼지 않을 수가 없습니다. 그 자극이 올 때 항복하십시오. 여러분을 깨기 위해서 박차를 가할 뿐만 아니라, 회초리까지 필요하도록 해서는 안 됩니다. 만일 여러분이 주님의 선택한 백성이라면 오셔야 할 것입니다. 여러분이 빠르면 빠를수록 여러분에게 더 좋은 것입니다. 즉시 오십시오. 아무런 총명이 없는 말이나 나귀처럼 되지 마십시오. 예수님께서 부드럽게 이끄실 때 나오십시오. 여러분의 그 믿음이 너무나 연약한 믿음이기 때문에 믿음이라기보다는 불신앙이 아닌가 하는 두려운 생각이 들지라도, 주님께 가까이 오십시오. 있는 모습 그대로 나오십시오. 그리고 예수님을 바라보십시오. 그리고 기도하십시오. 왜냐하면 그 기도 속에 소망이 있고, 그 고통에서 건짐받는 일에 대한 확실성이 들어 있기 때문입니다. 예수님의 위대한 마음은 여러분의 기도를 느끼시고, "평안히 가라"고 말씀하실 것입니다.

2. 믿음의 불

우리는 이제까지 불똥 상태에 있는 믿음을 살펴보았습니다. 이제 우리는 그 자체를 지속시키기 위해서 투쟁하는 "믿음의 불"을 살펴볼 것입니다.

점점 그 불은 세력을 더해 갑니다. 우리는 이제 그 불이 연기를 내기 시작하고, 거기에다가 불쏘시개를 넣으면 점점 더 연기를 뿜어내다가, 나중에는 속에서 불꽃이 일어나는데, 그 경로를 살펴보기를 원합니다.

이 사람의 믿음은 직접 간 것만큼이나 진실한 것이었습니다. 그것은 정말 대단히 큰 요점입니다. 그는 예수님을 만나면 결코 예수님을 그냥 내버려 두지 아니할 결심을 가지고 예수님 앞에 섰습니다. 그의 자식의 생명에 대한 유일한 소망은 바로 이 위대한 나사렛 선지자에게 있었습니다. 그러므로 그는 그의 요청이 수락되기 전에는 그분을 보내지 아니할 참이었습니다. 그는 대번에 그가 원하는 대답을 원한 것은 아니었습니다. 그러나 그는 졸라대고 계속 탄원하였습니다. 이 점은 그 믿음이 그 속에 생명력과 심장을 함께 가지고 있다는 것을 보여주었습니다. 그것은 단순한 하나의 발작이나 자극 정도가 아니었습니다. 예수님께서 치료하실 수 있는 능력을 갖고 계시다는 분명한 확신이 들어 있었습니다. 모든 모조(模造)적인 믿음에서 건짐받는다는 것은 얼마나 큰 자비입니까! 작으나 참된 믿음을 가지는 것이 큰 신조를 소유하면서 주 예수님께 대하여 전혀 진심어린 신뢰심을 주지 아니하는 것보다 훨씬 더 나은 것입니다. 사랑하는 여러분, 여러분은 실제적으로 주 예수 그리스도를 믿습니까?

그의 믿음은 나타난 것만큼 진실했습니다. 그러나 그 믿음은 표적과 기사를 발하는 것으로 장애를 받고 있었습니다. 그러므로 우리 주님께서는 그를 온화하게 나무라시면서 "너희는 표적과 기사를 보지 못하고는 도무지 믿지 아니하리라"고 말씀하신 것입니다. 저는 여러분 중의 많은 분들이 주 예수님께서 구원하실 수 있다는 것을 믿고 있는 것을 알고 있습니다. 그러나 여러분은 주 예수님께서 그 일을 하셔야 하는 방식을 마음속에 고정시켜 놓고 있습니다. 여러분들은 아마 어떤 신앙인들의 전기들을 읽어 보았을 것입니다. 그리고 그들이 절망을 겪고 무서운 생각에 빠져 있었다는 것을 그 책들을 통해서 발견했을 것입니다. 그래서 자기도 그러한 유사한 공포심을 가져야만 구원을 받을 것이라는 자세로 마음을 고정시킵니다. 그래서 그것을 하나의 프로그램으로 삼아서 그런 방식으로 자기도 구원받아야 한다고 생각하고, 다른 방식으로는 안 된다고 생각하는 것입니다. 그것이 옳은 방식입니까? 그것이 지혜롭습니까? 주님께 이래라 저래라 지시할 참입니까?

　아마 여러분은 어떤 뛰어난 사람들이 특이한 꿈을 통해서 회심하였다는 것을 읽거나 들어 보았을 것입니다. 아니면 어떤 주목할 만한 섭리의 과정을 통해서 회심했던 일도 들어 보았을 것입니다. 그러면 그러한 것을 읽고 자신에 대해서 "나에게도 그와 유사한 독특한 것이 일어나야 하지 않는가. 그렇지 않으면 주 예수님을 믿지 않을 것이다"라고 말하는 것입니다.

　이러한 일에 있어서 여러분은 이 왕의 신하같이 실수를 하고 있는 것입니다. 왕의 신하는 구주께서 자기 집에 내려오셔서 그의 선지자 직무에 고유한 어떤 행동을 취하여 주시기를 기대했던 것입니다. 사실 이 왕의 신하는 구약의 나아만 장군을 신약적으로 그대로 복사한 사람이었습니다. 나아만이 말한 것을 여러분은 기억하실 것입니다. "내 생각에는 그가 내게로 나와 서서 그의 하나님 여호와의 이름을 부르고 그의 손을 그 부위 위에 흔들어 나병을 고칠까 하였도다"(왕하 5:11). 나아만은 자기 마음으로 그렇게 계획하였던 것입니다. 그리고 그는 매우 예기(豫期)에 찬 절차가 있어야만 한다고 생각했음에 틀림없습니다. 그러므로 선지자가 단순히 "가서 요단 강에 몸을 일곱 번 씻으라"라고 말하였을 때, 그는 그렇게 단순하고 간단한 복을 받아들일 수 없었습니다. 그것은 너무나 일상적이었고 의식을 벗어난 것이었습니다.

　많은 사람들이 자기 자신들의 정신적 선입관 때문에 자기를 구원하시기 위한 주님의 긍휼의 방식이 이러이러해야 한다고 미리 정해 놓습니다. 그러나 우리 주님께서는 강제로 이끌려 그런 식으로 행하지 아니하실 것입니다. 어째서 그가 그런 식으로 하서야만 합니까? 그가 원하시는 자를 구원하시고, 그가 원하시는 대로 구원하실 것입니다. 그의 복음은 "그처럼 많은 공포와 절망감을 겪으라. 그리하면 살리라"는 것이 아닙니다. 그저 "주 예수 그리스도를 믿으라 그리하면 너희가 구원을 받으리라"는 것입니다. 그는 많은 사람들에게 오서서 당신의 사랑의 부드러운 속삭임으로 부르십니다. 믿기만 하면 그들은 즉각적인 안식에 들어가는 것입니다. 그저 어떤 충격적인 느낌도 별로 없고 공포스러운 것이나 어떤 환상이 없어도 어린아이처럼 십자가에 못 박힌 주님에 대한 확신을 조용하게 행사하기만 하면 영생을 얻는 것입니다.

어째서 여러분에게 그 일이 그렇게 일어나지 않아야 되겠습니까? 어째서 여러분은 어떤 프로그램을 세워 놓고 자유롭게 역사하시는 성령께 그렇게 하서야만 된다고 요구하는 것입니까? 그가 원하시는 대로 여러분을 구원하시게 내버려 두십시오. 어리석은 선입관이여 물러갈지어다!

그럼에도 불구하고 저는 이 왕의 신하의 믿음에 대해서 바로 이 요점을 말해야 합니다. 그 믿음은 그 책망을 참아 낼 수 있었습니다. 여러분은 구주께서 그 불쌍하게 고통당하는 아버지에게 "너희가 표적과 기사를 보지 못하면 너희가 도무지 믿지 않을 것이다"라고 말씀하신 것을 생각해 보십시오. 그것은 서글프게도 사실입니다. 그러나 그것은 정말 날카롭게 들렸을 것입니다.

오, 사랑어린 예수님의 입술에서 나온 그 책망이여! 예수님의 사랑어린 입술은 항상 백합화와 같습니다. 달콤한 향기를 발하는 백합화 말입니다! 여러분은 향기가, 맛을 보는 것보다 더 진하게 느껴진다는 것을 아실 것입니다. 이 예수님의 말씀 속에서 그 왕의 신하에게 대단히 고약하게 느껴지는 냄새가 있었습니다. 그럼에도 불구하고 그 아버지는 자세를 흐트리거나 발길을 돌리면서 "그가 나를 참으로 박대하셨다"라고 말하지 않았습니다. 그는 자신 속에서 "내가 누구에게 가나?"라고 말했던 것입니다. 그러므로 그는 떠나가지 않았습니다.

그는 마치 더 지독한 고약한 냄새를 풍기는 듯한 예수님의 입술에서 나오는 말씀을 받았던 여인과 같았습니다. "자녀의 떡을 취하여 개들에게 던짐이 마땅하지 아니하니라"라고 주님이 그 여인에게 말씀하셨습니다. 그럼에도 불구하고 그 여자는 그 지독한 몰약 냄새가 나는 말씀 속에서 달콤한 향내를 발견했습니다. 그리고 그것을 자기의 기도로 승화시켰습니다. "그러나 개들도 제 주인의 상에서 떨어지는 부스러기를 먹나이다."

　　이 사람은 여전히 더 억척스런 끈질김으로 우리 주님께 대꾸하였습니다. 그는 가지 않을 참이었습니다. 그는 결코 안 갈 것입니다. 오 사랑하는 여러분, 그대는 그리스도께 대하여 그러한 믿음을 가진 나머지, 그리스도께서 그대를 책망하실지라도 그를 떠나지 아니할 수 있습니까? 그렇게 되기를 바랍니다.

　　예수님은 여러분의 유일한 소망이십니다. 그러므로 그분으로부터 등을 돌리지 마십시오. 존 번연은 이 문제에 대하여 사실 이렇게 말하고 있는데, 그 번연의 자세를 따르십시오. "나는 반드시 예수님께 이르게 되는 그 좁은 길로 이끌림을 받아야 한다. 만일 그가 그 손에 칼을 빼고 나를 만나신다 할지라도 그에게서 도망치는 것보다 그의 칼끝에 내 자신을 금방 던질 자세를 가져야 한다. 왜냐하면 나는 그가 나의 마지막 소망임을 알기 때문이다. 오 영혼이여, 어떤 일이 있다 할지라도 그대의 주님을 꼭 붙잡고 놓지 말라."

　　그런 다음에 이 사람이 얼마나 열정적으로 간구했는지 보십시오. 그는 울부짖었습니다. "주여, 내 아이가 죽기 전에 내려오소서." 그는 사실 "주여, 제 믿음에 대해서는 지금 당장은 묻지 마십시오. 나의 주여, 나는 당신이 나를 생각하지 말고 나의 사랑하는 아들을 치료해 달라고 기도하고 있는 것입니다. 만일 주께서 치료하지 않으시면 그 아이는 죽을 것입니다! 내가 떠나올 때 죽음의 경각에 달려 있었습니다. 어서 급히 내려오셔서 그를 구원하소서"라고 말하고 있었던 것이었습니다. 그 믿음은 제한적이었습니다. 왜냐하면 그는 그리스도께서 내려와 달라고 간구했고, 우리 주님께서 그 치료의 일을 하시기 위해서 가버나움까지 가셔야 할 필요가 있다고 생각한 것 같기 때문입니다. 그러나 그의 간청의 깊이와 열심과 그 끈질김이 어떠한지 주목하십시오. 만일 그의 믿음이 그 폭에 있어서는 실패하였다 할지라도, 그 강도(强度)에 있어서는 탁월하였습니다. 우리를 염려하고 사랑하는 우리 앞에 있는 그분을 깊이 유념하십시오. 기도하시고 또 기도하십시오. 붙잡고 또 붙잡으십시오. 울부짖고 또 울부짖으십시오. 사랑의 주님께서 여러분에게 평강의 응답을 하실 때까지 멈추지 마십시오.

3. 믿음의 화염

　　우리는 이제 더 높은 단계에 이르게 됩니다. 곧 "믿음의 화염"을 주목하게 되었습니다. 그 불똥은 연기나는 불처럼 점점 더 그 세력을 가지게 되어, 그 불이 화염으로 모습을 드러냅니다. 예수께서 그 탄원자에게 "가라 네 아들이 살았다"라고 말씀하셨습니다. 그 사람은 정말 믿었습니다. 그리고 그 길을 갔습니다.

여기서 주목해야 할 바는 그가 전에 자기 머리를 모든 선입견으로 가득 차게 했었지만 그럼에도 불구하고 예수님의 말씀을 믿었다는 것입니다. 그는 예수님이 가버나움에 내려오셔서만 고쳐 주실 수 있다고 생각했을 것입니다. 그러나 지금은 예수님께서 여전히 이곳에 계시면서 말씀만 하셔도 그 일이 된다는 믿음을 갖게 되었습니다.

친구여, 그대는 바로 이 순간에 예수 그리스도의 그 말씀만을 의지하고 예수님을 믿습니까? 예수님께서 그대를 어떠한 방식으로 구원하셔야 된다는 식의 원칙을 세워 놓음 없이 그대로 믿겠습니까? 먼저 죄를 깨닫는 어두운 단계를 반드시 겪어야 하고, 생생한 꿈을 꾸어야 하고, 이상한 감흥(感興)을 받아야 한다는 식으로 생각해 왔었을 것입니다. 여러분은 아직도 그러한 어리석음에서 벗어나지 않으시렵니까? 성경에 계시된 대로 예수님을 정말 믿겠습니까? 예수님께서 그대의 단순한 믿음을 통해서 지금이라도 구원하실 수 있고, 구원하실 것이라는 믿음을 갖고 있습니까? 그대는 예수님의 고난, 죄책 있는 자들을 위한 십자가에서의 죽으심에 대한 말씀을 듣지 않았습니까? 만일 예수님을 믿기만 하면 그 사람들이 어떠한 유의 죄와 불법에 빠져 있었다 할지라도 용서받을 것이라는 말씀을 듣지 않았습니까? 믿는 자는 그 속에 영생을 가졌다는 말씀도 듣지 않았습니까? 여러분은 "내려오셔서 나를 구원하소서" 또는 "나로 하여금 이것을 느끼게 하시면 당신을 믿겠습니다"라는 식의 난센스와 결별하시겠습니까? 여러분은 지금 예수님을 믿습니까? 그전에 가지고 있던 여러 가지 선입견이나 자부심들이나 소욕들에도 불구하고, 이제는 "내가 그리스도께 내 영혼을 맡기나니 그가 나를 구원하실 수 있다고 믿을 것입니다"라고 말하고 있습니까? 그대가 그렇게 믿는 것만큼 그대는 분명히 구원을 받을 것입니다.

이 사람이 자기 믿음의 신실성을 입증하기 위해서 행한 그 다음 일은, 그가 즉시 그리스도께 순종했다는 것입니다. 예수님께서 그에게 "가라"고 말씀하셨습니다. 다시 말하면 "네 집으로 가라"는 말씀이었습니다. "네 아들이 살았다." 만일 그 말씀을 믿지 않았다면 그는 거기서 머뭇거리며 계속 졸라대면서 자기가 은총을 입었다는 표징을 달라고 하였을 것입니다. 그러나 그가 믿었기 때문에 그는 주님의 말씀으로 만족하고, 다른 말 없이 그의 길을 갔던 것입니다. "네 아들이 살았다"는 말씀만으로 그에게는 충분하였습니다. 여러분 중의 많은 사람들이 복음이 전파되는 것을 들으면서 "우리더러 그리스도를 믿으라고 말하지만 우리는 계속 기도할 것이오"라고 말합니다.

복음이 여러분에게 명하는 것은 그것이 아닙니다. "내가 계속 내 성경을 읽고 은혜의 방편에 계속 참여할 것입니다"라고 말하는 걸 제가 들어야 할까요? 그것은 구주의 교훈이 아닙니다. 그의 말씀으로 여러분이 만족하지 못하고 있습니까? 그 말씀을 취하여 여러분 자신의 길을 가시지 않으시렵니까? 만일 여러분이 그를 믿는다면 평안하게 집으로 가게 될 것입니다. 그리고 예수님께서 자기를 구원하신 것을 믿을 것이고, 마치 그것이 참인 양 행동할 것입니다. 그리고 자기가 구원받았다는 사실을 즐거워하고 기뻐하게 될 것입니다. 그리고 멈추어 서서 의문을 가지고 까다롭게 모든 종류의 종교적 체험과 감정을 따라가려고 하지 않을 것입니다. 다만 그는 이렇게 외칠 것입니다. "그가 나더러 자기를 믿으라고 하였으니 내가 그를 믿는다. '나를 믿는 자는 영생을 가졌다'고 말씀하시니 내가 그를 믿는다. 그러므로 나는 영생을 가졌다. 나는 어떤 특별한 정서를 느끼지 못할 수도 있으나 나는 영생을 가졌다. 내가 내 구원 받은 사실을 알든지 모르든지 나는 구원을 받는다. 기록되었으되 '땅 끝의 모든 백성들아 나를 앙망하라 그리하면 구원을 얻으리라'(사 45:22, KJV)고 말씀하셨다. 주여 저도 주님을 앙망하였나니 저도 구원을 받았나이다. 내가 그렇게 믿는 이유는 주께서 그렇게 말씀하셨기 때문이니이다. 주께서 제게 명하신 대로 행하였사오니 주께서 당신의 약속을 지키실 것이니이다."

이러한 양식의 논증이 주 예수 그리스도께 합당한 것입니다. 예수님께서는 그 말씀 그대로 취하시기에 마땅하신 분입니다. 예수님은 간절한 열심을 가지고 믿을 만한 분이십니다.

그처럼 왕의 신하의 믿음은 화염을 일으켰습니다. 그는 단순히 소문에 의지해서 믿지 아니하게 되었습니다. 곧 예수님의 말씀을 의존하며 믿게 되었습니다. 그는 표적을 기다리지 않고 말씀을 들었습니다. 그리고 그 말씀에 자기의 확신을 걸어 놓았습니다. 예수님께서 "가라 네 아들이 살았다"고 말씀하셨습니다. 그는 자기 아들이 산 것을 보기 위해서 그의 길을 갑니다. 오, 자기 구원을 위하여 애쓰는 영혼이여, 나의 하나님 성령께서 그대를 바로 지금 이 상태로 이끄시기를 바랍니다. 그래서 그대가 "오, 주여, 저는 더 이상 어떤 유의 감정이나 증거나 표적을 구하려고 기다리지 않고, 다만 당신의 피로 인친 말씀에 의존하여 나의 영원한 모든 것을 맡기겠나이다. 나는 지금 당신의 약속을 받아들이기 때문이니이다. 내가 그것을 믿고 있으니 나는 평안히 내 길을 갈 것이니이다"라고 말할 수 있기를 바랍니다.

이제 저는 이 사람의 믿음이 이 단계에 들어선 것에 관해서 말씀드리려 합니다. 다시 말하면, 이 사람의 믿음이 마땅히 있어야 하는 어떤 점에서 뭔가 모자란 점을 가지고 있다는 사실입니다. 그가 여기까지 온 것은 대단히 큰 일입니다. 그러나 아직도 더 가야 할 길이 남아 있습니다. 그는 자기가 기대할 수 있었던 것보다 덜 기대하였습니다. 그러므로 자기의 종들을 만났을 때, 사랑하는 아들이 낫기 시작했느냐고 물었습니다. 그들이 "낫기 시작한 것이 아니라 열병이 즉시 그를 떠났고 그가 병에서 회복된 지가 일곱 시간이 지났나이다"라고 말했을 때 그는 너무나 기뻤습니다. 여러분은 그가 점진적인 회복을 기대하고 있었음을 발견합니다. 그는 일상적인 자연의 법칙을 바라보고 있었던 것입니다. 그러나 여기에 이적적인 역사가 일어났던 것입니다. 그는 그가 계산했던 것보다 훨씬 더 많은 것을 받았습니다. 우리가 그리스도에 대해서 얼마나 작은 것을 알고 있습니까? 또한 우리가 그리스도를 믿을 때에도 우리는 얼마나 적게 믿고 있습니까! 우리는 그리스도의 무한하신 보화를 우리 자신의 작은 잣대로 측정합니다. 그럼에도 불구하고 구원하는 믿음은 항상 충만하게 자라지는 않습니다. 더 믿어야 할 여지가 남아 있는 것입니다. 더 많은 것을 우리 주님께 기대해야 되는 것입니다. 우리가 그렇게 할 수만 있다면!

그러나 제가 여기서 한 가지 더 언급해야 하는 것이 있습니다. 물론 그것을 아주 이해하는 것은 아니라 할지라도 말입니다. 아마 여러분도 그것을 지적해 낼 것입니다. 그 아버지는 확신에 차서 그 길을 갔다는 사실입니다. 가버나움까지 가려면 25-30마일까지 걸립니다. 저는 그 선한 사람이 구주께서 "가라" 하실 때 즉시 떠났다는 데에 의심이 가지 않습니다. 의심할 여지 없이 그는 즉시 그러한 명령에 순종하여 자기 집으로 돌아가는 길에 들어섰습니다. 그러나 하인들이 그를 만났다는 사실을 우리는 본문에서 읽습니다. 그 아이가 낫자마자 그들이 출발했을까요? 만약 그랬다면 그들이 만난 지점은 중간 지점쯤 되었을 것입니다. 그 길은 오르막길이었습니다. 그러니 약 10마일 지점쯤 되어서 그들이 만났을 것입니다. 아직도 그 왕의 신하는 자기 집까지 15-20마일을 더 가야 했습니다.

그런데 하인들이 말했습니다. "어제 일곱 시에 열병이 그를 떠났나이다." 일곱 시는 그날의 어떤 한 시간을 가리키는 것이었습니다. 그날은 어제였습니다. "제가 알기로 그날이 이제 막 해가 지고 있었습니다. 그러나 어느 누구도 어제에 대해서 말할 때 중간에 밤을 생각하지 않을 수 없습니다. 그쯤까지 가는 데에 열다섯 시간 내지 열여섯 시간이 걸렸습니까? 그러하다면 아주 빠르게 가지는 않았다는 말입니다. 좋은 날 낙타가 온종일 걸어가면 25마일까지 갈 수 있다는 것이 사실입니다. 왜냐하면 동방에서는 길들이 매우 좋지 않기 때문입니다. 그러함에도 제가 볼 때 그 행복한 아버지는 걱정스런 부모가 성급하게 서둘러 집을 가기보다는 믿는 신자가 편안한 생각을 가지고 움직이는 것 같은 모습을 보였습니다. 왕의 신하가 보통 마을들을 지날 때 그 행보가 느립니다. 그는 평상적인 행보로 보폭을 바꾸지 않았습니다. 왜냐하면 자기 마음이 믿음으로 평안해 있는 이때에 서둘 필요가 없었기 때문입니다. 그는 자기 아들이 나았다는 확신을 강하게 느끼고 있었습니다. 그러니 열병에 대한 염려가 더 이상 그를 괴롭게 하지 못했습니다. 열병이 그 아이를 떠났을 터이니 말입니다. 염려하는 심령을 가지고 있었다면 믿는 자라도 성급하게 가서 상황을 알아보려 했을 것입니다. 그러나 이 선한 사람은 너무나 확신한 나머지 마치 의심의 그림자가 남은 것같이 처신하게 만드는 부성애적 사랑을 허락하지 않았던 것입니다.

성경에 기록되기를 "믿는 자는 조급하지 않을 것이라"라고 되어 있습니다. 그 말씀이 문자 그대로 그 사람 속에서 이루어진 것입니다. 그는 왕의 가족이 수행원들을 대동하고 행보를 할 때와 같은 자세로 길을 간 것입니다. 그래서 누가 보더라도 그의 마음은 그 아들에 관해서 편안해 있었습니다. 저는 이 집중된 안식으로 충만한 상태를 좋아합니다.

그것이 바로 견고한 믿음에 합당한 것입니다. 저는 여러분이 예수 그리스도를 믿을 때 여러분 모두가 바로 그처럼 철저하게 믿기를 원하는 것입니다. 그리스도께 반쪽의 믿음을 가지지 말고 온전한 믿음을 가지십시오. 어린 자식에 관한 것이든 아니면 자기 자식에 관한 것이든 그분을 열심히 믿어야 합니다. 그리고 "'하나님은 참되시나 모든 사람은 거짓말쟁이다.' 내 영혼은 하나님의 순전한 말씀을 의지하고 안식한다. 나는 '주 안에서 안식하며 그를 인내로 기다린다.' 그러나 놀라운 기쁨이 내 심령 속에서 비추어 나타나지 않을 때는 어떠한가? 하나님께서는 '나를 믿는 자는 영생을 얻는다'고 말씀하셨다. 그러므로 나는 영생을 가졌다. 내가 일어나서 기쁨으로 춤을 추지 못하면 어떻게 되는가? 그러함에도 내가 앉아 있을 때에도 내 영혼 속에서 노래할 수 있다. 왜냐하면 하나님께서 당신의 믿는 종을 찾아오셨기 때문이다. 나는 그 높은 기쁨이 내게 찾아올 때까지 기다릴 것이다. 그러나 그동안에도 나는 믿고 두려워하지 않을 것이다"라고 말하십시오.

사랑하는 여러분, 여러분은 이 모든 일에 있어서 저와 같은 생각입니까? 여러분은 이러한 방식으로 본질적이고 안식어린 확신을 가지고 예수님을 믿을 준비를 하십시오.

4. 믿음의 큰 불

왕의 신하의 믿음이 그 정도로 자랐으니, 우리는 이제 그 왕의 신하의 믿음이 "믿음의 큰 불"이 되었음을 알았을 것입니다. 그가 집으로 돌아가고 있을 때 좋은 소식을 가지고 오는 그의 종들을 만났습니다. 그들이 "당신의 아들이 살았나이다"라고 말할 때 그 믿음의 정숙함 속에서 그는 매우 기뻐했습니다.

메시지가 그에게 임하였습니다. 예수님의 말씀의 메아리처럼 말입니다. "나도 어제 일곱시에 그 말을 들었다. 예수님께서 그 때에 '네 아들이 살았다'고 말씀하셨기 때문이다. 새 날이 왔다. 보라, 내 종들이 나를 맞되 같은 말 '아이가 살았다'는 소식을 가지고 온 것이다." 예수님께서 말씀하신 그대로 그 종들이 말하는 것을 듣고 그는 분명 깜짝 놀랐을 것입니다.

저는 자주 말씀을 설교하는 것에 관해서 주목합니다. 말씀을 설교하는 문장들이 하나님께로부터 축복을 받을 때, 그 말씀이 여러분에게 전달되는 방식에 대해서 저는 주목한다는 말입니다. 사람들이 제게 와서 "목사님, 어제는 우리가 길에서 나눈 이야기를 그대로 해 주셨습니다. 목사님께서는 우리의 사정을 우리가 생각한 대로 그대로 묘사해 주셨습니다. 우리가 대화 속에서 썼던 표현을 그대로 쓰셨어요. 그것은 분명히 하나님께서 목사님을 통해서 말씀하고 계셨어요"라고 말하곤 합니다.

그렇습니다. 그러한 일이 자주 있습니다. 그리스도의 말씀이 사명 받은 종들의 입으로부터 많은 메아리로 나타납니다. 주님의 섭리는 행실뿐만 아니라 말들도 주장하시고, 사람들로 하여금 자기들이 어찌하여 그 말들을 했는지를 알지 못한 채 똑같은 말을 하게 만드시는 것입니다. 하나님께서는 은혜롭게 어디에나 계시는 분입니다. 그래서 하나님께서 그 모든 것들이 하나님을 드러내게 하시는 것입니다.

이제 그 왕의 신하의 믿음은 그 기도에 대한 응답으로 말미암아 견고하게 된 것입니다. 그 체험은 그의 믿음을 돕는 쪽으로 작용하였습니다. 그는 그 전에 가지고 있었던 것보다 더 확신에 찬 의식을 가지고 믿게 되었습니다. 그는 주님의 말씀의 진리를 증거한 셈입니다. 그러므로 그는 예수님이 주님이시며 하나님이심을 알고 확신하게 되었습니다. 그리스도께 오는 죄인의 믿음과 그리스도께 이미 왔고 복락을 얻었던 사람의 믿음은 별개의 것이고, 후자가 더 강한 것입니다. 첫 번째 믿음은 더 단순한 믿음입니다. 그것은 구원하는 믿음입니다. 그러나 위안을 가져오는 두 번째가 더 자란 믿음입니다. 그리고 그 믿음은 기쁨과 능력을 심령 속에 가져다주는 것입니다.

그는 "내 기도가 응답되었다"고 말하였습니다. 그래서 그는 종들에게 말한 것입니다. 종들에게 물어 본 후 그 믿음은 구체적인 사항을 듣고 견고하게 섰습니다. 그는 "그것에 대해서 어떻게 된 것인지 다 말해 보아라. 언제 그랬단 말이냐?"라고 울부짖었습니다. 그 종들이 "일곱 시에 열기가 떨어졌나이다"라고 대답했을 때, 그는 바로 그 순간 가나의 언덕 너머에서 주 예수 그리스도께서 "가라, 네 아들이 살았다"라고 말씀하시던 그것을 기억하였습니다. 그는 그 경우를 곰곰이 생각하면 생각할수록 더 놀라게 되었습니다. 상세한 부분을 알면 알수록 그의 확신은 더욱더 견고해졌습니다. 그는 그 상세한 요점들을 방편으로 해서 더 분명하고 확고한 믿음에 이르게 된 것입니다.

형제 여러분, 우리 중에는 그러한 식으로 믿음을 확증하게 하는 것들을 얼마나 많이 가지고 있습니까! 의심하는 사람들은 복음의 단순성에 대해서 우리와 논쟁을 벌여 우리를 이기려고 합니다. 그들은 사변적(思辨的)인 논증을 바탕으로 해서 우리와 싸우고 싶어합니다. 보시오. 그러한 것은 우리에게 공정하기가 어렵습니다. 우리가 의지하는 근거는 전혀 다른 종류입니다.

우리는 믿음의 일에 있어서 문외한들이 아닙니다. 우리는 믿음에 있어서 숙련된 사람들입니다. 우리는 우리 주 하나님의 신실하심에 대한 개인적인 체험을 위해서 어떠한 것을 허락해야 합니다. 우리는 회의론적인 당신들에게 말할 수 없는 복된 상세한 일들에 대한 그 보배로운 수천의 추억을 가지고 있습니다. 우리가 당신들을 보고 돼지라고 하는 것은 아닙니다. 그러나 동시에 우리는 당신

들 앞에 우리의 진주를 던지지는 않겠습니다. 우리는 참으로 많은 것을 쌓아 두
고 있습니다. 그러나 그러한 것들을 그대로 말할 수는 없습니다. 왜냐하면 그것
들이 우리에게 있어서는 너무나 거룩하기 때문입니다. 그래서 우리는 우리 마음
에 있어서 우리의 부족한 죄를 깨닫게 하는 데 있어 가장 큰 효력을 가진 논증들
을 사용할 수가 없는 것입니다.

우리는 공개적인 법정에서 논박하느니 차라리 다른 논증을 택하겠습니다.
우리가 고집쟁이처럼 보인다 할지라도 전혀 놀라지 마십시오. 우리가 얼마나 강
하게 확신하고 있는지 그대들은 모를 것입니다. 우리의 은밀한 의식(意識)에서
우리를 벗어나게 하는 논증을 그대들을 할 수 없을 것입니다. 그러나 그대들은
우리의 눈알을 그 안구에서 빼내려는 식으로 논쟁할 수는 있습니다. 그러나 우
리는 확신하여 알고 있습니다. 왜냐하면 우리는 선하신 주님의 말씀에 대하여
보았고, 들었고, 맛보았기 때문입니다. 어떤 것들은 우리의 삶과 어찌나 깊게 연
관되어 꼬여 있던지 우리가 그러한 것들에 꼼짝못하게 붙잡혀 있습니다. 그러한
것들을 보고 그대들은 "우연한 일치겠지"라고 말할 것입니다. 좋습니다. 뭐라고
말하든지 좋습니다. 그러나 우리에게 있어서 그러한 것들은 그대들에게 느껴지
는 것과는 전혀 다른 별개의 문제입니다! 우리 영혼은 때때로 "이것이 바로 하나
님의 손이다"라고 울부짖었습니다. 매우 지독한 곤고함에서 벗어나도록 도움을
받은 사람은 자기의 구원자를 잊을 수가 없습니다. "그 곤궁에서 빠져나온 것은
그대의 행운이다"라고 말할 것입니까? 선생이여, 보시오. 그런 식으로 말하는 것
은 매우 냉혈적인 논평같이 보입니다!

만일 그대들이 내가 있었던 곳에 있었고, 내가 체험했던 것을 함께 체험하
였다면, 주께서 손을 뻗치사 자기의 종을 구원하셨음을 인정할 것입니다. 그리
고 하나님께서 존재하시어 구원을 이루셨다는 그 엄숙한 확신을 저와 똑같은 정
도로 가지게 될 것입니다. 제가 저의 이야기를 그대들에게 말씀드릴지라도 그대
들 속에서 그러한 죄의 각성과 깨달음과 확신을 창출할 수 없음을 저는 알고 있
습니다. 만일 여러분이 믿지 않기로 마음을 정하였다면, 내 증거를 받아들이지
않을 것이고 오히려 저를 기만당한 사람으로 생각할 것입니다. 그대들보다 제가
더 기만을 당하기가 쉽지 않음에도 불구하고 말입니다. 어찌하였든, 믿거나 믿
지 아니하거나 간에 저는 그러한 일에 조금도 주저함이 없습니다. 저는 믿지 않
을 수 없습니다. 왜냐하면 제 삶을 더 주의 깊게 점검하면 점검할수록, 하나님께

서 나와 함께 일하시고 나를 위해서 일하시고 계셨다는 사실을 확신하기 때문입니다.

그리스도께서 "네 아들이 살았다"고 말씀하셨던 그 순간에 그 왕의 신하의 아들이 살아났습니다. 예수님께서 그 아버지에게 사용하셨던 그 말씀이 30마일이나 떨어져 있던 종들에 의해서도 쓰여졌습니다. 그러므로 그 아버지는 인간적인 것보다 초월적인 무엇이 그의 길을 인도했다고 느꼈던 것입니다. 여러분은 그것이 이상하게 보입니까? 건강하게 살아난 그 아들 자체가 강력한 논증의 장본인이었습니다. 그 아버지로 하여금 그렇게 기쁘게 만들었던 믿음에서 그 복된 아버지를 떼어 내는 논증을 할 수는 없습니다. 그 아버지가 믿음으로 주 예수 그리스도의 말씀을 받아들이기까지 그 아들은 죽음의 경각에 달려 있었습니다. 예수님의 말씀을 받고 나서 열병이 떠난 것입니다. 아버지는 믿을 수밖에 없습니다. 그가 의심한 채 있어야 하겠습니까?

예수님의 순전한 말씀을 믿고 나서 체험을 가지게 됨으로써 그의 믿음은 강화되었습니다. 그 선한 사람은 말씀이 이루어졌음을 보게 되었고, 가장 충만한 의미에서 예수님을 믿게 되었습니다. 그는 모든 것을 위하여 예수님을 믿었습니다. 그의 몸과 영혼 전체를 위해서 믿었습니다. 그의 모든 됨됨이 전체와 그가 가진 모든 것을 위해서 믿었습니다. 그날로부터 그는 주 예수님의 제자가 됩니다. 그는 예수님을 따랐습니다. 단순한 병을 고치는 자로서나, 선지자로서나, 구세주로서 뿐만 아니라 그의 주(主)요, 하나님으로 따랐습니다. 그의 소망과 신뢰와 확신은 참된 메시야로서의 예수님께 고정되어 있었습니다.

그 뒤에 따라오는 일은 너무나도 자연스러운 일이었습니다. 그러나 역시 너무나도 기쁨에 찬 일이었습니다. 그래서 저는 그 모든 것이 여러분에게 해당될 수 있기를 바랍니다. 곧 그의 가족도 함께 믿었습니다. 그가 집으로 가서 그 아내를 만나게 됩니다. 오, 그 여자의 눈에서 나는 그 기쁨의 빛이여! 그 여자는 "우리 아이가 나았어요. 병이 들기 전과 똑같아졌어요. 이제 몇 주간 동안 열병의 영향으로 약해졌으니 힘을 북돋기 위해서 다시 침대에 누워 있어야 하는, 그러한 필요성이 없게 되었어요. 그 열병이 완전히 사라졌고, 아이는 건강해졌어요. 오, 나의 사랑하는 남편이여, 그대의 기도를 들으시고 그렇게 멀리서도 우리 아들이 건강해졌다고 말씀하신 그분이야말로 얼마나 놀라운 분이신가요! 저도 그를 믿습니다. 제가 그분을 믿어요"라고 말했을 것입니다. 분명히 그 여자는 그런 식으로 말했을 것이라고 확신합니다. 그녀의 남편 속에서 되어졌던 과정이 그녀 속에서도 일어나고 있습니다.

자, 이제 그 어린 아들에 대해서 생각해 봅시다. 여기 그 아이는 복되고 매우 기운차게 되었습니다. 그의 아버지가 그의 열병에 관한 모든 것을 일러 줍니다. 그리고 그 아들은 가나에 놀라운 선지자가 있어 "네 아들이 살았다"라고 하는 말씀을 하셨다는 것을 알게 됩니다. 그 어린아이는 "아버지, 나도 예수님을 믿어요. 그분은 하나님의 아들입니다"라고 울부짖었을 것입니다. 아무도 그 사랑하는 자식의 믿음을 의심하지 않습니다. 그가 치료를 받지 못할 만큼 너무 어리지도 않았습니다. 또한 믿지 못할 만큼 너무 어리지도 않았습니다. 그 아이는 특별한 체험을 하였습니다. 그 아버지와 어머니의 체험보다도 더 직접적으로 말입니다. 그 아이는 예수님의 능력을 느꼈습니다. 그 아들이 믿게 된 것은 놀라운 일이 아니었습니다.

한편 아버지는 자기 혼자만 믿는 것이 아님을 알고 기뻐하였습니다. 거기 자기 아내와 자녀도 그 믿음을 고백하고 있으니 말입니다. 그러나 우리는 그 문제의 끝에 도달한 것이 아닙니다. 그 옆에 둘러선 종들이 "주인님, 우리도 예수님을 믿을 수밖에 없어요. 우리는 주인님의 사랑하는 아들을 지켜보았고, 그가 회복되는 것을 보았으며, 그를 치료하는 능력이 신적임을 보았어요"라고 외쳤습니다. 그들은 모두 다 그들의 주인이 예수님을 믿는 바로 그 믿음을 함께 가지게 되었습니다. 그리고 거기에 있었던 늙은 여종이 말했을 것입니다. "나는 그 사랑하는 도련님과 함께 앉았었어요. 나는 잠도 들 수 없었어요. 왜냐하면 내가 만일 잠이 든다면 그 다음에 잠에서 깰 때는 죽은 아이를 볼까 봐서요. 나는 그를 지켜보았어요. 그런데 일곱 시에 기쁨에 찬 변화가 그에게 일어나는 것을 보았어요. 그 열병이 그를 떠나는 것을 보았단 말이에요." 그 늙은 여자는 소리쳤습니다. "예수님께 영광을 돌릴지어다. 나는 그러한 일을 보지도 못하였고 들어보지도 못하였다. 그것은 하나님의 손이다." 모든 다른 종들도 같은 마음이었습니다. 행복한 가문이여!

그 모든 사람들이 예수님께 대한 믿음을 고백했을 때, 금방 거대한 세례식이 베풀어진 것입니다. 그 어린아이만이 치료 받은 것이 아니라 온 가족이 다 치료 받은 것입니다. 그 아버지는 자기 자식에 관해서 예수님께 탄원할 때 자기 자신이 구원받을 필요가 있다는 것을 알지 못했습니다. 아마 그 어머니도 자기 자

너에 대해서만 생각했을 것입니다. 그러나 이제 구원이 그 온 집에 찾아들었습니다. 죄와 불신앙의 열병이 다른 열병과 함께 떠나버렸습니다. 주께서 그러한 놀라운 기사를 우리 모든 가정들에게 일어나게 하옵소서. 만일 여러분 중의 어떤 사람이 슬픔의 짐으로 고통 받고 있다면, 여러분이 소생함을 받고, 그래서 그 일을 여러분의 아내에게 말하게 되면, 그녀도 예수님을 믿게 될 것을 저는 확신합니다. 여러분이 염려하는 어린 자녀도, 어리지만 예수님을 믿게 되기를 저는 바랍니다. 여러분의 가내(家內)에 속한 모든 사람들이 그 신적 주님께 속하기를 바랍니다. 오 주 예수여! 지금 당신의 종들의 소원을 당신의 영광을 위하여 허락하소서! 아멘.

제
20
장
—

한 가지 꼭 필요한 질문

—

"네가 낫고자 하느냐?" — 요 5:6

예수님은 삼십팔 년 동안 병을 앓아 왔던 이 허약한 사람에게 질문하십니다. "네가 낫고자 하느냐?" 그것은 매우 이상한 질문처럼 보입니다. 누가 낫기를 원치 않겠습니까? 연못가에 누워 있던 그 가련한 사람이 낫기를 바라지도 않은 채 거기에 누워 있었을까요? 구주를 바라볼 때, 그 사람은 매우 이상하다는 식의 표정을 짓지 않았을까요? 그 질문에 대한 대답은 너무나 당연하고 절박하지 않았을까요? 하지만 우리 주님께서는 어떤 불필요한 말씀을 하시지 않았기에, 아마도 주님은 그 사람의 몸의 마비가 아주 고통스러울 정도로 그 사람의 정신까지도 마비시키고, 또한 그의 의지마저도 불수가 되게 했음을 보셨음이 틀림없습니다. 그 사람은 희망을 가졌으나 마침내 그의 마음이 병들고, 기다리다가 마침내 의기소침해지고 모든 의욕도 말라버리고 말았습니다. 이제 그는 낫느냐 낫지 않느냐의 여부에는 거의 관심도 없는 지경에까지 이르렀습니다. 활이 너무나 오랫동안 굽어 있어서 모든 탄력을 잃고 말았습니다. 그는 너무 배고픈 나머지 마침내 식욕을 잃어버리고 말았습니다. 그는 이제 아무런 열의도 없이, 미래에 대한 아무런 희망도 없이, 무관심한 태도로 실망감만 음울하게 투덜거리고 있을 뿐이었습니다. 그 사람의 의지에 관해 질문하실 때, 구주께서는 진동시킬 필요가 있는 현악기의 줄을 건드리신 것입니다. 주님은 그 질문에 의해 잠재된 능력을 일깨우셨습니다. 그 잠재 능력을 활발해지도록 만드는 일이 치유를 위해 첫 번째로 해야 할 일이었습니다. "네가 낫고자 하느냐?" 이는 깊은 조사를 위한 질문이면서, 위대한 의사의 과학적인 검사이며, 또한 인간의 크고도 으뜸 된 힘을 무덤에서 부활시키는 질문입니다.

　오늘날 복음을 전하는 문제에 있어서, 여기에 모여 있지만 아직 구원받지 않은 상태에 있는 각각의 사람에게 이렇게 질문한다면 아주 건방지게 여겨질 것입니다. "네가 낫고자 하느냐?" 당신은 이렇게 대답하겠지요. "물론이지요, 모든 사람이 구원을 바랍니다." 내 말을 믿으십시오. 나는 그 말의 진실성에 대해서 당신처럼 확고하지 못합니다. 한 사람이 말합니다. "하지만 우리는 여기 있잖아요. 우리는 여기에 오랫동안 있었고, 주의 깊게 복음을 경청해 왔습니다. 그것이, 만일 우리가 어디에서 건강을 찾을 수 있고, 또 유명한 길르앗의 향유가 무엇인지를 찾기만 한다면, 기꺼이 낫기를 바란다는 증거가 아닌가요?" 하지만 나는, 설혹 여기 있는 많은 사람들이 오랫동안 기다리다가 그들이 한때 가졌던 진지한 열망이 식고 마비되기 시작했다는 사실에 놀라지 않겠습니다. 그리고 오랫동안 여기에 있었던 또다른 사람들은 한 번도 진지하게 열망해 본 적이 없으며, 마침내 그들이 여기에 와서 신도석을 차지하고 있는 것은 단순한 습관의 문제가 되어버리고 말았습니다. 영혼이 낫는 문제에 대해서, 그 좋으신 의사께서 도움을 찾는 자들을 위해 언제라도 예비하신 그 문제에 대해, 그들은 진심어린 의지가 없습니다. 나는 그 질문이 불필요한 것이 아니라, 모든 회중들이 주의를 기울여 경청해야 할 최우선의 질문이라고 확신합니다. 이 질문에 대해, 청중의 영혼 깊은 곳으로부터 우러나오는 진실한 대답을 듣는 것이 지금 나의 목표입니다. 심지어 당신이 정직하게 부정적인 대답을 하는 수밖에 없다고 하더라도, 나는 그 질문이 당신에게 매우 유익한 것이라고 믿습니다. 그 질문은 적어도 당신의 마음 상태를 있는 그대로 드러낼 것입니다. 그리고 더 나은 무언가로 향하도록 하는데 도움이 될 것입니다. 하나님께서 도와주시기를 바라며, 나는 이 아침에 이 질문을 매우 진지하게 당신에게 제기할 것입니다. 오 구원받지 못한 남성과 여성들이여, "당신이 낫고자 합니까?"

1. 이 질문이 필수적인 이유
　우선, 이 질문이 제기되어야 하는 이유는, 그것이 언제나 이해되지는 않는 질문이기 때문입니다. 그것은 다음 질문과 같지 않습니다. "당신은 지옥으로 가는 것에서 구원받고자 합니까?" 그 질문에는 모든 사람이 "예"라고 대답합니다. "당신은 천국으로 가기 위해 구원받고 싶습니까?" 즉각적으로, 생각할 것도 없이, 모두가 "예"라고 대답합니다. 금으로 만든 수금을 위해서라면, 축복의 노래를 위해서라면, 불멸의 영원을 위해서라면, 우리 모두는 진심에서 우러나온 강력한 소원을 가지고 있습니다. 하지만 당신이 보시다시피 질문은 그것이 아닙니다. 천국과 그 즐거움은 이 질문에서 제기된 것으로부터, 그 결과로서, 그 연속선상에서 오는 것입니다. 하지만 그것은 지금 다루어야 할 문제가 아닙니다. 우리는 지금 절도범에게 "당신은 감옥생활이 감면되기를 바랍니까?"라고 묻는 것이 아닙니다. 우리는 그에게 다른 형태의 질문을 하고 있습니다. "당신은 정직한 사람이 되기를 원합니까?" 우리는 지금 살인자에게 "당신은 교수형을 면하기를 간절히 바랍니까?"라고 묻는 것이 아닙니다. 우리는 그의 대답을 이미 알고 있습니다. 우리가 그에게 제기하는 질문은 이것입니다. "당신의 모든 악을 버리기 위해, 의롭고, 정직하고, 친절하고, 관대히 용서하는 자가 되기를 바랍니까?" "당신은 은혜의 잔치 자리에 앉기를 바랍니까? 그래서 건강한 사람들처럼 먹고 마시기를 바랍니까?"라고 묻는 것이 아닙니다. 오히려 이렇게 묻고 있습니다. "당신은 영적으로 건강하게 되기를 바라며, 경건의 과정들을 통과하여 그것으로써 죄의 더러움을 버리기를 바라며, 또한 당신 속에 건강하고 성화된 성품이 회복되기를 바랍니까?"

그 질문이 무엇인지를 이해하도록 돕기 위해, 단 두 사람 외에는, 완벽하게 건강했던 사람이 없었음을 당신에게 상기시키고자 합니다. 그들은 두 명의 아담들(two Adams)이라고도 부를 수 있는데, 곧 첫째 아담과 둘째 아담입니다. 이 두 아담들은 모두, 우리에게 사람이 건강하려면 어떠해야 하는지를 그들 자신의 인격 속에서 보여줍니다. 첫 번째 아담은 에덴 동산에 있었습니다. 우리는 모두 그와 함께 낙원에 있기를 바랄 것입니다. 우리는 모두 결코 시들지 않는 나뭇가지들 아래에서 산책하기를 즐거워하고, 영원토록 감미로운 과실들을 따기 원하며, 수고도 없고, 고통도 없고, 질병도 죽음도 없기를 바랍니다. 우리 모두는 태곳적 에덴의 즐거움이 돌아오기를 환영합니다. 하지만 질문은 그것이 아닙니다. 질문은, 정신적으로 또 도덕적으로, 자기 죄로 인류에게 질병을 들여오기 전의 아담처럼 되기를 바라느냐 하는 것입니다. 그 때 아담은 어떠했었습니까? 그는 그의 하나님을 알았던 사람이었습니다. 그 외에도 많은 것들을 알았지만, 그의 하나님을 으뜸으로 알았던 사람이었습니다. 그의 기쁨은 하나님과 동행하는 것이었으며, 그분과 교제하는 것이었고, 마치 사람이 친구와 대화하듯 그분과 대화하는 것이었습니다. 타락하기 전까지, 그의 의지는 그의 창조주의 뜻에 복종하였고, 그분의 뜻을 어기지 않고 오직 그분이 명하신 일을 모두 수행하기를 열망했습니다. 그는 동산으로 인도되어 땅을 경작하였고, 동산을 지키고 가꾸었으며, 그 모든 일을 기쁨으로 했습니다. 그는 건전하고 건강한 사람이었습니다. 그의 모든 기쁨은 그의 하나님 안에 있었습니다. 살아 있는 존재로서 그를 지으신 분의 뜻을 수행하는 것이 그의 한 가지 목적이었습니다. 그는 요란법석을 떨거나 술 취하는 일에 대해 알지 못했습니다. 그에게는 음탕한 노래라든가 제멋대로의 행위는 없었습니다. 유흥의 불빛이나 방탕의 휘황찬란함은 그에게서 멀었습니다. 그는 순수했으며, 정직했고, 고상했으며, 순종적이었습니다. 죄인이여, 당신은 그와 같이 되는 것을 좋아합니까? 제 맘대로 행하며, 많은 계략을 꾸미고, 죄라든가 다른 부정한 것들 속에서 행복을 찾는 당신은, 당신의 하나님께로 돌아와서 그분 안에서 행복을 찾기를 원합니까? 그리고 지금부터 다른 무엇보다 오직 그분만을 섬기기를 원합니까? 아! 아마도 당신은 맹목적으로 "예"라고 말하겠지요. 당신이 말하는 것을 당신이 모를 가능성이 있습니다. 만일 이 진리가 당신 앞에 더욱 명백하게 제시된다면, 당신은 어쩌면 고집스럽게 낫기를 거부할지도 모릅니다. 그런 관점에서의 삶이 당신에게는 따분하고, 재미없고, 노예 같은 삶처럼 보일 수 있습니다. 정욕의 쾌락도, 술 취함의 흥분도, 어리석은 웃음소리도, 교만의 으스댐도 없는 삶이, 많은 사람에게 어떻게 비쳐질까요? 그들에게는 건강한 인간성에 대한 우리의 이상이 속박과 불행의 다른 이름에 지나지 않습니다.

　건강했던 사람의 다른 한 예를 들겠습니다. 그분은 예수, 두 번째 아담이십니다. 그분은 이곳에서 사람들 가운데 사셨습니다. 낙원이 아니라, 욕지거리와 유혹과 고통의 한가운데서 사셨지만, 그분은 온전하고 건강한 분이었습니다. 질병을 친히 그 몸에 짊어지셨고, 우리의 대속자로서 우리의 죄를 모두 감당하셨지만, 그분에게는 죄가 없었습니다. 이 세상의 권력자가 그분을 철저하게 심문하고 조사했어도, 그분에게서 아무런 혐의도 찾지 못했습니다. 우리 구주의 인성의 온전함은 바로 이 점에 있습니다. 즉 그분이 "거룩하고, 악이 없고, 더러움이 없고, 죄인에게서 떠나 계신" 분이셨다는 것입니다(히 7:26). 말하자면, 그

분은 뿌리로부터 거룩하시며, 말 그대로 "완전하신" 분이십니다. 그분은 완벽하
시고, 완전하시며, 아무런 흠이나 결점이 없는 분이셨습니다. 그분은 온전히 그
분의 하나님께로 향하셨습니다. 그를 보내신 하나님의 뜻을 행하시는 일이 그
분의 양식이며 음료였습니다. 예수님은 하나님께서 얻기를 바라셨던 바로 그
런 사람이셨으며, 완벽하게 그분의 올바른 위치에 조화되신 분입니다. 그분에
게는 오점이든, 손실이든, 어떤 형태의 악의 파생물도 없었으며, 또한 어떤 면
에서도 선의 결핍이 없었습니다. 그분은 온전하시고 거룩하셨습니다. 그분은
악이 없는 분이셨기에, 다른 사람들에게 말로나 행위로 해를 끼친 적이 없습니
다. 더러움이 없는 분으로서, 그분은 주변 환경으로부터 어떤 악영향도 받지 않
으셨으며, 하나님에 대해 그릇되거나 사람들에 대해 불친절하신 적이 없습니
다. 더러움이 없는 분으로서, 비록 훼방의 말이 그분의 귓전을 때리더라도, 그
분의 마음은 전혀 오염되지 않았습니다. 비록 그분이 인간의 탐욕과 악함이 극
에 달한 것을 보셨어도, 그분 자신은 그 독사를 불에 떨어 버리셨으며(참조. 행
28:5), 점도 흠도 없는 상태를 유지하셨습니다. 그분은 또한 죄인들과도 구분되
셨습니다. "물러나라, 나는 너희보다 거룩하다"고 말함으로써 그 주변에 바리새
적인 차단선을 둘러침으로써가 아니라, 죄인들과 더불어 드시면서도 그들과 구
별되셨던 것입니다. 다정한 손을 그들에게 대시고, 그들의 슬픔에 깊이 공감하
심으로써, 그분은 그들과 확연히 구분되셨습니다. 그분은 그분 자신의 정신적
고상함에 의해 구분되셨고, 도덕적 탁월성과 영적인 위엄에 의해 구분되셨습니
다. 자, 당신은 예수님처럼 되기를 바랍니까? 질문은 그것입니다. 만일 그렇다
면, 당신 역시 그분의 겪으신 일들을 많이 겪게 될 것입니다. 당신은 비웃음을
당할 것이며, 조롱을 받을 것이며, 또한 박해를 받을 수도 있으며, 만일 섭리가
당신의 원수를 억제하지 않으면 당신은 아마도 죽음에 처할 수도 있습니다. 하
지만 그리스도를 모든 것의 모든 것 되시는 분으로 여기며, 당신은 기꺼이 그분
처럼 되기를 원합니까? 지금 당신이 칭송하는 많은 실제적인 악으로부터 당신
자신을 찢어내고, 당신이 지금은 진가를 인정하지 않는 많은 실제적인 선을 당
신 속에 불어넣기를 바랍니까? 당신은 지금 기꺼이 낫고자 합니까? 나는 당신
이 이렇게 말하는 것을 상상할 수 있습니다. "나는 예수님처럼 되고 싶어요. 나
는 간절히 그것을 바랍니다." 하지만 나로 하여금 당신의 귀에 이렇게 친절하고
부드럽게 속삭이도록 허용해 주십시오. 즉, 당신이 내 말의 의미를 안다면, 예

수님이 어떤 분이신지를 당신이 안다면, 당신의 의지가 그토록 열렬하게 그런 방향으로 기울어질 것이라고는 나로서는 확신이 들지 않습니다. 만일 예수님이 온전하신 것처럼 당신을 온전하게 만들기 위한 과정이 진행된다면, 많은 다툼과 많은 반역이 당신의 마음속에서 일어날 것이 염려됩니다.

　"네가 낫고자 하느냐?"는 이 질문의 의미를 좀 더 설명하기 위해, 이 점을 당신에게 상기시키고자 합니다. 인간이 건전하고 완벽할 때에도, 추방되어야 할 어떤 악의 성향들이 있으며, 또한 그가 소유해야 할 어떤 도덕적 특성들이 있습니다. 예를 들자면, 사람이 하나님 앞에서 온전해지면 그는 사람들 앞에서도 정직해집니다. 어떤 사람도, 거래에 있어서나, 생각에 있어서나, 대화에 있어서나, 혹은 이웃들을 향한 행동에 있어서, 부정한 죄를 지으면서 하나님 앞에 온전하다고 할 수 없습니다. 죄인이여, 당신은 당신의 사업에서, 모든 것을 살피시는 하나님의 검증 기준에 절대로 통과될 수 없는 나쁜 짓들을 습관적으로 자행해 왔습니다. 당신은 종종 사업에서 참되지 못하다고 말합니다. 당신은 다른 사람들도 같은 일을 행한다는 말로 그 일을 변명합니다. 나는 당신의 변명을 듣자고 여기서 있는 것이 아니라, 당신에게 진지하게 묻기 위해 있습니다. "네가 낫고자 하느냐?" 당신은 지금 이 순간부터 철저하고, 엄격하고, 꼼꼼하게, 정직한 사람이 되기를 바랍니까? 더 이상 거짓말 따위는 하지 마십시오. 더 이상 과장하지도 마십시오. 더 이상 기회를 잡기 위해 속이지 마십시오. 자, 이제, 이 상태에 대해 당신은 어떻게 생각합니까? 이런 식으로라면 사업을 지속할 수 없는 사람들이 더러 있습니다. "사업은 부패한 것이고, 그런 관행에 빠져들지 않는다면 당신은 살아갈 수 없습니다. 이 바닥은 천하고 비열해서, 속이지 않고는 누구도 성공할 수 없습니다. 완벽하게 정직하려면 가게 문을 닫아야만 합니다." 한 사람이 외칩니다. "어유, 이 경쟁의 시대에서 나는 산 채로 잡아먹히고 말 겁니다. 나는 우리가 그렇게 양심적으로 될 수가 없다고 믿습니다." 무슨 말인지 알겠습니다. 당신은 낫기를 원치 않는군요.

　나은 사람은 모든 면에서 건전한 사람이 됩니다. "입으로 들어가는 것이 사람을 더럽게 하는 것이 아니라 입에서 나오는 그것이 사람을 더럽게 하는 것이니라"(마 15:11). 또한 "하나님의 나라는 먹는 것과 마시는 것이 아니요"(롬 14:17). 하지만 여전히 이 먹는 것과 마시는 것에서 사람들이 빈번하게 죄를 행합니다. 술 취함에 있어서 특히 그렇습니다. 건전해지기를 바라고 구원받기를 간절히 바라는 사람치고, 최소한 술꾼은 없으리라고 믿습니다. 하지만 술꾼이라도 이 질문을 이해할 것입니다. 질문은 "당신이 천국에 가기를 원합니까?"가 아니라, "당신은 술 취함을 버리고, 더 이상 술잔에서 기뻐하지 않기를 바랍니까?"입니다. 이제 당신은 어떻게 말하겠습니까? 이 순간부터 당신은 먹고 마시고 떠드는 것과 모든 방탕을 끝내겠습니까? 그 모든 일을 멀리하겠습니까? 아마도 이 아침에 몇 사람이, 눈이 충혈되고, 과음의 쓰라림이 아직도 가시지 않았을 동안에는, "예"라고 말할 것입니다. 하지만 신나는 친구들이 그 사람 주변에 모여드는 저녁 무렵에는 어떨까요? 포도주 잔에 거품이 일 때에도, 그는 여전히 낫기를 바랄까요? 그래서 그의 몸과 영혼을 망치는 것을 거부할까요? 아아! 아닙니다. 많은 사람들이 "아, 나는 낫고자 했습니다"라고 말합니다. 하지만 그들은 그런 의미로 한 말이 아니지요. 개가 토한 것으로 되돌아가고, 돼지가 씻은 후에 진창에 뒹구는 꼴입니다.

사람이 낫는 것은 보편적인 진실성의 열매를 맺는 것입니다. 자, 진실을 말하는 것을 견디지 못하는 사람들이 있습니다. 그들에게는 두 개의 눈이 스무 개의 눈과 다름없습니다. 그들의 눈에는 이웃의 어떤 결점들도 범죄이며, 그들이 특별히 좋아하는 사람들만 제외하고는, 이웃의 어떤 덕목들도 언제나 악으로 물들어 있습니다. 언제나 그들은 다른 사람들에게 악의적인 판단을 내립니다. 그들은 그들의 동료 인간에게 영예로운 어떤 것에 대해서도 시기합니다. 이제 당신은 어떻게 말하겠습니까? 당신은 낫기를 바랍니까? 그래서 이 시각부터 하나님과 사람들을 향해 진실만을 말하기를 원합니까? 유창하게 말을 잘하는 혀가 진리만을 말해야 할 때에는 할 말이 거의 없는 듯이 보일 때가 있습니다. 만일 정직하게 말하도록 한다면, 많은 사람들이 진실에서 우러나오는 축복의 말을 해주기를 거절하려 할 것입니다.

용서의 문제에서도 마찬가지입니다. 온전히 나은 사람은 일흔 번씩 일곱 번이라도 용서할 수 있습니다. 당신이 상처에 대해 누군가를 용서할 수 없을 때, 그것은 당신의 영혼이 병들었기 때문입니다. 한 가지 잘못된 일에 강하게 원망을 품을 때, 당신은 그 순간에 아픈 것입니다. 그 원망이 지속될 때, 당신은 만성적인 질병을 앓고 있는 것입니다. 어떤 사람들은 용서를 배우려는 마음과는 너무도 거리가 있어서, 복수의 원한만 풀 수 있다면, 살아도 좋고 죽어도 좋다고 거의 기도할 정도입니다. 그들은 그들에게 상처를 가한 사람을 이 세상 끝까지라도, 아니 다른 세상까지라도 쫓아갈 기세이며, 그가 불꽃 가운데 있는 것을 볼 수만 있다면 그와 함께 저주를 받기라도 할 태세입니다. 많은 사람들에게 복수는 달콤합니다. 만일 사람이 여전히 동료 인간에게 악한 의도와 해할 마음을 품고 있다면, 그가 이렇게 말하는 것은 소용이 없습니다. "내가 낫고자 하나이다."

지금까지 미덕과 악덕들을 하나씩 살펴보았습니다. 그 이유는 이 본문이 어떤 사람들이 생각하듯이 그리 단순한 질문이 아니라는 것을 보이기 위함입니다. 인색하고 움켜쥐려는 성향으로 고통을 당하는 사람들이 있습니다. 만일 그들이 온전하다면 그들은 관대할 것이며, 가난한 자들에게 친절할 것이며, 주님의 일에 자기 재물을 드리기도 할 것입니다. 하지만 이 아침에 그들에게 선택권을 준다면 그들이 인색한 성향에서 낫기를 원할까요? 아, 아닙니다. 그들은 관대함을 약함이라 생각하고, 자선을 어리석은 짓이라고 여깁니다. 그들은 말합니다. "돈 벌어서 남 주는 것이 무슨 유익이 있는가? 최대한 빨리 움켜쥐고 최소한 적게 나누어 주는 것이 현명한 사람이다." 선생이여, 그런 사람은 온전해지기를 원하지 않습니다. 그 사람은 그의 마비된 손과 굳어버린 심장을 건강의 표지로 간주합니다. 그의 편협한 마음과 영혼의 기아를 모든 사람이 다 볼 수 있음에도 불구하고, 그는 스스로를 정신적으로 건강하다고 여깁니다. 그는 뼈만 앙상한 해골이요, 질병의 표본입니다. 하지만 그는 스스로를 건강의 모범이라고 믿습니다. 스스로의 결점들을 찬미하는 자들은 명백히 거기에서 벗어나고픈 생각이 없는 것입니다. "내 눈에는 얼마나 아름다운 백내장이 있는지!"라고 한 사람이 말합니다. "얼마나 고귀한 종기들이 내 수족을 장식하고 있는지!"라고 또다른 사람이 말합니다. "내 다리가 얼마나 아름답게 굽어 있는가?"라고 세 번째 사람이 말합니다. "얼마나 근사한 군살이 내 허리를 치장하고 있는지!"라고 다음 사람이 말합니다. 인간은 그들의 신체적인 질병에 대해서는 그런 식으로 말하지 않습니다. 그렇다면 우리는 그들이 미쳤다고 여길 것입니다. 하지만 그들은 종종 그들의 수치를 영광스럽게 여기고, 그들의 불법에서 즐거워합니다. 자신의 결점을 정신적으로 미덕으로 높이는 사람을 마주칠 때마다, 우리는 그 사람이 온전해지기를 바라지 않는다고 간주할 수 있습니다. 그런 사람은 의사가 문 앞에서 기다린다고 해도, 의사의 방문을 비웃을 것입니다. 그런 사람들을 모든 거리에서 흔히 볼 수 있습니다.

한 가지 더 말하겠습니다. 만일 사람이 온전하게 되면, 그 사람 안에는 도덕적인 덕목들이 풍성하게 될 뿐 아니라, 또한 영적인 은혜들도 풍성하게 됩니다. 왜냐하면 온전한 사람은 외적인 성품에서와 마찬가지로 영혼도 건강하기 때문입니다. 영혼이 온전하게 되면 그 사람에게 어떤 일이 일어날까요? 첫 번째로, 바리새인의 예를 들어 대답하겠습니다. 저기 한 바리새인이 있습니다. 그는 스스로가 매우 선한 것에 대해서, 그리고 대부분의 사람들보다 훨씬 훌륭한 것에 대해서 하나님께 감사하고 있습니다. 이제, 만일 그 사람이 온전하게 낫는다면, 그는 이렇게 말할 것입니다. "하나님이여 불쌍히 여기소서. 나는 죄인이로소이다"(눅 18:13). 하지만 만일 내가 그에게 세리와 위치를 바꾸겠느냐고 묻는다면, 그는 이렇게 대꾸할 것입니다. "왜 내가 그래야 하지요? 그는 비열하고 천박한 사람인데요. 그가 쓰는 언어는 그에게 아주 잘 어울립니다. 나는 그가 그런 말을 쓰는 것이 즐겁습니다. 그가 하는 것과 같은 고백을 하는 것은 나로서는 매우 품위를 낮추는 일이 될 것입니다. 나는 그렇게 하고 싶지 않습니다." 그 사람은 온전하게 낫기를 원하지 않습니다. 그는 그가 이미 온전하다고 생각합니다. 온전하게 된 사람은 자기를 부인하는 사람입니다. 바울은 이렇게 말할 때 온전했습니다. "내가 가진 의는 율법에서 난 것이 아니요 오직 그리스도를 믿음으로 말미암은 것이니 곧 믿음으로 하나님께로부터 난 의라"(빌 3:9). 그가 그리스도를 얻고 그분 안에서 발견되기 위해 자기 자신의 의를 배설물에 불과한 것으로 여겼을 때, 그는 온전한 사람이었습니다. 병든 사람들은 그들 자신의 의를 충분히 선하다고 간주합니다. 그리고 그 안에서 스스로를 포장하고, 그 외관에는 종교 의식이라고 하는 약간의 모조품 보석들을 붙입니다. 그리고는 그들이 천국에 들어갈 정도로 충분히 의롭다고 결론을 내립니다. 그들은 교만의 열병이 심하게 들었기 때문에 자기가 상상해 낸 선함에 대해 헛소리를 합니다. 반면 참된 선함에 대해서는 청승맞은 소리이자 위선이라고 부릅니다.

영적으로 온전한 사람은 습관적이 기도의 사람입니다 그는 지속적으로 감사의 마음을 느끼는 것에 익숙합니다. 또한 계속적으로 찬미하는 사람입니다. 그는 지속적인 헌신의 사람입니다. 그가 하는 일이 무엇이든 그는 그 일을 하나님께 하며, 그 일에서 하나님의 영광을 추구합니다. 그의 생각은 보이지 않는 영원한 것들에 고정되어 있습니다. 그의 마음은 보이는 것들에 매여 있지 않습니다. 그것들이 헛되다는 것을 알기 때문입니다. 이제, 우리가 하는 말의 의미를 이해하는 많은 사람들에게 이 질문으로 호소하겠습니다. "당신은 낫고자 합니까? 당신은 지금부터 기도하는 사람이 되겠습니까? 찬미하는 사람, 거룩한 사람, 하나님을 섬기는 사람이 되겠습니까?" 이 회중의 많은 사람들이 정직하게 말한다면, 그들은 이렇게 말할 것이라고 나는 믿습니다. "아니요, 우리는 온전해지기를 바라지 않습니다. 우리는 천국에 가고 싶습니다. 하지만 이런 일은 원하지 않습니다. 우리는 지옥에서 벗어나기를 바랍니다. 하지만 당신이 거룩함이라고 부르는 이런 청교도적인 꼼꼼함을 모두 실천에 옮기고 싶지는 않습니다. 아니요, 우리는 먼저 죄인들과 더불어 즐기기를 바라며, 마지막에 성도들과 천국에 가기를 바랍니다. 죄의 독은 너무나 달콤하여 버릴 수가 없습니다. 하지만 차차 해독제도 갖게 되겠지요. 우리는 아침을 마귀와 더불어 먹고 싶고, 저녁은 그리스도와 먹고 싶습니다. 우리는 순결해지기 위해 서두를 필요가 없습니다. 우리의 현재 취향은 우리를 다른 방향으로 끌고 갑니다."

2. 이 질문에 대한 반응들

지금까지 이 질문에 대해 설명하였으므로, 힘이 주어지는 대로, 두 번째 요점을 다루도록 하겠습니다. 이 질문에는 많은 다양한 반응들이 가능합니다. 따라서 질문에 따른 대답들을 살펴보는 일이 필요합니다.

1) 아무 답변도 없는 사람들

첫째, 여기 있는 사람들 중 일부의 경우, 이 질문에 대한 유일한 반응이 아무런 답변도 없는 것입니다. "네가 낫고자 하느냐?" 그들은 이런 종류의 문제에 대해서는 듣기도 원하지 않고 숙고해 보기도 원하지 않습니다. "글쎄요, 예, 아니요. 무어라고 말해야 할지 모르겠습니다. 우리는 그 문제로 성가시게 신경 쓰기를 원하지 않습니다. 우리는 젊은 사람들이고, 이 문제들에 대해서는 앞으로 생각할 시간이 얼마든지 있습니다. 우리는 사업을 하는 사람들이고, 신앙의 문제 외에 걱정해야 할 다른 문제들이 있습니다. 우리는 부유한 사람들이고, 정말이지 가난하고 천한 사람들처럼 이런 문제로 고민할 이유가 없습니다." 혹은 이렇게 말합니다. "우리는 아픈 사람들입니다. 우리의 건강에도 많은 시간과 관심을 쏟아야 하니까 그런 신학적인 문제로 귀찮게 하지 말아 주세요." 이해하겠습니다. 무언가가 당신의 생각으로부터 정말 필요한 한 가지 일을 외면하도록 만들고 있군요. 가난한 마음은 가장 고귀한 것이건만, 가장 낮은 평가를 받고 있군요.

　오, 당신은 당신의 영혼을 얼마나 사소한 것으로 취급하고 있는지요! 당신의 불멸의 중대사를 놀이 취급 하고 있군요! 나 역시 한때는 그랬습니다. 만일 그렇게 했던 것에 대한 나의 후회스러움을 피의 눈물로 표현할 수 있다면, 나는 기꺼이 그렇게 울고 싶습니다. 내 영혼의 중요성에 대해 오랫동안 무관심함으로써 잃어버린 시간의 손실은, 우리에게 다시는 회복될 수 없는 손실이며, 하나님의 은혜조차도 그것을 되돌려 줄 수는 없습니다. 젊은이들이여, 이 말을 여러분 마음에 담아두기를 바랍니다. 오, 이 질문들이 얼마나 중요한지를 당신에게 보여줄 수만 있다면, 얼마나 긴박하고 압도적으로 중요한지를 보여줄 수만 있다면 얼마나 좋을까요? 그래서 당신이 신앙의 질문을 외면하지 못하게 하고, 당신의 영혼이 당신을 일깨우고자 하시는 성령의 애정 어린 압박을 뿌리치지 못하게 할 수 있다면 얼마나 좋을까요? 하나님께서 당신을 지혜롭게 만드셔서 영적인 삶의 고귀한 진보를 갈망하게 하고, 당신의 최상의 복지에 해가 되는 모든 것을 파괴해 주시기를 바랍니다. 신중하게, 당신이 가장 우선적이고 으뜸 되는 문제를 숙고하도록 나는 기도합니다. 그것을 지나치지 마십시오. 못 본 체하지 마십시오. 당신의 죽음의 시간이 당신이 생각하는 것보다 훨씬 가까이 있을 수 있습니다. 이 문제를 숙고해 보겠다고 당신이 희망하는 내일은 영영 오지 않을 수 있습니다. 나는 당신에게 그 문제를 다시 제기합니다. 무엇이든 뒤로 미루려면 안전하게 기다릴 수 있는 것만 그렇게 하십시오. 무엇이든 다음으로 연기하려면, 영원하고 영적인 문제가 아닌 것만 그렇게 하십시오. 하지만 "먼저 그 나라와 의를 구하십시오."

　이제, 종교적인 문제에 상당히 관심을 가진 사람들이 있습니다. 그들은 그 문제를 외면하지는 않습니다. 하지만 "네가 낫고자 하느냐?"는 질문에 대한 그들의 대답은 그리 진지하지 않습니다. 수년 전에 그들은 각성했었습니다. 그 때는 그들이 설교를 들으면 모든 말들을 간직하곤 했습니다. 그들의 기도는 끈질겼고, 그들의 소원은 간절했습니다. 하지만 그들은 이 명령에는 순종하지 않았습니다. "그리스도를 믿으라, 그러면 살리라." 그들은 믿지 않는 불행의 상태에 익숙해졌으며, 계속해서 죄의 짐을 지고 있으며, 사랑의 구주께서 그 짐을 덜어 주시려고 기다리심에도 불구하고 계속해서 그 짐을 지고 가고 있습니다. 그리고 이제는 이 질문에 대한 그들의 대답은 이것도 저것도 아닙니다. 그들은 무기력하게 신음소리를 내뱉을 뿐입니다. "저는 그러고 싶었습니다. 제가 그렇게 할 수 있기를 바랐습니다. 하지만 오! 내 마음은 굳어 있습니다.

> '느껴지는 것이 있다면, 오직 고통뿐
> 느낄 수 없는 나 자신을 발견할 뿐이네.'

낫기를 바라고 싶지만, 바란다고 말할 수도 없네요."

당신이 어떤 상태에 있는지를 보십시오. 하나님께서 지금 당신을 도우시기를, 당신의 의지를 다해 필사적인 노력을 할 수 있도록 도우시기를 바랍니다. 그분의 살리시는 영이 이 애정 어린 말씀을 당신의 마음에 들려 주시기를 바랍니다. 그리하여 당신이 이렇게 말하기를 바랍니다. "아! 예, 나의 깊은 절망으로부터, 물이 없는 깊은 수렁으로부터, 나는 당신께 부르짖겠습니다, 나의 하나님이시여, 지옥의 복부로부터 구원받기를 내가 바라나이다. 내가 바랍니다, 내가 바랍니다, 내가 구원 얻기를 바라나이다." 이 질문에 실제적으로 아무 대답도 않는 상태에 남아 있는 사람이 이 회중 가운데 하나도 없기를 바랍니다.

2) 둘러대며 대답하는 사람들

둘째로, 이 질문에 아주 모호하게 둘러대며 대답하는 사람들이 역시 많습니다. 그들에게 말해야겠습니다. 당신은 낫고자 합니까? 나의 사랑하는 청중이여, 나는 이 질문을 회심하지 않은 모든 사람에게 제기하기를 원합니다. 하지만 몇 사람으로부터는 어떤 분명한 대답도 듣지 못할 것이라고 예상합니다. 한 사람으로부터는 이런 대답을 들을 것입니다. "내가 하나님이 택하신 자인지 아닌지를 내가 어떻게 알겠습니까?" 사랑하는 이여, 그것이 질문이 아닙니다. 그 질문은 이 단계에서는 대답할 수 없는 질문이며, 차차 대답할 수 있을 것입니다. 그나저나, 당신은 느닷없이 그런 주제를 제시하면서, 정작 이 본문이 제기하는 엄숙한 질문에 대해서는 왜 눈을 감으려고 하는 것입니까? 당신은 낫기를 바라는 것입니까, 바라지 않는 것입니까? 그 질문을 기피하지 말고 이리로 오십시오. 와서, 대장부답게 그 질문에 직면하십시오. 당신은 하나님과 화해하기를, 그분께 복종하기를, 바라는 것입니까, 그렇지 않은 것입니까? 예면 예라고, 아니면 아니라고 분명히 말하십시오. 만일 당신이 하나님의 원수가 되고, 죄와 불의를 사랑하기를 바란다면, 그렇게 말하십시오. 당신 스스로에게 정직하고, 참빛 가운데에서 당신 자신을 보십시오. 하지만 정녕 당신이 죄로부터 깨끗해지고 거룩해지기를 바란다면, 그렇게 말하십시오. 그렇게 말하는 것은 대단한 일도 아니며, 자랑하는 것도 아니며, 단지 의지의 문제일 뿐입니다.

또 한 사람이 말합니다. "글쎄요, 나는 죄를 멈출 능력이 없습니다." 다시 말하거니와, 그것이 질문이 아닙니다. 의지와 능력 사이를 분명히 구분해야 합니다. 확신하건대, 하나님께서는 소원을 주시고 또 그 소원에 따라 행할 능력을 주십니다. 우리에게 능력이 없는 것은 우리의 의지가 없기 때문입니다. 연약한 의지가 올 때에는 연약한 힘이 옵니다. 하지만 강력한 의지가 올 때에는 역시 강력한 힘이 옵니다. 그들은 함께 올라가고 내려갑니다. 하지만 그것이 질문이 아닙니다. 나는 "당신이 무엇을 할 수 있습니까?"라고 묻지 않으며, "당신이 무엇을 바랍니까?"를 묻고 있습니다. 당신은 거룩하게 되기를 바랍니까? 당신은 진지하고 정직하게, 오늘 죄의 권세로부터 자유롭게 되기를 갈망합니까? 그것이 질문입니다. 당신에게 요청하거니와, 당신의 영혼을 위해서, 당신의 마음을 들여다보고, 하나님 앞에서 이 질문에 대답하시기 바랍니다.

한 사람이 말합니다. "하지만 나는 과거에 너무 많이 죄를 지었습니다. 내 이전의 죄가 나를 놀라게 합니다." 다시금, 당신이 죄를 자각한 것에 대해 기쁘기는 하지만, 그것이 질문이 아니라고 상기해야겠군요. 당신이 얼마나 아픈지를 묻는 것이 아니라, 당신이 낫기를 바라는지를 묻는 것입니다. 나는 당신이 죄인인 것을 알고 있습니다. 그리고 당신 자신이 생각하는 것보다 훨씬 더 나쁜 죄인인 것도 알고 있습니다. 당신의 눈으로 보기에 당신의 죄가 아무리 검다 해도, 하나님의 눈에는 그보다 열 배는 더 검게 보이실 겁니다. 당신은 본성상 완전히 정죄받고 잃어버린 죄인입니다. 하지만 지금의 질문은 "네가 낫고자 하느냐?"입니다. "너의 과거의 죄를 용서받고 그 형벌에서 구원받았느냐?"가 아닙니다. 물론 당신은 그러기를 바라겠지요. 하지만 당신은 당신의 즐거움이었던 정욕으로부터 해방되기를 바라고, 당신의 마음이 굶주려 추구했던 것들에서 벗어나기를 바라고 있습니까? 당신은 거룩한 성도들처럼 되기를 바랍니까? 죄에서 벗어나서, 하나님이 거룩하신 것처럼 당신도 거룩하기를 바랍니까? 그것이 당신의 영혼이 갈망하는 것입니까, 아니면 그렇지 않습니까?

3) 실제적으로 "아니요"라고 대답하는 사람들

이제, 실제적으로 "아니요"라고 말하는 사람들이 매우 많다는 것을 숙고할 차례입니다. 그들은 그 질문을 피하지 않으며, 정직하게 "아니요"라고 말합니다. 아니, 내 말을 철회해야겠습니다. 그들이 정직하게 "아니요"라고 말하는지의 여부는 의문이며, 그들이 그들의 행동에 의해(by their actions) 실질적인 의미에서 "아니요"라고 말한다고 할 수 있습니다. 한 사람이 말합니다. "나는 낫고자 합니다." 하지만 신성한 예배가 끝나면 그들은 다시 죄로 돌아갑니다. 한 사람이 말하기를, 그가 질병에서 치유되기를 바란다고 했습니다. 하지만 그는 그 질병을 유발시킨 문제에 계속해서 빠져 있습니다. 그 사람은 믿을 수 없는 사람입니까, 정신이 없는 사람입니까? 어떤 음식의 섭취는 그 질병의 원인이 될 수 있습니다. 의사는 그 환자에게 그렇게 말합니다. 그 환자는 자기가 낫기를 바란다고 말합니다. 하지만 그는 즉시로 그의 질병을 유발했던 바로 그 음식을 찾습니다. 그는 거짓말쟁이입니까, 아닙니까? 또한 낫기를 바란다고 말한 그 사람이, 그의 옛 죄에서 빈둥거리고 있습니다. 그 사람은 자신에게 거짓말을 하는 것입니까, 하나님께 거짓말을 하는 것입니까? 사람이 낫고자 할 때, 그 사람은 치료를 제공하는 곳으로 자주 찾아갑니다. 하지만 하나님의 집에는 아주 드물게 방문하며, 아마도 안식일에만 겨우 한 번 정도 참석하고, 아주 이따금씩만 복음을 듣는 사람들이 있습니다. 그게 아니면, 예배의 장소라고 부르기는 하지만 복음이 전해지지도 않고, 양심이 괴로운 적도 결코 없고, 하나님의 율법과 하나님의 복음이 제시되지도 않는 곳으로 가는 사람들이 많이 있습니다. 그들은 그런 곳에 가는 것에 상당히 만족해하며, 마치 아픈 사람이 그 증세를 잘 이해하는 의사에 찾아가는 것처럼, 잘 처신하고 있다고 생각합니다. 하지만 그들은 치료한다고 떠벌리지만 한 사람도 치료하지 못하는 돌팔이 의사의 가게를 방문하는 꼴입니다. 그런 사람은 낫기를 바라는 것이 아닙니다. 설혹 그가 낫기를 바랄지는 몰라도, 행동으로는 바라지 않는 것입니다.

또한, 많은 사람들이 복음을 들으면서도 경청하지는 않습니다! 증권거래소의 전보, 사람들은 그것을 두 눈으로 읽습니다. 증권이 올랐을까, 내렸을까? 한 편의 정보 기사로 그들은 거래의 일반적인 흐름을 판단할 수 있습니다. 그들이 거기에 얼마나 정신을 쏟아붓는지 모릅니다. 그들은 정보의 의미를 파악하고, 그들이 습득한 정보에 따라 행동을 취합니다. 그리고 보십시오! 한 편의 설교를 듣고서, 목사가 어떻게 설교했는지를 판단합니다. 마치 전신으로 보내온 기사를 잃고서 머리글자가 잘못 인쇄되었는지의 여부를 판단하듯, 혹은 'i'라고 하는 글자에 점이 빠졌는지의 여부를 판단하듯, 혹은 어떤 거래에 관한 기고문을 읽는 사람이 그 의미를 찾아내고 그 조언에 따라 행동하기보다는 단순히 그 기고문의 문체를 비평하듯이 말입니다. 오, 사람들이 "그 설교가 좋았다"라든지 혹은 "그 설교에 동의하지 않는다"라고 말하는 것을, 마치 완벽의 경지에 오른 것처럼 말하고 생각하고 있습니다! 하나님이 보내신 설교자는 당신이 그의 설교를 좋아하는지 아닌지의 여부에는 조금도 개의치 않습니다. 그의 일은 당신의 취향을 즐겁게 하는 것이 아니며, 당신의 영혼을 구원하는 일입니다. 당신의 동의를 얻는 것이 아니라, 예수님을 위해 당신의 마음을 얻는 것이며, 그리하여 당신을 하나님과 화해하도록 이끄는 것입니다. 좋아하는지의 여부는 이 질문과 아무런 상관이 없습니다. 환자가 외과 의사의 수술용 칼에 반했는지의 여부가 중요한 것입니까? 양심적으로 교만의 살을 도려내고, 혹은 상처를 너무 성급하게 치료하지 않는 외과의사는, 환자가 고통을 느끼는 동안에 수술 칼을 잘 사용하는 것에 대한 칭찬을 기대하지 않습니다. 설교자도, 진리를 신실하게 선포할 때에, 사람들로부터 그들의 구미에 따른 칭찬을 기대하지 않습니다. 만일 그들의 양심이 그를 칭찬한다면 그것으로 충분합니다. 아, 나의 청중이여, 당신은 열의 없이 듣고, 비판적으로 들으면서, 실제적으로 듣는 것은 아무것도 없습니다. 이 모든 것은 결국, 비록 당신이 기도의 집에 출입한다 해도, 당신이 낫기를 원치 않는다는 사실을 입증합니다. 너무나 많은 사람들이 복음을 대하기를, 마치 책을 많이 읽는 박식한 사람이 외과수술에 관한 책자를 집어들고서, 그 분야에서 수박 겉핥기식의 지식을 얻고 스스로 만족하는 것처럼 대하고 있습니다. 정작 자기 자신의 사례에 적용할 어떤 것도 발견하지 못하고, 자기 자신의 질병은 고치지도 못한 채 말입니다. 성경에 대한 당신의 태도가 그렇습니다. 당신은 성경을 신성한 책으로서 읽지만, 거기에 최상의 관심을 기울이지는 않습니다. 예수님을 찾고자 하고, 하나님과 화목하고자 하고, 다가올 진노에서 구원받고자 하는 진지하고 깊은 마음의 갈망에 대해서는, 당신이 아는 바가 거의 없습니다! 듣고 있으면서도 듣지 않고 있는 사람들은 실제로 이렇게 말하고 있는 셈입니다. "우리는 낫기를 원치 않습니다."

또한, 낫게 되면 사회에서의 현재 지위를 잃을 것이 두려워하여 낫기를 원치 않는 사람들이 많습니다. 그들은 현재의 불의한 수입이나 악한 동료들과 결별하기를 원치 않습니다. 신앙은 그들에게 어느 정도의 박해를 의미합니다. 그들은 감리교도나 혹은 장로교도로서 조롱당하기를 바라지 않습니다. 길이 조금이라도 험하다면, 그들은 천국에 가지 못할 수도 있습니다. 그들은 길이 평탄하고 즐겁기만 하다면 지옥에 가는 편을 더 선호합니다. 그들은 어리석은 자들의 인정을 받으며 버려지는 편이 악한 자들의 조롱을 받으며 구원받는 것보다 더 낫다고 생각합니다. 그들은 은혜를 불편한 것으로, 경건을 귀찮은 것으로, 독실함을 창피한 것으로, 정확함을 어리석은 것으로 간주합니다. 그들은 싸움 없는 왕관, 섬김 없는 보상을 바랍니다. 그들은 영혼의 건강의 달콤함을 즐기고 싶어하지만, 나병환자들과 죄로 오염된 자들과의 교제에서 얻는 이득을 잃어버리지 않으려 합니다. 아아! 가련한 바보들입니다!

4) 하나님께 감사하게도, 이렇게 말할 수 있는 사람들도 있습니다.

"예, 예, 나는 낫기를 원합니다." 그들의 경우에 대해서는 다음 차례에 말하도록 하겠습니다.

3. 정직하고 긍정적인 대답

이 질문에 대해 정직하고 긍정적인 대답이 있다면, 은혜의 역사가 그 영혼에 작용했다고 결론내릴 수 있습니다.

만일 내 청중들 중 어느 누구라도 진지하게 "예, 나의 큰 갈망은 죄로부터 벗어나는 것입니다"라고 말할 수 있다면, 나의 사랑하는 친구여, 나는 이 아침에 당신에게 말할 특권이 주어진 것에 너무나도 행복할 것입니다. 당신은 이렇게 말하고 있습니다. "형벌이 두려워서가 아닙니다. 죄 자체가 내게는 충분한 벌입니다. 만일 내가 천국에 갈 수 있고, 그곳에서도 여전히 지금처럼 죄인이라면, 그곳은 내게 전혀 천국이 될 수 없습니다. 나는 생각과 말과 행동의 모든 잘못에서 깨끗해지고 싶으며, 내가 만일 온전히 나을 수만 있다면, 설사 내가 병들고 가난해지더라도 너무나 행복할 것입니다." 만일 주님께서 당신으로 하여금 거룩함을 사모하게 하셨다면, 은혜의 태아(胎兒), 영원한 생명의 씨앗이 이미 당신의 마음속에 있는 것입니다. 머잖아 당신은 거듭나게 되고, 죽음에서 생명으로 옮겨져서 기뻐하게 될 것입니다. 당신은 말합니다. "오, 나는 그것을 보고 싶어요. 나는 그것을 느끼고 싶어요!" 전적으로 은혜가 없는 사람은, 거룩함 자체에 대해서 마음에서 우러나오는, 진지하고, 간절한 열망을 결코 가질 수 없다고 나는 믿습니다. 만일 당신이 이 사실에서 기쁨과 평화를 얻기를 바란다면, 예수님께서 베데스다의 그 가련한 사람에게 말씀하셨듯이, 나는 당신에게 이렇게 말해야 합니다. "일어나 네 자리를 들고 걸어가라"(8절). 오늘, 이 아침에, 당신은 주님의 말씀을 듣습니다. 지금, 즉시로, 예수 그리스도의 완성된 사역을 신뢰하십시오. 당신의 죄로 인하여 대속자로서 징벌을 당하신 그분을 의지하십시오. 그러면 당신은 구원받은 영혼으로서 기뻐할 수 있을 것입니다. 한 사람이 말합니다. "저에게 그리스도를 믿을 힘이 있나요?" 나는 대답합니다. "예, 당신에게는 그 힘이 있습니다. 나는 모든 사람에게 믿음을 실천할 힘이 있다고 말하지 않습니다. 소원의 결핍은 도덕적 힘의 죽음입니다. 하지만 만일 당신이 예수님이 당신을 위해 죽으신 것과, 하나님께서 당신으로 하여금 거룩함을 사모하게 하신 것과, 그분이 당신을 위해 거룩함을 예비하신 것을 기꺼이 믿고자 한다면, 믿는 자의 권리와 권세와 힘을 얻기를 바란다면, 지금 당신 속에서 역사할 능력의 도구는 바로 당신의 믿음입니다. 당신 속에 소원을 주신 성령께서, 그분 자신의 선하고 기뻐하시는 뜻을 이루기 위하여 당신 속에서 역사하고 계십니다. 그러므로 그리스도를 바라보고 구원을 얻으십시오." 여러분 중 몇 사람이 이 아침에, 그리스도를 바라봄으로써, 완전한 평화에 들어오게 되기를 기도합니다. "나는 거룩을 사모합니다"라고 당신은 말합니다. 예, 이 말은 이상하게 들릴지 모르겠지만, 진실입니다. 만일 당신이 당신 속에서 거룩을 추구한다면, 당신은 결코 그것을 얻지 못할 것입니다. 하지만 당신이 당신 자신을 바라보던 데서 떠나 그리스도를 바라본다면, 거룩이 당신에게 임할 것입니다. 바로 그 때, 당신의 갈망은 그분으로부터 임한 것이며, 그것은 당신 영혼의 새로운 출생의 시작입니다. 보십시오, 나는 당신을 위해 기도합니다. 당신에게서 멀어져, 당신의 최상의 갈망으로 십자가의 그리스도를 갈망하십시오. 그러면 오늘이 당신의 구원의 날이 될 것입니다.

소원을 갖는 것은 매우 작은 일로 보일 수 있습니다. 하지만 내가 설명했듯이, 그러한 소원은 결코 인간의 본성이 스스로 만들어 낼 수 없는 것이며, 오직 영원하신 성령 하나님만이 그것을 심으실 수가 있습니다. 내가 확신하기로는, 살아 있으며 구원에 이르게 하는 믿음은 항상 그 소원과 함께 갑니다. 그 소원은 조만간 표면에 드러날 것이며, 기쁨과 평화를 함께 가져다줄 것입니다.

4. 부정적인 대답

이제 마지막으로, 이 질문에 부정적으로 답하는 경우가 있습니다. 내가 당신에게 상기시켜야 하는 것은, 그것이 가장 무서운 죄와 관련이 있다는 것입니다.

이 마지막 요점을 전하지 않기를 바랐지만, 고통을 감수하고, 전할 수밖에 없습니다. 여기에 일부 사람들이, 그리고 다른 곳에서도 많은 사람들이, 낫기를 바라지도 않습니다. 회심하지 않는 형제들이여, 당신은 낫고 싶어하지를 않습니다. 당신에게 요청하기는, 이제 당신이 곧 직면하게 될 것을, 지금 직면하기를 바랍니다. 그것은 바로 이것입니다. 당신은 하나님보다 당신 자신을 더 좋아합니다. 그분 앞에서 그분을 기쁘시게 하기보다 당신 자신을 즐겁게 하기를 더 좋아합니다. 당신은 거룩함보다는 죄를 더 좋아합니다. 그것을 가까이에서 정확히 보십시오. 죄는 당신 스스로 선택한 것이고, 당신 스스로 의도적으로 원한 것이며, 당신이 만들었고, 당신이 꾸몄습니다. 그리고 두렵거니와, 만일 하나님의 은혜가 막지 않는다면, 당신은 계속해서 그렇게 할 것입니다. 그것을 정면으로 보십시오. 왜냐하면, 곧 죽음의 침상에서, 당신이 그 문제를 영원의 빛 속에서 보게 될 것이기 때문입니다. 그 때 당신은 당신이 이생의 쾌락을 천국보다 선호했었음을 발견할 것입니다. 당신은 유흥과, 자기 의와, 교만과, 몇 년이면 사라져 버리는 자기 의지를, 그리스도께 온전히 순종하는 영광스러운 축복과 그분의 임재 속에 영원히 거하는 것보다 더 좋아했습니다.

오! 당신이 죽게 될 때, 정녕 당신이 다른 상태에서 살게 될 때, 당신은 그렇게 선택했던 당신 자신을 저주하게 될 것입니다. 구원받지 못하고 죽어가는 시간이 이렇게 당신을 찾아 올 것입니다. "나는 여기서 구원받기를 원치 않았던 사람이다. 나는 낫기를 바라지 않았으며, 신자가 되기를 원치 않았고, 스스로 완고한 자가 되기를 바랐구나. 나는 복음을 들었다. 내 앞에 복음이 제시되었었다. 하지만 나는 고의적으로 그것을 내 뒤로 던져버렸고, 지금에 이르게 되었구나. 나는 이제 용서받지 못한 채, 거룩하지 못한 채 죽어가고 있지만, 그것은 내가 선택한 것이로구나." 기억하십시오. 영적으로 낫지 못한 사람은 결코 천국에 들어갈 수 없습니다. 그는 온전해져야 하며, 그렇지 않으면 영광의 문에서 쫓겨날 것입니다. 우리는 먼저 온전해지기 전에는 지성소에 서 있을 수가 없습니다. 그러므로 당신, 오 치유되지 못한 영혼이여, 당신이 그대로 머물러 있으면, 하나님 계신 곳에 결코 설 수 없을 것입니다. 당신이 그렇게 선택했고, 고의적으로 선택했으니, 낙원의 궁정으로 들어가는 일이 결코 허락되지 않을 것입니다.

더 나아가, 오! 이 일이 얼마나 빨리 당신에게 닥치게 될는지요! 그 일이 얼마나 빨리 오게 될지는 나도 모르고, 당신도 모릅니다. 당신에게는 천국에 들어갈 문이 없기에, 당신이 천국에 들어가지 않기로 선택했기에, 남은 일은 한 가지밖에 없습니다. 즉, 당신은 그분의 임재에서 쫓겨나서 그분의 진노가 영원히 불타는 곳으로 떨어지게 될 것입니다. 이것은 정녕 지옥의 고통 중의 하나이며, 당신 스스로의 의사에 따라 당신은 멸망한 것입니다. 당신은 이렇게 외칠 것입니다. "내가 이것을 선택했구나, 내가 이것을 선택했구나. 내가 바보였구나, 내가 이것을 원했었구나."

지옥이 무엇을 위해 있습니까? 그것은 완전히 만개한(full-blown) 죄입니다. 죄는 개념상으로는 악이며, 지옥은 죄가 완전히 발달한 것입니다. 지옥에서의 당신은 무엇을 생각할까요? "나는, 나의 불행과 관련된 것을 선택했다. 영원히 빠져나올 수 없는 불행, 더 이상 구원이 없는 죽음을 스스로 선택했다. 이제 나는 하나님과 거룩과 행복에 대해서는 죽어야 하고, 저 영원한 죽음과 끝없는 형벌 속에 존재해야 한다. 그리고 이 모든 것은 내가 스스로 원했기 때문이다. 나 자신의 의지로 선택한 결과이다."

당신에게 요청합니다. 그것을 직시하십시오. 잃어버린 죄인의 영원한 운명은 너무나 끔찍합니다. 만일 내가 지옥에 던져져서 "나는 하나님의 작정 때문에 여기 왔으며, 다른 이유는 없습니다"라고 말할 수 있다면, 나로서는 나의 잃어버린 상태의 불행을 어느 정도 견딜 이유를 찾았을 것입니다. 하지만 만일 나의 파멸이 전적으로 나 자신 때문이라고 느끼게 된다면, 전적으로 나 자신의 죄 때문에 망한다면, 내가 그리스도를 개인적으로 거부한 것 때문이라면, 그야말로 지옥 중의 지옥일 것입니다. 이 불꽃들은 나 스스로 태운 것이 아닙니까? 이 감옥은 나 스스로 세운 건물이 아닙니까? 너무나 견고해서 결코 열리지 않았던 그 문은 나 스스로를 감금한 문이 아니었습니까? 그렇다면 마지막 위안의 잔해조차도 내 영혼에서 영원히 사라진 꼴이 되고 말 것입니다.

그러나 나의 사랑하는 청중이여, 나는 당신이 이렇게 말하기를 바랍니다.

"내가 낫고자 합니다!" 그렇다면 다시 한 번 당신에게 이 점을 상기시키겠습니다. 그 소원의 성취를 발견할 곳은 십자가 아래입니다. 거기에 서서 저 위대한 구속자를 바라십시오. 당신 안에는 이미 어떤 생명이 있으며, 십자가에 달리신 구주께서 그 생명을 증대시키실 것입니다. 고귀한 핏방울이 떨어진 그 십자가 아래에 서서, 흘러내리는 그분의 피, 영혼을 속량하는 그 피를 바라보십시오. 당신에게 바랍니다. 그분이 그 피를 바로 당신을 위해 흘리신 것을 믿으십시오. 그러면 당신은 구원을 받습니다. 그리고 당신의 길을 가십시오. 온전히 낫기를 바라는 당신에게 예수님이 이렇게 말씀하시기 때문입니다. "내가 원하노니 깨끗함을 받으라"(마 8:3).

제

21

장

—

복음의 초청을 받고
기다리는 자들의 병원

—

**"예수께서 이르시되 일어나 네 자리를 들고
걸어가라 하시니" — 요 5:8**

그날은 안식일이었습니다. 예수께서는 그날 어디서 어떻게 보내셨습니까? 우리가 확신하기로는, 어떤 거룩하지 못한 방식으로 그 안식일을 보내신 것이 아닙니다. 또 어떤 사소한 일로 그날을 보내지도 아니하셨습니다. 그가 무엇을 하셨을까요? 그는 선한 일을 행하셨을 것입니다. 안식일에 선을 행하는 것은 합당한 일이기 때문입니다. 어디서 선을 행하셨을까요? 예수님께서는 예루살렘에 특별하게 고통을 받고 있는 한 지역이 있음을 아셨습니다. 가난하고 눈멀고 병들고 고통당하는 사람들이 함께 모여 있는 곳을 아셨습니다. 다시 말하면, 그들은 연못 가에 둘러 누워 있는 자들이었습니다. 드물게 찾아오는 물의 동함을 기다리느라 말입니다. 예수님께서는 거기에 가셔서 선을 행하셔야겠다고 생각하신 것입니다. 왜냐하면 그곳이야말로 그 선함을 가장 필요로 하는 곳이었기 때문입니다. 하나님께서는 모든 그리스도의 종들이, 가장 긴급하게 필요로 하는 곳에 가장 큰 요청을 받고 있다는 것을 느끼기를 바라시는 것입니다. 가장 궁핍한 곳에서 그들은 가장 많은 친절을 베풀어야 합니다. 구원의 복음을 가장 필요로 하는 곳에 가서 그 복음을 증거하는 것보다 안식일을 더 선하게 보내는 방식은 없습니다. 하나님께서는 그리스도의 종들이 바로 그 사실을 인식하기를 바라고 계십니다.

　　그날은 명절(名節)도 되었습니다. 유대인들의 큰 명절이었습니다. 예수님께서는 그 명절을 지키시기 위해 예루살렘에 올라오셨던 것입니다. 그는 그 명절을 어디서 지키셨습니까? 어떤 사람이 예수님께 집으로 가자고 요청하였습니까? 베다니에 마리아와 마르다와 나사로가 살고 있었습니다. 그들이 예수님께 자기들의 집으로 가자고 요청하였습니까? 때로는 바리새인들과 서기관들이 자기들의 집을 개방해 놓고 예수님을 위해서 연회를 베풀기도 하였습니다.

　　그러나 예수님께서는 그렇게 좋은 분위기 속에서 명절을 보내시기를 원치 아니하셨습니다. 예수님께서 어디로 가셨을까요? 예수님께서 당신 자신에게 "내 명절은 눈멀고 절고 고통당하는 사람들 속에서 지켜져야 한다"라고 말씀하신 것이 독특한 선택이었습니까? 아닙니다. 그것은 결코 독특한 것이 아니었습니다. 예수님께서는 자기 집으로 초대한 어떤 사람에게 말씀하셨습니다. "잔치를 베풀거든 차라리 가난한 자들과 몸 불편한 자들과 저는 자들과 맹인들을 청하라 그리하면 그들이 갚을 것이 없으므로 네게 복이 되리니 이는 의인들의 부활시에 네가 갚음을 받겠음이라"(눅 14:13, 14).

　　주님께서는 다른 사람에게 하도록 종용하신 바로 그것을 스스로 행하셨을 것임에 틀림없습니다. 그것은 마치 "내 명절을 병원에서 보내련다. 나는 오늘 이 거룩한 날을 기쁜 안식을 위해서 사용하되, 깊은 종양의 상처를 함께 가지고 고통당하는 병든 사람들이 있는 곳에 감으로써 이날을 사용하련다. 왜냐하면 내게 있어서 긍휼을 베푸는 것은 즐거운 일이 되기 때문이다. 사람들을 복되게 하는 것이야말로 내 마음에 안식을 얻는 것이다"라고 말씀하시는 것과 같습니다. 그리스도께서는 다른 사람에게 선을 행하실 때보다 더 즐겁게 명절을 보내실 수 없습니다. 그보다 당신의 자유로움의 행동을 더 크게 맛보는 일도 없고, 당신의 사랑으로 말미암아 행사되는 그 능력을 더 높게 행사하시는 경우도 없습니다. 또한 그 경우보다 안식과 기쁨으로 충만한 그의 복된 성품에 더 자연스러운 것도 없습니다.

　　자, 보십시오. 베데스다의 연못으로 내려가시는 구주를 보십시오. 그는 슬픔과 질병이 판을 치고 있는 곳에서 당신의 긍휼을 행사하사 악을 이기시기로 결심하셨습니다.

저는 여러분들에게 요청합니다. 저와 함께 구주를 따라 베데스다의 연못으로 내려가자고 말입니다. 저는 그곳을 기다리는 자들의 병원(病院)이라고 부르겠습니다. 우리가 거기에 있는 동안, 예수 그리스도께서는 그 기다리는 무리들 중에서 가장 힘없는 사람을 응시하고 계심을 주목하게 될 것입니다. 그런 다음에 세 번째로 우리는 기쁨에 차서 우리 주님께서 복음적인 방식을 따라서 그 사람을 어떻게 다루셨는지를 주시하게 될 것입니다.

1. 베데스다의 연못

먼저 저는 베데스다의 연못으로 함께 내려가자고 말씀드린 바 있습니다. 그 연못은 다섯 개의 행각(行閣)이 있는 연못이었습니다. 저는 그 연못을 "기다리는 자들의 병원"이라고 불렀습니다. 왜냐하면 거기 있던 그 모든 사람들은 한 가지의 일을 하고 있었기 때문입니다. 그들은 기다리고 있었습니다. 곧 물이 움직이기를 기다리고 있었습니다. 그들이 할 수 있는 것은 그 일밖에는 없었습니다. 그들은 병들어 누워서 작은 연못을 근심어린 눈으로 바라보고 있었습니다. 그 물이 움직이는 것을 보게 될 희망을 가지고 말입니다. 그 물 표면에 동심원(同心圓)이 그려지기를 바라고 있었습니다. 그러다가 그 조짐이 나타나면 즉시로 뛰어들려고 기다리고 있었습니다. 누구든지 처음 그 물에 뛰어든 자는 치료를 받았기 때문입니다. 바로 그 한 사람만이 치료 받고 나머지는 치료 받지 못했습니다. 그곳은 곧 기다리는 자들의 병원이었다고 말한 것이 옳죠?

오늘날도 기다리는 큰 무리들을 아주 쉽게 발견합니다. 그렇지 않았으면 좋겠습니다. 그러나 아직도 수많은 사람들이 기다리고 있습니다. 저는 그 다섯 행각 전체를 그런 사람들이 다 메우고 있었다고 생각합니다.

어떤 사람들은 더 편리한 때를 기다리고 있었습니다. 아마 그들은 이 편리한 때가 침상에 누워 있는 자기들에게 올 것이라는 생각을 하고 있었을 것입니다. 아마 그들은 죽음의 병상에 누워 있어서도 그렇게 생각했을 것입니다. 그러나 그것은 큰 실수입니다. 그들은 복음을 들었습니다. 복음이 진리라고 믿고도 있습니다. 물론 그것을 받아들이지는 않고 있습니다. 끊임없이 예배당에 가곤 하면서 자신들에게 이렇게 말합니다. "이러한 날들 중 어느 날에 우리는 그리스도를 부여잡을 수 있을 것이고, 죄라는 질병에서 놓임을 받게 될 것을 희망한다. 그러나 지금은 아니다"고 말입니다.

여러분 중에 어떤 이들은 기다리느라고 얼마나 많은 세월을 보냈습니까? 그 편리한 때를 만나기 위해서 말입니다. 어떤 분은 5년, 6년, 8년, 심지어 20년 동안 기다린 사람도 있지 않습니까? 20년 이상을 기다려 왔던 사람을 저는 알고 있습니다. 저는 그들의 영혼에 관해서 말했던 기억이 납니다. 그때 그들은 그들의 문제를 게을리할 의도는 없었다고 말했습니다. 그들은 기다리고 있었습니다. 때가 아직 오지 않아서 그렇게 했다고 말했습니다. 그들은 그러한 길에서 어떠한 자세로 버티어 냈는지 정확히 설명하지는 않았습니다. 그러나 그러한 자세는 몇 개월 안에 사라져 버릴 것이었습니다. 아니 몇 주만에 그렇게 될 것이라고 저는 생각했습니다. 그러나 그러한 자세는 사라지지 않았습니다. 그들은 여전히 기다리고 있기 때문입니다. 그들은 언제나 기다리다가 심판 날을 맞게 되고 자기들이 구원받지 못한 것을 알게 될까봐 저는 두렵습니다. 그들은 항상 좋은 내일을 바라보고 있습니다. 그러나 오늘은 달력에 없는 날과 같습니다. 어리석은 자의 달력에는 오늘이라는 날이 전혀 발견되지 않습니다. 지혜로운 사람은 오늘을 삽니다. 그는 자기 손으로 행할 일을 만나게 되면 바로 그 즉시 행합니다. 오늘이 바로 하나님의 때입니다. 우리가 언제 구원을 받더라도 바로 그 구원받는 날이 우리의 때가 될 것입니다. 그러나 안타깝게도 많은 사람들이 누워서 자기들의 관절이 흐느적거리고 눈이 침침하고 귀가 둔하기까지 기다리고 있습니다. 그들의 마음은 갈수록 더 감각을 잃어갑니다. 오, 여러분 단순한 이들이여, 그러한 일이 언제까지 계속 될 것입니까? 지옥에 던져지기까지 기다릴 것입니까?

　　두 번째 행각에서 기다리고 있는 사람들은 꿈과 환상을 기다리고 있습니다. 물론 이런 사람들이 적을 것이라고 여러분은 생각하실 것입니다. 그러나 여러분이 생각하는 것처럼 그렇게 적지는 않습니다. 그들은 어느 날 밤에 심판에 대한 생생한 꿈을 꿔서 자기들이 깜짝 놀라게 될 것이라는 생각을 가지고 있습니다. 또한 하늘의 밝은 환상을 보게 되어 그 황홀함에 벌떡 일어나게 될 날이 올 것이라고 생각하게 될 것입니다. 그들이 어떤 사람의 전기(傳記)를 읽었는데, 그 전기 가운데 공중에서 어떤 것을 보았다느니, 어떤 소리를 들었다느니, 어떤 성경 본문이 "자기에게 부닥쳐 왔다"는 식의 말을 들었습니다. 그래서 그들은 그와 같은 표적과 이적들이 자기들에게도 일어날 것이라고 생각하고 기다리고 있는 것입니다. 저는 그들에게 증거하기를 멈추지 않습니다. 그들은 이런 일이 일어날 것임을 생각하고 매우 큰 관심을 가지고 있습니다. 그러나 그들의 실수는 그것을 원하거나, 그것이 일어나리라고 기대하는 그 자체에 있는 것입니다. 그래서 그들은 베데스다의 연못 가에서 기다리고, 기다리고, 또 기다리고 있습니다. 마치 그들은 하나님을 믿을 수 없지만 꿈은 믿을 수 있다는 식입니다. 그들은 성경의 가르침을 확신할 수는 없으나, 그들의 귀에서 들린다고 상상하는 어떤 소리를 믿을 수는 있다는 식으로 나가고 있습니다. 물론 그 소리가 새가 지저귀는 소리일 수도 있고, 아니면 아무것도 아닌 것일 수도 있는데도 말입니다. 그들은 자기들의 상상을 믿습니다. 그러나 영감(靈感)된 책에 기록된 이 하나님의 말씀을 믿을 수는 없습니다. 그들은 환상의 증거를 요구하고 있습니다. 느낌의 증거들을 요구하고 있습니다. 그러한 것이 올 때까지 연못의 행각에서 기다리고 있습니다. 그것이 바로 모욕적인 불신앙이 아니면 무엇입니까? 표적과 기사가 함께 나타나기까지 주님은 믿을 만한 분이 아닙니까? 그러한 기다림은 지존하신 하나님의 노를 격발(激發)하는 것입니다.

세 번째 행각에는 일종의 강제를 기다리는 자들로 가득 차 있습니다. 그들은 그리스도께 나아간 자들이 하나님의 성령에 이끌림을 받는다는 소리를 들었습니다. 그들은 은혜의 교리를 믿습니다. 또 그들이 그러한 교리를 믿어야 함을 저는 기뻐합니다. 그 교리들이 진리이기 때문입니다. 그러나 그들은 그 교리들을 잘못 해석하고 있습니다. 하나님의 성령께서 사람들의 의지를 거슬러 어떠한 강제적인 힘을 행사하여 이런저런 일들을 만든다고 생각하는 것입니다. 그들의 개념은 이와 같이 보입니다. 사람들이 하늘에 사로잡혀 끌려가는 것은 귀를 붙잡혀 끌려가는 것과 같고, 억지로 떠밀려 가는 것과 같다는 식이죠. 우리가 사랑의 끈과 사람의 속박에 대해서 말하면 그들은 상상력을 발휘하여 오해하는 것입니다. 제 말을 들으십시오. 성령께서는 열쇠를 잃어버린 상자 옆에서 행동하는 식으로 인간의 마음 옆에서 행동하시지 않습니다. 성령께서는 그 인간의 마음을 깨뜨려 그 상자를 여시는 그런 분이 아닙니다. 성령께서는 우리 성품의 법칙을 따라서 사람들인 우리와 함께 행하시는 것입니다. 성령께서는 끈으로 인도하십니다. 그러나 그 끈은 사랑의 끈입니다. 속박으로 인도하십니다. 그러나 그 속박은 사람의 속박입니다. 그가 의지에 영향을 주실 때에는 판단력에 빛을 주시는 방식을 통해서 그 일을 하십니다. 그가 우리에게 주시는 가르침을 통해서 다른 빛 속에서 사물들을 보도록 인도하시는 것입니다. 그리고 더 분명한 빛을 통해서 지성과 마음에 영향을 주신다는 것입니다. 우리가 사랑하는 것들이 악하다

하는 걸 알게 되면 우리는 그걸 미워하게 됩니다. 우리가 전에 미워하였던 것들이 선함을 알게 될 때는 우리가 그것들을 택하게 됩니다. 그런데 이 사람들은 자기가 원하든 원하지 않든 간에 회개하게 될 것이라는 상상을 하고 있습니다. 자기들이 원하든 원하지 않든 예수 그리스도를 믿게 될 것이라고 공상하는 것입니다. 그러나 성령님께서는 그런 식으로 행하지 않으십니다.

저는 여러분이 큰 죄를 범하지 않도록 하기 위해서 경고하는 것입니다. 성령을 예수 그리스도와 대조시키거나 또는 경쟁시키는 잘못을 범하지 마십시오. 복음은 "주 예수 그리스도를 믿으라. 그리하면 네가 구원을 받으리라"고 말합니다. 그런데 여러분이 "내가 성령을 기다린다"고 말하는 것은 예수님을 성령과 반대되게 세우는 것이 되어 버립니다. 성부와 성자와 성령께서는 하나이십니다. 정말 그들은 하나이십니다. 예수님의 증거는 성령의 증거입니다. 성령께서 사람들 속에서 역사하실 때 그리스도의 것들을 가지고 역사하십니다. 어떤 새로운 것들을 가지고 일하시는 게 아닙니다. 성령께서는 그리스도의 것들을 가지시고 그것들을 우리에게 보여주십니다. 만일 어떤 사람이 "믿으라 그리하면 살리라"는 복음을 거부한다면, 그는 성령을 거부하는 것입니다. 성령께서는 어떤 다른 복음을 증거하지 않으실 것입니다. 성령께서는 그가 예수 그리스도를 믿지 않으려 하거나, 죄 가운데서 죽으려 하는 그의 태도를 그냥 내버려 두실 것입니다. 여러분은 그리스도를 모시느냐, 아니면 멸망하느냐 둘 중 하나입니다. 여러분이 그리스도의 복음의 말씀을 복종하기를 싫어하면, 아버지 하나님이나 성령께서는 여러분을 구원하기 위해서 개입하지 아니하실 것입니다. 예수 그리스도께서는 당신을 증거하시는 성령과 함께 계십니다. 성령께서 오시면 사람들로 하여금 죄에 대해서 깨닫게 합니다. 왜냐하면 그들이 그리스도를 믿지 않기 때문입니다. 그래서 그들을 인도하시되, 예수 그리스도의 일 외에 다른 어떤 것을 믿게 하시는 것이 아니라, 단순히 그리스도께서 이루신 그 속죄만을 의지하도록 하시는 것입니다. 어디에서든지 이런 유의 일로 머뭇거리고 있는 사람들에게는 화가 있습니다.

네 번째 행각은 많은 사람들에게 매력적입니다. 특히 오늘 현시대에 있어서 그러합니다. 그들은 부흥을 기다리고 있습니다. 우리는 잉글랜드의 다른 여러 지역에서 큰 부흥이 일어났다는 기쁜 소식을 들었습니다. 물론 우리도 그러한 소식을 좋아합니다. 스코틀랜드, 아일랜드 등지에서 일어난 부흥에 대한 소식을 들었습니다. 그래서 어떤 사람은 이렇게 말합니다. "만일 부흥이 여기에도 찾아 온다면 나는 회개할 텐데"라고 말합니다. 그것은 마치 이렇게 말하는 것과 같습니다. "만일 하나님의 두 존귀한 종들이 여기에 와서 예배를 인도하면 우리는 회 개할 텐데"라고 그들은 사람들을 바라보고 흥분되기를 바라는 것입니다.

저는 순전한 모든 부흥을 인하여 하나님께 감사합니다. 하나님께서 일하실 때마다 저는 그것을 기뻐합니다. 그러나 복음적 명령은 부흥이 오기까지 잠시 동안 의심 받아야 한다고 생각한다면 그것이야말로 거짓된 것을 상징하는 것입니다.

복음은 말합니다. "너희가 각각 회개하여 세례를 받으라." 오순절 날 사도 베드로가 그렇게 말하였습니다. 다른 말로 해서 "주 예수 그리스도를 믿으라. 그 리하면 네가 구원을 받으리라." 복음적 요청은 "오늘 만일 너희가 그의 목소리를 듣거든 너희 마음을 완악하게 하지 말라"는 것입니다. 복음은 "기다리라, 기다리라, 새롭게 하는 때가 오기까지 기다리라. 부흥 때까지 기다리라"고 말하지 않습니다. 저는 이렇게 말하고 싶은 충동을 느낍니다. 만일 어떤 부흥이 와야 한다 할지라도 지금 그 부흥을 핑계로 해서 지체하고 있는 사람이 있다면, 그 부흥으 로부터 오는 복락을 얻기에 매우 좋지 않은 상태에 있다는 것입니다. 그들이 어 떠한 복을 얻었다고 생각한다면 아마 전혀 잘못된 생각에 빠져 있었기 때문일 것입니다. 그들은 사람들을 의존하고 있습니다. 또한 어떤 새로운 흥분을 의존 하고 있는 것이지 예수 그리스도를 바라보고 있지 않았습니다. 예수 그리스도는 부흥 때나 오늘이나 똑같이 사람들을 구원하실 수 있습니다. 오늘 제 음성을 통 해서나, 어떤 다른 사람의 음성을 통해서나 똑같이 구원하실 수 있는 것입니다. 그 사람이 아무리 유용하게 쓰임을 받고 있다 할지라도 말입니다. 저는 거기 그 행각에 기다리고 있는 많은 사람들을 보면 불안해집니다.

많은 사람들이 기대하는 인상이라는 행각에서 기다리고 있습니다. 그들은 어 떤 한 인상을 받기를 원합니다. 그들은 설교자가 그들을 깜짝 놀라게 하는 설교 를 했으면 하고 바랍니다. 그들은 설교자가 매우 뜨거운 마음의 설교자이길 바 랍니다. 마땅히 그래야 하죠. 그러나 그들은 그 설교자를 그 일에만 고정시키고, 그 설교자가 화살을 자기들의 육체에 쏘아 마음을 꿰뚫어 줄 수 있기를 바라는 것입니다. 바로 이것 때문에 기다리고 있습니다. 그들은 오늘 저에게 왔습니다. 그들은 수도 없이 여기 이곳에 와서 매우 불안한 모습을 보였습니다. 그들은 그 설교를 내내 참고 앉아서 듣기가 거북하다고 느꼈습니다. 그들은 그렇게 하려고 애를 썼습니다. 그러나 그들은 기다리느라고 그렇게 한 것입니다.

　언제쯤 제 설교가 여러분에게 미쳐질까요? 제가 어떤 방식으로 설교해야겠습니까? 분명히 말해서 제가 어떤 방식으로 여러분을 그리스도께 인도할지를 알게 된다면, 저도 기쁨으로 그 방식을 따르겠습니다. 그러나 저는 제가 설교했던 복음 외에 다른 복음을 설교할 수는 없습니다. 저는 이제까지 했던 것보다 더 분명하게 설교할 수도 없고, 또 더 간절하게 설교할 수 있다고도 생각하지 않습니다. 왜냐하면 저는 제 영혼 전체를 드려 죄인들의 구원을 갈망하고 있기 때문입니다. 많은 사람들이 더 잘 설교할 수는 있겠죠. 그러나 마음으로부터 설교하는 데 있어서 제가 하는 것보다 더 나아갈 수는 없습니다. 만일 여러분이 그보다 더한 무엇을 해주기를 저한테 바라신다면 그것은 소용이 없는 것입니다. 왜냐하면 여러분에게 전달할 더 좋은 것을 가지고 있지 않기 때문입니다. 저는 여러분이 구주의 상처를 바라보도록 인도해 왔고, 그를 바라보면 살리라고 말씀드려 왔습니다. 만일 여러분이 그의 구원을 받아들이지 않을 것이면, 저는 여러분 앞에 내세울 어떤 다른 소망을 갖고 있지 않습니다. 만일 여러분이 내 주님을 믿지 않는다면 하늘로부터 오는 천사라도 여러분에게 다른 소망을 줄 수 없습니다. 만일 사람들이 제가 증거했던 복음을 듣지 않을 것이면, 죽은 자 가운데서 어떤 사람이 살아났다 할지라도 그들은 결코 회개하지 않을 것입니다.

　이렇게 해서 저는 기다리는 자들의 다섯 행각을 보여드렸습니다. 저는 이제 그들이 그렇게 기다리는 것이 나쁘다고 확신하는 제 이유를 말씀드리겠습니다. 저는 여러분에게 그들의 이름을 제시하겠습니다. 이 사람들이 기다리고 있었던 것은 한 천사가 내려와 물을 움직일 것이기 때문이었습니다. 그때 누구든지 가장 먼저 그 물에 뛰어들면 나음을 입을 것이기 때문에 그들은 거기서 기다리고 있었습니다. 그것이 바로 그들이 가지고 있는 생각이었습니다. 그들 중 그 어느 누구도 예수님을 바라보고 있지는 않았습니다. 예수님께서 병든 자를 치료하신다는 것을 듣지 못했을까요? 그들이 어떤 여인이 예수님의 뒤로 와서 그 옷에 손을 대었다고 혈루(血漏)의 근원이 마르게 되었다는 소식을 듣지 못했을까요? 왕의 신하의 아들이 죽음의 경각에서 살아났다는 사실도 듣지 못했을까요? 그들이 이 모든 것에 대한 소문을 전혀 듣지 못했겠느냐는 말입니다.

　저는 잘 모르겠습니다. 그러나 확실한 것은 그들이 예수님을 만나기 위해 전혀 애를 쓰지 않았다는 것입니다. 또 예수님께 부르짖지도 않았습니다. 그들은 전적으로 연못만 믿었습니다. 천사와 물의 동함만을 믿었던 것입니다. 정말 그들이 지혜로웠다면 아마 이렇게 말하였을 것이라고 저는 생각합니다. "이 일은 불확실하다. 그 일이 언제 일어날지 아무도 모른다. 그러나 예수님께서 '내게 오는 자는 결코 내쫓지 아니하리라'(요 6:37)고 말씀하셨다. 그는 하나님께 온 자들을 하나도 잃어버리지 않고 구원하실 수 있다. 우리가 최선을 다해도 이보다 더 잘 기어갈 수 없다 할지라도 우리는 그의 발 밑에까지는 갈 수 있다. 그리고 그의 얼굴을 바라보면서 '다윗의 자손이여 우리를 불쌍히 여기소서'라고 말할 것이다."

여기에 바로 복음과는 정반대가 되는 이론이 있습니다. 만일 하나님의 성령께서 저를 도와주신다면 그 이론을 박살내고 싶습니다. 기다림의 이론, 어떤 것을 찾는 이론 말입니다. 그러나 그 이론은 그리스도, 그분만을 바라보는 이론은 아닙니다. 이 사람들은 장소에 아주 큰 중요성을 부여했습니다. 그들은 베데스다의 연못을 지키고 있었습니다. 그것은 한 장소였습니다. 만일 그들이 그곳에서 어떤 좋은 것을 얻었다면 그곳에 가야겠지요. 그와 같이 저는 기다리는 사람들이 예배당에 큰 중요성을 부여하는 것을 봅니다. 그들은 거기서만 구원을 얻으리라 기대합니다. 예수님께서 여기 이 태버내클 교회당에서 다음 주일에 구원하실 것과 똑같이 내일 아침 제혁 공장에서도 구원하실 수 있다는 것을 모르십니까? 예수님께서는 주일뿐만 아니라 토요일에도 구주시란 걸 모르십니까? 여러분이 거리를 걷고 있을 때, 그 거리가 어떠한 거리이든지 여러분이 거리를 걸으면서 기도를 드리고 있다면, 무릎을 꿇고 기도하고 있을 때와 똑같이 예수님은 여러분을 구원할 능력을 가지고 계십니다.

여러분이 집에서나, 아니면 여기 예배당에서 복음을 청종할 때와 똑같이 그런 거리에서도 여러분을 능히 구원하실 수 있는 것입니다. 그를 원하는 마음이 있는 ㄱ 어디에도 예수님은 계십니다. 믿음의 눈으로 예수님을 바라보는 사람이 있는 곳에 예수님은 거기 함께 계십니다.

지금은 베데스다 연못들이 전혀 없습니다. 하나님의 긍휼을 나눠주기 위해서 독점적으로 구별된 장소가 없다는 것을 아셔야 합니다.

"우리가 그를 어디서 구하든지 그를 만나리

모든 것은 거룩한 땅일세."

여러분이 이 회중 속에서 그분을 만나게 되시기를 바랍니다. 왜냐하면 그분이 여기 계시기 때문입니다. 만일 여러분이 병들어 침상에 누워 있다면 주님께서 바로 거기에도 계시다는 사실을 여러분에게 알려 드립니다. 만일 여러분이 대패를 밀며 목수의 작업을 하고 있거나, 밭에서 밭을 갈거나, 여러분에게 할 말은 이것밖에 없습니다. "말씀이 네게 가까워 네 입에 있으며 네 마음에 있다 하였으니 곧 우리가 전파하는 믿음의 말씀이라 네가 만일 네 입으로 예수를 주로 시인하며 또 하나님께서 그를 죽은 자 가운데서 살리신 것을 네 마음에 믿으면 구원을 받으리라"(롬 10:8-9). 우리가 여러 가지 규례들의 연못에서 기다려야 한다는 이 이론은 적그리스도의 복음입니다. 그리스도의 복음은 "주 예수 그리스도를 믿으라. 그리하면 네가 구원을 얻으리라"입니다.

그들은 표적과 기사를 기다려야 한다고 주장합니다. 베데스다에서 기다리던 사람들은 천사를 기다리고 있었습니다. 그들이 천사들을 보았는지는 잘 모르겠습니다. 또한 그 물이 눈에 보이지 않는 어떠한 날개로 신비롭게 휘저어졌는지도 잘 모르겠습니다. 그러나 그들은 어쨌든 천사를 기다렸습니다. 신비를 기다렸습니다. 사람들은 신비를 좋아합니다. 그러나 그러한 신비를 열망하는 것은 악입니다. 어떤 국면에서 복음은 경건의 비밀입니다. 그러나 죄인에 관한 한 복음은 세상에서 가장 단순한 것입니다. "주 예수 그리스도를 믿으라. 그리하면 네가 구원을 받으리라." 하나님께서는 예수 그리스도를 죄를 위한 화목 제물로 세우셨습니다. 예수님의 피는 우리 죽음을 대신하여 하나님의 공의에 드려진 대속 제물입니다. 누구든지 그리스도를 믿고 그를 자기의 대속주로 받아들이는 사람은 구원을 받습니다.

오늘날도 로마교회의 사제(司祭)들은 모든 것에서 하나의 신비를 만들어 내려고 노력합니다. 계시록에 의하면 음녀 바벨론의 이마에 바로 그 말이 쓰여져 있습니다. "그의 이마에 이름이 기록되었으니 비밀이라, 큰 바벨론이라, 땅의 음녀들과 가증한 것들의 어미라 하였더라"(계 17:5). 가톨릭의 미사는 하나의 신비입니다. 그들의 의식도 모두 신비입니다. 예배를 신비롭게 만들기 위해서 라틴어가 사용되고 있습니다. 신부 자신도 하나의 신비입니다. 영세도 하나의 신비입니다. 자, 예수 그리스도의 복음 안에 진수가 되는 진리는 지극히 명백합니다.

"영혼을 살리는 말씀들은 오직 그 빛으로 말미암아 읽기 쉬우니, 믿으라 그리하면 살리라." 지능이 아주 낮은 사람이라도 그 말은 이해할 수 있습니다. 그리스도를 믿으십시오. 그리스도를 하나님 앞에 있는 여러분의 대속주로 받아들이시기 바랍니다. 그러면 그 즉시 구원을 받습니다. 순간적으로 구원을 받습니다. 아니 그들은 신비를 기다리고 있습니다. 그들은 신비를 갈망하고 있습니다. 성령께서 친히 그들에게 임하셔서 복음을 혼돈케 하신다고까지 생각하는 것입니다. 그러나 성령께서 행하시는 일은 우리에게 복음을 더 명백하게 보이도록 하시는 것입니다. 그가 오실 때 그는 신비를 다 걷어 내시고, 우리의 눈에서 들보를 옮기시고, 예수님을 믿고 하나님의 자녀가 되는 것은 간단한 문제라는 사실을 보게 하십니다.

또한, 장소에 그처럼 중요성을 부여하며, 여러 가지 신,비들을 기다리는 그 사람들은 감화, 간헐적인 감화를 기다리고 있는 것 같습니다. 천사가 그 연못을 휘젓는 것은 어떤 특별한 한때뿐이었습니다. 그래서 그들은 상상하기를, 그리스도께서 죄인들을 영접하실 의향을 가지실 때가 있다는 것을 생각하고 있는 것입니다. 그래서 그 기간 동안에 구원을 받을 소망을 가지고 있는 것입니다. 그러나 하나님의 긍휼은 가끔가다 물이 동하는 베데스다 연못과 같지 않습니다. 그것은 항상 물을 솟구쳐 내는 샘과 같습니다. 누가 예수 그리스도를 믿든지, 그 시간이 8시 16분 전이든지, 8시든지, 그는 그리스도께서 죄인을 영접하실 의향을 항상 가지고 계심을 발견하게 될 것입니다.

"모든 것이 준비되었으니 만찬에 오라"는 것이 바로 복음적 선포의 한 방식입니다. 바로 지금 준비하라 그러나 다른 때는 안 된다는 식이 아닙니다. 이따금, 또는 어떤 간헐(間歇)적인 때에, 어떤 주일날이나 대단한 어떤 날에 부흥이 오게 되면 그러한 일이 있을 것이라는 것이 아니라, "오늘 너희가 그의 음성을 듣거든"이라고 말하고 있습니다. "오늘은 은혜 받을 때요 구원의 날이로다." 어떤 은혜가 중단되었다가 다시 부어지는 때가 있기 때문에, 그래서 그들은 믿기를, 그들이 해야 할 오직 유일한 길은 매우 단조로운 방식으로 그때를 기다려야 한다는 것입니다. 만일 제가 내일 아침 교수형을 당하게 되었는데 사면을 받을 것을 알았다면, 저는 그 결과를 기다릴 것입니다. 그러나 여러분은 제가 기다려야 한다는 것을 어떻게 아십니까? 예를 들어서, 제가 하늘에 대한 어떠한 소망도 가지고 있지 않다고 생각해 보십시다. 그런데 내일 제가 교수형을 당해야 한다고 합시다. 그리고 어떤 사면이 저에게 주어질 수 있다는 가녀린 소망을 가지고 있다고 합시다. 그럼 저는 그것을 기다리겠죠. 그러나 어떻게 기다려야 하겠습니까? 오늘 밤 잠이 들까요? 잔치를 벌이면서 술에 취할까요? 아닙니다. 제 생명, 저의 생명이 경각에 달려 있습니다. 제가 그것을 사소한 문제로 취급하며 노닥거리고 있을 수 있을까요? 난파당한 선원들이 구명정을 어떠한 방식으로 기다릴까요? 그저 그들이 나태한 생각으로 아무렇게나 기다리겠습니까? 아닙니다. 그들은 눈이 빠져라고 기다릴 것입니다. 계속 조난 신호를 보내고 도움을 요청하느라고 온 마음을 다 쓸 것입니다. 그들이 그 난파당한 배 위에서 잠이 들면서 "내가 구원을 받으면 받겠지, 그러니 나는 잠이나 자자"라고 말하겠습니까? 그들은 기다리고 있습니다. 그러나 배에 줄을 던져 주는 로켓포를 장착한 소선박이 오게 된다면 대번에 그 던져 주는 로프를 부여잡을 것입니다. 그리고 더 이상 기다리지 않을 것입니다. 사람들이 자기들은 그리스도를 기다린다고 말하는 것은 십중팔구 거짓말입니다. 그들은 무서운 염려를 하고 있지 않기 때문에 그런 자세를 취하는 것입니다. 진정으로 기다린다면 괴로운 불안감을 반드시 가지고 있을 것입니다. 그렇게 하는 것만이 믿게 만드는 기다림입니다. 그러니 기다린다고 말하는 것은 핑계에 불과합니다. 그것이 어떤 유의 기다림이든지 간에 기다림에 대해서 한 마디도 하지 않는 복음을 명백하게 반대하고 있는 것입니다. 복음은 사람들더러 믿고 살라고 명합니다.

그 외 이 사람들은 매우 제한적이라고 생각되는 감화를 기다리고 있습니다. 베데스다에서는 한 번에 한 사람만 치료를 받았습니다. 가장 먼저 그 물에 뛰어드는 사람만 치료 받은 것입니다. 그처럼 기다리는 자들은 어떤 사람들이 구원 받고 있다는 사실을 들으면, 그 사람들이 자기 자신들보다 훨씬 더 좋은 조건에 있다고 생각하는 것입니다. 그들은 줄 서 있는 뒤쪽에 있어서 구원을 얻을 수 없는 것처럼 생각하는 것입니다. 바로 이 사람들 가운데 이 정말 불쌍한 38년 된 병자와 같은 위치에 있다고 생각하는 것입니다. 그것은 정말 큰 잘못입니다. 예수 그리스도께서는 자기를 구하는 어떤 사람에게나 마찬가지로 다같이 가까이 계십니다.

만일 어떤 사람이 도덕적이었다면 복음은 그에게 "믿으라"고 말합니다. 만일 어떤 사람이 부도덕한 삶을 살았다 해도 복음은 그 사람에게 "믿으라"고 말합니다. 만일 그 사람이 임금이라도 복음은 그더러 "믿으라"고 말합니다. 그 사람이 거지라 할지라도 복음은 "믿으라"고 말하는 것입니다. 만일 어떤 사람이 자기의(自己義)에 충만한 사람이라 할지라도 복음은 그 사람더러 그리스도를 바라보라고 하며, 자기의 의를 포기하라고 말합니다. 만일 어떤 사람이 악에 가득 차 있으며 죄로 부패하여 있다 할지라도 복음은 그리스도를 바라보라고 그에게 명하는 것입니다. 그리고 그 죄를 포기하고 예수님을 바라보라고 하는 것입니다. 복음이 죄인들에게 외치는 그 메시지의 발판은 언제나 같은 것입니다. 그리스도 안에 있는 현숙한 여인의 아들이나 창녀의 아들이나 다 똑같은 메시지의 복음입니다. 복음은 큰 죄인에게나 작은 죄인에게나 다 같은 용서를 베푸는 것입니다 (만일 그러한 경우가 있다고 해도 말입니다). 또한 복음은 죄인 중 괴수에게라도 똑같은 풍성한 복락을 가지고 오는 것입니다. 경건한 부모들의 슬하에서 자라는 자녀들에게와 똑같이 말입니다.

여러분의 머리로 거짓된 개념들을 가지지 마십시오. 모든 사람들에게 동일하신 주님께서 그를 요청하는 모든 사람에게 부여하십니다. 같은 믿음은 같은 복락을 얻어냅니다. 물론 그것은 한 지혜 안에 있습니다. "주께서 자기 사람들을 아십니다." 그러나 복음을 설교하는데 있어서는 비밀스러운 그 작정에 제한을 받지 말아야 합니다. "가서 모든 자들에게 복음을 전파하라. 믿고 세례를 받는 사람은 구원을 얻을 것이다." 저는 행군 명령과 같은 메시지를 발해야 하는 것입니다. 저더러 모든 족속에게 가서 복음을 증거하라고 외치신 분은 어떠한 영혼도 제 메시지에서 제외시키지 말라고 명하신 것입니다.

그래서 저는 어째서 그렇게 많은 사람들이 기다리고 있는지 그 이유를 보여 주려고 했던 것입니다. 저는 이 요점에 대해서 한 가지 더 덧붙여 말씀 드리겠습니다. 기다리고 있는 이 사람들 중에 어떤 사람들은 이 가련한 사람이 "나를 물에 넣어 줄 사람이 없나이다"라고 말한 것처럼 다른 사람들을 크게 의존합니다. 저는 마음이 곤고한 많은 사람들로부터 매주간 여러 통의 서신을 받습니다. 그들은 저더러 그들을 위해서 기도해 달라고 요청합니다. 물론 기꺼이 저는 그 일을 하고 있습니다. 그러나 통상적인 관례로 저는 그런 사람들에게 다음과 같이 말합니다. "사랑하는 친구들이여, 여러분들이 저더러 여러분들을 위해 기도해 달라고 요청한 것으로 여러분의 마음은 그저 가만히 있으려고 해서는 안 됩니다. 그것은 여러분에게 소망스러운 것이 아닙니다. '주 예수 그리스도를 믿으라 그리하면 너희가 구원을 받으리라.' 이것을 위해서 기도하든 기도하지 않든 간에 그것이 여러분의 소망입니다. 저는 그들이 어떤 사람의 기도에 의존하고 있는 데서 벗어나게 하려고 노력합니다. 그래서 그들이 주 예수 그리스도만 바라보도록 도와주려 합니다."

　　여러분은 친구들에게 자신을 위해서 기도하여 달라고 요청할 것입니다. 그러나 그런 일로 마음에 안심이 된다고는 말하지 마십시오. 하지만 여러분이 좋아한다면 그렇게 말할 수 있겠죠. 그러나 제가 여러분에게 부탁드리는데 제발 그러한 자세에서 머물러 있지 마십시오. 예수 그리스도를 바라봐야 한다는 사실을 기억하십시오. 가장 훌륭한 사람들의 기도를 바라보지 마십시오. 만일 여러분이 예수님을 바라본다면 즉각적인 구원을 받을 것입니다. 그러나 만일 하나님의 온 교회가 즉시 무릎을 꿇고 여러분을 위해서 다가오는 50년 동안 계속해서 기도한다 할지라도, 여러분이 예수님을 믿지 않으면 여러분은 영원토록 저주를 당할 것입니다. 만일 여러분이 여러분 자신을 위해서 기도하며 예수님만을 바라본다면 틀림없이 구원을 받을 것입니다. 만일 여러분이 스스로 기도하면서 예수 그리스도를 바라본다면 틀림없이 구원을 받을 것입니다. 기다리는 자들로 가득 차 있는 그 음산한 병원은 그것만으로 충분하지 않습니까?

2. 전 세계에서 가장 무능한 사람

　　이제 이 두 번째 대목에 있어서는 잠시만 말씀드리겠습니다. 예수님께서는 그 병원으로 들어가셨습니다. 그리고 주위를 둘러보시면서 온 세상에서 가장 무능한 사람을 선택하셨습니다. 극장 공연 입장권인 "가장 가난한 사람들이 가장 환영을 받을 것입니다"라고 쓰여진 문구를 보는 것은 즐겁습니다. 그것이 바로 복음적인 문장입니다. 예수 그리스도께서도 마찬가지십니다. 그는 언제나 당신의 긍휼을 원하는 사람들에게 베푸시기를 좋아하십니다.

　　거기에 바로 그런 사람이 누워 있었고, 그는 그리스도를 생각지 못하고 있었습니다. 그러나 그리스도께서는 서서 그를 쳐다보고 있었습니다. 그는 예수 그리스도를 알지 못했지만 예수 그리스도께서는 그를 아셨습니다. 또한 그가 그러한 상태에서 오랫동안 있었다는 사실도 아셨습니다. 그가 38년 동안 병자였다는 사실도 아셨습니다. 그 모든 걸 다 아셨습니다. 그 사람이 예수님께 말하기 전에 그가 자주 절망에 처해 있었다는 것을 아셨습니다. 그 곤고한 사람이 어떠했다는 것을 너무나 잘 아셨습니다. 그 사람은 자주 애를 썼습니다. 불구가 된

그 몸을 이끌고 할 수 있으면 물로 뛰어들려고 애를 썼습니다. 그러나 다른 사람
이 먼저 갔습니다. 또한 그 물가에 더 가까이 가기 위해서 눈먼 사람도 자기의
사지(四肢)를 사용하여서 그 물로 먼저 뛰어내렸습니다. 그리고는 눈을 뜨며 그
물 위에서 올라왔습니다. 그러나 이 가련한 사람은 어떠한 때에도 물로 뛰어들
수가 없었습니다. 그는 다른 많은 사람들이 치료 받는 것을 보았습니다. 그러나
그것이 그에게는 더 큰 고통거리였습니다. 그에게 용기를 주는 일이 아니었습니
다. 오히려 그것이 그로 하여금 더 슬프게 만들었던 것입니다. 그는 정말 가장
가련한 경우였습니다. 여러분이 만날 수 있는 사람 가운데 가장 연약한 사람이
었습니다.

그리스도께서 눈을 뜨게 하신 사람의 이야기를 읽어 보십시오. 그는 "내가
아는 한 가지는 내가 맹인이었다가 이제 본다는 것입니다"라고 말하였습니다.
바로 그 사람은 정말 고집불통의 사람이었습니다! 그가 한 사람의 스코틀랜드
사람(고집불통을 상징) 같았을 수도 있습니다. 그러나 이 사람은 정말 우유부단하
고, 마음에 있어서 결단력을 내리지 못하는 사람이었습니다. 여러분은 그러한
사람들을 알 것입니다. 아마 여러분 가족 중에 그러한 사람이 있을지도 모릅니
다. 그런 사람들을 여러분은 도울 수 없습니다. 만일 그 사람들로 하여금 일을
하도록 세우려 한다 할지라도 결국 실패할 것입니다. 그들이 무엇을 한다 할지
라도 그 일은 성공하지 못합니다. 그들은 가련하고 약하고 어린아이 같은 사람
들입니다. 그들은 아기바구니에 넣어질 필요가 있고, 다른 사람들이 그 사람을
떠메고 가야 합니다. 신앙에 있어서도 이러한 유의 사람들이 있습니다. 이 사람
은 바로 그러한 유의 사람에 속합니다. 그는 오로지 치료 받기만을 갈망하고 있
었습니다. 그러나 '그것마저'도 말하기가 어려웠습니다.

예수님께서 "낫고자 하느냐"라고 말씀하셨을 때, "오 주여, 나는 온 마음으
로 그것을 원합니다"라고 말하지 않았습니다. 그는 이야기의 초점을 잃어버린
이야기를 계속하고 있었습니다. "물에 나를 넣어 줄 사람이 없습니다." 우리 주
님께서 그를 치료하셨을 때, 그는 주님께 이름이 무엇이냐고 묻지 않았습니다.
그 뒤에 그는 그 이름을 알았을 때 바보처럼 바리새인에게 가서 자기에게 은혜
를 베푼 사람이 누군가를 직접 고해 바쳤습니다. 그래서 주님이 곤란을 겪게 되
었습니다.

아직도 이러한 유의 사람들이 있습니다. 그들은 여전히 자기 자신의 마음을

알지 못합니다. 그들은 구원받기를 원함을 알고는 있습니다. 그러나 자기가 원하는 대로 말할 줄을 모릅니다. 그들은 바른 인상을 받기는 했습니다. 그러나 아주 쉽게 다른 방향으로 인상을 받기도 합니다. 그들은 우유부단하고 견고하지를 못합니다. 지금 주님께서 바로 이 사람을 당신의 치료에 능력의 대상으로 삼으셨습니다.

　은혜의 기사들은 오직 하나님께 속한 것입니다! 주님께서 친히 이렇게 말씀하시지 않으셨습니까? "천지의 주재이신 아버지여 이것을 지혜롭고 슬기 있는 자들에게는 숨기시고 어린아이들에게는 나타내심을 감사하나이다"(마 11:25). "하나님께서 세상의 미련한 것들을 택하사 지혜 있는 자들을 부끄럽게 하려 하시고 세상의 약한 것들을 택하사 강한 것들을 부끄럽게 하려 하시며 하나님께서 세상의 천한 것들과 멸시 받는 것들과 없는 것들을 택하사 있는 것들을 폐하려 하시나니"(고전 1:27-28).

　이 가련하고 무능하고 힘없고 유약한 불구의 사람은 그 몸뿐만 아니라 그 뇌도 불구가 되어 있었습니다. 그 사람이 우리의 은혜로우신 주님에 의해서 불쌍히 여김을 받았습니다. 자, 이곳에서 가장 무능한 사람은 누구입니까? 이곳에서 가장 무능한 여자가 누구입니까? 여러분 중에 어떤 사람은 "나는 그 사람이 바로 내 자신인 것을 두려워합니다"라고 말할 것입니다. 저는 여러분을 위해서 아주 좋은 소식을 가지고 있습니다. 여러분은 바로 주님께서 대하시기 시작하기를 좋아하시는 그런 유의 사람입니다. 이렇게 말한다고 해서 마음 상하지는 마십시오. 다만 그것을 여러분에게 좋게 적용하시길 바랍니다. 매우 흔하게 여러분의 과거 생활을 뒤돌아보면 "바로 내가 이제까지 그런 사람이었다. 나는 내 사업에 있어서 많은 기질을 가지고 있었고 그 문제에 있어서는 대단히 예민했었다. 그러나 신앙의 문제에 있어서 나는 정말 어리석은 사람이다. 나는 결단력을 전혀 갖고 있지 못하다. 나는 결심을 굳히질 못하고 있다. 나는 언제나 유혹에 귀가 솔깃해지는 편이고, 악한 동무들에게 끌려서 나쁜 길로 나아가기를 좋아한다"고 말할 수밖에 없을 것입니다.

　나의 사랑하는 친구여, 그대의 모든 무능함, 그것을 다 가지고 예수님 앞에 엎드리십시오. 그대의 모든 어리석음 속에서라도 예수님 앞에 엎드리어 주님께 나를 바라보아 주십사고 기도하십시오. 어떤 한 형제가 제게 이런 말을 한 적이 있었습니다. "목사님, 저는 '어느 누구에게도 말하지 아니하고' 지각 있는 '죄인들'에게만 말하고 싶습니다"라고 말입니다. 저는 그 사람에게 이렇게 말했습니다. "그래요? 저도 제 말을 듣게 된 그 지각 있는 죄인들에게 설교하기를 좋아합니다. 그러나 그들과 함께 한 많은 어리석은 죄인들이 있어서 그들에게도 똑같이 설교해야만 합니다." 저는 그렇게 합니다. 저는 복음을 모든 일에 있어서 바보스럽고 무감각하다고 스스로 느끼는 사람들에게도 전합니다. 자신들을 어리석은 자의 부류에 넣고 있는 자들에게도 복음을 전합니다. 예수님께서는 가련하게 길을 잃고 파멸되고 죽어버린 죄인들을 찾아 구원하러 오셨습니다. 저는 예수님께서 바로 지금 여러분을 바라보아 주십사고 기도합니다.

3. 예수 그리스도께서 그를 다루신 방식

이제 저는 세 번째 요점에 이르렀습니다. 곧 예수님께서 그를 다루신 방식이 어떠했는가하는 문제입니다. 만일 예수 그리스도께서 어떤 목사들의 부류에 속하셨다면, 그는 "이 사람아, 그대는 여러 규례들의 연못에 누워 있구나. 거기에 이제까지 누워 있기를 잘하였다"고 말씀하셨을 것입니다. 그러나 그는 그러한 식으로 설득하시는 분이 아닙니다. 그는 그런 유에 속한 어떤 것도 말씀하지 않으셨습니다. 어떤 형제들에게 "친구여 기도해야 된다"는 식으로 말씀하지도 아니하셨습니다. 어떤 방면에서는 그러한 충고가 매우 타당하다는 것을 알고 있습니다. 그러나 예수님께서는 그렇게 하지 아니하셨습니다. 예수님은 더 잘 아십니다. "자, 기도부터 하고 주님 앞에 기다리라"고 말하지 않으셨습니다. 어떤 사람들에게는 그렇게 말하는 것이 아주 좋을 수 있습니다. 그러나 죄인들을 위한 복음은 그것이 아닙니다. 예수 그리스도께서는 제자들에게 "온 세상에 가서 사람들로 하여금 기도하도록 하라"고 말씀하지도 아니하셨습니다. "모든 족속에게 복음을 전하라. 믿고 세례를 받는 자는 구원을 얻을 것이다"라고 말씀하셨습니다.

예수 그리스도께서 그에게 무엇을 하셨습니까? 예수님은 그에게 명령을 내리셨습니다. "일어나 네 자리를 들고 걸어가라." 그 세 마디의 말씀은 마치 천둥치는 소리와 같았습니다. "그러나 그는 할 수 없습니다. 그는 온전히 마비된 사람입니다. 선생님, 그는 온전히 거동하지 못해요." 그러나 복음은 하나의 명령입니다. 우리는 복음을 불순종하게 되는 어떤 사람들에 대한 이야기를 읽습니다. 명령이 아닌 것을 불복할 수는 없습니다. 무엇보다도 먼저 명령이 아니라면 불복종이 있을 수가 없는 것입니다. 예수 그리스도께서는 그에게 치료의 복된 복음을 명령으로 발하셨습니다. "일어나라"고 말씀하시고 "네 자리를 들고 걸어가라"고 말씀하셨습니다. 그것은 **믿음을 함축한 명령**이었습니다. 왜냐하면 그 사람은 일어날 수도 없었고, 그 자리를 들고 갈 수도 없었고, 스스로 걸을 수도 없었기 때문입니다. 그러나 만일 그가 주 예수 그리스도를 믿었다면 그는 일어날 수 있었고, 자리를 들을 수도 있었고, 걸어갈 수도 있었습니다.

　　예수님을 믿는 믿음을 행사하는 것은 실로 명령입니다. 실제적인 역사를 통해서 그 믿음을 입증하게 되어 있는 것입니다. "그러나 그 사람이 그것을 할 수 없었다." 만일 그러한 식으로 되었다면 그 복음은 그 사람과 아무 관계가 없는 것입니다. 그 복음의 능력이 그 죄인 속에 있지 않습니다. 복음의 능력은 바로 그 복음적 영역 안에 있는 것입니다. 그가 일어날 수 없었습니다. 그러나 예수 그리스도께서 그로 일어나게 하셨습니다. 저나 주 예수 그리스도의 다른 사역자가 성령 안에서 여러분, 지적된 죄인에게 "예수 그리스도를 믿으라"고 말할 때, 여러분 속에 그 병자보다 더 많은 힘을 갖고 있다고 믿기 때문에 그러는 것이 아닙니다. 오히려 여러분에게, 가서 "일어나 걸으라"고 말하라고 우리를 보내신 나사렛 예수의 이름으로 말하기 때문에 그렇게 말씀드리는 것입니다.

　　저는 우리 주님께서 복음과 함께 당신의 능력도 보내신다고 믿습니다. 제 자신은 아무런 능력도 가지고 있지 않다는 것을 잘 알고 있습니다. 그러나 저를 보내신 주님께서는 당신이 원하시는 대로 당신 자신의 메시지를 복되게 하실 것입니다. 만일 여러분이 구원을 얻으려 하면 예수 그리스도를 믿음으로 말미암아 구원을 얻을 것입니다. 또 여러분이 지금 처해 있는 상태에서 즉시 벗어나 일어설 수 있는 것도 그의 능력으로 말미암아 되는 것입니다. 곧 그를 믿는 당신의 행동으로 말미암아 그렇게 된다는 것입니다. 그렇게 될 때 여러분은 온전하게 되는 것입니다. 그 사람이 예수님을 믿었습니다. 그가 한 것은 그것뿐입니다. 아무리 그가 바보 천치라고 해도, 또 우유부단한 것뿐이라고 할지라도, 하나님께서는 그에게 충분한 지각과 은혜를 주사 단순히 예수 그리스도를 믿게 하신 것입니다. 그는 자기의 다리를 움직여 봐야겠다고 결심했습니다. 그런데 놀랍게도, 그가 정말 얼마나 놀랐을까요? 이 가련한 다리들이 그를 지탱할 수 있었습니다! 그는 일어서서 자기가 또 구부릴 수도 있다는 것을 알게 되었습니다. 그리고 그 침상을 말아서 끼고, 그것과 함께 걸어 다녔습니다. 그의 몸 전체에 기쁨이 얼마나 놀랍게 출렁거렸을까요.

여러분이 병들어 있었다 할지라도 주님께서는 여러분을 치료하셨습니다. 여러분은 일어나 스스로 걸을 수 있게 되었습니다. 그것이 여러분에게 기쁨이 되지 않겠습니까! 저는 그 놀라운 광경을 익히 잘 알겠습니다. 38년 동안 꼼짝 않고 누워 있었다는 것이 무엇입니까? 그런데 그가 일어나서 침상을 갤 수 있고, 그것을 어깨에 메고 걸을 수도 있다니요! 자기의 심정과 그 모든 세포와 조직 속에서 새로운 생명이 약동하고 있는 것을 느끼고 있다는 것은 정말 즐거운 일이었을 것입니다. 만일 죄인이 "예, 전에는 제가 한 번도 그 일을 시도해 본 적이 없습니다. 그러나 하나님의 은혜로 말미암아 제 영혼을 주 예수님의 손에 맡기겠습니다"라고 말한다면 얼마나 좋겠습니까!

> "나는 믿는다, 믿을 것이다,
>   예수님이 나를 위해 죽으셨음을,
>   십자가에서 피를 흘리사 죄에서 나를 해방하게 하신 그분을."

죄인이여, 그대는 즉시 일어나 걸을 것입니다. 하나님께서 그의 복되신 성령을 통해서 단순한 믿음의 역사로 말미암아 여러분 안에서 하나님께서 이룩하고 계시는 그 능력의 변화를 발견하고서 깜짝 놀라게 될 것입니다. 여러분은 지금 어디에 있는지 까맣게 잊어버린 듯한 모습으로 이 교회당 안팎을 뛰어다닐 것입니다. 그러면서 주님께서 기다리는 자들의 병원에서 어떻게 여러분을 끄집어내어 신자들의 부류에 넣으셨는가를 생각하고, 기쁨에 차서 노래할 것입니다. 주님께서 "그때에 저는 자는 사슴 같이 뛸 것이며 광야에서 물이 솟겠고 사막에서 시내가 흐를 것임이라"고 말씀하지 아니하셨습니까?

예수 그리스도께서는 이 사람을 복음적인 방식으로 다루셨습니다. 믿음이 사람에게 들어간 방식은 정말 놀랍습니다. 그 사람은 예수 그리스도를 몰랐습니다. 어째서 그가 그렇게 예수님을 믿게 되었습니까? 바로 이것이었습니다. 그는 예수님이 누구신지를 몰랐습니다. 그러나 그는 예수님이 매우 놀라운 분임을 알았습니다. 그분의 모습과, 그 눈 언저리에 있는 그 위엄에 찬 표정, 그 목소리에 실려 있는 그 기이한 힘, 전에 보았던 사람들과는 전혀 다른 모습으로 손가락을 들 때에 보이는 그 권세가 있었습니다. 그는 예수님이 누구인지를 알아보려

하지 않았습니다. 그 이름도 몰랐습니다. 그러나 어쨌든 확신이 그 영혼 속에서 생겼습니다. 그러니 예수 그리스도께서 하나님의 아들이심을 아는 여러분에게는 믿음이 얼마나 더 놀랍게 임하겠습니까! 여러분은 예수님께서 죽으사 죄를 위한 온전한 속죄를 이루셨다는 걸 알고 있습니다. 그가 죽은 자 가운데서 살아나신 것도, 하나님 보좌 우편에 앉아 계신 것도 압니다. 하늘과 땅에 있는 모든 권세가 그분에게 주어진 것도 압니다. "그러므로 자기를 힘입어 하나님께 나아가는 자들을 온전히 구원하실 수 있으니 이는 그가 항상 살아 계셔서 그들을 위하여 간구하심이라"(히 7:25).

　"내가 애써 믿음을 얻을 것이요"라고 말하지 마십시오. 그런 방식이 아닙니다. 제가 어떤 진술을 믿기를 원한다면, 저는 어떻게 해야겠습니까? 그렇죠. 저는 그것을 듣습니다. 믿음은 들음에서 옵니다. 만일 제가 그것에 대해서 어떤 의문을 가지고 있다면 다시 듣고, 그걸 반복해서 듣고, 더 충분히 듣게 해 달라고 요청할 것입니다. 다시 그것을 들었을 때에 확실히 자신에게 섬광처럼 일어나는 것입니다. 그처럼 예수님께서는 복음에서 "너희는 귀를 기울이고 내게로 나아와 들으라 그리하면 너희의 영혼이 살리라 내가 너희를 위하여 영원한 언약을 맺으리니 곧 다윗에게 허락한 확실한 은혜이니라"(사 55:3)라고 말씀하십니다. "나를 들으라, 믿으라." 간단히 말해서 예수님께서 사람들의 마음에 설교하는 복음이 바로 그것입니다. 이제 하나님께서 그리스도에 관한 당신의 증거를 주십니다. 곧 그가 당신의 아들이란 것을 하늘로부터 말씀하셨기 때문입니다. "이는 내 사랑하는 아들이요 내 기뻐하는 자라." 여러분은 그를 믿지 않겠습니까? 성령과 물과 피가 언제나 증거하고 있습니다. 이 셋이 하나로 증거합니다. 예수 그리스도를 믿으십시오. 증거는 충분하고 강합니다. 여러분의 영혼을 그분께 맡기십시오. 그리하면 기쁨과 평안과 영생을 얻게 될 것입니다.

　그 사람이 예수 그리스도를 믿는 것이 그의 일어남을 통해서 실제로 입증이 되었습니다. 그것이 바로 문제를 정립시켰습니다. 바로 그 어려운 경우는 누워서 기다리는 것과는 다른 경우입니다. 저는 이 사람이 충분한 이해력을 가지고 있다면, 거기 누워 있는 사람들에게 돌아가서 "아니 아직도 누워서 기다리란 말인가! 내가 38년 동안 누워서 기다리고 있었다. 하지만 나는 그렇게 기다리며 누워 있는 동안에 아무것도 얻지 못했어. 당신들도 그렇게 하려고 하는가"라고 말하였을 것입니다. 그가 아무리 단순한 사람이라도, "나는 기다리며 누워 있는 것보다 더 나은 것을 말하겠소. 우리 중에 한 사람이 있는데 하나님의 아들 예수 그리스도시오. 만일 우리가 그를 믿으면 그가 우리를 치료할 것입니다. 그가 모든 유의 질병을 치료할 것입니다. 만일 여러분이 그에게 갈 수 없다면 그더러 오라는 전갈을 보내십시오. 그가 수십 마일 떨어진 왕의 신하의 아들을 치료하였소. 그를 믿기만 하십시오. 그러면 그로부터 효능이 나올 것입니다. 어떤 사람이라도 그를 믿고서도 치료 받지 못하는 경우는 있을 수 없어요."

제가 아무리 어리석은 사람이라도, 누워서 기다리는 사람과 즉시 믿는 것 사이에는 차이가 있음을, 누워서 기다리는 불쌍한 사람들에게 가서 말하는 데에 바로 그 사람과 같아야 한다고 생각합니다. 저는 제가 할 수 있는 가장 단순한 방식으로 그 점을 묘사하였을 것입니다. 왜냐하면 제가 어렸을 때 제 자신도 기다리고 있었습니다. 저더러 기다리도록 한 많은 설교를 들었습니다. 저는 계속 기다려야 하는 줄 알았습니다. 저 가난한 초기 감리교도 형제가 "보라 젊은이여 지금 보라!"고 말하는 소리를 듣지 않았다면 계속 기다려야 하는 줄 알았을 거예요. 저는 거기서 보았습니다. 그리고 그 즉시 구원을 얻었고, 그 구원을 상실한 적이 없습니다.

저는 이제 여러분에게 "십자가에 못 박히신 분을 바라보는 데에 생명이 있다"는 말씀밖에는 할 말이 없습니다. 바라보는 자는 지금, 즉시, 여기서 구원을 받을 것입니다. 많은 사람들이 그렇게 바라보기를 원합니다! 여러분은 그것을 알지 못하겠습니까? 그리스도께서는 하나님의 진노를 당신을 믿는 자들을 대신하여 담당하셨습니다. 예수 그리스도께서는 당신을 믿는 모든 사람들의 죄를 지시고, 바로 모든 신자들을 대신하여 형벌을 받으셨습니다. 그래서 하나님께서는 믿는 자를 심판하시지 않습니다. 왜냐하면 바로 그 믿는 자를 위해서 그리스도에게 형벌을 내리셨기 때문입니다. 그리스도께서 자기를 믿는 자를 위하여 죽으셨습니다. 하나님께서 바로 그 예수님을 믿는 사람을 다시 형벌하신다면 그것은 불공정한 일입니다. 같은 범죄를 두 번 심판하시는 일이 있겠습니까?

믿음은 지금으로부터 1900여 년 전에 골고다의 피 흘린 그 십자가 위에서 여러분이 구속받았다는 참된 인침의 증거입니다. 여러분이 의롭다 함을 받았으며, 아무도 여러분에게 죄책을 요구하지 못하게 되었다는 표증입니다. "의롭다 하신 이는 하나님이시니 누가 정죄하리요 죽으실 뿐 아니라 다시 살아나신 이는 그리스도 예수시니"(롬 8:33-34). 이것이 바로 여러분의 구원의 복음입니다.

"오, 그러나 나는 느끼지 못해요"라고 말하렵니까? 느낌에 대해서 제가 어떤 것을 말하던가요? 여러분은 믿음을 가진 후에 느낌을 갖게 될 것입니다. "그러나 나는 지금은 안 돼요"라고 말하렵니까? 저는 여러분이 어떠한 유의 사람인지에는 관심을 두지 않습니다. 예수님께서는 "진실로 진실로 네게 이르노니 나를 믿는 자는 영생을 얻었고"라고 말씀하십니다. "오, 그러나"라고 계속 토를 달겠습니까? 그 '그러나'라고 말하는 것을 다 집어던지십시오. 복음이 여기에 있습니다. "성령과 신부가 말씀하시기를 오라 하시는도다 듣는 자도 오라 할 것이요 목마른 자도 올 것이요 또 원하는 자는 값없이 생명수를 받으라 하시더라"(계 22:17).

성령과 그리스도의 신부(新婦)가 말한 것을 저도 확실히 말할 수 있습니다. 또 저는 그렇게 말합니다. 하나님께서 그 말을 복되게 하사 여러분으로 하여금 그 말을 받아들이게 하시기를 바랍니다. 여러분 중 기다리고 있는 자들이 그 말을 받아들이기를 바랍니다. 그래서 여러분이 바라보고, 믿고, 살 수 있기를 바랍니다. 예수님의 이름으로 말입니다! 아멘.

제
22
장

—

그리스도께 오기를
원하지 않는 자들

—

**"그러나 너희가 영생을 얻기 위하여
내게 오기를 원하지 아니하는도다." — 요 5:40**

우리 주님은 믿지 않는 유대인들에게 말씀하고 계십니다. 그분이 하나님께로부터 보냄받으신 분이라는 많은 증거를 유대인들이 받아들이지 않는 것에 대해 말씀하고 계십니다. 그들은 주님을 거부했으며, 이 점에 대해 주님은 그들의 양심을 엄숙히 책망하고 계십니다. 만일 당신이 집에서 이 본문을 읽었다면, 36절에서 그분이 세례 요한의 증언을 얻으신 것과, 또 모든 사람이 요한을 선지자로 믿었음을 상기시키신 것을 보았을 것입니다. 요한은 그리스도의 전령으로서, 약속된 엘리야로서 왔으며, 이렇게 증언했습니다. "보라 세상 죄를 지고 가는 하나님의 어린 양이로다"(요 1:29). 하지만 이 분명한 증언을 그들은 거부했으며, 발로 짓밟았습니다.

다음으로, 우리 주님은 그분이 행하신 기적들과 전 생애가 그분의 메시야 신분에 대한 충분한 증거라고 주장하셨습니다. "아버지께서 내게 주사 이루게 하시는 역사, 곧 내가 하는 그 역사가, 아버지께서 나를 보내신 것을 나를 위하여 증언하는 것이요"(36절). 아마도, 그분의 성품과 삶과 기적들보다 우리 구주의 사명에 대한 더 확실하고 참된 증거는 없을 것입니다. 그분이 드러내신 진리들, 그분이 보여주신 완벽함, 그분이 행하신 놀라운 일들, 이 모든 것이 그분이 진정 하나님의 기름 부음받으신 분이시며, 인간들의 구주로 보냄을 받으셨음을 보여줍니다.

더 나아가, 우리 주님은 그 이상의 증언이 있다는 것을 그들에게 알려 주십니다. 비록 그들 중 많은 이들이 그 증언을 듣지 못했지만 말입니다. 그분이 이렇게 말씀하십니다. "또한 나를 보내신 아버지께서 친히 나를 위하여 증언하셨느니라"(37절). 큰 영광 중에서 아버지께서는 여러 번 이렇게 말씀하셨습니다. "이는 내 사랑하는 아들이요 내 기뻐하는 자라"(마 3:17; 17:5; 벧후 1:17). 그들이 들었건 듣지 않았건, 이는 좋은 증거입니다. 비록 그들은 아버지의 음성을 듣지 못했고 그 형상을 본 적도 없지만, 다른 사람들은 그 음성을 들었고, 성령이 비둘기처럼 내려오시는 것을 보았으며, 또한 그 증거를 귀중하게 간직했기 때문입니다. 사랑하는 친구들이여, 오늘 밤 여기에 모인 여러분에게는, 이것이 매우 중요한 증거입니다. 우리는 하나님께서 하늘에서 들려오는 소리로 친히 말씀하셨다는 것을 듣고서 기뻐합니다. 하나님께서 그분의 아들에 대해 그리스도라고 증언하셨다는 사실에 우리는 즐거워합니다.

계속해서, 우리 주님은 믿지 않는 유대인들이 공유하지 못한 또 하나의 증거가 있다고 말씀하십니다. 그것은 내적인 증거로서, 그것을 가진 자에게는 온 세상에서 최상의 증거입니다. 내적 증거, 거듭난 마음의 증거, 기쁨과 평화의 증거, 의식할 수 있는 용서의 증거, 성화의 증거, 이는 그것을 가진 자에게는 모든 증거들 중에서도 가장 설득력 있는 증거입니다. "그 말씀이 너희 속에 거하지 아니하니 이는 그가 보내신 이를 믿지 아니함이라"(38절).

유대인들의 모든 행위 중에서 최악의 행위는, 그분에 대한 이 모든 증거들 곧 그들이 뒤집을 수 없는 증거들에도 불구하고, 그들이 영생을 얻기 위하여 그분에게 오지 않았다는 것입니다. 바로 이 순간 지구상에는 그러한 불신자들이 많이 있습니다. 좀 더 언급하자면, 두렵건대, 바로 이 시간에, 이 회중에도, 영생을 얻기 위하여 예수님께 오기를 원치 않는 자들이 있다는 것입니다. 이 많은 회중 가운데에는, 주일 밤에 설교를 듣기 위해 올 정도로 신앙에 대해 많은 생각을 하면서도, 그럼에도 불구하고 여전히 그리스도께 오려 하지 않는 사람들이 있습니다. 이런 사람들 중 일부는 이곳에 자주 오는 사람들이며, 이 예배당의 좌석과 설교자의 목소리에 친숙한 사람들입니다. 아마도 이 목소리에 너무나 익숙하기 때문에, 그들에게는 이 목소리의 능력이 조금밖에 없습니다. 그들은 우리에게는 오려고 하지만, 그리스도께는 오려고 하지 않습니다. 하지만, 내가 오늘밤 말하고자 하는 대상은 바로 그들입니다. 하나님의 백성들에게 기도하기를 요청하는 것은, 내가 말하는 동안에, 하나님의 성령께서 이 말씀을 그들의 마음과 양심에 적용시켜 주시도록 하는 것입니다. 나는 큰 약함과 육체의 고통 중에 말합니다. 그러므로 나는 하나님의 능력의 곱절의 도움을 받기를 바라며, 그렇게 됨으로써, 하나님의 영광이 나타나기를 바랍니다.

이제 첫 번째로, 우리는 구원의 큰 계획을 주목할 것입니다. 그 구원의 계획이란, 우리가 영생을 얻기 위해 그리스도께로 오는 것입니다. 두 번째로 살펴볼 것은, 이 말씀에 대한 당신의 입장입니다. "너희가 영생을 얻기 위하여 내게 오기를 원하지 아니하는도다." 세 번째로, 이와 같은 행동의 필연적인 결과가 무엇일지에 대해 숙고해 볼 것입니다. 네 번째로, 끝마치기 전에, 당신의 마음 상태에서의 변화를 소망합시다. 그리하여 당신이 오늘 밤 잠들기 전에, 더 이상 그리스도께로 오기를 원치 않는 태도를 끝내고, 즐거이 그분께로 와서 영생을 발견할 수 있기를 소망합시다. 주 예수 그리스도께로 향한 당신의 즉각적인 회심이 오늘 이 설교의 큰 목적이 될 것입니다. 또한 그것이 설교가 진행되는 동안, 여기 모인 주님의 백성들의 기도의 목적이기도 합니다.

1. 구원의 큰 계획

첫째로, 본문은 구원의 계획을 매우 간략하게 제시합니다. 그리스도께서는 그에 대해 이렇게 말씀하십니다. "영생을 얻기 위하여 내게 오라." 구원받을 길은 그리스도께 오는 것입니다. 그리스도는 한 인격이시며, 살아 계신 분이시며, 구원의 능력으로 가득한 분이십니다. 그분은 그분의 구원을 성례들이나, 책들이나, 사제들에게 두지 않으셨으며, 그분 안에 간직하고 계십니다. 만일 당신이 구원을 얻기를 바란다면 그분에게로 와야만 합니다. 그분은 한결같이, 영원한 은혜의 유일한 원천이자 샘입니다. 그분 주변에 돌아다닌다고 해서 구원을 얻을 수는 없으며, 혹은 단지 그분 가까이 가는 것으로도 구원을 얻을 수는 없습니다. 당신은 그분에게로(to Him) 와야 하며, 실제로 그분께 와야 합니다. 그리고 주님과 당신의 영혼 사이에 인격적인 접촉이 있어야 합니다. 물론 그것은 자연적인 접촉일 수 없습니다. 그분의 몸은 하늘에 계시고 우리는 여기에 있기 때문입니다. 오직 그것은 영적인 접촉이어야 하며, 그 접촉에 의해 당신의 정신과 마음과 생각이 그리스도께로 와야 합니다. 믿음이란, 마치 손처럼, 영적으로 그분에게 손을 대는 것이며, 그분을 신뢰함으로써 그분을 붙잡는 것이며, 그리고 그분의 거룩한 능력에 의해 생명과 은혜를 얻는 것입니다. 마치 혈루병 앓던 여인이 그분의 옷자락에 손을 댔던 것처럼, 능력이 그분에게서 그녀에게로 나가고, 그녀가 치유되었던 것처럼, 믿음이란 지금도 그런 것입니다. 비록 그분이 저기 계시더라도, 믿음의 긴 손을 내밀면 그분의 신성과 인성에 접촉할 수 있습니다. 그분을 믿고, 신뢰하고, 의탁함으로써, 구원의 능력과 은혜가 그분에게서 우리 영혼에게로 흘러들 것입니다. 그리고 우리의 마음이 어떤 질병을 앓았건 그 질병으로부터 치유될 것입니다.

그러므로 바로 이 순간에 예수 그리스도를 생각하십시오. 한때 죄를 위한 희생제물로서 십자가에 못 박혀 죽으셨던 분을 생각하십시오. 이제는 하나님 아버지의 보좌 우편에 앉아서 무한한 능력과 위엄의 옷을 입고 계신 그분을 생각하십시오. 만일 당신의 마음이 그분을 의지하고 잠잠히 쉴 수 있다면, 그분이 능히 당신을 구원하실 수 있음을 믿고서, 믿음의 행위로써 당신의 영혼을 그분에게 의탁한다면, 당신은 그분이 당신에게 명하신 일을 행한 것입니다. 당신은 그분에게로 온 것입니다. 그분은 당신을 내쫓지 않으실 것이며, 그분의 구원의 축복은 당신의 것이 될 것입니다. 이것이 바로 그분에게로 오는 것입니다. 생각과 마음과 의지를 예수께로 가까이 오게 하고, 당신의 영혼이 필요로 하는 모든 것을 위해 그분을 신뢰하는 것입니다.

본문이 "영생을 얻기 위하여 내게로 오라"고 말할 때, 그 말은 우리가 모든 것을 위해서 예수 그리스도께로 오라는 의미를 담고 있습니다. 영생이란 구원에 절대적으로 필요한 모든 것을 포함하며, 구원 그 자체이기 때문입니다. 그것은 은혜의 가장 기초적인 단계입니다. 하지만 그 용어는 영혼의 최상의 상태를, 즉 영광으로 들어가 하나님 우편에서 생명을 누린다는 의미를 내포합니다. 오 죄인이여, 본성상 당신은 죄 속에서 죽었습니다. 당신은 살아야 하며, 그렇지 않고서는 하나님과 함께 살 수가 없습니다. 그분은 죽은 자들의 하나님이 아니라 산 자들의 하나님이시기 때문입니다. 살아나기 위해서 당신은 "생명"이신 그분, 곧 예수님과의 접촉 안으로 와야 하며, 만일 당신이 그분에게 오면 당신은 살기 시작한 것입니다. 당신은 또한 율법을 범한 것으로 인해 죽음에 이르도록 정죄를 받았습니다. 거룩하신 하나님께 대해 죄를 범함으로써, 당신은 이미 정죄를 받은 것입니다. 만일 당신이 중보자이신 그리스도께로 온다면, 당신에게 내려진 그 정죄는 사라질 것입니다. 당신은 살게 될 것입니다. 왜냐하면 "그러므로, 이제, 그리스도 예수 안에 있는 자에게는 결코 정죄함이 없기"때문입니다(롬 8:1). 영혼이 그리스도께 오자마자, 영혼은 용서(pardon)와 칭의(justification)의 선물을 얻으며, 이 두 가지가 한 쌍을 이루어 우리를 정죄로 몰아넣었던 죄책을 제거합니다. 또한 그 두 가지가 쌍을 이루어 우리에게 의를 부여하며, 그로써 우리로 하여금 지존하신 하나님 앞에서 두려움 없이 설 수 있는 자격을 부여하는 것입니다. 그리스도 예수께서 위하여 죽으신 이를 누가 정죄하겠습니까?(롬 8:34)

그리스도께 오는 것은 우리에게 실질적인 영적 생명을 줍니다. 그것은 우리에게 또한 사법적인 생명을 주기 때문에, 우리가 심판의 도끼를 두려워하지 않아도 됩니다. 그리스도께로 온 자들은 모두 자녀로 받아들여지며, 사랑의 자녀로 받아들여진 자들은 정죄당할 수 없습니다. 나는 이 두 구절을 읽어드리겠습니다. 이 구절들은 원어의 의미를 조금도 손상하지 않고 번역된 듯합니다. "너희가 성경에서 영생을 얻는 줄 생각하고, 성경을 연구하거니와, 이 성경이 곧 내게 대하여 증언하는 것이니라. 그러나 너희가 영생을 얻기 위하여 내게 오기를 원하지 아니하는도다"(39-40절). 마치 여러분에게 이를 보여주려는 듯합니다. 영생을 추구하는 자들은 많이 있으며, 심지어 그것을 얻었다고 생각하는 자들도 많이 있지만, 실상은 그렇지 않은데, 그 이유는 그들이 그리스도께 오지 않고 멈추었기 때문입니다. 그들은 성경을 연구하지만, 예수님께 오려고 하지는 않습니다. 성경을 연구하는 것은 좋은 일이 아닙니까? 물론 그렇습니다. 성경은 더 연구할수록 더 좋은 것입니다. 하지만 여전히 그 자체가 구원의 일은 아닙니다. 당신은 성경을 읽는 자이면서도 멸망할 수 있습니다. 하지만 이런 일은 당신이 믿음으로 예수님께로 온다면 결코 일어나지 않습니다. 같은 진리를 다른 형태로 제시할 수도 있습니다. 당신은 기도합니다. 여러분 중 어떤 이들은 열심히 기도합니다. 하지만 당신은 영생을 얻기 위하여 그리스도께 오려고는 하지 않습니다. 기도하는 것은 좋은 일이 아닙니까? 물론 그렇지요. 기도란 복된 것입니다. 하지만 여전히 그 일 자체가 구원의 일은 아닙니다. 그것이 위대한 구원의 명령의 주제가 아닙니다. 복음의 계명은 "온 천하에 다니며 만민에게 복음을 전파하라. 성경을 연구하고 기도하는 사람은 구원을 얻을 것이다"가 아닙니다. 복음의 계명은 이렇게 기록되어 있습니다. "믿고 세례를 받는 사람은 구원을 얻을 것이요"(막 16:16). 바로 거기에 치유의 접촉이 있습니다. 마음으로 믿고, 입으로 시인하는 그 행위가 우리에게 구원을 가져다주는 것입니다. 이 약속이 주어졌음에도, 이 약속을 외면하는 자들에 대해 우리 주님은 말씀하십니다. "너희가 영생을 얻기 위하여 내게 오기를 원하지 아니하는도다."

이제, 그리스도께 오는 길을 주목하십시오. 그것은 본문에 유일한 길이라고 명시되어 있습니다. 다른 것을 전하는 설교들이 있습니다. 하지만 유일하게 참된 사역은 그리스도에 대해 전하는 것입니다. 구원의 길이라고 가정하는 다른 길들이 있지만, 그것을 전하는 자들은 저주를 받게 될 것입니다. "다른 복음들"로 인간의 영혼을 미혹하는 자들에게는 마지막 큰 날에 화가 있을 것입니다. 왜냐하면 "이 닦아 둔 것 외에 능히 다른 터를 닦아 둘 자가 없으니 이 터는 곧 예수 그리스도"(고전 3:11)이시기 때문입니다. "믿으면 살리라"는 말은 변하지 않는 계시의 선언이며, 그 선언을 존중하는 자가 생명을 얻을 것입니다. 하늘에서 이 놀라운 말씀을 선언하신 그분을 멸시하지 않도록 주의하십시오. "천하 사람 중에 구원을 받을 만한 다른 이름을 너희에게 준 일이 없음이라"(행 4:12). 그리스도께 오십시오. 기름 부음받으신 구주께로 오십시오. 하나님의 아들에게로 오십시오. 하나님이시며 인간이신 그분께로 오십시오. 중보자에게 오십시오. 구속자에게 오십시오. 죄인들을 위한 저 위대한 대리자에게로 오십시오. 와서 그분께 의지하십시오. 그러면 살게 될 것입니다. 나는 당신에게 전할 다른 전갈이 없습니다. 그 전갈을 거절하지 마십시오. 만일 거절한다면 당신은 아무런 소망도 없이 멸망하고 말 것입니다.

그리고 오직 이 길만이, 유일하고 복되신 하나님이 그러하시듯, 확실한 길이며 열린 길입니다. 확실히, 그 길을 간 자 중에 실패한 이는 아무도 없습니다. 그리스도를 의지하고 구원받지 못한 영혼은 하나도 없습니다. 지상에서 사는 자 중에도 없고, 지옥에서 사는 자 중에도 없습니다.

"십자가에 못 박히신 분을 바라볼 때 생명이 있네.
바로 이 순간 당신을 위한 생명이라네."

그분을 바라보는 즉시로 생명을 얻습니다. 오직 예수님 한 분을 의지하고 서, 그 믿음이 소용없었던 사람은 아무도 없습니다. 믿음은 살아 있으며, 사랑으로 역사하며, 예수 그리스도를 통하여 영혼을 깨끗하게 하고 사람을 구원합니다.

그것은 확실한 길일 뿐 아니라 활짝 열린 길입니다. "네 마음에 '누가 하늘에 올라가겠느냐?' 하지 말라 하니, 올라가겠느냐 함은 그리스도를 모셔 내리려는 것이요. 혹은 '누가 무저갱에 내려가겠느냐?' 하지 말라 하니, 내려가겠느냐 함은 그리스도를 죽은 자 가운데서 모셔 올리려는 것이라"(롬 10:6-7). 만일 당신이 마음으로 주 예수를 믿고, 당신의 입으로 그분을 시인하면, 당신은 구원을 얻을 것입니다. 날이 늦었습니다. 세상의 일몰의 그림자가 드리웠고, 가을의 습기가 온 사방에 퍼져 있습니다. 하지만 여전히 이렇게 외치는 소리가 들려옵니다. "원하는 자는 값없이 생명수를 받으라"(계 22:17). 여전히 다윗의 집과 예루살렘의 거주자들을 위하여 죄와 부정을 씻을 우물은 열려 있습니다.

> "사랑하는 죽임당하신 어린 양이시여, 당신의 보혈은
> 결코 그 능력을 잃지 않을 것입니다.
> 값 주고 사신 하나님의 모든 교회가
> 구원받아 다시는 범죄하지 않을 때까지."

이렇게 해서, 가능한 명백하게, 구원의 계획을 제시했습니다. 그리스도께로 오는 것, 구원의 계획이란 바로 그것이며, 그것이 전부입니다. 더 길게 말했더라면 예수님의 복음의 단순성을 흐릴 수 있었겠지만, 나로서는 할 수 있는 대로 명확하게 전하려고 했습니다. 요점은 그리스도께로 오는 것, 그분을 신뢰하는 것, 그분께 순종하는 것, 그분께 당신 자신을 복종시키는 것, 그분을 사랑하는 것입니다. 지상에서 그분에게 와서 그분께 꼭 붙어 있는 자는 영원토록 그분과 함께 있게 될 것입니다.

2. 이 말씀에 대한 당신의 입장

이제 두 번째로, 매우 엄숙하게, 오랫동안 복음을 듣고서도 회심하지 않은 당신에게 말하기를 원합니다. 이 구원의 계획에 대한 당신의 입장이 무엇입니까?

"너희가 영생을 얻기 위하여 내게 오기를 원하지 아니하는도다."

그 말씀이 당신의 입장을 설명해 줍니다. 나는 당신이 그것을 직면하라고 진지하게 호소합니다. 나는 당신을 한적한 곳에 데리고 가서 당신 스스로, 자발적으로, 큰 소리로 말하게 하고 싶습니다. "영생을 얻기 위하여, 나는 그분께 오기를 원하지 않습니다." 하지만 당신은 이렇게 대답하겠지요. "그렇게 말하는 것은 무서운 일입니다." 나도 알고 있습니다. 하지만 내가 더 무섭다고 느끼는 일은, 당신이 감히 그렇게 말하지는 않으면서도 실제로는 그렇게 행동하고 있다는 것입니다. 당신은 그렇게 말하는 것은 부끄럽다 여기면서, 그렇게 행동하는 것에는 부끄럽지 않다는 겁니까? 어떤 사람들에게는 이상한 느낌이 있다는 것을 내가 압니다. 만일 설교자가 그들이 자행하는 한 가지 악을 공개적으로 책망하면, 그들은 그에 대해 말하는 것을 두고서도 설교자를 비난합니다. 그들은 설교자가 그런 악한 일들은 언급조차 말아야 한다고 말하면서, 정작 그들은 바로 그 죄들을 매일같이 지으며 살아갑니다. 이는 죄인들의 위선이며, 점잖빼는 말에 불과하며, 가증한 것입니다. 그런 식으로 사람들은 불신앙 속에 살아가려 합니다. 하지만 그들에게 "나는 믿지 않습니다"라고 단호하게 말하도록 요구하거나, 혹은 "나는 영생을 얻기 위해 그리스도께 오지 않을 것입니다"라고 공개적으로 말하도록 요구하면 그들이 어떻게 나올까요? 그들은 틀림없이 그런 식으로 말하도록 요구하는 것 자체를 악하다고 여길 것입니다. 자, 당신은 정말로 그런 식으로 말할 정도로 무모하든지, 아니면 당신 영혼에 거짓말을 하는 겁쟁이이든지, 둘 중 하나입니다! 만일 그렇게 행하는 것이 옳다면, 그렇게 말하는 것도 옳아야 합니다. 나는 당신이 나가서 다른 사람에게 불신앙을 선언하여 당신의 병을 다른 사람에게 옮기라고 요청하지 않겠습니다. 다만 나는 당신이 당신 스스로에게 그것을 말하라고 요구합니다. 당신이 어떤 사람인지 스스로에게 분류표를 붙여서, 당신의 입장이 무엇인지 당신 자신의 영혼이 분명히 식별할 수 있도록 하십시오. 당신 자신의 마음에 따라 정직하고 공개적으로 행동하기를 당신에게 요구합니다. 스스로를 속이는 일은 단연코 현명한 일이 못됩니다.

당신은 영생을 얻기 위하여 예수님께로 오기를 원하지 않습니다. 여러분 중 많은 이들에게 이것이 진실인 것은, 지금껏 여러분이 그분께 오지 않았기 때문입니다. 만일 당신이 예수님께로 오기를 원치 않는 것은 아니라고 말한다면, 나는 이렇게 대답하겠습니다. "어찌하여 당신은 아직도 오지 않은 것입니까?"

만일 당신이 왔더라면, 나는 기꺼이 나의 요구를 철회하겠습니다. 기쁘고 행복한 마음으로 당신이 그분의 사랑하는 아들에게로 인도된 것으로 인해 하나님을 찬송하겠습니다. 하지만 사랑하는 친구여, 당신이 그분께 왔는지 오지 않았는지를 스스로 알겠지만, 만일 당신이 오지 않았다면 당신에 대한 단 한 마디의 비난도 철회하지 않겠습니다. 오히려 나는 당신이 영생을 얻기 위하여 예수님께 오기를 원하지 않는다는 비난을 반복할 것입니다. 나는 당신이 그것을 다른 방식으로 표현하고, 부드럽게 말하기를 바란다는 것을 압니다. "나는 올 수가 없어요" 하는 식이지요. 하지만 그것은 입에 발린 말에 불과합니다. 성경에서 그런 경우에 "할 수 없다(cannot)"는 것이 어떤 의미인지를 알고 있습니까? 그것은 "하지 않을 것이다(will not)"와 같은 의미입니다. 만일 당신이 소원을 가지고 있다면 능력도 갖게 될 것입니다. 왜냐하면 소원이 있다는 것은, 하나님이 그것을 주셨다는 것이며, 또한 그분은 소원을 주실 때 반드시 능력도 함께 주시기 때문입니다. 비록 때로는 우리가 "원함은 내게 있으나 선을 행하는 것은 없노라"(롬 7:18)고 외칠 때가 있기는 하지만, 그 상태는 오래 지속되지 않습니다. 그분의 은혜는 두 가지 선물을 나누지 않으며, 오히려 능력은 소원과 더불어 오는 것입니다. 그러므로 만일 당신이 오늘밤 소원을 가진다면 능력도 얻을 것입니다. 당신이 "할 수 없다"고 한 것은 진실이 아닙니다. 단지 당신이 원하지 않는다는 이유만이 진실입니다. 당신의 의지가 곧 질병의 소재지입니다. 나는 한 사람에 대해 그가 정숙할 수 없다(cannot be chaste)고 말할 수 있습니다. 왜요? 그가 정숙하지 않으려 하기(will not be chaste) 때문입니다. 나는 또다른 사람에 대해 그가 진실을 말할 수 없다고(cannot not speak the truth) 할 수 있습니다. 무슨 의미입니까? 그가 그토록 거짓말쟁이인 것은 그가 진실을 말하려 하지 않는다(will not speak the truth)는 의미입니다. 만일 그가 원한다면 그는 할 수 있을 것입니다. 하지만 그것이 요점입니다. 그는 원하지 않는 것입니다. 선을 행함에 있어서 우리의 약함은 우리의 소원 자체가 옳은 일에 대해 반대하고 있기 때문입니다. "당신이 영생을 얻기 위하여 오기를 원하지 않는다"는 것이 '할 수 없다'고 하는 당신의 변명에 대한 솔직한 표현입니다. 만일 당신이 원한다면 당신은 할 수 있습니다. 당신이 원하지 않기 때문에 할 수 없는 것입니다.

하지만 한 사람이 이렇게 말할 것입니다. "내가 원하지 않는 것이 아니라, 내가 예수님께 감히 오지 못하는 것입니다(dare not come)." 아, 나의 친구여,

만일 당신이 "감히 오지 못한다"고 말한다면, 나는 당신에게 그리 무서워하는 이유가 무엇인지 물어야겠군요. 감히 구원받지 못하겠습니까? 그 인격 자체가 사랑이신 하나님의 아들에게 감히 오지 못하는 것입니까? 하나님이 당신에게 명하신 것 중에 감히 무서워서 하지 못하는 것이 무엇입니까? "그의 계명은 이 것이니 곧 그 아들 예수 그리스도의 이름을 믿으라"(요일 3:23)는 것입니다. "감히 못한다"는 말을 다른 방향으로 돌려서 이렇게 쓰는 편이 훨씬 좋을 것입니다. "나는 오기를 감히 거부할 수가 없다. 나는 더 이상 감히 지체할 수가 없다. 나는 감히 의심할 수가 없다. 나는 감히 불신할 수가 없다. 나는 감히 내 죄를 지속할 수 없고 구주를 떠나시게 할 수 없다." 그것이 "감히 못한다"는 말을 제대로 사용하는 것입니다. 하지만 여전히 다른 사람이 한가한 변명을 대고 있습니다. 사람이 이렇게 말하는 것이 얼마나 태만하기 짝이 없는 것인지요? "나는 감히 나의 하나님께 순종하지 못하고 그분의 아들을 의지하지 못한다." 나는 당신 스스로의 양심에 판단을 맡깁니다. 진실은 이것입니다. "너희가 영생을 얻기 위하여 내게 오기를 원하지 아니하는도다."

여기서 잠시 멈추어서, 당신이 무엇을 하고 있는지 잠시 동안 생각해 보라고 요청합니다. 당신이 퇴짜놓고 있는 그 **생명**에 대해 생각해 보십시오! 그리스도 안에서가 아니면 당신을 위한 생명은 어느 곳에도 없습니다. 만일 당신이 그리스도께로 오기를 원치 않으면 당신은 결코 생명을 얻을 수 없습니다. 말하자면, 당신은 그 생명을 얻지 못할 것이며, 그 생명이 없이 당신의 가련한 존재란 단지 오래 끄는 죽음일 뿐입니다. 죄를 이기게 해주는 은혜, 고난을 극복하게 하는 기쁨, 하늘의 신비한 것들을 바라보도록 우리를 돕는 빛, 중생의 때에 주어진 내적이면서 영적인 원리, 이런 것들에 의해 우리는 하나님과 또 그의 아들 예수 그리스도와 교제합니다. 이런 것들은 당신이 필요로 하는 생명 안에 있는 주된 요소들입니다. 오 나의 사랑하는 친구여, 영혼 안에 있는 하나님의 생명이란 나에게는 가장 필수적인 한 가지이며, 그것이 없이는 온 세상을 얻어도 아무 소용이 없는 한 가지입니다. 가난하고 배고프고 헐벗는 것이, 이 내적인 생명이 없는 것보다는 훨씬 낫습니다. 이 세상에서 하나님의 아들을 믿는 믿음으로 살아가는 것은 참된 생명이며, 당신이 놓치고 있고 멸시하고 있는 것은 바로 그것입니다. 당신은 당신 어머니의 거룩한 생애를 기억할 것이며, 또한 그녀의 승리의 임종을 잊지 못할 것입니다. 당신의 어머니를 그렇게 만든 것이 바로 이 생명입니다. 사람을 거룩하게 하고, 행복하게 하고, 안전하게 하고, 복되게 하는 이 생명은 믿는 자 안에 계신 그리스도 곧 영광의 소망이십니다(골 1:27). 바로 이 생명이 당신에게 필요합니다. 당신은 그것을 거절하겠습니까? 오, 그렇게 어리석지 않기를 바랍니다.

당신이 걷어차고 있는 이 생명이 영원한 생명인 것을 기억하십시오. 그것은 당신이 다른 세계에서 살아갈 생명이며, 당신에게 그룹(cherubim) 천사들과 스랍(seraphim) 천사들과 함께 거주하며 그들의 합창에 참여할 자격을 부여하는 생명입니다. 그 생명은 당신으로 하여금 하나님 보좌 앞에서 감사의 기쁨에 겨워 당신의 면류관을 벗어 드리게 하는 생명입니다. 당신이 얻기 위해 관심을 기울이지 않는 것은 바로 이 생명입니다. 당신은 영생을 얻기 위하여 예수님께 오기를 원하지 않고 있습니다. 하나님의 최상의 선물을 계속해서 그런 식으로 거절하지 마십시오.

당신이 그 생명을 멸시했던 것을 생각하면서 고뇌 중에 몸을 비틀게 될 날이 올 것입니다. 죽음의 고통 중에서도 그런 일이 있겠지만, 심판의 두려움 가운데서도 그런 일이 반드시 있을 것입니다. 그 때 당신 앞에는 지옥의 문이 활짝 열릴 것이며, 유황 불 연못의 불꽃들이 당신 앞에서 타오를 것입니다. 그것이 둘째 사망입니다. 두 번 태어나지 않은 사람들은 두 번 죽을 수밖에 없습니다. 예수님을 믿는 믿음을 통해 생명을 얻지 못한 자는 둘째 사망을 피할 수 없으며, 그 고통을 영원토록 견뎌야 합니다. 그러므로 사랑하는 친구여, 당신이 멸시하는 그 생명이 어떠한 것인지를 보고, 계속해서 그 생명을 무시하는 일이 현명한 일인지 스스로에게 물어보십시오.

내 마음을 제대로 표현했으면 좋겠습니다. 다음으로 당신이 거절하는 그분이 어떤 분이신지에 대해 생각해 보십시오. "너희가 내게 오기를 원하지 아니하는도다"라고 그리스도께서 말씀하십니다. 나는 이 문제를 온 종일 생각하고 있었습니다. 주 예수 그리스도께 오려고 하지 않는 사람은 얼마나 비천한지요! 그분을 보십시오. 죄를 속량하신 그분을 그려 보십시오. 그분은 십자가에 달리셨습니다. 그분의 얼굴은 상처와 거친 군인들의 침 뱉음으로 더럽혀졌고, 가시 면류관이 박힌 관자놀이에서 흐르는 붉은 핏방울들이 아래로 떨어집니다. 그분의 눈은 눈물과 피곤으로 충혈되었고, 그분의 외모는 그 어떤 사람보다도 상하셨습니다. 그분의 뼈는 앙상히 드러났습니다. 그분의 몸은 고뇌로 인해 여위고 초췌해졌습니다. 잔인한 못이 그분의 손을 끌어당기어, 벌어진 상처에서 피가 솟아날 때까지 찢어놓습니다. 그분의 발도 마찬가지입니다. 두 발 모두 피투성이입니다. 그리고 그분의 옆구리를 보십시오! 창으로 찌른 깊은 상처에서 피와 물이 뿜어져 나옵니다. 이렇게 인류를 속량하신 분이 그분이십니다. 영광의 주님이 거기에 달리셨습니다! 지존자의 독생자께서, 지상의 모든 왕들의 왕께서, 당신을 위해 자신의 모든 영광을 비우셨으며, 당신을 위해 피 흘려 죽기까지 자기를 내어주시고 범죄자처럼 죽임을 당하셨습니다. 그런데 그분께 대한 당신의 태도가 무엇입니까? 당신은 그분께 등을 돌리고 있습니다! 그분이 당신에게는 아무것도 아닙니까? 예수님이 죽으신 일이 당신에게는 아무 일도 아닙니까? 예수님이 인간을 구원하기 위해 피 흘리신 일이 당신에게는 아무런 의미도 없단 말입니까? 당신은 그 구원에 참여하기를 거부한단 말입니까? 당신은 그분이 십자가에서 지불하신 피의 몸값을 전적으로 거절한단 말입니까? 만일 그렇다면, 분명하고 솔직하게 그렇다고 표현하십시오. 흑인지 백인지 명백히 밝히고, "나는 그리스도의 피를 거부한다"라고 쓰고, 거기에 당신의 이름을 표기하고 서명하십시오. 만일 정말로 그렇다면, 그렇게 쓰는 것이 당신이 할 수 있는 최선일 것입니다. 왜냐하면 아마도 당신이 그 무서운 글을 읽을 때 당신의 양심이 가책을 받아 불 속에 들어간 듯 할지도 모르며, 그래서 당신이 창으로 찔렸던 그분을 다시 쳐다보고 그분 때문에 슬피 울게 될지도 모르기 때문입니다. 이 점을 생각하십시오. 당신이 영생을 얻기 위하여 그분께 오기를 원하지 않고 있습니다.

그러나 나는 그분을 다시 바라봅니다. 그분은 지금 하늘에 계십니다. 앞에 제시했던 장면과는 전혀 다른 장면입니다. 거기서 그분은 하나님 곧 아버지의 우편에 계시며, 발까지 내려오는 눈처럼 흰 의복을 입고 계십니다. 황금의 허리띠를 두르고 계시며, 피로 씻음받은 천천만만의 영혼들과 모든 서열의 천사들로부터 경배를 받고 계십니다. 이것을 분명히 아십시오. 그분은 당신이 오기를 싫어했던 바로 그분입니다. 그분의 수치뿐 아니라 그분의 영광까지도 당신은 외면하고 있습니다. 내가 이 설교단에 서기 전에 느꼈던 것을 지금 이 순간 느끼지 못하는 일이 나에게는 다행스럽습니다. 왜냐하면 만일 내가 그런다면, 나는 여기에 서서 눈물만 쏟고 있을 것이며, 내가 지금 말하고 있는 것을 한 마디도 할 수 없을 것이기 때문입니다. 이 일은 예수님께 너무 불친절한 것입니다! 예수님께 너무 인색한 것입니다! 나는 그것을 견딜 수가 없습니다. 당신이 그분을 거부하는 것은 당신의 영혼의 값을 잃어버리는 것입니다. 당신은 정녕 그분을 얻기보다는 저주받기를 원합니까? 그걸 원합니까? 예수님께 반감을 보이고 당신 스스로를 멸망시키다니, 이 얼마나 이상한 미움입니까? 오 어리석은 죄인이여! 어리석은 죄인들이여! 이 얼마나 별나고 미친 죄입니까? 그리스도를 구주로 받아들이기는 싫어하고, 당신의 죄를 스스로 짊어지고 그 죄의 삯인 죽음을 원하다니 말입니다! 하지만 그것이 사실입니다. 당신은 생명을 얻기 위하여 그분께 오기를 원하지 않고 있는 것입니다.

당신이 무슨 짓을 하고 있는지를 다시 생각해 보십시오. 당신이 거절하는 이 일이 어떤 일입니까? 당신이 거부하는 행동은 어떤 것입니까? 당신은 그분에게 오기를 거절합니다. 만일 시내 산에 오라고 한다면, 나팔이 매우 크고 길게 울려 퍼지고 거대한 천둥소리와 함께 번개가 번쩍이던 곳으로 오라고 한다면, 나는 당신의 거부를 이해할 수 있을 것입니다. 하지만 당신이 거부하는 행동은 골고다로 오라는 것이며, 예수께로 오라는 것이며, 오직 사랑과 자비의 소리만 울려 퍼지는 곳으로 오라는 것입니다. 당신은 그분께 오기를 원하지 않고 있습니다. 그 말은, 당신이 그리스도에 대해 생각조차 하기를 원하지 않는다는 의미입니다. 그분이 죽으셨건만, 당신은 그분의 구속에 대해 생각하기를 귀찮아하고 있습니다. 그분이 다시 살아나셨건만, 그래서 그분의 백성을 의롭게 하실 수 있건만, 당신은 그에 대해 생각하기보다 다른 일만 생각하고 있습니다. 어떤 이는 돈벌이와 매일의 빵만 생각하고 있으며, 또 어떤 이는 어떻게 시간을 보내며 이런저런 오락에 빠질 것인지만 생각하고 있습니다. 구원은 그리스도께서 그것을 위하여 죽으실 정도의 가치가 있는 것이건만, 당신은 그것을 생각할 가치도 없는 것으로 여기고 있습니다! 아아, 런던의 얼마나 많은 사람들이 다른 것에만 몰두하고 그리스도와 그들의 영혼에 대해서는 생각지도 않고 있는지요! 신문은 어떤 새로운 소식들을 알리고, 새로운 소식들은 모든 사람들의 입에 오르내립니다. 하지만 죄인들을 위한 나의 주님의 죽음은, 오, 그것은 지루한 이야기로 여깁니다. 그렇지 않은가요? "설교는 매우 따분해"라고 그들은 말합니다. 설교가 따분한 것은 그들의 마음이 죽었기 때문입니다. 사람들이 예수님께로 와서 살기를 원하지 아니하기 때문에 예수님을 지루하게 여기는 것입니다. 오 복되신 성령님, 저들의 딱딱한 마음과 완고한 의지를 지금 바꾸어 주소서.

한편, 어떤 사람들은 노골적으로 반대하지는 않고 조금 생각하기도 하지만, 그들도 역시 믿는 곳까지 오기를 전적으로 거부합니다. 주 예수 그리스도께서 우리에게 요구하시는 최소한의 일은 우리가 그분을 믿는 것입니다. 그분이 틀렸을 때가 있습니까? 그분의 성품에 진실하지 못한 요소가 조금이라도 있습니까? 예수님은 우리가 신뢰하고 확신하기에 합당한 분이며, 그분을 믿고 신뢰하는 이 믿음은 아주 단순한 것입니다. 하지만 우리가 영혼을 구원하는 최상의 일을 알면서도 여전히 믿기를 거부한다는 것은 이상합니다. 예수님이 요구하시는 것은 우리가 그분을 믿고 순종하는 것입니다. 만일 그분이 폭군이시라면 우리가 순종하기를 싫어하는 것도 당연할 것입니다. 하지만 그분은 너무나 은혜로우십니다. 그분의 멍에는 쉽고 그분의 짐은 가볍기 때문에, 그것에 저항한다는 것은 어리석을 뿐 아니라 악한 것입니다. 그분을 따르는 모든 사람들이 그분과 같은 주인(Master)은 없다고 여기며, 한결같이 그분의 모든 뜻과 소원에 순종할 수 있기를 바라고 있습니다. 그분께 순종하는 일이 그들에게 축복이기 때문입니다. 하지만 당신은 그런 주인에게 복종을 거부한단 말입니까? 이것이 지혜롭거나 옳은 일이란 말입니까? 그분은 당신의 사랑을, 당신 마음의 사랑을 요구하십니다. 그분을 사랑할 수 없고 사랑하지도 않으려는 마음이란 어떤 마음일까요! 우리를 구속하시기 위해 심장의 피를 주신 그분을 사랑하지 못하는 마음이란 얼마나 추하고, 얼마나 악하며, 얼마나 죽어 있고, 얼마나 검으며, 얼마나 돌처럼 굳은 마음이겠습니까! 오 영혼이여, 만일 당신이 망한다면 그것은 복음이 어렵거나 까다롭기 때문이 아니며, 그 요구가 가혹하기 때문도 아니며, 혹은 구원을 위한 믿음의 행위가 당신의 힘이 미치지 못하는 불가능한 일이기 때문도 아닙니다. 당신이 망하는 것은 당신이 생명을 얻기 위하여 그분에게로 오기를 원하지 않기 때문입니다.

　　나의 친구여, 나는 당신이 그 사실에 시선을 고정하기를 바랍니다. 당신은 마치 "나는 생명을 얻기 위하여 그리스도께로 오기를 원하지 않습니다"라고 말하듯이 행동하고 있습니다. 당신이 왜 오려 하지 않는지에 대해 어떤 타당한 이유를 제시해 주겠습니까? 아마도 당신이 다른 어디에선가 구원을 찾기를 바란다는 것이 당신의 대답일 것입니다. 이 유대인들도 그렇게 생각했습니다. 그들은 성경 속에서 구원을 찾을 것이라고 생각했습니다. "너희가 성경에서 영생을 얻는 줄 생각하고"(39절). 그리하여 인격적인 그리스도를 거부한 채, 그들은 성경을 연구하였고, 문자를 중요시했으며, 어려운 문제들을 토론했습니다. 하지만 그들은 잘못되었습니다. 성경책이 사람을 구원할 수는 없습니다. 아마도 당신은 그리스도께 오는 것에서보다는 교리들을 이해하려고 애쓰는 것에서 더 많은 유익을 얻을 것이라고 느낄 수도 있습니다. 그렇다면 당신은 크게 오해하고 있는 것입니다. 성경이 아무리 뛰어나다고 해도, 만일 당신이 성경을 그리스도의 위치에 둔다면, 당신은 하나님의 선택과 상반된 것을 택하는 것입니다. 하나님의 선택은 "하나님의 보내신 자를(him whom he hath sent) 믿는 것"입니다 (요 6:29). 당신이 믿어야 할 대상은 그것(it)이 아니라 하나님이 보내신 그분(Him)입니다. 그분의 인격, 주 예수 그리스도의 인격 자체를 믿는 것이 구원의 중요한 요점입니다. 오 사랑하는 이여, 나는 당신이 이 점을 볼 수 있기를 바랍니다. 예수 그리스도의 인격 안에는 성경의 모든 가르침이 축적되어 있습니다. 인간의 구원을 위한 모든 효력이 그분의 복되신 인격 안에 있습니다. 당신이 예수님을 믿지 않을 때 당신은 하나님의 아들을 공경하지 않는 것이며, 그래서 그분이 이렇게 말씀하셨습니다. "나를 저버리는 자는 나 보내신 이를 저버리는 것이라" (눅 10:16). 당신이 그리스도를 거절하는 것은 그분을 보내신 하나님을 거절하는 것입니다.

사랑하는 친구여, 어쩌면 당신이 오기를 원치 않는 이유는 당신이 포기할 수 없는 어떤 은밀한 죄에 빠져 있기 때문인지도 모릅니다. 오, 저 은밀한 죄여! 그 은밀한 죄여! 영혼의 뿌리를 갉아먹는 벌레여! 친구여, 나는 그것이 어떤 죄인지 모르지만 당신은 알 것입니다. 그것이 당신의 교만입니까? 긍휼에 의해, 하나님의 은혜를 통해 구원받기 위해 자기를 낮출 수가 없는 것입니까? 혹은 당신에게서 떼어놓을 수 없는 육신의 정욕 때문입니까? 그것이 마치 당신의 오른손처럼 귀한 것입니까? 인간이여, 그것을 찍어 버리십시오! "불구자나 절뚝발이로 영생에 들어가는 것이 두 손과 두 발을 가지고 영원한 불에 던지우는 것보다 나으니라"(마 18:8). 죄가 당신으로 하여금 그리스도로부터, 생명으로부터, 천국으로부터 등을 돌리게 만듭니까? 이것이 사랑스러운 바라바(Barabbas)라 하더라도, 그를 당신의 주님보다 더 좋아하지는 마십시오. 죄를 없애십시오, 그것은 독사입니다! 죄를 없애십시오, 그렇지 않으면 하나님께서 당신에게 이렇게 말씀하실 것입니다. "내 앞에서 떠나가라."

어떤 경우에는, 그리스도께로 오지 못하도록 사람을 붙들어 매는 사슬은 매우 보잘것없는 일입니다. 많은 젊은이들의 경우에 그러합니다. 물론 나이 든 사람들 중에도 경박한 자들이 있습니다. 그들은 외모로는 백발을 하고 있지만, 속은 전혀 그렇지 않습니다. 그들의 정신은 나이에 걸맞지 않게 유치합니다. 그들은 경박하고, 어리석고, 피상적이며, 모든 일에서 시간을 낭비하며, 어떤 주제에 대해서도 결코 진지해지지 않습니다. 그들은 다른 어떤 사람들보다도 예리하게 책망받을 필요가 있습니다. 아, 선생들이여, 만일 당신이 놀이에 빠지려면, 그리스도의 피 외에 다른 값싼 것을 가지고 놀이에 빠지기 바랍니다. 만일 당신이 빈둥거리며 만지작거리고 싶다면, 당신의 영혼보다는 덜 비싼 대가를 치르는 것을 가지고 그렇게 하기를 바랍니다. 어떤 사람들이 그러하듯이, 사람이 자기 전 재산을 경마에 거는 것은 끔찍한 일로 보입니다. 하지만 그것이 한 주간의 삶이나 하루의 삶을 위해 당신의 영원한 운명을 거는 것보다는 덜 어리석을 것입니다. 하지만 당신은 그렇게 하고 있습니다. 당신 스스로 그렇다는 것을 알고 있습니다. 친구여, 하나님이 당신을 깨우시기를 바랍니다! 그분이 당신을 깨우셔서 이처럼 어리석은 짓에서 돌이키게 하시기를 바랍니다.

이제 사랑하는 청중이여, 요점으로 돌아와서, 나는 당신이 그리스도에게로 오기를 원하지 않는다는 사실을 직면하기를 바랍니다. 당신은 다른 어떤 일이라도 할 태세이면서, 그리스도께 오려고 하지는 않습니다. 당신은 우리의 특별한 모임에 출석하고 있습니다. 하지만 왜 출석하는 것입니까? 그리스도께 오기를 원하지 않는다면 무엇을 위해 이 모임에 오는 것입니까? 또한 당신은 단순한 습관으로 기도하려고 합니다. 당신은 습관대로 기도하지 않고는 잠자리에 들려고 하지 않습니다. 하지만 하나님이 당신에게 주실 수 있는 최상의 선물 곧 예수 그리스도를 얻으려 하지 않으면서, 무엇 때문에 기도하는 것입니까? 당신이 그리스도를 거부한다면 기도하는 것이 무슨 쓸모가 있습니까? 예, 당신은 성경을 연구하려 합니다. 하지만 도대체 어떤 이유로 그렇게 하는 것입니까? 곡식을 원하지 않는다면 왜 사람들이 추수 밭에 가는 것입니까? 철광석을 발견하기를 원하지 않는다면 왜 사람들이 광산에서 땅을 파는 것입니까? 우리가 모든 존경심으로 말해야 하겠지만, 성경은 광산에 불과하며, 그리스도는 보화입니다. 성경은 밭이며, 그리스도는 수확물입니다. 성경에서 그리스도를 뺀다면, 그것이 대체 무엇입니까? 그분은 그 모든 것의 요약이며 실체이십니다. 당신이 성경을 연구할 때 당신은 그 연구를 통해 그분을 발견하도록 해야 합니다. 그렇지 않다면 당신은 성경을 오용하고 또한 악용하는 것입니다. 이러한 이상한 거부는 무엇 때문입니까? 누군가 말합니다. "오, 나는 느끼기를 원합니다." 예, 알고 있습니다. 당신은 깊은 확신을 느끼고 싶은 겁니다. 당신은 그리스도께 오기보다는 다른 어떤 것을 원하고 있습니다. 또 누군가 말합니다. "하지만 나는 생각할 시간을 가져야겠습니다." 알고 있습니다. 당신은 당신의 생각에 의해 구원받기를 원하는 겁니다. 당신에게는 그리스도께 오는 것보다 더 바람직한 어떤 것이 있습니다. 하지만 당신의 있는 모습 그대로 그리스도께로 오십시오. 당신의 지금 그대로, 그분의 성령이 당신을 권고하실 때에 오십시오. 아, 당신은 여전히 이렇게 하기를 원하지 않습니다. 그러므로 나는 당신을 그대로 두어야겠습니다. 이제 세 번째 요점으로 넘어가, 아주 간략히 살펴보도록 하겠습니다.

3. 이와 같은 행동의 필연적 결과

이런 행동의 결과가 무엇일까에 대해 철저히 숙고하도록 합시다. 나는 당신을 대변하여, 당신의 현재 입장을 일인칭으로 표현하도록 하겠습니다.

"나는 영생을 얻기 위하여 그리스도께 오기를 원하지 않습니다." 내가 그 말을 했을 때, 그것이 무엇과 관련이 있습니까? 그것은 내가 복음이 전해지는 것을 들었을 때, 혹은 진지한 그리스도인들의 가르침을 경청했을 때, 어떤 좋은 느낌을 갖는 것과 관련이 있습니다. 마치 아침의 구름처럼 또한 이른 아침의 이슬처럼 느끼는 것입니다. 하지만 결국 그것들은 아무것도 아니며, 모두 사라져 버립니다. 그것들은 내게 유익을 주지 못합니다. 나는 헛되이 설교를 들었습니다. 나는 헛되이 성경을 읽었습니다. 나는 헛되이 기도 모임에 참석했습니다. 만일 내가 그리스도께 오기를 원하지 않는다면 이 모든 것들은 헛됩니다. 하지만 다음에는 무엇이 있나요? 그야 물론, 다음에는, 내가 지금 가진 느낌도 사라질 것이라고 예상합니다. 나는 지금 어느 정도의 경건한 소원을 의식하고 있습니다만, 나는 점점 굳어질 것입니다. 시간이 지날수록 마음이 갈수록 딱딱해지고, 무관심해질 것이며, 냉담해지고 말 것입니다. 그런 다음에 나에게 어떤 일이 일어날까요? 바로 이 일입니다. 즉, 내가 영원히 그리스도께 오지 못하리라는 것입니다.

나는 여러분 중 어떤 이들이, 비록 지금 예수님께 오기를 원하지는 않지만 언젠가는 올 것을 상상하고 있다고 추측합니다. 당신이 결코 올 수 없을 것이라고 확실하게 단언한다면, 당신은 소스라치게 놀라겠지요. 당신은 이렇게 말할 것입니다. "아아, 내가요? 내가 영원히 잃어버린 자가 된단 말입니까? 내가 결코 그리스도께 오지 못한다는 것입니까?" 내 사랑하는 친구여, 당신은 결코 구원을 얻지 못할 것처럼 보입니다. 만일 당신이 예수님께 오기를 원한다면, 왜 지금이 아닙니까? 왜 지금은 아닙니까? 이런 표현을 쓸 수 있다면, 당신이 그럴 수 있는 확률은 매일 같이 줄어들 것이며, 치명적으로 줄어들게 되어, 당신은 결코 그리스도께로 오지 않을 것입니다. 아, 종종 깨어났다가도 다시 잠들어 버렸다면, 그것은 그들이 영원히 잠들 것이라는 정확한 예보가 될 것입니다. 당신은 지옥의 불꽃 속에서 눈을 뜨기까지는 결코 일어나지 않을 것입니다. 오 하나님, 당신의 자비로 이런 일을 막아주소서! 하지만 이것이 최종적인 결과입니다. 만일 내가 영생을 얻기 위하여 그리스도께 오기를 원하지 않는다면, 나는 영원히 죽을 것이며, 영원히 하나님 계신 곳에서 쫓겨날 것이며, 그분의 영광으로부터 멀어질 것입니다. 오, 내 영혼아, 그 다음엔 어찌되는 것이더냐? 어찌되는 것이더냐? 그것이 무엇인지 아는 자들에게 물어 보십시오. 나사로를 보내어 그 손가락 끝에 물을 찍어 혀를 서늘하게 해 달라고 아브라함에게 요청했던 그에게 물어 보십시오(눅 16:24). 영원토록 슬피 울며 이를 가는 자들에게 물어 보십시오. 하지만 그들의 대답을 일일이 들려주지는 않겠습니다. 그것은 너무나 끔찍할 테니까요. 당신의 미래를 보십시오. 만일 당신이 생명을 얻기 위해 예수님께로 오지 않는다면, 당신은 생명을 보지 못할 것이며, 오직 하나님의 진노가 당신 위에 머물 것입니다.

4. 마음 상태의 변화에 대한 소망

이제 끝으로, 변화가 있기를 소망합시다. 오늘 밤에 변화가 있기를 소망합시다. 내가 말하는 동안 여러분 중 몇몇이 이렇게 말하는 것을 느꼈습니다. "나는 감히 그분께 오지 않겠다고 말하지 않겠습니다." 그렇다면 해야 할 유일한 한 마디가 있습니다. "나는 오겠습니다." 오, 당신이 "내가 예수님께 오겠습니다"라고 말하고서 즉시로 그 결심을 실행한다면 얼마나 좋을까요? "그분은 내가 신뢰할만한 분이십니다. 나는 그분을 신뢰하겠습니다. 그분은 내가 순종할 만한 분이십니다. 만일 그분이 나를 도우신다면, 나는 그분께 순종할 것입니다. 그분은 내가 사랑할 만한 분이십니다. 그분의 풍성한 은혜에 의해 나는 그분을 사랑할 것입니다. 나는 그렇게 하기를 원합니다. 그렇게 하기를 원합니다."

사랑하는 친구여, 만일 당신이 그렇게 말했다면, 비록 떨리는 입술로 말했더라도, 하나님께 감사하십시오. 당신은 올 수 있기 때문입니다. 그분이 당신에게 명하십니다. 그분이 친히 하신 말씀입니다. "수고하고 무거운 짐 진 자들아 다 내게로 오라 내가 너희를 쉬게 하리라"(마 11:28). 당신은 올 수 있습니다. 그분의 교회가 당신을 초대하며, 그분의 성령이 당신을 초대하십니다. "성령과 신부가 말씀하시기를 오라 하시는도다"(계 22:17). 이미 그분께 온 우리들도 모두 당신을 초대합니다. 이렇게 기록되어 있기 때문입니다. "듣는 자도 오라 할 것이요 목마른 자도 올 것이요 또 원하는 자는 값없이 생명수를 받으라 하시더라" (계 22:17). 당신에게 임하는 영혼의 부드러움을 느낍니까? 무언가가 이렇게 속삭입니까? "지금이 은혜의 때이다." 그렇다면, 당신에게 호소하건대, 성령을 소멸하지 마십시오. 더 이상 지체하지 마십시오. 아니, 이 예배당 좌석을 떠날 때까지도 지체하지 마십시오. 작은 방을 찾고, 무릎을 꿇을 수 있을 때까지도 지체하지 마십시오. 바로 여기서 지금 그분께 복종하십시오. 지금이 당신이 살아온 날들 중에서 최상의 순간이며, 새로운 날들의 출발이 될 것입니다. 당신이 그분께 복종한다면, 오늘 밤이 당신에게는 이스라엘이 애굽에서 나오던 날의 밤과 같이 될 것입니다.

> "한 죄 많고, 약하고, 무력한 벌레에 불과하지만,
> 그리스도의 친절한 팔에 나를 맡기나이다.
> 그분이 나의 힘과 의가 되시니,
> 나의 예수님은 나의 모든 것이 되시나이다."

그분이 당신에게 하라고 명하신 것은 이중적입니다. 믿고 세례를 받으라는 것입니다. "믿고 세례를 받는 사람은 구원을 얻을 것이요"(막 16:16). 먼저, 사람이 마음으로 믿고, 다음으로, 그 입으로 예수님을 시인하는 것입니다. 세례는 그리스도께서 친히 제정하신 규칙에 따라 그분께 대한 신앙을 시인하는 방법입니다. 당신이 그 규칙에 순종하기를 권고합니다. 주님의 이름을 위하여, 오늘 밤에 주님이 당신을 받으시고 당신에게 복을 주시길 바랍니다.

우리는 이 찬송으로 노래할 것입니다. 이 가사의 의미대로 행할 뜻이 없는 사람은 노래하지 말기를 요청합니다.

"이루어졌도다. 위대한 거래가 이루어졌도다.
나는 주님의 것이고, 그분은 나의 것이니,
그분이 나를 이끄시고, 나는 그분을 따라가리라.
황홀한 기쁨으로 고백하며 노래하나이다."

자, 곧바로 일어나지 마십시오. 그 찬송으로 노래할 수 있는 사람들은 계속
앉아서 지금처럼 노래하십시오. 당신의 안식을 위하여, 주께서 당신에게 긍휼
을 베푸시길 기도합니다. 아멘.

제
23
장
—

주님의 손에 들린 아이의 떡

—

"예수께서 떡을 가져" — 요 6:11

여기를 보십시오, 사람들이 있습니다! 그 수는 오천 명이나 되고, 사냥꾼들처럼 배고프며, 모두 음식을 필요로 하는 사람들입니다. 그들 중 어느 누구도 여행하는 동안 음식을 살 수 없기 때문입니다. 그리고 여기에 양식이 있습니다! 다섯 개의 얇은 빵(떡), 사람이 먹기보다는 말이 먹기에 더 적합한 보리로 만든 빵(떡)이 있고, 일종의 반찬처럼 빵(떡)에 곁들여 먹을 두 마리의 작은 물고기가 있습니다! 할당 비율은 어마어마합니다! 각 사람이 가장 작은 조각을 가진다 해도, 턱없이 부족합니다. 마치 런던에 수백만 명의 사람들이 있는데, 단지 한 줌의 참된 그리스도인들만이 이 도시가 그리스도께 돌아오기를 간절히 바라고 있는 것과 같습니다. 이 지구상에는 십억이 넘는 사람들이 있습니다. 그런데 오, 지극히 소수의 선교사들이 그들의 생명의 떡을 떼어주고 있습니다. 수백만의 사람들을 위해 단지 몇 사람만 있는 것처럼, 오천 명을 위해 보리떡 다섯 조각만 있는 것입니다! 이 문제는 아주 어렵습니다. 공급과 수요의 차이는 마치 우리가 그곳에 있는 것처럼, 거의 1900년이 지난 이후 이곳에 앉아서 단지 듣고만 있기보다는, 오히려 벳새다의 군중 속에 앉아 있는 듯이 생생하게 느껴집니다. 하지만 주 예수님은 그 위기상황에 대처하실 수 있었습니다. 그 무리 중에서 주님의 풍성한 배급을 받지 못하고 길을 떠난 사람은 아무도 없습니다. 그들은 모두 배불리 먹었습니다. 이제는 하늘로 올라가신 우리의 복되신 주님에게는 충분한 능력이 있습니다. 그분은 우리의 결핍 때문에 당황하지 않으시고, 오히려 우리의 하찮은 수단을 사용하셔서 그분의 영광스러운 목적을 이루십니다. 그러므로 어느 누구도 낙심할 필요가 없습니다. 런던의 복음화 문제로 실망하지 마십시오. 복음을 모든 열방에게 전파하는 일이 가망 없다고 생각하지 마십시오. 하나님을 믿으십시오. 그리스도 예수 안에 계신 그분을 믿으십시오. 저 위대한 중보자의 동정심을 믿으십시오. 그분은 영적인 궁핍에 처해 있는 사람들을 저버리지 않으실 것입니다. 오래 전에 저 배고픈 군중들의 일시적인 필요를 채우시는데 실패하지 않으셨던 것 이상으로, 그들의 필요를 능히 채우실 것입니다.

우리는 이제 이 조그만 떡들과 물고기들을 살펴볼 것입니다. 이것들은 장사를 시작할 수도 없을 정도의 턱없이 부족한 양으로 보입니다. 오천 명을 먹이는 사업을 하기에는 너무나 적은 밑천에 불과합니다. 우선, 나는 이 떡과 물고기들이 이 본문에서 언급되기에 앞서, 그 이전의 역사(a previous history)를 가지고 있다고 말할 것입니다. 둘째, 우리는 본문에서 이 보잘것없는 것들이 매우 굉장한 위치에 있는(in a very grand position) 것을 발견할 것입니다. "예수께서 떡을 손에 가지셨습니다." 셋째, 그리하여 그것들이 아주 주목할 가치가 있는 이후의 역사(an after-history)를 가지게 될 것입니다. 무언가가 그리스도의 손에 들려질 때, 그것은 기적의 초점이 됩니다.

1. 이 떡과 물고기들의 이전의 역사

우선 이 떡과 물고기들이 이전의 역사를 가지고 있다는 것을 말하고자 합니다. 안드레가 예수님께 말했습니다. "여기 한 아이가 있어 보리떡 다섯 개와 물고기 두 마리를 가지고 있나이다"(9절).

먼저, 그곳에 그 아이를 오게 하신 하나님의 섭리를 주목하십시오. 우리는 그 아이의 이름을 알지 못합니다. 우리는 그의 부모에 대해서도 아무것도 듣지 못했습니다. 그는 소년 행상인이었을까요? 한 소년이 약간의 떡과 물고기들을 팔아서 돈을 조금 벌 수 있다고 생각했었고, 지금은 가지고 온 것을 거의 판 상태일까요? 혹은 그 소년이 예수님 일행이 사용할 약간의 양식을 들고 다니도록 사도들이 고용한 아이일까요? 우리는 그 아이에 대해 많이 알지 못합니다. 하지만 그는 그 날 적절한 장소에 있던 적절한 아이였습니다. 그의 이름이 무엇이건 그것은 중요하지 않습니다. 그는 사람들이 먹을 보리떡과 물고기를 가지고 있었습니다. 그리스도께서는 결코 부족함이 없으시지만, 필요를 공급하는 누군가가 그분 가까이에 있었던 것입니다. 하나님의 섭리를 믿으십시오. 무엇이 그 소년으로 하여금 보리떡과 물고기들을 가지고 오게 했는지, 나는 모릅니다. 소년들은 종종 까닭을 알 수 없는 행동을 합니다. 하지만 그는 보리떡과 물고기들을 가지고 왔습니다. 그리고 소년들의 생각과 동기들을 이해하시는 하나님께서 보리떡과 물고기들까지도 참작하시고, 그 소년을 그곳에 있게 하셨던 것입니다. 다시 말하지만, 하나님의 섭리를 믿으십시오.

　　스탠리(Stanley) 씨는 숲을 가로지르는 긴 여행에서 벗어난 이야기를 들려주었습니다. 내 생각에 그는 일백 육십일을 어둠 속에서 걸었을 것입니다. 마침내 그는 태양을 볼 수 있게 되었고, 하나님의 특별한 섭리가 그를 돌보았음을 느꼈습니다. 스탠리 씨가 그 음침한 그늘에서 벗어나도록 한 것이 하나님의 손길이었다고 느낀 것에 나는 매우 기쁩니다. 하지만 우리가 하나님의 선하심이 우리의 앞뒤를 둘러싸고 있다는 것을 배우기 위해 아프리카에 갈 필요는 없습니다. 우리들 중 많은 이들이 우리 자신의 침실에서도 하나님의 특별한 섭리를 느껴 왔습니다. 우리의 자녀들과 관련해서도 하나님의 손길을 만났습니다. 그렇습니다. 매일같이 그분의 돌보심의 증거들이 우리의 삶을 둘러싸고 있습니다. "지혜 있는 자들은 이러한 일들을 지켜보고 여호와의 인자하심을 깨달으리로다"(시 107:43). 어떤 사람이 말했습니다. "나는 하나님이 나를 볼보고 계심을 확신합니다. 내가 어떤 거리를 가고 있을 때였습니다. 오렌지 껍질을 밟아서 미끄러졌고, 심한 부상이 염려되었습니다. 하지만 나는 조금도 다치지 않았습니다." 그에 대해 그의 친구가 대답합니다. "나 역시 하나님께서 나를 돌보아 오셨음을 확신합니다. 나는 그 거리를 수백 번이나 왕래했습니다. 그런데 한 번도 오렌지 껍질이나 미끄러운 다른 것을 밟아본 적이 없거든요." 하나님께서는 아주 빈번하게 일상생활 속에서 우리 가까이에 다가 오십니다.

　　　　"그분은 우리가 의식하지 못할 때에도
　　　　 우리 모두에게 다가오시고,
　　　　 우리를 그분의 사랑의 손길로 돌보신다네."

또한 그리스도의 교회와 관련해서도 그분의 섭리를 믿도록 합시다. 그분은 결코 그분의 백성을 버리시지 않습니다. 그분은 그분이 원하실 때 사람들을 찾으실 것입니다. 성도들의 역사 속에서는 이런 일이 언제나 있었고, 앞으로도 그럴 것입니다. 종교개혁 이전에 그리스도의 복음에 대해 무언가 알고 있던 학식 있는 사람들이 많았습니다. 하지만 그들은 소란을 피우는 일이 애석한 일이라고 여겼으며, 그래서 그들은 각자 그리스도와 함께 매우 조용히 교제만 했습니다. 복음을 입 밖으로 누설하고, 그래서 오래도록 케케묵은 상태를 뒤집어엎기 위해서는 어느 정도 굳세고 고집스러운 사람이 필요했습니다. 어디서 그런 사람을 찾을 수 있을까요? 루터라고 하는 한 수도사가 있었습니다. 그가 성경을 읽는 동안, 별안간 믿음으로 의롭다 하심을 얻는다는 가르침에 부딪혔습니다. 주 안에서 그의 친한 형제에게 찾아갔을 때, 그의 친구는 루터에게 이렇게 말했습니다. "당신의 골방으로 돌아가시오. 그리고 기도하며 하나님과 교제하시오. 그리고 당신의 혀를 억제하시오." 하지만 그 때, 여러분이 아시다시피, 그는 억제할 수 없는 혀를 가졌으며, 다른 누구도 그 혀를 막을 수 없었습니다. 그는 그 자신을 새 사람으로 만든 진리를 말하기 시작했습니다. 루터를 만드신 하나님께서는, 루터를 만드실 때 그가 어떤 존재인지를 아셨습니다. 그분은 억제할 수 없는 크게 타오르는 불을 루터 속에 두셨습니다. 그리고 그 불이 열방들을 불붙게 만들었던 것입니다. 섭리에 대해 결코 실망하지 마십시오. 섭리는 오늘 밤에도 시골의 어느 굴뚝 모퉁이 어딘가에 앉아 있을 수 있습니다. 누군가 한 사람이 교회들을 현재의 불신 사조에서 돌이켜 옛 복음으로 되돌아가도록 회복시킬 것입니다. 하나님께서는 지금껏 결코 그분의 진리를 곤경에 처하도록 방치하지 않으셨습니다. 누군가 별안간 등장할 것입니다. 물매와 돌을 가진 다윗이나, 턱뼈를 든 삼손이나, 혹은 소 모는 막대기를 가진 삼갈이 등장하여 여호와의 원수들을 패주시킬 것입니다. "여기 한 아이가 있습니다"(6절). 하나님의 섭리가 그를 보낸 것입니다.

다음으로, 떡을 가진 이 아이가 주목받는 곳으로 이끌려 왔습니다. 그들이 무리 중에서 양식을 있는 대로 찾고 있을 때, 눈에 띄지 않는 한 소년이, 다른 곳에서 들어본 적이 없던 이 아이가, 앞으로 이끌려 나왔습니다. 그에게 떡이 든 작은 바구니가 있었기 때문입니다. 안드레는 그를 발견해 내어, 예수님께 오면서 이렇게 말했습니다. "여기 한 아이가 있어 보리떡 다섯 개와 물고기 두 마리를 가지고 있나이다." 믿고 의심하지 마십시오. 만일 당신이 생명의 떡을 지니고 있다면, 그리고 당신이 하나님을 섬기기를 바란다면, 무명의 신분이라는 점이 당신을 그렇게 하지 못하도록 막지 않을 것입니다. 누군가 말합니다. "아무도 나를 알아주지 않아요." 물론, 아무도 당신을 알지 못한다는 것이 그리 바람직스러운 것은 아닙니다. 모두에게 알려진 우리들 중에는 알려지지 않았더라면 매우 기뻐했을 사람들이 있습니다. 주님 외에는 아무도 보는 이가 없는 상태에서, 주님을 위해 멀리 떨어져 일할 수 있는 사람이 가장 행복한 사람입니다. 어느 시골 목사님이 나에게 말했습니다. "내가 설교를 할 대상은 겨우 일백 명입니다." 내가 대답했습니다. "그 일백 명을 귀하게 여긴다면, 당신에게는 충분한 청중이 있는 셈입니다." 당신이 가진 모든 것이 매우 적다고 해도, 동전 한 푼어치의 보리떡과 물고기밖에는 없다고 해도, 그것을 적절히 사용하십시오. 그러면 당신의 주님을 섬길 수 있을 것입니다. 그리고 적당한 때가 되면, 하나님이 당신을 원하실 때, 그분은 당신을 어디에서 찾을 것인지를 알고 계십니다. 당신이 스스로 전면에 나서려고 할 필요가 없습니다. 주님께서 당신을 원하실 때, 그분이 당신을 전면으로 이끌어 오실 것입니다. 만일 그분이 당신을 원하시지 않는다면, 나는 당신이 거기에 나서기를 원하지 않기를 바랍니다. 이 점을 믿으십시오. 만일 당신이 요청받지 않았을 때에 스스로 앞에 나선다면, 그분이 다시 당신을 뒤로 밀어내실 것입니다. 오, 은혜가 당신의 한 가지 재능을 가지고서, 당신의 보리떡 다섯 개와 물고기 두 마리를 가지고서, 눈에 띄지 않게 계속해서 일하고 있다면, 그것이 필요할 때가 되면 주목을 받게 될 것입니다. 그 필요가 당신을 크게 불러 찾을 것입니다. 우리는 지금까지 빈들에서 주목받지 않은 채 있던 보리떡과 물고기들이, 섭리에 의해 그곳에 있게 된 것을 보았습니다. 이제 우리는 그 동일한 섭리에 의해, 그 떡과 물고기들이 눈에 띄는 곳으로 등장하게 된 것을 보고 있습니다.

주목받게 되었을 때에도, 그 떡과 물고기들이 그리 좋은 대우를 받은 것이 아닙니다. 그들은 목적에 불충분하다고 판단되었습니다. 안드레가 이렇게 말했습니다. "그것이 이 많은 사람에게 얼마나 되겠사옵나이까"(9절). 그 소년의 촛불은 곧 꺼질 듯이 보였습니다. 너무나 작은 토막이어서, 그것을 무엇에다 쓸까요? 자, 내가 감히 말하건대, 여러분 중 어떤 사람들에게 사탄이 이렇게 말하고 있습니다. "네가 그렇게 애쓴다고 해서 무슨 소용이 있겠니?" 가정을 가진 어머니인 당신에게 사탄은 이렇게 속삭입니다. "너는 하나님을 섬길 수 없어." 그는 당신이 힘주시는 은혜로써 매우 잘 할 수 있다는 것을 알고 있습니다. 그리고 그는 당신이 사랑하는 자녀들을 하나님을 경외하도록 양육한다면 하나님을 얼마나 잘 섬기는 것인지를 알고 두려워하고 있습니다. 그는 저기 성경 보급 담당자에게 이렇게 말합니다. "너는 능력이 많지 않아. 네가 무얼 할 수 있겠어?" 오, 사랑하는 친구여! 마귀는 당신이 할 수 있는 것을 알고 두려워하고 있습니다. 또한 만일 당신이 할 수 있는 일을 하기만 한다면, 하나님께서 당신이 할 수 없는 일까지도 할 수 있도록 도우시리라는 것을 알고 두려워합니다. 마귀는 당신이 지금 할 수 있는 사소한 일도 두려워합니다. 그런데 많은 하나님의 자녀들이 작은 일들을 무시하는 사탄에게 찬성하는 듯이 보입니다. "그것이 이 많은 사람에게 얼마나 되겠습니까?" 너무 적고, 너무 빈약하고, 너무 재능이 부족한데, 우리가 무엇을 할 수 있다는 희망을 가지겠습니까? 심지어 제자들에 의해서도 무시를 당하니, 세상에 의해 멸시를 당하는 일이 그리 놀랄 일은 아닙니다. 하나님을 영예롭게 하는 일들을, 사람은 먼저 멸시할 것입니다. 당신은 사람들의 조롱을 당하지만, 후에는 하나님께 쓰임받기 위해 앞으로 나서게 될 것입니다.

비록 많은 사람들을 먹이기에는 부족해 보이지만, 이 떡과 물고기들은 그 소년의 저녁 식사로는 충분했을 것입니다. 하지만 그는 기꺼이 그것을 사람들과 나누려는 마음이 있었던 것으로 보입니다. 제자들은 그를 억지로 끌고 오지 않았을 것입니다. 주님이 그것을 허용하지 않으셨을 것입니다. 그 아이는 자발적으로 그 떡과 물고기들을 큰 잔치의 시작을 위해 포기했던 것입니다. 누군가 이렇게 말했을지도 모릅니다. "요한, 그 떡 다섯 조각과 작은 물고기 두 마리는 금방 먹어치운다는 것을 잘 알잖아요. 그러니 그냥 두고 저기 구석으로 가게 해요. 각 사람이 스스로 해결하도록 하게 해요." "제일 중요한 사람만 돌본다"는 것이 좋은 규칙 아닌가요? 그렇지요. 하지만 하나님이 사용하신 그 소년은 그렇게 이기적이지 않았습니다. 나는 어떤 젊은 그리스도인에게 말하고 있는데, 사탄은 그에게 이렇게 말합니다. "먼저 돈을 벌어라. 하나님은 나중에 섬기라. 사업에만 계속해서 몰두해라. 그런 후에, 그리스도인처럼 행동하며 약간의 돈을 기부할 수도 있을 테니까." 그런 사람은 보리떡과 물고기를 기억해야 합니다. 만일 그 아이가 자기 자신의 유익을 꼼꼼하게 따졌더라면, 그리스도의 요청에 관대한 마음의 충동을 느끼고 단순하게 드리는 대신, 자기가 하고 싶은 대로 했을 것입니다. 그가 떡을 가지고 있었으므로, 그것을 다 먹어 버릴 수도 있었고, 그것으로 끝일 수 있었습니다. 하지만 그는 그리스도께 그것을 가지고 왔으며, 그리하여 수천 명의 사람들이 음식을 먹을 수 있었습니다. 그리고 그 아이도 자기 몫으로 충분히 먹고 싶은 만큼 먹을 수 있었습니다. 그리고 덧붙이자면, 그는 열두 광주리에 가득 남은 조각들 중에서도 자기 몫을 나누어 받았을 것입니다. 무엇이든 당신 자신에게서 떼어내어 그리스도께 드리는 것은 잘 투자한 것입니다. 그것은 종종 일만 퍼센트를 가져다주기도 합니다. 주님은 그 아이처럼 이기적이지 않은 사람에게 어떻게 보상해줄 것인지를 아십니다. 그런 사람은 자기 목숨을 구하고자 하면 잃는다는 것과, 그의 목숨과 그 목숨을 지탱해 주는 떡을 기꺼이 잃고자 하면, 결국에는 진정으로 얻게 된다는 것을 느낄 것입니다.

이것이 이 보리떡들의 역사입니다. 그것들은 하나님의 섭리를 통해 그리고 한 아이에 의해 그곳에 보내어졌고, 그 아이는 필요에 의해 발견되고 주목을 받게 되었습니다. 그가 가진 것은 멸시받았지만, 그는 그것이 멸시를 받건 아니건, 기꺼이 그것을 드리고자 했습니다. 그는 기꺼이 그것을 그의 주님께 드리려고 했습니다. 이제, 당신은 내가 어디로 나아가는지를 알겠습니까? 나는 몇 명의 아이들을 붙들고 싶습니다. 그리고 몇몇의 젊은 남녀를 붙들고 싶습니다. 나는 당신들의 나이에 구애를 받지 않겠습니다. 칠십 세 이하이면 모두 아이들이 될 수 있습니다. 나는 스스로 매우 적은 능력을 가지고 있다고 생각하는 당신의 손을 붙잡고, 당신에게 말합니다. "와서, 그것을 예수님께 드리십시오." 우리는 당신을 원합니다. 때가 어렵습니다. 사람들이 굶고 있습니다. 비록 아무도 당신을 필요로 하지 않는 듯이 보이지만, 담대히 앞으로 나오십시오. 왕후 에스더의 경우처럼, 당신도 이와 같은 때를 위해 예비되어 있는지 누가 알겠습니까? 하나님께서 당신이 있는 곳에 당신을 데리고 오셨고, 수천 명의 회심을 위해 당신을 사용하실지 모릅니다. 하지만 먼저 당신 자신이 회심해야만 합니다. 그리스도께서는 당신이 먼저 그분의 소유가 되지 않으면 당신을 사용하지 않으실 것입니다. 당신은 당신 자신을 그분께 복종시켜야 하며, 그분의 보혈로써 구원을 받아야 합니다. 그 후에, 와서 당신이 가지고 있는 적은 재능 모두를 그분께 드리십시오. 그리고 보리떡 다섯 개를 가졌던 그 아이처럼 당신을 사용하시도록 그분께 기도하십시오.

2. 굉장한 위치에 놓이게 된 보리떡

하지만 나는 이제 이 보리떡 조각들이 굉장한 위치에 놓이게 된 것을 당신에게 보여줄 것입니다. 본문은 말합니다. "예수께서 떡을 가져." 그분이 친히 그 손으로 떡을 쥐셨습니다. 소년의 떨리는 손으로부터, 혹은 그의 작은 바구니에서, 그 보리떡과 물고기가 그 복되신 분의 손으로 넘겨졌습니다. 이것은 우리에게 몇 가지 교훈을 가르쳐줍니다.

첫째, 그들은 이제 예수 그리스도와 제휴하게 되었습니다. 이제부터 그 떡들은 소년의 헌신으로 생각되기보다는 구주의 능력을 시사합니다. 그리스도께서, 살아 계신 하나님께서, 우리의 연약함과, 우리의 결핍된 재능과, 우리의 무지와, 우리의 적은 믿음과 협력하신다는 사실이 놀랍지 않습니까? 하지만 그분은 그렇게 하십니다. 만일 우리가 그분과 협력하지 않으면, 우리는 아무것도 할 수 없습니다. 하지만 우리가 그분과 생명의 접촉을 하게 될 때, 우리는 모든 것을 할 수 있습니다. 그리스도의 손에 들린 그 보리떡들은 그 온 무리를 먹일 풍부한 양식이 되었습니다. 그분의 손에서 나왔을 때 그것들은 단지 보리떡 조각에 불과합니다. 하지만 그분의 손에 있을 때, 그분과 제휴할 때, 그것들은 전능의 능력과 접촉하고 있는 것입니다. 당신에게는 당신의 모든 소유를 그리스도께 가지고 와서 그리스도의 손에 들려지도록 할 사랑이 있습니까? 당신의 두뇌가 있는데, 그것이 성령의 가르침과 교류할 수가 없습니다. 당신에게는 마음이 있는데, 그것이 하나님의 사랑으로 따뜻해지지 못합니다. 당신에게는 혀가 있는데, 그것이 제단에서 가져온 숯불과 접촉이 되지 않습니다. 당신에게는 인간미가 있는데, 그것이 그리스도와의 교류에 의해 온전히 성별되지를 못합니다. 주님의 부드러운 명령을 들으십시오. "그것을 내게 가져오라"(마 14:18). 그러면 당신의 전 삶이 변화될 것입니다. 나는 평범한 능력을 가진 모든 사람이 믿음으로 그리스도와 교류함으로써 높은 능력을 가진 사람이 된다고 말하는 것이 아닙니다. 내가 말하는 것은 이것입니다. 그의 평범한 능력이, 그리스도와의 교류를 통해, 하나님이 섭리 안에서 그를 부르신 그 경우를 위해 충분할 것이라는 것입니다. 나는 당신이 이렇게 기도하고 말해온 것을 압니다. "나는 이것을 가지고 있지 않으며, 그래서 그것을 할 수가 없습니다." 당신의 부족함을 세는 것을 그만두십시오. 당신이 가진 것을 가지고 오십시오. 당신이 가진 모든 것, 즉 몸과 정신과 영을 모두 가지고 와서 그리스도와 교류하게 하십시오. 비록 그분이 당신에게 새로운 재능들을 주시지 않을지라도, 당신이 가진 그 재능들이 새로운 능력을 얻게 될 것입니다. 그 재능들이 그분을 향하여 새로운 조건 속으로 들어오게 되었기 때문입니다. 그분의 지혜와 능력과 제휴함으로써 바라지 못할 일이 무엇이겠습니까?

게다가, 그것들은 그리스도께로 옮겨졌습니다. 조금 전까지만 해도 그것들은 이 아이의 것이었지만 이제는 그리스도의 것이 되었습니다. "예수께서 떡을 가져." 그분은 그것들을 소유하셨습니다. 그것들은 그분의 소유가 되었습니다. 오, 그리스도인이여, 당신은 당신이 그리스도께 드려졌다고 선언할 때 그 말의 의미를 알고 있나요? 만일 당신이 완전히 옮겨졌다면, 큰 능력 안에 놓여 쓰임 받게 될 것입니다. 하지만 사람들은 종종 이렇게 말합니다. "조금은 남겨 두어야 하지 않을까?" "그러면 내 귀에 들려오는 이 양의 소리와 내게 들리는 소의 소리는 어찌 됨이니이까"(삼상 15:14). 당신이 얼마 전에 모아 둔 저 기이한 것들은 어찌된 것입니까? 당신이 새 모자를 사려고 모아 둔 돈은 어찌된 것입니까? 당신은 때때로 이렇게 노래합니다.

"내가 어떤 것을 남겨 두려 해도
내 의무가 허락하지 않네.
나의 하나님을 향한 나의 사랑이 너무나 커서
그분께 모든 것을 드린다네."

아아, 좋습니다! 당신이 진정으로 모든 것을 드렸다면, 당신은 그 노래를 다시 불러도 좋습니다. 하지만 나로서는 그 노래를 진정으로 부를 수 있는 사람들은 소수에 불과하지 않을까 염려됩니다. 오, 우리가 진정으로 그 보리떡을 그리스도의 손에 드릴 수만 있다면! 당신이 시간을 스스로를 위해 사용하지 않고 그리스도께 드린다면, 당신이 지식을 마치 저장소에 비축하듯이 쌓아두지만 않고 그리스도께 드린다면, 당신의 능력을 세상을 위해 쓰지 않고 그리스도께 드린다면, 당신의 영향력과 지위, 당신의 돈과 가정, 이 모든 것을 그리스도의 손에 맡긴다면, 그 모든 것이 지금부터는 당신 자신의 것이 아니라 그분의 것이라고 여긴다면, 바로 이것이 런던의 필요를 모두 채우고 또한 세상의 배고픈 자들을 배불리 먹이는 방법입니다. 하지만 우리는 시작부터 흔들립니다. 모든 것을 그리스도께 철저히 드리는 헌신이 결핍된 것입니다.

　　더 좋은 것은, 이 떡들이 예수님께 드려졌을 때 그것들이 예수님에 의해 받아들여졌다는 것입니다. 그것들은 단지 드려진 것이 아니라, 성별되었던 것입니다. 예수님은 그 다섯 개의 보리떡과 두 마리의 작은 물고기들을 받으셨으며, 그렇게 하심으로써 그분은 이렇게 말씀하시는 듯합니다. "이것들이 나를 위해 쓸모가 있을 것이다." 개역 흠정역(Revised Version)이 표현하듯이 "예수께서 그러므로(therefore) 그 떡을 가지셨던" 것입니다. 그분이 그렇게 하실 이유가 있었을까요? 예, 그것들을 예수께 가져왔으며, 기꺼이 그분께 드렸기 때문입니다. 그것들을 필요로 하는 곳이 있었고, 예수님께서 그것을 가지고 일하실 수 있었기 때문에, "그러므로" 그분이 떡을 받으신 것입니다. 하나님의 자녀들이여, 그리스도께서 당신을 사용하실 때, 당신은 종종 어떻게 주님께서 당신을 받으실 수 있을까 놀라워합니다. 하지만 "그러므로"가 그 속에 있습니다. 그분은 영혼들을 얻기를 원하는 당신의 소원을 보십니다. 그분은 얻어야 할 영혼들을 보고 계시고, 그래서 당신을 사용하신 것입니다. 바로 당신을 말입니다. 나는 지금, 만일 그리스도께 드려졌더라면, 그리스도께서 받으시고 소유하셨더라면, 섬김의 일을 위해 크게 쓰임받을 수 있었던 사람들에 대해 말하고 있습니다. 단지 보리떡 다섯 개일 뿐이지만, 예수님께서 그것들을 받으셨습니다. 단지 어린아이가 들고 온 물고기 두 마리에 불과하지만, 위대하신 그리스도께서 그것들을 받으셨습니다. 그것들이 그분의 소유가 된 것입니다. 우리의 것을 그분께 드리며 이렇게 기도합시다.

　　　　"오, 저를 사용하소서. 주여, 저와 같은 자도 사용하소서!
　　　　당신이 원하시는 대로, 당신이 원하실 때에, 당신이 원하시는 곳에서,
　　　　당신의 복되신 얼굴을 내가 볼 때까지,
　　　　당신의 안식, 당신의 기쁨, 당신의 영광에 제가 참여할 때까지!"

　　하지만 더 좋은 것은, 이 보리떡과 물고기들에 대해 그리스도께서 축사하셨다는 것입니다. 그분은 눈을 들어 그 보리떡과 물고기를 주신 아버지께 감사하셨습니다. 그것을 생각해 보십시오. 다섯 개의 떡 조각과 두 개의 작은 물고기들로 인해 그리스도께서 아버지께 감사하셨습니다. 외관상으로는 축사할 이유가 되

는지 혼돈스럽습니다. 하지만 예수님께서는 그것들을 어떻게 사용하실 것인지를 아셨으며, 그러므로 현재 이루어진 일들에 대해 감사하신 것입니다. "하나님은 우리가 장차 될 모습을 보시고 우리를 사랑하신다"고 아우구스티누스는 말했습니다. 그리스도께서 이 사소한 것들에 대해 감사하신 것은 그분이 어떻게 증대될 것인지를 보셨기 때문입니다. 당신은 그분이 아버지께 감사하신 후에 그 소년에게도 감사를 표하셨다고 생각지 않습니까? 수년이 흐른 뒤에도, 이 감사의 말들은 그 작은 행동에 대한 큰 보상이 되었을 것입니다. 두 렙돈을 연보함에 넣었던 그 여인처럼, 그는 자신의 모든 것을 드렸으며, 드린 예물에 대해 칭찬을 들었습니다. 비록 지금은 높은 영광 중에 거하시지만, 그리스도께서는 여전히 그분께 드리는 그런 예물들에 고마워하십니다. 수줍고 떨리는 손으로 우리가 우리의 최선을 그분께 드릴 때, 아무리 작더라도 우리의 전부를 드릴 때, 여전히 그분은 아버지께 감사하십니다. 우리가 보관해 두었던 빈약한 것이라도 그분께 가져와 그분의 손에 드릴 때, 여전히 그분의 마음은 즐거워하시며, 그분의 은혜로우신 입술로 축사하십니다. 그분은 우리를 사랑하십니다. 우리의 현재 모습으로 인해서가 아니라, 그분이 만드실 장래의 우리 모습으로 인해서입니다. 그분은 우리의 예물을 축사하십니다. 그 예물의 현재 가치 때문이 아니라, 그분의 능력으로 그분의 영광을 위해 사용하실 가치 때문입니다. 주께서 이렇게 당신이 가진 모든 재능에 축사하시기를 바랍니다! 그분이 당신의 기억력을 축사하시고, 당신의 이해력을 축사하시길 바랍니다. 당신의 음성을 축사하시고, 당신의 마음을 축사하시고, 당신의 머리를 축사하시고, 당신의 모든 것을 영원히 축사하시길 바랍니다! 그분이 작은 예물에 축사하실 때, 우리가 가진 것에 작은 은혜를 부어주실 때, 선한 일이 시작될 것이며, 완성될 때까지 지속될 것입니다.

그리스도께서 그 떡들을 가져 축사하시자, 다음에 일어난 일은, 그것들이 그리스도에 의해 증대되었다는 것입니다. 베드로가 한 조각을 들고 그것을 떼기 시작했습니다. 그리고 그가 그것을 뗄 때, 그의 손에는 그가 떼기를 시작했을 때와 마찬가지의 양이 들려 있었습니다. 그가 말합니다. "친구여, 여기 물고기 받으시오." 그는 그 사람에게 물고기 한 마리를 통째로 주었는데, 그의 손에 한 마리가 통째로 남아 있습니다. 그런 식으로 그는 한 사람 한 사람에게 나누어 주고, 계속해서 그 떡과 물고기를 할 수 있는 한 신속하게 사방에 나눠 주었습니다. 그 일이 마쳤을 때, 그의 손에는 여전히 물고기와 떡이 가득히 남아 있었습니다. 만일 당신이 하나님을 섬긴다면 당신은 결코 메마르지 않을 것입니다. 이번 주일에 당신에게 무언가 말할 것을 주시는 그분이 다음 주일에도 당신에게 무언가 말할 것을 주실 것입니다. 삼십 삼년이 넘는 동안, 나는 이곳 동일한 교회에서 동일한 회중을 대상으로 사역했으며, 내가 아는 모든 것을 말하고 설교해 왔습니다. 어떤 매우 학식 있는 형제들은 그 지적 용량이 마치 하이델베르크의 커다란 술통과도 같습니다. 그 통은 수영하기에도 충분한 많은 포도주를 담을 수 있습니다. 하지만 사람들은 주둥이를 꼭대기 부분에 달기 때문에 꼭지를 틀어 많은 양을 따를 수는 없습니다. 나의 통은 정말이지 매우 작습니다. 하지만 주둥이가 가능한 한 가장 낮은 곳에 달려 있기 때문에, 당신은 꼭대기에서 조금만 따르도록 허용된 큰 통에서보다 나의 작은 통에서 더 많은 포도주를 얻을 수 있습니다. 이 소년은 그의 떡 전부와 그의 물고기 전부를 드렸습니다. 정말이지 많지는 않습니다. 하지만 그리스도께서 그것을 불어나게 하셨습니다. 그 아이처럼 되어, 당신의 모든 것을 드리십시오. 다른 경우를 생각해 조금 남겨 둘 생각일랑 하지 마십시오. 만일 당신이 설교자라면, 다음번에 설교할 것에 대해 생각하지 마십시오. 당신이 지금 전해야 하는 것을 생각하십시오. 한 번에 한 번의 설교를 얻는 것으로 언제나 충분합니다. 당신은 저장소를 가질 필요가 없습니다. 왜냐하면 만일 당신이 어딘가에 많은 것을 쌓아 둔다고 해도, 거기에 무언가 상한 냄새가 날 것이기 때문입니다. 하늘에서 내려온 만나조차도 벌레가 먹고 상했습니다. 당신의 최상의 설교들도, 비록 그 메시지가 하나님이 주신 것이었다 하더라도, 그럴 것입니다. 만일 그 설교가 하늘에서 내려온 것이 아니라 당신 자신의 머리에서 나온 것이라면, 그것은 훨씬 더 빨리 상할 것입니다. 사람들에게 그리스도에 대해 말하십시오. 그들을 예수님께로 인도하십시오. 그리고 다음 번에 무엇을 말할 것인지를 두고 고민하지 마십시오. 다음 차례가 올 때까지 기다리십시오. 그러면 그 때에 당신이 말할 내용이 주어질 것입니다.

　　하지만 한 번 더 주목하십시오. 예수님께서 그 떡을 가지셨을 때, 그 양이 늘었을 뿐 아니라 또한 처분되었습니다. 그것들은 그리스도에 의해 배분되었습니다. 그분은 분배하실 목적이 아니라면 증식시켜주지 않으십니다. 그리스도의 덧셈은 뺄셈을 의미합니다. 또한 그리스도의 **뺄셈**은 덧셈을 의미합니다. 그분은 우리가 줄 수 있도록 하기 위해 주십니다. 그분은 제자들이 분배를 시작하자 마자 양을 증대되게 하셨습니다. 그리고 분배가 끝났을 때, 증식도 멈추었습니다. 오, 은혜를 계속 나누어 줄 수만 있다면! 만일 당신이 그리스도로부터 진리를 받았다면, 그것을 말하십시오! 하나님께서는 당신의 귀에 그것을 속삭이실 것이며, 당신 속에 들려 주실 것입니다. 하지만 당신이 말하기를 멈춘다면, 다른 사람들을 축복하려는 노력을 멈춘다면, 그분의 얼굴을 뵙는 교제의 은혜도 다시는 주어지지 않을 것입니다.

이 모든 것을 종합하자면, 만일 우리가 우리의 떡과 물고기들을 주 예수 그리스도께로 가져온다면, 그분이 그것들을 받으시고 그분의 소유로 삼으실 것입니다. 그 다음, 그분이 그것들을 축사하실 때, 그분이 그것들을 증대시키시고, 또한 우리들에게 그것들을 분배하도록 명하실 때, 우리는 런던의 필요를 충족할 수 있을 것이며, 나아가 온 세계의 마지막 사람의 필요까지도 채울 수 있을 것입니다. 오천 명을 먹이실 수 있었던 그리스도께서는 오백만 명도 먹이실 수 있습니다. 제한은 없습니다. 기적을 한 번 체험하면, 더 큰 기적을 체험할 수도 있습니다. 나는 기적들을 폄훼하는 비평가들을 만날 때마다 그들이 언제나 딱하게 여겨집니다. 만일 그것이 기적이면, 그것은 기적인 것입니다. 만일 당신이 일 페니가 필요한 상황에 처해질 수 있다면, 일 파운드가 필요한 상황에 처해질 수도 있습니다. 만일 당신이 그리스도께서 오십 명을 먹이실 수 있다는 것을 믿는다면, 그분이 오백 명, 오천 명, 오백만 명, 오억 명이라도 그분이 원하시는 대로 먹이실 수 있다는 것을 믿을 수 있습니다.

지금까지 나는 하나님의 백성들이 주님을 믿도록, 또한 그들 스스로를 그분께 드리도록 격려하려고 애를 썼습니다. 하지만 여러분 중 어떤 이들은 이렇게 말합니다. "저 목사님은 나에게 설교하는 것이 아니야." 아니요, 나는 당신에게(to) 설교하는 것이 아니며, 당신을 위해(for) 설교하고 있습니다. 왜냐하면 만일 하나님의 백성들이 깨어나기 시작한다면, 그들이 곧 당신을 찾을 테니까요. 당신이 이 태버내클 예배당에서 나가기 전에 누군가 당신에게 당신의 영혼에 대해 물을 것입니다. 그리고 주중에, 만일 당신이 그들 중 어떤 사람들을 만난다면, 그들은 당신을 성가시게 할 것입니다. 당신의 양심을 일깨우며, 당신에게 하나님의 원수가 되는 일이 얼마나 무서운 일인지, 그리스도 없이 사는 일이 얼마나 끔찍한 일인지를 느끼게 할 것입니다. 나는 그렇게 되기를 바랍니다. 오,

나의 주님을 사랑하지 않는 당신은 무엇에 빠져 있는 것입니까? 바울은 당신에게 "아나테마 마라나타(Anathema Maranatha)", 즉 그분이 오실 때 저주를 받을 것이라고 선언했습니다(고전 16:22)! 당신에게 호소합니다. 당신에게 사는 날들이 남아 있는 동안 느긋하게 안주하지 마십시오. 당신은 바로 우리가 먹이기를 바라는 사람이며, 우리가 축복하기 원하는 사람입니다. 오, 긍휼이 많으신 하나님께서 당신을 불쌍히 여기시기를! 우리는 그 일에서 영예를 얻고자 하는 것이 아닙니다. 당신이 구주께로 오기만 한다면, 우리는 누가 당신을 그분께로 데리고 왔는지에 대해서는 알려고 하지 않습니다. 주님께서 자비하심으로 당신을 인도하시기를 바랍니다.

3. 떡과 물고기들의 이후의 역사(an after-history)

이제 세 번째로, 그리고 결론적으로, 이 떡과 물고기들의 이후의 역사에 대해 살펴보겠습니다. 그것들은 그리스도의 손에 들려졌습니다. 그 결과가 무엇이었습니까?

첫째, 소년의 보리떡 담긴 바구니에 의해 큰 불행이 제거되었습니다. 그 가난한 사람들은 굶주려 있었습니다. 그들은 온 종일 그리스도와 함께 있었지만 먹을 것이 없었습니다. 그들이 배고프고 지친 상태로 흩어졌더라면, 그들 중 많은 사람들이 도중에 쓰러졌을 것입니다. 아마도 어떤 이들은 죽었을지도 모릅니다. 오, 우리가 드리는 것으로 이 세상의 불행을 경감시킬 수만 있다면! 나는 샤프츠베리(Shaftesbury) 백작의 말을 기억합니다. "나는 좀 더 오래 살기를 바랍니다. 이 세상에 이토록 많은 불행이 있는데 이 세상을 떠나기가 어렵습니다." 당신은 그 하나님의 사랑스러운 성도가 어떻게 일평생 동안 가난한 자들과 힘없는 자들과 궁핍한 자들을 도왔는지를 알 것입니다. 아마도 나는 결코 이런 생각을 해보지 못한 사람들을 향해 이 말을 하고 있습니다. 자신이 가진 적은 것의 전부를 그리스도께 가져오면, 그분이 그것을 받으셔서 많은 상처받은 양심의 고통을 덜어주는 목적으로 사용하시고, 또 그들이 용서받지 못한 채 죽어 하나님의 심판대 앞에 서는 끔찍한 불행을 면하도록 하는데 사용하실 수 있다는 생각 말입니다. 그렇습니다, 젊은이여, 하나님께서는 당신을 많은 사람들의 영적 아버지가 되게 하실 수 있습니다. 나 자신의 역사를 되돌아볼 때, 내가 처음 그리스도를 위해 내 입을 열었을 때, 매우 겸손한 방식으로 작은 꿈을 꾸었습니다. 그것은 내가 수천 명의 사람들을 예수님께 데리고 오는 영예를 얻게 해 달라는 것이었습니다. 복되도다, 복되도다 그분의 이름이여! 그분이 그 영광을 받으셨습니다. 하지만 나는 여기에 다른 몇 명의 아이가 있다는 것을 생각지 않을 수 없습니다. 내가 그랬던 것처럼, 그분의 은혜로 그분을 위해 섬김의 일을 하도록 부르실 아이들입니다. 뉴 파크 스트리트(New Park Street)에 있는 교회의 집사들로부터 런던으로 설교하러 오라는 내용의 편지를 받았을 때, 나는 곧 답장을 보냈습니다. 그 답장에서 나는, 그들이 실수를 했으며, 나는 열아홉 살의 소년이며, 나를 사랑하는 케임브리지 주(Cambridgeshire)의 가난하고 낮은 사람들 중에서도 행복하며, 그들이 내가 런던에서 설교하기를 바란다는 것은 상상할 수 없다고 말했습니다. 그러나 그들은 그 편지에 다시 답장을 하기를, 그들이 그 모든 것을 알고 있으며, 내가 와야 한다고 했습니다. 아, 그 이후의 이야기는 주님의 선하심과 인자하심에 대한 것입니다! 아마도, 지금 하는 이 말이, 하나님이 그를 사용하실 수 있다는 생각을 한 번도 해본 적이 없는 어떤 형제의 귀에 들릴 것입니다. 당신은 하나님께서 매우 뛰어난 것 중에서만 고르시고, 특별히 좋은 사람들 중에서 고르실 것이라고 생각해서는 안 됩니다. 성경에서는 그렇지 않습니다. 그분이 취하신 사람들 중 어떤 이들은 매우 거친 사람들이었습니다. 심지어 처음 사도들조차 대부분이 어부들이었습니다. 바울은 교육받은 사람이었습니다. 하지만 그는 분류 목록에 없는 것 중에서 하나를 뽑은 제비인 듯하고, 만삭되지 못하여 난 사람 같았습니다. 나머지 사람들은 교육을 많이 받지 못했지만 하나님께서 그들을 사용하셨습니다. 하나님께서는 천한 것들과 천하지 않은 자들에 의해, 없는 자들과 있는 자들을 데려오기를 기뻐하십니다. 나는 당신이 스스로를 높게 생각하지 말기를 바랍니다. 당신이 가진 떡 조각은 겨우 다섯 개이고, 그것들은 빈약한 보리떡에 불과합니다. 그리고 당신의 물고기는 매우 작으며, 그것도 겨우 두 마리뿐입니다. 하지만 당신이 누구라 할지라도, 그리스도를 크게 생각하십시오. 또한 그분이 당신을 그분의 피로 사실 정도로 가치 있게 생각하신다면, 그리고 기꺼이 당신을 어떤 용도에 쓰시고자 하신다면, 틀림없이 당신 자신과 당신이 가진 모든 것이 그분께 드릴 만한 가치가 있다고 믿으십시오. 그분은 은혜롭게 당신을 받아주실 준비가 되어 있습니다. 모든 것을 그분의 손에 맡기십시오. 그리고 오늘 밤 당신 자신에 대해 이렇게 말하십시오. "예수께서 떡을 가져." 그것이 큰 무리의 불행을 덜어 주었던 보리떡의 역사의 일부입니다.

　다음으로, 예수님이 영광을 받으셨습니다. 사람들이 그분을 선지자라고 했기 때문입니다. 보리떡의 기적은 그들을 다시 광야로, 만나의 기적으로 이끌어갑니다. 그들은 모세가 했던 이 말을 기억합니다. "네 하나님 여호와께서 너희 가운데 네 형제 중에서 너를 위하여 나와 같은 선지자 하나를 일으키시리라"(신 18:15). 그들은 이 구원자를 고대해왔습니다. 떡이 늘어나는 것을 보면서 그들의 놀라움도 커졌으며, 마침내 부풀어 오르는 떡 조각들에서 그들은 하나님의 손가락을 보았습니다. 그리고 이렇게 말합니다. "이는 참으로 세상에 오실 그 선지자라"(14절). 그 어린 소년은 떡과 물고기에 의해 무리 모두에게 그리스도를 나타낸 사람이 되었습니다. 만일 당신이 당신의 떡을 그리스도께 드린다면, 그것으로 인해, 수천 명의 사람들이 그분을 구주로 알게 될지 어떻게 알겠습니까? 그리스도께서는 여전히 떡을 떼는 중에서 알려지십니다. 하지만 사람들이 그 떡과 물고기를 먹은 후에, 그리스도와 관련하여 그 이상으로 나아갑니다. 그들은 그분이 선지자라고 결론을 내렸고, 그들 사이에서 속삭이기 시작했습니다. "우리가 그분을 왕으로 삼자." 이제, 이 본문이 의미하는 것보다 더 나은 의미에서, 당신과 내가, 비록 천하고 약하기는 하지만, 그리스도를 섬겨 사람들로 하여금 이렇게 말할 수 있게 했으면 좋겠습니다. "그리스도는 선지자이시다. 그분을 우리의 왕으로 삼자." 이 설교를 나의 주님께 드립니다. 만일 그분이 이 설교를 받으시기를 기뻐하신다면, 비록 그것이 보리떡 한 조각에 불과하겠지만, 이 설교에 의해 몇 사람이 예수 그리스도를 그들의 왕으로 삼게 되기를 기도합니다. 오, 그분이 이 시간에 하늘의 떡을 배불리 먹이시고, 그 떡을 먹는 많은 사람들의 마음속에 왕좌를 얻으시길 바랍니다! 형제들이여, 나는 당신이 그리스도께 영광을 돌리기를 원한다는 것을 압니다. 여기에 그 방법이 있습니다. 당신의 보리떡과 물고기들을 그리스도께 가져오십시오. 그분이 그것들을 그분의 거룩한 배급을 위해 사용하실 수 있게 하십시오. 그러면 그분이 모든 사람들의 눈에 크신 분으로 비쳐질 것입니다.

　잔치가 끝났을 때, 모은 조각들이 있었습니다. 이것이 이 떡의 이야기의 일부입니다. 그것들은 잃어버리지 않았습니다. 그것들은 사람들이 먹고도 남았습니다. 사람들이 배불리 먹었음에도, 잔치가 처음 시작될 때보다 더 많은 양이 남았습니다. 제자들마다 한 바구니씩 짊어지고 와서는 주님의 발 아래 놓았습니다. 당신 자신을 그리스도께 드리십시오. 그분의 영광을 위해 당신 자신을 사용할 때, 당신은 지금보다 그분을 더욱 잘 섬길 수 있을 것입니다. 당신은 당신의 적은 양이 쓸수록 늘어나는 것을 보게 될 것입니다. 존 번연은 옷감 두루마리를 가진 한 사람을 묘사했습니다. 그는 그것을 풀었습니다. 그리고 가난한 자들을 위해 많은 양을 잘랐습니다. 그 후에 그는 또 그것을 풀었습니다. 그리고 좀 더 많이 잘랐습니다. 더 많이 잘라낼 수록, 그것은 더 길어졌습니다. 그에 대한 번연의 말입니다.

> "한 사람이 있었다. 어떤 이들은 그를 미쳤다고 여겼다.
> 더 많이 줄수록, 그는 더 많은 것을 얻었다."

틀림없이 재능과 능력도 그러하며, 마음의 은혜도 그러합니다. 당신이 그것을 더 많이 사용할수록, 거기에 남은 것은 더 많아집니다. 종종 금과 은도 그러합니다. 주기를 좋아하는 사람의 저장고는 더욱 늘어나며, 반면에 구두쇠는 점점 가난해집니다. 우리에게는 오랜 속담이 있는데, 그 말은 진실을 시사하고 있습니다. "퍼낸 우물이 가장 단 물을 낸다(Drawn wells have the sweetest waters)." 그처럼, 만일 당신이 정신을 계속 퍼내어 쓰면, 당신의 사고는 더욱 달콤해질 것입니다. 만일 당신이 힘을 계속해서 끌어내어 쓰면 당신의 힘은 하나님을 통해 더 강해질 것입니다. 더 많은 일을 할수록, 영원히 복된 분에 의해 당신은 더 많은 일을 할 수 있습니다!

마지막으로, 이 떡들이 그들에 관한 기록을 갖게 되었다는 점을 언급하고자 합니다. 왕의 식탁에 올랐으나 아무 기록이 남지 않은 많은 빵들이 있습니다. 하지만 이 소년의 떡 다섯 조각과 물고기 두 마리는 성경에 기록되었습니다. 당신은 그 보리떡을 마태복음에서도 볼 수 있고, 마가복음에서도 볼 수 있고, 누가복음에서도 볼 수 있고, 이 본문이 있는 요한복음에서도 볼 수 있습니다. 하나님께서 작은 것들을 가지고서 얼마나 많은 일을 하실 수 있는지 우리는 결코 잊어서는 안 됩니다. 이 이야기는 우리에게 네 번이나 들려졌습니다. 그리스도의 기적들 중에서 이처럼 풍성한 기록이 남아 있는 것은 이 이야기가 유일합니다.

그리고 이제는 아주 실제적인 문제로서 그것을 시도해 보도록 합시다. 최근에 교회에 들어온 젊은이는 머지않아 그리스도를 위해 무언가 할 일을 시도할 것입니다. 오랫동안 그리스도를 믿어 오고서도 아직 일한 적이 없는 사람은 스스로를 일깨워 그분을 위해 무언가 섬김의 일을 시도하십시오. 나이 든 동료들과 아픈 친구들 역시 무언가 할 일을 찾을 수 있습니다. 마지막 때에, 질병이나 약함이나 가난 등을 이유로, 우리가 섬김을 면제해 줄 수 있다고 여겼던 사람들이 아마도 가장 많은 일을 했을 것입니다. 그것이 최소한 내가 관찰한 바입니다. 내가 발견하는 것은, 만일 진정으로 선한 일이 행해진 곳이 있다면 그것은 대개 병약한 사람에 의해 수행되었으며, 혹은 "당신께 간청하오니, 저는 면제해 주세요"라고 합당하게 말할 수 있는 누군가에 의해 수행된 일이라는 것입니다. 그렇게 능력과 재능이 많은 그리스도인들이 주님을 섬기는 일에는 어찌 그리 더딘 것입니까? 만일 정치적인 모임이 있다면, 자유당이건 보수당이건, 거기에 참석하는 일에는 어찌 그리 열성이란 말입니까? 당신들은 전부 거기에 있고, 당신들의 떡 조각 모두가 일년에 한 푼도 바칠 가치가 없는 정치에 모두 몰려 있습니다. 영혼을 구원하는 일에는 많은 사람들이 물고기들처럼 벙어리와 같습니다. 당신은 일년 내내 어린아이의 영적인 복지에는 전혀 관심을 기울이지 않고 있습니다.

우리 친구 중 한 사람이 그에게 이렇게 말하는 한 형제에게 좋은 대답을 했습니다. "나는 교회의 회원이 된지 이제 사십 년이 되었습니다. 나는 이제 이스라엘의 아버지입니다." 내 친구가 그에게 물었습니다. "당신에게 자녀가 얼마나 있습니까? 당신이 그리스도께 데리고 온 사람은 얼마나 있습니까?" 그 사람이 말합니다. "글쎄요, 내가 누군가를 그리스도께 데려온 적이 있는지 잘 모르겠군요." 그에 대해 우리 친구가 이렇게 응수했습니다. "당신 스스로를 이스라엘의 아버지로 부르면서, 당신에게는 자녀가 하나도 없군요! 나는 당신이 그 칭호를 얻으려면 좀 더 기다리는 편이 좋다고 생각합니다." 나도 그렇게 생각합니다. 우리에게는 그런 종류의 신앙고백자가 없는 편이 더 좋을 것입니다. 우리의 모든 지체들은, 비록 그 수가 훨씬 줄더라도, 다른 사람들의 회심에 있어서 하나님께 줄기차게 열매를 들고 오는 남자와 여자들이기를 바랍니다. 주께서 여러분 모두를 이 목적을 위해 일하게 하시기를 바랍니다!

이제 거의 마쳤습니다. 하지만 나로서는 그리스도의 소유가 아닌 사람들을 언급하지 않을 수 없습니다. 비록 내가 직접적으로 그들에게 설교하지는 않았지만, 간접적인 수단으로 그들에게도 줄곧 말하려고 노력했습니다. 당신은 주님의 것이든지, 혹은 아니든지 둘 중 하나입니다. 만일 당신이 그리스도의 종이라면, 종이 한 장을 꺼내서 거기에 쓰십시오. "주여, 저는 나의 떡과 물고기들을 당신께 가져옵니다." 만일 당신이 그리스도께 속한 자가 아니라면, 그 끔찍한 진실을 당신 스스로에게 고백하고 그것을 직면하십시오. 나는 당신이 "나는 그리스도의 것이 아닙니다"라고 명명백백하게 기록하기를 바라며, 거기에 이름과 날짜까지도 표기하기를 바랍니다. 그것을 자세히 들여다보십시오. 당신을 사랑하시고 당신을 구원하기 위해 기다리시는 그분으로부터 멀어지는 것이 무엇을 의미하는지 이해하도록 애쓰십시오. 그리고 스스로에게 왜 당신이 그분의 것이 아닌지를 자문하십시오.

얼마 전에, 일하는 도중에 그 일이 문득 생각난 한 여인이 이렇게 말한 것을 기억합니다. "나는 저녁을 준비해야 하지만, 아직 구원받지 못했다." 그녀는 부엌으로 들어가서 불을 피우고 음식 만들 준비를 마쳤습니다. 하지만 냄비 속에 무언가를 넣는 동안 그녀는 줄곧 스스로에게 이렇게 말했습니다. "나는 구원받지 못했다." 그녀가 오후 내내 분주할 때도 그랬습니다. 그녀의 남편이 집에 왔을 때에, 그녀는 그에게 그 말을 불쑥 내뱉지 않을 수 없었습니다. "오, 남편이여, 나는 구원받지 못했어요!" 그러나 그는 구원받았었습니다. 그는 그녀에게 그리스도를 바라보도록 말해 주었습니다. 그들은 함께 무릎을 꿇었습니다. 그리고 오, 그가 그녀와 더불어 어떻게 기도했는지요! 그녀는 그녀가 그토록 간절히 찾았던 것을 찾았으며, 몇 날이 지나지 않아 그녀는 이렇게 말할 수 있었습니다. "오, 남편이여, 나는 구원받았어요!"

당신에게도 그런 일이 있기를 바랍니다! 여러분이 어디에 있든지, 주님께서 여러분 모두에게 복 주시기를 바랍니다! 우리는 모두 심판의 날에 만날 것입니다. 당신과 내가 거기서 두려움 없이 만나게 되기를 바랍니다. 그리고 우리를 진노에서 구원해 내시고, 우리가 여기 있는 동안 우리의 적은 것을 가져와 그리스도의 손에 드릴 수 있도록 도우셨던 하나님의 주권적인 은혜를 노래하기를 바랍니다! 주께서 당신과 함께 하시기를 바랍니다! 아멘.

제
24
장

—

예수를 찾으러

—

"예수를 찾으러" — 요 6:24

여기서 예수님을 찾는 것으로 묘사된 사람들은 매우 천박하고 이기적인 동기로 그분을 찾고 있습니다. 그분의 은혜로운 말씀 때문도 아니며, 그분의 손에서 받은 은혜에 감사를 표하기 위해서도 아니며, 단지 떡과 물고기를 먹고서 그것을 다시 먹기를 바랐기 때문입니다. 우리는 그런 치사한 동기에서 벗어나도록 합시다. 우리 모두는 세상적인 유익을 위해 종교를 직업으로 삼는 혐오스러운 생각을 멀리하도록 합시다. 경건을 이익의 방도로 삼으려는 비굴한 욕망을 가지고 예수 그리스도를 찾는 자들은 가장 천박한 위선자들입니다. 가룟 유다처럼, 그리고 저 "멸망의 자식"(요 17:12)처럼, 그들은 돈궤에서 돈을 슬쩍할 수 있는 동안에는 주님을 따르려고 합니다. 그들은 배반의 대가로 은 이십 개를 받을 수 있을 때 그분을 팔 것입니다. 그런 대가에는 그들의 영혼의 상실이 수반된다는 것을 그들은 알아야 합니다.

나는 우리 앞에 놓인 이 본문의 말씀을 진정으로 그리고 영적으로 예수님을 찾는 자들에게 적용할 것입니다. 자기 백성을 죄에서 구원하시는 구주로서 예수님을 찾는 자들에게 적용할 것입니다. 지난 주일 아침에 은혜 안에서의 성숙에 관해 말하려 애쓰며, 영적 진보가 있는 신자들에게 말씀을 주고자 했습니다. 이제 모든 단계의 성도들에게 나누어줄 때가 되었고, 우리에게는 얼마든지 줄 수 있는 풍부한 양식이 있습니다. 이제 나는 은혜 안에서 단지 아기인 자들을 다룰 것입니다. 만일 그들이 전적으로 아기들이라면, 나는 "우리는 그분을 찾았습니다"라고 말하지는 못하지만 그러면서도 "예수님을 찾고 있습니다"라고 말하는 사람들에게 이 말씀을 전하는 셈입니다.

1. 예수님을 찾는 상태의 특징

첫째로, "예수를 찾으러"라고 묘사된 그 상태의 특성에 대해 주목하도록 합시다. 그 상태에서는 선과 악이 뒤섞여 있습니다. 우리는 그 속에서 많은 빛을 보며, 동시에 많은 어둠을 봅니다. 그것은 낮도 아니고 밤도 아닙니다. 희미한 여명, 희망은 있지만 아직 잔뜩 구름이 끼어 있는 상태입니다. 나는 그것을 "빛은 아니지만, 볼 수 있는 어둠(not light, but darkness visible)"이라고 부를 수 있습니다. 그것은 진흙투성이의 늪지대와도 같으며, 전적으로 바다도 아니고 그렇다고 확실히 육지도 아닌 곳입니다. 마치 강 하구의 소금기 있는 물처럼, 전적으로 짠 물도 아니면서 확실히 담수도 아닙니다.

"예수를 찾으러"는 그 속에 큰 희망이 있습니다. 그것은 마치 아직 열매는 없지만 꽃이 핀 시기의 살구나무와도 같습니다. 어쨌건 찾는 사람은 지금 무관심하지 않습니다. 그는 손을 모으고 잠만 더 자려고 하는 태평스런 게으름뱅이가 아닙니다. 그는 하나님의 진노를 무릅쓰고 무모한 훼방을 일삼은 반항적인 반역자도 아닙니다. 그는 더 이상 계시를 부인하는 자가 아닙니다. 일종의 믿음 같은 것이 없었다면 그는 예수님을 찾으려 하지 않았을 것입니다. 적어도 구주께 대한, 그리고 그분의 필요성에 대한 어떤 이론적인 믿음이 그에게 있습니다. 우리가 사람들이 각성하여 듣기를 바라는 것을 볼 때, 그것은 매우 고무적인 징조입니다. 우리가 사람들을 생각하도록 만들 수 있을 때 그것은 매우 감사한 것입니다. 왜냐하면 사려 깊은 생각은 죄의 자각으로 가는 길목에 있는 것이며, 죄의 자각은 주 예수 그리스도께 가는 도상에 있기 때문입니다. 나의 사랑하는 친구여, 당신이 하나님의 말씀의 호소에 더 이상 귀를 막지 않는다는 사실에 나는 기쁩니다. 당신의 귀가 열린 것은 좋은 일입니다. 비록 아직 당신이 듣는 것이 당신을 어떤 위로에 이르게 하지는 않지만, 당신이 진리를 듣는 것이 큰 축복임에는 틀림없습니다. 설혹 그 진리가 당신을 정죄한다고 해도 그렇습니다. 나는 당신이 관심을 가지고 앉아 있는 것이 기쁘며, 그 관심으로부터 무언가가 열매를 맺을 수 있기를 소망합니다.

당신의 얼굴은 이제 올바른 방향을 향하고 있습니다. 지금 당신은 "예수님을 찾고" 있기 때문입니다. 당신이 죄의 쾌락을 찾았을 때 당신은 지옥의 구덩이를 향하고 있었지만, 이제 당신의 얼굴은 하늘을 향하고 있습니다. 나는 당신이 찾는 대상이 예수님이시라는 사실이 기쁩니다. 의지할 대상으로 다른 어떤 것도 찾을 가치가 없습니다. 죄와 지옥으로부터의 구원이 당신 영혼의 소원으로서 첫 번째 목적이 되어야 합니다. 놀라고 각성한 죄인이 종교 의식에서 안식을 찾는 것은 재 가운데서 빵을 찾는 것과 같습니다. 당신 스스로의 의로써 구원을 얻으려 애쓰는 것은 몽상 속에서 실체를 찾는 것과 같습니다. 당신이 예수를 찾는 것은 당신의 배의 항로가 옳다는 것을 보여줍니다. 비록 아직 당신이 그 항구에 도달하지는 못했지만 키가 바른 위치에 놓여져 있습니다. 그래서 나는 그로 인해 하나님께 감사하며, 당신의 영혼의 문제와 관련하여 고무되어 있습니다. 나는 당신의 현재 상태를 다가오는 비를 예고하는 작은 구름으로 간주합니다. 하지만 오호라! 나는 실망할 수도 있습니다. 초창기의 구름은 흩어져서 아무것도 없는 상태로 될 수도 있기 때문입니다. 희망은 밝은 전망을 들려주지만, 무산되어 버릴 수도 있는 것입니다. 전에 전혀 기도하지 않던 사람이 은밀한 곳에서 무릎꿇는다는 것이 얼마나 즐거운 광경인지요! 읽지 않던 성경을 먼지 속에서 찾아내어 신중하게 연구한다는 것은 얼마나 감사한 일인지요! 그가 홀로 있는 방에서 신선한 눈물을 흘리며 그의 하나님 앞에 엎드려 전에 해보지 않았던 탄원을 드리는 모습을, 천사도 거룩한 관심을 가지고 지켜볼 것이라고 나는 생각합니다. 저 복된 천사들은 예수님을 찾는 그 사람이 이렇게 말하는 것을 듣고 크게 기뻐할 것입니다. "오 하나님, 저는 당신을 찾기까지 당신을 찾을 것입니다. 저는 평강의 응답을 얻기까지 당신께 부르짖겠나이다." 그런 맹세에 대한 정보는 온 교회를 희망 중에 기뻐하게 만들 것입니다. 교회 가운데에서 하나님의 자녀가 새로 태어날 때가 곧 다가올 것을 믿으면서 말입니다. 한 영혼이 혹시 그분을 찾을까 하여 그리스도께 향했다는 것은 분명 희망적인 상황입니다.

하지만 "예수를 찾는" 상태에는 의심스러운 점도 많이 있습니다. 나의 형제들이여, 그리스도를 찾는 사람은 여전히 복음의 큰 계명에 불순종하는 상태로 남아있습니다. 만일 그가 위대한 복음의 계명에 순종한다면 그는 즉각적으로 찾는 자(seeker)이기를 멈추고, 행복한 발견자(finder)가 될 것입니다. 복음의 명령이 무엇입니까? "주 예수 그리스도를 믿으라, 그러면 네가 구원을 받으리라"
입니다. 정당하게 말하자면, 그리스도는 찾음의 대상이 아닙니다. 그분은 우리
중 어느 누구에게서도 멀리 떨어져 계시지 않습니다. 모세에 의해 높이 들린 놋
뱀처럼, 그분은 찾아야 할(look for) 분이 아니라 바라보아야 할(look at) 분이십니
다. 우리는 그분을 찾기 위해 하늘에 기어 올라가서 그분을 모셔 내리려 해서도
안 되고, 음부로 기어 내려가서 그분을 죽은 자 가운데서 모셔 올리려 해서도
안 됩니다(롬 10:6-7). 주께서 이렇게 말씀하십니다. "말씀이 네게 가까와 네 입
에 있으며 네 마음에 있다 하였으니 곧 우리가 전파하는 믿음의 말씀이라. 네가
만일 네 입으로 예수를 주로 시인하며 또 하나님께서 그를 죽은 자 가운데서 살
리신 것을 네 마음에 믿으면 구원을 얻으리라"(롬 10:8-9). 예수님은 임마누엘,
우리와 함께 하시는 하나님이십니다. 기도가 그분께 도달할 것이며, 소원이 그
분을 발견할 것이며, 신음이 그분의 마음을 찌를 것이니, 단지 그분을 신뢰하십
시오. 그러면 그분이 당신의 주님이 되십니다. 죄인들을 향한 복음의 첫째 명령
은 기도하라는 것이 아니며, 성경을 연구하라는 것도 아니며, 설교를 들으라는
것도 아닙니다. 물론 이 모든 것들은 당연한 의무들이며 그것들 중 하나라도 소
홀히 하는 자에게 화가 있을 것입니다. 오직 복음의 첫째 명령은 "주 예수 그리
스도를 믿으라!"입니다. 현재, 예수님을 찾는 죄인은 그 명령에 순종하지 않고
있습니다. 그는 여기저기를 찾으며 다니고 있습니다. 하지만 그는 믿기는 사양
하고 있습니다. 그는 집에 있는 것을 두고 집 밖에 나가서 힘들여 찾고 있습니
다. 그는 평화가 자기 가까이 있는 것도 모르고 멀리 떨어진 곳에서 찾으려 합
니다. 그는 기적을 보려고 동서를 찾아다닙니다. 가장 경이로우신 구세주께서
그의 오른편에 용서할 준비를 하고 서 계신데도 말입니다. 한 죄인으로서의 나
를 위한 구원의 길은 이처럼 단순합니다. 즉 내가 죄인으로서, 죄인들을 위한
대속자이신 그리스도 예수를 지금 믿는 것입니다. 하나님께서는 십자가에 달
리신 그분의 아들을 속죄의 제물로 받으셨습니다. 구원의 길은 하나님이 보내
신 그분을, 내 죄를 위한 속죄의 제물이 되신 그분을, 내가 받아들이고 나의 유
일한 의지의 대상으로 삼는 것입니다. 그분이 하나님이심을 보고서, 그분이 인
성을 취하신 것을 보고서, 중보자로서 그분이 그분을 믿는 많은 사람들을 대신
하여 고난당하신 것을 보고서, 내가 그분을 신뢰하는 것이고 또한 그로 인해 그
분의 고난의 복된 결과를 얻는 것입니다. 실제로 그로 인해 내가 구원받은 것입

니다. 확실히 구도자가 되는 것은 어느 정도 좋은 일입니다. 하지만 만일 내가
길을 찾으면서도 하나님의 구원의 길을 거절한다면, 그것은 나쁜 일입니다. 사
도 요한이 하는 말을 들으십시오. "하나님을 믿지 아니하는 자는 하나님을 거짓
말하는 자로 만드나니 이는 하나님께서 그 아들에 관하여 증거하신 증거를 믿
지 아니하였음이라"(요일 5:10). 이것은 죄 중에서 결코 작은 죄가 아니며, 결코
작은 형벌이 따르는 것이 아닙니다. 왜냐하면 믿지 아니하는 자는 하나님의 독
생자의 이름을 믿지 아니하므로 벌써 심판을 받은 것이기 때문입니다(요 3:18).
내가 내 질병에 대한 치료약에 대해 들었다고 가정합시다. 그리고 그 약만이 나
를 확실히 치료할 수 있다고 가정합시다. 만일 내가 계속해서 치료약을 찾고 있
거나, 혹은 이 참되고 유일한 치료약을 찾고 있다고 말만 하고 있다면, 나는 여
전히 아플 것이고 결국에는 죽을 것입니다. 처방된 그 치료약을 복용하지 않으
면 나는 결코 낫지 않을 것입니다. 찾는 것만으로는 충분하지 않습니다. 내가
실제로 그것을 섭취해야 합니다. 그러므로 찾는 것에는 얼마간의 유익이 있지
만, 오, 또한 얼마나 해악도 많은지요! 여기 빛의 광선과 불빛이 있지만, 그러나
어둠 또한 얼마나 짙은지요! 여기 심지에서 작은 연기가 나고 있지만, 오 나로
서는 그것을 불꽃이라고 부르지는 못하겠습니다. 예수님을 찾는 자여, 이 점을
생각하십시오. 나는 당신의 용기를 꺾으려는 것이 아니며, 오히려 당신을 격려
하여 당신의 구도(seeking)가 신자가 됨으로써 종결되기를 바라는 것입니다.
구원의 잔을 바라만보지 말고, 그것을 들이키십시오. 개울가에 서 있지만 말고,
그 안에 들어가 씻고 깨끗해지십시오. 오 성령께서 당신을 인도하시어 당신으
로 하여금 값비싼 진주를 찾는 일을 중지하도록 하시길 바랍니다. 매우 값진 그
진주는 바로 당신 앞에 있기 때문입니다. 예수님은 무슨 비밀을 찾듯이 찾을 수
있는 분이 아닙니다. 그분은 당신 앞에 공개적으로 서 계십니다. 그분의 손과
그분의 발을 보십시오. 찢어진 그분의 옆구리를 자세히 살피십시오. 그리고 그
분을 바라보면서 그분을 믿으십시오. 그러면 그 때부터 그분이 당신의 구주가
되실 것입니다.

　사랑하는 친구여, 당신의 참된 위치가 무엇인지를 들으십시오. 그것은 전
쟁터에 있는 한 군인의 경우와도 같습니다. 상처를 입고, 피를 흘리며, 기력이
다해 가면서, 그는 죽어가고 있습니다. 하지만 그는 도움을 요청할 줄을 알고
충분히 정신은 깨어 있습니다. 군의관이 소리를 들을 수 있는 거리에 있습니다.

그 부상자는 크게 외치고 울면서 구조를 요청합니다. 여기까지는 좋습니다. 하지만 나는 당신에게 그 외침과 울음이 그 자체로 병든 자를 치료하지 못한다는 것을 기억하라고 호소합니다. 의사가 실제로 와서 그의 상처를 싸매어 주어야 합니다. 만일 그가 의사를 받아들이지 않으면 그는 실컷 울고 외치다가 결국 피를 흘리다가 죽을 것입니다. 마찬가지로, 당신의 기도와 구도(求道) 자체가 당신을 구원하지 못한다는 것을 기억하십시오. 예수님이 당신에게 오셔야 합니다. 당신 편에서 불신으로 그분을 거절하는 것은 미친 짓입니다.

또다른 비유를 제시하지요. 당신은 오늘 옛 살인자와 같습니다. 당신은 살인을 저질렀고, 당신에 대한 복수의 칼이 준비되었습니다. 번개처럼 신속하게 심판이 당신을 뒤쫓고 있습니다. 당신은 지금 어리석은 방심 속에 빈둥거리지 않으며, 혹은 거만하게 복수자를 대적하고 있지 않습니다. 다행히도 당신은 정신을 차리고 도피성을 향해 달려가고 있습니다. 나는 당신이 진지하게 달려가고 있는 것을 보고 기쁩니다. 하지만 당신이 달린다 해도, 당신이 그 도피성의 정문 안에 들어서기까지는 안전하지 않습니다. 가장 힘차게 달린다 해도 도피성 벽 안으로 들어서지 않는다면 달리기 자체가 당신을 구원하지 않을 것입니다. 그 열린 문에 들어가는 것, 그 안전한 성 안에 거하는 것, 성소의 특전을 누리는 것, 이것이 안전입니다. 다른 모든 것은 도피의 희망일 뿐이며 구원 그 자체가 아닙니다. 기도하기, 설교 듣기, 갈망하기, 찾기, 이 모든 것은 도중에서 달리기 하는 것에 불과합니다. 오직 그리스도를 믿음으로 붙들어야 하며, 그렇지 않으면 우리는 구원을 얻지 못합니다. 달리십시오. 하지만 오! 예수님께 대한 믿음으로 하나님의 길에서 달릴 것이며, 당신 자신의 결심과 느낌을 신뢰하는 것으로 달리지 않도록 주의하십시오. 당신은 개인적인 믿음으로 그리스도를 얻어야 하며, 그렇지 않으면 당신은 영원히 죽게 될 것입니다.

또 하나의 그림을 제시하겠습니다. 당신은 불타는 집에서 자고 있던 사람과 같습니다. 마침내 당신이 깨어났습니다. 당신을 구하려고 외치는 소리가 치명적인 잠에서 당신을 깨웠습니다. 당신은 공포로 깜짝 놀랍니다. 나는 위층 창문에 있는 당신을 본다고 생각합니다. 화염이 당신 가까이에 몰려오고 있습니다. 당신은 당신의 위험을 분명히 감지하고 있습니다. 당신은 격렬하게 도와 달라고 외치고 있습니다. 당신의 모든 힘을 다해 소리치고 있습니다. 여기까지는 좋습니다. 하지만 이 모든 것이 당신을 구조하지는 않습니다. 당신은 지금 창문으로 올려진 화재 탈출 사다리에 올라타야 합니다. 단 하나의 탈출의 방법이 당신은 내키지 않습니까? 그것은 당신 가까이에 있습니다. 그것은 적절하고 효과적입니다. 그런데 당신은 다른 것을 찾고 있습니까? 거기에 정확히 당신이 필요로 하는 것이 있습니다. 만일 당신이 그 탈출의 방법을 외면한다면, 당신의 현재의 공포는 당신의 절망의 서곡에 불과할 것입니다. 내가 이런 광경을 묘사하는 것은 당신으로 하여금 당신이 예수를 찾기만 하는 동안 당신의 최상의 친구들도 당신에게 희망을 갖지 못하고 떨고만 있다는 것을 보게 하도록 하기 위함입니다. 우리는 그 장치가 어느 방향으로 틀게 될지 애타게 바라보고 있으며, 당신의 미래는 그 사다리의 균형에 달려 있습니다. 그 사다리가 흔들리면서 힘겹게 창문에 접근하는 동안, 갑작스런 위험이 닥칠지도 모르는 긴박감 속에서, 우리는 안타까운 눈으로 당신을 지켜보고 있습니다. 우리는 마치 롯과 그의 가족들을 보듯이 당신을 보고 있습니다. 그들은 그 멸망성(the City of Destruction)을 떠날 채비를 갖추었습니다. 하지만 당신은 아직도 그 산에 도착하지 않았습니다. 우리의 마음은 당신에 대해 이렇게 묻고 있습니다. "그가 평지에서 시간을 지체할까? 그가 뒤를 돌아볼까? 혹은 그가 완전히 구원에 이르게 될까?" 만일 당신이 지금 그대로 머문다면 당신에게는 희망이 없습니다. 지금 당신 속에 있다고 추정할 수 있는 모든 선함이, 당신을 그리스도께 이르지 못한 채로 머물게 한다면 전적으로 헛되고 말 것입니다. 이 시구를 잘 기억하십시오. 내가 읽겠습니다.

> "그 두려움은 무엇 때문인가요, 찾고 있는 가련한 죄인이여?
> 그 애타고 우울한 두려움은 무엇 때문입니까?
> 한숨과 슬픔이 당신을 구원하지 못하니,
> 치료는 당신의 눈물 속에 있는 것이 아니랍니다.
> 영혼을 사랑의 그리스도께로 이끄는 것은
> 오직 그분을 믿는 것이랍니다."

2. 이 상태에서 겪는 당혹감
이 설교의 두 번째 부분은 이 상태에서 겪는 당혹감을 다루는 것입니다. "예수를 찾는" 마음의 상태는 존 번연이 "많은 생각 속에서 이리저리 뒹굴었다

(tumbled up and down in his thoughts)"고 표현한 상태와 같다고 할 수 있습니다. 처음으로 예수님을 찾는 사람들은 종종 매우 당혹스러워합니다. 구원의 길에 대한 그들의 무지의 결과입니다. 매우 자주, 각성한 영혼들은 비록 그들이 복음을 들었다고는 하나 마음으로 그것을 이해하지 못합니다. 많은 구도자들이 믿음이 무엇인지 알지 못합니다. 나는 이 나라의 수백만 우리 동포들이 예수님을 믿는 것이 무엇을 의미하는지 모른다고 확신합니다. 그들이 매 주일마다 듣기는 하지만 그 사상을 깨닫지 못합니다. 하나님의 성령이 그들의 마음을 비추지 않으셨기 때문입니다. 예수님을 믿는 것은, 우리가 또 말하고 또 말하는 것이지만, 예수님을 단순히 신뢰하는 것입니다. 하나님께서 그리스도에 대해 말씀하신 것, 즉 그리스도께서 죄의 속죄를 위한 제물이며 죄인들의 구주이신 것을 받아들이는 것입니다. 하지만 곤경에 빠진 가련한 양심들은 믿음이 깊은 신비라고 생각합니다. 그래서 그들은 마치 여행자들처럼 짙은 안개 속을 방황합니다. 어느 길이 그들을 본향으로 인도할지를 모르고, 무지로 인하여서 단지 이리저리 뛰고 있는 것입니다.

많은 사람들이 구원받기를 바라면서도 그리스도께서 행하신 일을 이해하지 못합니다. 혹은 속죄가 무엇인지도 모릅니다. 복음의 핵심인 대속의 교리가 신자들에게는 너무나 명백함에도 불구하고, 많은 구도자들은 아직 그것을 배우지 못했습니다. 예수님께서 자기 백성의 죄를 짊어지셨다는 것, "여호와께서 우리 무리의 죄악을 그에게 담당시키셨다"(사 53:6)는 것, 그분이 우리의 죄악을 인하여 징벌을 받으시고 정의가 그분의 손에서 합당한 값을 받았다는 것, 이 귀한 사실을 많은 참회하는 죄인들이 아직 이해하지 못했습니다. 그들은 여전히 많은 회개를 해야 한다고 생각하며, 많은 괴로움을 참아야 하고, 많은 기도를 해야 하고, 많은 신비를 경험해야 한다고 생각합니다. 하지만 명백하고 단순한 계명은 "믿으면 살리라"입니다. 믿으면 받아들여집니다. 십자가 그늘 아래 숨으면 안전합니다. 그들은 무지(無知) 때문에 이를 이해하지 못하고, 이 문제와 관련하여 계속해서 고민하고 괴로워만 하다가, 마침내 그들의 길은 가시 울타리에 봉착하고 맙니다.

그런 때에는 그들의 당혹감도 커지지요. 그들은 대개 두려움으로 갈피를 잡지 못합니다. 공황 상태에 빠진 사람들은 일반적으로 그들의 안전과 관련하여 생각할 수 있는 가장 나쁜 방식으로 행동합니다. 각성한 죄인도 많은 면에서 그런

처지입니다. 무서운 소리가 귀에 들려옵니다. 우르릉거리는 폭풍 소리를 계속
해서 듣습니다. 비바람이 몰려오는 것을 봅니다. 그는 어찌해야 할지를 모르고,
어디로 도망해야 할지도 모릅니다. 한때 소소하게 보였던 그의 죄들이 이제는
그 앞에 검은 산처럼 일어섭니다. 한때 그가 무시하던 하나님의 진노가 그를 극
도로 떨게 만듭니다. 그는 자기 죄악의 어두운 기록들을 보며, 우주의 모든 만
물이 모인 가운데 그의 죄가 낭독되고 진노의 심판이 내려질 때를 예상합니다.
그는 어디로 도망쳐야 하는 겁니까! 그는 어떻게 혹은 어디로 도망쳐야 할지를
모릅니다. 공포로 혼란스러워진 심령은 결코 지혜로울 수 없으며, 종종 미친 듯
이 자기를 찔러 괴롭힙니다. 불길한 예감과 양심의 위협으로 심하게 압박을 받
는 많은 사람들이 예수님을 믿기를 거부하고 자기 자신을 난폭하게 다룹니다.
죄와 진노의 공포를 느끼는 영혼들이 침착하게 가만히 있지 못하고 마치 폭풍
가운데 있는 선원들처럼 "이리저리로 요동하며, 또한 술 취한 사람처럼 비틀거
리는"것이 이상하게 보입니까? 만일 그들이 하나님의 명령에 순종하고 저 위대
한 구원을 받아들인다면, 그들의 당혹감은 얼마나 신속하게 달콤한 고요함으로
종결되는지요!

이렇게 사투를 벌이는 동안, 대개 정신은 일천 가지의 질문들에 시달립니다.
새롭게 각성한 정신은 그 앞에 놓인 많은 영적인 문제들 속에서 분별을 잃어버
리기가 쉽습니다. 그 사람은 전에는 이런 문제들에 신경을 쓰지 않았습니다. 하
지만 이제는 심지어 병적인 갈망으로 지식을 추구합니다. 그는 마치 너무 많이
혹은 너무 빨리 배우려 함으로써 아무것도 배우지 못할 것처럼 보입니다. 얼마
나 많은 구도자들이 십자가로 향하기보다는 교리의 세밀한 부분 때문에 스스로
근심하는지 모릅니다. 신학이라기보다는 오히려 형이상학에 속하는 문제들로
당혹스러워합니다! 그들은 "이해되기에는 어려운 문제들"에 의해 현혹당하여,
배우지 못한 여행자라 할지라도 쉽게 이해할 수 있는 진리들을 망각합니다. 얼
마나 많은 사람들이 "우리는 선택받았을까?" 하는 문제로 자문하는지요. 그들
의 질문은 "어떻게 사람이 죄에서 깨끗해질 수 있을까?"여야 하는데도 말입니
다. 정말이지, 그들은 편지를 읽기 전에 라틴어와 헬라어를 배워야만 하며, 예
수님의 구속을 믿기 전에 선택의 교리를 통찰해야만 합니다! 그들은 아들에게
오기도 전에 아버지께로 오려 하며, 용서를 얻기도 전에 예정에 대해 배우려 합
니다. 가장 지혜로운 사람들조차도 당황하게 만들었던 것, 즉 하나님의 예정하

신 뜻과 인간의 자유의지를 어떻게 조화시킬 것인가 하는 문제를, 그들은 꺼지지 않는 불에 떨어질 위험 속에서 애써 파악하려고 시도합니다. 그들은 지옥의 입구에서 철학을 하고, 멸망의 턱 속에서 토론합니다. 당신이 그것이 얼마나 불합리한지 그들에게 보일 수 있습니다. 마치 물에 빠지는 사람이 수압의 역학에 대해 쓸데없이 지껄이는 것과 같고, 수역학의 신비를 이해하기까지는 구명줄을 붙들기를 거부하는 것과 같습니다. 혹은 심하게 아픈 사람이 해부학에 대해 이해하기까지는 모든 수술을 거부하는 것과도 같으며, 신체의 각 부분에 끼치는 약품의 모든 세밀한 영향력들을 이해하기 전에는 약의 섭취를 거부하는 것과도 같습니다. 그럼에도 어떤 구도자들은 이런 어리석음에 머물러 있습니다. 사람이 본성상 얼마나 어리석은지를 상기할 때, 나는 그것을 그리 의아하게 여기지 않습니다. 한 번도 밟아보지 않은 영적인 영역이 별안간 그들의 눈앞에 펼쳐질 때, 그들은 마음의 교만으로 인해 그 영역의 가장 높은 꼭대기에 서고 싶은 열망이 생깁니다. 그 영역의 히말라야에 오르고 싶고, 보스포루스(Bosporus) 해협을 헤엄치고 싶고, 대서양의 깊이를 가늠해 보고 싶어합니다. 그런 이유로 정작 그 영역의 푸른 초장과 잔잔한 물가는 잊어버리고 마는 것입니다.

나는 오늘 아침에 죄를 자각한 모든 죄인들이 내 말에 귀를 기울이기를 바랍니다. 친구여, 당신은 "그리스도 예수께서 죄인을 구원하시려고 세상에 임하셨다"(딤전 1:15)고 하는 이 명백한 복음의 진리와 관계가 있습니다. 바로 당신과 같은 죄인들입니다. 믿음이 당신의 팔짱을 끼고 당신을 그 구주에게로 데려다 줍니다. 당신이 그 교훈을 배울 때, 그 때 당신은 하나님께서 태초부터 당신을 선택하셨다는 것과, 그분이 영원한 생명으로 이끌기 위해 당신을 예정하셨다는 것을 발견할 것입니다. 하지만 아직은 당신이 그 문제를 풀 수 없습니다. 그 영광스러운 교리는 당신의 영혼이 먼저 예수 그리스도께 대한 믿음으로 구원을 얻을 때까지 그대로 두십시오. 하지만, 딱딱한 고기에 대한 이런 식욕은 아기로 하여금 말씀의 순수한 젖에서 멀어지게 하는 것이 명백합니다. 이런 질문들은 예수님을 찾는 자들을 혼란스럽게 하고, 괴롭게 하고, 걱정하게 하고, 생각을 흩트리게 하는데 도움을 줄 뿐입니다.

이런 때에, 혼동을 더 가중시키기 위해, 사탄은 틀림없이 그의 악마적인 암시와 제안으로, 또한 강력한 시험과 절망적인 생각으로 영혼을 공격합니다. 어떤 왕도 자발적으로 자기 신하들을 잃어버리려 하지 않습니다. 사탄은 자기 포로들이 도망치려 하는 것을 볼 때 추가적인 파수꾼들을 그들 주변에 배치합니다. 그는 다른 이들로 하여금 그들을 유혹하게 하고, 혹은 그 자신이 직접 개인적으로 그 영혼에게 아주 끔찍한 생각들을 주입합니다. 가장 불경스러운 암시들과, 생각할 수 있는 가장 절망적인 느낌들을 그 영혼에 주입합니다. 내가 이런 것을 느꼈으므로, 지금 그와 같은 것을 겪고 있는 자들에게 다정하게 말해주는 것입니다. 그런 것에 놀라지 마십시오. 당황하지도 마십시오. 성령님의 도우심으로 당신이 사탄을 대적할 수 있다면, 그는 당신에게서 떠날 것입니다. 당신이 "기록된 말씀으로" 그를 공격할 수 있다면, 그는 당신을 버리고 떠날 것입니다. 하지만 일시적으로 불화살들이 우박처럼 빗발친다 하더라도 놀라지 마십시오. 그는 잃어버린 가련한 영혼에게 한 번에 천발이라도 뿜어낼 수 있는 기관총을 가지고 있습니다. 그리고 그 영혼이 공포심과 당혹감으로 산산이 조각나 흩어질 것처럼 느낍니다. 하지만 당신이 믿는다면 당신이 그를 이기는 것입니다. 주께서 사탄을 속히 당신의 발 아래서 상하게 하실 것입니다(롬 16:20). 용기를 내십시오! 혹시 넘어지더라도, 당신은 다시 일어설 것입니다. 예수 그리스도의 능력 안에서 믿음이 당신을 일으킬 것입니다. 나는 그 지옥의 개가 당신의 귀에 악을 쓰며 짖을 때 당신의 영혼이 고통스럽게 위로를 구하는 것을 낯설게 여기지 않습니다.

또한, 영혼이 예수님을 찾을 때, 그 순간에도 죄를 끊지 못하는 것을 알고는 크게 비탄에 젖을 수도 있습니다. 마음이 이렇게 말합니다. "나의 오랜 죄들을 제거하고 싶지만, 바로 오늘까지도 죄를 지어 왔으니 내가 어찌 용서를 바랄 수 있을까? 나는 내 방으로 가서 무릎을 꿇고 말했다. '하나님이여 저를 불쌍히 여기소서. 저는 죄인입니다!' 그리고 깨어 있기로 결심하고 아래층으로 내려왔다. 하지만 무언가가 나를 짜증나게 했고 그래서 분별 없는 말을 해버렸다. 이런 나를 어찌 하나님이 불쌍히 여기시리라고 바랄 수 있을까?" 또 다른 사람이 이렇게 말합니다. "나는 오늘 아침에 구주를 찾고 있었다. 하지만 일을 하러 밖에 나왔다가 세상 친구를 만났다. 그리고 나의 주님을 잊어버렸다. 그들과 뒤섞여 죄의 향락에 동참할 정도로 그들과 가까이 지낸 것이 두렵다. 주께서 나와 같이 위선적으로 주님을 찾는 자를 어찌 긍휼히 여기실 수 있을까?" 저 가련한 영혼은 마치 용서를 얻기도 전에 완전할 수 있다고 기대하는 것입니다! 마치 환자가 의사의 조언에 따르기도 전에 완전히 낫기를 기대하는 것과 같습니다! 나의 사

랑하는 청중이여, 만일 당신이 단 하루 동안에 모든 죄를 멈출 수 있다면, 그것
은 당신이 지구를 벗어날 때에만 가능하다고 나는 확신합니다. 천국이 완전한
사람들을 위한 장소이지, 이 죄 많은 지구는 그렇지 못하니까요. 만일 한 샘이
온 종일 순수한 물만 내보낸다면, 우리는 그 샘이 완벽하게 정화된 샘이라고 결
론내릴 것입니다. 한 계절 동안에 맺히는 좋은 열매는 그 나무가 좋은 나무임을
입증합니다. 만일 당신의 마음이 하루 종일 스스로 죄를 끊는다면, 다음 날에도
그럴 수 있을 것이며, 또 다음 날에도 계속해서 그럴 수 있을 것입니다. 그렇다
면 구주가 필요할 여지가 어디에 있습니까? 당신은 그리스도께서 당신의 옛 죄
에서 뿐 아니라 당신의 새로운 죄들에서도 당신을 구원하기 위해 오셨다는 것
을 모른단 말입니까? 그분의 팔이 짧아서 당신을 매일의 곤경에서 구하지 못한
단 말입니까? 그분의 보혈이 너무 능력이 적어서 당신의 새로 묻은 오염물을 씻
어내지 못한단 말입니까? 당신은 여전히 스스로를 개선시키려는 희망을 품고
있습니까? 당신 자신이 무기력한 죄인임을 고백하십시오. 죄 가운데 형성되었
고, 죄 속에서 잉태되었으며, 마음이 부패하였으므로, 주 당신의 하나님의 끊임
없는 자비를 필요로 하는 죄인임을 고백하십시오. 지금 피로 가득한 샘에 와서
씻으십시오. 만일 다시 죄를 지으면 예수님께 당신의 발을 다시 씻어 달라고 요
청하십시오. 예수님을 당신의 유일한 의지로 삼으십시오. 그분에게 부르짖으
십시오. "우슬초로 나를 정결케 하소서 내가 정하리이다, 나를 씻기소서 내가
눈보다 희리이다"(시 51:7). 다른 어떤 것으로도 당신의 당혹감을 끝낼 수 없습
니다. 당신은 곤혹스러운 고르디우스의 매듭(Gordian knot, 프리기아의 국왕
Gordius의 지극히 풀기 어려운 매듭. 알렉산더가 칼로 끊어버렸음 – 역주)을 스스로 풀
수 없습니다. 그러므로 예수님께 모든 것을 맡김으로써 그것을 자르십시오. 어
린 양의 피로써가 아니면 당신은 죄를 이길 수 없습니다. 예수님을 당신의 모든
것 되시는 분으로 삼지 않으면, 당신은 되고 싶은 대로 될 수가 없으며, 마땅히
되어야 하는 대로 될 수도 없습니다. 여기 당신을 위한 노래가 있습니다.

"마침내 나는 될 수 없음을 인정합니다.
나 스스로는 당신께 어울리는 자가 될 수 없습니다.
여기 당신께 나의 모든 것을 맡기오니,
그 일은 당신의 일, 오직 당신의 일입니다.

당신의 은혜를 얻기 위해 내가 무엇을 말하리이까?
오직 한 가지 외에는 모든 간청을 포기하리니,
주여, 나는 죄인입니다, 하지만 당신은 사랑이십니다.
주여, 나는 잃은 자입니다,
하지만 당신이 잃은 자를 위해 죽으셨나이다."

3. 이 상태의 위험들

이제 세 번째로, "예수를 찾는" 상태의 위험에 대해 당신에게 경고하고자 합니다. 나는 이미 당신의 상태에 많은 희망이 있다는 것을 말했지만, 많은 위험 또한 있습니다. 사랑하는 구도자여, 이렇게 오래 지속되는 추구의 과정에서 당신이 그토록 많은 시간을 낭비하고, 그토록 많은 위로를 잃어버리는 것이 얼마나 애석한 일인지요. 그 오랜 과정이 지금쯤에는 이미 행복하게 결말이 났어야 합니다. 예수님을 믿을 때에 당신은 즉시로 빛을 얻습니다. 암탉이 병아리들을 그 날개 아래로 불러 모으듯이 그분이 얼마나 자주 당신을 불렀는지요. 하지만 당신은 오려 하지 않았습니다! 만일 당신이 그분을 지금 믿는다면, 샛별이 당신의 마음에 밝게 비칠 것입니다. 당신은 거인의 절망성(Giant Despair's Castle)에 갇혀 있는 희망 씨(Hopeful)와 크리스챤 씨(Christian)와도 같습니다(존 번연의 「천로역정」에 있는 내용 – 역주). 그들은 공동의 슬픔에 한탄하고 신음했습니다. 그리고 몇 가지 방법으로 탈출을 계획했지만 뜻대로 되지 않았습니다. 하지만 마지막에 크리스챤 씨는 깜짝 놀란 사람처럼 이 열정적인 말을 쏟아냈습니다. "자유롭게 충분히 걸어 나갈 수 있는데도, 이 악취 나는 감옥에 누워 있는 나는 얼마나 바보란 말인가! 내 품에는 약속(Promise)이라고 부르는 열쇠가 있습니다. 그것이 이 의심 성(Doubting Castle)의 어떤 자물쇠든지 열 수 있을 거라고 나는 확신합니다." 그 때 희망 씨가 말했습니다. "그거 좋은 소식이로군요. 좋은 형제여, 그것을 당신의 품에서 꺼내세요, 그리고 시도해 보세요."

각성한 청중이여, 이것이 당신의 상태입니다. 당신은 품속에 하나님의 말씀을 가지고 있습니다. 그것이 당신의 감옥에 있는 모든 문을 열 것입니다. 영혼이여, 일어나십시오. 그것을 지금 시도해 보십시오. 당신은 예수님이 그리스도이신 것을 믿을 수 없습니까? 당신은 하나님께서 예수님을 보내시어 당신의 죄를 감당하게 하신 것을 믿을 수 없습니까? 당신은 그분을 신뢰할 수 없습니까? 만일 신뢰할 수 있다면, 당신은 자유입니다. 당신은 아마도 매에게 쫓기는 어느 비둘기에 관한 이야기를 들었을 것입니다. 그 비둘기는 들에서 걷고 있는 어느 사람의 품속으로 날아들었습니다. 그리고 그 비둘기가 그 사람에 의해 안전하게 보호된 것을 기억할 것입니다. 그 비둘기는 저절로 그곳에 날아들려고 하지는 않았습니다. 하지만 매의 공포에 쫓기어 피난처를 찾았던 것입니다. 당신은 예수님을 두려워해 왔습니다. 당신은 그분이 당신을 받아주시지 않을 거라고 생각해 왔습니다. 하지만 지금 저 지옥이 당신을 뒤쫓고 있습니다. 대담하게, 그분에게로 날아오십시오. 우리의 찬송가가 표현하듯이 이렇게 말하십시오.

> "가다가 죽을 수도 있지만,
> 나는 시도하기로 결심했다네.
> 왜냐하면, 멀리 떨어져 있을 때
> 영원히 죽을 것임을 알기 때문이라네."

설혹 그리스도께서 손에 칼을 빼들고 서 계신다 해도, 그분 없이 망하는 것보다는 그분의 칼끝으로 달려가는 편이 낫습니다. 오, 그분에게로 오십시오. 절망에 의해 쫓겨서 오더라도, 그분의 품으로 들어오십시오! 당신은 즉시 평화를 얻을 것입니다. 하지만 당신이 여전히 찾기만 하는 동안, 당신은 혼동 속에서 시간만 낭비하는 것이며, 위로를 잃어버리는 것이며, 행복의 기회들을 놓치고 있는 것입니다. 찾는 것을 그치십시오. 당신이 찾는 그분이 거기 계십니다. 그분은 당신 앞에 나타나 서 계십니다. 이쪽으로 당신의 손가락을 내밀어 그분의 못 자국을 만져보십시오. 혹 그것이 너무 무례하다면, 그분의 옷자락이라도 만지십시오. 그러면 당신은 낫게 될 것입니다.

또다른 해악은 단지 현재의 평화와 위로를 잃어버리는 것뿐 아니라 절망에 빠질 위험이 있다는 것입니다. 한때 진지했으나 새롭게 되지 못한 구도자들 중 어떤 사람들은 지금 그리스도를 찾는 모든 생각을 단념하였습니다. 왜냐하면 그들은 그분이 그들 가까이에 계실 때 그분을 바라보는 대신 계속 찾기만 하였기 때문입니다. 그들은 기도와 성경 읽기 등에서 오랫동안 기다렸고, 지금은 완전히 낙심하여 소망 없는 자처럼 모든 것을 포기한 것입니다. 그것은 놀랄 일이 아닙니다. 만일 당신이 어떤 일을 그릇된 방향으로 행한다면, 당신은 성공을 기대할 수 없습니다. 만일 사람이 밭을 갈지도 뿌리지도 않는다면 거두지도 못할 것입니다. 만일 당신이 믿지 않는다면 안정을 찾을 수 없을 것입니다. 어떤 사람이 자신이 하는 일에 정말로 매우 부지런할 수는 있으나, 그가 바라는 결과를 낳을 수 없는 방법을 따른다면, 그가 실망하게 될 때 놀라서는 안 됩니다. 당신은 예수님을 찾는 자입니다. 당신이 그런 것이 나는 기쁩니다. 하지만 당신이 예수님을 신뢰하지 않는다면, 그리고 당신의 짐을 그분이 자신을 큰 희생 제물로 드렸던 십자가에 내려놓지 않는다면, 당신이 계속해서 찾아도 헛일이라는 것은 놀랍지 않습니다. 당신이 마지막에 절망하고 철문 속에 갇히게 된다면, 그것은 큰 슬픔이겠지만, 크게 놀랄 일은 아닙니다. 오 남자여, 여자여, 이 철문을 깨뜨리고 벗어나십시오. 하나님의 성령께서 지금 당신을 구조하러 오시길 바랍니다! 어떻게 평화를 얻을 것인지에 대한 당신의 모든 생각을 버리고, 하나님의 구원의 방법을 따르십시오. 죽임당하신 구주를 신뢰함으로써 영원한 생명을 얻으십시오.

또다른 위험이 있는데, 오랫동안 찾는 것은 무관심으로 식어버린다는 것입니다. 기도의 방식으로 평화를 찾다가 일단 실패하면, 세상의 쾌락으로 되돌아가려는 유혹이 영혼을 공격합니다. 그리고 그 이후로부터는 권면과 가르침에 둔감하게 되어 버립니다. 깨어지지 않고, 새로워지지 않은 마음은 부루퉁하게 되어서 이렇게 선언합니다. "나는 노력했지만 성공하지 못했습니다. 나는 내가 얻을 수 있는 쾌락을 얻는 편이 낫겠습니다. 영적인 기쁨들은 나를 거부했습니다. 만일 다가올 세상이 내 것이 되지 못한다면, 나는 이 세상을 소유하고 이 세상의 것으로 가득 채우겠어요." 나는 당신이 그런 상태로 떨어지지 않도록 기도합니다. 하지만 나의 두려움은, 만일 당신이 이 경계선에서 너무 오래 지체하면, 예수님을 찾으면서도 두 의견 사이에서 결심하지 못하고 믿지 못한 채 망설이기만 한다면, 마침내 당신은 예전의 영적 혼수상태로 다시 빠져들 것이며, 당신의 마지막은 처음보다 더 나빠지리라는 것입니다.

또 하나의 위험은 예수님께 이르지 못하는 무언가에 관심을 갖게 되는 것입니다. 나는 일평생을 구도자로 남는 것에 만족했던 사람들을 알고 있습니다. 그들은 그들이 구도자라는 그 생각에 의해 위안을 느꼈습니다. 자, 그런 위안은 잘 섞이지 않은 회반죽을 더덕더덕 칠하는 것과 같습니다. 실직한 한 사람이 무언가

할 일을 찾기 위해 런던 거리를 이리저리 걸어 다녔습니다. 그의 가족은 궁핍한 상태에 있고, 그는 반드시 일자리를 찾아야 합니다. 그가 일자리를 찾는 것은 옳습니다. 하지만 그는 찾아다니는 것 자체로 만족하지 않을 것이며, 실제로 찾기를 원합니다. 그 거리를 걷는 것이 그의 자녀들을 부양하지 못합니다. 그는 그렇게 많은 상점들을 방문한 것으로 만족하지 않습니다. 그는 그가 추구하는 것을 발견하기까지 쉬지 않을 것입니다. 만일 찾아다니는 것으로만 만족한다면 그는 매우 어리석은 사람일 것입니다. 그리스도를 찾는 구도자도 마찬가지입니다. 거리를 이리저리 걷는 것이 당신의 배고픈 영혼을 채우지 못합니다. 당신은 그리스도 그분을 얻어야 합니다. 만일 한 가정의 실직한 아버지가 "좋아, 나는 한 주일에 몇 날을 걸어 다녔고, 하루에도 몇 시간 동안 걸어 다녔으니, 비록 아무 할 일도 찾지 못했지만 그것으로 만족한다"라고 말한다면, 당신은 그를 큰 숙맥으로 여길 것입니다. 당신도 마찬가지입니다. 식욕이 있다는 것은 좋은 징조입니다. 하지만 단지 식욕 자체가 사람을 배부르게 하는 것은 아닙니다. 그는 제공된 음식을 먹어야 합니다. 당신이 그리스도를 찾는 것이, 만일 그것이 당신을 예수님을 믿는 행동으로까지 이끌어 주지 못한다면, 찾는 것 자체가 당신을 구원하지 못할 것입니다. 사람이 이렇게 말하는 것은 나쁜 징조입니다. "음, 나는 최선을 다하고 있어. 나는 언제나 예배의 자리에 참석하고 있으며, 성경을 읽고 있으며, 집에서 기도 생활도 하고 있지. 나는 최선을 다하고 있는 거야." 나의 사랑하는 친구여, 당신이 그 생각에 안주한다면, 당신은 스스로 의로운(self-righteous) 자이며, 길에서 완전히 벗어났습니다. 게다가 당신은 당신 자신의 마음에 기대고 있습니다. 결국 당신은 하나님을 대적하는 자리에 있는 것이며, 그 적대감의 표시는 이것입니다. 즉 당신이 그분의 사랑하는 아들을 믿기를 거부하는 것입니다. 만일 당신이 하나님과 화목하다면 당신은 예수 그리스도를 사랑할 것이며, 그분을 신뢰할 것입니다. 나는 그것이 무엇인지 이해합니다. 당신은 결국 당신 스스로 구원자가 되기로 결심한 것입니다. 당신은 여전히 종교적 외형에 구원에 이르게 하는 무언가가 있다고 생각하고 있습니다. 그런 까닭에, 나는 당신에게 엄숙히 선언합니다. 만일 당신이 그리스도를 믿는 것을 계속 거부한다면, 그분이 상처 입은 곳으로 달려가기를 거부하고, 그분의 속죄의 피난처 아래 숨기를 거부한다면, 당신은 범죄의 소굴에서와 마찬가지로 예배의 장소에서도 지옥에 가게 될 것이며, 또한 성경을 불태운 자와 마찬가지로 성경을 읽은 자로서 멸망하게 될 것입니다.

> "예수님 외에는 아무것도,
> 예수님 외에는 그 누구도,
> 어찌할 수 없는 죄인들을 도울 수가 없다네."

당신은 말합니다. "오, 하지만 나는 나의 죄를 많이 느끼고 있습니다!"예, 하지만 당신이 당신의 느낌을 신뢰한다면 당신은 죄 속에서 뒹군 것과 다름없이 그 느낌 속에서 멸망할 것입니다. 오 영혼이여, 토플레디(Augustus Montague Toplady, 1740-78. 영국 국교회 목사이면서 찬송가 작사자 – 역주)와 더불어 이렇게 결심하십시오.

> "내 대신 고난당하신 그분이
> 나의 의사가 되시리니,
> 예수님이 나를 위로해 주시기까지
> 나는 위로를 얻지 않으리라."

하나님의 구원의 길 이외에 구원 얻을 어떤 희망도 품지 마십시오. 성령께서 당신의 마음으로 하여금 이렇게 말하게 하시기를 바랍니다. "오 예수님, 이제 당신께 옵니다. 저는 죄인이지만, 눈을 들어 당신을 바라봅니다. 그리고 이것이 저의 기도입니다: '당신의 긍휼로 저를 도와주소서. 저를 불쌍히 여기시고 당신의 피로 저를 씻어주소서. 당신께 제 모든 것을 의탁합니다." 오 구도자여, 거짓된 피난처를 두지 않기로 하고, 하나님의 어린 양 외에 구주를 두지 않기로 결심하십시오.

사랑하는 구도자여, 나는 당신에게 고백하려 합니다. 아주 종종, 나 자신도 개인적으로 당신이 그런 것처럼 내가 신뢰하는 것을 행하려 애를 썼습니다. 내 지난 삶을 되돌아봅니다. 나에게는 하나님께 감사할 것이 많으며, 그분의 성령의 손길로 간주할 만한 일들이 많습니다. 하지만 내가 나의 의무들과 나의 부족함을 느낄 때, 내 마음은 내 속에서 가라앉습니다. 다른 누구보다 나 자신에게 더 잘 알려진 나의 죄들을 생각할 때, 또한 그 죄들이 나 자신보다 하나님께 더 잘 알려졌다는 사실을 기억할 때, 나로서는 모든 소망이 날아간 듯이 느껴지며 내 영혼은 완전한 절망 속에 남게 됩니다. 마침내 나는 새롭게 십자가에 오게 되고, 그곳에서 죽으신 분이 누구이며, 그분이 왜 죽으셨으며, 그분의 죽음에 의해 어떤 무한한 자비가 주어졌는지를 생각합니다. 저 십자가에 달리신 분을 바라보는 일은 너무나 달콤하기에, 나는 이렇게 말합니다. "나의 주님, 당신 외에는 아무것도 없습니다. 당신 외에는 의지할 것이 없습니다. 당신이 나의 대속자로 받아들여지지 않으셨다면 저는 반드시 멸망할 것입니다. 저에게는 하나님이 보내신 구주이신 당신 외에 다른 이가 없습니다. 저는 당신이 아버지께서 사랑하시는 분임을 압니다. 그리고 제가 당신 안에 받아들여졌음을 압니다. 당신은 제가 원하는 전부이시며, 제가 가진 전부이십니다." 애타는 소망으로, 당신도 나와 같이 하기를 얼마나 내가 바라는지요! 그러면 오늘은 당신에게 복된 날이 될 것이며, 내게도 즐거운 날이 될 것입니다. 이 요한복음 6장에서 유대인들은 우리 구주께 묻습니다. "우리가 어떻게 하여야 하나님의 일을 하오리이까"(28절). 그분이 말씀하셨습니다. "하나님의 보내신 자를 믿는 것이 하나님의 일이니라"(29절). 모든 일 중에 가장 위대한 일은, 하나님께 가장 합당한 일은, 자기 의의 추구(self-righteous seeking)를 버리는 것이고 예수님을 믿는 것입니다.

4. 예수님을 찾는 자들을 위한 지침

이제 예수님을 찾는 자들을 위한 지침들을 한두 가지 전함으로써 마칠까 합니다. 이 지침들은 아주 간결할 것입니다.

사랑하는 친구여, 첫 번째 지침은 **믿음의 대상에 주의하라**는 것입니다. 당신이 구원받을 수 있는 유일한 방법은 믿음에 의한 것입니다. 그 점을 확고하게 하십시오. 만일 누군가 "나는 그런 것은 믿을 수 없어요"라고 말한다면, 그렇다면 무엇입니까? 그 사람의 가장 지혜로운 길은 무엇입니까? 당신에게 전해진 소식을 믿기 어려운 경우를 가정해 보십시오. 당신은 무엇을 할 것입니까? 아마 당신은 그 소식의 가능성들을 숙고하겠지요. 나폴레옹 황제가 총으로 자살했다는 소문이 있었다고 가정해 보십시오. 나는 그 소식을 믿어야 할까요? 나는 그 소문이 어디에서 왔는지, 어떤 정보가 그것을 확인해 주는지, 어떤 관계자가 그 말을 했는지 등을 물어볼 것입니다. 그런 수단들에 의해 나는 그것이 믿을 만한 진실인지 아니면 단순히 쓸데없는 이야기인지 결론에 도달할 것입니

다. 만일 당신이 진정으로 믿기를 바란다면, 믿음은 하나님의 선물이며 성령의
역사이긴 하지만, 또한 하나님은 마음의 법을 따라서 역사하시기 때문에, 그리
스도께 대한 믿음이 당신 마음의 법과 조화되는 방식으로 신속하게 당신에게
올 것입니다. "믿음은 들음에서 나며"(롬 10:17)라고 했는데, 들음으로써 어떻
게 온다는 것입니까? 그것은 바로, 들음으로써 내가 그리스도에 대한 진리를 배
우기 때문입니다. 또한 내가 듣는 것 자체가 나의 판단과 이해에 영향을 주며,
그래서 내가 믿음에 이르는 것입니다. 믿음은 읽음으로써 우리에게 오기도 합
니다. 읽음은 들음의 또다른 형태이지요. 성경이 메시야에 대해, 그분의 사역에
대해 말하는 것을 읽으십시오. 그리고 당신은 하나님의 증언의 내용이 무엇이
며 또한 그것이 어떤 경로에 의해 어떤 권위로 당신에게 이르렀는지를 앎으로
써, 그분의 증언을 믿는데 도움을 얻을 것입니다. 당신의 듣기와 읽기에 묵상이
수반되도록 하십시오. 동정녀 마리아처럼, 이 모든 말을 마음에 지키어 생각하
십시오(눅 2:19). 성령이 말씀하십니다. "너희는 귀를 기울이고 내게 나아와 들
으라 그리하면 너희 영혼이 살리라"(사 55:3). 자, 당신의 귀를 기울인다는 것은
진심으로 애써 복음에 주의하는 것을 의미하며, 또한 마음으로 숙고하는 것을
의미합니다. 이제 주목하십시오. 당신은 죄를 범했고, 하나님은 반드시 죄를 벌
하십니다. 이 두 가지 사실은 당신의 양심에 충분히 명확합니다. 하나님께서 속
죄에 의해 죄를 제거하기를 기뻐하신 것은 놀라운 계획이 아닙니까? 그 죄를 다
른 이에게 옮기는데, 곧 그분의 아들의 인격 안에서 죄를 벌하시는 것입니다.
이 문제를 달리 처리할, 당신에게 적합한, 다른 좋은 계획을 알고 있습니까? 나
는 성경의 진정성은 다른 어떤 것에 의해서보다도 이 교리의 존재로 인해 더 잘
입증된다고 믿습니다. 어떤 인간의 정신도 그처럼 하나님께도 정당하고, 그러
면서도 그토록 무한히 은혜로운 길을 궁리해 낼 수 없기 때문입니다. 나는 그것
이 진실이라고 확실히 느끼며, 나는 그 진정성을 확인했습니다. 다음으로 나는
그것이 하나님 자신에 의해 여러 차례 반복적으로 약속되었음을 발견합니다.
만일 내가 그리스도를 의지하면 내가 그분이 행하신 모든 일의 유익을 얻을 것
이라는 약속입니다. 그 일은 하나님의 권위에 의해 선포되었습니다. 그러므로
나는 그 일이 이치에 맞다고 믿습니다. 나는 그 문제에 대해 하나님의 약속을
가지고 있으며, 전능자는 거짓말을 하실 수 없다는 것을 알고 있습니다. 나는
즐거이 그분이 내게 제공하신 것을 받아들이고, 구원을 받았습니다. 나의 사랑

하는 청중이여, 만일 당신이 믿는 것이 어렵다고 여긴다면, 오늘 오후에 당신의 방에 들어가서 문을 잠그십시오. 그리고 당신의 마음의 눈으로 이 광경을 그릴 수 있기까지는 나오지 마십시오. 보십시오. 영원하신 하나님께서 말할 수 없는 영광의 베일을 벗으시고 인간의 본성을 취하셨습니다! 저 영광스러운 분이 골고다의 나무에 달리셨습니다! 하나님께 버림을 받으시고, 고통 중에 부르짖으시며, 친구도 없이 죽어가셨고, 하나님의 율법에 따라 속죄의 제물이 되셨습니다! 당신이 눈을 고정하여 그분을 바라볼 때, 겸손한 기도로 엎드릴 때, 믿음이 당신에게 임할 것이며, 성령께서 당신을 덮으시고 당신의 영혼에 생명을 잉태시킬 것입니다. 믿음이 마치 하늘에서 떨어지는 이슬처럼 당신의 영혼에 떨어질 것입니다. 당신은 마음의 완고함이 사라지고 불신이 떠나간 것에 놀라며 이렇게 말할 것입니다. "주여, 내가 믿나이다. 나의 믿음 없는 것을 도와 주소서" (막 9:24).

사랑하는 친구여, 또 하나의 지침은 당신이 믿는 것을 방해할 수 있는 모든 것을 치우라는 것입니다. 확실한 것은, 죄에 빠지는 것은 믿는 것을 방해합니다. 당신은 자발적인 죄를 계속해서 지으면서 신자가 될 수는 없습니다. 마음에 간직된 죄는 유력한 방해물입니다. 사람이 기둥에 묶인 채로 도망칠 수는 없습니다. 당신이 스스로를 당신의 죄에 묶는다면, 당신은 도망칠 수 없습니다. 즉시로 악한 동무들에게서 떠나십시오. 그것은 젊은 구도자들에게는 치명적인 해악입니다. 당신은 인상적인 설교를 듣습니다. 그러나 곧바로 한가한 잡담이나 하게 될 것이며, 주일 오후에 시시한 농담이나 주고받는 일에 빠질 것입니다. 그런 영향력 아래에서는 당신의 영혼이 올바른 방향으로 성장하기를 기대할 수 없습니다. 당신의 무릎과 맞대고, 당신의 고독과 맞대며, 당신의 하나님을 만나고, 예수 그리스도와 만나십시오. 이것이 입구를 가로막는 돌을 굴려 버리는 일이 될 것입니다.

또한, 당신이 믿을 때까지는 절박한 위험 속에 있다는 것을 기억하십시오. 당신은 미래와 관련하여 위험할 뿐 아니라, 지금도 위험에 처해 있습니다. 하나님의 진노가 당신 위에 머물러 있기 때문입니다. 당신은 멀리서 군대가 쳐들어오는 그런 성읍이 아닙니다. 심판이 임박했습니다. 당신은 실제로 포위되었습니다. 대적들이 당신 주위를 둘러싸고 있습니다. 그들이 사다리를 올리고 있습니다. 그들이 곧 벽을 타고 오를 것입니다. 오 죄인이여, 깨십시오, 깨십시오. 당신의 현재 위치는 끔찍합니다. 당신의 미래 상태는 희망이 없을 것입니다. 오늘이 받아들여지는 시간입니다. 지금이 아니면 당신이 생명을 구할 수 있는 날이 결코 없습니다. 지금 찾을 것이며, 찾되 바른 길로 찾으십시오. 사람들 가운데 구주로 오신 그분을 믿으십시오.

이 아침에 속기사의 펜처럼 내 혀가 민첩하기를 얼마나 바랐는지 모릅니다. 당신의 구원을 갈망하기에, 나는 내 입을 열어 두근거리며 간절하고 진심으로 당신에게 말했습니다. 온 마음을 다해 말하기는 하지만, 내가 원하는 대로 전할 수는 없었습니다. 만일 그랬다면 이 설교를 눈물로 적시고 말 것이기 때문입니다. 오 주님께서 내 말의 약함에도 불구하고 이 진리를 당신의 마음과 양심에 전달해 주시기를 바랍니다. 나는 여러분 중에서 한 사람도 이 진리를 마음에 담지 않은 채, 또 그 마음을 예수님께 드리지 않은 채 떠나도록 하고 싶지 않습니다. 나는 아마도 여러분 중 많은 사람들에게 다시 설교하지 못할 것이며, 여러분 모두에게는 확실히 그러지 못할 것입니다. 여러분 중 어떤 이들은 바다를 건너서 왔고, 또 땅 끝으로 떠날 것입니다. 나는 하나님의 이름으로 말합니다. 오 지금, 말씀을 듣고 떠나기 전에 믿음의 눈으로 그분을 바라보십시오. "땅 끝의 모든 백성아 나를 앙망하라 그리하면 구원을 얻으리라"(사 45:22, KJV). 그것은 십자가에 달리신 구주의 외침입니다. 그토록 고뇌로 가득한 그 사랑의 음성을 외면하지 마십시오. 가시 면류관의 상처가 여전히 남아 있는 그 이마에서 당신의 눈을 피하지 마십시오. 저 손과 발의 못 자국을 멸시하지 마십시오. 오직 그분에게 복종하십시오. 그분이 고통스런 사랑의 음성으로 다시 외치십니다. "땅 끝의 모든 백성아 나를 앙망하라 그리하면 구원을 얻으리라." 오 주여, 당신이 그들을 돌이키게 하소서, 그리하면 그들이 돌이킬 것입니다. 아멘.

제
25
장

—

높은 가르침과 넓은 가르침

—

"아버지께서 내게 주시는 자는 다 내게로 올 것이요,
내게 오는 자는 내가 결코 내쫓지 아니하리라."
― 요 6:37

이 두 문장은 기독교 교리의 두 가지 면을 대변하는 것으로 간주되어 왔습니다. 이 두 문장은 우리로 하여금 '하나님을 향하여(Godward)와 인간을 향하여(manward)'라는 두 가지 관점에서 볼 수 있게 해 줍니다. 첫 번째 문장은 사람들이 높은 교리(high doctrine)라고 부르는 것을 담고 있습니다. 만일 "높은"이라는 말이 "하나님을 향하여 영광스러운"이라는 의미라면, 나는 전적으로 그말에 동의합니다. 우리 주님께서 "아버지께서 내게 주시는 자는 다 내게로 올 것이요"라고 하신 선언은 장엄하고도 하나님을 영화롭게 하는 진리이기 때문입니다. 어떤 이들은 진리의 이런 면을 '칼빈주의적(Calvinistic)'이라고 칭합니다. 하지만 그것을 칼빈이 가르친 것은 맞지만, 그것을 아우구스티누스도 가르쳤으며, 바울도 가르쳤으며, 우리 주님께서도 가르치셨습니다. 이 말씀은 주님이 친히 하신 말씀입니다. 하지만 나는 이 문장의 진술을 예정의 은혜의 위대한 진리로 간주하는 자들과 논쟁하지 않을 것입니다. 두 번째 문장은 복되고 고무적인 전도의 교리를 나타냅니다. "내게 오는 자는 내가 결코 내쫓지 아니하리라." 이 진술에는 어떤 제한도 없습니다. 이 진술은 하나님의 풍성한 은혜가 인간의 자유의지에 개방되어 있으며, 그러므로 누구든지 오기를 원하는 자는 결단코 거절당

하지 않을 것이라고 생각되어 왔습니다. 우리로서는 어떤 문장도 훼손하는 일
이 허용되지 않으며, 또한 그럴 필요가 조금도 없습니다. 첫 번째 문장은 하나
님께서 한 백성을 선택하시고, 이 백성을 그리스도에게 주셨으며, 이 백성은 반
드시 그리스도에게 올 것이며, 그래서 그들이 구원을 받을 것이라고 내게 말하
는 듯합니다. 두 번째 진리는 그리스도에게 오는 모든 사람이 구원을 받을 것이
라고 선언합니다. 왜냐하면 그리스도께 오는 사람은 쫓겨나지 않을 것이기 때
문인데, 그것은 그 사람이 받아들여지고 용납된다는 것을 의미합니다. 이는 두
개의 위대한 진리입니다. 두 가지를 모두 짊어지고 가도록 합시다. 그러면 서로
가 균형을 이룰 것입니다.

　나는 한때 이 두 진술들을 조화시키도록(reconcile) 요청을 받고 이렇게 대
답했습니다. "아니요, 나는 친구들을 화해시키지(reconcile) 않습니다." 이 두
여행객들은 결코 떨어지지 않습니다. 그들은 완벽히 사이가 좋습니다. 차이점
을 생각하고 둘을 떼어놓으려는 것은 어리석은 짓입니다. 그것은 마치 짚으로
허수아비를 만들고는 그것으로 싸우려고 나아가는 것과 같습니다. 자기 백성
을 구원하시리라는 하나님의 목적의 숭고한 선언은 누구든지 그리스도께 오는
자는 구원을 얻으리라는 폭넓은 선언과 아주 잘 조화됩니다. 그 두 진리를 모두
간직하는 것이 어렵다고 생각하거나, 혹은 여기에 난제(難題)가 있다고 생각하
고 그 난제를 제거하는 것이 우리의 의무라고 생각한다면, 그것은 유감천만입
니다. 내 사랑하는 청중이여, 내 말을 믿으십시오. 신앙의 난제들을 제거하는
일은 하늘 아래에서 가장 수지가 맞지 않는 수고입니다. 가장 올바른 길은, 난
제를 하나님의 말씀에서 발견하는 그대로 수용하는 것이며, 그것을 당신의 신
앙에 적용하는 것입니다. 믿음에 노력이 면제된다고 가정하는 것은 부당합니
다. 다른 모든 은혜들도 훈련이 되어야 하는데, 왜 믿음은 시험의 과정을 면해
야 하는 것입니까? 나는 종종 내가 이해하지 못하는 것을 믿어야 할 때, 그리고
때때로 나 스스로에게 "어떻게 그것이 가능하지?"라고 말해야 할 때, 내 영혼이
속에서 기뻐하는 것을 느낍니다. 나는 그것이 그렇게 기록되었다고, 그래서 그
렇게 될 것이라고 대답함으로써 기쁨을 얻습니다. 하나님의 진술에 모든 추리
를 동원하여 맞서지 않습니다. 우리의 아버지께서 말씀하시니, 의심들은 침묵
합니다. 그분의 성령이 기록하시니, 우리는 믿습니다. 나는 계시의 강물을 타고
내려가면서 큰 기쁨을 느끼며, 발견의 긴 여행 과정에서 매 시간마다 진리에 관

한 새로운 지식을 습득하면서 기뻐합니다. 하지만 내가 더 이상 앞으로 나아가지 못할 때, 내 길이 아주 숭고하고 장엄한 난제에 막히게 되었을 때, 나는 그 장애물을 피하여 닻을 내리는 것에서, 그리고 항해사가 다음에는 무엇을 해야 하는지를 말해주기까지 기다리는 것에서 동일한 기쁨을 발견합니다. 우리가 어떤 진리를 통과할 수 없을 때, 그것을 넘어갈 수도 있고, 혹은 둘러서 갈 수도 있습니다. 그것이 무슨 문제란 말입니까? 우리의 최상의 유익은 수수께끼를 푸는 것에서 오지 않으며, 사랑의 능력으로 계명에 순종하는 것에서 옵니다. 이 주제를 더 깊이 들여다볼 수 없다고 한다면, 그 다음에는 어떻게 해야 할까요? 계속 그 문제로 씨름해야 할까요? 인간의 지식에는 어딘가 끝나는 곳이 있지 않겠습니까? 하나님께서 이해의 경계를 정해 두신 것에 대해서 완전히 만족할 수는 없나요? 우리는 우리 스스로 고안해 낸 난제들을 푸느라고, 또한 하나님께서 우리에게 난제로 남겨 두신 문제들과 씨름하느라고 머리를 지치게 하지 말아야 합니다.

그러므로 이 두 진리들을 전체로서는 하나의 조화를 이루는, 똑같이 귀한 진리의 일부분들로 간주하십시오. 이 문제로 쓸데없는 논박을 일삼지도 말고, 혹은 하나는 선호하고 하나는 배척하는 어리석은 편견에 빠지지도 말도록 합시다. 오직 하나님의 자녀들로서, 진리를 사랑하는 솔직하고도 넓은 마음으로 두 가지 모두를 받아들이도록 합시다. 우리는 진리를 설명하라고 부름을 받은 것이 아니라 받아들이도록 부름을 받았습니다. 우리가 조화시킬 수 없다면 믿도록 합시다. 여기에 두 개의 보석이 있습니다. 그 둘 다를 간직하도록 합시다. 이 성경이 진리인 것만큼 확실히 하나님께서는 그분이 선택하신 백성이 있으며, 그리스도께서 그들을 사람들 중에서 속량하셨습니다. 그리고 이 일은 주권적인 은혜에 의해 정한 때에 회개와 믿음으로 이어질 것이며, 그들 중 아무도 멸망하지 않을 것입니다. 하지만 이 역시 동일하게 진리입니다. 즉 사람들 중에서 누구든지 그리스도께 와서 그분을 믿으면 영원한 생명을 얻을 것입니다. "원하는 자는 값없이 생명수를 받으라"(계 22:17).

> "오직 스스로 제외시키는 자 말고는
> 누구도 제외되는 자가 없네.
> 배우고 예의바른 자도 오고

무지하고 교양이 없는 자도 오라."

이 본문의 두 진리는 결코 서로 상충하지 않습니다. 그들은 완벽히 조화됩니다. 이 둘이 서로 조화된다고 보든, 그렇지 않다고 보든, 그 둘 다를 믿을 수 있는 사람은 행복한 사람입니다.

나는 어느 날 스코틀랜드 서쪽 고지대 연안을 따라 배를 타고 지나고 있었습니다. 아주 화창한 날이었지요. 그 아름다운 경치는 우리의 여행이 마치 요정의 땅에 소풍 온 듯한 느낌이 들도록 했습니다. 그러나 소풍은 끝나게 되었습니다. 어둠과 밤이 그들의 태고로부터의 권리를 주장했기 때문입니다. 바로 눈앞에는 애런(Arran: 스코틀랜드 남서부에 있는 섬)의 크게 튀어나온 산허리가 있었습니다. 그 저녁의 하늘에 대해 얼마나 눈살을 찌푸렸는지요! 큰 바위가 바다로 불쑥 튀어나올 것 같았습니다. 배의 기착지는 아주 작은 만(灣)이었기에, 우리는 힘을 내어 그 속으로 들어갔으며, 거기서 밤새 정박하였습니다. 우리를 먹이로 삼을 듯이 달려들던 모든 바람으로부터 안전했지요. 그 고요한 내포(內浦)에서 우리는 마치 산이 그 큰 어깨로 병풍을 치듯 우리를 바람에서 보호해 주는 듯이 느끼며, 그 무릎에 누워 있는 듯한 느낌을 받았습니다. 자, 이 본문의 첫 부분, "아버지께서 내게 주시는 자는 다 내게로 올 것이요"라는 말씀이 마치 거대한 산허리처럼 하늘 높이 솟아오릅니다. 누가 그 높이를 측량하겠습니까? 어느 정도 이 본문은 어둡게 눈살을 찌푸리는 듯합니다. 하지만 그 바닥에는 무한한 사랑과 자비가 평온하고 맑은 호수처럼 펼쳐져 있습니다. "내게 오는 자는 내가 결코 내쫓지 아니하리라." 그 안으로 들어오십시오. 저 커다란 바위 그늘 아래에서 안전하십시오. 당신의 배가 산자락의 잔잔한 물에서 아늑하게 쉬는 데에는 저 산과 같이 높은 진리가 좋습니다. 이 본문 전체가 당신의 접근을 거부하는 산이 아닌 것에 감사하십시오. 그러면 그 안에 당신을 충분히 안전하게 하는 진리가 있음에 감사할 것입니다.

먼저, 나는 당신에게 저 멋진 산을 보도록 말할 것입니다. 그런 다음 우리는 저 쾌적한 내포(內浦) 안으로 항해할 것입니다.

1. 영원한 목적

경건한 기쁨으로 저 영원한 목적을 숙고하십시오. 우리 주 예수 그리스도께서, 많은 사람들이 그분을 거절하는 것을 보셨을 때, 그들을 향해 이렇게 말씀하셨습니다. "너희가 내 양이 아니므로 믿지 아니하는도다"(요 10:26). 하지만 그분은 그들이 그분을 거부한다 해도, 모두가 그분을 거부하지는 않을 것임을 아셨습니다. 몇 사람은 틀림없이 그분을 믿을 것이기 때문입니다. 그러기에 그분은 담대히 말씀하셨습니다. "아버지께서 내게 주시는 자는 다 내게로 올 것이요." 그분은 이 장엄한 사실을 그분을 사납게 욕하는 자들의 이빨들 속에 던지셨습니다. 그것이 그분 자신의 위안이었고, 그들에 대한 책망이었습니다. 자, 나는 그것을 오늘 밤 아무에게나 던지고 싶지 않습니다. 반대로, 나는 마음에 근심이 있으면서 예수님께 와서 구원받기를 갈망하는 마음을 향해 오라고 손짓하는 손가락으로 이 말씀을 사용하기를 원합니다.

나는 얼마 전에 어떤 귀족의 둥근 정원에 강하고 높은 울타리가 쳐져 있는 것을 보았습니다. 완벽하게 접근을 막는 장치로서, 지나치게 많은 갈고리들이 울타리 꼭대기에 박혀 있었고, 또 중간에도 많은 갈고리들이 설치되어 있었습니다. 나는 다소 익살맞게 그 집 주인을 관찰했습니다. 그렇게 많은 못을 설치해 둠으로써 소년들이 그것을 타고 올라가게 하고, 또 소년들이 일단 올라갔을 때는 붙잡을 수 있는 더 많은 못을 설치해 두었으니 참 친절도 하다고 생각하며 말입니다. 내 동료가 말하더군요. "어휴, 저 갈고리들은 손가락과 옷을 찢을 수 있습니다. 그것들은 올라가는 사람들에게 전혀 도움이 안 됩니다." 내가 대답했지요. "아닐세, 주 예수님을 찾는 사람들에게 도움이 될 거라고 생각하면서 당신의 목사가 하나님의 주권에 대해서 했던 말보다는, 저 못들이 오히려 올라가는 사람들에게 도움이 되겠지." 내가 말한 그 착한 목사는 하나님의 주권에 관한 진리를 너무 서툴고 해로운 방식으로 표현했던 것입니다. 그 갈고리들을, 오르는 사람들에게 디딜 발판으로 설치한 것이 아니라, 반갑지 않은 침입자들을 막기 위한 장애물로 설치한 것처럼 말입니다. 하지만 나는 아직까지 접근을 막기 위해 울타리와 갈고리들을 설치할 필요가 있을 정도로, 구원을 갈망하는 수많은 군중들을 보지 못했습니다. 오히려 떨고 있어서 격려를 필요로 하는 자들과, 의심하고 있어서 가르침을 필요로 하는 자들을 나는 많이 봅니다. 그래서 나는 주님의 약속과 가르침의 모든 말씀을 달콤한 초대의 말로 바꾸어, 내 주변의 모든 사람에게, 와서 저 십자가에 달리신 분의 큰 품에 안기라고 초대합니다. 나는 너무 많은 사람이 올까 염려하지 않습니다. 나의 염려는 오히려 정반대입니다. 오, 나의 모든 청중이 지금 예수님께로 즉시 오기를 바랄 뿐입니다.

첫째로, 아버지께서 그리스도께 주신 모든 사람들이 그분께 온다는 것을 주의 깊게 살피십시오. 그렇다면 어떤 사람들은 틀림없이 그리스도께 온다는 것입니다. 당신이 그 중에 한 사람이 될 수 있지 않겠습니까? 이것이 내게는 가장 의기소침한 상태에 빠진 사람에게도 도움이 되는 달콤한 말씀으로 여겨집니다. 어떤 사람들이 반드시 그리스도께 온다면, 왜 내가 와서는 안 된단 말입니까? 마귀가 당신에게 "너는 그리스도에게 올 수 없어"라고 말할 때, 또한 당신 스스로도 그분께 올 수 없을 것처럼 느껴질 때, 죄가 당신을 방해할 때, 의심이 당신을 아래로 끌어내릴 때, 당신이 원하는 바를 하지 못할 때, 여전히 어떤 사람들이 반드시 온다는 것은 작정되었고 결정되었습니다. 그렇다면 왜 당신은 아니란 말입니까? 하나님의 작정에 의해 그들은 올 것입니다. 왜 그들 중에 당신이 포함될 수 없단 말입니까? 그것이 당신에게 도움이 되지 않습니까? 만일 하나님이 은혜를 주시면, 당신은 더 이상 절망의 언저리에 앉아 있지 않을 것입니다. 이 도시에 역병이 있다고 가정합시다. 하지만 치유받기로 예정된 사람들이 있다고 합시다. 그 사실을 알게 된다면 나는 기쁠 것입니다. 설혹 내가 그 혜택을 입는 사람 중에 한 사람이 아닌 것이 확실하다 하더라도 나는 어느 정도 기뻐할 것입니다. 다른 사람들의 유익이 기쁘기 때문입니다. 하지만 '어떤 사람들은 반드시 치유된다'는 확신을 가지고 의사에게 달려갈 수 있다면 나는 더욱 크게 기뻐할 것입니다. 어떤 사람들이 치유된다면, 왜 나는 아니란 말입니까? 이 나라에 기근이 있습니다. 어떤 확실한 선지자에 의해 몇 사람은 기근에서 결코 죽지 않는다는 계시가 주어졌다는 것을 내가 들었습니다. 그러면 그 두려운 날에 생존하는 사람들 중에 왜 나는 속해서는 안 된다는 말입니까? 왜 안 되는 것입니까? 누군가 이렇게 말하는 것을 듣습니다. "내가 하나님의 택하신 자가 아니라고 가정해 보세요." 그에게 나는 이렇게 대답합니다. "당신이라고 가정해 보세요." 더 좋은 것은, 모든 가정(假定)을 떨쳐 버리고, 예수 그리스도께 달려가서 확인하는 것입니다. 그분에게 가는 것이 당신의 지혜입니다. 당신이 즉시 할 일은 지체하지 않는 일입니다. 어떤 사람들처럼 나 스스로를 제외시키는(out) 대신, "아버지께서 내게 주시는 자는 다 내게로 올 것이요"라는 말씀에 나 자신을 포함시키고(in) 이렇게 말하십시오. "이제 나는 그들 중 하나가 될 것이다." 왜 나는 안 된다는 말입니까? 오, 주님, 당신께서 몇 사람을 오도록 예정하셨다면,

그들에게는 극복하지 못할 어려움이 없다는 것을 나는 압니다. 그러므로 나는 당신께 옵니다. 그리고 당신의 이름으로, 누구든지 오는 자를 환영하는 곳으로 들어갑니다.

다음으로, 이 본문에 따르면, 그리스도께 오는 자들은 아버지와 아들 때문에 온다는 것을 발견합니다. 그것을 읽으십시오. "아버지께서 내게 주시는 자는 다 내게로 올 것이요." 즉, 그들은 예수님께 옵니다. 왜 그들이 오게 되는 것입니까? 아버지께서 그들을 그리스도에게 주셨기 때문입니다. 그들이 왜 오게 될까요? 그들 속에 어떤 선한 것이 있기 때문일까요? 아닙니다. 그 점에 대해서는 어떤 식으로도 언급된 것이 없습니다. 그들이 강한 의지와 확고한 결심을 가졌기 때문에 오는 것입니까? 성경은 그 점에 대해서도 동일하게 침묵합니다. 성경은 다른 곳에서 새로운 출생은 사람의 뜻으로 되지 않는다는 것을 말하고 있을 뿐입니다(요 1:13). 왜 그들이 예수님께 올 것인지에 대한 이유는 아버지와 아들에 의해 그들을 위한 어떤 일이 행해졌다는 이유에서 찾을 수 있습니다. 그러면, 왜 내가 예수님께 올 수 없단 말입니까? 내가 약하다 해도, 내가 죄인이라고 해도, 내가 다른 사람보다 일곱 배나 많은 죄를 지었다 해도, 여전히 이 "올 것이요(shall come)"라는 말씀은 그 약속이 주어진 대상의 성격에 달린 것이 아닙니다. 오히려 아버지와 아들에 의해 그들을 위해 행해진 무언가에 달려 있는 것입니다. 왜 나는 그들 중에 포함되어서는 안 된다는 것입니까? 왜 나는 예수님께 와서는 안 된다는 것입니까? 진정으로 예수님께 오기를 원한 영혼 중에 실제로 올 수 없었고, 오지 못한 영혼은 결코 없습니다. 연모하고 갈망하는 죄인 중에 그리스도로부터 멀리 쫓겨난 영혼은 결코 없습니다. 그가 그리스도를 원했을 때, 그리스도께서는 그보다 백배나 더 그를 원하셨습니다. 만일 당신이 주 예수님께 대한 작은 소원이나 희미한 갈망을 가졌다면, 사랑의 줄이 당신을 둘러쌀 것이며, 그분의 강한 손이 그 줄을 끌어당길 것입니다. 그 달콤한 이끌림에 복종하면 당신은 오게 될 것입니다. 당신이 어떤 사람인지 혹은 어떤 사람이었는지 때문이 아니라, 오직 아버지께서 행하시는 일 때문에, 그리고 아들이 행하시는 일 때문에 오게 되는 것입니다. 성경은 "나를 보내신 아버지께서 이끌지 아니하면 아무라도 내게 올 수 없으니"(요 6:44)라고 기록되어 있습니다. 하지만 그분이 이끄실 때 당신은 올 수 있습니다. 아버지께서 당신을 이끌고 계십니다. 그 때문에 당신이 구주께 오기를 바라고 있으며, 그분을 찾기를 갈망하는 것입니다. 이 진리를 당신을 둘러싸는 울타리로 삼지도 말고, 그리스도께 접근을 막는 방해물이 되지도 못하도록 하십시오. 하나님의 목적에 관한 이 교리는 당신으로 하여금 생명나무에 접근하지 못하게 막는 가시울타리가 아닙니다. 반대로, 당신은 그것을 열린 문으로 간주해야 합니다. "어떤 사람들은 반드시 온다. 왜 나는 아니란 말인가? 오는 자들은 아버지와 아들이 그들을 위해 무언가를 행하셨기 때문이다. 왜 그 일이 나를 위해서 행한 일은 아니란 말인가? 왜 나 역시 하나님께 가까이 이끌려서는 안 된단 말인가?"

셋째로, 이 사람들은 모두 그들이 그리스도께 오기 때문에 구원을 받습니다. 이 말씀을 주목하십시오. "아버지께서 내게 주시는 자는 다 내게로 올 것이요." 그들은 그리스도께 오는 것이 아닌 다른 것으로는 구원받지 못합니다. 여기에 서로 다른 특정한 사람들이 있습니다. 아버지께서 그리스도께 주신 사람들입니다. 그렇습니다. 하지만 그들이 다른 사람들과 어떻게 다른지는 중요하지 않습니다. 그들은 다른 사람들과 같은 방식으로 구원받아야 합니다. 이 특정한 사람들을 위해 특별히 준비된 다른 구원의 길은 없습니다. 그들은 왕의 대로를 따라가야 합니다. 구원의 한 가지 공통된 길은 그리스도께 오는 것입니다. 그리고 아버지께서 그리스도에게 주신 모든 사람은 반드시 이 문으로 오게 되어 있습니다. 이것은 하나님께서 열어 놓으신 하나의 문입니다. 다른 문은 없습니다. 다른 문은 앞으로도 없을 것입니다. 사랑하는 친구여, 풀 죽어 고개를 숙이고 있는 친구여, 용기를 내어 오십시오. 하늘에 있는 최상의 성도도 단순히 예수 그리스도를 의지하는 것에서 그 길을 찾았습니다. 왜 당신은 저기 같은 길로 올 수 없단 말입니까? 극악한 많은 죄인들이 예수 그리스도를 통해 구원을 받았습니다. 당신은 왜 같은 방식으로 구원을 얻지 못한단 말입니까? 베드로에게 물어보십시오. 야고보와, 요한과, 바울과, 다른 모든 사도들에게 물어보십시오. 그들이 그들에게만 놓여진 개인적인 다리를 통해 천국에 들어갔느냐고 물어보십시오. 그들은 한 구속자에 의해 구원을 받았다고 당신에게 말할 것입니다. 성경의 어느 부분도 사사로이 해석할 수 없듯이, 소수의 총애받는 사람들을 위한 사적이고도 은밀한 구주는 단연코 없습니다. "이 닦아 둔 것 외에 능히 다른 터를 닦아 둘 자가 없으니 이 터는 곧 예수 그리스도라"(고전 3:11). 하나님의 택하신 자들은 오직 그리스도께 옴으로써 구원받을 수 있습니다. 예수님이 말씀하십니다. "아버지께서 내게 주시는 자는 다 내게로 올 것이요." 그들이 다른 것으로는 구원을 얻을 수 없기 때문입니다. 그리스도께 오는 것이 한 가지 필수적인 일입니다. 누군가 말합니다. "오, 나는 때때로 내가 하나님의 택하신 자인지 알았으면 하고 바랍니다." 왜 순서에 맞지도 않은 일을 알기를 바라는 것입니까? 먼저 그 진리로 이끌어 주는 다른 진리들을 배움으로써 결국에는 당신이 알고자 하는 진리를 배우게 될 것입니다. 당신은 먼저 그리스도께 오십시오. 그러면 당신이 그리스도께 주어진 자인 것을 알게 될 것입니다. 그분에게 주어진 자가 아니고서는 아무도 그분에게 오지 않기 때문입니다. 그분께 오는 것으로써 그들은 그들이 선택받은 자라는 최상의 증거를 보이는 것입니다. 콘월(Conwall) 지방의 한 형제가 다소 단호한 칼빈주의자인 말라기(Malachi) 씨에게 말했습니다. "말라기 씨, 나는 당신에게 이 파운드를 빚졌습니다. 내가 그 빚을 상환하기 전에, 나는 당신이 내게 내가 당신에게 빚을 갚기로 예정되었는지의 여부를 말해 주길 바랍니다." 말라기 씨가 그의 손을 벌리고는 말했습니다. "거기에 이 파운드를 놓으십시오. 그러면 당신에게 곧바로 말해드리지요." 대부분의 분별 있는 사람들처럼, 그는 그 사건 이후에 예언하기를 바랐습니다. 그 방법을 유지하는 것에 많은 유익이 있습니다. 대부분의 사람들에게는 그것이 자연적인 일의 순서입니다. 아버지께서 나를 그리스도께 주셨는지 아니 주셨는지의 여부는, 내가 그리스도께 왔는지의 여부를 알기까지는 알 수 없는 것입니다. 내가 진실로 온 마음으로 그리스도께 온 것을 알 때, 그 때 나는 내가 그리스도께 주어진 것을 확인할 수 있으며, 또 어렵지 않게 그렇게 믿을 수 있습니다. 예, 내가 다른 사람들과 같은 방식으로 구원받은 것을 생각하면서 나의 마음은 기뻐하는 것입니다.

또한, 이 본문에 따르면, 내가 그리스도께 온다면, 아버지께서 나를 그리스도께 주셨다는 것이 아주 명백합니다. 만일 내가, 내가 누구이든지 간에, 단순하게 예수님을 신뢰한다면(그것이 여기서 예수님께 온다는 의미입니다), 그 때 나는 아버지께서 그분의 아들에게 주신 사람입니다. 만일 내가 있는 모습 그대로 나 자신을 그분의 피와 의에 맡기고, 그분의 제자가 되기로 하고, 그분을 따르기로 다짐하고, 그분의 도움에 의해 그분의 발자취를 따라 걷기를 소망한다면 말입니다. 그 때 나는, 저 하늘의 태양이 자기 자리를 알기도 전에 혹은 행성들이 궤도를 돌기도 전에 영원하신 아버지께서 영원한 사랑의 눈으로 나를 바라보셨다는 것을 알 수 있으며, 또한 그분이 여전히 나를 용납하시는 것과, 그분이 결코 나를 버리지 않으실 것을 알 수 있습니다. 그렇지 않습니까? "아버지께서 내게 주시는 자는 다 내게로 올 것이요." 내가 그리스도께 왔다면, 아버지께서 나를 그리스도께 주신 것입니다. 커다란 질문에 답이 주어졌으며, 영원한 신비가 드러났으며, 내 영혼은 하나님 나의 구주 안에서, 그리고 영원한 언약의 모든 귀한 은총 안에서 기뻐할 수 있습니다.

저 어마어마하게 거대하고 튀어나온 바위에 대해 많이 생각했습니다. 그에 대해서는 더 이상 말하지 않고자 합니다. 오직 그 바위 밑에 피하여 나는 오래 전에 닻을 내렸습니다. 내가 예수님께 온 이후로부터 나는 내가 그분께 속한 것을 압니다. 그리고 나는 하나님의 목적이 내 안에서 이루어질 것과, 그분이 선택된 나머지 사람들과 함께 나를 그분의 영광의 나라로 데리고 가실 것과, 그곳에서 그분의 얼굴을 영원토록 뵈리라는 것을 확신합니다. 이것을 두고 구식의 교리라고 부르기도 합니다. 하지만 그것이 어떻게 불려지는 것에는 관심이 없습니다. 그것은 나의 생명이며, 나는 지금도 그리고 앞으로도 영원히 그 진리에 내 영혼의 짐을 맡길 것입니다.

2. 영원한 복음

이제 우리는 물결이 평탄한 곳으로 들어갑니다. 신비는 드러났으니, 그 즐거움에 참여하도록 합시다. 2부에서 우리는 당신에게 영원한 복음에 대해 잠시 말하고자 합니다. "내게 오는 자는 내가 결코 내쫓지 아니하리라." 원한다면, 특히 당신이 그 문제로 고심한다면, 1부에서 다룬 것을 잊어도 좋습니다. 하지만 이 두 번째 부분은 차분히 숙고해 주기를 진지하게 요청합니다.

"내게 오는 자는 내가 결코 내쫓지 아니하리라." 내가 기억하기로, 이 본문은 지금까지 내가 읽은 성경 내용 중에서 가장 관대한 복음적인 표현 중의 하나입니다. 그 관대함은 우선, 이 약속이 주어진 사람들의 특징에 대한 것입니다. "내게 오는 자", 그것이 특징입니다. 그 사람은 언급하기조차 역겨울 정도로 흉악한 죄를 지은 사람일 수도 있습니다. 하지만 그가 그리스도께 온다면 그는 쫓겨나지 않습니다. 그 사람은 그 흉악한 죄에 더하여 많은 다른 죄를 지었을 수도 있습니다. 그 죄의 목록이 아주 길고 가득할 수 있습니다. 하지만 그가 그리스도께 온다면 그는 쫓겨나지 않습니다. 그는 신중한 충고와 연민어린 호소에 목을 뻣뻣이 하고 대항했을 수도 있습니다. 그는 심각하게 그리고 의도적으로 죄를 지었을 수도 있습니다. 하지만 그가 그리스도께 온다면 그는 쫓겨나지 않습니다. 그 사람의 마음이 밤처럼 어둡고 지옥같이 캄캄할 수도 있습니다. 하지만 그가 그리스도께 온다면 주님은 그를 쫓아내지 않으십니다. 나는 오늘 밤 이 예배당에 어떤 종류의 사람들이 왔는지 알지 못합니다. 하지만 강도이건 살인자이건 아주 대단한 죄인들이 여기에 있다 할지라도, 나는 그들에게 그리스도께 오라고 말할 것입니다. 그분은 그들을 내쫓지 않으실 테니까 말입니다. 나는 여러분 대부분이 웬만큼 점잖고 도덕적인 사람들이라고 가정합니다. 그런 당신에게도 나는 말합니다. 당신이 그리스도께 온다면 그분은 당신을 내쫓지 않으십니다. 경건한 부모를 둔 자녀들이여, 이 말씀을 듣는 청중이여, 그분은 당신을 내쫓지 않으십니다. 당신은 한 가지가 부족하고, 그 부족한 한 가지는 가장 필수적인 것이지만, 그분은 당신을 내쫓지 않으십니다. 배교자들이여! 그런 사람들이 여기 있습니까? 하나님의 성소로 가는 길을 거의 잊어버린 자들, 안식일의 종소리를 듣고도 전혀 안식하지 않는 그런 사람들이 여기 있습니까? 예수님께 오십시오. 그분은 당신을 내쫓지 않으실 것입니다. 오, 런던 사람들이여, 하나님께 싫증이 나고, 하나님의 날에도 싫증이 난 수백만의 런던 사람들이여, 신앙에 무관심한 그런 당신이 혹시 오늘 밤 여기에 있다면, 당신도 예수님께 오십시오. 그러면 그분이 당신을 쫓아내지 않으실 것입니다.

만일 이 회중 가운데 그 특징을 우리가 묘사하지 않는 편이 좋을 사람들이 있다면, 그리고 혹 이름이 언급되거나 콕 찍어서 지적받을 생각에 이미 움츠리고 있는 사람이 있다면, 그런 사람들도 예수님께 오십시오. 그분은 그들도 기쁘게 받아주실 것입니다. 당신의 성품이 어떠하건, 신비로 감싸인 당신은 쫓겨나지 않습니다. 나는 이 진리를 쓰라린 죄로 삶의 고초를 겪고 있는 사람들에게 전하고 싶습니다. 일생 동안 죄를 지은 사람들에게도 이 본문은 여전히 진리입니다. 나의 주님은 모든 과거에 대해 잊어버릴 것을 선언하십니다. 마치 죄의 과거가 없었던 것처럼 될 것입니다. 예수 그리스도를 통해, 만일 당신이 그분을 믿기만 한다면, 모든 과거가 굴러갈 것이며, 사라질 것이며, 존재하지도 않았던 것처럼 여겨질 것이며, 그리고 당신 자신은 다시 태어나는 것입니다. 나아만이 요단 강에서 씻고 올라왔을 때 이렇게 기록되어 있습니다. "그 살이 여전하여 어린아이의 살 같아서 깨끗하게 되었더라"(왕하 5:14). 당신도 그렇게 될 것입니다. 노인이 아름다운 머릿결의 아이를 무릎에 앉히고는, 그 손가락으로 머릿결을 빗겨주면서 말할 것입니다. "어린 아가야, 하나님께서 내가 빠졌던 죄로부터 너를 지켜주시기를 빈다. 나의 오랜 삶은 죄로 가득했지. 이제 내 생은 거의 끝이 나고, 나에게는 희망이 없다. 내가 다시 아기가 될 수 있다면!" 보십시오, 은혜의 천사가 그런 상태에 빠진 사람에게 이렇게 속삭입니다. "당신은 다시 아기가 될 수 있어요!" 일백 살이 된 사람도 아기가 될 수 있습니다. 악명 높은 백발의 노인도 예수님의 옆구리에서 흐르는 물과 피의 능력으로 씻으면 순진무구한 아기가 다시 될 수 있습니다. 가서 밤하늘을 가로질러 이렇게 쓰고, 샛별처럼 하늘에 이 글을 새기십시오. "내게 오는 자는 내가 결코 내쫓지 아니하리라." 그런 다음 한밤의 하늘에 그 글을 매다십시오. 태양의 모든 광선이 그것을 비추도록 하고 하나님의 광채로 빛나게 하십시오. "내게 오는 자는 내가 결코 내쫓지 아니하리라." 받아들여지는 사람의 성품은 언급되지 않았습니다. 어떤 특정한 죄인도 제외되었다고 언급되지 않았습니다. 죄의 범위도 한정되지 않았습니다. 세상 어느 곳에서 오더라도, 훼방을 일삼고 극악무도한 죄인이라 할지라도, 그리스도께 오는 "그 (him)"는 환영받을 것입니다. 나는 은혜의 문을 활짝 열기 위해 강한 표현을 사용합니다. 어떤 "그"라도 그리스도께 오기만 한다면, 그가 빈민굴에서 오든지, 혹은 술집이나, 도박장이나, 감옥이나, 매음굴이나 그 어디서 오더라도, 예수님은 결코 쫓아내지 않을 것입니다.

더 나아가, 이 본문이 관대한 것은 오는 것에 어떤 제한도 두지 않기 때문입니다. 오는 길과 관련된 오직 한 가지 제한은 그들이 그리스도께로 와야 한다는 것입니다. 나는 달음박질하여 그리스도께 온 몇 사람을 알고 있습니다. 아주 자발적이고, 신속하고, 진지한 달음박질이었습니다. 당신은 복음서에서 그것을 읽을 수 있습니다. 그들은 구주의 음성을 듣고 기뻐하여 즉시로 그분에게 달려갔습니다. 많은 어린아이들과 젊은이들이 그렇게 했고, 그 행동에 복을 받았습니다. 활기차고 어린 영혼들이여, 당신도 함께 오십시오. 당신이 펄쩍 뛰어 그분에게 달려가면 그분은 당신을 쫓아내지 않으실 것입니다. 당신이 오늘 밤 갑작스럽게 달려가더라도, 그리스도를 향해 달려간다면, 그분은 당신을 쫓아내지 않으실 것입니다.

오호라! 수없이 많은 사람들이 그리스도께로 올 때 절뚝거리며 옵니다. 그들은 거대한 죄의 짐을 지고 있으며, 의심과 두려움의 차꼬를 차고 있어서, 매우 느린 속도로 나아옵니다. 그들은 즉시로 예수님을 바라보고 구원을 얻지 못합니다. 그들은 그분을 바라보는 대신 계속해서 여기저기를 두리번거립니다. 두려워하고 무지하고 굼뜨기 때문에 오는 데 오랜 시간이 걸립니다. 아무래도 좋습니다, 형제여. 달팽이도 방주에 들어갔습니다. 당신의 보폭이 딱할 정도로 느리긴 하지만 당신이 그리스도께 온다면 그분은 당신을 쫓아내지 않으십니다. 어떤 사람들은 그분에 대해 듣자마자 라헬의 밝고 밝은 눈처럼 그리스도를 바라봅니다. 오, 그렇게 보십시오! 그들은 그리스도 안에서 먹고 마시는 듯하며, 그분의 구원이 그처럼 밝은 눈을 가진 이들에게 즉시로 임하는 듯합니다. 하지만 나는 그 표정이, 안력(眼力)이 약한 레아와 같은 사람들을 많이 만났습니다. 그들은 의심의 안개를 통해 바라보며, 눈물의 소낙비 속에서 쳐다보기 때문에 그리스도를 제대로 바라볼 수가 없습니다. 아아, 하지만 그렇게 흐릿한 시선도 그들을 구할 것입니다. 그리스도를 바라보는 것이라면 안력이 약할지라도 구원을 얻을 것입니다. 그리스도께 오는 것이라면, 어떤 속도로 오더라도 구원을 얻을 것입니다. 성례들을 찾아가는 것은 당신을 정죄할 수 있습니다. 사제들을 찾아가는 것은 당신을 파멸시킬 것입니다. 하지만 그리스도께 가는 것은 당신을 구원할 것입니다. 당신의 단순한 믿음이 그리스도의 구원을 붙든다면 그분을 붙드는 거기에 당신의 생명이 있습니다. 당신의 생각이 그분을 생각한다면, 당신의 가슴이 그분을 포옹한다면, 당신의 영혼이 그분을 의지한다면, 그 행위가 아무리 연약하고 불완전하다 하더라도 그분은 당신을 내쫓지 않으실 것입니다. 오, 내 생각에는 이것이 영광스러운 진리입니다. 당신에게도 그렇지 않습니까? 우리가 단지 그분에게 오기만 한다면, 우리의 구주께서 우리를 내쫓지 않으십니다. 나는 이 복음을 엑서터 홀(Exeter-hall)에서 전할 수 있어서 기쁩니다. 당신은 이 복음을 들어서 기쁘지 않습니까? 그렇지 않다면 당신은 가엾은 분입니다.

셋째로, 여기에는 시간에 대한 제한도 없습니다. "내게 오는 자는 내가 결코 내쫓지 아니하리라." 이는 모든 세대를 포괄하는 영광스럽고 관대한 말씀입니다. 이곳에는 몇몇 작은 아이들이 있습니다. 나는 소년과 소녀들이 회중과 함께 섞여 있는 것이 기쁩니다. 나의 자녀들이여, 내 말에 귀를 기울여 주세요! 나는 항상 여러분을 만나길 기뻐합니다. 그리고 우리 설교자들이 여러분에게 설교하지 않는다면 큰 실수를 하는 것이지요. 오, 존과 제인과 마리아와 토머스여, 나는 여러분이 아직 젊을 때 그리스도께 오기를 바라고, 그분을 신뢰하기를 바라며, 젊은 그리스도인들이 되기를 바랍니다. 여러분이 그렇게 되지 못할 이유가 없습니다. 당신은 많이 연로하였군요. 숨질 때가 가까운 만큼 많은 죄를 지었을 것이고, 예수 그리스도를 믿을 때가 되었다는 것입니다. 왜 당신이 즉시로 예수님께 와서는 안 되는 것입니까? 내가 겨우 열다섯 살 무렵이었을 때 나는 하나님의 성령의 도움으로 나 자신을 그리스도께 맡겼습니다. 내가 그렇게 일찍 예수님께 온 것을 한 번이라도 후회했을까요? 아닙니다. 내가 열다섯 살 이전에 예수님께 올 수 있었더라면 더 좋았을 것입니다. 그리고 내가 내 어머니를 알아볼 수 있자마자 그리스도를 알았더라면 하고 바랍니다. 여러분 중 어떤 이들은 유아 때부터 예수님에 대해 들어왔을 것입니다. 그분의 이름이 당신의 어머니가 당신의 잠자리에서 불러주던 노래의 일부였을 것입니다. 오, 당신이 들음으로써 예수님을 알 뿐 아니라 믿음으로써 그분을 알기를 바랍니다! 예수님께 오려면 어른이 되기까지 기다려야 한다고 생각하지 마십시오. 우리는 열 살, 열한 살, 열두 살 되는 상당수의 소년과 소녀들에게 세례를 주어 왔습니다. 나는 일전에 아홉 살 소년과 대화를 나누었습니다. 그가 많은 백발의 노인들보다도 그리스도에 대해 더 많이 알고 있었다는 것을 여러분에게 전합니다. 그는 예수님을 아주 진심으로 사랑했습니다. 그 상냥한 어린이가 내게 그리스도께서 그를 위해 하신 일에 대해 말할 때, 내 눈에는 눈물이 고였습니다. 그는 행복하고 밝은 모습으로 자기 영혼에 은혜를 주시는 그리스도의 능력을 느끼고 있다고 말했습니다. 여러분 어린이들은 장미 봉오리와도 같습니다. 모든 사람이 활짝 핀 장미보다는 장미 봉오리를 더 좋아하지요. 나의 주 예수님은 장미 봉오리로서 여러분을 기쁘게 받아주실 것입니다. 여러분 자신을 그분께 맡기세요, 그분이 내쫓지 않으실 테니까요. 그분이 결코 그러지 않으시리라 나는 확신합니다.

　　만일 여기에 인생의 정반대쪽 끝에 다다른 분들이 있다면, 나는 그들에게도 상기시키고 싶습니다. "내게 오는 자는 내가 결코 내쫓지 아니하리라." 이 말씀은 젊은이뿐 아니라 노인들에게도 적용됩니다. 아주 신실한 어떤 목사님의 말로는, 만일 사람이 사십오 세 이전에 회심하지 않는다면 그 이후로는 믿기가 거의 힘들다고 하더군요. 그러고서 그는 내게 사십오 세 이후로 회심한 어떤 사람도 보지 못했다고 하는 관찰 기록을 보여주더군요. 내가 그의 강단에 섰더라면 하고 나는 바랐습니다. 내가 그의 진술에 의문을 표시해서는 안 되지만, 나는 그의 진술 위에 다른 사람들의 경우를 첨가하고 싶습니다. 진정 이 목사님은 어느 자그마한 마을 안에서만 살았을 것입니다. 그게 아니면 그가 복음을 모든 사람들에게 온전히 전하지 않았을 것입니다. 아마도 그는 나이 든 사람들의 회심을 믿지 않았을 것이며, 결과적으로 어떤 나이 든 사람들도 그를 통해서는 회심하지 않았던 것입니다. 나는 사십오 세 전과 이후에 회심하는 많은 사람들을 보아왔습니다. 인구 비율에 대해 말하자면, 세상에는 오십 살 이전의 사람보다 오십 살 이후의 사람들이 더 많지 않습니다. 결과적으로 우리 회중을 구성하는 사람들 중에는 젊은이들이 더 많습니다. 우리의 정기적인 모임에는 모든 연령층의 사람들이 옵니다. 교인 수의 증가에 대해 말하자면, 아주 어린아이들과 아주 나이 든 어른들이 같은 비율로 늘고 있다는 것을 나는 관찰했습니다. 신앙고백에 근거해서 우리는 팔십 세가 넘는 남성과 여성들에게 세례를 베풀어 왔습니다. 그들의 회심에 대해서 우리는 어린이들의 회심에서와 마찬가지로 확신을 갖고 있으며, 그 이상도 그 이하도 아닙니다. 어느 연령 이후로는 하나님의 은혜가 역사할 수 없다고 누가 감히 말할 수 있습니까? 나는 누구에게든지 성경의 어느 본문에서 그 근거를 찾을 수 있는지 도전합니다. 더 나아가, 나는 그런 결과에 도달한 관찰의 진실성에 대해서도 도전합니다. 나 자신의 설교는 모든 연령층을 염두에 두는 것이기에, 젊은이나 늙은이나 같은 비율로 교회에 출석했으며, 같은 비율로 그들은 구원받았습니다. 당신이 얼마나 나이가 들었든지, 당신에게 이렇게 말하라고 나의 주님이 명하십니다. "내게 오는 자는 내가 결코 내쫓지 아니하리라."

어서 오십시오. 어서 오십시오, 사랑하는 오랜 친구여. 비록 당신이 지팡이 없이는 올 수 없다 할지라도 어서 오십시오. 당신의 눈이 흐릴지라도 안경을 쓰고서 어서 오십시오. 비록 당신이 나의 주님을 위해 많은 일을 할 수 없을지라도, 그분은 당신을 위해 모든 것을 하실 수 있습니다. 비록 당신에게 지상에서 살 시간이 얼마 남지 않았더라도, 천국에서는 영원히 살게 될 것이며 영원토록 그분을 찬송할 수 있을 것입니다. 나는 당신이 천국에서 그분을 가장 열렬히 찬양하는 이들 중 하나가 되리라고 확신합니다. 나는 당신이 내가 아는 어떤 고령의 여성처럼 될 것이라고 생각합니다. 내가 그녀에게 그녀의 회심에 대해 말했을 때, 아주 고령의 그녀는 내게 말했습니다. "목사님, 주 예수 그리스도께서 나 같이 가련하고 늙은 죄인도 구원하신다는 것을, 그분은 언제까지고 들으시게 될 겁니다." 그것이 바로 그분이 당신을 구원하시길 내가 바라는 이유입니다.

그분은 언제까지나 그런 찬양을 들으실 것입니다. 당신은 그분이 당신에게 행하실 일에 대해 언제까지나 그분을 찬양하게 될 것입니다. 그러지 않겠습니까?

오, 나의 사랑하는 청중이여, 예수님께로 오십시오! 이슬이 당신의 가지에 맺혀 있는 아침에 오십시오. 그분은 당신을 내쫓지 않으십니다. 한낮의 더위 속에, 염려의 갈증이 당신의 영혼의 목을 바짝 마르게 할 때 오십시오. 그분은 당신을 내쫓지 않으실 겁니다. 석양이 길게 넘어가고, 밤의 어둠이 당신을 찾아올 때 오십시오. 그분이 당신을 내쫓지 않으실 것입니다. 그 문은 닫히지 않았습니다. 자비의 문은 생명의 문이 열려 있는 동안에는 닫히지 않기 때문입니다. 오, 그리스도께 피하여 은혜를 얻으십시오, 지금!

사랑하는 친구여, 나는 당신이 이 본문에서 이 구원의 복된 확실성을 주목하기 바랍니다. "내게 오는 자는 내가 결코 내쫓지 아니하리라." 영어에서는 그 효과가 그리 강하게 나타나지는 않지만, 헬라어에서는 두어 개의 부정어가 그 부정을 더욱 강하게 만듭니다. 여기서 매우 강한 부정이 나타납니다. "내게 오는 자는 내가 결코 내쫓지 아니하리라." 혹은 "내가 결코, 결코 그를 내쫓지 아니하리라"입니다. "절대로, 무슨 이유에서든, 어떤 구실로든, 그 어떤 동기로든, 지금이나 앞으로도 영원히 내게 오는 영혼을 내쫓지 않을 것이다"로 표현할 수 있을 정도입니다. 빠져나갈 수 없는 절대적 확실성을 선언하고 있는 것입니다. 확실성 위에 발을 디디고 서 있다는 것이 얼마나 복된 일인가요! 요즘 크게 떠들고 있는 어떤 설교자들은 매우 불확실한 설교자들입니다. 그들은 내일은 무슨 주장을 제기할지 그들 스스로도 모르기 때문입니다. 그들은 되는대로 때마다 신조를 만들어 내고, 그것도 매우 빈약한 것이지요. 나는 어떤 확실하고 분명한 것을 믿습니다. 즉, 오류 없는 성경을 믿으며, 주님께서 기록하신 것이기에 그것이 세상이 존재하는 한 결코 바뀌지 않을 것임을 믿습니다. 나의 본문은 예수 그리스도의 진리와 마찬가지로 확실합니다. 만일 우리가 그분의 아름다운 얼굴을 보았더라면 그분을 불신할 수 없을 것입니다. 당신의 상상력은 하나님의 아들의 영원히 복된 얼굴을 잠시 동안이라도 그릴 수 있습니까? 그분의 얼굴을 가만히 쳐다보고서, 그분을 거짓말쟁이로 의심할 수 있겠습니까? 그분이 "진실로 진실로 너희에게 이르노니 [나를] 믿는 자는 영생을 가졌나니"(요 6:47)라고 말씀하실 때, 그 말씀은 진실임에 틀림없습니다. 당신이 그분을 믿으면 당신은 영생을 얻습니다. 그분이 "내게 오는 자는 내가 결코 내쫓지 아니하리라"고 말씀하실 때, 그 선언은 진실임에 틀림없습니다. 당신이 누구이든, 얼마나 오래 살았든, 어떤 일이 일어나든, 당신이 그분께 오기만 한다면 그분은 결코, 결코, 당신을 내쫓으실 수 없습니다. 그분이 당신을 내쫓을 수 있는 이유들은 명백히 얼마든지 있지만, 그분은 그 모든 이유들을 던져 버리고 이렇게 말씀하십니다. "나는 그를 결코 내쫓지 아니하리라. 어떤 식으로든, 어떤 이유로든, 나는 내게로 오는 영혼을 쫓아내지 아니하리라." 자, 그리스도께서 우리를 내쫓지 않으신다는 것은 그분이 우리를 받아주신다는 것입니다. 그분이 우리를 받으신다는 것은 우리가 하나님의 품으로 받아들여진다는 것입니다. 우리는 영원한 생명 안으로 받아들여지며, 조만간 영원한 축복 안으로 받아들여질 것입니다. 오, 이 본문의 확실성은 우리를 얼마나 기쁘게 하는지요!

사랑하는 친구들이여, 이제 이 본문의 개별적 특성을 주목함으로써 한두 마디 격려의 말로 설교를 마치려 합니다. 이 개별적이고 인격적인 특성은 관대함의 일부입니다. 이 본문의 앞부분은 "아버지께서 내게 주시는 자는 다 내게로 올 것이요"로 시작됩니다. 하지만 그리스도께서 상심한 죄인들을 다루기 시작하실 때에 그분은 포괄적인 진술 용어인 "다(all)"를 빼시고, 단수 인칭 대명사를 사용하십니다. 예수님은 "그(him)"에게 찾아오십니다. "내게 오는 자 [그를, KJV] 내가 내쫓지 아니하리라." 자, 이곳 예배실에 모여 있는 모든 한 사람 한 사람에게 주님은 이런 의미로 말씀하십니다. "만일 네가 내게로 온다면, 나는 너를 내쫓지 않을 것이다." "만일 너나 또다른 누군가 온다면"이 아닙니다. 만일 그렇다면, 복수 형태의 표현이 되어 "만일 너희가 온다면"과 다름없기 때문입니다. 하지만 본문은 "내게 오는 자 그를"입니다. 당신 개인, 당신의 고용인 개인, 당신의 자녀 개인을 가리키지만, 그 중에서도 특별히 당신 자신을 가리킵니다. 만일 당신이 주 예수님께 온다면 그분은 당신을 내쫓지 않으십니다. 당신은 이것을 의심할 수 없습니다.

나의 사랑하는 청중이여, 그러므로 오십시오. 당신의 구주를 믿으십시오. 나는 오늘 밤에 하나님의 아들의 정직성을 의심하는 사람들에게 말하고 있지 않습니다. 나는 그리스도를 거짓말쟁이로 생각하는 사람들에게 말하고 있지 않습니다. 당신은 만일 당신이 그분께 온다면 그분이 당신을 받아주실 것을 알고 있습니다. 그러므로 오지 않겠습니까? 하지만 당신은 오기는 오되 장래에 오려고 하는 겁니까? 왜 지금은 아닙니까? 당신을 붙잡는 것이 무엇입니까? 어찌하여 미루려 하는 것입니까? 당신은 다음 주에도 살아 있을 것입니까? 당신이 한 날을, 아니 한 시간이라도 보장할 수 있습니까? 만약 돈을 준다고 하면, 사람들이 받는 것을 연기하고 "나는 내년에 받는 것이 좋겠습니다"라고 말하지 않을 겁니다. 오히려 이렇게 말하겠지요. "손 안에 있는 한 마리 새가 숲 속에 있는 두 마리보다 가치가 있지요." 오, 그리스도를 손 안에 붙드시고, 그분을 지금 얻으십시오! 왜 지금이 아니란 말입니까? 그 이유가 정녕 당신이 그분을 영접하는 것이 무엇인지 혹은 그분을 믿는 것이 무엇인지 이해하지 못해서입니까? 그것은 정녕 세상에서 가장 단순한 일입니다. 그것은 너무나도 단순하여, 우리가 그렇게 쉽게 표현할 수 있는 것인지 사람들이 믿지 못할 정도입니다. 정말이지 단순하고말고요. 믿음은 단순히 그리스도를 신뢰하는 것입니다. 그리스도를 신뢰하면 새로운 생명과 죄로부터의 구원을 얻게 됩니다. 나는 때때로 아이작 와츠(Isaac Watts. 1674-1748. 찬송가 저자. 영국 비국교파 목사) 씨의 방식으로 그것을 표현합니다.

>"한 죄 많고, 약하고, 무력한 벌레가
>그리스도의 친절한 팔에 떨어지네."

하지만 한 번은 내가 설교를 마친 후에 한 젊은이가 내게 말했습니다. "목사님, 나는 떨어질(fall) 수가 없네요." 내가 대답했습니다. "오 친애하는 이여, 그러면 내가 어떻게 말해야 할지 모르겠군요. 내 말은 당신이 그렇게 할 수 있다는 의미가 아닙니다. 오히려 당신의 모든 노력을 중지하고 그냥 떨어지는 것, 혹은 좀 더 이해하기 쉽게 말하자면, 당신이 똑바로 설 수 없기 때문에 그냥 넘어지는 것입니다. 내 말은 바로 그런 의미입니다." 내가 나 스스로를 구원할 수 없기 때문에, 나는 그리스도의 팔 안으로 떨어지는 것입니다. 나 자신의 무언가를 붙드는 것을 중지하고, 단순히 그분에게 내려앉는 것입니다. 당신은 말합니다. "하지만 틀림없이 그 이상의 무언가가 있을 것입니다." 그 이상의 무언가는 없습니다. 예수님이 그리스도이신 것을 당신이 믿는다면, 당신은 하나님께로 난 자가 되는 것입니다. "믿고 세례를 받는 사람은 구원을 얻을 것이요 믿지 않는 사람은 정죄를 받으리라"(막 16:16). 그분을 마음으로 믿고 입으로 시인하는 자는 구원을 얻을 것입니다(롬 10:9-10). "오, 하지만 나는 무언가 신비로운 것을 해야만 합니다. 아니면 나를 초월하는 무언가를 지금 느껴야만 합니다. 반드시 그래야만 합니다." 그런 식으로 당신은 하나님을 거짓말하는 분으로 모독하는 것이며, 영원한 생명을 당신에게서 멀어지게 하는 것입니다.

오랫동안 바다에 있었던 어떤 배에 관한 이야기를 읽은 적이 있습니다. 선장은 배의 위치를 측정할 수 없었습니다. 그 배는 거대한 아마존 강 어귀에 이르도록 표류했습니다. 그것이 강인지도 모른 채 오랫동안 강을 따라 오르내리기를 거듭한 후에, 배에 물이 떨어졌습니다. 다른 배가 지나가는 것을 보고서, 그들은 신호를 보냈습니다. 그리고 말을 주고받을 수 있을 정도로 가까워졌을 때, 그들은 외쳤습니다. "물! 우리는 물이 없어 죽어가고 있습니다!" 이 대답이 되돌아왔을 때 그들은 크게 놀랐습니다. "퍼 올리세요! 퍼 올리세요! 당신은 지금 강에 있습니다. 당신 주변의 모두가 물입니다." 그들이 할 일이라곤 양동이를 던져 내리는 것뿐이었고, 그들은 마시고 싶은 만큼 물을 마실 수 있었습니다. 여기 가련한 영혼들이 외치고 있습니다. "주여, 내가 구원을 얻으려면 무엇을 해야 하나요?" 해야 할 큰 일은 이미 끝났고, 그들에게 남은 일은 거저 주시는 영생의 선물을 받아들이는 것이 전부입니다. 당신이 무엇을 해야 합니까? 당신은 일생 동안 충분히 일해 왔으나, 당신의 행위로써 당신 스스로를 망쳐 왔습니다. 그것이 해야 할 질문이 아닙니다. 해야 할 질문은 "주여, 당신께서 무슨 일을 행하셨습니까?"입니다. 그 대답은 "다 이루었다. 내가 그 모든 일을 이루었으니 단지 와서 나를 믿으라"입니다. 죄인이여, 당신은 은혜와 자비의 강에 있습니다. 그 양동이를 던져 가득히 떠서 마시십시오. 그 은혜의 강에서 당신은 결코 목마르지 않을 것입니다.

강물은 강둑을 따라 달리는 모든 개에게 무료입니다. 강가에 서 있는 모든 소들도 얼마든지 마실 수 있습니다. 하나님의 은혜의 물도 모든 죄인에게 무상입니다. 그가 어떤 죄인이건, 예수님께 오기만 하면 마실 수 있습니다. 그 강은 오늘 밤 당신 가까이에서 흐릅니다. 그대 목마른 자여, 고개를 숙이고 그 물을 마시고 생명을 얻으십시오. 하지만 당신은 이렇게 말하는군요. "나는 내가 지금 하는 것과는 다른 것을 느껴야 해." 또 한 사람이 말합니다. "오, 나는 아직 상한 심령을 갖지 못했어." 그리스도에게 오십시오. 그러면 그분이 당신의 마음을 깨뜨리실 것입니다. "하지만 저는 저의 필요를 절박하게 느끼지 못하고 있어요." 그리스도에게 오십시오. 그분이 당신의 필요를 느끼게 해주실 것입니다. "오, 하지만 나는 아무것도 아니랍니다!" 당신은 그리스도께서 기뻐하시는 바로 그 사람입니다. 당신을 위해 그분이 모든 것이 되어 주실 것입니다.

과수원에 과일이 달린 저 아름다운 나무를 보십니까? 그것은 배나무입니다. 그 나무는 꼭대기에서 바닥까지 열매로 덮여 있습니다. 나는 그런 광경을 본 적이 없다고 생각합니다. 모든 가지가 아래로 숙이고 있습니다. 어떤 가지들은 그 감미로운 무게 때문에 금방이라도 부러질 것 같습니다. 가지가 부러지는 소리를 들을 때, 나는 나무가 말하는 소리를 들을 수 있습니다. 무어라고 말할까요? 나무는 말합니다. "광주리, 광주리, 광주리! 광주리들을 가져와요!" 자, 그러면 누가 광주리를 가지고 있습니까? 저기 한 친구가 외칩니다. "제가 하나 가지고 있어요. 하지만 그것은 쓸모가 없네요. 그 속에 아무것도 담겨 있지 않으니까요." 친구여, 그것을 가져오십시오. 그것이 바로 나무가 원하는 광주리입니다. 저기 있는 한 사람이 말합니다. "오, 나에게는 광주리가 있어요, 멋진 광주리이지요. 바로 이것이랍니다. 그것은 꼭대기에서 바닥까지 가득 차 있답니다." 그 광주리는 당신이 가지고 있는 편이 좋겠습니다. 열매로 가득한 내 나무에는 쓸모가 없겠군요. 어디 빈 광주리가 없습니까? 누구든 빈 광주리를 가지고 있는 사람 없습니까? 당신이 그것을 가지고 오십시오. 와서 그 나무에서 당신이 원하는 만큼 따십시오. 당신의 빈 광주리들을 모두 가져오십시오. 수백만 개의 광주리라도 가져오십시오. 모두 비어 있는 광주리여야 하고, 거기에 가득히 채우십시오! 당신은 우리가 갈수록 늘어가는 열매로 광주리를 채우고 있다는 것을 알아챘습니까? 우리가 광주리를 채울수록 처음보다 더 많은 열매가 남아 있습니다. 이 마르지 않는 나무는 갈수록 더 많은 열매들을 맺습니다. 우리는 할 수 있는 한 신속히 그 열매를 따야 합니다. 주 예수님께 필요한 것이 있다면, 하나님께서 그분 안에 간직하신 충만함으로부터 은혜를 받을 빈 영혼의 광주리입니다.

하나님이 그분의 이름을 위하여 여러분 모두에게 복 주시기를 빕니다. 아멘.

제
26
장

—

최상의 떡

—

"내가 곧 생명의 떡이로다." — 요 6:48

여기서 우리 주님은 그분 자신에 관해 말씀하고 계십니다. 그분은 단지 그분의 말씀이나, 그분의 일이나, 그분의 사역에 대해 말씀하시는 것이 아니라 그분 자신에 대해 말씀하십니다. "내가 곧 생명의 떡이로다." 여기서 그분은 우리 모두에게 눈을 주로 그분의 복되신 인격에 고정하고, 그분 자신을 가장 우선적으로 그리고 가장 중요하게 생각하라고 가르치십니다. 그분은 만물의 중심이며 생명이십니다. 우리 모두에게는 예수님으로부터 멀어지려는 성향이 있으며, 원천이신 머리보다는 거기서 흘러나오는 시내를 바라보려고 합니다. 왜 우리는 태양 자체보다 빛에 반짝이는 유리 조각들에 더 관심을 기울일까요? 하나님의 낙원 한가운데 있는 저 생명의 나무, 우리는 그것을 먹기를 잊고 있습니다. 그리고는 낙원의 경계선을 배회하며, 선악을 알게 하는 금지된 나무의 열매를 따려고 합니다. 나는 우리의 사역이, 그리고 특별히 나의 사역이, 십자가에 붙들어 매어지기를 바랍니다. 나는 오직 예수님 외에는 여러분에게 전할 다른 주제를 갖고 싶지 않습니다. 모세와 엘리야는 그들의 위치에서 충분히 잘 했습니다. 하지만 그들이 사라질 때 예수님이 더 잘 보입니다. 우리는 모세와 엘리야를 잃어버림으로써 얻는 자가 되는 것입니다. 만일 내가 동이나, 은이나, 금을 위해 땅을 판다면, 오직 금만 발견하는 것을 손해라고 여기지 않을 것입니다. 예수님만 제외하고는 모든 것을 잃어버려도 잃어버리는 것이 아닙니다. 당신이 단(Dan)에서부터 브엘세바(Beersheba)에 두루 다니는 것이 죄를 짓는 것은 아닙니다. 두 장소 사이는 모두 거룩한 땅이기 때문입니다. 하지만 거기서 거닐기보다는, 골고다에 머물며 오직 십자가에 달리신 예수님에 대해 말하는 것으로 만족하는 자가 가장 지혜로운 자입니다.

어떤 위대하고 지혜로운 사람이 말했습니다. "하나님이 금하십니다. 내가 우리 주 예수 그리스도의 십자가 외에는 자랑하는 것을 금하십니다"(갈 6:14, KJV). 바울은 그 시기에 교양 있는 사람들의 사변(思辨)에 매혹당하거나, 혹은 영향을 받는 일도 끔찍한 재앙으로 간주했을 것입니다. 그는 오직 저 속죄의 제물만이 온통 탄복할 만한 것으로 느꼈으며, 다른 어떤 것에도 감탄하지 않았습니다.

그가 철학적 강연을 좋아하는 지혜로운 자들 사이에서 어떻게 느꼈던가를 우리는 알고 있습니다. 그들에게 그는 이렇게 말했지요. "내가 너희 중에서 예수 그리스도와 그의 십자가에 못 박히신 것 외에는 아무것도 알지 아니하기로 작정하였음이라"(고전 2:2). 그는 청중들의 견해에 동조함으로써 그들을 기쁘게 하려고 애쓰지 않았습니다. 그들이 한쪽 방향으로 나아갈수록, 그는 더욱 다른 방향으로 나아갔으며, 더욱 확고하게 그들의 오류와 반대로 행동했습니다. 그들의 식견이 광범위했기 때문에 그는 스스로를 좁혀 십자가의 한 가지 주제에만 집중했습니다. 이런 시대에는, 즉 세상이 인간의 생각으로 만들어 낸 우상에 열광하는 시대에는, 어느 때보다 더 엄격한 것이 지혜로울 수 있습니다. 바울의 결심처럼 굳게 서는 것이 상책이지요. "내가 너희 중에서 예수 그리스도와 그의 십자가에 못 박히신 것 외에는 아무것도 알지 아니하기로 작정하였음이라."

나의 형제들이여, 우리 주님이 청중들에게 생명의 떡(양식)으로 제시하신 것은 그분 자신(Himself)이었습니다. 그분은 어떤 교리나 규정이나 혹은 명령에 대해 언급하시지 않고, 오직 그분 자신에 대해 언급하셨습니다. 그분이 말씀하십니다. "내가 곧 생명의 떡이로다." 그러므로 그분에 대해서 생각하도록 합시다.

영적인 생명을 가진 여러분이 주 예수님에게서 양식을 공급받는 일은 최고로 중요합니다. 계시된 것을 모두 아는 것은 좋은 일입니다. 하나님의 모든 말씀은 선하고 유익하기 때문입니다. 모든 성경은 이로운 것입니다. 하지만 가정에서 먹는 일상의 떡처럼, 우리가 자라고 튼튼해지기 위해 자양분을 얻는 본질적인 양식은 그리스도 그분 자체이십니다. "내가 곧 생명의 떡이로다." 예수님 안에서가 아니면 우리는 다른 어디에서도 떡을 얻을 수 없습니다. 그분을 떠나 다른 곳에서 어떤 부차적인 것들, 예를 들어 조미료나, 장식이나, 식탁 등을 발견하고 얻을 수도 있습니다. 하지만 그 떡, 실제로 필요한 양식, 잔치의 본질은 그리스도 자신이십니다. 그러므로 우리의 설교를 그분과 더불어 시작하고, 그분과 더불어 지속하고, 그분과 더불어 마치도록 하겠습니다.

하지만 지금, 이와 같은 주제에 대해 전해야 할 때, 나는 본문으로부터 시작하는 것이 필요하다고 생각합니다. "내가 곧 생명의 떡이로다." 형제들이여, 떡(양식)이란 남자와 여자들의 생존을 위한 것입니다. 떡은 무덤에서는 아무 소용이 없습니다. 우리가 떡을 무덤으로 가져갑니까? 우리가 무덤의 돌을 굴려낼 것입니까? 세마포에 쌓여 있는 시신들을 끌어내야 합니까? 우리가 그 핼쑥한 송장들을 바로 세우고 식탁에서 그들과 마주 앉을 것입니까? 무슨 목적으로 그런단 말입니까? 그런 일은 끔찍한 조롱이 될 것입니다. 만일 당신이 떡을 그곳에 둔다면, 그런 후 밤 열두시에 그 역겨운 연회실을 다시 방문한다 해도, 그 떡은 여전히 손대지 않은 채로 남아 있을 것입니다. 생명이 없는 곳에는 떡이 필요 없기 때문입니다. 그와 마찬가지로, 내 설교를 시작하는 시점에, 여러분 중 몇 사람은 이렇게 말할 것입니다. "떡은 살아 있는 사람들에게나 필요한 것입니다. 깨어난 남자와 여자들을 위한 것입니다. 우리가 어떻게 그리스도를 먹을 수 있겠습니까? 우리는 죄와 허물로 죽었는걸요." 아주 제대로 말했습니다. 하지만 그런 경우에 대답해줄 놀라운 말이 있습니다. 들으십시오! 그 떡은 아주 특별한 떡이어서, 죽은 사람의 입에 넣으면 그가 살아나게 됩니다! 그것은 하늘에서 내려온 떡이어서, 사람이 먹으면 영원히 살게 되는 떡입니다!

주 예수 그리스도는 살아 있는 떡입니다. 우리가 빵 굽는 자에게서 사는 떡은 그 자체로는 죽은 것입니다. 만일 당신이 그것을 죽은 자의 입술 사이에 넣어준다 해도, 그 접촉에서 어떤 일도 생기지 않습니다. 하지만 우리 주 예수 그리스도는 살아 계신 떡입니다. 그러기에, 그분이 거듭나지 못한 죽은 자의 입술을 만지시면, 생명이 그 속에 들어오게 됩니다. 그분은 심지어 죄 속에서 죽은 자들에게도 생명을 가져오십니다. 그분이 말씀하십니다. "청년아 일어나라"(눅 7:14). 그러자 그가 관에서 일어나 앉았습니다. 그분이 한 소녀의 손을 잡고서 말씀하십니다. "달리다굼, 소녀야 일어나라"(막 5:41). 그러자 죽었던 그 소녀가 일어나 앉았습니다. 그분은 죽어 악취를 풍기고 있을 나사로를 부르십니다. "나사로야 나오라"(요 11:43). 그러자 그가 수의를 입은 채로 나옵니다. 수족을 동여 맨 천을 끌면서 그 습하고 차가운 무덤에서 걸어 나옵니다. 오, 이 분은 얼마나 놀라운 그리스도이신지요! 그분은 산 자들을 위한 떡이실 뿐 아니라, 죽은 자들을 위한 생명이기도 하십니다! 기도할 수 있는 당신은 기도하십시오. 그분이 바로 지금 이곳에 오실 것입니다. 그리고 사망의 음침한 골짜기에 있는 자들에게 생명이 되어주심으로써, 그들은 살게 될 것입니다. 그들이 살 때, 이 본문이 그들에게는 얼마나 유쾌한 말씀이 되겠습니까? 왜냐하면 목숨은 떡을 필요로 하고 그것을 먹고서 지탱될 수 있으니까요! 만일 우리가 생명을 얻는다면, 우리가 첫째로 필요로 하는 것은 그 생명을 지탱할 양식입니다. 여기 이 본문의 말씀이 있습니다. "내가 곧 생명의 떡이로다." 당신이 새롭게 발견하게 된 필요를 예수님이 충족시켜 주십니다. 당신이 새롭게 얻게 된 부족함을 예수님이 공급해 주십니다. 당신의 배고픔과 갈증은 모두 충족될 수 있습니다. 오십 가지나 되는 양식에 의해서가 아니라, 단 한 가지 양식 곧 예수 그리스도 그분 자신에 의해 채워집니다. 그분 안에는 영적인 생명이 필요로 하는 모든 것이 충만합니다.

1. 예수 그리스도는 새 생명이 필요로 하는 모든 것을 충족시키신다.

그 점을 출발점으로 삼아, 이 본문에서 먼저 살펴보고자 하는 것은 예수 그리스도는 새로운 생명의 모든 필요를 정확히 충족시켜 주신다는 것입니다. 사람이 하나님을 향하여 거듭나고 새 생명을 얻을 때, 그에게는 새로운 필요, 새로운 소원, 새로운 고통, 새로운 갈망이 생겨납니다. 그는 필요와 갈망으로 가득한 새로운 상태로 들어가게 됩니다. 주 예수 그리스도께서 그 새로운 상태의 필요를 정확히 채워 주십니다. 알맞은 열쇠가 자물쇠의 홈에 정확히 맞듯이 그리스도께서도 새로운 마음과 정직한 영에 꼭 맞습니다. 그분은 우리 영혼의 비밀에 어떻게 손을 대실지 아시고, 우리의 신비로운 필요들을 어떻게 채우셔야 하는지도 아십니다.

본문에 따르면, 주 예수 그리스도는 이상적인 떡이시며, 인간의 영적 배고픔을 위한 이상적인 양식이십니다. 감사할 줄 아는 이스라엘 사람들은 만나의 형태로 광야에서 내린 것과 같은 떡이 세상에 달리 없다고 진실하게 판단했습니다.

그것은 매우 놀라운 떡이었습니다. 그렇지 않습니까? 사람들은 천사의 음식을 먹고서 그것이 그들에게 유익한 것을 알았습니다. 그들은 아침에 나가서 만나를 거두었습니다. 그리고 그것이 그들을 지탱시켜 주는 놀라운 양식인 것을 알았습니다. 그것은 저 크고 험한 광야를 지나는 사람들에게는 이상적인 양식이었습니다. 우리가 무엇을 먹어야 하는지에 대해 다양한 이론들이 있습니다. 어떤 사람은 말하기를, 만일 누구든지 류머티즘으로 고생한다면 그 사람은 하루에 아주 많은 양의 고기를 먹어야 한다고 했습니다. 다른 의사들은 열을 내며 말합니다. "당신은 고기에 손도 대어서는 안 됩니다. 그것을 먹으면 증세가 심해질 겁니다. 당신은 엄격하게 채식을 해야 합니다." 나는 이 박식한 사람들이 아는 것에 있어서는 이 사람이나 저 사람이나 크게 차이가 없다고 믿습니다. 그리고 그들 모두가 아는 지식을 합한다 해도, 그 지식의 양은 건강과 질병에 대한 모든 지식을 포괄하기에는 지극히 적을 것입니다. 하지만 우리가 아는 한 가지가 있습니다. 그것은 이스라엘 백성들이 광야에서 먹었던 떡, 곧 만나는 최상에 속하는 음식이었다는 것입니다. 그것은 하나님이 친히 발명하신 것입니다. 사람을 창조하신 하나님께서는 사람의 목숨이 어떤 영양소를 필요로 하는지를 가장 잘 아십니다. 그것은 탄산가스로 부풀린 공갈빵이 아니었으며, 지상의 효모가 혼합되지 않은 천상의 떡이었고, 하늘에서 직접 떨어진 음식이었지요. 건강하고 활동적으로 힘들고 고된 삶을 견디기 위해서는, 사람이 먹기에 최상의 음식이었던 것입니다.

자 이제, 만나가 그들의 몸에 이상적이었고 그 속에 아무 해로운 것이 없던 것처럼, 우리 주님도 영혼에 대해 그러하십니다. 그분 안에는 사람들을 위한 생명이 있으며, 질병이나 죽음은 없습니다. 만나 속에는 어떤 혼합물도 없었습니다. 그것은 완벽하게 순수한 양식이었습니다. 그와 마찬가지로 주 예수 그리스도께서 영적인 생명에 대해 그러한 양식이 되십니다. 그분은 하늘에서 내려온 떡입니다. 그분은 참된 양식입니다. 만약 우리의 영혼이 그리스도를 의지해서 산다면, 다른 어떤 것 없이 그리스도만을 의지해서 산다면, 마음속에 어떤 질병도 생기지 않을 것입니다. 그분은 판단을 왜곡하지 않으실 것입니다. 그분은 헛된 망상을 자극하지 않으실 것이며, 욕망을 흥분시키지 않으실 것입니다. 이 완벽한 떡만을 먹고 사는 자는 완벽한 인간이 될 것입니다. 형제들이여, 만일 당신이 최상의 형태의 거룩함을 열망한다면, 인간은 그가 먹는 것에 의해 형성되며,

최상의 인간성을 위해서 최상의 양식을 필요로 한다는 것을 기억하십시오. 어떤 누에들은 그들이 먹는 잎에 의해 명주실에 색깔을 입힙니다. 그처럼 만일 우리도 그리스도를 양식으로 삼는다면, 그리고 그리스도 외에 아무것도 먹지 않는다면, 우리는 순수하고, 거룩하고, 소박하고, 부드럽고, 온유하고, 겸손한 사람이 될 것입니다. 한 마디로, 우리는 그분처럼 완벽하게 될 것입니다. 이 얼마나 놀라운 양식입니까! 오 나의 형제들이여, 만일 당신이 영혼의 양식으로서 예수님의 살과 피를 맛본 적이 있다면, 당신은 내가 공허한 말을 하고 있지 않다는 것을 알 것입니다! 믿음과 사랑과 인내와 기쁨을 위해 우리 구주이신 예수님을 양식으로 삼아 사는 것보다 더 좋은 것은 없습니다. 이 하늘의 떡을 맛본 적이 없는 사람은 이 말씀에 귀를 기울이는 편이 더 좋을 것입니다. "너희는 여호와의 선하심을 맛보아 알지어다"(시 34:8).

주 예수 그리스도는 이상적인 떡일 뿐만 아니라, **그분은 충분한 떡이십니다.** 이스라엘 백성들이 광야에서 먹었던 만나는 그들이 진정으로 필요로 하는 모든 것이었습니다. 그들은 육체를 위한 욕망으로 부르짖기 시작했으며, 부추와 마늘과 양파를 바라며 한숨지었습니다. 그것들은 그들이 애굽에 사는 동안 그들의 거듭나지 못한 미각을 매혹하던 것이었습니다. 그들의 입맛은 천한 것이었습니다. 천사들의 음식에 싫증이 나면서 좀 더 기름지고, 좀 더 맛이 강하고, 좀 더 칼로리 높은 것을 그리워함에 따라, 틀림없이 그들의 몰골도 추해져 갔을 것입니다. 해로운 것을 그들은 원했습니다. 그들이 지혜롭고 옳았다면, 그들은 만나 속에 그들에게 적합하고 필요한 모든 것이 있음을 알았을 것입니다. 왜냐하면 인간을 만드신 하나님께서 만나를 만드셨기 때문이며, 또한 그분은 인간에게 필요한 것이 무엇인지를 정확히 아셨기 때문입니다. 그분은 하늘의 화덕에서 인간에게 떡을 내려주셨습니다. 신선하고 따뜻한 떡을 매일 아침마다 내려주시어 사람이 먹고 배부르게 먹도록 하셨습니다. 하지만 과식하여 물리지 않을 정도로, 악한 식탐마저 채울 정도로 먹지는 못하게 하셨습니다. 그들은 만나를 "가벼운 떡"(light bread, KJV. 한글개역판은 '박한 식물'로, 한글개역개정판은 '하찮은 음식'으로 되어 있음)이라고 불렀습니다(민 21:5). 하지만 항상 행진해야 하는 사람들에게 소화하기 쉬운 가벼운 음식이 아니면 어떤 음식을 주어야 하겠습니까? 우리 주 예수님은 가르침에 있어서 단순하십니다. 하지만 여행 중에 너무나 길을 잘못 들기 쉬운 우리들이, 달리 어떤 교훈을 바라야 하겠습니까?

　　나의 형제들이여, 만일 우리가 오직 예수 그리스도만을 붙들고, 그분만을 양식으로 삼는다면, 그분은 우리에게 충분하십니다. 크게 수고하는 자들에게나, 고통이나 슬픔 중에 있는 자들에게도 충분하십니다. 그분은 또한 아기처럼 가장 연약한 자들에게도 충분하신데, 그분은 불순물이 섞이지 않은 신령한 젖이시기 때문입니다. 그분은 강한 양식을 필요로 하는 장성한 자들을 위해서도 충분하십니다. 그분의 살은 진정한 양식이십니다. 당신의 영적인 남자다움을 위한 뼈, 연골, 근육, 두뇌, 그 외에 당신이 필요로 하는 모든 것이 그리스도 안에 있습니다. 당신이 그분을 양식으로 삼는다면, 그분은 당신을 튼튼하게 세우실 것입니다. 한 쪽 면에서만 아니라 모든 면에서 그리하실 것입니다. 당신은 그분 안에서 완벽해집니다. 모든 필요한 면에서 온전히 구비될 것입니다. 예수 그리스도는 그분의 백성들의 모든 필요를 하늘의 풍족함으로 채우십니다.

　　그리고 그리스도 안에는 만나 안에 있던 모든 달콤함이 있습니다. 나는 만나가 정확하게 어떤 맛이었는지 당신에게 말할 수는 없습니다. 이스라엘 백성 중 일부가 그 맛이 "꿀 섞은 과자 같다"고 말했습니다(출 16:31). 유대인들의 개념으로는 그 맛이 모든 사람들의 입맛에 맞았다는 것입니다. 사람에 따라 이런저런 맛을 좋아할 수 있지만, 만나는 누구의 입맛에도 맞았으며, 각 사람의 개인적이고 독특한 미각을 만족시켰다는 것입니다. 우리 주님에게도 정확하게 나를 기쁘게 하는 달콤함이 있다는 것을 나는 압니다. 나는 그것을 표현할 길이 없습니다. 여러분 각 사람이 스스로 그 맛을 알아야 하기 때문입니다. 나는 우리 주님께 당신을 만족하게 하는 맛과는 별개로, 나를 만족하게 할 수 있는 맛이 있다고 믿습니다. 우리의 환경과 소원들은 제각각 다를 수 있기 때문입니다. 하나님의 교회는 주님 안에서의 기쁨의 공동체이면서, 동시에 각 신자들은 그 자신만의 특별한 기쁨이 있습니다. 모든 이스라엘이 가나안 전부의 소유권을 주장할 수는 있었지만, 각 이스라엘 사람은 그 땅에서 자기 자신만의 작은 분깃을 소유했습니다. 그와 마찬가지로 모든 신자들이 그리스도의 전부에 대한 권리를 주장할 수 있지만, 각 신자에게는 전적으로 그 자신만의 특별한 분깃이 있습니다. 오, 하늘에서 내려온 떡에 있는 달콤함이여! 당신은 그것을 알고 있습니까? 나는 당신이 그러리라고 믿습니다. 만일 그렇다면, 당신에게 더 이상 말할 필요가 없을 것입니다. 당신이 예수님을 사랑한다면, 당신은 어떤 새로운 것도 바라지 않습니다. 현대의 복음들은 모든 방면에서 출현하고 있습니다. 당신은 그것을 들은 적이 있을 것입니다. 하지만 내가 감히 말하건대, 그 설교자들은 그들의 새 복음을 전하면서 내가 옛 복음을 전하면서 얻는 기쁨을 얻을 수 없습니다. 나는 스스로에게 말합니다. "오, 그들은 나보다 더 설교를 잘할 수 있습니다. 그들은 더 똑똑한 부류의 사람들일 수 있습니다. 하지만 그들은 내가 가진 설교의 주제를 갖고 있지 않습니다." 내가 그리스도와, 그분의 보혈과, 영원한 사랑과, 언약의 안전성을 전하기 위해 일어설 때, 나는 그들 모두를 능가할 수 있습니다. 그런 주제에 대해서라면 나는 세상에서 가장 명성 있는 웅변가와도 경쟁할 수 있습니다. 내가 이런 주제들에 대해 말할 때, 나의 입술은 진주들과 다이아몬드들을 떨어뜨립니다. 형제들이여, 우리가 당신에게 주 예수님을 선포할 때, 우리는 상쾌한 바다를 항해하는 것입니다. "현대 사상"의 풋내기들은 사해(Dead Sea)이지만, 하지만 우리의 복음은 생명수의 대양입니다. 전하는 주제로서 그리스도를 가진 사람은 천사들도 시기할 만한 주제를 가진 것입니다. 천사들은 이렇게 외치겠지요. "우리 아래로 내려갑시다. 그리고 예수님과 그분의 사랑을 인류에게 전합시다." 형제들이여, 내게는 이 강단이 보좌입니다. 내가 주 예수 그리스도를 주제로 삼고 전력을 다하여 전할 때, 나는 스랍 천사들과도 지위를 바꾸지 않을 것입니다. 우리의 동료 인간들에게 예수님과 같은 구주에 대해 말한다는 것은 천상의 기쁨입니다. 모든 종류의 기쁨들이 그분의 지극히 복되신 이름 안에 간직되어 있기 때문입니다. 예수님께서 "내가 곧 생명의 떡이로다"라고 말씀하셨을 때 그 의미는 이것이었습니다. "나는 최상의 떡이다. 가장 만족스러운 떡이며, 맛있는 떡이며, 다른 어디에서도 찾을 수 없는 떡이다."

또한, 그것은 광야에 적합한 떡이었습니다. 이스라엘 부족들로서는, 애굽에서 먹었던 고기로 배를 채우거나 혹은 그들이 가나안에 들어갔을 때 즐겼던 곡식을 먹는 편보다도, 그들 스스로 "가벼운 떡"이라고 불렀던 것을 먹는 편이 훨씬 좋았습니다. 만나는 그 기후와 그들의 상황에 적합한 음식이었으며, 주님께서 그것을 아셨습니다. 그와 마찬가지로, 이 눈물의 골짜기의 세상에서 우리에게 가장 적합한 양식은 그리스도 예수이십니다. 나는 천상에서 그런 양식이 없다고 믿습니다. 하지만 노동과 눈물이 있으며, 수고와 근심이 있고, 염려와 변화들이 있고, 전쟁과 재난이 있으며, 두려움과 초조가 있는 이 세상에서, 주 예수님처럼 적합한 분은 없습니다.

"예수님, 사랑의 당신은 마음의 기쁨!
당신은 생명의 샘! 당신은 사람들의 빛!
당신의 기쁨을 온 땅에 나누어 주고
우리는 다시 채워지려 당신께 돌아옵니다.

우리는 당신을 맛봅니다, 오 생명의 떡이시여,
당신 안에서 오래도록 잔치를 즐깁니다!
우리는 당신을 마십니다, 생명의 원천이시여,
영혼의 목마름을 당신에게서 채우나이다."

예수님은 당신이 천국과 하나님께로 가는 도중에 당신이 필요로 하는 모든 양식이십니다.

사랑하는 친구여, 내가 이 요점에 대해 더 말해야 하는 것은 그것을 맛보라는 것입니다. 나는 이 요점에 관해 매우 실제적이 되고 싶으며, 그리고 진지하게 말하고 싶습니다. 맛보아 아십시오. 하늘에서 내려온 이 떡이 얼마나 만족케 하고, 얼마나 적합하고, 얼마나 달콤한지를 알고 싶다면, 그것을 맛보십시오.

당신에게 한 조각을 건네게 해주십시오. 주 예수님은 영원하신 하나님의 아들이시면서 또한 인간이십니다. 우리와 같은 인간이시지요. 그분은 우리의 "모든 환난에 동참하셨습니다"(사 63:9). 그분은 친히 우리의 약함을 짊어지셨으며, 그분은 지금 이 순간에도 "위급한 때를 위하여 나신 형제"이십니다(잠 17:17). 이 자양분 있는 떡 한 조각이 영혼을 먹이지 않겠습니까? 나는 시험을 당하고, 고초를 겪었으며, 짐을 진 사람이며, 나의 구속자께서도 그러하십니다. 하나님의 보좌에 앉으신 그분이 그러하십니다. 나는 기도 중에 몸을 굽히고, 탄원 중에 힘겹게 씨름합니다. 그분도 그러셨습니다. 그분은 "죄인들이 자기에게 거역한 일을 참으셨습니다"(히 12:3). 형제들이여, 자매들이여, 당신이 겪은 경험치고 그분이 겪지 않으신 것이 없습니다. 혹시 당신에게 집이나 또는 거처, 혹은 밤을 지낼 침상이 없습니까? "인자는 머리 둘 곳이 없다"(마 8:20). 그분은 고난의 쓴 잔을 우리와 함께 나누셨습니다. 자, 이분이 최상의 양식이 아닙니까?

"어찌 내가 궁핍이나 시험이나 괴로움을 불평하리?
그분이 겪으신 것을 내게 들려주시네.
그분의 말씀으로 나는 안다네, 구원의 상속자들은
많은 환난을 거쳐 그들의 주님을 따라가리라.

누구도 상상할 수 없는 그 쓰디쓴 잔을
죄인들을 살리기 위해 그분이 마셨다네!
그분의 길은 내 길보다 더 거칠고 어두웠으니
그리스도 나의 주께서 가신 길을 내가 어찌 불평하리?"

우리 형제이신 예수님의 체휼하심은 슬퍼하는 사람들을 위한 생명의 떡입니다.

자, 같은 덩어리의 또다른 조각입니다. 그분이 죽으셨습니다. 그분이 그 머리를 숙이시고 숨지셨습니다. 그분이 죽으신 것은 죄와 죄인들 때문이었습니다. "친히 나무에 달려 그 몸으로 우리 죄를 담당하셨으니"(벧전 2:24). 그분이 완전한 속죄로 하나님의 공의를 만족케 하심으로써 우리의 죄를 제거하셨습니다. 그분을 믿는 자들에게는 죄가 그쳤습니다. 그분이 우리 대신 벌을 받으시고, 우리 빚을 청산하셨기 때문입니다. 하나님께서는 그리스도께서 위하여 형벌을 당하신 자들에게 벌을 내리시지 않습니다. 그분은 같은 빚을 먼저 보증인에게 받고, 후에 죄인에게 받는 식으로 이중으로 징수하지 않으십니다. 그럴 수가 없습니다. 대속의 제물은 최상의 양식입니다. 진정한 속죄는 영혼을 위한 가장 만족스러운 음식입니다. 나는 그것이 진실이라는 것을 압니다.

가련한 죄인이여, 당신이 이 떡을 먹을 수 있다면 당신은 더 이상 배고프지 않을 것입니다! 그리스도의 대속의 제물에 관한 영광스러운 가르침을 통해 당신은 그분의 살이 진정한 양식이요, 그분의 피가 진정한 음료인 것을 발견할 것입니다.

나는 그분의 부활, 그분의 영광스러운 승천과 아버지 우편에 계심, 그리고 그분의 재림과 관련해서도 나의 주님을 생명의 떡으로 제시하려고 합니다. 그분은 하나님 아버지 우편에 계셔서 죄인들을 위하여 중보하고 계십니다. 그분은 영광 중에 다시 오실 터인데, 그 때에 대해서는 나는 알지 못합니다. 나는 이 떡 덩이에서 한 조각을 자르고 싶습니다. 나는 당신에게 그분과의 교제에 대해 말하고 싶고, 그분이 우리를 사랑하는 자로 받아주시는 것과, 우리의 대변자로서 그분이 입고 계신 영광에 대해서도 말하고 싶습니다. 하지만 그러지 않겠습니다. 이 본문에 대한 소개는 이미 충분합니다. 예수님이 친히 말씀하시도록 합시다. "내가 곧 생명의 떡이로다." 확실히 우리 주 예수님과 같이 만족스럽고 풍성히 열매 맺는 주제는 없습니다. 오, 모든 목사들이 이 주제에 대해서만 말한다면 좋으련만! 왜 이 하늘의 떡을 남겨두고서 만족스럽지 못한 다른 찌꺼기들을 주제로 삼는단 말입니까?

좋습니다. 그것이 우리가 기억해야 할 첫 번째 진리입니다. 즉, 예수 그리스도는 새 생명이 필요로 하는 모든 것을 충족시켜 주십니다.

2. 우리 영혼의 필요를 채우려면 그분을 영접해야 한다.

하지만 두 번째로, 예수님께서 우리 영혼의 모든 필요를 채워 주시려면 우리가 그분을 영접해야 합니다. 떡은 먹지 않으면 몸을 유지하는데 도움이 되지 못합니다. 사랑하는 친구들이여, 당신이 오늘 밤에 배가 고프고, 떡에 대해서 듣고, 내일 저녁까지 아무것도 먹지 않은 채 기다려야 하는 처지라고 생각해 보십시오. 그것은 아주 애타는 일이 되지 않겠습니까? 다시 내가 설교를 하는데, 떡에 대해 말하고, 당신은 토요일까지 아무것도 먹지 못한 채 주일에 와야 한다고 생각해 보십시오. 그리고 떡에 대해 두 편의 설교를 더 듣는 동안 역시 아무것도 먹지 못한다고 생각해 보십시오. 그것은 아주 견디기 어려운 일이 될 것입니다. 사십일 동안 금식을 시도하려는 사람들을 제외하고는 아무도 그런 일을 좋아하지 않을 겁니다. 떡에 대해 계속 듣기만 하고 먹지 못한다면, 그것이 당신에게 무슨 유익이 되겠습니까? 나는 어떤 성과도 기대할 수 없습니다. 당신의 식욕을 자극하지 않는다면, 당신이 먹지 않는다면, 떡에 대해 아무리 지혜로운 설교를 한들 무슨 소용이 있겠습니까? 당신이 빵집 창문가에 있다고 가정합시다. 거기서 한 시간을 서서 빵을 응시합니다. 그렇게 바라본다고 당신의 배가 부를 거라고는 생각하지 않습니다. 아니지요. 당신은 먹어야 합니다. 그렇지 않으면 손에 닿을 수 있는 거리에 빵을 산처럼 쌓아 두어도 당신은 굶주림으로 죽게 될 것입니다. 당신은 빵의 무덤에 파묻히게 될 것이며, 그 빵은 아무 소용이 없습니다. 만나조차도 당신이 먹지 않으면 당신을 살찌게 하지 못합니다. 당신은 양식을 자신 속으로 받아들여야 하며, 그렇지 않다면 그것은 당신의 양식이 아닙니다. 당신이 믿음으로 구주를 영접하지 않으면, 그분은 당신의 구주가 되지 않으십니다. 그것을 기억하십시오.

여기에 빵을 먹지 않는 한 형제가 있습니다. 그는 먹는 대신 영양 이론에 대해 연구합니다. 그는 소화와 섭취의 체계에 관한 것이라면 무엇이든 토의할 준비가 되어 있습니다. 그는 빵은 항상 어떤 특정한 방식으로 구워져야 한다는 이론을 가지고 있습니다. 그는 빵에 대해 언제든지 토의하고 또 토의할 수 있는 주제가 풍부하며, 곰팡내가 날 정도입니다. 나의 사랑하는 친구여, 당신이 원하는 대로 토의할 수는 있겠지만, 나는 먹기를 원합니다. 그리고 당신이 살고자 한다면 토론 속에 빠져 죽기보다는 조금이라도 먹는 편이 당신 자신을 위해 좋을 거라고 생각합니다. 먹는 것을 토론으로 대체하지 마십시오.

여러분 중 어떤 이들은 복음을 수년 동안 들어왔으면서도 아직 그리스도를 먹지 않았습니다. 당신은 오직 종교적으로 논쟁하는 것만을 크게 좋아합니다. 어쩌면 당신은 오늘 오후에도 무슨 "주의(ism)" 또 어떤 "주의"니 하며 토론했을지 모릅니다. 무엇 때문에 이렇게 논리를 따지기만 하는 겁니까? 왜 당신은 먹지 않습니까, 친구여? 왜 먹지 않는 것입니까? 당신의 수척한 몸이 실제적인 음식을 갈구하고 있을 때 떡에 대해 말하는 것이 무슨 소용이 있단 말입니까? 당신은 지금도 잔치에 올려진 떡을 어떤 모양으로 어떤 크기만큼 가져가야 하는가에 대해, 누구하고라도 싸울 태세가 되어 있습니다. 아니요, 아니랍니다. 나는 당신의 도전을 받아들이지 않을 것입니다! 나는 배가 고프고, 음식을 원하며, 나에게는 떡의 모양이 그리 중요하지 않답니다. 떡은 누군가 그것을 먹을 때까지는 그 사람에게 아무것도 아닙니다. 심지어 우리 주 예수님께서도 그 사람이 그분을 믿을 때까지는, 그가 그분을 영접하기까지는, 그가 그분을 자신 속으로 모시기까지는, 아무 도움이 되시지 않습니다. 한 가지 부족한 것은 그것입니다. "내가 곧 생명의 떡이로다"고 말씀하실 때, 주 예수 그리스도께서는 조용히 무언가를 암시하십니다. 그분이 스스로를 떡이라 칭하실 때, 그분은 실제로 이렇게 말씀하시는 것입니다. "나와 함께 식사에 참여하라, 나를 먹으라, 나를 먹고서 살라."

여기에 질문이 제기됩니다. 우리는 어떻게 우리 몸 안으로 떡을 섭취하듯이 그리스도를 우리 안에 받아들일 수 있을까요?

첫째로, 그분에 관해 계시된 모든 것을 믿음으로써 그렇게 합니다. 아버지의 증언, 성령님의 증언, 그분 자신에 대해 그분이 친히 하신 증언, 우리는 이 모든 증언을 성경에서 얻을 수 있습니다. 그 책을 들고, 그것을 읽으십시오. 아우구스티누스는 수년 간을 방황한 이후에 한 어린아이가 하는 말을 듣고서 하나님과의 화평을 찾았습니다. "들고서, 읽으라(Take and read)!" 나는 그 아이가 자기 자신에게 노래하고 있었을 것이라고 가정하지만, 그 노래가 두 단어만 반복하고 있었는지에 대해서는 거의 알 수가 없습니다. "톨레, 레게(Tolle, lege); 톨레, 레게; 톨레, 레게." "들고서, 읽으라." 그 음성이 마치 하나님의 음성처럼 저 혼동에 빠진 사색자의 귀를 때렸습니다. 그래서 그는 성경을 들었고, 성경을 읽었습니다. 그 책을 읽고서 머지않아 그는 그리스도를 발견했습니다. 나는 여러분 각 사람이 영혼의 안식을 발견하기 원한다면 이렇게 행하라고 호소합니다. 성경에 계시된 것을 믿으십시오. 당신은 성경을 연구하고, 그 속에서 영생을 얻을 줄로 생각하지만, 그 성경이 증언하는 것은 그리스도입니다. 만일 당신이 그리스도 그분께 간다면 잘 하는 것이고, 생명을 찾을 것입니다. 그분을 믿고, 그분을 생각하십시오. 구원에 이르게 하는 믿음의 바라봄이 예수님을 향한(to) 것이듯, 또한 그 믿음의 바라봄은 예수님으로부터(from) 옵니다. 우리는 바라봄으로써 바라보기를 배웁니다(By looking we learn to look). 우리가 그분을 알 때 우리는 그분을 믿습니다. 그리스도에 대해 말한 것을 믿으며, 그분을 의지해서 사십시오.

다음으로, 당신 스스로 그분을 믿으십시오. 그것이 모든 일의 요점이요 핵심입니다. 그분은 구주이십니다. 나는 그것을 믿습니다. 하지만 나는 더 나아가서 결심합니다. 그분은 나의 구주가 될 것입니다. 내가 그렇게 말해도 될까요? 예, 내가 그렇게 말하는 것이 허용되었습니다. 그분이 이렇게 말씀하시기 때문입니다. "내게 오는 자는 내가 결코 내쫓지 아니하리라"(요 6:37). 성경은 그분이 "이스라엘에게 회개함과 죄 사함을 주시려고" 높은 곳에 오르셨다고 말합니다(행 5:31). 그러므로 그분이 내게 회개와 죄 사함을 주실 수 있도록 나는 그분을 바라봅니다. 나는 그분을 믿으며, 그런 관점에서, 그분은 나의 것입니다. "다 이루었다"라고 그분이 말씀하셨습니다. 속죄는 완성되었고, 나는 그것이 나를 위해 완성되었다고 믿습니다. 옛 율법 하에 드리는 제사에 있어서 가장 두드러진 점은 제물을 가지고 오는 그 사람이 그 위에 손을 얹고서 이렇게 말한다는 것입니다. "이것은 나의 것입니다. 이 희생의 죽음은 나를 위한 것입니다." 누군가 말합니다. "오, 하지만 그분이 나의 것이 아닐 수도 있잖아요. 보증도 없이 내가 그분을 나의 것으로 삼는다면 무슨 소용입니까?' 그 문제에 대해 잠시 고려해 보아도, 그분은 당신의 것이 되십니다. 내가 배가 고파서 떡을 조금 먹습니다. 그리고 내가 그것을 먹은 후에 누군가 말합니다. "그것은 당신 것이 아니에요." 나는 이렇게 대답할겁니다. "그렇군요. 하지만 당신이 내게서 그것을 어떻게 가져가겠습니까? 그것이 나에게 양분을 주고 내 기운을 되찾게 했습니다. 그것은 제 것이에요. 누구도 그것을 내게서 빼앗을 수 없습니다." 당신이 보다시피 그것이 요점입니다. 만일 당신이 그리스도 예수를 당신 안으로 받아들이면, 마귀가 당신에게 그럴 권리가 없다고 말할지 모릅니다. 하지만 그는 당신이 이미 먹어 버린 것을 빼앗을 수는 없습니다. 예수님께서도 당신이 그분을 양식으로 삼았다고 당신을 비난하지 않으실 것이며, 오히려 당신 편을 들어 친히 이렇게 말씀하실 것입니다. "내게 오는 자는 내가 결코 내쫓지 아니하리라."

당신은 어떤 가난한 사람을 치안 판사 앞에 소환하고 이렇게 말할 수 있습니다. "그는 도둑입니다. 그가 내 가게에서 빵을 훔쳐갔어요." 당신은 그를 절도죄로 감옥에 넣으려 합니다. 물론 나는 그가 배고파서 그렇게 행동했다면 당신이 그러지 않기를 바랍니다. 하여간 당신이 그를 감옥에 넣는다고 해도, 당신은 그에게서 이미 먹은 빵을 빼앗아오지는 못합니다. 그와 마찬가지로 당신이 그리스도께 온다면, 그리고 그분을 당신 안으로 모셨다면, 그분은 당신의 것이며 당신은 그분에 의해 살게 될 것입니다. 예수님이 말씀하십니다. "나를 먹는 자는 나로 인해 살게 될 것이다"(참조. 요 6:58). 일단 당신이 예수님을 당신 안에 소유하게 되면 죽음도, 지옥도, 시간도, 영원도, 그분을 당신에게서 빼앗아가지 못합니다. "누가 우리를 그리스도의 사랑에서 끊으리요"(롬 8:35). 그러므로 하늘의 진리를 삼키십시오. 빨리 내려가게 하십시오. 그것이 당신의 영혼 속으로 완전히 들어가기 전에 누군가 올까 두렵습니다. 일단 그 속에 들어가면 그것은 당신 것입니다! 그들은 율법의 아홉 가지나 되는 조항을 들먹이며 소유권을 주장할 것입니다. 나는 열 가지나 되는 이유를 들어, 아니 그보다 더 많은 근거를 들어, 사람이 일단 먹은 것을 다시 빼앗는 법은 없다고 반박할 것입니다. 그리스도를 취하면, 그리스도는 당신의 것입니다. 일종의 소유로서 그리스도는 당신의 것이며, 그 소유권은 하늘의 법정에서 결코 공박될 수 없습니다.

이것이 그리스도로 양식을 공급받는 것입니다. 그분에 대해 계시된 것을 믿고, 그 다음에는 개인적인 믿음으로써 그분을 당신 자신의 소유가 되게 하는 것입니다.

더 나아가, 그리스도로 양식을 삼는 것은 그분에 대해 많이 묵상하는 것입니다. 그분을 많이 생각하십시오. 형제들이여, 성경에는 내가 읽고, 기억하고, 연구하고, 내적으로 소화함으로써, 기쁨을 얻는 많은 달콤한 교리들이 있습니다. 그 모든 것은 하나님에 대해 계시된 커다란 진리의 일부분들입니다. 하지만 내가 예수 그리스도의 고귀한 죽음과 속죄의 희생에 대해 곰곰이 묵상하는 것보다 더 큰 위로와 격려와 힘을 얻는 것은 없습니다. 그분의 희생은 원의 중심이며 빛의 초점입니다. 그분의 상처에는 마음을 끄는 신성한 매력이 있습니다.

오, 한때 상처를 입으신 신성한 머리! 오, 울어서 붉게 된 사랑스러운 눈! 침 뱉음으로 더러워졌던 그 뺨들! 나는 언제까지라도 바라보고, 감탄하며, 찬미할 수 있습니다! "그 누구보다도 훼손된" 용모에서 볼 수 있는 아름다움을 달리 온 세상에서 찾아도 찾을 수 없습니다. 이것은 모든 눈이 영원토록 보기에 충분한 광경입니다. 우리를 속량하기 위해 고난과 죽음에 내어졌던 그분의 살과 그분의 피에서 나오는 자양물처럼 우리 마음의 자양물이 되는 것은 달리 없습니다. 사랑하는 이여, 이분이 하늘의 떡입니다. 그분이 말씀하십니다. "받아서 먹으라 이것은 내 몸이니라"(마 26:26). 이 얼마나 놀라운 양식입니까! 그러한 떡에 의해 지탱되는 생명은 어떤 생명이란 말입니까!

시간이 너무 빨리 지나, 이 요점들에 대해 충분히 숙고할 수가 없군요. 오, 십자가 가까이에 사십시오! 골고다에 집을 지으십시오! 겟세마네에 자주 들르십시오! 탄원하시는 주님의 신음소리에 귀를 기울이십시오! 숨을 거두실 때의 그리스도를 많이 생각하십시오. 부활하신 그리스도에 대해 많이 생각하십시오. 다시 오실 그리스도를 고대하며 많이 생각하십시오. 당신이 그분과 더 많이 함께 있을수록, 당신의 영혼은 더욱 만족하게 될 것이며, 성화되어 가기 위해 더 큰 영향을 받을 것입니다. 그분은 골수와 기름진 것으로 당신의 영혼을 충분히 배부르게 하실 것이며, 당신의 입은 즐거이 그분을 찬미할 것입니다. 오직 그분만이 이렇게 말씀하실 수 있기 때문입니다. "내가 곧 생명의 떡이로다." 그러므로 그분을 영접하십시오. 그러면 그분이 생명의 떡이신 것을 발견할 것입니다.

3. 그리스도를 양식으로 삼지 않는 것은 확실한 죽음의 표지이다.

세 번째로, 이는 짧게 다룰 것입니다. 이 엄숙한 사실을 주목하십시오. 그리스도를 양식으로 삼지 않는 것은 확실한 죽음의 표지입니다. 무서운 사실입니다.

주 예수 그리스도께서 말씀하셨습니다. "인자의 살을 먹지 아니하고 인자의 피를 마시지 아니하면 너희 속에 생명이 없느니라"(요 6:53). 위대한 설교자라 할지라도, 그가 그리스도를 먹지 않으면 그 속에 생명이 없습니다! 뛰어난 학자라 할지라도, 그리스도를 먹지 않으면 그 속에 생명이 없습니다! 아주 학식 있는 신학자이자 명석한 논쟁가라 할지라도, 성육신하신 하나님을 먹지 않으면 그 속에 생명이 없습니다! 현대 사상의 대담한 이론가라 할지라도, 그리스도의 피에 관심을 기울이지 않거나 심지어 그것을 조롱하는 투로 언급한다면, 그 속에 생명이 없습니다! 심한 말입니다! 심한 말입니다! 예, 심하더라도 진실한 말이 부드러운 거짓말보다는 낫습니다. 하지만 이것이 확실한 검증입니다. "당신은 그리스도를 어떻게 생각합니까?" 만일 그분이 당신의 영혼에 떡이 아니라면, 당신 속에는 생명이 없습니다. 어떤 사람이 내게 이렇게 말한다고 가정합시다. "내 집 현관에 여러 해 동안 서 있는 사람이 있습니다. 그런데 그는 줄곧 한 입의 떡도 먹지 않았습니다. 식비로 한 푼도 들지 않게 했지요." 그렇다면 나는 속으로 말하겠습니다. "오, 알겠습니다. 그것은 청동인간이군요. 아니면 사람 모양으로 빚은 석고상이라는 것을 나는 압니다. 그 속에는 생명이 없는 것이 확실합니다. 만일 그 속에 생명이 있다면 그는 떡을 필요로 했을 테니까요." 우리가 먹지 않고 살 수 있다면, 그것은 아주 저렴한 생존 방식일 것입니다. 하지만 나로서는 그 비밀을 알 도리가 없고, 또 그것을 경험하고 싶지도 않습니다. 만일 당신이 생명의 떡이신 그리스도 없이 살아 보기를 시도하고 혹시 그것이 성공한다면, 나는 당신의 생명이 하나님의 백성의 생명과는 다르다고 염려할 것입니다. 왜냐하면 그들은 모두 예수님께 대해서 배고프고 목마른 자들이기 때문입니다. 오 나의 사랑하는 청중이여, 당신이 한때 신앙고백을 하고 또한 교회의 회원이라 할지라도, 그리스도를 포기하고 그분 없이도 잘 지낸다면, 당신에게는 생명이 없습니다! 죽은 자들은 떡 없이도 지낼 수 있지만 산 자들은 그럴 수 없습니다. 예수님은 우리에게 "내가 곧 생명의 떡이로다" 고 말씀하십니다. 만일 당신이 그분 없이 지낸다면, 당신은 생명의 떡 없이 지내고 있는 것이며, 그것은 당신 속에 생명이 없기 때문입니다.

4. 그리스도를 먹는 자들은 지극히 복된 자들이다.

다음으로, 네 번째 역시 아주 간단히 다룰 것입니다. 그리스도를 먹는 자들은 지극히 복된 자들입니다. 그들은 결코 주리지 않습니다. 그들은 예수님에 대해서는 더욱 배고플 것입니다. 하지만 예수님 외에 다른 어떤 것에 대해서는 그렇지 않습니다. 나는 일전에 한 신사가 하는 말을 듣고 크게 기뻐하였습니다. 그는 다른 교리를 전하려고 애를 써 왔다고 했습니다. 그런데 근처의 이웃들이 소위 "복음"이라는 것에 너무 많이 주입되어 있어서 그의 철학이 성공할 수가 없었습니다. 그가 말하기를, 만약 사람들이 일단 복음의 교리를 마시게 되면 그들이 그것을 너무 고집스러울 정도로 사랑하게 되어서, 아무리 똑똑한 사람도 그들을 거기에서 끌어낼 수 없다고 했습니다. 나는 속으로 말했습니다. "이 증거는 참되도다." 어떤 원수가 그것을 선언했습니다. 그래서 그것이 더욱 놀라운 것입니다. 가장 교묘한 협잡꾼들이 원하는 대로 시도해 볼 수는 있겠지만, 우리가 일단 그리스도를 먹게 되면 그들이 우리를 그분에게서 끌어낼 수가 없습니다. 그들은 우리를 불러 그분에게서 나오라고 합니다. 그들은 많은 새로운 방식들을 제안합니다. 하지만 허사입니다. "우리의 사상을 맛보세요! 우리의 과학을 맛보세요! 우리의 연옥도 한 번 맛보세요! 우리의 낙관주의를 맛보세요!" 하지만 우리에게 들리는 것은 덜걱거리는 빈 그릇 소리에 불과합니다. 우리는 야바위꾼들의 떠들썩한 소리를 듣지만, 그런 잡탕은 맛보고 싶지 않으며, 그들의 잔치에도 참가하고 싶지 않습니다. 우리는 이 새로운 음식들을 먹고서 만족하는 자들에게서 그것을 빼앗을 정도로 이기적이지는 않습니다. 그것을 먹을 수 있는 자들은 먹으라고 하십시오. 하지만 우리는 하늘의 떡을 먹고 싶습니다. 복음은 우리들에게 너무나 만족을 주는 떡이기에 나머지 모든 것들은 찌꺼기에 불과합니다.

> "사람이 고안해 낸 모든 형식들이
>   기묘한 속임수로 내 영혼을 공격하여도,
>   나는 그것들을 헛된 거짓말이라 부르고,
>   오직 복음에 내 마음을 붙들어 매리."

하나님의 모든 참된 자녀는 고집불통일 정도로 이방 나라의 쥐엄 열매보다 아버지 집의 떡을 더 좋아합니다. 그는 복음을 버릴 수 없고, 그러지도 않을 것입니다. 그것이 그의 전 존재를 만족케 하기 때문입니다. 그 이상 무엇을 바라겠습니까? 그가 왜 양식을 바꾼단 말입니까?

게다가, 그는 그리스도 안에서 결코 줄지 않는 양식을 발견합니다. 그가 먹고 또 먹어도 양식은 결코 모자라지 않습니다. 내 서재에는 오래된 책이 많이 있습니다. 그런 책들 안에는 책벌레가 있고, 나는 때때로 벌레 한 마리를 눈으로 추적하면서 즐거워합니다. 나는 그가 처음에 어떻게 해서 그 책에 들어갔는지 알지 못합니다. 하지만 그곳에서 벌레는 제 나름의 방식으로 먹고 있습니다. 어떤 놈은 일직선으로 구멍을 내놓기도 하고, 때때로 책 한 권을 다 먹지 못하고 제일 끝 장에 도달하기 전에 죽은 것을 발견합니다. 이따금씩은 하나의 벌레가 나무로 된 표지의 첫 장에서 다른 끝 장에 이르기까지 파먹은 것을 보기도 합니다. 예, 책 전체를 관통한 것이지요. 이 놈은 아주 성공한 책벌레입니다. 우리들 중에 아주 소수만이 그 정도로 먹을 수 있습니다. 나는 아직 내 성경 속 어느 중간에 머물고 있는 책벌레 중 하나입니다. 하지만 나는 가능한 빨리 줄곧 먹어치우고 있습니다. 이 한 가지가 나에게 확실히 입증하는 것이 있습니다. 그것은 내가 결코, 결코, 이 고귀한 책을 다 먹어치울 수 없다는 것입니다. 나의 거룩하고 복되신 주님의 놀라운 인격에 대해서는 그보다 훨씬 더 적게 먹은 상태입니다. 그분은 하늘에서 내려온 떡입니다. 그분은 결코 소진되지 않습니다.

형제들이여, 예수님을 양식으로 삼아 우리는 영원한 복을 얻습니다. 우리는 결코 죽지 않습니다. 우리가 그리스도를 양식으로 삼는다면, 잠들기는 해도 여전히 예수님 안에 있는 것입니다. 우리가 사랑하는 어떤 이들이 최근에 잠들었습니다. 그들은 아침에 그분과 함께 깰 것입니다. 하지만 우리는 결코 죽지 않을 것입니다. 우리는 단지 더 높은 단계의 생명으로 들어가는 것입니다. 왜냐하면 우리가 먹는 양식이, 우리의 떡이 되신 그리스도의 불멸성과 동일한 불멸성을 우리 안에서 보증해 주기 때문입니다.

5. 예수님은 우리가 받아들이도록 제공되었다.

여러분에게 더 할 말이 많지만, 시간이 다 되었습니다. 내가 더 말하려는 것은 이것이 전부입니다. 만일 당신이 그리스도를 얻기를 바란다면, 당신이 그분을 얻을 수 있다는 것을 확신해도 좋습니다. 떡은 먹기 위한 것이기 때문입니다. 예수님은 우리가 받아들이도록 하기 위해 제공되었습니다. 먹을 수 없다면 떡이 무슨 소용입니까? 우리 고아원에 가면, 선반 위에 올려진 커다란 빵 한 무더기를 볼 것입니다. 그것을 하루 만에 다 먹어치울 수는 없습니다. 아시다시피 그건 너무 빨리 먹는 것이고, 아이들의 건강에도 썩 좋은 일은 아닙니다. 그런데 빵은 조금 지나면 상하게 되어 있습니다. 자, 내가 그곳에 내려갔다고 가정합시다. 그리고 빵 굽는 사람에게 이렇게 말한다고 합시다. "문을 잠그세요. 나는 저 빵을 보관하기를 원해요. 나는 지방으로 갈 예정인데, 열쇠를 가져가겠어요. 그러면 내가 그 빵을 지킬 수 있겠지요." 만일 내가 그렇게 하고서 두어 달 만에 돌아온다면 어떻게 되겠습니까? 내가 스스로에게 "그 빵을 잘 보관해 두었구나"라고 말할 수 있을까요? 오히려 아주 비효율적인 일이 되고 말 것입니다. 함께 가서, 먹지 않고 보관된 그 빵 덩어리를 봅시다! 어서 따라와 보세요! 그 광경은 유쾌하지 않습니다. 우리가 사재기해 둔 것이 썩고 부패하고 말았습니다. 자, 빵의 목적은 먹는 것에 있습니다. 먹어야 빵이 영예를 얻습니다. 보관해 두면 상하고, 곰팡이가 생겨 못쓰게 됩니다. 죄인들이 와서 주 예수 그리스도를 양식으로 삼고 먹어야 그분이 영예를 얻으십니다. 이 고귀한 떡은 먹어야 하며, 그렇지 않으면 그 목적에 부합되지 않습니다. 환자가 없는 의사에 대해 사람들이 어떻게 말하겠습니까? 아무도 구원하지 못하신 구주에 대해 어떻게 말하겠습니까? 의사의 영예는 그가 치료한 사람들에 있으며, 구주의 영예는 그가 구원하신 사람들에 있습니다. 그리스도께서 하늘의 떡이 되신 것은 당신이 그분을 먹도록, 내가 그분을 먹도록 하기 위한 목적입니다. 그분은 죄인들을 구원하시기 위해 세상에 오셨습니다. 그분이 죄인들을 구원하시지 않는다면 그가 오신 일은 허사가 됩니다. 죄인들을 구원하는 것이 그분의 일입니다. 만약 어떤 사람이 개업을 하고서, 아무 일도 하지 않는다면, 그의 사업은 실패입니다. 당신은 이렇게 말할 것입니다. "가련한 사람 같으니! 그는 큰 실수를 했어."

나는 여기에 있는 한 형제를 알고 있습니다. 그는 넓은 거리에서 어떤 가게를 인수하기를 원합니다. 하지만 그의 지혜로운 친구들이 말합니다. "그 빵집은 인수하지 말게. 음식 가게로는 좋지 않은 지역일세. 자네는 가난한 사람들이 많은 거리 중 하나에서 가게를 열어야 해. 그들이 매일 아침마다 빵을 살 테니까. 싸고 좋은 빵을 만들게. 그러면 빵 선반에 오래 방치되지 않을 테니까." 나는 신문에서 어떤 술집이 "술 마시기에 좋은 지역"이라고 광고한 것을 보았습니다. 나는 그런 지역들이 있다는 것에 유감입니다. 하지만 틀림없이 '먹기에 좋은 지역'은 빵을 팔기에는 제격이지요. 나는 이 태버내클(Tabernacle) 교회당이 먹기에 좋은 지역에 서 있다고 생각합니다. 지금 여기에는 많은 사람들이 그리스도께 대해 주려 있습니다. 그들이 그분을 얻고, 제한 없이 먹을 수 있다는 것은 복된 일입니다. 그 가격이 어떻게 됩니까? 가격이요? 다른 모든 상인들의 어려움은 그들이 정한 가격에 당신이 사도록 흥정하는 것이지요. 하지만 나의 어려움은 어찌하면 값을 받지 않을까 하는 것입니다. 이 하늘의 떡에는 값이 없기 (without price) 때문입니다. 당신이 일 파딩(당시 1/4 페니의 최소화폐 단위)을 지불한다 해도, 나는 그 값을 받을 수 없습니다. 당신은 아무것도 없이 모든 것을 가질 수 있으며, 즉시로 가질 수 있습니다. 단 한 푼의 동전도 당신에게 받을 수가 없습니다. 복음은 빈손의 죄인들에게 그리스도의 전부를 제공합니다. 땅의 용서와 하늘의 축복을, 아무것도 받지 않고 주는 것입니다. 거저 주시는 선물로 받으십시오. 그러면 그것은 당신의 것입니다. 무엇을 지불하고 싶습니까? 무엇을 지불할 수 있습니까? 이스라엘이 만나에 값을 지불했던가요? 그렇게 생각이라도 한다면 하나님께 대한 모독이 될 것입니다. 가서, 주님의 이름을 찬미하십시오. 이것이 복음이기 때문입니다. "믿고 세례를 받는 사람은 구원을 얻을 것이요"(막 16:16).

제
27
장
—

진정으로 예수님의 살을 먹는 것

—

"예수께서 이르시되 내가 진실로 진실로 너희에게 이르노니 인자의 살을 먹지 아니하고 인자의 피를 마시지 아니하면 너희 속에 생명이 없느니라. 내 살을 먹고 내 피를 마시는 자는 영생을 가졌고 마지막 날에 내가 그를 다시 살리리니, 내 살은 참된 양식이요 내 피는 참된 음료로다. 내 살을 먹고 내 피를 마시는 자는 내 안에 거하고 나도 그의 안에 거하나니"
— 요 6:53-56

우리 주 예수님은 이 말씀으로 주의 만찬(the Lord's Supper)을 암시하신 것이 아닙니다. 어떤 사람들이 성례의식상의 미신을 지지하기 위해 무모하게 주장해 온 것과는 다릅니다. 나는 주의 만찬에 관한 논쟁을 다루고자 하는 것이 아닙니다. 확실히 주의 만찬 안에는 어떤 힘이 있지만, 주님이 이 말씀을 언급할 당시에는 그것이 존재하지 않았습니다. 이 말씀을 주의 만찬과 관련하여 해석하는 것은 옳지 않다는 점을 여러분에게 상기시키고 싶습니다. 심지어 성례의 의미에 대한 가장 열렬한 옹호자라 할지라도 우리 주님이 사용하신 표현은 그런 의미로 사용되지 않았다는 점을 인정해야 할 것입니다. 왜냐하면 주의 만찬을 먹어보지 않은 사람들이 그 속에 생명이 없다고 말한다면, 그것은 사실이 아니기 때문입니다. 사방에서 유년기에 죽어가는 수십만 명의 어린이들이 신앙고백을 하고 있으며, 의심할 여지 없이 그들은 구원을 얻었습니다. 만일 이 말씀이 주의 만찬을 의미하는 것이라면, 그들은 그리스도의 살을 먹지도 못했고 그의 피를 마신 적도 없는 셈이 됩니다. 또한 지나간 시대에 많은 다른 사람들이 질병이나 추방이나 투옥 등의 이유로 성찬의 식탁에서 떡을 먹을 수 없었지만, 그들은 그들의 행위로써 하나님의 생명이 그들 속에 있다는 것을 입증했습니다. 또다른 사람들도 있습니다. 내가 그들의 잘못을 묵인하려는 것은 아닙니다만, 그 복된 성만찬에 오기를 게을리하면서도, 그럼에도 불구하고 진실로 하나님의 자녀들인 사람들이 있습니다. 고교회주의자들(high-churchmen: 주교의 권위 및 예배 의식적 요소에 높은 신적 권위를 주장하는 자들) 중에서도 가장 높은 자들은, 퀘이커교도(Quaker: 17세기 중엽 영국의 George Fox가 창시한 Society of Friends 회원의 별칭이며, 고교회주의자들과 대조적으로 예배 의식적 요소보다는 개인 경건을 중시하는 특징이 있음 – 역주)라면 아무리 경건하고 신앙심이 독실하다 하더라도 모두 끝없는 무저갱으로 보내려고 하지 않습니까? 만일 이 본문이 주의 만찬과 관련된 것이라면, 저 십자가의 죽어가는 강도는 결코 천국에 들어가지 못했을 것입니다. 그는 성찬의 교제에 참여해 본 적도 없기 때문입니다. 그는 십자가에서 회심하여, 세례를 받은 적도 없고, 주의 만찬을 먹어본 적도 없이, 곧바로 그의 주님과 함께 낙원으로 들어갔습니다. 성찬의 식탁에서 떡과 포도주를 받지 않은 사람은 영생을 얻지 못했다는 말은 결코 입증될 수 없으며, 정녕 전적인 허위입니다.

다른 한편으로, 누구든지 그리스도의 살을 먹은 자는 영생을 가졌다는 말이, 만일 그것이 성찬에 참여하는 모든 자를 의미하는 것이라면, 그것 역시 정녕코 사실이 아닙니다. 합당치 않게 받는 자들이 있기 때문입니다. 그런 자들은 여기저기 흩어져 있으며, 아마 수백 명은 될 것입니다. 오호라, 주의 만찬을 떠나 귀신들의 밥상에 앉는 배교자들이 있으며, 한때 사랑한다고 고백했던 거룩한 이름을 더럽히는 자들이 있습니다. 또한 성찬 때 떡과 포도주를 받으면서도, 여전히 죄 속에서 살고, 오히려 성찬의 식탁에 오는 것에 의해 무모하게 죄를 증대시키는 자들도 있습니다. 아아, 두렵건대 그들은 다른 많은 사람들처럼 그들의 죄 속에서 죽을 것입니다. 거듭나지 않은 사람들은 성례를 대단하게 여기면서 그리스도는 아무것도 아닌 것으로 간주하는 경향이 있습니다. 그들은 소위 '제단'의 떡과 포도주에 대해서는 크게 생각하면서도, 그리스도의 살을 먹고 피를 마시는 것이 무엇인지에 대해서는 아는 바가 없습니다. 이런 자들은 합당치 않게 먹고 마시는 자들입니다. 육신적으로 떡을 먹을 뿐, 영적으로는 구속자의 살을 먹는 것이 아닙니다. 그들에게 성찬식은 축복이라기보다는 차라리 저주입니다. 우리 주님은 여기서 그분의 성만찬을 언급하신 것이 아닙니다. 이 표현은 그런 해석을 용납하지 않습니다.

유대인들이 구주를 오해하여, 그분이 문자적으로 그분의 살을 먹는 것을 언급하셨다고 생각했다는 것이 명백합니다. 이 말씀을 듣고 그들이 서로 다투었다는 것은 놀라운 일이 아닙니다. 그 말씀을 문자적으로 이해했다면 그런 일이야말로 극도로 끔찍하고 혐오스러운 일이지요. 그보다 훨씬 놀라운 것은, 그런 소름끼치는 오류를 실제적인 진리로 받아들이는 수백만의 사람들이 있다는 것입니다. 그들은 문자 그대로 주 예수님의 몸을 먹는다고 믿습니다. 아마도 이것이야말로 가장 불경스러운 부조리이며, 미신이 도달할 수 있는 최고의 수준일 것입니다. 문자적인 의미로 살을 먹는다는 것은 식인(食人) 행위를 의미하는데, 그런 행위를 통해 죄인에게 은혜가 전달된다고 믿다니요! 우리는 유대인들이 구주를 오해했다는 것에 놀라지만, 그보다 천 배나 더 놀라운 것은, 성경을 들먹이면서 그토록 끔찍한 오류를 옹호하려고 애쓰면서도 정신병원에 보내어지지 않은 사람들이 이 지구상에 남아 있다는 사실입니다. 유대인들처럼 요동하는 기색도 없이, 그들은 문자 그대로 그리스도의 살을 먹고 그의 피를 마시는 것이 그들 신앙의 중요한 교리라고 간주하고 있는 것입니다.

형제들이여, 만일에 우리 주님께서 그런 신조를 믿도록 우리에게 요구하셨다면, 합리적인 인간으로서는 덮어놓고 믿으려 해도 엄청난 노력이 필요할 것이며, 본성의 모든 덕목들을 버려야 할 것입니다. 사실상, 그것은 당신이 이성과 인간성을 깡그리 상실해야 그리스도인이 될 수 있는 것처럼 보이게 하는 것입니다. 그것이 복음이라면 틀림없이 야만인들이나 미친 자들에게 더 적합할 것이며, 이성을 가진 사람들과 최소한 완전한 야만의 상태에서 벗어난 사람들에게는 적합하지 않을 것입니다. 나로서는 다호메이(Dahomey: 서부 아프리카에 있는 나라인 베냉의 옛 이름 - 역주) 왕의 신조도 그보다 더 기괴한 것이었을까 의문을 제기합니다. 하지만 우리는 그토록 터무니없고, 그토록 퇴폐적이고, 그토록 불경스럽고, 그토록 소름끼치게 하는 것을 믿도록 요구받지 않습니다. 어느 누구도 문자적이고 물질적인 의미로 그리스도의 살을 먹거나 그분의 피를 마신 자는 없습니다. 그토록 짐승 같은 행위, 아니 그토록 악마적인 행위는 결코 범해진 적이 없으며, 그럴 수도 없었습니다. 형제들이여, 유대인들은 오해했습니다. 그들은 그리스도께서 영적인 의미로 하신 말씀을 문자 그대로 받아들였습니다. 불신앙의 결과에 따른 눈먼 판단이었습니다. 그들은 대낮인데도 불구하고 캄캄한 밤중인 것처럼 넘어졌고, 모든 것이 명백하게 드러났을 때에도 보기를 거절했습니다. 그들의 마음은 수건으로 가리어져 있었습니다. 아, 사람이 얼마나 주님의 말씀을 왜곡하기가 쉬운지요! 나는 만약 그리스도께서 이 말씀을 문자적인 의미로 하셨다면, 그들이 그것을 영적으로 해석했을 것이라고 믿습니다. 하지만 인간의 정신 자체가 왜곡되었기에, 그리스도께서 영적인 의미로 하신 말씀을 그들은 곧바로 천박하고도 육적인 의미로 해석했던 것입니다. 우리는 그들의 오류에 빠지지 말도록 합시다. 오히려 하나님의 은혜가 우리를 이끌어 우리로 주의 말씀이 영이며 생명인 것을 보게 하시길 바랍니다. 우리를 죽이는 율법의 문자적인 의미에 속박되지 말고, 오직 우리를 살리는 영을 따르도록 합시다(참조. 고후 3:6). 영적인 사람들에게 영적인 의미는 충분히 명백합니다. 영적인 분별력은 영적인 사람들에게 속한 것입니다. 하지만 거듭나지 못한 사람들에게 이런 일들은 비유로 말해지며, 그러기에 그들이 보아도 보지 못하고, 들어도 이해하지 못하는 것입니다.

　　우리가 첫 번째로 다룰 내용은 그리스도의 살을 먹고 피를 마신다는 것이 무슨 의미인가? 하는 것입니다. 두 번째로 숙고할 요점은 이 행위에 어떤 효력이 있는가? 하는 것입니다.

1. 그리스도의 살을 먹고 피를 마시는 것이 무슨 의미인가?

　　첫째로, 그리스도의 살을 먹고 피를 마신다는 것이 무슨 의미입니까? 그것은 매우 아름답고 단순한 비유로서, 영적으로 우리 주님의 인격에 관련된 말씀으로 이해할 수 있습니다. 먹고 마시는 행위는 몸이 아닌 영혼의 행위로 이전되며, 영혼이 예수님을 생명의 떡으로서 먹는다는 의미입니다. 먹는다는 것은 외부에 존재하는 무언가를 당신 자신 안으로 섭취하는 것으로서, 그것을 당신 자신 안으로 받아들이는 것이며, 또한 그것이 당신 자신의 일부가 되어 당신의 건강을 증진하고 지탱하는 것이 되도록 한다는 것입니다. 당신의 체질의 필요를 채워주는 무언가를 당신이 받아들이면, 그것이 당신의 생명을 위한 자양분을 공급하는 것입니다. 그것이 비유의 본질이며, 그것이 믿음의 행위와 결과를 잘 묘사해줍니다.

그리스도의 살을 먹고 피를 마시는 것은, 우선, 우리가 그리스도의 실재를 믿어야 한다는 것입니다. 우리는 그분을 신화적 존재나, 어떤 상상의 인물이나, 인간 정신의 고안물로나, 혹은 동양 사상의 어떤 개념으로 간주해서는 안 됩니다. 우리는 그분을 실제로 사셨고, 여전히 사시는 분으로 믿어야 합니다. 우리는 그분이 하나님이심을 믿어야 하며, 그러면서도 자기를 낮추어 지상에 성육하시고, 이곳에 사셨으며, 죽으셨고, 장사되셨으며, 다시 살아나신 것을 믿어야 합니다. "사람이 내 살을 먹지 아니하고 내 피를 마시지 아니하면." 그것은 우리 주님의 몸의 실제적인 존재와 물질성, 그리고 인간 본성 안에서의 그분의 존재의 진실성과 확실성에 대한 한 가지 표현 방식입니다. 당신이 실제 인물이었던 역사상의(historical) 그리스도를 믿지 않으면 당신은 구원을 얻지 못합니다.

> "거기 한 사람이 있었으니, 참된 사람이라.
> 그는 한때 골고다에서 죽었고
> 옆구리의 상처로부터
> 피와 물이 흘러내렸도다."

바로 그 실제적인 분이 그분 자신에게 합당한 자격으로 하늘에 오르셨고, 지금 아버지의 우편에 앉아 계시며, 장차 산 자들과 죽은 자들의 재판장으로 내려오실 예정입니다. 우리는 실제적인 인격(person)을 가리키는 의미가 아니면 살과 피라는 용어를 사용하지 않을 것입니다. 그런 언어는 몽상적인 생각이나 유령이나 혹은 상징을 묘사하는 것으로는 사용될 수 없습니다. 만일 당신이 구원받기를 원한다면, 다른 모든 것에 앞서, 인간의 본성을 취하시고 사람들 가운데 나타나셨던 하나님의 아들 예수 그리스도를 믿어야 합니다. "말씀이 육신이 되어 우리 가운데 거하시매"(요 1:14). 그리고 사도들이 이렇게 선언합니다. "우리가 그의 영광을 보니 아버지의 독생자의 영광이요 은혜와 진리가 충만하더라"(요 1:14).

우리는 구주의 실재를 믿어야 할 뿐 아니라 그분의 성육신의 실재를 믿어야 합니다. 그분이 하나님이시면서 또한 인간이셨음을 인정하되, 어떤 이단자들이 말해 왔듯이 그분이 외적 모양으로만 인간의 본성을 취하신 것이 아니라, 예수님이 육체로 오셔서 듣고 보고 만질 수 있었던 분이심을 인정해야 합니다. 그분은 실제적인 몸으로 나무에 못 박히셨으며, 실제로 무덤에 장사되셨으며, 또한 도마는 실제적인 행동으로 그의 손가락으로 그분의 못 자국난 손을 만지고, 그 손을 넣어 창에 찔린 그분의 옆구리를 만져보았습니다. 우리는 또한 그분이 실제로 죽은 자들 가운데서 다시 살아나셨음을 믿어야 하며, 그분의 실제적인 몸으로 하늘로 올라가셨음을 믿어야 합니다. 이러한 기본적인 사실에 대해서는 아무런 의심도 있어서는 안 됩니다. 우리가 만일 그리스도를 양식으로 삼으려면 그분이 반드시 실제적인 분이셔야 합니다. 사람이 그림자나 공상을 먹고 마시지는 못하기 때문입니다.

　우리는 또한 성육하신 하나님의 아들의 **죽음**을 진실로 믿어야 합니다. 마시는 것으로서의 그분의 피를 따로 언급하지 않더라도, 먹는 것으로서의 그분의 살에 대한 언급은 죽음을 가리킵니다. 생명이 있는 동안에 피는 살 속에 있기 때문입니다. 그분의 죽음은 51절에서 좀 더 많이 암시되었으며, 거기에서 주님은 이렇게 말씀하십니다. "내가 줄 떡은 곧 세상의 생명을 위한 내 살이니라." 형제들이여, 우리는 우리 주님의 죽음을 속죄를 이루는 것으로서 믿어야 합니다. 그렇게 믿음으로, 세상의 생명을 위하여 내어 주신 그분의 몸을 먹는 것입니다. 그리스도의 생명을 믿는다고 공언하면서, 우리가 그분을 위대한 본보기로 따르면 그분이 우리를 이기심과 다른 해악으로부터 구원하실 것이라고 주장하는 사람들이 있습니다. 그런 것은 본문의 가르침이 아닙니다. 영원한 생명의 축복은 그리스도의 본을 따르는 것에 따라 약속된 것이 아닙니다. 그 약속은 그분의 살과 피를 먹고 마시는 것에 따라, 달리 말하면 그리스도를 자기 속으로 받아들이는 것에 따라 주어졌습니다. 또한 그 약속은 그분을 본보기로 받아들이는 것이나 혹은 그분의 가르침을 받아들이는 것에 주어진 것이 아니라, 그분의 인격과 그분의 살과 그분의 피를 받아들이는 것에 주어진 것이며, 우리를 위해 죽으시고 우리를 위한 제물이 되신 그분 자신을 받아들이는 것에 주어진 것입니다. 구약에서 화목제물을 드릴 때에 그 제물을 드리는 자는 앉아서 제사장과 더불어 드려진 그 희생제물을 먹을 수 있었습니다. 그와 마찬가지로, 유월절 어린 양이신 예수 그리스도께서도 우리를 위한 제물로 드려지셨으므로, 우리는 그분을 하나님의 어린 양으로서 먹을 수 있으며, 그럼으로써 그분의 희생과 속죄의 효력을 우리 영혼에 받아들이는 것입니다. 이것을 믿지 않고 구원을 바라는 것은 헛된 일입니다. 아버지께서는 예수님을 그의 피로써 믿음으로 말미암는 화목제물로 세우셨습니다(롬 3:25). 따라서 만일 우리가 화목제물로서의 그리스도를 거절한다면, 그리스도를 믿는다 해도 그 믿음이 우리에게 아무 유익도 주지 못합니다. 당신이 자기 백성을 대신하여 십자가에서 죽으신 그리스도를 거부한다면, 그분은 당신을 구원하실 수 없습니다. 당신이 희생 제물로서의 그리스도를 믿지 않는다면 왕으로서의 그리스도는 당신을 구원하실 수 없습니다. 이것이 구원에 이르는 믿음에서 절대적으로 필요합니다. 당신이 그분의 살을 먹고 그분의 피를 마시지 않으면, 즉 실제의 인격 안에서 죄를 위한 희생 제물로 드려진 그분을 받아들이지 않으면, 당신에게는 생명이 없습니다. 이것이 믿어져야 합니다.

하지만 먹기 위해서, 사람은 그 앞에 떡이 있다는 것을 믿고, 그 떡이 그의 몸에 적합한 음식이라는 것을 받아들여야 할 뿐 아니라, 그 다음으로 그가 할 일은 그것을 개인적으로 섭취하는 것입니다. 이는 그리스도를 먹는 행위에서 커다란 부분을 차지합니다. 사람이 음식을 먹으면서 "이것은 내 몸에 영양을 공급하는 빵이라고 나는 믿는다. 이제 그것이 나에게 양분을 공급할 것이며, 나는 그것을 나의 빵으로 먹는다"라고 말하는 것과 마찬가지로, 그리스도에 대해 그렇게 행해야 합니다. 사랑하는 형제들과 자매들이여, 우리는 이렇게 말해야 합니다. "예수 그리스도는 속죄를 위해 제시되었다. 나는 그분을 나의 죄를 위한 속죄 제물로 받아들인다. 하나님께서 그리스도를 죄인들의 소망이 되게 하셨다. 나는 그분을 나의 소망의 기초로 삼는다. 그분은 죄와 부정을 씻을 샘을 여셨다. 나는 그분께 와서 나의 죄와 부정을 그분의 피의 샘에 씻기를 원한다." 당신이 음식을 당신 자신의 것으로 섭취하지 않으면 먹는 것이 아닙니다. 사실상 그 어떤 것도 사람이 먹는 것보다 특별히 그 사람의 소유물이 되는 것은 없습니다. 먹은 것의 소유를 부정할 수는 없으며, 먹은 것을 그에게서 빼앗아 갈 수는 없습니다. 당신도 마치 당신이 빵을 먹고 음료를 마시는 것처럼 그리스도를 당신 자신의 것으로 섭취해야 합니다. 그러면 그분은 틀림없이 개인적으로, 그리고 내적으로 당신의 소유가 되십니다. 십자가에서 그분을 바라보며 이렇게 말해야 합니다. "죄인들의 구주시여, 당신을 믿는 자는 구원을 받습니다. 저 또한 당신을 나의 구주로 믿으며, 그러므로 저는 당신의 보혈로써 속량될 것입니다." 먹는 것이란 부분적으로는 음식을 개인적으로 섭취하는 것입니다. 그처럼 당신이 그리스도의 살과 피를 당신의 개인적인 소망과 신뢰로 삼지 않으면, 당신은 구원을 받지 못합니다. 나는 개인적인(personal) 섭취를 강조합니다. 각 사람은 스스로 먹어야 하며, 다른 누구를 대신해서 먹을 수는 없습니다. 당신은 당신 자신을 제외하고는 누구를 대신해서 먹을 수 없듯이, 그리스도를 받아들임에 있어서도 당신은 그분을 당신 자신을 위해 받아들여야 합니다. 나는 경건한 마음으로 말합니다. 성령님이 우리를 믿음을 갖도록 인도하실 수 있고, 또 그리시기도 하지만, 우리를 대신해서 믿어 주실 수는 없습니다. 만약 성령님이 우리를 대신해서 믿으신다면, 우리는 약속을 얻지 못할 것입니다. 왜냐하면 약속은 대리적인 믿음을 위해 주어진 것이 아니며, 오직 개인적인 믿음을 위해 주어진 것이기 때문입니다. 믿는 것에 있어서 우리는 수동적이 아니라 능동적이 되어야 하며, 주 예수님을 우리 영혼의 양식과 음료로 섭취하는 개인적인 행위를 수행해야 합니다. 이처럼 예수님을 개인적으로 믿고 받아들이는 것으로써, 그분의 살을 먹고 피를 마시는 것이 무엇을 의미하는지를 효과적으로 설명할 수 있습니다.

먹고 마시는 것은 또한 주로 받아들이는 것(receiving)과 관계가 있습니다. 사람이 먹고 마신다는 것은 개인적으로 섭취하는 것이며, 그것을 창고나 상자에 보관하는 것이 아니라 그 자신 속으로 받아들인다는 것입니다. 당신은 돈을 개인적으로 전용할 때 그 돈을 당신의 주머니에 넣어둡니다. 그것을 잃어버리지 않기 위함입니다. 일정 공간의 땅을 지키고자 할 때 당신은 그 둘레에 울타리를 세우지만, 그 울타리는 무너질 수 있습니다. 하지만 당신이 먹고 마심으로써 당신 안에 수용한 것은 누구에게도 빼앗기지 않습니다. 당신은 가장 참되고 확실한 의미에서 그것을 받아들인 것이며, 당신 자신의 인격 안에서 그 소유권을 향유할 수 있습니다. 자, "그리스도는 나의 것입니다"라고 말하는 것은 복된 일입니다. 하지만 믿음의 행위로써 그리스도를 실제로 당신 속으로 받아들이는 것은 즉각적으로 믿음에 활기와 기쁨이 되는 일입니다. 먹고 마심에 있어서, 사람은 생산자가 아니라 소비자입니다. 그는 행위자나 수여자가 아니며, 단순히 받는 자입니다. 설혹 여왕이나 왕후가 먹는다 해도, 그녀는 전적으로 구빈원(救貧院)의 극빈자와 마찬가지로 철저하게 수용자가 됩니다. 먹는 것은 모든 경우에 있어서 수용의 행위입니다. 믿음에서도 마찬가지입니다. 당신은 행하려 하거나, 되려고 하거나, 느끼려 해서는 안 되며, 단지 받아들여야 합니다. 구원의 요

530 스 펄 전 설 교 전 집

점은 당신에게서 무언가를 끌어내려는 것이 아니라, 당신에게 주어지는 무언가를 수용하는 것입니다. 믿음은 가장 가난한 죄인, 가장 비참한 죄인, 가장 연약한 죄인, 가장 저주받은 죄인이 행할 수 있는 행위입니다. 왜냐하면 그것은 그의 편에서 능력을 요구하는 행위도 아니고, 그에게서 나오는 어떤 것도 아니며, 단지 그 자신 안으로 받아들이는 행위이기 때문입니다. 빈 그릇은 수용할 수 있으며, 비어 있을수록 더욱 좋습니다. 오 영혼이여, 당신은 예수 그리스도를 값없이 주시는 하나님의 은혜의 선물로 받아들이겠습니까? 당신은 오늘 "내가 그분을 그렇게 받아들였습니다!"라고 말하겠습니까? 그렇다면 당신은 그분의 살을 먹고 그분의 피를 마신 것입니다. 만일 당신이 성육하신 하나님을 당신을 대신하여 당신의 위치에서 고난을 받으신 분으로 받아들인다면, 그리하여 이제 그분을 신뢰하고 또한 그 한 분만을 신뢰한다면, 당신은 그분의 살을 먹고 그분의 피를 마신 것입니다.

먹는 것의 과정은 또다른 문제와도 관련이 있습니다. 그것을 내가 구분하여 말하기가 어렵기는 하지만, 그것은 흡수(assimilation)와 밀접한 관련성이 있습니다. 먹어서 수용된 것은 내부로 들어갑니다. 거기에서 소화되고 몸으로 흡수됩니다. 믿음도 그와 마찬가지로 하늘의 떡이신 그리스도를 받아들이고 흡수합니다. 우리는 이런 말씀을 읽었습니다. "들은 바 그 말씀이 그들에게 유익하지 못한 것은 듣는 자가 믿음과 결부시키지 아니함이라"(히 4:2). 자, 몸 속으로 받아들인 음식이 있다고 합시다. 그런데 위액이 결합되지 않으면 그 음식은 소화 흡수가 이루어지지 않아 아무런 유익을 주지 않고, 심지어 해로울 수도 있습니다. 믿음이 영혼에 미치는 관계는 위액이 몸에 미치는 관계와 같습니다. 사람이 자기 안에 그리스도를 받아들이자마자 믿음이 작용을 해야 합니다. 그분의 인격과 사역으로부터 자양분을 뽑아내야 합니다. 그리스도께서 지성과 마음으로 흡수되어야 하고, 그분이 거듭난 사람의 각 부분을 구성하셔야 하며, 인성의 전 체계를 구축하셔야 합니다. 빵을 먹었을 때 그것이 소화되고 분해되어 후에는 피가 되고, 또한 혈관을 통하여 흐르며 몸을 구성하는 것처럼, 그리스도께서도 영혼에 대해서 그런 역할을 하십니다. 그분은 우리의 생명이 되시며, 신비롭게도 우리 속에 오셔서 우리와 생명의 연합을 이루십니다. 우리가 어제 먹은 빵조각이 우리 자신의 일부가 되었기 때문에 지금 우리에게서 빼앗길 수 없는 것처럼, 예수님께서도 우리와 하나가 되셨습니다. 당신은 어제 그 떡을 먹었습니다. 그것이 지금 어디에 있는지 어떤 철학자도 알 수 없습니다. 그 일부는 당신의 뇌를 구성하고 성분이 되었을 수도 있고, 다른 부분들은 뼈와 힘줄과 근육을 형성하는 성분이 되기도 했을 것입니다. 하지만 그 실체를 당신의 실체 속으로 흡수하였기에, 그 떡은 지금 당신 안에 거하고 있고 당신은 그 안에 있습니다. 그것이 당신의 몸의 집을 이루고 있기 때문입니다. 이것이 예수 그리스도를 먹는 것입니다. 그분을 당신 속으로 받아들임으로써, 당신의 생명은 그분과 함께 감추어졌다가, 자라서 그분처럼 될 것이며, 마침내 당신의 생명은 그리스도 그분이 되실 것입니다. 예수님이 사시고 죽으셨다는 저 위대한 사실이 하늘 아래에서 가장 강력한 진리가 되어, 당신의 생각과 전 영혼을 그 아래에 복종시킬 것이며, 그 다음에는 당신의 영혼을 가장 높은 곳으로 높여줄 것입니다. "그리스도의 사랑이 우리를 강권하시는도다. 우리가 생각하건대 한 사람이 모든 사람을 대신하여 죽었은즉 모든 사람이 죽은 것이라. 그가 모든 사람을 대신하여 죽으심은 살아 있는 자들로 하여금 다시는 그들 자신을 위하여 살지 않고 오직 그들을 대신하여 죽었다가 다시 살아나신 이를 위하여 살게 하려 함이라"(고후 5:14-15). 꽃들이 햇빛을 흡수하여 마침내 무지개 색조를 띠게 되는 것처럼, 우리도 예수님을 영접하면 마침내 그분의 사랑스러움에 어울리는 자가 되고, 그분이 우리 안에 다시 사시게 되는 것입니다. 이것이 그분의 살을 먹고 그분의 피를 마시는 것입니다.

하지만 이제 나는 다소 불규칙적으로 몇 가지를 말하고자 합니다. 이 신비로운 먹고 마심을 좀 더 선명한 방식으로 바라보는 관점에서 말하도록 하겠습니다.

떡이 몸에 필수적이듯 그리스도께서도 영혼에 꼭 필요한 분이라고 인식하십시오. 양식과 음료는 절대적으로 필요합니다. 그와 마찬가지로 당신도 그리스도를 먹어야 하며, 그렇지 않으면 당신은 진정한 의미에서 살지 못합니다. 음식을 거부하면 몸은 반드시 죽게 되어 있습니다. 사람이 그리스도를 부인하면 그 사람은 살아도 죽은 것입니다. 우리에게는 양식과 음료에 대한 자연적인 욕망이 있습니다. 그 식욕은 우리의 필요에서 솟아나는 것이며, 식욕이 그 필요를 우리에게 상기시켜 줍니다. 그리스도를 추구하는 그러한 식욕을 느끼도록 노력하십시오. 당신의 지혜는 당신이 당신의 구주로서 예수님을 영접해야 함을 아는 것에 있으며, 또한 그분을 영접하지 않으면 당신이 멸망할 것임을 시인하는 것에 있습니다. 이 지식이 당신으로 하여금 그분을 갈망하게 하고, 연모하게 하고, 그리워하게 만든다면, 당신에게 아주 좋은 일입니다. 그분을 향한 배고픔과 목마름이여! 그분으로 인해 주리고 목마른 자들은 복됩니다. 그분이 그들을 만족케 하실 것이기 때문입니다.

양식과 음료는 실제로 만족케 합니다. 사람이 떡과 물을 먹고 마실 때, 충분히 먹었다면, 그는 자신의 본성이 필요로 하는 것을 얻은 것입니다. 그 필요는 실제적이고, 그 공급도 그러합니다. 당신이 그리스도를 영접할 때 당신의 마음은 정확히 그것이 필요로 하는 것을 얻은 것입니다. 당신 스스로는 당신의 영혼의 필요들이 무엇인지 온전히 알지 못합니다. 하지만 확실한 것은, 당신이 알든 모르든, 당신의 필요들은 예수 그리스도의 인격 안에서 모두 공급된다는 것입니다. 당신이 그분을 영접하면 양식과 음료가 배고픔과 목마름을 면하게 하는 것처럼, 틀림없이 그분이 당신 영혼의 갈증들을 채워 주실 것입니다. 더 이상 그분을 떠나서 어떤 만족을 얻을 것이라고 꿈꾸지 마십시오. 또한 그분 외에 혹은 그분을 넘어서는 무엇도 요구하지 마십시오. 그리스도는 전부이시며, 모든 것 이상이십니다. 그분은 양식이며 또한 음료이십니다. 그분으로 만족하고, 그분으로 충분히 만족하십시오. 그분을 더욱 갈망하십시오. 그분을 떠나서, 떡이 아닌 것을 위하여 돈을 지불하거나, 만족을 주지 못하는 것을 위해 수고하지 않도록 하십시오.

사랑하는 이여, 배고픈 사람은 급식에 대해 이야기하는 것으로는 결코 배고픔을 면할 수 없으며, 오직 실제적으로 먹음으로써 면할 수 있습니다. 그러므로 그리스도에 대해 말을 하기보다는 실제로 그분을 영접하십시오. 고급 요리들을 쳐다보고서 "예, 이 요리들이 나를 만족케 할 것입니다. 오, 내가 이 음식들을 먹으면 좋으련만"이라고 말만 하지 말고, 즉시 드십시오. 주님께서 당신을 연회로 부르십니다. 쳐다만 보지 말고, 앉아서 마음껏 드십시오. 즉시 앉으십시오. 두 번씩 초대해 주시길 바라지 말고, 앉아서 우리 주 예수 그리스도의 인격 안에서 당신에게 풍족하게 제공되는 것을 먹고서 사십시오. 당신 안에서 그분의 형상이 이루어져야 하며, 그분이 당신의 소망과 영광이 되셔야 합니다. 당신은 그 일을 필요로 합니다. 하지만 이 일은 당신이 그분을 영혼 깊은 곳으로 영접하지 않으면 결코 이루어지지 못합니다.

건강한 자는 식욕이 왕성합니다. 건강한 사람이라면 먹이기 위해 때릴 필요가 없습니다. 먹는 동안에 그의 미각은 즐거움을 느끼기 때문입니다. 그리고 진정으로 예수님을 먹는 것에는 전 영혼을 가득하게 하는 맛있는 풍미가 있습니다. 그분에게는 왕의 진미가 있습니다. 어떤 "암브로시아"의 진미나 "넥타" (ambrosia, nectar: 그리스 로마 신화에서 신들의 음식과 음료로 알려진 것 – 역주)로 가득한 잔도 예수님께서 믿는 자들에게 주시는 영원한 연회의 즐거움을 능가할 수 없습니다. 그분은 영혼을 만족하게 하십니다. 구주의 몸과 피에서 천상의 즐거움을 맛봅니다. 당신이 그리스도를 향한 미각을 잃어버린다면, 분명 당신은 건강하지 못한 것입니다. 주 예수 그리스도 안에서 즐거움을 얻지 못하는 것보다 마음의 병든 상태를 나타내는 확실한 증세는 없습니다. 하지만 그분이 당신의 미각에 달게 느껴질 때, 그분의 말씀이 당신의 혀에 떨어지는 송이 꿀처럼 달게 느껴질 때, 그 때 당신에게는 큰 문제가 없다 할 수 있으며, 당신의 마음은 건강하다 할 수 있습니다. 설혹 당신이 연약함을 느낀다 해도 그것은 본성상의 연약함일 뿐이며, 은혜의 실패는 아닙니다. 설혹 당신이 아프다고 느껴도, 그 아픔이 당신의 영혼이 연모하는 그분을 향한 아픔이라면, 그 사랑의 질병은 그것으로 인해 죽기까지 하더라도 좋은 것입니다.

　　우리 몸을 위해 먹을 때는 하루에도 몇 차례씩 찾아옵니다. 그와 마찬가지로 예수님의 살과 피를 먹는 것도 몇 번이고 자주 하도록 하십시오. 예수님께로부터 어제 받은 것으로 만족하지 말고, 오늘 다시 그분을 얻으십시오. 예전의 교제와 경험을 의지해서 살지 말고, 매 시간마다 예수님께 갈 것이며, 그분이 다시금 그분의 사랑으로 당신을 채워 주시기까지는 만족하지 마십시오. 나는 우리가 영적으로, 내가 아는 어떤 짐승들처럼 될 수 있기를 바랍니다. 그 짐승들은 낮 시간 동안 내내 마구간에 서서 먹으며 심지어 밤에도 절반쯤은 그러고 있습니다. 나는 말거머리의 식욕을 갖기를 갈망하며, 멈추어야겠다고 결코 느끼지 않기를 바랍니다. 하늘의 양식을 풍족히 먹을 수 있는 그리스도인은 행복합니다. 그리스도께서 가까이 계시는 동안 결코 먹기를 멈추지 않으며, 밤이 늦기까지 계속해서 먹고, 동틀 때에 다시 일어나서 하늘의 떡을 먹는 자는 복됩니다.

　　먹는 시간을 정해 두는 것은 좋은 일입니다. 음식을 지나칠 때만 집어 먹고, 규칙적으로 식사하지 않는 사람들은 건강할 것 같지 않습니다. 식탁에 앉아서 적절한 양의 음식을 먹을 시간을 정해 두는 것이 좋습니다. 확실히, 그리스도와의 교제를 위해, 그분을 묵상하고, 그분의 사역을 숙고하고, 그분의 은혜를 받기 위해 때를 정해 두는 것은 지혜롭습니다. 어린이들에게는 "적게 자주" 먹이는 것이 좋다는 것을 알지요. 우리들도 마찬가지입니다. 한 줄 한 줄, 한 교훈 한 교훈, 여기서 조금, 저기서 조금씩 은혜를 취하는 것이 좋습니다. 정기적인 식사 사이에 조금의 간식은 노동자에게 매우 달콤합니다. 마찬가지로 당신도 그리스도와 함께 있는 특별한 때를 가지되, 중간에 한 입씩 먹는 양을 무시하지 마십시오. 정해진 시간 사이에 꿀 바른 과자를 먹고, 그것을 당신의 혀에 두어 입을 향긋하게 하십시오. 좋은 생각, 하나의 성경 본문, 혹은 예수님과 연관된 귀한 약속도 좋습니다.

그리스도의 살과 피를 양식으로 삼는 문제에 있어서 내가 확실하게 말할 수 있는 한 가지는, 결코 폭식이나 과식의 잘못을 범한 사람이 없었다는 것입니다. 당신이 그리스도를 더 많이 먹을수록 당신은 더 많이 먹을 수 있게 됩니다. 우리는 다른 음식에는 금방 싫증을 내지만 이 하늘의 떡에 대해서는 결코 그렇지 않습니다. 우리 주 예수님과 관련하여 우리가 그분을 충분히 먹지 않아 나쁜 상태에 처할 때가 종종 있지만, 너무 많이 먹어 문제가 되는 적은 없습니다. 우리가 그분을 가득하게 받아들일 때에도, 우리는 여전히 그분이 우리의 용량을 더 크게 하신다는 것을 발견하며, 그래서 그분의 고귀함을 더욱 즐길 수 있습니다.

본문이 우리에게 믿는 자가 그분의 살을 먹고 그분의 피를 마신다고 말하는 것을 주목하십시오. 그리스도께서 양식이며 또한 음료이시기 때문입니다. 그분은 모든 것 중의 모든 것 되시며, 모든 것이 그 한 분 안에 다 있습니다. 사람은 그리스도를 먹기만 해서는 안 되며, 그리스도를 마시기도 해야 합니다. 말하자면, 그는 그리스도를 한 가지 면에서만 아니라 모든 면에서 받아들여야 하며, 그리스도의 일부만이 아니라 그리스도의 전부를 받아들여야 합니다. 성육신하신 그리스도의 살뿐 아니라, 희생된 제물이자 죽임당한 어린 양으로서의 그리스도의 피도 받아들여야 합니다. 당신은 분할된 그리스도가 아닌 전체로서의 그리스도를 받아들여야 합니다. 만일 당신이 "나는 그분 안에서 이런저런 덕목을 선택했다"는 식으로 말한다면, 당신은 진실로 그리스도를 영접한 것이 아닙니다. 당신의 문을 열고, 온전하신 그리스도께서 당신에게 들어오셔서 당신의 영혼을 소유하실 수 있도록 해야 합니다. 당신은 단지 그분의 사역과 일과 은혜만을 영접할 것이 아니라, 그분 자신을, 그분의 전 인격을 영접해야 합니다. 그리스도의 피를 거절하는 자들은 은혜를 전혀 받지 못하는 자들입니다. 그것은 특별한 차원의 문제입니다. 오, 나는 최근에도 그리스도의 피를 전하는 자들에 대해 얼마나 심한 말을 하는지를 들었는지요. 그들이 목숨을 걸고 그렇게 말하길 원한다면 그렇게 말하도록 내버려 두십시오. 하지만 나의 형제들이여, 나로서는 그들의 비난을 더욱더 받고 싶으며, 그리스도의 피를 더욱 풍성하게 전하기를 원합니다. 죽임당한 어린 양이신 예수님의 피보다 우리의 영혼에 더 큰 만족을 주고, 우리 본성에서 일어나는 격렬하고 강한 갈증을 해소해 주는 것은 없기 때문입니다.

사랑하는 이여, 그리스도의 살과 피는 모든 상태에 적합한 양식입니다. 이는 은혜 안에서 아기들에게도 적합하며, 노년들에게도 동일하게 적합합니다. 이는 더 맛있는 식사를 할 수 없는 병든 그리스도인들에게도 적합하며, 힘이 왕성한 그리스도인들에게도 적합합니다. 이는 아침의 양식으로나 밤의 양식으로도 적합하며, 한낮에도 적합한 양식입니다. 이는 살기 위해서 먹는 양식이기도 하며 또한 죽기 위해서 먹는 양식이기도 합니다. 아아, 그것을 먹는 자는 죽음을 보지 않을 것입니다. 이는 잔칫날을 위한 양식이기도 하며, 눈물과 시련의 시기를 위한 양식이기도 합니다. 광야를 위한 양식이기도 하고, 왕의 정원 곧 천국을 위한 양식이기도 합니다. 천국에서조차 그분의 살과 피보다 우리의 영혼을 위해 더 나은 양식이 무엇이겠습니까?

또한 모든 주의 백성들이 값없이 먹을 수 있음을 기억하십시오. 굶주린 모든 영혼들을 환영합니다. 아무도 그것을 먹을 수 있는지 물어볼 필요가 없습니다. 그것은 모든 믿는 자의 영혼을 위해 주어진 것입니다. 그들이 예전에 어떤 자들이었는지는 상관하지 않습니다. 오십시오, 환영합니다. 배고프고 목마른 영혼들이여, 오십시오, 환영합니다. 와서 그분의 살을 먹고 그분의 피를 마시십시오.

지금까지 단편적인 어조로 그리스도의 살을 먹고 피를 마시는 것이 무엇인지에 대해 설명하려 시도했습니다. 그것은 전체로서의 그리스도를 당신 속으로 받아들이는 것이며, 마치 사람이 그가 먹는 떡과 마시는 물에 자신의 생명을 의지하듯이 당신 자신을 전적으로 그분께 의지하는 것입니다. 떡이 당신에게 양분을 공급하는지를 어떻게 알 수 있습니까? 물이 당신을 지탱시켜 주는지를 어떻게 알 수 있습니까? 당신은 경험으로 그것을 압니다. 당신은 직접 맛봄으로써, 떡이 당신에게 유익한 것을 알았습니다. 왜 당신은 회반죽을 먹지 않습니까? 왜 당신은 황산을 마시지 않습니까? 오, 안 되지요. 그것을 먹고 마실 정도로 당신은 바보가 아닙니다. 당신은 당신의 몸에 이로운 떡을 신뢰할 줄 알고, 당신을 유쾌하게 할 물을 의지할 줄 압니다. 그와 마찬가지로, 당신은 사제들이 만들어 낸 거짓 교리들을 받아들이지 않으며, 오직 예수 그리스도의 복되신 인격과 사역을 받아들입니다. 당신은 그분의 삶과 그분의 희생의 죽음에서 양식을 섭취하며, 그것을 먹고서 살 수 있다고 느낍니다. 바로 이런 것들이 당신의 영혼이 좋아하는 맛좋은 양식입니다.

2. 그리스도를 먹고 마시는 것에 어떤 효력이 있는가?

이제 그리스도를 먹고 마시는 것에 어떤 효력이 있는가를 간략히 숙고하도록 합시다. 당신의 성경에서 53절을 펼쳐서 읽어보시면 이 행위가 필수적인 것임을 발견할 것입니다. "내가 진실로 진실로 너희에게 이르노니 인자의 살을 먹지 아니하고 인자의 피를 마시지 아니하면 너희 속에 생명이 없느니라." 그것은 본질적인(essential) 일입니다. 당신에게 생명이 없다는 것은 당신에게 선한 것이 없다는 것입니다. "너희 속에 생명이 없느니라." 당신은 모든 인간에게 생명의 배아(胚芽)가 존재한다는 현대 이론을 알 것입니다. 그 이론은 더 발전되어야 하는 단계에 있습니다. 그 이론에 따르면, 보편적인 부성(Universal Fatherhood)이 우리 모두에게서 어떤 선한 것을 찾아냅니다. 그가 할 일은 그것을 교육시키고 꽃을 피우도록 하는 것이지요. 이는 철학적인 개념입니다. 하지만 그리스도의 방법은 그렇지 않습니다. 그분은 이렇게 말씀하십니다. "인자의 살을 먹지 아니하고 인자의 피를 마시지 아니하면 너희 속에 생명이 없느니라." 인간에게 내재된 참 생명의 배아에 대해 말씀하시는 것이 아닙니다. 교육받는 것에 생명이 있는 것이 아닙니다. 죄인은 죽었으며, 그 속에는 선한 것이 아무것도 없습니다. 만일 어떤 선한 것이 있다면 그것이 그 속으로 들어와야 합니다. 그것은 수입된 것이어야 합니다. 그리고 그리스도의 살을 먹고 피를 마시는 것과 연결되지 않으면, 그것은 결코 그 속으로 들어올 수 없습니다. 만일 사람이 죄를 크게 자각한다면, 그는 죄의 악함을 보기 시작할 것이고, 다가올 심판을 두려워하게 됩니다. 이것은 희망적입니다. 하지만 이런 상태에 있는 당신에게 엄숙히 상기시키는 것은, 당신이 인자의 살을 먹지 않으면 당신에게 생명이 없다는 것입니다. 그분의 보혈로 씻기어지기까지는 당신은 여전히 죄 속에서 죽어 있습니다.

오, 당신이 어떤 율법적인 죄를 자각한다고 해서 결코 만족해서는 안 됩니다. 그리스도를 영접하기까지 당신 속에는 생명이 없기 때문입니다. 아마도 당신은 어떤 예배의식에 참여해 왔으며, 세례를 받고 성찬의 떡을 먹어 왔을 것입니다. 좋습니다. 하지만 만일 당신이 그리스도를 먹은 적이 없다면, 그분을 당신 속으로 받아들이지 않았다면, 당신 속에는 생명이 없습니다. 당신은 살아 있어도 죽은 것입니다. 자, 여기 본문의 증거에 따르면, 생명이란 사람들이 흔히 말하듯이 단순한 존재를 의미하지 않습니다. 흔히 사람들은 "죄인은 죽는다"는 말을 그들의 존재가 끝이 난다는 의미로 이해하고 말합니다. 불경건한 사람들도 그 속에 실체적 존재가 있긴 하지만, 그것은 영원한 생명과는 매우 다른 것입니다. 당신은 생명과 존재, 혹은 죽음과 비존재(non-existence) 사이를 혼동해서는 안 됩니다. 그것들은 서로 무관한 별개의 범주입니다. 회심하지 않는 사람에게는 그리스도가 없으며, 그 속에 전혀 생명이 없습니다. 교회의 회원들이여, 당신에게는 생명이 있습니까? 참된 생명 말입니다. 당신이 그리스도의 살을 먹은 적이 없다면 당신에게 생명은 없습니다. 당신은 오랜 세월 동안 신앙고백자로 살아왔을 수 있습니다. 하지만 당신은 그리스도를 먹고 그리스도를 마신 적이 있습니까? 만일 그렇지 않다면, 당신 속에는 생명이 없습니다. 당신은 도덕적으로 뛰어난 사람일 수도 있고, 당신의 성품들은 다른 사람들의 귀감일 수도 있으며, 당신에게 아름다운 모든 덕성들이 있을 수도 있습니다. 하지만 그리스도께서 당신의 마음속에 계시지 않으면, 당신은 자연의 자녀일 뿐이며, 근사한 옷을 걸쳤지만, 죽은 것입니다. 당신은 은혜로 살아 있는 자녀가 아닙니다. 당신은 아름답게 새겨진 조각상일 뿐이며, 차가운 대리석에 불과할 뿐이고, 당신 속에는 생명이 없습니다. 그리스도 외에 그 어떤 것도 영혼의 생명이 될 수 없습니다. 그리스도와 무관하게 인간의 본성이 도달할 수 있는 최고의 탁월함도 구원에는 미치지 못합니다. 당신은 예수님을 소유해야 합니다. 그렇지 않으면 당신 속에는 죽음이 거하고 있는 것이며, 당신은 죽음 속에 거하고 있는 것입니다. 그리스도를 양식으로 삼는 첫 번째 효력은, 그것이 생명의 존재에 본질적이라는 것입니다.

두 번째로, 그것은 생사가 달린(vital) 문제입니다. 그 다음 구절을 읽어 보십시오. "내 살을 먹고 내 피를 마시는 자는 영생을 가졌고 마지막 날에 내가 그를 ,다시 살리니"(54절). 말하자면, 그는 그리스도를 그 속에 받아들임으로써 소생했습니다. 그는 살았습니다. 비록 그가 자기 마음의 상태에 따라 때때로 의심에 빠지기는 하지만, 그럼에도 만약 그가 그리스도를 진정으로 영접하였다면 그는 죽음에서 소생하였고, 지금 살아 있습니다. 더 나아가, 그는 언제나 살 것입니다. 그는 "영원한 생명을 가졌기" 때문입니다. 자, 죽어서 사라질 수 있는 생명은 명백히 본질적인 생명이 아닙니다. 아르미니우스주의자(Arminian)의 진술에 따르면, 그가 믿음의 결과로 얻는 생명은 영원한 생명이 아닙니다. 그것은 끝날 수 있기 때문입니다. 선한 영혼이여, 만일 그가 진실로 예수님을 믿는다면 자신의 실수를 발견하고 즐거워하리라는 것을 나는 압니다. 예수님을 진정으로 믿는다면 그의 생명은 유혹과 시련 아래서도 계속해서 살 것입니다. 왜냐하면 그 생명이 "영생하도록 솟아나는 샘물처럼" 그 속에 있을 것이기 때문이며(요 4:14), 그 생명은 "살아 있고 항상 있는 썩지 아니할 씨"로 난 것이기 때문입니다(벧전 1:23). 오, 우리는 성도의 최종적 견인(final perseverance of the saints)이라고 하는 고귀한 가르침을 믿도록 합시다. "내 살을 먹고 내 피를 마시는 자는 영생을 가졌고." 그는 지금 그것을 가지고 있습니다. 그 생명은 하나님 자신만큼 지속되는 생명이며, 여호와의 보좌처럼 영원한 것입니다.

다음으로, 몸이란 것은 죽게 되어 있습니다. 그렇지 않습니까? 예, 하지만 그리스도께서 우리 안에 부여하시는 생명의 능력은 너무나 크기에 몸 자체도 다시 살아날 것입니다. 그에 관해 우리 주님이 친히 보증하셨습니다. "마지막 날에 내가 그를 다시 살리리니"(54절). 몸은 비록 죄 때문에 죽더라도, 영은 의(義)로 인해 사는 것입니다. 하지만 이 가련한 육체의 구속도 다가오고 있습니다. 이 물질적인 세계 속에서 우리는 지금 살고 있습니다. 그리스도께서 다시 오실 것이고, 그 때 피조세계는 지금의 속박으로부터 해방될 것입니다. 그 때를 우리의 이 몸도 나머지 모든 피조물과 더불어 고대하고 있습니다(참조. 롬 8:21-23). 성도의 몸도 모든 불완전과, 부패와, 더러움에서 구속을 입어 그리스도의 영광스러운 형상으로 다시 살게 될 것입니다. "나는 부활이요 생명이니 나를 믿는 자는 죽어도 살겠고, 무릇 살아서 나를 믿는 자는 영원히 죽지 아니하리니"(요 11:25-26). 이것이 그리스도를 먹고 마시는 것이며, 그러므로 생사가 달린 문제입니다.

셋째로, 그것은 실질적인(substantial) 것입니다. "내 살은 참된 양식이요 내 피는 참된 음료로다"(55절). 이는 비실체적인(unsubstantial) 상징의 특징과는

반대되는 것입니다. 유대인들의 잔치는 단지 그림자에 불과합니다. 예수님이
말씀하십니다. "[하지만] 내 살은 참된 양식이다." 이는 또한 육체적인 양식과도
반대되는 것입니다. 육체적인 양식은 먹으면 단지 몸을 이롭게 하고는 사라집
니다. 하지만 그리스도를 먹음으로써 영혼은 계속해서 자양분을 공급받고 영
생에 이르게 됩니다. 그래서 예수님은 "참된 양식"이라고 주장하셨던 것입니
다. 당신은 설교자가, 그리스도가 아닌 무언가를, 그리고 그리스도를 제외하고
는 아무것이든 전하는 예배에 참여해 보았습니까? 거기서 무슨 양식을 공급받
았던가요? 만일 당신이 속이 빈 존재라면 당신은 동풍과 더불어 몰려갈 것입니
다. 마치 들 당나귀들이 무언가 낌새를 느끼고 우르르 몰려가듯이 말입니다. 하
지만 당신이 하나님의 자녀라면 누가 설교하는지는 중요하지 않습니다. 혹은
설교자의 언어가 얼마나 빈약한지도 중요하지 않습니다. 그가 그리스도를 전
하기만 한다면 당신은 언제나 양식을 공급받고 있다고 느낄 것이며, 그리스도
가 설교의 주제일 때 당신의 영혼은 골수와 기름진 것을 먹고 만족할 것입니다.
영혼을 위하여 그리스도와 같은 양식이 없습니다. 가장 상쾌한 기운의 회복이
그리스도의 가장 약한 부분들로부터도 올 것입니다. 왜냐하면 하나님의 능력
은 그분의 약함 속에서 온전하여지기 때문입니다. 당신은 내게 말합니다. "무
슨 의미입니까?" 자, 우리 주님은 본문에서 "내 살은 참된 양식이요"라고 말씀하
셨으며, "나의 신성"이라고 말씀하신 것이 아닙니다. "내 피는 참된 음료로다"라
고 말씀하셨으며, "나의 부활과 승천"이라고 말씀하신 것이 아닙니다. "나의 재
림"이 아니라, "인간과 같은 나의 약함, 인간과 같은 나의 죽음, 나의 고난과 나
의 슬픔과 나의 신음들", 이런 것들이 믿는 자들을 위한 최상의 음식이라는 것
입니다. 당신은 그렇다는 것을 발견했습니까? 오, 나는 그리스도께서 다시 오
신다는 말씀을 들을 때 기뻐합니다. 하지만 그 가르침이 나에게 조금의 위안도
주지 않는 때도 있습니다. 날이 저물었을 때, 가련한 순례자에게 밤하늘에서 가
장 밝게 빛나는 별들은 십자가 주변에서 비추는 별들입니다. 신기하게도 슬픔
이 집약된 그 지점을 바라볼 때 우리는 가장 순수한 위로를 발견합니다. "내 살
은 참된 양식이요" ― 약함 가운데 계신 그리스도입니다. "내 피는 참된 음료로
다" ― 영혼을 쏟아내어 숨을 거두시는 그리스도입니다. 이것이 마음에는 가장
참되면서도 최상의 양식입니다. 자, 형제들이여 은혜 안에서 자라기를 원한다
면 그리스도를 양식으로 삼으십시오. 주 안에서 강하기를 바란다면 그리스도

를 양식으로 삼으십시오. 모든 부분들에서 영원토록 당신을 세워줄 무언가를 원한다면 그리스도를 양식으로 삼으십시오. 다른 것들이 양식과 음료가 될 수 있다 하여도, 그분의 살이 **참된** 양식이며, 그분의 피가 **참된** 음료이기 때문입니다. 이는 실질적인 문제입니다.

마지막으로, 그리스도를 먹는 것의 효력은 그것이 연합을 이룬다는 것입니다. 다음 구절을 주목하십시오. "내 살을 먹고 내 피를 마시는 자는 내 안에 거하고 나도 그의 안에 거하나니"(56절). "내 안에 거하고", 이 얼마나 놀라운 말씀입니까! 그리스도를 당신 안에 받아들임으로써 당신이 그리스도 안에 살게 되고, 그리스도께서 당신 안에 사시는 것입니다. 이 두 개의 특권 사이에는 이 차이점이 있습니다. 즉 그리스도 안에 사는 것은 '칭의의 평화(peace of justification)'입니다. 당신이 그분을 믿습니다. 그분에게 당신 자신을 의탁합니다. 당신은 그분과 함께 죽고 그분과 함께 다시 일어났다고 느낍니다. 당신이 그분과 함께 천국에 이르고, 그분 안에서 받아들여졌다고 느낍니다. 그렇게 당신은 그분 안에서 사는 것입니다. 그분이 당신 안에 사시는 것은 또다른 것으로서, 말하자면 '성화의 평화(peace of sanctification)'입니다. 당신이 예수님을 먹을 때 그분이 당신 안으로 들어가시고, 당신 안에 거하시며, 당신 안에서 다시 사십니다. 그분이 당신의 입술을 통해 말씀하시고, 당신의 마음과 더불어 사랑하시며, 당신의 눈을 통해 보시며, 당신의 손과 함께 일하시며, 당신의 혀에 의해 사람들 가운데에서 증언하십니다. 그분이 당신 안에 사십니다. 오, 놀라운 연합이여! 복된 연합이여! 다음 구절은 더욱 놀랍습니다. 그 구절은 이렇게 말합니다. "살아 계신 아버지께서 나를 보내시매 내가 아버지로 말미암아 사는 것 같이 나를 먹는 그 사람도 나로 말미암아 살리라"(57절). 사는 것이 셋입니다. 살아 계신 아버지, 살아 계신 아들, 그리고 살아 있는 신자입니다. 아버지께서 하나님 자신의 생명으로 거하십니다. 아들이 중보자이자 신인(God-man)으로서, 아버지께로부터 생명을 이끌어 내십니다. 또한 신자가 예수 그리스도를 통하여 하나님으로부터 나오는 생명을 얻습니다. 오, 이토록 복된 연합이여! 예수님과 연합하는 것을 넘어, 예수님을 통해 아버지와도 연합하는 것입니다! 그래서 그리스도께서 이렇게 말씀하시는 것입니다. "내가 살아 있고 너희도 살아 있겠음이라"(요 14:19). 그분은 아버지에 의해 사시고, 우리는 그분에 의해 삽니다. 이 모든 것이 우리가 그분을 영접하고 그분을 양식으로 삼기 때문입니다.

오, 내 영혼이여, 너에게 요구하노니, 네 입을 넓게 열고 그리스도를 바라라! 그분을 양식으로 네 속에 받아들이라! 그분이 네 마음에 거하게 하고, 그분이 네 영혼의 가장 귀한 자리에 영원토록 좌정하시게 하라! 그분께 대해 배고파하며, 그분을 매일 양식으로 섭취하십시오. 당신이 그렇게 할 때 그분이 당신 안에 거하시고, 당신은 그분 안에 거하게 됩니다. 그리고 다른 사람들에게도 그분에 대해 말하십시오. 그분의 귀한 이름을 널리 전하십시오. 배고픈 채로 죽어가는 죄인들이 예수님 안에서 떡을 먹을 수 있음을 알게 하고, 당신이 그러했듯이 그분께 와서 그분을 먹고 마실 수 있도록 하십시오. 형제와 자매들이여, 이를 기억하십시오. 주께서 그분의 이름을 위하여 당신에게 복을 주시길 빕니다. 아멘.

제
28
장

—

명절을 위한 예수님의 마지막 설교

—

"명절 끝날 곧 큰 날에 예수께서 서서 외쳐 이르시되
누구든지 목마르거든 내게로 와서 마시라." — 요 7:37

당국자들이 예수님을 추적하고 있었고, 그분이 그것을 아셨습니다. 그분은 군중 속에서 그들을 발견하실 수 있었습니다. 하지만 그렇다고 해서 그분이 조금도 두려워하거나 당황하신 것은 아닙니다. 그분은 내게 어떤 목사님 한 분을 상기시키십니다. 그 목사님은 막 설교를 하려던 차에 한 군인에 의해 제지를 당했습니다. 그 군인은 권총을 그 목사의 머리에 대고서 만일 말을 한다면 죽이겠다고 협박했습니다. 그 목사님이 말했습니다. "군인 양반, 당신의 의무를 다하세요. 나도 내 의무를 다하겠소." 그리고서 그는 설교를 계속했습니다. 구주께서는 많은 말씀은 하지 않으셨으나, 행동으로서 그렇게 하셨습니다. 만일 당국자들이 그분을 붙잡기 위해 사람을 보냈다면 그분을 붙잡으라고 하십시오. 그분으로서는, 담대히 말할 때가 올 것입니다. 그리고 마침내 그분이 일어나서서 외치셨습니다. "누구든지 목마르거든 내게로 와서 마시라."

당신이 보다시피, 그 때는 초막절 명절 기간의 마지막 날이었습니다. 그 명절의 중간부터 주님은 나타나셨으며, 공개적으로 사람들을 가르치셨습니다. 당국자들은 그분이 무리들 가운데에서 손을 높이 드시기도 하면서 거룩한 가르침을 선포하시는 것을 보았습니다. 하지만 명절이 끝나고, 나뭇가지들이 깨끗이 치워지고, 그들이 한동안 거주했던 장막들이 거두어졌습니다. 그 날은 여덟째 날이었으며, 안식일로 보내는 날이었습니다. 하지만 구주께서는 명절이 거의 끝났다는 이유로 설교를 멈추지 않으셨습니다. 마지막 날까지 그분은 계속해서 가르치셨고, 사람들을 초청하셨고, 호소하셨습니다. 이 일이 우리에게 그분의 지속적인 인내를 어떻게 상기시키는지요! 그 일은 주님의 불굴의 인자하심을 볼 수 있는 많은 사건들 가운데에 한 가지 경우입니다. 비록 유대인들이 종종 그분을 거부했지만, 그분은 여전히 그들에게 호소하고 계셨습니다. 그분은 그분 자신의 백성에게 오신 것이지만, 그들이 그분을 영접하지 않았습니다. 하지만 그분은 은혜롭게도 인내하시고, 식지 않는 자비하심으로 기다리십니다. 그분은 "끝날까지" 참으십니다. 그리하여 "명절 끝날 곧 큰 날에" 권면의 어조로 그들에게 초청의 말씀을 전하십니다. 오, 여기에 하나님의 인내가 나타남을 볼 수 있습니다! 당신은 오랫동안 복음을 들어왔지만, 그에 합당한 주의를 기울인 적이 없습니다. 하지만 선하신 구주께서는 여전히 당신과 씨름하시며, 당신으로 하여금 당신의 최상의 관심사에 대해 숙고하도록 재촉하고 계십니다. 예수님은 당신이 살도록 권면하시며, 당신이 구원받도록 설득하십니다. 왕이 명백하게 호의를 멸시하고 거절해 온 자들에게 계속해서 호의를 보이는 것이 영예가 되지 않을 때가 있습니다. 하지만 우리 주 예수 그리스도의 지속적인 한 가지 영광은 그분이 계속해서 호소하시고, 우리가 계속해서 저항할 때조차도 그리하신다는 것입니다. 우리 자신의 마지막 때에도 자비하신 주님께서는 친절하게 외치십니다. "누구든지 목마르거든 내게로 와서 마시라." 사랑하는 청중이여, 회개하십시오. 오래도록 지체한 당신의 날들 중에서, 바로 이 날에 예수님께 오십시오. 그분이 여전히 당신을 초청하고 계시며, 언제까지나 이렇게 말씀하고 계시기 때문입니다. "원하는 자는 값없이 생명수를 받으라 하시더라"(계 22:17).

더욱이, 우리 주님은 명절 끝날까지 복음을 전하셨을 뿐 아니라, 그 날이 명절 마지막 날이었기에 더욱더 열성을 가지고 전하셨습니다. 그분은 통상 그분 주위로 빙 둘러 모여든 사람들에게 앉아서 가르치셨습니다. 그런데 이 날에는 그분이 눈에 띄는 장소를 찾으셨습니다. 아마도 성전 바깥이거나, 혹은 성전 바깥 뜰 중의 하나일 것입니다. 그곳에서 그분은 일어서 계셨습니다. 모든 사람들이 주목할 수 있었습니다. 마치 쉬어 자세로 계시다가 그분이 초청한 사람들을 맞이하려는 듯한 태도로 일어서 계셨습니다. 그분은 한 곳에 자리를 잡으시고는, 좌석에 앉은 교사보다 더욱 적극적이고, 더욱 애타고, 더욱 진지하게 말씀을 전하셨습니다. 보십시오. 그분이 일어나셔서 호소하십니다! 그 호소의 음성은 크고도 감동적입니다. 그분이 "외쳐" 말씀하십니다. "누구든지 목마르거든 내게로 와서 마시라."

그분이 그들 중 몇몇의 얼굴을 보시는 때는 이번이 마지막입니다. 그들은 명절을 지키기 위해 왔던 예루살렘을 떠나 그들이 사는 곳으로 되돌아갈 것입니다. 그들은 그들의 농장과 가게로 되돌아갈 것입니다. 만일 그분이 모루에 올려져 있는 동안 철을 두드리지 않으면, 그분은 다시 그 철을 두드리지 못할 것입니다. 만일 이 때에 그들을 압박하여 초대하지 않으면, 그들은 그들이 들었던 가르침을 잊을 것입니다. 아마도 그들은 더 이상 듣지도 못하고, 죄 속에서 죽을 것입니다. 나는 주님의 얼굴에서 거룩한 애정의 광선이 발하고 있다고 생각합니다. 이제 곧 흩어져 버릴 무리들에게 온 힘을 다해 호소하시는 동안, 그분의 눈에는 눈물이 흐르고 있습니다. 지금이 아니면 다시는 그들과 함께 할 수 없고, 그들도 그분과 함께 있을 때가 없습니다. 그분은 다시 한 번 그들 모두의 피 값에 대해 자유로울 필요가 있었습니다(참조. 겔 3:18-21). 그래서 명절 마지막 날 외치신 것입니다. "끝날 곧 큰 날에 예수께서 서서 외쳐 이르시되 누구든지 목마르거든 내게로 와서 마시라."

주님께서 그분의 온 힘을 기울이실 때, 사람들의 유익을 위해 간절한 바람으로 그분의 온 심령이 감동되셨을 때, 바로 그 때에 그분은 특별히 구원의 복음을 전하셨습니다. 나는 그 점이 주목할 만하다고 생각합니다. 그분이 그 이전에 구원의 큰 샘이요 원천으로서 그분 자신을 그렇게 공개적으로 전하셨는지에 대해서는 내가 알지 못합니다. 그분은 이 진리를 사마리아 우물에 있던 여인에게 알기 쉽게 가르치셨습니다. 또한 그분은 특별히 구별된 작은 무리들에게도 그 진리에 대해 말씀하셨습니다. 하지만 이제 거의 처음으로, 이 명절의 마지막 날에 그분은 그 진리를 대중들 앞에 제시하시며 외치십니다. "누구든지 목마르거든 내게로 와서 마시라." 이제 이 초대는 값없이 제시됩니다. 이제 그 초대의 목소리가 크게 울려 퍼집니다. 오, 죽어가는 그대들이여, 오 잃어버린 자들이여, 구원을 찾는 자들이여, 당신이 찾는 그것을 바로 여기에서 찾을 수 있습니다. "내게로 와서 마시라!" 주 예수님은 오직 이 한 가지를 위해 애쓰시는 듯이 보입니다. 즉 사람들을 그분에게 오도록 하는 것입니다. 다른 때에 그분은 그들에게 더 깊은 교리나 혹은 더 폭넓은 진리를 가르치기도 하셨습니다. 그분의 사역은 덕을 세우고 성결하게 하는 많은 일과도 관련이 있습니다. 하지만 지금은, 이 마지막 날에는, 그분은 다른 문제들을 한 쪽으로 제쳐두신 듯 합니다. 그분의 한 가지 목적은 목마른 영혼들을 얻는 것이며, 그들이 그분에게로 와서 마시도록 하는 것입니다.

나는 이 아침에 그 정신과 깊은 교감을 느끼고 있습니다. 나는 얼마간 여러분에게 주일 아침 설교를 전하지 못하리라는 점을 기억하고 있습니다. 아마도 다시는 설교할 수 없을지 모릅니다. 한동안 나는 여러분을 떠나 있을 것이며, 내 음성은 여러분 가운데에서 침묵할 것입니다. 그래서 나는 속으로 말했습니다. 이 아침에 다른 것은 제쳐두고 그리스도의 오심을 주제로 전하리라고 말입니다. 만약 당신이 약 천 가지의 실수를 저지른다면, 당신에게 매우 슬픈 일이될 것입니다. 하지만 그것도 당신이 이 문제에서 오류에 빠지는 것에 비하면 그리 슬픈 일이 아닙니다. 혹시 당신이 이것저것을 모른다면 당신에게 크게 손해가 되겠지만, 주 예수님을 모르는 일에 비하면 아무것도 아닙니다. 나의 형제들이여, 나의 자매들이여, 당신이 진정으로 예수님께 온다면, 그래서 그분이 거저 주시는 생수를 마심으로써 당신 영혼의 갈증을 해소한다면, 중요한 일이 옳게된 것이며, 가장 으뜸 되는 문제가 안전하게 해결될 것입니다. 우리는 나머지 모든 것들은 차차 바르게 되리라고 희망합니다. 하지만 지금 이 순간에는 생사를 가르는 그 문제에 집중해야 할 것입니다. 오, 그대 목마른 자여, 그리스도께로 와서 마시기를 바랍니다. 당신이 그렇게 한다면, 오늘 아침 우리의 수고가 당신에게는 말로 다할 수 없는 가득한 축복이 될 것입니다! 나의 마지막 전하는 말로 예수님을 위하여 당신의 영혼을 얻게 된다면, 그것이 여러분을 떠나 있는 동안 나의 위안이 될 것입니다.

이 사실에 여러분의 주의를 집중하시기 바랍니다. 그 마지막 날에, 주님께서 사람들의 영혼을 위하여 특별한 열심을 보이시고 어느 때보다도 복음을 열정적으로 전하시는 동안, 그분은 특별히 그들이 그분에게로 와야 한다는 이 한가지 요점에 집중하셨습니다. 그분은 어느 때보다도 집중적으로, 명백하게, 독점적으로, 그분 자신에 대해 말씀하셨습니다. 그분이 복음을 전하실 때마다, 그분이 그분 자신의 증거자가 되는 것이 필요했습니다. 왜냐하면 그분 자신의 인격과 사역에 관련된 것이 아니고는 다른 복음이 없기 때문입니다. 더욱 복음적일수록 더욱 그리스도 중심이 되고, 더욱 그리스도 중심일수록 더욱 복음적이 되는 것입니다. 그래서 우리 주님께서 목마른 자에게 마실 물이 있음을 알려주실 때 달리 말씀하시지 않고 이렇게 말씀하신 것입니다. "내게로 와서 마시라." 그 말씀이 틀림없이 우리 주님의 입에서 나온 말씀이라면, 우리들의 입에서는 얼마나 풍성하게 나와야 하겠습니까! 예수님은 일어서서 그분 스스로 중심이 되셨습니다. 그분에게 귀를 기울이는 회중들을 위해서만이 아니라, 그분에게서 마시고자 하는 목마른 무리들을 위해서도 그리하셨습니다. 예수님은 중심에 계시는 구원의 태양이며, 그분으로부터 참된 빛이 사방으로 발산됩니다. 그분을 바라보는 모든 자들은 그 생명의 빛을 보게 될 것입니다.

사랑하는 청중이여, 나는 지금껏 하나님께서 내게 알려주신 대로 하나님의 모든 위로를 선포하기를 주저하지 않았습니다. 하지만 나는 이 아침에 기꺼이 다른 모든 진리를 잠시 동안 내려놓고, 나의 주 예수님만을 집중해서 전하고자 하며, 그리하여 회심하지 않은 모든 사람들이 믿음의 눈으로 그분을 보게 되기를 바랍니다. 나는 또한 모든 회심한 사람들도 다시금 예수님을 바라보고, 계속하여 꾸준히 그분을 바라보아서, 마침내 지상에서의 믿음의 시선이 천상에서의 행복한 목격으로 녹아들게 되기를 바랍니다. 이 아침에 우리 모두가 서둘러 예수님께로 가서, 마치 솟아오르는 은혜의 샘물에서 마시듯 그분으로부터 마신다면 얼마나 좋겠습니까! 우리가 그러지 못할 이유가 무엇입니까? "예수님이 서서 외치셨습니다." 그분의 뜨거운 열정이 그분으로 하여금 그분 자신에 대해 외치도록 하였습니다. 사람들이 그분에게로 오면 그분 안에서 그들의 모든 영적인 필요들을 공급받게 되리라는 것입니다. 우리가 우리 동료 인간들을 더 사랑할수록, 우리 또한 그들에게 더욱 예수님에 대해 말할 것이며, 오직 예수님에 대해서만 말할 것입니다.

이 본문을 이 마지막 주일에 여러분과 함께 살펴보고자 합니다. 하나님의 성령께서 이 본문을 다루어 주셔서 여러분 개인과 모두에게 유용하게 해주시기를 바랍니다.

1. 목마른 자들을 찾으심

본문에 목마름에 대한 질문이 있다는 것에 주목하십시오. 예수님은 군중들 가운데 일어나셨습니다. 그들은 여러 부족들로 섞여 있고, 멀고도 널리 흩어진 자들이며, 예루살렘으로 명절을 지키기 위해 온 자들입니다. 예수님은 그들 가운데서 외치십니다. "누구든지 목마르거든." 명백히, 그분은 갈급하여서, 가만히 있을 수 없고, 갈망하고 있는 마음들을 찾고 계십니다.

　　그분이 매우 광범위한 질문으로 시작하신다는 것에 주목하십시오. 그분은 누구든지 목마른 자들을, 실상 목마른 모든 사람들을 찾고 계십니다. 이 시간 복음이 관대하고 폭넓은 호소와 더불어 다가옵니다. 당신에게 하나님을 찾고자 하는 소원이 있습니까? 죄에서 벗어나고자 하는 소원이 있습니까? 당신에게 다가올 진노에서 벗어나고자 하는 간절함이 있습니까? 당신은 예수님을 갈망하고 있으며, 오직 그분만이 주실 수 있는 것을 기대하고 있습니까? 당신은 정결하게 되기를 바라고 있습니까? 당신에게 더 나은 것을 찾는 마음이 있습니까? 더 높고, 더 고상하고, 더 천상적인 삶에 대한 갈망이 있습니까? 그렇다면, 그런 당신에게 예수님이 말씀하십니다. "내게로 와서 마시라." 그 날 성전 주위에는 많은 사람들이 모였습니다. 유대와 갈릴리 사람들뿐 아니라, 파르티아, 메데, 엘람, 메소포타미아의 거주자들도 모여들었습니다. 오순절 절기 때와 마찬가지로, 사실상 모든 종류의 사람들이 이 명절을 지키기 위해 왔습니다. 그리고 우리의 선하신 주님은 어느 누구도 배제하지 않으시고 사람들을 초대하며 서서 외치십니다. "누구든지 목마르거든 내게로 와서 마시라." 하늘의 아치 문 아래에서도 같은 초청의 음성이 모든 나라의 모든 목마른 영혼들을 부르고 있습니다. 오늘 아침에 나의 목소리가 들리는 곳이라면 어디서든지, 또한 인쇄된 설교가 읽혀지는 곳이라면 어디서든지, 누구도 배제하지 않고, 하나님과 용서와 자비와 영생과 천국을 찾고 갈망하는 모든 영혼들을 향한 진지한 초청이 있습니다. "누구든지 목마르거든 내게로 와서 마시라." 영원한 생명을 위한 이 정직한 초청을 외면하지 마십시오.

　　하지만 이 본문에서는 근심스러운 저음의 구슬픈 소리도 들립니다. 그 소리에 의해 염려스럽게도 초청의 폭이 좁혀집니다. 초청은 광범위합니다. 하지만 부드럽고도 엄숙하게 들려오는 "만일(if)"이라는 음성이, 청함을 입은 자들은 많지만 택함을 입은 자들은 적다는 사실을 우리에게 상기시킵니다. "누구든지 목마르거든." 마치 그분이 이렇게 말씀하신 듯 합니다. "너희 중 다수가 목말라 하지 않는다. 너에게는 목마름이 있느냐? 대부분의 사람들은 목말라 하지 않는다. 오직 여기 저기 소수의 사람들만 목마름을 가지고 있다." 우리 주님은 군중들을 훑어보십니다. 그분은 그들의 무관심을 읽으시며, 그들의 영적인 죽음을 파악하시고, 아주 명백한 어조로써 목마른 자들이 아무도 없거나 혹은 소수일 뿐이라는 그분의 염려를 표현하십니다. 오호라, 진정으로 목마른 자들은 한겨울의 꽃처럼 찾기가 어렵습니다! 자기만족(self-content)이 많은 사람들의 마음을 사로잡고 있습니다. 세상적인 만족(world-content)이 다른 사람들의 마음을 훔쳤습니다. 그들은 사막에 있으며, 한 방울의 이슬도 그들 주변에 떨어지지 않습니다. 그들이 들고 다니는 물병은 오래 전에 말랐습니다. 하지만 그들은 신기루에 속아 넘어갔습니다. 원하기만 하면 언제든 가득 마실 수 있다는 헛된 생각으로 실제적인 목마름을 망각하고 있습니다. 악한 영이 그들을 미치게 만들었습니다. 멸망의 지경에 이르고도 그들은 목마름을 느끼지 못합니다. 당신이 그들의 죄와 위험에 대해 말해준다 해도, 그들은 그것을 시인하기를 원하지 않습니다. 그들의 양심이 잠들었기 때문입니다. 당신이 그들에게 지옥과 그 모든 공포에 대해 말해준다고 해도, 그들은 당신을 믿지 않을 것이며 혹은 너무나 무감각해져서 현재의 잠시의 쾌락을 위해서라면 영원한 저주의 위험도 감수하려 할 것입니다. 당신이 그리스도에 대해 말하고, 그리스도의 보혈을 통한 용서에 대해 말한다 해도, 그것이 그들에게 무엇이란 말입니까? 그들은 제 갈 길을 가며 지금 당장 쾌락을 얻기 위해 사소한 일에 빠질 것입니다. 영원하고 거대한 실재의 문제들이 그들을 전혀 괴롭히지 않습니다. "누구든지 목마르거든." 아아, 영적으로 목마른 영혼은 아주 드문 진품과도 같습니다! 어디서 그를 찾을 수 있을까요? 그를 만난다면 반가운 인사를 건넬 것입니다! 그는 예수님과 그분의 사랑에 관한 소식을 즐거이 받아들일 사람입니다.

대다수의 사람들은 영적인 감각을 잃어버렸습니다. 그들은 의에 주리지도 목마르지도 않습니다. 오직 그들은 황소들이나 혹은 개들의 야만적인 삶에 빠져 만족하고 있습니다. 그들은 마치 그들의 전 존재를 이 가련한 세상의 밤의 그늘 아래에서 보내야만 하는 것처럼 살고 있으며, 영원한 낮의 새벽이 밝아오는 때는 결코 없을 것처럼 여기며 살고 있습니다. 그런 야만적인 사람들은 부활에 대한 기대도 없으며, 다가올 심판에 대한 두려움도 없고, 천국의 소망도 없으며, 지옥에 대한 공포도 없습니다. 그래서 구주께서 눈물을 흘리시며 이렇게 표현하시는 것입니다. "누구든지 목마르거든."

초청 그 자체는 광범위하지만, 그 설교자(the Preacher)의 깊은 슬픔에 의해 초점이 맞추어져 있습니다. 누구든지 목마르다면, 그는 예수님께 오라는 초청의 음성을 듣습니다. 오, 오늘 아침 이곳으로 찾아온 영혼이여, 만일 당신이 세상의 쾌락에 불만족하다면, 당신은 예수님께로 와서 안식과 만족을 얻을 수 있습니다. 당신이 부자이며 많은 재물을 쌓아놓고서도 그 부를 즐길 수 없다면, 그 이유가 당신의 마음이 세상의 것으로 만족할 수 없기 때문이라면, 당신이 바로 이 초대를 받은 사람입니다. 당신은 무거운 짐을 지고 있고, 그 짐에서 벗어나기를 바랍니까? 당신은 더 나은 것들을 추구하는 싸움에서 모두 실패하고서 절망하고 차라리 죽고 싶은 심정입니까? 바로 당신이 주 예수님이 초청하시는 사람입니다. 그 어떤 것에도 만족할 수 없어 목말라하는 모든 이에게 그분이 부드러운 사랑으로 말씀하십니다. "누구든지 목마르거든 내게로 와서 마시라." 오 영혼이여, 당신에게 어떤 영적인 갈망이 있다면, 선하고 은혜로운 것에 대한 목마름이 있다면, 즉시 예수님께로 오십시오. 예수님께서 당신을 기쁘게 받아주실 것입니다.

　　그 부르심은 고통스럽게도 명확한 것입니다. "누구든지 목마르거든." 목마른 자는 목마름이 무엇인지를 압니다. 그것은 설명이 필요 없는 고통이지요. 사람은 자신이 목마른지 아닌지를 압니다. 어느 누구도 "내가 목마른가?" 하는 물음에 답하는데 긴 시간이 필요하지 않습니다. 왜냐하면 자연적인 목마름처럼, 그것은 고통이거나 혹은 분명히 느껴지는 결핍이기 때문입니다. 당신은 스스로에게 불만족합니까? 당신은 죄 때문에 근심하고 있습니까? 당신은 당신의 구주를 갈망하고 있습니까? 당신이 사람이라면, 그 문제에 대해서 어떤 의문이 있을 수 없습니다. 그분이 은혜롭게 부르실 때 그분의 음성에 귀를 기울이십시오. "내게로 와서 마시라."

　　이 부르심이 계속적으로 반복되고 있음을 기억하십시오. 지금 이 순간에도, 비록 말은 내가 하고 있지만, 나의 주님께서 나와 함께 계십니다. 그리고 나를 그분의 입으로 사용하십니다. 내가 아니라 예수님이 친히 이렇게 말씀하십니다. "누구든지 목마르거든 내게로 와서 마시라." 예수님은 지금 예루살렘 성전 밖에 서 계시지 않습니다. 그분의 몸의 임재에 대해서라면, 그분은 우리를 떠나 계십니다. 하지만 저기 하나님 보좌 우편의 높은 곳에서부터 그분은 여전히 말씀하시며 이렇게 외치십니다. "누구든지 목마르거든 내게로 와서 마시라." 여전히 예수님께 가까이 다가갈 수 있습니다. 당신은 지금 이 시간에 그분께 올 수 있습니다. 기도가 당신을 그분께 데려다줄 것입니다. 탄식이 그분을 발견하게 하고 그분께 도달하게 할 것입니다. 저 하늘의 아치 문 아래에서, 넓은 저택에서든 오두막에서든, 궁전에서든 감옥에서든, 숲에서든 바다에서든, 어디서든지 목마른 자가 있다면, 그는 믿음으로 예수님께 올 수 있으며 그의 모든 필요를 채울 수 있습니다. 그것은 복된 초대이며, 지금 이 시간에 당신에게 유효한 초대입니다. 오, 친구여! 그렇습니다. 바로 오늘 임종의 날을 맞은 사람에게도 이 초대는 유효하며, 오늘이 당신에게 바로 그런 날일 수 있습니다. 예수님은 초대하기를 멈추지 않으셨으며, 또한 그분에게 오는 모든 자를 받아주시기를 멈추지 않으실 것입니다.

"목마름이 무엇입니까?"라고 내게 다시 묻는 것입니까? 목마름은 어떤 물질적인 것이 아닙니다. 그것은 결핍이며, 필요이며, 공허감에서 우러나오는 울부짖음입니다. 그것은 필요한 것의 부재입니다. 죄인이여, 당신은 당신 자신 안에서 어떤 선한 것을 찾으려 할 필요가 없습니다. 애타게 찾는 목마름이란 선한 것의 부재입니다. 목마름은 고통스러운 필요입니다. 당신에게는 결핍된 것이 없습니까? 목마름은 공허이며, 텅 빈 것입니다. 그것은 삶에 꼭 필요한 무언가를 향한 그리움입니다. 당신에게는 그러한 그리움이 있습니까? 목마름은 필요를 인식하는 것이며, 그것도 고통스러울 정도로 인식하는 것입니다. 당신에게는 이런 것이 있습니까? 이 필요의 느낌이 당신의 목마름입니다. 그 필요는 자연히 고통을 수반합니다. 우리의 육체가 음료를 필요로 할 때, 자비로운 섭리는 우리에게 고통을 만들어 내고, 그래서 우리는 삶에 필수적인 음료가 즉각적으로 공급되어야 함을 인식하게 되는 것입니다. 목마름은 자명종이 울리는 것처럼, 긴급한 필요를 채우도록 몸과 마음을 깨워 일하게 만드는 것입니다. 만일 몸이 물을 필요로 하고 있는데도 목마르지 않다면, 그것은 끔찍한 일입니다. 그렇다면 우리는 어떤 해로운 일이 일어나는 것을 알기도 전에 이미 치명적인 손상을 입게 됩니다. 목마름의 고통은 어떤 중요한 것이 결핍되었음을 알리는 유익한 경고입니다.

자, 영혼이여, 만일 당신이 두려움이나 낙심으로 고통을 받고 있다면, 마음의 짐과 심령의 불안을 견디고 있다면, 혹은 더 낮고 거룩한 무언가를 향한 갈망이나 탄식이나 그리움이 있다면, 그 때 당신은 목마른 것입니다. 당신에게 이 목마름이 어느 정도 있다면, 그리스도께로 와서 마시라는 말씀은 바로 당신을 위한 것입니다. 설혹 아직 당신에게 타는 듯한 목마름이나 열망이 없다 해도, 당신에게 어느 정도의 갈증이 있다면, 당신은 와서 마실 수 있습니다. 당신에게 은혜와 거듭남에 대한 어느 정도의 갈망이 있다면, 당신은 이 초대에 포함되는 것입니다. "누구든지 목마르거든 내게로 와서 마시라." 당신 스스로에게서 어떤 선한 것을 찾으려 하지 마십시오. 목마름은 좋은 것입니까? 아니요, 목마름은 악한 것이며, 해소되어야 하는 것입니다. 만일 당신이 당신 자신에게서 제거되어야 할 악한 것들만 있음을 본다면, 이 본문에 묘사된 것처럼, 당신은 예수님께 오도록 허락된 사람들의 모든 것을 가지고 있는 것입니다. 그분은 바로 그만큼을 말씀하시며, 그 이상을 말씀하시지 않습니다. "누구든지 목마르거든 내게로 와서 마시라."

내가 이 아침에 목마른 사람을 발견했는지 궁금합니다. 당신은 저기 이층 꼭대기에 앉아 있습니까? 혹은 당신은 아래층에 더 빽빽하게 앉아 있는 사람들 중에 있습니까? 당신은 어디에 있습니까? 지금 당신 스스로 찾아보십시오. 당신의 눈을 내면으로 향해 보십시오. 당신의 이웃들을 보지 말고, 당신 자신의 영혼 안을 들여다보십시오. "예, 나는 목마릅니다. 목마름의 크기가 어느 정도인지는 모르겠으나, 하여간 나에게는 소원이 있습니다. 나는 편치 않으며, 불안합니다. 내 속에는 선한 것이 결핍되어 있습니다. 오, 이 아침에 내 목마름이 채워졌으면 좋겠습니다!" 친구여, 당신이 바로 내가 찾는 사람입니다! 설교를 계속하기 전에, 당신에게 인사하며 이렇게 말하고 싶습니다. "내 형제여, 혹은 나의 자매여, 주 예수님께서 당신에게 '내게로 와서 마시라'고 말씀하십니다."

여기까지 주님이 목마른 자들을 찾으시는 것에 대해 다루었습니다.

2. 목마른 자들에게 위안이 되는 한 가지 지침

두 번째로, 모든 목마른 자들에게 위안이 되는 한 가지 지침이 여기에 있습니다. "내게로 와서 마시라." 한 가지 지침이 있으며, 그 지침은 한 가지 원천을 가리키고 있습니다. 목마름을 해소하기 원하는 모든 사람들은 그 하나의 원천, 곧 예수님께로 와야 합니다. 영적인 갈증을 풀어줄 물을 주실 수 있는 그리스도께서 개인적으로 그분에게 오라고 우리에게 명하십니다. 이 말씀을 주목하십시오. "내게로 와서 마시라." 당신은 이렇게 묻습니다. "내가 어떤 신조를 믿어야 하며, 어떤 교리들을 받아들여야 합니까?" 이 문제에 대해서는 후에 알려드리겠습니다. 하지만 당장 그분이 오늘 아침에 당신에게 제시하는 것은 그분 자신, 곧 하나님의 아들이신 주 예수 그리스도이십니다. 본문의 말씀을 하실 때 그분은 아직 십자가에 못 박히지 않으셨습니다. 죽지 않으셨고, 장사되지 않으셨고, 죽은 자 가운데서 부활하지도 않으셨습니다. 하지만 이 본문은 이 모든 것을 예견하고 말씀하신 것입니다. 두 구절을 더 읽어보면 이 점을 발견할 수 있습니다. 그 구절에서 우리는 그리스도께서 그분의 죽음과 부활을 당연시하셨다는 것을 알 수 있습니다. "예수께서 아직 영광을 받지 않으셨으므로 성령이 아직 그들에게 계시지 아니하시더라"(39절). 이 구절에서 우리 주님은 마치 그분이 죽으신 것처럼, 부활하신 것처럼, 그리고 영광을 받으신 것처럼 말씀하십니다. 그렇다면 오 영혼이여, 만일 당신의 갈증을 누그러뜨리고자 한다면, 당신은 하나님의 아들이신 예수님께로 와야 합니다. 그분은 인자가 되셨고, 지상에 사셨으며, 인간의 죄를 친히 짊어지시고, 그로 인해 죽으셨으며, 의로운 분으로서 의롭지 않은 자들을 위해 죽으시고, 우리를 하나님께로 이끌어오셨습니다. 그분은 죽으신 후에 십자가에서 내려진 이후, 무덤에 누이셨고, 그곳에서 잠시 잠이 드셨다가, 그 다음에는 죽은 자들 가운데서 일어나 다시 사셨으며, 사십일 이후에 높은 곳으로 오르셨고, 사로잡힌 자들을 이끌고 가셨습니다(참조. 엡 4:8)! 지금 이 시간에 그분은 하나님 우편에 앉아 계시며, 하늘과 땅의 모든 권세가 그분에게 주어졌습니다. 영광 중에 계신 그분은 오늘도 그를 의지하여 하나님께 오는 자들을 능히 구원하실 수 있습니다. 당신은 구속의 일을 완수하신 그분께로 나아와야 하며, 영원히 살아 우리를 위해 중보하시는 그분께로 와야 합니다. 그리고 만일 당신이 그분께로 온다면, 그분은 당신에게 당신의 모든 필요들을 충분히 공급하실 것입니다.

오 나의 청중이여, 당신의 영적 갈망이 무엇이건, 예수님이 그것을 채우실 것입니다. 당신의 영혼이 갈급해하는 것이 무엇이건, 그분이 그것을 당신에게 주실 것입니다. 하지만 그것을 위해 당신은 그분께로 와야 하며, 오직 그분에게만 와야 합니다. 당신은 분명히 그분에게(to Him) 와야만 하며, 어떤 의식이나, 성례들이나, 사제들이나, 혹은 교회들이나, 혹은 집회나, 혹은 신조들이나, 예배들이나, 어떤 행위들이나, 느낌에 의존해서는 안 됩니다. 당신이 단지 그분의 집에 찾아가거나 혹은 그분의 종들에게 찾아간다고 해서 먹고 마실 수 있는 것은 아닙니다. 오직 주님 자신만이 친히 하늘의 떡을 당신에게 주실 것입니다.

당신의 구원은 그분의 거룩한 인격에 놓여 있습니다. 나는 이 순간에도 그분을 믿음으로 바라봅니다. 그분이 하늘의 영광으로 옷 입으신 것과, 여전히 고난의 흔적들을 간직하고 계신 것을 바라봅니다. 그분은 죽임을 당하셨던 어린 양처럼 보이십니다. 그분은 지속적으로 완전한 속죄의 제물을 드리시고, 지속적으로 죄인들을 하나님께 화해시키고 있습니다. 거기에 당신의 소망이 있으며, 그리고 거기에만 있습니다. 그분의 인격 안에, 오직 그분의 인격 안에만 구원이 있다고 나는 말합니다.

죄인이 필요로 하는 모든 것이 예수님 안에 풍성히 발견됩니다. 주 예수님은 목마름을 느끼는 모든 사람을 오라고 초대하십니다. 그리고 사양하지 말고 마시라 하십니다. 그들 모두의 필요를 채울 수 있는 그분의 능력에 대해서 조금도 의심하지 말라 하십니다. "누구든지 목마르거든 내게로 와서 마시라." 설혹 당신의 목마름이 찌는 듯한 여름날의 황소의 갈증과 같아서, 시냇물에 고개를 숙이고 마시면 그 시내를 마르게 할 것 같다고 해도, 얼마든지 와도 좋습니다. 그 생수가 충분한지에 대해서 조금의 불안도 느낄 필요가 없습니다. 아아, 당신 같이 목마른 사람이 열두 배가 되어도 좋고, 이십 배가 되어도 좋고, 백배와 천 배와 수백만 배, 수백만 배의 수백 배가 되어도 좋습니다! 주 예수님께서 그분의 은혜의 시내가 고갈되어서 당신에게 목마름을 잠시 참고 있으라고 말씀하실 때는 결코 없을 것입니다. 그분이 말씀하셨습니다. "누구든지 목마르거든 내게로 와서 마시라." 어떤 제한이나 한도가 없습니다. 모집의 제한도 없고, 공급의 제한도 없습니다. 예수님 안에는 결코 고갈되지 않는 충만함이 있습니다. 죄는 고갈될 수 있고, 인류의 수를 모두 셀 수가 있고, 시간이 멈출 수 있으며, 필요가 그칠 수는 있어도, 은혜는 영원토록 지속됩니다.

그리스도 예수 안에는 다양한 공급이 있습니다. 영혼의 갈증은 몸의 갈증과는 다릅니다. 몸의 갈증은 한 가지 음료를 마시면 즉시 해소될 수 있습니다. 하지만 영혼의 목마름은 많은 것들에 대한 것입니다. 영혼이 갈망하는 것이 아무리 많다고 해도, 예수님은 그 모든 것을 채우실 수 있습니다. 놀라울 정도로 다양한 우리의 필요들이 그분의 놀랍게도 다양한 은혜에 의해 충족됩니다. 여기 평화를 바라는 한 영혼이 있습니다. "이 사람에게 평안이 있으라." "나는 너무나 생각이 어지럽고, 혼란스러우며, 너무나 근심이 많아서 잠을 이룰 수가 없습니다." 당신은 예수님께로 옴으로써 안식을 누릴 수 있습니다. "그분은 사랑하시

는 자에게 잠을 주십니다"(시 127:2). "하지만 저는 너무나 악하고, 용서받을 수
없을 정도로 죄를 지어 왔습니다. 내가 얼마나 심하게 죄를 지었는지 생각하기
에도 부끄러울 정도입니다." 당신의 죄가 아무리 주홍빛 같다고 해도, 바다의
모래들처럼 그 수가 많다고 해도, 당신은 그 모든 죄를 용서받을 수 있습니다.
예수님 안에서 참회하는 자는 자신의 모든 잘못들에 대한 완전한 용서를 발견
합니다. 당신은 이것을 믿습니까? 틀림없이 그렇습니다. 당신이 주 예수님을
믿기만 한다면 하나님은 당신의 모든 죄를 바다 깊은 곳으로 던지실 것입니다.
예수님 안에 있는 믿음으로, 주님께서 자신의 모든 죄를 값도 없이 완전히 용서
하신 것을 알게 된 자는 얼마나 복된지요! 또 한 사람이 외칩니다. "하지만 저는
깨끗함을 원합니다. 저는 끔찍한 생각들에 시달리고 있어요. 저에게는 강한 정
욕의 본성이 있어서, 그것이 저를 나쁜 욕망으로 끌어당깁니다. 저는 술주정꾼
입니다. 저는 줄곧 행실이 나빴고, 불결한 말들을 일삼아 왔습니다. 이런 것들
이 내 마음과 행실의 지속적인 불결의 원천입니다." 오, 나의 친구여, 당신은 이
모든 것을 깨끗하게 할 수 있습니다. 만일 당신이 그렇게 되기를 소원하고, 예
수님께 오기만 하면 됩니다! 그분이 당신에게 새 마음과, 정직한 영을 주실 것
입니다. 그분이 당신의 본성을 총체적으로 변화시키실 것이며, 그리하여 이 악
이 더 이상 당신을 지배하지 못할 것입니다. 죄가 더한 곳에 은혜가 더욱 넘치
는 법입니다(롬 5:20). 당신은 이 말을 듣고 있습니까? 그리스도 안에 당신을 위
한 모든 정결함이 있습니다.

한 사람이 말합니다. "하지만 저는 진보하기를 바랍니다. 저는 바르기를 원
하고, 더욱 바르게 되기를 바랍니다. 저는 거룩한 삶에서 진보가 있기를 원합니
다. 그래서 하나님을 높이고, 동료 인간들을 축복하고 싶습니다." 그렇다면 오
십시오. 주 예수님께로 와서 마시기 바랍니다. 그분이 생명을 주시되, 더욱 풍
성히 주실 것입니다. 또 한 그리스도인이 말합니다. "하지만 저는 기도에서의
능력을 원합니다. 그리고 내 동료 인간들을 확신시키고 회심하게 할 능력을 필
요로 합니다." 그것을 위해서도 예수님께 오십시오. 이 문제에 대해서도 그분
이 말씀하십니다. "누구든지 목마르거든 내게로 와서 마시라." 당신이 무릎 꿇
는 문제에 있어서 그분이 당신을 강하게 하실 것입니다. 거룩한 섬김에 있어서
도 강하게 하실 것입니다. 당신이 그것을 소원하고 기꺼이 그분께 복종한다면
그리 될 것입니다. 또다른 사람이 외칩니다. "하지만 저는 인내를 원합니다. 더

이상 지탱하기가 어렵습니다. 힘이 듭니다. 계속하고자 결심을 다져도 기운이
다 빠졌습니다." 인내의 은혜를 위해서도 그분에게 오십시오. "그가 그의 거룩
한 자들의 발을 지키실 것입니다"(삼상 2:9). 오직 그분 안에서 힘을 얻고 굳게
서십시오. 인내할 능력을 얻으십시오. 누구든지 진정으로 바람직한 것으로 목
마르다면, 그는 예수께로 오십시오. 그분 안에서 모든 올바른 욕구들이 채워질
것입니다. 죄인들을 위한 모든 것과 성도들을 위한 모든 것들이 우리 주 예수님
안에 발견될 것입니다. 그분은 모든 자에게 모든 것이 되십니다.

또 기억할 것은 당신이 오직 예수님께 와야 한다는 것과, 또한 그분께 올 때
당신 자신의 것을 아무것도 가져와서는 안 된다는 것입니다. 당신이 들어야 할
모든 것이 이 두 가지에 있습니다. 오라(come), 그리고 마시라(drink). 그리스도는
다가갈 수 있는 분이시며, 당신은 그분에게 올 수 있습니다. 그분은 당신이 다
가설 수 없는 깊은 심연 위에 서 계신 것이 아니며, 당신을 조롱하며 "오라"고
외치시는 것이 아닙니다. 그렇지 않습니다. 오히려 그분은 오늘 당신이 있는 곳
으로 오십니다. 당신의 불행과 죄가 있는 곳에 오셔서 부드럽게 속삭이십니다.
"오라!" 그러므로 일어나십시오. 그분이 당신을 부르십니다. 그분이 당신을 위
해 길을 짧게 하셨습니다. 아니 그분 자신이 바로 그 길(the Way)이십니다. 그
분이 당신에게 오셔서 말씀하십니다. "내게 오라." 건너야 할 먼 거리가 있는 것
도 아니며, 단지 한 걸음만 떼면 당신은 그분에게 올 수 있으며, 그분이 당신을
받아주실 것입니다. 그분을 신뢰하십시오. 그분에게 오십시오. 그분에게 오는
것은 큰 힘을 발휘해야 하는 것이 아니며, 오히려 힘을 포기하는 것입니다. 당
신 자신을 예수님께 맡기는 것이며, 그분에게 복종하는 것입니다. 당신이 진실
로 그분에게 온다면, 그분은 기꺼이 당신에게 모든 것이 되어주실 것입니다.

다음으로 당신은 마시라는 음성을 듣습니다. 그것은 어려운 행동이 아닙니
다. 어떤 바보라도 마실 수 있습니다. 사실, 독이든 음료를 너무 많이 마실 정도
로 큰 바보들이 많이 있습니다. 마시는 것은 기이하게도 죄인들의 일상적인 행
동입니다. "마시라!" 틀림없이 당신은 마실 수 있습니다! 당신은 그저 스펀지처
럼 가까이 와서 물을 빨아들이기만 하면 됩니다. 마시는 일은 아기의 행위이며,
병든 사람이나, 상처 입은 사슴이나, 혹은 작은 병아리에게도 가능한 일입니다.
당신의 입을 아래로 숙이고 당신을 향해 흐르는 그리스도의 강물에서 마시길
바랍니다. 갓난아기가 어머니의 가슴에서 어떻게 마시는지를 보십시오. 그 연

약한 아기처럼 되십시오. 그리스도 안에서 당신의 양껏 들이키십시오. 그분을 영접하라고 그분이 당신에게 말씀하십니다. 왜 주저합니까? 당신은 예수님께 어떤 것도 가져올 필요가 없습니다. 오직 그분에게서 모든 것을 얻으십시오. 메마른 대지가 그 입을 벌리듯이, 그리고 소낙비를 빨아들이듯이, 누구든지 그리스도 안에서 그렇게 할 수 있습니다. 당신 영혼의 입을 크게 벌리십시오. 그리스도 안에서 마시되, 북쪽 지방의 거대한 소용돌이가 바닷물을 빨아들이듯이 마시기 바랍니다. 수문을 활짝 열고서, 은혜의 강물이 흘러 당신에게 억수같이 쏟아지게 하십시오. 그분이 당신에게 명하신 것은 그것이 전부입니다. 사실상, 그것은 당신의 주님을 영접하라는 것 외에는 어떤 일도 하지 말라는 것입니다. 누구든지 목마르거든, 그리스도를 영접하십시오. 이것이 모든 죄로 병든 죄인들의 타는 듯한 갈증을 해소하기 위한 한 가지 지침입니다.

3. 참여의 허용

세 번째로, 여기서 목마른 자들의 참여가 허용된다는 것을 숙고하십시오. 나는 그 물이 어디에 있는지에 대해 여러분에게 말했습니다. 하지만 이런 질문이 남습니다. "내가 그 물을 마실 수 있는가?" 만일 목마르거든, 마시면 됩니다. 이 본문에는 어떤 제한도 없습니다. "원하는 자는 값없이 생명수를 받으라"(계 22:17). 당신이 이전에 행한 일과 관련하여 어떤 제한이 없습니다. "오, 하지만 저는 너무 많은 죄를 지었습니다. 너무나 완고했습니다. 나는 독설을 내뱉었습니다. 나는 심지어 하나님과 그분이 보내신 그리스도께 대해서도 악한 말을 했습니다. 나는 우리 주님의 신성을 부인해 왔습니다. 나는 전적으로 그릇된 길을 걸어왔습니다!" 당신이 무슨 일을 했건, 지금 하나님과 당신의 구주를 향하여 어떤 갈망이 있다면, 당신의 지금 모습 그대로 주저 말고 오십시오. 그분이 당신에게 와서 마시라고 말씀하시기 때문입니다. "하지만 목사님, 저는 감히 제가 한 일을 말할 수도 없습니다." 당신은 그것을 나에게 말할 필요가 없습니다. 그러지 않는 편이 더 좋습니다. 그것은 하나님께만 고백하십시오. 당신이 비록 한밤처럼 캄캄하고, 지옥처럼 불결하더라도, 당신은 지금 모습 그대로 예수님께 올 수 있습니다. 그리고 그분으로부터 완전한 사면을 받을 수 있습니다. "누구든지 목마르거든 내게로 와서 마시라."

당신이 이전에 어디를 다녔는지에 대해서도 전혀 제한이 없습니다. 나는 어떤 물품을 구입하기를 원했던 한 사람을 기억하고 있습니다. 그는 중요한 상인들 중의 한 사람을 방문해서 가격을 물었습니다. 가격을 알게 되자, 그는 여섯 명의 다른 거래자들에게로 찾아가서 더 싼 가격으로 구입하려고 시도했습니다. 그는 성공하지 못했습니다. 오히려 정반대로, 그는 첫 번째 상인이 제일 싼 가격을 불렀다는 것을 알게 되었습니다. 그가 다시 그 가게를 방문했을 때, 그의 이전 가격이 받아들여지지 않았습니다. 그 상인이 말했습니다. "안 됩니다. 나는 더 이상 당신이 요구하는 가격에 물건을 주지 않겠습니다. 당신은 온 시장을 돌아다녔습니다. 만일 당신이 조금이라도 더 싼 값에 구입할 수 있었다면 다시 이곳에 오지 않았겠지요. 나는 그런 고객들에는 관심이 없습니다." 우리 주 예수님은 그렇게 하지 않으십니다. 그분은 은혜 안에서 무상 거래를 계속하십니다. 설혹 당신이 모세에게 갔다 하더라도, 혹은 로마로 갔었다 하더라도, 혹은 사제들이나 '고해신부(father-confessor)'를 찾아갔다 하더라도, 예, 심지어 마귀에게 찾아갔었다 하더라도, 여전히 당신은 그리스도에게 올 수 있습니다. 거절을 두려워하지 마십시오. 그분이 여전히 말씀하십니다. "누구든지 목마르거든." 비록 그가 세상의 모든 우물들을 다녀보고 또 그 우물들이 말라 버린 것을 발견했다 하더라도, 여전히 그리스도께 와서 마시는 것이 허용됩니다. "내게로 와서 마시라."

　무언가 결핍되었다는 이유로도 제한되지 않습니다. 한 사람이 말합니다. "오, 저는 부드럽지 못한 약점이 있습니다. 저는 인내에 결점이 있습니다!" 어떤 면에서 당신에게 결점이 있다면, 당신의 목마름은 그만큼 더욱 클 것입니다. 하지만 주님은 모든 면에서의 목마름을 해결해 주십니다. 만일 누군가에게 어떤 면이 결핍되어 있다면, 주님이 그 결핍을 채워 주실 것입니다. 마치 목숨의 유지에 아주 중요한 물이 결핍된 것처럼, 누군가가 아주 필요한 무언가가 심각하게 결핍되어 있음을 의식한다 해도, 그 사람은 그리스도께 와서 마실 수 있습니다.

　한 사람이 말합니다. "틀림없이, 저는 대상에 포함되지 못할 것입니다. 저는 아주 특이한 상황에 처해 있으니까요. 저는 매우 늙었습니다." 와서 마시기 바랍니다. 당신에게 갈증이 있다면, 므두셀라처럼 나이가 들었다고 해도 환영입니다. "하지만 저는 너무 가난해요." 당신이 더 가난할수록, 당신은 더욱 환영을 받습니다. 낡은 작업복을 입은 채로, 와서 마시면 됩니다. "하지만 저는 글을 읽지 못해요." 걱정하지 마십시오. 본문은 "읽으라"고 하지 않고 "마시라"고 합니다. 투표장의 기표소에서 글을 읽지 못하는 사람들을 많이 만납니다. 하지만 마실 줄 모르는 사람은 아무도 없습니다. 나는 글자를 읽지 못하면서도 통째로 마실 수 있는 사람들을 더러 알고 있습니다. 마시는 것은 매우 널리 퍼진 능력입니다. 받아들이는 능력은 일반적으로 능력이라고 하기는 어렵지만, 하지만 그것이 구원에 필요한 유일한 능력입니다. 어서 오십시오. 그리스도께서 값없이 당신에게 주시는 것을 받으십시오. "아아, 저는 다른 사람들과 너무 다릅니다!" 본문에서 다른 사람들과 다르다는 이유로 어떤 제한을 두었습니까? 아닙니다. 예수님이 서서 외치십니다. "누구든지 목마르거든 내게로 와서 마시라."

  슬프게도 나는 어떤 사람들이 문을 열도록 주어진 열쇠를 간직하고서, 고의적으로 문을 걸어 잠그려 하는 것을 목격합니다. 한 사람이 소리칩니다. "아아, 저는 목마르지 않은 것이 두렵습니다!" 그렇다면, 당신에게 무슨 문제가 있는지 나에게 말해 주십시오. "목사님, 저에게는 마땅히 있어야 하는 필요의 느낌 (sense of need) 같은 것이 없습니다." 말하자면, 당신은 스스로 생각하고 있는 것보다 당신의 필요를 더 잘 느끼고 있군요. 만일 당신이 당신의 모든 필요를 충분히 알지 못하고 있는 것을 인식한다면, 그렇다면 나는 당신에게 있는 모습 그대로 예수님께 오라고 강권합니다. 만일 목마른 사람이 있다면, 당신이 바로 그 사람입니다. 당신은 심지어 '필요의 느낌'까지도 필요로 합니다. 이는 당신이 끔찍하게 궁핍한 상황인 것을 입증합니다. 당신은 궁핍한 사람들 중에서도 가장 궁핍하고, 그러므로 어느 누구보다 먼저 예수님께 와야 합니다.

  "저는 목마르지 않은 것이 두렵습니다." 나에게 말해주십시오. 만일 목마르다면 오시겠습니까? "그렇다면 제가 가겠습니다." 그렇다면 즉시 오십시오. 누구도 당신을 내쫓지 않을 것입니다. 왜냐하면 당신이 올 때, 당신이 목마른 것이 분명하기 때문입니다. 목마르지 않은 자는 누구도 예수님께 올 수가 없습니다. 나는 당신이 내게 하듯이, 완곡한 방식으로 당신과 이치를 따져보고 있는 것입니다. "하지만 저는 좀 더 목마르고 싶습니다." 그렇다면 와서 마시기 바랍니다. 그러면 당신은 더욱 목마르게 될 것입니다. 무슨 말인가 하면, 당신은 그리스도께 대한 당신의 필요를 지금보다 더욱 많이 알게 될 것입니다. 그리스도를 발견한 사람들은 아직 그분을 발견하지 못한 자들보다 그리스도를 더욱 귀하게 여깁니다. 목마르다면 오십시오. 그리고 목마르지 않다고 생각하면서도 목마르기를 원한다면 오십시오. 목마름에 대한 소원은 그 자체가 당신이 바라는 목마름입니다. 필요의 느낌을 느끼지 못한다는 느낌이 느낄 수 있는 최상의 느낌입니다. 당신의 결핍을 느껴야 할 능력의 결핍이 당신의 최대의 결핍이며, 당신 자신의 무감각에 대한 의식이 가장 참된 의식입니다. 탄식하지 못하는 것으로 인한 당신의 탄식이 가장 깊은 탄식입니다. 그러므로 어서 오십시오. 수치심이나 두려움으로 뒤로 물러서지 마십시오. 예수님은 진심으로 당신을 환영하실 것이며, 당신이 필요로 하는 모든 것을 채우실 수 있습니다. 당신 자신이 적합하지 않다고 느낄수록, 당신은 더욱 오라고 초대를 받습니다. 당신의 부적합성이 바로 당신이 예수님께 오기 위한 적합성입니다. 하나님이 요구하시는 것은 당신이 가진 어떤 것이 아닙니다. 오직 그분은 당신이 아무것도 갖지 못한 채로 그분 앞에 오라고 초청하십니다. 그분이 당신의 긴급한 필요를 채우실 것이며, 그분이 당신이 누릴 모든 것을 주실 것이기 때문입니다. 그분은 복된 방식으로 당신의 가난을 이용하십니다. 당신은 사람들이 서로에게 어떻게 대하는지를 잘 알고 있을 것입니다. 사람들은 만일 한 사람이 완전히 쇠약해지면, 그를 더욱 짓밟으려고 합니다. 하지만 주님은 당신의 가난을 당신을 높이시기 위해 이용하십니다. 당신 안에 선한 것이 더 적다면, 당신은 구주를 더 많이 필요로 할 것이며, 그러므로 구주는 더욱 흔쾌히 그분 자신을 당신에게 주실 것입니다. 만일 당신이 극단에 이르기까지 궁핍하다면, 그리고 병에는 한 방울의 기름도 남아 있지 않고, 통에는 한 움큼의 곡식도 남아 있지 않다면, 그분이 친히 당신의 형편을 헤아려 식탁을 펼쳐 주실 것입니다. 그저 당신이 텅 비었다는 것을 고백하십시오. 그러면 그분의 모든 풍부함이 당신의 재량에 맡겨질 것입니다.

    당신이 생각해야 할 한 가지가 있습니다. 그것은 그리스도께서 "내게로 와서 마시라"고 말씀하신 것에 대해, 다른 누구도 당신은 '안 된다'고 할 수 없다는 것입니다. 예수님은 그분의 왕국의 주이시며, 또한 그분의 보증은 그분의 왕국에서 확실히 유효합니다. 만일 그분이 "내게로 와서 마시라"고 말씀하시면 누가 당신을 막겠습니까? 만일 당신이 커다란 영토의 주인이고, 어떤 가난한 사람에게 "어디든 원하는 대로 돌아다니시오"라고 말했다고 가정합시다. 그런데 당신의 토지 관리인이 그 사람을 만나서 당신을 침입자로 간주하고 경고했다면, 그 가난한 사람은 이렇게 반박하지 않겠습니까? "당신의 주인이 허락해 주었습니다. 그러므로 나는 당신에 의해서 쫓겨나지 않겠습니다." 그와 마찬가지로 마귀나, 혹은 양심이나, 혹은 다른 어떤 것이든, 당신에게 "너는 하나님의 은혜를 기대해서는 안 돼. 당신은 그리스도께 가까이 가서는 안 되는 사람이야"라고 말한다면 당신은 담대히 이렇게 반박할 수 있습니다. "주님께서 내가 그래도 된다고 말했다. 예수님이 친히 말씀하시기를 '누구든지 목마르거든 내게로 와서 마시라!'고 하셨다. 나는 목이 말랐고, 그래서 왔고, 또 물을 얻었으며, 또한 결코 내가 받은 것을 포기하지 않을 것이다. 내가 받은 것을 간직해도 좋다고 그리스도께 허락을 받았으니, 나는 끝까지 그것을 간직할 것이다." 오, 이 말씀이 내 앞에 있는 많은 사람들의 경우에 격려가 되기를 간절히 바랍니다!

오늘 아침에 이 예배당이 가득 찼습니다. 아마도 날씨가 좋았더라면 사람들로 더욱 **빽빽**이 들어차게 되었을 것입니다. 그렇지만 비가 억수같이 쏟아졌더라면 상대적으로 적은 수의 사람들이 왔을 것이라 생각합니다. 아마도 그랬더라면 설교의 주제를 바꾸는 편이 더 좋았겠지요. 하지만 나는 스스로에게 말했습니다. "걱정하지 말자. 나는 많은 사람들에게나 소수의 사람들에게나 같은 설교를 할 것이다." 왜냐하면 나 자신이 구주를 만난 날의 아침을 회상했기 때문입니다. 그 때는 지금과 마찬가지로 축축하게 젖은 구슬픈 아침이었습니다. 게다가 땅이 눈으로 깊이 덮였으며, 진눈깨비가 몰아치고 있었고, 바람도 심하게 불고 있었습니다. 나는 반 마일쯤 더 멀리 있는 다른 예배당으로 가려고 작정했었지만, 심한 날씨 때문에 그곳까지 갈 수가 없었습니다. 날씨가 심하지 않았더라면 그 자그마한 원시교회(Primitive Chapel)로 발걸음을 돌리지 않았을 것입니다. 그 날 아침에 그 예배당에 모인 사람들은 이십 명이 넘지 않았던 것으로 생각됩니다. 하지만 그것이 중요하지 않았지요. 그 목사님의 아침 사역은 만족스러웠습니다. 주께서 그 이후로 수천 명의 사람들에게 말씀을 전하게 된 한 젊은이에게 그 날 은혜를 주셨기 때문입니다. 소수의 사람들 가운데서도 최상의 성공을 얻을 수 있습니다. 아마도 이 아침에, 나는 다른 많은 사람들을 위해 유용하게 쓰임 받을 몇 사람의 영혼을 잡게 될 것 같습니다. 이곳에 온 저기 젊은 청년이, 왜인지는 정확히 알 수 없지만, 예수님을 위해 마음의 결정을 할 것입니다. 날씨가 이렇게 축축하지 않았더라면 아마도 그는 여기에 오지 않았을 것입니다. 그는 주님이 필요로 하는 바로 그 사람이며, 그가 회심할 때 그는 주의 영광을 위해 쓰임받게 될 것입니다. 하여간, 이 강단에서 나팔 소리와 더불어 복된 초청의 말씀이 울려 퍼집니다. "누구든지 목마르거든 내게로 와서 마시라."

4. 목마른 자들을 오라 하시는 호소

목마른 자들을 오라고 하시는 호소를 숙고함으로써 설교를 마치고자 합니다. 예수님은 서서 외치셨습니다. 나는 그 날 아침 그분이 말씀하실 때의 그분의 영혼의 열정과 그분의 마음의 뜨거움을 다 묘사할 수 없습니다. "누구든지 목마르거든 내게로 와서 마시라." "오라" 하시는 그분의 음성은 인상적이고 애원하는 소리이자, 강력하고도 부드러운 어조였습니다. 사람들에게 외칠 수 있는 그 마지막 기회에, 그분은 그분의 전심을 쏟아부으셨으며, 사람들에게 바로 그 때 그 장소에서 그분께 오라고 호소하셨습니다.

사랑하는 성도들이여, 우리에게 오라고 호소하시는 그리스도를 생각할 때, 나는 우리를 위해 그렇게까지 호소하실 필요가 있는지에 대해 놀라곤 합니다. 그분은 그렇게 호소하셨습니다. 진정 입장이 서로 바뀌어야 맞는 것입니다. 우리가 그분에게 오시라고 간청해야 하는 것이 아닙니까? 우리가 무릎을 꿇고서 구주를 영접하도록 허락해 달라고 탄원해야 하는 것이 아닙니까? 그런데 우리는 그러지 않고 냉정하고 딱딱하게 굳어 있습니다. 그분이 우리에게 오라고 열심을 내고 계십니다. 그분은 우리가 우리 자신을 사랑하는 것보다 우리를 더 사랑하십니다! 사람이 어떤 자선을 베풀려 할 때, 그가 사람들에게 와서 그것을 받아가라고 호소합니까? 아닙니다. 오히려 필요한 사람들이 그에게 옵니다. 그들이 그의 문을 두드리고, 그들이 자선을 베풀어 달라고 그에게 호소합니다.

이 얼마나 이상한 일입니까? 당신은 내키지 않은 채 서 있고, 그리스도께서 애타게 부르십니다. 당신은 뒤로 물러서 있고, 그리스도께서 앞으로 다가 오십니다. 예수님이 "오라"고 외치시는데, 당신은 여전히 물러서 앉은 채로 그의 부르심을 외면하고 있습니다! 예수님이 친히 초청하실 때, 그분이 이토록 호소하실 때, 그분에게 오지 않겠습니까? "누구든지 목마르거든 내게로 와서 마시라"고 하늘에서 외치며 말씀하시는 분을 우리가 영접하지 않는다면, 그것은 천박하고도 심각한 마음의 고집스러움이 아니겠습니까? 당신은 전에 온 적이 없습니다. 그것은 나쁜 일입니다. 하지만 당신이 알지 못할 때에는 하나님이 그것을 간과하셨습니다. 그리고 당신에게 지금 오라고 명하십니다. 오, 그분의 은혜로운 성령이 내가 전하는 말에 함께 하시길 빕니다. 그리하여 당신의 마음이 구주를 향하여 녹게 하시고, 이렇게 말할 수 있게 해주시길 빕니다. "예, 우리가 오겠습니다. 우리가 예수님을 영접할 것이며, 그분의 은혜를 받아들이겠습니다!"

오 나의 형제여, 이것이 무한한 사랑에 대한 당신의 진심어린 동의라면, 당신의 슬픔은 끝이 났으며, 당신의 위험이 종결되었으며, 당신의 기쁨이 시작되었습니다. 주님이 그분의 사랑하시는 아들을 위하여 그것을 허락하실 것입니다. 아멘.

제
29
장
—

맞수가 없는 예수님의 웅변

—

"아랫사람들이 대답하되 그 사람이 말하는 것처럼 말한
사람은 이때까지 없었나이다." — 요 7:46

대제사장들과 바리새인들은 구주를 붙잡으라고 아랫사람들을 보냈습니다. 그분의 가르침이 그들의 권위를 전복할 것이 두려웠기 때문입니다. 한편 군중 속에 섞여서 주 예수님을 체포할 기회를 노리고 있던 치안경찰들은 그들 스스로가 예수님의 진지한 연설에 사로잡히고 말았습니다. 그들은 그분을 잡을 수가 없었습니다. 그분이 그들을 사로잡으셨기 때문입니다. 그들이 빈손으로 되돌아왔을 때, 그들은 그분을 체포하지 못했던 이유로 기억에 남을 만한 이 말을 했습니다. "그 사람이 말하는 것처럼 말한 사람은 이때까지 없었나이다."

이 강론을 시작하면서 이 말을 하고 싶습니다. 몰락하는 교회의 확실한 징표 중의 하나는 그 지도자들이 세속 권력의 도움을 불러들이는 것입니다. 반대자를 달리 충분히 논박할 수가 없자 시민 치안판사의 경찰력을 동원하는 것을 보니 당시 서기관들과 바리새인들의 통치는 그 자체로 약했던 것이 틀림없습니다. 총검으로 지탱되어 온 교회는 그 종말이 결코 멀지 않습니다. 경찰의 손을 빌려서, 그리고 압류라는 법적인 절차에 의해서 오랫동안 십일조와 헌물들을 모으고, 거기에 의존하는 교회 역시 그리 강하지 못합니다. 영적인 힘에 의해 스스로를 지탱할 수 없는 교회는, 설혹 죽지는 않았다 하더라도, 죽어가는 것입니다. 신앙을 옹호하기 위해 물리적인 수단을 끌어들이는 것을 생각할 때마다,

우리가 잘못한 것은 아닌지, 칼에 의해 지지될 수 있는 것은 구주의 왕국과 크게 다른 것은 아닌지 심각하게 의문을 제기할 수 있습니다. 주님은 자신의 왕국에 대해 이렇게 말씀하셨습니다. "내 나라는 이 세상에 속한 것이 아니니라. 만일 내 나라가 이 세상에 속한 것이었더라면 내 종들이 싸워 나로 유대인들에게 넘겨지지 않게 하였으리라"(요 18:36). 사람이 자기 지팡이에 더 의지할수록 그가 약하다는 것을 우리는 더욱 확신할 수 있습니다. 교회들이 의회의 조례들이나, 인간적인 명성이나, 법적인 권위에 의지하는 비율에 따라, 바로 그 정도로 교회는 자신의 약함을 보이는 것입니다. 보안관의 사무실을 방문하는 것은, 실제로 무덤 파는 자를 방문한 셈입니다! 이런 면에서 이 말씀은 분명한 진실입니다. "칼을 가지는 자는 다 칼로 망하느니라"(마 26:52). 교회가 강제적인 십일조와 합법적인 세금 징수에 의존할 때, 그 교회는 국가에 의해 지지되는 것이 아니라 매장되는 것입니다.

다음으로, 결국에는 영적인 권세가 언제나 현세의 권력을 이기는 것을 주목하십시오. 경비병들은 완전히 무장했습니다. 그래서 얼마든지 그 설교자를 체포하는 임무를 완수할 듯합니다. 그분에게는 그들을 맞설 무기가 없습니다. 그분은 무리들 가운데 무장하지 않은 채로 서 계십니다. 아마도 그분의 제자들 중 어느 누구도 그분을 보호하기 위해 손가락 하나 들지 않을 것입니다. 설혹 그들이 그렇게 하려고 해도, 그분이 그들에게 칼을 도로 칼집에 꽂으라고 명하셨을 것입니다. 그런데도 불구하고 그 경비병들은 전혀 저항하지 않는 그 설교자를 체포할 수 없었습니다. 무엇이 그들의 손을 멈추게 했을까요? 몸과 정신 사이에 전투가 있었을 것이고, 정신이 이긴 것입니다. 그 웅변의 혀가 양날선 칼에 맞서 싸우고 그날의 싸움에서 승리한 것입니다. 어떤 두려움이나 양심의 불안이 그 치안경찰들을 방해하지 않았습니다.

하지만 그들은 그분을 향해 손을 들 수가 없었습니다. 그들은 서 있는 그 장소에서 사슬에 묶여 있었습니다. 그분의 말씀의 신비한 능력에 넋을 잃고 서 있을 수밖에 없었습니다. 그분의 어조가 그들을 매혹시켰고, 그분이 쏟아내신 강론들이 너무나 유창하여 마치 포로들처럼 그들을 사로잡고 말았습니다. 언제나 그랬습니다. 영적인 것이 물리적인 것을 이깁니다. 비록 처음에는 그것이 불공평한 싸움인 듯 보이지만, 결국에는 "'큰 자가 어린 자를 섬기게 됩니다"(참조. 창 25:23). 가인의 곤봉이 아벨을 땅바닥에 때려눕힐 수는 있지만, 그를 침묵하게 할 수는 없습니다. 땅에서 아벨의 피가 계속해서 소리칩니다. 순교자들이 감옥에 넘겨질 수는 있고, 또한 감옥에서 형장으로 끌려갈 수도 있고, 그래서 외관상으로는 그 선한 사람들이 완전히 끝장난 것 같지만, 그들은 재가 되어서도 여전히 불꽃으로 되살아납니다. 그들이 숨을 거둔 형장은 끝없는 청중을 위한 연단이 되고, 무덤에서 그들의 가르침은 생전의 강단에서보다 더 크게 울려 퍼집니다. 대지에 뿌려진 씨앗들처럼 그들은 스스로 싹이 트고 증식합니다. 다른 사람들이 그들과 동일한 증언을 하기 위해 일어나고, 동일한 방식으로 그들 증언의 진실성을 보증합니다. 바로의 강력한 군대가 소안 땅에 재앙으로 내렸던 우박과 번개를 맞서 싸울 수 없었던 것 같이(출 9:33), 중세의 기사들도 만져질 듯한 어둠에 맞서 싸울 수 없었던 것 같이, 하나님께서 능력으로 그분의 진리를 땅에 보내실 때 대적자의 손에 들린 전투용 도끼와 방패들이 아무 소용이 없습니다. 싸움을 위한 우리의 무기는 육체적인 것이 아니며, 그들 역시 칼과 방패로 우리의 공격에 맞설 수 없습니다. 우리의 활시위는 끊어질 수 없으며, 우리의 칼날은 무디어질 수 없습니다. 오직 주께서 그분의 사역자들에게 무장을 시키시되, 칼과 창과 방패와 같은 무기가 아니라, 오순절에서 그러셨던 것처럼 놀라운 말씀으로 무장을 시키십니다. 이 거룩한 전쟁의 무기들은 어느 것으로도 저항할 수 없다는 것을 스스로 입증할 것입니다. 오 설교자여, 계속해서 싸우십시오! 십자가의 이야기를 전하십시오! 반대를 무시하고 박해를 비웃으십시오. 당신의 주님처럼 당신도 그분의 종으로서 당신의 모든 대적들 위로 올라갈 것이며, 사로잡힌 자들을 사로잡을 것이며, 좋은 선물들을 사람들 가운데 뿌리게 될 것입니다.

　또한, 하나님께서 가장 예기치 않은 곳에서 그분의 아들의 위엄에 대해서 증언하실 수 있음을 기억하십시오. 나는 이 치안경찰들이 어떤 사람들이었는지, 어떤 부류의 사람들인지에 대해 알지 못합니다. 하지만 일반적으로 도시의 당국자들은 가장 세련되고 지적인 사람들을 경비병들로 채용하지는 않습니다. 그들은 그런 일을 맡을 사람들에게 친절의 정신을 크게 요구하지 않습니다. 거친 손, 예리한 눈, 담대한 기백, 이런 것들이 치안경찰로서는 주로 필요한 요소들입니다. 제사장들과 바리새인들은 자연히 저 위대한 교사를 붙잡기 위해 그분의 가르침에 가장 영향을 받지 않을 만한 사람들을 골랐을 것입니다. 하지만 그럼에도 불구하고 이 사람들도, 의심할 여지 없이 거친 습성에 젖어 있고 또한 그들의 주인의 명령에 무슨 일이든 할 태세가 되어 있는 이 사람들도, 그 속에 예수 그리스도의 거침없는 연설의 힘을 느낄 정신적 능력이 있었던 것을 보여 주고 있습니다. 적대자들에게서 보내어졌던 사람들이 되돌아와서 그분을 반복해서 칭송하였고, 그래서 그분의 적대자들을 노하게 했습니다. 진실로 주님은 원하신다면 벽의 돌들이 외치게 하실 수 있으며, 나무 기둥이 그 소리에 화답하게 하실 수 있습니다. 그분은 반대를 위해 준비된 도구들을 오히려 그분의 의로운 목적을 위한 자발적인 옹호자들이 되게끔 변화시키실 수 있습니다. 그분은 다소의 사울의 경우에서처럼 고상한 인물을 바른 길로 들어서게 하실 뿐 아니라, 비굴한 아첨꾼들을 들어서 그들의 입으로 바른 증언을 하게 하실 수도 있습니다. 그분은 사람들의 분노를 그분께 대한 찬미로 바꾸실 수 있습니다. 그분은 그분의 적대자들을 강제하여 그분에게 경의를 표하게 하실 수 있습니다. 용기를 내십시오, 오 십자가의 군사들이여! 어떤 의기소침한 생각도 당신의 심령에 깃들지 못하게 하십시오. 우리를 대적하는 모든 자들보다 우리를 위하시는 그분이 훨씬 위대하십니다. 그분이 친히 그분의 아들 예수를 영화롭게 하실 수 있고 또 그리하실 것입니다. 마귀조차도 그분의 전능의 능력 아래에 있습니다. 그분의 말씀이 그 입에서 나갔으며, 그분의 맹세로 그 말씀을 확증하셨습니다. "모든 육체가 하나님의 구원하심을 보리라"(눅 3:6; 사 52:10). 하나님께서는 심지어 원수들의 혀를 통해서도 그분 자신을 영화롭게 하실 것입니다. 이 소망 가운데 우리의 기를 높이 듭시다.

본문은 우리 주 예수 그리스도의 웅변 능력을 주목하도록 우리에게 소개하고 있습니다. 우리는 이 주제에 대해 말하려 노력할 것입니다. 성령께서 우리가 그렇게 할 수 있도록 능력을 주시길 빕니다. 우리는 먼저, 예수님의 웅변의 **독특한 특징들**을 주목할 것입니다. 그것이 치안경찰들의 보고를 충분히 정당화시킬 것입니다. 둘째로, 주님의 설득력과 관련하여 우리 자신들에게 간직된 개인적인 회상을 하고자 합니다. 셋째로, 시대에 대한 예언적인 전망으로서, 그 시대란 우리의 영혼이 그분의 음성을 더욱 분명히 듣고서 다시금 이렇게 말하게 될 시대입니다. "그 사람이 말하는 것처럼 말한 사람은 이때까지 없었나이다."

1. 예수님의 웅변의 독특한 특징들
우리 주님의 웅변의 독특한 특징들에 주의하도록 합시다. 왕들 중에서 그분은 왕 중의 왕이시며, 제사장들 중에서 위대한 대제사장이시며, 선지자들 중에서 메시야이시며, 설교자들 중에서 설교자들의 왕자시며(the Prince of preachers), 우리의 믿는 도리의 그 사도(the Apostle)이십니다. 설교자로서 아주 뛰어난 사람들은 그분을 가장 닮은 사람들입니다. 하지만 그분을 아주 닮은 것으로 저명한 사람들조차, 여전히 그분의 탁월함에는 훨씬 못 미칩니다. 신부가 말합니다. "입술은 백합화 같고 몰약의 즙이 뚝뚝 떨어지는구나"(아 5:13). 그는 말씀과 행동에서 능한 선지자이십니다.

우리 주님의 사역에 대한 올바른 개념을 형성하기 위해 그분의 사역 전체를 언급하는 것이 필요하며, 또한 우리는 이 본문을 떠나지 않고도 그렇게 할 수 있습니다. 비록 그 치안경찰들이 예수님이 하신 말씀 전부를 듣지는 못했어도, 그분의 전 사역에서 빛나는 특징들 중에서 많은 요소들이 이 경우에 그분이 전하신 설교에서도 명백하게 나타났다고 나는 확신합니다. 그러므로 나를 따라오십시오. 내가 맞수가 없는 그분의 웅변의 주요한 특징들을 언급하도록 하겠습니다.

그리스도의 가르침들을 편견 없이 읽는 사람은 그 말씨가 독특하게 **명쾌하**고 명료하면서도, 그 다루시는 문제는 결코 사소하거나 피상적이지 않다는 것을 발견할 것입니다. 단순성(simplicity)에 있어서, 이 분, 그리스도 예수님처럼 말한 사람이 있었습니까? 어린아이들이 그분 주위에 모였습니다. 그분이 말씀하신 많은 부분이 그들에게 흥미로웠기 때문입니다. 그리스도의 가르침에서 어떤 어려운 말이 있다면, 그것은 인간의 언어의 결함 때문이며, 더 쉬운 말을 쓰실 수 있었음에도 어려운 말을 쓰신 적은 한 번도 없습니다. 당신은 그분이 과시를 위해서 수사학의 날개를 달고 질주하시는 것을 결코 볼 수 없을 것입니다. 그분은 청중들이 그분의 학식이 광범위하고 그분의 사고가 심오하다는 것을 알아차리도록 하기 위해 일부러 알기 어려운 말투를 쓰신 적이 없습니다. 그분은 하나님의 신비를 드러내시고, 수세기 동안 선지자들과 왕들이 보기를 바랐으나 볼 수 없었던 어둠 속의 보화들을 빛 가운데 드러내십니다. 그분의 가르침은 너무나 심오하여 가장 위대한 인간의 지성도 그 깊이를 헤아릴 수 없습니다. 하지만 그러면서도 그분은 "거룩한 어린이 예수"처럼 짧은 문장과 알기 쉬운 단어들로 말씀하시며, 달걀, 생선, 초, 등불, 집안 청소, 돈의 분실, 양 찾기 등 가장 흔한 실례들을 들어서 비유로 말씀하십니다. 그분은 순전한 수사학자들처럼 케케묵고

곰팡내 나는 은유들을 나열하지 않으십니다. "잔물결 이는 실개천, 푸릇푸릇한 풀밭, 별이 반짝이는 하늘," 기타 등등의 낡아빠진 연극풍의 화법은 그분의 특징이 아닙니다. 그분의 연설은 가장 진실하고 가장 자연스러운 이미지들로 풍부하고, 그것 역시 그분 자신을 과시하기 위해서가 아니라 그분이 드러내고자 하시는 진리를 선명하게 드러나도록 하기 위한 것입니다. "그 사람이 말하는 것처럼 말한 사람은 이때까지 없었나이다." 상식을 가진 보통의 사람들이 그분의 말씀을 기쁘게 들었습니다. 비록 그들이 그분의 가르침의 모든 범위를 항상 이해할 수 있었던 것은 아니지만, 그분의 명백한 가르침의 표면에도 간직할 가치가 있는 금광석 덩어리들이 반짝였습니다. 명료하면서도 심오한 우리 주님의 이런 특징에 아직까지 필적할 자가 없습니다.

그분의 연설에는 또다른 특징이 있는데, 그분이 비범한 권위로 말씀하셨다는 것입니다. 그분은 단정적 화법의 대가이셨습니다. "그럴 수도 있다", "그것은 입증될 수 있다", 혹은 "그것은 상당히 개연성이 있다"는 식이 아니었으며, "진실로 진실로 내가 너희에게 말하노니"라는 식이었습니다. 그러면서도 이와 병행하여 비상한 자기 낮춤(self-sinking)이 있었습니다. 주님은 단정적으로 말씀하시면서도 결코 자만심으로 가득한 태도를 보이지 않으셨습니다. 그분은 결코 탁월함을 가장함으로써 당신을 괴롭히지 않으며, 공식적인 격식과 위엄을 주장하지 않으셨습니다. 그분은 제사장의 의복에서나 혹은 당당한 직위에서 오는 어떤 지원도 받지 않으셨습니다. 그분은 모세처럼 온유하셨지만, 또한 모세처럼 주의 말씀을 절대적인 권위로 전하셨습니다. 마음이 겸손하고 부드러워 결코 스스로를 칭찬하지 않으셨고, 그분 스스로를 증언하지도 않으셨습니다. 만일 그랬다면, 그분이 말씀하시듯이, 그분의 증언은 참되지 않을 것입니다(참조. 요 5:31). 그럼에도 불구하고 그분은 주저 없는 의의 사역자이셨으며, 능력으로 말씀하셨던 것은, 주의 영의 기름 부으심이 그분에게 있었기 때문입니다. 하늘 궁전에서 내려오시고, 아버지의 가슴으로부터 오신 그분은, 눈에 보이지 않는 것을 보셨으며 틀림없는 신탁의 말씀을 들으셨습니다. 숨죽이며 말씀하지 않으시고, 불분명하게 말씀하지 않으시고, 서기관들과 율법사들처럼 논쟁하지 않으셨습니다. 제사장들과 바리새인들처럼 따지며 추론하지 않으셨고, 그들처럼 혼란만 일으키거나 인간 정신에 어둠만 가중시키지 않으셨습니다. "진실로 진실로 내가 너희에게 말하노니"가 그분이 즐겨 쓰시던 말투였습니다. 그분은 그

분이 아는 것을 말한다 하시고, 그분이 본 것을 증언한다 하셨으며, 아버지께서
보내신 자로서 받아들여지기를 요구하셨습니다. 그분은 논쟁하지 않으셨고,
오직 선포하셨습니다. 그분의 설교는 추측이 아니었고, 오직 증언이었습니다.
하지만 그분은 결코 스스로를 칭송하지 않으셨고, 그분의 사역과 그분의 아버
지께서 그분에 대해 증언하시도록 했습니다. 그분은 그분 자신의 명확한 지식
으로부터 진리를 단언하셨습니다. 왜냐하면 그분이 아버지에게서 그렇게 하도
록 위임을 받으셨기 때문입니다. 하지만 그분은 결코 자기 자신만을 높이려는
단순한 교조주의자(敎條主義者)들처럼 행하지 않으셨습니다. 그런 자들이야말
로 진리와 진리를 적용하시는 성령을 보내신 하나님을 높이기보다 오로지 자기
자신들이 영광을 받으려 하는 자들입니다.

　　또한 우리 주님의 설교에는 신실함과 부드러움의 훌륭한 조합이 있습니다.
그분은 진정으로 신실한 설교자들의 왕이십니다. 심지어 다윗 왕 앞에 서서 "당
신이 그 사람이라"(삼하 12:7)고 말했을 때의 나단도 인간의 양심을 향해 그리
스도보다 더 진실할 수는 없었습니다. 그분이 그 시대의 존경받는 양반들에게
예리한 말씀들을 쏟아내실 때 그 말씀은 마치 소총의 탄환들과도 같았습니다.
"화 있을진저 외식하는 서기관들과 바리새인들이여!"(마 23:13), "화 있을진저
눈 먼 인도자여!"(마 23:16) 이런 식이었습니다. 그들의 죄를 결코 완곡하게 말
하거나 눈감아 주지 않으셨습니다. 그들의 죄가 저명한 자들과 결부된 것이었
고, 또한 종교의 옷을 걸치고 경건한 체하는 위선의 죄였기 때문입니다. 그분은
결코 높은 자들에게 아첨하지 않으셨고, 대중들의 요구에 영합하지도 않으셨습
니다. 예수님은 모든 계층의 사람들에게 그들의 면전에서 그들의 죄와 관련하
여 책망하셨습니다. 그분은 결코 사람들을 기쁘게 하려고 시도하지 않으셨습
니다. 그분은 그분의 아버지의 일을 행하는 데 집중하셨고, 그 일은 종종 의와
심판에 대해서 직접적으로 말하는 일과 관련이 있었기 때문에, 그 일을 회피하
지 않으셨습니다. 아마도 어떤 설교자도 경건하지 못한 자들의 운명에 대해 우
리 주님이 하신 말씀보다 더 무서운 말을 한 적이 없을 것입니다. 심지어 당신
이 중세의 기록들을 샅샅이 찾아본다 해도 지옥의 고통에 대해 그보다 더 무서
운 묘사를 찾을 수가 없을 것입니다. 죄인들의 친구(the Friend of Sinners)이신
그분의 입술에서 떨어진 그토록 무서운 문장들은 그분이 그들의 진정한 친구이
셨기에 아첨하는 말을 하실 수 없었다는 것을 입증하며, 또한 그렇기에 그들의

운명에 대한 충분한 경고도 없이 그들이 멸망하도록 버려두실 수 없었다는 것을 입증합니다. 하지만 비록 그분이 보아너게(우레의 아들들, 막 3:17)처럼 크게 호통을 치셨지만, 우리 주님은 또한 얼마나 바나바(위로의 아들, 행 4:36)같은 분이셨는지요! 그분이야말로 위로의 아들이셨습니다! 그분의 말씀은 얼마나 부드러우셨던지요! 그분은 상한 갈대를 꺾지 않으셨고 꺼져가는 심지를 끄지 않으셨습니다. 간음 중에 잡혀온 여인에게 그분은 저주의 말씀을 하지 않으셨으며, 아기들을 안고 오는 예루살렘의 어머니들에게 한 마디의 비난도 하지 않으셨습니다. 친절하시고, 부드러우시며, 온유하시고, 인자하신 그분의 음성은, 어느 때는 레바논의 백향목을 부러뜨리시고 암사슴으로 놀라 새끼를 낳도록 하는 여호와의 음성처럼 들리다가, 또 어느 때에는 음조가 바뀌어 속삭임처럼 부드럽게 수심에 잠긴 이들을 격려하고 상한 심령들을 싸매는 음성으로 들립니다. "그 사람이 말하는 것처럼 말한 사람은 이때까지 없었나이다." 그분은 그토록 신실하시면서도 그토록 부드러운 애정으로 가득하셨습니다. 사람에게서 볼 수 있는 작은 친절을 마음에 담아 두시면서도, 그분의 거룩한 눈으로 발견할 수 있는 사소한 위선에도 엄격한 태도를 취하셨습니다.

구주의 설교에서는 열정과 신중이 훌륭하게 섞여 있음을 볼 수 있습니다. 그분은 뜨거움으로 가득했고, 하나님의 집을 향한 열성이 그분을 삼켰습니다. 그분은 일생 동안 결코 냉랭하고 굼뜬 설교를 하신 적이 없습니다. 그분은 빛의 기둥이자 불의 기둥이셨습니다. 그분이 말씀하실 때 거룩한 열정으로 인해 전하시는 말씀이 사람들의 마음에서 뜨거운 불이 되었습니다. 하지만 그분의 열성은 결코 정신적 무지와 균형 잃은 무모한 열정으로 퇴보하는 일이 없었습니다. 열정이 지식으로 조절되면 교회에 유용하겠지만, 지식 없는 열정만으로 그들 자신과 그들의 목적을 위험하게 만드는 사람들이 더러 있다는 것을 우리는 압니다. 열광주의는 하나님의 영광을 위한 참된 열망에서 비롯될 수 있습니다. 하지만 열성이 야단법석으로 변질되어서는 안 됩니다. 구주의 경우에는 결코 그런 일이 없었습니다. 그분의 열성은 뜨거웠지만, 그분의 분별은 냉정하고 차분하셨습니다. 그분은 헤롯당원들을 두려워하지 않으셨지만, 세금 낼 돈과 관련한 함정에 얼마나 차분히 대답하셨던가요! 그들은 "이 형상과 이 글이 누구의 것이냐?" 하신 예수님의 반문을 결코 잊을 수 없었을 것입니다. 그분은 또한 언제라도 사두개인들과 맞서실 준비가 되어 있었지만, 그분은 스스로를 보호하시

고 그들이 그분의 말씀을 가로막지 못하도록 하셨습니다. 그분은 그들이 쳐 놓
은 그물을 피하셨고, 오히려 그들의 꾀에 그들이 넘어가도록 하셨습니다. 어떤
질문이 제기될 때, 그분은 잠시 동안도 대답에 신경을 쓰지 않으셨습니다. 주님
은 그들의 질문에 대한 대답으로 그들이 답할 수 없는 다른 질문으로 반문하실
줄을 아셨습니다. 그들의 시도를 무산시키셨고 그들이 부끄러움을 느끼며 돌
아가게 하셨습니다. 한 사람이 따뜻하면서도 지혜로울 수 있고, 또한 자신은 흥
분하지 않는 상태를 유지하면서도 다른 사람들을 흥분하게 만들 수 있다는 것
은 굉장한 일입니다. 신중한 사람은 그 자신은 태연하면서 다른 사람들을 감동
시키는 힘이 있습니다. 구주께서 그러하셨습니다. 하지만 내 표현을 일정불변
한 것으로 받아들이지는 마십시오. 더 높은 의미에서 그분은 사람들보다 더 많
은 감정의 요동이 있었습니다. 내가 말하고자 한 것은 쉽사리 요동하지 않는 그
분의 기질과 심령에 대한 것입니다. 그분은 침착하셨고, 신중하셨고, 지혜로우
셨으며, 그러면서도 그분이 말씀하실 때에는 불꽃이 튀었고 거룩한 열심이 불
타올랐습니다. 그것은 그분의 온 마음이 영혼들을 향한 사랑으로 불타오르고
있음을 보여주는 것입니다. 훌륭하게 조화된 열정과 신중이 예수님에게 있었
습니다. 그랬기에 "그 분이 말한 것처럼 말한 사람은 이 때까지 없었습니다."

또한, 우리 주님의 설교를 듣고 그분의 성품에 주목한 모든 사람은 **사랑이**
설교자로서 그분의 두드러진 특징 중의 하나임을 알아보았을 것입니다. 그분
은 자상함으로 가득하시고, 동정심이 넘치시고, 애정으로 흘러넘치셨습니다.
예루살렘을 보고 우신 것이나, 어린이들이 그분에게 모여들었던 것은 그분의
일생에 많이 있었던 일의 한두 가지 사례일 뿐입니다. 슬픈 일을 보실 때마다
그분의 마음은 그 슬픔에 공감하셨습니다. 그분은 사람들이 목자 없는 양처럼
되는 것을 견디지 못하셨습니다. 많은 친절한 행동과 많은 교훈의 말씀을 하신
것은 그분이 그들을 사랑하셨기 때문입니다. 우리 주님은 결코 꾸며서 말하거
나 점잔을 빼며 말하지 않으셨습니다. 그분은 진부한 사탕발림의 말을 하지 않
으셨고, 어떤 사람들에게서 두드러지게 볼 수 있는 역겨운 아첨의 말을 할 줄
모르셨습니다. 그분은 또한 흔히 기독교적 사랑이라고 간주되는 우유부단함과
도 거리가 멀었습니다. 나는 누구에게든지 "사랑하는 ○○님" 혹은 "사랑스러
운 △△님"이라고 부르는 사람들의 말투를 정말이지 싫어합니다. 그들은 알지
도 못하는 사람들에게, 혹은 그들이 정말 필요로 할 때 육 펜스짜리 동전 한 푼

도 주지 않을 사람들에게, 단지 환심을 사려고 그런 말투를 즐겨 씁니다. 나는 이런 사탕발림을 싫어합니다. 이 영적인 구애(求愛)의 표현들을 싫어합니다. 우리는 참된 자선의 고기를 찾아보기 힘든 곳에서, 장식용으로 쓰는 파슬리와 회향풀이 넘쳐나는 것을 봅니다. 병은 비어 있는데, 가득한 병으로 간주되도록 딱지만 붙이고 있습니다. 오, 참된 사람을 주소서! 참된 사람을 보게 하소서! 저로 하여금 솔직한 말을 듣게 하시고, 유약하게 점잔빼는 소리나, 보채는 소리나, 구애하는 소리나, 감정의 황홀경을 가장한 소리를 듣지 말게 하소서! 십중팔구 세상에서 가장 고집불통이 당신에게 관용에 대해 설교하는 사람이고, 당신을 가장 미워할 수 있는 사람이 가장 부드러운 말로 당신에게 설교하는 바로 그 사람입니다. 남자라면 남자답게 사랑해야 할 것입니다. 용기 있고, 힘차고, 위엄 있는 사랑을 하고, 연체동물이나 갓난애처럼 되는 것이 더 좋다는 사고방식을 버리십시오. 우리 주님은 그러지 않으셨습니다. 그분은 단호하게 이런 저런 악을 비난하셨습니다. 그분은 변명이나, 자기변호의 표현이나, 아첨하는 말이나, 달콤한 말투를 사용하지 않으셨습니다. 바람에 흔들리는 사람들, 아첨의 말투를 즐겨 쓰는 사람들은 왕의 궁정에 서 있습니다.

하지만 그분은 백성들을 위한 설교자로서, 백성들 중에 선택받은 분으로서, 많은 사람들 가운데 거하시고 사람들 중의 한 사람으로 사셨습니다. 그분은 남자다우셨습니다. 그분 안에는 탁월한 사랑이 가득하였지만, 그러면서도 가장 고귀한 남성다움이 있었습니다. 직접적인 연설꾼들의 쩨쩨한 기술들이나 변론가들의 천박한 논쟁을 훨씬 능가하는 그분의 가르침은 용기 있는 성실과 관대한 애정으로 진리를 전하는 것이었습니다. 그분은 자신의 위치를 지키셨지만, 누구도 짓밟지 않으셨습니다. 그분은 스스로를 사람에게 의탁하지 않으셨고, 오히려 모든 사람을 축복하기를 원하셨습니다. 그분의 사랑은 모조품이나 꾸밈이 아니었으며, 오빌의 금처럼 단단한 진품이었습니다. 이 문제에 있어서 그분을 필적할 만한 사람은 아무도 없습니다. "그 사람이 말하는 것처럼 말한 사람은 이때까지 없었나이다."

우리 주님의 설교에서 기억할 만한 특징 중의 하나는 그분의 종들에게서 개별적으로 나타나는 탁월성들이 그분에게서는 통합되어 나타났다는 점입니다. 아마도 당신은 이성적으로 설교할 때 뛰어난 사람을 알고 있을 것입니다. 그런 설교자는 매우 논리적이고도 명확하게 설명하고 해설합니다. 당신은 그의 설교단 아래에 앉을 때마다 가르침을 받는다고 느낍니다. 하지만 그 빛은 비록 선명하기는 하지만 달빛처럼 차가운 것입니다. 그렇게 훌륭하게 머리를 깨우쳐줄 수 있는 설교자가 사람에게는 마음도 있음을 기억한다면 좋을 것입니다. 그와는 반대로, 설교 내내 열정과 감동으로 전하는 사람들도 있습니다. 설교 시간에 당신은 어느 정도의 눈물을 흘리고, 홍분의 도가니를 통과하게 됩니다. 하지만 설교 후에도 지속적으로 당신에게 유익을 끼치는 것이 무엇인가에 대해서는, 남은 것을 찾기가 어렵습니다. 설교가 끝났을 때, 소낙비와 햇빛은 모두 떠나가고, 아름다운 무지개도 시야에서 사라지고, 무엇이 남습니까? 항상 마음을 향해서만 말하는 설교자들은 사람에게는 지성도 있음을 기억한다면 좋을 것입니다. 구주께서는 가슴속에 지성이 있는 분이셨고, 또한 지성 속에 가슴이 있는 분이셨습니다. 그분은 정당한 이유나 동기 없이 감정만 전달하는 분이 아니었으며, 또한 마음과 양심에 동시에 영향을 끼치지 않으면서 지성에만 교훈을 주시는 분도 아니었습니다. 설교자로서 우리 주님의 능력은 포괄적이었습니다. 그분은 의식을 일깨우셨는데, 누가 그분보다 더 잘할 수 있습니까? 단 한 문장으로도 그분은 그분을 시험하러 온 자들의 죄를 인식시켜 주셨으며, 그리하여 어른으로 시작하여 젊은이까지 양심의 가책을 느끼고 떠나갈 수밖에 없었습니다(참조. 요 8:9).

　　하지만 그분은 단지 상처를 드러내고 잘라내고 죽이기만 하는 분이 아니었으며, 거룩한 위로의 기술에 있어서도 마찬가지로 위대하셨습니다. 비길 데 없는 음악적인 억양으로 이렇게 말씀하실 수 있었습니다. "평안히 가라, 네 많은 죄가 사함을 얻었느니라." 그분은 사나운 적대자들과 맞설 줄도 아셨으며 울고 있는 친구를 위로할 줄도 아셨습니다. 그분의 탁월함을 모든 종류의 사람들이 느낄 수 있었습니다. 그분의 대포는 모든 영역을 타격하셨습니다. 그분의 정신은 모든 위기 상황에도 대처하실 수 있었습니다. 에덴 동산의 입구에서 두루 돌며 생명나무의 길을 지켰던 그룹 천사의 칼처럼(참조. 창 3:24), 그분의 정신은 생명의 문을 활짝 열어두고서 그곳에 들어가기를 갈망하는 사람들을 위해 두루 돌며 지키고 계셨습니다.

　　나의 형제들이여, 나는 끝없는 주제로 들어오고 말았습니다. 나는 단지 주님의 옷자락을 만질 뿐입니다. 만일 당신이 그분이 어떻게 말씀하시는지를 알고 싶다면 당신이 그분에게 귀를 기울여야 합니다. 고대의 어느 인물은 로마의 모든 장엄함을 볼 수 있었으면 좋겠다고, 바울의 모든 수고에 동참했으면 좋겠다고, 또한 설교하실 때의 그리스도의 목소리를 들었으면 좋겠노라고 곧잘 말하곤 했습니다. 그분의 청아하고 영혼을 뒤흔드는 목소리를 한 번 들을 수 있다면, 마음을 꿰뚫어보시는 듯한 그분의 비할 데 없는 눈을 한 번이라도 볼 수 있다면, 사랑으로 불타오르는 그분의 천상의 용모를 한 번이라도 볼 수 있다면, 확실히 그것은 온 세상과도 바꿀 만한 가치가 있을 것입니다.

하지만 그분의 설교의 가장 중요한 면은 가장 위대한 진리를 인간에게 명백히 드러내셨다는 점입니다. 그분은 빛과 불멸을 드러내셨으며, 의심스러웠던 것을 명백히 드러내셨고, 감추어진 신비들을 풀어 밝히셨으며, 인간의 영혼을 구원하고 하나님을 영화롭게 하는 은혜의 말씀들을 선포하셨습니다. 어떤 설교자도 그리스도와 같이 천상의 메시지를 직접 전하지는 못했습니다. 동일한 복음을 전달하는 우리는 간접적으로, 그리고 부분적으로 전할 수 있을 뿐입니다. 하지만 아버지의 품에서 나신 그분은 진리 전체를 가지셨으며, 따라서 "그분이 말씀하신 것처럼 말한 사람은 이때까지 없었습니다."

2. 개인적인 회상들

둘째로, 구주의 웅변에 대하여 성도들 안에 있는 몇 가지 개인적인 회상들을 일깨우고자 합니다.

하나님의 백성들이여, 당신의 기억을 빌려 주십시오. 당신은 그분이 말씀하시는 것을 처음으로 들었을 때를 기억합니까? 우리는 공중에서 들려온 말씀에 대해 말하려는 것이 아니라, 마음을 떨게 하고 영혼을 감동시켰던 영적인 말씀에 대해 말하고자 하는 것입니다. 나를 따라 오십시오. 그리고 그분의 동정의 말씀에 대한 기억을 떠올려 보십시오. 그에 대해 나는 진실로 이렇게 말할 수 있습니다. "그 사람이 말하는 것처럼 나에게 말한 사람은 이때까지 없었나이다." 그것은 나의 영적인 삶의 희미한 여명기였습니다. 아직 내가 빛으로 나아오기 전, 태양이 완전히 떠오르기 전이었습니다. 나는 나의 죄를 느꼈고, 그 무게에 짓눌려 탄식하였으며, 절망했고, 죽을 것만 같았습니다. 그리고 그 때 그분이 내게 찾아오셨습니다. 그 때는 내가 제대로 이해할 수 없었지만, 그럼에도 불구하고 내 영혼을 격려했던 어조(accents)를 나는 잘 기억하고 있습니다. 마치 이렇게 들리는 듯 했습니다. "수고하고 무거운 짐진 자들아 다 내게로 오라 내가 너희를 쉬게 하리라"(마 11:28). "내게 오는 자는 내가 결코 내쫓지 아니하리라"
(요 6:37). 그 음색은 부드럽고 상냥했으며, 애정 어린 염려로 떨리는 듯 했습니
다. 그 목소리는 피 흘리고 죽으신 분으로부터 들려왔습니다. 당신 역시 그 목
소리를 들었던 때를 기억합니까? 나는 여러분이 강단에서, 목사에게서 들은 말
씀을 언급하는 것이 아닙니다. 당신의 마음에서, 겟세마네로부터, 십자가와 하
늘의 보좌로부터 들려온 말씀을 의미하는 것입니다. 예수님이 당신을 불쌍히
여기심을 아는 것은 너무나 감미롭습니다. 당신은 구원받지 못했었고, 구원받
을 수 없을 것 같아 두려웠습니다. 마치 바다 물결이 성나고 폭풍이 몰려오는
듯했습니다. 하지만 그분이 말씀하셨습니다. "내니 두려워 말라"(요 6:20). 당신
은 당신이 얻을 수 있는 자비가 있음을 의식하기 시작했고, 당신을 위한 어떤
부드러운 마음이 느껴지기 시작했으며, 강한 팔이 기꺼이 당신을 돕고자 하는
것을 깨닫기 시작했습니다. 당신은 더 이상 "누구도 내 영혼을 돌보지 않네"라
며 한탄하지 않아도 되었습니다. 당신을 위한 위대하신 구주가 계심을 알게 되
었기 때문입니다. 어느 누구도 그분처럼 말씀하신 적은 없었습니다.

　　그 시절에 설득의 말씀이 어떻게 당신에게 들려왔는지를 기억합니까? 당신
은 종종 복음의 초청을 사람의 부름으로 들어왔었지만, 그 때는 그 말씀이 하나
님의 음성처럼 당신의 마음의 침묵 가운데 당신에게 들려왔습니다. "이스라엘
족속아 돌이키고 돌이키라 너희 악한 길에서 떠나라 어찌 죽고자 하느냐"(겔
33:11). "오라 우리가 서로 변론하자 너희의 죄가 주홍 같을지라도 눈과 같이 희
어질 것이요 진홍 같이 붉을지라도 양털 같이 희게 되리라"(사 1:18). 그런 말씀
들이 차례로 주어지고, 각 말씀은 당신의 특정한 상황에 적합하였으며, 계속해
서 당신의 마음에 축적된 힘으로 작용하였던 것을 기억합니까? 예수님께서 종
종 당신에게 이렇게 말씀하시는 것 같지 않던가요? "지금 항복하라, 가련한 죄
인이여. 너의 반역의 무기를 지금 버리라. 네 영혼을 스스로 파멸시키려 하느
냐? 나를 바라보고 구원을 얻으라. 내가 너를 사랑하여 너의 죄를 속죄하였느
니라." 그러한 놀라운 호소의 말씀들이 마침내 사랑의 힘으로써 당신의 마음을
얻었습니다. 당신은 그 설득의 말씀을 거부하려고 무던히도 애를 썼지만, 비록
잠시 동안은 저항할 수 있었지만, 결국 아가서의 신부처럼 당신의 영혼의 연인
이 집 밖에서 기다리며 이렇게 말하는 것을 받아들였습니다. "문을 열어 다오
내 머리에는 이슬이, 내 머리털에는 밤이슬이 가득하였다"(아 5:2). 당신은 그분

을 거부하는 것이 힘들다는 것을 알게 되었습니다. 그분의 사랑의 설득이 당신을 감화시켰고, 그분이 사랑의 줄로 당신을 묶어 당신은 더 이상 저항할 수 없었습니다.

사랑하는 이여, 당신은 그 설득의 말씀들에 뒤이어 능력의 말씀들이 따라왔던 것을 분명 기억할 것입니다. 그분이 나의 어두워진 영혼에 "빛이 있으라"고 말씀하셨을 때, "그분이 말하는 것처럼 말한 사람은 이때까지 없었습니다." 나는 이 권고의 말씀을 잘 기억하고 있습니다. "일어나라 빛을 발하라 이는 네 빛이 이르렀다(사 60:1). 잠자는 자여 깨어서 죽은 자들 가운데서 일어나라 그리스도께서 너에게 비추이시리라(엡 5:14)." 그분이 지나가시며 피 흘리는 당신을 보시고서 "살라"고 말씀하신 것을 기억합니까? 또한 언약적인 사랑의 옷자락으로 당신을 덮으신 것과(참조. 룻 3:9), 당신을 씻기신 것과, 깨끗하게 하신 것과, 그분의 품에 앉으신 것과, 영원히 그분의 것으로 삼으신 것을 기억하십니까? "그 사람이 말하는 것처럼 말한 사람은 이때까지 없었나이다." 그분이 당신에게 "내가 너의 구원이니라"고 말씀하셨을 때 당신의 모든 어둠과 슬픔을 사라지게 하신 것을 기억합니까? 당신은 그 용서의 말씀을 잊었습니까? 나는 결코 그 말씀을 잊지 못합니다. 설혹 내가 므두셀라보다 오래 산다고 해도 잊을 수 없습니다. 그 말씀은 여전히 내 기억 속에 신선하게 남아 있을 것입니다. 왜냐하면 그 말씀은 능력으로 내게 임했기 때문입니다. 내가 십자가를 바라보았을 때, "네 죄가 사함을 받았느니라"는 용서의 말씀을 들었습니다. "그 사람이 말하는 것처럼 말한 사람은 이때까지 없었나이다." 어떤 사제도, 다른 어느 누구도, 죄를 각성한 양심에 안식을 주지 못합니다. 멜기세덱의 반차를 따른 저 위대한 대제사장이신 예수님, 죄인들의 사면자(pardoner) 외에는 아무도 그렇게 할 수 없습니다. 어떤 희망적인 말도, 어떤 위안의 말도, 아벨의 피보다 나은 예수의 피에 대한 말씀이 우리 심령에 가져다주는 평화를 가져다주지 못합니다. 오직 그리스도의 피가 우리를 하나님과 화목하게 하며, 그리하여 완전한 평화를 가져다줍니다.

그분의 용서의 음성을 우리가 처음 들은 이후로, 우리는 수없이 그분이 의롭고 고귀한 말씀을 하시는 것을 들어 왔습니다. "그 사람이 말하는 것처럼 말한 사람은 이때까지 없었나이다." 복음이 진정 우리의 심령에 들려지는 그분의 말씀이 되었을 때, 성도의 회중 가운데 앉아 있는 것이 얼마나 달콤한 일이었는지요! 오, 골수와 기름진 것, 온갖 영양가 있는 음식이 왕의 식탁에서 베풀어집니다! 우리의 사랑하는 분이 약속의 말씀을 들려 주실 때, 그 말씀이 우리의 풀죽은 심령을 다시 소생시켰습니다! 그 말씀은 마치 여린 풀 잎 위에 떨어지는 이슬과도 같았습니다. 그 말씀은 마치 제단에서 가져와 우리의 입에 댄 숯불과도 같았습니다(참조. 사 6:7). 그 말씀은 우리에게 치료와, 위로와 기쁨을 주었습니다. 사랑하는 이여, 당신은 약속 외에는 당신의 영혼을 위해 어떤 양식도 없었던 수많은 경우들을 돌아볼 수 있습니까? 당신의 영혼이 그분의 사랑의 말씀 외에는 어떤 음악도 알지 못하던 때를 회상할 수 있습니까? 복되신 주님께서 내게 언제나 이렇게 말씀하십니다.

> "지상에서 멀어져가는 매 순간마다
> 겸손히 당신의 부르심을 기다리나이다.
> 주께서 내 영혼 깊은 곳에 말씀하십니다,
> '나는 너의 사랑이며, 너의 하나님이며, 너의 전부이니라.'
> 당신의 능력을 느끼고, 당신의 음성을 들으며,
> 당신의 사랑을 맛보니, 주는 저의 모든 것 되시나이다."

당신이 고독 속에서 그분의 임재를 맛보았을 때에, 그분과의 교제를 기뻐했을 때에, 그분이 영원 전부터 시작되었고, 변치 않으며, 끝이 없고, 한도 없는 그분의 사랑을 당신에게 나타내셨을 때에, 그분의 말씀이 세상에서 최상의 기쁨보다 훨씬 뛰어나지 않던가요? 당신이 죄를 뉘우치고 슬퍼하며 고백했을 때, 그분은 온전한 사죄의 말씀으로 응답하셨습니다. 당신이 당신의 슬픔을 토로했을 때, 그분은 인자한 동정의 말씀을 들려주셨습니다. 당신의 연약함을 있는 그대로 드러내었을 때, 그분은 격려의 말씀을 들려주셨습니다. 진정 당신은 천지에 그분에 비할 자가 없다고 고백하며 이렇게 외치지 않겠습니까? "그 사람이 말하는 것처럼 말한 사람은 이때까지 없었나이다." 불신자들에게는, 그리고 신앙을 고백하지만 그리스도와 멀리 떨어져 살고 있는 사람들에게는, 이런 일이 마치 공상처럼 들릴 것입니다. 하지만 그렇지 않다는 내 말을 믿으십시오. 하늘 아래 실제적인 무언가가 있다면, 그것은 그리스도께서 그분의 영으로 그분의 백성들과 교제를 나누시는 것입니다. "우리의 사귐은 아버지와 그의 아들 예수 그리스도와 더불어 누림이라"(요일 1:3). 우리는 그분의 음성을 듣습니다. 비록 우리의 귀로 듣는 것은 아니지만, 마치 양이 목자의 음성을 아는 것처럼 그분의 음성을 듣고 압니다. 우리가 낯선 자들을 따르지 않는 것은 그들의 음성을 알지 못하기 때문입니다. 우리의 귀는 성령에 의해 열려 있으며, 그러므로 이 시간에도 이렇게 말할 수 있습니다. "내가 잘지라도 마음은 깨었는데 나의 사랑하는 자의 소리가 들리는구나"(아 5:2).

나의 사랑하는 친구들이여, 오래 전에 우리 주님이 들려주신 말씀들이 있습니다. 우리가 그분을 안 이후로부터 그 말씀들은 그분의 임재에 의해 되살아나서, 우리가 개인적인 차원에서 그 말씀들을 회상할 수 있게 되었습니다. "내가 영원한 사랑으로 너를 사랑한다" 하신 말씀은 성경에 기록된 말씀이며, 옛적에 하신 말씀입니다(렘 31:3). 하지만 나와 여러분 중 많은 이들은 그 말씀을 우리 개인에게 주시는 새로운 말씀으로 받아들입니다. 우리는 믿음으로 그것을 우리에게 하신 말씀으로 들을 수 있습니다. 그리고 복되신 하나님의 성령께서 마치 그리스도께서 개인적으로 말씀하시는 것처럼 우리 마음에 들려주십니다. 그렇습니다. "내가 영원한 사랑으로 너를 사랑한다."

이 중에는 그분이 이렇게 말씀하시는 것을 들은 사람들이 많습니다. "내가 너를 택하고 싫어하여 버리지 아니하였다"(사 41:9). 하나님의 영이 옛적의 많은 말씀들을 살아 계신 예수님이 우리에게 하시는 말씀이 되도록 하십니다. 그분이 "하나님이여 보시옵소서 두루마리 책에 나를 가리켜 기록된 것과 같이 하나님의 뜻을 행하러 왔나이다"(히 10:7; 시 40:7)라고 말씀하셨을 때, 우리의 믿음은 베들레헴의 한 외양간에 서서 그분을 위하여 한 몸이 예비된 것과(히 10:5), 그분이 종의 형체를 입으신 것을 보았습니다(빌 2:7). 그분이 잃어버린 자를 찾으러 오신 것은 우리를 향한 개인적인 오심이었으며, 그래서 우리는 크게 기뻐하였던 것입니다. 그분이 예전에 바다에서 "내니, 두려워하지 말라"(막 6:50)고 하신 말씀이 당신에게 하신 말씀이 되지 않았습니까? 또한 "내가 네 자녀를 모으려 한 일이 몇 번이더냐?"(마 23:37) 하시던 예루살렘에서의 음성이 당신 주변의 멸망하는 자들을 위한 통곡으로 들리지 않던가요? "나는 부활이요 생명이니"(요 11:25)라고 하신 베다니에서의 음성이 당신의 형제를 묻을 때에 들리지 않았던가요? 제자들의 발을 씻기시고 서로 발을 씻기라고 명하시던 그 식탁에서의 음성이 형제들을 겸손히 섬기라고 당신의 마음을 감동하지 않던가요? 우리는 반복하여 겟세마네의 외치는 소리를 듣지 않았던가요? "나의 원대로 마옵시고 아버지의 원대로 하옵소서"(막 14:36). 나는 구주께서 그렇게 말씀하시는 것을 실제로 들은 것은 아니라고 확실하게 단언할 수 없습니다. 하여간, 그 음성이 나 자신의 심령에 메아리로 들려왔을 때, 나는 자기 뜻을 단념하는 마음으로 기뻐하였습니다.

바로 오늘에도, 비록 오래 전에 그분이 말씀한 것이기는 하지만, 나는 그분이 말씀하시는 것을 듣고 있지 않습니까? "아버지 저들을 사하여 주옵소서 자기들이 하는 것을 알지 못함이니이다"(눅 23:34). 죄지은 내 영혼을 위한 중보의 기도가 지금도 계속되고 있지 않습니까? 또한 그 마지막의 결론적인 문장인 "다 이루었다", "모든 것이 완성되었다"는 말씀은 비록 귀로는 들을 수 없을지라도 내 영혼은 지금도 듣고 있으며, 또한 반복하여 듣고 즐거워합니다. 그리스도께서 죽음과 지옥과 죄로부터 나의 구원을 완성하시고, 또한 나를 위해 완전한 의를 이루신 이후로 누가 나를 정죄할 것입니까? 예, 그리스도의 이 옛적 말씀을 우리는 심령으로 수년 전에 들었으며, 또한 그 모든 말씀을 들은 우리의 증언은 이것입니다. "그 사람이 말하는 것처럼 말한 사람은 이때까지 없었나이다." 누구도 그분과 비교될 수 없고, 그분의 어떤 종들도 그분에 견줄 수 없으며, 그들은 오직 그분의 말씀을 메아리로 울릴 뿐입니다.

3. 예언적인 전망들

이제 예수님의 음성의 미래와 관련하여 몇 가지 예언적인 전망들을 언급함으로써 설교를 마치고자 합니다.

형제들이여, 당신은 예수님의 음성을 들어 왔고 또한 그것을 듣기를 기대하고 있습니까? 당신이 사는 날 동안에 당신은 예수님을 위해 말할 것입니다. 하지만 그분의 왕국에 대한 당신의 소망은 당신의 말에 있는 것이 아니라 그분의 음성에 달려 있습니다. 그분은 마음에 말씀하실 수 있으며, 당신이 귀에만 들려줄 수 있는 진리를 정신 속 깊은 곳까지 뚫고 들어가게 하실 수 있습니다. 우리는 승천하신 우리 주님께서 머잖아 이전보다 더 큰 목소리로 말씀하시리라고 예상합니다. 복음의 전차는 당분간 꾸물거릴 것입니다. 아직은 그분이 이기고 또 이기려고 나아가시지는 않습니다(참조. 계 6:2). 하지만 그분이 칼을 허리에 차실 것입니다. 전투를 위해 군대를 정렬시키는 그분의 음성이 들려올 것입니다. 그리스도의 말씀이 떨어지면, 그분의 군대의 무리가 크게 일어설 것입니다. 시온에서부터 그분의 능력의 말씀이 들려오면, 수천 명의 영혼이 하루에 태어날 것이며, 열방들이 단번에 태어날 것입니다. 하나님의 택하신 자들이, 오늘날에는 겉으로 소수에 불과한 듯이 보이지만, 장차 그들이 숨었던 곳에서 나올 것이며, 그리스도께서 자기 영혼의 수고한 것을 보시고 만족하게 여기실 것입니다(참조. 사 53:11).

하나님이 패배하시고 소수만이 구원을 얻은 채 세상이 끝날 것이라고 하는 어떤 이들의 암울한 믿음에도 불구하고, 나는 성경이 보증하는 더 밝은 미래의 희망을 확신합니다. 언젠가 "물이 바다를 덮음 같이 여호와를 아는 지식이 세상에 충만할" 것입니다(사 11:9). "여호와의 영광이 나타나고 모든 육체가 그것을 함께 볼" 것입니다(사 40:5). 우리는 이것을 알고 있습니다. 하나님이 그렇게 말씀하셨기 때문입니다. 모든 일에서 그리스도께서 명성을 얻으실 것이며, 구원 받은 영혼들의 문제에 있어서 그분은 사탄과 타락한 영혼들을 압도하고 이기실 것입니다. 오, 위엄으로 가득하신 주의 음성은 교만한 레바논의 백향목들을 꺾으실 것이며, 그들로 하여금 송아지들처럼 놀라 뛰게 하실 것이며, 그 우두머리를 놀랜 당나귀처럼 뛰게 만들 것입니다! 주의 음성이 가데스의 광야와 삼림을 모두 떨게 하실 때가 언제일까요? 그분의 성전에서 모두가 그분의 영광에 대해 말하는 것을 들을 때가 올 것입니다(시 29:9). 주께서는 많은 물 위에 앉으시고, 주께서는 왕으로 영원히 다스리십니다. 그러므로 소망을 가지십시오. 더 밝은 소망의 전망을 가지십시오. 원하시면 하늘과 땅이라도 떨게 하실 수 있는 그분이 말씀하실 것이기 때문입니다. 그분이 말씀하실 때 당신은 이렇게 말할 것입니다. "이분처럼 말한 사람은 이때까지 없었나이다."

우리는 우리 스스로에 대해서 개인적으로도 예상할 수 있습니다. 만일 우리가 떠나기 전에 예수님이 오시지 않는다면, 죽음의 때에 우리에게 상냥하게 말씀하시는 그분의 목소리를 들을 것입니다. 엄숙하고도 부드럽게 말하자면, 당신이 아무리 뛰어난 자라 할지라도 죽는 것은 두려운 일입니다. 하지만 우리가 누워 죽어갈 때, 쓸쓸한 방에서 지상의 모든 소리들이 단절될 때, 가족들의 애정 어린 소리가 흐느끼는 소리에 잠길 때, 그 때 예수님이 오셔서 어느 누구도 할 수 없었던 말씀을 하실 것입니다. "두려워 하지 말라 내가 너와 함께 함이라 놀라지 말라 나는 네 하나님이 됨이라. 네가 물 가운데로 지날 때에 내가 함게 할 것이라 강을 건널 때에 물이 너를 침몰하지 못할 것이라"(사 41:10; 43:2). 임종을 맞는 수많은 그리스도인들은, 그들이 소리 높여 부르는 찬송으로써, 또한 그들의 눈에 반짝이는 기쁨으로써, 진정 예수님처럼 말한 사람은 이때까지 없었다는 것을 입증해 왔습니다.

오 사랑하는 이여, 우리가 이 흙집을 떠나서 구주를 만나기 위해 알려지지 않은 길을 따라 갈 때, 그 음성이 몸을 떠난 우리 영혼에게 어떻게 들려오겠습니까? 나는 그분이 어떤 환영의 말씀으로 우리를 맞이하실지 알지 못합니다. 그분은 그분을 뵙게 되는 그 날을 위해 최상의 말을 아껴두셨을 것입니다. 하지만 그분이 아무런 사랑의 말씀도 없이 우리를 그분의 품에 안으실 리는 없습니다. 따뜻한 환대의 말씀도 없이 우리를 안식의 자리로 받아주실 리는 없습니다. 우리가 그분의 얼굴을 뵙는다는 것은, 천국에서 반드시 그분의 음성을 듣는다는 것입니다. 그 때 우리는 알게 될 것입니다. "그 사람이 말하는 것처럼 말한 사람은 이때까지 없었나이다."

옛적에 작정된 때가 차게 되었을 때, 죽은 자들이 하나님의 음성을 듣는 날이 올 때, 부활이요 생명이신 그분이 나팔 소리와 함께 말씀하시고 의인들이 무덤에서 일어나게 될 때, 오! 그 때 그 생명의 음성에 순종하는 모든 자들이 보게 될 것입니다. "그 사람이 말하는 것처럼 말한 사람은 이때까지 없었나이다." 부활의 말씀(resurrection-word)을 하실 그분은 하나님이실 뿐 아니라 사람이십니다. "사망이 한 사람으로 말미암았으니 죽은 자의 부활도 한 사람으로 말미암는도다"(고전 15:21). 그 때 당신과 내가 그분의 우편에 있게 될 것이며, 몸과 영혼이 다시 결합하여 마지막 상을 얻게 될 것이며, 그분이 모방할 수 없는 음성으로 이렇게 말씀하실 것입니다. "내 아버지께 복 받을 자들이여 나아와 창세로부터 너희를 위하여 예비된 나라를 상속받으라"(마 25:34). 말할 것도 없이, 그 때 우리는 그분처럼 말하는 이가 없다는 것을 알게 될 것입니다. 우리가 그분과 함께 영원한 안식으로 들어갈 때, 그분이 회복하신 나라를 아버지 하나님께 바치시고 하나님이 만유의 주로서 만유 안에 계실 때에(고전 15:24,28), 그 때 우리는 그분이 지상에서 또 하늘에서 하신 모든 말씀을 회상할 것이며, 한때 죽임을 당한 어린 양처럼 보이시고 영원히 제사장직을 유지하시는 그분의 음성을 계속해서 듣게 될 것입니다. 그 때 우리는 진정으로 이렇게 증언하겠지요. "그 사람이 말하는 것처럼 말한 사람은 이때까지 없었나이다."

나의 청중이여, 그러한 고백 안에서 여러분의 모든 영혼이 일치해야 한다는 점을 주의하십시오. 당신은 그리스도의 원수로 살아갈 수도 있고, 그분에게 낯선 자로 죽을 수도 있습니다. 하지만 당신은 이 점만은 느끼게 될 것입니다. "그 사람이 말하는 것처럼 말한 사람은 이때까지 없었나이다." 설혹 당신이 그분의 자비가 무한하다는 것과, 당신을 초청하시는 그분의 겸손하심이 사랑으로 탄복할 가치가 있음을 인정하지 않는다 해도, 그리고 "내게 오라. 너를 쉬게 하리라"고 하시는 그분의 자비의 음성에 계속 귀를 막는다 해도, 결국에는 마지못해서라도 이 본문 말씀에 동의해야 할 때가 올 것입니다. 그분이 "저주를 받은 자들아 나를 떠나 마귀와 그 사자들을 위하여 예비된 영영한 불에 들어가라"(마 25:41)고 말씀하실 때, 그 우레 같은 소리가 당신을 괴롭게 할 것이며, 그분의 두려운 말씀이 당신을 떨게 할 것이며, 당신의 넋을 전적으로 빼 놓고야 말 것입니다. 그 때 당신은 "그 사람이 말하는 것처럼 말한 사람은 이때까지 없었나이다"고 한 말을 실감하게 될 것입니다.

당신은 때때로 설교자가 너무 심하게 말한다는 이유로 그를 신랄하게 비난해 왔습니다. 하지만 그 때가 되면 그가 충분히 심하지 못했다는 것을 알게 될 것입니다. 당신은 종종 목사가 다가올 진노에 대해 너무 무섭게 묘사한다는 이유로 놀라곤 했습니다. 당신은 목사가 너무 심하다고 생각했지요. 하지만 한때 십자가에 달리신 재판장의 말씀에 따라 구덩이가 입을 크게 열고 불꽃들이 당신을 삼키려 뛰어오를 때, 그 때 당신은 극심한 공포 속에 이렇게 말할 것입니다. "그 사람이 말하는 것처럼 말한 사람은 이때까지 없었나이다." "수고하고 무거운 짐진 자들아 내게 오라"고 말한 그 입술이 어느 누구도 흉내 낼 수 없는 엄한 어조로 "저주받은 자들아 나를 떠나가라"고 말할 것입니다.

한때의 사랑이 화가 나게 되면 격렬하고도 끔찍한 분노로 바뀝니다. 기름은 부드러운 것이지만 그것이 탈 때는 얼마나 뜨거운지요! 조심하십시오. 그분의 분노가 당신을 향해 타오르지 않도록 하십시오. 그 분노의 불을 지옥 밑바닥까지라도 태울 것입니다. 하나님의 어린 양은 그분의 사랑을 거절한 자들에게는 사자와도 같습니다. 그분을 더 이상 성나게 하지 마십시오. 성령께서 당신을 낮추어 회개하게 하시길 빕니다. 하나님께서 은혜를 주셔서 훨씬 더 행복한 의미에서 당신이 이렇게 고백하는 법을 배우게 해주시길 빕니다. "그 사람이 말하는 것처럼 말한 사람은 이때까지 없었나이다." 그러나 여기에 있는 모든 영혼들이, 여자에게서 난 모든 영혼들이, 이런 식으로든 저런 식으로든 이렇게 시인하게 될 것입니다. "그 사람이 말하는 것처럼 말한 사람은 이때까지 없었나이다."

    여러분을 하나님께 부탁드립니다. 안녕!

제
30
장

—

생생한 대조

—

"다 각각 집으로 돌아가고" — 요 7:53
"예수는 감람산으로 가시다" — 요 8:1

이 구절들은 성경을 장별로 구분할 때에 지혜롭지 못한 방식으로 구분한 몇 가지 사례들 중에서도 아주 놀라운 사례로 꼽을 수 있습니다. 만일 복음서들이나 서신서들 및 선지서들을 포함해서 성경을 장과 절로 구분하지 않고 그대로 두었더라면 그 의미가 훨씬 더 명확했을 부분들이 많이 있습니다. 내가 본문으로 선택한 이 두 문장들은 나뉘지 않았어야 했습니다. 확실히 "하나님이 짝지어 주신 것을 사람이 나누지 못할지니라"(마 19:6)는 말씀을 이 경우에도 적용할 수 있습니다. 우리는 이 구절들을 짝지어서 생각할 것이며, 또한 마땅히 그렇게 하는 것이 좋습니다. "다 각각 집으로 돌아가고, 예수는 감람산으로 가시다."

1. 우리가 진지하게 숙고해야 할 사실

우선, 여기에 우리가 진지하게 숙고해야 할 한 가지 사실이 있습니다. 성령님의 은혜로우신 인도하심을 따라 출발하도록 합시다. 예수님의 친구들과 적대자들이 다 각각 집으로 갔을 때, 예수님은 그 밤을 감람산에서 깨어 기도하시면서 바깥에서 지새야 하셨습니다.

먼저 그분의 심한 가난을 주목하십시오. 친구들이건 원수들이건, 그분만 제외하고는 그들 가운데에서 집이 없는 사람은 아무도 없었습니다. 아니, 더 나아가, 그분의 피조물 가운데 가장 천한 존재들 중에서도 거처가 없는 존재는 없었습니다. 여우조차도 숨을 수 있는 굴이 있었으며, 공중의 새들도 쉴 수 있는 둥지가 있었습니다. 하지만 인자는 머리 둘 곳이 없었습니다. 아마도 유대 지방 전체에서 집 없는 사람은 그분이 유일했을 것입니다. 그분은 아버지의 궁전의 영광으로부터 또한 하늘에서 아버지와 함께 하시는 통치의 위엄으로부터 스스로 내려오셔서, 일용할 양식을 위하여 제자들의 기부에 의존하는 분이 되셨습니다. 또한 그분에게는 그분의 소유라고 할 만한 집이 없었으며, 하루의 일을 마쳤을 때 물러나서 쉴 수 있는 가정이 없었습니다. 성도들이여, 이 점에서 그분의 놀라운 겸비하심을 칭송하십시오. "부요하신 이로서 너희를 위하여 가난하게 되심은 그의 가난함으로 말미암아 너희를 부요하게 하려 하심이라"(고후 8:9). 혹 당신이 이 세상에서 가난하다면 위안을 얻으십시오. 당신은 주님이 가난하셨던 것보다 더 가난하지는 않습니다. 모든 참된 그리스도인은 그리스도의 형상이지만, 경건하면서도 가난한 사람은 그리스도와 꼭 닮은(express) 형상임을 기억하십시오. 그는 다른 그리스도인들이 가지지 못한 또 하나의 특징인 가난을 가졌으며, 그것이 그로 하여금 다른 그리스도인들보다 더욱 주님을 닮게 합니다. 그분은 외양간에서 태어나시고 구유에 누이셨습니다. 그분은 팔레스타인 농민의 수수한 옷차림을 하시고, 이음매 없이 통으로 짜여진 허름한 옷을 입으셨습니다. 어부들을 동료들로 선택하신 그분은 가난한 사람의 그리스도이셨으며, 여러분 중에서 가장 가난한 자보다 더 가난하셨으며, 그러므로 가난이 당신에게 끼치는 모든 아픔과 슬픔에 있어서 당신을 체휼하실 수 있습니다. 그리고 땅에서 큰 자들이여, 여러분은 배우지 못한 이들이나 가난한 이들을 멸시하지 마십시오. 하나님이 세상에서 가난한 자를 택하사 믿음에 부요하게 하셨습니다. 또한 자기를 사랑하는 자들에게 약속하신 나라를 상속으로 받게 하셨습니다(약 2:5). 그분이 "백성 중에서 택함받은 자" 곧 그분의 독생자요 사랑하시는 아들을 높이셔서(시 89:19) 그분과 함께 그분의 영광의 보좌에 앉게 하셨습니다.

또한, "다 각각 집으로 돌아갔을" 때 그리스도께서 집으로 가지 않으셨다는 것은 그분의 심한 가난을 의미할 뿐 아니라, 또한 그분의 친구들의 건망증과 불친절을 의미하기도 합니다. 우리들 각자는 이렇게 말하기가 쉽습니다. "내가 거기에 있었더라면, 그분이 바깥에서 추운 이슬을 맞으며 밤을 지새우지는 않으셨을 것입니다. 그분은 내 집에서 최상의 편의를 제공받으실 수 있었을 것입니다. 수넴 여인처럼 나는 언제라도 주님의 선지자들을 위해 한 방을 예비해두고, 침상과 책상과 의자와 촛대를 다 갖추어 놓았을 것입니다(참조. 왕하 4:10). 또한 나는 이 선지자들의 왕을 가장 큰 기쁨으로 대접했을 것입니다." 당신은 그렇게 생각합니다. 하지만 만일 당신이 그리스도의 시대에 살았더라도, 요한이 여전히 이렇게 기록했을 것입니다. "자기 땅에 오매 자기 백성이 영접하지 아니하였다"(요 1:11). 그리고 그 선지자의 탄식은 여전히 진실이었을 것입니다. "그는 멸시를 당하였고 우리도 그를 귀히 여기지 아니하였도다"(사 53:3). 그분의 친백성, 그분의 피로 사신 백성, 그분의 사랑하시는 백성인 우리들조차 "그를 귀히 여기지 아니하였도다"라고 했습니다.

확실히, 주 예수 그리스도께서 그분의 친구들과 추종자들에 의해 이용당하신 것보다 더 나쁘게 이용당한 친구(Friend)는 없을 것입니다. 그분의 머리는 하늘의 이슬에 젖고, 그분의 머리카락은 밤의 서리에 젖을 수밖에 없었습니다. 누구도 그분에게 거처를 제공하지 않았습니다. 하지만 우리는 우리 자신을 기꺼이 꾸짖을 자세가 되어 있지 않다면 주님을 소홀히 대했다는 이유로 그분의 제자들을 비난해서는 안 됩니다. 그분은 종종 우리 문 앞에 서서 문을 두드리셨습니다. 아마도 그분은 지금도 두드리고 계실 것입니다. 하지만 우리는 이런저런 형태로 그분이 우리 마음을 거처로 삼도록 허락하지 않고 있으며, 그분이 계셔야 할 곳에 어떤 달콤한 죄를 품고 있습니다. 그래서 구주께서는 여전히 바깥에 서 계셔야 합니다. 우리 마음속에 들어와 죄와 함께 거하실 수가 없기 때문입니다. 우리가 죄의 침입자를 몰아내기까지는, 혹은 그분에게 오셔서 그렇게 해 주시도록 요청하기까지는 그런 상태가 지속될 수밖에 없습니다.

또한 그리스도께서는 돌아갈 가정이 없었다는 사실에서 그분의 심령의 외로움을 보십시오. 만일 그분이 그분의 친구들 중 하나에게 그분을 접대하도록 요청하셨다면, 누구도 그분의 요청을 거절하지는 않았을 것입니다. 그분의 모친 마리아에게는 여전히 집이 있지 않았을까요? 평판이 좋았던 그분의 부친인 목수 요셉은 어떻게 되었을까요? 그분의 형제들이 그분과 함께 있지 않았을까요? 그들 중 하나가 그분을 접대하려고 하지 않았을까요? 주의 형제로 불린 야고보도 있었는데, 그가 그분을 위해 숙소를 찾을 수 없었을까요? 베드로에게는 아내가 있었습니다. 그의 장모가 열병으로 앓아누웠다가 그리스도에 의해 치유되었다는 기록을 우리는 읽었습니다(마 8:14). 사랑스러운 요한에게도 집이 있었습니다. 그가 예수님이 십자가에 달리신 이후 그분의 모친을 자기 집으로 모신 것을 보아 알 수 있습니다(요 19:27). 그 때 예수님을 따르며 그들의 소유로 예수님을 섬겼던 여인들이 있었습니다. 또한 마르다와 마리아와 나사로가 그리스도께 거처를 제공하려 하지 않았을까요? 오, 그렇습니다. 그들은 기꺼이 그렇게 하려고 했을 것입니다. 하지만 바로 그 때, 그분은 시련의 한가운데에 처하였으며, 바리새인들에 의해 위협을 받고 있었습니다. 그들은 모든 면에서 그분을 시험하고 있었고, 그래서 그분은 사람들과 함께 있는 것보다 더 좋은 무언가를 원하셨습니다. 그분은 쉴 수 있는 한 장소를 원하셨습니다. 하지만 그분의 머리를 기대실 만한 가슴을 가진 제자는 아무도 없습니다. 요한은 그리스도의 품에 자기 머리를 기댈 수 있겠지만, 그리스도께서 그분의 머리를 요한의 품에 기대실 수는 없습니다. 그래서 주님은 홀로 감람산으로 떠나신 것입니다. 그분의 심령은 외로우시지만, 어떤 인간도 그분의 슬픔과 괴로움 속으로 온전히 들어올 수 없습니다. 우리는 때때로 마음이 고상한 어떤 기독교 사역자가 시골 마을에 살고 있는 것을 봅니다. 그는 그 지역에서 유일하게 교육을 받은 사람입니다. 그곳에는 그가 관심을 가진 많은 주제들을 두고 대화를 나눌 사람이 아무도 없습니다. 그의 심령은 종종 매우 외롭다고 느낍니다. 그의 사람들은 오직 농장 일, 젖 짜는 일, 쟁기질, 그리고 바느질하는 것만 생각하는 듯합니다. 그들을 좀 더 높은 일에 관심을 갖도록 만들 수가 없습니다. 신성한 문제들에 대하여 의심이나 질문이나 생각들을 토론할 수 있는 단 한 사람의 동료도 없이, 그는 그곳에 서 있는 것입니다. 이방 땅에서 기독교 사역에 종사하는 선교사가 되는 것은 외로운 일입니다. 그의 외로움은 방금 내가 묘사한 사람의 외로움보다 훨씬 더 클 것입니다. 하지만 구주의 외로움은 그보다 더욱 큽니다. 지상에는 그분이 언제라도 대화할 수 있는 사람이 아무도 없었습니다. 심지어 가장 극심한 고통에 처했을 때에도, 그리스도께서는 그분의 택하신 제자들이 그분을 홀로 남겨두고 떠날 것임을, 모두가 그분을 버리고 도망칠 것임을 아셨습니다. 하지만 그 때에도 그분은 진실로 이렇게 말씀하실 수 있었습니다. "내가 혼자 있는 것이 아니라 아버지께서 나와 함께 계시느니라"(요 16:32). 하지만 아버지의 임재와는 별개로, 그분의 전 삶은 다음의 두 문장으로 압축할 수 있습니다. "만민 가운데 나와 함께 한 자가 없었다. 내가 홀로 포도즙 틀을 밟았다"(사 63:3). 그래서 그날 밤 그들은 모두 각각 집으로 돌아갈 수 있었지만, 그리스도께서는 감람산으로 가셔야 했습니다. 그분은 외로운 사람(Man)이심에 틀림없습니다.

이렇게 하여, 본문에서 그리스도의 극심한 가난, 그분의 친구들의 불친절, 그분의 심령의 외로움이라는 세 가지 주제를 끌어낼 수 있습니다.

하지만 그분의 행동에는 또다른 이유가 있습니다. 곧 그분의 마음의 선한 결심입니다. 왜 그분이 다른 곳이 아닌 감람산에 가실까요? 그분은 장차 땀을 핏방울 같이 흘리며 기도하실 신성한 은둔처가 가까이 있다는 것을 아셨습니다. 그분은 장차 사탄과 치열한 싸움을 벌이실 그 현장 주변에 익숙해지고자 결심하셨습니다. 만약 웰링턴(Wellington) 장군이 여러 나라들의 운명이 워털루(Waterloo) 전투에서 결정될 것임을 미리 알았더라면, 가능한 그곳에 가보려 하지 않았을까요? 나는 그 위대한 군인이 그곳에 가서 보고, 연구하고, 공격과 방어를 위한 최선의 위치가 어디일지 자세히 살피려 했을 것이라고 믿습니다. 구주께서도 숭고한 관심을 가지시고 장차 영혼들의 큰 원수와 맞설 곳을 보기 위해 가셨습니다. 만일 당신과 내가 어떤 끔찍한 고난을 겪어야 한다면, 육신이 약하기 때문에, 우리는 그에 관련된 모든 것을 잊으려 하기가 쉽습니다. 하지만 우리 구주께서는 그렇지 않으셨습니다. 그분은 속죄의 희생이 되리라는 사실을 계속해서 마음에 간직하고 계셨으며, 또한 그것을 다른 사람들에게도 반복하여 말씀하셨습니다. 그분은 자기 백성을 향한 사랑이 너무나 강렬하였기 때문에 그들을 위해 죽으셔야 하는 때를 진지하게 고대하고 계셨던 것처럼 보입니다. 그분의 이 뚜렷한 말씀을 기억하십시오. "나는 받을 세례가 있으니 그것이 이루어지기까지 나의 답답함이 어떠하겠느냐"(눅 12:50). 무슨 의미입니까? 십자가에서의 그분의 죽음이, 어떤 의미에서는, 그분에게는 시름의 해소였다는 것입니다! 그렇습니다. 정녕 그러했기에 그것이 이루어지기까지 그분은 "답답함"을 느끼셨습니다. 오, 얼마나 놀라운 사랑이 구주를 '감람유 짜는(olive press)' 곳인 겟세마네로 몰아내셨으며, 거기서 그분은 여호와의 진노의 맷돌 사이에서 눌림을 받고(pressed) 부서져야 하셨던가요? 우리의 죄로 인한 형벌을 당하시기 위해서 말입니다!

나는 당신을 위해 이 생각들을 철저히 검토하려 하는 것이 아닙니다. 나는 그 생각들을 단지 당신의 경건한 묵상을 위한 주제들로 제시합니다. 우리가 이 짧은 문장을 묵상하기에는 충분한 이유가 있다고 생각합니다. "예수는 감람산으로 가시다."

2. 자기 진단을 위한 생생한 대조

나는 이 본문을 다른 방식으로 살펴보기를 원합니다. 이 본문은 우리에게 자기 진단(self-examination)을 위한 생생한 대조를 제시합니다.

첫 번째 구절에서 우리 자신의 일상적인 행위가 얼마나 잘 묘사되어 있는지요! "다 각각 집으로 돌아가고." 우리들 모두는 안락함을 위해 각각 자기 집으로 갑니다. 그것은 어느 정도까지는 옳습니다. 하지만 우리는 종종 주님을 섬기는 일에 종사하면서도 안락함을 추구하고 있습니까? 그리스도께서는 기도하러 산에 가셨습니다. 하지만 우리는 잠들기 위해 잠자리로 가고, 혹은 먹기 위해 식탁으로 가고, 한담을 나누기 위해 멀리까지 친구들을 찾아가고, 혹은 오락에 깊이 빠져 시간을 보냅니다. 나는 우리 중에 가장 훌륭한 성도가 시간을 낭비하고 또한 사도의 이 권면에 불순종하는 이유로 스스로를 책망할 일은 없을 것이라고 생각합니다. "그런즉 너희가 어떻게 행할 지를 자세히 주의하여 지혜 없는 자 같이 말고 오직 지혜 있는 자 같이 하여 세월을 아끼라 때가 악하니라"(엡 5:15-16). 그분의 제자들이 잠자리에서 편안하게 잠자고 있는 동안에, 구주께서는 한밤중에 그 산에서 심령의 고뇌 가운데 손을 들고 계신 것을 나는 상상으로 볼 수 있습니다. 우리의 구주께서 그분의 백성들을 위해 이렇게 기도로 씨름하시는 것을 생각할 때, 우리들 대다수가 일상적으로 하는 것보다 기도를 위해 더 많은 시간을 내야 하지 않겠습니까? 영혼의 유익을 좀 더 크게 얻기 위해 육신의 요구를 좀 더 억제하는 것이 우리에게 이롭지 않겠습니까? 만일 우리가 기도에 소비하는 시간을 정직하게 계산한다면 우리는 매우 빈약한 기록을 제출할 수밖에 없을 것 같아 염려스럽습니다. 이 거룩한 의무를 꾸물거리는 것에 대해서 우리는 어떤 구실도 댈 수 없습니다. 그것은 속박이나 고역이 아닙니다. 하늘의 아버지께 기도하는 일은 신자의 영혼이 가지는 가장 높은 특권입니다. 그럼에도 우리는 자주 기도 중에 하나님을 가까이 하는 대신 우리의 시간을 허비하여 손해가 큰 안락함을 더욱 좋아합니다. 나는 어떤 사람이, 자신은 회심하였으나 남편이 여인숙을 운영하고 있는 한 여인에게 하는 말을 들었습니다. "당신의 집에는 다른 모든 방들이 당신의 영적인 삶에 해를 끼치지 못하도록 하는 하나의 방이 있습니다. 즉, 당신이 개인 기도를 위해 조용히 물러가 있을 수 있는 방입니다. 만일 그 방이 바르게 유지된다면, 나머지 방들이 당신에게 약간의 해를 끼치게 될 것입니다."

그리스도인이여, 당신의 주님을 본받으십시오. 그분은 종종 기도를 위해 감람산으로 물러가셨습니다. 그것이 당신의 영혼을 위해 좋을 것입니다. 아프리카의 어떤 선교지에서 형제들 중 하나가 개인 기도를 위해 작은 나무숲으로 가곤 했습니다. 그곳에 가기 위해서 그는 어떤 긴 풀밭을 지나쳐야 했습니다. 그는 그곳에 너무나 자주 갔기 때문에 기도하는 장소에 이르는 선명한 길이 만들어졌습니다. 다른 사람도 같은 일을 했습니다. 그러자 풀 밭 사이에는 여러 개의 길이 나게 되었습니다. 얼마 후, 이 신앙고백자는 많은 일로 마음이 해이해지기 시작했습니다. 습관을 따라 했던 기도를 즐길 수가 없게 되었고, 장사에서의 거래도 예전처럼 정확하지 못했습니다. 한 연장자 형제가 그에게 생긴 변화에 대해 지적했습니다. 그는 그 사람을 그의 길 옆으로 데리고 갔고, 예전처럼 밟지 않아서 풀이 자라고 있는 것을 보여주었습니다. 그리고는 이렇게 말했습니다. "형제여, 거기에 모든 불행의 원인이 있습니다. 당신이 개인 기도를 위해 다니던 길에 풀이 자라나고 있습니다."

사랑하는 친구들이여, 만일 당신과 내가 그와 같이 기도를 위해 어떤 장소에 가야 했더라면, 풀들이 제대로 밟아주지 않아 무성하게 자라지 않았을까 두렵습니다. 우리에게는 종종 이렇게 외쳐야 할 이유가 있습니다. "오 주여, 우리에게 참된 기도의 영을 부어주소서!" 이 본문이 말하고 있는 그 사람들처럼, 우리는 안락을 위해 각각 집으로 갑니다. 하지만 그리스도는 홀로 고독 속에 기도하러 산으로 가십니다. 우리는 그분께 이렇게 말해야 할 필요가 있습니다.

> "추운 산들과 한밤의 공기가
> 당신의 기도의 뜨거움을 증언합니다.
> 그 광야는 당신이 받으셨던 시험을 알고,
> 당신의 싸움과 당신의 승리를 또한 압니다.
>
> 당신이 저의 기도의 모범이 되게 하소서.
> 당신의 은혜로운 형상을 더 닮게 하소서.

　　　그러면 재판장이신 하나님께서
　　　어린 양을 따르는 자들 중에 내 이름을 시인하실 것입니다."

　　또다른 무엇을 위해서 우리는 집으로 갑니까? 우리는 매우 자주 상의하기 위해 그곳에 갑니다. 여기에 언급된 경우에, 그리스도의 원수들은 어떻게 하면 그분을 함정에 빠뜨릴 수 있을까를 모의하기 위해 집으로 갔습니다. 우리도 때때로 우리와 관련된 문제들에 대해 혈과 육과 의논하려고 집으로 갑니다. 우리는 한 친구에게 말합니다. "내가 어떻게 하면 더 잘할 것이라고 생각합니까?" 그리고 또다른 사람에게 말합니다. "내 상황은 이렇습니다. 나와 같은 경우에 당신은 어떻게 조언을 해주시겠습니까?" 이런 식으로, 가련하고 오류가 많은 인간 재판장들이 우리의 지도가 되고 우리의 나침반이 되며, 우리의 선장이 되고 우리의 항해사가 됩니다. "예수는 감람산으로 가시다." 그분은 자신의 문제를 기도 중에 그분의 아버지께로 가져가셨습니다. 그분은 혈과 육과 더불어 상의하지 않으셨고, 영원하신 분, 곧 지혜에는 실수가 없으시고 그 사랑에도 결코 오류가 없는 분과 상의하셨습니다. 사랑하는 이여, 우리가 여기저기로 다니면서 우리의 친구들과 동료 죄인들을 찾아다니느라고 공연히 기운만 낭비한다는 책망을 받지 말도록 합시다. 우림(Urim)과 둠밈(Thummim, 참조. 출 28:30; 레 8:8. 대제사장이 하나님의 뜻을 묻기 위해 사용한 도구로서, 그 재료와 형태는 알려져 있지 않다. 판결 흉패와 함께 간직했으며, 에봇과 더불어 대제사장의 표징이었음 － 역주)을 지닌 위대한 대제사장을 찾아가지 않으면, 달리 누가 우리의 마땅히 행할 바에 대해 일러줄 수 있단 말입니까? 쿠퍼(Cowper)의 시는 여전히 참됩니다.

　　　"할 말이 없습니까? 아! 다시 생각해 보세요.
　　　불평할 때에는 속히 말을 쏟아내더니,
　　　당신의 모든 염려와 슬픈 말로
　　　동료 인간의 귀를 가득 채우더니,

　　　그렇게 헛되이 날려 보낸 호흡의 절반만이라도
　　　간구 중에 하늘로 보냈더라면,
　　　'여기 주께서 나를 위해 행하신 일을 보라!'고 하며

더 자주, 더 즐거운 노래를 부를 수 있을 것입니다."

또한 매우 정당하게도, 우리는 **동정심을 얻기 위해** 우리의 집으로 갑니다. 우리는 다른 어느 곳에서보다 집에서 부드러운 동정심을 발견합니다. 바깥의 온 세상이 우리를 오해하고 외면한다 해도 가정에서는 이해되고 용납될 것입니다. 우리의 가정 바깥에서는 누구라도 우리를 비방할 수 있지만, 가정에서는 어느 누구도 우리를 허위로 비방하지 않습니다. 그곳에서는 모든 심장들이 우리와 공감하며 뛰고 있습니다. 그래서 우리는 우리들의 집으로 갑니다. 하지만 예수님은 감람산으로 가셨습니다. 나는 가정에서 동정을 바라는 당신과 나 자신을 비난하기 위해 이 말을 하는 것이 아닙니다. 그리스도께서도 같은 행동을 하셨기 때문입니다. 그 잊지 못할 밤에, 겟세마네에서, 땀을 핏방울처럼 흘리시던 때에, 그분은 제자들에게 말씀하셨습니다. "너희가 나와 함께 한 시간도 이렇게 깨어 있을 수 없더냐"(마 26:40). 그분은 그 무서운 시간에 동정의 필요를 느끼셨던 것 같습니다. 하지만 그분은 인간의 동정이 소용이 없는 때가 있다는 것을 아셨으며, 우리 역시 그것을 배워야 합니다. 우리는 예수님처럼 "오 나의 아버지여"라고 말해야 합니다. 오직 그분의 품에서만 진정한 동정심을 발견할 수 있기 때문입니다. 나는 이 말을 너무 모질지 않게 하고자 합니다. 우리가 사랑하는 친구들의 동정심을 얻을 때에도 기도 중에 하나님께 가기를 잊지 말도록 합시다. 우리의 모든 근심들을 그분의 귀에 들리도록 하고, 우리의 모든 슬픈 사정과 이야기들을 그분의 마음에 쏟도록 합시다. 그분은 우리의 눈물을 담을 병을 가지고 계시고, 우리들의 하소연을 기록할 책을 가지고 계십니다. 자기 백성들의 죽음뿐 아니라 슬픔도 여호와의 보시기에는 귀중한 것입니다(참조. 시 116:15). 그분은 별의 수를 헤아리실 뿐 아니라 자기 백성들의 상처들도 헤아리십니다. 그러므로, 우리가 집에서 우리 벗들의 동정심을 구할 수 있는 동안에도, 은혜의 보좌 앞에 나아가기를 잊지 말고, 그리하여 우리의 최상의 친구(Friend)에게서 동정과 도움을 얻도록 합시다.

우리는 또한 휴식과 기운 회복을 위해서 집으로 갑니다. 우리는 일에 지칩니다. 우리가 원하는 것은 단순히 편히 있는 것이 아니라 진정한 휴식입니다. 우리가 잠자리에 드는 것은 게으름 때문이 아니며, 내일의 수고를 위한 준비입니다. 아무리 강한 사람들도 수고로운 일을 제쳐두고 잠시 동안 휴식을 취해야 할 때가 있습니다. 우리가 이런 목적으로 집으로 가는 것은 정당한 일입니다. 하지만 예수님은 모든 사람이 각각 집으로 돌아갈 때 감람산으로 가셨습니다. 이는 우리가 몸의 건강에만 너무 관심을 기울이고 영적인 요구에 태만해서는 안 된다는 것을 시사합니다. 우리는 다윗과 더불어 이렇게 부르짖어야 합니다. "내 안에 정직한 영을 새롭게 하소서"(시 51:10). 또한 기도 중에 우리의 하나님께 가서 그분의 방식으로 새 힘을 주시도록 소망해야 합니다. 새 힘의 회복을 위해 하나님께 기도하는 것이 더 좋은 것은 영혼이 육신보다 더 나은 것과 마찬가지입니다. 일정량의 수면을 취하는 것은 몸을 위해 필수적인 일입니다. 하지만 기도 역시 영혼을 위하여 그만큼 필수적인 일입니다. 침상은 지친 육신에 안식을 주지만, 은혜의 보좌는 영혼에 힘과 열정의 회복을 줍니다. 우리의 섬김에 힘을 얻고, 인내를 위한 능력을 얻으며, 우리의 싸움에 권능을 얻기 위해서, 구주와 함께 감람산에 올라가서 그분과 함께 기도에 깨어 있도록 합시다.

지금까지 대조적인 면에 대해서는 충분히 말했다고 생각합니다. 내 생각에, 이 두 문장에는 깊은 생각을 위한 암시가 담겨 있습니다. "다 각각 집으로 돌아가고, 예수는 감람산으로 가시다."

3. 교훈을 위한 비교

사랑하는 친구들이여, 잠시 동안, 여기에는 우리의 교훈을 위한 비교가 있다는 점을 여러분에게 상기시키고 싶습니다.

아마도 내가, 예수 그리스도께서 그분의 제자들과 다른 사람들이 했던 것과 똑같이 하셨다고 말한다면, 여러분을 무척 놀라게 만들 것입니다. 그들은 다 각각 집으로 돌아갔고, 그분도 자신의 집으로 가셨습니다. 그들은 안락함을 찾았으며, 그분도 안락함을 찾으셨습니다. 그들은 위로를 찾았고, 그분도 위로를 찾으셨습니다. 그들이 동정을 찾았다면, 그분도 동정을 찾으셨습니다. 그들이 기운 회복을 원했다면, 그분도 기운 회복을 원하셨습니다. 모든 동기와 목적에 있어서, 감람산은 그리스도의 집이었습니다. 그분이 그분의 아버지를 만나신 곳이 그곳이었습니다. 인간이신 그리스도 예수께서 가족의 분위기 속에서 아버지와 성령을 만나신 곳이 그곳이었습니다. 그분이 그 날의 모든 염려를 벗어 버리고, 마치 지친 아들이 아버지가 있는 곳에서 모든 짐을 벗어버리듯 그분도 그렇게 하셨습니다. 그분이, 그분의 말에서 흠을 잡아 함정에 빠뜨리려는 함정들에 대해서, 또한 그분을 잡으려고 시도했던 그분의 원수들의 모든 방법들에 대해서 이야기하셨던 곳도 바로 그곳이었습니다. 그분이 하늘에 지혜를 구하며 부르짖었던 곳이 그곳이었습니다. 그분이 아버지와의 새로운 접촉을 통해 강해지시고, 악한 자의 모든 화살로부터 보호해 줄 황금의 전신갑주로 다시 한 번 무장하게 된 곳이 그곳이었습니다. 그리스도 안에서 사랑하는 형제와 자매들이여, 감람산에서 기도하시던 때가 예수님께는 우리가 집으로 가서 우리의 사랑하는 자들을 만나는 때와 똑같았습니다. 우리는 그분의 몸이 밤이슬로 젖는 것에 슬퍼합니다. 하지만 만일 우리가 영으로 그분과 교제할 수 있다면 우리의 몸이 이슬방울로 얼마간 젖는 것쯤은 얼마든지 감수할 것입니다. 우리는 그분의 육신의 지체들에 대해서 동정심을 가지고 있습니다. 그 몸이 산의 차가운 공기를 견디며 밤새 외로이 깨어 있었기 때문입니다. 하지만 우리는 그분이 감람산에서 혹은 겟세마네 동산에서 얻으셨던 동일한 활력으로 우리의 영혼이 분발할 수 있기를 원합니다. 그렇습니다. 차가운 산이 그분의 집이었습니다. 비록 영적인 의미에서 그렇지만, 거기에 그분이 머리를 누이고 쉴 수 있는 장소가 있었습니다.

4. 우리의 기도의 삶을 위한 모범

한 가지 요점을 더 언급한 후에 설교를 마치도록 하겠습니다. 여기에서 우리는 기도의 삶을 위한 모범을 발견할 수 있습니다.

이 예배 후에 우리는 집으로 갈 것입니다. 하지만 예수님은, 어떤 의미에서, 여전히 감람산에서 우리를 위해 간구하실 것입니다. 나는 어떤 사람들이 그들의 집에서 하나님의 뜻과 목적에 반하는 계획과 음모를 꾸미고 있다고 생각합니다. 예수회(Jesuit) 일당은 그물을 펼쳐두고서, 많은 유혹으로 깨어 있지 못한 사람들을 꼬드기고, 바벨론 음녀(로마 교회)의 악한 영향력을 확대하려 애쓰고 있습니다. 그 박해자가 여기에서 한 성도를 미끄러지게 하고, 저기에서 또다른 성도를 넘어지게 하려고 계략을 꾸미고 있습니다. 마귀는 이교도와 무신론자들의 정신을 혼미케 하여 성경의 영감에 반대하는 교활한 논쟁을 일으키게 하고, 젊은 신자들을 혼란케 하는 난제들을 제기하도록 하며, 주 예수 그리스도의 인격과 사역에 관하여 모독적인 발언들을 쏟아내도록 만들고 있습니다. 만일 우리가 오늘 밤 런던에 있는 집들의 지붕들을 벗겨낼 수 있다면, 혹은 우리가 이 현대의 바벨론에 있는 많은 악한 자들의 마음을 들여다본다면, 여호와와 그의 기름 부음 받은 자를 대적하는 음모가 얼마나 많이 진행되고 있는지를 볼 수 있을 것입니다! 많은 사람들이 오늘 밤 자기들의 집으로 갈 것입니다. 그래서 모든 악한 일들을 상상하고, 꾸미고, 계획할 것입니다. 하지만 그들이 그렇게 한다고 해서, 우리는 앉아서 두려워하고만 있어야 할까요? 우리가 낙심만 하고 있어야 할까요? 아닙니다. 진실로 아직 희망이 있습니다. 아니 희망 그 이상입니다. 참된 그리스도의 교회를 위해 예수님께서 감람산 높은 곳에 가셨기 때문입니다. 그곳에서 그분은 아버지 우편에 서서 그분의 교회를 위해 간구하고 계십니다. 교회의 어려움들을 아시고, 그 위험을 예견하시고, 교회뿐 아니라 교회의 원수들의 모든 마음을 읽으시고서, 그분은 상처난 손을 펴고 간구하십니다. 시온을 위하여 그분은 쉬지 않으시고, 예루살렘을 위하여 가만히 있지 않으시며, 마침내 시온의 의가 밝게 빛나고 그분의 백성들의 구원이 타는 등불처럼 되게 하실 것입니다. 하나님의 교회여, 교회의 희망은 거기에 있습니다. 간구하시는 구주께서 우리의 확실한 보호이시며, 우리의 견고한 요새이시며, 우리 전쟁의 군수품이 되어 주십니다. 오, 시온의 백성이여, 구주께서 간구하고 계시니 두려워 마십시오! 그분이 하늘에 앉아 원수들을 비웃으십니다(시 2:4). 주께서 그들을 조롱거리로 만드셨습니다!

> "위에 계신 하나님의 보좌 앞에
> 나를 위한 강하고, 완전한 호소가 있다네.
> 위대한 대제사장, 그의 이름은 사랑이라,
> 그가 영원히 살아 나를 위해 간구하시네.
>
> 내 이름은 그분의 손바닥에 새겨졌고,
> 내 이름이 그분의 가슴에 기록되었다네.
> 나는 안다네, 그분이 하늘에 서 계시는 동안
> 어느 혀도 나를 거기서 떠나라고 말할 수 없다는 것을.
>
> 그분과 하나가 되었으니 나는 죽을 수 없고,
> 내 영혼은 그분의 피로 사신 바 되었다네.

내 생명은 높은 곳에 계신 그리스도 안에 감추었으니,
그리스도는 나의 구주, 나의 하나님이시라.”

하지만 어떤 이들은 전혀 다른 마음가짐으로 집에 갈 것이라고 나는 희망합니다. 어떤 이들은 죄로 인해 애통하기 위해 집으로 갈 것이라고 나는 믿습니다. 내가 지금 말씀을 전하고 있는 이 회중 가운데에서 몇 사람은 집으로 가서 기도하기를 나는 바랍니다. 침상 곁에서 “하늘에 계신 우리 아버지”께 간구를 드리는 그대여, 예수님이 감람산에 가셨다는 것을 잊지 마십시오. 또한 그분이 지금도 아버지 앞에서 그분의 백성을 위해 기도하고 계시다는 것을 잊지 마십시오. 죄인이여, 당신이 당신 자신을 위해 기도하는 것은 이중의 간구입니다. 즉 당신이 그리스도와 더불어 간구드릴 때, 그리스도께서도 당신을 위해 간구하십니다. 당신이 당신의 사정을 그분의 손에 올려놓을 때, 당신의 모든 신음에 그분의 보혈이 뿌려질 것이며, 당신의 모든 뉘우침의 눈물이 그리스도의 희생의 공로를 통해 하나님께 받아들여지게 될 것입니다. 말이 나오지 않더라도 실망하지 마십시오. 말할 수 없는 탄식으로 인해, 혹은 복받치는 감정으로 목이 메어, 당신이 속에서 진정으로 느끼는 것을 말로 표현할 수 없다면, 당신을 위해 대변해 주실 수 있는 분이 계십니다. 또한 만일 당신이 스스로를 위해 간구할 수 없다면, 이 은혜로운 보증의 말씀을 따라 그분이 당신을 위해 간구하실 것입니다. “만일 누가 죄를 범하여도 아버지 앞에서 우리에게 대언자가 있으니 곧 의로우신 예수 그리스도시라”(요일 2:1). 예수님께서 그분의 백성들을 위해 감람산에 올라 기도하셨던 것처럼, 그분은 지금 하늘에 올라 그들을 위해 계속해서 간구하고 계시며, 범죄자들을 위해 중보하고 계십니다.

당시 대부분의 사람들이 그러했듯이, 오늘날 많은 사람들이 단순히 잠을 자기 위해 집으로 갑니다. 신앙을 고백한다는 많은 그리스도인들이 하나님의 집에 와서는 잠을 잡니다. 그리고는 다시 잠을 자기 위해 집으로 갑니다. 그들은 잠을 자면서 돌아다닙니다. 눈을 뜬 채로 잠을 자는 것이지요. 그들이 세상의 문제에 대해서는 눈을 크게 뜨고 있는 동안에도 영적으로는 자고 있습니다. 하지만 형식상의 신앙고백자들이 자고, 성도들도 자는 동안, 예수님은 여전히 ‘영적으로’ 감람산에 가십니다. 그것을 아는 것이 위로가 됩니다. 잠자고 있는 교회를 위한 유일한 희망은 깨어 계시는 구주이십니다. 세상의 파수꾼들마저 잠들어 있을 때에, 최상의 파수꾼이 그분이 심으신 포도원을 지키고 계십니다. 그분이 말씀하십니다. "나 여호와는 포도원지기가 됨이여 때때로 물을 주며 밤낮으로 간수하여 아무든지 이를 해치지 못하게 하리로다"(사 27:3). "여호와의 눈은 온 땅을 두루 감찰하사 전심으로 자기에게 향하는 자들을 위하여 능력을 베푸시나니"(대하 16:9).

아마도 여러분 중 어떤 이들은 집으로 가서 시험을 당할 것입니다. 하나님의 집에서 나가 시험을 만나는 것은 슬픈 일입니다. 하지만 그런 일이 여러분 중 많은 이들에게 일어납니다. 당신은 주일에나 혹은 주중의 밤에 이곳에 와서 당신의 영혼을 위한 영적인 음식을 얻으려고 합니다. 그 후에, 아마도, 당신이 당신의 집 문지방을 넘을 때 처음으로 듣게 되는 말이 욕설입니다. 예수님께서 당신을 위해 간구하시려고 감람산에 가시는 것이 얼마나 위로인지요! 또한 그분이 미리 당신이 만나게 될 시험을 정확히 아신다는 것이 얼마나 위로인지요! 마치 시몬 베드로에게 이렇게 말씀하신 것과 똑같습니다. "시몬아, 시몬아, 보라 사탄이 너희를 밀 까부르듯 하려고 요구하였으나 그러나 내가 너를 위하여 네 믿음이 떨어지지 않기를 기도하였노니 너는 돌이킨 후에 네 형제를 굳게 하라"(눅 22:31-32). 오 신자여, 안심하십시오. 그리스도께서 그분의 금을 용광로에 넣으실 때에는 반드시 직접 그 입구에 앉으셔서 정련의 전 과정을 지켜 보십니다. 금괴가 아직 고로(高爐) 속에 있을 동안에, 그분은 결코 그곳에서 눈을 떼지 않으십니다. 그리고 그 정금에서 그분 자신의 형상이 반영된 것을 보실 때에 비로소 그것을 불에서 꺼내십니다. 이것을 확신하십시오. 비록 마귀가 당신을 대적하기 위해 온다 해도, 그리고 당신을 크게 비틀거리도록 공격한다 해도, 하나님께서는 당신을 잊지 않으십니다. 예수님께서 높은 곳에 올라가셔서 당신을 위해 간구하고 계십니다. 당신이 가장 약하고 곤경에 처했을 때에, 하나님의 은혜가 당신에게 족할 것이며 당신이 처한 모든 고난과 시험으로부터 피할 길을 낼 것입니다.

나는 이 유익한 주제를 확대할 수 있지만 그렇게 하지 않겠습니다. 다만 오늘부터, 우리가 지금까지 그래 왔던 것보다 하나님을 더 잘 섬기고자 하는 소원을 갖게 되기를 바라는 희망을 피력하면서 설교를 맺을까 합니다. 이 교회의 몇몇 지체들이 그리스도를 위해 지금까지보다 더 많은 일을 하려는 감동을 느끼는 것을 나는 압니다. 우리 지체들의 대부분은 그분을 위해 그리 많은 일을 하는 것이 아닙니다. 교회 안에서, 그리스도를 위한 일에 전혀 참여하지 않는 사람들도 더러 있습니다. 실질적으로 일하는 사람은 다수가 아니라 소수입니다. 만일 이 교회의 모든 지체들이 그리스도를 위해 큰 사랑을 느낀다면, 그리고 모두가 그분의 뜻을 이루기 위해 뜨겁게 헌신한다면, 우리가 그리스도를 위해 무엇을 해야 할지를 알게 될 것이며, 또한 그분의 나라는 우리의 예상보다 더 빨리 올 것입니다. 만일 우리 중 어느 누군가가, 오늘부터 주님께 철저하게 헌신하며 온전한 마음으로 그분을 섬기기 위해 엄숙히 기도하면서 집으로 간다면, 예수님께서도 아버지 앞에서 유사한 기도를 하고 계실 것이라고 확신할 수 있습니다. 그분은 그분의 백성들이 거룩해지도록 기도하고 계십니다. 또한 그들이 행복해지고, 그분을 전심으로 섬기며, 많은 열매를 맺어 그분의 거룩한 이름에 찬미와 영광을 돌리도록 하기 위해 기도하고 계십니다. 당신이 진실로 하나님을 섬기기를 바랄 때, 그리스도께서 당신의 기도에 귀를 기울이실 것이며, 그분의 기도와 당신의 기도가 조화를 이루게 될 것입니다. 그러므로 예수님께서 그분의 백성을 위해 기도하시기 위해 은밀한 곳으로 물러가셨음을 기억하면서 집으로 갑시다. 그리고 우리의 눈을 감기 전에, 다시 한 번 그리스도께서 우리를 종종 만나주셨던 은혜의 보좌 앞에 나아갑시다. 그리고 이 예배를 마치기 전에, 기도 중에 영으로, 잠시 동안 감람산에 가도록 합시다.

제
31
장
—

세상의 빛

—

"예수께서 또 말씀하여 이르시되 나는 세상의 빛이니
나를 따르는 자는 어둠에 다니지 아니하고
생명의 빛을 얻으리라." — 요 8:12

우리 주님께서는 그분의 사역 초기에는 이런 식으로 말씀하지 않으셨습니다. 그분 자신에 대해 "나는 세상의 빛이라"고 증언하지 않으셨습니다. 하지만 이런 경우에 그 말씀은 매우 적합합니다. 그 때는 그분의 앞에 온 사람들은 이미 다른 면에서 충분한 증거를 얻은 때였습니다. 모든 사람들이 선지자로 인정했던 세례 요한은 그리스도가 "참 빛 곧 세상에 와서 각 사람에게 비추는 빛"이시라고 증언했습니다(요 1:9). 사람들은 요한의 증언을 거부했습니다. 그러한 거부는 요한의 예언자적인 목소리가 존중되었던 것을 고려하면 놀라운 일임에 틀림없습니다. 또한 예수님께서도 그분 자신의 가르침에 의해 사람들의 마음에 강한 인식을 심으셨습니다. 그들은 그분의 유명한 산상수훈을 듣지 않았습니까? 그들은 그분이 말씀하시는 것에서 권위를 느끼지 않았습니까? 그들은 그분에게서 받았던 강한 인상을 시인하지 않았습니까? 그분의 가르침의 무게와 지혜는 그들의 생각을 녹여 그분의 사역에 몰입하게 만들 정도의 능력을 나타내 보였습니다. 그분의 투명한 가르침뿐 아니라, 그분이 보이신 표적들과 그분이 행하신 기적들과 그분의 음성의 위엄과 그분이 보이신 은혜의 행위들 모두가 그분이 세상의 빛이심을 선포하였습니다. 사람들의 약함과 질병들이 그분의 거룩한 동정심을 불러일으켰습니다. 그분은 불쌍한 사람들을 동정심 가득한 눈으로 보셨고, 그들에게 신속한 위안을 주셨습니다. 그분은 의의 태양처럼 그들의 슬픔 위에 비치셨고, 그분의 광선으로 그들을 치료하셨습니다. 모든 동네와 마을에서 그들은 병든 자들의 치료자로서 그분을 환호하며 맞이하였습니다. 편견 없는 목격자라면 모든 사람이 신속하게 그분이 메시아이심을 감지할 수 있었을 것이며, 그분이 세상에 오신 것을 환영했을 것입니다. 마침내, 마치 그들의 불신앙에 의해 기분이 상하신 듯이, 그분은 크게 말씀하시고 명백하게 선언하십니다. "나는 세상의 빛이다." 적대자들 앞에서 그분은 자신의 정체성을 밝히셨습니다. 그들의 면전에서 명백하게 말씀하셨습니다. 거의 한 시간도 채 되기 전에 그분은 그 빛을 그들 눈 속에 비추서서 그 광채로써 그들의 눈을 멀게 하셨습니다. 그들은 그분을 함정에 빠뜨릴 도구로 쓰려 했던 그 불행한 여인과 함께 그분 앞에 서 있었습니다. 그리고 그분 앞에서 양심의 가책을 받고 슬금슬금 빠져나온 것은 그분이 이 말씀을 하실 때였습니다. "너희 중에 죄 없는 자가 먼저 돌로 치라"(7절). 그분의 전지(全知)의 한 광선이 그들 기억 속에 있는 은밀한 방들을 비추셨고, 최소한 그들 스스로에게 그들이 의로운 율법을 어겼고 해명해야 할 죄를 지었다는 것을 밝히 드러내셨습니다. 이처럼 그들의 죄를 자각시키실 수 있었던 그분은 세상에 대해서도 죄를 자각시키실 수 있습니다. 마음의 가장 깊은 은둔처에도 불을 밝히실 수 있는 그분은 세상의 빛이십니다. 예수님께서는 여기서 담대히 그리고 공개적으로 자기 자신에 관한 진리를 선언하신 것입니다. "나는 세상의 빛이다."

이제 우리의 묵상이 세상의 빛, 참 빛, 인도하는 빛, 전 인류의 빛으로서 우리 주 예수 그리스도께 초점이 맞추어지도록 합시다.

1. 예수님은 세상의 빛이시다.

예수님이 빛이시고, 세상의 빛이시라는 것을 그분의 복되신 생애 전체에서 볼 수 있습니다. 요람에 계신 그분을 바라보십시오. 아기가 잠들어 있는 그 집 위에 한 별이 비치고 있지 않았습니까? 거기에 비치었던 별보다 구유에 누인 그분이 훨씬 더 밝은 빛이십니다. 그분이 오셨습니다. 그분의 강림에 대한 예언이 수세기 동안의 어둠에 빛을 비추었습니다. 경건한 사람들은 아기로 오신 그분을 환대했습니다. "이방을 비추는 빛이요 주의 백성 이스라엘의 영광이니이다"

(눅 2:32). 믿음의 눈에는, 갓 태어난 아기에게서 어떤 광채가 발산되었는지요! 보십시오. 그와 같은 것은 전에는 결코 볼 수 없던 것입니다. 하나님께서 인간의 육신에 싸이신 것입니다. 저 성육신의 신비를 보십시오. 하나님이 우리의 본성을 취하여 나타나십니다. 그분이 우리 가운데 거하십니다. 그 빛은 선명하고 눈부십니다.

　"지극히 높은 곳에서는 하나님께 영광이요 땅에서는 하나님이 기뻐하신 사람들 중에 평화로다"(눅 2:14)라고 찬송한 천사들의 합창은 마땅한 것입니다. 어여쁜 아기시여! 당신은 지상의 슬픔의 짙은 어둠 속으로 뚫고 들어오셨습니다! 당신은 지상의 어두운 광경에 빛을 비추시고, 슬픔의 한가운데에 기쁨을 불어넣으셨습니다! 당신의 오심은 범죄한 인간들을 향한 하나님의 사랑과 그분의 동정심과 연민을 나타내셨습니다! 세월이 흐르는 동안 키와 지혜가 자라면서, 그분은 십계명의 두 돌판에 대한 어린이로서의 기쁨을 보이시고, 하늘 아버지의 일에 대해 최우선의 관심을 보이시고, 또한 지상의 부모에게도 순종과 공경의 태도를 보이심으로써 빛을 비추셨습니다. 그분은 성급하거나 무모하게 가르치기를 시작하지 않으셨습니다. 친히 세례를 받으심으로써 하나님께 대한 헌신의 불을 밝히고, 곧이어 뒤따른 극심한 유혹 속에서 유혹자를 격퇴하심으로써 기독교 사역자들이 가는 길에 밝은 빛을 비추셨습니다. 설교자로서, 그분은 정말 빛나는 분이었습니다. 그분은 율법의 영성을 상세히 풀어 주셨습니다. 그분의 가르침에는 빛이 관통하였고, 참된 정결의 본질이 무엇인지를 투명하게 보여주셨습니다. 서기관들이 안개와 연기로 가득하게 했던 율법에 선명한 빛을 비추셨습니다. 그분은 또한 은혜 언약에도 빛을 비추셨습니다. 그분은 평화의 복음을 사람들 가운데 선포하셨습니다. 그분은, 탕자를 용납하여 품에 앉아주시는 하나님 아버지에 대해 들려주셨습니다. 그분의 비유들은 천국의 특징들에 대해 놀라운 빛을 비추셨습니다. 그분의 권면들과 경고들은 의인들과 악인들의 최종적인 운명을 선명하게 볼 수 있게 해주셨습니다. 그분이 말씀하실 때 청중들의 생각 속에 영원에 대한 개념이 점점 분명해졌습니다. 그분 자신의 생애가 사랑의 힘과, 동정의 가치와, 용서의 미덕을 보여주었습니다. 그분의 죽음은, 하나님의 뜻에 대한 주저 없는 복종과 인간의 안녕을 위한 불굴의 자기희생에 대한 명백한 증거입니다. 오! 사랑하는 이여, 그리스도의 빛은 십자가에서 가장 밝은 빛을 발합니다. 누군가는 그것을 이 세상이라고 하는 바다의 등대라고 불렀습니다. 과연 그렇습니다. 그리스도의 십자가는 인간의 죄와 불행의 어두운 바다를 가로질러 빛을 발하는 등대로서, 인간에게 암초를 경고하고, 그들을 항구로 안내합니다. 구주시여! 인간의 몸으로 오신 하나님이시여! 그분은 선견자들이 "장차 한 왕이 공의로 통치할 것이요"(사 32:1)라고 예언했던 분입니다. 그런데 그런 분을 대변하는 거룩한 상징이 "죽임당하신 어린 양"입니다. 인간의 죄를 속하기 위해 보혈을 흘리시는 그분을 보십시오. 율법과 선지서들에 그와 같이 빛이 비추인 적이 없습니다. 마음이 청결한 자들의 믿음과 소망에 그와 같은 광선이 비추인 적이 없습니다. 죄인들이 회개하고 회심하여 다시 살도록 하는 그런 빛이 비추어진 적이 없습니다. 저 의의 태양이 빛을 비추려고 등장하신 것을 보고, 그분이 그 길을 다 마치신 것으로 인해 기뻐하십시오! 그 눈으로 예수 그리스도께서 십자가에 달리신 것을 분명히 본 자는 지상의 모든 영광을 무색하게 하는 빛을 본 것입니다. 우리가 우리를 위해 죽으신 그 구속자를 볼 때 죄와 슬픔, 수치와 형벌이 모두 사라집니다. 만일 그분의 죽음의 슬픔으로부터 그토록 큰 위로를 이끌어 낼 수 있다면, 그분이 죽은 자 가운데서 다시 살아나셨을 때에는 우리가 무어라고 말해야 할까요? 이제 그분이 죽은 자 가운데서 일어나셨으므로, 그분이 누우셨던 어두운 무덤이 오히려 영광의 빛을 반사합니다. 수의(壽衣)와 곡괭이와 무덤이 원래 지니고 있던 공포의 요소를 박탈당하고 말았습니다.

"더 이상 납골당이 아니랍니다.
죽은 자의 유골과 부패한 시신을
보관하는 장소가 아니랍니다.
가로막았던 돌이 이미 치워졌으니까요."

이제 당신은 그 무덤을 들여다보며 그리스도께서 문을 부수시고 휘장을 찢으셨음을 볼 수 있습니다. 그리스도를 따르는 자들에게 그것은 영원한 생명 속으로 들어가는 통로입니다. 그분은 생명과 불멸을 빛 가운데 드러내셨습니다. 그분이 무덤에서 일어나신 이후로, 밝고 투명한 빛이 영혼이 지상으로부터 출애굽 하는 길을 환히 비추고 있습니다. 계속해서 그분은 승천하는 길을 따라 하늘에도 불을 환히 밝히셨습니다. 그곳에는 하나님께로 가는 길을 밝혀 주는 빛의 길이 있습니다. 그분은 하늘에 들어가시고 아버지 우편에 앉으십니다. 그곳에서 그분은 우리의 대표자로서 우리에게 위로의 빛을 비추어 주십니다. 그곳에서 그분은 기다리시며, 그분이 기다리시는 동안, 그분이 계시는 곳에 그분의 백성들도 함께 있기를 바라고 계십니다. 오! 행복한 생각입니다. 나의 형제들이여, 오늘도 사람들 가운데에서 그리스도는 여전히 빛이십니다. 그분은 그분의 대리자로서 여기 지상에 성령을 보내셨습니다. 성령님은 그리스도에 대해 증거하십니다. 거룩하신 보혜사가, 떠나신 우리 주님의 자리를 대신하십니다. 복되신 성령으로 감동을 받은 교회는 수많은 입으로 구원의 복음을 선포합니다. 예수님이 말씀하셨습니다. "너희는 세상의 빛이라"(마 5:14). 그분의 백성들 안에서, 그리스도께서는 그분이 지상에 머무시던 때보다도 더 밝은 빛을 발하고 계십니다. 그분에게는 열두 명의 제자를 넘어서, 수많은 빛의 반사자들(reflectors)이 있습니다. 수천 수만의 입들이 그분의 복음을 선포합니다. 그리고 수천 수만의 마음들이 거룩한 말씀의 빛으로 불타오르고 있습니다. 그리스도는 세상의 빛이십니다. 요람에서 보좌에 이르기까지, 그리고 그 이후로도 충만한 영광 중에서 다시 오실 때까지, 그 어린 양은 어두운 세상을 밝히시는 빛이십니다. "예수께서 또 말씀하여 이르시되 나는 세상의 빛이라."

2. 예수님은 참 빛이시다.

다른 빛들이 있습니다. 그분이 오시기 전에 어떤 상징적인 빛이 있었습니다. 당신은 일곱 가지가 달린 금 등잔이 성소 안에 있었다는 것을 기억하십니까? 그것은 경탄할 만한 성소의 기물이었으며, 또한 매우 교훈적이었습니다. 하지만 예수님은 그것을 치워버리신 듯합니다. 사실상 그것은 이미 치워졌습니다. 그 목적의 성취에 의해 그것이 지닌 의미는 종결되었습니다. "그것은 빛이 아니었다. 그것은 단지 빛의 한 모형이었다. 내가 참 빛이다"라고 그분이 말씀하십니다. 심지어 모세가 하나님의 백성들을 인도하여 광야를 통과할 때에 타올랐던 불 기둥도 단지 상징적인 빛에 불과했습니다. 참된 구름 기둥과 불 기둥은 예수님이시며, 그분이 하나님의 택함을 입은 모든 백성들을 이 힘겨운 광야에서 복된 가나안에 이르기까지 인도하십니다.

예수 그리스도는 전통이라고 하는 그을음 내는 전등에 반하여 참 빛이셨습니다. 랍비들의 말을 들어 보십시오! 그들은 스스로를 세상의 빛이라고 생각합니다. 그들의 궤변은 끝없는 말다툼입니다. 그들의 탐구를 당신이 연구할 가치는 없습니다. 그들의 지식은 알 필요도 없습니다. 그들은 성경의 중심 되는 구절이 무엇인지 정확히 말할 수 있고, 중심 되는 단어의 중심 되는 글자가 무엇인지에 대해서도 구분할 수 있습니다. 그들은 머리가 뒤죽박죽이 될 때까지 역설에 대해 토론합니다. 그들은 교리가 의심스러워질 때까지 미묘한 문제들을 꼬치꼬치 따지며 다룹니다. 단순한 진리는 어리석은 허튼소리로 격하되고 맙니다. 그들의 성경 번역본은 졸렬한 모조품이며, 그들의 주해는 상식을 유린합니다. 하지만 참된 하늘의 빛이신 그리스도는 모든 지상의 발광체들과는 구별되십니다. 유대의 랍비, 헬라의 철학자, 교회의 교부, 현대의 신학자, 이들은 모두 안개 속으로 사라져 버릴 별똥별에 불과합니다. 그들은 자신들의 전통과 억측으로 하나님의 말씀을 모호하게 만듭니다. 그들의 오랜 전통들과 새로운 발견들이라고 하는 흐릿한 성운(星雲)과 해로운 그을음을 피하십시오. 예수님이 말씀하신 것과, 그분의 사도들이 가르친 것과, 그분의 순수한 말씀 안에서 당신이 배운 것을 믿으십시오. 오직 그리스도만이 참 빛이십니다.

모든 세대의 수많은 사람들이 매혹당해 왔던 사제술(司祭術)의 현란한 빛에 반대하여, 그리스도는 세상의 빛이십니다. 우리 주님의 선언이 초막절 절기와 관련하여 당시 유대인들이 지키던 풍습을 암시하고 있다고 생각할 만한 이유가 있습니다. 마이모니데스(Maimonides, 1135-1204. 유대인 철학자이자 신학자 — 역주)의 말에 따르면, 초막절 전날 기둥과 같은 두 개의 거대한 황금 촛대가 성전의 여인들의 뜰에 설치되었고, 그 불빛이 너무나 밝아 예루살렘 도시 전체를 밝힐 정도로 보였다고 합니다. 그리고 여인들이 횃불 행렬을 이루어 와서 그 황금 촛대 주변에 둘러섰으며, 거기서 일종의 신성한 춤을 추고 엄숙한 야외 행사를 진행했습니다. 이 행사는 모세의 권위에 의거해서가 아니라 전통의 권위에 의해 행해졌습니다. 사람들에게 광야에서의 구름 기둥과 불 기둥을 생각나게 하려는 것이었습니다. 아시다시피 초막절은 이스라엘 백성들이 광야에서 배회하며 천막에 거주했던 사십 년을 기념하기 위한 것입니다. 하지만 이 특이한 의식은 그들 스스로 고안해 낸 것이며, 하나의 추가적인 규정으로서, 사람들에게 광야 기간에 진영을 밝혔던 불 기둥을 상기하도록 한 것입니다. 예수님께서 그 뜰에 서신 때가 이 축제 행사 후의 아침이었다고 추정하는 것에는 그럴 만한 이유가 있다고 생각합니다. 등잔의 불은 다 꺼졌습니다. 하지만 지난밤에 불을 밝혔던 그 황금 촛대의 기둥은 여전히 볼거리로 그곳에 남아 있었고, 등잔은 빛을 잃은 상태였습니다. 바로 그 때 태양이 비할 데 없는 광채로 떠오르고 있었습니다. 그들이 바라본 그 광경은 그분이 하신 말씀에 힘을 더하였습니다. 제사장들이 밝힌 불인 등잔불은 — 미신에 꼭 어울리는 상징 — 이미 거의 꺼져가고 있었고, 아마도 지독한 냄새를 내고 있었을 것입니다. 그 때 태양이 떠오르고 있었고, 예수님이 이렇게 말씀하신 것입니다. "나는 세상의 빛이니 나를 따르는 자는 어둠에 다니지 아니하리라." 그 장면과 상황을 옳게 상상한 것이든 아니든, 그러한 비교에 의해 진리가 적절하게 예시됩니다. 지금껏 인간이 불을 붙이고 또 미신의 기름을 공급한 모든 등불은 결국 꺼지게 될 것이며, 반드시 소멸되고 말 것입니다. 우리 주 예수 그리스도만이 마치 아침의 태양처럼 사람들을 즐겁게 할 것입니다. 너 밤의 유성들이여, 멀리 사라지라! 네 주변에는 미신의 자녀들이 맹목적인 신앙으로 미친 춤을 추는구나! 멀리 사라져 버려라! 이미 너는 꺼지기 시작했도다. 네 모든 빛이 이미 깜빡거리며 사라지고 있구나. 날이 신속히 밝고 있으며, 하나님의 영원한 성령의 바람이 너를 영원한 밤으로 날려 버릴 것이다! 하지만 예수님은 빛을 발하십니다. 그분은 참 빛이시며, 영원히 빛날 것입니다. 볼테르(Voltaire)는 "나는 기독교의 여명기(twilight)에 살고 있다"고 말했습니다. 그는 부지불식간에 진리를 말한 것입니다. 그는 기독교가 저녁의 여명기에 있다고 생각했습니다. 하지만 기독교는 아침의 여명기입니다. 예수님께서 갈수록 더 밝게 참 빛을 발하고 계시기 때문입니다. 미신과 사제술의 효력 없는 등잔불들은 반드시 희미해지고 말 것입니다. 이것이 예수님이 하신 말씀의 의미입니다. 그분은 참 빛이십니다.

　　그리스도의 빛은 세상 어디에서나 볼 수 있는 불꽃들과도 매우 다릅니다. 이따금씩 과학적인 신사분이 화살촉 같은 부싯돌을 맞부딪쳐서 놀라운 빛을 내곤 합니다. 그리고 얼마 후에는 성냥과 불쏘시개를 갖춘 사람이 자신이 참 빛을 가졌다고 생각합니다. 이윽고 또다른 철학자가 와서는 앞의 불쏘시개 더미로 그 불을 꺼버립니다. 이런 일이 철학자들의 두드러진 특징입니다. 그들은 서로 불을 끕니다. 그들의 세밀한 이론들은 종종 그들을 칭송하던 짧은 세대 동안에도 살아남지 못합니다. 새로운 불신앙의 이론들을 만들어 내는 새로운 경주들이 시작되고, 하루살이처럼 짧은 날을 살고는, 덧없이 사라지고 맙니다. 그리스도의 빛은 그렇지 않습니다. 그 빛은 계속해서 타오르며, 영원토록 빛을 발합니다.

우리는 "여론"이라는 빛에 현혹되어온 친구들을 볼 수 있습니다. 아주 밝은 빛이지요. 또한 우리는 "19세기의 빛"에 도취된 몇몇 점잖은 학자들도 알고 있습니다. 그 빛도 훌륭한 빛이지만, 매일같이 신문이 폭로하고 있는 어리석음과 사기와 범죄에 의해 조금 퇴색되었지요. 우리에게는 "학식의 빛"도 있는데, 그 빛은 아리스토텔레스를 칭송하며, 또한 그 이교도 저자로 하여금 기독교 대학들의 교재를 공급하게 만들었습니다. 우리는 소위 "교회의 빛(the light of the Church)"을 자처하는 자에 대해서도 신물이 날 정도로 들어왔는데, 그 빛 안에서는 중세의 기독교왕국의 암흑에서 빌려온 특징들과 자만심 외에는 찾아볼 것이 없습니다.

하지만 주님께서 "내가 세상의 빛이니"라고 선언하시는 것을 들을 때 우리는 참되고 미쁘신 말씀을 듣는 것입니다. 달리 어디에서 빛을 발견하겠습니까? 어디에서 당혹스러워하는 사람들이 신뢰할 만한 길잡이를 찾겠습니까? 나사렛 예수 그리스도의 인격과, 삶과, 죽음과, 희생에 대한 가르침 안에서, 우리는 만질 듯이 확실한 빛을 얻게 되는 것입니다. 이 빛은 분명하게 볼 수 있는 길잡이로서의 빛이며, 그 빛을 따라가면 잘못되지 않습니다. "나는 세상의 빛이니 나를 따르는 자는 어둠에 다니지 아니하리라." 그분은 따를 만한 빛이십니다. 당신이 그리스도에게서 흘러나오는 그 빛을 즐거워한다면, 단지 그 말씀을 읽는 것으로는 그 빛을 실감할 수 없습니다. 당신은 그 빛을 따라가야 합니다. 만일 사람이 항상 태양을 따라갈 만큼 빠르게 여행할 수 있다면, 물론 그는 항상 그 빛속에 있을 것입니다. 만일 태양이 떠오르고 그 궤도의 속도가 지구의 움직임의 속도와 동일하다면, 사람은 살아 있는 동안 결코 그 빛을 잃지 않을 것입니다. 그리스도를 따르는 자는 결코 어둠에 다니지 않습니다. 그분을 따른다는 의미는 당신을 그분께 맡기고, 그분을 믿으며, 당신 자신을 버리고, 그분이 명하시는 것에 순종하며, 그분이 말씀하시는 것을 절대적으로 받아들이는 것입니다. 당신은 다른 주인을 두어서는 안 됩니다. "나는 칼빈에게 배울 것입니다"라고 말하지 마십시오. 혹은 "루터에게" 혹은 "웨슬리에게" 혹은 "다른 누구에게 배울 것입니다"라고도 말하지 마십시오. 오직 예수 그리스도만이 당신의 빛이 되셔야 합니다. 그분의 말씀이, 그분의 성령의 증언에 의해, 당신의 유일한 권위가 되어야 합니다.

3. 예수님은 영혼을 인도하는 빛이시다.

하나님을 찾기를 갈망하는 영혼들을 위해 빌립이 이렇게 말하지 않았습니까? "아버지를 우리에게 보여주옵소서 그리하면 족하겠나이다"(요 14:8). 예수님이 말씀하십니다. "내가 곧 길이요 진리요 생명이니 나로 말미암지 않고는 아버지께로 올 자가 없느니라"(요 14:6). 그리스도는 수많은 저자들을 헤치고 지나가도록 인도하는 빛이십니다. 만일 당신이 그 저자들 사이를 헤치고 지나가기를 원한다면, 초대 교부들, 저 불굴의 종교개혁자들, 엄격한 청교도들, 현대의 복음주의자들이 당신의 동반자들이 될 수 있습니다. 그렇게 하기를 원한다면 그렇게 할 수 있습니다. 하지만 그분을 당신의 안내자로 삼고, 그분의 조언을 당신의 버팀줄로 삼으십시오. 저 영광의 문에 도달할 때까지 그렇게 하십시오. 여러 견해들의 다툼 가운데서, 그분의 확실한 말씀이 당신의 안전한 항해 지도입니다. 그분은 질병과 고난을 통과하는 안내의 빛이십니다. 그분을 신뢰하십시오. 그러면 그분이 당신이 병들었을 때에 당신의 침상이 되어주실 것입니다. 그분이 당신의 가장 슬픈 고통으로부터도 오래 지속되는 유익을 얻게 하실 것입니다. 그분은 사망의 음침한 골짜기를 지날 때에도 안내의 빛입니다. 그 어두운 그늘에서도 그분 가까이에 있기만 하면 어떤 해로움도 두려워할 필요가 없습니다.

> "내 영혼의 태양이신 사랑하는 구주시여,
> 당신이 가까이 계시면 밤도 밤이 아니랍니다."

그리스도께서 말씀하셨습니다. "나를 따르는 자는 어둠에 다니지 아니하리라." 그러므로 밤의 공포도 그분의 임재 앞에서는 도망치고 맙니다. 그 속죄의 피가 당신에게 평화를 말합니다. 무지도 그분의 밝은 빛 앞에서 사라질 것입니다. 그리스도께서 당신을 가르치실 것입니다. 저 달콤한 소망의 빛 앞에서 실망도 사라질 것입니다. 의심과, 그와 더불어 오는 모든 주저함도, 그분의 활기찬 목소리에 녹아 없어질 것입니다. "이것이 바른 길이니 너희는 이리로 가라"(사 30:21). 자기를 예수님께 의탁하는 자는 너무나 행복합니다! 그는 언제나 빛을 얻을 것이고, 결코 어둠에 다니지 않을 것입니다.

4. 예수님은 전 인류의 빛이시다.

그분이 말씀하십니다. "나는 세상의 빛이라." 그분은 단지 "나는 유대인들의 빛이다"라거나 "나는 이방인들의 빛이다"라고 말씀하시지 않았습니다. 그분은 둘 다 이십니다. 그분은 모든 인류의 빛이십니다. 예수 그리스도를 통해서 흘러나오는 빛이 아니라면, 사람이 하나님을 볼 수 있거나, 그분을 올바로 이해할 수 있거나, 죄의 쓰라림을 인지하거나, 혹은 천국과 지옥의 영원한 운명을 식별할 수 있는 선명한 빛이 없습니다. 전 세계에는 다양한 신앙 고백자들이 흩어져 있으며, 그들 중 많은 이들에게 있어서 기독교는 많이 변질되었습니다. 하지만 나는 그들 가운데에도 하나님과의 교제와 죄의 용서를 누리는 경건한 사람들이 있음을 의심치 않습니다. 그들의 사상의 특징은, 그들이 말하는 언어와 마찬가지로 우리 자신의 그것과는 많은 면에서 다릅니다. 하지만 그럼에도 불구하고, 한 분의 공통된 주님 곧 우리 구주 예수 그리스도 안에서 그들이 받아들여진 것을 알고 있습니다. 내가 어떤 틀린 내용을 가르치는 한 책을 손에 얻게 될 때, 그 속에 예수 그리스도에 관한 내용을 다루고 있다면, 나는 그 오류를 탓하기는 하지만 그 저자를 정죄하지 않습니다. 결코 나의 비판이 저주로 간주되어서는 안 됩니다. 나는 때때로 그 책을 쓴 사람이 명백히 구원을 얻었다는 것을 인지하게 되는데, 그것은 그가 우리 주 예수 그리스도를 붙들고 있기 때문입니다. 그분을 따르는 자는 바른 항로를 따라 가고 있는 것입니다. 비록 그가 일천 가지의 사소한 생각에서 오류가 있다 할지라도, 그리스도를 따름으로써 가장 중요한 문제에서 그는 안전합니다. 모든 일에서 그분을 배우고 그분께 순종하면, 당신은 자신이 복될 뿐 아니라 다른 사람들에게도 유용할 것입니다. 그리스도 안에 있는 빛을 보고 그 빛 안에서 걸어가는 자는 행복한 사람입니다. 왜냐하면 이 빛은 "세상에 와서 각 사람에게 비추는 빛"이기 때문입니다(요 1:9). 이슬람교에도 약간의 빛이 있습니다. 진정 마호메트가 살았던 시대를 고려하면 그는 상당히 많은 빛을 가졌습니다. 코란 종교는 그 예언자가 활약했던 시대의 다른 종교들에 비해 월등히 뛰어납니다. 그는 심지어 신성의 일치에 대해서도 아주 명확히 가르쳤습니다. 하지만 코란에서의 빛은 구약과 신약성경으로부터 빌려온 것입니다. 그것은 빌려온 빛입니다. 지혜가 도용된 것입니다. 파시교도(Parsee)의 빛 곧 조로아스터(Zoroaster)의 빛과 공자의 빛은 원래 유대인들의 신성한 책들에서 온 것입니다. 그 모든 것은 하나의 원천에서 나왔습니다. 왜냐하면 모든 빛이 빛들의 아버지에게서 나오기 때문입니다. 어떤 낯선 곳에서 인간의 상태와 조건에 관하여, 혹은 하나님과 안전에 이르는 길에 관하여 어떤 진리를 우연히 마주치게 되더라도, 그 빛의 근원을 추적해 보면, 그 빛이 당신을 예수 그리스도께로 안내할 것입니다. 모든 참된 빛은 그분에게서 나오기 때문입니다.

　그리스도는 세상의 빛이시며, 그분의 광선이 온 세계에 비추기로 예정되었습니다. 모든 인류가 이 빛을 볼 날이 올 것입니다. 내가 최근에, 온 세상이 결국 파멸할 것이며, 우리가 해야 할 일은 구조선을 타고 허우적거리는 몇 사람을 구원하고, 서둘러 이 난파선을 떠나는 것이라고 얼마나 자주 말해 왔던가요! 이제 나는 그렇게 낙담에 빠져 있지 않습니다. 나는 이런 견해를 가지고 있습니다. 하나님의 선하신 은혜에 의해, 우리가 이 낡은 배를 힘써 저어 암초에서 멀어질 것이며, 이 세상 나라들이 우리 하나님과 그리스도의 나라가 될 것입니다. 주님께서 모든 육체가 하나님의 구원을 보리라고 선언하셨기 때문입니다(눅 3:6; 사 52:10). 나는 이렇게 널리 배포된 것이 거대한 실패로 청산되고, 모든 곳에 열성적으로 전파된 복음이 겨우 소수만을 구원하는 것으로 종결지어지고, 하나님의 모든 섭리가 마치 양초의 심지가 꺼지듯 어둠 속으로 사라져 버린다고 믿을 수가 없습니다. 아니, 나는 그보다 더 나은 것들을 바라봅니다. 광야에 사는 백성들이 그분 앞에 경배할 것이며, 그분의 원수들은 티끌을 핥을 것입니다. 섬들이 그분께 감사의 예물을 가져올 것이고, 스바(Sheba)가 선물을 바칠 것이며, 모든 왕들이 그분 앞에 엎드릴 것입니다. 나는 이미 복음이 승리하였다고 믿지 않을 수 없습니다. 나는 그리스도의 오심을 바라봅니다. 그분이 원하시는 때에 오실 때, 우리의 마음은 기뻐 뛰며 그분을 맞이할 것입니다. 이 모든 섭리의 역사가 성공 없이 끝난다는 것은 내게는 거의 하나님의 목적의 좌절로 보입니다. 하지만 세상에서의 그분의 길은 그렇지 않습니다. 그분은 사탄과의 싸움에 자발적으로 개입하셨고, 우리들과 같은 가련하고 약한 도구들을 선택하셔서, 그분께 맞서는 원수의 군대를 격퇴하고자 하셨습니다. 만일 그분이 전장에서 그분의 군대를 철수시킨다거나, 혹은 그분의 군대가 행동하지 못하는 가운데 그분 자신이 친히 전면에 나서시어 단독으로 싸우신다면, 그것은 그분이 그 교전을 미리 지혜롭게 예견하셨기 때문일 것이며, 혹은 그분의 목적을 이루기 위해 계획을 변경할 필요가 있었기 때문일 것입니다. 그분의 성령은 고질적인 연약함 속에도 불굴의 힘을 주입하실 수 있습니다. 그분은 기적들 없이도 수단들을 활용하실 수 있으며, 혹은 떠들썩함 없이도 기사를 행하실 수 있습니다. 그분의 첫 번째 행동이 좋은 징조였습니다. 열둘의 사도들은, 마치 적과 맞서 싸우는 적은 보병들처럼, 나쁜 조짐이 아닙니다. 그것은 확실히 그 전투가 원수가 등을 돌리고 도망칠 때까지는 끝나지 않을 것임을 의미합니다. 그분은 계속해서 새로운 군대들을 보내십니다. 그분은 새로운 군대들을 일으키십니다. 그리고 이따금씩 싸움이 주춤거릴 때에는, 그분은 새로운 신병들을 모집하고 파송하여 약해진 전선을 강화하시고, 그분의 증원부대로써 원수를 쉴 새 없이 공격하십니다. 용기를 내십시오, 나의 형제들이여! 부흥 후에 다시 부흥이 있을 것입니다. 개혁 후에 또 개혁이 있을 것이며, 한바탕 전투 후에 다시 전투가 있을 것이며, 하나님의 위대한 복음의 가공할 대포가 지옥의 군대들을 향해 불을 뿜을 것입니다. 이교도의 우상들은 무너질 것입니다. 적그리스도는 전복될 것입니다. 바벨론은 맷돌이 물에 가라앉듯이 가라앉을 것입니다. 이스라엘은 자기 왕을 볼 것이며, 이방인의 충만한 수가 그분의 발 아래로 모일 것입니다. 그러므로 우리가 세상의 빛이신 우리 주 예수 그리스도를 섬기는 동안, 믿음이 용기를 분발시키고, 용기가 인내를 강화하고, 인내가 소망의 확신에 열의를 더하도록 하십시오.

여기까지, 서두에서 제안했던 대로 네 가지 요점을 모두 다루었습니다. 한 가지 개인적인 질문으로 결말을 맺고자 합니다. 그리스도께서 세상의 빛이시기에, 나는 다음의 질문을 하고 싶습니다.

5. 우리가 그분을 향해 어떻게 행동해야 하는가?

우리 중에 그 빛을 피하는 사람이 있습니까? 나는 일부 사람들이, 소중히 여겨야 할 특권들을 멸시하는 것을 알고 있습니다. 그들은 아침 해처럼 눈부시게 임하시는 그분을 알기를 원치 않습니다. 그들은 결코 성경을 읽지 않으며, 성경의 역사나 예언이나 약속들을 들여다보지 않습니다. 그들은 진지한 목사를 좋아하지 않습니다. 그들은 일종의 '마음편한(happy-go-lucky)' 신앙 스타일을 갖고 있습니다. 그들은 다른 누가 무슨 말을 하더라도 받아들입니다. 그들은 습관적으로 예배당에 참석하고, 형식상의 모든 예절들을 지킵니다. 하지만 선을 행하거나 빛을 찾는 문제에 대해서, 그들은 좀처럼 혹은 결코 생각해 보지 않습니다. 그들은 그 문제를 바람직하다고 여기지 않습니다. 많은 빛이 비치면 검열을 견디지 못하는 많은 문제도 노출될 것이기 때문입니다. 사랑하는 친구여, 만일 당신이 빛을 두려워한다면, 당신 자신을 의심해 보십시오. 탄로를 두려워하는 것은 기만이기 때문입니다. 빛보다 어둠을 더 좋아하는 사람이 누구입니까? 런던 시민들이 모인 곳에서 밤에 가로등을 끄자는 의견을 제기한다면, 누가 그 의견에 찬성하겠습니까? 보장하건대, 밤도둑들은 찬성할 것입니다. 강도들도 그러겠지요. 그리고 일부 난봉꾼들도 그 의견에 찬성할 것입니다. 악을 좋아하는 모든 사람이 빛을 미워합니다. 당신을 그런 사람들과 비교하려는 의미가 아닙니다. 오히려, 이 말씀은 더욱 포괄적입니다. "악을 행하는 자마다 빛을 미워하여 빛으로 오지 아니하나니 이는 그 행위가 드러날까 함이요"(요 3:20). 물론, 어떤 사람들이 조소할 때 우리는 그들의 민감함을 감지할 수 있습니다. 그리스도의 가르침은 난봉꾼들에게는 어울리지 않지요. 방종한 삶은 결코 순결한 경건을 칭송하지 않습니다. 방탕아들이 그들의 쾌락을 위해 지불해야 할 비용이 얼마인지요! 나의 친구여, 당신은 당신이 감추고 싶은 어떤 것을 의식하고 있습니까? 당신 스스로 그것을 자세히 살펴보십시오. 마음의 모든 은밀한 것들이 드러나는 저 큰 날에, 당신이 그 문제를 보게 되리라는 것을 기억하십시오. 예수님께서 오시어 "의로 세계를 판단하시며 공평으로 그의 백성을 심판하실"(시 98:9) 때에, 그 공의의 빛으로부터, 그 심판의 불로부터, 그 어떤 것이라도 숨을 수가 없습니다. 그러므로 지혜롭게 행하십시오. 지금 악을 회개하여, 아무도 불쌍히 여기는 자가 없을 때에 재앙이 당신에게 미치지 않도록 하십시오.

누군가가 입술을 비죽거리고, 어깨를 으쓱하고, 얼굴에는 냉소적인 표정을 짓고서 이렇게 말하는 것을 나는 봅니다. "우리가 정말로 당신이 말하는 그리스도와, 당신이 전하는 속죄와, 당신이 그토록 확신하는 부활을, 이 시대와 다른 모든 시대의 빛으로 간주하며, 사실상 세상의 빛으로 간주해야 한단 말입니까?" 나의 친구여, 그 말을 잘 했습니다. 그리고 그 질문을 제기할 때에 당신은 좋아 보이는군요. 만일 달라진 상황 속에서 내가 당신을 만난다면, 당신의 목소리도 달라질 것이라는 생각이 듭니다. 육신은 약합니다. 당신의 눈에 항상 광채가 나지는 않을 것입니다. 당신의 마음이 항상 즐겁고 신나지는 않을 것입니다. 당신의 건강 상태가 항상 양호하고 원기왕성하지는 않을 것입니다. 아직까지 당신은, 오래 전 세대부터 비추어 왔고, 이 세대를 밝혀 주고 있으며, 영원한 세대에서 쇠하지 않은 영광으로 빛날 그 빛의 필요를 느끼지 못했습니다. 거만한 사람이여, 당신은 철학자이거나 정치인입니까? 당신은 과학자이거나 혹은 사회학자이거나, 아니면 그런 체하는 자입니까? 이것을 아십시오. 어둠 속에서 당신은 이 세상으로 들어왔습니다. 삶에는 목적이 있다는 것을 당신이 채 알기도 전에 세월이 흘렀습니다. 그리고 처음 세상에 들어올 때의 어둠보다 훨씬 짙은 어둠 속으로 당신은 이 세상에서 나가게 될 것입니다. 어떤 공상에 빠져 있거나 혹은 어떤 오류에 매혹되었다면, 당신은 영원의 시간을 눈부시게 비추는 그 빛을 볼 수 없습니다. 우리가 복음을 순수하고 단순하게 전할 때, 우리는 당신의 그 부분에 대해 질문하며 도전하는 것입니다. 어떤 목적입니까? 우리가 제시한 그 빛을 당신은 필요로 하지 않습니다. 내가 어떻게 당신에게 대답해야 합니까? 알려지지 않은 길을 건너고, 당신 앞에 놓인 미지의 경험들을 겪는 동안에, 당신이 필연적으로 만나게 될 위험에 눈이 먼 상태라면 나의 어떤 논증으로도 당신을 납득시키지 못합니다. 당신이 제기하는 반대들에 대해서, 하나님의 권고를 반대하고 그분의 인자하심을 멸시하고 성급하게 대답하는 것에 대해서, 당신은 반드시 후회하게 될 것입니다. 사소한 도덕관념이여! 하찮은 변명들이여! 그런 것들이 당신의 위선을 은연중에 폭로합니다. 당신의 전망이 위태하여 떨면서 호소해야 마땅한 때에 사소한 일로 빈둥거리는 일은 어리석기 짝이 없습니다. 당신은 저 상담자(Counsellor)에게 당신의 문제를 의논하지 않으려 합니다. 의심에서 오는 우울함을 쫓아 버리십시오. 자기 구속자의 은혜를 비난하는 죄인의 야비함을 버리십시오.

당신은 그 빛에 트집을 잡고 있습니까? 당신은 그 이유를 알고 있습니까? 내가 생각하기에 그 이유는 브라만(Brahman) 승려로 하여금 현미경을 깨뜨리게 하는 것과 상당히 같은 이유일 것이라고 생각합니다. 브라만 승려는 모든 종류의 생명을 죽이는 것을 악이라고 생각합니다. 그는 고기를 먹지 않으려 하고, 살코기나 생선이나 닭고기도 먹지 않습니다. 생명을 죽이는 자는 누구든지 자기 영혼을 죽이는 것이라고 여기기 때문입니다. 한 선교사가 말했습니다. "좋습니다. 하지만 당신은 물을 마실 때마다 당신 자신의 양심을 어겨야 하겠습니다. 당신이 삼키는 물은 미생물들로 가득하니까요. 모두 살아 있고 움직이는 생물들이지요." 그런 다음 그는 물 한 방울을 현미경으로 확대하여 그에게 보여주었습니다. 증거는 명백했지요. 하지만 그 브라만 승려는 잘못을 인정하는 대신에 그 사실을 발견하게 해준 도구에 화를 내며, 그 현미경을 깨버렸습니다. 마찬가지로, 사람들은 복음을 멸시하고 논박하려 합니다. 복음이 달갑지 않은 진실을 드러내기 때문이지요. 복음은 그들의 전통을 타파합니다. 복음은 그들의 견해를 비난하고, 그들이 선호하는 취향을 깎아내리며, 그들의 마음의 평화를 깨뜨립니다. 복음은 그들이 죄 속에서 편안히 살지 못하게 합니다. 죄와 미신에 대한 사랑과, 가족과 직업에 대한 열의가, 당신으로 하여금 복음을 반대하는 일에 불을 지피고 격노하며 악담을 하게 만듭니다. 누군가 이렇게 말하는 것이 들린다고 생각합니다. "나는 그 빛을 볼 수 있기를 바랍니다." 사랑하는 친구여, 내가 당신의 정직함을 신뢰할 수 있기를 바랍니다. 그리스도께로부터 흘러나오는 빛은 볼 수 있습니다. 하지만 감은 눈에는 보이지 않지요. "눈을 뜨십시오. 당신이 해야 할 일은 그것이 전부입니다." 죄인이여, 보십시오. 보고서 사십시오! 당신 주변이 온통 영원한 사랑의 빛입니다. 당신의 가련한 눈을 뜨십시오. 불신앙이 오랫동안 그 눈을 멀게 했습니다. 오 주여, 당신께서 저 죄인의 눈을 열어 그가 볼 수 있게 하소서! 그 빛은 당신 사방에 있습니다, 형제여. 그 빛은 당신 사방에 있답니다. 다른 사람들은 그것을 보고 기뻐합니다. 단지 당신의 눈을 뜨게 하십시오. 그러면 당신은 저 영광스러운 빛을 볼 것이고, 그 빛이 지금 당신을 두렵게 만드는 모든 희미한 것들을 환히 밝혀줄 것입니다.

당신은 그 빛을 보았습니까? 이렇게 말할 수 있는 사람이 있습니까? "하나님 감사합니다. 저는 그 빛을 보았습니다." 그렇다면 사랑하는 형제여, 감사하고 더욱 감사하십시오. 예수 그리스도의 얼굴에서 비치는 그 빛에 대해서 우리가 아무리 감사해도 지나치지 않습니다. 지금은 폐지되고 말았습니다만, 예전에 알프스에 한 풍습이 있었습니다. 누군가가 커다란 쇠뿔을 가지고서 알프스 꼭대기에 서 있도록 지명되었습니다. 그리고 아침 해가 떠오르는 것을 보자마자 그는 뿔 나팔을 크게 불어 그것을 알렸습니다. 그 좋은 옛 시절에는 알프스의 산꼭대기 어디서든 찬송을 들을 수 있었습니다. 오! 저 의의 태양이 떠오르는 것을 보고, 그것을 입으로 나팔 불 수 있는 영혼들은 행복합니다! 일천의 목소리들이 그분을 찬송하는 것도 좋습니다. 복되신 예수의 이름이여! 주의 이름이 영원히 찬송 받으소서! 밝게 비추는 저 빛으로 인하여, 그 빛이 널리 퍼뜨리는 인자하심으로 인하여, 그 빛이 일깨우는 넘치는 기쁨으로 인하여, 그분의 은혜를 칭송합니다!

형제들이여, 감사와 선행으로 열심을 내어 그 빛을 퍼뜨리고, 가까이에서나 멀리서나 온 사방에 그 빛을 반사하도록 하십시오. 나는 이 교회의 모든 지체들이 각자의 마음속에 비추인 그리스도를 아는 지식의 빛을 널리 퍼뜨리는 일에 힘을 쓰기를 간절히 바랍니다. 형제들과 자매들이여, 냉담해지지 말고, 형식적이 되거나, 무관심해지지 말기를 호소합니다. 은혜로 말미암아 당신이 믿은 그 진리는 당신에게 맡겨진 고귀한 위탁물입니다. 당신은 지금껏 기도하는 사람이었으며, 지금도 여전히 기도하고 있습니다. 하나님의 이름을 찬송합니다. 기도 모임을 외면하지 마십시오. 빈번하고도 규칙적으로 모이고, 기도회가 생명력으로 더욱 가득하도록 힘을 모으도록 합시다. 나는 우리와 교제를 나누는 지체들의 대부분이, 비록 전부는 아니라 하더라도, 실제로 예수님을 위한 어떤 일에 참여하고 있다는 것에 대해 정직한 감사를 표현하곤 했습니다. 지금도 그러합니까? 여러분 모두는 복음과 복음의 위대한 가르침들을 말하고 가르치는 일에 여전히 관심을 가지고 종사하고 있습니까? 우리는 기독교 사역의 모든 일을 목사들에게만 맡긴다는 생각을 하면 안됩니다. 그 일에는 모든 신실한 제자들이 진지하게 참여해야 합니다. 한 사람으로는, 아마도 이렇게 많은 군중들 앞에서 전할 수도 있겠지요. 하지만 복음이 어디에서나 전파되게 하려면, 여러분 모두가 말과 행동으로 전해야 하며, 하늘의 지혜가 지상의 모든 구석구석을 순회할 수 있게 해야 합니다.

오! 나의 자매들과 형제들이여, 최상의 설교는, 단순하고 수수한 것이기 때문에, 당신이 동료들과 나누는 평범한 교제와, 일상생활의 모든 상황들과 기회들 중에 나누는 선한 대화 속에 발견됩니다. 당신의 가족 안에서의 상냥한 마음과, 부드러운 태도와, 행위의 정숙함이, 당신이 예수님과 함께 있었고 그분에게서 배웠다는 것을 증언할 것입니다. 당신의 거래 습관에서의 정직함이 당신의 도덕적 고결함을 말해주며, 당신이 훈련받은 학교의 명예를 높여 줍니다. 당신의 성품은 투명해야 하며, 그렇지 않으면 당신의 입술로 한 말들이 멸시받을 것입니다. 솔직한 증언이 사람들의 마음을 사로잡을 것입니다. 당신의 자녀들과, 형제들과 자매들에게, 그리고 가까운 친구들에게 예수님께 가는 길을 말해 주십시오. 가능하다면, 당신 옆자리에 앉은 낯선 사람들에게 예수님 안에 있는 빛에 대한 당신 자신의 경험을 얼마간 들려주십시오. 여러분이 아시다시피, 하나님께서 최근에 우리의 최상의 일꾼들 중 몇 사람을 데리고 가셨습니다. 오! 형제들이여, 또한 집사와 장로로서 오랫동안 우리에게 알려진 최상의 인물의 손실을 보충해 주십시오. 그는 지금 건강이 약하고 힘이 쇠약해져 일에서 물러나 있습니다. 오! 자매들이여, 배로 힘을 내어 여러분 모두에게 어머니와 같았던 그 선한 자매의 손실을 보충해 주십시오. 오! 우리 모두 그리스도의 군대의 진에 빈 자리가 없는지, 신병으로 재빨리 채워지지 않은 곳이 있는지를 살펴봅시다. 만일 빈 곳이 있다면, 내 옆에 서 있던 사람이 쓰러졌다면, 나는 하나님의 능력을 힘입어 누군가 다른 사람이 그의 자리를 메워줄 때까지 양 손으로 힘써 싸우도록 애쓸 것입니다. 그리스도는 우리의 빛이시기에, 그리고 그분이 우리에게 세상의 빛이 되라고 명하셨기 때문에, 주님께서 우리를 그분과 함께 영원토록 빛 가운데 살도록 데려가실 때까지, 최대의 힘을 발휘하여 빛을 비추도록 합시다. 아멘.

제
32
장
—

위대한 해방자

—

**"그러므로 아들이 너희를 자유롭게 하면
너희가 참으로 자유로우리라."** — 요 8:36

자유라는 단어는 복되고, 또한 자기를 바쳐 사람들을 자유롭게 하는 사람도 복이 있습니다. 사람들이 거리에 몰려들어 압제받는 자의 목에서 멍에를 깨뜨린 자에게 즐거운 갈채를 보내며 환영하는 것은 당연합니다. 정치적 대의를 위해 용감히 행하는 자들이 많이 있지만, 그분은 그들 모두를 능가하시며, 모든 선하고 용감한 자들의 사랑을 받으시기에 합당하십니다. 정치적인 예속은 참을 수 없는 악입니다. 살고, 생각하고, 행동하고, 말하기 위해 다른 사람의 허락을 받다니요! 차라리 살지 않는 편이 낫습니다! 나의 생존을 독재자의 의지에 의존하는 그 자체가 죽음입니다. 주인이 씌워준 개목걸이를 차고 있는 비굴한 정신은 주인의 식탁에서 뼈다귀를 얻기 위해 발치에서 아양을 떱니다. 하지만 인간이라는 이름에 어울리는 자들은 차라리 전장에서 독수리 밥이 되는 편을 택합니다. 비굴한 속박의 짐은 혹독하고 무거워 담대한 정신을 가진 사람들은 참을 수가 없으며, 그래서 그 압제 아래에서 그들은 화를 내고 불평을 쏟아냅니다. 독재자는 이런 불평을 사랑하지 않지요. 그래서 그는 그들을 가두고 그들의 생을 감옥에서 썩게 만듭니다. 그 독재자를 쓰러뜨리고, 그의 감옥 문을 부수고, 참된 사람들에게 권리를 되찾아주는 자는 복이 있습니다. 우리는 속박의 고통을 느껴본 적이 없기 때문에 그것을 잘 알지 못합니다. 우리의 해방자들은 영들의 세계로 떠나갔지만, 우리에게 자유를 유산으로 남겨주었습니다. 그로 인해 우리는 그들의 이름을 사랑하고 그들의 하나님을 공경합니다. 만일 그들이 지금까지 살아 있다면, 우리는 그들에게 얼마나 큰 영예를 돌려야 하는지요! 하지만 그들이 떠나갔기에, 우리는 마음으로 보는 듯이 우리의 영광스러운 자유의 해방자들에게 박수갈채를 보냅니다. 정치적인 자유는 선하고 고귀한 것들을 표출할 여지를 허용하며, 그 반대는 아주 저열한 것으로서, 가장 강력한 국가조차도 그것이 결핍되어 있다면 정말이지 불쌍한 나라입니다. 자유가 없다면, 그 국민은 아무리 부유하더라도 가장 불쌍합니다.

하지만 나의 형제들이여, 인간이 정치적인 자유를 최대한으로 획득한다 하더라도, 여전히 그들은 노예일 수 있습니다. 종교적인 속박이라고 하는 것이 있기 때문입니다. 사제 앞에서 굽실거리는 자, 그의 저주를 두려워하는 자, 혹은 그의 축복을 얻기 위해 그의 발 앞에서 기는 자는 비참한 노예입니다. 그런 사람은 스스로를 자유인이라고 부를지 모르지만, 그의 영혼은 악한 속박에 갇혀 있으며, 미신이 사슬로 그를 묶고 있습니다. 나와 다를 바 없는 인간의 중얼거림을 두려워하는 것, 나무 조각이나 한 폭의 그림 앞에 몸을 굽히는 것, 한 조각의 빵이나 썩은 뼈다귀를 숭배하는 것, 이런 것은 정말이지 정신적인 예속입니다. 그들은 미국 남부 연방의 흑인들을 노예라고 **부릅니다(call)**. 하지만 미신의 제단 앞에 자신들의 이성을 부복시키는 자들이야말로 완전한 노예들**입니다(are)**. 우리 주님께 복종하고, 지존하신 하나님께 기도를 드리는 것은 완벽한 자유입니다. 하지만 뭉툭한 관을 쓰고 있는 썩어질 사람에게 내 마음을 털어놓고 말하는 것, 내 가족의 비밀들과 내 아내의 성격을 방탕 속에 뒹굴고 있는지도 모르는 한 사람에게 털어놓고 그의 지시에 따르는 것은, 가장 비참한 노예의 삶보다 더 비참한 것입니다. 나는 교황이나 혹은 인간이 세운 다른 사제 앞에 엎드리느니, 차라리 무쇠발굽 아래 인간을 학대하는 잔혹한 술탄(Sultan)을 섬기는 편을 택하겠습니다. 사제 제도의 폭압은 모든 악 중에 최악입니다. 당신은 그 폭압의 밧줄을 칼로 베어버릴 수 있지만, 여기에는 주님의 칼이 필요합니다. 진리가 이 족쇄들을 풀어야 하고 성령께서 이 감옥들을 열어 주셔야 합니다. 당신은 감옥으로부터 도망칠 수 있겠지만, 미신은 한 사람을 옭아매며, 그 치명적인 영향으로 사람을 어둡고 우울한 감방에 가두어 버립니다. 미신의 사슬을 풀 수 있다고 주장하는 회의주의는 타락한 고지식함으로 맹신을 대체하는 것에 불과하며, 그

희생자를 여전히 압제받는 상태로 버려둡니다. 하나님의 아들 예수님만이 인간을 진실로 자유롭게 하실 수 있습니다. 그분이 미신으로부터 해방시키신 자들은 행복합니다. 오늘 복음의 자유의 빛을 볼 수 있는 우리의 눈은 복됩니다. 우리는 더 이상 교황주의의 암흑 속에 갇혀 있지 않습니다. 우리가 누리는 특권들을 기억하고 큰 목소리로 하나님을 찬미합시다. 어둠이 지나가 참 빛이 비추고 있습니다. 예수의 이름이, 그분의 말씀 전파와 그분의 진리가 지닌 힘이, 이 나라를 더 높은 차원에서 자유롭게 했습니다.

하지만 사람이 미신의 굴레에서 해방되고서도 여전히 노예일 수 있습니다. 사제에 의해 통치를 받지 않는 사람이 여전히 악한 영이나 자기 자신의 정욕에 의해 통제받을 수 있기 때문입니다. 악한 영이나 정욕에 의해 통제받는 것은 결국은 같은 것입니다. 우리의 육적인 욕망과 성향들은 군주들까지도 지배하고 있으며, 그들 자신이 알듯이 그들은 욕망의 명령을 따릅니다. 누군가 이렇게 말할 수 있습니다. "나는 초자연적인 공포를 느끼지 않습니다. 나는 미신적인 두려움을 알지 못합니다." 그러고 나서 팔짱을 끼면서, 그는 자신이 자유라고 자랑합니다. 하지만 그러는 동안에도 그는 자신의 악한 마음의 노예입니다. 그는 탐욕의 맷돌에 갈리며 혹사당하고 있을 수 있습니다. 악취를 풍기는 호색의 감옥에서 썩고 있을 수 있으며, 혹은 사교계의 풍습이라는 멍에 아래 짓눌려 있을 수 있습니다. 하나님의 은혜로 자기 자신을 다스릴 수 있는 자가 자유인입니다. 자기 자신의 정욕을 섬기는 자는 최악의 폭군의 노예입니다. 나에게 지하의 어두운 감옥에 대해 말하지 마십시오. 인간이 갇혀서 잊혀지는 깊은 구덩이에 대해서도 말하지 마십시오. 무거운 사슬이나, 고문이나, 삼키는 불의 고통에 대해서도 말하지 마십시오. 죄와 사탄의 종은 조만간 이보다 더 큰 공포를 알게 될 것입니다. 그의 운명이 더욱 끔찍한 것은, 그것이 영원하기 때문입니다. 그의 노예상태에 더욱 가망이 없는 것은, 그 속으로 들어가기를 바란 자가 자기 자신이기 때문입니다.

아마도 여기 있는 사람들 중에는 자유를 주장하며 스스로 정욕을 통제하고 불순한 욕구에 넘어가지 않을 수 있다고 말하는 사람들이 있을 것입니다. 예, 사람이 그 정도에 도달하면 좀 낫기는 하지만, 그럼에도 그는 자유롭지 못할 수 있습니다. 나는 지금 옳은 것을 알고, 그른 것에 대항하여 싸워온 사람들을 향해 말하고 있습니다. 당신은 자신이 빠졌던 어리석은 행실에서 스스로를 개선해 왔습니다. 당신은 성실하게 육신의 욕구를 억제하고, 죄의 외적 표출을 억눌러 왔습니다. 지금 당신의 삶은 도덕적입니다. 당신의 행위는 존경할 만하고, 당신의 평판은 높습니다. 하지만 그 모든 것에도 불구하고 당신이 자유롭지 않다는 것을 의식할 것입니다. 당신의 옛 죄가 당신을 괴롭힙니다. 당신의 이전의 부정한 행위들이 당신을 당혹스럽게 합니다. 당신은 평화를 발견하지 못했습니다. 용서를 얻지 못했기 때문입니다. 당신은 당신의 죄들을 수년 동안 땅 밑에 파묻었습니다. 하지만 양심이 그것들을 부활시킵니다. 그리고 당신의 지난날 저질렀던 비행들의 유령이 당신을 괴롭힙니다. 당신은 밤에 좀처럼 잠을 이룰 수 없습니다. 당신의 잘못에 합당한 하나님의 진노가 떠오르기 때문입니다. 낮에는 가장 달콤한 음료에도 쓸개를 탄 듯합니다. 당신이 하나님에 대해 죄를 범하였다는 것과 하나님이 당신의 죄에 반드시 보응하실 것임을 알기 때문입니다. 당신은 아직 하나님의 자녀의 온전한 자유에 이르지 못했습니다. 당신이 갇힌 자를 해방하시는 예수님의 손에 당신 자신을 의탁할 때에만 그 자유에 이를 수 있습니다. "아들이 너희를 자유롭게 하면 너희가 참으로 자유로우리라." 그 자유는 단순한 정치적 해방자가 줄 수 없는 자유입니다. 당신을 단지 미신에서 벗어나게 하는 사람이 줄 수 없는 자유입니다. 스스로에 대한 개혁으로 얻을 수 없는 자유입니다. 오직 하나님께서 그분의 자유의 영으로써 당신에게 줄 수 있는 자유입니다. "아들이 너희를 자유롭게 하면 너희가 참으로 자유로우리라."

이제, 이 아침에 내가 당신과 대화하려고 애쓰는 동안에, 주께서 높은 곳에서 그분의 종을 도우시길 빕니다. 지금 자신의 노예 상태를 느끼는 자들에게, 나의 메시지는 유익할 것입니다. 우리의 첫 번째 요점은, 사탄의 노예가 된 자들에게 **자유가 가능하다**는 것입니다. 본문은 몽상으로 우리를 조롱하는 것이 아닙니다. 본문은 이렇게 말합니다. "[만일, KJV] 아들이 너희를 자유롭게 하면 너희가 참으로 자유로우리라." 이 "만일(if)"이라는 말이 복된 말입니다. 그것은 마치 벽이 돌로 된 감옥의 창문 같은 것으로서, 우리로 하여금 "희망"이라는 단어를 읽을 수 있도록 충분한 빛을 들여보내 줍니다. "[만일] 아들이 너희를 자유롭게 하면." 둘째로, **거짓된 자유가 있습니다**. 본문은 "너희가 **참으로**(indeed, really) 자유로우리라"고 말합니다. 자유롭다고 공언하면서도 실제로는 그렇지 못한 자들이 있습니다. "너희가 참으로 자유로우리라"고 한 것은 명목상으로만 자유롭고, 자유의 그늘에 머물지만, 근본적으로 자유롭지 못한 자들이 있기 때문입니다. 셋째로, 진정한 자유는 반드시 아들로부터 오게 되어 있습니다. 자유로우신 영광스러운 하나님의 아들이, 그분 자신을 우리에게 주심으로써, 우리에게 자유를 주십니다. 그런 후 우리는 아들이 우리를 자유롭게 하셨는지, 혹은 우리가 여전히 종으로 머물러 있는지에 대해, 몇 가지 개인적인 질문들을 제기함으로써 마칠 것입니다.

1. 자유는 가능하다.

첫 번째로, 사랑하는 친구들이여, 이 본문은 죄에 감금되어 있는 자들의 귀에 희망의 종소리를 들려줍니다. 자유는 가능합니다. "만일"이라는 단어가 그 뜻을 내포하고 있습니다. 하나님의 아들이 갇힌 자를 자유롭게 하실 수 있습니다. 당신이 누구이든지, 어떤 상태에 있든지, 얼마나 오랜 세월을 사탄의 노예로 지내왔든지, 저 영광스러운 해방자께서 당신을 자유롭게 하실 수 있습니다. "그러므로 자기를 힘입어 하나님께 나아가는 자들을 온전히 구원하실 수 있으니"(히 7:25). 아마도 당신을 가장 무겁게 짓누르는 것은 과거의 죄에 대한 의식일 것입니다. "나는 하나님께 죄를 범했습니다. 나는 자주, 의도적으로, 흉악하게, 많은 비행을 저질렀습니다. 지난 어느 날에 나는 의도적으로 악한 행동으로 그분을 노엽게 했습니다. 다른 죄의 길에서 탐욕스럽고도 무모하게 질주해 왔습니다. 어떤 것으로도 나의 반항심을 억누를 수 없었고, 하나님을 섬기는 삶에서 멀리 떠나 있었습니다. 그분의 말씀이 내게 심판을 경고하셔도 나는 그럴 만합니다. 그분의 책이 선언하는 모든 위협들이 나에게 적절하고, 내게서 성취되는 것이 당연합니다. 내가 그런 죄책에서 벗어날 수 있는 가능성이 있을까요? 나같이 더러운 죄인이 깨끗하게 될 수 있을까요? 나는 표범이 그 점을 없앨 수 없고, 구스 인이 그 피부색을 자기 노력으로 바꿀 수 없다는 것을 잘 알고 있습니다. 내 허물을 없애고 내 본성을 바꾸는 신성한 능력이 있는 것인가요?"

죄인이여, 있습니다. 당신이 범한 어떤 죄도 당신을 하늘로부터 차단시킬 수는 없습니다. 당신의 악행들이 아무리 저주스럽다 할지라도, 하나님께는 용서가 있고, 그로 인해 그분을 경외하는 것입니다. 당신이 멸망의 가장자리까지 이르렀을지 모르지만, 하나님의 은혜의 팔은 충분히 당신에게 도달할 수 있습니다. 당신은 오늘 과거의 훼방의 말로 인해 혀에 자물쇠가 채워진 채 앉아 있는지 모릅니다. 당신의 손은 흉악한 폭행의 행위로 인해 꽁꽁 묶여 있고, 당신의 마음은 부패로 차꼬에 갇혀 있으며, 당신의 발은 사탄의 불신앙의 쇠사슬로 꽁꽁 묶여 있을 수 있습니다. 하지만 매우 강한 구원자가 계시며 그분이 당신도 자유롭게 하실 수 있습니다. "사람에 대한 모든 죄와 모독은 사하심을 얻되"(마 21:31). "그 아들 예수의 피가 우리를 모든 죄에서 깨끗하게 하실 것이요"(요일 1:7).

그러므로 죄의 문제에 있어서 자유의 가능성이 있습니다. 또 한 사람이 말합니다. "하지만 내가 죄의 형벌로부터 자유로울 수 있을까요? 하나님은 공의로우십니다. 그분은 반드시 죄를 벌하십니다. 온 땅의 재판장이신 그분이 나와 같은 반역자가 도망치는 것을 허용치 않으실 것입니다. 내가 죄의 빚을 면제받을 수 있을까요? 내가 저 온전히 의로운 자와 같은 보상을 받을 수 있나요? 오랫동안 불신앙의 세월을 보낸 내가 마치 언제나 사랑스러운 자녀였던 것처럼 대우를 받을 수 있는 것일까요? 이것은 정당하지 않습니다. 나는 반드시 벌을 받을 거예요." 죄인이여, 만일 당신이 골고다에서 피 흘리신 분을 의지한다면 지옥으로 던져질 이유가 없습니다. 아니, 그렇게 되지 않을 것입니다. 죄에 벌이 따라야 하는 것은 반드시 필요합니다. 하지만 당신이 그 벌을 받을 필요가 없습니다. 공의의 엄격한 율법은 죄에 따르는 합당한 삯을 치를 것을 요구합니다. 하지만 만일 당신이 믿는다면, 그리스도께서 당신을 위해 삯을 **치러 주셨기에** 당신이 그 삯을 치를 필요가 없습니다. 당신이 예수 그리스도를 구원자로 믿는다면, 그리스도께서 당신을 대신하여 형벌을 받으셨고, 하나님의 모든 진노를 감당하셨기에, 당신이 지옥에 던져질 위험은 없다고 확신하십시오. 당신이 믿는다면, 당신은 형벌을 받을 수 없습니다. 당신에게 그 삯을 요구하지 않기 때문입니다. 당신의 죄를 그리스도께서 짊어지셨습니다. 당신이 받아야 할 벌이 없는 것은 이미 그리스도께서 그 모든 것을 감당하셨기 때문입니다. 하나님의 정의는 동일한 죄에 대해 두 번의 처벌을 요구하지 않습니다. 오, 죄인이여, 저 지옥의 불꽃이 당신을 놀라게 하도록 허용하지 마십시오. 사탄이 결코 죽지 않는 구더기들과 꺼지지 않는 불에 대한 생각으로 당신을 절망에 빠뜨리지 못하도록 하십시오. 당신은 그곳에 갈 필요가 없습니다. 당신을 위한 구원의 가능성이 있습니다. 설혹 당신의 마음이 "결코, 결코, 나는 **빠져나갈 수 없어**"라고 말하더라도, 결코 당신의 마음을 믿지 마십시오. "하나님은 당신의 마음보다 크시고 모든 것을 아십니다"(요일 3:20). 하나님의 증언을 믿으십시오. 자유를 위해 저 위대한 구원자에게로 달려가십시오. 그리스도를 통해, 형벌로부터의 자유는 가능합니다.

한 사람이 이렇게 말한다고 생각합니다. "아! 설혹 내가 과거의 죄로부터 구원을 받는다 하더라도, 그리고 그 죄들에 대한 모든 형벌을 면제받는다 하더라도, 여전히 나는 죄의 힘에 다시 굴복하고 있답니다. 내 마음에는 죄에 굶주린 늑대가 있답니다. 그 늑대는 악을 배불리 먹고서도 만족하지 않으려 합니다. 만족할 줄 모르는 탐욕의 말거머리가 외칩니다, '주시오! 주시오!' 내가 그것으로부터 해방될 수 있을까요? 나는 많은 결심을 해 왔습니다. 하지만 죄는, 삼손처럼, 썩은 삼베 실을 끊듯이 내 결심을 끊어버리고 맙니다. 나는 많은 공언을 하고 마치 내가 이제는 바른 행실의 죄수가 된 듯이 노력했지만, 하지만 내가 목책을 세우고 빗장을 걸어두어도, 또다른 힘이 나를 끌어내리고 부정한 옛 행실로 되돌아가게 합니다. 내가 과연, 내가 과연 이런 악한 성향과 타고난 부패로부터 구원받을 수 있을까요?"

나의 친애하는 친구여, 당신에게는 소망이 있습니다. 당신은 구원받을 수 있습니다. 당신이 주 예수 그리스도를 믿으면, 그분의 피로써 당신의 죄가 용서받았듯이 그 피로써 당신은 죄를 이길 수 있습니다. 천국에 있는 자들은 그분의 피로 의복을 씻어 희게 하였습니다. 하지만 그들의 노래에는 또다른 구절이 있습니다. 바로 어린 양의 피로써 그들이 이겼다는 것입니다. 그들은 죄책으로부터 구원받았을 뿐 아니라, 죄의 권세로부터도 구원을 받았습니다. 이 땅의 생애에서 그리스도께서 당신을 내재하는 죄로부터 완전히 자유롭게 하시리라고 말하는 것이 아닙니다. 당신 속에는 언제나 맞서 싸워야 할 어떤 부패성이 남아 있을 것입니다. 몇몇 가나안 인들이 여전히 그 땅에 남아 있어 당신의 믿음을 발휘하도록 만들고 구주의 가치를 배우게 해줄 것입니다. 하지만 당신은 죄의 목을 밟을 것입니다.. 하나님께서 당신의 정욕이라는 거대한 아도니세덱을 포로로 끌어오실 것이며(수 10:3,26), 당신은 그의 엄지를 자를 것이며, 그로 하여금 다시는 전쟁 무기를 쥘 수 없게 만들 것입니다. 설혹 그 원수를 완전히 파멸시킬 수 없다 해도, 최소한 그의 머리는 상하게 할 것이며, 그리하여 그가 다시는 당신을 지배하는 힘을 가질 수 없게 될 것입니다. 당신은 죄로부터 해방될 것이며, 더 이상 죄 속에서 살지 않게 될 것입니다. 오! "만일"이라는 그 복된 단어여! 그 말이 얼마나 반짝이며 빛을 발하는지요! 그것은 작은 별에 불과한 듯이 보이지만, 의의 태양이 당신 안에 떠오르는 것을 미리 알려줍니다. "[만일] 아들이 너희를 자유롭게 하면 너희가 참으로 자유로우리라." 또 한 사람이 말합니다. "오, 참으로 그 '만일'이라는 말은 대단하군요. 하지만 정말이지, 나의 죄는 용서받을 수 없고, 나의 형벌은 면제될 수 없으며, 나의 본성은 변화될 수 없어요! 어떻게 그럴 수 있단 말입니까?" 사랑하는 친구여, 그럴 수 있습니다. 나는 오늘 아침에 그럴 수 있다고 믿습니다. 이 "만일"은 그 말을 성공적으로 전할 수 있다는 희망으로 설교자를 위로했기 때문입니다. 그 말이 청중들에게 어떤 희망을 줄 수 있다면, 당신도 역시 자유로울 수 있다는 희망을 가질 수 있을 것입니다.

하지만 나는 다른 외침을 듣고 있다고 생각합니다. "선생님, 나는 **죽음의 공포**라는 속박에 갇혀 있어요. 어디를 가더라도, 그리스도 안에서 받아들여졌다는 확신을 누릴 수 없고, 죽는 것이 두렵습니다. 나는 반드시 가까운 날 중에 눈을 감고 무덤에 누울 것이라는 것을 압니다. 하지만 오! 내가 하나님 앞에 서야 하고 그 엄중한 시험을 거쳐야 한다고 생각하니 두렵습니다. 나는 무덤을 들여다볼 때마다 그것이 춥고 습기 찬 곳이라는 느낌을 지울 수 없고, 영원을 생각할 때마다 '벌레도 죽지 않고 불도 꺼지지 않는 곳에서' 죄인에게 닥쳐올 공포를 기억하지 않을 수 없습니다." 아, 하지만 내 사랑하는 친구여, 만일 아들이 당신을 자유롭게 한다면, 그분이 당신을 죽음의 공포로부터도 해방하실 것입니다. 죄가 용서될 때에는 율법의 요구도 충족된 것입니다. 율법의 요구가 충족되었을 때에는 죽음도 친구가 됩니다. 죄의 힘은 율법에 있습니다. 율법이 성취되면, 죄의 힘은 깨어집니다. 사망의 쏘는 것은 죄입니다. 죄가 용서되면, 죽음은 더 이상 쏘지 못합니다. 당신이 그리스도를 믿으면, 당신이 두려워하는 그 죽음의 의미로는 결코 죽지 않을 것입니다. 당신은 잠들 것이지만 결코 죽지는 않습니다. 당신이 생각하고 있는 그 죽음은 그리스도인의 몫이 아닙니다. 그것은 경건치 못한 자들에게 속한 것입니다. 당신이 구주를 믿는다면, 거기에 당신의 몫은 없습니다. 천사들의 날개를 타고 하늘로 올라갈 것이며, 모든 재난과 불완전과 유혹과 시험으로부터 높이 오를 것이며, 비둘기의 날개를 달고 슬픔의 구름 위를 날 것입니다. 이 어둑한 지구를 뒤에 남겨두고서, 당신은 불멸의 영광 속으로 들어갈 것입니다. 당신은 죽지 않을 것이며, 이 죽음의 세계 밖에서 깨어나 영광의 생명으로 들어갈 것입니다. 오십시오, 영혼이여, 만일 당신이 그리스도를 믿는다면, 이 "만일"은 더 이상 "만일"이 아니며, 오늘 확신이 될 것입니다. 아들이 당신을 참으로 자유롭게 하실 것입니다.

　단지 우리가 해방된 악에 대해 말하는 것으로는, 이 자유의 풍부한 가치를 제대로 전달할 수 없다고 생각합니다. 형제들이여, 자유는 부정적인 차원에서만 아니라 긍정적인 차원에도 있습니다. 우리는 **무엇으로부터**(from) 자유로울 뿐 아니라, 무엇을 **향해서도**(to) 자유롭습니다. 우리는 시민으로서의 자유를 얻는 사람들에 대해 듣습니다. 이는 어떤 특권들을 부여함을 내포합니다. "아들이 너희를 자유롭게 하면 너희가 참으로 자유로우리라"는 말씀을 특권의 의미에서 볼 때, 당신이 스스로를 하나님의 자녀라고 부를 수 있다는 것을 내포합니다. 당신은 자유롭게 "아바, 아버지"라고 말할 수 있습니다. 그렇게 부르는 것에 대해 어떤 꾸지람도 없습니다. 당신은 자유롭게 아버지께 보호와 그분의 풍성한 공급을 요청할 수 있습니다. 당신은 자유롭게 그분의 무릎에 다가와서 당신의 모든 시련과 슬픔을 그분께 털어놓을 수 있습니다. 당신은 자유롭게 그분의 약속들에 호소할 수 있으며, 그 약속의 성취의 은혜를 얻을 수 있습니다. 당신은 자유롭게 그분의 식탁에 앉을 수 있습니다. 종으로서 이따금씩 열리는 연회가 끝나고 남은 음식을 먹기 위해 앉도록 허용되는 것이 아니라, 사랑받는 자녀로서 아버지와 함께 거기 앉아서 살진 송아지를 먹고 마시며 즐겁게 대화할 것입니다. 당신은 우리 모두에게 어머니와 같은 지상의 교회에 자유롭게 들어갈 수 있으며, 교회의 모든 의식에 자유롭게 참여하고, 그리스도께서 그분의 신부에게 주신 모든 혜택들에 동참할 수 있습니다. 그리고 당신이 죽을 때 당신은 하나님의 백성들에게 아직 남아 있는 저 안식에 자유롭게 들어갈 수 있습니다. 위에 있는 예루살렘에, 황금 비파의 연주와 그 거리의 기쁨에, 영원히 지속되는 그곳의 거대한 연회에, 하나님의 품과, 그리스도의 보좌와, 영원히 복된 곳에 자유롭게 갈 수 있습니다. 오! 가장 악하고 악한 죄인들에게도, 큰 죄를 짓고 방황하며 화평의 복음의 축복을 결코 온전히 누려본 적이 없는 자들에게도, 이와 같은 특전들을 누릴 자유의 가능성이 있다는 것을 생각하면 얼마나, 그 얼마나 좋은지요! 바울을 보십시오! 복음의 신비 속으로 그보다 더 깊이 들어간 사람은 없습니다. 그는 그럴 수 있는 자유를 얻었습니다. 그는 모든 성도들과 더불어 복음의 높이와 깊이를 이해할 수 있었으며, 지식에 넘치는 그리스도의 사랑을 알았습니다. 비록 그가 한때 거품을 물며 협박하고 성도의 피를 빨던 자였음에도 불구하고 말입니다. 그는 살인의 피로 그 손과 팔꿈치를 물들였던 자입니다. 그는 박해자였고, 아주 해로운 자였습니다. 하지만 그는 악으로부터(from) 자유롭게 되었고, 하나님의 택함을 입은 자들의 모든 특권들을 향해(to) 자유로웠습니다. 왜 당신은 안 된단 말입니까? 왜 당신에게는 불가능하단 말입니까? 불안하여 떨고 있는 여인이여, 왜 아들이 당신을 자유롭게 하실 수 없단 말입니까? 많은 의심으로 흔들리는 남자여, 왜 저 위대한 해방자가 당신에게 나타나실 수 없단 말입니까? 안 되는 이유가 하나라도 있습니까? 당신은 예정의 두루마리 책을 읽고, 거기에 당신의 이름이 빠진 것을 읽기라도 했습니까? 오, 당신이 받아들이기만 한다면, 당신을 위한 증언은 바로 이것입니다. "주 예수 그리스도를 믿는 자는 영생을 얻었습니다!" 오 당신이 이 아침에 담대히 그리스도를 신뢰한다면, 이 본문에 있는 "만일"이 당신에게 복된 확신이 될 것입니다. 자유의 가능성은 있습니다. 이제 잠시 멈추고서 거짓된 자유에 대해 당신에게 경고하고자 합니다.

2. 거짓된 자유

거짓된 자유를 조심하십시오. 사탄은 모든 선한 것을 모방합니다. 그는 위조의 전문가입니다. 이 '자유'라는 단어, 하늘에서 사용되기에 적합하고 타락한 땅을 위해서도 너무나 좋은 이 단어가 가장 천박한 목적으로 사용되어 왔으며, 사람들은 오도된 자유라고 하는 마귀의 소생을 천사의 호칭으로 잘못 불러 왔습니다. 영적인 의미에서 전혀 자유가 아니면서 자유로 불리는 것들이 있습니다. 율법폐기의 자유(antinomian liberty)가 있는데, 오 하나님이시여, 우리를 그것으로부터 구원하소서! 한 사람이 말합니다. "나는 하나님의 율법 아래에 있지 않습니다. 그러므로 나는 내가 좋은 대로 살 것입니다." 아주 복된 진리를 아주 형편없이 추정한 것입니다. 그리스도인은 율법 아래 있지 않으며, 은혜 아래 있습니다. 그것은 아주 귀한 사실입니다. 우리가 하나님을 사랑하기 때문에 그분을 섬길 수 있다면, 그것은 우리가 그분의 진노를 두려워하기 때문에 그분을 섬기는 것보다는 훨씬 낫습니다. 율법 아래 있다는 것은 매를 두려워하는 종으로서 하나님을 섬기는 것입니다. 하지만 은혜 아래 있다는 것은 하나님께 대한 순수한 사랑에서 그분을 섬기는 것입니다. 오! 자녀가 되고, 노예의 복종이 아닌 자녀의 순종을 드리십시오! 하지만 율법폐기론자는 이렇게 말합니다. "나는 율법 아래 있지 않습니다. 그러므로 나는 내 정욕과 쾌락을 채우며 살 것입니다." 바울은 그렇게 주장하는 자들에 대해, 그들이 정죄받아 마땅하다고 말합니다. 이렇게 말하고 다니는 사람들을 알고 있다는 것이 우리에게는 고통입니다. "나는 하나님의 택하신 자입니다. 그리스도께서 나를 위해 피를 흘리셨습니다. 나는 결코 멸망치 않을 것입니다." 그러고서 그들은 선술집에 다니고, 술주정꾼의 노래를 부르며, 심지어 술꾼들의 맹세까지도 남발합니다. 이것이 무엇입니까? 사랑하는 친구들이여, 이는 거짓말을 믿어 강력하게 미혹된 꼴이 아닙니까? 이렇게 할 수 있는 자들은 언젠가 반드시 사탄의 화덕에 넣어져서 뜨겁게 달구어질 것입니다. 왜 그럴까요? 이런 행동들은 양심을 완전히 저버린 짓이기 때문입니다. 그들은 짐승보다도 더 악화된 상태가 되고 말았습니다. 개도 이렇게 말하지는 않습니다. "내 주인이 나를 먹이십니다. 그리고 그가 나를 죽이지 않을 거구요. 그가 나를 좋아하니까요. 그래서 나는 그에게 이빨을 드러내고 짖을 것이며 그를 물어뜯을 것입니다." "소는 그 임자를 알고 나귀는 주인의 구유를 알건마는"(사 1:3), 하지만 이 사람들은 하나님을 알되 그분을 노엽게만 합니다. 그들은 하나님의 사랑이 그들에게 자유를 주었기 때문에, 그 자유로 그분의 뜻에 반역한다고 공언합니다. 하나님이 당신에게 이와 같은 자유를 주셨으면, 율법주의자가 되지 마십시오. 하지만 하나님의 율법을 사랑하고 그 안에서 당신의 기쁨을 찾으십시오. 선행으로 구원받는다는 모든 생각을 혐오하십시오. 하지만 오, 마치 선행으로 구원받는 듯이 당신의 삶이 선행으로 가득하도록 하십시오. 마치 당신 자신의 발걸음이 당신을 천국에 들어가게 한다고 여기듯이 거룩함 안에서 행하십시오. 동시에 당신의 그 무엇으로도 저 천성의 문을 열 수 없음을 알고, 그리스도 안에서 안식하십시오. 율법폐기론과 같은 그 어떤 것도 혐오하고 피하십시오. 고상한 교리를 두려워하지 마십시오. 사람들은 때때로 훌륭하고 건전한 칼빈주의(Calvinism)에 율법폐기론(Antinomianism)이라는 잘못된 딱지를 붙입니다. 그것을 두려워 마십시오. 율법폐기론이라고 하는 추악한 단어에 놀라지 말고, 마치 존재하지도 않는 듯이 취급하십시오. 하지만 그 자체는 마치 뱀을 피하듯이 피하십시오. 바울이 땔감나무 사이에서 뱀을 발견했을 때 그랬던 것처럼(행 28:5), 그 독 있는 짐승을 불 속에 떨어 버리십시오. 당신이 용기와 위안을 얻기 위해 은혜의 교리들을 모으는 동안, 이 치명적인 독사가 그 속으로 숨어듭니다. 그리고 불이 타오르기 시작할 때, 그놈이 열기를 견디지 못하고 나와서 당신을 뭅니다. 그놈을 거룩한 사랑의 불 속으로 떨어 버리고, 그 괴물이 불에 타도록 만드십시오. 나의 형제들이여, 우리가 영원한 사랑으로 하나님의 사랑을 받았다면, 그리고 더 이상 율법 아래에 있지 않고 그 저주에서 자유롭게 되었다면, 우리의 전심을 다해 감사함으로 하나님을 섬기도록 합시다. 이렇게 말하도록 합시다. "저는 당신의 종입니다. 저는 당신의 종이며, 당신의 아들의 여종이랍니다. 당신이 저의 속박을 풀어주셨습니다." 우리의 속박이 풀어진 것이 우리의 섬김을 위한 이유가 되도록 합시다.

　　또한 사랑하는 이여, 우리가 경계해야 할 또다른 종류의 자유가 있습니다. 그것은 관념적이고 고백적인 자유입니다. "자유! 예, 확실히 우리는 자유입니다. 우리는 하나님의 백성들이니까요"라고 어떤 이들이 말합니다. 그런데 그들은 사망에서 생명으로 옮겨오지도 않았고, 경건이 무엇인지를 이해하지도 못합니다. "우리는 항상 교회당에 다녔습니다. 우리는 일생동안 교회 출석을 멈춘 적이 없습니다. 우리는 아주 규칙적으로 신앙생활을 한 사람들이고, 세례를 받았으며, 성찬에도 참여합니다. 우리가 하지 않은 일이 무엇입니까? 누가 우리에게 어떤 특정한 죄를 지적할 수 있나요? 만일 우리가 저 천성의 자유로운 백성이 아니라면, 누가 될 수 있단 말입니까? 확실히, 확실히, 우리는 하나님께 속한 것들을 많이 향유하고 있습니다. 우리는 하나님의 집에 앉아 있으며, 진리를 들을 때 기쁨을 느낍니다. 다른 사람들처럼 우리는 성가를 부를 때 감동합니다. 우리는 하나님의 백성이 앉는 것처럼 앉으며, 하나님의 백성이 듣는 것처럼 듣습니다. 확실히 우리는 자유입니다!" 아! 하지만 사랑하는 친구들이여, 사람이 자기 스스로 자유라고 생각하면서도 여전히 노예일 수도 있습니다. 이 세상에는 실제의 자기가 아닌 자를 자기 자신이라고 상상하는 사람들이 많습니다. 당신에게는 그렇게 상상하는 특성이 있습니다. 그리스도께서 당신에게 오셔서 당신의 노예상태를 보여주시고, 그로 인해 당신의 마음을 상하게 하셨어야 합니다. 그렇지 않다면 당신은 자유롭지 않습니다. 당신은 예수님의 상처를 당신의 유일한 탈출구로 바라보아야 했고, 또한 그분의 손에서 당신의 차꼬를 풀 수 있는 유일한 능력을 보았어야 합니다. 그렇지 않다면, 비록 당신이 신앙을 고백하고 또다시 고백했다 하더라도, 당신은 구덩이에 빠져 있는 것과 다름없이 사탄의 노예입니다. 세습적인 신앙을 조심하라고 당신에게 당부합니다. 사람은 자신의 물건을 물려주듯이 자신의 경건을 물려줄 수 없습니다. 또한 나는 땅이

나 금이나 은을 받듯이 은혜를 물려받을 수 없습니다. "당신은 반드시 거듭나야 합니다." 반드시 애굽에서 나와야 하며, 그 고기 솥과 벽돌 굽는 가마를 떠나야 합니다. 구속의 홍해를 가로질러 광야로 진행해야 하며, 그 후에는 약속의 안식을 향해 나아가야 합니다. 당신은 죽음에서 생명으로 옮겼습니까? 그렇지 않다면, 단지 관념적이고 고백적인 자유만 가지고 있는 것을 경계하십시오.

또한 자연적인 자기 의(natural self-righteousness)와 육의 힘(the power of the flesh)이라는 자유를 가진 자들이 많이 있습니다. 그들은 근거 없이 천국의 소망을 꿈꾸고 있습니다. 그들은 다른 사람에게 해를 가한 적이 없고, 세상에서 어떤 악행을 일삼지도 않았습니다. 그들은 상냥하고, 가난한 자들에게 관대합니다. 그들은 이것이 되기도 하고, 저것이 되기도 합니다. 그래서 그들은 스스로를 자유롭다고 느낍니다. 그들은 결코 자신의 무능을 느끼지 않습니다. 그들은 항상 똑같이 기도할 수 있고 항상 똑 같이 노래할 수 있습니다. 그들에게는 변화가 없습니다. 그들은 이 그릇 저 그릇에 따라도 비워지지 않습니다. 그들의 확신은 결코 흔들리지 않습니다. 그들은 스스로 올바르다고 믿으며, 그런 확신 속에서 살아갑니다. 그들은 자신을 조사해 보기 위해 결코 멈추지 않습니다. 그들의 몽상은 너무나 강력하고 그들의 몽상적인 위안은 그들에게 너무 귀하기 때문에, 그 근거를 조사해 봄으로써 그것을 손상시키기를 결코 원하지 않습니다. 그래서 그들은 계속해서 깊은 잠을 자며, 마침내 어느 날 갑자기 파멸의 절벽 위에서 떨어질 때에야 깨어납니다. 하지만 그 때는 이미 너무 늦을 것입니다. 우리는 그런 사람들이 상당히 있다는 것을 알고 있습니다. 그들은 하나님의 집에 있지만 하나님의 자녀들이 아닙니다. 당신은 이스마엘의 경우를 기억할 것입니다. 그 일은 본문에서 우리 주님이 암시하고 있는 것과 관련이 있는 듯합니다. 이스마엘은 육체를 따른 아브라함의 아들입니다. 하지만 그는 결코 자유롭지 않았습니다. 그의 어머니는 여종이었으며, 그 역시 종이었습니다. 그는 원한다면 자기 자신을 아브라함의 아들이라 부를 수 있었을 것입니다. 하지만 육적으로 난 아들이기 때문에 그는 여전히 종이었습니다. 종의 신분 이외의 어떤 것을 얻는 일은 아브라함의 능력에 있지 않고, 육의 힘에 있지 않았기 때문입니다. 이스마엘은 아무리 해도 여전히 여종의 아들이었습니다. 하지만 당신은 그가 식탁에 앉아서, 약속의 자녀와 마찬가지로 즐겁게 먹고 마시는 것을 볼 수 있습니다. 아니, 어떤 일에서는 그가 이삭보다 더 강합니다. 그에게는 나이의 이점이 있고, 그래서 아마도 그는 스스로 상속자임을 자랑하기까지 합니다. 그는 말합니다. "아! 나는 이 가족의 장남이야." 마침내 그는 이삭을 희롱합니다. 그 소년들이 어울려 놀 때에, 그는 어린 동생을 향해 강압적으로 대했습니다. 마치 많은 바리새인들이 참된 신자들에게 매우 잔혹했듯이 말입니다. 그 다음엔 어떻게 되었습니까? "종은 영원히 집에 거하지 못하되 아들은 영원히 거하나니"(요 8:35). 사라가 이렇게 말한 날이 오고야 말았습니다. "이 여종과 그 아들을 내쫓으라"(창 21:10). 그래서 이스마엘은 쫓겨났습니다. 그는 그의 아버지에게 매달리며 이렇게 말했을 것입니다. "저는 당신의 아들이에요." "아니요, 당신은 떠나야 합니다. 당신은 종입니다. 당신은 육을 따라 난 자이며, 그러므로 당신은 당신의 아버지로부터가 아니라, 어머니로부터 당신의 지위와 신분을 물려받았소이다. 당신의 어머니는 여종이었고, 당신도 마찬가지입니다. 그래서 가야 합니다. 자녀의 집의 특권들은 당신을 위한 것이 아닙니다. 당신은 광야로 가야 합니다. 당신은 여기서 살 수 없습니다."

　　하지만 이삭은, 비록 약하고 유혹을 받으며 시련을 당하여 당황하기도 하지만, 결코 그의 아버지의 집에서 쫓겨나지 않습니다. 그는 영원히 그 집에서 삽니다. 이것이 많은 사람들의 입장입니다. 그들은 자기 나름의 방식으로는 아주 선한 사람들입니다. 그들은 최선을 다합니다. 하지만 그들의 최선이라는 것이 무엇입니까? 그것은 육의 산물일 뿐입니다. 육에서 난 것은 육이며, 결과적으로 그들의 최선의 노력들도 그들을 그 집의 종이 되게 할 뿐이지, 아들이 되게 하지는 못합니다. 오직 약속을 따라 믿음으로 난 사람, 저 자유로운 이삭만이 그 집에 거합니다. 기독교회의 모든 지체들에게, 신앙을 고백하는 모든 자에게, 하나님이 이렇게 말씀하시는 날이 올 것입니다. "너는 약속 안에서 믿음으로 난 자녀이더냐?" 만일 당신이 단지 육을 따라서 난 자녀들이라면 그분이 당신을 광야로 되돌려 보내실 것입니다. 하나님의 성령이 당신에게 자유의 영을 주시지 않았다면 당신은 영원한 멸망으로 가야 합니다. 헬라 사람들과 로마 사람들 사이에 지켜지던 한 풍습이 있었습니다. 한 사람이 죽을 때, 만일 그가 종들을 남겨두면, 그들은 유산으로서 장자에게 넘겨집니다. 그리고 만일 그 장자가 "이들 중 몇 사람은 비록 종들이기는 하지만 나의 친 형제들이다. 그러므로 나는 그들에게 자유를 선언한다"고 말하면, 그들은 자유가 되었습니다. 헬라나 로마 어느 나라에서도 노예 해방이 항상 허용된 것은 아닙니다. 정당한 이유를 제시하지 않으면 주인이라도 노예를 항상 풀어줄 수는 없었습니다. 하지만 만일 아들이 노예들을 상속받을 때 그들을 자유롭게 하기로 선택했다면, 그것은 항상 효력 있는 이유가 되었습니다. 만일 아들이 그들을 자유롭게 한다면 어떤 질문도 제기되지 않았습니다. 법이 달리 개입할 여지가 없었습니다.

사랑하는 친구들이여, 그와 마찬가지로, 만일 아들(the Son)이 우리를 자유롭게 하시면, 우리는 참으로 자유로울 것입니다. 약속을 따라서 위대한 상속자가 되신 예수 그리스도, 하나님이 만유의 상속자로 세우셨고 또한 그를 통해 세상을 지으신 저 위대한 중보자 예수 그리스도께서, 이스마엘과 같은 우리에게 "내가 너를 자유롭게 하노라"고 말씀하시면, 그 때 우리는 진정 자유입니다. 율법도, 정의도, 천국이나 지옥도, 우리가 자유롭게 되어서는 안 된다는 어떤 논박을 제기할 수 없습니다. 하지만 모든 상상의 자유들을 경계하며 마치 독을 피하듯이 그것들을 피하십시오. 그러면 하나님께서 하나님의 자녀의 영광스러운 자유를 누리게 하실 것입니다.

3. 가장 높은 의미에서 "아들"이신 분을 통해 오는 참된 자유

어떤 사람도 그리스도께로 와서 그분을 자신의 가장 소중한 분으로 붙들지 않으면 자유를 얻을 수 없습니다. 당신이 율법으로 간다면 당신의 차꼬를 더욱 단단히 고정하게 될 것이며, 당신 자신의 선행으로 가거나, 당신의 의지나, 당신의 기도나, 당신의 행위로 간다 해도, 그리스도께로 오기까지 결코 자유롭지 못할 것입니다. 이 점을 새겨 두십시오. 만일 당신이 그리스도께 온다면 그 순간부터 모든 종류의 속박으로부터 자유롭게 되겠지만, 당신이 다른 곳으로 여기저기 다니고, 이것저것 다른 것을 시도한다면, 당신의 모든 시도가 실망으로 끝날 것입니다. 그리고 당신은 슬픔과 수치 속에 눕게 될 것입니다. 왜냐하면 예수님 외에는 그 누구도, 예수님 외에는 그 무엇도, 우리를 진정으로 자유롭게 할 수 없기 때문입니다. 참된 자유는 오직 그분에게서만 옵니다. 이 참된 자유에 대해 잠깐 생각해 봅시다. 그것이 의롭게 수여되는 자유인 것을 기억하십시오. 그리스도께는 인간을 자유롭게 할 권리가 있습니다. 만일 내가 주인에게 속한 한 노예를 자유롭게 한다면, 그는 잠시 동안은 달려갈 수 있을 것입니다. 하지만 내게는 법적인 해방을 수여할 힘이 없기 때문에 그는 다시 잡혀서 끌려올 것입니다. 하지만 아들은, 만유의 상속자이시며, 그분이 자유롭게 하고자 하는

자를 자유롭게 하실 권리가 있습니다. 법은 그리스도의 편입니다. 그리스도께
는 그분에게 위임된 하늘과 땅의 권세가 있습니다. 만일 그분이 죄인을 향해
"너는 자유다"라고 말씀하시면 그는 높으신 하나님 앞에서 자유롭게 된 것입니
다. 하나님의 법정 앞에서 당신은 예수님의 말씀으로 호소할 수 있으며 구원을
얻을 것입니다.

또한 이 자유가 얼마나 비싼 값으로 산 것인지를 생각하도록 합시다. 그리스도
는 그분의 능력으로 자유를 말씀하시지만, 또한 그분의 피로 그것을 사신 것입
니다. 죄인이여, 그분이 당신을 자유롭게 하시지만, 그것은 그분 자신의 보석금
에 의한 것입니다. 당신이 짐을 벗고 갈 수 있는 것은, 그분이 당신을 위해 짐을
지셨기 때문입니다. 고뇌를 짊어지신 그분을 보십시오. 율법의 맷돌 아래 갈려
그분의 머리와, 그분의 머리카락과, 그분의 옷이 온통 피에 젖었습니다. 저기
빌라도의 법정으로 끌려가신 그분을 보십시오. 천한 죄수처럼 채찍을 맞으시
고, 살인자처럼 고문을 당하시고, 지옥의 개들에 의해 거리를 가로질러 끌려가
시고, 그 잔혹한 대못이 그분의 육체를 저 저주받은 나무에 고정시켰습니다. 그
분의 자유를 내주고 사망의 무덤으로 들어가신 그분을 보십시오. 거기에서 그
능력 많으신 분이 아리마대 요셉의 무덤에서 잠드십니다. 진정 그분은 그분 자
신의 속박으로 우리에게 값없이 주시는 자유를 사신 것입니다. 하지만 비록 비
싼 값을 주고 산 것이라 하더라도, 우리는 요지를 붙들어야 합니다. 곧 그분이
그것을 값없이 주십니다. 예수님은 이 자유의 대가로 우리에게 아무것도 요구하
지 않으십니다. 그분은 베옷을 입고 재에 앉아 있는 우리를 보십니다. 그리고
자유의 아름다운 의상을 입으라고 말씀하십니다. 그분은 만져질 듯한 어둠 속
에 있는 우리를, 사망의 골짜기에 앉아 있는 우리를 발견하시고, 그분의 뜻대로
참 빛을 가져오셔서 우리의 캄캄한 밤을 환한 대낮으로 바꾸십니다. 여기에는
우리의 도움도 없고, 우리의 공로도 없으며, 그리고 처음에는 우리의 소원도 없
었습니다. 그리스도께서는 죄인들을 죄인의 모습 그대로 구원하십니다. 그리
스도께서는 의인을 위해 죽으신 것이 아니라, 경건치 못한 자를 위해 죽으신 것
입니다. 그분의 메시지는 은혜이며, 단 하나의 조건이나 요구가 섞이지 않은 순
전한 은혜입니다. 당신의 있는 그대로, 당신의 영혼을 그리스도께 맡기십시오.
당신 속에는 어떤 선한 점도 없다고 생각하십시오. 그분이 당신을 구원하실 것
이며, 당신에게 완전한 자유를 주실 것입니다. 비싼 값을 주고 그분은 그것을

사셨습니다. 하지만 그분은 그것을 값없이 주십니다. 우리는 믿음으로 그 자유를 얻는데, 그 믿음조차도 하나님의 선물입니다.

　그것은 즉시로 받을 수 있는 자유입니다. 포로는 하나의 문을 통과하고, 또 다른 문을 지나야 합니다. 아마도 일백 개의 열쇠로 자물쇠가 달린 감방 문들을 열고서야 상쾌한 공기가 이마를 스치는 것을 느낄 것입니다. 하지만 믿는 자에게는 그렇지 않습니다. 당신이 믿는 순간, 당신은 자유입니다. 당신이 일천 가지의 사슬로 묶여 있을 수도 있지만, 당신이 그리스도를 믿는 그 순간, 차꼬들이 풀어지고 당신은 공중의 새처럼 자유롭게 될 것입니다. 높은 바위에 있는 둥지로 올라가고, 구름 위에까지도 솟구치는 독수리도, 그리스도께서 해방하신 영혼보다는 더 자유롭지 못할 것입니다. 밧줄들이 끊어지고, 즉시로 모든 것이 벗어져서, 당신은 하나님께로 높이 솟구치며 올라갑니다. 당신이 이 땅에 종으로 왔을지라도, 자유가 되어 이 땅을 벗어날 수 있습니다. 하나님의 은혜가 한 순간에 당신에게 자유의 신분과 그 권리를 부여하십니다. 그분은 당신이 그분을 향해 전심으로 "아바, 아버지"라고 부르게 하십니다. 비록 이 날까지는 당신의 아비가 마귀였고 또 당신이 그의 일을 해왔다 할지라도 말입니다. 그 일은 즉각적으로 이루어집니다. 열대 지방에서는 태양이 수평선 아래에서 뛰어오르는 것처럼 보인다고 합니다. 그리고 밤의 칙칙함이 갑작스럽게 낮의 광채로 바뀐다고 합니다. 그와 마찬가지로 하나님의 은혜가 갑작스럽게 돋아서 죄인의 마음에 있는 어둠 위로 비칩니다. 아마도 당신은 이따금씩 소낙비가 내린 후에, 메마르고 황량했던 대지가 갑작스럽게 초록의 풀들로 덮이고 꽃들이 만발한 것을 보았을 것입니다. 그와 마찬가지로 사막 같았던 마음에도 그 위에 예수님의 은혜의 소낙비가 한 번 내리면, 주님의 정원처럼 꽃들로 만발하게 되고 상큼한 향기로 가득하게 됩니다. 그것도 즉시로 말입니다. 절망에 빠진 당신, 스스로에게 정죄를 선언하던 당신, 사망과 동맹을 맺고 지옥과 언약을 맺은 당신은 이렇게 말했습니다. "희망이 없어요. 그래서 차라리 우리는 죄악을 따라 가는 것입니다." 내 말을 들으십시오. 나의 선언을 들으십시오. 나의 사슬을 끊고 나를 자유롭게 하신 나의 주님이 당신의 사슬도 끊으실 수 있습니다. 그것도 단번에!

　만일 이 일이 이루어지면, 그것은 영원히 이루어졌다는 것을 새겨 두십시오. 그리스도께서 자유롭게 하실 때 어떤 사슬들도 다시 속박할 수 없습니다. 주님께서 나에게 "포로 된 자여, 내가 너를 구원하였다"라고 말씀하시면, 그 일은 끝

난 것입니다. 오라, 오라, 저 구덩이의 악귀들이여! "우리와 함께 하시는 이가
그와 함께 하는 자보다 크도다"(대하 32:7). 오라, 너 세상의 유혹들이여, 만일
하나님이 우리 편에 서시면 우리가 무엇을 두려워하랴? 만일 그분이 우리를 보
호하시면, 누가 우리를 망하게 하리오? 오라, 너 더러운 부패여, 나 자신의 거짓
된 마음에서 나오는 간계와 유혹들이여, 내 안에 착한 일을 시작하신 이가 끝날
까지 그 일을 완성하시리라! 모여라, 모여라, 하나님의 원수들이자 인간의 대적
들인 너희 온 무리는 모여라, 한꺼번에 몰려와서 지옥의 힘을 집중해서 내 영혼
을 공격해 보라! 만일 하나님이 나에게 무죄를 선언하시면 누가 나를 정죄하리
요! 그리스도 예수 우리 주 안에 있는 하나님의 사랑 안에서 누가 우리를 떼어
내겠습니까? 저 사망의 검은 물로도 그리스도인의 자유의 표지를 결코 지워낼
수 없습니다. 저 해골 같은 폭군이 신자의 목 위에 어떤 멍에도 씌울 수 없습니
다. 가슴까지 차는 큰 물결의 한가운데서 저 창백한 말을 탄 왕과 격투할 때에
도 우리는 승리를 외칠 것입니다. 우리는 그 말 탄 자를 쓰러뜨리고 마지막 싸
움에서 승리를 쟁취할 것입니다. "우리 주 예수 그리스도로 말미암아 우리에게
승리를 주시는 하나님께 감사하노니"(고전 15:57) 하는 말씀처럼 될 것입니다.
스파르타와 그리스는 페르시아의 멍에를 메기를 거부하고 저 거만한 왕의 허세
를 깨뜨렸습니다. 하지만 우리는 그보다 더 고귀한 의미에서 자유입니다. 우리
는 사탄의 멍에를 거부하며, 그리스도께서 지나간 날에 그러하셨듯이, 그의 권
세를 꺾을 것입니다. 이 세상 왕의 발 아래 엎드려 길 자들은 그렇게 하라 하십
시오. 하지만 하나님이 자유롭게 하신 자들은 그들의 거룩한 본성이 명령하고
또한 하나님의 영이 힘을 주시는 대로, 생각하고, 믿고, 행동하십시오. "주의 영
이 계신 곳에는 자유가 있느니라"(고후 3:17). "그러므로 아들이 너희를 자유롭
게 하면 너희가 참으로 자유로우리라."

4. 자유를 확인하는 개인적인 질문들

자, 이제 이 질문을 제기하고자 합니다. 우리는 이 아침에 자유롭습니까?
우리는 자유로운 것입니까? 나는 당신을 위해 그 대답을 하지 않을 것이며, 나
자신을 위해서도 지금 대답할 이유가 없습니다. 그 대신 나는 당신이 그 질문을
탐구해 보기를 호소합니다. 만일 당신이 자유롭다면, 당신이 거주지를 옮겼다는
것을 기억하십시오. 종과 아들은 한 집의 같은 방에서 잠자지 않기 때문입니다.

당신이 종일 때에 당신에게 만족을 주었던 것들이 지금은 당신을 만족하게 하지 못할 것입니다. 당신은 종이 입는 옷을 결코 입지 않을 것이며, 종이 결코 느낄 수 없는 본성을 내면에서 느낄 것입니다. 당신 속에는 "아바, 아버지"라고 부르는 것이 있으며, 그것은 전에 없던 것입니다. 그렇습니까? 당신은 그렇습니까? 만일 당신이 자유롭다면 당신은 과거에 살았던 식으로 살지 않습니다. 당신은 종의 일을 하러 가지 않으며, 이제 당신은 죄의 삯을 벌기 위해 수고하고 땀 흘리지 않습니다. 죄의 삯은 사망이지요. 하지만 이제 당신은 아들로서 아버지를 섬깁니다. 당신은 아들의 일을 하고 아들의 상을 받기를 기대합니다. 하나님의 선물은 예수 그리스도 우리 주님을 통한 영생이지요. 한 가지를 나는 알고 있습니다. 만일 당신이 자유롭다면, 당신은 다른 사람들을 자유롭게 하는 문제에 대해 생각합니다. 만일 당신에게 다른 사람들의 해방을 위한 열망이 없다면 당신 자신이 종입니다. 당신이 자유롭다면 당신은 모든 종류의 사슬들을 혐오하고, 모든 종류의 죄를 미워하며, 또한 그 쇠고랑을 다시는 차려고 하지 않을 것입니다. 당신은 매일 같이 당신을 처음으로 자유롭게 하신 그분을 부르며, 그분께 당신이 올가미에 빠지지 않도록 붙잡아주시길 요청할 것입니다. 만일 당신이 자유롭다면, 이 세상은 당신을 위한 것이 아닙니다. 이 세상은 노예들을 위한 땅입니다. 이것은 속박의 세상입니다. 만일 당신이 자유롭다면, 당신의 마음은 천국, 곧 자유의 땅에 가 있을 것입니다. 만일 오늘 당신이 자유롭다면, 당신의 영혼은 저 위대하신 해방자를 대면하여 보게 될 그 날을 사모할 것입니다. 만일 당신이 자유롭다면, 당신은 그분이 당신을 부르실 때까지는 여기서 머물 것이지만, 그분이 "친구여, 이리로 오라"고 말씀하실 때, 당신은 두려움 없이 저 높은 세계로 오를 것이며, 죽음과 죄도 당신이 그분의 영광 앞에 서는 일을 막지 못할 것입니다.

나는 우리 모두가 자유롭기를 바랍니다. 하지만 우리가 그렇지 못하다면, 다음으로 내가 원하는 최상의 일은, 우리들 중 자유롭지 않은 자들이 속박의 사슬을 괴로워하며 안달하는 것입니다. 속박이 느껴질 때에만 속박이 깨뜨려질 수 있기 때문입니다. 쇠사슬이 영혼 속으로 들어올 때에도 끊어질 수 있습니다. 당신이 자유를 갈망하는 한 당신은 자유를 얻을 수 있습니다. 마치 숨겨진 보화처럼 그것을 추구하는 한, 그리고 사슴이 시냇물을 찾듯이 그것을 갈망하는 한, 하나님께서 그것을 당신에게 주시길 거절하지 않으실 것입니다. "구하라 그리하면 너희에게 주실 것이요 찾으라 그리하면 찾아낼 것이요 문을 두드리라 그리하면 너희에게 열릴 것이니"(마 7:7). 당신이 구하고, 찾고, 두드릴 수 있도록 하나님이 그리스도를 위하여 당신의 마음을 이끌어 주시길 바랍니다. 아멘.

제
33
장
—

예수님을 향한 사랑: 커다란 검증

—

"예수께서 이르시되 하나님이 너희 아버지였으면 너희가 나
를 사랑하였으리니 이는 내가 하나님께로부터 나와서 왔음
이라 나는 스스로 온 것이 아니요 아버지께서 나를 보내신
것이니라." — 요 8:42

구원의 순서는 먼저 우리가 주 예수 그리스도를 믿고, 우리가 그분의 선물
로서 마음의 변화를 얻고, 다음에는 그 새로워진 마음으로 주 예수님을 사랑하
는 것입니다. 믿음이 은혜의 행렬을 앞서 이끄는 것이며, 사랑이 그렇게 하는
것은 아닙니다. 사람들에게 "그리스도를 사랑하십시오. 예수님을 사랑하는 것
이 거듭나는 것입니다"라고 말하는 것은 복음을 전하는 것이 아닙니다. 복음을
전하는 것은 이렇게 외치는 것입니다. "주 예수 그리스도를 믿으십시오. 그러
면 당신이 구원을 얻을 것입니다." 그렇지만, 구원하는 믿음이란 사람이 아무런
관심도 느끼지 않는 어떤 사실들을 단순하게 믿는 것이 아닙니다. 그것은 우리
가 필요를 느끼는 은혜들을 위하여 예수님을 진심으로 신뢰하는 것입니다. 모
든 경우에 있어서 효력 있는 믿음이란 사랑으로써 역사하는 믿음입니다. 만일
당신이 주 예수 그리스도를 진정으로 믿어서 영혼의 구원을 얻기에 이르렀다
면, 당신은 하나님의 자녀입니다. "영접하는 자 곧 그 이름을 믿는 자들에게는
하나님의 자녀가 되는 권세를 주셨기" 때문입니다(요 1:12). 당신이 하나님의
자녀이면, 당신은 당신의 아버지를 사랑합니다. "낳으신 이를 사랑하는 자마다

그에게서 난 자를 사랑하는"(요일 5:1) 것이 법칙이기 때문입니다. 참된 믿음은 우리의 아들됨의 증거이며, 하나님의 아들됨에는 사랑이 수반됩니다. 그리고 아버지를 향한 그 사랑이 그분의 아들 예수 그리스도를 향한 사랑으로 이끌어 줍니다. 그러므로 이로써, 당신은 오늘 당신의 믿음이 하나님이 택하신 자의 믿음인지 아닌지를 판단할 수 있습니다. 만일 그 믿음이 이해한 것에 대한 차가운 동의에 불과하다면, 그것이 당신을 구원하지 못합니다. 하지만 그것이 마음에서 우러나오는 따뜻한 신뢰라면, 그것이야말로 진정 하나님의 성령의 역사에서 난 믿음일 것입니다.

나는 이 아침에 그리스도를 향한 우리의 사랑에 대해 말하고자 합니다. 여러분에게 도움이 되기 위해, 내가 말하고자 하는 내용의 개요를 먼저 제시하겠습니다. 먼저, 그리스도를 향한 사랑은 그 자체가 필수적입니다. 둘째로, 본문이 우리에게 알려주듯이, 그리스도를 향한 사랑은 아들됨의 검증(시금석)입니다. 셋째로, 따라서 그리스도를 향한 사랑은 바로 지금 우리가 우리 자신에게 적용해야 할 중요한 검증입니다.

1. 그리스도를 향한 사랑은 그 자체가 필수적이다.

그리스도를 향한 사랑은 그 자체가 필수적입니다. 한 사람에게 결핍된 어떤 은혜들이 있습니다. 물론 그 결핍이 없었으면 더욱 좋겠지만, 하지만 그럼에도 불구하고 그는 그리스도인일 수 있습니다. 하지만 예수님을 향한 사랑은 본질적인 은혜입니다. 마음의 은혜이고, 경건의 핵심에 관계된 것입니다. 만일 당신이 진정으로 하나님께 대하여 살아 있다면 당신은 반드시 예수 그리스도를 사랑할 것입니다.

먼저, 그리스도를 향한 사랑의 부재는 가장 큰 영적인 기쁨들 중의 하나를 잃어버린 것임을 기억하십시오. 우리는 예수 그리스도를 사랑하지 않는 자를 비난할 뿐 아니라 딱하게 여겨야 합니다. 아, 가련한 영혼이여! "온통 사랑스러우신" 그분을 사랑할 수 없고, "일천의 사람 중에서도 으뜸인" 그분에게 감탄하지 못하는 상태에 빠졌으니 얼마나 불쌍합니까! 나는 얼마 전에 맛과 냄새의 감각을 잃어버린 한 부인을 만난 적이 있습니다. 아주 특이한 고통이지요. 세상에서 가장 아름다운 장미도 그 상쾌한 향기로 그녀의 후각에 인사를 건네지 않고, 사람의 미각을 가장 즐겁게 할 근사한 맛도 그녀에게 아무런 매력을 주지 못합니다. 그녀는 그런 즐거움들에 대해 무감각합니다. 나로서는 그녀의 손실에 대해 동정하지 않을 수 없었습니다. 하지만 이 즐거움을 느끼는 감각의 손실은 사소한 것입니다. 그것은 단지 수 년간 지속될 뿐입니다. 이 짧은 생애가 끝날 때 그녀는 모든 바람직한 기능을 획득할 것입니다. 하지만 예수의 이름에서 향기를 느낄 수 없는 사람은 얼마나 끔찍한지요! 하늘의 떡의 달콤한 맛을 느끼지 못하거나, 혹은 하나님의 성도들을 그토록 즐겁게 하는 최고급 포도주 향의 그윽함을 느끼지 못하는 사람은 얼마나 딱한지요! 나는 그리스도를 사랑하지 않으니, 차라리 눈멀고 귀먹고 벙어리 되고, 내 맛과 냄새의 감각들을 잃어버리는 편을 택하겠습니다. 그분의 진가를 알아볼 수 없다는 것은 최악의 무능함이며, 가장 심각한 불행입니다. 그것은 단지 하나의 영적 재능의 손실이 아니며, 오히려 그 영혼의 죽음을 입증하는 것입니다. 그것은 살아 있는 존재가 가질 가치 있는 모든 것의 부재를 입증하는 것입니다. 왜냐하면 아들을 사랑하지 않는 자에게는 생명이 없고, 하나님의 진노가 그 위에 머물러 있기 때문입니다.

영혼 속에 그리스도께 대한 사랑이 없다는 것은 매우 심각한 타락의 표징입니다. 그것은 지성적인 탐구를 할 수 없는 동물의 표시입니다. 당신이 돼지 앞에 가장 즐거운 탐구거리를 놓아 두어도, 그 돼지는 결코 정신적인 즐거움을 깨닫지 못합니다. 사람이 원래 추구하도록 의도된 것을 추구할 수 없다는 것은 타락의 징표입니다. 사람은 가장 높고 숭고한 즐거움을 추구하도록 지어졌습니다. 하나님의 임재와 그분의 무한한 애정을 찬미하는 즐거움입니다. 인간이 자기 하나님을 사랑하고 감사하고 찬미할 이 능력을 잃어버릴 때, 그는 자기의 높은 지위에서 짐승의 수준으로 떨어집니다. 만일 한 천사가 개의 지위로 떨어질 수 있다면, 그러고도 하나님을 경배하고 그리스도를 사랑할 수 있다면, 주 예수 그리스도의 사랑스러움을 알아보지 못할 정도로 악의 무감각에 빠져 있는 인간의 치명적인 타락에 비해, 그는 전적으로 타락했다고 볼 수 없습니다. 우리는 같은 인간 종족으로서 이성적인 생각을 할 수 없는 가련한 사람들을 매우 딱하게 여깁니다. 하지만 사랑할 수 없는 자들, 사랑이 가장 핵심인 영역에서 사랑할 수 없는 자들에 대해서 우리가 어떻게 생각해야 하겠습니까? 불쌍한 백치에게 가장 매력적인 밀턴(Milton)의 시구를 읽어준다 해도, 그는 숭고한 감정을 가질 수 없습니다. 그 후 그에게 워즈워스(Wordsworth)의 달콤한 시를 아무리 많이 들려주어도, 혹은 번연(Bunyan)의 매혹적인 알레고리들을 들려준다 해도, 그는 당신을 향해 멍하게 웃고만 있을 것입니다. 그제야 당신은 그가 저능한 정신 때문에 감상 능력이 결핍되었음을 알아볼 것입니다. 인간이 이렇게까지 떨어질 수 있다는 것이 슬픕니다. 하지만 주 예수를 사랑하지 않는 것은 그러한 단순한 정신적 장애보다 훨씬 더 심각한 도덕적 영적 장애를 드러냅니다. 왜냐하면 그것은 고의적이며 마음의 범죄와 관련되어 있기 때문입니다. 일반적으로 선한 것을 알아보지 못하는 것에는 악에 대한 욕구가 수반되며, 따라서 악은 이중으로 겹쳐집니다. 저 바벨론의 왕이 왕의 식탁의 음식을 떠나 들판을 배회하며 소처럼 풀을 뜯어먹게 된 것은(단 4:33) 커다란 퇴화였습니다. 단순히 미쳐서 사람들에게서 쫓겨난 것으로 그치지 않았습니다. 그는 짐승들과 함께 몰려다녔습니다. 그는 단지 빵 맛을 잃어버린 것으로 그치지 않고 풀 맛을 알게 되었습니다. 왕이 짐승들과 더불어 풀을 뜯다니 기이한 정신이상입니다. 하지만 사람들이 참된 떡을 제쳐 두고서 이 세상의 죄의 쾌락이라는 재를 먹는 것에 비하면 그다지 기이한 것도 아닙니다. 오, 그것은 저기 정신병원 담장 안에 갇혀 있는 것보다 더욱 심각한 정신이상입니다. 이세벨의 화장한 얼굴에서 아름다움을 발견할 수 있으면서, 하늘의 빛으로 밝게 빛나는 그분의 정숙함에 매혹을 느끼지 않는 것은 확실히 미친 짓입니다!

하지만, 오 하나님의 성도들이여, 바로 당신이 얼마 전까지 그랬다는 것을 잊지 마십시오. "자기 땅에 오매 자기 백성이 영접하지 아니하였으나"(요 1:11). "[우리가, KJV; 한글개역개정에는 '사람들이'로 되어 있음] 그에게서 얼굴을 가리는 것 같이 그가 멸시를 당하였고, 우리가 그를 귀히 여기지 아니하였도다"(사 53:3). 우리의 어리석은 마음이 어두워져 저 의의 태양이신 예수님을 알아보지 못했던 것입니다. 우리에게 구주를 알아보도록 능력을 부여한 복된 은혜가 계속해서 증대되기를 바랍니다. 눈을 감고서 우리 주님을 볼 수 없는 자들과, 귀를 막고서 그분의 아름다운 목소리를 들을 수 없는 자들과, 마음을 완고하게 하여 그분의 사랑의 매력을 감지하지 못하는 자들을, 우리는 책망할 뿐만 아니라 불쌍히 여겨야 합니다. 아아, 예수님을 사랑하지 못하는 무능에서 드러난 인간의 타락이여!

"오 저 거룩하신 분이,
　해 아래 가장 천한 존재인

당신을 위해 이 땅에 오셨네.
오 저 아름다우신 분이,
필멸의 존재에 의해
어찌 잊혀질 수 있을까?"

그리스도를 향한 사랑이 없다는 것은 우리의 전 인간성이 어긋났다는 명백한 증거입니다. 만일 우리가 하나님이 지으셨을 때의 모습이라면, 우리가 예수님의 탁월성에 무관심하기란 불가능할 것입니다. 또한 은혜가 우리를 새롭게 하기까지, 우리가 그분을 사랑하지 않는다는 것은 그만큼 인간의 본성이 전적으로 병들었음을 보여줍니다. 균형이 잘 잡힌 인간의 이해력은 그리스도를 모든 것에 앞서고 모든 것보다 우월하신 분으로 알아보고, 그분을 모든 것 중에서 가장 뛰어난 분으로 간주합니다. 하지만 탈선하여 잘못된 방향으로 기울어진 이성은 그리스도를 가장 낮은 존재로 판단하고, 왕 중의 왕께 드려야 할 마땅한 경의를 이 세상과 육체와 혹은 마귀에게 돌리고 있습니다. 저 자기 부인의 숭고한 사랑을 보이신 분을 사랑하지 않는 정신은 전적으로 타락하였고, 모든 고귀성을 잃어버렸음에 틀림없습니다. 우리 주님께서 그분의 원수 된 자들을 구원하시기 위해 하늘에서 땅으로 내려오시지 않았습니까? 인간의 모습으로 이 땅에 계시면서, 오직 다른 사람들을 축복하고자 하는 목적으로, 그분은 모든 모욕과 모든 불행들을 견디시고 또한 마지막에는 무가치한 인간을 위해 말할 수 없는 고통까지도 견디지 않으셨습니까? 그처럼 관대한 사랑의 모범을 사랑하지 않는 것은 심령의 천박함과 마음의 부패를 의미하는 것입니다. 감사는 아주 대단한 덕목이 아닙니다. 하지만 감사하지 않는 것은 모든 악 중에서도 가장 천한 죄이며, 그 죄에서 우리는 건짐을 받아야 합니다. 인간을 위해 죽으신 그리스도를 무시하는 인간은 천사가 보더라도 한탄할 존재입니다. 예, 한때 그토록 아름다웠던 피조물이 그토록 추악한 마음이 된 것을 본다면 스랍 천사도 놀라며 울 것입니다. 하나님께서는, 그토록 부정하고 그토록 비뚤어졌으며 그토록 얼이 빠지고 멍하게 되어버린 정신까지 용서하십니다.

인간의 정신뿐 아니라 애정도 끔찍할 정도로 오염되었음이 틀림없습니다. 그렇지 않았다면 즉시 예수님을 사랑했을 것입니다. 만일 마음이 올바른 상태라면 그것은 선한 것과, 옳은 것과, 참된 것과, 아름다운 것을 사랑할 것입니다.

성육하신 하나님이신 예수 그리스도보다 더 선하고, 옳고, 참되고, 아름다운 것은 없습니다. 또한 그분을 보자마자 본능적으로 사랑하지 않는 마음은 그 자체가 뿌리로부터 썩어 있다는 증거입니다. 그런 마음은 우상에게 넘겨졌고, 그래서 참되신 하나님을 사랑하지 않는 것입니다. 만일 당신이 지금 인간의 타락한 상태를 증명하는 것이 필요하다면, 일천 가지의 논증으로도 그렇게 할 수 있지만, 한 가지만으로도 가능합니다. 아마도, 로마인들에게 보낸 바울 서신의 첫 번째 장보다 더 강력한 논증은 없을 것입니다. 그 장 전체를 지금 다 읽을 수는 없지만, 거기에는 우리의 인간성에 대한 혹독한 고발이 포함되어 있으며, 그 모든 말이 옳습니다. 하지만 선생들이여, 인간이 그리스도를 사랑하지 않는 것만큼 인간 본성의 철저한 부패를 증명하는 것은 없을 것입니다. 그것이야말로, 뻔뻔한 겸손과 염치로 자기 행위를 치장하더라도, 인간이 빠진 가장 부자연스러운 욕망이라고 나는 간주합니다. 한번은 어떤 성직자가, 자신의 웅변술을 과시하고 또 스스로 청중의 찬탄을 받고 싶은 마음으로 이렇게 외쳤습니다. "오 미덕(美德)이여, 너무나 곱고 아름다운 당신이 땅으로 내려온다면 모든 사람이 당신을 사랑하리이다." 그가 얼마나 크게 실수했는지요! 왜냐하면 미덕(美德)이 순수한 선의로 가장 매력적인 모습으로 땅으로 내려왔어도 사람들이 그것을 받아들이지 않았기 때문입니다. 미덕은 우리 주 예수님의 인격 안에서 왔습니다. 정의의 갑옷을 입고 온 것이 아니라 구원의 비단 옷을 입고서, 자비와 친절로 장식하고서 왔습니다. 하지만 인간은 그 미덕의 거주를 반기지 않았고, 그 미덕의 관대한 호의를 거부했으며, 마침내 그 미덕을 정죄해 죽게 했습니다. 인간이 예수님을 십자가에 못 박았을 때, 모든 선함과 진실과 거룩함도 함께 말살한 것입니다. 인간은 가장 사랑스럽고 선한 평판을 얻을 만한 것을 향해 가장 악한 폭언을 내뱉었으며, 모든 것 중에서 가장 사랑스럽고 영예로운 것을 악의를 품고 죽이기로 결정했습니다. 사랑하는 친구여, 당신의 외적인 성품이 어떠하든지, 판단을 내릴 만한 천사들과 모든 지성적이고 순수한 영혼들이 볼 때에는, 예수 그리스도를 사랑하지 않는 것은 당신이 해로운 영적인 질병에 들었음을 보여주는 가장 끔찍한 증세입니다. 그 질병이 당신의 모든 판단력과 힘을 억누르고, 당신으로 하여금 당신의 가장 좋은 친구의 적대자가 되도록 만듭니다.

　예수 그리스도를 사랑하지 않는 것은 그분의 구원에 어떤 분깃도 가지지 못했다는 확실한 증거입니다. 당신은 두 명의 빚진 자에 관한 우리 주님의 비유를 기억할 것입니다. 한 사람은 오백 데나리온을 빚졌고, 또 한 사람은 오십 데나리온을 빚졌습니다. 그들은 둘 다 그 빚을 탕감받았습니다. 갚을 만한 것이 없었기 때문입니다. 그들에 대해 주님이 한 가지 질문이 제기하셨습니다. "둘 중에 누가 그를 더 사랑하겠느냐"(눅 7:42). 그 질문이 "둘 중에 누가 그들의 관대한 자선가를 사랑하겠느냐?'가 아니었음을 주목하십시오. 오십 데나리온이든 오백 데나리온이든 탕감을 받았으면, 탕감을 해준 그분을 사랑해야 하는 것은 당연하기 때문입니다. 누가 그것을 부정하겠습니까? 만일 당신이 죄의 용서를 받았으면 예수 그리스도를 사랑해야 하는 것은 당연한 것입니다. 만일 당신이 그분을 사랑하지 않으면, 그분의 보혈에 당신의 누릴 분깃이 없으며, 그분의 의가 당신을 덮고 있지 않다고 보는 것이 맞습니다. 엄숙하게 반성해 보십시오! 이 탁월한 사랑의 은혜는 본질적인 것입니다.

그리스도께 대한 사랑이 없다면 당신이 구원받지 못한 것이 분명합니다. 왜냐하면 당신에게 영적 생명의 핵심 원인이 결핍되어 있기 때문입니다. 우리는 사람들에게 믿고 구원을 받으라고 말합니다. 종종 우리는 그렇게 함으로써 거룩한 삶과 덕스러운 풍습을 그늘로 제쳐 둔다는 비난을 받습니다. 만일 우리의 반대자들이 정직하다면 그들의 비난이 참된지를 점검해야 할 것이며, 그렇게 한다면 우리를 비난하지 않을 것입니다. 무지에서건, 오해에서건, 혹은 악의에서건, 어떤 경우에도 그들의 비난에는 근거가 없습니다. 우리가 "주 예수 그리스도를 믿으라, 그러면 구원을 받으리라"고 말할 때마다, 우리는 결코 어떤 추상적인 명제에 대한 믿음이 인간을 지옥에서 건져 준다는 의미로 말하지 않기 때문입니다. 우리가 의미하는 것은, 예수님께 대한 믿음은 마음을 변화시킬 것이며, 그래서 삶을 죄로부터 구원한다는 것입니다. 구원이란 죄로부터의 구원을 의미하며, 오랜 이기적인 삶으로부터의(from) 구원이면서, 거룩한 삶을 향한(unto) 구원을 의미합니다. 악으로부터의 구원, 이것이 우리가 전하는 구원이며, 또한 그것이 주 예수 그리스도를 믿는 믿음의 결과라고 우리는 말합니다. 사실이 이러하다면, 그리스도를 사랑하지 않는 사람은 이런 의미에서 구원을 받지 못했다는 것이 명백합니다. 그리스도께 대한 사랑은, 성령을 통하여서, 거룩한 삶이 창조되고 유지되도록 하는 주된 동인(動因)이요 중심 되는 힘이기 때문입니다. "그리스도의 사랑이 우리를 강권하시는도다"(고후 5:14). 이는 우리를 악으로부터 물러서게 하고, 거룩함으로 나아가게 하는 거대한 힘입니다.

당신이 예수님을 사랑하는 만큼 당신은 거룩하게 될 것입니다. 또한 예수님께 대한 당신의 사랑이 약해지는 만큼 죄의 힘은 강해질 것입니다. 또한 만일 예수님께 대한 사랑이 전혀 없다면 당신 속에는 그리스도인의 성품을 형성하는 요소가 전혀 없는 것입니다.

> "아아! 지식이여, 그 모든 것은 헛된 것이니,
> 모든 지식이 헛되어 우리의 두려움을 없애지 못하도다.
> 지식에 사랑이 빠져 있다면,
> 우리의 완고한 죄가 우리와 싸우고 왕 노릇 하리라."

그리스도를 사랑하지 않는 것은 너무나 두려운 것입니다. 그분을 사랑하는 자들로서는 그런 상태에 빠진다는 생각만 해도 얼마나 두렵고 떨리는지요. 가장 끔찍한 형태의 죽음도 차라리 그보다는 낫겠습니다. 우리는 숱하게 이 노래를 불러 왔습니다. 한 분을 향해, 나는 마음 깊은 곳에서 그 노래의 고백을 느낍니다.

> "제가 당신을 사랑하지 않는다면,
> 주여, 저는 가장 비참할 것입니다.
> 나의 구주를 사랑하지 않느니,
> 오, 차라리 죽는 편이 낫겠습니다."

구주를 사랑하지 않느니 차라리 태어나지 않는 편이 훨씬 좋을 것입니다. 저 복되신 분을 사랑하지 않고서 한순간이라도 존재하느니, 차라리 멸절되어 존재하지 않는 편이 나을 것입니다. 때때로 하나님의 성도들은 그들의 주님이신 예수님으로 인해 따뜻함을 느껴왔으며, 또 때로는 그분을 사랑하지 않는 죄 속에서 공포를 느껴 왔습니다. 그들은 그리스도를 사랑하지 않는 자들에게 하나님의 이름으로 저주를 선언해 왔습니다. 아마도 성경에서 가장 끔찍한 말씀은 이것인 듯합니다. "만일 누구든지 주를 사랑하지 아니하면 저주를 받을지어다, 우리 주여 오시옵소서"(고전 16:22). "아나테마 마라나타(Anathema Maranatha)" — 주께서 오실 때 저주를 받으리라! 이 말씀은 사도의 펜으로 쓴 것 중에 가장 엄숙한 탄핵의 선언입니다. 하지만 눈물 없이는 그리스도의 십자가의 원수들에 대해 언급할 수 없었던 바울조차도 그것을 써야 한다고 느꼈습니다. 나의 사랑하는 여러분, 당신이 세상에서 가장 도덕적인 사람일지라도, 그리고 교회에서 가장 정통적인 신앙을 고백한다 할지라도, 만일 당신이 주 예수 그리스도를 사랑하지 않는다면 "아나테마 마라나타"가 반드시 당신의 귀에 들릴 것입니다. 그 저주가 당신을 대적하는 하나님의 말씀으로 선포되었습니다.

누가 자기 영혼에 예수의 사랑 없이 살기를 바란단 말입니까! 그것은 가장 소름끼치는 상태입니다. 그것은 우리의 지상의 삶에서 가장 숭고한 아름다움을 망치는 것이며, 우리로 하여금 천국에 들어가지 못하게 하는 것입니다. 하나님께서 그리스도를 향한 사랑을 당신에게 주시기 전까지는 당신에게 천국을 주시지 못합니다. 여러분은 이 말씀을 가장 폭넓은 의미로 받아들일 수 있습니다. 나는 그 표현 그대로의 의미로 말하고 있습니다. 하나님께서 당신으로 하여금 그리스도를 사랑하도록 하시기 전까지는 그분이 천국의 행복을 당신에게 주실 수 없다고 나는 말합니다. 천국의 본질은 선하고 참된 것에 대한 사랑에 있으며, 모든 선함과 진실의 본질은 예수님 안에 있기 때문입니다. 만일 그리스도께 대한 사랑 없이 천국이라고 부르는 것으로 당신을 데리고 간다면, 당신은 전적으로 자신에게 맞지 않는 환경에 놓이게 되는 것입니다. 당신을 그리스도의 임재 가까이로 데려갈수록 당신은 행복은커녕 공포를 느낄 것이며, 또한 그분을 사랑하는 천천만만의 얼굴들에서 볼 수 있는 기쁨이 당신에게는 단지 비참한 적대감과 쓰라린 절망감만 일으킬 것입니다. 오 나의 친구여, 당신은 그리스도를 알기까지는 행복을 알 수 없습니다. 당신의 마음이 그분을 향한 사랑으로 뛰기까지는 당신은 결코 참된 삶을 살 수가 없습니다. 오히려 당신은 지금도 어둠과 죽음 안에 있고, 그 속에서 살 수밖에 없을 것입니다. 그렇게 되는 것은 불가피한 일입니다.

이렇게 해서, 구주를 향한 애정이 없는 모든 사람들의 마음에 그것을 부어 주시기를 성령 하나님께 기도하면서, 첫 번째 매우 중대한 요점을 맺습니다. 그분을 사랑하는 것은 본질적인 일입니다.

2. 그리스도를 향한 사랑은 아들됨의 검증이다.

그리스도를 향한 사랑은 아들됨의 검증입니다. 어떤 현대의 교사들은 하나님이 모든 인류의 아버지시라고 주장해 왔습니다. '보편적 아버지 되심(Universal Fatherhood)'이라고 하는 그 가르침이 어떤 지역들에서는 아주 유행이라고 들었습니다. 하나님이 모든 인류의 창조주이시고, 그런 의미에서 인간을 하나님의 소생(offspring)이라고 하는 말은 확실히 진실입니다. 하지만 거듭나지 않은 사람들이 하나님의 아들들(sons)이라고 하는 말은 확실히 거짓입니다. 어떻게 육체를 즐겁게 하는 그런 가르침이 지지를 받을 수 있는지 나는 모르겠습니다. 확실히 성경은 그런 가르침을 전혀 지지하지 않을 뿐 아니라, 오히려 치명적인 타격을 가합니다. "하나님이 너희 아버지였으면 너희가 나를 사랑하였으리니." 결과적으로 하나님은 그리스도를 사랑하지 않는 자들의 아버지가 아니십니다. 이런 교사들이 양자됨의 특권을 어떻게 이해합니까? 만일 사람이 태어나면서 자녀라면 왜 양자가 되는 것입니까? "나는 너희에게 아버지가 되고 너희는 내게 자녀가 되리라"(고후 6:18)는 말씀이 어떻게 특별한 약속이 될 수 있겠습니까? 그들이 이미 얻은 것에 대해서 무슨 약속이 또 필요하단 말입니까! "영접하는 자 곧 그 이름을 믿는 자들에게는 하나님의 자녀가 되는 권세를 주셨으니"(요 1:12). 만일 모든 사람이 이미 하나님의 자녀라면 그 말씀이 무슨 의미가 있습니까? 하나님께서 자기 백성을 그리스도의 부활에 의해 다시 낳아 산 소망을 갖게 하신 것을 그들은 어떻게 이해한단 말입니까? 그들은 복음을 파괴하는 이론을 세우기 위해 두 가지로 해석될 수 있는 표현을 사용합니다. 그런 진술을 옹호하려는 자들은 그렇게 하도록 내버려 두겠습니다. 하지만 우리가 하나님의 말씀을 지킨다면, 그런 진술은 전혀 지지받을 수 없다고 믿습니다. 하나님의 아버지 되심은 특별한 백성들, 세상의 기초가 세워지기 전에 선택된 자들, 그분의 은혜를 통해 정한 때에 양자로 받아들여지고 거듭난 자들에게만 해당되는 것입니다.

이 본문에서, 그리스도께 대한 사랑은 우리가 하나님의 자녀인지의 문제와 관련하여 유일하게 오류 없는 검증인 것으로 보입니다. 본문에서 그리스도께서 말씀하고 계시는 자들은, 혈통과 족보상으로 볼 때 ― 그런 것이 세상에 있다면 ― 하나님의 자녀들입니다. 만일 그리스도를 사랑하지 않는 누군가가 하나님의 자녀가 될 수 있다면, 유대인들이 그런 자들일 것입니다. 그들은 아브라함의 씨에서 났으며, 하나님이 선택하신 자들이며, 어린 시절부터 하나님이 명하신 의식들을 준수하면서 자랐으며, 또한 그들의 육체에 언약의 표지를 간직하고 있습니다. 게다가 그들은 하늘 아래서 하나님을 경외하는 유일한 백성이었습니다. 로마인들, 헬라인들, 그 외에 다른 모든 민족들이 우상 숭배자들이었습니다. 이 유대인들은 보이지 않으시는 여호와를 예배하는 자들이었고, 그 문제에 대해서 아주 견고한 자들이었습니다. 바벨론 포로기 이후, 그 어떤 것도 유대인으로 하여금 우상을 숭배하도록 하지 못했습니다. 다른 결점들이 무엇이었건 간에 그들은 하나님의 유일성의 문제에서는 탈선하지 않았습니다. 그들은 그 신앙만큼은 간직했으며, 그것도 아주 확고하게 간직했습니다. 더 나아가, 이 백성들은 보이지 아니하시는 한 분 하나님을 섬기는 것으로 인해 많은 악평과 비난을 감수해야 했습니다. 그들은 로마의 지배자들에게 멸시를 받았고, 공손한 헬라인들조차 신화적인 관념을 가지고서 그들의 이상한 예배를 비웃었습니다. 그들이 보기에는 유대인들의 예배는 무신론에 지나지 않는 것으로 간주되었습니다. 유대인들이 어떤 형상도 세우지 않았기 때문입니다. 그러므로 만약 누군가 거듭나지 않은 사람이 하나님의 자녀가 될 수 있다면 유대인이 두드러질 것입니다. 하지만 유대인이라도 그리스도를 사랑하지 않으면, 하나님을 아버지로 얻을 수 없습니다. 우리 주님은 그들에게 말씀하십니다. "하나님이 너희 아버지였으면 너희가 나를 사랑하였으리니." 그렇게 말씀하심으로써 그분은 혈통과, 할례와, 의식들과, 경문(성경 구절들을 기록한 양피지를 넣어두는 작은 상자)과 테 두른 의복들과, 그 외에 모든 것들에 대한 그들의 자부심을 폄훼하십니다. 그리스도께 대한 사랑은 하나님의 자녀임을 검증하는 큰 시험입니다.

나의 사랑하는 여러분, 당신이 그리스도를 사랑하지 않으면 당신은 하나님의 자녀가 아닙니다. 만일 당신이 자녀라면 당신은 아버지께서 사랑하시는 것을 사랑할 것입니다. 당신의 본성이 하나님에게서 난 것이라면, 그분이 그리스도를 최고로 그리고 무엇보다 사랑하시기 때문에, 당신 역시 예수 그리스도를 온 마음을 다해 세상 모든 것보다 더 사랑할 것입니다. 당신이 하나님의 자녀라면, 당신은 예수님을 사랑할 것입니다. 예수님 안에서 하나님을 볼 것이기 때문입니다. 그분이 말씀하십니다. "내가 아버지 안에 거하고 아버지께서 내 안에 계심을 믿으라"(요 14:11). 당신이 하나님의 자녀이면 당신은 아버지를 알고 또한 그분을 아들 안에서 알아볼 것입니다. 그 아들 안에 신성의 모든 충만이 육체로 거하고 있습니다(골 2:9). 그분은 하나님의 영광의 광채시요 그 본체의 형상이십니다(히 1:3). 그러므로 자녀가 그의 아버지를 사랑하는 것처럼, 당신이 예수 그리스도 안에 있는 신성을 사랑할 것입니다. 달리 행한다는 것은 불가능합니다. 아니, 당신은 우리 주님의 신성뿐 아니라 인성까지도 사랑할 것입니다. 하나님은 인간 안에 있는 거룩함을 사랑하시고, 특히 그리스도 예수의 인성 안에 있는 거룩함을 사랑하시기에, 우리 역시 그것을 사랑해야 합니다. 그분의 인성의 모든 특징들이 그분의 신적인 거룩 안에서 빛납니다. 그러므로 당신이 아버지를 사랑한다면 그리스도 안에서 볼 수 있는 거룩함도 사랑할 것입니다.

모든 사람이 자기와 닮은 것을 사랑합니다. 만일 당신이 하나님에게서 났다면 당신은 하나님을 사랑할 것입니다. 하지만 예수 그리스도는 하나님이시기에, 그러므로 당신은 그분을 사랑할 것입니다. 만일 당신이 하나님에게서 났다면, 당신은 거룩하고 참되며 사랑스럽고 온유할 것입니다. 그리고 예수님은 그 모든 것이기에, 당신은 그분을 사랑할 것입니다. 때때로 언어가 도덕을 가르친다는 것이 아주 신기합니다. 우리에게는 "like"라는 단어가 있습니다. 우리는 어떤 것을 "좋아한다(to like)"라고 말합니다. 하지만 그 단어에는 또다른 의미가 있습니다. 우리는 어떤 것과 "닮았다(be like)"라고 말할 수도 있습니다. 사람은 그와 닮은 것을 항상 좋아하기에, 만일 당신이 하나님을 닮았다면 하나님을 사랑할 것이며, 당신이 그리스도와 닮았다면 당신은 그리스도를 사랑할 것입니다. 닮은 것은 닮은 것을 사랑하며, 혹은 달리 말하자면, 같은 것은 같은 것을 좋아합니다. 만일 당신이 하나님의 자녀라면 당신은 그리스도와 닮았을 것이고, 당신이 그리스도와 닮았다면 당신의 영혼에는 그분께 대한 사랑이 반드시 있을 것입니다.

당신이 하나님의 자녀라면, 그리스도의 본질적인 신성 때문에 반드시 그분을 사랑할 것입니다. 본문의 이 대목을 주목하여 보십시오. "이는 내가 하나님께로부터 나와서 왔음이라." 나는 그 표현을 이해하지 못하고, 누구도 마찬가지일 것입니다. 돌링거(Dollinger) 박사는 많은 학식 있는 자들과 성령의 이중 발출(double procession of the Holy Spirit, 성령께서 하나님으로부터 그리고 그리스도로부터 나온다는 신학적 진술. 주로 요한복음 14:16, 26; 15:26; 16:7이 이 진술의 근거 구절임 — 역주)이라는 교리적인 선언을 규정하기 위해 모임을 가졌다고 들었습니다. 얼마나 어리석은 과업인지요. 그들은 자신들이 이해할 수 없는 주제를 규명하는 일에 매달렸던 것입니다. 개미들이 태양을 측량하려고 모인 것이고, 하루살이가 영원을 토의하기 위해 모인 셈입니다. 우리는 바다의 근원으로 뛰어들 수 없고, 신성의 본질 속으로 뛰어들 수도 없으며, 혹은 복되신 삼위일체의 각 위격 간의 관계에 대해서도 뛰어들 수 없습니다. 그런 일을 시도한다는 것은 잘못이며, 반드시 자기 자신의 전제(前提)에 의해 그릇된 길로 빠질 것입니다. 만일 어떤 사람이 한낮에 태양을 정면으로 쳐다보려고 시도한다면 그는 곧 눈이 멀게 될 것입니다. 그 빛이 너무나 강렬하고, 또 사람의 눈은 너무나 약하기 때문에, 눈이 멀 수밖에 없습니다. 예수 그리스도는 하나님의 아들이십니다. 그 진술로써 우리는 영원한 부자 관계를 부르는 것에 익숙합니다. 또한 성경 본문은 그리스도께서 "아버지께로부터 나셨다(proceed)"라고 말하고 있습니다. 어떤 신비한 의미에서, 그분이 하나님 아버지께로부터 나신 하나님이시기 때문에, 그분 자신도 온전히 찬미 받으실 수 있으며, 그리고 우리가 하나님의 자녀들이라면 주 예수님을 반드시 사랑해야 하는 것입니다.

본문은 또한 우리가 그분의 사명 때문에, 그분을 사랑하리라는 말을 더하고 있습니다. "나는 스스로 온 것이 아니요 아버지께서 나를 보내신 것이니라." 만일 우리가 하나님을 사랑한다면 하나님께로부터 온 것을 사랑해야 합니다. 내가 처음으로 목회했던 곳을 떠났을 때를 기억합니다. 나는 그곳 사람들을 많이 사랑했고 그들도 나를 사랑했습니다. 심지어 그 교구에서 오는 개를 볼 때에도 나는 반갑게 대하곤 했습니다. 그 지역에서 오는 누구에게나 또 무엇에게나 사랑을 느꼈기 때문입니다. 아무리 작고 사소한 것이라도, 작은 꽃이나 혹은 정원의 나뭇잎 하나라도, 그것이 당신이 공경하는 어떤 분에게서 온 것이라면 당신은 그것을 귀하게 여길 것입니다. 아, 지금 천국에 있는 당신의 사랑하는 아기의 작은 신발이나, 혹은 지금 하나님과 함께 있는 당신의 사랑하는 어머니의 친필로 쓴 작은 편지 조각이라도, 그 얼마나 귀한지요! 그리스도는 하나님께로부터 오셨기 때문에 우리가 얼마나 더 그분을 사랑해야 하겠습니까! 또한 그분은 단지 유품이나 기념품으로서가 아니라, 살아 계시고, 사랑스러운 목소리로 오십니다. 자녀가 인도 같은 곳에 멀리 떨어져 있다면, 그는 당분간 고향에서 들려오는 목소리를 들을 수가 없습니다. 마침내 그가 한 통의 편지를 받는다면, 그것이 얼마나 귀할까요? 그것은 아버지에게서 온 것입니다. 그것을 받고서 그는 얼마나 기뻐할까요? 하지만 어떤 심부름꾼이 와서 이렇게 말한다고 가정해 봅시다. "저는 당신의 아버지에게서 왔습니다." 오, 그는 즉시로 그에게 깊은 관심을 느낄 것입니다. 당신은 당신의 아버지에게서 기별을 가지고 온 사람에 대해 문을 닫아걸겠습니까? 아니지요, 당신은 이렇게 말할 것입니다. "들어오세요. 비록 밤이 늦긴 했지만 나는 언제든지 당신의 말을 듣고 싶습니다." 우리가 이렇게 예수님을 환영해야 하지 않을까요?

또한 기억하십시오. 예수님이 우리 아버지의 소식을 전하는 분으로 오셨을 때, 그분이 가지고 온 소식이 무엇입니까? 죄의 용서, 타락으로부터의 회복, 사랑받는 자로서의 용납, 영원한 생명과 영광입니다! 오, 그분이 아버지로부터 오시고, 아버지를 위해서 오시고, 또한 우리를 아버지께로 인도하는 소식을 가지고 오실 때에, 우리는 하나님의 자녀가 되고 또한 이 모든 이유 때문에 그분을 반드시 사랑하게 됩니다. 당신이 하나님의 자녀라면, 아버지께서 기름 부어 보내신 그리스도를 사랑하지 않는다는 것은 있을 수 없는 일입니다. 예수님은 아버지께서 보내신 구주로서, 임마누엘로서, 우리와 함께하시는 하나님으로서, 아버지의 자기 계시로서 은혜와 진리의 충만을 나타내신 분이십니다.

그분이 스스로 오시지 않았다는 것은 사랑의 또다른 이유 때문입니다. 사람이 오직 자기 자신만을 섬기기 위해 살 때, 우리의 사랑은 비밀의 원천을 결핍하게 되어 메마르기 시작합니다. 하지만 우리가 예수 그리스도께서 스스로 오신 것이 아니라 아버지께서 보내어 오신 것을 알 때, 또한 그분의 목적과 의도가 그분 자신을 위함이 아니라 전적으로 아버지와 우리를 위한 것임을 알 때, 우리의 마음은 그분에게로 끌릴 수밖에 없습니다.

3. 그리스도를 향한 사랑은 우리 자신에게 적용해야 할 중요한 검증이다.

당신이 왜 예수님을 사랑해야 하는지를 계속해서 제시할 수 있지만, 그럴 필요는 없을 것 같습니다. 그래서 나는 적용으로 마칠까 합니다. 잠시 동안 당신의 귀와 마음을 빌려 주십시오.

그리스도를 향한 사랑이 본질적인 것이고 또한 아들됨의 주된 검증이라면, 형제들이여, 우리는 그분을 사랑하고 있습니까? 혹은 그렇지 않습니까? 자, 그 질문을 여러분 모두에게 제기합니다. 어떤 사람들은 이렇게 말할 것입니다. "그분을 사랑하느냐고요? 아 예, 물론이지요." 좋습니다. 하지만 나는 여전히 당신에게 묻겠습니다. 당신이 아시다시피 나의 주님께서 베드로에게 세 번씩 이렇게 물으셨습니다. "요한의 아들 시몬아, 네가 나를 사랑하느냐?" 나는 당신이 베드로보다 더 낫다고 생각하지 않습니다. 그러므로 당신이 질문에 재빨리 대답할 수 있었다고 하더라도 다시 같은 질문을 반복해야겠습니다. 당신이 올바른 대답을 세 번씩 반복한다고 해서 당신의 기분이 상하진 않을 것입니다. 하지만 처음 한 대답이 거짓으로 대답한 것이라면 같은 질문을 세 번씩 반복하면 기분이 상하겠지요. 그러므로 다시 묻도록 하겠습니다. 당신은 예수님을 사랑합니까?

만일 내가 그분을 사랑한다면, 나는 그분을 신뢰할 것이고, 내 체중을 온통 그분에게 기댈 수 있을 것입니다. "아, 나는 그러고 있습니다. 그분의 이름을 찬송합니다. 나는 그분을 사랑한다는 것을 압니다." 당신은 그 요점에 대해 확신 있게 말할 수 있습니까? 그러면, 그분의 귀한 십자가와 상처 난 옆구리에서 솟아나는 것 이외에 다른 소망이 있다면 내게 말해 주십시오. 만일 다른 소망이 있다면 당신은 그분을 사랑하지 않는 것입니다. 하지만 만약에 당신이 전적으로 그분만을 의지하고 있다면, 그것이 당신 안에 있는 사랑의 출발입니다. 문제의 뿌리는 거기에 있습니다.

당신이 그분을 사랑하면 그분의 말씀을 지킬 것입니다. 그것이 다음 요점입니다. 그분이 말씀하십니다. "사람이 나를 사랑하면 내 말을 지키리니"(요 14:23). 말하자면, 예수님을 사랑하는 자는 그분이 말씀하신 것을 존중할 것이며, 그분의 가르침에서 배우기 위해 애쓸 것입니다. 당신은 그분이 말씀하시는 것을 믿고 그 의미를 알기를 바랄 것입니다. 당신은 정말 그리스도의 말씀을 존중하고 있습니까? 당신이 성경을 소홀히 여기는 것에 대해서는 어떻게 말할 것입니까? 당신의 교회의 규칙 조항이나 당신 가족의 신조와 조금 다르다는 이유로, 성경의 특정 부분들을 이해하기를 원하지도 않고 외면한 것을 어떻게 설명할 것입니까? 그런 태도는 그리스도의 말씀을 존중하는 것처럼 보이지 않는군요. 사랑하는 친구여, 그 질문을 아주 날카롭게 제시하도록 하겠습니다. 당신은 그리스도께서 가르치신 것을 알기를 원합니까? 그분이 계시하신 모든 것을 믿기를 바라고 있습니까? 성령께서 당신을 인도하셔서 그리스도에 관한 것을 가르쳐 주시기를 바랍니까? 누구든지 주님의 계명의 지극히 작은 것이라도 어기고 또 사람들에게 그렇게 가르친다면, 그런 자는 하나님 나라에서 가장 작은 자로 여김을 받을 것이라 하셨음을 기억하십시오(참조. 마 5:19). 당신은 그런 자가 되기를 바랍니까?

그리스도를 향한 또다른 사랑의 검증은 이것입니다. "너희가 나를 사랑하면 나의 계명을 지키리라"(요 14:15). 그것은 단지 그분의 말씀을 듣기만 하는 것이 아닙니다. 그런 자는 모래 위에 자기 집을 세우는 자와 같습니다. 오히려 주님은 이렇게 말씀하셨습니다. "누구든지 나의 이 말을 듣고 행하는 자는 그 집을 반석 위에 지은 지혜로운 사람 같으리니"(마 7:24). "행하는 자"입니다! 당신은 그리스도께 순종합니까? 그렇지 않다면 당신은 그분을 사랑하지 않는 것입니다. 예수님의 계명들이 당신에게 그다지 중요하지 않은 문제처럼 취급당한다면, 당신의 마음은 그분에게 있지 않은 것입니다. 자녀는 자기 아버지를 사랑합니다. 하지만 그 사랑은 이 계명으로써 검증을 받아야 합니다. "자녀들아 주 안에서 너희 부모에게 순종하라"(엡 6:1). 예수님과의 관계에서도 마찬가지입니다. 만일 당신이 그분을 사랑한다면 당신은 그분께 순종할 것입니다. 이제 당신의 마음을 살피고 당신의 삶을 돌아보십시오. 당신이 그분을 사랑하는지에 의문을 제기하는 몇 가지 문제들이 있습니까? 하여간, 나는 우리로 하여금 이렇게 기도하도록 하는 많은 문제들이 있다고 생각합니다. "주여, 당신은 모든 것을 아시며, 또한 나의 모든 죄와 실수들을 아십니다. 하지만 당신은 또한 제가 당신을 사랑하는 줄도 아십니다. 저를 죄에서 건져 주소서. 그래서 더 이상 당신을 슬프시게 하지 않게 하소서."

이제 이 본문을 다른 형태로 당신의 마음에 적용해 보십시오. 만일 당신이 그리스도를 사랑한다면 당신은 그분을 본받을 것입니다. 사랑의 특성은 닮는 것입니다. 가장 열성적인 숭배는 본받음입니다. 당신이 예수님을 사랑한다면, 당신은 그분처럼 되기 위해 애쓸 것입니다. 틀림없이 그럴 것이라고 나는 확신합니다. 당신은 그리스도처럼(Christ-like) 되기 위해 애쓰고 있습니까? 당신은 그리스도 안에 없는 많은 것들이 당신 안에 있음을 압니다. 당신은 그런 것들을 제거하기를 열망합니까? 그리고 예수 그리스도 안에는 당신이 아직 도달하지 못한 많은 뛰어난 것들이 있음을 당신은 압니다. 당신은 그것들을 향해 달려가고 있습니까? 그렇다면 당신이 그분을 사랑한다는 것을 내가 알 수 있습니다. 하지만 본받음이 없다면 사랑도 없는 것입니다.

또한 그리스도를 향한 사랑은 그분의 백성들을 향한 사랑으로 검증될 수 있습니다. 예수님을 사랑하는 자는 분명 그 마음이 같은 불꽃으로 타고 있는 모든 사람들을 사랑합니다. 당신은 어떻습니까? 당신은 이렇게 말합니다. "예, 나

는 형제들 중 어떤 사람들을 사랑합니다." 예, 술꾼들과 죄인들도 그렇게 사랑
합니다. 하나님의 백성들 중 어떤 이들은 그 기질이 매우 상냥하고, 자연적인
성향이 매우 탁월하여, 세상에서 가장 악한 사람도 그들을 사랑할 것이라고 나
는 생각합니다. 하지만 검증(테스트)은, 비록 당신이 그들의 잘못과 실수들을
본다고 하더라도, 예수님을 위하여 그들을 사랑하는 것입니다.

　"나는 성도들을 사랑합니다." 한 사람이 말하는군요. "적어도, 나는 내 교파
에 속한 모든 사람들을 사랑합니다." 그것 역시 매우 쉬운 일이지요. 사두개인
들은 사두개인들을 사랑했고, 바리새인들은 바리새인들을 사랑했으니까요. 하
지만 하나님의 백성을 사랑하는 일은, 비록 그들이 어떤 점에서 오류가 있다는
것을 염려하면서도, 또한 비록 당신이 어떤 관점에서는 그들에게 동의할 수 없
고 또한 그들이 어떤 잘못된 점에서 하나님의 영광을 흐린다고 당신이 생각하
면서도, 그럼에도 불구하고 사랑하는 것입니다. 그리스도인은 그리스도 안에
있는 모두를 사랑합니다. 그들의 신앙의 건전성 때문이 아니라, 그들과 예수님
의 연합 때문입니다. 자, 그렇다면, 당신은 주의 백성들을 사랑할 때 그들이 그
분의 것이라는 이유로 그들을 사랑하는 것입니까? "우리는 형제를 사랑함으로
사망에서 옮겨 생명으로 들어간 줄을 압니다"(요일 3:14).

　사랑하는 친구여, 당신이 그리스도를 사랑하는지를 또한 이것으로도 판단
할 수 있습니다. 당신은 그분의 목적에 공감하고 있습니까? 우리가 다른 누군
가를 사랑할 때마다 우리는 그가 사랑하는 것들을 사랑하기 시작합니다. 그리
스도께서는 이 세상이 그분의 발 아래로 모이는 것을 보고 싶어하십니다. 당신
은 그분이 열방의 왕이 되시는 것을 보고 싶어합니까? 그분은 택하신 백성들을
그분께로 모으기를 바라십니다. 당신은 그분의 잃어버린 자들을 그분께 데려
오기를 바라고 있습니까? 그들이 구원받는 것을 보기를 원합니까? 당신의 생
각, 바람, 열망들이 예수님의 생각, 바람, 열망들과 하나가 되어 흐르고 있습니
까? 만일 그렇다면 당신은 그분을 사랑하는 것입니다.

　또한, 당신은 그분의 대의(大義)를 섬기고 있습니까? 행동으로 연결되지
않는 사랑은 빈약한 사랑입니다. 그것을 사랑이라 할 수 있을까요? 사랑하는
대상을 위해 아무것도 하지 않은 채 만족할 수 있는 애정은 너무 천박한 것이어
서, 차라리 사랑이라고 하는 고귀한 이름의 가치를 떨어뜨리는 수치라고 할 수
있습니다. 그런 것은 볼품없는 사랑의 모조품일 뿐입니다. 예수님을 사랑한다

고요? 그러면서도 당신은 어린아이에게 그분의 이름을 가르쳐 본 적이 없습니다. 예수님을 사랑한다고요? 그러면서도 당신은 연설가임에도 불구하고 한 번도 그분의 복음을 전하기 위해 일어선 적이 없습니다. 예수님을 사랑한다고요? 그러고서도 당신은 금은 부식되고 있고 은이 녹슬고 있는데도, 그 중의 어떤 것도 그분의 사역을 위해 드린 적이 없습니다. 예수님을 사랑한다고요? 그런데도 당신은 그분의 나라를 위해 한 밤을 불면으로 보낸 적이 없고, 한 시간도 마음 고생을 한 적이 없단 말입니까? 나는 당신의 사랑을 이해하지 못합니다. 또 결코 이해하고 싶지도 않습니다. 하나님께서 당신에게 이보다는 더 좋은 사랑을 주시길 바랍니다. 행동으로 스스로를 입증하고 보이는 사랑을 말입니다.

당신이 예수님을 사랑한다면 당신은 그분과 함께 있기를 열망할 것이며, 또한 그분과의 특별한 교제를 나눌 수 있는 매번의 기회를 매우 기뻐할 것입니다. 당신이 그분을 사랑한다면 그분 없이는 단 하루도 행복하게 살 수 없다는 것을 나는 알고 있습니다. 그분이 떠나신 상태에서 당신은 단 한 시간도 편한 마음으로 지낼 수가 없을 것입니다. 당신이 예수님을 사랑한다면, 오, 당신이 그분을 얼굴과 얼굴을 마주보게 될 때를 얼마나 열망하게 되는지요! 당신이 그분을 사랑한다면, 그분 때문에 사랑의 열병을 앓을 때가 종종 있을 것입니다. 당신이 그분의 얼굴을 볼 수만 있다면, 죽는 것도 마치 벌레에 물린 정도이거나 혹은 아무것도 아닌 것처럼 느껴질 때가 있을 것입니다. 얼마나 자주 당신은 하나님의 집에 와서 당신을 예수님께로 가까이 이끌어 주는 설교를 들어왔습니까? 당신은 시므온처럼 말할 준비가 되어 있습니까? "주재여, 이제는 말씀하신 대로 종을 평안히 놓아 주시는도다. 내 눈이 주의 구원을 보았나이다"(눅 2:29-30). 당신이 다시 세상으로 되돌아가야만 할 때, 그분으로부터 멀리 떨어진 이곳에 머물러야 하는 것을 생각하고는 거의 불행하다고 느낄 것입니다. 당신은 오직 이렇게 말함으로써 만족할 수 있습니다. "내 영혼의 태양이시여 나와 함께 거하소서. 당신 없는 이 세상은 어둡고 황량하답니다."

다시 그 질문을 여러분 각 사람에게 제기합니다. 이 중에 "나는 구주를 사랑하지 않습니다"라고 감히 말할 사람이 어디 있겠습니까? 그렇다면 나의 사랑하는 친구여, 그 문제를 직면하라고 당신에게 호소합니다. 당신이 진심으로 그리고 진지하게 그리스도를 사랑하지 않는다면, 당신은 그분께 속하지도 않았고, 하나님의 자녀도 아니며, 오히려 사탄의 자녀입니다. 한 사람이 말합니다.

"그걸 안다고 해서 내게 어떤 위로가 되지 않습니다." 당신의 말이 맞습니다. 나는 당신이 어떤 위로를 찾기를 바라지 않습니다. 지금의 위로는 당신에게 오히려 해로울 테니까요. 좋은 의사는 환자가 즉각적으로 편안해지는 것을 항상 바라지는 않습니다. 그는 환자의 치유를 바랍니다. 예수님께서 당신에게 편안함을 주실 때까지는 나는 당신이 불편함을 느끼기를 바랍니다. 당신이 그 문제로 불행하다는 마음이 들 때까지, 나는 그리스도를 사랑하지 않는 문제로 당신을 부끄럽게 만들고 싶습니다.

나는 당신이 골고다의 십자가 곁에 서서 거기서 피 흘리며 죽어가시는 예수님을 바라보라고 호소합니다. 그러고도 당신이 이렇게 말하겠습니까? "그분이 이 모든 일을 행하셨지만, 나는 그분을 사랑하지 않아." 겟세마네 동산으로 들어가서 그분이 차가운 땅바닥에 땀방울을 핏방울처럼 흘리시는 것을 보며, 또한 그분이 죄인들을 위해 부르짖고 신음하시는 소리를 들어보라고 호소합니다. 그러고도 여전히 당신은 "나는 그분을 사랑하지 않아"라고 말하겠습니까? 십자가에서 내려져 무덤에 누이신 그분을 보며, 그 영광스러운 얼굴에 죽음의 영상이 드리워진 것을 보라고 호소합니다. 원수들을 향한 순수한 사랑으로 그분이 견디신 그 죽음을 보고서도, 당신이 여전히 악하게도 이렇게 말할 수 있습니까? "그럼에도 나는 그분을 사랑하지 않아." 영으로 부활하신 그분을 따라가서 제자들에게 숨을 내쉬며 "평강이 있으라"(요 20:26)고 말씀하신 그분을 보라고 호소합니다. 그러고도 여전히 "나는 그분을 사랑하지 않아요"라고 말할 수 있습니까? 믿음으로 구름을 지나 영광으로 올라가신 그분을 보라고 호소합니다. 나는 당신이 "그분을 사랑하지 않습니다"라고 말하는 동안, 이마에 손을 얹고, 가슴이 터질 듯한 느낌이 되기를 바랍니다. 보좌에 앉으신 그분을 보십시오. 그분이 영광 중에서 수많은 복된 영혼들의 찬미를 받으시는 것과, 모든 수금의 줄들이 아버지 우편에 계신 그분을 찬미하며 울리는 것과, 아버지께서 그분을 기뻐하시는 것을 보라고 호소합니다. 나는 당신이 그 영광의 한가운데 서서, 가슴을 치면서 "아아, 아직도, 이 완악한 마음이 그분을 사랑하지 않는구나!"라고 한탄하는 모습을 보고 싶습니다.

나는 당신이 당신의 방으로 들어가서, 눈물의 홍수 속에 영혼을 쏟기를 바랍니다. 그분이 장차 의로써 세상을 심판하러 오실 것과 믿는 자들의 찬미를 받으실 것을 생각하십시오. 그리고 당신은, 만일 마음이 새로워지지 않는다면, 그분의 크고 흰 보좌를 둘러싼 수많은 무리 가운데 서게 될 것입니다. 그때 당신은 슬피 울며 차라리 태어나지 않았기를 바라면서, 이런 비참한 생각을 하게 될 것입니다. '나는 그분을 사랑하지 않는데, 그분이 나를 심판하러 오셨다. 나는 구원받지 못한 채, 그분의 피로 씻음받지 못한 채, 그분에게서 멀리 떨어져 있구나.' 나는 당신이 그 문제를 지금 생각하라고 호소합니다. 오 사랑하지 않는 마음이여, 주 예수 그리스도를 믿으십시오. 그러면 당신은 당신의 무정한 마음으로부터 구원을 얻을 것이며, 그분을 귀하게 여기게 될 것이며, 또한 그분을 사랑하는 것이야말로 영원한 생명의 최상의 증거임을 알게 될 것입니다.

> "오 피조물의 모든 생각을 뛰어넘은 사랑이여!
> 홍수와 바다로도 끌 수 없는 사랑이여!
> 그 사랑이 죽음을 가로질러
> 인간에게 불멸의 생명을 가져왔도다!
> 당신이 죽은 자들의 마음속에 하늘의 불을 붙이시니
> 거룩한 열망이 타오르나이다.
> 사랑을 위한 사랑으로 우리 영혼이 타오르게 하소서,
> 꺼지지 않는 완전한 사랑으로 타오르게 하소서.
> 당신의 이름을 향한 감미로운 호산나의 노래들이
> 하늘의 지붕을 뚫고 세세토록 올라가나이다."

제
34
장

—

명목상의 그리스도인들 – 실제적인 불신자들

—

"내가 진리를 말하는데도 어찌하여
나를 믿지 아니하느냐?" — 요 8:46

오늘 저녁에는 우리가 주의 성찬에 참여하러 모이기 때문에, 하나님의 백성들의 신앙의 덕을 세울 필요가 있다고 느낍니다. 그래서 나는 우리가 이 아침의 시간을 믿음의 길에서 벗어난 자들을 권면하는데 쓰는 것이 최선이라고 생각합니다. 성령께서 우리의 말을 마치 용사의 화살처럼 사용해 주시길 바랍니다. 그분이 여러분의 마음을 은혜롭게 가르쳐 주셔서 복을 받기에 합당한 최상의 마음이 되게 해 주시길 바라며, 또한 이 귀한 시간이 여러분 가운데 많은 이들에게 구원의 시간이 될 수 있기를 바랍니다. 인간의 도구에 연약한 것이 있겠지만, 나로서는 애정의 결핍이나 숭고한 열심이 결핍되어 있지는 않다고 믿습니다. 오, 성령님께서 나의 연약함을 사용하셔서 이 아침에 그분의 능력을 크게 나타낼 수 있도록 해 주시길 간절히 바랍니다.

사랑하는 친구들이여, 여러분이 아시다시피, 최근에 마치 회오리바람처럼 신앙의 기반을 뒤흔드는 불신앙에 관해 많은 논쟁이 있었습니다. 우리는 「시론과 비평」(*Essays and Reviews*) 같은 책자들에 의해 야기된 사나운 바람을 느꼈고, 그 바람이 채 그치기도 전에, 아프리카 연안에서 불어온 완벽한 태풍이 많은 사람들을 놀라게 했습니다. 머리에 주교관(主教冠)을 쓰고서 모세와 다투는 사람, 교회를 섬기는 자라 공언하면서 교회의 기반을 손상시키는 그 사람의 모순을 비난하는 것에 모두가 동의합니다. 그 뻔한 회의주의자의 가련한 시도에 너무 많은 중요성이 부여되었고, 그래서 실제로는 찻잔 속의 태풍에 지나지 않는 것이 기독교 왕국의 바다를 흔드는 폭풍인 것처럼 과장되었습니다. 내 생각에는, 그 변절한 주교와 그의 동료 줄루(Zulu, 남아프리카 일대의 종족들) 교사들보다 훨씬 더 우리의 호적수가 될 만한 상대가 있습니다.

오, 시온의 파수꾼이여, 더 강력한 적수를 상대하기 위해 당신의 목소리를 아끼고, 우리 이스라엘의 더 막강한 대적을 상대하기 위해 칼을 잘 보관하십시오. 은밀한 불신은, 모든 공개적인 불신앙의 어머니이자 수양부모로서, 감시가 필요하고 또 그 때문에 울어야 할 필요가 있습니다. 이 시대의 공공연한 불신앙에 슬퍼하도록 합시다. 하지만 이보다 더 심각한 불신앙이 있으니, 더욱 부정직하고, 더욱 모순적이며, 더욱 널리 퍼져 있으며, 그 성격상 더욱 기만적인 것입니다. 그런 불신앙은 너무나 감지하기가 어려워 우리가 그것을 체포하여 양심의 법정으로 끌고 오기가 쉽지 않으며, 너무나 불합리하여 그것과 맞서 논쟁하기에도 적절하지 않습니다. 이 "어둠 속에서 활개를 치는 역병"은 놀랍게도 우리의 회중들을 안개처럼 덮고 있고, 그 죽음의 날개로 여러분 중 몇몇 사람의 영혼을 질식시키고 있습니다. 나는 그리스도를 위해 그 영혼들을 얻고 싶습니다. 오늘 나는 이 영혼들의 파괴자의 목록 속으로 뛰어들었습니다. 오, 나의 주님, 제게 힘을 주셔서 그 급소를 찌르게 하소서.

엄숙히, 나는 여러분 중 몇 사람을 희생자로 삼고 있는 저 부정직하고 모순적인 불신앙을 대적합니다. 당신은 하나님의 감동으로 된 성경을 믿는다고 말합니다. 성경의 신적인 권위에 대해서 당신은 어떤 의심도 품고 있지 않습니다. 당신은 우리가 전하는 복음을 참되고, 진실하며, 건전하다고 믿고 있습니다. 하지만 바로 여기에 당신의 모순 혹은 부정직함이 있습니다. 당신은 그것이 참이라고 말하면서도 그것을 믿지 않고 있습니다. 당신은 그것이 하나님께로부터 온 것임을 인정하면서도 실제적으로 그것을 거부하고 있습니다. 당신은 그것이 전적으로 받아들일 만한 것이라는 것에 대해 부인하지 않습니다. 그것이 하나님께로부터 왔고 또한 그것이 너무나 중요한 문제를 다루고 있다면 당연히 그러해야 합니다. 하지만 여러분 중 많은 이들이 실제로는 그것이 당신의 주의를 끝지 못한다 말하고 있으며, 여전히 그 큰 구원을 외면하고 그 사랑의 목소리에 불순종하고 있습니다.

당신의 양심을 탓하기 전에, 나의 청중들이여, 나는 많은 신앙고백자들이 이 본문의 책망을 받을 만하다는 점을 언급하지 않을 수가 없습니다. 왜냐하면 그들이 성경을 믿는다고 말하면서도 그것에 따라 행동하지는 않기 때문입니다. 우리는 단호한 말투로 오직 성경만이 우리 신교도들의 신앙이라고 자랑해 왔습니다. 하지만 그 자랑을 조금 조사해 볼 필요가 있습니다. 신교도들 가운데 결코 성경에서 옹호될 수 없는 많은 것들을 우리는 용인하고 있지 않습니까? 성경이 당신의 종교라고 말하면서, 세례를 위해 유아들을 데리고 오고, 그들의 이마 위에 물을 뿌리거나 그 위로 십자가의 성호를 긋습니다. 또한 신자들을 주님과 함께 장사지낸다고 표현하는 그런 불경스러운 의식은 성경 어디에서 그 근거를 찾을 수 있습니까? 아기에게 물을 뿌리는 것에 대해 전통이 억지스럽고 어설픈 지지를 할 수 있습니다. 하지만 그런 일은 성경에서는 알려지지 않은 새로운 일입니다. 게다가 어디서 그 확증이 오는 것인지 묻고 싶습니다. 성경에 그에 대한 어떤 말씀이라도 있다고 담대하게 단정할 수 있습니까?

아아, 더 나아가 어디서 국교(國敎, State Establishment)라는 것을 발견할 수 있습니까? 진실로 성경에는 없습니다. 우리 주님이 이렇게 말씀하셨기 때문입니다. "내 나라는 이 세상에 속한 것이 아니니라"(요 18:36). 그분의 비세속적인 복음은 국가 종교가 관련된 영적인 간음에 명백히 반대하고 있습니다. 모든 교파들에서, 나는 인간의 개입이 하나님의 계명의 영역을 침해하고 있음을 봅니다. 우리의 신당들을 허물어 버립시다. 그리고 주의 말씀으로 돌아갑시다. 마치 성경이 참이 아닌 것처럼 행동하면서 성경을 믿는다고 말하지 마십시오. 사도들의 시대에 알려지지 않았고 성경에 기록되지 않은 어떤 의식들을 제정하거나 옹호하면서 성경을 믿는다고 말하지 마십시오.

형제들이여 다시 말합니다. 우리의 교회들은 무오한 말씀을 정면으로 직시할 필요가 있습니다. 이것으로써 모든 것을 검증하십시오. 사람들이 어떤 일을 옳다고 말하고서, 그것을 믿으려 합니까? 그것을 실천하려 합니까? 그 기준을 따라 행하려 합니까? 고매한 신앙고백자들이여, 이 세상을 사랑하는 것은 하나님의 원수입니다. 당신은 하나님을 사랑한다고 고백하면서 세속적이며, 세상의 방식과 세상의 사소한 것들을 좋아하고, 어리석은 행동들과 과시를 기뻐하고, 명예와 허세에 굶주려 있습니다. 그러면서도 당신은 이 책(성경)이 참이라고 말합니다! 진실로, 당신의 행동으로써 당신이 그것을 믿는지 아니 믿는지를 입증하십시오. 나는 오늘 이 시대의 유형 교회에 두려운 고발장을 제시하고자 합니다. 하나님 아버지의 뜻을 따라, 나는 이 시대의 유형 교회가 이 악한 세대로부터 건짐을 받지 못했으며, 사람의 계명들을 교리로 가르치고 있다는 주장을 입증하고자 합니다. 그리하여 이 세대의 교회들이 우리 주 예수님의 반박할 수 없는 질문과 신실한 책망에 직면하게 되기를 바랍니다. "내가 진리를 말하는데도 어찌하여 나를 믿지 아니하느냐?"

　비록 이 진술들이 나의 주님께 대한 충성을 요구하기는 하지만, 그것이 한 형제의 허물을 보고 화를 내려는 의도는 아니며, 오히려 충직으로 말미암은 친구의 아픈 책망으로서(잠 27:6), 여러분과 밀접히 관련된 그 문제를 다루고자 합니다. 여러분은 주께서 내게 맡기신 백성입니다. 시내에서 수운 매끄러운 돌로 맞아야 할 저 많은 거인들의 머리들을 보여주었으므로, 이제 나는 여러분의 마음을 겨냥합니다. 오, 나의 주님을 믿지 않는 당신이여!

1. 명목상의 그리스도인들의 모순

　그리스도를 믿지 않는 자들이여, 이 본문은 아주 간결하고도 적절하게 당신의 모순을 보여줍니다.

　"내가 진리를 말하는데도 어찌하여 나를 믿지 아니하느냐?" 만일 당신이 나를 만나서 "나는 회심하지 않았어요. 나는 그리스도를 믿지 않기 때문입니다"라고 대담하게 말한다면, 비록 당신의 처지가 끔찍하기는 하지만 모순되지는 않습니다. 당신이 성경의 영감설에 대해 의심이 있어서 그리스도를 믿지 않는다고 말한다면, 당신의 입장은 확실히 위험하기는 하지만 비열하지는 않습니다. 하지만 당신이 예수 그리스도는 하나님이 보내신 분이시며, 그분의 복음은 하나님이 인간에게 주시는 계시임을 믿는다고 말하면서 여전히 오늘까지 회심하지 않고 있다면, 당신의 입장은 그 엄청난 책임과 위험과는 별도로, 대단히 모순되는 것입니다. 그런 모순은 정직한 사람이라면 부끄러워서 한 시간도 견디지 못할 것입니다. 그 문제를 제대로 인식한다면 당신은 이렇게 말할 것입니다. "나는 더 이상 내 영혼을 향해 거짓말쟁이가 되지 않을 것입니다. 나는 나 자신에게 모순되지 않을 것이며, 말과 행동이 일치하기를 원합니다. 그 일이 사실이기 때문에 나는 그것을 믿을 것입니다."

무엇보다 먼저, 예수 그리스도께서 당신에게 당신의 필요를 보여주셨음을 기억하십시오. 그분은 직접적인 말씀으로 당신에게 거듭남이 필요하다고 말씀하셨습니다. "사람이 거듭나지 아니하면 하나님의 나라를 볼 수 없느니라"(요 3:3). 그 교리를 좀 더 상세히 말씀하시면서 이런 말씀을 더하십니다. "사람이 물과 성령으로 나지 아니하면 하나님의 나라에 들어갈 수 없느니라"(요 3:5). 그분은 당신에게 절박한 필요로서 새로운 출생을 제시하십니다. 당신은 이것이 사실이라고 인정합니다. 이 책이 하나님께로부터 왔다고 하는 당신의 인정은 명백히 이 가르침에 대한 동의입니다. 그러면, 사망에서 생명으로 옮겨오지 않은 당신은 왜 그 거룩한 변화 없이도 여전히 만족하며 머물러 있는 것입니까? 왜 도덕적인 개혁이나 외적인 평판에 만족하고 있는 것입니까? 성경이 분명히 이런 것들이 소용없다는 것을 단언하고 있는데도 말입니다. 저 위대하신 교사께서 당신이 반드시 회심해야 한다고 단언하십니다. 그분의 분명한 말씀을 들으십시오. "네가 회심하고 어린아이처럼 되지 않으면, 너는 결코 하나님 나라에 들어갈 수 없다." 이 일이 옳다고 당신은 인정합니다. 그것이 당신이 경의를 표하는 이 책에 기록되어 있기 때문입니다. 오, 죄인이여, 어찌하여 당신은 회심하지 않은 상태에서 그리도 편안히 있을 수 있단 말입니까? 어찌하여 당신은 거듭나지 못해 천국에 들어갈 수 없는 상태에서도 그리 태평일 수 있단 말입니까? 어쩌면 모든 것이 잘 될 것이라는 생각으로 스스로를 속이지 마십시오. 당신이 회심의 은혜를 경험하지 않고서는 당신이 결코 잘 될 수 없다고 그리스도께서 단언하십니다. 그분이 또한 성경의 많은 예언자들과 사도들의 말을 통해서 빗나간 길에서 돌이켜 하나님께로 돌아와야 한다고 당신에게 말씀하시지 않습니까? 또한 죄에서 떠나 당신의 마음을 달라고 말씀하시지 않습니까? 저 은혜로운 탕자의 비유가 무엇을 의미합니까? 그것이 당신을 묘사하고 있지 않습니까? 당신은 인생을 창기와 함께 소비해 버리고 죄로 비참한 지경에 떨어지지 않았습니까? 당신의 유일한 소망은 당신이 죄를 범하였으나 당신을 사랑하시는 하늘의 아버지께로 신속히 돌아오는 것이라고 그분이 가르쳐 주시지 않았던가요? "내가 일어나 내 아버지께로 가리라", 이것이 당신이 마땅히 해야 할 말이 아니던가요? 이 나라의 시민들이 당신을 위해 무엇을 해 줄 수 있습니까? 그들은 당신을 돼지 치는 들로 보내지만, 당신은 돼지가 먹는 쥐엄 열매로도 배를 채우지 못합니다.

예수님은 그 은혜로운 비유를 통해 당신에게 애정을 가지고 말씀하십니다. "너의 하나님에게로 돌아오라." 오! 이것이 사실이라면, 당신이 그렇게 말한다면, 그것을 믿으십시오. 그러면 아버지 집으로 향하고자 하는 갈망이 생길 것이며, 즉시로 아버지 집을 향해 달려갈 것입니다. 우리가 악을 혐오하고 온 마음과 뜻을 다해 주님께로 향해야 하는 것이 올바른 일이 아닙니까? 당신은 대답합니다. "맞습니다, 확실히 그렇습니다." 그렇다면 그것을 믿고 그 믿음대로 행해야 하지 않겠느냐고 나는 대꾸합니다. 사랑하는 친구들이여, 당신이 집으로 돌아가는 길에서 어떤 유명하고 존경을 받는 의사를 만났을 때, 그가 당신에게 애정을 가지고 그러면서도 엄숙하게 당신 속에 무서운 질병이 있음을 알려주었다고 가정합시다. 만일 당신이 그의 경고를 믿는다고 인정하면서도 병을 치료하기 위해 아무 행동도 취하지 않고, 근거 없는 끔찍한 확신으로 전적으로 무관심하게 지낸다면, 당신에게 이렇게 묻는 것이 옳을 것입니다. "어떻게 당신은 명백하게 그것을 믿지도 않으면서, 그것이 사실이라고 말할 수 있습니까?" 오 나의 청중이여, 그리스도께서 나를 통해 당신에게 말씀하시는 것처럼, 당신에게 이 질문을 제기합니다. 당신은 솔직한 사람으로서, 이 성경책이 당신의 머리 전체가 병들었고 마음 전체가 무기력하다고 말하며, 당신이 죽어가고 있으며, 당신에게 은혜의 역사가 없고, 당신은 전적으로 잃어버린 자라고 경고할 때에, 이 책을 참되다고 인정할 수 있습니까? 내 말뜻은 이런 것입니다. 당신은 이 일들이 사실이라고 인정하면서, 어떻게 당신의 무감각과 무관심으로 실제로는 그것들을 믿고 있지 않음을 입증할 수 있단 말입니까? 하나님께서 이 질문을 당신 마음 깊은 곳에 새겨 주시길 바랍니다!

우리 주 예수 그리스도께서는 단지 당신의 필요를 드러내기 위해 오신 것이 아니며, 그분의 요구를 공표하시기 위해 오셨습니다. 나사렛 예수의 요구는 베드로의 말로 간략히 요약될 수 있습니다. "너희가 회개하고 돌이켜 너희 죄 없이 함을 받으라. 이같이 하면 새롭게 되는 날이 주 앞으로부터 이를 것이라"(행 3:19). 그분은 회개를 요구하십니다. 즉 마음의 변화로서, 죄와 관련된 당신의 마음의 변화이며, 죄의 쾌락을 더 이상 추구하지 않고 오히려 그것을 멸시하고 그것으로부터 돌이키는 것입니다. 거룩함과 관련한 마음의 변화로서, 그 속에서 당신의 행복을 추구하는 것입니다. 그리스도와 관련한 마음의 변화로서, 그분을 더 이상 고운 모양도 없는 분으로 보는 것이 아니라 오히려 당신이 필요로 하는 가장 귀한 구주로서 바라보는 것입니다. 죄인이여, 그리스도께서는 자기 의(self-righteousness)라고 하는 모든 장식물들을 떼어내기를 당신에게 요구하시며, 겸손의 베옷을 입고, 참회의 재를 머리에 뿌리며 이렇게 외치기를 요구하십니다. "부정하다! 부정하다! 부정하다!" 또한 그분은 당신에게 **믿음**을 요구하십니다. "회개하고 복음을 믿으라"(막 1:15). 계명은 우리가 하나님의 보내신 자 예수 그리스도를 믿는 것입니다. 유대인들이 말했습니다. "우리가 어떻게 하여야 하나님의 일을 하오리이까"(요 6:28). 그리스도께서 말씀하셨습니다. "하나님께서 보내신 이를 믿는 것이 하나님의 일이니라"(요 6:29). 예수님은 죄를 깨끗하게 하실 유일한 분으로서 그분을 영접하는 믿음을 요구하십니다. 마음을 속량하시고 소유하실 유일한 분으로서 그분을 받아들이는 믿음을 요구하십니다. 친구여, 당신은 다름 아닌, 바라보고 구원을 얻으라고 당신에게 명령하시는 하나님의 아들을 믿습니다. 그 하나님의 아들이 십자가에 못 박히신 것과, 그분이 당신에게 죄를 버리고 당신을 깨끗하게 할 피를 믿으라고 사랑으로 요구하신다는 것을 믿습니다. 예수님이 당신에게 이렇게 말씀하십니까? 이런 것이 폭압적인 제사장 제도의 지키기 힘든 요구사항인가요, 아니면 부드럽고 자애로운 사랑의 요구인가요? 당신에게 믿고 구원을 얻으라고 명령하시는 분이 단지 사람입니까? 아니면 "그 안에 신성의 모든 충만이 육체로 거하시는"(골 2:9) 구속자이십니까? 만일 믿으라는 요구가 옳고 정당하다면, 왜 당신은 거기에 응하지 않는 것입니까? 어떤 연유로 당신의 마음은 그리 굳었습니까? 왜 당신은 당신에게 호소하고 설득하는 사랑에 저항하는 것입니까? 오, 구주의 진리를 알고서도 그분을 믿지 않는 저 이상한 모순이여! 오, 그분의 요구의 효력을 인정하면서도 정작 그 요구에 응하는 일에는 무관심한 부끄러운 부정직함이여! 그 요구의 정당성을 인정하면서도 마음으로 따르기를 거부하는 것은 당신 스스로 기만적이고 불의한 자라고 깎아내리는 셈입니다. "내가 진리를 말하는데도 어찌하여 나를 믿지 아니하느냐?"

더 나아가, 그리스도께서는 당신의 영혼을 치유하기 위해 오셨습니다. 그리스도께서는 불가능한 복음 곧 죄인들이 도달할 수 없는 것을 전하지 않으셨습니다. 그분은 실제적이고, 준비되었으며, 획득 가능한 구원을 제시하셨습니다. 사랑하는 이여, 그분은 인간에게 좋은 소식을 전하기 위해 오셨습니다. 가장 비참한 죄인이라도 전적으로 받아들일 수 있는 큰 기쁨의 소식입니다. 이것이 그 복음의 내용입니다. 하나님께서는 죄인의 죽음을 원하지 않으셨고, 오히려 그분에게로 돌이켜 살기를 원하셨습니다. 은혜와 공의를 모두 충족시키기 위해 하나님의 사랑스러운 아들이신 그리스도께서 경건하지 않은 자들을 위해 희생되셨습니다. 의로운 자가 의롭지 못한 자를 위해 죽으신 것이며, 범죄한 우리를 하나님께로 이끌기 위해 죽으신 것입니다. 그럼으로써 그분은 누구든지 그를 믿는 자는 멸망하지 않고 영생을 얻도록 하셨습니다. 이것이 복음입니다. 추운 눈의 지방 최북단의 라플란드(Lapland)에서부터 야자수가 열리는 열대 지역에 이르기까지 모든 인간에게 전파되는 복음입니다. 죄인들이 있는 곳이라면 모든 곳에서 공표된 복음입니다. 예수 그리스도께서 죄인을 구하시려고 세상에 오셨으므로, 죄인 중의 괴수라 할지라도, 그분을 믿는 믿음의 행위로 영혼을 구원할 수 있습니다. 그분에 대한 단순한 믿음으로 그 영혼이 모든 죄로부터 구원을 얻는 것입니다. 나의 친구들이여, 당신은 이것이 사실이라고 공언합니다. 오 나의 청중이여, 여러분 중에 지극히 소수만이 이 복음의 진실성을 의심합니다. 주일마다 이 좌석에 앉는 여러분 중 대다수는 그에 대해 어떤 의문이나 난점을 제기하지 않습니다. 당신은 말합니다. "우리 목사님이 우리에게 복음을 전해 주셨습니다." 하지만 오, 만일 이것이 진실이라면, 왜 당신은 그것을 믿지 않습니까? 만일 하나님이 지명하신 확실한 치유책이 있다면, 왜 당신은 그것을 받아들이지 않습니까? 오 선생들이여, 회개하지 않는 한, 당신의 이 저주받을 모순이 불가피하게 당신의 영혼을 파괴할 것입니다. 그것을 전적으로 부인한다면, 나는 비록 슬피 울기는 하더라도 당신의 태도를 이해하겠습니다. 하지만 그것이 참되다고 말하면서도 그것을 거부한다면, 당신의 어리석음은 너무나 지독하여, 마침내 마귀가 당신의 동료가 되고 저 영원히 타는 곳이 당신의 영원한 거처가 될 때, 지옥의 웃음거리밖에 되지 않을 것입니다. 어떻게 그럴 수 있습니까? 당신은 지옥의 입구에 매달려 있습니다. 불꽃이 당신의 얼굴에 어른거립니다. 당신을 구할 수 있는 강한 손을 내밀어도 당신은 그것을 붙들기를 거절합니다. 또한 그 손이 당신을 억지로 붙들지 않는다면 당신은 계속해서 그 손을 거절할 것입니다. 멸망으로 떨어지는 이여! 당신을 치료할 약이 제공되었지만 당신은 그것을 거절하는군요. 그 치료의 효력을 알면서도 그것을 받지 않는군요! 당신은 그것을 믿지 않습니다. 당신의 마음속에는 불신앙이 자리잡고 있습니다. 이전에 당신은 공공연한 불신자들을 비난하였지만, 당신 자신의 마음을 살펴보십시오. 당신이 그들보다 나은 것이 무엇인지 알아보십시오. 당신의 죄는 그들의 죄보다 더욱 변명할 여지가 없고, 당신의 상태는 그들의 상태보다 더 가망이 없지 않습니까?

사랑하는 친구들이여, 우리의 복되신 주님은 은혜를 값없이 주기 위해 오셨습니다. 오! 그리스도께서 전하신 복음에는 아낌없는 시혜(施惠)가 있습니다! 어떤 차가운 신학도 그분의 입술을 얼게 하지 않았고, 그분의 말씀은 어떤 고드름처럼 매달리지 않았습니다. 그분의 입에서는 생수의 강이 흘러나왔습니다. 이보다 더 큰 관대함이 어디 있습니까? "수고하고 무거운 짐 진 자들아 다 내게로 오라 내가 너희를 쉬게 하리라"(마 11:28). 혹은 이보다 더 도량이 넓은 초대가 어디 있습니까? "누구든지 목마르거든 내게로 와서 마시라"(요 7:37). 혹은 그분의 종 요한의 입술을 통해 주신 이 말씀보다 더 은혜로운 말씀이 어디 있습니까? "원하는 자는 값없이 생명수를 받으라"(계 22:17). 오! 나로서는 이런 초대를 반복할 필요가 없습니다. 그보다는 오히려 당신이 그 초대를 참되고 진심어린 하나님의 초대라고 인정했다는 점을 상기시키고 싶습니다. 그런데 왜! 왜 당신은 그 초대들을 믿지 않는 것입니까? 당신은 말합니다. "예, 그것은 값없이 제시된 것입니다. 나는 그에 대해 의심하지 않습니다." 그러면 무슨 이유로 당신은 떨면서 영생을 붙잡기를 거부하고 있는 것입니까? 영혼이여, 만일 이 복음 주위에 가시덤불 울타리가 있고 또 총검을 든 군사들이 지키고 있다면, 나는 당신에게 서 있는 그 자리에서 도망치라고 권할 것입니다. 하지만 문이 열려 있고, 피 흘리신 사랑의 옷을 입으신 그리스도께서 당신에게 오라고 부르실 때, 그것이 참되다고 말하면서도 믿지 않는 당신을 위해 내가 어떻게 변명할 수 있겠습니까? 하나님께서 당신에게 지혜를 주시기를, 당신의 이성을 바른 이치로 깨우쳐주시길 빌 뿐입니다.

더 나아가, 예수 그리스도는 거듭나지 않은 영혼들의 위험에 대해 매우 분명하게 묘사하셨습니다. 그분이 어떻게 표현하시는지 들어보십시오. "거기에서는 구더기도 죽지 않고 불도 꺼지지 아니하느니라"(막 9:48). 그분이 무익한 종에 대해 어떻게 말씀하시는지 들어보십시오. "이 무익한 종을 바깥 어두운 데로 내쫓으라 거기서 슬피 울며 이를 갈리라"(마 15:30). 최후의 재판장이신 그분이 천둥 같은 음성으로 왼편의 염소들을 어떻게 묘사하시는지 들어보십시오. "저주를 받은 자들아 나를 떠나 마귀와 그 사자들을 위하여 예비된 영영한 불에 들어가라"(마 25:41). 어떤 설교자도 나사렛의 예수님처럼 미래의 심판에 대해 그 토록 무섭게 묘사한 적이 없습니다. 어떤 목사도 그리스도께서 제시하신 것처럼 지옥에 대해 그토록 생생하고 끔찍하게 묘사한 적이 없습니다. 당신은 예수님의 말씀을 믿는다고 말합니다. 당신은 사랑의 구주가 과장되었다고 의심하지 않습니다. 오 나의 청중이여, 나는 이제 하나님의 이름으로 묻습니다. 그것이 사실이라면, 왜 당신은 그것을 믿지 않는 것입니까? 당신은 그것을 믿지 않고 있으며, 그것은 매우 분명합니다. 젊은이여, 당신은 오늘 아침에 한순간에 지옥에 떨어질 수 있다는 것을 진정으로 믿고서도 여전히 자리에 조용히 앉아 있겠습니까? 노인이여, 세월과 죄 속에서 오랜 시간을 보낸 이여, 당신과 지옥 불꽃 사이가 불과 한 걸음 차이라는 것을 알고 믿으면서도 여전히 가만히 있을 수 있겠습니까? 오! 예수님 안에 있는 소망을 가지고 있지 않으면서도 즐거울 수 있는 모든 사람들이여, 하나님의 진노가 당신 위에 머물러 있다는 것을 정말로 믿고서도 그럴 수 있을까요? 지옥 불못이 이토록 가까운데도, 당신은 그토록 경박스럽군요! 죽음과 저주가 당신의 문 앞에 있는데, 당신은 여전히 시시한 농담이나 하고 있군요! 당신이 미친 것을 보고 내 영혼은 두려움으로 가득합니다. 곧 당신을 덮칠 파멸에 대한 고뇌로 내 마음은 터질 것 같습니다. 당신에게 무어라고 말해야 할까요? 당신에게 어떻게 설득해야 할까요? 분명 하나님의 진노의 천둥소리도 당신을 깨울 수 없다면, 당신은 지옥 가장 밑바닥에서 잠들게 될 것입니다.

형제들이여, 이 말을 더하고 싶습니다. 그리스도께서는 불멸과 영원한 생명과 천국의 소망에 빛을 비추셨습니다. 하나님의 말씀이 내세의 복된 상태에 대해 얼마나 생생하게 묘사하고 있는지요! 천사들의 수금에서 울려 퍼지는 음악소리가 어떠합니까! 모든 천사들의 표정에서 어떠한 기쁨이 빛을 발하고 있는지요! 새 예루살렘 거리 가운데 있는 생명수의 강을 따라 얼마나 고상한 축복이 흘러나오는지요! 당신은 하나님의 책의 시에 감탄하며, 그 광경의 비할 데 없는 묘사에 탄복합니다. 당신은 예수님께서 우리 눈이 본 적이 없고 우리 귀가 들은 적이 없는 것을 드러내셨다고 믿습니다. 그런데 당신은 왜 믿지 않는 것입니까? 당신이 그것을 믿는다면 그것을 추구할 것입니다. 그 좁은 문으로 들어가기 위해 애를 쓸 것입니다. 썩지 않는 양식을 위하여 수고할 것입니다. 하나님의 성령이 다가올 세상을 귀하게 여기도록 당신을 이끄실 것입니다. 당신은 이 덧없는 세상에 발을 디디고 있어도, 주를 사랑하는 자들에게 장차 나타날 영광을 바라보며 그것을 향해 발걸음을 재촉할 것입니다. 이 모든 것의 요약은 우리 주 예수님께 대한 지대한 관심입니다. "내가 진리를 말하는데도 어찌하여 나를 믿지 아니하느냐?" 그리스도께서 거짓말쟁이가 아니라면, 그분의 말씀이 거짓이 아니라면, 어찌 당신이 여전히 지금 그대로 있을 수 있단 말입니까? 불경건하고, 경솔하며, 회심하지 않는 남자들과 여자들이여? 성령께서 당신을 강권하셔서 이 탐사적인 질문에 주의를 기울이도록 하시기를 빕니다.

2. 명목상 그리스도인의 변명과 그에 대한 반박

당신은 당신의 모순에 대해서 변명하고 방어합니다. 하지만 나는 당신의 변명이 이치에 맞지 않는다고 대답합니다.

한 사람이 이렇게 말하는 것을 듣습니다. "선생님, 저는 그리스도께 올 자격이 없다고 느낍니다. 하나님의 계시는 참되지만, 나의 필요를 제대로 느끼지 못해 그리스도를 믿지 않고 있습니다." 나는 이것이 변명이 되지 못하며, 변명이라기보다는 차라리 죄의 증거라고 대답합니다. 당신은 그리스도께서 당신에 대해 말씀하신 것을 믿지 않고 있습니다. 하나님의 말씀은 여러 곳에서 당신의 처지가 끔찍하고 한탄스럽다고 당신에게 알려 줍니다. 만일 당신이 이것을 믿는다면 당신이 그것을 느끼지 못한다고 결코 불평하지 못할 것입니다. 몸과 관련한 문제에서, 우리는 먼저 느낀 다음에 믿습니다. 내 손이 아픈 것을 느끼고, 그러므로 내가 상처를 입었다는 것을 믿습니다. 하지만 영혼과 관련된 문제에서는 먼저 믿고 그 후에 느낍니다. 자녀를 잃은 여인은 자신이 자녀를 잃은 것을 믿기까지는 슬픔을 느끼지 못합니다. 큰 유산을 상속받게 된 젊은이는 그가 그것을 물려받게 된 것을 믿기까지는 큰 기쁨을 느끼지 못합니다. 사랑하는 어머니가 자녀를 잃었다고 믿고서 울지 않기란 불가능합니다. 혹은 야심 찬 젊은이가 갑작스럽게 부자가 된 것을 믿고서 기뻐하지 않을 수가 없습니다. 자, 당신의 마음이 거짓되다고 성경이 말하는 것을 당신이 진정으로 믿는다면, 하나님께서 죄를 끔찍하게 혐오스럽게 간주하신다는 것을 당신이 진정으로 믿는다면, 당신은 필연적으로 죄를 자각하고 회개할 필요를 느낄 것입니다. 아아! 하나님의 영이 이런 일에 대한 진정한 믿음을 주실 때에만 당신은 진지하게 회개할 수 있습니다. 당신 마음의 완고함의 진정한 뿌리는 당신이 참되다고 인정하는 것을 믿지 않는 것에 있습니다. 당신은 성경이 참되다고 말하면서, 성경이 말하는 것과 다른 말을 하고 있습니다. 오! 이 모순이 당신의 마음을 찌르기를 바랍니다! 당신은 참되다고 말하는 것을 믿을 수 없다고 말합니다. 그렇지 않다면 당신은 즉시로 죄를 자각하고 노심초사하게 되었을 것입니다.

당신은 두 번째의 변명을 제시합니다. "하지만 목사님, 나는 믿음이 어떻게 나를 구원하는지 이해하지 못하겠습니다." 이것 역시 변명이 되지 못합니다. 당신의 의심의 바탕은, 결국 성경이 계시하는 것을 믿지 않는 것이기 때문입니다. 정직하게 당신이 정말 하고 싶은 말을 표현하자면 이런 말일 것입니다. "믿음을 통한 구원이라는 성경의 증언은 참되지 않습니다." 만일 의도적인 불신앙이 아니라 무지로 인한 것이라면, 나로서는 애정을 가지고 이 거침돌을 제거하고 싶습니다. 당신은 믿음이 어떻게 당신을 구원할 수 있는지 이해하지 못하겠다고 말합니다. 믿음 그 자체가 당신을 구원하지 않는 것임을 당신은 알지 못합니까? 믿음이 구원한다는 것은 그 믿음이 붙드는 것 때문입니다. 그리스도께서 그분을 믿었거나 혹은 그분을 믿고자 하는 모든 살아 있는 사람들을 위하여 가까이 서 계십니다. 그분은 그들의 죄를 짊어지셨고, 그 죄로 인해 징벌을 당하셨습니다. 그러므로 그분을 믿는 자들은 그분이 고난당하신 결과의 혜택을 입게 됩니다. 믿음 자체가 구원할 수 있다고 말하는 것은 불합리합니다. 하지만 믿음의 대상, 즉 고난당하신 구주께서 구원하실 수 있다는 것은 전혀 불합리한 가르침이 아닙니다. 만일 당신이 이 문제와 관련하여 성경이 말하는 바를 진정으로 믿는다면, 당신은 다시는 "어떻게 믿음이 구원할 수 있는지 이해하지 못하겠다" 고 하는 식의 반대를 제기할 수 없습니다. 당신은 행위를 선호한다고 말합니다. 하지만 성경은 율법의 행위로는 어느 누구도 결코 의롭게 될 수 없다고 당신에게 수없이 말하며, 그에 더하여 말하기를, 당신의 모든 의는 누더기에 불과할 뿐이라고 선언합니다. 그러므로 그런 면에서의 모든 희망은 무너진 것입니다. 당신은 성경이 참되다고 인정하면서, 당신 자신의 행위로 구원 얻기를 바라고 있군요! 이는 흑을 백이라 말하는 것이고, 하나님을 거짓말하는 분으로 여기는 셈이며, 그러면서 동시에 그분을 진리의 하나님으로 칭송하고 경배하는 것과 같습니다. 죄인이여, 당신이 성경을 믿는다면, 그리스도를 믿는 자는 정죄를 당하지 않는다는 것과, 또한 믿지 않는 자는 하나님의 아들을 믿지 않으므로 이미 정죄를 받았다는 것이 대낮처럼 명백해질 것입니다.

당신은 이런 말로 반박하는군요. 즉 당신이 복음에 약속된 선한 것들을 오랫동안 생각해 왔지만, 단순히 그리고 오로지 믿기만 한다는 것은, 너무 좋아서 믿기가 어렵다는 말입니다. 당신은 잃어버린 죄인이며 또한 매우 비참한 범죄자라고 의식하기 때문에, 바로 이 아침에 그리스도를 믿기만 하면 모든 죄가 용서받을 수 있다고 믿는다는 것은 주제넘은 일이라고 말합니다. 좋습니다. 친구여, 당신은 아주 겸손한 사람처럼 말하는군요. 하지만 실제로 당신은 매우 교만한 것 같습니다. 당신을 붙들고 좀 더 이야기를 하게 해 주십시오. 사랑하는 친구여, 이 모든 말이 무엇을 의미합니까? 하나님을 매우 인색한 분으로 생각한다는 말이 아닙니까? 나는 당신이 스스로에 대해서는 그리 인색한 사람으로 생각하지 않는다고 믿습니다. 당신은 하나님을 인색하게 생각합니다. 당신은 그분이 자비가 거의 없는 분이라고 생각하며, 적어도 당신이 필요로 하는 만큼의 자비를 베풀지 않으실 것이라고 생각합니다. 그런 식으로 당신은 이스라엘의 거룩한 분을 제한하고 있습니다. 하지만 나는 성경 본문에 근거해서 당신에게 반박하고자 합니다. 당신은 이 책(this Book)이 참되다고 인정합니다. 아주 좋습니다. 자, 주님께서 즉각적으로 그리고 직접적으로 약속의 말씀을 선언하시지 않았습니까? 비록 당신의 죄가 "주홍 같을지라도 눈과 같이 희어지고, 진홍 같이 붉을지라도 양털 같이 희게 되리라"(사 1:18)고 선언하시지 않았습니까? 아무리 중한 죄라 할지라도, 그리스도를 믿는 자를 저주하지 못합니다. 나는 당신이 복음을 바르게 읽으라고 호소합니다. 당신은 은혜의 위대성을 의심의 근거로 삼아서는 안 됩니다. 그 일은 크지만, 하나님께는 그리 큰 일이 아닙니다. 하늘이 땅보다 높음 같이, 그분의 길은 당신의 길보다 높고 그분의 생각은 당신의 생각보다 높습니다.

하지만 당신은 그 약속이 당신에게 주어진 것임을 확신하지 못하겠다고 대답하는군요. 죄인이여, 내가 당신에게 인내심을 잃어서는 안 될 것입니다. 하지만 나는 당신이 스스로에 대해 인내심을 잃었으면 좋겠습니다. 이런 일은 무익한 행동이기 때문입니다. 당신은 성경이 참되다고 말합니다. 선생이여, 당신이 그것을 참되다고 말하고서, 성경이 당신에게 주어진 것이며 그 목적이 당신을 구원하기 위한 것임을 알지 못한단 말입니까? 요한복음 20장에서 무어라고 말하고 있습니까? "오직 이것을 기록함은 너희로 예수께서 하나님의 아들 그리스도이심을 믿게 하려 함이요 또 너희로 믿고 그 이름을 힘입어 생명을 얻게 하려 함이니라"(31절). 나는 확신합니다. 하나님께서 이 책을 당신에게 보내신 것은 당신과 게임을 하기 위한 것이 아니며, 당신이 구원을 얻도록 하기 위해서입니다. 그런데 당신은 어떻게 그 초대가 당신을 포함하지 않는다고 말할 수 있단 말입니까? 그것이 당신을 배제하고 있습니까? 복음이 당신에게 전파된 것이 아닙니까? "너희는 온 천하에 다니며 만민에게 복음을 전파하라"(막 16:15)고 말하고 있지 않습니까? 당신은 만민 중에 속하지 않습니까? 당신은 거기에서 빠져나올 수 있습니까? 영혼이여, 당신은 복음이 만민에게 전파되는 것을 알고 있고, 하나님의 아들을 믿지 않는 자는 이미 정죄를 받았다는 것을 알고 있으며, 그래서 복음이 당신에게 보내어진 것임에 틀림없다는 것을 알고 있습니다. 당신은 당신의 필요를 느끼지 못하고, 그래서 준비가 되지 않았다고 말합니다. 하지만 준비를 요구한 적이 없습니다. 당신은 이런 점을 느끼지 못하고, 저런 점을 느끼지 못한다고 말하지만, 그분이 어떤 준비를 느끼라고 당신에게 요구하신 적이 없습니다. 이 모든 것은 그분의 은혜의 선물입니다. 매 주일마다 여기서 전파되는 복음은 있는 그대로의 당신을 향한 것입니다. 각성한 죄인으로서가 아니라 그냥 죄인으로서, 죄를 자각한 죄인으로서가 아니라, 헐벗고 가난하고 무기력한 죄인으로서 당신을 향한 것입니다. 당신은 우리가 진리를 말한다고 알고 있습니다. 그런데 왜 당신은 우리가 당신에게 하는 말을 믿지 않는 것입니까? 그리스도께 오는 자는 결코 내쫓지 않는다는 이 복음의 말씀을 받아들이지 않는 것입니까?

아! 당신은 이 문제를 생각할 것이지만, 아직 때가 오지 않았다고 말합니다. 다시 대답합니다. 당신은 성경을 참되다고 믿지 않고 있습니다. 성경이 묘사하고 있듯이 인생은 짧고, 죽음은 확실하며, 영원은 가깝습니다. 당신이 빠져들 무서운 지옥이 있으며, 또한 당신이 잃어버릴 밝고 영광스러운 천국도 있습니다. 이 모든 것을 정녕 당신이 믿는다면 이렇게 외칠 것입니다. "주여, 구원하소서. 그렇지 않으면 제가 멸망하겠나이다." 천사의 손이 롯을 재촉하여 불타는 도시에서 벗어나도록 했을 때처럼, 이런 일에 대한 깊은 자각이 당신을 재촉하여 피난처인 십자가로 가게 만들 것입니다.

아! 내가 서두에 말했듯이, 오늘은 이 은밀한 불신앙을 죽이기 위해, 공개적인 불신앙에 대해서는 조금 덜 신경을 쓸 것입니다. 당신은 왜 사람들이 공개적으로 무신론자가 되는지를 압니다. 그것은 그들이 내적인 불신앙을 변호하고 싶기 때문입니다. 사람에게 약간의 정직성이 있고, 그것이 약간의 교만과 섞이게 될 때, 그들은 스스로 궁리하며 이런 주장을 내세우기 시작합니다. "지금 나는 내 죄를 너무 사랑하기 때문에 그것을 포기할 수가 없어요. 성경은 참됩니다. 하지만 그것은 내게 회개와 믿음과 내키지 않는 여러 가지 일들을 요구합니다. 만일 내가 그 오랜 책을 참되다고 말하고서 거기에 주의를 기울이지 않는다면, 나는 모순될 것입니다. 나는 적어도 한 가지 미덕을 가져야겠습니다. 나는 일관된 입장이길 원합니다. 나는 성경의 권위를 부인할 것이며, 비록 양심이 나를 찌르긴 하지만, 사람들 앞에서 내 행동과 말이 일치한다는 평판을 얻고 싶습니다." 선생이여, 나는 당신이 이런 사람과 같지 않아서 좋습니다. 하지만 이 말을 하지 않을 수 없군요. 우리는 가장 심각한 불신자 중의 몇 사람이 이 기도의 집에서 회심한 것을 보았습니다. 반면 다른 사람들은 여전히 복을 얻지 못한 상태에 있는 것도 봅니다. 우리는 한때 하나님을 믿지도 않고 성령의 영감설도 의심하던 사람이 세례를 받는 것을 많이 보아 왔습니다. 하지만 이 모든 와중에도, 당신은 그 말씀이 참되다고 말하면서도 그것을 믿지 않습니다. 그래서 나는 당신을 거의 포기할 준비가 되어 있습니다. 당신은 병상에 누웠을 때 우리가 심방한 어떤 사람들과 같습니다. 그들은 말합니다. "예, 목사님." 우리가 말하는 모든 것에 대해 "예, 목사님"이라고 합니다. 그들은 입으로는 "예, 목사님"이라고 하지만, 마음으로는 "아니요, 목사님"이라고 합니다! 그런 상태에서 그들은 죽고, 저주를 받습니다. 당신의 행동이 이와 똑같습니다. 당신은 "예, 목사님, 예, 목사님, 예, 목사님"이라고 말하지만, 회개하지도 않고 믿지도 않습니다. 당신은 살아있지만, 하나님 없이 죽게 될 것이 나는 두렵습니다.

3. 진리를 미워하는 명목상의 그리스도인

또한, 나는 또다른 면에서 당신의 양심을 겨냥합니다. 친구여, 친구여, 내가 엄숙한 진리를 말할 때에 나에 대해 언짢아하지 마십시오. 45절에서 예수님은 왜 어떤 사람들이 그분을 믿지 않는지에 대한 이유를 제시하십니다. 그것은 아주 불합리한 이유입니다. "내가 진리를 말하므로 너희가 나를 믿지 아니하는도다." 저런! 그것은 그들이 믿어야 하는 이유가 되어야 하지 않습니까? 이제 나는 여러분 중 일부가 단지 그것이 진리이기 때문에 그것을 믿지 않는 것이 아닐까 염려됩니다. 나의 청중이여, 여러분 중 어떤 사람들은 진리를 미워합니다. 이렇게 말합니다. "그것은 너무 가혹합니다. 그것은 참되지 않습니다." 나는 아무리 좋은 의도라 하더라도 거짓되고 싶지는 않습니다. 나는 영혼을 구원하기 위한 의도라 하더라도 거짓말을 해서는 안 된다고 생각합니다. 하지만 그것은 진실이며, 엄숙한 진실입니다. 이제 나는 성경이 가르치는 대로 진리의 일부분을 말할 것입니다. "사람이 무엇으로 심든지 그대로 거두리라"(갈 6:7). 이 말씀은 당신이 계속해서 죄를 심으면 죄의 결과를 거두게 되리라는 것을 잘 가르쳐 주고 있습니다. 만일 하나님의 은혜가 개입하여 당신으로 하여금 오른눈으로 짓는 죄를 버리도록 하고 오른손으로 짓는 정욕의 죄를 끊어버리게 하지 않는다면(참조. 마 5:29-30), 당신은 멸망할 것입니다. 이것이 당신이 미워하는 진리입니다. 주일에 여기에 오는 사람은 종종 양심의 가책을 받지만, 그가 여전히 술에 취하고, 여전히 은밀한 술주정꾼으로 머문다면, 그는 이 진리를 미워합니다. 또 다른 사람은 말씀에 귀를 기울이고 종종 눈물을 흘립니다. 그런데 그가 아무도 보는 이가 없다고 생각하는 한밤중에 죄를 범할 때, 아니 심지어 지금 내가 그의 악을 심하게 압박할 때, 그는 진리를 좋아하지 않습니다. 당신은 이 아침에 여기서 내 말에 귀를 기울입니다. 하지만 오늘 오후에, 하나님의 날에 점포 일로 분주할 당신이나, 또한 거래 장부를 보여주느니 차라리 지옥의 불꽃을 쳐다보는 것이 낫다고 생각하는 저기 당신도, 진리를 미워합니다. 그럴 거라고 나는 확신합니다. 이 모든 것을 포기해야 한다고 하는 가르침을 당신은 혐오합니다. 당신은 그 가르침을 실천하지 않음으로써, 그것을 좋아하지 않는다는 것을 입증하고 있습니다. 어떤 사람은 심지어 이렇게 말합니다. "아! 저 설교자는 청교도적이야! 저 사람은 너무 엄격하고, 너무 세밀하게 따진단 말이야." 아닙니다. 실상은 이렇습니다. 그것이 진리이기 때문에 당신이 그것을 믿지 않는 것입니다.

　나의 친구들이여, 바리새인들은 하나님의 진리를 고의적으로 미워했습니다. 한 사람이 이렇게 말하는 것 같군요. "나는 그렇지 않습니다. 나는 당신이 설명한 의미에서, 그것을 거부하면서 죄 가운데 행했다는 의미에서 진리를 싫어했다고 말할 수 있습니다. 하지만 의도적으로 그렇게 한 것은 아닙니다." 아, 하지만 당신이 어떤 의도적인 행동을 취할 때 그것이 얼마나 오래 걸립니까? 나는 지금껏 여러분에게 구 년 동안을 설교해 왔습니다. 구 년입니다! 그런데도 당신은 여전히 그대로입니다! 그것이 의도적인 것이 아닙니까? 여러분 중 어떤 이들은 복음을 사십 년간이나 들어왔으면서도 여전히 거듭나지 않은 상태로 머물러 있고, 죄 속에서 거하는 삶으로써 진리를 미워하고 있음을 스스로 증명하고 있습니다! 그것이 의도적인 것이 아닙니까? 그리고 당신, 젊은이여, 당신은 주일에 깊은 감명을 받고 바로 그 날 하나님께 항복해야겠다고 느꼈습니다. 당신은 이 예배당의 기둥 아래에 서서 자신의 영혼을 향해 말했습니다. "사느냐 죽느냐, 그것이 문제로다." 한 동료가 당신을 만나서, 당신이 예배 때 받은 인상이 채 가시기도 전에 죄의 소굴로 함께 가자고 요청합니다. 그러자 당신은 어떻게 할까를 저울질하다가 고의적으로 죄를 택하고 저주의 길을 선택합니다. 하나님이 당신에게 이렇게 말씀하시지 않도록 주의하십시오. "네가 스스로 거짓된 길을 선택했으니, 나도 너를 버리되 영원히 버리리라." 나는 당신에게 나단의 담대함으로 이렇게 추궁합니다. 당신은 고의적으로 하나님의 진리를 멸시하는 길을 택했습니다.

당신은 이렇게 말합니다. "하지만 바리새인들은 그것을 비웃었습니다." 예, 하지만 당신도 다르지 않습니다. 여기에 규칙적으로 모든 신성한 것을 조롱하는 자들이 있을 수 있습니다. 오늘 아침에는 내가 그런 사람과 할 일이 거의 없습니다. 그는 자기의 죄를 측량할 것이며, 그에 대해 대가를 치를 것입니다. 하지만 매 안식일마다 여기에 앉아 있는 당신, 그리고 호소를 들으면서도 거부하는 당신, 그리스도께서 당신에게 말씀하시는데도 그분을 쳐다보지 않는 당신, 그분의 고난과 그분이 흘리신 피에 대한 말씀을 듣고서도 그분을 아무것도 아닌 것으로 여기는 당신, 당신은 그분을 멸시하는 것이 아닙니까? 나는 모든 멸시 중에서도 철저한 침묵의 멸시만큼 더 고통스러운 것은 없다고 생각합니다. "우리는 침묵으로 당신을 못 본 체한다"라는 말을 우리가 하지 않습니까? 당신은 그런 식으로 우리 주님을 대하고 있습니다! 사람들이 쓰는 표현으로 "어떤 사람들은 경멸할 가치조차 없다"는 말이 있습니다. 그런데 당신은 우리 주님을 공개적으로 경멸할 가치조차 없는 분으로 여긴단 말입니까? 당신은 신앙을 아주 시시한 것으로 여기고, 비웃을 필요도 없다고 여기며, 멸시할 가치조차 없다고 여깁니다. 오! 그렇지 않습니까? 그렇습니까? 그렇다면 당신의 아비는 마귀이고, 당신은 그의 일을 하고 있는 것입니다! 하나님께서 당신을 그 캄캄한 가족에서 이끌어 내시고 그분의 사랑의 아들의 나라로 옮겨 주시길 빕니다.

4. 믿음을 위한 질문과 호소

나는 비록 약하게 말했으나, 주님께서 내가 말한 것을 강하게 하시기를 바라며, 이 질문들을 제시함으로써 설교를 마치고자 합니다.

만일 이것이 진실이라면, 왜 당신은 그것을 믿지 않는 것입니까? 당신을 방해하는 어떤 것이 있나요? 그 가르침에 불합리한 것이 있나요? 당신은 성경이 참되다고 말합니다. 성경에는 예수 그리스도께서 경건하지 못한 자들을 위해 죽으셨다는 것보다 더욱 믿기 어려운 내용들이 많이 포함되어 있습니다. 만일 당신이 요나가 큰 물고기 뱃속에 있었다는 것을 믿을 수 있다면, 성경의 모든 놀라운 기적들을 믿을 수 있다면, 당신은 십자가의 교리가 불합리하다고 말하지 못할 것입니다. 그리스도께서 대속자로 계신 것과, 그분의 대속의 죽음을 통해 하나님이 죄를 용서하실 수 있음을 믿는 것은 믿음의 큰 부담이 아닙니다. 당신은 그것을 참을 수 없는 교리라고 말할 수 없습니다. "그분의 멍에는 쉽고, 그분의 짐은 가볍습니다"(참조. 마 11:30). 참을 수 없는 것은 당신의 죄이지, 그분의 계명이 아닙니다. 그분은 단지 당신을 파멸할 것을 버리라고 명하십니다. 그분은 단지 당신을 행복하게 할 것을 행하라고 요구하십니다.

당신이 대답해야 할 것이 있습니다. 당신이 왜 믿지 못하는지에 대해 말해 주십시오. 왜 믿지 못한다고 생각하는 것입니까? 한 사람이 말합니다. "좋습니다, 내게 하나님의 성령이 없어서 믿지 못하고 있습니다." 그것은 사실입니다. 하지만 당신은 하나님의 영이 당신과 함께 하시지 않는다고 확신합니까? 당신이 지금 예수 그리스도를 신뢰할 수 있는지를 묻고 싶습니다. 이를 통해 한 가지를 확인해 보려고 합니다. 인간의 죄를 짊어지신 예수 그리스도는 누구든지 그를 믿는 자마다 구원을 얻을 것이라고 선언하십니다. 그리스도는 하나님이십니다. 그분은 강한 구원자이십니다. 그분은 인간으로서 고난을 받으셨고, 그러므로 구원을 위해 필요한 모든 일을 완수하셨습니다. 당신은 그리스도께서 지금 당신을 구원하실 수 있다고 생각합니까? 한 사람이 이렇게 말한다고 생각합니다. "예, 나는 구주께서 그러실 수 있다고 믿습니다." 당신이 그럴 수 있다면, 당신이 그것을 믿을 수 있다면 하나님이 당신과 함께 하시는 것입니다. 하나님의 영을 보리라고 기대하지 마십시오! 그분은 커다란 신비입니다. 당신은 그분이 활동하신 결과를 통해서만 그분의 활동을 알 수 있습니다. 당신이 지금 그리스도를 믿을 수 있다면, 그 때는 의심할 여지 없이 하나님의 성령이 당신과 함께 하시는 것입니다. 당신이 미처 알지 못할 때에도 하나님의 영이 종종 당신과 함께 하신다고 나는 믿습니다. 당신이 지금 믿을 수 있다면 그분은 지금 당신과 함께 계십니다. 한 사람이 이렇게 말하는 것을 듣습니다. "글쎄요, 저는 종종 제가 그리스도를 신뢰할 수 있다고 생각해 왔습니다. 하지만 저는 제가 그럴 수 있다고 하더라도, 그것이 하나님의 성령의 역사가 아니라 단지 사람의 일일 뿐이라고 생각했습니다." 진실로 사랑하는 이여, 단순히 그리스도를 의지하는 일은 사람에게서 오는 일이 아닙니다. 그것은 언제나 하나님의 영의 일입니다. 만일 당신이 그리스도를 신뢰할 수 있다면, 성령에 대해 의문을 품을 이유가 없습니다. 하나님의 영이 틀림없이 당신 안에 계십니다. 그렇지 않다면 그리스도께 대한 믿음이 당신 속에 있을 수 없습니다. 믿는 것이 옳고 이치에 맞게 여겨진다면, 예수님께 당신을 맡기십시오. 그러면 구원을 얻습니다.

　나로서는 말 수를 늘일 수는 있겠지만, 이 본문의 힘을 더 크게 하지는 못할 것입니다. 나는 단지 성경이 진실이라고 믿으면서 여전히 거듭나지 않은 채 실제로 그 진실성을 부인하는 자들에게 호소하려 합니다. 이것이냐 저것이냐를 분명히 결정하도록 당신에게 탄원하고자 합니다. 모순이 없기를 바랍니다. "너희가 어느 때까지 둘 사이에서 머뭇머뭇 하려느냐"(왕상 18:21). 성경이 허위라고 말하십시오. 그러면 우리는 당신이 어떤 사람이고 당신의 입장이 어떤지를 알 것이고, 아마도 당신도 당신의 입장에 깜짝 놀라겠지요. 성경이 허위라고 말하십시오. 당신은 공공연히 지옥의 노예이자 제자들의 일원으로 간주될 것입니다. 그러면 당신의 양심도 놀라서 작동하기 시작할지도 모릅니다.

　하지만, 오! 당신이 그 편에 설 준비가 되지 못했다면, 바알이 당신의 신이 아니고 당신도 그를 섬기지 않으려 한다면, 오직 하나님을 하나님으로 믿는다면 그분을 섬기십시오. 그것이 달리 선택할 수 있는 유일한 결론입니다. 나는 두 길이 만나는 두려운 장소로 당신을 데려갑니다. 각각 오른쪽과 왼쪽, 천국과 지옥, 의와 죄, 하나님과 악귀들로 향하는 길입니다! 그곳에 당신이 서 있습니다. 충분한 숙고가 필요하다면, 숙고하십시오. 지금 손을 이마에 대고, 이 문제를 곰곰이 생각하십시오. 나는 지금껏 당신에게 한 말을 통해서 하나님의 영이 당신의 양심과 마음에 활동하실 것이라고 믿습니다. 그런 경우 당신은 이렇게 말할 것입니다. "하나님과, 그리스도와, 거룩함과, 영원한 생명의 길을 향하여!" 하지만 침묵하는 것은 "마귀와 죄와 지옥을 향하여"라고 말하는 것보다 못하다는 것을 유념하십시오. 아무런 말도 없다는 것은 당신이 어디로 가든 무관심하고 상관하지 않는다는 것을 의미하기 때문입니다. 당신이 의도적으로 이 마지막 결정을 내릴 경우, 하나님께서 당신의 양심을 놀라게 하시고 당신의 영혼을 감동하셔서, 당신이 위험을 보고 예수님께로 피하게 될지도 모릅니다.

　그분이 지금 당신에게 은혜를 주시고, 당신의 마음을 진리로 이끌어 주시길 바랍니다. 주의 이름이 영원토록 영광을 받으소서. 아멘.

영원히 죽음을 보지 않을 사람

—

"진실로 진실로 너희에게 이르노니 사람이 내 말을 지키면
영원히 죽음을 보지 아니하리라. 유대인들이 이르되 지금
네가 귀신 들린 줄을 아노라. 아브라함과 선지자들도 죽었
거늘 네 말은 사람이 내 말을 지키면 영원히 죽음을 맛보지
아니하리라 하니, 너는 이미 죽은 우리 조상 아브라함보다
크냐? 또 선지자들도 죽었거늘 너는 너를 누구라 하느냐?"
— 요 8:51-53

이 장의 앞부분에서 우리는 유대인들이 악의적인 목소리로 복되신 주님을
공격하며 이렇게 악한 질문을 하는 것을 보았습니다. "우리가 너를 사마리아 사
람이라 또는 귀신이 들렸다 하는 말이 옳지 아니하냐?"(48절) 주님은 아주 침착
하게 반응하셨습니다! 그분은 그들에게 대답하셨습니다. 그렇게 하는 것이 필
요하다고 판단하셨기 때문입니다. 하지만 주님은 큰 인내심을 가지고, 또 합당
한 주장을 가지고 대응하셨습니다. "나는 귀신 들린 것이 아니라, 오직 내 아버
지를 공경함이라"(49절). 이것이 명백한 증거입니다! 하나님을 공경하는 어느
누구에 대해서도 귀신들렸다고 말할 수는 없습니다. 왜냐하면 저 악한 영은 처
음부터 아버지를 영화롭게 하는 모든 것의 원수이기 때문입니다. 바울은 이 구
절을 읽지 않았지만 — 요한복음이 그 때는 기록되지 않았습니다 — 주님의 영
으로 충만하여 이와 비슷한 방식으로 대응한 적이 있습니다. 베스도가 이렇게

말했을 때였습니다. "바울아 네가 미쳤도다, 네 많은 학문이 너를 미치게 한다" (행 26:24). 바울은 침착하게 대답했습니다. "베스도 각하여 내가 미친 것이 아니요 참되고 온전한 말을 하나이다"(행 26:25). 이는 우리 주님의 부드러우면서도 강력한 대응을 좋게 본받은 것입니다. "나는 귀신 들린 것이 아니라 오직 내 아버지를 공경함이라." 형제들이여, 언제든 거짓된 고소를 받을 때에, 그리고 악한 이름이 당신에게 욕설을 퍼부을 때, 또 대응해야 할 필요를 느낄 때, "여러분 속에 있는 소망에 관한 이유를 온유와 두려움으로"(벧전 3:15) 제시하십시오. 열을 내거나 서두르지 마십시오. 만일 그렇게 되면 당신은 힘을 잃어버리게 될 것이며 또 실수하기가 쉽습니다. 주님이 당신의 본이 되게 하십시오.

그 잘못된 비난이 우리 주님께서 위대한 진리를 말씀하실 기회가 되었습니다. 그들이 성급하게 분을 표출하는 중에서도 주님은 그들의 면전에서 진리의 빛을 발하셨습니다. 그리하여 그들의 죽이는 말이 살리는 말씀과 마주친 것입니다. "진실로 진실로 너희에게 이르노니 사람이 내 말을 지키면 영원히 죽음을 보지 아니하리라"(51절). 흔들리지 않는 확신으로 하나님의 진리를 말하는 것보다 믿음의 적대자들을 좌절시키는 것이 없습니다. 예수님이 언급하신 진리는 풍성한 약속이었으며, 만일 그들이 의도적으로 그분의 약속을 거절한다면 그것은 그들에게 위협보다 더 해로운 것이 될 것입니다. 거절된 그리스도의 약속들은 재앙으로 변하게 됩니다. 주님이 그들에게 "사람이 내 말을 지키면 영원히 죽음을 보지 아니하리라" 고 말씀하셨을 때, 비록 이 사람들이 계속하여 그분에게 욕을 하였을지라도, 그 후에 그들의 양심이 깨어나서 그들에게 이렇게 말했을 것입니다. "믿지 아니하는 자는(KJV, 한글개역개정은 "순종하지 아니하는 자는" 으로 되어 있음) 영생을 보지 못하고, 도리어 하나님의 진노가 그 위에 머물러 있느니라"(요 3:36). 믿는 자가 죽음을 보지 않는다면, 믿지 않는 자는 생명을 보지 못할 것입니다. 복음은 그것을 거절하는 자에게는 그 자체가 "사망으로부터 사망에 이르는 냄새"입니다(고후 2:16). 그리고 영원한 생명을 선언하는 바로 그 말씀이 고의로 믿지 않는 자들에게는 영원한 죽음을 위협하는 말씀입니다. 나는 오늘 아침에 우리가 은혜로운 마음 상태가 되기를 기도합니다. 그리하여 그리스도의 말씀을 간직하도록 성령의 도우심을 받고, 이 놀라운 약속을 우리가 받을 수 있기를 바랍니다. "사람이 내 말을 지키면 영원히 죽음을 보지 아니하리라."

첫째로, 내가 그리스도의 말씀을 지키는 사람의 은혜로운 성품에 대해 말할 때, 성령께서 특별히 저를 도우시길 빕니다. 둘째로, 나는 영광스러운 구원에 대해 숙고하고자 합니다. 셋째로, 본문의 후반부 두 구절을 가지고, 나는 위대한 소생자(the Great Quickener)를 높이고자 합니다. 유대인들에 따르면, 명백하게 우리 주님은 스스로를 대단하게 표현하셨습니다. 믿는 자는 결코 죽음을 보지 않으리라는 진리가 실로 주 예수님을 크게 높이는 것입니다. 우리가 영원히 죽음을 보지 않을 사람으로서 우리의 떠난 친구를 생각하는 동안, 주님께서 우리들의 마음에서 영광을 얻으시길 기도합니다.

1. 은혜로운 성품

첫째로, 은혜로운 성품에 대해 생각해 봅시다. "사람이 내 말을 지키면 영원히 죽음을 보지 아니하리라."

결코 죽음을 보지 않을 사람의 두드러진 특성 중의 하나는 그가 그리스도의 말씀을 지킨다는 것임을 주목하십시오. 그에게는 다른 특징들이 있을 수 있습니다. 하지만 그런 특징들은 이런 면에서 상대적으로 중요하지 않습니다. 그는 천성이 소심할 수도 있습니다. 그는 종종 고민에 빠질 수도 있습니다. 하지만 그가 그리스도의 말씀을 지킨다면 그는 죽음을 보지 않을 것입니다. 그는 젊은 시절 큰 죄인이었을 수도 있습니다. 하지만 회심하고서, 그리스도의 말씀을 지킨다면, 그는 결코 죽음을 보지 않을 것입니다. 그는 심지가 굳은 사람이어서 영원한 실재를 확고하게 붙들고, 그래서 탁월하게 쓰임받는 사람일 수도 있습니다. 하지만 그것 때문에 이 약속이 그에게 진실인 것은 아닙니다. 그의 안전의 이유는 약하고 소심한 사람의 경우와 동일합니다. 즉 그는 그리스도의 말씀을 지키고, 그래서 죽음을 보지 않는 것입니다. 그러므로 다른 문제들에 대한 모든 질문들을 치워버리고, 오직 이 한 가지 요점에 관해서 당신의 마음을 살펴보십시오. 당신은 그리스도의 말씀을 지킵니까? 만일 그렇다면, 당신은 영원히 죽음을 보지 않을 것입니다.

그리스도의 말씀을 지키는 이 사람은 어떤 사람입니까? 명백히, 그는 그리스도와 친밀한 교제를 나누는 사람입니다. 그는 그분이 말씀하시는 것을 듣습니다. 그는 그분이 말씀하시는 것에 주의합니다. 그는 그분이 말씀하시는 것에 매달립니다. 우리는 이 시대에 하나님 안에서의 믿음에 관해 말하면서도, 위대한 희생

제물과 화목제물로서의 주 예수 그리스도를 알지 못하는 사람들을 만납니다. 하지만 중보자 없이는 하나님께 나아오는 것도 없습니다. 예수님이 말씀하십니다. "나로 말미암지 않고는 아버지께로 올 자가 없느니라"(요 14:6). 그분의 증언은 참됩니다. 형제들이여, 우리는 그리스도를 하나님으로서 높입니다. 진실로, 하나님의 일체성(unity)에 대해서는 우리 가운데 누구도 의심하지 않습니다. 하지만 "하나님이 한 분"이시듯, "하나님과 사람 사이에 중보자도 한 분이시니 곧 사람이신 그리스도 예수"이십니다(딤전 2:5). 그리스도 예수를 '하나님-인간(God-man)'으로 항상 기억하는 것은 아버지와의 교제를 위해 본질적입니다. 그분이 지명하신 대로, 오직 예수 그리스도의 보혈을 통한 화해와 구속과 칭의의 길을 당신이 기꺼이 받아들이지 않는다면, 당신은 하나님을 믿을 수도, 사랑할 수도, 바르게 섬길 수도 없습니다. 그리스도 안에서 우리는 하나님께 가까이 나아갑니다. 성육하신 하나님을 통해서가 아니라면, 여호와께 접근하려고 시도하지 마십시오. 그분은 소멸하는 불이십니다. 나의 청중이여, 내게 말해 주십시오. 당신의 믿음은 죄를 속하기 위해 하나님이 보내신 그분께 고정되어 있습니까? 당신은 하나님 자신의 길 안에서 하나님께 오는 것입니까? 다른 길을 통해서는 그분이 당신을 받지 않으실 것입니다. 만일 당신이 어린 양의 피를 통한 구원의 길을 거절한다면, 당신은 그리스도의 말씀을 지키지 못하는 것입니다. 그분이 이렇게 말씀하시기 때문입니다. "나를 본 자는 아버지를 보았느니라"(요 14:9). 그분 외에 다른 누구도 이런 말을 하지 못합니다.

다음으로, 이 사람들은 주 예수님을 그들의 모든 것 되시는 분으로 여기고, 그분의 말씀을 존중하고 신뢰하며 순종합니다. 그분이 말씀하신 뜻을 새기고 그분의 가르침을 받아들입니다. 그분이 진리로 제시하신 것은 무엇이나 그들에게는 진리로 받아들여집니다. 나의 청중이여, 당신도 그렇습니까? 어떤 사람들에게는, 믿음의 큰 원천 중의 일부가 그들 자신의 생각입니다. 그들은 하나님의 계시 자체를 판단하고, 그것이 옳은 일이라 주장하며, 계시를 해석할 뿐 아니라 그것을 고치고 확장하기까지 합니다. 자기 확신으로 가득하여, 그들은 스스로 하나님의 말씀의 심판자가 됩니다. 그들은 현 시대의 빛이 확증해 주거나 고안해 낸 것을 교리라고 믿습니다. 그들의 기초는 인간의 생각입니다. 그들의 견해로는 성경 일부에는 심한 오류가 있고 과학의 망치로 두드려 수정할 필요가 있다고 합니다. 하나님의 성령의 빛이 그들에게는 이 발전된 시대의 빛에 비교했을 때 단지 반딧불에 지나지 않습니다. 하지만 우리 앞에 있는 이 약속에 참여하는 자는 구주의 말씀을 믿을 때 그것이 그분의 말씀이기 때문에 믿습니다. 그분은 그리스도와 성령의 감동을 입은 사도들의 말씀을 참되다고 간주하고 믿습니다. 그에게 성령의 영감은 믿음의 근거입니다. 이는 매우 중요한 문제입니다. 우리 믿음의 기초는 그 위의 상부 구조물보다 더욱 중요합니다. 당신의 믿음의 기초가 주님이 말씀하신 사실에 근거를 두지 않았다면 당신의 믿음에는 하나님이 요구하시는 진정한 공경심이 결여되어 있습니다. 설혹 당신의 신조가 바르다 할지라도, 당신의 믿음이 하나님의 말씀의 권위에 기반을 둔 것이 아니라면 당신의 심령은 바르지 못합니다. 우리는 제자가 되어야 하지, 비평가가 되어서는 안 됩니다. 우리가 흠잡기를 버린 것은, 우리가 믿음에 이르렀기 때문입니다. 이 점에서 고인이 된 집사님은 확고한 기반 위에 서 있었습니다. 그는 하나님의 말씀의 모든 가르침을 활기차고도 어린아이 같은 믿음으로 받아들였습니다. 의심의 학파에 의해 유혹을 받을 때에도, 조금도 그 주장에 영향을 받지 않았습니다. 그에게 복음은 생명처럼 소중한 것이었습니다. 그가 그러했듯이, 우리도 그리스도의 가르침을 믿어야 합니다.

다음으로, 은혜로운 사람은 그리스도의 약속들을 신뢰합니다. 이는 매우 중요한 요점입니다. 예수님께 대한 믿음 없이 우리는 영적인 생명을 얻지 못합니다. 나의 청중이여, 당신은 "믿는 자는 영생을 가졌나니"(요 6:47)라고 하신 주 예수님의 말씀을 신뢰합니까? 당신은 죄를 고백하고 버리는 자에게 용서를 주신다고 하신 약속을 믿습니까? 저 위대한 희생제물의 보혈을 통한 용서를 믿습니까? 그리스도의 약속들은 "진실로 진실로 내가 이르노니"라고 그분이 보증하셨듯이, 당신에게 확실한 것입니까? 당신의 주님의 말씀의 못에 당신의 영혼을 걸 수 있습니까? 우리들 중 일부 사람들은 우리의 영원한 운명을 오직 그리스도의 신실성에 의존합니다. 우리가 그분의 모든 약속들을 모으면, 그 말씀들이 우리 속에 얼마나 충만한 확신을 만들어 낼까요!

> "얼마나 견고한 기초이던가, 오 주의 성도들이여,
> 우리 믿음의 기초는 그분의 탁월한 말씀 위에 있도다."

더 나아가, 은혜로운 사람은 그분의 계명에 순종합니다. 그리스도의 말씀을 삶에서 실제로 따르지 않는다면 어느 누구도 그리스도의 말씀을 지킨다고 할 수 없습니다. 그분은 단지 교사가 아니라 우리의 주님이십니다. 말씀을 참되게 지키는 자는 그리스도의 가르침의 본질인 사랑의 심령을 경작합니다. 그는 온유하고 긍휼히 여기는 자가 되려고 애씁니다. 그는 마음의 청결을 바라고, 화평케 하는 자가 되기를 바랍니다. 그는 박해를 무릅쓰고 거룩함을 추구합니다. 무엇이든지 주님이 명하신 것이라면 그는 즐거이 수행합니다. 그는 주님의 명령이 지나치게 자기를 부인하고 세상과 구분되기를 요구한다고 불평하지 않습니다. 오히려 그는 주님의 명령이라면 기꺼이 좁은 문으로 들어가기를 원하고, 좁은 길을 따라가기를 원합니다. 순종으로 이끌지 않는 믿음은 죽은 믿음이며 거짓 믿음입니다. 그런 믿음은 우리로 하여금 죄를 버리게 하지 못하며, 아무리 좋게 보아도 마귀의 믿음과 다를 바가 없습니다.

> "믿음은 아버지의 은혜에 의지하듯이
>   아버지의 뜻에도 순종하는 것이니,
>   용서하시는 하나님은 또한
>   거룩함을 위해 질투하시는 하나님이시라."

이제 당신은 그리스도의 말씀을 지키는 사람이 어떤 자인지를 알게 되었습니다. 그 사람은 하나님의 말씀을 통해 새롭고도 영원한 생명을 받아들입니다. 하나님의 말씀은 "썩지 아니할 씨이며 살아 있고 항상 있는" 말씀이기 때문입니다(벧전 1:23). 어디든 말씀의 씨가 그것을 받아들이는 땅에 떨어지면, 뿌리를 내리고 살아서 자라게 됩니다. "하나님이 세상을 이처럼 사랑하사 독생자를 주셨으니 이는 그를 믿는 자마다 멸망하지 않고 영생을 얻게 하심이라"(요 3:16). 생명이 영혼 속으로 주입되는 것은 그리스도의 말씀에 의한 것입니다. 그리스도의 말씀으로 하늘의 생명이 주입되고, 자라고, 확대되어, 마침내 온전해지는 것입니다. 그 말씀을 통해서 역사하는 성령의 힘과 능력이 내적 생명의 출발과 유지와 완성에 개입합니다. 지상에서의 은혜의 삶은 꽃을 피운 것이고, 장래의 영광의 삶은 그 열매입니다. 거듭남과 부활에 이르기까지 그것은 줄곧 동일한 생명입니다. 그리스도의 말씀을 간직할 때에 믿는 자의 영혼 속으로 들어오는 생명은 그가 장래에 저 복된 나라에서 영원한 보좌 앞에서 누리게 될 생명과 동일합니다.

우리가 그리스도의 말씀을 지키는 것은 그분 스스로 우리에게 본을 보이셨다는 사실에서 비롯되었음을 알 수 있습니다. 55절을 자세히 살펴보십시오. 거기서 예수님은 아버지에 대해 말씀하십니다. "너희는 그를 알지 못하되 나는 아노니, 만일 내가 알지 못한다 하면 나도 너희 같이 거짓말쟁이가 되리라. 나는 그를 알고 또 그의 말씀을 지키노라." 그분이 아버지의 말씀을 지킨 것 같이 우리도 그분의 말씀을 지켜야 합니다. 그분은 아버지의 말씀에 따라 사셨고, 그래서 돌을 떡덩이로 바꾸어 보라는 사탄의 유혹을 거절하셨습니다. 아버지의 말씀이 그분 안에 있었습니다. 그분이 말씀하실 때, 그분은 그분 자신의 말씀을 하신 것이 아니라, 그를 보내신 이의 말씀을 하셨습니다. 그분은 하나님의 말씀이 성취되도록 하기 위해 사셨습니다. 십자가에서조차 성경이 성취되도록 하셨습니다. 그분이 말씀하셨습니다. "하나님께 속한 자는 하나님의 말씀을 듣나니"(47절). 이는 그분이 "주께서 내 귀를 통하여 내게 들려주시기를"(시 40:6)이라고 말씀하셨을 때도 마찬가지입니다. 말씀은 그분에게 모든 것이었고, 그분이 제자들을 기뻐하신 이유는 그들에 대해 이렇게 말씀하실 수 있었기 때문입니다. "그들은 아버지의 말씀을 지키었나이다"(요 17:6). 우리가 그분의 말씀을 지키고자 할 때, 그분은 그것을 어떻게 지키는지를 보여주십니다. 그분이 아버지를 향해 사셨듯이 그분을 향해 사십시오. 그러면 당신은 그분의 약속을 얻을 것입니다. "진실로, 진실로, 너희에게 이르노니 사람이 내 말을 지키면 영원히 죽음을 보지 아니하리라"(51절). 사랑하는 것이 주의 말씀을 지키는 것이라면, 우리가 너무나 사랑했고 지금은 고인이 된 우리의 친구(집사였던 윌리엄 올니)는 그리스도의 말씀을 지켰습니다. 많은 신자들이 그 문제에서 덕을 세우며 살아가지만, 그는 우리 모두를 능가했습니다. 그는 죽음을 보지 않았습니다.

2. 영광스러운 구원

자 이제 우리는 이 주제의 즐거운 부분을 다루겠습니다. 즉 우리 주님이 본문에서 약속하시는 영광스러운 구원에 대한 것입니다. "영원히 죽음을 보지 아니하리라." 주님이 말씀하신 의미는 그가 죽지 않으리라는 것이 아닙니다. 그분 자신이 죽으셨기 때문입니다. 또한 그분을 따르는 자들도 긴 행렬을 이루어 무덤으로 들어갔습니다. 어떤 형제들은 주님이 오실 때까지 살아 있을 것이라는 믿음으로 흥분하기도 합니다. 그래서 잠들지도 않고 변화될 것이라고 믿습니다. 언제 오시든, 우리 주님이 나타나실 것에 대한 소망은 매우 복된 것입니다. 하지만 나로서는 그분이 오실 때에 살아 있다는 것이 그리 크게 바랄 만한 목표라고 생각하지 않습니다. 죽지 않고 변화되는 것을 크게 선호할 만한 요소가 있을까요? 우리는 "주께서 강림하실 때까지 우리 살아남아 있는 자도 자는 자보다 결코 앞서지 못하리라"(살전 4:15)는 말씀을 읽지 않습니까? 이것은 위대한 진리입니다. 영원에 걸쳐서, 만일 내가 죽는다면 나는 죽음의 순간에도, 그리고 무덤으로 내려갈 때에도, 그리스도와의 실제적인 교제를 갖는다고 말할 수 있습니다. 이런 일은 주님 오실 때까지 살아남는 행복한 성도들은 결코 알지 못할 것입니다. 물론 그것은 교리의 문제는 아닙니다. 하지만 만일 누군가 그 문제를 선택할 수 있다면, 아마도 죽는 것도 유익일 것입니다.

> "모든 성도들의 무덤을 그분이 복되게 하셨으니,
> 무덤이 부드러운 침상과 같도다.
> 죽어가는 지체들이 어디에서 안식하든지,
> 그곳에서도 머리 되신 그분과 함께 함이 아닌가?"

장차 우리가 숨질 때에도 그리스도께서 우리와 함께 하신다는 것이 얼마나 귀합니까? 우리는 그분의 죽음을 생각하면서 이렇게 말할 수 있을 것입니다. "우리도 역시 죽었다가 다시 살아났습니다!" 분명, 살아남아 있는 자들이라고 해서 우리보다 더 좋은 것을 얻는 것이 아닙니다. 나는 지금 단지 크게 중요하지 않은 문제를 말하고 있는 것입니다. 그런 문제는 우리가 신자로서 즐거운 주제로 대화로 활용할 수 있는 주제입니다. 우리는 우리의 형제가 주님이 영광 중에 오시기 전에 잠들었다고 해서 비탄에 빠지지 않습니다. 그는 그 때문에 잃은 것이 전혀 없다고 우리는 확신합니다. 우리 주님이 말씀하셨습니다. "사람이 내 말을 지키면 영원히 죽음을 보지 아니하리라." 이 말씀은 주님의 재림 때에 살아남을 소수의 사람과 관련된 말씀이 아니라, 비록 무덤을 통과하더라도, 그분의 말씀을 지키는 전 성도들과 관련된 말씀입니다.

이 약속이 무엇을 의미합니까? 첫째로, 그것은 우리가 죽음을 외면하고 거절할 것이라는 의미입니다. 여기, 죄를 자각하고, 진노의 두려움을 각성한 가련한 죄인으로서 내가 있습니다. 내 얼굴 앞에는 무엇이 있습니까? 내가 응시할 수밖에 없는 것이 무엇입니까? 그에 해당하는 헬라어 단어는 "본다"는 단어로는 온전히 해석되지 않습니다. 그것은 좀 더 강한 의미의 단어입니다. 웨스트콧(Westcott)에 따르면, 여기서 언급된 본다는 말은 "길게 지속적으로, 철저하게 본다는 것으로, 그에 의해 우리가 서서히 그 대상의 특성을 인지하게 되는 것"입니다. 각성한 죄인은 영원한 죽음, 곧 죄에 대한 형벌의 위험을 보게 됩니다. 그는 죄의 결과를 공포와 낙담으로 응시하게 됩니다. 오, 다가올 진노여! 결코 죽지 않는 죽음이여! 용서받지 못한 동안, 나는 그것을 쳐다보지 않을 수 없으며, 나의 운명으로 예견해야 하는 것입니다. 주 예수님의 복음이 내 영혼에 임할 때, 그리고 내가 그분의 말씀을 믿음으로 지킬 때, 나는 전적으로 방향을 돌립니다. 나는 죽음을 향해 등을 보이고, 내 얼굴은 영원한 생명을 향합니다. 죽음이 제거된 것입니다. 생명을 얻은 것입니다. 그 이상의 생명이 약속된 것입니다. 내 속에서와 내 주변에서와 내 앞에서, 나는 무엇을 볼까요? 다름 아닌 생명, 오직 생명, 그리스도 예수 안에 있는 생명입니다. 그리스도는 우리의 생명이십니다(골 3:4).

지상에 사는 동안 앞으로 나는 무엇을 봅니까? 은혜에서 떨어진 최후일까요? 결코 아닙니다. 예수님이 이렇게 말씀하시기 때문입니다. "내가 내 양에게 영생을 주노니"(요 10:28). 저 멀리 영원 속에서 나는 무엇을 봅니까? 끝나지 않는 생명입니다. "믿는 자는 영생을 가졌나니"(요 6:47). 나는 이제 성경의 의미를 깨닫기 시작합니다. "나는 부활이요 나를 믿는 자는 죽어도 살겠고"(요 11:25). 그리고 또한 "나는 생명이니 나를 믿는 자는 영원히 죽지 아니하리라"(요 11:26). 주 예수님의 말씀을 받아들인 사람은 사망에서 생명으로 옮겼으며, 결코 저주에 이르지 않을 것이며, 마침내 죽음을 결코 응시하지 않을 것입니다. 믿는 자 앞에 놓여 있는 모든 것이 생명입니다. 넘치는 생명이며, 풍성한 생명이며, 영원한 생명입니다. 우리의 죽음이 무엇입니까? 우리 주님이 그것을 견디셨습니다. 그분이 우리를 위해 죽으셨습니다. "친히 나무에 달려 그 몸으로 우리 죄를 담당하셨으니"(벧전 2:24). 믿는 자들에게는 죽음의 형벌이 남아 있지 않습니다. 그리스도께서 위하여 죽으신 자들에게는 조금의 형벌도 부과될 수 없습니다. 그래서 우리는 이렇게 노래합니다.

> "완전한 속죄를 당신이 이루셨고,
>
>   당신의 백성들이 빚진 것을
>
>   마지막 한 푼까지 갚으셨으니;
>
>   당신의 의를 피난처로 삼고,
>
>   당신의 피를 뿌리면
>
>   그분의 진노도 내게 임할 수 없네."

하나님의 목적 안에서 그리스도께서 위하여 죽으신 우리가 죽겠습니까? 우리 주 예수께서 형벌이 내리지 못하도록 변호하시는데, 이 세상에서 우리가 떠난다고 형장으로 보내어지겠습니까? 십자가에서 죽으신 나의 주님을 볼 때, 나를 위해 죽음 자체가 죽은 것을 봅니다.

다음으로, 그 표현의 또다른 의미가 다가옵니다. "사람이 내 말을 지키면 영원히 죽음을 보지 아니하리라"는 말씀은 그의 영적인 **죽음**이 떠나갔고 다시 되돌아오지 않는다는 의미입니다. 사람이 그리스도를 알기 전에, 그는 죽음 안에 거하였습니다. 그가 어디를 보더라도 죽음밖에 보이지 않았습니다. 가련한 영혼들이여! 영혼의 문제로 근심하고 있는 당신은 내가 말하는 것을 압니다. 당신이 기도하려고 시도해도, 당신의 기도에서 죽음을 발견합니다. 당신이 믿으려고 시도해도, 믿음도 죽은 듯합니다. 아아, 경건하지 못한 당신이여! 당신이 그것을 미처 알지 못한다 해도, 죽음이 당신 안에 도처에 있습니다. 당신은 "허물과 죄로 죽었습니다"(엡 2:1). 당신의 죄들은 당신에게 마치 수의(壽衣)와 시체의 관계와도 같습니다. 그것들은 당신에게 자연적으로 부여된 특성으로 보입니다. 그것들은 당신에게 들러붙어 있으며, 당신을 묶고 있습니다. 당신은 어떤 타락이 당신에게 임할지 거의 알지 못하기에, 하나님께서 친히 당신에 대해 말씀하십니다. "죽은 자를 내 앞에서 내어다가 장사하게 하라"(참조. 창 23:4). 주 예수님의 복음의 말씀이 능력으로 임할 때에 사람에게 즉시로 어떤 일이 일어납니까? 그는 더 이상 죽은 것이 아닙니다. 그는 생명을 보기 시작합니다. 아마도 처음에는 고통스러운 생명, 즉 과거에 대해서는 깊은 회한이 있고, 미래에 대해서는 어둠과 두려움이 있는 생명일 수 있습니다. 굶주리고 목마른 생명일 것입니다. 갈망하고 헐떡이는 생명일 것입니다. 무언가를 바라는 생명입니다. 바라는 그것이 무엇인지는 잘 알지 못하지만, 그것이 없이는 살 수 없다고 느낍니다. 이 사람은 생명을 봅니다. 그리고 그가 구주의 말씀을 더욱 지켜갈수록 그리스도 예수 안에서 더욱 기뻐하게 됩니다. 그가 그분의 약속을 더욱 의지할수록, 그는 더욱 그분을 사랑하고, 더욱 그분을 섬기게 되고, 그의 새로운 생명은 더욱 죽음의 시야에서 멀어집니다. 이제 풍성한 생명이 지배력을 행사합니다. 옛 죽음은 구석진 곳과 굴로 숨습니다. 비록 이따금씩 되돌아오려고 다투는 옛 죽음 때문에 슬퍼하기는 하지만, 그는 더 이상 예전에 그랬던 것처럼 죄의 죽음을 쳐다보지 않습니다. 그는 그것을 참지 못합니다. 그것을 응시하는 것이 전혀 즐겁지 않으며, 그것으로부터 구원해 달라고 하나님께 부르짖습니다. 은혜가 우리를 사망의 형벌에서 해방하였듯이, 사망의 통치로부터도 해방합니다. 이 두 가지 중 어떤 의미에서도, 그리스도의 말씀을 지키는 자는 결코 죽음을 보지 않습니다.

한 사람이 소리칩니다. "하지만 그리스도인은 죽지 않는 건가요?" 반드시 죽는 것은 아닙니다. 어떤 이들은 우리 주님이 오실 때에 살아남아 있을 것입니다. 이 사람들은 죽지 않는 것이지요. 누구든지 죽어야 할 법적인 필요성이 있는 것은 아닙니다. 죽음은 모든 사람에게 해당되는 의무가 아니기 때문입니다. 하지만 선한 사람들도 죽습니다. 죽음을 나타내는 징표들이 이 강단에도 애도를 표하는 장식들에 나타나 있습니다. 하지만 우리의 사랑하는 형제는 죄의 형벌로서 죽은 것이 아닙니다. 그는 용서받았습니다. 용서받은 자에게 벌을 내리는 것은 하나님의 은혜나 공의에 일치하지 않습니다. 오 나의 청중이여, 당신이 주 예수님을 믿지 않는다면 죽음이 당신에게 형벌의 고통이 될 것입니다. 하지만 예수님을 믿는 자에게 죽음은 그 성격이 바뀌었습니다. 우리의 죽음은 잠드는 것이며, 형장으로 가는 것이 아닙니다. 그것은 이 세상을 떠나 아버지께로 가는 것이며, 진노 중에 추방되는 것이 아닙니다. 죽음의 문을 통해, 우리는 지상에서 전투중인 군대를 떠나 하늘의 승리한 군대를 향해 가는 것입니다. 그 죽음의 문은 한때는 영원한 흑암으로 이어지는 동굴이었지만, 우리 주님의 부활에 의해 이제는 영원한 영광으로 들어가는 통로 역할을 하는 개방된 터널이 되었습니다. 신자들에게 죽음의 형벌로서 가해지는 죽음은 우리 주님에 의해 파괴되었습니다. 이제 그것은 이곳 아래에서의 은혜의 삶(grace-life)에서 저 위의 영광의 삶(glory-life)으로 향해 가는 계단이 되었습니다.

더 나아가, "사람이 내 말을 지키면 영원히 죽음을 보지 아니하리라"는 말씀에는 그가 죽음의 영향력 아래에서 살지 않는다는 의미가 있습니다. 그는 계속해서 죽음을 생각하지도 않고 그것이 다가오는 것을 두려워하지 않을 것입니다. 나는 일부 그리스도인들이 죽음의 두려움에 눌려 있다는 것을 인정해야만 합니다. 하지만 그것은 그들이 주님의 말씀을 지키지 않기 때문입니다. 그분의 말씀이 우리에게 미치는 효력은, 빈번하게, 죽음을 두려워하기보다는 오히려 떠나기를 바랄 정도가 되도록 합니다. 그런 경우 우리는 와츠(Watts)의 찬송 가사를 깨닫게 될 것입니다. 그는 우리가 위에 있는 성도들을 볼 수 있다면, 그들에게 합류하기를 바랄 것이라고 말합니다.

> "이 육신의 의복을 우리는 얼마나 비웃는지
> 이 차꼬와 이 무거운 짐을!
> 이 옷을 벗을 저녁을 기다리니,
> 그 때 하나님 안에서 안식하리라.
>
> 우리가 거의 이 흙집을 외면하니
> 부르는 소리가 들리기도 전에,
> 우리 영혼이 떠나기를 바라며 앙망하는 것은
> 성도들의 영원한 본향일세."

어떤 사랑하는 형제들이 "의인들의 죽음처럼 죽게 해 주세요"라고 말할 때 나는 그들의 신앙을 점검해야만 합니다. 아닙니다, 발람처럼 말하지 말고 오히려 이렇게 말하십시오. "나로 살게 해 주세요, 그래서 하나님께 영광을 돌리고 주님의 일 안에서 슬퍼하는 형제들을 돕게 하소서." 떠나기를 재촉하지 말기를 바랍니다. 하지만 이 조바심은 죽음이 그 공포를 우리에게서 잃어버렸다는 증거이지요. 우리는 죽음을 다가오는 폭풍의 전조로 바라보지 않습니다. 우리는 그것을 우리의 얼굴을 창백하게 만들고 비관하게 만드는 섬뜩한 공포로 응시하지 않습니다. 우리는 빛 가운데서 걷기 때문에 어둠을 보지 않습니다. 우리는 전차의 덜컹거리는 소리에 두려워하지 않습니다. 그 안에 우리와 함께 타고 계신 분을 알기 때문입니다.

우리는 죽음의 실재와 본질을 보지 않을 것입니다. 즉 둘째 사망에서 하나님의 진노를 말하는 것입니다. 우리에게 심판을 두려워할 이유가 없습니다. "의롭다 하신 이가 하나님이시기 때문입니다"(롬 8:33). "누가 우리를 우리 주 그리스도 예수 안에 있는 하나님의 사랑에서 끊으리요"(롬 8:35,39). "죽음"이라는 단어가 묘사하는 파멸과 불행은 영혼의 문제와 관련하여 우리에게 결코 해당되지 않습니다. 우리는 멸망하지 않을 것입니다. 누구도 우리를 그리스도의 손에서 빼앗지 못할 것이기 때문입니다.

신자가 죽을 때, 그는 죽음을 응시하지 않습니다. 그는 사망의 음침한 골짜기를 통과하며 걷습니다. 하지만 그는 해를 두려워하지 않으며, 두려워할 만한 어떤 것도 보지 않습니다. 그림자가 나의 길에 드리웠을 때, 나는 그것을 통과했으며, 그것이 거기 있는지를 거의 알지도 못했습니다. 왜 그랬을까요? 왜냐하면 내 눈을 저 너머에 있는 강한 빛에 고정했기 때문입니다. 그렇지 않았더라면 나를 근심하게 했을 그 그림자를 나는 쳐다보지 않았습니다. 신자들은 그들의 주님의 임재에 의해 크게 기뻐하기 때문에, 그들이 죽어가고 있는 것을 주목하지 않습니다. 그들은 예수님의 팔 안에서 달콤하게 쉬기 때문에, 구슬픈 소리를 듣지 않습니다. 그들이 한 세계를 통과하여 다른 세계로 들어갈 때, 그것은 마치 잉글랜드에서 스코틀랜드로 가는 것과 같습니다. 그것은 모두가 하나의 왕국이며, 하나의 태양이 양쪽 지방에 모두 비칩니다. 종종 철도 여행자들이 묻습니다. "언제 잉글랜드를 지나 스코틀랜드로 들어가나요?" 기차의 움직임에는 갑작스런 반동이 없으며, 넓은 국경도 없습니다. 당신은 미끄러지듯이 한 지방에서 다른 지방으로 옮겨가고, 어디에 경계가 있는지도 잘 알지 못합니다. 신자 속에 있는 영원한 생명은 미끄러지듯이 은혜에서 영광으로 진입하고, 멈춤도 없습니다. 우리는 천천히 자라서 싹이 되고 이삭이 되며, 이삭에서 충실한 곡식이 됩니다. 하지만 그 성장의 각 단계를 어떤 검은 선으로도 분명하게 구분하지 못합니다. 도착했을 때 비로소 알 것입니다. 하지만 그 통로를 너무 빨리 지나기 때문에 우리는 그것을 보지 않을 것입니다. 지상에서 천국까지는 가장 근사한 여행이 될 것이지만, 그것은 눈 깜빡할 사이에 끝나고 맙니다.

> "한 번의 부드러운 탄식, 족쇄가 풀리고,
> '그가 갔다'고 우리가 채 말하기도 전에,
> 그 구속받은 영혼은 이미

보좌 가까운 거처로 가 있다네."

　　그는 결코 죽음을 응시하지 않습니다. 지나치면서 한 번 흘깃 보는 것에 지나지 않습니다. 그는 요단 강을 마른 땅처럼 건널 것이며, 그가 강을 건넜는지도 미처 알지 못할 것입니다. 베드로처럼, 그들은 떠난 것을 채 인식하기도 전에 저절로 열리는 철문을 통과할 것이며(참조. 행 12:10), 그들이 자유로울 때에야 비로소 문을 통과한 것을 알 것입니다. 그들 각자에 대해 베드로처럼 이렇게 말할 수 있을 것입니다. "천사가 하는 것이 생시인 줄 알지 못하고 환상을 보는가 하니라"(행 12:9). 죽음을 두려워 마십시오. 예수님이 이렇게 말씀하십니다. "사람이 내 말을 지키면 영원히 죽음을 보지 아니하리라."

　　다른 세계로 들어갈 때 영혼을 따라 가십시오. 몸은 뒤에 남겨두고, 그 사람은 육체에서 분리된 영이 됩니다. 하지만 그는 죽음을 보지 않습니다. 예수님과 하나가 됨으로써 그는 필요한 모든 생명을 자신의 영혼 안에 가졌습니다. 그러는 동안, 그는 부활의 나팔 소리에 그의 몸이 그의 영혼과 재결합하기를 고대하며, 그 때 그 몸은 그의 완전한 영의 거처가 될 것입니다. 그가 몸을 떠나 있는 동안 그는 주님과 함께 있을 것이며, 따라서 그는 죽음을 보지 않습니다.

　　하지만 심판의 날이 옵니다. 크고 흰 보좌가 놓이고, 죽은 자들이 심판대 앞에 서게 됩니다. 그 때 그리스도의 말씀을 지킨 자는 어떻게 될까요? 두려워할까요? 그 날은 마지막 날이며, 진노의 날입니다! 그는 그가 죽음을 보지 않을 것을 알기 때문에, 따라서 당황하지 않을 것입니다. 그에게는 "저주를 받은 자들아, 나를 떠나가라"(마 25:41)는 말씀이 해당되지 않습니다. 그를 결코 영원한 심판에 처할 수가 없습니다. 보십시오! 지옥이 그 거대한 입을 활짝 엽니다. 악한 자들을 위해 오랫동안 파둔 저 구덩이가 하품을 하며 그들을 삼킵니다. 경건하지 못한 무수한 영혼들이 폭포수처럼 아래로 꺼질 것입니다. "악인들이 스올로 돌아감이여 하나님을 잊어버린 모든 이방 나라들이 그리하리로다"(시 9:17). 그 무서운 시간에, 믿는 자의 발이 미끄러질까요? 그는 심판대에 서더라도, 결코 죽음을 보지 않을 것입니다.

　　하지만 세상은 불탑니다. 모든 것들이 해체됩니다. 원소들은 뜨거운 열기에 녹고 있습니다. 별들은 가을 나뭇잎들처럼 떨어지고, 해는 검은 털로 만든 옷감처럼 검습니다. 그는 놀라지 않을까요? 아, 그렇지 않습니다! 그는 결코 죽음을 보지 않습니다. 그의 눈은 생명을 응시하고 있고, 그 자신이 생명으로 가득합니다. 그는 생명 안에 거하며, 그는 그 생명을 하나님을 찬미하며 보냅니다. 그는 결코 죽음을 응시하지 않습니다. 예수님이 이렇게 말씀하시기 때문입니다. "내가 살았으니 너 또한 살리라." 오, 죽음을 보지 않는 복된 눈이여! 오 행복한 마음이여, 예수 그리스도 안에서 불멸을 확신하도다!

우리의 귀한 형제는 주님을 섬기는 삶의 귀감이었습니다. 지난 주일 그는 내 뒤의 이 좌석에 앉았습니다. 그리고 주님의 말씀에 그 영혼이 반응했습니다. 지난 월요일에는 하루 종일 온 마음으로 주님을 섬기며 이 교회에 있었습니다. 비록 큰 고통을 겪기는 했지만 그의 영이 육신의 약함을 이겨냈으며, 한결같이 그는 하나님과 사람들의 영혼을 향한 놀라운 열심을 보여주었습니다. 마지막까지 그 오랜 열정이 그 속에 강하게 남아 있었습니다. 그는 주님을 향해 말하려고 했습니다. 그는 너무나 감동을 받아 자신이 숨을 거두고 있는지도 몰랐습니다. 그는 자신이 천국에 있는 것으로 알았거나 혹은 언제나 그곳에 있었던 줄로 의식한 듯했습니다. 나는 그가 스스로에게 이렇게 말했다고 감히 말합니다. "나는 우리 교회에 가고 있다고 생각했습니다. 그런데 내가 이곳 내 하나님의 성전 안에 있네요. 여러 해 동안 내 자리는 저 아래 내 형제들 가운데에 있었고 그분의 백성들 중에서 내 주님을 섬기고 있었습니다. 그런데 지금 나는 위에 있는 처소에 와 있고, 그분의 얼굴을 봅니다. 하지만 나는 이제 여기서 할 일이 무엇인지를 찾아보려고 합니다." 예, 그는 여기에서 그랬듯이, 하나님의 성전에서 밤낮 그분을 섬길 것입니다. 그는 예수님의 일에 결코 싫증을 내지 않았기 때문입니다. 그는 언제나 그 일에 매달렸고, 언제나 생명으로 가득했습니다. 그는 우리와 함께 있는 동안에도 죽음을 본 적이 없었고, 언제나 생명력으로 흘러넘쳤습니다. 육체의 죽음이 찾아왔을 때 그는 그것을 응시하지 않았으며, 단지 머리를 숙일 뿐이었고, 하나님 보좌 앞에 있는 자신을 발견했습니다.

이 얼마나 영광스러운 말씀입니까! 오호라, 경건하지 못한 당신이여! 당신은 죽음을 보게 될 것입니다. 그것이 지금도 당신을 괴롭히거늘 당신이 숨을 거둘 때에는 어떠하겠습니까? "요단 강 물이 창일할 때는 어찌하렵니까?" 죄의 삯, 곧 사망 외에는 당신에게 남은 것이 아무것도 없습니다. 영혼의 파멸과 불행이 당신의 영원한 몫입니다. 당신은 전적으로 파멸하게 될 것이며, 영원히 비참한 존재가 될 것입니다! 이것이 심판에 대한 무서운 전망입니다. 그것은 틀림없이 당신을 놀라게 할 것입니다. 하지만 믿는 자에 대해서는, 진정으로 사망의 고통이 지나갔습니다. 우리는 형벌이나 두려움으로서의 사망과는 아무런 관계가 없으며, 타락의 원천이자 가슴을 질식하게 하는 독가스와 같은 영적인 죽음과도 상관이 없습니다.

3. 위대한 소생자(the Great Quickener)

이것이 세 번째 요점으로 나를 이끌어 줍니다. 위대한 소생자(the Great Quickener)에 대한 것입니다. 저 유대인들이 얼마나 분을 냈는지 모릅니다! 그들의 말이 얼마나 파렴치한지요! 그들은 심지어 그리스도의 말씀을 정확히 인용하지도 못했습니다. 그들은 말했습니다. "네 말은 '사람이 내 말을 지키면 영원히 죽음을 **맛보지** 아니하리라' 하니"(52절). 예수님에 대해 "모든 사람을 위하여 죽음을 맛보려 하심이라"고 기록되어 있습니다(히 2:9). 하지만 우리는 다른 의미에서 죽음의 쑥과 쓸개 맛을 보지는 않을 것입니다. 우리에게 죽음은 부활의 승리 속에 삼켜졌습니다(고전 15:24). 승리의 잔에서 쓸개 맛은 사라져 버렸습니다. 하지만, 주 예수님은 우리가 죽음을 결코 맛보지 않을 것이라고 말씀하시지 않았습니다. 그 단어의 일반적인 의미에서, 우리가 죽지 않으리라는 의미로 말씀하신 것도 아닙니다. 예수님은 유대인들에게 선지자들이 그랬듯이 신앙적인 의미로 그 말을 사용하셨습니다. 구약 성경은 죽음이라는 단어를 그런 의미로 사용했습니다. 이 유대인들도 그 의미를 매우 잘 알고 있었습니다. 죽음이 몸으로부터의 영혼의 분리를 항상 의미하지는 않습니다. 아담을 향한 주님의 선언은 이러했습니다. "네가 먹는 날에는 반드시 죽으리라"(창 2:17). 확실히, 아담과 하와는 그런 의미에서는 죽었습니다. 하지만 그들이 소멸된 것은 아니었으며, 그들의 영혼이 몸으로부터 분리된 것도 아닙니다. 그들은 여전히 땅에서 수고하며 살아남았기 때문입니다. "범죄하는 그 영혼은 죽으리라"(겔 18:4)는 말씀은 타락, 불행, 무능, 파멸을 포함하는 죽음과 관련되어 있습니다. 죽음은 소멸을 의미하지 않으며, 그것과는 매우 다른 무엇입니다. 파괴와 파멸이 영혼의 죽음인 것은, 완전과 기쁨이 영혼의 생명인 것과 똑같습니다. 하나님으로부터의 영혼의 분리는 죽음의 형벌이며, 그것이야말로 진정한 죽음입니다. 그 유대인들은 우리 주님의 말씀을 이해하기를 거부했지만, 예수님의 주장이 그분 자신을 아브라함이나 선지자들보다 더 높이는 의미라는 것은 분명히 인식했습니다. 그들의 욕설을 제쳐 두면, 우리는 매우 교훈적인 의미를 발견합니다. 영원한 생명을 확보하는 것은 신자의 위대성이나 선함이 아닙니다. 그것은 믿음으로 자신의 존재를 아브라함과 선지자들보다 위대하신 주 예수 그리스도와 연결하는 것입니다. 그리스도의 말씀을 지키고 그리스도와 결합하는 자는 그리스도와 하나입니다. 성도들이 사는 것은 그들의 주님 때문입니다. 그리고 주님 때문에 성도들이 사는 것은 주님께 영광과 존귀를 가져다줍니다. 그분의 생명은 그분의 백성 모두에게서 볼 수 있습니다. 그들은 거울처럼 그분의 신적 생명을 반영합니다. 그분은 그분 안에 생명을 가지셨고, 그 생명을 그분의 택하신 자들에게 나누어주십니다. 옛 창조가 아버지의 영광을 나타내 보이듯이, 새 창조는 아들의 영광을 계시합니다. 신자들은 그들의 주님이신 그리스도 예수 안에서 가장 고상한 생명을 발견하며, 그 생명의 모든 부분들이 그분을 영화롭게 합니다.

우리가 주님의 말씀에 따라 사는 것 역시 그분을 영화롭게 합니다. 그분이 우리를 붙드시는 것은 기계적인 섭리에 의해서가 아니라 그분의 말씀에 의해서입니다. 하나님이 말씀하셔서 세상이 존재하게 된 것 같이, 그리스도의 말씀 때문에 우리가 살고 또 계속해서 살 수 있는 것입니다. 그분이 말씀하신 것이 우리의 마음에 받아들여지면, 우리의 영원한 생명의 근원이자 자양분이 됩니다. 그분의 말씀에 의해, 무수한 신자들의 영적 생명이 태어나고 유지되는 것이 그리스도를 크게 영화롭게 합니다.

주 예수님께서 아브라함과 선지자들보다 훨씬 위대하시다는 것은 명백합니다. 그들의 말로는 사람을 살게 할 수 없었고, 그들 자신도 살 수가 없었습니다. 하지만 예수님의 말씀은 그 말씀을 받아들이는 모든 자를 살게 하십니다. 그 말씀을 지킴으로써 그들이 사는 것이며, 예, 영원히 사는 것입니다. 자기의 원하시는 자를 소생시키시는 그분의 이름에 영광을 돌립니다!

이 모든 것으로부터 한 가지 달콤한 추론이 가능하며, 그것으로써 설교를 맺도록 하겠습니다. 그리스도의 영광은 그분의 말씀을 지키는 모든 자들이 죽음을 보지 않는 것에 달려 있습니다. 만일 당신과 내가 그분의 말씀을 지키고, 그러고도 죽음을 본다면, 그렇다면 예수님은 참되시다 할 수 없습니다. 만일 예수님을 믿는 당신이 죽음을 응시하게 된다면, 그분에게 약속을 실현하실 능력이 없거나 혹은 의지가 없음을 입증하는 셈입니다. 그 중 어느 경우에라도 주님이 실패하신다면, 그분은 그분의 신실하심이라는 영예를 잃어버리십니다. 오, 떨며 근심하는 영혼들이여, 이 사실을 붙드십시오.

> "그분의 영예는 구원하는 일에 있으니
>   그분의 양 떼 중 가장 비천한 자도 구원하시리."

만일 예수님을 위해 수천의 영혼을 얻은 저 하나님의 성도가 결국 멸망한다면, 그와 관련된 언약은 얼마나 큰 실패이겠습니까! 하지만 만일 우리 주님의 말씀을 지키는 모든 자들 중에 가장 작은 자 하나라도 멸망하게 된다면 그 실패는 너무나 큰 것입니다. 지극히 영화로우신 우리 주님께 그런 영예의 손실이 있으리라고는 상상할 수 없습니다. 그러므로 당신이 아버지의 집에서 가장 작은 자일지라도 진정으로 그분을 신뢰하기만 한다면, 비록 약함과 결점으로 방해를 받기는 하더라도, 그분이 반드시 당신을 지켜 죽음을 보지 않게 하실 것입니다. 그분의 진리, 그분의 능력, 그분의 불변성, 그분의 사랑은 모두 각 신자들을 향한 그분의 약속의 신실함과 관련되어 있습니다. 당신이 이 점을 마음에 새기고 위안을 얻기를 바랍니다.

설혹 당신이 오늘 아침에 여기서 어떤 잘못을 했다 하더라도, 가장 흉악한 죄인으로 지금껏 살아 왔다 하더라도, 당신이 그리스도께 오기만 하면, 그리고 그분의 은혜로운 말씀을 붙들고 그 말씀에 순종하기만 하면, 당신은 결코 죽음을 보지 않을 것입니다. 지옥에는 이렇게 말할 수 있는 영혼이 하나도 없습니다. "나는 그리스도의 말씀을 지켜 왔습니다. 그렇지만 나는 죽음을 보았고, 여기에 있습니다." 그렇게 말할 수 있는 자는 앞으로도 영원히 없을 것입니다. 그런 일이 있다면 영원에 걸쳐 그리스도의 영광이 손상을 입게 됩니다. 그분의 말씀을 지키십시오. 그러면 그분이 당신을 죽음을 보지 않도록 지키실 것입니다!

고인이 된 나의 친구는 우리 교회에 온 사람들의 회심을 얼마나 갈망했었는지요! 그는 누구라도 은혜를 입지 않고 있는 것을 보고는 편히 있지 못했습니다. 그에게는 큰 열망이 있었습니다. 그는 부흥과 사명을 사랑했습니다. 영혼들이 구원받았다는 소식이 그의 영혼 깊은 곳을 감동시켰습니다. 오, 우리와 함께 하는 동안 그가 했던 기도들이 그가 우리를 떠난 지금 응답되게 하소서! 그는 우리들 가운데 살았을 뿐 아니라, 우리들의 마음에 살았습니다. 그는 나의 칭송을 필요로 하지 않습니다. 그의 칭송은 온 교회에 남아 있습니다. 그는 어떤 기념비도 요구하지 않을 것입니다. 여러분 모두의 마음이 그의 기념비들입니다. 이 시간 속에서나 혹은 영원 속에서나, 나는 내 사랑하는 동료를 결코 잊지 않을 것입니다. 사랑하는 이들이여, 우리가 다음 수요일에 그의 무덤에 모여 많은 눈물을 흘리겠지만, 진정한 윌리엄 올니 집사님은 죽음을 보지 않았습니다. 나를 위해 많이 기도해 주십시오. 나의 손실은 측량할 수가 없습니다. 그의 사랑하는 가족을 위해 많이 기도해 주십시오. 그들의 손실은 무엇으로도 채울 수 없습니다. 아멘.

제
36
장

—

성전의 맹인 거지와
예수님의 기이한 치료

—

"내가 세상에 있는 동안에는 세상의 빛이로라 이 말씀을 하
시고 땅에 침을 뱉어 진흙을 이겨 그의 눈에 바르시고 이르
시되 실로암 못에 가서 씻으라 하시니 (실로암은 번역하면
보냄을 받았다는 뜻이라) 이에 가서 씻고 밝은 눈으로 왔더
라." — 요 9:5-7

우리 구주께서는 유대인들과 바리새인들을 상대하고 계셨습니다. 그들은
예수님을 극렬하게 반대하여 심지어 돌을 던지기까지 하였습니다. 예수님께서
는 당신을 가련하게 필요로 하고 있는 존재들에게 시선을 멈추시고 그들에게 치
료와 구원을 주실 때에 더 많은 안온함을 느꼈습니다. 오늘날 아직도 육신적인
생각을 벗어나지 못한 신앙 고백자들과 자주 논란을 벌여야 하는 것이 우리에게
떨어진 몫이기도 합니다. 우리가 그들을 벗어나거나, 그들이 공박(攻駁)하는 소
리를 벗어난다는 것은 큰 짐을 더는 것입니다. 그리고 죄인들을 발견하여 하나
님의 이름으로 그들에게 복음을 전하는 것이 훨씬 더 쉽습니다. 그것은 바로 맹
인의 눈을 영적으로 여는 것과 같은 일입니다.

성전 문 앞에 한 맹인 거지가 앉아 있었습니다. 그는 아마 주목할 만한 특징
을 가지고 있었음에 틀림없습니다. 왜냐하면 그는 약삭빠른 기민함을 보이고 있

었고, 타고난 지혜를 소유하고 있었습니다. 그 맹인 거지는 성전 문 앞에 오래 전부터 자리를 잡고 있었기 때문에 성전에 정규적으로 자주 드나드는 모든 사람들에게 아주 잘 알려졌을 것입니다. 그리고 멀리서 해마다 명절을 보기 위해서 온 사람들에게도 널리 알려졌을 것입니다.

이 사람은 예수님을 볼 수 없었습니다. 그러나 복되게도 예수님께서 그를 보실 수 있으셨습니다. 우리는 이 요한복음 9장 초두에서 이러한 말씀을 읽습니다. "예수께서 길을 가실 때에 날 때부터 맹인 된 사람을 보신지라." 많은 다른 맹인들도 이스라엘에 있었습니다. 그러나 예수님께서는 이 사람을 특별한 눈으로 보셨습니다. 제가 생각하기로는 주님께서 거기 가만히 서 계셨을 것으로 보입니다. 그는 그를 찬찬히 살펴보시면서 자세히 뜯어보셨을 것입니다. 그리고 그의 다 꺼져가는 말소리를 듣고 있었을 것입니다. 그리고 그가 어떤 유의 사람인지 주시하고 있었으며, 그에게 특별한 관심을 보이고 계셨을 것입니다.

이날 아침, 우리 교회 가운데에 예수님을 보지 못한 사람이 한 사람 있습니다. 그는 영적인 특별한 눈을 가지고 있지 못하기 때문입니다. 그러나 저는 확신합니다. 내 구주께서 지금 그 사람을 살펴보시며, 머리부터 발끝까지 훑어보시며, 분변(分辨)하는 눈으로 그를 읽고 계십니다. 예수님께서는 차츰 그 사람을 활용할 생각을 가지고 계십니다. 그는 위대하고 은혜로운 의도를 가지고 계십니다. 영적으로 맹인 거지와 같은 이 죄인을 붙잡고, 빛을 주고, 그로 하여금 그 예수님 자신의 영광을 보도록 하실 참이기 때문입니다.

성전의 그 맹인 거지는 아마 시력을 그렇게 크게 귀하게 여기지 않았을 것이라고 생각됩니다. 왜냐하면 그는 나면서부터 보지 못했기 때문입니다. 빛을 보았다가 맹인이 된 사람들은 그 낮의 빛을 잃은 상실감에 사무치는 것입니다. 그러나 전혀 시력을 갖고 있지 못했던 사람은 그 시력이란 것이 어떠한 것인지에 대한 생각을 가지기가 곤란합니다. 그러므로 그런 이들에게 있어서 자기들이 보지 못하는 것을 큰 손실로 여기지 않을 수도 있습니다. 지금 이 때에 제가 찾고 있는 사람은 참된 종교의 기쁨을 전혀 가지고 있지 못한 자입니다. 왜냐하면 그는 영적인 생명과 빛에 대한 감각을 전혀 가지고 있지 못하기 때문입니다.

그는 아직까지 그러한 것을 안 적이 없습니다. 그러므로 자기가 맹인의 상태에 빠져 비참하다는 사실을 알지 못하는 것입니다. 그는 나면서부터 눈이 멀어 있었습니다. 아무리 해도 안 되니 그는 그렇게 있는 것으로 만족하고 있었습니다. 왜냐하면 그는 하늘에서 빛을 받고 열려진 눈으로 들어오는 즐거움이 어떠한 것인지를 모르고 있기 때문입니다. 그에게 있어서 영적인 일들은 전혀 알려지지 않은 영역입니다. 그 영역에 대해서 어떠한 개념도 갖고 있지 못합니다. 아직도 그 사람이 여기에 있습니다. 그러나 그는 구원을 바라고 있지 못하고 소원하지도 않습니다.

그러나 예수님께서는 보는 것의 가치를 아십니다. 그는 하늘의 빛이 마음에 가져올 영광들을 알고 있습니다. 그분은 인간의 무지 때문에 당신의 능력이 제한되는 분이 아닙니다. 오히려 그 자신의 원함에 따라서 그의 풍성함을 나누어 주실 분입니다. 그 풍성함은 한없는 바다와 같이 큽니다.

이 거지는 보기 위해서 기도하지 않았습니다. 적어도 그가 보기 위해 기도했다는 기록이 전혀 없습니다. 그는 거지였습니다. 구걸하는 것이 그의 일이었습니다. 그러나 그의 모든 간구 중에는 보기 위한 기도가 전혀 들어 있지 않았습니다. 그러나 예수님께서는 그에게 시력을 주셨습니다.

값없이 베풀어지는 은혜에 대한 영광스러운 선언을 여러분은 아시지요? "내가 나를 찾지 않는 자들에게 찾음이 되고." 예수님께서 자주 당신을 전혀 찾지 아니한 사람들에게 임하신다는 것은 놀라운 일이 아닌가요? 그분은 당신의 무한하신 긍휼의 주권으로 갑작스럽게 그러한 사람들에게 찾아오십니다. 그들이 복을 달라고 기도하기도 전에 그분은 그 복을 그들에게 부여하십니다. 값없이 베풀어지는 사랑은 그들이 그것을 소원하기 이전부터 있었습니다. 그들이 구원의 가치에 대해 눈이 떠졌을 때, 그들은 이미 그것을 소유하고 있다는 사실을 발견합니다. 그래서 그들이 드리는 기도 속에 찬양이 어우러져 있습니다. 지금 제 앞에 어떤 분들은 마치 그 맹인으로 난 자와 같다고 확신합니다. 그들은 자기들이 원하는 것을 알지 못합니다. 그들은 아직 그 복락의 가치를 인식하지 못했습니다. 따라서 그것을 구하지도 않았습니다. 그러나 오늘날 그들이 그것을 받으려고 합니다.

그 맹인 거지가 아주 은혜 받을 만한 좋은 환경 속에 있었는데 그것은 예수님께서 지나다니시기 쉬운 곳에 그가 있었다는 것입니다. 그는 성전 문 앞에 있었습니다. 사랑하는 친구 여러분, 여러분도 이 때에 그 소망스러운 터전 위에 있는 것입니다. 왜냐하면 여러분은 내 주님께서 자주 나타나시는 곳에서 발견되기 때문입니다. 주님께서 아주 자주 임하시는 곳에 여러분이 있기 때문입니다. 우리는 그분이 바로 여기 이 집에 오시기를 수백 번도 더 기도했습니다. 오늘 아침도 그렇게 기도하였습니다. 그분은 우리 교회를 통해서 영광을 받으셨습니다. 그리고 그의 친구들이 그를 그처럼 놀랍게 환영하였기 때문에 그는 여기 오시기를 즐거워하십니다. 오, 예수님께서 지나가실 때에 멈추어 서시어 무한하신 긍휼의 눈으로 여러분을 쳐다보셨으면 얼마나 좋겠습니까!

우리 주님께서 무엇을 하고 계셨습니까? 사실대로 말해서, 그분은 신적인 강압을 느끼고 있었습니다. "나는 나를 보내신 이의 일을 하여야 하리라." 그분은 일할 소재(素材)를 찾고 계셨습니다. 하나님의 일이 명백히 드러날 재료를 찾고 계셨다는 것입니다. 그런데 바로 여기에 그리스도를 위해서 예비된 사람이 있었습니다. 다시 말하면, 질그릇을 만드는 토기장이를 위해서 진흙이 준비되어 있었듯이 말입니다. 그가 시력이 회복되면, 예루살렘이 주의 일을 보게 될 것입니다. 그리고 먼 나라에서 온 자들도 그것에 대한 소문을 들을 것입니다. 이 맹인 거지는 구주께서 찾고 계셨던 바로 그 사람이었습니다.

나의 선생이신 구주께서 걸어서 이 교회당 복도에까지 오셨습니다. 그리고 그분은 볼 수 있거나, 아니면 볼 수 있다고 생각되는 대단히 많은 사람들을 만나십니다. 그분은 이런 이들을 지나치십니다. 왜냐하면 "건강한 자에게는 의원이 쓸데없기 때문입니다." 그러나 그가 지나가시면서 결국 가련하게 어둠에 처해 있는 존재에게로 가십니다. 그 사람은 나면서부터 소망도 없고 무능한 맹인이었습니다. 그는 멈추어 서서 "바로 이 사람이다. 여기서 이적을 행할 여지가 있다"라고 말씀하십니다.

오, 주여, 그러하외다. 그 텅 빈 구멍, 아니면 그 두리번거리는 눈동자에 당신의 치료하시는 능력을 발하실 공간이 있습니다. 그 완고하고 굳은 심령 속에 새롭게 하시는 은혜를 위한 여지가 있습니다. 죄인들의 필요들은 구주의 기회들입니다. 그리고 여러분, 가련하고 죄악되고 구원을 받지 못한 죄인들이여, 여러분은 그리스도의 은혜의 역사를 위한 소재들입니다. 여러분은 그리스도의 용서하시는 사랑이 찾고 있는 바로 그 사람입니다.

여러분은 영적인 것들을 볼 수 없습니다. 하늘에서 내려온 그 신령한 시력이 도무지 무엇을 의미하는 것인지 알 수 없습니다. 또한 알고 싶은 마음도 가질 수가 없습니다. 여러분은 바로 그 전능하신 은혜의 능력이 행사될 바로 그 사람이요, 우리 구주의 사랑에 그 완숙한 기술을 위한 공간이요 기회입니다. 나의 주님께서 멈추어 서서 여러분을 살펴보고 계십니다. 그는 말씀하십니다. "이 사람이다. 바로 이 사람이 내가 원하는 사람이다. 여기서 나는 나의 사명과 삶의 목적을 이룰 수 있다. 나는 세상의 빛이다. 나는 이 어둠을 다루고 있다. 그 어둠을 즉시 물리치기 위해서 말이다."

오, 주 예수여! 당신께서는 가장 높은 하늘에 계십니다. 그리고 당신은 당신의 종들이 이 불쌍한 땅에서 드리는 기도를 들으십니다. 이 교회로 오시어 당신의 사랑의 그 귀함을 다시 나타내 주소서! 우리는 주님께서 맹인의 그 육체적인 눈을 열어 달라고 구하지 않습니다. 하지만 그 내면적인 맹인에게 영적인 시력을 주십사고 구하는 것입니다. 죄많은 사람에게 깨달음을, 구원을 받지 못하고 있는 사람에게 구원을 주십사고 구하고 있는 것입니다. 오, 주님이시여! 당신께서 "빛이 있으라"고 말씀하심으로써 지존자의 아들이심을 드러내소서. 이 불쌍한 눈먼 사람들은 당신께 기도하지 못합니다. 그러나 우리는 그들을 위해서 은혜를 베풀어 달라고 기도합니다. 분명히 당신의 마음은 신속하게 움직여 우리의 기도에 응답하실 것입니다. 바로 지금 오셔서 그들에게 복 주시고, 당신의 영광의 찬미를 나타내소서!

이 맹인 거지의 경우는 뛰어나게 교훈적입니다. 그러므로 우리는 즉시 그 교훈을 살펴보도록 합시다. 우리가 그 본보기를 숙고하는 동안에 우리 중에 그것이 영적인 형식으로 다시 되풀이되는 것을 볼 수 있기를 바라면서 말입니다. 성령이시여, 우리의 강론을 복되게 하사 그 목적을 이루게 하소서.

1. 뚜렷하게 드러나시는 위대한 치료자

먼저 이 사람을 낫게 하시는 예수님의 모습과, 모든 택한 사람을 구원하시는 모습 속에서 우리는 "위대한 치료자가 뚜렷하게 드러나는 것을" 발견하게 됩니다. 만일 우리 중에 어떤 사람들이 구원을 얻을 것이면, 구주께서는 그로 말미암아 위대하게 보이게 됩니다. 만일 우리가 용서를 받게 되면, 그 용서를 통해서 영예를 얻는 것은 우리가 아니라, 그 용서를 서명하며 그 용서를 보증하는 왕의 손입니다. 그 왕의 손이 크게 높임을 받게 될 것입니다. 만일 우리의 눈이 열려지게 되면, 그 보게 된 일로 인하여 우리가 유명해지기보다는, 우리의 눈을 열어 보게 하신 그분이 그 치료를 통해서 사람들에게 더 분명하게 알려지게 될 것입니다. 이 경우에서도 그러하였습니다. 그것은 정말 너무나 당연한 경우입니다.

먼저, 이 사람이 시력을 회복하자마자 그 사람의 마음속에는 "예수라고 하는 이가 그 마음의 전면에 등장하게 되었습니다." 예수님께서는 이제 그 사람에게 있어서 실존하는 가장 중요한 인물이 되었습니다. 처음에는 예수님에 대하여 그가 안 것은 그가 예수라는 이름을 가진 사람이었다는 것이었습니다. 그것밖에는 알지 못하였습니다. 그러한 특징 속에서 예수님은 그 맹인의 마음 바다의 전체 수평선을 가득 채우고 계셨던 것입니다. 예수님은 그에게 있어서 저 잘 배운 바리새인들이나, 그가 아는 모든 이웃들 전부보다 더 큰 존재가 되었습니다. 예수님은 그에겐 지극히 위대하게 보였습니다. 왜냐하면 자기의 눈을 뜨게 하셨기 때문입니다. 그는 점차 마음을 거기에 집중시키어 가면서 그 속에서 더 많은 것을 알게 되었습니다. 그래서 그는 "그가 선지자다"라고 선언하였습니다. 그가 그렇게 선언함으로써 큰 모험을 감행하였음을 생각할 때 그는 담대하게 그 말을 하였던 것입니다. 그는 나무라는 그 바리새인들의 면전에서 "그는 선지자다"라고 말했던 것입니다. 조금 더 나아가서 그는 예수님이 하나님의 아들이심을 믿게 되었고, 그래서 그 예수님을 경배하게 되었습니다.

자, 사랑하는 친구 여러분, 만일 여러분이 예수님을 통하여 구원을 받으면 여러분의 별은 져야 합니다. 예수님의 별이 떠오르고 점점 그 밝기가 더하여 그 별이 더 이상 하나의 별에 불과하지 아니하고 여러분에게 있어서 태양과 같은 존재가 되시기까지 해야 합니다. 여러분에게 낮이 오게 하고, 전체 영혼에 빛을 쏟아 붓는 태양과 같은 존재로 여러분 마음속에서 예수님이 높아져야 합니다. 만일 우리가 구원을 받으면, 예수 그리스도께서는 그 영광을 받으셔야 하고, 따라서 마땅히 받으실 것입니다. 흑암에서 빛으로 옮겨진 영혼들의 평가에 있어서 하늘이나 땅 어디에서도 예수님과 경쟁을 벌일 자는 있을 수 없습니다. 그 영혼들에게 있어서 예수님은 모든 것입니다.

여러분, 이 말을 듣기 싫습니까? 여러분은 전리품을 서로 나누어 가지고 싶습니까? 그 영광의 한 부분을 가지고 싶습니까? 여러분의 길을 그냥 가십시오. 그리고 그냥 눈먼 채 있으십시오. 그리스도를 영광스럽게 하기를 거절하는 동안에는 여러분의 상황이 전혀 달라질 수 없기 때문입니다. 한 사람의 눈을 뜨게 하신 분은 영원토록 은혜의 찬미를 받아 마땅합니다.

이 사람이 보게 된 후에 그의 증거는 모두 예수님에 관한 것이었습니다. 침을 뱉은 분도 예수님이시고, 진흙을 이기신 분도 예수님이시고, 그 눈에 바르신 이도 예수님이셨습니다. 여러분 마음속에서 여러분을 구원한 그 복음도 역시 그러한 방식으로 자리 잡고 있어야 합니다. 복음이란 "오직 예수"입니다. 언약의 보증자가 되신 분도 예수님이시고, 속죄의 희생 제물이 되신 이도 예수님이셨습니다. 예수님께서는 제사장이시요, 중보자시요, 도고자(禱告者)시요, 구속자이십니다. 우리는 예수님이 알파와 오메가이심을 알고 있습니다. 그는 처음이시요 나중이십니다. 여러분의 구원에 있어서 그 점에서 조금도 오류가 있어서는 안 됩니다. 거기에 또다른 것이 섞여도 안 됩니다. 사람에 관해서 할 말을 전혀 가지고 있지 않게 되는 것입니다. 사람의 공로나 의지가 거기에 함께 섞이지 못하게 해야 합니다. 오직 가시 면류관으로 상처를 받았던 그 머리에 여러분의 모든 면류관을 씌워 드려야 합니다. 예수님께서 그 일을 하셨습니다. 그 모든 일을 말입니다. 그러므로 그는 찬미를 받아야 마땅합니다.

예수님의 권위가 구원하는 명령을 발하였다는 놀라운 사실을 주목해야 합니다. "가서 씻으라." 이 말씀은 베드로나 야고보나 요한의 말이 아니었습니다. 예수님의 말씀이었습니다. 그러므로 그 사람이 그 말에 복종하였습니다. "믿으라 그리하면 살리라"는 복음의 메시지에 복종하려면, 그 말씀이 최고의 권위를 가지신 임금 예수님에 의해서 선포되었다는 사실을 지각(知覺)해야만 합니다. 여러 선생님들이여, 여러분더러 믿으라고 명하신 그분은 그 명령에 복종함을 통해서 치료함을 주실 수 있고, 주시는 바로 그 주님이십니다. 그가 여러분에게 명하시니 믿으십시오. 복음의 보증은 그리스도의 권위입니다. 그의 명령에 복종하십시오. 그리하면 그의 구원을 얻을 것입니다. 복음 명령의 성공은 그 명령을 발하신 분에 의해서 보증이 되는 것입니다. 그 명령이 효력이 있음은 그분의 입에서 나오기 때문입니다. "왕의 말이 있는 곳에 권세가 있는 것입니다." 복음은 위대한 임금의 말씀입니다. 그러므로 그 말씀을 듣는 자들은 그 말씀이 구원을 주시는 하나님의 능력임을 알게 됩니다.

이 사람이 시력을 회복 받았을 때 그 공(功)을 아주 독특하고 온전한 방식으로 예수님께 돌려드렸습니다. 그는 분명하게 말하였습니다. "내 눈을 열어 보게 하신 그"라고 말입니다. 그가 그 이웃이나 바리새인들에게 그 간증을 할 때마다, 그 점에 있어서 불분명한 소리가 없었습니다. 그는 예수님에 의해서 눈을 뜨게 되었습니다. 오직 예수님에 의해서만 말입니다. 그는 그 모든 영광을 예수님에게만 돌렸습니다. 그가 그렇게 한 것은 아주 잘한 일입니다.

자, 여러분의 귀를 빌려 주십시오. 오, 오늘 이 아침빛을 발견한 여러분은 바로 이 순간에 제게 여러분의 생각이 어떠한지를 밝혀 보십시오! 예수 그리스도께서 살아 계시고 역사하시는 분이라는 사실을 인식하려고 애쓰십시오. 그는 죽지 않으셨습니다. 그는 오래 전에 부활하셨습니다. 사서서 지극히 높은 하늘로 높아지셨습니다. 그는 무한하신 능력과 위엄으로 옷 입으신 분이십니다. 그는 영적인 방식으로 여전히 우리 가운데 와 계시며, 그의 은혜로우신 성품을 따라 일하시고 계십니다. 우리에게 있어서 그분은 잠드셨거나, 아니면 부재중(不在中)인 일은 없습니다. 오직 그는 지상에 계실 때 일하셨던 그 일을 여전히 하고 계십니다. 다만 그는 지상에 계실 때에는 물리적인 세상에서 일하셨던 것을 영적인 방식으로 일하고 계신다는 것뿐입니다. 그는 지금도 계셔서 구원하십니다. 영적으로 맹인 된 자들의 눈을 열어 보게 하십니다. 지금도 계셔서 제가 말하는 소리를 듣는 여러분들을 축복하십니다.

그가 이 순간에도 여러분을 주목하고 계심을 이해하십시오. 여러분 앞에 오셔서 그 그림자를 여러분에게 떨어뜨리고 계십니다. 그는 여러분의 경우를 곰곰이 생각하고 계십니다. 여러분은 기도하고 있습니까? 그가 듣고 계십니다. 기도라고 하기에는 아직 모자랍니까? 그저 하나의 소원에 불과합니까? 우리 예수님은 그 소원도 읽고 계십니다. 여러분의 영혼을 지나쳐 가는 그림자처럼 그 소원이 스쳐 지나감에도 불구하고 예수님은 여러분을 생각하십니다. 바로 이 순간에도 여러분의 망막에 잡히는 상이 무엇인지를 말씀하실 수 있습니다. 그리고 은혜의 영원한 빛 속에 그걸 담아 둘 수 있습니다. 여러분은 그걸 믿습니까? 그렇다면 그에게 부르짖으십시오. "주여 저로 하여금 보게 하여 주시옵소서." 그가 여러분의 기도를 들으실 것입니다. 제가 말하고 있는 동안에도 아마 빛을 보내고 계실 것입니다. 그리고 여러분은 크게 즐거워하면서 여러분 자신이 새로운 세상에 와 있음을 발견하게 될 것입니다. 어둠을 벗어나서 그의 기이한 빛에 들어가게 될 것입니다.

더 나아가, 구원을 위해서 여러분이 필요로 하는 큰 변화는 그 어떠한 인생의 죽을 힘으로도 해낼 수 없는 일임을 인식하십시오. 여러분 자신이 그것을 효력 있게 만들 수도 없습니다. "사람들과 천사들이 함께 힘을 합해 도와도" 여러분을 위해 그러한 효과를 낼 수 없습니다. 그것은 여러분 자신의 생각을 초월하는 것입니다. 육체적인 사람들로서 여러분은 영적인 것들이 무엇인지 알지 못합니다. 그 영적인 것들이 무엇인지에 대한 개념조차도 형성할 수 없습니다. 죽은 사람은 생명이 무엇인가를 알 수 없습니다. 진실로, 만일 그가 다시 살 수만 있다면, 그는 이전에 살았던 삶으로부터 생명에 대한 어떤 지식을 알아낼 수 있었을 것입니다. 그러나 여러분에게 있어서 그것은 모두 기이하고 이상한 일입니다. 왜냐하면 하나님께 대하여 산 적이 없었기 때문입니다. 여러분은 하늘의 신령한 빛이 부어져 보게 된다는 것이 무엇인지 생각조차 할 수 없습니다. 왜냐하면 여러분은 나면서부터 영적인 맹인이었기 때문입니다. 주님께서 바로 이 순간 여러분 속에서 새로운 일을 하시기를 원합니다. 여러분을 새로운 하늘과 새 땅으로 인도해 들이시기를 원합니다. 거기에는 의(義)가 거하는 곳입니다!

또 기억할 것은 이 이적이 여러분에게 일어나게 하여야 한다는 것입니다. 만일 그 맹인이 그냥 맹인인 채 머물러 있었다면 아마 그는 그런 상태를 용납해서 그저 행복한 거지로 남아 있었을 것입니다. 그는 매우 사려 깊은 정신적 힘을 가지고 있었던 사람 같습니다. 그래서 구걸하는 단체에 속한 다른 사람들과 똑같이 세상에서 자기의 길을 나름대로 개척할 수는 있었을 것입니다. 그러나 주 예수께서 여러분의 눈을 뜨게 하지 아니하시는 한 여러분은 행복해질 수도, 안전해질 수도 없습니다. 하늘로부터 빛이 여러분을 찾아오지 않는 한 여러분은 영원토록 흑암의 깊음밖에는 남지 않을 것입니다. 그러므로 여러분이 그리스도를 모시든지, 아니면 죽든지 해야 합니다. 여기에 바로 그리스도를 모시는 복락이 제시되어 있습니다. 바로 이 순간에 예수님께서는 여전히 우리 가운데 계셔서 최대한도로 구원하실 수 있으며, 당신을 믿는 자들에게 당신의 긍휼을 베풀어 주셨던 바와 같이 그 긍휼의 이적을 되풀이하기를 바라십니다. 제가 생각하기에 여러분의 가슴속에서 일렁이는 기도를 저도 거의 들을 수 있습니다. 침묵하고 계시지만, 말로 그 마음을 드러내시고, 입술로 그것을 아뢰십시오. "주여 오늘 내 입을 열어 주소서"라고 말하십시오. 그가 그 일을 행하실 것입니다! 그 이름이 찬미를 받으리로다! 그가 맹인의 눈을 뜨게 하실 목적을 가지고 오셨습니다.

2. 주목해야 할 특별한 방편

지금까지 저는 위대한 치료자가 그 이적을 통해서 명백하게 드러나 계심에 대해서 말씀드렸습니다. 이제 저는 여러분의 생각을 두 번째 요점으로 옮겨드리고자 합니다. 즉, 그 이적 속에서 "주목할 만한 특별한 방편(方便)"이 있다는 것입니다. 예수님께서는 방편 없이 이 사람을 치료하실 수도 있었습니다. 아니면 다른 방편을 통해서도 그 사람을 치료하실 수 있었습니다. 그러나 예수님께서는 모든 세대의 사람들에게 하나의 장대(壯大)한 설교로, 은혜의 교훈적인 비유로 남아 있게 될 방식으로 치료를 감행하기로 결심하신 것입니다. 그는 땅에다가 침을 뱉어 진흙을 이기시고 그것을 그 맹인의 눈에 바르셨습니다. 이것은 복음에 대한 일종의 한 묘사입니다.

예수님께서 그렇게 하신 것을 가지고 많은 현대 비평주의자들은 논란을 벌입니다. 첫째로, 치료의 양식이 매우 상도(常道)를 벗어나 보이는 것입니다. 침을 뱉어서 그 침과 먼지로 진흙을 만든다! 매우 독특합니다! 매우 기이합니다! 그처럼 세상적인 지혜로 볼 때는 복음은 괴이하고 독특해 보입니다. 어떤 사람들은 말합니다. "아, 우리가 믿음으로 말미암아 구원을 받게 된다는 건 정말 이상해 보인다." 사람들은 그것이 정말 이상하게 생각되기 때문에 다른 수십 가지 방식을 금방 생각해 내려고 합니다. 그 사람들이 생각해 내는 방식들은 하나도 묘사할 가치가 없습니다. 그러나 모든 사람들은 "주 예수 그리스도를 믿으라"는 옛 방식이 크게 개선되어야만 했었다는 식으로 생각합니다. 믿음으로 말미암아 의롭다 하심을 받는다는 그 칭의의 교리도 비평가들의 큰 공격의 대상입니다. 그 교리가 바로 세상 지혜가 보기에는 가장 형편없이 보이는 교리입니다. 그러나 그리스도께서 침을 뱉어 진흙을 이겨 치료하신다는 것은 얼마나 상도(常道)를 벗어나 보입니까? 그럼에도 불구하고, 그 방식은 예수님의 목적을 위해서 가장 좋고, 가장 지혜로운 방식이었습니다.

그러면 그 문제를 이렇게 한 번 생각해 보십시오. 주님께서 그분의 주머니에 손을 넣어서 황금이나 상아 상자를 꺼내시고, 그 상자 속에서 작은 병을 끄집어 내셨다고 해 봅시다. 그런 다음에 병뚜껑을 열어 그 맹인의 두 눈에다가 한 방울씩 떨어뜨렸더니 보게 되었다고 생각해 보십시다. 그러면 그 결과는 어떠하겠습니까? 모든 사람들은 "아, 그 약은 대단히 놀라운 약이군요! 그 약이 무엇인지 나는 궁금하군요. 그 약의 성분은 무엇입니까? 누가 그 처방전을 썼습니까? 아마 그 약을 처방한 사람은 솔로몬의 지혜의 글 속에서 어떠한 매력적인 것을 발견하고 그 놀라운 약물을 정제(精製)하는 법을 배웠을 거예요"라고 말했을 것입니다. 그래서 그 관심이 사용된 방편에 쏠렸을 것입니다. 그러면 그 맹인이 보게 된 것이 하나님으로 말미암아 되었다기보다는 약에 의해서 된 것으로 생각하게 될 것입니다.

우리 구주께서는 어떤 그런 신비로운 기름이나 아니면 어떤 용제(溶劑)를 사용하지 아니하시고, 그저 침을 뱉으시고 진흙을 이기셨습니다. 왜냐하면 아무도 "그 침이 그 일을 해냈다"라거나 "그 일을 해낸 것은 진흙이다"라고 말하지 못할 것을 아셨기 때문입니다. 아니, 만일 주님께서 방편을 사용하시는 방법에서 상도를 벗어나 보인다 할지라도, 그는 여전히 탁월하신 신중성을 보이십니다.

우리 주 예수님의 복음 ― 복음은 하나밖에 없음 ― 은 하나님의 지혜입니다. 그 복음이 세상적인 지혜의 판단으로는 아무리 이상하게 보인다 할지라도 말입니다. 복음을 이상하게들 생각할 수 있습니다. 그러나 그 복음은 모든 지혜의 요약입니다. 지혜의 정수(精髓)를 알아내려고 노력하는 사람들은 복음이 바로 그 지혜의 정수임을 발견합니다. 그 복음을 개선하는 것은 불가능합니다. 그 복음이 사람의 경우에 적용된다는 것은 정말 기이한 일입니다. 그 사람을 구원하시기 위해서 그 복음이 얼마나 놀라운 적합성을 가지고 있는지 다 말할 수 없습니다. 그 복음이 사람을 복되게 합니다. 그러면서도 모든 영광을 하나님께 돌립니다. 아무도 복음을 가지고 그리스도와 겨루지 못하게 만들었습니다. 오히려 모든 경우에 복음으로 말미암아 사람들을 복되게 하는 그 능력이 하나님의 능력임을 드러내는 것입니다.

다음으로, 그 방편은 어떤 사람들이 볼 때에 매력이 전혀 없어 보일 수 있습니다. 오, 저는 신사 계층에 속한 어떤 사람들을 지금 생각하고 있습니다. 그들은 이 말씀을 읽으면서 아주 이상하다는 표정을 짓습니다. "그분이 침을 뱉으시다니", "그분이 땅에다 침을 뱉어 진흙을 만드시다니." 그것이 그 섬세한 사람들의 비위를 상하게 만듭니다. 복음에도 그러한 요소가 있습니다. 아각과 같이 섬세하게 행동하는 자들은 복음을 좋아하지 않습니다. 소위 '교양'있는 사람들은 우리 조상들이 믿고 옹호하고 전파하기 위해 죽은 그 복음을 얼마나 비웃었는지요! 언제나 복된 우리 구원의 말씀을 그들이 얼마나 낮춰 말하는지 들어 보십시오. 그들은 복음이란 늙은 여자에게나 아니면 천치 바보들에게나 어울린다고 말합니다. 지금 여러분에게 말씀을 증거하는 설교자와 같이 과거에 속한 어리석은 사람들에게나 복음이 합당하다고 그들은 말합니다. 진보하는 이 사람들을 제외하고 우리는 모두 어리석은 사람들입니다. 그리고 우리 복음은 그들에게 있어서 역겨운 것입니다.

그렇습니다. 그러나 잠시만 멈추어 서십시오. 그러면 그 역겨움이 사라질 것입니다. 우리가 살펴보고 있는 이 이적 속에서 사용된 그 방편은 침 뱉음이었습니다. 그러나 누구의 입에서 나온 침입니까? 가장 달콤하신 예수님의 입에서 나온 침이었습니다. 가장 희귀한 것으로 만들어진 그 어떤 향료로도 그의 신적인 입에서 나온 침과 맞설 수 없습니다! 진흙! 그것이 진흙이면 어떠합니까! 하나님의 아들의 입에서 나온 침으로 만들어진 진흙은 "저 엄청난 수정"이나, 장사꾼들이 가지고 다니는 가장 희귀한 가루로 만들어진 것보다 더 보배롭습니다.

내 주님의 복음은 바로 그러합니다. 자신을 자랑하는 사람들에게 있어서 복음은 불쾌한 것입니다. 육신적인 이성으로 볼 때에는 걸려 넘어지게 하는 것이고, 자신들이 지혜로우며 다른 사람들과는 다르다고 생각하면서 자만에 빠져 있는 저 어리석은 사람들이 보기에는 복음은 아주 맛이 없는 것입니다. 그러나 믿는 여러분에게 있어서 그분은 귀하신 분입니다. 그 어느 혀로도 그 보배로움을 다 표현할 수 없을 정도로 말입니다.

> "우리가 지구를 한 바퀴 돌되,
>   영국에서 일본까지 샅샅이 뒤진다 할지라도
>   하나님께서는 인간을 위해서 그처럼 안전하면서도
>   의로운 종교를 발견하지 못할 것이다."

복음은 여전히 유대인들에게는 거침돌이요, 헬라인들에게는 미련한 것입니다. 그러나 구원을 얻는 우리에게는 "그리스도는 하나님의 능력이요 하나님의 지혜입니다"(고전 1:24).

주님께서 이 사람을 보통 방식으로 치료하셨다는 것을 싫어하는 사람들도 있습니다. 침을 뱉어 진흙을 이기는 것은 누구나 할 수 있다는 것이지요. 어째서 예수님께서는 어떤 의식을 부과하는 일을 하지 않으십니까? 어째서 절충론적 방법을 실행하지 아니하셨습니까? 만일 그 일이 그 시대의 한 의사에 의해 되어진 일이었다면 그 의사는 그 일을 대단히 크게 수행한 것이 되었을 것입니다. 그의 처방은 학식 있는 사람들에게도 하나의 치료가 되었을 것입니다. 여러분은 컬페퍼(Culpepper)라는 사람이 쓴 「약초학」(Herbal)이라는 책을 읽어보셨습니까?

저는 여러분이 그 박학(博學)한 약초학자가 처방한 약 중 그 어느 것 한 가지도 취해 본 적이 없었을 것이라고 생각합니다. 한 약품 속에 열두 가지의 재료가 들어가 있는 것을 발견할 것입니다. 그 들어간 재료들을 보면 정말 이상야릇합니다. 많은 처방에서 정말 이상하게도 수많은 약초가 첨가돼 있는 것을 발견할 것입니다. 그러한 처방들은 고대의 것들입니다. 만일 그러한 처방전이 전혀 유익이 없었다면 그 처방은 적어도 환자들을 당황하게 만들었을 것입니다.

오늘날 우리에게 제기되는 이상한 복음은 무엇입니까? 그 복음은 "문화(교양)"의 복음입니다. 문화라니! 물론 이것은 우월론자들의 독점입니다. 그 문화는 매우 세련된 사람들에 의해서만 누려질 수 있는 것입니다. 그들은 대학을 다녔고, 그들 속에 대학과 도서관과 그 모든 것을 가지고 다니는 사람들입니다. 보통으로 살아가는 사람들에게 충분히 평이하게 된 복음은 바로 그 이유 때문에 멸시를 받습니다. 예수 그리스도께서 죄인을 구원하시러 세상에 오신 것이 너무나 평범한 가르침이라는 것이지요. 그가 십자가에서 당신의 몸으로 우리의 죄를 담당하셨다는 것이 격을 벗어난 교의(敎義)라고 배척하는 것입니다. 지성적인 세대에 있어서는 맞지 않는다는 것이지요! 오, 그렇습니다. 우리는 사람들과 사람들의 경멸어린 눈초리를 알고 있습니다.

그러나 우리 주님께서 쓰신 약이 아무리 평범하다 할지라도 그것은 독특하였습니다. 모든 헬라의 철학자들이나, 로마의 지혜 있고 부요한 모든 사람들이 다 동원되어도 그 맹인을 치료하기 위해서 쓰여질 또다른 약을 혼합해 낼 수 없습니다. 오직 그리스도께서는 아무것도 견줄 데 없는 침을 소유하셨습니다. 오직 주님의 손가락만이 그 특별한 진흙을 만드실 수 있었습니다. 그러니 복음이 아무리 평범하게 보인다 할지라도, 복음과 같은 다른 복음은 전혀 없다는 것을 기억해야 합니다! 지혜롭다고 스스로 생각하는 여러분이여, 말씀해 보십시오. 그 복음과 비교할 만한 어떤 것을 발견할 수 있습니까? 죄인의 자리에 서신 그리스도께서 우리로 그 안에서 하나님의 의가 되게 하기 위해서 우리 대신 죄를 지셨습니다. 여러분은 그것을 능가할 어떤 것을 생각해 낼 수 있습니까? 예수님께서는 죄라는 노예의 속박에서 당신의 백성들을 구속하셨습니다. 만일 여러분이 그 표현을 좋아한다면, 그것을 상업적 속죄라고 불러도 좋습니다. 그리고 여러분이 대속적인 희생에 대하여 불만을 가지고 얼굴에 험상궂은 모습을 띨 수도 있습니다. 그러나 여러분은 그 대속적인 희생방식을 능가하는 어떤 것을 제시할 수 없습니다. 여러분이 복음을 비웃으면 비웃을수록 우리는 그 복음을 더욱더 고수할 것이고, 우리는 복음을 더 사랑할 것입니다. 왜냐하면 그리스도의 입에서 나오는 침은 가장 심오한 철학자들의 가장 깊은 생각보다 우리에게 더 사랑스럽기 때문입니다.

저는 또다른 반론자가 나타나 그 치료는 아주 부적합하다고 말하는 소리를 듣고 있는 것처럼 생각이 됩니다. 침을 흙에 뱉어 만든 진흙이 효용 있다 할지라도 과학적으로 활성 있는 효력을 나타내지 못할 것이고, 맹인의 눈에 어떤 치료하는 능력을 발할 수는 없을 것입니다. 그러한 차원에서 본다면, 그렇게 반론을 제기하는 사람들의 모든 말을 들어 줄 준비를 우리는 할 수 있습니다. 진흙만으로는 그 어떤 효력도 가질 수 없습니다. 그러나 예수님께서 그것을 사용하시면 그 목적을 이루는 방편이 될 수 있습니다. 그 사람이 연못에 가서 그 진흙을 씻은 후에 보게 되었습니다. 복음은 언뜻 보면, 마치 마음을 새롭게 하거나, 악에서 구원할 것 같지 않아 보일 수도 있습니다. 주 예수 그리스도를 믿는 것이 거룩을 산출(產出)하는 부적합한 방편처럼 보일 수도 있습니다. 그래서 사람들은 묻습니다. "복음적인 설교가 죄를 제어하기 위해서 무엇을 할 수 있다는 말인가?" 우리는 죄 가운데서 죽어 있었으나 믿음으로 살게 된 사람들을 가리키면서, 그 사실들을 통하여 복음의 효력을 입증합니다. 그러면 그 복음을 반대하는 사람들은 말합니다. "오, 믿음이 성품을 변화시킬 수 있습니까? 믿음이 그 의지를 제어할 수 있습니까? 믿음이 마음을 움직여 높고 고상한 생활로 유도할 수 있습니까?" 그러합니다. 그리고 물론 이론적으로 볼 때에는 부적합해 보이지만, 그것은 하나의 사실의 문제로서 사람들을 새로운 피조물로 만들며, 죄인들을 성도로 변화시키는 것입니다.

또다른 지혜 있다 하는 신사들은 눈에 진흙을 바르는 것은 해를 끼칠 수 있을 것이라고 판단합니다. "사람의 눈에 진흙을 넣으면 보게 하기는커녕 빛을 더 차단할 것이다." 심지어 저는 이런 말을 들은 적이 있습니다. 믿음으로 말미암아 구원을 얻는다고 설교하면 선한 도덕을 무너뜨리는 것이 되고, 사람들로 하여금 악에서 더욱 머물도록 격려할 수 있다는 것입니다. 정말 그들은 얼마나 눈먼 박쥐들인지요. 그 경우가 전혀 정반대라는 것을 알 수 없습니까? 복음을 통해서 창기(娼妓)가 요조숙녀가 되고, 도둑이 정직한 자가 되고, 주정뱅이가 절제하는 사람으로 된 일이 얼마나 흔합니까! 그들이 말하는 대로 선한 도덕을 무너뜨린다는 믿음의 복음 자체를 통해서 가장 훌륭한 도덕이 산출되고 있습니다. 그리고 그 다음에, 신자들은 너무나 엄격하고 종교적이었던 무리들이 저 청교도들이라고 생각하면서 싫어하는 것입니다. 구원은 행위로 말미암지 않고 하나님의 은혜로 말미암는다고 말하는 그 복음처럼 많은 선을 이룩한 것이 어디 있습니까?

또다른 반론을 펴는 사람들은, 우리 주님의 치료 방식이 율법을 어기는 것이었다는 식으로 말합니다. "예수라 하는 자"가 실제로 진흙을 이겼다는 것은 안식일이었다는 것이죠. 이것이 율법을 어긴 충격적인 사건이 아니었던가? 그 주장 속에는 예수님 안에 있는 우리 믿음의 복음이 사람들로 하여금 율법을 대수롭지 않게 여기게 만들고 있다는 식의 논리가 숨어 있습니다. 우리는 공로의 개념을 거슬러 설교합니다. 선한 행위가 사람들을 구원할 수 없다고 우리는 말합니다. 그러므로 우리는 율법의 존엄을 무너뜨리고 있다는 비난을 받는 것입니다. 그러나 사실은 우리 복음은 율법을 세워 주고, 참된 순종을 더욱더 장려합니다. 구주께서 "가서 씻으라"고 말씀하셨고, 그 맹인이 가서 씻었을 때 주 예수님께서는 그에게 순종을 가르치셨습니다. 그 순종 가운데 가장 훌륭한 종류의 순종을 말입니다. 곧 믿음의 순종을 가르치셨던 것입니다. 물론 율법의 행위로 하나님 앞에서 의롭다 하심을 받을 육체가 없다고 선언할 때 언뜻 보면 율법을 거슬러 말하고 있는 것처럼 보입니다. 그러나 사실은 우리가 그 말을 할 때 율법을 확증하고 있는 것입니다. 왜냐하면 믿음은 순종의 원리와 원천을 가져오기 때문입니다. 하나님을 신뢰한다는 것은 순종의 진수 자체입니다. 예수님을 믿는 사람은 범사에 하나님께 순종하는 위대한 교훈 속에서 첫발을 내디딘 셈입니다. 예수님께서 율법의 형벌을 받으셨고, 우리를 위해서 율법을 존귀하게 여기신 그 방식을 보십시오. 그것은 율법을 가장 영광스럽게 평가하도록 만드는 것을 보는 것입니다.

이 요점을 따르면서 저는 이렇게 말하겠습니다. 복음을 헐뜯지 마시라고 말입니다. 우리는 때때로 종들에게 빵과 버터 때문에 다투는 것은 지혜롭지 못하다고 말합니다. 모든 근심 어린 심령에게 간절히 말씀드립니다. 구원의 복음과 다투지 말라고 말합니다. 만일 여러분이 자신의 상황에 대하여 바른 생각을 하는 상태에 있다면 절대로 구원의 복음과 다투지 않을 것임을 저는 확신합니다. 제가 주님을 발견했을 때 저는 어떤 구석으로 몰려가지 않을 수 없었습니다. 그것은 구원이 어떠하다 할지라도 의문의 여지 없이 그 구원은 하나님의 차원에서 생각해야 했기 때문입니다. 만일 여러분이 제가 찾고 있는 사람이라면, 만일 여러분이 영적인 시각을 받기 원한다면, 예수님께 그 어떠한 조건도 요청할 필요가 없을 것입니다. 눈에 향유를 발라 달라고 요구하지 않을 것입니다. 다만 여러분의 구주의 손에서 진흙으로 발라 주시는 것을 기쁨으로 받을 것입니다. 주님께서 구원의 방식으로 어떠한 것을 처방해 주시든지 여러분은 기쁘게 그것을 받을 것입니다. 그렇게 기쁨에 차서 받아들이는 것 속에 구원 자체의 큰 부분이 숨어 있습니다. 왜냐하면 여러분의 의지는 이제 하나님과 하나가 되고 있기 때문입니다.

우리는 성령께서 우리 마음에 복음을 계시해 주시고, 우리로 하여금 그 복음을 사랑하고, 받고, 그 권능을 입증할 수 있도록 해 주시기를 위하여 기도드립시다.

3. 가장 주목할 가치가 있는 평이한 명령

저는 이제 여러분을 한 단계 더 나아가게 인도하려 합니다. "평이한 명령이 가장 주목할 만한 가치가 있습니다." 우리 주님께서는 그 앞에 있는 환자에게 "가서 실로암 못에 가서 씻으라"고 말씀하셨습니다. 그 사람은 볼 수 없었습니다. 그러나 들을 수는 있었습니다. 구원은 어떤 의식들을 보는 것을 통해서 우리에게 오는 것이 아니라 하나님의 말씀을 들음으로 오는 것입니다. 귀는 죄인에게 끝까지 남아 있는 가장 좋은 친구입니다. 임금 되신 임마누엘이 사람의 영혼 속으로 말을 타고 승리에 차서 입성하시는 것은 바로 그 귀라는 문을 통해서입니다. "들으라 그리하면 너의 영혼이 살리라."

그 명령은 지극히 구체적이었습니다. — "가서 실로암 못에 가서 씻으라." 복음은 정말 특이합니다. — "주 예수 그리스도를 믿으라. 그리하면 네가 구원을 받으리라." 이것저것을 행하라는 것이 아닙니다. 오히려 믿으라는 것입니다. 어떤 사제를 믿으라든지, 어떤 인간 존재를 믿으라는 것이 아니라 예수님을 믿으라는 것입니다. 만일 이 사람이 "저는 요단 강에 가서 씻겠습니다. 나아만의 나병이 거기서 나았지요"라고 말하였다면 그의 씻음은 소용 없었을 것입니다. 실로암 못은 천천히 흐르는 물이었습니다. 그러므로 그 실로암 못에 가서 씻는 것은 사소하고 우매(愚昧)해 보이는 일이었습니다. 어째서 거기에 가야 합니까? 그는 왜 가야만 되느냐고 묻지 않았습니다. 그는 즉시 순종했고, 그 순종을 통해서 복을 얻었습니다. 사랑하는 여러분, 여러분은 주 예수 그리스도를 믿어야 합니다. 그리하면 여러분이 구원을 받을 것입니다. 행해야 될 스무 가지 일들이 있는 것이 아닙니다. 오직 하나입니다. 가장 긴 복음의 형식은 "믿고 세례를 받는 자는 구원을 얻으리라"는 것입니다. 믿음은 주님께서 처방하신 세례의 순종을 통해서 공개적으로 고백되어야 합니다. 그러나 첫 번째 문제는 믿음입니다. "그를 믿는 자는 영생을 얻었고." 자, 그것이 매우 특이합니다! 여러분은 그 문제에 있어서 어떠한 실수도 해서는 안 됩니다.

그것은 또한 아주 단순합니다. "가서 못에 가서 씻으라." 못으로 가라. 그리고 거기서 진흙을 씻으라. 어떤 소년도 자기의 눈을 씻을 수 있습니다. 그 일은 정말 단순하였습니다. 복음은 그처럼 아주 명백합니다. 스무 번 무릎을 꿇고 각 경우마다 특이한 어떤 자세를 취하거나, 열두 언어를 배우기 위해서 학교에 가서 배울수록 더 어려운 공부를 해야 하는 것과 같은 것이 아닙니다. 구원의 행위는 오직 하나입니다. "믿으라 그리하면 살리라." 그리스도를 신뢰하고 믿으십시오. 그를 의지하십시오. 그 안에 안주하십시오. 십자가에서 그가 하신 일을 여러분의 죄를 위한 속죄로 받아들이시고, 그의 의를 하나님 앞에서 여러분이 용납되는 근거로 삼으십시오. 그리고 그의 인격을 여러분의 즐거움으로 받아들이십시오.

그러나 그 명령은 지극히 개인적이었습니다. "가서 씻으라." 그는 이웃이나 친구를 보내줄 수 없었습니다. 그의 부모들이 대신 갈 수도 없었습니다. 그가 "나는 그 문제에 대해서 기도할 거예요"라고 말하였다면 나태한 일이 되었을 것입니다. 아니, 그는 가야만 했습니다. 스스로 연못에 가서 씻어야 했습니다. 그와 마찬가지로 죄인도 직접 자기 자신이 예수님을 믿어야 합니다.

사랑하는 친구 여러분, 제 말을 들으십시오. 여러분 각자의 믿음만이 그 목적을 이룰 것입니다. 여러분 각자의 눈이 떠지길 원해야 합니다. 예수님께 순종함으로 직접 그 못에 가서 씻어야 합니다. 여러분은 개인적으로 믿어 영생에 이르게 되는 것입니다. 여러분은 어떤 사람들처럼 앉아서 하나님께서 자기를 구원해 주시겠지 하는 식으로 바라거나 그런 관념에 빠져 들어서는 안 됩니다. 그러한 배역(背逆)적인 수동성 속에 머물러 있으라고 여러분을 부추길 권위를 저는 전혀 갖고 있지 않습니다. 예수님께서 가서 씻으라고 명하십니다. 그런데 여러분이 어떻게 감히 가만히 앉아 있습니까? 아버지께서 그의 탕자를 맞아들이려 나오실 때 길에서 그를 알아보고 달려갑니다. 아버지가 그를 보았을 때 아직도 거리가 많이 떨어져 있었습니다. 그러나 그는 얼굴을 그 방향으로 하고 아버지의 집을 향해 최선을 다해 길을 갔었던 것입니다. 그가 여러분에게 "잠자는 자여 깨어서 죽은 자들 가운데서 일어나라 그리스도께서 너에게 비추시리라"고 말씀하십니다. 여러분도 일어나시기 바랍니다! 일어나세요! 실로암 못이 여러분에게 오지 않고, 여러분이 그 못으로 가야 합니다. 물이 여러분의 침대 위로 뛰어올라 여러분의 눈을 씻어 주지 아니할 것입니다. 여러분이 그 물로 내려가서, 진흙이 다 씻겨지기까지 못에 가서 씻어야 합니다. 그리하면 보게 됩니다. 이것은 매우 개인적인 것임을 알고 자신이 그렇게 해야 한다고 마음먹으십시오.

그 지시는 그리스도께 대한 순종을 수반하는 지시였습니다. 왜 내가 거기에 가서 씻어야 하느냐? 그분이 말씀하시기 때문입니다. 만일 예수님께서 나를 구원해 주시기를 원하면, 예수님께서 명하시는 대로 해야 합니다. 예수님을 나의 구주로 받아들이면 예수님께서 나 자신의 주가 되어 주시기를 바라야 합니다. 사랑하는 마음이여, 그대는 이 아침에 예수 그리스도께 복종하라. 그러한 상전을 모시는 좋은 세상에 없도다. 그대는 부복하여, 자기를 위해 십자가에 못 박히셨던 사랑스러운 발에 입 맞추면 잘하는 일이다. 자신을 즉시 예수님의 통치에 복종시키시라. 믿음의 행위는 더 받아들여질 만합니다. 마음으로 예수님께 순종하는 것이기 때문입니다. 여러분에게 간청하노니 믿음으로 그에게 항복하십시오.

그 명령은 즉시 실천해야 하는 것이었습니다. 예수님께서, "내일, 또는 한 달 내로 실로암 못에 가서 씻으라" 하지 않으셨습니다. 만일 거지가 외적으로만 아니라 내면적으로도 눈이 멀어 있었다면, 아마 그는 "내가 눈이 멀어 있으니 맹인 거지로서 돈을 벌게 된 것이야. 난 좀 더 돈을 벌거야. 그 다음에 눈 뜨면 되지"라고 말하였을 수도 있습니다. 그러나 그는 자기가 보게 된다는 것이 지체할 수 없이 중요한 문제로 보았던 것입니다. 만일 지체한다면 죽을 때까지 맹인으로 남게 되었을 것입니다. 만일 여러분 중에 어떤 이가 즉시 회심하는 것이 불편할 것 같이 생각이 든다면, 정말 여러분에게 저는 소망을 전혀 걸지 않겠습니다.

그러한 여러분에게 지금 당장 주어지지 않는 구원이라면 무슨 구원을 설교할 수 있습니까! 오늘 구원받지 않을 이는 전혀 구원받고 싶지 않은 이입니다. 맹인 거지여! 오늘 네가 시력을 갖게 되지 않으면 영원히 맹인이 될 것이다. 그러니 맹인 거지여, 네 갈 길로 가 버려라! 눈을 뜨게 되는 일이 "지금 아니면 영원히" 주어지지 않을 수도 있습니다. 오늘은 구원의 날입니다. 내일은 마귀의 그물에 불과합니다. 만일 계속 꾸물거리고 지체한다면 절망적으로 구원을 받지 못할 것입니다.

이 맹인이 받은 명령은 매우 주목할 만한 것이었습니다 — "가서 씻으라." 영적 방면에서도 여전히 그와 병행을 이루는 국면이 있습니다. 그것은 바로 "주 예수를 믿으라"입니다. 오, 영혼들이여! 구주를 믿으라고 명하는 말씀을 들으십시오. 그는 "땅 끝의 모든 족속아 나를 바라보라. 너희가 구원을 얻으리라"고 소리치고 계십니다. 오! 하나님께서 바로 이 순간에도 여러분을 도와 주님을 바라보게 하시기를 원합니다! 그러지 않겠습니까? 복되신 성령이시여! 예수님의 이름을 위하여 그들을 인도하사 그렇게 하게 하옵소서.

4. 결론적 보장

저는 이제 강론을 마감하면서 "확실시되는 유쾌한 결과"를 살펴보고자 합니다. 제 생각에는 이 사람이 실로암에 갈 때 그 이웃들이 함께 따라갔을 것입니다. 그들은 예수님께서 그 사람의 눈에 진흙을 바르시는 것을 보았습니다. 그리고 예수님께서 하시는 말씀, "실로암에 가라"고 하신 말씀을 들었습니다. 그들은 자원하여 가면서 그 맹인의 가이드 역할을 하였을 것입니다. 호기심이 그들을 자극하기도 하였을 것입니다. 맹인이 못에 이르렀습니다. 그리고 못으로 몇 발자국 내려갑니다. 물로 가까이 가기 위해서입니다. 그는 머리를 숙입니다. 그는 눈을 씻습니다. 그렇게 하면 어떤 결과가 나올까? 그 진흙이 씻겨지고 있으나 다른 무슨 일이 일어났는가? 갑자기 그 사람이 얼굴을 쳐들고 우러르며 "내가 본다! 내가 본다!"고 외칩니다. 그를 지켜보던 모든 이들이 함께 외치는 소리가 납니다. "아니, 이 놀라운 이적이여! 참 기이하다! 호산나 찬미하리로다! 하나님을 찬미하리로다!" 그가 다시 울부짖습니다. "정말 사실이다. 내가 씻었더니 내가 볼 수 있게 되었다!"

이 사람은 즉시 볼 수 있었습니다. 그가 가서 씻었더니 그의 시력 장애가 즉시 사라졌습니다. 영원한 생명은 순간적으로 받는 것입니다. 죄인이 의롭다 하심을 얻는데 똑딱거리는 일초의 간격도 필요가 없습니다. 오, 영혼이여! 믿는 순간에 그대는 사망에서 생명으로 옮겨졌도다. 섬광이 비취자마자 신속하게 효력 있는 변화가 일어납니다. 그 순간에 영원한 생명이 들어가서 사망을 내쫓습니다. 오,

주님께서 지금 구원하셨으면 얼마나 좋을까! 이 사람은 즉시 볼 수 있었습니다. 우리는 또다른 맹인에 대하여 듣게 됩니다. 그는 처음엔 사람들이 나무들이 걸어다니는 것같이 보였습니다. 그리고 얼마 후에야 각 사람을 분명하게 보게 되었습니다. 그러나 이 사람은 즉시 분명하게 보았습니다. 오, 오늘 제 설교를 듣는 여러분들이 믿고 즉시 살아나는 일이 있기를 진정 바랍니다!

이 사람은 자기가 볼 수 있음을 알았습니다. 그는 그 점에 대해서 하등의 의문을 제기하지 않았습니다. "내가 아는 한 가지는 내가 맹인이었다가 지금은 본다는 것입니다"라고 말하였습니다. 아마 여러분 중에 어떤 이들은 평생을 버젓하게 살아왔을지도 모릅니다. 그러나 아직도 자기가 구원을 받았는지, 받지 못하였는지 분명하지 않습니다. 만일 이러한 식으로 믿었다면 그것은 정말 가련한 종교입니다. 정말 차가운 위안입니다. 구원받았는지, 받지 못하였는지 알지 못하다니! 그것은 마치 자기가 아침밥을 먹었는지, 먹지 않았는지 모르면 그 아침밥이 형편없었다는 것을 보여주는 것처럼, 그것은 정말 빈약한 구원임에 분명합니다. 주 예수 그리스도를 믿음으로부터 오는 구원은 의식(意識)적인 구원입니다. 여러분의 눈이 열려지게 되면 자신이 볼 수 있는지에 대하여 더 이상 의문을 갖지 않게 될 것입니다. 맹인은 자기가 볼 수 있음을 알았습니다. 오, 여러분이 예수님을 믿고, 여러분이 믿었고, 구원을 받았다는 사실을 알게 되기를 바랍니다! 여러분이 새로운 세계로 들어와서 완전히 새로운 일의 상태로 들어와 있기를 바랍니다! 전에는 여러분에게 전혀 알려지지 않던 것이 오늘 이 시간 전능자의 능력으로 말미암아 여러분에게 알려질 수 있기를 바랍니다.

또한 다른 사람들은 그가 볼 수 있다는 것을 알아차렸습니다. 그들은 그것을 부인할 수 없었습니다. 어떤 사람들은 "네가 그 사람이 아니냐," 그러나 다른 사람들은 "그 사람 같다"라는 식으로만 말했습니다. 보게 된 그 사람은 맹인이었을 때의 사람과는 아주 달라져 있었습니다. 만일 우리가 아는 어느 친구가 전혀 눈이 없는 사람인데 갑작스럽게 눈이 박혀져 있다면, 우리는 아마 그 사람의 모습이 다르다는 것을 발견할 것입니다. 그래서 그 사람이 정말 같은 사람인지 알아보기가 힘들 것입니다. 그래서 이상해하는 이웃들이 "그가 그 사람 같다"고 말했던 것입니다. 그럼에도 불구하고, 그들은 그가 볼 수 있다는 것을 확신했습니다. 바리새인 중에 그 어떤 사람도 "네가 정말 볼 수 있는 게 사실이냐?"고 말하지 않았습니다. 환희와 기지와 풍자로 가득 찬 그의 빛나는 두 눈이 그가 볼 수 있음을 명백하게 보여주는 증거였습니다. 아! 여러분의 친구들이 진정 회심한다면 그걸 알아볼 것입니다. 그들은 말하고 싶어하지는 않으나 그것을 숨길 수가 없을 것입니다. 여러분이 저녁 먹는 방식 자체가 그것을 보여줄 것입니다. 여러분은 저녁을 먹을 때 감사함으로, 그 저녁을 먹는 것에 복이 임하기를 바랄 것입니다. 여러분이 잠자리에 드는 방식도 그것을 보여줄 것입니다. 저는 한 가난한 사람이 회심했던 경우를 기억하고 있습니다. 자기 아내를 정말 무섭도록 두려워했습니다. 세상에 그러한 두려움을 가지고 있는 사람은 그 사람만이 아닙니다. 그래서 그는 무릎을 꿇고 기도하면서 자기 아내가 자기를 비웃을 것을 두려워했습니다. 그는 자기의 기도 소리가 들리지 않도록 하기 위해서 긴 양말을 신고 계단을 기어 올라갔습니다. 그러나 그가 몇 분 동안 기도하고 난 뒤에 그 아내는 그가 거기 있음을 알았습니다. 그의 계획은 무산되었습니다. 그의 아내는 금방 그가 밖에 있는 것을 발견한 것입니다. 참된 회심은 어두운 방에 있는 촛불보다도 더 숨기기가 어려운 것입니다. 여러분이 감기가 들면 그걸 숨길 수 없습니다. 감기에 걸리면 기침을 합니다. 만일 어떤 사람이 마음에 은혜를 가지고 있으면 그의 삶 속에서 은혜를 보이기 마련입니다. 어째서 우리가 그 은혜를 숨기고 싶어하겠어요? 오, 주님께서 오늘 그처럼 눈을 열어 주사, 친구들과 친척들이 다 여러분의 눈이 떠진 것을 알 수 있게 하시기를 바라나이다!

　그 시력을 회복한 사람이 결코 다시는 그 시력을 상실하지 않았다는 사실을 주목하십시오. 이 사람은 다시 맹인이 되지는 않았습니다. 그리스도의 치료는 일시적인 것이 아닙니다. 최근에 저는 자기들이 완전히 회복되었다는 망상 때문에 크게 행복해하던 사람들에 대한 경우를 많이 들었습니다. 그 치료가 한 주간 지속되었습니다. 그러나 다시 그들은 그 전과 똑같은 나쁜 상태로 돌아갔습니다. 사람에게 환각은 한동안 큰 일을 해낼 수는 있습니다. 그러나 그리스도의 치료는 영원토록 지속이 되는 것입니다. 그리스도께서 뜨게 하신 눈은 다시 맹인이 되지 않습니다. 우리는 거듭나는 것을 믿습니다. 그러나 거듭난 것처럼 보이는 것은 믿지 않습니다. 주님께서 무엇을 하시든지 그것은 영원할 것을 저는 알고 있습니다. 사랑하는 친구 여러분, 저는 영원한 구원 이외에 설교할 아무것도 갖고 있지 못합니다. 그리스도께 나오십시오. 그는 여러분 안에서 효능 있는 치료를 행하실 것입니다. 전적으로 그를 믿으십시오. 왜냐하면 그 안에 영생이 있기 때문입니다.

이 사람이 시력을 받았을 때 그 결과 모든 것을 기꺼이 감내할 준비가 되어 있었습니다. 유대인들은 그를 회당 밖으로 내쳤습니다. 그러나 예수님께서 그를 만나셨을 때 그 사람은 유대인들에 대하여 안달하지 않았습니다. 예수님께서 그를 만났을 때 그의 얼굴이 어떠했는지 저는 알 것 같습니다. 그가 자기에게 은혜 베푸신 자에게 절할 때 그는 얼마나 행복했을까요! "가련한 영혼이여, 불쌍한 영혼이여, 그대는 회당 밖으로 내침을 받았구나!" 그러나 그는 말합니다. "오, 저를 불쌍히 여기지 마세요. 그들이 나를 유대인의 회당에 전혀 들어가지 못하게 한다 할지라도 그리스도께서 이제 나를 만나 주셨고, 내가 이제 메시야를 만났는데 그 회당이 내게 무슨 상관이 있습니까? 내가 회당에 있을 때 눈이 멀었어요. 그러나 이제 회당 밖에서 나는 내 시력을 되찾았습니다."

여러분이 그리스도인이 될 때 세상은 여러분을 미워하고 욕할 것입니다. 그러나 그것이 무슨 상관입니까? 어떤 사람들은 여러분과 이제 더 이상 상관하지 않을 것입니다. 오히려 이것은 그들이 여러분에게 해줄 수 있는 가장 좋은 조치일 수도 있습니다.

우리 교회에 귀족의 작위를 가진 한 부인이 출석했었습니다. 그녀는 정말 우아한 분이었습니다. 저는 처음에 그녀에 대해서 조금 걱정했습니다. 귀족들이 진리에 접근하지 못하도록 그녀를 붙잡아 놓을까 해서 말입니다. 그런데 그녀가 세례를 받은 후에 어떤 귀족 가문이 그녀에게 냉정하게 대했습니다. 그리고 매우 친밀했던 사람들이 더 이상 찾아오지도 않는다는 것입니다. 그녀는 그것을 하나의 겪어야 할 일로 여겼습니다. 그리고 그것이 그녀의 과정을 훨씬 더 쉽게 만드는 것임을 주목했습니다. 왜냐하면 이제 그녀는 그들의 불경건한 대화를 들을 고통을 당하거나, 그 관계를 끊는데 대한 책임 추궁을 받지 않게 되었기 때문입니다.

세상이 하나님의 자녀를 내칠 때 하나님의 자녀를 위해서 세상이 가장 좋은 일을 한 셈입니다. 세상에서 내쫓김을 받는 것이 세상과 교통하는 것보다 더 낫습니다. 세상의 집 밖은 우리에게 있어서 세상의 안보다 더 안전한 곳입니다. 우리는 형제들을 사랑합니다. 그러나 세상은 우리를 미워합니다. 그것은 바로 한 사람이 자기가 받은 은혜에 감사한다는 것을 보여주는 두 가지의 분명한 증거입니다. "그런즉 우리도 그의 치욕을 짊어지고 영문 밖으로 그에게 나아가자"(히 13:13).

　　주 예수께서 바로 이 사람을 위해서 행하신 그 일은 얼마나 놀랍습니까. 그리고 자기를 믿는 모든 사람을 위해서 주께서 예비하신 것은 얼마나 놀랍습니까! 그것은 하나의 창조의 사역이었습니다. 그 사람의 눈은 전혀 볼 수 없었습니다. 그런데 이제 그 속에 시력을 창조하신 것입니다. 사지(四肢) 중 어느 하나를 고쳐 주는 것도 중요한 일입니다. 그러나 눈의 모양만 있지 시력을 전혀 낼 수 없는 눈으로 하여금 보게 하는 것은 훨씬 더 큰 일입니다. 영혼을 구원하는 일은 창조의 일입니다. 우리는 예수 그리스도 안에서 새롭게 창조되었습니다. 그것은 하나의 부활의 일이었습니다. 그 눈은 죽어 있었습니다. 그러나 이제 예수 그리스도께서 그 눈을 죽음에서 살아나게 하신 것입니다. 전능하신 주 하나님께서는 바로 이 순간에도 창조의 역사를 하실 수 있습니다. 이날에 부활을 산출하실 수도 있는 것입니다. 어째서 그가 못하시겠습니까? 오늘 우리는 이 신적인 두 가지 능력들을 회상해야 할 것입니다. 주간의 이 첫째 날은 하나님의 창조의 시작이었습니다. 우리 주님께서 잠자는 자들의 첫 열매로서 죽은 자 가운데서 일어나신 날이 또한 오늘입니다. 주의 날은 창조와 부활의 시작을 기념하는 날입니다. 전능하신 주께서 오늘 하나님의 일들을 우리 중에서 나타내시기를 위해서 기도합시다. 오, 주여, 지금 여기 있는 사람들을 거듭나게 하시고, 빛을 비추어 주시고, 용서하여 주시고, 구원하여 주시옵소서. 그리하여 하나님을 영화롭게 하옵소서! 아멘. 아멘.

제
37
장
—

단순성의 진수

—

"예수께서 그들이 그 사람을 쫓아냈다 하는 말을 들으셨더
니 그를 만나사 이르시되 네가 인자를 믿느냐 대답하여 이
르되 주여 그가 누구시오니이까 내가 믿고자 하나이다." —
요 9:35-36

이 본문 말씀은 예수님께서 보게 하여 주신 맹인의 이야기의 일부입니다.
그는 자기가 어떻게 치료되었는지에 대하여 말한 것으로 유대인들과 그 관원들
의 노를 샀습니다. 그의 눈을 뜨게 하신 이가 나쁜 사람도 될 수 있다는 유대인
들의 관점에 그 사람이 동조할 수 없다는 것이 드러나자 그들 유대인들은 그 회
당에서 그를 추방하였습니다. 그 조처로 말미암아 그 사람은 더 이상 유대 교회
의 회중에 들지 못한다는 사실이 통보된 것입니다. 이제 그 사람은 회당에 참여
할 수 없으며, 더 큰 유대 사회의 교제에서 끊겨지게 되었습니다. 이는 한 유대
인에게 떨어질 수 있는 가장 무서운 재앙 중의 하나였습니다. 그 사람도 그 사실
을 분명히 알고 있었을 것입니다. 여기 계신 분 가운데 그 사람과 똑같은 고통을
당하기는 거의 불가능합니다. 그러나 많은 사람이 이와 유사한 것 때문에 고통
을 겪을 수는 있습니다. 다시 말하면, 여러분이 여러분 자신을 출교했을 수도 있
다는 것입니다. 여러분 자신의 심령 속에서 양심이 엄숙한 법정을 열었습니다.
그리고 계속 귀에 쟁쟁히 울리는 선고를 여러분 자신에게 내렸습니다. 그래서
하나님의 집에 모여 있는 자들과 감히 섞일 엄두를 내지 못합니다. 그들 중에 들

어갈 아무런 자격이 없다고 스스로 느끼기 때문입니다. 최근에까지 자기 자신에 대해서는 대단히 좋은 점수를 주고 있었습니다. 그리고 하나님께 대해서 모든 것이 다 잘되어 있노라고 생각했었습니다. 어쨌든 다른 사람들과 똑같이 좋은 위치에 서길 바랐었고, 아니면 더 나아가 자기 주위에 있는 사람들보다 더 낫기를 바랐습니다. 그러나 이제 자기 마음을 비추어 본 후로 자기 마음이 심각하게 악하다는 것을 발견했습니다. 그전에는 별로 그리 잘못된 것이 아니라고 생각했었습니다. 그런데 이제는 그 문제가 심각하게 여겨집니다. 죄 자체도 그 전과는 다른 양상으로 인식됩니다. 오늘 이 아침에 그러한 이가 여기 계십니까? 저는 그 사람의 마음의 상태가 어떠한지 확실히 이해한다고 말씀드릴 수 있습니다. 왜냐하면 저는 여러 달 동안 그와 똑같은 공포를 체험하였기 때문입니다. 저는 소망 있는 자들의 회중에서 단절되었고 하나님께 어떠한 긍휼도 바랄 소망을 갖지 못하게 되었다고 느꼈습니다. 감히 눈을 들어 하늘을 쳐다볼 수도 없었고, 다만 요나처럼 주님께 "내가 주의 목전에서 쫓겨났나이다"라고 탄식만 하였습니다. 그래서 저는 형제애 어린 동정심으로 자신을 주의 집에서 쫓겨나 추방당한 자로 여기는 어떤 사람에게 말씀드리는 것입니다.

이 본문에 나오는 사람은 그 선고를 받고 우울해지기 시작했을 바로 그 즈음에 너무나 행복하게도 주 예수 그리스도를 만나게 됩니다. 그리스도께서는 즉시 그에게 필요한 조처를 취하셨습니다. 그리스도께서는 이스라엘의 위로자로 오셨습니다. 사람들이 심령 속에서 짐 지고 있음을 발견하실 때마다 은혜로운 역사를 시작하시곤 했습니다. 그러나 주목해 보십시오. 주님께서는 그 사람을 격려하고 위로하시기 위해서 한 가지 방식만을 쓰고 계십니다. 그 은혜로운 역사가 그 방식만을 통해서 실현될 수 있게 하신 것입니다. 그 압박 받는 사람에게 하나님의 아들에 관해서 말씀하셨고, 그 하나님의 아들을 개인적으로 믿는 것에 대해서 말씀하셨습니다. 이는 상한 심령을 위로하는 가장 좋은 방식입니다. 절망의 동굴 속에 웅크리고 있는 영혼들에게 기쁨을 가져다줄 수 있는 가장 확실하고 좋은 방식이 그것입니다. 우리 주님께서는 먼저 그 출교당한 사람에게 "네가 하나님의 아들을 믿느냐"고 물으셨습니다. 여기 어떤 분이 제가 황급히 묘사한 바로 그러한 상태에 처하여 있어서 하나님 앞에 죄책감을 느끼고 심령이 편안하지 못하고 임박한 심판을 받기에 합당한 자로 생각하며 놀란 마음을 가지고 있는 분이 계십니까? 그렇다면 저는 그리스도의 이름으로 오늘 아침 그분들에게 위로의 말씀을 드리려 하는 것입니다.

그러나 그 위로의 말씀이란 옛적에 예수님께서 발하신 바로 그 말씀입니다. 제가 위로의 방식으로 여러분에게 말씀드릴 것은 하나님의 아들에 관한 것밖에 없습니다. 오직 그분에 대해서만 말하고, 그분을 믿으라고 요청할 뿐입니다. 왜냐하면 그분을 믿음으로 영접할 때 슬픔 속에서 구출될 것이기 때문입니다. 주 예수 그리스도를 믿는 자는 부끄러움을 당하지 않을 것입니다. 그러나 믿음 밖에 있는 사람은 구원 밖에 있는 사람입니다.

우리는 오늘 이 아침에 바로 그 요점을 함께 숙고해 봅시다. 오늘 이 아침 복음의 교리와 여러분의 영혼 사이에 다룰 문제의 요점이 존재할 것입니다. 아직 믿지 않는 분이 여기 계시다면 바로 그 요점에 해당되는 분입니다. 여러분은 이 아침에 복음을 정면으로 대면하게 될 것입니다. 가장 평이한 말로 그것을 여러분에게 표현한다면, 여러분은 알게 될 것입니다. 즉 만일 주 예수 그리스도를 믿는다면 구원을 받을 것이고, 그리고 믿을지 믿지 않을지 둘 중 하나가 여러분에게 놓여 있다는 사실입니다. 여러분이 하나님의 아들을 믿든지, 아니면 천하 인간이 구원을 받을 만한 유일한 이름을 거부하는 새로운 죄를 짓든지, 둘 중 하나를 택해야 한다는 것입니다. 말씀이 여러분에게 그 요점을 가리키면 그렇게 해야만 한다는 말씀입니다. 그런 다음, 저는 여러분이 둘 중 어느 것을 택할지 결정하는 문제를 성령 하나님의 손에 맡길 수밖에 없습니다.

저는 주님을 사랑하고 기도로 승리하고 있는 여러분들에게 간청합니다. 저와 함께 간구하자고 말입니다. 죄인으로 하여금 복음을 대면하게 한 결과로 그가 예수 그리스도를 믿게 되고, 믿음이 그에게 주어져, 하나님의 아들이 그 영혼에 확신의 대상이 될 수 있도록 위하여 기도합시다. 그래서 그 어떤 경우에도 복음을 듣는 자들이 계속 불신앙 가운데 머물거나 하나님의 아들을 거부하는 자리에 있지 않도록 해 주십사고 간청합시다.

여러분은 탄갱(炭坑) 입구를 보신 적이 있을 것입니다. 탄을 가득 실은 수레들이 비탈을 향해 내려가고 난 후 빈 수레들을 탄갱 입구까지 끌고 가는 것을 보았을 것입니다. 바로 그 빈 수레에다 탄을 채우기 위해서 말입니다. 저는 하나님께 간청할 것입니다. 은혜를 받은 당신은 하나님이 당신에게 주신 능력을 행사할 수 있도록 하기 위해서 말입니다. 그래서 이런 부단한 중보의 기도를 통해서 여러분도 다른 사람들을 구주께 이끌고 올 수 있게 해야 합니다. 우리가 설교하고 있는 동안에 여러분은 기도해야 할 것입니다. 그러면 하나님께서 우리들을 통해서 역사하실 것입니다. 불쌍한 눈으로 여러분 주위의 아직 구원받지 못한 사람들을 둘러보십시오. 그리고 그리스도를 바라보십시오. 높아지신 그리스도를 믿음의 눈으로 바라보십시오. 그리고 그리스도께 말씀드리십시오. "예수님, 피로써 무수한 사람들을 구속하신 주께서 지금 당신의 영원하신 성령으로 역사하시고 능력으로 구속하소서. 당신의 사역 속에서 일하셨던 그 성령, 오순절 날 당신의 종들과 함께 계셨던 그 성령, 우리로 하여금 당신의 진리로 돌아서게 하신 바로 그 성령께서 오늘 아침 이 회중 가운데 능하게 역사하시어, 여기 모인 이 모든 무리들로 하여금 당신께 순종하게 하소서. 당신의 십자가가 높이 들려질 때, 그 십자가가 이 진영에서 아직 죽어 있는 사람들에게 생명을 가져다주는 것이 되게 하시고, 깨어난 사람들에게는 안전한 구원의 등대가 되게 하시고, 절망하는 사람들에게는 소망의 기둥이 되게 하옵소서."

1. 손 안에 있는 현안 문제

오늘 아침 강론은 주로 엄숙하고도 실천적인 문제를 다루기 때문에, 가장 독특한 방식으로 "손 안에 있는 문제"를 설정하고 규정할 것입니다. 자기 영혼에 대하여 걱정하는 친구여, 그대에게 가장 크고 중요한 일은 구원을 얻는 것입니다. 그대는 아직도 구원을 받지 못했습니다. 양심이 그것을 말하고 있습니다. 구원을 얻어야 하며, 구원을 얻지 못하면 영원토록 망한다는 사실을 잘 알고는 있지만 그럼에도 불구하고 아직 구원을 얻을 전망이 희박합니다. 그대는 죄를 범하였고, 심판이 그대를 기다리고 있습니다. 그리고 그 심판을 피할 수도 없습니다. 그대에게 무엇보다도 중요한 요점은 구원받는 것입니다. 그리고 만일 그대가 진정으로 각성을 받았다면 죄의 형벌에서 뿐만 아니라 죄로부터 구원받기를 갈망할 것입니다. 그대는 나쁜 짓을 행하는 여러 결과로부터 피할 뿐만 아니라 나쁜 짓을 행하는 성향에서 벗어나기를 소원할 것입니다. 또한 과거의 죄의 부단한 세력과 더러움에서, 또한 죄를 다시 지을 경향성(傾向性)에서도 피하게 될 것입니다. 죄를 용서받기를 소원하게 될 것이고, 용서를 통해서 공의롭게 진노하시는 하나님의 진노로부터 해방받기를 소원할 것입니다. 그리고 지존자에게 받아들여지기를 소원할 것입니다. 그대가 마음을 바르게 먹고 있다면, 이러한 모든 일이 진실되고 진정으로 일어나기를 소원할 것입니다. 가식이나 꾸밈으로

가 아니고 행함이나 진실함으로 이 모든 일이 이루어지기를 바라는 것입니다.

그대는 명목상 구원받았다는 것만으로 결코 만족해서는 안 됩니다. 외면적인 의식(儀式)과 형식을 통한 신앙고백적인 구원만으로 만족해서는 결코 안 됩니다. 마음이 여전히 더러운 상태이고 본성이 아직도 깨끗함을 받지 못했는데 그것만으로 만족해서는 안 됩니다. 어떤 다른 분야에서 우리가 속임을 당한다 할지라도 그렇게 큰 손해는 아닙니다. 그러나 영혼의 문제에 있어서 우리는 모든 것을 확실하게 해야 합니다. 그 문제에 있어서 우리가 기만을 당하게 되면 실로 모든 것이 끝장이 나는 것입니다. 여러분이 원한다면 아주 좋지 않은 금속을 가지고 황금이라고 저를 속여도 좋습니다. 그러나 구원하는 진리를 대신하여 거짓이 들어서게 할 수는 없습니다. 은혜로운 진리의 작용의 자리에 기만적인 개념을 들어서게 할 수는 없습니다. 제가 먹는 음식에 대해서는 속아도 좋습니다. 그 음식을 먹을 때마다 뭔가 좀 모자란다는 생각이 들지라도 그런 대로 내버려 둘 수 있습니다. 그러나 제 영혼이 탐하는 영원한 생명의 떡의 문제에 있어서는 기만당할 수 없습니다. 다른 모든 것에 대하여는 거짓말을 할지라도 내 영혼에 대해서는 진실해야 합니다.

제 설교를 듣고 있는 청중 여러분, 여러분은 진실로 죄의 능력과 죄책에서 구원받고 싶습니까? 정말 그 구원이 철저하고 진실하기를 원하십니까? 또한 그것을 '지금' 갈망하고 있지는 않습니까? 하나님께서 정말 여러분을 살리셨다면, 여러분은 즉시 구원받기를 갈망할 것이고, 조금이라도 지체한다는 생각 자체를 두려워할 것입니다. 그런 여러분에게 있어서 죄는 '이제' 쓴 것이 됩니다. 그 죄는 이제 하나의 전염병과 같이 여겨집니다. 우리가 지금 다루고 있는 문제는 지금 구원을 받는 것의 문제입니다. 여러분 개인의 구원이 지금 실현되는 문제입니다. 만일 하늘에 계신 아버지의 화해하신 미소 띤 얼굴을 바라보는 것과 같은 일이 있다면, "바로 지금" 그것을 누리고자 소원할 것입니다. 죄의 짐이 어떤 죽은 사람의 어깨에서 벗어지는 것이 가능하다면, 여러분은 바로 이 순간에 그 짐을 부리고 싶어할 것입니다. 어떤 샘이 있어 그 물에 씻기만 하면, 모든 더러움이 다 사라져 버린다면 여러분은 즉시로 그 깨끗하게 하는 물 속으로 첨벙 뛰어들어 눈보다 더 희어지기를 갈망할 것입니다. 하나님을 찬미할 정도로 정말 여러분의 영혼이 각성받았다면, 그 중요성에 있어서 여러분의 영혼의 구원을 능가할 것이 해 아래는 결코 있을 수 없습니다. 아니, 해 위에도 없습니다.

지금 제가 여러분에게 강조하고자 하는 문제가 바로 그것입니다. 만일 여러분이 구원을 받고자 한다면, 하나님께서는 이미 선언하셨습니다. 구원은 그 은혜의 선물로 여러분에게 왔으며, 하나님의 값없이 베풀어지는 은총의 행위로 왔다고 말입니다. 또한 그 아들을 믿음으로 말미암아서만이 구원을 받을 수 있다고 말입니다. 그리스도께서 성전에서 그 사람을 만나 "네가 하나님의 아들을 믿느냐"라고 물으시면서 위로하셨을 때와 같이, 오늘날에도 하나님의 아들을 믿음으로 말미암아 구원이 주어지는 것보다 더 큰 위로는 없는 것입니다.

　여러분은 사람의 영혼을 사랑하시는 하나님의 독생자의 이야기를 백 번도 더 들었을 것입니다. 그러나 우리는 그것을 다시 여러분에게 말씀드려야 하겠습니다. 하나님께서는 사람들의 공로를 근거로 해서 구원하지는 않으십니다. 사람들에게 어떤 공로가 있다 하면 구원을 필요로 하지 않습니다. 만일 하나님께서 여러분에게 어떤 빚을 지고 있다면 계산서를 작성하여 가지고 계십시오. 하나님께서 여러분에 대하여 어떤 의무를 지고 있다면, 그것이 무엇인지 말해 보십시오. 만일 그것을 증명할 수 있다 할지라도 하나님께서는 여러분이 정당하게 요구할 수 있는 것 이상을 결코 주시지는 아니할 것입니다.

　정말 안타깝습니다! 사랑하는 친구여, 만일 그대가 정말 있어야 할 마땅한 곳에 있어야 한다면, 바로 지옥이 아니고 어디겠습니까? 모든 주장과 모든 요구와 결별했어야 좋았는데 그러지를 못했군요. 하나님께서 그대를 구원하시되 죄책을 가진 사람으로서 그대를 구원하시는 것입니다. 그대는 오직 멸망받기에 합당했었습니다. 그러나 하나님께서 구원하시기로 작정하셨기 때문에 그대를 구원하시는 것입니다. 다시 말하면, 하나님께서 긍휼의 풍성함을 그대 속에 나타내시기로 결심하신 것입니다. "너희가 은혜로 구원을 받는다"는 것이 하늘의 변함없는 목적입니다. 또한 이 은혜는 믿음의 통로를 통해서만 사람들에게 주어진다고 선언되었습니다. 하나님께서는 당신의 아들을 믿는 자들만 구원하실 것입니다. 주 예수 그리스도께서 이 세상에 오셔서 사람이 되셨습니다. 지난 주일에 가르쳐 드린 바와 같이 말입니다. 그는 사람의 모양으로 나타나 죄 있는 사람의 모양을 취하셨습니다. 그의 백성들의 범법(犯法)이 그에게 계산되었고 전가되었습니다. 그의 계산서에 올라갔습니다. 그는 마치 자기 자신이 그 죄를 지은 듯이 그들을 위해서 고난을 받으셨습니다. 채찍에 맞으시고 고초를 당하시며 십자가에 못 박히시고 죽임을 당하셨습니다. 그가 당한 그 채찍은 죄로 멸망받을 모든 인간의 죄에게 마땅히 주어져야 하는 징벌이었습니다. 그가 당하신 죽음은 범법자에게 마땅히 부과되었어야 할 사망이었습니다. 그러니 예수님을 믿는 자는 누구든지 그 구속자의 대속적인 모든 고통의 결과에 참여할 것입니다. 그래서 다음과 같은 논리가 형성됩니다. 그리스도의 고난은 믿는 자들이 당해야 하는 고난을 대신하는 것이 되며, 그리스도의 공로란 사람이 마땅히 하나님께 드렸어야 할 순종을 대신하게 된 것입니다.

예수님을 믿는 믿음이 예수님의 의로 말미암아 우리를 의롭게 합니다. 그 예수님을 믿는 믿음은 우리로 하여금 우리를 사랑하시는 하나님 안으로 받아들여지게 하고, 또한 그리스도 예수 안에서 온전한 자가 되게 하는 것입니다. 첫 사람 아담으로 인해서 우리가 타락했습니다. 그와 같이 둘째 아담으로 인해서는 우리가 다시 살아났습니다. 주 예수 그리스도의 죽음의 효력에 참여하는 방식은 단순히 그를 믿음으로 말미암습니다. 예수님을 믿는 것이 신비적이고 복잡한 행동이 아님을 이해해야 합니다. 믿음이 무엇인가를 설명하기 위해서 한 주간의 시간이 필요한 것이 아닙니다. 믿음은 하나님께서 그리스도에 관하여 계시하신 것을 믿는 것입니다. 그러므로 믿음은 그리스도를 하나님께서 지정하신 구주로 믿습니다.

저는 믿기를, 예수님은 하나님의 아들이요, 하나님께서 그를 세상에 보내사 죄인들을 구원하게 하셨다고 믿습니다. 그리스도께서는 그렇게 하나님의 뜻대로 구원하시기 위해서 당신을 믿는 모든 자들에게 공의의 대속자가 되셨습니다. 저는 그를 믿음으로써 그분이 내 대속주임을 알고, 내가 하나님 앞에서 깨끗하게 되었음을 압니다. 예수님께서 나를 위해서 죽으셨기 때문에 하나님의 공의가 나에게 영원한 사망을 선고할 수 없습니다. 예수님께서는 내 대속주로서 나를 위해 죽으셨습니다. 하나님의 진리는 이미 나를 위해서 온전히 갚아진 빚을 두 번 요구할 수 없습니다.

그 구원의 문제의 '논리성'은 정말 더할 수 없이 단순합니다. 이 세상에 있는 사람치고 어느 누구든지 젊거나 늙었거나, 유대인이나 이방인이나, 학식 있는 자나 문맹자나, 부자나 가난한 자나, 도덕적인 사람이나 방탕했던 사람 등등 그 어느 누구라도 예수님을 믿으면 구원을 받을 것입니다. 아니, 그가 예수님을 믿는 순간에 구원을 받습니다. 그러나 여자에게서 난 자 치고 예수님을 믿기를 거절하면 그 누구라도 이미 정죄를 받고 있는 것입니다. 그가 하나님의 아들을 믿

지 않았기 때문입니다. 그 사람의 성품이 어떠하다 할지라도 믿음이 없다면 그
는 잃어버린 영혼입니다. 반면에 그 사람이 어떠한 성품의 사람이었다 할지라도
지금 십자가로 나아와 예수님을 믿었다면 바로 그 순간부터 새로운 생명이 시작
될 것입니다. 하나님께서는 그의 믿음을 장식할 모든 은혜와 탁월한 모든 성품
들을 그에게 주실 것이고, 그의 믿음이 그를 구원할 것입니다. 예수 그리스도를
신뢰하고 믿는 것, 바로 그것이 문제입니다. 저는 쇠망치로 모루(anvil)를 두드리
는 것처럼 그 요점의 핵심을 두드리고 싶습니다. 만일 예수님께서 제 앞에 어떤
사람들의 마음을 놓으시고 죄책감의 용광로 속에 그를 녹이셨다면, 계속 저는
쇠망치처럼 하나님의 말씀으로 두드려댈 것입니다. 영원하신 하나님께서 그의
전능하신 팔과 그 신적인 권능의 힘으로 그를 두드리도록 말입니다. 만일 어떤
영혼이 예수 그리스도를 믿게 되기만 하였다면 일은 끝난 것입니다. 하나님의
아들을 믿는 것이 요점입니다. 그 밖에 다른 것은 아무것도 아닙니다.

2. 믿음의 모든 기초를 함축하고 있는 본문의 질문

그 요점이 문제의 가장 중요한 요점임을 말씀드렸으니 이번에는 두 번째 요
점으로 나아가 보겠습니다. 다시 말하면, 이 본문에 나오는 질문이야말로 믿음
의 전체 초석을 함축하고 있다는 사실을 주목하자는 말입니다.

그 사람이 예수님께 나아와 "주여, 그가 누구시오니이까? 내가 믿고자 하나
이다"라고 말하였습니다. 이 사람은 그의 진술 전체를 통해서 매우 영민한 사람
임이 드러났습니다. 성경이, 눈을 뜬 이 사람보다 더 좋은 상식을 가지고 있는
경우를 제시한 적이 있는지 저는 모르겠습니다. 하나님의 아들을 믿어야 한다는
소리를 듣고 그는 대번에 그 요점으로 나아가 "주여 그가 누구시오니이까? 내가
믿고자 하나이다"라고 말하였습니다. 마치 그가 알고 싶어하는 분이 바로 그분
이라고 말하듯이 말입니다. "그가 누구시오니이까?" 그런 다음, 믿음이 분명하게
따라올 참이었습니다. 한 영혼이 믿음을 구하고 있을 때 이 질문은 대단히 중요
한 요점입니다. 전체 문제의 핵심이 바로 거기에 있기 때문입니다. 이 사람은
"주여, 내가 누구관대 믿어야 하나이까?"라고 말하지 않았습니다. 전혀 그렇게
말하지 않았습니다. 만일 그러한 질문을 던졌다면 문제는 초점을 잃어버리고 말
았을 것입니다. 신문에서 진실성 여부에 관한 문제가 걸린 어떤 스토리를 읽었
다면, 내 성품이 어떠하냐에 대한 문제는 전혀 거론조차 하지 않습니다. 내 성품

이 어떠하든지 거기에는 아무런 관심이 없는 것입니다. 오히려 그 이야기의 진실성을 보증하는 권위 있는 자가 누구인지를 물을 것입니다. 저는 그 이야기 자체를 바라보지 않고 그 이야기가 진실이라고 외치는 사람을 기다릴 것입니다. 내가 어떠한 사람이든지 간에 그 이야기는 진실이든지 거짓이든지 둘 중 하나일 것입니다. 내 성품은 그 이야기의 진실성과 허위성과는 아무런 관계를 갖고 있지 않습니다. 다만 그 이야기의 진실 자체가 참다운 것이냐에 대한 탐구만 할 뿐입니다.

그와 같이 이 사람은 자기가 어떠한 사람이었으며, 어떠한 사람일 수 있는지에는 전혀 관심을 두지 않습니다. 오직 문제의 요점을 찌르고 있습니다. "그가 누구시오니이까? 믿고자 하나이다"라고 말하였습니다.

이 설교를 듣는 사랑하는 분들이여, 그대의 믿음이 취할 모든 논증은 바로 이 질문의 범위 안에 있습니다. "주여, 그가 누구시오니이까? 내가 믿고자 하나이다." 그러니 여러분은 "내가 누구관대 믿어야 합니까? 나는 죄로 더럽혀진 삶을 영위해 왔습니다. 나는 이 범죄 저 범죄를 계속 끊임없이 자행해 왔습니다. 양심을 거슬렀고 복음을 대적해 왔습니다. 빛과 지식을 거스른 죄악들로 말미암아 나 자신을 더럽힌 사람입니다"라고 말할 필요가 없습니다. 그것은 문제가 되지 않습니다. 그저 여러분은 자신이 온전히 더러운 자임을 자인(自認)하며 서 있어야 합니다. 하나님께서는 여러분에게 "주 예수를 믿는 자는 누구든지 영생을 얻는다"라고 말씀하십니다. 바로 그 말씀이 구원하시는 말씀입니다. 더도 덜도 아닙니다. 주 예수님을 믿고자 합니까? 그렇지 않습니까? 여러분이 어떠한 사람이냐는 것은 전혀 문제가 되지 않습니다. 만일 하나님의 증거가 사실이라면, 여러분이 검거나 희거나 큰 죄인이냐 작은 죄인이냐에 관계없이 하나님의 증거는 진리인 것입니다. 만일 그 증거가 거짓이라면 여러분이 선하든지 악하든지, 가치 있는 삶을 살고 있든지 무가치한 존재이든지 간에 그 증거는 어떠한 관점에서 보더라도 진리가 아닐 것입니다. 만일 예수님께서 구원하실 수 있는 분이라면 그를 믿어야 마땅합니다. 그가 아무도 구원할 수 없다면 그를 믿어 줄 사람이 아무도 없어야 마땅합니다. 전체 문제는 바로 그 요점에 따라서 좌우되는 것입니다.

여러분 자신의 현재 조건에 대하여 이러쿵저러쿵 아무런 변명도 제기해서는 안 됩니다. "그러나 나는 바로 이 순간에 내 자신의 마음이 너무 굳어져 있다고 느낍니다. 나는 어떤 사람이 우는 것처럼 울 수도 없습니다. 내게서 회개가 아주 멀리 떨어져 있는 듯합니다. 기도하기는 참으로 부담스럽고, 힘겨운 일입니다. 복음을 듣고 있는 오늘 이 아침에도 제 자신의 주의력은 그리 좋지 못해서 정말 사활(死活)의 문제라고 생각하고 들어야 할 진리에 대하여 마땅한 집중력을 나타낼 수가 없습니다. 매우 선한 요점에 있어서 모자라기가 한량없습니다. 나는 긍휼을 베풀어 달라고 내 자신을 내세울 만한 그 어떤 것도 가지고 있지 못합니다." 여러분이 만일 그렇게 말한다면 저는 대답하겠습니다. 그게 무슨 문제입니까? 자, 이렇게 생각해 보십시오. 제가 어떤 사람에게 천 파운드나 되는 돈을 원하는 대로 주겠다는 약속을 했다고 합시다. 그런데 그 사람이 저에게 자기의 더러운 옷과 빈 찻잔과 그의 곤고하기 짝이 없는 침상을 보여주었다고 하면 그것이 내 마음의 결정을 변경시키겠습니까? 그의 가난이 저를 거짓말쟁이로 만듭니까? 그러한 좋은 소식을 듣고 어째서 그 사람은 그러한 이상한 문제들을 가지고 나오는 것입니까? 문제는 내 말이 진실이냐 진실이 아니냐에 달려 있는 것입니다. 그의 조건은 내가 선언한 말의 진실성 여부에 아무런 관계가 없는 것입니다. 만일 그 사람이 세마포와 주홍색 옷을 휘감고 있다고 한다면, 그것이 제가 말한 것을 더욱더 진실하게 만듭니까? 그렇지 않지요. 거지 나사로에게 개들이 한 것처럼 그를 물고 늘어지는 개들이 있다 한들, 그것이 제가 말한 약속의 진실성을 부인할 권한을 그 사람에게 주지는 못합니다.

오, 죄인이여! 그러니 그대의 조건은 예수님을 믿어야 하느냐, 마느냐는 문제와는 아무런 상관이 없습니다. "하나님이 세상을 이처럼 사랑하사 독생자를 주셨으니 이는 그를 믿는 자마다 멸망하지 않고 영생을 얻게 하려 하심이라." 여러분은 그분을 믿을 것입니까? 여러분이 주 예수님을 믿을 것입니까? 만일 그를 믿고자 한다면, 문제의 요점은 "그분이 믿을 만한 가치가 있는 분인가?"라는 데에 있는 것입니다. 그러나 그 문제는 "나는 이러한 사람이다. 저러한 사람이다"라고 말하는 것과는 전혀 관계 없는 문제입니다. 그렇지 않습니까? 저는 지금 여러분의 상식에 호소하고 있는 것입니다.

또 어떤 분은 이렇게 말씀하시겠죠. "자, 그렇다면 장래에 대해서 생각해 보세요. 아마 나는 다시 이 죄로 돌아갈 수도 있어요. 나는 나 자신을 믿을 수 없어요. 전에도 여러 번 내 자신을 바꾸어 보려고 했죠. 그러나 쓸데없이 힘만 들였던 거예요. 내 배가 바다를 향하여 출항을 했으나 강풍을 한 번 맞고는 좌초해

버렸어요. 나를 기다리고 있을 여러 가지 시험을 미리 예측할 수가 없어요. 나는 그러한 시험들을 참고 하늘에 들어갈 수 있는지 기대는 못하겠어요." 자, 예수님을 믿느냐의 문제가 그대의 선한 결심이나 그대의 비참한 실패와 어떠한 관련을 가지고 있단 말입니까? 누구든지 그리스도를 믿으면 구원을 받을 것입니다. 만일 장래에 그를 계속 믿고 있는데도 불구하고 구원받지 못한 상태에 있다면 하나님의 말씀이 진리가 아닐 것입니다. 문제는 그대가 그리스도를 믿을 수 있느냐는 데에 있습니다. 그것은 바꾸어 말하면 "그리스도는 정말 믿을 만한 가치가 있는 분이냐"는 데에 있는 것입니다. 그 외에 다른 어떠한 의문도 마음속에 떠오르게 해서는 안 되는 것입니다. 그 경우는 저 건너편 바다에 있는 사람의 경우와 같은 것입니다. 그의 배가 좌초되었습니다. 그래서 그 배가 산산조각이 나고 있습니다. 그 배의 갑판은 휩쓸려 넘어가고 있습니다. 그래서 그 사람은 떠다니는 널빤지 위에 자신을 지탱하고 있을 뿐입니다. 보십시오! 구명정이 그의 곁으로 다가왔습니다. 그 구명정은 그를 태울 채비를 갖추고 있습니다. 자, 그 사람의 마음속에 구원받기 위해서 그 구명정에 타려고 할 때 문제삼아야 할 것이 있다면, '이 구명보트가 나를 해변까지 데려다 줄 것인가? 이 구명보트가 바다의 물결을 이겨낼 만한가? 그 구명보트가 안전하게 저 해변까지 나를 태워다 줄 수 있을까?'라고 생각하는 것입니다. 그것만이 합리적인 질문입니다.

그런데 어떤 사람이 만일 이렇게 마음을 먹고 있다고 생각해 보십시오. '나는 학질에 걸려서 이렇게 떨고 있으니 구명보트로 구출 받을 수 없소'라고 생각한다든지, 아니면 '바닷물이 내 등에 있는 마지막 더러운 옷까지 적셨기 때문에 나는 구명정에 타기에 적합하지 않아'라고 하였다든지, '내가 아프리카의 해안에서 파선을 당한다면, 거기에도 구명정이 있겠지'라는 생각만 하고 있다면 여러분은 그런 사람을 보고 뭐라고 하겠습니까? 정말 아니올시다! 자, 살아나야 할 목숨이 있습니다. 그리고 또 거기에 구명정이 있습니다. 문제는 "그 구명정이 그 사람을 태우고 안전하게 바다를 항해해 나갈 수 있느냐" 하는 것입니다. 그렇다면 그 구명정에 타야 하는 것입니다.

만일 그리스도께서 믿을 만한 분이 아니라면 믿지 마십시오. 그분이 모든 마음을 기울여 신뢰할 만한 가치가 있는 분이라면 모든 그 나태한 의문들을 다 청산하고 자신을 그분에게 던지십시오. "만일 우리가 사람들의 증언을 받을진대 하나님의 증거는 더욱 크도다 하나님의 증거는 이것이니 그의 아들에 대하여 증언하신 것이니라 하나님의 아들을 믿는 자는 자기 안에 증거가 있고 하나님을 믿지 아니하는 자는 하나님을 거짓말하는 자로 만드나니 이는 하나님께서 그 아들에 대하여 증언하신 증거를 믿지 아니하였음이라 또 증거는 이것이니 하나님이 우리에게 영생을 주신 것과 이 생명이 그의 아들 안에 있는 그것이니라 아들이 있는 자에게는 생명이 있고 하나님의 아들이 없는 자에게는 생명이 없느니라"(요일 5:9-12).

　　그러합니다. 우리는 계속 이 요점을 견지해야 합니다. 예수님은 믿을 만한 분입니다. 요동하지 않고 죄인이 믿고 신뢰할 만한 분입니다. 오 죄인이여, 그분이 믿을 만한 분인 것은, 무엇보다도 복음의 명령을 통해서 오늘 그를 신뢰하라고 강조하고 있는데, 바로 그분이 "친히 하나님"이시기 때문입니다. 그대는 하나님께 범죄했습니다. 죄인들을 구원하러 세상에 오신 그분이 바로 하나님이십니다. 활을 떠난 화살처럼 그대의 죄는 그리스도를 대적하여 일을 하고 있었습니다. 그러나 그렇게 화살을 통해서 대적당하던 분이 충만한 능력과 무한한 자비심으로 믿는 자들을 구원하시러 오셨습니다. 자신을 전능하신 이의 손에 던질 수 없습니까? 구원하시기에 능하신 바로 그 손에 말입니다. 하나님께 능치 못한 일이 무엇입니까? 천사는 그대를 구원할 수 없습니다. 그러나 하나님께서는 친히 하실 수 있습니다. 그대가 이스라엘의 거룩하신 자를 어떻게 제한할 수 있습니까? 그 무한한 사랑에 어떻게 한계를 지을 수 있으며, 무한한 은혜를 어떻게 제한할 수 있습니까? 만일 예수님께서 사람이고 하나님이 아니셨다면, 믿지 않을 충분한 구실을 가지게 될 것입니다. 그러나 만일 구주께서 하나님이시라면 그분을 불신할 만한 구실을 어디서 한 오라기라도 찾아낼 수 있습니까?

　　저는 오늘 아침 그분이 하나님이심을 안 이 마당에서 그리스도를 믿지 않을 수가 없다는 느낌을 가집니다. 믿음은 내 생각의 필요한 조처로 점점 더 성장되어 왔습니다. 믿음이여 나를 구원하라! 믿지 못하게 설득할 자가 누구입니까? 너희 귀신들이여, 너희 논리를 가지고 아무리 나를 회유하려 한다 할지라도 그가 하나님이신 것을 아는 내 영혼 속에 한 치의 의심도 집어넣을 수 없을 것이다. 그가 원하시면 하늘도 흔들어 대시고 땅도 진동시킬 수 있으시다. 그분은 우주를 당신의 어깨에 메시는 분이시다. 그러한 분이 가련한 내 영혼을 구원하실 수 없단 말인가. 아, 그분은 하실 수 있도다! "주여 그가 누구시오니까. 내가 믿고자 하나이다." 바로 그분은 하나님이십니다. 그러므로 나는 믿습니다.

그러나 다음으로, 죄인이 믿어야 할 그 주 예수 그리스도께서는 하나님께로 부터 인류를 구원하라는 사명을 받으셨습니다. 그는 세상에 구주로 오셨습니다. 그 저 당신 자신을 위해서 오신 것이 아니라 하나님께서 보내신 메시야로서 오신 것입니다. 그분은 거룩하신 성삼위 하나님 전체를 생각나게 하는 것을 충만하게 가지고 계십니다. 예수님을 믿는 자는 누구든지 구원을 받는다는 것, 그것이 바 로 아버지의 뜻이고, 성령의 뜻이고 또한 아들의 뜻입니다. 그분은 당신의 특이 한 일을 위해서 하나님께 기름 부음을 받으셨습니다. 자, 저는 확실히 생각합니 다. 이것이야말로 그를 믿어야 할 특별한 근거가 된다는 사실 말입니다. 만일 그 리스도께서 당신 자신을 위해서 구원의 사역을 짊어지기로 한 신출내기 아마추 어 구세주이셨다면, 문제가 있을 수 있습니다. 그러나 만일 하나님께서 구원하 시라는 신적인 명령을 그분에게 내리셨다면, 오 영혼이여, 더 이상 무엇을 의심 할 수 있으리요? 영원하신 하나님의 보증과 권위에 의해서 그분을 믿어야 할 것 이 아닌가.

주 예수 그리스도께서는 당신을 믿는 모든 사람들의 구원을 위해서 할 필요 가 있었던 모든 일을 실제적으로 다 행하셨습니다. 예수 그리스도께서 세상에 오시 기 몇 해 전에 제가 복음을 설교하라고 부르심을 받았다면, "예수께서는 신자들 의 죄를 짊어지시고 교회를 위해서 당신의 목숨을 버리실 것이다"라고 외쳤어야 했을 것입니다. 그러나 지금은 더욱더 용기 가득한 메시지를 가지고 있습니다. 예수님께서는 당신의 백성들의 죄를 영원히 짊어지시고, 그들의 범죄를 종식시 키기 위해서 필요한 모든 일을 그들을 위해서 당하셨습니다. 손상된 율법의 명 예를 보상하기 위해서 하나님의 공의가 요구하는 모든 것을 다 드리신 것입니 다. 그리스도께서는 모든 택한 백성들이 지옥에서 영원토록 당할 고통에 맞먹는 분량의 고난을 끝까지 짊어지셨습니다. 하나님께서 의로우시기 위해서 필요했 던 모든 일, 그러면서도 예수님을 믿는 사람들을 의롭다 하시기 위해서 필요한 모든 것을 그리스도께서는 견디어 내신 것입니다. 보응의 잔을 끝까지 들이키셨 습니다. 바닥이 드러날 때까지 그는 한 방울도 남김 없이 다 마셨습니다. 우리의 구속을 위해서 필요한 노고는 소위 헤라클레스(Hercules)가 수고한 그 모든 노 역보다 비교할 수 없을 정도로 훨씬 더 큰 데, 그리스도께서는 그 모든 것을 다 성취하신 것입니다. 그는 무덤에 들어가셨고, 또 무덤에서 나오사 당신의 영광 으로 올라가셨습니다. 그가 하늘에 들어가신 것은 당신의 일을 마치셨기 때문입니다.

　이제 그는 안식과 존귀의 자세를 취하고 하나님의 보좌 우편에 앉아 계십니다. 그는 당신에게 맡기신 모든 자들을 위해서 필요한 일을 완성하셨기 때문입니다. 자, 영혼아! 어떻게 예수님을 믿기를 거절할 수 있겠는가? 제가 볼 때 예수님을 믿지 못할 논증을 고집한다는 것은 전혀 불가능해 보입니다. 만일 그러하다 할지라도, 그리스도께서는 의로운 자로서 불의한 자를 대신하여 죽으셨습니다. 그리스도를 믿는 사람들은 구원을 받을 것입니다. 저는 또한 그분을 믿을 것이고, 그 피로 말미암아 화평을 얻게 될 것입니다.

　더구나, 영혼이여, 우리가 하나님의 은혜를 의뢰한다는 요점은 바로 다음과 같은 사실을 직시하게 해 줍니다. 다시 말하면, 예수님께서는 믿을 만한 분이시고, 우리가 그를 믿을 것이라는 점입니다. 왜냐하면 그는 구원하시기에 충분한 능력을 가지고 계신 분이기 때문입니다. 그는 지금 보좌에 앉아 계십니다. 하늘에 있거나 땅에 있는 모든 권세가 다 그분 아래 있습니다. 우리가 알기로 그분은 구원하시기에 충분한 능력을 가지고 계십니다. 왜냐하면 그는 매일 영혼들을 구원하고 계시기 때문입니다. 우리 중 어떤 사람들은 그가 죄를 용서하실 수 있다는 사실을 증거하는 살아 있는 증인들입니다. 왜냐하면 우리가 용서받았고 하나님께 열납되었으며, 마음으로 새롭게 되었기 때문입니다. 우리가 그러한 혜택을 받게 된 방식은 오직 한 가지 방식입니다. 곧 그를 믿었다는 데에 있습니다. 우리는 그를 믿는 일 이외에 그 어떠한 일도 하지 않았습니다. 만일 예수님을 믿는 어떤 영혼이 멸망할 것이면, 저도 그와 함께 멸망받아야 마땅합니다. 저도 바로 그 배에 함께 올라타 있기 때문입니다. 만일 배가 가라앉는다면 거기서 피해 나갈 다른 방도가 전혀 없습니다. 저는 여러분 앞에 다른 그 어떤 확신도 가지고 있지 않다는 사실을 확언합니다. 저는 제가 집례했거나 또한 제가 참여하였던 어떠한 성례를 조금도 의지하지 않았음을 확신 있게 말씀드립니다. 또한 제가 했던 설교나, 제가 드렸던 기도나, 제가 알기로 하나님과 교통했던 그 어느 것도 의지하지 않습니다. 제 소망은 오직 예수 그리스도의 피와 의에 있습니다. 만일 이것 외에 내가 다른 무엇을 의지한다면, 그것이야말로 불 속에 떨어뜨려 태워 죽여야 할 뱀과 같은 것입니다. 제가 어떠한 다른 것을 의지하거나, 앞으로 다른 어떠한 것을 의지할 만한 조짐이 보인다면, 그 모든 것을 그와 같은 자세로 처리해야 합니다. "오직 예수밖에" 없습니다. 바로 그것이 우리가 세워야 하는 안정된 기둥입니다. 그 기둥이 우리를 지탱해 줄 것입니다. 다른 그 어느 것도 우리를 지탱할 수 없습니다.

정확하고 틀림없는 성경의 권위를 따라서 우리가 알고 있는 바는, 예수께서 이 능력을 가지고 계시다는 사실입니다. 그러므로 안식을 추구하는 영혼마다, 계명을 순종해서 그 안식을 얻으려 하지 않고, 오로지 은혜로 자신들을 주님께 맡김으로써 안식을 얻습니다. 하나님께서 친히 하시는 증언을 거부하고, 불신앙 가운데 멸망하기로 마음을 정하는 것이야말로 인간 부패의 특징입니다.

더구나 예수 그리스도께서는 오늘 아침 죄인들을 구원하실 의향을 갖고 계시지 않는 게 아닙니다. 오히려 그 정반대입니다. 예수님께서는 죄인들을 구원하시기를 기뻐하십니다. 그 점을 기억해야 합니다. 구두쇠로부터 돈을 받아내는 것처럼 그리스도로부터 은혜를 끌어내야 한다는 식으로 생각하지 마십시오. 그리스도께로부터 은혜가 자유롭게 흘러나옵니다. 그것은 마치 샘 근원에서 물줄기가 흘러나오는 것과 같고, 태양으로부터 그 햇빛이 발산되는 것과 같습니다. 만일 그리스도께서 더 행복해지실 수 있는 분이라면, 긍휼을 받을 만한 자격이 전혀 없는 자에게 긍휼을 베푸심으로써 더 행복해지실 것입니다. 지옥밖에는 갈 만한 자격이 없는 가련하고 불쌍한 사람이 그에게 오면, "내가 네 죄를 도말하였다"고 말씀하십니다. 그렇게 하는 것이 그리스도의 마음을 기쁘게 합니다. 하나님을 모독해 왔던 가련한 자가 무릎을 꿇고, "주여, 저 같은 죄인에게 긍휼을 베푸소서"라고 말한다면 그리스도께서는 기꺼운 마음으로 "네 하나님을 모독한 죄가 용서 받았다. 나는 나무에서 그 하나님을 모독한 자들을 위해서 고난 받았다"고 말씀하십니다.

가련한 어린아이가 침상을 의지하여 "온유하신 예수님, 저에게 기도를 가르쳐 주세요. 제가 지은 죄를 용서하세요"라고 울부짖는다면 구주께서는 사랑스러운 마음으로 이렇게 말씀하실 것입니다. "이 어린아이들이 내게 오는 것을 막지 말라. 내 손과 발과 옆구리에 난 상처 속에서 바로 이들을 위한 대가가 주어졌기 때문이다."

여러분 중에 누가 그분에게 와서 자신의 죄를 고하면서 그분의 팔에 안길 때, 그분은 그것을 새로운 하늘처럼 보실 것입니다. 그렇게 하는 것이 그분에게 더 밝고 빛나는 새로운 별처럼 보일 것이고, 더 찬란한 면류관처럼 보일 것입니다. 그것이 주님으로 하여금 여러분의 죄로 인한 영혼의 고뇌를 보고 만족하게 만들 것입니다. 우리는 여기서 예수님이 믿을 만한 분이라는 증거를 위한 여러 가지 논증들을 만나지 않습니까?

3. 선택의 여지가 없는 상황

이제 우리는 세 번째 요점으로 넘어가 보겠습니다. "그가 누구시오니이까" 라는 질문은 이 모든 대답들을 통해서 도달하는 요점입니다. 이 교회 안에 있는 신자는 누구든지 믿느냐 믿지 않느냐 하는 기로(岐路)에 놓여 있다는 것입니다. 여러분이 믿으라고 하나님께서 요청하시는 바로 그 그리스도를 믿든지, 아니면 믿기를 거절하든지, 둘 중 하나입니다.

저는 오늘 아침 여러분 중 몇 사람에게만 설교하도록 보냄받지 않았습니다. 들을 귀를 가진 모든 사람들은 제 설교를 들어야 합니다. 저는 회중의 어떤 한 부분을 향해서 제한된 복음을 설교하라고 보냄받은 적이 없습니다. 그리스도의 모든 참된 사역자가 받은 사명은 "너희는 온 세계로 나아가 모든 족속에게 복음을 전파하라. 믿고 세례를 받는 자는 구원을 받을 것이고, 믿지 않는 자는 정죄를 받으리라"는 것이었습니다. 여러분 모두가 마땅히 복음을 들어야 하는 사람들입니다. 그래서 복음은 여러분 모두에게 설교되고 있습니다. 듣든지 아니 듣든지, 영적으로 죽어 있든지 살아 있든지 간에 여러분은 다 복음을 들어야 합니다. 복음을 들을 수 있는 한, 한 메시지가 탁월한 영광으로부터 여러분 모두에게 나아가는 것입니다. "원하는 자는 누구든지 값없이 와서 생명수를 마시라." "주 예수 그리스도를 믿으라 그리하면 구원을 받으리라."

그러나 하나님의 성령께서 막지 아니하시는 한 여러분이 취할 행동 경로가 어떠할 것인지를 저는 알고 있습니다. 여러분 중 많은 사람들이 믿느냐 믿지 않느냐의 기로에서 물러서려는 경향을 보일 것입니다. 저는 그 모습에 대하여 앞에서 적나라하게 말씀드린 적이 있습니다. 당신은 "나는 그리스도를 믿지 않겠다"고 말하는 쪽을 택하지는 않을 것입니다. 그러면서도 당신은 그리스도를 믿지 않을 것입니다. 그러면 여러분이 무엇을 할 것입니까? 아마, 옛 종을 계속 울려댈 것입니다. "나는 이러저러한 사람이고 너무나 무가치한 사람이다." 저는 이미 그런 구실이 적당치 않으며, 그 구실을 붙잡고 있지 말아야 한다는 사실을 보여준 바 있습니다. "하나님의 아들을 네가 믿겠느냐?"라는 질문은 모든 각 개인에게 주어지는 질문입니다. 자기와 아무 상관이 없는 문제를 제기할 까닭이 무엇입니까? 그런데도 저는 여러분의 입장에 서서 생각하면서 여러분에게 대답해 나가겠습니다.

여러분이 특별한 죄를 범한 혐오할 만한 죄인으로 상정해 놓겠습니다. 그런 경우라면, 세상에서 예수님을 믿어야 할 사람은 바로 그러한 사람입니다. 왜냐하면 "미쁘다 모든 사람이 받을 만한 이 말이여 그리스도 예수께서 죄인을 구원하시려고 세상에 임하셨다 하였도다 죄인 중에 내가 괴수니라"(딤전 1:15)고 말씀하셨기 때문입니다. 여러분이 주정뱅이요, 악행을 행한 자요, 간음자요, 도둑이요, 사람 중 마귀와 같은 존재였다고 합시다. 그런 경우 바로 여러분은 죄인입니다. 바로 그 경우에 이 말씀이 해당되는 것입니다. 예수 그리스도께서는 죄인을 구원하러 세상에 오셨습니다. 그러므로 여러분의 성품에 갇혀 있지 말고 성품 밖으로 나오십시오. 바로 그리스도께서는 여러분과 같은 유의 사람을 구원하러 오셨습니다. 도망치면서 "나는 죄인이 아니기 때문에 나를 구원하러 오신 것은 아니다"고 말할 수는 없습니다. 감히 여러분은 그렇게 말할 수 없습니다.

또 어떤 이는 저를 향하여 쏘아보면서 "내가 믿지 않는 이유는 마땅하게 느끼지 못하기 때문입니다"고 말하기가 십상일 것입니다. 저는 다시 한 번 그러한 구실을 더 이상 내세우지 말아야 한다고 말씀드립니다. 마치 오늘 아침에 내 발의 통증을 느끼고 있다고 해서 그것이 정직한 사람을 신뢰하지 않아야 할 이유가 되지 못하는 것과 같습니다. 마땅한 권위를 가지고 내게 다가오는 진술을 바로 그러한 고통 때문에 믿지 않아야 한다고 말하는 것은 얼토당토아니한 소리입니다. 그러나 여러분의 입장을 이해하며 그 말을 들으며 대응해 나가기로 하겠습니다. 여러분이 너무나 죄악적이라서 모든 방면에서 쓸모 없는 경우라고 합시다. 바로 예수님께서는 자기 백성을 그 죄에서 구원하시기 위해서 오셨습니다. 분명히 예수님께서 구원하려 하시는 유가 바로 그러한 사람들입니다. 왜냐하면 여러분이 죄로 가득 찬 사람들이기 때문입니다. 그의 구원은 전적으로 은혜에 속한 것입니다. 여러분이 선한 것을 전혀 가지고 있지 못하기 때문에 긍휼을 받기에 꼭 합당한 존재입니다. 정말 은혜로 베풀어지는 그 큰 긍휼의 대상이 바로 여러분이라는 말입니다! 전적으로 은혜에 속한 구원은 정확하게 여러분에게 해당됩니다. 여러분은 빈 그릇과 같습니다. 그 그릇이 채워지기를 여러분은 바라고 있음에 틀림없습니다. 여러분은 또한 더러운 그릇입니다. 그래서 씻을 필요가 있는 것입니다. 예수님께서는 씻고 가득 채우시는 모든 것을 다 제공하십다. 예수님의 제안이 여러분의 경우에 정확하게 들어맞습니다. 여러분은 예수님께서 베푸시려는 그 복락의 은혜에 정확하게 들어맞는 사람입니다.

또 어떤 사람은 이렇게 말할 것입니다. "아 그러나 나는 내 자신이 전적으로 타락하여 구원받지 못한다고 생각합니다." 뭐라구요! 우리는 앞에서 너무 조금밖에 느끼지 않기 때문에 믿을 수 없다고 하는 사람들과 다투었습니다. 또 너무 많이 느끼기 때문에 믿지 못하겠다고 하는 사람들과도 다투었습니다. 이제 우리는 이 한 가지 고정된 요점으로 다시 돌아왔습니다. 두 핑계 모두 다 초점을 잃어버리고 있음을 여러분에게 상기시켜드리고 싶습니다. 한 가지 요점은 여러분이 느끼든 느끼지 못하든, 주 예수 그리스도를 믿어야 한다는 것입니다. 하나님께서는 바로 그분을 사람들의 구주로 제시하셨습니다.

그러나 만일 여러분이 서글픈 감정에 짓눌려 있다면 복음의 요청에 반응할 특별한 이유를 가지고 있는 것입니다. 왜냐하면 여러분 같은 사람들에게 복음의 특별한 초청장이 주어져 있기 때문입니다. "너희 목마른 자는 물로 나아오라"고 말씀하십니다. "누구든지 목마르거든 내게로 와서 마셔라"고도 말씀하십니다. 자기 자신이 모자란다는 의식을 가지고 있는 사람들에게 특별한 은혜의 메시지가 있다면, 저는 황급히 여러분더러 하나님의 증거를 받아들이라고 요청하는 바입니다. 그리해야 여러분의 영혼이 살아날 수 있습니다.

회개하지 않은 모든 죄인을 위한 한 가지 질문은 이것입니다. "예수 그리스도를 믿겠는가?" 그러나 여러분은 "장래에 믿는 것이 더 좋겠다. 내가 한참 생각해 보고 난 다음에 내 자신의 결심으로 더 좋은 상황에 들어가서 믿겠다"고 말씀하실지도 모릅니다. 여러분이 어떻게 해서 그러한 소망을 가질 수 있습니까? 여러분은 지금까지 그 일을 위해서 예리한 도구를 사용하지 않으셨습니까? 여러분은 허망한 시도를 그만두는 것이 좋습니다. 과거에 그렇게 나빴다면 앞으로 애를 쓴들 별 희망이 없습니다. 지금 느끼고 있는 그 절망의 때를 이용하여 믿으십시오. 가장 악한 행실은 하나님의 계획과 정반대로 가는 것입니다. 하나님께서는 "나는 공로를 근거로 해서 너를 구원하는 것이 아니다. 너는 아무것도 가지고 있지 않기 때문이다"라고 말씀하십니다. 바로 하나님께서는 그처럼 은혜로운 선언을 하셨습니다.

하나님의 복음적 선언은 모든 거짓된 소망들을 차단시키십니다. "율법의 행위로 의롭다 하심을 얻을 육체가 없기"(롬 3:20) 때문입니다. 자, 만일 여러분이

"행위를 근거로 해서 구원을 추구하겠다"고 말한다면 하나님의 얼굴을 모독하고 있는 것이 아닐까요? 그것이 지혜로운 것입니까? 저는 여러분에게 하나님께서 그처럼 값없이 은혜로 제공하시는 것을 즉시 받아들이라고 권고해야겠습니다.

어떤 다른 사람들을 다룰 때에는 한 사람이 취한 행동 경로를 따르시기 바랍니다. 그 사람은 자기 형이 가지고 있는 것을 사고 싶었습니다. 그러니까 그 동생은 형에게 대가로 절반만 주겠다고 요청하였습니다. 그랬더니 그 형은 "아니, 아주 적은 금액이라도 그걸 주겠다"고 말했습니다. 그러니까 즉시 동생이 "고마워, 형. 내가 그걸 가질게"라고 말했습니다.

여러분도 그랬으면 좋겠습니다. 돈 없이, 값없이 복을 준비하신 하나님께 알량한 가격 흥정을 벌이지 마십시오! 하나님께 속한 일들에 있어서 사람들만큼 바보는 없습니다. 사람들이 아무것도 하지 않았는데도 좋은 것이 자기들에게 주어진다면 그들은 아무런 거침 없이 그것을 가질 것입니다. 그럼에도 불구하고 그들은 하나님께서 베풀어 주시는 은혜에 대해서는 모반을 합니다.

몇 년 전 우리는 자메이카에서 노예들을 해방시키기 위해 이천만 파운드를 지불한 적이 있습니다. 그 조약이 성사되기 전에 하원과 또다른 곳에서 말할 수 없는 반론이 일어났었습니다. 많은 사람들이 자기들의 반론을 제기했었습니다. 그러나 어떤 흑인이 선술집에 나타나서 노예를 위해서 반론을 제기했다는 소리는 들어 본 적이 없습니다. 흑인치고 흑인들은 노예에서 해방될 가치가 없고, 그러한 특전을 받을 만한 자격이 없다고 나서서 말하는 흑인은 한 사람도 없었습니다. 또한 그러한 노예 해방들을 위한 기금은 노예들 스스로가 지불해야 한다고 나서서 말하는 노예도 없었습니다. 정말 그런 일은 없습니다.

인간 본성 속에는 값없이 베풀어 주는 선물을 그런 모양으로 주지 말라고 다른 사람을 설득하는 일은 없습니다. 그런데도 불구하고 하나님의 주권적인 은혜를 받는 데에는 모든 노력을 다 동원하여서 거짓된 자세를 취하고 있습니다. 하나님께서 "내가 너희의 모든 범죄를 다 없는 것으로 도말(塗抹)해 주고 단번에 너를 구원할 것이다. 그러니 오직 믿기만 하라. 나의 사랑하는 아들아"라고 말씀하시는데도, 사람들은 여러 반론을 제기하면서 복음을 받아들이기 어렵다고 구실을 대고 있습니다. 정말 이상하고 야릇한 정신 나간 일입니다.

이 복음의 은혜에서 쫓겨난다면 사람들은 무엇을 할 것입니까? 저는 자주 사람들이 또다른 거짓에 치우쳐 넘어가서 "너무 때가 늦었다"고 말하는 것을 들어 보았습니다. 아무리 때가 늦어도 결코 복음에는 늦을 수가 없다는 것을 잘 알면서도 그런 말을 합니다. 복음은 말합니다. "믿고 세례를 받는 자는 구원을 받을 것이다." 그 사람이 25세에 믿었든지, 30세에 믿었든지, 45세, 아니면 105세에 믿었든지 복음은 늦었다고 말하는 적이 없습니다. 언제나 모든 연령층에 대해서 똑같은 모습으로 복음은 서 있는 것입니다. 진리를 믿기에 너무 늦은 나이는 있을 수 없습니다. 바로 그것이 요점입니다. "그대가 하나님의 아들을 믿겠는가?" 바로 그것이 문제입니다. 그런데도 죄인은 자기 속으로 느끼기를 아무 소망이 없다고 하면서 그런 말을 하는 것입니다. 그가 거짓말을 믿게 되니 하나님의 진리가 거짓으로 보이는 것입니다. 하나님께서 엄숙하게 선언하시는 것을 믿기를 거절하고 있습니다. 예수 그리스도 안에 구원이 있다는 사실을 믿지 않으려 하는 것입니다.

그러나 저는 이러한 모든 거짓된 상념들을 다 거론하려고 머물 수가 없습니다. 자기들에게 베풀어 주시는 그 긍휼의 복음을 피하기 위해서 사람들이 만들어 놓은 그 모든 은신처 속으로 달려 들어가기 위해서 시간을 끌 수는 없습니다. 저는 폼페이(Pompeii) 시의 한 상점 문에 "사라. 그리하면 그대의 것이 된다"라는 문구가 있는 것을 보았습니다. 저는 그것을 보면서 이런 생각을 하지 않을 수 없었습니다. 새 예루살렘 성의 거리를 걷고 있었다면 매우 다른 표지판을 보았을 것이라고 말입니다. "와서 포도주와 젖을 사되 돈 없이 값없이 와서 사라."

예를 들어, 런던의 한 가게가 돈이 하나도 없이 와도 물건을 다 가져갈 수 있도록 열어 놓았다면, 그 가게를 지키는 사람과 다투겠습니까? 아니면 그 가게를 닫도록 하기 위해서 의회에 법률 제정을 청원하겠습니까? 아니면 자기의 모든 것을 다 팔아 가지고 와서 그것을 사려고 하는데 거기서 공짜로 그 물건을 주고 있으니 악한 것이라고 말하겠습니까? 결코 그럴 리가 없습니다.

그런데 어째서 은혜의 황금 표어인 "그리스도를 믿으면 구원을 받으리라"는 제안에 대해서는 그처럼 거부 반응을 하고 서 있는 것입니까? 여기에 그리스도로 말미암아 죄를 용서하시되 완전하게 용서하시고, 영원히 용서하시며, 그 자녀로 삼아 주시는 하나님의 역사가 있습니다. 그리스도로 말미암아 지상에서도 안전하고 하늘에서도 영광을 누리되, 그러한 것을 가지기 위해서 아무것도 드릴 필요가 없습니다. 그 사람이 아무리 그러한 은혜를 받을 만한 자격이 없는 죄인이라 할지라도 하나님께서는 은혜로 값없이 그 사람에게 선물을 주시는 것입니다. 곧 예수 그리스도를 믿는 자에게 말입니다. 제가 가진 이 은혜롭고 신적인 긍휼의 메시지보다 더 크고 좋은 메시지를 어느 천사도 가지고 있지 못합니다. 스랍의 열심으로 마음이 불타올라, 이 하나님의 복음적인 선언을 선포할 때, 그 룹의 목소리로 선포하기를 원합니다. 오 하나님이시여, 사람들이 그 어리석은 논증을 버리고 예수 그리스도를 믿도록 하옵소서.

4. 영원한 것이 달려 있음

끝으로, 바로 이 양자택일에 "여러분 중 많은 사람들에게 영원한 것"이 걸려 있을 수 있습니다. 저 역시 현재 많은 사람들이 처한 상황에 있었던 적이 있었습니다. 내 자신이 파멸되었고 아무것도 아니라는 사실을 그때 저는 알게 되었습니다. 처음으로 그 말씀이 무엇인지 이해하게 되었습니다. "땅 끝에 있는 모든 백성아, 나를 앙망하라. 그리하면 구원을 얻으리라"(사 45:22, KJV)는 말씀의 의미가 무엇인지를 그때 처음으로 알았습니다. 그날 아침 그 복음은 그러한 모습으로 제게 서 있었습니다. 저는 요단 강 둑에 서 있는 나아만과 같았습니다. 거기에는 많은 물이 흐르고 있었습니다. 옛 본성(本性)이 말했습니다. "이스라엘의 모든 강물보다 더 나은 아바나, 바르발, 다메섹 강이 있지 않은가? 내가 그 물에 가서 깨끗이 씻을 수는 없을까?"라고 말입니다.

인간의 본성은 다음과 같이 말하기를 좋아합니다. "내가 무엇인가를 느끼고 싶다. 존 번연의 체험을 하고 싶다. 내 어머니의 체험을 나도 하고 싶다. 상한 심령이 무엇인가를 느끼고 싶다. 더 쓰디쓰게 애통해하고 싶다. 그리고 그 어둠의 아픔이 얼마나 큰 것인가를 더 알고 거기에 대한 더 큰 각성을 가지고 싶다. 나는 그러한 모든 유의 일들을 경험하고 싶다." 제가 그런 식으로 버티어 왔던 적이 있습니다. 만일 하나님의 은혜가 들어와 그 악한 교만을 내게서 제거하지 아니하셨다면, 저는 지금 이 자리에 있지 아니할 것입니다. 여전히 살아 있는 사람들 중에 있을지 저는 모르겠습니다. 아마 저는 지옥에 가서 혀를 깨물며 그 평이한 복음을 들었으면 좋았을 것이라고 후회하고 있었을 것입니다. 내게 그 복음이 전파될 때 어서 그 복음을 받아들일 걸 하고 후회했을 것입니다. 내가 이러한 고통을 당하는 것은 그 어떠한 방면에서도 논박당할 수 없는 진리인 복음을 믿지 않았기 때문이며, 어느 누구라도 믿으면 헛되지 않을 바로 그분을 믿지 않았기 때문이라고 탄식하고 있었을 것입니다.

오늘 아침 여기 이 회중 속에도 제가 복음을 받아들이기 전의 상태 속에 있는 사람들이 있을 것입니다. 그 삶 속에서도 여전히 선한 성령께서는 "씻어 깨끗하게 하라"고 말씀하실 것입니다. 그러나 영혼은 계속 마다합니다. "너무 좋아 보여 진실이 아닌 것처럼 보여요." 그러나 선한 성령께서 "내 길이 너희 길보다 높으며 내 생각이 너희 생각보다 높지 아니하냐?"고 대답하실 것입니다. 그러면 불신앙은 이어서 말합니다. "내 죄는 너무 많습니다." 그러나 선한 성령께서는 "너희의 죄가 주홍 같을지라도 눈과 같이 희어질 것이요 진홍 같이 붉을지라도 양털 같이 희게 되리라"(사 1:18)고 말씀하실 것입니다. 그러면 그때 그 불신앙자의 마음속에서 이러한 암시가 들려올 것입니다. "그러나 저는 당신께 반역적인 행동을 했어요. 오, 하나님이시여! 그렇게 오랫동안 말이예요." 그러나 그 달콤하신 하나님의 성령께서는 속삭이실 것입니다. "내가 네 죄를 **빽빽한** 구름의 흩어짐처럼 도말했다. 네 불의가 **빽빽한** 구름 같을지라도 다 흩어 버렸다. 그러니 내게로 돌아오라. 주께서 내가 너와 혼인하였다고 말씀하시니 말이다."

바로 이 순간에 많은 사람의 마음은 이렇게 말할 것이라고 저는 확신합니다. "나는 단순히 내 영혼의 구원 문제를 하나님의 아들 그리스도께 맡길 것입니다. 그분만이 상실된 영혼의 유일한 구주십니다. 저는 이 날로부터 제 자신이 스스로 구원받겠다는 희망을 포기할 것입니다. 당신을 믿는 사람들을 위해 하나님의 진노를 견디어 내시기 위해서 나무에 달려 피를 흘리신 바로 그분만을 바라볼 것입니다."

영혼이여, 만일 그대가 예수님을 그렇게 믿는다면 그대는 틀림없이 구원을 받을 것입니다! 평안히 가십시오. 제가 오늘 아침 이 말을 하는 것은 이 가녀린 진흙덩이의 입술에서 나오는 말이 아닙니다. 나무에 달리셨고, 하늘 보좌 위에 지금도 찬란하게 앉아 계신 바로 그분이 오늘 아침 저를 통해서 그 말씀을 하고 계시는 것입니다. 그분은 "딸아, 위로를 받으라. 네 죄가 사함 받았느니라." 또 어떤 사람에게는 "아들아, 네 죄가 사함 받았느니라. 네 침상을 들고 걸어가라"고 말씀하십니다. 용서 받은 자여! 저는 그것을 다시 한 번 여러분에게 강조하여 말씀드립니다. 여러분이 오늘 아침 이 교회당을 떠날 때는 구원받은 자로서 기쁨이 충만하여 다른 사람들에게 그것을 말하시기 바랍니다. 그걸 말하는 걸 놓쳐 버리지 마십시오. 그대를 구원하신 그분을 사랑하는 삶을 영위하십시오!

언젠가 저는 루벤스(Rubens)라는 화가가 그린 그림을 보았습니다. 그는 그 그림에서 그리스도의 발에 입 맞추는 막달라 마리아를 묘사하였습니다. 그 그리스도의 발은 십자가에서 떨어지는 피로 흥건히 적셔져 있었습니다. 정말 그것은 특이한 그림이었습니다. 그러나 저 역시 그 예수님의 발에 내 자신이 입 맞추고 있는 듯한 느낌을 가졌습니다. 비록 그 예수님의 발은 피로 붉게 물들여져 있었지만 말입니다. 오, 복되신 발이여! 오, 복되신 구주여! 오, 복되신 아버지께서 당신의 아들을 복된 구세주로 주시다니! 또한 복되신 하나님의 복된 성령께서 우리의 악하고 교만한 마음을 인도하사 예수 그리스도를 믿고 순종토록 하시다니! 그렇습니다. 우리 주 예수 그리스도의 아버지 하나님께 찬송을 드려야 합니다. 그분은 예수 그리스도를 죽은 자 가운데서 부활하게 하심으로 말미암아 우리로 하여금 산 소망을 가지게 하셨습니다. 주께서 여러분에게 복 주시기를 바랍니다. 아멘.

제
38
장
—

더욱 풍성한 생명

—

"내가 온 것은 양으로 생명을 얻게 하고
더 풍성히 얻게 하려는 것이라." ─ 요 10:10

도둑이 오는 것은 도둑질하고, 죽이고, 멸망시키려는 것뿐입니다(10절). 거짓 교사들은, 그들이 뭐라고 공언하든지, 사람들의 영혼에 심각하게 해를 끼치며, 위험에 빠뜨리고, 결국에는 스스로도 멸망을 초래합니다. 그들의 이기적인 목적은 그들에게 속아넘어간 얼간이들의 파멸에 의해서만 달성됩니다. 사람들의 참된 교사이신 주 예수님은 누구에게도 해를 끼치지 않으시며, 누구의 집 앞에도 사망을 가져다 놓지 않으십니다. 그분의 가르침은 선함과 인자하심과 사랑으로 가득하며, 인간의 행복과 유익을 위해 아주 효과적으로 작용합니다. 오류는 죽음을 주고, 진리는 생명을 줍니다. 저 옛 뱀이 온 것은 우리의 죽음을 초래했습니다. 여자의 후손(참조. 창 3:15)이 온 것은 우리에게 생명을 가져다주었습니다.

우리는 서두 전체를 생략할 것이며, 당신이 그 점을 유의해 주길 바랍니다. 본문에 따르면, 예수 그리스도께서는 첫째로, 그분의 백성이 생명을 얻도록 하기 위해 오십니다. 둘째로, 생명이 이미 주어진 곳에서 그것을 더욱 풍성하게 누리도록 하기 위해 오십니다.

1. 예수님은 생명을 얻도록 하기 위해 오신다.

첫 번째 진리는 사람들이 생명을 얻도록 하기 위해 예수 그리스도께서 오신다는 것입니다.

나는 죄인들의 길게 늘여진 자연적인 수명조차도 상당 부분은 그리스도의 오심으로 인한 것이라는 사상을 길게 논하지 않겠습니다. 메마른 나무는 생명의 정원 안에 그리 오래 머물지 못할 것입니다. 포도원지기가 중재하여 이렇게 외치지 않는 한 그러지 못할 것입니다. "한 해를 더 참아주십시오. 내가 그 둘레를 파고 거름을 주겠습니다." 중재자의 개입이 심각한 죄인들의 생명이 연장되는 한 가지 이유가 됩니다. 그들의 범죄에 대해 하늘이 오랜 인내로 지켜보고 있습니다. 만일 위대하신 중재자의 기도가 한 시 동안이라도 멈춘다면, 아마도 인류 가운데 불경건한 자들은, 하나님이 진노하셨을 때 고라와 다단과 아비람이 그랬듯이(민 16장), 신속하게 지옥으로 떨어질 것입니다. 하지만 그것이 이 본문의 취지는 아닙니다.

용서의 의미에서의 생명, 죽음의 형벌로부터의 구원이, 그리스도의 오심의 큰 결과입니다. 자연적인 상태에 있는 모든 사람들은 죽음의 선고 아래에 있습니다. 그들은 죄를 범했으며, 조만간 그들은 형장으로 끌려갈 것이며, 그곳에서 둘째 사망의 완전한 형벌을 받게 될 것입니다. 만일 우리 중에 누구든지 이 때에 죽음의 선고에서 건짐을 받고 생명의 면류관의 약속을 얻는다면, 우리는 그 변화가 우리 죄를 위하여 제물이 되신 구속자의 오심 덕택이라고 믿습니다. 세상에 오셔서 죄인들을 대신하여 나무에 달리신 분이 아니었다면, 우리 모두는 끝없는 죽음으로 내려가야 했습니다. 그분으로 인해 우리는 모든 죄에 대해 사면을 받았고, **죽음** 대신 **생명**의 판결을 받았습니다. 생명은 예수님을 바라보는 것에 있으며, 그분을 떠나서는 아담의 자손들은 모두 사망의 선고 아래 있습니다.

게다가, 우리 모두는 본성상 "허물과 죄로 죽었습니다"(엡 2:1). 우리의 첫째 부모가 법을 어기고 영적으로 죽던 날, 우리들 모두가 그들 안에서 죽었습니다. 그리고 지금도 그리스도를 떠나서는, 우리는 모두 영적인 일에 대해 죽어 있으며, 우리로 하여금 하나님과 교제하게 하며 영적인 일들을 이해하고 즐거워하게 하시는 성령님도 결여되어 있습니다. 성령님은 생명을 가장 고상한 형태로 소생시키는 분이시지만, 모든 인간은 태생적으로는 성령이 결핍되어 있습니다. 거듭나지 않은 사람들은 육체의 생명과 정신적 생명을 가집니다. 하지만 영적인 생명을 갖지 못합니다. 예수님이 그 생명을 주시지 않는다면, 그들은 앞으로도 그것을 가질 수 없습니다. 하나님의 영은 하나님의 뜻을 따라 나오셔서 우리 안에 살아 있고 썩지 않는 씨를 심으십니다. 그 씨는 하나님의 본성을 닮았고, 우리에게 새로운 생명을 부여합니다. 그 덕택으로 우리는 영적인 영역에서 살며, 영적인 가르침들을 이해하고, 영적인 목적들을 추구하고, 영이신 하나님을 향해 사는 것입니다. 우리 중 어느 누구도 이런 종류의 생명을 출생 시에 얻지 못합니다. 그것은 어떤 종교적 의식들을 통해 우리에게 부여되는 것도 아니며, 인간의 공로에 의해 획득할 수 있는 것도 아닙니다. 죽은 자들은 기적에 의해서가 아니면 살아날 수 없습니다. 인간도 하나님의 영의 역사가 아니고서는 영적 생명으로 살아날 수 없습니다. 오직 하나님의 성령만이 우리를 죽은 가운데서 소생시키실 수 있습니다. 그리스도 예수께서는 우리를 죄의 무덤에서 불러내기 위해 오셨습니다. 많은 사람들이 이미 그분의 음성을 듣고 살았습니다.

　　영적인 생명은 천국에서의 지속적이고도 완전한 생명과 동일한 생명입니다. 우리가 무덤에서 일어날 때, 지상에서 우리가 갖지 못한 다른 생명을 얻는 것이 아닙니다. 우리는 여기서 하나님을 향하여 살아야 하며, 벌레도 죽지 않고 불도 꺼지지 않는 곳에 갈 사람들과 똑같은 삶을 살아서는 안 됩니다. 오늘 믿는 자의 마음 안에는 하나님의 임재 안에서 충만한 기쁨을 누리게 될 그 동일한 생명이 박동하고 있습니다. 만일 당신이 몇 분 전이라도 예수님을 바라보았다면, 지금 당신의 마음에는 복된 생명이 있을 것입니다. 살아 있고 영원토록 있을, 썩지 않는 씨가 당신에게 심겨졌을 것입니다. 하늘의 생명이 당신 안에 있을 것입니다. 예수 그리스도는 우리에게 이 생명을 주시기 위해 오셨습니다.

　　예수님이 생명의 수여자이시라는 진리가 이 본문에서 명백히 드러나 있으며, 그것은 다음의 실제적인 문제들을 고찰하도록 이끌어 줍니다. 당신의 영혼을 위한 생명은 오직 예수님 안에서만 얻을 수 있습니다. 만일 당신이 오늘 구원을 바란다면, 구원의 유일한 원천에 대해 알아야 합니다. 영적인 생명은 행위의 결과가 아닙니다. 어떻게 죽은 자가 생명을 위해 일하겠습니까? 그들이 먼저 소생해야 하며, 그 다음에 비로소 생명을 위해(for) 일하기보다는 생명**으로부터**(from) 일할 수 있지 않겠습니까? 생명은 선물이며, 누구에게든 그 선물의 수여는 하나님의 행위여야 합니다. 복음은 예수 그리스도에 의한 생명을 전합니다.

죄인이여, 당신이 어디를 보아야 할지를 배우십시오! 당신은 생명을 살리시는 부활하신 주님의 음성에 전적으로 의존해야 합니다. 한 사람이 말하는군요. "이 말은 우리의 용기를 꺾는 말이로군." 예, 그런 의도입니다. 사람들이 그릇된 원리에 근거해서 행동할 때 그들의 용기를 꺾는 것은 친절이지요. 당신이 구원을 스스로의 노력이나 공로로 얻을 수 있다고 생각하든지, 혹은 당신에게서 나오는 다른 무엇으로 그 문제에 효력을 발휘할 수 있다고 생각한다면, 당신은 그릇된 길에 들어선 것이며, 당신의 기를 꺾는 것이 우리의 의무입니다. 생명으로 이르는 길은 정반대 방향에 있습니다. 당신은 당신 자신에게서 주 예수 그리스도께로 곧바로 돌이켜야 하며, 당신이 할 수 있는 일이 아니라, 그분이 행하신 일에 의존해야 합니다. 또한 스스로 할 수 있는 일이 아니라, 그분이 당신 안에서 행하실 수 있는 일을 높이 평가해야 합니다. 하나님의 선언은 "예수를 믿는 자마다 영생을 얻게 하려 함이라"(요 3:16)는 것임을 기억하십시오. 그렇다면, 당신이 예수 그리스도께 와서 그분의 피와 의에 자신을 의탁할 수 있다면, 당신은 지금껏 모든 기도와 눈물과 회개와 교회출석과 성찬식을 통해서도 얻을 수 없었던 영생을 즉시로 얻을 것입니다. 예수님은 지금 이 순간 당신에게 그것을 아낌없이 주실 수 있습니다. 하지만 당신은 스스로 그 일을 할 수 없습니다. 당신이 그것을 흉내 내고 스스로를 속일 수는 있어도, 시신을 장식하여 살아 있는 것처럼 보이게 할 수는 있고, 전기를 통하여 발작을 일으키게 할 수는 있어도, 하지만 생명은 신성의 불꽃입니다. 당신은 그 불을 훔쳐내거나 스스로 불을 붙일 수 없습니다. 소생시키는 일은 오직 하나님께 속한 일이며, 따라서 나는 당신에게 오직 그리스도 예수 안에서 하나님만 바라보라고 주장합니다.

그리스도께서는 우리로 생명을 얻도록 하기 위해 오셨습니다. 그분이 오시지 않고도 우리가 생명을 얻을 수 있다면, 왜 그분이 오실 필요가 있었겠습니까? 십자가가 아니더라도 죄인들이 생명을 얻을 수 있다면, 왜 영광의 주님께서 저 수치의 나무에 달리셨겠습니까? 만일 생명이 다른 문으로 올 수 있다면, 저 임마누엘의 피 흘리신 상처는 무엇이란 말입니까? 더 나아가, 사람들이 성령님이 없이도 소생할 수 있다면, 왜 하나님의 성령께서 오순절에 강림하셨으며 지금도 사람들 가운데 거하시겠습니까? 만일 생명이 성령이 없이도 얻을 수 있는 것이라면, 그분이 인간의 마음에 활동하시는 목적이 무엇이란 말입니까? 피 흘리신 구주와 내주하시는 성령님은, 우리의 생명이 우리에게서 나온 것이 아니며 위로부터 온 것임을 알게 해 주는 확실한 증거입니다. 그러므로, 오 떠는 자여, 당신 자신에게서 돌이키십시오! 죽은 자들 가운데서 산 자를 찾지 마십시오! 자아의 무덤에서 신적인 생명을 구하지 마십시오. 인간의 생명은 구주에게 있으며, 그를 믿는 자마다 결코 죽지 않습니다.

2. 예수님은 생명을 더욱 풍성히 누리도록 하기 위해 오신다.

우리의 의도는 두 번째의 진리에 대부분의 시간을 쓰는 것인데, 곧 예수님께서는 그분이 생명을 주신 자들에게 생명을 더욱 풍성히 주시려고 오십니다.

생명은 등급이 있는 문제입니다. 어떤 사람들은 생명을 가지고 있지만, 그 생명이 마치 꺼져가는 촛불처럼 깜박거립니다. 그을음을 내는 심지의 불처럼 밝지 못합니다. 다른 사람들은 생명으로 가득하고, 뜨거우면서 밝게 빛나고, 마치 풀무질을 최대로 했을 때의 대장장이의 화로처럼 타오릅니다. 그리스도께서는 그분의 백성들이 생명을 풍성히 갖도록 하기 위해 오셨습니다.

생명의 증대를 여러 면에서 볼 수 있습니다. 그것은 치유에서도 볼 수 있습니다. 어떤 사람이 병들어 침상에 누워 있습니다. 그는 손발도 움직이기가 힘이 듭니다. 그는 무기력하게 주위 사람들에게 의존합니다. 그 속에는 생명이 있지만, 그 힘이 얼마나 미약한지요! 자, 만일 그 사람이 회복된다면, 침상에서 일어나고, 세상의 전투에도 참여할 정도가 된다면, 그가 아플 때보다는 더욱 풍성한 생명을 가지고 있음이 분명합니다. 이와 마찬가지로 아픈 그리스도인들이 있습니다. 그들에게는 이렇게 말할 필요가 있습니다. "너희는 약한 손을 강하게 하며 떨리는 무릎을 굳게 하라"(사 35:3). 그들의 영적인 상태는 미약하고 거의 일을 하지 못합니다. 주 예수님께서 그들을 회복시키시고, 그들의 믿음을 강하게 하시며, 그들의 소망을 밝게 하시고, 그들을 건강하게 하시면, 그 때 그들은 생명을 가질 뿐 아니라 더욱 풍성하게 가지는 것입니다. 그런 목적을 위해 예수님은 우리 영혼의 의사가 되셨습니다. 예수님은 우리의 모든 질병들을 고치시는 분이며, 우리를 더욱 건강하게 하시는 분이십니다.

하지만 사람이 건강하면서도 더 풍성한 생명을 얻기를 바랄 수 있습니다. 예를 들자면, 저기 어린아이는 아주 건강하지만 아직 혼자서 뛰지는 못합니다. 혼자 운동장에 내버려 두면 조금 뒤뚱거릴 테고 아마도 곧 넘어질 것입니다. 뼈는 더 강해져야 하고, 근육은 더 힘을 얻어야 합니다. 저 소년이 어른이 되면,

그는 생명을 가지되 아기 때보다 더 풍성하게 가질 것입니다. 우리는 은혜 안에서 자라고, 지식과 경험과 확신과 우리 주님의 형상을 닮아가는 일에서도 진보합니다. 그리스도 예수 안에서, 우리는 아기에서 출발하여 젊은이가 되고, 젊은이에서 교회의 아버지들이 됩니다. 예수님은 우리가 그렇게 자라기를 바라십니다. 우리가 생명을 얻되 더 풍성히 얻는 것, 바로 이것이 그분이 오신 목적 중의 하나입니다.

하지만 사람이 건강하게 성장하고서도 아주 제한된 양의 생명만 누릴 수도 있습니다. 죄수로서 좁은 감방에 갇힌 사람을 생각해 보십시오. 사슬과 단단한 화강암 벽이 그의 활동을 계속해서 제한하고 있습니다. 그는 살아 있어도 죽었다고 말하고, 그의 감옥은 무덤과 같다고 묘사하는 것이 정확하지 않을까요? 가장 가난한 사람도 누릴 수 있는 상쾌한 공기마저 금지되고, 숨쉬는 모든 것을 비추는 해마저 비추기를 거부하는 상태를 생명이라 할 수 있을까요? 마른 빵 조각을 소비하고, 차가운 돌바닥 위에 올려져 있는 물 주전자를 비우는 것을 보니, 그는 살아 있습니다. 하지만 가장 참된 의미에서 그는 생명으로부터 단절되었습니다. 자유가 거부되었기 때문입니다. 그 가련한 죄수가 한 번 더 언덕을 오를 때, 대양의 파도를 가로질러 갈 때, 그 자신의 의향대로 여행을 다닐 수 있을 때, 그는 비로소 생명을 더욱 풍성히 얻는 것이 무엇인지를 감사하며 알게될 것입니다. 이 점을 새겨들으십시오. 하나님의 아들이 당신을 자유롭게 하면, 당신은 참으로 자유롭게 될 것이며, 그 자유 속에서 마치 솟아오르는 샘물처럼 생명이 솟구치고, 반짝이며, 넘쳐흐르는 것을 보게 될 것입니다. 사망의 두려움에 눌려 있는 것은 생명이라 하기 어렵습니다. 불신으로 끊임없이 괴롭힘을 당하고, 억압의 영을 받아 다시 두려워하는 것은 생명이라 부르기가 어렵습니다. 오직 이렇게 외칠 수 있는 것을 참된 생명이라 할 수 있습니다. "당신께서 나의 속박을 끊으셨습니다!"

하지만 사람이 자유롭고 건강하면서도, 더욱 풍성한 생명을 가지려는 경우를 생각해볼 수 있습니다. 그는 아주 가난합니다. 그가 원하는 대로 돌아다닐 수 있는 것은 사실이지만, 그가 밟는 한 평의 땅도 그의 소유가 아닙니다. 그는 어디든 자신이 선택하는 곳에 살 수 있지만, 자기 몸을 위해 빵을 구하기가 힘이 듭니다. 그의 몸을 덮을 옷이 부족하고, 밤이슬을 피할 은신처를 구하기가 힘듭니다. 빈곤이 그를 아주 곤란하게 만들고 있습니다. 그 가난한 사람은 해가 아침을 알리기 전부터 시작해서 밤이 늦도록 일하지만 벌어들이는 액수는 지극히 적습니다. 그의 수고는 가혹할 정도이지만, 그의 보상은 필수품을 장만하기에도 턱없이 부족합니다. 그는 자기 몸과 영혼을 겨우 지탱하고 있습니다. 이것이 생명입니까? 그렇게 부른다면 거의 비꼬는 말이 될 것입니다. 맨바닥에서 자야 하는 사람들을 만날 때, 혹은 오랜 시간 동안 아무것도 먹지 못한 사람들을 만날 때, 우리는 이렇게 말해 왔습니다. "이 불쌍한 사람들은 생존하는 것이지, 산다고 할 수가 없구나." 이 말은 참됩니다. 그와 마찬가지로, 산다고 하기보다 생존할 뿐이라고 말할 수 있는 신자들이 더러 있습니다. 그들은 굶주리고 있으며, 약속의 말씀에서 양분을 공급받지 못하고 있습니다. 그들은 그리스도께서 은혜 언약 안에 저장해 두신 풍요를 누리지 못하고 있습니다. 주 예수께서 "골수로 가득한 기름진 것들"을 먹고 최고의 포도주들을 마시도록 허락하셨는데도, 그들은 생명을 유지하고 있을 뿐 "더욱 풍성하게" 누리지는 못하고 있는 것입니다.

나는 또한 자유롭고, 건강하고, 풍성함을 누리면서도, 더 많은 생명을 필요로 하는 사람을 가정할 수 있습니다. 그는 천하다고 멸시를 받는 최하층민입니다. 아무도 그를 사랑하지 않으며, 아무도 그를 존경의 눈으로 쳐다보지 않으며, 그 역시도 자기 자신을 존중하지 않습니다. 그는 마치 가인의 표지를 달고 다니는 것처럼 남의 눈을 피해 살금살금 걸으며, 소망은 잊어버렸고 사랑과는 작별하고 말았습니다. 당신은 그런 사람을 생각할 때마다 불쌍하다고 여깁니다. 사랑을 받고 동료들의 인정을 얻는 것은 우리가 살아가기 위해 필요한 요소입니다. 죄를 자각하며 괴로운 동안에는, 사람은 스스로를 아무것도 아니라고 느낄 것이며, 하늘을 쳐다 볼 자격도 없는 죄인으로 인식할 것이며, 부정한 나병환자라고 느낄 것이고, 혹은 잊혀지고 외면되어서 죽은 자와 같다고 간주할 것입니다. 나는 경험으로 말합니다. 주 예수님께서 그런 자를 거름더미에서 올리시고 귀족들과 함께 앉게 하시며 영광의 자리를 차지하게 하실 때(참조. 삼상 2:8), 그는 자기의 생명이 크게 증대되었다고 느낄 것입니다. 형제들이여, 당신이 더 이상 종이 아니라 아들이며, 주 예수 그리스도와 함께 하나님의 상속자임을 알고, 또한 성도들이 당신의 동료이며 천사들이 당신의 '머슴들(servitors)'임을 안다면, 이것이 바로 생명을 풍성히 얻는 것입니다. 그렇지 않습니까?

지금까지, 증대된 생명이 어떻게 나타날 것인지를 몇 가지 요점들을 통해서 간략히 제시했습니다. 이제 나는 같은 주제를 다른 방식으로 제시하고자 합니다.

그리스도인들이 더욱 풍성한 생명을 추구할 때에, 갈망해야 할 일곱 가지 사항들을 여러분에게 제시하겠습니다.

첫째로, 더 많은 힘(stamina)을 갈망해야 합니다. 제방을 쌓고 길을 뚫으려면 일꾼들이 필요합니다. 여기 삽도 있고, 곡괭이도 있고, 외바퀴손수레도 있습니다. 또 사람들이 있어야 합니다. 보십시오. 많은 사람들이 자신을 고용해주기를 바랍니다. 그런데 그들의 체구가 아주 말랐습니다. 눈이 퀭하고, 볼은 쑥 들어갔으며, 기침소리가 멈추지 않습니다. 그들은 폐병 환자동의 사람들과 비슷합니다. 당신은 그들을 고용하겠습니까? 왜 결정하기가 어려울까요? 이 사람들은 생명을 가지고 있습니다. 당신이 말합니다. "오, 그렇습니다. 하지만 나로서는 그들이 좀 더 풍성한 생명을 가졌으면 좋겠습니다. 그들은 내가 맡기는 일을 하지 못할 것 같습니다." 우리는 이 가련한 사람들을 그냥 보내야 합니다. 그들은 의사에게 가서 진찰을 받아보아야 합니다. 저기 또다른 건장한 무리들을 보십시오! 이 사람들이 당신의 목적에 꼭 어울립니다. 그들의 불그스름한 혈색을 보십시오. 그들의 넓은 어깨와 힘센 팔다리를 보십시오. 그들에게 곡괭이와 삽과 손수레를 맡겨보십시오. 그러면 당신은 이 인부들이 무엇을 할 수 있는지를 확인할 것입니다. 이 인부들과 저 폐병 환자들 사이의 차이가 무엇입니까? 그 차이는 힘이 있고 없고의 차이가 아닙니까? 우리가 정확히 무어라고 말하기가 어렵고, 아마도 의사도 꼭 집어서 지적하기 어려운 무언가가 있습니다. 하지만 그 무언가가 빠진 한 무리의 사람들은 약하고, 그것이 있는 한 무리의 사람들은 힘이 넘칩니다. 영적인 의미에서, 우리 주 예수님은 우리가 힘을 얻도록 하기 위해 오셨습니다. 우리가 영양분을 잘 섭취하고, 건장한 체격을 갖추고, 확고하고 활기찬 생명을 얻어 힘든 섬김의 일도 힘차게 잘 감당하도록 하기 위해 오셨습니다. 그분은 우리가 걸어가도 피곤하지 않고, 달려가도 지치지 않도록 하기를 원하십니다. 그분은 우리가 남자답게 행하고, 강하게 되기를 원하십니다. 사랑하는 이여, 당신은 그리스도인들 사이에서도 커다란 차이가 있다는 것을 발견하지 않습니까? 그들 중 일부는 영적인 병약자입니다. 그들은 믿지만, 그들이 즐겨하는 기도는 이렇습니다. "주여, 우리의 믿음 없음을 불쌍히 여기소서!" 그들은 소망하지만, 거의 언제나 두려움이 그들의 마음을 사로잡고 있습니다.

그들은 그리스도를 사랑하고자 하지만, 종종 이런 노래를 부릅니다.

> "내가 주님을 사랑하는 걸까, 그렇지 않은 걸까?
> 내가 그분의 것일까, 그렇지 않은 걸까?"

　그들은 치료와 돌봄을 필요로 합니다. 그들에게 주님을 위한 어떤 일이든 맡겨 보십시오. 쉽게 지치고 말겁니다. 그들을 조금만 실망시켜 보십시오. 곧 실망에 빠지고 말 겁니다. 오 하나님의 성령께서 그들에게 더 풍성한 생명을 주시길 빕니다! 나는 그리스도인들 중에서 환자 목록에 포함되는 사람의 수가 큰 비중을 차지한다고 염려스럽게 생각합니다. 그들은 병들었고, 그 질병의 뿌리는 깊으며, 내가 힘이라고 부른 것, 곧 경건의 건강한 활기가 결핍되어 있습니다. 신앙을 고백하는 일부 그리스도인들이 그럴싸하게 제시되는 어떤 오류에 빠져든 것을 보면 얼마나 슬픈지요. 만일 모든 그리스도인들이 그들과 같다면, 교황주의는 쉽게 이 나라의 보편적인 종교가 될 것입니다. 그들에게는 개신교의 정신이 없고, 교리의 기초도 없으며, 신앙의 확고한 토대가 결핍되어 있기 때문입니다. 그들은 믿습니다. 하지만 왜 믿는지, 무엇 때문에 믿는지를 모르고, 그들 속에 있는 소망에 관한 이유를 말하지 못합니다. 두려운 것은 그들이 진리를 고백하지만 그것은 다른 사람들이 그렇게 하기 때문이고, 유창한 설교자가 그들의 애정을 끌고 그들의 제사장이 되었기 때문입니다. 그들 속에는 순교자가 될 소질이 없으며, 그들의 천성에는 담력이 없으며, 확고한 결심도, 신앙의 끈기도, 확고히 붙드는 것도 없습니다. 결과적으로, 이 땅에 박해의 시기가 올 때마다 그들은 언제나 우리의 약점이 됩니다. 우리는 진영의 연약한 동료들인 그들을 돌보아야 하며, 그들을 후방에 배치해야 합니다. 그렇지 않으면 원수들이 그들을 크게 약탈하고 말 것입니다. 생명을 더욱 풍성히 가진 자들은 예수 그리스도의 좋은 군사들입니다. 그들은 진리에 굳게 서는 법을 배웠고, 하나님의 은혜로써 거짓 교사들을 능가합니다. 그들은 그들이 아는 바를 확실히 알고 있으며, 속이는 자들의 화려한 언변을 침묵시킬 수 있습니다. 그들은 각종 이단 사설에 흔들리지 않으며, 오직 그들이 배운 진리에 확고히 거합니다. 그들은 이렇게 부르짖습니다. "오 하나님, 제 마음이 확정되었습니다!" 그들은 "주 안에서와 그 힘의 능력으로 강합니다"(엡 6:10). 나는 이 교회의 모든 지체들이 내적인 힘을 지닌 사람이 되고, 매일 같이 보살펴야 하고 매주일 영적인 숟가락으로 음식을 떠먹어야 하는 영적인 아기들이 되지 않기를 위해 기도합니다. 하나님의 은혜로써, 속에 간직하고 있는 것의 가치를 알며, 온 세상이 유혹하거나 협박을 해도 그것을 포기하지 않을 수 있는 사람들이 되기를 바랍니다. 나는 그러한 강한 신자들을 항해자들로 비유하였으며, 그 비유를 철회하지 않을 것입니다. 우리는 산을 향하여 "낮아지라!" 하고 골짜기들을 향해 "돋우어지라!"고 외칠 사람들을 원합니다. 그런 일꾼들을 통하여 주님께서는 그분의 은혜의 행진을 위해 광야에 대로를 내실 것입니다.

두 번째 의미로, 우리는 우리 삶의 영역의 확대로 말미암아 더욱 풍성한 생명을 누립니다. 어떤 사람들에게는 인간의 삶의 영역이 매우 좁습니다. 워즈워스(Wordsworth)의 시에 나오는 농부는 이런 이유로 풍성한 삶을 누리지 못했습니다.

> "그에게는, 강가에 피어 있는 달맞이꽃은
> 그저 노란색 달맞이꽃일 뿐
> 그 이상은 아무것도 아니라네."

씨를 뿌리고 땅을 갈고, 풀을 베고 모으는 일이 그의 삶의 전부입니다. 그에게는 계절의 변화가 어떤 교훈도 주지 못합니다. 새들이 노래하지만, 그는 새들이 침묵할 때와 마찬가지로 아무런 기쁨을 느끼지 않습니다. 언덕을 오르는 일은 지루한 일일 뿐, 그 꼭대기에서의 전망도 그에게는 아무런 생각을 떠올려 주지 못합니다. 그의 영혼은 그의 작업복 안에 싸여 있으며, 그것을 벗어나는 일은 꿈꾸지도 않습니다. 그런 사람들이 들에만 있는 것은 아닙니다. 도시의 거리에도 두꺼운 천 옷을 입은 같은 부류의 사람들로 넘쳐납니다. 그들에게는 "천상의 음악"도 금화의 짤랑거림과 다를 바 없으며, 그들의 최상의 인용구는 증권지수나 시장 물품의 가격과 관련되어 있습니다. 상업 거래와 관련해서도 우리는 "땅과 거기 충만한 것이 주의 것임이라"(고전 10:26)고 읽지만, 그들은 "땅은 주의 것이고, 거기 충만한 것은 우리의 것임이라"고 읽습니다. 그런 사람들의 영혼은 철장 속의 다람쥐들 같이 살면서 매일같이 쳇바퀴를 돌리고 있습니다. 그것이 그들이 아는 세계의 전부입니다. 예수 그리스도는 그분의 백성들에게 이보다 더 넓은 삶을 주시기 위해 오셨습니다. 물론, 그리스도를 만난 적이 없는 사람들 중에도, 더 낮은 영역에 만족하는 사람들보다 더 넓은 영역을 횡단하며 사는 사람들이 많은 것은 사실입니다. 그런 사람들은 별들의 위치를 조사하고, 바다의 깊이를 측량합니다. 그들은 암석에서 신비한 이야기들을 읽으며, 과거의 세월들을 측정합니다. 그들은 철학에 조예가 깊으며, 사물의 원리들이 아직 밝혀지지 않은 은밀한 영역들을 탐구합니다. 하지만 그들 역시 시간과 공간에 의해 제한된 삶을 살 뿐입니다. 하지만 사랑하는 이여, 예수님이 오실 때 그분은 우리의 생각의 영역을 크게 넓혀주십니다. 그분이 자유롭게 하시기까지는, 가장 위대한 지성조차도 "좁은 곳에 갇히고, 제한되고, 억류된" 상태에서 벗어나지 못합니다. 예수님은 시간과 공간을 넘어서 우리를 인도하십니다. 그분이 우리에게 주신 생명은 죄의 격랑의 바다를 건너고, 두려움의 대양 깊은 곳까지 내려갑니다. 우리는 요나처럼 "산의 뿌리까지, 곧 땅이 그 빗장으로 오래도록 막는 곳까지 내려갑니다"(참조. 욘 2:6). 우리를 용서하시는 하나님의 은혜가 이제는 우리를 높은 바위 위에 올려놓으며, 용서의 낙원을 바라볼 수 있게 하십니다. 죄의 사함을 얻는 일이 얼마나 복된 일인지요! 아버지의 품에서 사랑을 받고, 아버지의 입맞춤을 느끼는 것이 얼마나 행복한지요! 이것이 우리에게 새로운 세상입니다. 하나님과 한 가정에서 사는 듯이 살며, 그분의 미소를 보고, 그분의 사랑으로 즐거워하는 것입니다! 우리가 하나님 안에 거하고, 무한하신 분과 교제하는 이 삶은 결코 낮은 차원의 삶이 아닙니다. 우리는 더 이상 자아 속에 갇혀 있지 않으며, 보좌 앞에 있는 영혼들과 교제하며, 피로 구속받은 모든 성도들과 연합합니다. 이제 우리는 전에는 우리의 눈에 가리어졌던 것을 보고 있습니다. 독수리의 눈으로도 볼 수 없는 길을 우리는 보았고, 젊은 사자도 걸어보지 못한 길을 우리는 걷고 있습니다. 우리는 보이지 않는 신비의 세계로 들어왔으며, 그 휘장 안에 서 있습니다. 우리는 새장에 갇힌 작은 새들과 같았으나, 주님께서 우리의 감옥을 깨뜨리셨고, 그분의 성령이 우리를 모든 진리 가운데로 인도하셨으며, 여러 세대 동안 감추어졌던 것을 우리에게 보여주셨습니다. 이런 의미에서 우리는 더욱 풍성한 생명을 누리고 있습니다.

셋째로, 우리의 **능력**을 발휘하면서 그리스도 안에서 우리의 생명이 더욱 풍성해집니다. 나는 사람에게는 많은 능력이 잠재하지만, 그것 중 많은 능력들이 잠자고 있다고 생각합니다. 생명이 더욱 풍성해질 때는 그 능력들을 발휘할 수 있습니다. 우리 중 누구도 우리가 무엇이 될지 알지 못하며, 우리는 단지 유아기에 있을 뿐입니다. 그리스도께서는 우리가 아직 얻지 못한 더 풍성한 생명을 우리에게 주기 위해 오셨습니다. 사도들을 보십시오! 오순절 이전에 그들은 단지 신참 문하생들에 불과했으며, 오직 낮은 형태의 일에 종사하기에 적합했습니다. 그들은 종종 야심을 품고 서로에게 경쟁적이었습니다. 하지만 예수님께서 그들에게 성령을 주셨을 때, 그들이 얼마나 다른 사람이 되었는지요! 복음서에서의 베드로와 사도행전에서의 베드로가 같은 사람이라고 믿기 어려울 정도입니다! 하지만 그는 여전히 동일 인물이었습니다. 오순절이 그의 속에서 새로운 힘을 발생시킨 것입니다. 그가 "나는 그 사람을 알지 못하노라"(마 26:72)고 한 것을 들었는데, 몇 주 후에 우리는 그가 페르시아와 메대와 엘람에서 온 사람들 앞에서 담대히 그리스도를 전하는 것을 봅니다. 이 사람에게 무슨 일이 일어났는지 묻고 싶습니다! 그 대답은, 그리스도께서 그에게 생명을 더욱 풍성히 주셨다는 것이며, 그리하여 그가 이전에는 자기 속에 감추어져 있던 능력을 발휘했다는 것입니다. 사랑하는 이여, 당신은 기도합니다. 예, 하지만 하나님이 당신에게 더 많은 생명을 주시면 당신은 엘리야처럼 능력 있는 기도를 할 것입니다. 당신은 지금도 거룩함을 추구하고 있습니다. 하지만 당신이 생명을 더욱 풍성히 얻게 되면, 당신은 아브라함처럼 영광스럽게 하나님 앞에서 행할 것입니다. 나는 당신이 찬송하는 것을 압니다. 하지만 당신이 생명을 더욱 풍성히 얻게 되면 당신은 천사들과 찬송을 겨룰 정도가 될 것입니다. 다시 반복해서 말하지만, 우리가 어떻게 될지를 알지 못합니다. 나는 여러분의 거룩한 열망에 불을 붙이고 싶습니다. 되고 싶은 것을 위해 예수님께 기도하십시오. 그분께 이렇게 말하십시오. "주여, 제 속에 모든 은혜와 힘과 재능들을 자라게 하시고, 그로써 당신께 영광을 돌리게 하소서. 저의 전 인격을 온전히 사용하소서. 내게 생명의 강물이 흐르게 하시고, 내 영혼이 일어나게 하시며, 내 속에 있는 모든 것들이 당신을 높이게 하소서. 제 속에 숨어 있는 모든 잠재력이 발휘되게 하소서. 당신의 성령으로 제 속에서 일하게 하시고, 당신의 은혜의 영광을 찬미하게 하소서."

형제들이여, 나 자신을 포함하여, 우리가 온전히 살기를 갈망합니다. 어떤 형제들은 신앙을 고백하지만 살아 있기보다는 죽어 있는 것처럼 보입니다. 생명이 오직 그들 존재의 일부분에만 작용하는 듯합니다. 생명이 그들의 마음에 있는 것에 하나님께 감사합니다. 하지만 생명이 그들의 머리에는 부분적으로 만 있습니다. 그들은 복음을 연구하지도 않고 두뇌를 사용하여 진리를 이해하려고 하지도 않기 때문입니다. 생명이 그들의 침묵하는 혀와, 그들의 게으른 손과, 그들의 얼어붙은 주머니에는 아직 접촉되지 못했습니다. 그들의 집에는 생명의 불이 붙었지만, 오직 귀퉁이에만 붙었으며, 마귀가 그 불꽃을 끄기 위해 온 힘을 기울이고 있습니다. 그들은 내가 언젠가 보았던 어느 그림을 연상시킵니다. 그 그림은 화가가 죽은 자들이 부활하는 에스겔의 환상을 그리려 한 것입니다. 뼈들이 서로 모이고, 차례로 살이 그 위에 입혀집니다. 화가는 머리는 완전히 형성되었지만, 아직 몸은 해골인 한 몸을 묘사합니다. 또다른 곳에서는 몸통이 살로 잘 덮여 있지만, 아직 팔과 다리가 앙상한 뼈를 드러낸 채 있습니다. 나는 그와 마찬가지 상태의 그리스도인들이 있다고 생각합니다. 그들은 오직 부분적으로만 살았습니다. 어떤 그리스도인들에게는 살아 있는 부분이 감추어진 부분임에 틀림없습니다. 실제적으로 나타나는 사랑과 열정이 거의 없거나 아예 없기 때문입니다. 오, 머리에서 발끝까지 살아 있는 사람들에 대해 말하자면, 그들의 전 존재는 예수님께 헌신되어 있으며, 하나님의 영광을 바라는 열망으로 가득 차 있습니다. 이들은 생명을 "더 풍성히" 누리고 있습니다.

넷째로, 힘의 증대라는 의미가 본문에 내포되어 있습니다. 우리는 힘을 가지고 있어도 발휘하지 못할 수도 있고, 분명히 많은 사람들이 커다란 영적인 재능을 가지고 있으면서도 목적을 위한 집중력이 결여된 채 머물러 있습니다. 자, 사람이 활기차게 살아있을 때가 언제일까요? 어떤 사람들은 좋아하는 목적을 추구할 때 생생하게 살아 있습니다. 그들은 굳게 결심하고서 그 일을 추구하며, 온 열성과 힘을 다하여 그 목적을 추구합니다. 주 예수님께서는 우리에게 목적을 부여하시고, 그 목적이 우리로 하여금 왕성한 삶을 살도록 자극합니다. 그리스도의 사랑이 우리를 강권하십니다(고후 5:14). 그분이 거부할 수 없는 동기와 자극을 주심에 따라, 우리는 그분과의 언약 안에서 사는 날 동안에 그분의 이름을 영화롭게 하는 것입니다. 우리는 숭고한 결심을 다지고, 진지하게 그분의 영광을 추구할 수 있는 것입니다. 이런 모든 것이 일깨워짐으로써 삶이 더욱 강렬해지고 풍성해지는 것입니다. 사람이 어떤 자극을 받고 열정에 불이 붙어서 일에 몰입할 때 그 사람에게 생명이 가득하다고 말할 수 있습니다. 열정은 화산이 분출하는 것처럼 생명에 활기를 띠게 만듭니다. 사람에게 확고한 결심이 있을 때, 그는 비록 반대에 직면하더라도, 온 생애를 바쳐 행동하는 것을 볼 수 있습니다. 그가 전에는 아주 조용하게 있었더라도, 그 속에서 사자가 깨어나는 것을 볼 것입니다. 전에는 무기력하게 잠이나 자며 시간을 보냈더라도, 이제 그는 성난 물결처럼 일어섭니다. 그는 무언가에 도취되어 있습니다. 그의 표정과 말은 생생하게 살아 있습니다. 행동에 있어서도 그는 아주 왕성합니다. 우리의 주님께서 우리 속에서 생명의 불꽃을 일으키시고, 그분을 사랑하고자 하는 영광스러운 열정을 우리에게 불어넣으시는 것입니다. 이것이 우리에게 자극과 동기를 제공합니다. 예수님을 향한 사랑으로 온전히 기울어진 마음은 차가운 영혼에게는 영원히 낯설 수밖에 없는 그런 생각과 행동을 가능하게 합니다. 열정적이고, 강력하며, 승리하는 삶은 십자가에 매혹된 영혼들의 것이며, 하늘의 신랑을 뜨겁게 사랑하는 신부들에게 속한 것입니다.

어떤 종류의 생명의 활기는 고통스럽게도 정신이상자들에게서 나타나기도 합니다. 성경에서 귀신들린 자가 자신을 묶어 놓았던 사슬을 끊는 것을 볼 수 있습니다. 그에게 있는 광기가 발작할 때 특이한 힘을 발휘합니다. 만일 악령에게 사로잡힌 자가 격동했을 때 특별한 힘을 발휘할 수 있다면, 하물며 거룩한 영에게 사로잡힌 자는 얼마나 크고 특별한 힘을 발휘할 수 있겠습니까! 우리들 중에서 어떤 사람이 선을 위해 얼마나 능력 있는 자가 될지는 아무도 알 수 없습니다. 전에는 너무나 연약했던 사람이, 악령에 사로잡혔을 때 육체적으로 갇혀 있기를 거부했던 것처럼, 성령에 의해 사로잡히면 초자연적으로 강해지고 죄와 사탄에 사로잡힌 자가 되기를 거부하게 됩니다. 마르틴 루터를 보십시오. 그처럼 가련한 수도사가 바티칸을 뒤흔들 것이라고 한다면 누가 믿을 수 있었을까요? 하지만 그는 진리를 향한 열정과 오류에 대한 증오로 그 일을 해냈습니다. 다른 시대에서, 특별한 목적을 위해 하나님께서 일으키신 다른 사람들을 보십시오. 거룩한 열망이 그들에게 얼마나 풍성한 생명을 주었는지요! 그들은 구약의 삼손과도 같았습니다. 삼손에게로 가보십시오. 그의 근육을 느껴보고, 그의 뼈를 살펴보십시오. 그는 다른 사람보다 더 크지 않습니다. 그가 놀라운 근력을 나타내보이기는 했지만, 그렇다고 그가 놀라울 정도로 다른 사람들보다 월등하게 보이지는 않았습니다. 하나님의 성령이 그를 감동하셨을 때, 수천의 블레셋 사람들이 화를 입었습니다. 그가 나귀 턱뼈 하나로 그들과 싸워서 몇 무더기를 쌓았는지 보십시오(삿 15:16). 그가 그들의 신전의 기둥들에 힘을 가했

을 때 그 큰 건물이 무너져 내린 것을 보십시오(삿 16:30). 하나님의 영이 임하
는 사람은 놀라운 일을 할 수 있습니다. 하나님의 영이 당신에게 임하시면, 당
신은 이보다 더 큰 일을 할 수 있을 것이며, 더 숭고한 승리를 쟁취할 것입니다.
그것을 믿고, 그리스도께 오십시오. 그리고 더욱 풍성한 생명을 얻으십시오.

　　이제 생각의 방향을 바꾸어, 다섯 번째 요점을 다루고자 합니다. 우리는 넘
치는 즐거움 속에서 생명의 풍성함을 종종 본다고 말할 것입니다. 봄날 아침에,
들판을 거닐 때 양들이 즐겁게 뛰노는 것을 본다면 당신은 이렇게 말할 것입니
다. "너희에게 활기가 넘치는구나." 여기 한 무리의 아이들이 있습니다. 모두 건
강하고, 모두가 즐겁고, 얼마나 신나게 장난치며 노는지요! 그들을 보고 당신은
이렇게 말합니다. "저 어린이들 속에는 얼마나 생명이 가득한가!" 그 개구쟁이
들 중의 하나를 붙들어 보십시오. 설혹 그들이 몸을 비틀며 당신의 팔을 벗어나
지 못한다 하더라도, 당신은 그들을 보고 이렇게 말할 것입니다. "이야, 이 아이
에게는 생명이 가득하구나!" 그들의 생명은 그렇게 활기차고, 그들의 즐거움도
그러합니다. 젊은이들에게는 생명이 풍성하고 활기가 넘칩니다. 이스라엘 백
성들이 애굽에서 나올 때에, 그들은 어린아이와 같았습니다. 그들이 여호와 앞
에서 소고를 치며 얼마나 즐거워했는지요! 교회가 부흥될 때, 그 속에는 생명이
있고, 또한 노래가 있습니다! 신앙의 부흥이 올 때는 반드시 노래의 부흥도 따
라옵니다. 루터의 종교개혁이 있자마자, 시편들이 여러 언어로 번역되고 또 노
래로 불리었습니다. 휫필드와 웨슬리가 설교하고 있을 때에, 찰스 웨슬리와 토
플레디(Toplady)는 사람들이 부를 찬송가를 만들고 있었습니다. 사람들이 반
드시 기쁨을 표현하고, 생명의 탄생을 즐거워할 것이기 때문입니다. 사랑하는
친구여, 주님께서 당신에게 더욱 많은 생명을 주실 때, 당신은 더 많은 기쁨을
얻을 것입니다. 주께서 당신에게 더욱 풍성한 생명을 주실 때, 당신은 더 이상
침울하게 집 주위를 돌아다니지 않을 것이며, 더 이상 우울하고 맥 빠진 생각들
을 하지 않을 것입니다. 나는 당신이 일할 때에 노래하는 습관에 빠지는 것이
나, 걸어가면서도 콧노래를 부르는 것을 이상히 여기지 않을 것입니다. 사람들
이 이렇게 묻더라도 나는 이상히 여기지 않을 것입니다. "무엇이 저 사람을 저
리도 즐겁고 행복하게 만드나요? 무엇이 그의 눈을 어떤 신기한 기쁨으로 반짝
이도록 만드나요? 그는 가난하고, 아픈 데도, 얼마나 행복하게 보이는지요!" 형
제여, 당신이 생명을 가질 뿐 아니라 더욱 풍성하게 가질 때, 이런 일을 볼 수 있

을 것입니다.

여섯째로, 이는 다소 특이한 사실이지만, 그것을 빠뜨려서는 안 된다고 생각합니다. 생명의 풍성함은 섬세한 느낌에서도 볼 수 있습니다. 동일한 수술을 하면서도 사람들이 느끼는 고통의 정도는 매우 다를 수 있습니다. 체질상 팔을 하나 제거하는 수술을 받으면서도, 다른 사람이 이를 뽑을 때 느끼는 고통과 다름없는 정도의 고통만 느끼는 사람들이 있습니다. 반면, 다른 사람들에게는 아주 사소한 아픔에 불과한 것이 어떤 사람에게는 전율할 정도의 공포가 되는 경우도 있습니다. 그들이 그만큼 민감한 것입니다. 그것이 유리한 것인지 불리한 것인지는 알 수 없습니다. 하지만 그런 민감성을 정신적으로 아주 강한 숙련된 의사들에게서도 발견할 수 있습니다. 그들은 뇌를 많이 쓰고, 정신적으로 건강하며, 대개 고통을 아주 민감하게 느낍니다. 그들에게는 어떤 특정한 면에서 더 많은 생명을 가지고 있으며, 그런 이유로 더욱 민감한 것입니다. 자, 주 예수 그리스도께서 그분의 백성들에게 더 고상한 형태의 생명을 주실 때, 그들은 고통을 더 잘 느끼게 됩니다. 동일한 죄가 그들에게 과거에 그랬던 것보다 백 배는 더한 고통을 주고, 그래서 그들은 그것을 피하기 위해 더 큰 노력을 기울입니다. 당신이 그저 그런 그리스도인이라면, 당신은 잘못을 범할 수도 있으며, 또 그것을 뉘우칠 것입니다. 하지만 당신이 더 많은 생명을 얻고서 잘못을 범한다면, 아, 그 때 당신의 마음은 고통으로 몸부림칠 것이며, 하나님 앞에서 당신 자신에게 진저리를 낼 것입니다. 민감한 생명으로 가득한 사람은 더 많이 고통스러워할 뿐 아니라, 아마도 더 많은 기쁨을 누릴 것입니다. 그는 다른 사람들은 알지 못하는 기쁨에도 민감합니다. 다른 사람들이 희미하게 느낄 뿐인 기쁨을 그는 전인격으로 느끼고 전율할 수 있습니다. 예수의 이름은 풍성한 생명을 가진 자에게 말할 수 없는 기쁨입니다. 당신이 생명을 가진 것만 해도 귀한 것입니다. 하지만 아주 부드러운 마음을 가진 사람에게 그 생명은 무엇과도 비할 수 없이 귀하며, 가슴을 벅차게 만드는 활기찬 생명입니다. 나는 솔로몬의 아가서를 이해하지 못하겠다고 말하는 어떤 그리스도인들을 만난 적이 있습니다. 그리고 그 말에 놀라지 않았습니다. 왜냐하면 그 책은 영혼의 민감성을 테스트하는 책이기 때문입니다. 사람이 사랑의 생명으로 가득할 때 신성한 아가서의 노래는 성경의 다른 어떤 책들보다 그들의 느낌에 어울립니다. 그것은 신성하고 부드러운 사랑의 책이며, 재단의 숯불처럼 활활 타오르는 책이기 때문입니다.

오, 나는 당신이 그 강렬한 생명을 더 민감하게 느낄 수 있기를 바랍니다.

내가 민감하다는 의미는 그것이 전부가 아닙니다. 이런 의미도 있습니다. 사람이 오랜 동안의 수련으로 획득하는 손의 민감성이 있으며, 그 민감성으로 인해 그 사람은 위대한 예술가나 기술자가 됩니다. 손가락들과 손바닥에 생명으로 가득하여 아주 놀라운 솜씨로 무언가를 다루고 조종할 수 있습니다. 마찬가지로, 숙련된 '믿음의 손'은 생명의 선한 말씀을 이해할 뿐 아니라 잘 다룰 수 있습니다. 이 재능이 은사로 주어진 경우, 다른 사람들이 할 수 없는 일, 곧 예수님의 마음의 신비들을 파고들 수 있습니다. 입술 역시 민감해질 수 있습니다. 로라 브리지먼(Laura Bridgman)은 입술로 점자(點字)를 읽는 법을 배웠으며, 또한 시각 장애인들은 대개 손가락 끝의 감각을 길러 놀라운 삶을 영위하고 있습니다. 그런 식으로 주님께서는 그분의 백성들이 민감하게 식별하는 삶을 향유할 수 있게 하시며, 그러지 않았더라면 그들이 알지도 느끼지도 못했을 것들을 그들에게 나타내 보여주십니다. 오, 당신의 영혼이 거룩한 민감성의 은혜를 받을 때, 당신의 본성의 모든 부분이 예민함으로 가득할 때, 거룩한 마음과 의지에 숙련된 민감성이 더해질 때, 당신은 그리스도께서 당신을 이끌고자 의도하신 곳에 도달하고 있는 것입니다.

또한 이 민감성은 예전에 없었던 놀라운 이해력과 예리한 지각력을 나타내 보입니다. 당신이 아무런 소리도 들을 수 없을 때, 인디언들은 귀를 땅에다 대고 이렇게 말합니다. "적이 오고 있다." 그가 숲에 이르렀을 때, 당신은 나뭇가지 하나도 움직였거나 혹은 풀잎 하나도 굽어진 것을 찾지 못하는데, 그는 이렇게 말합니다. "여기 오른쪽에 흔적이 있다." 그의 재능은 생명력으로 가득합니다. 그래서 그는 당신보다 더 좋은 귀와 눈을 가집니다. 러크나우(Lucknow) 성의 포위 이야기를 기억하십시오. 스코틀랜드 북부지방(the Highland)의 그 여인이 말했습니다. "디나, 저 소리 들리니? 디나, 듣고 있니?" 그녀는 아주 멀리서도 스코틀랜드 음악을 들을 수 있습니다. 비록 다른 사람들은 듣지 못해도 그녀는 확실히 들을 수 있었습니다. 그녀의 귀는 다른 사람들보다 더욱 예민했습니다. 예수님께서 여호와 경외하기를 배우는데 우리를 더욱 예민하게 하시면, 우리는 이렇게 말할 것입니다. "그분이 오신다. 그분이 오고 계신다! 나는 그분의 발소리를 들을 수 있다!" 그러면 세상은 이렇게 말할 것입니다. "당신은 미쳤다. 우리는 먹고 마시고 장가가고 시집가는 일에 몰두할 것이다." 우리는 "나는 신랑의 목소리를 들을 수 있어요"라고 말할 수 있기를 원합니다. 다른 사람들은 "그렇지 않다. 그것은 단지 상상일 뿐이다"라고 말하겠지만 말입니다. 우리는 저 멀리 떨어져 있는 땅을 보는 눈을 가지기를 원하며, 그리하여 우리의 하늘 본향의 황금 문이 우리 눈에 띄기를 바랍니다. 그렇게 되면 우리는 생명을 가지되 "더욱 풍성히" 가지는 것입니다.

일곱 번째 요점은 이것입니다. 생명은, 그것이 풍성할 때에, 뛰어난 것이 됩니다. 어떤 종족들은 육체적인 생명을 가지고 있지만, 그다지 풍성하게 가지지 못합니다. 예를 들어, 붉은 색 피부를 지닌 인디언들과 호주 원주민들은 생명을 가지고 있지만, 얼마 후 모두 죽고 지면에서 자취를 감출 것이 염려됩니다. 반면 다른 종족들은 더욱 왕성하게 환경과 싸우고 생존합니다. 그리스도인들은 환경이 그들을 압도하지 못할 정도의 풍성한 생명을 가져야 합니다. 풍성한 생명을 가지면 가난한 중에서도 부요하며, 병든 중에서도 영적으로는 건강하며, 모욕을 받아도 승리감으로 가득하고, 죽음 속에서도 영광으로 충만합니다. 환경을 이기는 생명은 영광스럽습니다. 형제들이여, 그리스도께서 우리에게 뛰어난 생명을 주셨습니다. 그 생명은 강인함에 있어서도 아주 탁월하기에, 무엇으로도 그것을 파괴하거나 그 목숨을 끊을 수 없습니다. "누가 우리를 우리 주 그리스도 예수 안에 있는 하나님의 사랑에서 끊으리요"(롬 8:35,39). 현재 일이나 장래 일이나 결코 그렇게 할 수 없습니다. 우리는 풍성한 생명을 가지고 있기 때문에 그 모든 것을 넉넉히 이깁니다. 내가 무엇보다 바라는 것은 이 생명을 더욱 풍성히 가져 그것이 나의 전 존재에서 뛰어나도록 하는 것입니다. 우리 속에는 죽음이 있고, 그 죽음이 우리의 생명과 싸우고 있습니다. 우리의 생명은 죽음을 격퇴하였고, 그것을 발로 밟고 있습니다. 하지만 다시 일어나서 지배력을 갖고자 하는 죽음과의 싸움은 너무나 치열합니다. 형제들이여, 우리는 죽음을 지배해야 하고, 쇠줄로써 그를 묶어야 하며, 그를 때려눕히고, 땅바닥에 쓰러뜨려 무릎으로 그 가슴을 짓눌러야 합니다. 우리는 죄가 우리를 지배하도록 가만두어서는 안 됩니다. 그러기 위해서는 생명이 더욱 풍성해야 합니다. 생명의 풍성한 은혜가 우리의 내적 부패와 싸워 이기도록 해야 합니다.

그리스도인 형제들이여, 아직 여러분이 갖지 못한 것이 많으며, 아직 여러분이 얻을 것이 많이 있습니다. 그냥 앉아서 이렇게 말해서는 안 됩니다. "우리는 항상 육에 사로잡힐 수밖에 없고, 항상 그것에게 항복해야 한다." 사랑하는 이여, 당신은 이길 수 있습니다. 하나님의 은혜가 당신 안에 있기에, 당신은 이길 수 있습니다. 당신은 이 땅에서 완전하게 되어 기뻐할 수는 없을 것입니다. 그런 자랑은 결코 할 수 없을 것입니다. 하지만 하나님의 능력 안에서, 당신 속에서 증대될 수 있는 하나님의 생명 안에서, 마침내 죽음은 완전히 짓밟힐 것이며, 당신은 당신을 사랑하시는 그분을 통해 최종적인 정복자가 될 것입니다.

내게 주어진 시간이 다 갔습니다. 이 주제는 내가 다루기에는 너무나 크기에, 나로서는 이것으로 결론을 내리는 수밖에 없습니다. 즉 당신이 생명을 갖기를 원한다면 그리스도로부터 그것을 얻어야 합니다. 당신이 더욱 많은 생명을 원한다면 역시 당신은 동일한 분에게로 가야 합니다. 시작할 때는 그리스도를 바라보고서 마칠 때는 다른 곳을 쳐다보지 마십시오. 그리스도께서는 당신이 더 풍성한 생명을 얻도록 하기 위해 오셨습니다. 믿음으로 그분께 오십시오. 은혜 안에서 성장하기 위해, 예수님과 무관하게 종교적 의식들이나 외적인 형식들이나 다른 무엇을 바라보지 마십시오. 오직 예수님께 달려가십시오. 그분이 생명을 주실 것이며, 당신은 축복의 모든 항목들로 부하게 될 것입니다. 그리스도를 위하여 하나님께서 이 교회의 모든 지체들에게 크신 은혜를 베푸시길 빕니다. 아멘.

제
39
장
—

우리들의 사랑의 목자

—

"나는 선한 목자라, 나는 내 양을 알고, 양도 나를 아는 것이,
아버지께서 나를 아시고, 내가 아버지를 아는 것 같으니,
나는 양을 위하여 목숨을 버리노라." — 요 10:14-15

흠정역본(Authorized Version)에 나타난 대로 보자면, 이 구절들은 많은 단문들로 구성되어 있으며, 분명한 접속사도 없는 듯이 보입니다. 그 형태 그대로이 구절은 아주 귀합니다. 우리 주님의 진주들은 실로 연결하지 않았을 때에도 아주 값지기 때문입니다. 하지만 헬라어 성경에서는 우리말로 "그리고(and)"에해당하는 단어들이 여러 차례 반복되어 나타납니다. 번역자들은 번역문에서의미가 통하도록 하기 위해 이 "그리고"들을 빠뜨려야 했을 것입니다. 우리는번역자들이 이 경우에 지나칠 정도로 꼼꼼하지는 않았다고 판단할 수 있습니다. "그리고"를 많이 사용하는 것은 요한의 방식에 따른 것이기는 하지만, 대개는 그의 문장들 사이에는 참되고 자연스러운 연결이 있습니다. 그에게 있어서"그리고"는 대개 황금 사슬과도 같으며, 단지 별 의미 없는 소리가 아닙니다. 우리는 "그리고"를 살려서 옮겨볼 필요가 있습니다. 또한 우리의 역본에는 "양"이라는 단어가 이탤릭체로 되어 있는데, 원문에서는 그렇지 않습니다. 본문을 면밀히 살펴보면 이런 변경은 필요치 않아 보입니다. 여기, 본문을 자연스런 형태로 제시합니다.

"나는 선한 목자라. 그리고 나는 내 양을 안다. 그리고 내 양도 나를 안다. 이는 마치 아버지께서 나를 아시고, 그리고 내가 아버지를 아는 것과 같다. 그리고 나는 내 양을 위하여 나의 **목숨을 버린다.**"

방금 여러분에게 제시한 것은 개정판(Revised Version)에 따른 것입니다. 대개 나는 개정판에는 그다지 관심을 기울이지 않는데, 그것은 흠정역본에 비해 전혀 개선된 것이 없다고 보기 때문입니다. 그것은 사적인 참조를 위해 사용하는 것은 좋겠지만, 나로서는 그것을 신약성경의 영어 번역본의 표준으로 간주하지 않을 것입니다. 구약성경의 개정판은 아주 뛰어납니다. 신약 개정판은 구약 개정판 덕분에 덩달아 널리 사용되고 있는 것은 아닌지 다소 염려스럽습니다. 이 본문의 경우는 그렇지 않기를 진지하게 바랍니다. 하지만, 그것이 나의 요점은 아닙니다. 우리의 주제로 되돌아와서, 나는 이 경우 개정판이 원문에 더욱 충실하다고 믿습니다. 우리는 개정판의 순서를 따를 것입니다. 그렇게 함으로써 우리는 본문의 아주 즐겁고 교훈적인 의미를 발견할 수 있을 것입니다. "나는 선한 목자라. 그리고 나는 내 양을 안다. 그리고 내 양도 나를 안다. 이는 마치 아버지께서 나를 아시고, 그리고 내가 아버지를 아는 것과 같다. 그리고 나는 내 양을 위하여 나의 목숨을 버린다."

우리에게 이 말씀을 하시는 분은 주 예수 그리스도이십니다. 우리에게는 성경의 모든 말씀이 존귀합니다. 하나님께서 제사장이나 선지자를 통해서나 혹은 다른 방식으로 우리에게 말씀하실 때, 우리는 그 음성을 듣기를 기뻐합니다. 우리가 구약성경에서 "주께서 이같이 말씀하셨다"로 시작되는 구절들을 만날 때에, 우리는 특별히 하나님 자신의 입에서 직접적으로 나온 메시지를 대하는 듯이 그 구절에 매력을 느낍니다. 하지만 우리는 이 성경과 그 말씀을 구분하지 않습니다. 우리는 성경 전부를 성령으로 감동받은 말씀으로 받아들입니다. 우리는 영감의 다양한 정도와 형태에 대해 논쟁하지 않습니다. 그 문제는 너무나 명백하기에 학식 있는 불신자라도 우리를 미혹시키지 못합니다. "모든 성경은 하나님의 감동으로 된 것으로 교훈과 책망과 바르게 함과 의로 교육하기에 유익하니"(딤후 3:16). 하지만, 주 예수 그리스도께서 실제로 친히 하신 말씀에는 우리의 마음에 특별한 매력이 있습니다. 그런 말씀은 송이 꿀과도 같습니다. 당신 눈앞에 있는 본문은 선지자나 제사장이나 혹은 왕에 의해 주어진 말씀이 아니며, 한 분으로서 선지자와 제사장과 왕을 통합하신 주 예수 그리스도께서 직접 하신 말씀입니다. 그분이 입을 여시고 당신에게 말씀하십니다. 당신은 귀를 열고 그분의 말씀을 경청해야 합니다. 당신이 진정 그분에게 속하였다면 그리해야 합니다.

또한 우리는 그리스도를 단지 화자(話者, speaker)로서 뿐 아니라 주제로서 대하고 있습니다. 그분이 말씀하시고, 그분 자신에 대해 말씀하십니다. 우리 자신을 칭찬하는 것은 당신이나 나에게 어울리는 일이 아닙니다. 그러나 그리스도께서 자신을 천거하시는 것보다 더 어울리는 것은 없습니다. 그분은 우리와 다르며, 우리보다 무한히 위에 계신 분이며, 우리처럼 오류가 많은 필멸의 존재들에게 적용되는 규칙의 구애를 받지 않으십니다. 그분이 그분 자신의 영광에 대해 말씀하실 때, 우리는 그분의 말씀이 허세라고 느끼지 않습니다. 오히려 그분이 그분 자신을 칭송하실 때, 우리는 그분이 그렇게 하시는 것에 대해 감사하고, 우리와 같은 가련한 마음들에서 우러나오는 존경을 기꺼이 받아주시는 것에 대해 감복합니다. 우리가 사람의 칭찬을 구하는 것은 교만입니다. 그분에게 있어서는 그렇게 하시는 것이 겸손입니다. 그분처럼 위대하신 분이 우리와 같은 열등한 존재들의 칭송을 받으시는 것은 그분 자신을 위해서라기보다는 우리 자신을 위한 것으로 보입니다. 우리 주님의 모든 말씀 중에서 그분이 자신에 대해 하시는 말씀이 가장 달콤합니다. 심지어 그분은 그분 자신을 능가하는 다른 주제를 발견하실 수가 없습니다.

나의 형제들이여, 그분 자신이 아니고서는 예수님에 대해 말할 수 있는 자가 누구입니까? 그분은 우리의 모든 웅변을 능가하십니다. 그분의 완전성은 우리의 이해를 초월합니다. 그분의 탁월성의 빛은 우리가 감당하기에는 너무 밝고, 우리 눈을 멀게 할 정도입니다. 우리의 사랑하시는 주님이 그분 자신의 거울이 되어 주셔야 합니다. 예수님 외에 어느 누구도 예수님을 계시할 수 없습니다. 그분이 많은 뛰어난 은유와 교훈적인 상징들로써 그분 자신을 나타내시는 것이 우리는 아주 즐겁습니다. 여러 비유와 상징들을 통해 그분은 우리로 하여금 지식에 뛰어난 사랑을 조금이라도 깨닫도록 하십니다. 그분 자신의 손으로, 그분의 무한의 강에서 금잔을 가득 채우시고, 그것을 우리에게 건네 주시어 우리로 마시고 새롭게 되도록 하십니다. 그러므로 이 말씀들을 우리를 곱절로 소생시켜 주는 말씀으로 간주하십시오. 그 말씀들이 사랑하시는 분의 입에서 직접 나왔기 때문이며, 그분 자신에 관한 무한한 영광의 계시를 풍부하게 담고 있기 때문입니다. 그 말씀을 다시 읽어야한다고 느낍니다. "나는 선한 목자라. 그리고 나는 내 양을 안다. 그리고 내 양도 나를 안다. 이는 마치 아버지께서 나를 아시고, 그리고 내가 아버지를 아는 것과 같다. 그리고 나는 내 양을 위하여 나의 목숨을 버린다."

　이 본문에서 내가 말하고자 하는 세 가지 문제가 있습니다. 첫째, 나는 여기서 **완벽한 성품**을 봅니다. "나는 선한 목자라." 그분은 불완전한 목자가 아닙니다. 그분은 가장 완전한 의미에서 목자이십니다. 둘째, 나는 **완벽한 지식**을 봅니다. "나는 내 양을 안다. 그리고 내 양도 나를 안다. 이는 마치 아버지께서 나를 아시고, 그리고 내가 아버지를 아는 것과 같다." 셋째, 여기에 **완벽한 희생**이 있습니다. 이 문장이 전체를 얼마나 고귀하게 결말을 짓는지요. "나는 양을 위하여 목숨을 버리노라!" 그분은 희생할 수 있는 최대한의 희생을 하셨습니다. 그분은 자기 양을 대신하여 자기 목숨을 내어놓으셨습니다. 그분은 자기 소유를 위하여 자기희생의 극치를 보여주셨습니다.

1. 완벽한 성품

　첫째로, 여기에 완벽한 성품이 있습니다. 그리스도께서 자기 자신을 어떤 상징에 의해 묘사하실 때마다, 그 상징의 의미는 높아지고 확대됩니다. 하지만 그것으로도 그분이 하신 말씀의 의미를 다 담을 수는 없습니다. 주 예수님은 모든 예표와 인물과 성품을 완벽히 구현하십니다. 선한 목자이신 예수님은 목자라는 말로는 다 담을 수 없는 그 이상의 의미가 있습니다. 그분은 선하고(good), 위대하며(great), 으뜸 되는(chief) 목자이십니다. 그러면서도 그 이상이 되는 분이십니다. 그분을 나타내기 위한 상징들은 아침 이슬방울들만큼 중대될 수 있지만, 그 모든 것을 다 합쳐도 그분의 광채를 다 반영하기에는 부족합니다. 피조물은 그분의 초상을 걸어두기에는 너무 작은 액자입니다. 그분을 온전히 묘사하기에는 인간의 생각이 너무 제한되어 있고, 인간의 언어는 너무 미약합니다. 땅과 하늘의 모든 상징들을 활용하여 그분을 최대한 묘사하려고 하여도 여전히 묘사되지 않는 부분이 남습니다. 한계 있는 인간의 언어로 그리스도를 전부 묘사하려는 것은 불가능한 일을 꾀하는 셈입니다. 그분은 우리의 생각을 생각할 수 없을 정도로 초월하시며, 우리의 말을 말할 수 없을 정도로 초월하십니다.

　하지만 여기서 그분이 스스로를 목자로 묘사하신 것을 주목하십시오. 잠시 동안 이 문제를 곰곰이 생각해 보십시오. 여기서 목자란, 영국에서처럼 양이 충분히 자라서 도살되기까지 양을 몇 달 동안 돌보도록 고용되는 그런 사람이 아닙니다. 여기서 목자란 동양의 목자로서, 아브라함과 야곱 혹은 다윗과 같은 인물입니다.

동양의 목자는 일반적으로 양 떼의 소유주이며, 혹은 최소한 그 소유주의 아들로서, 양 떼의 소유자가 될 전망이 있는 사람입니다. 양은 그의 것입니다. 영국의 목자들이 양 떼를 소유하는 경우는 드물거나 혹은 전혀 없습니다. 그들은 양 떼를 돌보기 위해 고용되며, 따라서 양들에게 다른 관심이 없습니다. 영국의 목자들은 대개 아주 뛰어난 사람들입니다. 나는 아주 지혜로운 일꾼들을 보고 탄복한 적이 있습니다. 하지만 그들은 동양의 목자들과는 전혀 같지 않으며, 또한 같을 수도 없습니다. 동양의 목자는 대개 그가 돌보는 양 떼의 소유주이기 때문입니다. 그는 그가 어떻게 그 양 떼를 소유하게 되었는지를 기억합니다. 그리고 현재의 양이 언제 어디서 태어났는지, 그가 그들을 어디로 인도했으며, 그들과 관련하여 어떤 시련들이 있었는지를 기억합니다. 그리고 특별히 양들이 그 자신의 기업이라는 것을 잘 기억하고 있습니다.

그의 재산은 양들입니다. 목자가 넓은 집을 갖는 경우는 매우 드물고, 대개는 많은 땅을 가지고 있지도 않습니다. 그는 자기 부족에게 공동으로 개방되어 있는 넓은 지역으로 양들을 데려갑니다. 하지만 그의 재산은 그의 양 떼입니다. 그에게 물어보십시오. "당신은 얼마나 많은 재산을 가지고 있습니까?" 그가 이렇게 대답할 것입니다. "나는 몇 마리의 양을 소유하고 있습니다" 라틴어에서 돈을 나타내는 단어는 "양"이라는 단어와 비슷합니다. 왜냐하면 초기의 많은 로마인들에게는 양털이 그들의 부(富)였으며, 그들의 재산은 양의 수에 달려 있었기 때문입니다. 주 예수님은 우리의 목자이십니다. 우리는 그분의 재산입니다. 만일 당신이 그분에게 상속 재산이 무엇이냐고 여쭌다면, 그분은 당신에게 "성도 안에서 그 기업의 영광의 풍성함"(엡 1:18)이라고 대답하실 것입니다. 당신이 그분에게 보석이 무엇이냐고 여쭌다면, 그분은 "그 날에 그들이 나의 소유가 될 것이다"고 대답하실 것입니다. 그분에게 보화가 어디에 있는지를 여쭌다면, 그분이 이렇게 말씀하실 것입니다. "여호와의 분깃은 자기 백성이라 야곱은 그가 택하신 기업이로다"(신 32:9). 주 예수 그리스도께서 그분 자신의 백성들만큼 귀하게 여기시는 것은 없습니다. 그들을 위해 그분은 가지신 모든 것을 포기하셨고, 십자가에서 옷을 벗기운 채 죽으셨습니다. 그분은 "구스와 스바를 너를 대신하여 주었노라"(사 43:3)고 말씀하실 수 있을 뿐 아니라, "교회를 사랑하시고 그 교회를 위하여 자신을 주셨습니다"(엡 5:25). 그분은 교회를 그분의 몸으로 여기시고, "만물 안에서 만물을 충만하게 하시는 이의 충만"(엡 1:23)으로 간주하십니다.

목자는 양을 소유한 자일 뿐 아니라 **돌보는** 자입니다. 그분은 그들을 항상 돌보십니다. 우리 형제들 중 한 사람이 현재 소방관입니다. 그가 소방서에 있을 때 그는 언제나 당직근무 중입니다. 내가 그에게 하루 중 어떤 시간에 비번인지를 물었습니다. 하지만 그는 말했습니다. "저는 결코 비번일 때가 없습니다." 그는 잠자러 갈 때에도 당번이고, 아침을 먹는 동안에도 당번이며, 거리를 걷는다 해도 당번입니다. 언제든 경보음이 울리면 그는 제자리에 있어야 하며, 서둘러 불을 끄러 가야 합니다. 우리 주 예수님이 비번일 때는 결코 없습니다. 그분은 자기 백성을 낮이고 밤이고 끊임없이 보살피십니다. 그분이 이렇게 선언하셨습니다. "나는 시온을 위하여 잠잠하지 아니하며 예루살렘을 위하여 쉬지 아니할 것이라"(사 62:1). 그분은 진실로 야곱이 했던 말을 하실 수 있습니다. "내가 이와 같이 낮에는 더위와 밤에는 추위를 무릅쓰고 눈 붙일 겨를도 없이 지냈나이다"(창 31:40). 그분은 자신의 포도원에 대해 하신 말씀을 자신의 양 떼에 대해서도 하실 수 있습니다. "내가 때때로 물을 주며 밤낮으로 간수하여 아무든지 이를 해치지 못하게 하리로다"(사 27:3). 나는 목자가 자신의 양 떼에게 기울이는 모든 관심에 대해 다 말하지는 못합니다. 그의 관심이 너무나 다양하기 때문입니다. 양들은 사람들만큼이나 불평이 많습니다. 당신은 그들에 대해 많은 것을 알지 못합니다. 나는 그 세세한 사항에까지 들어가지 않으려 합니다. 무엇보다 나 자신도 그들에 대해 많은 것을 알지 못하기 때문입니다. 하지만 목자는 알고 있습니다. 목자는 그가 노심초사하는 삶을 영위하고 있다는 것을 당신에게 말해 줄 수 있습니다. 양들이 모두 건강할 때는 좀처럼 없습니다. 어느 양이나 혹은 다른 양이 틀림없이 병약한 상태에 있고, 그는 그것을 세밀하게 살핍니다. 그의 눈과 손과 마음은 언제든 양을 위로하고 안심시킬 태세가 되어 있습니다. 불평 사항과 필요 사항들이 매우 다양하며, 이 모든 것들이 목자의 마음에 간직되어 있습니다. 그는 양 떼의 소유자이면서 동시에 돌보는 자입니다.

목자는 또한 공급자이기도 해야 합니다. 양 떼 중에는 목초지를 찾고 고르는 것을 아는 우두머리가 따로 없기 때문입니다. 매우 건조한 계절이 되면, 한때는 풀이 있던 곳이 갈색 먼지만 날리는 곳으로 바뀔 수 있기 때문입니다. 목초는 오직 물이 흐르는 시냇가에서만 발견되고, 여기저기 조금씩 있을 뿐입니다. 하지만 양은 그에 대해서 아무것도 알지 못합니다. 목자는 그들을 위해 모든 것을 알아야 합니다. 현재와 영원을 위해, 몸과 영혼을 위해, 우리 주 예수님은 그분의 영광의 부요함으로써 우리의 모든 필요를 공급해 주십니다. 그분은 거대한 보고(寶庫)와도 같아서 우리는 그분으로부터 모든 것을 끌어올 수 있습니다. 그분은 공급해 오셨고, 공급하고 계시며, 공급하실 것입니다. 그러므로 우리 각 사람은 이렇게 노래할 수 있습니다. "여호와는 나의 목자시니 내가 부족함이 없으리로다"(시 23:1).

하지만 사랑하는 친구들이여, 우리는 종종 우리가 목자인 줄 생각하고, 어떻게 해서든 목초지를 찾아야 한다고 생각합니다. 지금 나는 우리의 작은 기도 모임에 참여하는 친구들에게 말하지 않을 수 없습니다. 시편 23편에는 우리가 우리 스스로를 위해 할 수 있다고 생각하는 것을 주님께서 우리를 위해 행하시는 것으로 묘사하는 구절이 있습니다. 곧 "그가 나를 푸른 초장에 누이시며"(2절)라고 하는 구절입니다. 진정, 양은 누울 수 있는 것을 제외하고는 달리 아무것도 하지 못합니다. 하지만 눕는 것은 하나님의 양이 가장 하기 어려운 일입니다. 평안을 주시는 그리스도의 온전한 능력이 임하고서야 비로소 우리가 조바심을 치며, 걱정하고, 의심스러워하는 본성이 누워서 편히 쉴 수 있습니다. 우리 주님은 우리에게 완전한 평화를 주실 수 있고, 우리가 단지 그분의 풍성한 돌보심을 신뢰하기만 하면 그렇게 하실 것입니다. 공급자가 되는 것은 목자의 일입니다. 이 점을 기억하고 기뻐하도록 합시다.

또한 목자는 지도자여야 합니다. 목자는 양들이 가야 하는 곳이면 어디든 인도합니다. 나는 종종 프랑스 남부의 목자들을 보고서 놀란 적이 있습니다. 그들은 양을 돌보는 문제에 있어서 팔레스타인 목자들과 매우 닮았습니다. 한번은 목자가 망통(Mentone:프랑스 남부 해안 도시)으로 내려와서 그의 모든 양 무리를 해안가로 데리고 가는 것을 보았습니다. 그곳에는 큰 바위들 외에는 달리 보이는 것이 없었습니다. 사람들은 아마도 이번 일이 양들을 매우 힘들게 할 것이라고 말했습니다. 하지만 나는 그 약한 동물들이 약간의 소금 맛을 볼 것이며, 혹은 그들에게 유익한 무언가를 얻을 것이라고 의심치 않았습니다. 하여간, 양들은 목자들을 따릅니다. 목자는 멀리 가파른 언덕을 오르고, 먼 거리를 이동하여, 마침내 언덕가에 풀들이 자라고 있는 지점에 도달합니다. 그는 길을 알고 있고, 양은 목자가 어디로 가든지 목자를 따라가는 것 외에는 달리 할 일이 없습니다. 길을 만드는 것은 양들의 일이 아니며, 길을 선택하는 것도 그들의 일이 아닙니다. 그들의 일은 목자의 발꿈치를 가까이 따르는 것뿐입니다.

당신에게는 우리의 복되신 목자가 당신의 순례 길을 이끌고 계시는 것이 보이지 않습니까? 그분이 당신의 길을 안내하고 계신 것을 볼 수 없습니까? 당신은 이렇게 고백하지 않습니까? "예, 그분이 나를 인도하십니다. 나는 기쁘게 그분을 따른답니다." 오 복되신 주여, 계속해서 인도하소서. 계속해서 인도하소서. 우리는 당신의 발자취를 따르겠습니다!

동양의 목자는 또한 양 떼의 **보호자**이기도 해야 합니다. 늑대들이 그 구역을 기웃거리기 때문입니다. 모든 종류의 들짐승들이 양 떼를 공격하고, 따라서 목자는 전면에 서야 합니다. 우리의 목자도 그러하십니다. 늑대가 우리를 공격할 때마다 우리 주님의 팔이 그를 대적하는 것을 볼 것입니다. 사자가 양 떼를 보고 으르렁거릴 때마다 다윗보다 위대하신 분이 일어나실 것입니다. "이스라엘을 지키시는 자는 졸지도 아니하고 주무시지도 아니하시리로다"(시 121:4).

그분은 목자이십니다. 그분은 내가 당신에게 묘사한 것 훨씬 이상으로, 완벽한 목자의 특징을 갖추고 계십니다. 주 예수 그리스도께서 친히 말씀하십니다. "나는 선한 목자라." 선한 목자! 그분은 양을 훔치는 도둑이 아니십니다. 도둑은 양을 우리에서 끌고 나와 도살하려 합니다. 그분은 삯꾼이 아니십니다. 삯꾼은 단지 보수를 받거나, 명령을 받았기 때문에 그 일을 합니다. 하지만 선한 목자는 모든 일을 사랑으로 하고, 자원하는 마음으로 합니다. 그는 그 일에 온 마음을 쏟아 붓습니다. 예수님은 가장 선하신 목자로서 인자함과, 부드러움과, 자발적인 마음과, 모든 힘과 능력을 다해 양들을 돌보십니다. 그분은 삯꾼이나 게으름뱅이가 아니십니다. 목자들이라 할지라도 자기 양 떼를 소홀히 대할 때가 있습니다. 마치 농부가 자기 경작지를 잘 돌보지 않을 때가 있는 것과 같습니다. 하지만 그리스도께서는 그런 일이 결코 없습니다. 그분은 선한 목자이십니다. 가장 높은 의미에서 선한 목자이십니다. 그분은 부드러움에서 선하시고, 친절에서 선하시며, 양을 이끄는 면에서도 선하시며, 양을 지키기 위한 싸움과 규칙에서도 선하시며, 지키고 돌보는 면에서도 선하시며, 신중한 리더십에 있어서도 선하시며, 모든 면에서 가장 탁월하게 선하십니다.

그분이 이렇게 말씀하신 것을 주목하십시오. "나는 [그] 선한 목자라." 그것이 내가 제기하고자 하는 요점입니다. 다른 목자들에 대해 우리는 "그는 선한 목자이다(a shepherd)"라고 말할 수 있습니다. 하지만 예수님은 그(the) 목자이십니다. 세상의 다른 모든 목자들은 그 참되신 목자의 그림자들이며, 예수님이 참된 목자의 실체이십니다. 우리가 이 육신의 눈으로 세상에서 보는 것은 본질이 아니며, 예표이자, 그림자입니다. 우리가 이 눈으로 보지 못하는 것, 오직 믿음의 눈으로만 볼 수 있는 것이 참된 것입니다. 나는 목자들을 보아왔지만 그들은 내게 단지 그림과 같은 존재들이었습니다. 그 목자(the Shepherd), 즉 참되고 진실한 목자 직분의 최상의 본보기는 그리스도이십니다. 그리고 당신과 나는 양입니다. 저기 산비탈에 있는 양들은 우리 자신의 표상입니다. 우리가 참된 양이고, 예수님이 참된 목자이십니다. 만일 천사가 땅으로 날아와 진짜 양과 진짜 목자를 찾는다면, 그는 이렇게 말할 것입니다. "하나님의 목초지의 양들은 사람이며, 여호와께서 그들의 목자이시다. 그분이 참되고 진정한 양 떼의 참되고 진정한 목자이시다." 목자에게서 찾을 수 있는 모든 선한 가능성들은 그리스도 안에서 발견됩니다. 당신이 목자에게서 상상할 수 있는 모든 선한 것을, 당신은 주 예수 그리스도 안에서 발견할 수 있습니다.

당신이 주목해 주길 바라는 것이 있습니다. 본문에 따르면, 주 예수 그리스도는 이 일을 아주 기뻐하십니다. 그분이 말씀하십니다. "나는 선한 목자라." 그분은 마치 그것을 부끄러워하는 사실로서 시인하는 것이 아닙니다. 오히려 그분은 이 장에서 마치 어떤 노래의 후렴구를 부르는 것처럼 여러 차례 반복하여 그렇게 시인하십니다. "나는 선한 목자라." 그분은 명백히 그 사실을 기뻐하십니다. 마치 달콤한 별식을 혀 아래서 굴리듯이 그 말씀을 반복하십니다. 명백히 목자가 된 것은 그분의 마음에 흡족한 일입니다. 그분은 "나는 하나님의 아들이며, 인자이며, 구속자이다"라고 말씀하시지 않고, 오히려 즐거이 자신에 대해 이렇게 표현하십니다. "나는 선한 목자라."

당신과 나는 이 사실에서 용기를 얻어야 합니다. 만일 예수님이 나의 목자가 되시기를 기뻐하신다면, 나 역시 그분의 양이 되는 것을 똑같이 기뻐해야 합니다. 그분이 나의 선한 목자이시고, 내가 그분의 양이라는 이 사실에 간직되어 있는 모든 특권들을 이용할 수 있어야 합니다. 나는 내가 그분의 양인 것이 그분을 난처하게 하지 않을 것임을 압니다. 나의 필요들이 그분을 당혹스럽게 하지 않을 것임을 나는 압니다. 나의 약함과 고충을 돌보시는 일이 그분을 곤혹스럽게 하지 않을 것임을 압니다. 그분은 이 사실을 생각하며 기뻐하십니다. "나는 선한 목자라." 사실, 그분은 나를 초대하시고, 나의 모든 필요와 고통들을 그분께 가져오라고 하시며, 그리고 그분을 바라보고 그분의 돌봄을 받으라고 하십니다. 그래서 나는 그렇게 할 것입니다.

당신의 주님이 이 고귀한 책을 통해 "나는 선한 목자라"고 당신에게 말씀하시는 것에서 큰 행복을 느끼지 않습니까? 당신은 이렇게 대답하지 않겠습니까? "진정으로 당신은 선한 목자이십니다. 당신은 내게 선한 목자이십니다. 내 마음은 '선하시다'는 말을 강조하며 당신에게 고백합니다. '한 분 외에는 선한 이가 없으며'(막 10:18), 당신이 바로 그 선한 분이십니다. 당신은 양의 선한 목자이십니다."

완벽한 성품에 대해서는 여기까지 말하도록 하겠습니다.

2. 완벽한 지식

내가 다음 요점을 말하는 동안에, 성령께서 말씀의 은혜를 더욱 크게 주시길 바랍니다. 다음 요점은 **완벽한 지식**에 관한 것입니다.

자신의 양에 대한 그리스도의 지식과, 그분에 대한 양의 지식은 놀랍게도 완벽합니다. 본문을 다시 한 번 읽겠습니다. "나는 내 양을 안다. 그리고 내 양도 나를 안다. 이는 마치 아버지께서 나를 아시고, 그리고 내가 아버지를 아는 것과 같다."

첫째로, 자신의 소유에 대한 그리스도의 지식과, 그것을 표현하는 그분의 비유를 숙고해 보십시오. "아버지께서 나를 아시는 것 같이." 나는 이보다 더 강력한 비유를 생각해 낼 수 없습니다. 아버지께서 아들을 아시는 것보다 어떻게 더 많은 것을 알겠습니까? 아들은 아버지의 영광이며, 그분의 사랑이며, 그분의 제2의 자아(alter ego)이시며, 그분 자신이 아니십니까? 그분의 아들, 그분 자신의 지혜, 다름 아닌 그분의 본질에 대한 아버지의 지식이 얼마나 친밀한 것일까요? 아버지와 아들은 한 영이십니다. 우리는 그 지식이 얼마나 친밀한지 다 표현할 수 없습니다. 하지만 너무도 친밀하고, 너무도 완벽하게, 저 위대하신 목자는 그분의 양을 아십니다.

그분은 그들의 수를 아십니다. 그분은 하나도 잃지 않으십니다. 목자는 매일같이 양들이 그의 손 밑을 지날 때에 양들의 수를 전부 다시 세고, 그들의 총 숫자를 확인합니다. 그 목자는 이렇게 말씀하십니다. "아버지께서 내게 주신 자 중에서 하나도 잃지 아니하였삽나이다"(요 18:9). 그분은 자신의 몸값으로 사신 자들의 수를 알고 계십니다.

그분은 그들 개인을 아십니다. 그분은 자신의 소유된 모든 자들의 나이와 성격을 아십니다. 그분은 분명 우리의 머리털까지도 세시는 분이십니다. 그리스도는 양에 대해 알지 못하시는 것이 없습니다. 그분이 그들 중 하나라도 잊어버리거나 놓치는 일은 있을 수 없습니다. 그분의 가장 귀한 피로 속량하신 모든 자들에 대해 너무나 친밀한 지식을 갖고 계시기 때문에, 그분은 한 양을 다른 양과 혼동하지 않으시고, 또한 그들 중 하나라도 잘못 판단하는 경우가 없습니다. 그분은 그들의 체질과 체격을 다 아십니다. 약하고 힘없는 자들, 신경이 예민하여 잘 놀라는 자들, 강한 자들, 다소 주제넘은 자들, 잘 잠드는 자들, 용감한 자들, 아픈 자들, 슬퍼하거나 걱정하는 자들, 혹은 부상당한 자들을 다 아십니다. 그분은 마귀에게 쫓김을 당하는 자들을 아시고, 사자의 턱 사이에 붙들린 자들을 아시며, 사자가 물고 흔들어 거의 목숨이 끊어지려는 자들을 아십니다. 그분은 그들의 감정과, 두려움과, 놀람에 대해 아십니다. 그분은 우리들이 들어가고 나오는 것을 아시며, 우리 중에서 자기 자신을 가장 잘 아는 자들보다 우리를 더욱 잘 알고 계십니다.

그분은 우리의 시련들을 아십니다. 나의 자매여, 지금 당신이 처해 있는 특정한 시련을 그분이 아십니다. 나의 형제여, 바로 이 시간 당신의 길을 막는 듯이 보이는 특별한 어려움들을 그분이 아십니다. 우리의 생명의 잔에 담긴 모든 내용물들을 그분이 알고 계십니다. "아버지께서 나를 아시는 것처럼, 나는 내 양을 안다." 아버지께서 자기의 독생자에 대해 아는 지식보다 더 완벽한 지식은 생각할 수 없습니다. 그와 마찬가지로, 예수 그리스도께서 그분이 택하신 모든 자에 대해 가진 지식보다 더 완벽한 지식을 가정하는 것은 불가능합니다.

그분은 우리의 죄를 아십니다. 나는 그분이 우리의 악한 본성들을 언제나 아신다고 생각하면서, 또한 그것들이 결국에 어떻게 될 것인지를 생각하면서 종종 기쁨을 느낍니다. 그분이 우리를 택하셨을 때, 그분은 우리가 어떤 자인지를 아셨으며, 또한 장차 어떻게 될지를 아셨습니다. 그분은 자신의 양을 어둠 속에서 사지 않으셨습니다. 그분은 과거에 우리의 잘못된 길과 미래의 삶에 대해서 알지 못한 채 우리를 택하신 것이 아닙니다.

> "그분이 타락하여 망쳐진 우리 모습을 보셨네.
> 하지만 그럼에도 우리를 사랑하셨다네."

여기에 그분의 은혜의 영광이 있습니다. "그분이 미리 아신 자들로 또한 미리 정하셨으니"(롬 8:29). 그분의 선택은 우리의 모든 악한 행실을 미리 아신 것까지를 포함한 것입니다. 사람들은 인간의 사랑이 맹목적이라고 말합니다. 그러나 그리스도의 사랑에는 많은 눈이 있고, 그 모든 눈은 떠서 우리를 보고 있지만, 여전히 그분은 우리를 사랑하십니다.

내가 이 점을 확대할 필요가 없습니다. 하지만 당신이 주님께 잘 알려졌다는 사실이 당신에게 큰 위안이 되어야 합니다. 그분은 당신을 단지 차갑고 명쾌한 지적인 지식의 차원에서 알고 계신 것이 아니며, 사랑과 애정으로 가득한 지식으로 당신을 알고 계십니다. 그분은 당신을 마음으로 알고 계십니다. 당신은 그분에게 특별한 사랑의 대상입니다. 당신은 그분의 호의를 입은 대상입니다. 당신은 그분에게 받아들여졌습니다. 그분은 당신을 풍문으로 들어 아시는 것이 아니라 친분 관계로써 당신을 아십니다. 그분은 당신과의 교제를 통해 당신을 아십니다. 그분은 당신과 달콤한 교제를 나누어 오셨습니다. 그분은 사람이 자기 책을 읽듯이 당신을 읽으시며, 또한 그분이 읽으신 것을 기억하십니다. 그분은 당신을 체휼하며 아십니다. 그분은 당신처럼 사람이 되셨습니다.

> "가혹한 시험이 무엇인지 그분은 아시네,
> 그분이 같은 일을 겪으셨기 때문이라네."

그분은 당신의 약함을 아십니다. 그분은 당신이 어떤 점에서 가장 힘들어하는지를 아십니다.

> "마음을 찢는 모든 고통 속에서
> 저 슬픔의 사람이 함께 해 주시네."

그분은 이 지식을 '고통의 체휼'이라고 하는 학교에서 얻으셨습니다. "그가 아들이시라도 받으신 고난으로 순종함을 배워서"(히 5:8). "그러므로 저가 범사에 형제들과 같이 되심이 마땅하도다"(히 2:17). 그분은 우리와 같이 되심으로써 우리를 알게 되셨으며, 매우 실제적이고도 친절한 방식으로 우리를 아십니다. 당신에게 손목시계가 있는데, 그것이 잘 가지 않거나, 혹은 매우 불규칙하게 간다고 가정해 봅시다. 그리고 그것을 시계에 대해 아무것도 모르는 자의 손에 넘겨주었다고 합시다. 그리고 그가 이렇게 말합니다. "내가 당신을 위해 그것을 깨끗이 수리해두지요." 하지만 그는 그것을 고치기보다 더 망가뜨리고 말 것입니다. 하지만 여기 그 시계를 만든 자가 있습니다. 그가 이렇게 말합니다. "내가 모든 태엽을 제 위치에 두었고, 시작부터 끝까지 그 전체를 내가 만들었습니다." 그러면 당신은 속으로 이렇게 생각할 것입니다. '내 시계를 이 사람에게 맡기는 것이 든든하게 느껴지는군. 그는 틀림없이 시계를 고쳐놓을 거야. 그가 그것을 만들었으니까.' 주께서 나를 만드셨기에 그분이 나를 바르게 고치고 또한 끝까지 유지하실 수 있다고 생각하면 종종 내 마음이 유쾌해집니다. 나의 조물주가 나의 구속자이십니다. 처음에 나를 만드신 그분이 나를 다시 만드셨고, 나를 완벽하게 하실 것이며, 그분의 찬송과 영광이 되게 하실 것입니다. 그것이 이 완벽한 지식의 첫 번째 부분입니다.

이 주제의 두 번째 부분은 주님께 대한 우리의 지식이며, 그 지식이 묘사된 비유입니다. "내 양이 나를 아는 것은 마치 내가 아버지를 아는 것과 같다." 나는 여러분 중에 어떤 이들이 이렇게 말한다고 생각합니다. "그 점에서는 이해하기가 어렵습니다. 그리스도께서 우리를 아시는 것에 대해서는 더 많은 것을 이해하게 되었습니다." 사랑하는 이여, 우리가 그리스도를 아는 것에 있어서도, 우리는 많은 것을 이해할 수 있습니다. 그분이 나를 아시는 것은 대단한 일이지만, 그분이 나를 아시는 것은 그분에게 매우 쉬운 일임에 틀림없습니다. 그처럼 신성하고 모든 것을 꿰뚫어보시는 눈으로 우리를 보고 아신다는 것은 놀라운 일이지만, 그분이 나를 아시는 것은 어렵지 않습니다. 내가 그분을 안다는 것이 놀랍습니다. 나와 같이 어리석고, 볼 수 없고, 귀 먹고, 죽었던 영혼이 그분을 알게 되었다는 것은, 그분이 아버지를 아시듯이 그분을 알게 되었다는 것은, 그 자체가 천 번의 기적이 하나로 합쳐진 것과도 같습니다. 오, 여러분, 이는 너무나 경이로운 일이어서 당신과 나는 크게 기뻐하고 놀라면서 이렇게 말할 수 있습니다. "이는 그분이 진정 선한 목자이심을 입증합니다. 그분이 자기 양 떼를 아실 뿐 아니라, 양들을 잘 가르쳐서 그들이 그분을 알게 하시다니요!" 그리스 도게서 양 떼들을 잘 훈련하시고, 그리하여 마치 그분이 아버지를 아시듯이 그들이 그분을 알 수 있도록 하신 것은 그 자체가 기적적인 일입니다.

오 사랑하는 이여, 이것이 우리에게 이루어진 사실입니다. 우리의 목자를 알게 되었으니, 우리는 손뼉을 치며 크게 기뻐할 수 있습니다! 그런 일이 지금 이루어진 사실입니다. 나는 나의 주님을 알며, 다른 어떤 것도 나의 주님의 음성을 듣는 것보다 큰 기쁨을 주지 못합니다. 형제들이여, 나의 이 개인적인 단언은 자랑하려는 의도가 아닙니다. 그것은 있는 그대로의 진실일 뿐입니다. 당신도 같은 말을 할 수 있습니다. 그렇지 않습니까? 만일 어떤 설교자가 지금까지 전한 최상의 설교를 당신에게 전한다고 하더라도, 그 속에 그리스도가 없다면, 당신은 그 설교에 매력을 느낄까요? 아닙니다. 당신은 내게로 와서 내가 예수 그리스도에 관해 단순하게 전하는 설교를 들으려 할 것이며, 서로에게 이렇게 말할 것입니다. "여기에 있는 것이 좋습니다."

> "당신은 사랑의 구속자, 죽임당하신 어린 양,
>   우리는 당신의 음성 듣기를 좋아합니다.
>   어떤 음악도 당신의 아름다운 이름에 비할 수 없고
>   그 이름의 매력에는 절반도 미치지 못한답니다."

이것이 예수님께서 아버지를 아시는 방식이라는 것을 주목하시기 바랍니다. 예수님은 그의 아버지를 기뻐하십니다. 그리고 당신은 예수님을 기뻐합니다. 나는 당신이 그러하다는 것을 압니다. 이것이 좋은 비유가 되는 것입니다.

게다가, 예수님의 사랑스러운 이름이 당신의 영혼을 흥분시키지 않습니까? 당신으로 하여금 서둘러 달려가고 싶은 느낌이 들게 하는 것이 무엇입니까? 주님을 섬기는 일을 하고 싶도록 만드는 요인이 무엇입니까? 무엇이 당신의 마음을 일깨우고, 펄쩍 뛰어서 일어나고 싶은 느낌을 갖게 만듭니까? 바로 예수님의 영광에 대해 듣는 것이 아닙니까? 당신이 아무리 즐거운 음악을 연주하더라도 나의 귀는 거기에 닫혀 있습니다. 하지만 당신이 골고다에 대해 이야기하기 시작하면, 또한 거저 주시는 은혜에 대해서와 죽음으로 보이신 사랑에 대해 노래

하기 시작하면, 오, 그 때 내 영혼은 모든 귀를 열고 그 음악에 심취할 것입니다. 내 영혼의 피는 뛰기 시작할 것이고, 금방이라도 기쁨으로 외칠 것입니다!

> "오, 이 사랑으로 인해, 바위들과 언덕들도
> 오랜 침묵을 깨뜨리도다.
> 인간의 모든 혀가 일치하여
> 구세주를 칭송하며 노래하도다.
>
> 예, 우리는 당신을 노래합니다, 사랑스러운 주님이시여,
> 우리의 영혼은 모두 불타오르고 있습니다.
> 온 땅에 호산나가 울려 퍼지고
> 당신의 사랑의 이름을 칭송하나이다."

예, 우리는 예수님을 압니다. 우리는 그분과의 연합의 힘을 느낍니다. 형제들이여, 우리는 그분을 알기에 거짓 목자들에게 속지 않습니다. 요즘에는 그리스도를 전한다고 하면서 그리스도를 반대하는 설교가 있습니다. 그것은 마귀의 새로운 고안품으로서, 예수님을 내세워 예수님을 대적하는 것입니다. 그분의 왕국이 그분의 속죄에 반대하고, 그분의 계명들이 그분의 가르침과 맞섭니다. 거짓 목자들은 그리스도를 반쯤 닮은 그리스도를 내세워, 사람들의 영혼을 놀라게 합니다. 그리하여 온전하신 그리스도, 곧 죄뿐 아니라 죄책으로부터 구원하시고, 어리석음뿐 아니라 지옥으로부터 구원하시는 그리스도로부터 떠나도록 만듭니다. 하지만 그들은 그런 방식으로 우리를 속이지는 못합니다. 못하고말고요. 사랑하는 이여, 우리는 우리의 목자를 알고, 다른 자들과 혼동하지 않습니다. 우리는 그분의 옷을 입혀둔 조각상과 그분을 구분할 수 있습니다. 우리가 살아 계신 그리스도를 아는 것은, 우리가 그분과 살아 있는 교제 속으로 들어왔기 때문입니다. 우리가 우리의 목자 예수님을 혼동하지 않을 수 있는 것은, 마치 예수 그리스도께서 그분의 아버지를 혼동하실 수 없는 것과 마찬가지입니다. "내 양도 나를 안다. 이는 마치 아버지께서 나를 아시고, 그리고 내가 아버지를 아는 것과 같다." 우리는 그분과의 연합으로 그분을 알고, 그분과의 교제로 그분을 압니다. "우리는 주님을 보았습니다"(참조. 요일 1:2). 진실로

"우리의 사귐은 아버지와 그 아들 예수 그리스도와 함께 함이라"(요일 1:3).

우리는 사랑으로써 그분을 압니다. 우리의 영혼은 그분께 꼭 달라붙어 있습니다. 마치 그리스도의 마음이 아버지께 꼭 붙어 있는 것과 같습니다. 우리는 그분을 신뢰함으로써 그분을 압니다. "그분이 나의 모든 구원이며 나의 모든 소원이십니다"(참조. 삼하 23:5). 나는 한때 내가 하나님의 자녀인지 아닌지에 대해 많은 의문을 느꼈던 것을 기억합니다. 나는 작은 예배당으로 들어갔고, 선한 사람이 설교하는 것을 들었습니다. 그는 평범한 노동자였습니다. 나는 그가 설교하는 것을 들었습니다. 그가 그리스도와 그분의 보혈에 대해 말하는 것을 들으면서 나는 내 손수건을 눈물로 흠뻑 적셨습니다. 내가 동일한 것을 다른 사람들에게 전하면서, 나는 이 진리가 나의 것인지 궁금했습니다. 하지만 내가 말하는 것을 나 스스로 듣는 동안에, 그것이 나의 진리임을 알았고, 그 진리에 의지하여 내 영혼이 살았다는 것을 알았습니다. 나는 그 선한 사람에게 찾아갔습니다. 그리고 그 설교에 대해 감사하다고 말했습니다. 그는 내가 누군지를 묻더군요. 내가 말하는 동안 그는 다양한 표정과 안색으로 들었습니다. 그리고서 이렇게 말해주었습니다. "목사님, 그것은 당신 자신의 설교였습니다." 내가 말했습니다. "예, 그렇다는 것을 알았습니다. 그리고 선하신 주님께서 내가 다른 사람들을 위해 준비했던 양식으로 나를 먹이셨습니다." 나는 예수 그리스도의 복음의 참 맛을 나 자신이 알게 되었다는 것을 인식했습니다. 오, 그렇습니다. 우리는 우리의 선하신 목자를 알고 있습니다! 그것을 부인할 수 없습니다.

또한 우리는 깊은 공감으로 그분을 알고 있습니다. 그리스도께서 행하기를 바라시는 일을 우리 또한 행하기를 바랍니다. 그분은 영혼을 구원하기를 원하시고, 우리 역시 그러합니다. 할 수만 있다면 우리는 모든 거리의 모든 사람들을 구원하기를 원하지 않습니까? 아니, 도시 전체에서, 그리고 전 세계에서 그러기를 바랍니다! 예수 그리스도가 구주시라는 것만큼 우리를 즐겁게 하는 것은 없습니다. "신문에는 소식이 있습니다"라고 누군가 말합니다. 대개 그 소식은 우리 마음에 그다지 중요하지 않습니다. 나는 한 가련한 소녀 급사가 내가 진리를 말하는 것을 듣고서 그리스도를 발견했다는 소식을 우연히 들었습니다. 나는 휘그당(Whigs)과 토리당(Tories)에 관한 모든 소식보다도 그 소식에 더 큰 관심을 느낀다고 고백합니다. 영혼들이 구원을 받는 한, 누가 의회에 있는 것이 무슨 대수입니까? 영혼의 구원이 주된 일입니다. 그리스도의 왕국이

자란다면, 다른 모든 왕국들은 중요하지 않습니다. 하나의 왕국을 위해서 우리는 살아가고, 그 왕국을 위해 우리는 기꺼이 죽을 수도 있습니다. 아버지와 아들 사이에 무한한 공감이 있는 것처럼, 예수님과 우리 사이에도 그런 공감이 있습니다.

우리는 그리스도를 알되, 그분이 아버지를 아시듯이 압니다. 왜냐하면 우리가 그분과 하나이기 때문입니다. 그리스도와 그분의 백성들의 연합은 아들과 아버지 사이의 연합만큼 실제적이면서 신비롭습니다.

우리 앞에 아름다운 그림이 있습니다. 잠시 동안 그것을 실감할 수 있을까요? 주 예수님께서 여기 우리와 함께 하십니다, 그분을 그려 보십시오! 그분은 목자이십니다. 다음으로, 그분 주위에 그분의 백성들이 있습니다. 그리고 어디든 그분이 가시는 곳이라면 그들도 따라갑니다. 그분이 그들을 푸른 목초지로 인도하시고, 잔잔한 물가로 데려가십니다. 그분은 그들을 아시고, 그들 하나하나를 살펴보십니다. 또한 그들 모두는 그분을 알고 있습니다. 그들 상호간에는 서로에 대한 친밀한 지식이 있습니다. 그분이 그들을 확실히 아시는 것처럼, 그들도 그분을 압니다. 세상은 목자에 대해서도 모르며 양에 대해서도 알지 못합니다. 하지만 그들은 서로 압니다. 확실하게, 진실하게, 깊게, 성부 하나님이 아들을 아시듯이, 이 목자는 그분의 양을 아십니다. 또한 성자 하나님이 그분의 아버지를 아시듯, 이 양들은 그들의 목자를 압니다. 이렇게 하나로 결속되고, 상호간의 교제로 연합되어서, 그들은 세상을 통과하여 하늘로 여행을 합니다. "나는 내 양을 안다. 그리고 내 양도 나를 안다. 이는 마치 아버지께서 나를 아시고, 그리고 내가 아버지를 아는 것과 같다." 너무나 복된 그림이 아닙니까? 하나님이시여, 우리를 도우셔서 그 풍경 속에 우리가 있게 하소서!

3. 완벽한 희생

마지막 주제는 완벽한 희생입니다. 완벽한 희생은 이렇게 묘사되었습니다. "나는 내 양을 위하여 나의 목숨을 버린다."

이 말씀은 이 장에서 다른 형태로 약 네 번 반복되었습니다. 구주는 계속해서 이렇게 말씀하십니다. "나는 내 양을 위하여 나의 목숨을 버린다." 11절을 읽어보십시오. "선한 목자는 양들을 위하여 목숨을 버리거니와." 15절을 보십시오. "나는 양을 위하여 목숨을 버리노라." 17절을 보십시오. "내가 다시 목숨을

얻기 위하여 목숨을 버림이라." 그리고 18절입니다. "이를 내게서 빼앗는 자가
있는 것이 아니라 내가 스스로 버리노라 나는 버릴 권세도 있고 다시 얻을 권세
도 있으니." 마치 이는 우리 주님을 찬미하는 또다른 후렴구처럼 보입니다. 나
는 이 본문을 '목자의 노래(pastoral song)'라고 부릅니다. 선한 목자께서 피리
를 불며 자신과 자신의 양 떼들에 대해 노래하시는 것입니다. 그리고 그 노래의
각 연마다 끝에는 이런 후렴구가 따라옵니다. "나는 내 양을 위하여 나의 목숨
을 버리노라."

그 의미는, 먼저, 그분이 언제나 그렇게 하고 계시다는 것이 아니겠습니까?
그분의 전 생애 동안, 실상 그분은 양들을 위해 목숨을 내려놓고 있었습니다.
그분은 스스로 생명의 의복을 벗어 버리셨고, 마침내 십자가에서 옷을 완전히
빼앗기셨습니다. 그분이 가지셨던 모든 생명, 그분에게 있던 모든 능력을 그분
은 자신의 양을 위해 언제나 버리던 것입니다. 그것이 우선적인 의미입니다.

다음으로, 그 의미는 희생이 행동으로 실행되었다는 것입니다. 그분이 사
시는 동안 그분은 언제나 양들을 위해 목숨을 내놓으셨고, 행동으로 그렇게 하
셨습니다. 그분은 양들을 위해 단지 죽은 것이 아니라, 자기 목숨을 버리신 것
이며, 그것은 또다른 것입니다. 많은 사람들이 그리스도를 위해 죽었습니다. 그
것이 그들이 할 수 있는 전부였습니다. 하지만 우리는 스스로 목숨을 버릴 수는
없습니다. 왜냐하면 우리는 이미 하나님께 목숨의 빚을 지고 있기 때문입니다.
우리에게는 우리의 의지대로 죽는 것이 허용되지 않습니다. 그것은 자살과도
같으며, 부당한 것입니다. 그리스도께는 그 문제가 전적으로 달라집니다. 사실
그분은 "적극적으로 수동적이셨습니다(actively passive)." "나는 내 양을 위하여
나의 목숨을 버린다." "내가 스스로 버리노라. 나는 버릴 권세도 있고 다시 얻을
권세도 있으니, 이 계명은 내 아버지에게서 받았노라"(18절).

나는 우리의 선한 목자에 대해 생각하는 것을 좋아합니다. 단지 우리를 위
해 죽으신 분으로서가 아니라, 우리를 위하여 기꺼이 죽으시고, 스스로 목숨을
버리신 그분을 생각하기를 좋아합니다. 그분이 그 생명을 가지셨을 때에는 그
것을 우리를 위해 사용하셨고, 때가 되었을 때에, 우리를 위해 그 목숨을 내놓
으셨습니다. 그분이 이 말씀을 하셨을 때에, 아직 그 일은 일어나지 않았습니
다. 지금은 그 일이 이루어졌습니다. "나는 내 양을 위하여 나의 목숨을 버린다"
는 말씀을 지금은 이렇게 읽을 수 있습니다. "나는 내 양을 위하여 나의 목숨을

버렸다." 사랑하는 이여, 당신을 위해서입니다. 그분이 못 박히도록 손을 내주고, 그 잔혹한 쇠꼬챙이에 발을 내주신 것은 당신을 위해서입니다. 당신을 위해 그분이 그토록 애를 쓰시고, 피와 물을 흘리셨습니다. 당신을 위해 그분이 이렇게 외치셨습니다. "엘리, 엘리, 라마 사박다니"(마 27:46). 당신을 위해 그분이 목숨을 버리셨습니다.

더욱 아름다운 것은 그분이 목숨을 버리시는 목적을 밝히기를 부끄러워하지 않으셨다는 것입니다. "나는 양을 위하여 목숨을 버리노라." 그리스도께서 세상을 위해 하신 그 어떤 일보다도, 그분의 독특한 영광은 바로 이 점에 있습니다. "나는 양을 위하여 목숨을 버리노라."

위대하신 목자시여, 당신이 이런 자들을 위해 죽으셨단 말씀인가요? 이 양들을 위해서요? 그들을 위해 죽으셨단 말입니까? 뭐라고요! 목자가 양들을 위해 죽으셨단 말인가요? 정녕 여러분은 양들 외에도 살아갈 다른 목적이 있을 것입니다. 당신에게는 다른 사랑과 다른 기쁨이 있지 않습니까? 우리는 만일 당신이 양이 죽임을 당한 것을 본다면 슬퍼할 것임을 압니다. 양이 늑대에 의해 찢긴 것을 보거나, 혹은 양들이 흩어진 것을 보면 당신은 슬퍼할 것입니다. 하지만 당신은 그 가련한 생명들을 위해 목숨을 버릴 정도로 사랑하지는 않았을 것입니다. 그런데 그분이 말씀하십니다. "아, 그렇단다. 그러나 나는 그럴 것이고, 그렇게 했단다!" 이 놀라우신 그리스도 예수를 생각해 보십시오. 뭐라고요! 뭐라고요! 뭐라고요! 하나님의 아들이, 무한히 위대하시고 생각할 수 없을 정도로 영광스러운 여호와께서, 자신의 생명을 남자와 여자들을 위해 버리신단 말인가요? 그분에 비하면 인간들은 수많은 개미나 벌들이나 혹은 다른 보잘것없고 불쾌한 곤충들에 지나지 않는 것이 아닙니까? 그분은 그 수백만의 수천 배나 되는 존재들도 단번에 짓밟고 그 존재를 말살하실 수도 있습니다. 그들은 하찮은 존재들이고, 그분은 그들을 마음대로 하실 수도 있었습니다. 그들은 완악한 마음을 가졌고, 방황하는 의지를 가졌습니다. 그들 중에 가장 나은 자도 마땅히 이르러야 할 수준의 선에 이르지 못합니다.

구주시여, 당신께서 그런 자들을 위해 죽으셨단 말입니까? 그분이 둘러보시며 이렇게 말씀하십니다. "그래, 내가 그랬단다. 내가 그랬지, 내가 내 양을 위하여 나의 목숨을 버렸단다. 나는 그들을 부끄러워하지 않으며, 내가 그들을 위해 죽은 것을 부끄러워하지 않는단다." 사랑하는 이여, 그분은 죽음으로 보이신 사랑을 부끄러워하지 않으십니다. 그분은 저 위에 있는 그분의 형제들에게 그렇게 말씀하셨으며, 아버지의 입에 있는 모든 종들에게도 그 일을 알리셨습니다. 그리하여 이것이 그 집의 노래가 되었습니다. "죽임을 당하신 어린 양이 능력과 부와 지혜와 힘과 존귀와 영광과 찬송을 받으시기에 합당하도다"(계 5:12). 우리가 그 노래에 이렇게 화답하지 않겠습니까? "당신께서 일찍 죽임을 당하사 우리를 피로 사서 하나님께 드리셨습니다"(참조. 계 5:9). 사람들이 그 특별한 구속에 대해서 무어라고 말하더라도, 그리스도께서는 그것을 부끄러워하지 않으십니다. 그분은 자신이 양들을 위해 목숨을 버리신 것을 자랑스러워하십니다. '양을 위하여'라는 말에 주목하십시오. 그분은 '세상을 위하여'라고 말씀하지 않으십니다. 그리스도의 죽음은 세상에 대해서도 관련이 있습니다. 하지만 여기서 그분은 그분의 희생의 특별함에 대해 자랑하십니다. "나는 양을 위하여 나의 목숨을 버린다." 그것을 "양을 대신하여"로 읽을 수도 있습니다. 그분은 자기 백성을 대신하신 것을 기뻐하십니다. 그분이 자기의 택하신 자들을 대신하여 고난받았다고 말씀하실 때, 그들을 대신하여 죄에 대한 하나님의 진노를 감당하였다고 말씀하실 때, 그분은 그것을 자랑으로 여기십니다. 그분이 자랑으로 여기시는 것을 우리도 자랑할 수 있습니다. "그러나 내게는 우리 주 예수 그리스도의 십자가 외에 결코 자랑할 것이 없으니, 그리스도로 말미암아 세상이 나를 대하여 십자가에 못 박히고, 내가 또한 세상을 대하여 그러하니라!"(갈 6:14)

오 사랑하는 이여, 복되신 그리스도께서 우리를 너무나 사랑하시고, 우리를 잘 아십니다! 우리도 역시 그분을 알고 사랑합니다! 다른 사람들도 그분을 알고 그분을 사랑하게 되기를 바랍니다! 예, 바로 이 시간에, 마치 양들이 자기 목자를 신뢰하듯이 우리는 예수님께 와서 그분을 신뢰할 수 있습니다! 예수님을 위해 그러기를 바랍니다. 아멘.

제
40
장
—

다른 양들과 한 양 무리

—

"또 이 우리에 들지 아니한 다른 양들이 내게 있어 내가 인
도하여야 할 터이니 그들도 내 음성을 듣고 한 무리가 되어
한 목자에게 있으리라." — 요 10:16

이 구절은 주목할 만한 두 진술들에 의해서 앞뒤로 보호받고 있습니다. 이 구절 앞에서 우리는 구주께서 "나는 양을 위하여 목숨을 버리노라"고 하시는 말씀을 들었습니다. 또 이 구절이 끝나자마자 우리는 또다른 문장의 진술을 듣게 됩니다. "내가 다시 목숨을 얻기 위하여 목숨을 버리노라."

첫 번째 진술, "내가 양을 위하여 목숨을 버리노라"는 말씀은 교회라는 배를 폭풍이 엄습하여 올 때에 우리의 확신을 흔들리지 않게 붙잡아 매는 비상용 닻입니다. 주 예수님께서는 당신의 죽으심을 통해서도 백성들에게 자기의 사랑을 확증하셨습니다. 예수님께서 자기 백성을 구원하시는 결의에 찬 마음이 그들을 위해서 자기의 목숨을 버림으로써 분명해졌습니다. 그러므로 의심과 눈물은 사라져야 합니다. 절망이라는 그 이름 자체는 하나님의 이스라엘 중에서는 모르는 것이 되어야 합니다.

자, 우리는 이제 하나님의 아들이 그 택한 양 무리들을 얼마나 사랑하는지를 확신하게 되었습니다. 왜냐하면 우리는 양들을 위해서 자기 목숨을 버리시는 일을 통해서 그 사랑에 대한 틀림없는 증거를 만나기 때문입니다. 또한 우리는 그리스도의 목적이 영구하다는 것을 절대적으로 확신합니다. 그 목적은 결코 달

라질 수 없습니다. 주 예수님께서 더 이상 다른 의문의 여지 없이 자신을 드리셨
습니다. 값이 지불되었고, 그 목적을 이루기 위해서 그 행위가 완성되었습니다.

　이 밖에 우리는 앞으로 하나님의 목적이 완성될 것이라는 여지 없는 확신을
하게 됩니다. 그리스도께서 헛되이 죽으셨을 리가 없기 때문입니다. 우리는 그
리스도께서 헛되이 자기의 피를 쏟으셨다고 생각한다면 그것이야말로 일종의
신성모독적인 처사라고 생각합니다. 하나님의 아들의 목숨을 내어줌을 통해서
성취된 것이 무엇이라고 우리가 생각하는 것에 관계 없이, 하나님의 목적은 그
모든 원수들의 공략에도 불구하고 완전하게 완수될 것임을 우리는 절대적으로
확신하는 것입니다. 왜냐하면 우리는 사람의 계획에 대해서 말하고 있는 것이
아니라, 하나님의 목적에 대해서 말하고 있기 때문입니다. 하나님께서는 당신의
독생자의 가슴에서 터져 나오는 피를 그 목적을 위해서 바치셨습니다. 우리는
소망을 가지고 인내하면서 하나님의 구원을 볼 것을 잠잠히 기다립니다. 또한
하나님의 사랑의 모든 뜻이 완성될 것을 내다봅니다. 왜냐하면 십자가에서 죽으
신 그 죽음은 그 사랑의 계획이 분명한 효력을 발생할 수 있게 할 원인이기 때문
입니다. 그리스도께서 우연하게 죽은 것이 아닙니다. 그리스도께서 당신의 피를
흘리심으로 낙담하셨다는 생각은 한순간도 용납하지 말아야 합니다. 그 가장 어
두운 시간에 영광스러운 십자가가 불꽃을 발합니다. 어떤 악한 사건도 그 효력
을 막을 수 없습니다. 우리는 그 죽음 속에서 승리합니다. 만일 예수님께서 양들
을 위해서 자기 목숨을 버리셨다면 모든 것이 잘된 것입니다.

　아버지께서 그 양들을 사랑하신다는 것을 확신하십시오. 그 양들에 대한 하
나님의 목적의 불변성에 대해 확신하고, 그 궁극적인 하나님의 뜻이 성취될 것
이라는 것을 확신해야 합니다. 하나님의 아들이 쓸데없이 자기 목숨을 버릴 거
라는 사실은 생각할 수도, 그런 일의 가능성은 상상할 수도 없는 일입니다. 하늘
과 땅이 없어진다 할지라도 하나님의 아들의 심장에서 터져 나온 그 보배로운
피는 그 목적을 이룰 것입니다. 바로 그 목적을 위해서 그리스도께서는 당신의
피를 그처럼 은혜롭게 흘리신 것입니다. 예수님께서는 "나는 양을 위하여 목숨
을 버리노라"고 말씀하십니다. 그러므로 그와 같은 값을 지불하고 구속받은 양
들은 반드시 살아나기 마련입니다. 선한 목자 되신 예수님께서 그들 속에서 당
신의 영혼의 해산의 수고에 대한 열매를 보시고 만족해하실 것입니다. 여기까지
우리는 우리가 살펴볼 본문에 앞서 나아갈 그 전위적인 진술을 통해서 용기를

없습니다.

그러나 불쌍하고 겁 많은 하나님의 백성들이 그 사실에도 불구하고 하나님의 뜻이 성취되지 않을지도 모른다는 허망한 생각에 빠져 들 것을 내다보신 그리스도께서 바로 가까운 또다른 문장 속에서 확증하여 주십니다. "내가 다시 목숨을 얻기 위하여 목숨을 버리노라." 죽으셔서 당신의 백성을 값으로 그렇게 구속하신 분이 살아나시어 그들의 백성들도 권능으로 구속받는 것을 친히 보실 수 있게 된다는 말입니다. 만일 사람이 한 목적을 성취하기 위해서 죽는다면, 그 목숨 자체는 그 목적 안에 있었음에 틀림없다고 확신하게 됩니다. 그러나 만일 그 사람이 죽은 자 가운데서 살아나서 그 목적을 계속 추구한다면, 그가 자기 목적을 이루기 위해서 얼마나 결의에 차게 뜻을 세우고 계신지를 알게 될 것입니다. 그가 더 큰 권능을 가지고 일어나셨고, 더 높은 반열 위에 옷 입고 섰으며, 더 탁월한 지위로 올라가셨다면, 또한 그런 상태에서 계속 자기의 위대한 목적을 추구하셨다면, 그 계획을 이루시려는 포기하지 않는 결심에 대해서 더 이상 없는 확신에 이르게 될 것입니다. 그러니 예수님께서 다시 살아나신 일 속에서는 확신이 두 배로 늘어납니다. 자, 예수님의 계획이 이행될 것임에 틀림없으며, 그 어느 것도 그 계획을 방해하지 못할 것이라는 사실을 확신하게 됩니다. 하나님의 아들께서 당신이 위해서 죽은 자들에 대해서 낙담할 수도 있다는 망상을 감히 가질 수 없습니다. 그 대상을 위해서 하나님의 아들은 다시 사십니다. 만일 예수님께서 한 목적을 위해서 죽으셨다면 그것을 이루실 것입니다. 예수님께서 한 목적을 위해서 다시 살아나셨다면 그것을 이루실 것입니다. 만일 예수님께서 한 목적을 위해서 영원히 살아 계시다면 그 뜻을 성취하실 것입니다. 제가 볼 때 이 결론은 지나간 과거의 문제처럼 보입니다. 만일 그러하다면 모든 위험에도 불구하고 양은 반드시 영원토록 보장됩니다. 바울 사도가 "곧 우리가 원수 되었을 때에 그의 아들의 죽으심으로 말미암아 하나님과 화목하게 되었은즉 화목하게 된 자로서는 더욱 그의 살아나심으로 말미암아 구원을 받을 것이니라"(롬 5:10)고 한 말 속에서 그 사실을 정확히 같은 방식으로 논증하지 않았습니까?

만일 여러분 중 어느 누구라도 현재 당하는 어려움을 구실로 삼아서 넘어졌다면, 이 장엄한 두 본문 말씀이 여러분의 귓전에서 울려 퍼지기를 바랍니다. 창문을 통해서 밖을 내다보는 그 어둠이 정말 대단했습니다. 그러나 용기를 내십시오. 제발이지 여러분의 주님께서 행하신 일을 통해서 용기를 내십시오. 그의 죽으심과 부활은 장차 좋은 일에 대한 예표입니다. 여러분은 그리스도께서 죽으심의 목적을 놓치신다는 생각을 감히 하지 못합니다. 또한 그의 영광의 생명의 목적도 놓치실 리 없다고 생각합니다. 그런데 어째서 낙담합니까? 그의 뜻은 하늘에서 이룬 것처럼 땅에서도 이루어질 것입니다. 하늘에서 땅으로 오셨고, 다시 땅에서 하늘로 돌아가신 것처럼 분명히 그의 뜻은 이루어질 것입니다. 그리스도께서 죽고 다시 사셨으니 분명히 그의 목적이 이루어질 것입니다. 주님께서 슬퍼하고 있는 종 요한에게 나타나셔서 "곧 살아 있는 자라 내가 전에 죽었었노라 볼지어다 이제 세세토록 살아 있어 사망과 음부의 열쇠를 가졌노니"(계 1:18)라고 말씀하신 비밀스러운 이유가 바로 그것이 아닙니까? 죽으셨고 다시 사신 목자가 바로 양 무리의 영광과 안전이 아닙니까? 그러므로 여러분의 주님의 이 말씀으로 서로 위로해야 합니다. "나는 양을 위하여 내 목숨을 버리노라." "내가 다시 목숨을 얻기 위해 목숨을 버리노라."

1. 본문이 주목하게 하는 네 가지 요점

　본문 자체가 여러분의 주목을 끌 만한 네 가지 요점을 함축하고 있습니다. 그 요점들은, 이같이 위험스러운 시대의 악들로 말미암아 괴롭힘을 당하는 심령들에게 충만한 위로를 주는 것들입니다. 첫 번째 요점은 "주 예수 그리스도께서는 가장 악한 환경에 처한 백성들을 두고 계시다"는 사실입니다. "다른 양들"이라고 말씀하실 때 이 당시 어떤 양들이 예수님께 있었음을 분명히 함축하신 것입니다. "또 이 우리에 들지 아니한 다른 양들이 내게 있어"라고 말씀하셨으니, 선한 목자께서 당신의 한 우리를 갖고 계셨음이 명백합니다. 여기서 우리 주님께서 유대인들을 "이 우리"라고 지칭하신 것이라는 식으로 생각하던 사람들이 있었습니다. 그러나 이같은 유대인들은 결코 그리스도의 우리가 된 적이 없었습니다. 그리스도께서는 당신 주위에 있는 유대인들을 보고 자기 우리라고 뜻하면서 말씀하실 수가 없었습니다. 잠시 뒤에 주님께서는 "너희가 내 양이 아니므로 믿지 아니하는도다"라고 외치셨습니다. 주님의 우리는 주님께서 친히 섬기시어 모으신, 적은 무리의 제자들이었습니다. 그 적은 무리의 제자들은 자기의 선한 목자의 주위에 그렇게 무리를 지어 서 있었던 것입니다. 그들은 적은 무리란 이유로 멸시를 당했을 수 있습니다. 그러나 그 무리 밖에 서 있는 주님의 원수들을 향해서 주님은 진노 어린 어조로 "또 이 우리에 들지 아니한 다른 양들이 내게 있어 내가 인도하여야 하리니 그들도 음성을 듣고 한 무리가 되어 한 목자에게 있으리라"고 말씀하셨습니다.

그러니 주 예수님께서는 가장 어려운 시기에 한 백성을 붙들고 계셨습니다. 의심할 여지 없이 요즘은 매우 위기에 찬 때입니다. 그 사실을 결코 잊지 못하게 하던 어떤 형제들이 제 주위에는 있습니다. 왜냐하면 그들은 작은 열쇠를 가지고 역할을 잘하기 때문입니다. 교회의 보편적인 쇠락 현상과 세상의 점증하는 부패라는 필수적인 주제에 대해서 분별 있게 잘 숙고하고 있기 때문입니다. 저는 그들이 신실한 경고를 하는 것을 멈추게 하지 않을 참입니다. 물론 약간 차이는 있지만 여러 해 동안 같은 율조의 소리를 내고 있다고 할지라도 말입니다. 여러 차례 그들은 저를 괴롭혀 왔습니다. 또 그것이 제게는 유익이었습니다. 삼십 년 전에 우리는 정말 무서운 세대에 살고 있다는 소리를 들은 적이 있습니다. 제가 회상할 수 있는 한도 내에서 그 시대 이후로 세상은 계속 무서운 형국을 나타냈습니다. 또한 앞으로도 항상 그럴 것이라고 저는 생각합니다. 밤에 파수하는 자는 아침이 오는 것 외에도 모든 것을 보고 있습니다. 우리의 앞서 나가는 선구자들은 우리 앞에 있는 위험을 꿰뚫어 보며 경고합니다. 또한 그래야 할 것입니다. 어쨌든 어리석은 자의 낙원에서 잠드는 것보다 낫습니다.

그러하다 할지라도 우리 주 예수 그리스도의 날들은 정말 무서운 시대였음에는 틀림없습니다. 어떤 시대도 문자 그대로 하나님의 아들을 십자가에 못 박으면서 "그를 없애 버려라 그를 없애 버려라!"고 울부짖던 그 시대보다 악한 시대가 있을 수 없습니다. 현재의 시대가 주님의 시대보다 더 선해졌는지에 대해서 저는 확실히 결론은 내리지 않을 것입니다. 그러나 그 시대보다 더 악할 수는 없습니다. 우리 주님께서 초림하시던 시대는 세상의 죄악이 더 이상 관영할 수 없는 최정점까지 올라간 위기의 시대였습니다. 그럼에도 불구하고 선하신 목자께서는 그 역사의 밤중에서도 사람들 중에 한 무리를 두고 계셨습니다.

그 시대의 속에는 생명력 있는 경건함이 서글프게 부족한 형편이었습니다. 아주 적은 수의 경건한 사람이 메시야가 오실 것을 기다렸습니다. 그러나 그 수는 아주 미미하였습니다. 착한 시므온이나 안나 같은 사람 정도였습니다. 적은 수의 남은 자가 신음하며, 그 족속의 흘러넘치는 죄악 때문에 울부짖었습니다. 그러나 소금의 짠맛은 거의 달아난 때였습니다. 이스라엘은 소돔과 고모라와 같이 되어가고 있었습니다. 시온에서 우는 적은 무리들이 완전히 죽어 없어진 것은 아니라도, 그 숫자가 너무 적어 어린아이라도 그들의 이름을 손꼽을 수 있을 정도였습니다. 보편적으로 말해서 구주께서 자기 백성에게 오셨을 때 그 백성이 영접하지 않았습니다. 그 당시에 믿음을 가졌다고 고백하는 대부분의 사람들이 완전히 썩어 문드러져 있었습니다. 하나님의 생명은 그들에게서 떠나 버렸고, 그 생명이 바리새인이나 사두개인이나 어떤 종파에도 남아 있지 않았습니다. 그들은 다같이 어그러진 길을 가 버렸습니다. 주님께서 그것을 보셨습니다. 당신의 의로운 대업을 돕거나 붙잡아 줄 사람이 하나도 없다는 것을 아셨습니다. 그 대업을 위해 자신을 온전히 드리겠다고 고백하던 자들마저도 무익한 자들이 되어 버렸습니다. 의로운 선생들에 관하여 말하자면 그들의 입은 열린 무덤이 되었고, 그들의 혀 밑에는 독사의 독이 있었습니다. 그럼에도 불구하고 주님께서는 유대에서 한 무리의 백성들을 갖고 계셨습니다. 지상에는 여전히 주님께서 택하신, 목자의 음성을 알고, 부르면 함께 모이고 주님을 신실하게 따라갈 양들의 우리가 있었습니다.

그 때는 자의적 예배가 성행할 때였습니다. 사람들은 성경에 따라 하나님을 예배하는 것을 포기하였었고, 자기 마음을 따라서 예배하였습니다. 그 때에 거리의 구석구석마다에서 나팔 소리를 들을 수 있었을 것입니다. 왜냐하면 바리새인들이 자기들의 구제금을 나눠 주고 있었기 때문입니다. 아버지와 어머니들은 게을렀고, 가족들은 산산이 흩어졌습니다. 왜냐하면 서기관들이, '고르반' 하면 어머니와 아버지를 공양할 의무에서 벗어난다고 가르쳤기 때문입니다. 그들은 사람들의 계명을 교리로 가르쳤고, 하나님의 계명들을 제쳐 놓았습니다. 넓은 옷단이 걸린 옷을 입은 자들이 제일 높은 상석에 앉았습니다. 그러면서도 거짓과 사기가 일상적이었습니다. 씻지 아니하는 손으로 음식을 먹는 것을 죄악으로 여겼습니다. 그러면서도 과부의 집을 삼키는 것은 정말 자기 의에 가득 찬 바리새인에게 아무런 양심의 가책을 느끼지 않게 하는 일이었습니다. 그 땅은 자의적인 예배로 가득하였습니다. 지금도 그 점이 가장 크고 무섭게 번창하는 신앙적 장애 요소입니다. 그러나 그리스도께서는 그러한 중에서도 당신 자신을 위한 우리를 갖고 계셨으며, 그 우리 안에 있는 양들은 그 음성을 들었습니다. 이 양들은 그리스도께서 인도하시는 대로 바짝 그리스도를 따라가며 들며 나며 초장을 발견할 수 있었습니다.

당시 시대적인 상황은 하나님의 진정한 진리에 가장 격렬한 대적을 하는 시대였습니다. 우리 주 예수님께서는 거의 입을 열기가 어려웠습니다. 그들은 예수님을 돌로 쳐 죽이려 하였습니다. 예수님 보고 귀신들렸다고 말했으며, 미치광이라고 선전하였습니다. 예수님을 보고 "먹기를 탐하고 포도주를 즐기는 사람이요 세리와 죄인의 친구라"고 악평하였습니다. 그리스도를 대적하는 사람들의 격노 어린 마음은 끓어오를 대로 끓어오르고 있었습니다. 결국 그들은 예수님을 잡아 십자가에 못 박았습니다. 예수님이 그들 속에서 살아 있다는 것을 참아 내지 못하겠다는 식으로 말입니다. 그럼에도 불구하고 예수님께서는 그 무서운 시대 속에서도 당신의 양들을 소유하고 계셨습니다. 그런 때에라도 당신의 택한 백성들이 있었고, 그들을 위해서 당신의 목숨을 버리셨습니다. 예수님께서는 그들에 대해서 아버지께 이렇게 아뢰었습니다. "그들은 아버지의 것이었는데 내게 주셨으며 그들은 아버지의 말씀을 지키었나이다"(요 17:6). 주님께서는 그들에게 이렇게 말씀하셨습니다. "너희는 나의 모든 시험 중에 항상 나와 함께 한 자들인즉 내 아버지께서 나라를 내게 맡기신 것 같이 나도 너희에게 맡겨"(눅 22:28-29).

사랑하는 여러분, 그러므로 지금 우리가 사는 이 시대 속에서 생명 있는 경건이 서글프게 하향 추세를 보이고 있고, 자의적인 예배가 온 나라를 들끓게 하고 있으며, 그리스도의 순전한 진리를 대적하는 자들이 이전보다 더 맹렬하게 활동하고 있습니다. 그럼에도 불구하고 바로 현 시점에 은혜로 택하심을 따라 남은 자들이 있습니다. 오늘날과 같은 시대에도 불평하는 선지자에게 하나님께서 대답하시는 말씀은 "그러나 내가 이스라엘 가운데에 칠천 명을 남기리니 다 바알에게 무릎을 꿇지 아니하고 다 바알에게 입맞추지 아니한 자니라"(왕상 19:18). 그러므로 형제들이여, 여러분의 영혼을 확신 속에 견지하고 계십시오.

자, 그리스도의 적은 무리들을 '우리'(fold)라고 부르는 것을 주목해야 합니다. 뒤에 가서 그들이 "한 무리"(flock)가 되었습니다. 그러나 그리스도께서는 육신을 입고 계실 때 그들이 예수님과 함께 있었는데, 그 때에 그들은 "우리"였습니다. 그들은 수에 있어서 소수였습니다. 한 족속에 속한 자들이었습니다. 또 거의 한자리에서 부르심을 받았습니다. 그 무리가 너무 적어서 한 무리로 말하는 것이 적당하였습니다. 목자의 육신의 눈을 한 번 들어도 그 모든 자들을 한꺼번에 바라볼 수 있었습니다. 다행히도 그들은 세상에 남은 자들로부터 철저하게 구분되어 있어서 탁월하고 분명한 모습으로 우리에 모여 있었습니다. 우리 주님께서 그들에 대해서 "내가 세상에 속하지 아니함 같이 그들도 세상에 속하지 아니하였다"고 말씀하셨습니다. 주님께서는 그들을 당신에게로 모아 한 우리 속에 넣어 놓으셨고, 세상과 차단시키셨습니다. 이 복된 차단막 속에서 양들이 안전했고, 그래서 그들의 주님이신 예수님께서는 아버지께 이렇게 기도할 수 있었습니다. "내가 그들과 함께 있을 때에 내게 주신 아버지의 이름으로 그들을 보전하고 지키었나이다 그 중의 하나도 멸망하지 않고 다만 멸망의 자식뿐이오니 이는 성경을 응하게 함이니이다"(요 17:12). 그들은 허물과 실수가 많았습니다. 그럼에도 불구하고 그들은 자기들이 함께 살고 있는 세대를 본받지 않았습니다. 그들은 예수님과 함께 있는 동안 한 우리에 구별되어 떨어져 있었습니다. 그 우리 속에서 그들은 복을 받아 모든 악한 짐승과 이리와 도적으로부터 안전한 지대에 있었습니다. 주님께서 그들과 함께 있었던 것은 마치 그들 주위를 불 성곽이 지켜 주는 것과 같았습니다. 그들은 오직 주님께로만 달려가야 했고, 주님께서는 그들의 모든 대적들을 물리치셨고, 그들의 목숨을 유린하는 악한 일들에게서 보호하셨습니다.

　주님께서는 다른 다윗처럼 자기 양 무리들을 보호하시어 그들을 삼키려고 으르렁거리는 모든 사자로부터 지켜 주셨습니다. 진실로 그 적은 무리 속에는 염소들이 있었습니다. 주님께서 친히 "내가 너희 열둘을 택하지 아니하였느냐 그러나 너희 중의 한 사람은 마귀니라"(요 6:70)고 말씀하셨습니다. 그 때에도 그들은 절대적으로 순전하지는 않았습니다. 그러나 놀랍게도 순전한 모습을 보였습니다. 그들은 기이하게도 세상과 구별되어 있었고, 거짓된 교훈의 미혹으로부터 보호를 받았습니다. 그래서 분열되고 흩어지는 데서 안전하게 지켜졌습니다. 그들은 그 우리 속에서 앞으로 자기들의 대목자이신 예수님을 따르게 될 때를 위해서 강화되었습니다. 그들은 후에 이리들 가운데 양들을 보내는 것 같은 식으로 주님께서 그들을 보내시게 될 때에 정말 유용하게 될 천 가지의 일들을 배우고 있었습니다. 그래서 그들은 "뱀처럼 지혜롭고 비둘기처럼 순전한" 그런 자세를 위하여 준비하고 있었습니다. 그들이 주님께 배운 것 때문에 말입니다. 그래서 주님께서는 가장 악한 시대에 한 교회를 갖고 계셨습니다. 그래서 그 교회를 가장 좋은 교회라 부를 정도로 훌륭한 교회였죠. 제가 정말 그렇게 부를 수 없습니까? 성령께서 그 사도적 교회에 강림하셨습니다. 그 교회는 그 뒤에 어느 시대에 속한 교회보다 뒤떨어지지 않았습니다. 그 교회는 모든 시대의 양 무리들 가운데 가장 훌륭한 양 무리였습니다. 물론 그 양 무리는 참으로 연약해 보이는 양 무리들이었습니다. 그러나 예수님께서는 그들에게 "적은 무리여 무서워 말라 너희 아버지께서 그 나라를 너희에게 주시기를 기뻐하시느니라"(눅 12:32).

그런데도 불구하고 여기서 한 가지 주목할 만한 것이 있습니다. 예수님께서 그들을 그렇게 우리 속에 가두어 놓고 계실 때, 그들이 배타적이 되어 이기적 만족의 상태로 들어가지 못하게 하셨다는 것입니다. 주님께서는 양 우리의 문을 넓게 열어 놓고 그들에게 "다른 양들이 내게 있다"라고 외치셨습니다. 그래서 주님께서는 교회 안에 너무나 보편화되어 있는 한 경향, 곧 우리 밖에 있는 양들을 망각하고 자기 자신의 구원만을 소망의 신앙의 총칭인 양 생각하는 경향을 제어하십니다. 다음과 같이 노래 부르는 것이 나쁘지 않다고 생각합니다.

> "우리는 벽에 둘러싸인 정원
> 선택받아 특별하게 만들어진 터전
> 은혜로 감싸인 이 작은 처소
> 세상의 넓은 광야에서 보호받는 곳이여."

정말 그 시구는 진리를 내포하고 있으며, 달콤하고, 마땅히 노래로 불러 주어야 한다고 판단합니다. 그러나 그 시구 외에 다른 진리들이 있습니다. 우리에게 그 목자께서는 벽으로 둘러싸인 정원의 문을 여시며 "광야와 외로운 곳이 그들로 인하여 즐거워할 것이며, 사막이 기뻐하고 장미꽃처럼 피리라"고 말씀하십니다. 우리(fold)가 우리의 거처이지만, 그러나 활동할 유일한 영역은 아닙니다. 우리는 형제들을 찾기 위해서 양 우리에서 세상으로 나가야 합니다. 우리 주님께서, 아직 이 우리에 들지 아니한 다른 양들이 있다고 말씀하셨습니다. 그 다른 양들은 주님의 신실한 백성들을 통해서 주님께 발견되어야 할 자들입니다. 그러니 우리는 스스로 자신들을 깨우쳐 거룩한 사역에 분발하도록 해야 합니다.

> "오호라! 우리 가서
> 사망의 길에서 서성이는 자들을 찾아 만나리.
> 그래서 그 마지막 날에
> 내가 잃어버렸던 어떤 자를 인도하여

본향으로 들어왔다고 말하는 것은
참으로 달콤한 것이로다.”

　사랑하는 여러분, 제가 여러분에게 “결코 낙담하지 마십시오”라고 말하면서 이 요점을 끝내려고 합니다. 만군의 주 여호와께서 그의 백성들과 함께 계십니다. 그 백성들의 수가 적을 수 있고 가난할 수 있습니다. 그러나 그들은 그리스도의 것입니다. 그 점이 그들을 보배롭게 만듭니다. 보통 양 우리는 영광스럽고 아름다운 것이 아닙니다. 그저 거친 네 벽을 감싸 놓았습니다. 그것은 바로 양을 위한 오두막집에 불과합니다. 그가 작아 보이고, 사람들의 눈으로 볼 때는 비천해 보일 수 있습니다. 그러나 교회는 목자 되시고 임금 되시는 이의 양 우리입니다. 전능하신 주 여호와 하나님께 속한 양 우리입니다. 천사들은 바로 교회의 이 영광을 결코 모르지 않습니다. 물론 여기는 인간적인 연약이 있습니다. 그럼에도 불구하고 여전히 하나님의 능력이 있습니다. 우리가 교회의 힘을 바르게 평가하지 못할까 봐 저는 걱정입니다. 저는 어떤 세 형제가 재정난을 겪고 있는 한 대학을 운영해야만 했던 이야기를 읽었습니다. 그 중 한 사람이, 지원자가 하나도 없다고 불평하였습니다. 그래서 더 이상 대학 운영해 나갈 희망이 없다고 말하였습니다. 그러자 다른 형제가 더 큰 믿음을 가지고 자기 형제에게 말했습니다. “우리가 할 수 있는 것을 구하느냐? 우리가 그처럼 소수에 불과하다고 말하지? 그러나 나는 우리의 적음을 보지 않는다. 우리는 적어도 천명의 지원자를 가지고 있다.” 그러니까 그 말을 들은 다른 형제가 “아니 1000명이라니! 어떻게 그렇게 말할 수 있어?”라고 말하였습니다. 그랬더니 그 형제는 대답하였습니다. “나는 영(0)이고, 너도 영이고, 얘도 영이지 않니. 그러니 우리는 영이 세 개야. 나는 주 예수 그리스도께서 1이라고 확신한다. 그러니 세 개의 영 앞에 예수님을 놓아 봐. 그러면 우리는 즉시 천을 가지는 셈이야.”
　자, 그 말이 용감한 말이 아닙니까? 앞에 큰 일 자를 세워 놓기만 하면 우리는 굉장한 힘을 가지게 됩니다. 형제 여러분, 여러분은 아무것도 아닙니다. 자녀 여러분, 여러분도 역시 아무것도 아닙니다. 저도 아무것도 아닙니다. 우리 주님이 우리와 함께 하지 아니하시면 우리는 정말 아무것도 아닙니다. 그러나 만일 주님께서 우리 앞에 서 계시면 우리는 수천이 되는 것입니다. 다시 그것이 하늘에서처럼 지상에서도 진실이 되는 것입니다. 만군의 여호와의 병거들이 일만이 되고, 그 사자들이 수천이 되는 것입니다. 거룩한 곳에서처럼 주님께서는 그들 중에서 함께 계십니다. 그러므로 내 형제들이여, 어떤 경우에도 낙담하지 마십시오. 여러분 자신에게 이렇게 말하십시오. "우리는 이 세상에서 한때 넘어졌던 것처럼 그처럼 어두운 밤 가운데로 나가지 않을 것이다. 그리스도께서 지상에 계실 때 그의 교회가 처했던 것처럼 절망적인 상황에서 고통을 당하는 그런 경우는 아니다. 만일 주님께서 우리 중에서 영적으로 존재하신다면 땅이 꺼지고 산이 옮겨져 바다에 던지운다 할지라도 두려워할 필요가 없다. 왜냐하면 영원토록 거하는 도성이 있기 때문이고, 영원토록 기쁨을 주는 강물이 있기 때문이다. 하나님께서는 교회 가운데 계신다. 교회는 결코 제거되지 않을 것이다. 하나님께서 교회를 도우실 것이고, 처음부터 그리하셨다. 그러므로 함께 믿는 신자들이여, 강하고 담대할지어다!'

2. 우리가 알지 못하는 주님의 다른 양들이 있다

그러나 이제 두 번째로, 본문이 가르치는 바와 같이, 이 세상에는 "우리가 알지 못하는 주님의 다른 양들이 있다"는 것이 확실합니다. 주님께서 "다른 양들이 내게 있다"라고 말씀하십니다. "다른 양들이 '내게 있어'"라고 한 그 강조적인 표현을 주목해 보시기 바랍니다. "내가 다른 양들을 얻을 것이다"라고 말씀하지 아니하시고, "내게 있다"고 말씀하셨습니다. 잃어버린 많은 양들이 사도들의 생각 속에 존재하지 않았습니다. 베드로와 야고보와 요한의 마음속에 이 강하고 야만적인 잉글랜드 섬에 주님의 양이 있다는 생각이 결코 떠오르지 않았을 것입니다. 그러니 땅끝에도 주님의 양이 있다는 것은 정말 생각하기 어려웠을 것입니다. 사도들이 당시 로마에도 주님의 양들이 있다는 것을 꿈도 꾸지 못했을 것입니다. 아니, 그들이 아무리 자유롭게 생각하여 마음을 쓴다 할지라도 히브리 족속이 회심하고 아브라함의 흩어진 자녀들이 하나로 모아질 것이라는 생각밖에는 할 수가 없었습니다. 우리의 목자 되신 임금 예수님께서는 그의 종들이 아무리 큰 마음으로 생각한다 할지라도 상상할 수 없을 정도의 더 큰 생각을 갖고 계십니다. 그리스도께서는 이 사랑의 범위를 넓히는 것을 좋아하십니다. "다른 양들이 내게 있다." 여러분은 그 주님의 다른 양들을 알지 못합니다. 그러나 목자께서는 알고 계십니다. 목사들도 모르고, 가장 따스한 마음을 가지고 있는 자들도 모르는 자들, 곧 예수님께서 은혜의 언약을 통해서 당신의 양이라고 주장하실 자들이 세상에 많습니다.

이들은 누구입니까? 예, "다른 양들"이었습니다. 먼저 "그의 **택한 백성**"들입니다. 왜냐하면 주님께서는 세상에서 택한 백성을 소유하고, 그들에게 영원한 생명을 부여하셨습니다. 주님께서는 말씀하셨습니다. "너희가 나를 택한 것이 아니라 내가 너희를 택하는 것이다." 주님께서 주권으로 창세 전부터 사랑의 선택을 하는 백성들이 존재합니다. 주님께서는 택한 백성들을 대하여 "그들은 내 것이다"고 말씀하십니다. 주님께서 그들을 택한 것은 그들을 당신의 소유로 삼는 기초가 되는 것입니다. 또 이들은 "아버지께서 그리스도께서 주신 자들"입니다. 그리스도께서는 다른 곳에서 이렇게 말씀하십니다. "아버지께서 내게 주시는 자는 다 내게로 올 것이요 내게 오는 자는 내가 결코 내쫓지 아니하리라"(요 6:37). 또 다시 주님께서는 "나를 보내신 이의 뜻은 내게 주신 자 중에 내가 하나도 잃어버리지 아니하고 마지막 날에 다시 살리는 이것이니라"(요 6:39). 그리스도의 아버지께서 그들을 영원토록 그리스도께 주신 것은 그리스도께서 그들을 당신의 소유로 삼을 수 있음을 인치신 것입니다. 바로 그리스도께서는 당신의 목숨을 아주 특별하게 이 백성들을 위해서 주셨습니다. 그래서 그들이 "주님께 구속받은 자들"인 것입니다. "그리스도께서 교회를 사랑하시고 그 교회를 위하여 자신을 주심 같이 …"(엡 5:25). 이들이야말로 사람들 중에서 구속받은 자들입니다. 그들에 대해서 우리는 "너희는 너희 자신의 것이 아니라 값으로 산 것이 되었으니"라는 말씀을 듣습니다. 주 예수님께서 자기 양들을 위해서 목숨을 버리셨습니다. 그리스도께서 우리를 당신 자신의 것이라고 말씀하십니다. 아무도 그분의 말씀에 이의를 제기할 수 없습니다. 예수님께서 그들에 대해서 "그들이 내게 있다"라고 말씀하십니다. 이들 때문에 예수님께서는 "보증 계약"에 들어가셨습니다. 야곱이 라반의 양 떼들을 맡아서 밤낮 돌보아 그 양 떼를 하나도 잃어버리지 않은 것같이 말입니다. 만일 그 양 떼 중에 하나라도 짐승에게 찢기면 그에 대한 보상을 해야 했습니다.

바로 이 야곱의 양들은 그리스도께서 아버지와 보증 계약을 체결하여 돌보시는 백성들을 상징하는 것입니다. 그리스도께서는 아버지와 약속하시기를, 그들 중 한 사람도 잃어버리지 않고 마지막 심판 날에 살리실 것이라는 약속을 하신 것입니다. 마지막 날에 그 양 떼에 속한 양들이 각자 자기 이름을 부르는 분의 손 아래 지나가게 될 때 그 양 떼에 속한 자들 하나도 잃어버림을 당하지 않을 것입니다. "다른 양들이 내게 있다"라고 그리스도께서 말씀하십니다. "내게 있다"라고 말씀하시는 것은 얼마나 놀라운 것입니까. 비록 그들이 아직은 악한 행실로 멀리 있지만 내가 그들을 소유하고 있다고 주님은 말씀하시는 것입니다.

그들의 상태는 어떠합니까? 그들은 목자 없는 백성들이었습니다. 우리를 떠나 있었고, 초장도 없었고, 산에 여기저기 흩어져 잃어버림을 당하여 숲 속에서 배회하고 있었으며, 죽음의 위험에 처하여 있었으며, 이리에게 삼킬 일촉즉발의 위기에 처해 있었습니다. 그럼에도 불구하고 예수님께서 "이 우리에 들지 아니한 다른 양들이 내게 있어"라고 말씀하십니다. 그들은 아주 멀리까지 방황하며 갔던 양들이었습니다. 정말 부끄러운 불의에 빠져 있었습니다. 그럼에도 불구하고 주님께서는 "다른 양들이 내게 있어"라고 말씀하십니다. 이 세상이 아무리 악하다 할지라도 잔인한 로마 시대처럼 악하지는 않았을 것입니다. 정말 그 시대는 사악한 죄악과 말할 수 없는 가증스러운 일들이 자행되었습니다. 그럼에도 불구하고 그런 시대 속에서도 주님은 방황하는 다른 양들이 내게 있다고 말씀하십니다. 때가 되면 그 양들은 그 죄에서 건짐을 받게 되고, 모든 의심과 우상 숭배와 헛됨 속에서 방황하는 것을 멈추고 우리를 인도하여 들여 교회 안에 있게 될 것입니다. 그들은 아직 멀리 떨어져 있지만 여전히 그리스도의 것이었습니다. 그리스도께서 그들을 택하셨습니다. 아버지께서 그들을 그리스도께 주셨습니다. 그리스도께서 그들을 값 주고 사셨습니다. 그래서 그들을 소유할 결심을 하신 것입니다. 아니 주님께서 "내가 그들을 가지고 있다"("내게 있어"라는 말을 그렇게 번역할 수 있음 – 역주)고 말씀하십니다. 그들이 아직도 범죄하고 있으며 거의 멸망의 포구까지 달려 나간 상태에 있었지만, 주님께서는 그들을 내 양이라고 부르십니다.

제가 볼 때 그리스도께서는 그 다른 양들을 지금 우리에 있는 양들만큼 잘 알고 계십니다. 저는 그리스도, 곧 하나님이시고 사람이신 그분은 당신의 양 우리 속에서 그 대적들을 맞서서 서 계시다고 생각합니다. 그리스도께서 그 원수에게 시선을 돌릴 때, 그의 눈은 온 땅을 두루 살피며, 주님을 즐겁게 하는 광경을 보시는 것 같습니다. 주님께서 모든 족속과 모든 민족과 모든 방언에 속한 어떤 자들을 향하여 시선을 주실 때 주님의 눈은 기쁨에 찬 불꽃이 발합니다. 주님께서는 시편 22편의 말씀을 자신에게 적용하시면서 그렇게 말씀했습니다. "땅의 모든 끝이 여호와를 기억하고 돌아오며 모든 나라의 모든 족속이 주의 앞에 예배하리니 나라는 여호와의 것이요 여호와는 모든 나라의 주재심이로다 후손이 그를 섬길 것이요 대대에 주를 전할 것이며"(시 22:27, 28). 주님께서는 당신의 수많은 백성들을 간파하시며, 당신의 조롱하는 원수들 앞에서 그 원수들이 무력하게 뒤엎으려는 그의 나라의 확장을 보시며 즐거워하십니다.

교만하여 자기 의에 찬 사람들은 눈을 들어 주 하나님께서 세우신 목자의 지도력을 거부합니다. 그러나 목자 되신 그리스도께서는 당신의 영예와 상급이 걸린 양 무리를 반드시 소유하실 것입니다. 주님께서 그 때에 그 마음의 은밀함 속에서 기뻐하시며 스스로 우리에게 이렇게 말씀하지 않으셨습니까? "이제 여호와께서 말씀하시나니 그는 태에서부터 나를 그의 종으로 지으신 이시요 야곱을 그에게로 돌아오게 하시는 이시니 이스라엘이 그에게로 모이는도다 그러므로 내가 여호와 보시기에 영화롭게 되었으며 나의 하나님은 나의 힘이 되셨도다"(사 49:5). 바로 이 말씀이 주님으로 하여금 "다른 양들이 내게 있어"라고 말씀하게 하셨습니다.

이 말씀 속에는 사람들의 영혼을 사랑하는 하나님의 백성들을 위한 큰 위로가 있습니다. 주님께서는 런던에도 당신의 백성들을 보고 계십니다. 또한 그들을 알고 계십니다. 아직도 한 사람도 회심한 적이 없던 고린도에 있는 사도에게 "이 성에 내 백성이 많다"고 말씀하셨습니다. 그리스도께서 "내가 그들을 소유하고 있다"고 말씀하십니다. 비록 그들이 아직 그리스도를 찾지 않고 있지만 그리스도께서는 그들을 찾으실 것입니다. 우리 주 예수님께서 바로 이 순간에도 전 세계에 흩어져 있는 구속함을 받은 택한 백성을 갖고 계십니다. 물론 아직도 그들이 은혜로 부르심을 받지 못한 상태에 있습니다. 그들이 지금 어디에 있는지 저는 알지 못합니다. 그러나 확실한 것은 어디엔가 주님의 백성이 있다는 것입니다. "이 무리에 들지 아니한 다른 양들이 내게 있어"라고 한 말씀이 여전히 유효합니다.

이 말씀은 우리가 여전히 나가서 잃어버린 양들을 찾을 권위를 보여주는 한 보증입니다. 왜냐하면 우리 형제들은 어느 곳에나 가서 우리 구주의 양을 찾을 권한을 갖고 있기 때문입니다. 저는 다른 사람들의 양을 사냥하러 나갈 그런 일을 전혀 하지 않습니다. 그러나 만일 그들이 내 구주의 양이라면, 어느 누가 골짜기나 산을 오르내리면서 "내 구주의 양을 보지 않았나요?"라고 묻지 말도록 막을 수 있겠습니까? 어떤 사람이 "당신은 어쩌자고 여기까지 침투해 왔소"라고 말한다면 이렇게 대답하십시오. "우리는 여기까지 흩어져 목자를 잃고 있는 내 구주의 양을 찾는 중입니다." "우리가 우리의 길을 벗어난 행동을 용서해 주십시오. 그러나 우리는 잃어버린 양을 찾기 위해 이렇게 서두르고 있습니다." 여러분이 오기를 원치 않는 집에 들어가서 댈 구실이 그것이어야 합니다. 여러분이 거기에 들어가서 전도 책자를 놓으며 그리스도를 위해서 말을 하려고 할 때 그렇게 말하십시오. "여기에도 내 구주의 양이 있다고 생각합니다. 나는 그 양을 찾으러 여기에 왔습니다."

여러분은 만왕의 왕으로부터 수색영장을 받았습니다. 그러므로 주님의 도둑맞은 소유를 찾을 권한이 있습니다. 만일 사람들이 마귀에게 속하였다면 우리는 그 원수에게 속한 것은 건드리지 않겠습니다. 그러나 사람들은 마귀에게 속하지 않았습니다. 마귀가 그들을 창조하거나 값으로 사지 않았습니다. 그러므로 우리가 손을 댈 수 있는 곳에서는 언제라도 왕의 이름으로 그들을 잡아야 합니다.

저는 오늘 아침 이 예배에 참석한 분들 가운데 아직도 구주를 알지도 못하고, 사랑하지도 못하지만, 그럼에도 불구하고 구속주에게 속한 자들이 있다고 확신합니다. 그리스도께서는 그들을 당신께로 인도할 것입니다. 그리고 당신의 무리에 들게 하실 것입니다. 그러므로 담대하게 우리는 그 점을 설교합니다. 제가 강단에 올라올 때 어떤 사람이 혹시 자기 자신의 자유 의지로 그리스도께 돌아오지 않을까 하는 소망을 가지지 않았습니다. 그럴 수도 있고 그렇지 않을 수도 있겠지만. 제 소망은 다른 영역에 속하여 있습니다. 저는 내 구주께서 당신의 양들을 부여잡고 "너는 내 것이다. 내 것이 될 것이다. 내가 너를 내 소유로 삼는다"고 말씀하실 것을 소망합니다. 제 소망은 은혜의 값없음에서 솟아나온 것이지, 사람의 자유 의지로부터 나온 것이 아닙니다.

그물로 뛰어드는 물고기만을 잡고자 한다면 어떤 복음의 어부도 형편없는 어획량을 거둘 수밖에 없을 것입니다. 오! 이 무리들 가운데서 예수님께서 한 시간 동안만 일하신다면! 아니, 위대하신 목자의 솜씨로 오 분간만 일하신다면! 당신의 잃은 양을 만나시면 그는 그 양에게 많은 말을 하지 않으십니다. 비유에 따르면 예수님은 아무 말도 하지 않으십니다. 다만 잃어버렸던 양을 붙잡고 자기 어깨 위에 메고 집으로 돌아옵니다. 저는 주님께서 바로 오늘 아침, 주님이 원하지 아니한 다른 길로 가면서 다른 소욕과 소원을 가지고 있는 여러분 중에 어떤 사람을 만나시어 그렇게 하시기를 원합니다. 주님께서 거룩한 완력과 능하신 사랑으로 여러분의 아버지, 여러분의 하나님께 여러분을 회복시키시기를 원합니다. 그렇다고 여러분의 의지와 상반되게 구원받을 것이라는 말은 아닙니다. 여러분의 승낙을 달콤하게 얻어 낼 것입니다. 주 예수님께서 여러분의 손을 잡고 다시는 놓지 않으실 것입니다. 그리고 여러분에게 이렇게 달콤하게 말씀하실 것입니다. "내가 영원한 사랑으로 너를 사랑하기에 인자함으로 너를 이끌었다 하였노라"(렘 31:3).

3. 다른 양들을 인도하여야 하실 우리 주님

우리가 다루어 볼 세 번째 요점 속에는 많은 기쁨들이 있습니다. "우리 주님께서는 다른 양들을 데려오시든지 또는 인도하시든지" 해야 합니다. "그들도 내가 인도하여야 하리라." 이 본문 말씀의 더 정확한 읽기는 "그들도 내가 데려와야 하리라"고 해야 합니다(영어 흠정역에서는 여기서 '인도한다'는 말을 bring이라고 하여 '데려오다'는 뜻으로 번역하고 있음 – 역주). 그리스도께서 이 다른 양들의 선두에서 서야 합니다. 다른 양들은 인도하심을 따라야 합니다. "(그들도) 내가 인도하여야 할 터이니 그들도 내 음성을 듣고." 그리스도께 은밀히 속한 자들은 결국 관계적으로 그리스도를 따르고 인도함을 받기 마련입니다.

첫째로, 그리스도께서 이제까지 그 일을 하셨듯이 다른 양들을 인도하는 일도 그리스도께서 하셔야 합니다. 본문은 "'그들도'내가 인도하여야 하리니"라고 되어 있습니다. 이 표현은 이 그리스도께 온 자들도 그리스도께서 인도하셨음을 함축합니다. 우리 안에 들어 있는 모든 자들은 그리스도의 인도하심을 받아 그리로 들어온 것입니다. 앞으로 우리 안에 들게 될 모든 자들도 그리스도의 인도를 따라서 들어오게 될 것입니다. 구원받은 우리 모두는 그리스도 예수 안에 있는 능력으로 구원받았습니다. 그렇지 않습니까? 우리 중 어느 누가 예수님이 먼저 오시어 만나 주지 않고도 예수님께 온 자가 있습니까? 분명히 없습니다. 예외 없이 우리 모두가 인정해야 합니다. 우리를 찾아내시어 우리를 당신의 푸른 초장 위에 있는 양 떼로 인도하여 들이신 분은 바로 그 사랑의 그리스도이심을 말입니다. 자, 주 예수님께서 우리를 위해서 이 일을 하셨으니, 다른 자들을 위해서도 그 일을 하셔야 합니다. 그들도 주님께서 데리고 오지 않으시면 결코 오지 않을 것이기 때문입니다.

여기에 강조적이고, 필연적인 "하여야 하리니(Must)"라는 말이 있습니다. 그 "하여야 한다"는 조동사는 왕을 위해서 있는 것이란 속담이 있습니다. 왕은 백성인 우리 모두에 대하여 "하여야 한다"라고 말할 수 있습니다. 그러나 왕 자신을 꼼짝못하게 "하여야 한다"고 말하는 것을 들은 적이 있습니까? 왕들은 보편적으로 백성들에게 "너희는 해야 한다"고 말하는 일에 익숙해져 있어서 별 신경을 쓰지 않습니다. 그러나 한 왕이 있는데, 아마 그런 왕은 존재한 적이 없었을 것입니다. 그 왕이 좋아하는 것은 영광이나 권세를 부려 지배하는 것이 아닐 것입니다. 오히려 그 왕은 "하여야 한다"라는 굴레에 제한을 받고 있습니다. 임마누엘 임금께서는 "그들도 내가 '반드시' 인도하여야 하리니"라고 말씀하십니다. 예수님께서 '반드시'라는 말을 쓰실 때에는 그의 말 속에는 무엇인가가 나옵니다. 전능자가 "반드시 해야 한다"는 말을 하시면 누가 거역하겠습니까? 마귀들이여, 썩물러갈지어다! 악인들이여, 없어질지어다! 어둠이여, 물러갈지어다! 오! 사망아, 죽어 버려라! 예수님께서 "반드시 … 해야 한다"고 말씀하실 때 무엇이 일어날지를 우리는 압니다. 모든 장애물들이 사라질 것이고 불가능한 것들이 성취될 것입니다. 영광, 영광, 주님께서 승리를 얻게 될 것입니다. 예수님께서 택하신 바되어 구속받은 당신의 사람들, 곧 약속받은 자들에 대하여 이렇게 말씀하십니다. "그들도 내가 '반드시' 인도하여야 할 터이나." 그러므로 그 일은 반드시 이루어지고 맙니다.

더 나아가, 예수님께서 어떻게 그 일을 하셔야 하는지를 말씀하고 계십니다. "그들도 내 음성을 듣고"라고 말씀하십니다. 그러니 우리 주님께서 여전히 복음으로 당신 백성들을 구원하실 것입니다. 복음을 단순하게 설교하고, 사람들의 귀를 열어 복음을 듣게 하는 일 외에는 어떠한 다른 방편으로도 사람들이 회심할 것을 저는 전혀 구하지 않습니다. "그들도 내 음성을 듣고." 정말 세상 끝날까지 그 옛 방식을 따라야 합니다. 우리에게 내리신 명령은 여전히 효력이 있습니다. "너희는 온 천하에 다니며 만민에게 복음을 전파하라"(막 16:15). 우리는 다른 어떤 것을 하라는 명령을 받지 않았습니다. 다만 계속해서 복음을 전하라는 명령을 받고 있습니다. 우리를 구원한 복음, 처음부터 우리에게 전파된 바로 그 복음을 설교하라는 것입니다. 우리는 복음을 변경하거나, 첨가하거나, 수정하는 것을 모릅니다. 우리는 오직 한 음성만을 따르고 복종할 따름입니다. 많은 음성들을 따르는 것이 아닙니다. 구원의 한 복음이 어느 곳에서나 전파되어야 합니다. 다른 그 어떤 사역도 우리에게 맡겨진 사명이 아닙니다.

그런 다음에 "그들도 내 음성을 들을 것이다"고 부연하고 계십니다. 이 말씀은 그들이 먼저 하나님의 사랑의 음성에 귀를 기울이게 될 것이고, 그 음성에 자원하는 마음으로 복종할 것이고, 예수님이 인도하시는 대로 따를 것이라는 약속입니다. 어떤 사람이 말합니다. "그러니 무엇인가? 내가 그리스도의 이름으로 말하더라도 그들이 듣지 않을 것이면 어떻게 한단 말인가?" 존재할 수 없는 것은 상상하지 마십시오! 성경은 선택한 양들에 대하여 말하기를, "그들이 내 음성을 들을 것이다"라고 말합니다. 선택한 양들이 아니면 눈먼 상태에 그대로 머물러 있습니다. 오직 구속받은 자들만 듣고 알 것입니다. 그러니 "그들이 듣지 아니하면 어떻게 하겠느냐"라고 말하지 마십시오. 예수님께서 "그들이 내 음성을 들을 것이다"고 말씀하실 때 약속하신 것을 거스르는 정반대의 어떤 일도 상상해서는 안 됩니다. 은혜가 없으면 들으려고 해도 그 귀를 막게 될 것이고, 그리스도의 음성을 자기를 쳐서 증거하는 증거로 받아들여 멸망할 것입니다. 그러나 주님의 구속받은 백성들은 하늘의 음성을 듣고 복종할 것입니다.

이 신적 필연성을 거부할 도리가 없습니다. 예수님께서 "내가 '반드시' 그들을 인도하여야 할 것이니 그들이 내 음성을 '들을 것이다'"고 말씀하십니다. 바울이 이방인들에게 눈을 돌리며 유대인들에게 다음과 같이 말하는 것은 바로 그 예수님의 말씀과 일치가 됩니다. "우리가 이방인에게로 향하노라 주께서 이같이 우리에게 명하시되 내가 너를 이방의 빛으로 삼아 너로 땅 끝까지 구원하게 하리라 하셨느니라 하니 이방인들이 듣고 기뻐하여"(행 13:46-48). 바울은 그 말씀을 누가 받아들였는지 이에 관하여 전혀 걱정하지 않았습니다. 그러니 우리도 어떤 염려도 해서는 안 됩니다. 그리스도께서는 반드시 인도하셔야 할 어떤 백성들을 보고 계시기 때문입니다. 그들은 영혼의 목자와 감독 되신 이의 음성을 듣게 될 것입니다.

사람들이 다음과 같이 말하는 것을 들었습니다. "정말 그리스도의 택한 백성이 '반드시' 있다면, 전도는 무슨 소용이 있는가?" 전도가 아무 소용이 없다면 무엇 때문에 합니까? 사랑하는 여러분, 바로 이 사실이야말로 우리가 전도하는 하나의 큰 이유입니다. 여러분이 행동하지 않아도 될 동기를 제공한다고 생각하는 바로 그 점이 힘 있게 움직이도록 하는 가장 강력한 동기입니다. 주님께 구원받아야 할 백성이 있기 때문에 이 백성을 당신께 인도하시려는 그리스도와 함께 연합되어야 하는 절대적 필연성을 느끼게 됩니다. 그들은 '반드시' 와야 하며, 우리는 '반드시'데려와야 합니다. 그리스도의 형제들이여, 그들을 강권하여 혼인 잔치에 오도록 여러분이 "도와야 한다"고 느끼지 않습니까? 여러분이 "반드시 가서" 잃어버린 영혼들을 찾아야 하며, 그들에게 '말해야' 한다는 강압감이 들지 않습니까? 성령으로 말미암아 피로 값주고 사신 이 사람들을 그리스도께로 손을 잡고 '반드시' 이끌어 와야 한다고 생각하지 않으십니까?

이 예배당에는 '반드시' 와야 한다고 필연적인 느낌을 가지는 어떤 사람이 없습니까? 여러분 중 어떤 사람들이, "나는 오랫동안 밖에 서 있었어요. 그러나 이제 '반드시' 들어와야겠습니다. 나는 충분히 오랫동안 하나님의 은혜를 거부해 왔습니다. 그러나 그리스도께서 내 손을 붙잡으셨으니 나는 '반드시' 와야겠습니다"라고 말하는 사람의 이야기를 들을 수 없습니까? 저는 천상적인 '반드시' 라는 그 복된 전능자의 필연적 작정이 여러분에게 다가와, 한 마리 양처럼 여러분을 등에 업고 우리에 들어오게 하기를 바랍니다. 그리스도의 사랑이 여러분을 강권하기 때문에 자신을 하나님께 복종할 수 있게 되기를 원합니다. 하나님께 자신을 복종시키십시오. 그 은혜의 최고의 권위를 인정하고서 말입니다. 그것이 모든 생각을 사로잡고, 이제부터 그리스도께서 여러분의 마음속에서 왕 노릇하시며, 그 모든 원수를 주님의 발등상 아래 있게 하시기를 바랍니다. 주님께서 "내게 오는 자를 내가 결단코 내쫓지 아니하리라"고 말씀하십니다. 어떤 사람은 "내가 그를 의뢰하리이다"라고 말합니다. "나는 반드시 그래야 된다는 느낌을 가집니다"라고 말합니다. 정말 그렇습니다. 그 의뢰는 하나님께 택하심을 받은 표증입니다. 왜냐하면 "그를 믿는 자마다 영생을 가졌기" 때문입니다. "미리 정하신 그들을 또한 부르시고"(롬 8:30). 만일 그리스도께서 여러분을 부르신다면 여러분을 미리 정하셨기 때문입니다. 여러분이 그 점을 아주 확신하시고 거룩한 기쁨과 즐거움으로 그리스도께 복종하기를 바랍니다.

저로서는 복음을 전하는 것이 그렇게 행복할 수가 없습니다. 저는 '우연'이나 '아마' 어떤 사람이 오겠지라는 식의 고기잡이를 하고 있는 것이 아니기 때문입니다. 주님께서는 당신의 소유된 자들을 알고 계십니다. 그들은 오게 되어 있습니다. 이런 의미에서 모든 교회의 회중은 지명된 회중입니다. 저는 오늘 아침 이 예배당에 올 때 거룩한 주의 날에 시골에 나간 많은 친구들이 있다는 것을 느꼈습니다. 그래서 예배당에 모이는 사람이 아주 적겠구나 하는 느낌을 가졌습니다. 물론 제 자신이 그처럼 그리스도 밖에 나가 있지 않음을 생각할 때 저는 기쁩니다. 그러나 제가 그렇게 생각하면서도 하나님께서 복 주시기로 뜻하시어 인도하실 백성들이 있다고 생각했습니다. 바로 그들이 여기 있습니다. 지금 제가 강단에 서 있을 동안에도 하나님의 말씀은 "헛되이 내게로 되돌아오지 아니하고 나의 기뻐하는 뜻을 이루며 내가 보낸 일에 형통함이니라"(사 55:11)임을 알고 있습니다.

4. 자기 교회의 하나됨을 보증하시는 우리 주님

그러나 이제 마지막으로 "당신 자신의 교회가 하나됨을 보증하시고 계심"을 생각해 보아야겠습니다. "또 이 우리에 들지 아니한 다른 양들이 내게 있어 내가 인도하여야 할 터이니 그들도 내 음성을 듣고 한 무리가 되어 한 목자에게 있으리라"(요 10:16). 우리는 교회의 연합에 관해서 대단히 큰 말씀을 듣고 있습니다. 이 주제에 대한 사람들의 개념이 아직도 정돈되어 있지를 못합니다. 우리는 로마 가톨릭과 희랍 정교회와 성공회 교회 모두가 한 교회 안에서 연합해야 한다고 생각합니다. 그러나 그런 식으로 연합이 된다면 그 결과는 두 푼 어치의 가치도 없게 될 것입니다. 오히려 그러한 연합 속에서는 많은 악이 파생될 것입니다. 이 세 큰 단체들 속에서도 택한 백성이 있음을 저는 의심하지 않습니다. 그러나 그러한 의문 어린 조직들의 연합은 세상을 향하여 무서운 비행의 소굴이 될 것입니다. 어두운 세계가 열릴 것이고, 이전보다 훨씬 더 무서운 교향곡이 우리에게 임하게 될 것입니다. 그렇게 된다면 말입니다. 세 단체가 서로 분쟁을 하면 할수록 진리와 의를 위해서는 더 좋습니다. 영국 성공회가 칼을 빼어 로마 교회와 싸우고, 로마 교회의 미신적인 행습에 대해서 더 공개적인 대적을 하면 할수록 더 좋습니다. 저는 하나님께 기도합니다. 국교회가 모든 면에 있어서 로마 교회의 교황으로부터 구출받고, 적그리스도적인 극악무도함으로부터 벗어나기를 바랍니다.

진실로 이 점은 사실임을 여러분이 확신하게 되었습니다. 양의 목자는 한 분 예수 그리스도밖에 없었습니다. 하나님의 양 무리도 하나밖에 없었습니다. 앞으로도 하나만 존재할 것입니다. 하나님의 영적인 교회는 하나입니다. 둘이 존재하지 않을 것입니다. 세상에 흩어져 여기저기 있는 모든 교회들 속에는 예수 그리스도의 한 교회의 부분들이 있습니다. 그러나 그리스도의 몸이 결코 둘이 존재한 적이 없었습니다. 앞으로도 그럴 수 없습니다. 교회는 한 교회만 있습니다. 교회의 머리는 또한 한 분 예수님뿐입니다. 기독교의 모토는, 한 양 무리와 한 목자입니다.

그것이 신자들 속에서는 체험의 문제로 실행됩니다. 어떤 사람이 진정으로 영적 사고방식을 가지고 있다면 그 사람은 영적으로 사고하는 다른 모든 사람들과 하나입니다. 그 사람이 누구이든지 저는 상관하지 않습니다. 유형 교회 안에 있으면서 은혜가 전혀 없는 사람들은 보통 모든 차이점에 대해서 가장 시끄럽게 하는 사람들이고, 의식과 형식 하나하나를 꼼꼼히 따지기를 잘합니다. 명목적 신자들은 금방 싸우고, 각성받은 신자들은 평화를 추구합니다. 물론 사람이 외면적인 것 외에 내면적인 것을 전혀 가지고 있지 않을 때에는 그 외면적인 것을 위해서 이를 갈고 싸우는 것입니다. 그러나 사람이 주님을 사랑하고 주님 가까이 살아간다면 다른 사람들 속에 있는 내면적 생명을 지각합니다. 그리고 그들과 교제를 나눕니다. 내면적 생명은 각성받은 모든 가족 안에서 하나입니다. 그 내면적 생명이 한 마음이 되도록 강권합니다.

예를 들어서 두 형제가 기도하고 있다고 합시다. 한 사람은 칼빈주의자입니다. 한 사람은 아르미니우스주의자입니다. 그들이 같이 기도하고 있습니다. 독특한 성령의 진정한 역사를 주목해 보십시오. 침례교도들과 유아세례론자들이 어떻게 함께 하는지를 주목해 보십시오. 여러분은 내면적 체험을 드러내어 말하면서 영혼 속에서 성령의 역사에 대해서 말해 보십시오. 그리고 우리가 모두 그 말을 듣고 감동을 받는 방식이 어떠한가 주목해 보십시오. 여기 한 형제가 있습니다. 그 형제는 퀘이커 교회의 일원입니다. 그는 조용히 기도드리기를 좋아합니다. 여기 또 다른 형제가 있습니다. 그 형제는 열렬히 찬양하는 것을 좋아합니다. 그러나 그들이 하나님께 가까이 이르렀을 때 그들은 이 점에 대해 서로 싸우지 않고 그 차이를 서로 인정합니다. 한 사람이 "주님이 거룩한 그대의 침묵 속에서 그대와 함께 계시도다"라고 말합니다. 다른 형제는 주님께서 자기 형제의 시편 찬송을 받아 주시기를 위하여 기도합니다.

그리스도와 하나된 모든 자들은 분명히 자기들이 가족이라는 느낌을 갖습니다. 일종의 더 높은 형태의 씨족감을 가지게 됩니다. 그들은 그 감정을 떨어낼 수 없습니다. 저는 저를 하나님께 가까이 이끈 한 은혜로운 책을 읽고 있었습니다. 저는 그 책이 나와 견해가 많이 다른 어떤 사람에 의해서 쓰여진 것을 알고 있었습니다. 그런데도 불구하고 의심할 여지 없이 분명하게 개진된 여러 요점들을 통해서 그에게 덕을 입기를 싫어하지 않았습니다. 아니 저는 주님을 찬미하였습니다. 그의 모든 허물에도 불구하고 보배로운 생명의 진리에 대해서 아주 많이 알고 있었고, 주님께 아주 가까이 살고 있었습니다. 어떤 개신교인이 거룩한 베르나르(1090-1153, 프랑스 수도원 개혁자)를 사랑하는 것을 거부할 수 있겠습니까? 그 베르나르보다 더 하나님께 헌신된 종이나, 그리스도를 더 사랑한 사람이 있었나요? 그렇습니다. 그는 자기 시대와 로마 가톨릭 교회의 미신들의 굴레 아래 있으면서 정말 슬퍼한 사람입니다. 다음과 같이 그는 노래하였는데, 여러분이 그와 함께 그렇게 노래 부르지 않겠습니까?

> "예수님, 당신을 생각만 해도
> 　내 가슴 달콤함으로 가득 차 오는데
> 　당신의 면전에서 안식을 누리며 얼굴을 뵈올 때
> 　얼마나 더 달콤할런지요."

　　외적인 교회는 필요합니다. 그러나 그 외적인 교회는 눈에 보이지 않는 한 교회는 아닙니다. 생명 되신 예수님께서 자기 교회를 하나로 묶으십니다. 그리고 모든 중생한 사람들을 통해서 그 생명이 흐릅니다. 몸의 모든 혈관을 통해서 피가 흐르듯이 말입니다. 외양적인 것을 떼어 내고 믿음으로 영적인 영역을 들어다보십시오. 그러면 한 양 무리와 한 목자를 보게 될 것입니다.

　　실질적 교훈은, 우리 모두 그 한 양 무리에 속하자는 것입니다. 그들이 어떻게 알려집니까? 그 대답은, 그들이 목자의 음성을 듣는 한 무리라는 것입니다. 그들은 주님의 음성을 듣고, 그의 인도하심을 따릅니다. 여러분은 그리스도의 음성을 듣는 사람이 되십시오. 한 목자에게 계속 있으십시오! 여러분은 그 목자를 어떻게 아십니까? 그분은 예수님이십니다. 그의 발과 손에 못 자국이 나 있고, 그의 허리에 창 자국이 나 있습니다. 그분이 오직 한 양 무리를 인도하십니다. 예수님을 따르십시오. 그러면 형통할 것입니다. 어느 곳이나 그가 이끄시는 데로 따라가십시오. 그러면 행복할 것입니다. 교회의 연합을 촉진하는 가장 훌륭한 방법은 모든 양들로 하여금 목자를 따르게 하는 것입니다. 만일 그 양들 모두가 목자를 따른다면 그들 모두는 함께 하나를 이룰 것입니다. 그러니 함께 그렇게 하도록 노력합시다. 모든 논란되는 요점들이, 주님께 모두가 복종하므로 정립되게 될 그 행복한 날을 간절히 소망합시다. 타협은 주님을 불순종하기 위한 동맹을 맺는 것에 불과합니다. 어떤 사람도 사랑의 미명 아래 그런 원리를 따라가지 말아야 합니다. 거짓을 진리로 부르는 것은 사랑이 아닙니다. 예수님만 온전히 따라야 합니다. 그러면 여러분은 하나가 될 것입니다. 먼저 순전하십시오. 그런 다음에 평화로움을 원칙으로 삼으십시오. 세 개의 깃발이 다시 펄럭이게 될 그날을 바라봅시다. – "한 주님, 한 믿음, 한 세례!"

오! 성령 하나님께서 우리의 허물을 용서하시고 당신의 진리로 인도하시기를 바랍니다. 오! 성자 하나님이시여, 거룩이 부족한 우리의 모습을 용서하시고 당신의 형상으로 우리를 새롭게 하소서! 오! 성부 하나님이시여, 사랑이 부족한 우리의 잘못을 용서하시고 우리를 녹이사 한 가족이 되게 하옵소서. 한 교회 안에서 오직 한 분 하나님께만 영원토록 영광을 돌리기를 바랍니다. 아멘.

제
41
장
—

죽으실 아들을 향한 아버지의 사랑

—

"아버지께서 나를 사랑하시는 것은
내가 다시 목숨을 얻기 위하여 목숨을 버림이라."
— 요 10:17

우리 주 예수님은 여기서 하나님과 인간으로서의 그분의 복합적인 인격에 대해서와, 하나님과 인간 사이의 중보자로서 자신에 대해 말씀하십니다. 그런 분으로서, 그분은 베들레헴에서 "강보에 싸여 구유에 누인 모습으로" 우리에게 오셨습니다. 우리는, 아기로서, 어린이로서, 성인으로서, 노동자로서, 고난당한 자로서, 진리의 증언자로서, 정죄를 받아 나무에 달려 죽은 희생자로서 그분을 바라봅니다. 우리는 죽어서 무덤에 있는 그분을 보며, 부활하여 하나님과 인간 사이의 중재자가 되신 그분을 봅니다. 이 설교 시간에 우리는 그런 차원에서 그분을 생각할 것입니다. 이렇게 말씀하신 분은 사람이시면서 동시에 영원한 하나님의 아들이신 예수 그리스도이십니다. "아버지께서 나를 사랑하시는 것은 내가 다시 목숨을 얻기 위하여 목숨을 버림이라." 그리스도는 우리 인간을 위하여, 우리의 구속을 위하여 하늘에서 내려오시고, 우리 본성을 취하셔서 사람의 형체로 오셨으며, 십자가에서 죽기까지 순종하셨습니다. 아버지는 그 아들에 대해 무한한 사랑을 느끼십니다. "이러므로 하나님이 그를 지극히 높여 모든 이름 위에 뛰어난 이름을 주셨습니다"(빌 2:9). 혹은 그분 자신의 말을 빌리자면 이렇습니다. "[그러므로, KJV] 아버지께서 나를 사랑하신다."

이번에 우리는 본문에 엄격히 매이지 않을 것이며, 그와 관련된 다른 진리들을 소개할 것입니다. 우리 설교의 흐름은 이런 순서로 전개될 것입니다. 첫째, 아들의 죽음과 부활로 인한 아버지의 아들에 대한 사랑입니다. 둘째, 바로 그 일에 근거한 아버지의 우리를 향한 만족감입니다. 셋째, 그 이유로 인한 우리의 예수님을 향한 사랑입니다. 넷째, 그 귀결로 따라오는 우리와 아버지의 교제입니다.

1. 그리스도를 향한 아버지의 사랑

첫째로, 예수 그리스도의 죽음과 부활로 인한, 아버지의 그리스도를 향한 사랑을 생각해 봅시다. 이 사랑이 예수님께는 너무나도 감미로운 것이었습니다. 사람들에게 박해를 받고, 때로는 자신의 마음에서 눌릴 때, 그분은 이 사실로써 스스로를 위로하셨습니다. "아버지께서 나를 사랑하시는 것은 내가 다시 목숨을 얻기 위하여 목숨을 버림이라." 아버지께 기쁨이 되는 것이 우리 주 예수 그리스도께서 바라는 전부이셨습니다. 가장 무거운 수고 중에서, 가장 혹독한 비방 중에서, 그리고 가장 깊은 당혹감 중에서도, 아버지께서 "이는 내 사랑하는 아들이라, 내가 그를 기뻐하노라"고 말씀하시기만 하면, 예수님은 다른 사람들이 알지 못하는 양식으로 새 힘을 얻으셨습니다. 사랑하는 이여, 이 점에서 우리 주 예수님처럼 되기를 바랍니다. 우리를 향한 아버지의 사랑이 우리의 위로가 되게 하고, 우리의 기쁨이요, 힘이요, 소망이요, 천국이 되도록 하기를 바랍니다. 인간이나 천사들이나 하나님의 사랑 이상으로 무엇을 더 바랄 수 있겠습니까? 성령으로써 그 사랑이 내 마음에 흘러넘친다면, 저 천성조차도 그보다 더 순수하고 본질적인 기쁨을 줄 수 없을 것입니다. 오 나의 하나님, 당신의 사랑은 무엇과도 비할 수 없이 귀합니다! "하늘에서는 주 외에 누가 내게 있으리요? 땅에서는 주밖에 나의 사모할 자 없나이다"(시 73:25).

아버지께서 목숨을 버리시는 아들을 가장 크게 기뻐하시는 것은, 아버지의 계획을 아들이 기뻐하셨기 때문입니다. 범죄한 인간들을 대하시는 문제에 있어서 하나님의 생각은 아주 높습니다. 여호와께서는 말씀으로 계속해서 죄를 짓지 않는 피조물들을 만드실 수 있었습니다. 그분은 또한 피조물들을 지으실 때 그들이 악한 길을 택하고 반역으로 떠나버릴 것을 미리 아셨습니다. 하지만 단순한 창조의 행위만으로 선택한 인간의 성품까지 만들어 낼 수는 없었습니다. 어떤 무기는 모루로 한 번 내리치면 부러질 수 있습니다. 하지만 다메섹의 칼날은 특별한 단련을 필요로 하며, 전사의 칼은 그에 맞는 특성을 갖추어야 합니다. 선택받은 자들이 선악을 알게 하는 나무의 실과를 먹었습니다. 그들은 실제적인 행위로써 선과 악을 알게 되었고, 특히 그들의 인격 안에서 악의 결과를 알게 되었습니다. 그들은 영적으로 죽음에 이르게 되었습니다. 하지만 그들은 죽음과 지옥과 죄로부터 회복되어야 했고, 죄를 미워하고 의를 사랑하는 자들이 되어야 했습니다. 비록 그들이 스스로의 자유 의지로 떠나게 되었지만, 은혜의 역사가 그들 속에서 온전해질 때, 그들은 죄 짓는 것이 불가능한 성품으로 변할 것입니다. 왜냐하면 그들이 죄를 깊이 혐오할 것이기 때문입니다. 이 사람들은 거룩한 나라에서 귀족의 반열에 오를 것이며, 하나님의 아들들이라는 이름과 존귀를 얻을 것이며, 하나님과 하나이신 그리스도의 피 안에서 진정한 형제들이 될 것입니다. 그들은 출생으로써 하나님의 아들의 형제들이 될 것이지만, 결코 교만한 백성들이 되지는 말아야 했습니다. 주님께서 그분의 집의 모든 특권과 혜택과 자유를 우리에게 부여하시는 일이 한없이 안전한 일이 되어야 했습니다. 바로 이 목적을 위해, 사람들 가운데서 택하신 백성들이 기이한 과정을 거쳐야 했고, 권력의 평지를 따르는 자들보다 훨씬 복잡하게 얽힌 길을 가야 했습니다. 우리는 예수님 안에서 죽어야 하고, 그분 안에서 다시 살아야 합니다.

사랑하는 여러분, 이 은혜의 계획을 완성하기 위해서, 하나님께서 친히, 주 예수 그리스도의 인격 안에서 인성을 취하시고 신성과의 영원한 연합을 이루는 일이 필요했습니다. 아들이 이 일을 하기로 동의하셨고, 처녀의 몸에서 태어나셨습니다. 하지만 그분이 인성을 취하여 자기 자신과 연합을 이루실 때, 그분은 인성에 속한 모든 것을 취하셨습니다. 인간을 공격했던 죄와 관련하여, 그리스도께서는 사람이 되심으로써 우리의 죄를 짊어지셨으며, 이렇게 기록된 것과 같습니다. "여호와께서는 우리 무리의 죄악을 그에게 담당시키셨도다"(사 53:6). 그분이 실제로 죄를 지으실 수는 없습니다. 하나님께서는 그런 생각조차 금하십니다! 하지만 그분은 법적으로 우리의 죄로 인한 형벌을 받아들이셔야 했습니다. 그분은 기꺼이 자기를 낮추고자 하셨습니다. 하나님의 계획이 그분에게 제안되었을 때, 이것이 그분의 대답이었습니다. "하나님이여 보시옵소서. 두루마리 책에 나를 가리켜 기록한 것과 같이 하나님의 뜻을 행하러 왔나이다"(히 10:7). 그리스도께서 아버지와 한마음으로 연합된 것을 보고서도, 아버지가 아들을 사랑하시는 것이 이해되지 않습니까? 영광스러운 은혜의 계획에 순종하여 따르는 것이 아들에게는 최고의 기쁨이었습니다. 그 은혜의 계획 속에서, 여호와께서는 다가올 세대에 그분의 본체의 영광을 나타내 보이려 하셨으며, 그분의 영원한 목적의 광채를 비추려 하셨습니다. 그 모든 계획이 예수님께 받아들여졌습니다. 그리고 그분은 스스로를 희생하여 진지하게 그 계획을 이루려 하셨습니다. 비록 그분이 수치스러운 나무에 달리는 죽음에 대해서도 아셨지만, 그럼에도 그분은 아버지와 하나됨을 느끼시고 이렇게 외치셨습니다. "나의 하나님이여 내가 주의 뜻 행하기를 즐기오니 주의 법이 나의 심중에 있나이다"(시 40:8).

그분이 실제로 어린아이로 나타나시어 성전으로 올라가셨을 때, 그분의 육신의 부모들은 이 말씀에 놀랐습니다. "내가 나의 아버지의 일을 해야 될 줄을 알지 못하셨나이까?"(KJV, 한글개역개정판은 '내가 내 아버지 집에 있어야 될 줄을 알지 못하셨나이까?'로 되어 있음. 눅 2:49). 이처럼 아버지의 계획에 전념하는 아들에 대해 우리가 이런 말씀을 듣는다고 놀랄 것이 있을까요? "그러므로 아버지께서 나를 사랑하신다."

또한 아버지께서는 아들이 일생 동안 지속해 온 성실과 인내 때문에 아들을 사랑하십니다. 아들은 자기를 보내신 아버지의 뜻을 행하는 것을 자신의 양식과 음료로 삼으셨습니다. 그분은 장차 닥쳐올 실제적인 고난에 대비해 많은 예행연습을 하셨습니다. 예수님께서 "한 알의 밀이 땅에 떨어져 죽지 아니하면 한 알 그대로 있고 죽으면 많은 열매를 맺느니라"(요 12:24)는 말씀을 하셨을 때, 그분의 영혼은 고통의 길을 지나고 계셨습니다. 그분이 실제로 십자가를 지시기 전에도, 사람의 그림자가 종종 그분에게 드리웠습니다. 하지만 그분의 얼굴은 한결같이 예루살렘을 향하고 있었습니다. 사람들의 갈채가 그분의 방향을 돌리지 못했습니다. 그분은 그들이 원하는 식의 왕이 되고자 하지 않으셨습니다. 그들의 협박이 그분을 떨게 하지 못했고, 그분으로 하여금 피신처를 찾게 하지 못했습니다. 그분의 정신은 지속적으로 높은 목적을 향하고 있었습니다. 마지막까지 그분은 바위처럼 확고하셨습니다. 그분 안에 있는 인성은 죽음으로 치를 떨었습니다. 그렇지 않았다면 그것은 참된 인성이 아니었을 것입니다. 하지만 자연적인 공포를 극복하고서, 그분은 잔을 들고, "나의 원대로 마시옵고 아버지의 원대로 하옵소서"(마 26:39)라는 말씀과 더불어, 한 방울도 남김없이 그 잔을 마셨습니다. 그분은 "만일 할 만하시거든 이 잔을 내게서 지나가게 하

옵소서"라고도 말씀하셨습니다. 그렇게 하심으로써 그분은 자신의 죽음 이외
에 하나님의 목적을 성취하는 다른 길은 없다는 것을 우리에게 확인시켜 주셨
습니다. 구속은 형벌을 짊어지고 죽는 대리자에 의해서가 아니고는 성취되지
않습니다. 의로운 자로서 불의한 자를 대신할 자, 우리를 하나님께로 이끌 자가
있어야 합니다. 주 예수님은 처음부터 그것이 무엇을 의미하는지 모두 아셨습
니다. 그래서 종종 그분은 제자들에게 자신에게 일어날 일에 대해 말씀하셨던
것입니다. 그분은 미처 알지도 못한 채 고난의 자리에 가신 것이 아닙니다. 누
군가 말했듯이, 그분은 거대한 기계를 고치기 위해 들어왔다가, 자기에게 너무
나 강한 거대한 바퀴에 끼어서 죽음으로 끌려가신 것이 아닙니다. 그분은 아버
지의 목적의 성취가 그분의 고통스런 희생을 요구하는 것을 미리 아셨습니다.
하지만 그는 앞으로 나아가셨습니다. 굳게 결심하고서, 다시 목숨을 얻기 위하
여 스스로 목숨을 버리셨습니다. 그러므로 아버지가 그를 사랑하셨고, 또 그것
이 마땅합니다. 자원하신 희생자여! 결심하신 구속자여! 당신에게 영광이 무궁
하시길!

   여러분에게 작은 그림을 제시하고자 합니다. 분명히 우리의 여왕은 그녀의
아들들에게 강한 애정을 가지고 있을 것입니다. 그녀는 그들을 자녀로서 사랑
합니다. 하지만 이런 일이 생긴다고 가정해 봅시다. 그 왕자들 중에 하나가 폭
풍이 불 때 바다에서 조난당한 사람들을 구하기 위해 애쓰고 있는 것을 발견하
게 된다면, 다른 사람들이 뒤로 물러서 있을 때 그가 용감하게 목숨을 걸고 죽
어가는 자들을 구하려 하는 것을 본다면, 여왕은 그의 인간애 때문에 그를 더
사랑하지 않겠습니까? 만일 그가 사람들을 구하고자 하는 열망으로 파도 속으
로 뛰어든다면, 만일, 그 결과를 미리 알고서도, 불쌍하게 죽어가는 사람들을
해안으로 데려오려면 자기 목숨을 희생해야 하는 것을 알고서도 그렇게 한다
면, 그의 어머니는 아들의 영웅적인 행동 때문에 새로운 사랑을 느끼지 않겠습
니까? 나는 그렇다고 생각합니다. 만일 우리 자녀들 중의 하나가 사람들의 유
익을 위해 숭고한 자기부인의 행동을 보여준다면, 새로운 애정으로 그 자녀를
사랑하지 않을 부모가 어디 있겠습니까? 이제 경외심을 가지고, 당신의 생각을
저 위대하신 아버지께로 돌려보십시오. 그분은 자신의 아들을 아들로서 사랑
하십니다. 하지만 그분이 아들을 특별히 사랑하시는 것은, 그 아들이 아무런 논
쟁도 없이, 순수하고 이타적인 사랑으로써 자기 목숨을 내놓으셨기 때문입니

다. 그분이 이렇게 말씀하신 것에 놀라지 마십시오. "그러므로 내 아버지께서 나를 사랑하신다."

이 특별한 사랑의 주된 근거는 순종의 완성으로서 아들의 실제적인 죽음이었습니다. 아들은 종이 되셨고, 마지막까지 섬기셨습니다. 그분의 전 생애에서 단 한 번이라도 불순종하는 일이 생기지 않았습니다. 아버지의 뜻이 언제나 절대적인 규칙이었습니다. 이제 그 순종의 마지막 단계에 이르러, 그분은 하나님이 미리 정하신 대로 자기 목숨을 버리셔야 했습니다. 마지막까지도 그분은 실패하지 않으셨습니다. 오히려 기꺼이 자기 목숨을 포기하셨습니다. 예수님은 그 동산에서 피와 같은 땀을 흘리셨습니다. 대제사장의 집에서 거짓 고소를 받으셨고, 빌라도의 뜰에서 채찍에 맞으셨습니다. 헤롯에게서 아무것도 아닌 것처럼 취급을 당하셨습니다. 십자가에 못 박히셨습니다. 그 비웃음과, 그 캄캄함과, 그 열기와, 그 죽음의 고통을 모두 겪으셨고, 어린 양으로서 자원하여 죽임을 당하는 길로 가셨습니다. 죽음으로 가는 길에서 그분은 신중히 순종하셨습니다. 그분은 죽을 때조차도 모든 성경이 성취되기를 바라셨습니다. 그분의 마지막 말씀인 "내가 목마르다"(요 19:28)는 성경이 성취되도록 하기 위해 하신 말씀입니다(참조. 요 19:29; 시 69:21). 그분은 모든 면에서 아버지의 뜻을 신중하게 살피셨으며, 중한 일에서 뿐 아니라 작은 일에서도 그렇게 하셨습니다. 그리고 마지막까지 순종하셨음을 입증하시기 위해 이렇게 말씀하셨습니다. "다 이루었다!" 그리고서 "머리를 숙이니 영혼이 떠나가셨습니다"(요 19:30). 아버지께서는 아들의 완전한 순종을 무한히 기뻐하십니다. 그분은 거룩하신 하나님으로서, 예수님 안에서 인내로써 온전해진 거룩함을 보십니다. 그러므로 하나님은 예수님을 이렇게 부르십니다. "내 마음에 기뻐하는 자 곧 내가 택한 사람을 보라"(사 42:1).

또한 기억하십시오. 우리 주 예수님의 죽음은 완벽한 순종일 뿐 아니라, 하나님의 의의 법에 대한 옹호이기도 합니다. 어떤 이들은 율법은 없고 사랑만 있는 하나님만 생각하려 합니다. 이는 적그리스도들(antichrists)의 방식이 될 수 있으며, 이교도들처럼 그들 자신의 신을 만들어 내는 꼴입니다. 시편 기자들이 그들에 대해 잘 말했습니다. "우상들을 만드는 자들이 다 그와[우상들과] 같으리로다"(시 115:8). 율법이 없는 사람은 그들 스스로를 위해 율법 없는 신을 만들어냅니다. 하지만 사회가 법 없이는 존재할 수 없다는 것을 알고, 또한 법은 보상과 형벌 없이는 지탱될 수 없다는 것을 아는 사람은, 그것이 또한 하나님의 뜻이라고 기쁘게 이해합니다. 하나님은 질서와 법에 대해 가장 깊은 관심을 가지십니다. 하나님은 인간들처럼 인간에 대해 분노하지 않으십니다. 잠시 동안 그들이 정결한 삶을 살 때, 그분은 그들과 교제하셨습니다. 하지만 성삼위 하나님은 모든 형태의 악을 미워하시며, 심지어 그분이 가장 총애하는 피조물이라 할지라도 그 속에서 악이 발견된다면 그 악을 미워하십니다. 만일 주님께서 처벌을 요구하지 않고 죄인들을 용서하신다면, 그분이 도덕적 통치의 기반을 약화시키는 셈이 됩니다. 온 땅의 재판장이신 그분은 벌을 그냥 면제할 수 없다고 간주하십니다(참조. 출 34:7). 만일 하나님께서 어떤 경우에도 인간의 죄를 눈감아 주신다면, 그것은 인류에 대한 자비의 행위가 되지 않을 것입니다. 그것은 우주의 기본적인 법칙과도 모순될 것입니다. 만일 여호와께서 어떤 경우에라도 그분의 완전한 율법을 제쳐 두시고 그것을 어긴 죄를 벌하지 않고 방치해 두시는 일이 있다면, 모든 계급의 천사들, 모든 세계의 지적인 존재들이 나쁘게 영향을 받을 것입니다. 율법을 무시하는 것은 단지 개인에 대한 사적인 규칙의 위반이 아니며, 가장 높은 권위에 대한 반역입니다. 죄는 반드시 처벌되어야 합니다. 그래서 예수님은 깨어진 율법에 영예를 부여하려고 오셨습니다. 그분은 죄가 없으십니다. 하지만 그분은 자원하여 인간의 대리자로 자기를 희생하여 고난을 당하셨으며, 그리하여 하나님께서 의롭게 용서하실 수가 있었던 것입니다. 율법은 존중받아야 하며, 영예롭게 되어야 합니다. 율법의 제정자이신 그분 스스로가 율법의 형벌 아래에서 죽으셨을 때, 도덕적 통치의 중요한 원리가 충분히 옹호되었던 것입니다. 주 예수 그리스도의 죽음에 의해, 율법은 죄를 지은 아담의 모든 후손이 지옥에 던져지는 경우보다도 더욱더 뛰어난 영예를 얻게 되었습니다. 하나님의 율법의 차원에서, 그분의 고난은 죄지은 인간들을 값없이 용서하시는 일에 대해 온전한 정당성을 부여하였습니다. 그래서 아버지께서 아들을 보실 때, 아들이 다시 목숨을 얻기 위하여 목숨을 버리는 것을 보실 때, 그분은 공의의 차원에서도 만족하며 용서하시고, 의로운 방식으로 죄인들을 의롭다 하시는 것입니다. 진실로 주 예수님은 이렇게 말씀하셨습니다. "그러므로 내 아버지께서 나를 사랑하시느니라."

　사랑하는 여러분, 그분이 소멸하는 불로 모든 죄를 태우시는 것을 생각하면서 내 마음은 기쁩니다. 하지만 그분이 그리스도로 인하여 그분의 율법이 옹호된 것을 보시고, 정당하게 칼을 칼집에 넣으시면서 그분이 치셔야 하는 자들에게 미소를 지으신다고 생각할 때, 내 마음은 더욱 기뻐합니다.

더 나아가, 아버지께서 죽으시고 부활하신 아들을 사랑하시는 것은, 그 일을 통해 인간들을 향한 그분의 최고의 사랑을 나타내셨기 때문이라고 나는 생각합니다. "여호와께서 백성을 사랑하시나니 모든 성도가 그의 수중에 있으며"(신 33:3). 택하신 백성들을 향한 예수님의 사랑은 새로운 것이 아닙니다. 어제 솟아났다가 내일 사라져 버리는 생각이 아닙니다. 아주 오래 전부터, 산들이 생기기도 전에, 저 태고의 언덕들이 그 머리를 들기 전에, 성도들은 하나님의 마음 안에 자리를 잡고 있었습니다. 그분은 예지(豫知)의 유리 잔 속에서 우리를 보셨고, 그분의 의지의 예정(豫定)에 따라 우리를 사랑하셨습니다. 오래 전부터 아버지는 우리를 사랑하여 우리를 그분의 아들에게 주기로 하셨습니다. 또한 아들은 우리를 사랑하여 우리를 위한 몸값으로 자신의 목숨을 내주셨습니다. 선택한 대상을 향한 이 사랑 때문에 서로를 향한 신선한 사랑의 표현이 있었던 것입니다. 내 설교의 서두에서 나는 아버지께서 항상 아들을 하나님으로서 사랑하셨다는 말을 했습니다. 하지만 우리의 본문에서 우리는 하나의 놀라운 인격 속에서 인간이시며 동시에 하나님이신 그분에 대한 사랑을 봅니다. 그분의 인격 안에는 거룩하신 하나님과 완벽한 인간의 두 본성이 결합되어 있습니다. 그 중보자는 우리를 너무나 사랑하여 우리를 위해 죽으셨습니다. 우리의 위치에서, 우리를 대신하여, 무한한 사랑으로 자기를 희생의 제물로 하나님께 드리셨습니다. 그리고 그가 말씀하십니다. "그러므로 아버지께서 나를 사랑하신다."

한 가지만 더 말하겠습니다. 부활이 결과를 보증하는 것으로서, 그리고 사랑을 표현할 또다른 기회로서 언급되었습니다. 예수님이 말씀하십니다. "내가 다시 목숨을 얻기 위하여 목숨을 버림이라." 만일 내가 방금 전에 말했던 저 왕자가 물에 빠지는 사람을 구하기 위해 배에서 뛰어내렸다면, 그것은 숭고한 행동이었을 것입니다. 하지만 만일 그가 물에 가라앉아 다시 올라오지 않는다면, 그에 대한 기억이 여왕의 마음에는 크나큰 슬픔으로 남아 있을 것이고, 그 왕자는 이렇게 말하지 못할 것입니다. "그러므로 내 어머니가 나를 사랑하셨다." 예수님은 어두운 물결 속으로 뛰어들어가시지만, 그분은 다시 나오십니다. 나는 그분이 거대한 심연 속으로 뛰어드는 것을 봅니다. 하지만 그는 외치십니다. "이는 내 영혼을 음부에 버리지 아니하시며 주의 거룩한 자로 썩지 않게 하실 것임이니이다"(시 16:10). 그분은 검은 물결 위로 머리를 드시고, 해안가를 향해 헤엄치시고, 그분이 구하신 자들과 함께 안전하게 육지로 오릅니다. 부활하신 예수님을 보고서 주께서 얼마나 기뻐하셨을까요! 또한 무덤을 이긴 그분의 승리에 따르는 결과를 보고서 얼마나 기뻐하셨을까요! 이제 죽음은 저 사랑하는 아들의 죽음에 의해 패배를 당한 것입니다. 이제 새로운 생명이 죽은 죄인들에게 보장되었습니다. 이제 한때 정죄되었던 모든 요소들이 제거되었다고 천국에도 지옥에도 공포되었습니다. 저 철문을 통과하여 사망의 거주지까지 내려가신 분, 그리고는 다시 위로 올라와 승리의 귀환을 하신 분이 누구입니까? 그대들 저 영광의 문에서 파수하며 살피는 천사들이여, 이 분이 누구입니까? 왕의 위엄을 갖춘 이 정복자가 누구입니까? "문들아 너희 머리를 들지어다, 영원한 문들아 들릴지어다, 영광의 왕이 들어가시리로다"(시 24:7). 만군의 주, 전쟁에 능하신 주께서, 자기 목숨을 버리셨다가 다시 되찾으셨습니다. 한때 그분은 자신의 의복을 벗고, 그 옷을 둘러매신 후에 제자들의 발을 씻겨 주셨습니다. 그분의 피로 우리를 씻어 구속하신 후에, 그분은 다시 잠시 동안 벗어 둔 인간의 몸을 다시 입으셨습니다. 예수님은 자신의 죽음과 부활에 의해 구원받은 모든 자들에게서 영광을 얻으십니다. 구원받은 자들이 부르는 지상에서의 노래도 달콤하고, 구속받은 자들이 하늘에서 부르는 성가도 복됩니다. 하지만 예수님께 최상의 보상은 아마도 이 말에 담겨 있을 것입니다. "그러므로 아버지께서 나를 사랑하신다." 나는 여기에서, 너무나 크고 깊어서 그 크기와 깊이를 가늠할 수 없는 거룩한 사랑을 봅니다. 나로서는 마치 제비의 날개로 물 표면을 스치듯 그 사랑의 표면만을 가늠할 뿐입니다.

2. 우리에 대한 아버지의 만족감

두 번째로, 아버지의 그 아들을 향한 기쁨 때문에, 아버지께서 우리에게도 만족하신다는 것을 숙고해 봅시다. 사랑하는 여러분, 아버지는 아들을 너무나 사랑하십니다. 그 사랑은 강둑을 넘쳐흐르고, 주 예수님께서 자신의 소유로 삼으신 우리 모두를 덮습니다. 아버지의 사랑은 마치 사랑하는 아들을 기념하여 타오르는 거대한 횃불과도 같습니다. 하지만 그 광채는 멀리 널리 퍼져서, 흑암 중에 앉은 자들에게와 사망의 음침한 골짜기에 거하는 자들에게도 빛을 비춥니다.

모든 신자들에게 축복을 가득 담은 이 사실을 생각해 보도록 합시다.

먼저, 우리 주 예수님이 인간(Man)이시기에, 아버지께서 그분에게 인간에 관한 일을 맡기셨습니다. 주께서는 인간을 자기 형상을 따라 지으셨습니다. 그분은 인간을 물질과 영이 결합된 뛰어난 존재로 창조하셨습니다. 하지만 인간이 그분에게 반역하였고, 그래서 그분이 "땅 위에 사람 지으셨음을 한탄하셨습니다"(창 6:6). 그 때 주님이 인간을 보실 때, 그분은 너무나 악해져 버린 피조물들에게서 만족하실 수가 없었습니다. 우리의 본성은 악하게 되었고, 지극히 거룩하신 여호와께 혐오스러운 것이 될 수밖에 없었습니다. 하지만 인간은 존재의 목록에서 지워지지 않았습니다. 한 사람(one Man), 참된 사람, 여자에게서와 율법 아래에서 나고 피와 살을 지닌 한 사람이 있었습니다. 그분은 여호와께 너무나 기쁜 존재이기에, 나머지 우리 인류를 향해 느껴지는 모든 불쾌감을 상쇄하십니다. 이 사람은 너무나 순종적이고, 너무나 자기희생적이며, 너무나 순결하고, 너무나 신앙심이 깊고, 너무나 온유하며, 칭찬할 만한 모든 요소로 가득하시기에, 아버지께서 그를 생각하실 때, 그 한 사람의 인류를 위한 삶과 죽음의 덕목들을 생각하실 때, 아버지는 그분을 위하여 인간의 죄를 잊어버리십니다. 그리고 그분과 연합된 모든 사람을 받아 주시기를 기뻐하십니다. "한 사람이 순종하심으로 많은 사람이 의인이 되리라"(롬 5:19). 이 한 사람의 희생의 향이 그분의 동료들의 모든 예물을 향기롭게 합니다. 그 한 사람은 곧 하나님의 영광을 위하여 땀을 피처럼 흘리신 분이며, 십자가에서 죽으신 분입니다. 그러므로 주께서 크게 기뻐하시고, 두 번째 아담이신 예수님을 위하여 그가 얻으신 모든 죄인들을 보좌 앞에서 받아 주시는 것입니다.

다음으로, 주 예수님께서 아버지를 지극히 영화롭게 하셨기 때문에, 그분의 위대한 성취가 우리에게 혜택으로 돌아온다는 것을 기억하십시오. 하나님의 손으로 행하신 모든 일들이 그분을 높입니다. 그분의 모든 섭리의 행동들이 그분을 칭송합니다. 하지만 인간의 구속이 그분에게 가장 높은 영예를 돌립니다. 저 구속자의 인격 안에서, 여호와께서는 가장 잘 알려지시는 것입니다.

> "하나님은, 그분의 아들의 인격 안에서
> 그분의 모든 능한 일들을 능가하는 일을 하셨도다."

아버지께서 훼방자들에 의해서나 거짓 교사들에 의해 그 거룩하신 이름이 훼손되는 것을 들으실 때, 그분이 인간의 술취함과 탐욕과 교만과 잔인함을 보실 때, 그분의 마음은 비탄에 젖습니다. 하지만 다른 한편으로, 그 한 사람, 예수 그리스도의 성품과 사역에 나타난 영광에 의해, 모든 불명예가 덮어지고 치워집니다. 이 점에서 나의 생각을 다 표현하지 못하겠습니다. 그런 주제에 대해 적절하게 생각하는 것도 부족합니다. 그것은 마치 수백만의 영혼들이 그 수만큼의 악한 전등들 같아서, 어둠과 사망의 그림자들을 쏟아내며 우주를 어둠으로 채우고 있지만, 그 반대편에서 단 하나의 복된 전등 곧 하나님의 전등이 우뚝 서서 밝은 빛을 발하는 것과 같습니다. 그 빛은 너무나 거룩하고 강력하여 저 밤의 무리들이 쏟아내는 모든 어둠을 몰아내고, 영원하고도 화창한 낮을 오게 했습니다. 비유를 바꾸어 이렇게 말하고자 합니다. 즉 우리 모두는 사해(Dead Sea)와도 같아서, 더러운 물로 가득하고, 악취를 풍깁니다. 그리고 예수님의 생명이 우리에게 쏟아 부어져서 죽음의 호수를 깨끗하고 생명으로 약동하는 바다로 바꿉니다. 예수님의 순결은 그분을 의지하는 모든 사람들을 깨끗하게 하기에 충분한 효력이 있습니다. 하나님이 아들을 사랑하시는 것은 그 아들을 통해, 인간의 죄에 의해 야기된 모든 불명예를 취소하고 제거할 수 있는 영광을 얻으시기 때문입니다.

　　또한 하나님께서 아들에게 큰 만족감을 갖고 계시며, 우리가 예수님과 하나라는 이유로 우리에 대해서도 만족하신다는 것을 기억하십시오. 나는 이것이 여러분 모두에게 해당된다고 말하지 않습니다. 이 시점에 여러분 중 일부는 그리스도와 아무런 관계가 없기 때문입니다. 하지만 예수님을 믿는 자들에 대해서는 나는 얼마든지 이런 말을 할 수 있습니다. "우리는 그 몸의 지체들이며, 그분의 살 중의 살이요 뼈 중의 뼈입니다." 아들을 향한 아버지의 사랑은 아들의 신비한 몸의 모든 지체들에게도 확대됩니다. 비록 우리가 우리 주님의 발바닥에 겨우 비할 수 있고, 여전히 비천하다 하더라도, 하지만 우리가 그 몸에 속해 있다면 우리는 머리와 더불어 그 모든 영광에도 참여하는 것입니다. 당신은 옛 속담을 알 것입니다. "나를 사랑하면, 나의 개를 사랑하리라." 틀림없이 주 예수님도 이렇게 말씀하실 수 있습니다. "나를 사랑한다면, 내 백성의 가장 작은 자도 사랑하리라." 다윗처럼, 하나님 아버지는 요나단을 위하여 그 집의 모든 절름발이 므비보셋을 사랑하십니다(참조. 삼하 9:7). 형제들이여, 산 믿음으로 주님과 연합한 자는 모두 예수님과 하나이며, 영원히 결합된 하나입니다. 그분이 죽으실 때 우리도 죽었으며, 그분이 일어나실 때 우리도 일어났습니다. 우리는 그분 안에서 정죄를 받고 그분 안에서 의롭게 되었습니다. 이제 아버지께서 그분을 사랑하시므로, 우리들도 역시 그분 안에서 사랑을 받습니다. 우리와 친밀한 관계를 맺으신 분, 우리의 대표자요 머리가 되신 분을 아버지가 사랑하신다는 것이 얼마나 복된 일인지요! 아버지의 사랑이 그분이 택하여 아들에게 주신 자들에게까지도 흘러넘친다는 이 사실을 묵상하십시오. 아버지께서 택하신 자들의 우두머리를 너무나 사랑하셔서, 그분을 위해, 우리를 받으시고, 사랑하시고, 온전케 하시고, 마침내 영화롭게 하시는 것입니다. 이는 예수 안에 있는 수많은 사람들에게 해당되는 진실입니다! 사람들은 이 회중을 크다고 합니다. 하지만 여기 모인 회중도 한 줌에 불과합니다. 우리 주님의 죽음에 의해 구속을 받은 저 셀 수 없는 회중을 바라보십시오. "각 나라와 족속과 백성과 방언에서 아무도 능히 셀 수 없는 큰 무리가 나와"(계 7:9). 그 큰 무리는 타락의 결과로 일찍부터 죽은 자들이었고, 주님의 보혈로 구속받은 무리라는 것을 기억하십시오. "한 사람이 순종하지 아니함으로 많은 사람이 죄인 된 것 같이 한 사람이 순종하심으로 많은 사람이 의인이 되리라"(롬 5:19). 얼마나 많은 사람인지 그 수를 다 셀 수가 없습니다.

이제, 저 구속받은 무리가 저질렀던 갖가지 죄의 종류와 가짓수를 생각해 보십시오. 그 모든 죄들이 그리스도의 피에 의해 씻기어졌습니다. 그리스도 예수 안에 있는 하나님의 사랑은 야곱의 허물을 보지 않으십니다. 모든 종류의 죄에 대해 속죄가 이루어졌기 때문입니다. 우리 속에 발견되는 많은 흉한 모습에도 불구하고, 예수님께 대한 아버지의 사랑이 우리를 예수님처럼 아름답게 만듭니다. 오, 사랑의 바다여! 우리의 많은 죄들이 그 넓은 바닷속에 삼키어졌도다! 아들에 대한 아버지의 사랑은 너무나 크시기에, 그분을 위하여, 그 사랑이 우리의 모든 흉한 요소들을 덮고, 우리를 그분 앞에서 귀한 존재로 만드는 것입니다!

또한 기억하십시오. 예수님이 많은 사람들을 구속하시고, 그들의 많은 죄들을 씻으시는 동안, 그분은 그 이상의 일을 하셨습니다. 그분에 대한 아버지의 사랑으로 인해, 그들은 가장 값진 축복의 참여자들이 되었습니다. 당신은 주님께서 구속하신 자들에게 베푸시는 풍요로운 혜택들을 다 헤아릴 수 있겠습니

까? 언약의 자비, 그 크기를 누가 다 가늠하겠습니까? 하지만 그 모든 것이 예수
님께 대한 아버지의 사랑을 통해 우리에게 옵니다.

　　무엇보다, 우리가 예수님의 죽음을 통해 영원한 생명을 가졌다는 것을 생
각해 보십시오. 하나님이 예수님을 너무 사랑하셔서, 그 아들이 잠시 동안 죽으
신 것으로 인하여, 구속받은 모든 자들에게 영원한 생명을 주셨습니다. 예수님
이 한때 죽으셨고, 그 때문에 우리가 영원히 사는 것입니다. 아들에 대한 아버
지의 사랑은 결코 식지 않기 때문에, 아들이 사시는 한, 우리 역시 살게 되는 것
입니다. 그분의 일시적인 슬픔이 우리에게 영원한 영광을 가져다주었습니다.
그리스도의 죽음 때문에, 수백만 년의 수백만 곱절이 되는 세월 동안 우리는 하
나님의 자녀로 살게 될 것이고, 예수님이 계시는 곳에 우리도 함께 있을 것이
며, 아버지께서 그분에게 주신 영광을 바라볼 것입니다. 주 예수님의 측량할 수
없는 공로를 찬미하십시오! 경외심을 가지고, 홍수처럼 쏟아지는 아들을 향한
아버지의 사랑을 묵상하십시오! 아들의 죽음 때문에, 아들은 말로 다할 수 없는
아버지의 사랑을 받으시며, 그분 안에서 우리도 사랑을 받는 것입니다. 여기서
잠시 멈추는 것이 좋겠습니다. 어떤 인간의 혀도 이 비할 데 없는 이야기를 다
말하지 못합니다. 우리는 사랑의 아들 안에서 받아들여졌습니다. 우리와 같이
천한 자들도 다 받으실 정도이니, 아들을 향한 아버지의 사랑은 얼마나 컸을까
요? 그것을 곰곰이 생각해 보십시오! 다시금 생각해 보십시오! 천국에서도, 독
생자를 향한 아버지의 사랑보다 더 크고 고상한 묵상의 주제는 찾을 수 없을 것
입니다. 아들에게 속한 자들을 다 감싸시는 그 크고 위대한 사랑이여! 영원한
행복 속에서, 아버지 곁에 있는 즐거움과 무한한 영광 속에서, 우리는 "다시 목
숨을 얻기 위하여 목숨을 버리신" 아들을 향한 아버지의 사랑을 곰곰이 생각할
것입니다.

3. 예수님을 향한 우리의 사랑

　　세 번째로, 주 예수님을 향한 우리의 사랑에 대해 생각해 봅시다. 사랑하는
여러분, 주 예수님의 죽음은 우리가 그분을 사랑할 이유가 되는 위대한 사실입니다. 그
분이 "나를 사랑하사 나를 위하여 자기 자신을 버리셨다"(갈 2:20)라고 말할 때
마다, 모든 신자들은 개인적인 사랑이 솟아납니다. 이는 또한 신자들을 향한 하
나님의 사랑의 으뜸가는 증거입니다. "하나님이 세상을 이처럼 사랑하사 독생

자를 주셨으니 이는 그를 믿는 자마다 멸망하지 않고 영생을 얻게 하려 하심이
라"(요 3:16). 그분이 자기 목숨을 버리신 것은 그분의 사랑을 가장 잘 나타낸
일이며, 우리들의 애정을 불러일으키는 중요한 이유입니다. 우리는 그분의 성
품의 거룩함 때문에 그분을 사랑하며, 그분의 마음의 부드러움과 또한 그분의
가르침의 탁월성 때문에 그분을 사랑합니다. 정녕 우리는 그분의 복되신 인격
과 사역에 관한 모든 일들 때문에 그분을 사랑합니다. 하지만 마음 깊은 곳을
털어놓자면, 우리의 마음이 그분께로 기울어진 것은 그분이 진홍빛 의복을 입
으시고, 상처를 입은 채 우리 눈앞에서 쓰러져 계시고, 창백하게 돌아가실 때였
습니다. 그 때 우리는 그분에 대해 이렇게 노래했습니다.

"창백하게 피로 물든, 나의 사랑하는 분이시여."

오, 피의 희생 제물이 되셨던 우리 왕의 아름다움이여! 이로써 우리의 마음
은 그분께 빼앗기고 즐거이 그분의 포로가 되어 이렇게 말할 수 있었습니다.
"당신이 우리를 피로 사서 하나님께 드리셨습니다"(계 5:9). 나는 종종 이 성경
구절을 읽을 때 마음이 떨립니다. "친히 나무에 달려 그 몸으로 우리 죄를 담당
하셨으니"(벧전 2:24). 골고다는 우리 사랑의 위대한 기초를 보여주었습니다.
그분에게나 우리에게나, 십자가는 사랑의 깃발을 높이 매단 장대입니다. 그가
먼저 우리를 사랑하셨기에 우리가 그분을 사랑하는 것이며, 골고다는 그분의
사랑을 쳐다볼 수 있는 창문입니다.

우리 본문의 연결 구조는 우리 주님의 사랑을 더 잘 나타내 줍니다. 이 본문
은 선한 목자와 연결된 문맥에 위치해 있습니다. 자기 목숨을 버리신 분이 그 선한
목자이십니다. 그분이 양을 위해 목숨을 내주셨습니다. 사람이 양을 위해 죽을
수 있습니까? 예, 그럴 수도 있겠지요. 하지만 하나님의 아들이 우리와 같은 천
한 피조물을 위해 죽으실 수 있습니까? 우리는, 우리 자신만 놓고 보자면, 양이
사람에게 귀한 것처럼 그리스도께 결코 귀한 존재가 되지 못합니다. 하지만 주
예수님은 그 사랑을 우리에게로 향하셨고, 우리를 위해 자기 목숨을 버리기까
지 그 사랑을 멈추지 않으셨습니다. 아아! 우리는 무가치할 뿐 아니라 배은망덕
한 자들이었습니다. 우리는 심지어 우리 구주의 사랑의 노력을 거절했습니다.
우리는 양들보다는 염소들처럼 행동했으며, 우리의 뿔로써 우리의 목자를 찔렀

습니다. 우리는 길잃은 양들이었고, 그분의 부르는 소리에도 되돌아오지 않았습니다. 우리는 그분을 따르지 않았고, 오히려 더욱 멀리 떠나갔습니다. 돌아올 때조차 망설이며 절름거렸습니다. "우리가 아직 연약한 때에 기약대로 그리스도께서 경건하지 않은 자를 위하여 죽으셨도다"(롬 5:6). 우리는 또한 여전히 매우 악하게 빗나가는 양들입니다. 아아, 슬프게도, 나에게도 이것은 사실입니다! 그분의 어깨에 메여서 돌아온 이후에도, 그분의 돌봄으로 풀을 뜯은 이후에도, 여전히 우리는 빗나갑니다! 우리는 한때 잃었던 양입니다. 우리는 그대로 두면 다시 잃어버릴 양입니다. 할 수만 있다면, 우리는 우리를 돌보시는 그분에게로 좀처럼 돌아오려 하지 않는 양들입니다. "이것이 너의 친구에 대한 너의 친절이더냐?"라는 질문이 종종 우리 마음의 슬픈 기억들을 떠오르게 합니다. 사랑하는 이여, 우리 주님을 더욱 사랑하도록 합시다! 분명, 우리를 위해 목숨을 버리신 그분의 위대한 사랑이 없이는, 우리는 살 수가 없습니다.

　주님께서 자기 목숨을 스스로 자원하는 뜻으로 버리셨으며, 어떤 강제도 없었다는 점을 잘 생각해보십시오. 만일 당신이나 내가 다른 사람들을 위해 죽어야 한다면, 우리는 단지 어쩔 수 없이 죽어야 하는 날에 가까워서야 그렇게 하려고 할 것입니다. 죽음이란, 빠르든지 늦든지, 모든 사람이 지불해야 할 자연의 채무이기 때문입니다. 하지만 예수님은, 그분 자신에 관해서는, 전혀 죽으실 필요가 없었습니다. "메시야가 끊어져 없어질 것이되, 그 자신을 위해서가 아니라"(단 9:26, KJV. 한글개역개정판에는 "기름 부음을 받은 자가 끊어져 없어질 것이며"로만 되어 있음). 이 어떠한 사랑입니까! 그는 자원하여 죽으셨습니다. 그분은 자기 목숨에 대해 이렇게 말씀하셨습니다. "이를 내게서 빼앗는 자가 있는 것이 아니라 내가 스스로 버리노라 나는 버릴 권세도 있고 다시 얻을 권세도 있으니 이 계명은 내 아버지에게서 받았노라"(요 10:18). 여기에 참 사랑이 있습니다. 거저 주시는 사랑이자, 자발적이고, 결의에 찬 사랑이 있습니다. 나는 수소들이 성전의 제단으로 가는 것을 봅니다. 저 가련하고, 말 없고, 끌려가는 가축들은 자기들이 희생제물이 되는 것을 알지 못합니다. 그것들은 스스로 숭고한 의도를 가지고 목숨을 버리지 못합니다. 도살자에게로 가고 있는 우리 주님을 보십시오. 우리 주님은 잠잠한 양과 같이 가시지만, 하지만 지식과 목적에 있어서는 양과 같지 않으셨습니다. 그분은 죽임을 당하는 것이 무엇을 의미하는지 아셨으며, 그것을 알고도 견디셨습니다. "라마 사박다니!"는 그분이 그 말을 외치기 전에, 그 뜻이 무엇인지 아셨다는 것을 의미합니다. 그분은 십자가의 죽음을 미리 내다보셨습니다. 그분은 우리를 위해 저주받은 자가 되셨고, 그 저주가 무엇인지 아시고서 조용히 그것을 감내하기로 결심하셨던 것입니다. 이렇게 사랑을 보여주셨기 때문에, 그분이 우리의 말할 수 없는 감사와 사랑을 얻으신 것입니다. 우리 각 사람은 그분을 사랑하고 있지 않습니까?

우리는 그분을 사랑해야 합니다. 예수님께서 자기 목숨을 자기 백성들 각 사람을 위해 내주셨기 때문입니다. 사랑은 일반적으로 즐거운 주제입니다. 하지만 각 사람이 그분의 부드럽고 감동적인 사랑을 직접 경험한다면 이렇게 외칠 것입니다. "그분이 나를 사랑하셨고, 나를 위해 자기 목숨을 주셨습니다!" 사랑은 일인칭 대명사로 그 기쁨을 표현합니다. "내 사랑하는 자는 내게 속하였고 나는 그에게 속하였도다"(아 2:16). 사랑은 은혜의 선물을 받는 자의 개인적인 느낌에 의해 크게 느껴지고 표출됩니다. 우리가 이렇게 노래할 수 있을 때에야 사랑은 감동적인 노래가 됩니다. "모든 성도 중에 지극히 작은 자보다 더 작은 나에게 이 은혜를 주셨도다"(엡 3:8). 기억하십시오. 우리 주님께서는 단 한 영혼을 구원하시기 위해서라도 기꺼이 죽으셨을 것입니다. 하지만 세상의 모든 사람을 구하기 위해서도 그분은 그 이상의 행위를 하실 수 없었습니다. 설혹 바닷가의 모래알처럼 죄인들이 많고, 또 죄인들이 사는 세상들이 그 수만큼 많다고 하더라도, 그분의 한 번의 죽음으로 충분할 것이며, 그 모든 죄에 대한 율법의 요구를 모두 충족시켰을 것입니다. 그분은 자기 양들을 위해 죽으셨고, 그 특정한 양 하나하나를 위해서 죽으셨습니다. 그러므로 우리 각자는 오늘 이렇게 말할 수 있습니다. "그분이 나를 사랑하셨고, 나를 위해 자기를 주셨다네." 각 사람은, 바로 자기 자신을 위해, 그 한 사람을 구하기 위한 특별한 목적으로, 주 예수님께서 슬픔을 지시고, 핏방울 같은 땀을 흘리시고, 십자가의 고난을 당하셨다고 아는 것입니다. 그러므로 우리는, 우리들 한 사람 한 사람은, 그분을 온 마음을 다해 사랑해야 하는 것입니다.

나무에 달려 피 흘리신 그분의 사랑에 흠뻑 빠지십시오. 가련한 영혼이여, 이 아침에 당신은 죄로 인해 무거운 짐을 지고 있습니다. 하지만 당신은 하나님의 자녀입니다. 그러므로 보십시오, 예수님이 어떻게 사랑하셨는지를! 처음에, 당신의 영혼이 캄캄할 때에, 당신이 한 일이 무엇이었습니까? 예수님을 바라보는 일이었습니다! 지금도 그분을 바라보십시오. 그분의 십자가를 보십시오. 오직 죽임당하신 예수님을 바라보십시오.

> "그분의 피가 평화를 주었고,
> 　내게 안식을 가져다주었네.
> 　오랜 억압이 영원토록 끝이 났도다.
> 　그분의 능력을 의지하는 자들을
> 　그분이 빛으로 인도하시니,
> 　어떤 원수도 그분의 권세에 맞설 수 없네."

　복되도다, 영원토록 복되도다, 당신의 귀한 이름이여, 오 예수님! 그와 같은 분이 천지에 없으며, 하늘들의 하늘에도 없도다! 우리가 어떻게 그분을 찬미해야 하겠습니까? 감사의 눈물만이 우리의 말을 대신합니다. 만일 우리가 그분을 찬미하는 말을 할 수 없다면, 우리는 눈물로써 그 말을 대신할 것입니다.

4. 우리와 아버지의 교제

　이 말로써 설교를 맺을까 합니다. 구원받은 자들과 아버지 사이에 어떤 교제의 문이 열려 있는지 숙고해 보십시오. 아버지는 아들을 사랑하시고, 우리의 분량을 따라, 우리 또한 그분을 사랑합니다. 형제들이여, 우리는 한때 하나님의 원수였으나 이제는 그분과 화목하게 되었습니다. 우리의 주님께서 우리를 위해 자기 목숨을 버리신 것을 본 이후로, 우리는 그분을 사랑합니다. 어떻게 그렇게 하지 않을 수 있겠습니까? 같은 이유로 아버지께서도 그분을 사랑하십니다. 공통적인 사랑의 대상이 두 당사자 사이를 연결하는 고리가 되어 가장 강력한 사랑이 확증되었습니다. 결혼의 사랑 안에서 두 마음이 하나가 될 수 있습니다. 하지만 그들의 연합은 그 가정에 아기의 울음소리가 들릴 때에 더욱 강화됩니다. 한 무리의 어린 자녀들을 사랑으로 돌보는 사람들은 좀처럼 이혼으로 헤어지지 않습니다.

　사랑하는 여러분, 아버지께서 예수님을 바라보실 때, 그분은 자기에게 너무나도 사랑스러운 분을 보고 계시는 것입니다. 그리고 우리가 우리의 보잘것없고 흐릿한 시력으로 예수님을 바라볼 때에, 우리 역시 그분의 아름다움에 매혹당합니다. 예수님께 대한 공통의 사랑이 연결고리가 될 때, 사람의 영혼과 하나님 사이에는 적대감이 남아 있을 수 없습니다. 십자가에 의해, 우리 주님은 불화와 반목을 끝내셨습니다. 그분의 십자가가 나누어진 당사자들을 하나로 묶고, 우리를 하나님과 화목하게 했습니다(고후 5:20). 지극히 영광스러운 여호와께서 그분의 아들을 영화롭게 하는 일에서, 피로 씻음받은 죄인과 일치가 되셨습니다. 예수의 피 안에서 우리는 깨끗하게 되었고, 그래서 우리는 그분을 사랑합니다. 아버지께서는 예수님이 우리를 깨끗하게 하기 위해 피를 쏟으시는 것을 보시고서, 그 일 때문에 그분을 사랑하십니다. 그리하여 떨어졌던 두 당사자가 하나로 일치되는 것입니다. 이런 이유로 우리는 그리스도를 높이기를 갈망하는 것이며, 그분이 높임을 받지 못하면 슬퍼하게 되는 것입니다. 주 예수님을 찬미하는 설교를 들을 때마다, 언약궤 앞에서 춤을 추었던 다윗처럼 당신의 마음이 춤추지 않습니까? 하지만 당신의 주님이 영광을 얻지 못하시면, 당신은 분개를 느끼지 않습니까? 당신이 그 어떤 일보다 참을 수 없는 것은 주님의 명예가 손상되는 것이 아닙니까? 만약 회중 가운데에서 그분의 속죄를 헐뜯는 일이 있으면, 당신은 당장 일어나지 않겠습니까? 만일 움직이지 않고서, 자리에 앉아 있어야 한다면, 당신의 입술을 깨물지 않겠습니까? 당신은 그분을 사랑합니다. 그래서 그분이 두 번째 자리로 밀려나는 것을 참지 못합니다. 당신에게 힘이 있다면, 당신은 그분을 가장 높고 영광스러운 보좌에 앉히려 할 것이며, 모든 무릎을 그 앞에 꿇게 할 것입니다. 그것이 바로 아버지께서 하고 계시는 일이며, 또한 앞으로도 하실 일입니다. 이렇게 해서 아버지와 당신은 예수님을 향해서 하나가 되었습니다.

당신은 또한 당신의 주님처럼 되고자 하는 강한 열망을 가지고 있습니다. 그분이 자신의 피로 당신을 사신 이후로 당신은 그분의 형상을 닮기를 줄곧 갈망해 왔습니다. 이는 또한 아버지의 목적입니다. 그분은 사랑하는 아들이 "많은 형제 중에서 맏아들이 되기를"(롬 8:29) 원하셨습니다. 그분은 우리 주 예수님을 너무나 사랑하셔서, 우리가 그분의 형상을 닮도록 예정하셨습니다. 독생자와 같은 또다른 아들은 있을 수 없습니다. 하지만 아버지께서는 많은 인간 아들들을 그분의 맏아들처럼 되게 하기를 원하십니다. 만일 당신이 거울로 둘러싸인 공간의 한가운데 서 본 적이 있다면, 당신은 스스로의 모습이 사방에서 나타나는 것을 보았을 것입니다. 그와 마찬가지로 천국은 사랑하는 아들의 사랑스러운 모습을 닮은 자들로 가득할 것입니다. 천국에서 피로 씻은 모든 이들이 주님과 닮은 형상일 것이기 때문입니다. 아버지께서는 사랑하는 아들을 닮은 자들이 아무리 많이 있어도 싫지 않으십니다. 그분은 독생자를 닮은 자녀들을 수 억명이라도 갖기를 원하십니다. 이것이 또한 당신의 가장 큰 기쁨일 것입니다. 이러한 열망 속에서 당신과 아버지 사이에는 아름다운 연합이 있습니다.

나는 당신이 이렇게 말하는 것을 듣습니다. "나는 이제 아버지께서 인간들을 사랑하신 것을 이해합니다. 그분이 너무나 사랑하신 아들을 인간들을 위해 주시고, 그 아들이 그들을 위해 죽으신 것 때문에 그분을 사랑하신 것을 알겠습니다." 이는 아주 교훈적인 발견입니다. 아브라함이 이삭을 불러 모리아 산으로 올라가 제물로 드리려 할 때, 이삭은 그의 아버지의 뜻을 거역할 수도 있었습니다. 하지만 그는 그러지 않았습니다. 그들은 함께 제단이 있는 곳까지 갔습니다. 아브라함은 이삭을 묶었을 때 그를 사랑했습니다. 예, 그는 이삭이 묶이는 것에 동의한 것으로 인해 그 아들을 더욱 사랑했습니다. 아버지인 아브라함이 아들을 제물로 드린 것일 뿐 아니라, 아들인 이삭 역시 자원하여 그 자신을 드린 것입니다. 그리고 그의 아버지는 아들의 자기 포기로 인해 그를 깊이 사랑하였습니다. 그보다 더 위대한 이삭이신 예수님은, 실제적으로 우리를 위하여 자기 목숨을 포기하셨습니다. 아버지의 뜻을 이루기 위해, 아버지의 법을 옹호하기 위해, 아버지께서 자기에게 주신 백성들을 구하기 위해, 자기 목숨을 버리신 것입니다. 그러므로 아버지께서 그분을 사랑하시고, 우리도 그분을 사랑하며, 또한 우리는 우리 모두를 위해 아들을 아끼지 않고 내주신 아버지를 사랑하는 것입니다. 이렇게 하여 사랑은 그 전체 원을 완성했습니다. 그리스도의 사역에 의해 하나님과 인간은 하나가 되었고, 더 나아가 아들의 인격 안에서 하나님과 인간은 하나입니다.

여기 있는 누구라도, 믿음의 묵상에 의해, 내 설교에서 묘사된 과정을 통해 자신의 길을 찾는다면, 그는 더 이상 하나님의 원수가 아닙니다. 더 이상 지존하신 분에게 낯선 자가 아닙니다. 예수님의 죽음이 그를 하나님 가까이로 이끌었습니다. 만일 당신이 단지 귀를 기울이는 정도가 아니라 진심으로 이 과정을 이해하고 받아들인다면, 당신은 하나님의 아들의 죽음에 의해 하나님과 화해한 것입니다. 당신은 예수님이 죽으신 것 때문에 그분을 사랑하고, 하나님은 같은 이유로 그 아들을 사랑하십니다. 저 위대한 희생 제물을 통해 당신과 하나님은 손을 잡은 것입니다. 이보다 더 기쁜 일이 있을까요! 윌리엄 윌리엄스(William

Williams)의 열렬한 찬송시를 인용하는 것보다 더 좋은 결론을 내릴 수가 없다고 느낍니다.

> "나의 하나님, 나의 구주시여, 당신에게
> 늘 새로운 찬미의 노래를 부르나이다.
> 이슬방울처럼 많은 사람들이
> 함께 모여 당신을 찬미하게 하소서.
> 오, 모든 목초지마다
> 모든 풀들이 황금의 수금 줄이 되어,
> 많은 무리의 속죄를 위해 오신
> 당신에게 찬미의 음악을 연주하게 하소서."

제
42
장
—

영원한 생명

—

"내가 그들에게 영생을 주노니 영원히 멸망하지
아니할 것이요 또 그들을 내 손에서 빼앗을 자가 없느니라."
— 요 10:28

    어떤 사람들은, 여기 모인 회중들 속에는 믿지 않는 사람들도 있을 것이며 그러한 교리를 경건하지 않는 사람들에게 내놓는 것은 적절하지 못하다고 말할 것입니다. 그러나 그것은 그런 식으로 반대하는 자들이 성경을 얼마나 적게 읽고 있는가를 보여주는 것입니다. 왜냐하면 바로 이 본문이 구주께서 하신 말씀인데, 구주의 사랑하시는 제자들에게 하신 말씀이 아니라 구주를 대적하는 원수들에게 하신 말씀이기 때문입니다. 요한복음 10:31을 읽어 보시면 예수님으로부터 이 주제에 관해서 설교를 들었던 그 회중들의 혈기 어린 분노를 발견하게 될 것입니다. "유대인들이 다시 돌을 들어 치려 하거늘." 그 고집을 부리고 완고하게 나가는 그 무리들이 자기 나름대로 의분이 차서 구주의 말을 듣고 황당하여 어쩔 줄을 몰라했습니다. 그들이 구주를 거부할 수 있고, 그들의 권력의 강퍅함 때문에 은혜의 복락을 놓칠 수는 있지만, 그 복락 자체는 풍성하고 희귀한 것입니다.

    주님께서는 그들로 하여금 자기들이 잃어버리는 것은 말로 표현할 수 없을 정도로 보배로운 것임을 알게 하실 참이었습니다. 또 주의 메시지를 무시하면 반드시 자기들의 영혼에 큰 손해를 본다는 것을 깨우쳐 주려 하였습니다. 만일 여기 믿지 아니하는 분이 함께 섞여 있다고 해도 — 정말 그러한 주장이 사실일까 봐 겁이 납니다. 여기에 하나님께 속한 일들의 보배로움을 이해할 수 없는 사람들이 많이 있을까 봐 걱정입니다 — 그럼에도 불구하고 구주로 하여금 이 교리를 담대히 악인들에게 설교하도록 촉구하였던 그 이유 때문에 우리도 지금 같은 일을 할 것입니다. 그래서 악인들로 하여금 그리스도를 놓치는 것으로 말미암아 자기들이 잃어버리게 될 것이 무엇인지를 알게 해야겠습니다. 그들이 얼마나 위로에 찬 것들을 멸시하고 있는지를 알려야 하겠습니다. 또한 이 세상의 보화를 추구하느라 자기들의 하나님, 자기들의 구주를 보내 버리는 자들이 얼마나 막대한 보화를 놓쳐 버리는지를 알려 주고 싶습니다.

우리는 빈둥거리며 있을 시간이 없습니다. 그러므로 벌이 들에서 꽃을 따느라고 애쓰듯이 본문의 달콤한 진술을 추구하도록 합시다. "내가 그들에게 영생을 주노니." 문맥은 '그들'이라는 대명사가 그리스도의 양들임을 지시하고 있습니다. 주님께서 자기 양으로 택하신 어떤 사람들을 가리키는 말입니다. 주님께서는 그들을 택하시고 자기 양이라 부르셨습니다. 우리 구주께서는 그들이 누구인지에 대해서 우리가 문외한이 되지 않도록 하기 위해서 주님의 양을 알아볼 수 있는 표를 친절하게 해 두셨습니다. 우리는 하나님께서 택한 사람들의 이름이 적혀 있는 비밀스런 책을 읽을 수 없습니다. 또한 사람들의 마음을 탐색할 수도 없습니다. 그러나 다만 사람들의 외면적 행실을 주목할 수는 있습니다. 요한복음 10:27의 말씀은 하나님의 백성들을 알아보게 하는 표지가 어떠한 것인가를 말해 주고 있습니다. "내 양은 내 음성을 들으며 나는 그들을 알며 그들은 나를 따르느니라." 그 주님의 양 된 자들을 돋보이게 하는 표는 그리스도의 말씀을 듣고 그리스도를 따르는 것입니다. 먼저 그리스도를 믿고, 그런 다음에 그리스도의 교훈에 실제적으로 순종합니다. "사랑으로 역사하는 믿음"이 바로 그리스도의 양의 표지입니다. 주님께서 "내가 그들에게 영생을 주노니 영원히 멸망하지 아니할 것이요 또 그들을 내 손에서 빼앗을 자가 없느니라"(요 10:28)고 말씀하셨는데, 그 말씀은 바로 신자들에게 해당되는 것입니다. 우리 모두 바로 그 선택된 백성의 제복을 입고 있기를 하나님께 기도합니다. 다시 말하면, 능동적이고 거룩하게 하는 믿음을 갖게 하시기를 원합니다! 우리 모두 위대한 목자의 음성을 청종하고, 그분이 전달하시는 진리를 받기를 바랍니다! 또한 주님의 은혜로 말미암아 주님이 어디로 가시든지 따라갈 결심을 하시길 바랍니다. 양이 목자를 따르듯이 말입니다.

이 본문이 누구에게 속해 있는지를 설명했으니, 우리는 이 본문을 세 방면에서 다루어 보려고 합니다. 이 본문 말씀은 첫째로 이 사람들의 과거에 관해서 무엇인가를 함축하여 말하고 있습니다. 본문은 둘째로, 이 사람들의 현재에 관한 대단히 큰 것을 분명하게 진술하고 있습니다. 셋째로 이 본문은 그들의 장래에 관한 것에 대하여 아주 명확하게 시사하고 있습니다.

1. 이 사람들의 과거 역사에 관한 것

첫째로, 이 본문을 주의 깊게 연구하는 마음으로 읽는 독자는 이 본문이 "하나님의 백성들의 과거 역사에 관한 것에 대해 무언가" 함축하고 있다는 것을 관찰할 것입니다.

"내가 그들에게 영생을 주노니"라고 말씀하셨습니다. 그러므로 "그들이 영생을 잃고 있었다"는 전제가 깔려 있는 것입니다. 하나님의 백성들에게 속한 각자마다 아담 안에서 타락했었고, 자기가 범한 죄로 말미암아 모두가 타락했었습니다. 따라서 우리는 정죄 아래 있었고, 여왕 폐하가 유죄 판결이라는 범죄인을 위해서 가끔 행하는 일을 예수 그리스도께서 대신하셨습니다. 즉 예수님께서 우리를 값을 요구하지 않고 용서해 주셨습니다. 우리에게 영생을 주셨습니다. 우리 자신이 마땅히 주님 앞에서 영원토록 멸망받아야 했는데, 그 때 예수 그리스도께서 나서서 말씀하셨습니다. "너는 용서받았다. 네게 내려진 그 선고는 시행되지 않을 것이다. 너의 범죄 사실이 지워졌다. 너는 깨끗하다."

아니, 이 본문은 유죄 판결보다 더한 무엇이 있다는 것을 함축합니다. 곧 유죄 판결 받은 자가 받아야 될 실제적인 형벌이 있었다는 것을 함축합니다. 우리는 정죄받아 죽게 되어 있을 뿐만 아니라 이미 영적으로 죽어 있었습니다. 예수님께서 마땅히 취했어야 할 생명을 아끼지 않으셨습니다. 그럼으로 해서 그 생명을 우리에게 주신 것입니다. 그러나 그 뿐만이 아닙니다. 예수님은 우리에게 전혀 누려 보지 못했던 생명을 부여하셨습니다.

이 본문 속에서 우리가 영적으로 죽어 있었다는 것이 전제되어 있습니다. 아니, 우리는 여기서 우리 짐작대로 말하고 있는 것이 아닙니다. 또 우리 자신의 체험에 비추어서 말하고 있는 것도 아닙니다. 사도 바울이 말하였습니다. "허물과 죄로 죽었던 너희를 살리셨도다"(엡 2:1).

826 스펄전 설교 전집

바울이여, 무엇이 죽었단 말인가? 잘못 말하고 있는 것이 아닌가? 아마 그들이 약간 병들어 있었던 것이 아닌가? 아닙니다. 오! 사도여, 그들이 병들어서 거의 죽을 지경에 이르렀었다는 것을 기꺼이 인정하겠소. 그러나 분명히 그들은 약간의 생명력을 가지고 있어서 그들이 스스로 뭘 행할 수 있는 약간의 힘이 있었단 말이오! 사도는 말합니다. "아니다. 너희는 죽었었다. 허물과 죄로 죽었었다." 구원의 역사는 병든 자를 치료하는 것에 비유될 수 있습니다. 그러나 그 구원의 역사는 죽은 사람을 그 무덤에서 실제적으로 다시 살게 하는 것과 같습니다. 지금 하나님께 살아 있는 모든 성도들은 한때 다른 이들과 함께 모두 죽어 있었습니다. 다른 이들과 똑같이 부패하고 소행이 가증했었습니다. 다른 이들과 똑같이 부패하여 그들의 죄로 말미암아 하나님의 공의의 코로 맡으면 고약한 냄새가 났었습니다. 우리는 다 그릇 행하였습니다. 정말 우리는 다 혐오스러운 존재가 되었습니다. 왜냐하면 "선을 행하는 자는 없나니 하나도 없도다"(롬 3:12)라고 말씀하셨기 때문입니다. 우리가 죄 가운데 다 갇혀 있었을 때 예수 그리스도께서 사망의 영역 속으로 들어오시어 우리를 살려내시고 영원토록 죽지 않게 하셨습니다. 모든 성도들이 본래 생명을 전혀 가지고 있지 못했습니다. 그들은 영적 생명이 전혀 없었습니다. 살리는 분이신 예수님께서 그들로 하여금 하나님에 대해 살아나게 하신 것입니다.

이 사람들이 어떤 생명도 가지고 있지 않았으니 그들에게 생명이 주어지지 않았다면 다른 어떤 방도로든 생명을 얻지 못했을 것이다는 사실이 이 본문을 통해서 매우 분명하게 드러나지 않습니까? 성경을 연구하는 사람들에게는, 하나님의 말씀 속에는 불필요한 이적이 전혀 없으며 자연의 일반적인 순환 과정으로 충분한 것에서 일어난 이적도 전혀 없다는 것이 철칙으로 알려져 있습니다.

자, 형제들이여! 모든 이적들 가운데서 가장 큰 것은 영혼을 구원하는 것입니다. 만일 영혼이 스스로 구원받을 수 있다면 하나님께서 그 영혼을 구원하시지 않았을 것입니다. 할 수 있는 일을 그대로 하도록 내버려 두었을 것입니다. 영적으로 죽어 있는 사람들이 스스로 자신들을 살릴 수 있었다면, 모든 신적인 거래에 비추어 볼 때 예수님께서 오셔서 그들에게 생명을 주시지 않았을 것이 틀림없습니다. 저는 믿습니다. 예수 그리스도께서 하늘로부터 오셔서 우리에게 길을 보여주시고 우리를 위해서 모든 장애물들을 제거하시고 우리로 하여금 영광과 불멸로 인도하는 길로 들어서도록 하지 않으셨다면, 아무리 우리가 있는 힘을 다해서 한다 할지라도 하늘에 들어가는 자가 하나도 없었을 것입니다. 정말 멸망에 처하여 있었습니다. 멸망! 멸망! 멸망! 만일 인류가 자신을 구원하기 위해서 열심히 일하지 않으면 멸망될 수 있는 상태 속으로 던져진 것이 아닙니다. 인류는 전적으로 망해 있었습니다. 부분적으로 망한 것이 아닙니다. 하나님의 팔이 가운데 나타나지 않으셨다면, 다시 말하면 하나님께서 인간의 육신으로 나타나지 않으셨다면, 또는 골고다에서 손해 보는 그 거래가 이루어지지 않았다면, 또한 마음속에 역사하는 성령의 작용이 아니었다면, 단 한 죽은 영혼도 생명을 얻을 수 없었을 것입니다. 만일 영생을 사람이 조종할 수 있다면 영생은 주 예수 그리스도의 고유한 사역이 아닐 것입니다. 그러나 사람의 능력은 제외되고 은혜가 왕 노릇 합니다.

조금만 생각해 보아도 이 본문에서 분명히 드러난 요점이 있습니다. 영생은 하나님의 사람들 중 어느 누구의 공로로 주어지는 것이 아니다는 사실입니다. 왜냐하면 그 영생이 우리에게 주어졌다고 말하기 때문입니다. 자, 선물은 돈을 주고 사는 것과는 정반대입니다. 정말 사람은 틀림없이 받을 만한 자격이 없는 것을 선물로 받습니다. 자, 그것이 우리에게 주어진다면 그것은 더 이상 빚이 아닙니다. 그것이 빚이라면 더 이상 선물이 아닙니다. 우리 중 어떤 누구의 공력도 영생을 얻어 내지 못합니다. 또 얻어낼 수도 없습니다. 인간의 육신의 목숨도 하나님의 긍휼의 선물입니다. 우리는 그걸 받을 만한 자격이 없습니다. 본문에서 말하는 영생에 관해서 말하자면, 그 영생은 인간의 공로의 손가락으로 닿기를 바라기에는 너무 높은 혜택입니다. 만일 사람이 그 영생을 추구하며 더 이상 할 수 없는 노력을 하였다 하더라도, 율법을 의지하고서는 그 영생을 얻을 수 없었을 것입니다. 사람은 죽음 이외에 그 어떤 것도 받을 자격이 없습니다. 그러니 생명은 하나님께서 값없이 주신 선물임에 틀림없습니다. "죄의 삯은 사망이라." 다시 말하면, 사망은 빚으로 주어지고 확보된 것입니다. "그러나 하나님의 은사는" 하나님의 값없는 은사는 "영생이니라."

자, 이 교리는 우리를 매우 겸손하게 하는 교리입니다. 저는 그렇게 알고 있습니다. 그러나 그 교리는 진리입니다. 저는 하나님의 자녀들 모두가 그것을 느끼기를 원합니다. 저는 여러분이 느낀다는 것을 알고 있습니다. 여러분이 빠져 들었던 구덩이를 봅니까? 그것을 정말 봅니까? 아니면 최근에 여러분이 교만해졌습니까? 여러분의 훌륭한 느낌과 여러분 자신이 기도하는 것이 모자에 달린

깃털처럼 여러분을 부풀게 합니까? 제발 여러분이 어떠한 사람이었는지를 회상해 보십시오! 여러분이 어떻게 교만할 수 있습니까? 여러분이 빠진 거름 무더기를 기억하지 못하시다니! 하나님께서 여러분을 얼마나 더러운 곳에서 건져 내셨는지를 기억하십시오. 교만의 망토를 입고 우쭐대지 마십시오. 오히려 부끄러움으로 여러분 자신의 얼굴이 벌겋게 되는 것이 좋습니다. 오! 정말 우리가 자랑하는 것을 하나님께서 금하여 주시기를! 우리가 무엇을 자랑해야 하겠습니까? 우리가 가진 것 중에 받지 않은 것이 무엇입니까?

본문을 통해서 지금 의로운 자들은 그리스도가 아니면 멸망했었을 자들임이 분명하게 드러납니다. 그리스도께서 "그들이 영원히 멸망하지 아니할 터이요"라고 말씀하십니다. 그 그리스도의 약속은 아무렇게나 주어진 것이 아닙니다. 그러므로 그 약속에는 필연성이 존재합니다. 지금 구원받은 모든 사람 하나하나 영원히 멸망당할 엄숙한 위험에 처해 있었습니다. 죄가 그들로 하여금 다른 이들과 똑같이 진노를 물려받게 하였습니다. 성경이 그렇게 말하고 있습니다. 그들이 특별한 은혜를 받지 못했다면 공의가 다른 사람들과 똑같이 그들을 압도해 버리고 말았을 것입니다. 지금이라도, 그리스도께서 지켜 주지 않으신다면 참으로 의로운 영혼이라도 멸망당하지 않아야 할 이유가 전혀 없습니다. 그것은 엄숙한 진리입니다.

여러분은 지금 생명을 가지고 있습니다. 성령께서 생명에 속한 능력을 여러분의 영혼 속에 계속 부어 주지 아니하시면 영적으로 한 시간도 못 되어 죽어버릴 것입니다. 여러분은 보호를 받고 있습니다. 그러나 주목하십시오. 그것은 하나의 약속으로 진술되어 있습니다. 그러므로 그것은 자연스러운 필연성의 문제가 아닙니다. 은혜가 아니고는 배도의 무서운 위험에 처하여 있는 것입니다. 아마 지금이라도 배도할 위험 속에 빠져 버리고 말 것입니다. 다른 사람들에게 전파한 후에 자신이 버림이 될까 두려워했던 사도처럼 그러한 두려움을 가질 수밖에 없습니다. 정말 합당한 두려움입니다. 거룩한 열심을 느끼고 있는 진지한 영혼들에게 자주 그 두려움이 찾아올 것입니다. 그러나 우리가 하나님의 약속에 이르게 될 때 어떠한 두려움도 가질 필요가 없습니다. 왜냐하면 우리가 진실로 그리스도 안에 있다면 완전히 보장되어 있기 때문입니다. 그리스도의 말씀은 "그들이 영원히 멸망하지 아니할 것이다"라고 되어 있습니다. 약속이 확실히 주어진 것은 그 약속이 필요했기 때문입니다. 다시 말하면, 멸망할 위험이 존재합니다. 주님의 은혜가 아니라면 만 번도 멸망당할 처지입니다. 오직 전능하신 주님께서 사탄의 불화살을 막아 주십니다. 복되신 의사 되신 주님께서 그 사탄의 불화살에 남아 있는 독을 유화시킵니다. 그렇지 않으면 그 독이 금방 우리를 파멸시킬 것입니다. 우리를 안전히 본향에까지 인도하실 것이라고 서약하신 주님께서는 일천 대적으로부터 우리를 보호하십니다. 그렇지 않으면 그 대적들은 금방 우리를 병들게 할 것입니다. "그들은 영원히 멸망하지 아니할 것이요"(요 10:28).

또한 이 본문 속에는 하나님의 백성들은 자연스럽게 그리스도의 손에서 자기들을 낚아채 가려는 일만 대적을 갖기 마련이다는 점이 함축되어 있습니다. 그들은 전에 원수의 손 아래 있었습니다. 자원하는 마음으로 사탄을 맹종하는 노예였었습니다. 이 점을 그 하나님의 백성들도 알고 있습니다. 또한 그 점을 다 기꺼이 인정하고 있습니다. 저는 하나님께 간구합니다. 여기 있는 사람들 가운데 제가 말씀드린 사실의 진리를 느낄 수 있기를 말입니다. 자기 의에 사로잡힌 자들은 이렇게 말할 것입니다. "나는 옳다. 나는 최선을 다한다. 나는 예배당에 간다." 자, 영혼이여! 그 자체로 보면 옳습니다. 그러나 만일 여러분이 그것을 자랑한다면, 여러분은 아직 하나님도 자기 자신도 알지 못하는 증거가 되는 것입니다. 자기가 날 때부터 죄인이라는 느낌을 전혀 가지고 있지 않다고 떠벌리는 사람들의 말을 들으면, 그들이 바리새인과 세리에 대한 우리 주님의 말씀을 읽어 보았으면 하는 생각이 듭니다.

어떤 형제가 풀턴 가(街)의 기도 모임에서 믿는 자들의 기도를 요청했습니다. 왜냐하면 자기는 자기 자신의 마음의 부패를 크게 느끼고 사탄의 유혹과 자기 자신의 본성의 본질적 비열함에 대해서 특별하게 크게 느꼈기 때문입니다. 다른 형제가 기도회를 하는 그 방의 저편에서 일어났습니다. 그러면서 하나님께 감사했습니다. 자기는 그러한 체험을 하고 있지 않다는 것입니다. 자기 마음도 부패해 있다는 느낌이 들지 않는다는 것입니다. 기도를 요청했던 형제는 아무 대꾸도 하지 않았습니다. 그러나 한 친구가 이 말씀을 읽어 주었습니다. "두 사람이 기도하러 성전에 올라가니 하나는 바리새인이요 하나는 세리라 바리새인은 서서 따로 기도하여 이르되 하나님이여 나는 다른 사람들 곧 토색, 불의, 간음을 하는 자들과 같지 아니하고 이 세리와도 같지 아니함을 감사하나이다 나는 이레에 두 번씩 금식하고 또 소득의 십일조를 드리나이다 하고, 세리는 멀리 서

서 감히 눈을 들어 하늘을 쳐다보지도 못하고 다만 가슴을 치며 이르되 하나님
이여 불쌍히 여기소서 나는 죄인이로소이다 하였느니라 내가 너희에게 이르노
니 이에 저 바리새인이 아니고 이 사람이 의롭다 하심을 받고 그의 집으로 내려
갔느니라 무릇 자기를 높이는 자는 낮아지고 자기를 낮추는 자는 높아지리라 하
시니라"(눅 18:10-14).

자기가 죄인이라는 의식을 가지고 있는 것은 그 사람이 용서받은 사람이거
나, 아니면 앞으로 용서받을 사람이라는 복된 조짐입니다. 자기 자신은 죄가 없
다고 말하는 사람은 하나님께 거짓말을 하고 있는 것이며 그 속에 진리가 없습
니다(요일 1:10). 자기 죄를 고백하지 않을 사람은 결코 사함을 얻지 못할 것입니
다. 상하고 두려워 떠는 심령을 가지고 십자가 밑에 오는 사람은 거기서 죄 용서
함을 얻을 것입니다. 하늘의 상속자들이 주님 알기 전 상태가 어떠하다는 것을
이만큼 말하였으면 되었습니다.

2. 모든 신자의 현재 상태에 대해서 홍수처럼 쏟아지는 빛

자, 이제 우리는 바로 이 본문의 주제 속으로 들어가 봅시다. "이 본문은 현
재 믿는 모든 사람의 상태에 대해서 홍수처럼 많은 빛을 쏟아 부어 주고 있습니
다."

1) 우리는 길게 강해하기보다는 몇 가지 힌트를 여러분에게 드릴 것입니다.
그래서 첫 번째 문장 받은 선물에 대해서 말하는 그 진술을 살펴보고자 합니다.
"내가 그들에게 영생을 주노니." 이 선물을 무엇보다도 **생명**입니다. 생명과 존재
를 혼돈하게 되면 하나님의 말씀을 이상하고 혼잡하게 만들게 됩니다. 왜냐하면
그것들은 전혀 별개의 문제이기 때문입니다. 모든 사람들은 다 영원히 존재합니
다. 그러나 많은 사람들은 영원한 사망 속에서 거하게 될 것입니다. 생명에 속한
것에 대하여 아무것도 알지 못하게 될 것입니다. 생명은 존재와 전혀 별개의 문
제입니다. 그 생명은 하나님의 말씀 속에서 활동과 행복에 속한 어떤 것을 함축
합니다. 우리가 살펴보는 이 본문은 많은 것들을 내포하고 있습니다.

돌과 식물의 차이를 주목해 보십시오. 식물은 식물의 생명을 가지고 있습니
다. 동물과 식물 사이에도 차이가 있습니다. 식물은 식물의 생명을 가지고 있는
반면, 살아 있는 생명체에 대해서 우리가 말하는 의미에서는 죽어 있습니다. 동
물의 생명에 속해 있는 감각들이 전혀 없습니다. 그런 다음, 다시 우리는 또다른

더 높은 차원으로 눈을 돌려 봅시다. 곧 정신적 생명에 대해서 눈을 돌려 봅시다. 그 점에 있어서 동물은 죽어 있습니다. 그 정신적 생명은 너무나 신비로워서 수학으로 계산되지 않는 것이고, 아무리 고상한 시(詩)의 영광을 통해서도 만끽되지 못하는 것입니다. 동물은 지성적인 이지의 생명과는 아무런 관련이 없습니다. 정신적 생명에 대해서 동물은 죽어 있습니다. 자, 정신적 생명보다 더 높은 등급의 생명이 있습니다. 철학자에게도 전혀 알려지지 않은 더 높은 생명의 등급입니다. 플라톤이나 아리스토텔레스도 그것을 알지 못했고 감을 잡지 못했습니다. 그러나 하나님의 자녀들 중 가장 작은 자들마저도 그 생명이 무엇인지 알고 있습니다. 그래서 그 생명을 "영적인 생명"이라고 이름 붙입니다. 전연 새로운 형태의 생명이지요. 그것은 본성적으로 사람에게 속하여 있는 것이 아니라, 예수 그리스도로 말미암아 사람에게 주어지는 것입니다.

첫 번째 사람인 아담은 산 영이 되었습니다. 그리고 그의 모든 후손들은 아담과 같게 되었습니다. 두 번째 아담이신 그리스도는 살리시는 영이 되었습니다. 우리가 두 번째 아담과 같이 되기 전에는 영적인 것에 대해서 아무것도 알지 못하게 됩니다. 우리에게 속한 이 몸은 본질적으로 영원의 생명을 위해서 적응되게 되어 있습니다. 사도는 말합니다. 고린도전서 15장에서 "몸이 심어지는 것"에 대해서 말하고 있습니다. 무엇이라고요? "육의 몸으로 심고."(헬라어로는 "혼적인 몸(soulish body)"이라고 말하고 있습니다). "육의 몸(natural body)으로 심고 신령한 몸으로 다시 사나니"(15:44). 육의 몸이 있고 신령한 몸이 있습니다. 모든 사람들이 가지고 있는 더 낮은 단계에 속한 생명의 몸이 있습니다. 단순한 정신적 존재만을 위해 그 몸이 존재합니다. 앞으로 영적 생명을 받은 이들에게만 속해 있는 몸이 있을 것입니다. 그들은 하늘에서 온전하게 된 영의 집으로서의 그 몸 안에 거하게 될 것입니다. 예수 그리스도께서 그 백성들에게 주신 생명은 영적인 생명입니다. 그래서 그 생명은 "신비롭습니다." "바람이 임의로 불매 네가 그 소리는 들어도 어디서 와서 어디로 가는지 알지 못하나니 성령으로 난 사람도 다 그러하니라"(요 3:8). 정신적 생명을 가지고 있는 사람은 그것이 무엇인지 말이나 소에게 설명해 줄 수 없습니다. 영적인 생명을 가진 우리는 영적 생명이 무엇인지를 그 생명을 갖지 않은 사람들에게 설명해 줄 도리가 없습니다. 물론 그 영적 생명이 무엇을 하는지, 그 효력이 어떠한 것인지에 대해서는 말할 수 있습니다. 그러나 "하늘의 불꽃"이 존재한다는 사실은 의식하면서도 그것이 무엇인지 여러분 스스로도 알 수 없습니다.

예수 그리스도께서 백성들에게 주신 생명은 영적인 생명입니다. 그러나 그보다 더한 생명입니다. 그 생명은 신적 생명입니다. 이 생명은 하나님의 생명을 닮았습니다. 그러므로 그 생명이 "영원합니다." 사도는 말합니다. "우리가 신성한 성품에 참여하는 자가 되었으니" "너희가 (하나님 아버지에 의하여) 거듭난 것은 썩어질 씨로 된 것이 아니요 썩지 아니할 씨로 된 것이니"(벧전 1:23)라고 말합니다. 그 말은 우리가 신적 존재가 되었다는 말이 아닙니다. 신성과 교감할 수 있게 하는 성품을 받았다는 것입니다. 그래서 영원한 지성이 관심 있어 하는 요점에 대해서 기뻐하고, 지존하시고 거룩하신 하나님과 같은 원리에 따라서 살아갈 수 있는 그러한 본질을 받았다는 것입니다. 우리는 사랑합니다. 왜냐하면 하나님이 사랑이기 때문입니다. 우리는 거룩해지기 시작합니다. 하나님 성삼위께서 거룩하시기 때문입니다. 우리는 온전하게 되기를 갈망합니다. 왜냐하면 하나님께서 완전하시기 때문입니다. 우리는 선한 일을 행하기를 즐거워합니다. 하나님이 선이시기 때문입니다. 우리는 새로운 대기(환경) 속으로 들어갔습니다. 우리는 단순한 기능을 하는 영역에서 벗어났습니다. 우리의 영적인 기능들이 우리로 하여금 하나님을 친밀하게 만들었습니다. 하나님께서 "우리의 형상을 따라 우리의 모양대로 우리가 사람을 만들고"(창 1:26)라고 말씀하셨습니다. 그런데 아담은 그 형상을 상실했습니다. 그리스도께서 그 형상을 회복하시고, 아담이 범죄했을 때 상실했던 생명을 우리에게 주셨습니다. "네가 먹는 날에는 반드시 죽으리라"고 하나님께서 아담에게 말씀하셨는데, 그 때 상실하였던 그 생명을 우리에게 주신 것입니다. 아담은 그런 의미에서 "죽었습니다." 그 죽음에 대한 선고가 지연되지 않았습니다. 그 선악을 알게 하는 실과를 따먹는 순간 영적으로 즉시 죽었습니다. 그런데 예수 그리스도께서는 당신을 믿는 모든 영혼에게 이 영구히 지속되는 생명을 회복시켜 주신 것입니다.

이 생명은 하늘에 속한 생명입니다. 제가 지적하는 요점들을 통해서 여러분도 그 점을 유추할 것입니다. 그 생명은 하늘에서 확장되고 발전되는 바로 그 생명입니다. 그리스도인이 죽지 않습니다. 구주께서 뭐라고 말씀하십니까? "나를 믿는 자는 영원히 죽지 아니하리니"(요 11:26). 정신적인 생명이 죽지 않는다는 말입니까? 단순한 육체적 몸이 죽지 않습니까? 아닙니다. 영적인 생명이 죽지 않는다는 말입니다. 거기 하늘에서 존재할 그 생명은 바로 이 땅에서 얻어지는 바로 그 생명입니다. 지금 그 생명은 온전히 다 계발이 되지 못하고, 우리의 생명의 부패의 요소가 그 작용을 더디게 만듭니다.

형제 여러분, 혈과 육을 가지고는 하늘나라에 갈 수 없습니다. 우리가 가지고 갈 것이 하나도 없습니다. 다만 그것이 온전히 승화되어야 하고, 변화되어야 하고, 영적 생명의 감화로 온전하게 되어야 합니다. "혈과 육은 하나님 나라를 이어 받을 수 없고 또한 썩는 것은 썩지 아니하는 것을 유업으로 받지 못하느니라"(고전 15:50). 그러면 하늘에 들어가게 될 '나' 또는 '나 자신'은 무엇입니까? 만일 여러분이 그리스도 안에서 새로운 피조물이라면, 그 새로운 피조물, 여러분이 이 장막에 있을 때 여기서 영위했던 바로 그 생명, 여러분이 하나님과의 교제의 정원에서 싹이 트고 꽃이 피워졌던 바로 그 생명, 병자들을 찾아가게 했고 헐벗은 자에게 옷 입혀 주었고 굶주린 자에게 먹을 것을 주었던 바로 그 생명, 여러분의 볼에 회개의 눈물을 흐르게 했던 바로 그 생명, 예수님을 믿도록 했던 바로 그 생명 ─ 바로 그 생명이 하늘로 갈 것입니다. 만일 여러분이 그 생명을 가지고 있지 못하다면 하늘의 생명을 소유하지 못하는 것입니다. 죽은 영혼은 하늘에 들어갈 수 없습니다. 오직 생명 있는 사람들만이 생명의 나라에 들어갈 수 있습니다. "우리가 흙에 속한 자의 형상을 입은 것 같이 또한 하늘에 속한 이의 형상을 입으리라"(고전 15:49). 그 하늘에 속한 생명이 지금 우리 안에서 약동하고 고동칩니다.

이 모든 것으로부터 우리는 이와 같은 사실을 유추할 수 있습니다. 곧 그리스도께서 당신의 백성들에게 주신 생명은 활기 있는 **생명**이라는 것입니다. 만일 영적 생명이 사람에게 부어지게 되면 그 생명은 그 사람을 이전의 상태에서 들어올립니다. 그래서 단순히 육적인 이해의 영역에서 그를 높이 들어올리는 것입니다. 다른 사람은 아무도 그 사람 안에서 일어난 일을 알지 못합니다. "이는 너희가 죽었고 너희 생명이 그리스도와 함께 하나님 안에 감추어졌음이라"(골 3:3). 여러분, 이 세상이 이 새 생명을 이해하리라고 기대할 수 없습니다. 그것은 감추어진 일입니다. 그것이 여러분 자신에게도 신비입니다. 정말 여러분 마음으로 생각을 해도 도저히 이해가 되지 않는 기이한 일입니까? 그러나 오! 그것이 얼마나 활발하게 작용합니까! 그것이 여러분의 죄와 싸울 것입니다. 그리고 그 생명이 죄를 죽이기 전에는 만족하게 하지 않을 것입니다. 만일 여러분이 자기 속에 어떤 갈등을 겪은 적이 없었다고 말한다면 저는 여러분에게 말하겠습니다.

어떻게 여러분이 신적 생명을 가지게 되었는지 이해할 수 없다고 말입니다. 왜냐하면 신적 생명이 있다면 대번에 옛 본성과의 갈등에 돌입하기 마련이며, 그 싸움은 아주 항구적이 될 것이기 때문입니다. 남자가 집에서 새 사람이 됩니다. 그 아내와 그 가족이 그것을 지켜 봅니다. 사업장에서도 전혀 다른 사람이 되어 있습니다. 그의 동료나 또는 하나님과의 관계에서 살펴보더라도 정말 달라진 사람입니다. 그는 새로운 피조물입니다. 새롭고 기이한 생명이 자기 속에 심기어졌다는 것을 느끼고, 그 생명이 자기를 일반적인 부류들과는 다른 족속으로 만들었다는 것을 느낍니다. 그래서 그는 사람의 아들들 중에서 외인이요 소외당한다는 느낌을 가지고 행하게 됩니다. "사랑하는 자들아 우리가 지금은 하나님의 자녀라 장래에 어떻게 될지는 아직 나타나지 아니하였으나 그가 나타나시면 우리가 그와 같을 줄을 아는 것은 그의 참모습 그대로 볼 것이기 때문이니"(요일 3:2).

저는 내적 생명을 묘사함에 더 많은 시간을 가졌으면 하고 바랍니다. 그러나 예수님께서 성령의 역사로 말미암아 믿는 자에게 주시는 복락을 시사하는 데 이정도면 충분하다고 생각합니다.

본문 속에는 그것을 규정하는 말씀이 있습니다. "내가 그들에게 '영원한' 생명을 주노니"라고 하였습니다. 영원한이라는 말은 '끝도 없이'라는 뜻입니다. 만일 그리스도께서 하나님의 생명을 사람 속에 넣으신다면 그 생명은 빼앗아갈 수 없는 생명입니다. 그 생명은 죽을 수 없습니다. 그런 일은 불가능합니다. 어떤 사람이 오늘 하나님의 자녀이면서도 다음 주일에는 마귀의 자녀가 되어 있는 것을 발견할 수 있다고 말하는 것을 들은 적이 있습니다. 그러나 저는 그 때에 그 사람이 '영원한'이라는 말을 쓰면서 오류 주만을 뜻하는 것으로 썼구나 하는 생각을 가졌습니다. 그러나 사전을 찾아보면, 또는 성령의 뜻을 따라서 보면 '영원한'이라는 말은 '끝도 없이'라는 뜻입니다. 만일 어떤 사람이 "나는 한때 영적인 생명을 가졌었는데 지금은 갖고 있지 않아요"라고 말한다면, 그가 전적으로 실수를 했든지, 아니면 그 생명을 전혀 갖고 있지 않았던 것이 분명합니다. 만일 예수님께서 "내가 그들에게 칠년 동안 지속될 수 있는 생명을 주노니, 그 생명은 시험을 받아 꺼질 수도 있고 없어질 수도 있다"라고 말씀하셨다면, 자기가 은혜에서 떨어졌다고 하는 사람의 말을 이해할 수 있었을 것입니다. 그러나 '영생'이라고 한다면 그 생명은 영원합니다. 그 생명은 끝이 없습니다. 그 생명은 계속되어야 합니다. 우리가 믿기로 영원히 존재만 하는 차원에서 본다면 영혼도 결국 끝없이 존재할 것입니다. 그러나 그렇게 영혼이 끝없이 존재하는 것이 경건하지 않은 사람들에게 전혀 유익이 되지 못할 것입니다. 그리스도께서 우리에게 단순히 없어지지 않는 존재를 주시겠다고 하신 것이 아닙니다. 왜냐하면 그런 것만 주신다면 어떤 사람들에게는 참으로 무서운 저주가 될 것이기 때문입니다. 구원 받지 못한 영혼들을 그 불멸의 존재로부터 없어지게 할 수만 있다면 아마 그들은 좋아할 것입니다. 그러나 그리스도께서 영원하고, 거룩한 생명, 복된 '생명'을 주십니다. 그 생명은 그냥 존재하는 것보다 무한히 복된 무엇입니다. 존재가 하나의 저주일 수 있습니다. 그러나 생명은 복락입니다. 이 생명은 여기 이 지상에서부터 시작됩니다. "내가 그들에게 주노니"라고 말씀하십니다. "내가 줄 것이다"라고 말씀하지 않으시고, "내가 주노니"라고 현재형으로 말씀하십니다. "그들이 죽을 때 영생을 주겠다"고 말씀하지 않으셨습니다. 오히려 "내가 여기서 그들에게 준다. 내가 영생을 그들에게 준다"고 말씀하고 계십니다.

설교를 듣는 여러분이여, 여러분은 오늘 밤 영생을 소유하고 있는지, 아니면 영적인 죽음 상태에 있는지, 둘 중의 하나입니다. 만일 여러분이 영생을 받지 않았다면 "허물과 죄 가운데서" 죽어 있는 것입니다. 여러분의 운명은 정말 무서운 것입니다. 그러나 만일 하나님께서 여러분에게 영생을 주셨다면, 지옥의 군대들이 여러분을 둘러싸고 있거나, 세상의 시험들이 있다 하더라도 두려워할 필요가 없습니다. 왜냐하면 영원하신 하나님이 여러분의 피난처가 되시며, 영원한 팔이 여러분을 껴안고 있을 것이기 때문입니다.

생명은 주님의 백성들 각자에게 대가 없이 주어지는 선물입니다. 우리 주님으로 말미암아서만 부여된 생명입니다.

2) 우리는 이제 그 복락의 두 번째 부분으로 나아가 봅시다. 여기 끝까지 지켜주실 것이 보증되어 있습니다. "그들이 영원히 멸망하지 아니할 것이요." 성도의 궁극적 견인을 주장할 수 없는 어떤 신사들은 다음의 진수로부터 슬그머니 빠져나가려고 합니다. "또 그들을 내 손에서 빼앗을 자가 없느니라." 그러면서 그들은 이런 암시를 합니다. "그러나 그들 스스로 빠져 나갈 수 있다." 정말 아닙니다. 결코 그럴 수가 없습니다. 본문은 "그들이 영원히 결코 멸망하지 않을 것이다"고 말하고 있습니다. 우리가 지금 살펴보고 있는 그 문장은 그리스도의 양이 된 사람 가운데 한 사람이라도 멸망 받을 가능성에 대한 모든 종류의 가정을 배

제시킵니다. "영원히 멸망하지 아니할 것이요." 각 단어들을 조심하여 살펴보십시오. "'그들이' 영원히 멸망하지 아니할 것이요."

물론 그리스도의 양 된 자들이 가지고 있는 어떤 개념들 가운데서 소멸되는 것이 있을 수도 있고, 그들 위로(慰勞) 가운데 어떤 것이 그렇게 될 수도 있습니다. 또는 그들의 체험의 어떤 것이 그런 식으로 사그라질 수 있습니다. 그러나 그들 자신들은 결코 멸망하지 않을 것입니다. 그 사람의 진수가 되는 것, 그의 참 영혼, 그의 내면적으로 새롭게 된 성품은 결코 파괴되지 않을 것입니다. 그리스도인이여, 여러분이 일천 가지에서 박탈당할 수도 있습니다. 그러나 그 약속은 결코 깨어지지 않습니다. 그 약속은 배가 결코 파선하지 않을 것이라는 약속이 아닙니다. 배에 탄 승객들이 반드시 그 항구에 도달할 것이라는 약속입니다. 그 약속은 집이 결코 불타지 않을 것이라는 약속이 아닙니다. 집안에 있는 여러분이 피할 것이라는 서약입니다. "'그들이' 멸망하지 아니할 것이요."

또다른 말을 생각해 보십시오. "그들이 영원히 '멸망하지' 아니할 것이요." 그들이 그 멸망의 근처에까지 갈 수도 있을 것입니다. 그들의 기쁨과 위로도 상실할 수가 있습니다. 그러나 "그들이 영원히 '멸망하지' 않을 것입니다." 그들 속에는 생명이 기진하여 없어지는 일은 있을 수가 없습니다. 그 생명이 타격을 받아 완전히 빠져 나가는 일은 없을 것입니다. 만일 여러분이 빵 조각 속에다가 누룩을 넣기만 하면 그 누룩을 그 빵에서 빼낼 수가 없습니다. 그 빵을 찌거나 또는 불 위에 올려놓을 수는 있죠. 또 그 빵을 구울 수도 있습니다. 여러분이 좋아하는 대로 할 수 있죠. 그러나 그 누룩이 그 안에 있습니다. 그 누룩을 뺄 수가 없습니다. 영혼이 하나님의 은혜에 흠뻑 젖게 되면 그 영혼에서 하나님의 은혜를 뽑아낼 수가 없습니다. 그 사람 자신은 결코 멸망하지 않을 것입니다. 물론 그 사람이 자신이 멸망할 수도 있을 거라고 생각할 수도 있죠. 또는 마귀가 그런 생각을 부추길 수 있습니다. 또 그의 위로가 물러갈 수 있습니다. 또한 죽음의 병상에서 굉장한 의심을 가질 수도 있고 자기 자신에 대한 두려움을 가질 수도 있습니다. 그러나 그는 "결코 멸망하지" 않을 것입니다. 자, 이것이 진리이든지, 아니면 진리가 아니든지, 둘 중에 하나이겠죠. 이것이 진리가 아니라고 생각하는 여러분은 주님께 그렇게 아뢰어 보십시오. 그러나 저는 그것이야말로 가장 확실하고 틀림없는 사실이라고 믿습니다. 왜냐하면 여호와 하나님께서 그 말씀을 하시기 때문입니다. 저는 어떻게 그 주님을 믿는 주님의 양들이 멸망하지 않는지 그 방식을 알지는 못합니다. 그것은 정말 기이한 일입니다. 그러나 그 일은 처음부터 끝까지 내내 하나의 기사입니다.

자, 이제 '결코'라는 말을 주목합시다 (우리말 개역 성경에는 그 말이 나와 있지 않고 대신 '영원히'라는 말로 되어 있다 – 역주). 우리는 그 성도의 견인이 얼마나 오랫동안 지속되는지를 보여주었습니다. "그들은 '결코 '멸망하지 아니할 것이요." 이런 말을 하면 이렇게 말하겠죠. "그래요. 그러나 살다가 늙게 되고 죄에 빠지면 어떻게 됩니까?" "그들은 결코 영원히 멸망하지 아니할 것이요." 오! 그러나 아마 그 주님의 양들이 전혀 그러리라는 예상을 하지 못한 여러 방면에서 공략을 받을 수 있습니다. 아니면 시험의 공략을 당할 수도 있습니다. 그러나 "그들은 결코 멸망하지 않을 것입니다." 이렇게 말하면 어떤 분은 또 이렇게 이유를 달 것입니다. "그래요. 그러나 어떤 사람이 하나님의 자녀였다가 지옥에 갈 수 있잖아요." 어떻게 그럴 수 있습니까? 그가 '결코' 죽을 수가 없는데 지옥에 갈 수 있느냐 말입니다. "결코 … 않을 것이다"란 말은 시간과 영원 전체를 다 함축하는 것이고, 살아 있을 때와 죽어 있을 때의 증거를 함축합니다. 산과 골짜기를 다 내포하고, 나팔 소리로 크게 떠드는 때와 조용할 때를 다 포함하고 있습니다. "그들은 영원히 멸망하지 아니할 것이요."

> "모든 상태 속에서 안전하니
> 영원한 손이 지키시기 때문이라."

전능하신 하나님의 날개 아래 거하면 밤에 온역이 그 사람들을 칠 수 없고, 낮의 염려가 그 사람들을 파멸시킬 수 없습니다. 젊을 때 그의 정욕이 그를 망하게 하지 못합니다. 그래서 젊은 날을 보낼 수 있습니다. 중년에 바쁘게 사업을 해야 하는 그런 때에도 안전한 운항을 할 수 있도록 지켜 주실 것입니다. 여러 가지 연약을 가지고 있는 노년에도   라의 나라 백성이 될 것입니다. 죽음의 음울한 그늘이 드리워질 때에도 다가오는 찬란한 광휘 때문에 그는 고양될 것입니다. 실제로 몸을 떠나게 되는 때가 올 때에 마지막 엄숙한 순간도 강에 발을 적시지 않고 건너갈 수 있을 것입니다. "네가 물 가운데로 지날 때에 내가 너와 함께 할 것이라 강을 건널 때에 물이 너를 침몰하지 못할 것이며 네가 불 가운데로 지날 때에 타지도 아니할 것이요 불꽃이 너를 사르지도 못하리니"(사 43:2). "그들이 영원히 멸망하지 아니할 것이요."

제 생각에는 모든 것을 설명해 버리는 방식이 있습니다. 그러나 하나님의 성도들이 끝까지 믿음을 견지한다는 것을 반대하는 자들이 이 본문을 어떻게 건너뛰어 갈 수 있는지 도대체 이해가 되지 않습니다. 물론 그들은 자기들이 원하는 대로 다룰 수도 있습니다. 그러나 저는 본문 속에서 만나는 바를 여전히 믿을 것입니다. 내가 그리스도의 백성들 중에 속한다면 나는 결코 멸망하지 않을 것이라는 사실을 여전히 믿을 것입니다. 만일 내가 멸망한다면 그리스도께서 그의 약속을 지키지 아니하시는 것이 될 것입니다. 그러나 주님께서 당신의 말씀이 항상 신실하심을 저는 알고 있습니다. "이스라엘의 지존자는 거짓이나 변개함이 없으시니 그는 사람이 아니시므로 결코 변개하지 않으심이니이다"(삼상 15:29). 속죄의 희생에 의지하는 자는 영원히 안전하고, 안전할 것입니다. "그들이 영원히 멸망하지 아니할 것이요."

3) 이제 세 번째 문장으로 나아가 봅시다. 우리는 이 세 번째 문장에서 "보장된 지위"에 대해서 듣게 됩니다. ─ "그리스도의 손 안에" 있는 주님의 양들의 위치를 발견합니다. 그 부분을 강해할 시간이 없습니다. 다만 주님의 양은 영예의 자리에 있다는 것입니다. 우리는 주님의 손에 낀 가락지와 같습니다. 그 자리는 사랑의 자리입니다. "내가 너를 내 손바닥에 새겼고 너의 성벽이 항상 내 앞에 있나니"(사 49:16). 그 지위는 능력의 자리입니다. 그의 오른손이 그 모든 백성들을 붙잡고 있습니다. 또한 그 자리는 소유의 자리입니다. 그리스도께서 그 백성들을 주장하십니다. "모든 성도가 그의 수중에 있으며"(신 33:3). 또한 그 자리는 그리스도의 주권의 자리입니다. 우리는 그리스도께 바친 바 되었습니다. 구주께서 우리에 대하여 신중한 주권을 행사하십니다. 또한 그 자리는 인도하심의 자리입니다. 또한 보호하심의 자리입니다. 양이 목자의 손 안에 있는 것으로 말해지는 것처럼, 우리는 그리스도의 손 아래 있습니다. 능한 자의 손 안에 있는 화살은 그 능한 자에 의해서 사용이 됩니다. 신부의 손 안에 있는 보석들은 그녀를 꾸미기 위해서 있습니다. 그러하듯이 우리는 그리스도의 손 안에 있습니다.

자, 이 본문이 무엇을 말합니까? 그 본문은 그 손 안에서 우리를 낚아채 가기를 원하는 어떤 자들이 있음을 상기시켜 줍니다. 가능하다면 택한 자라도 거짓된 교리로 미혹하려는 자들이 있습니다. 또한 하나님의 성도들을 죽이겠다고 으르렁거리며 위협하는 박해자들이 있습니다. 그래서 전투의 날에 성도들로 하여금 등을 돌리게 하려고 애를 씁니다. 또한 시험자들의 간교함이 있습니다. 우리를 인도하여 지옥으로 떨어지게 하려는 그런 간교한 자들이 있습니다. 우리를 억지로 끌어 멸망하게 하려는 그 무저갱의 사자의 앞잡이들이 있습니다. 또 우리를 주님의 손에서 낚아채려는 우리 자신의 마음이 있습니다.

여러분은 이 본문 속에다 '사람'이라는 말을 집어넣어 읽을 필요는 없습니다. 번역자들이 이탤릭체로 '사람'이라는 말을 집어넣음으로써 헬라 원어에는 없다는 것을 보여줍니다. 그래서 우리는 이렇게 읽을 수 있습니다. "어느 누구도 그들을 내 손에서 빼앗을 자가 없느니라." '사람'뿐 아니라 '마귀'도 그런 일을 결코 할 수 없습니다. 현재 일이나 장래 일이나, 권세자들이나 생각할 수 있는 어떠한 존재도 우리를 주님의 손에서 낚아채 갈 수 없습니다. "아무도 내 손에서 그들을 빼앗을 수 없느니라." 이 말씀은 주님의 손에서 우리를 빼앗으려는 사람들만을 말하는 것이 아닙니다. 사람들은 때로 가장 무서운 악한 원수지요. 또 우리 가족에 속한 자들 중에서 그런 가장 악한 모습을 띨 때도 있습니다. 또 이 본문에서는 타락한 영들을 포함하여 말하고 있습니다. 그러나 그 어떤 영도 주님의 손에서 우리를 빼앗아 갈 수 없습니다. 그 어느 누구도 자기들의 간교함으로 우리를 주님의 사랑받는 자리, 우리 주님의 소유권, 주님의 사랑하는 아들의 신분, 보호받는 자녀의 신분에서 떨어지게 할 수가 없는 것입니다. 그런 일은 도저히 불가능합니다. 오! 얼마나 복된 약속인지요.

자, 여러분은 아시지요. 만일 이 점에 관해서 제가 설교해 오는 동안 주님을 알기 전에 제 삶에 대해 조금 생각하고 있었다는 것을 아실 것입니다. 저로 하여금 그리스도인이 되고 싶은 마음을 가지게 한 여러 가지 것들 중에 하나는 이것이었습니다. 저와 함께 학교에 다녔던 또래 애들이 있었습니다. 그런데 아주 그들은 탁월했습니다. 그들 가운데 어떤 아이들은 저와 다른 아이들에게 추커세움을 받기도 했습니다. 저보다 나이가 조금 많은 아이들이기는 하지마는 그 아이들이 아주 허망해지고 불경건한 상태로 빠져 들어가는 것을 보았습니다. 또 멋대로 구는 일에 그들은 아주 능하게 되어 갔습니다. 다른 아이들의 표본이 될 정도였습니다. 제 어린 마음에 이런 마음이 스쳐 지나가곤 했습니다. "내 인생을 파손시키지 못하게 하는 어떤 방편이 없을까?" 제가 성경을 읽게 되었을 때, 제가 보기에 이 교리로 충만해 있는 것을 보았습니다. "네가 그리스도를 믿으면 그가 너를 모든 악에서 구원할 것이요 그가 너를 정직과 거룩의 길로 행하도록 내

내 지키실 것이고, 결국 너를 하늘에까지 안전하게 인도하실 것이다."

저는 사람을 믿을 수 없다고 생각했습니다. 왜냐하면 가장 선해 보였던 사람들이 진리로부터 멀리 떨어져 방황하는 것을 보았기 때문입니다. 제가 그리스도를 믿었다면 그것은 내가 하늘에 가게 될는지에 대하여 의심하면서도 그냥 우연히 믿은 것이 아니었습니다. 오히려 확실성을 가지고 믿었습니다. 제가 만일 제 모든 짐을 주님께 맡긴다면 그가 나를 지켜 주심을 배웠습니다. 왜냐하면 성경에 이렇게 쓰여진 곳을 발견하였기 때문입니다. "그러므로 의인은 그 길을 꾸준히 가고 손이 깨끗한 자는 점점 힘을 얻느니라"(욥 17:9). 저는 또 사도가 "너희 안에서 착한 일을 시작하신 이가 그리스도 예수의 날까지 이루실 줄을 우리는 확신하노라"(빌 1:6)고 말하는 것을 발견하였습니다. 그와 같은 표현이 많았습니다. 저는 일시적으로 생각했습니다. "나는 한 보험사, 정말 좋은 보험사를 발견했다. 나는 그 보험사에게 내 생명을 보증시키겠다. 나는 나 있는 그대로 예수님께 가겠다. 왜냐하면 그가 명하시기 때문이다. 나는 내 자신을 그분께 맡기련다." 만일 제가 아르미니우스의 이론을 청종하였더라면 결코 회심하지 못하였을 것입니다. 왜냐하면 그 이론은 제게 있어서 어떤 매력도 주지 못하였을 것이기 때문입니다. 자기 백성을 버려 놓는 구주, 자기 자녀가 망하도록 내버려 두는 신, 그러한 신은 내가 경배할 만한 가치가 없는 신이었습니다. 영구히 지속될 수 없는 구원은 설교하거나 청종할 가치가 있는 것이 전혀 아닙니다. 제가 여기에 서서 여기 모인 수많은 회중들에게, "내 구주를 신뢰하시고 믿으시오. 여러분이 구원받을 것에 대해서 조금도 의심하지 마십시오"라는 식으로 말하고 있습니다. 왜냐하면 주님께서 "믿고 세례를 받는 사람은 구원을 얻을 것이요"(막 16:16)라고 말씀하시기 때문입니다. 제가 그렇게 말할 때 청종할 만한 가치가 있는 것을 말한다고 저는 느낍니다.

이 설교를 듣고 있는 사랑하는 여러분, 여러분은 새로운 마음과 바른 심령을 가지고 새 사람이 될 것입니다. 여러분의 모습 그대로만 가진 것으로 본다면, 오늘 밤 용서를 받을지라도 내일 정죄를 받을 것입니다. 여러분의 본성의 성향이 여러분을 방황하게 만들 것이기 때문입니다. 그러나 하나님께서 여러분 속에 새로운 것을 넣으실 것이면, 옛 성품은 하나님이 넣으신 그 성품을 주장할 수 없을 것입니다. 죽지 아니할 새로운 원리가 이제 주인 노릇을 할 것입니다. 그래서 계속 죄를 짓는 데서부터 벗어나게 될 것입니다. 거룩함 속에 여러분이 지켜질 것이고, 자신의 불완전함에 대해서 탄식하게 될 것이지만 자신 속에 하나님의 생명이 있다는 것을 느끼게 될 것입니다. 또한 자신은 완전하지 못하다는 것을 인식할 것이지만, 여전히 완전해지고 싶은 소원을 갖게 될 것입니다. 그렇게 되고 싶은 그 소원은 여러분의 영혼 속에 은혜가 있다는 하나의 징표입니다. 그러한 소원은 더욱더 강해져 나갈 것입니다. 그래서 결국 성령의 능력으로 죄를 장악하게 되고, 그 더러운 육신의 의복을 벗어난 새 생명의 옷을 입은 존재로 완전함에 이르게 될 것입니다. 그런 다음 나팔 소리가 울려 퍼지기까지 기다릴 것입니다. 정화되고 새롭고 더 높은 생명의 합당한 몸을 다시 입게 될 것입니다. 그래서 몸과 영혼이 모든 죄에서 벗어나 그리스도의 약속이 이루어졌음을 영원토록 증거하게 될 것입니다. 왜냐하면 그리스도 안에 안식하는 사람은 영생을 얻을 것이고, 영원히 멸망하지 않을 것이고, 그 손에서 그들을 빼앗을 자가 없을 것이기 때문입니다.

3. 미래를 내다보는 본문의 조망

이제 저는 마지막 요점, "미래를 내다보는 이 본문의 조망"을 살펴보기로 하겠습니다. 하나님께서 여러분에게 영생을 주셨다면 그것은 장래의 모든 것을 다 함축하는 것입니다. 여러분의 영적인 존재는 제국들과 나라들이 다 쇠하여 없어질 때에도 번성하게 될 것입니다. 이 큰 지구의 중심부의 뜨거운 열기가 식어지고, 큰 바다의 요동이 멈추게 되고, 밝은 태양의 눈이 희미해져 보이지 않게 될 때에도 여러분의 생명은 계속 진행될 것입니다. 여러분은 '영원한' 생명을 소유합니다. 순간적으로 일어나는 물보라가, 물결이 다시 부딪쳐 오면 그 물결 속으로 녹아 들어가 버리고 마는 것처럼 온 우주가 사라져 버리고, 그 뒤 아무것도 남은 것이 없게 될 때에도, 생명은 '여러분'과 함께 족히 존재할 것입니다. 여러분이 영원한 생명을 가지고 있기 때문입니다. 여러분의 존재는 신격의 존재와 함께 계속 병행을 이루면서 지속될 것입니다. 영원한 생명이여! 오! 영원한 생명이라는 말을 통해서 열려진 그 영광의 기로여! 그리스도께서 "내가 살았으니 너희도 살겠음이라"고 말씀하십니다. 그리스도께서 존재하시는 한 행복한 영혼들도 존재할 것이고, 여러분은 바로 그 행복한 영원이 될 것입니다. 하나님께서 존재하시는 한 아름다워진 존재가 있을 것입니다. 그리고 여러분은 그 아름다운 존재를 향유하실 것입니다. 예수님께서 여러분에게 영원한 생명을 주셨기 때문입

니다. 옛 세계여, 너는 네 굴대가 닳아 없어질 때까지 계속 돌아갈지어다. 시간
이라는 옛 아버지여, 그대의 모래시계가 깨어지고, 더 이상 존재하지 못할 때까
지 계속 날아갈지어다. 능한 천사여, 올지어다. 바다를 밟고 땅을 밟고 서 있으
라. 시간이 더 이상 존재하지 못하게 될 것이라고 말씀하시는 살아 계신 분의 이
름으로 맹세할지니라. 그럴지라도 모든 그리스도인은 여전히 살아 있을 것이다.
그리스도께서 그리스도인들에게 영생을 주시기 때문이다.

그 다음 문장도 미래를 내다보고 있지 않습니까? "그들은 결코 멸망하지 아
니할 것이요." 그들은 영구한 복락 속에 거하는 것을 결코 멈추지 않을 것입니
다! 그 성품에 있어서 하나님을 닮은 것도 멈추지 않을 것입니다. 여러분이 하늘
에서 천 년 동안 있었다고 생각해 보십시오. 여러분은 그것이 무엇인지를 현실
감 있게 느낄 수 있습니까? 천 년 동안 주 예수 그리스도와 교제를 나누다니요!
그 품에서 천 년 동안 있다니요! 그분을 뵈오면서 천 년 동안 있는 것은 여러분의
심령을 황홀하게 만들 것입니다! 그렇습니다. 그러나 여러분은 한 번도 그 복된
세월이 시작된 적이 없었던 것처럼 그곳에서 계속 오래 존재할 것입니다. 왜냐
하면 여러분은 영원히 결코 멸망하지 아니할 것이기 때문입니다. 천년 왕국이
올 때, 또는 심판이 이루어질 때, 모든 위대한 예언의 말씀들이 성취될 때, 그 때
에도 여러분은 곤고할 필요가 없습니다. 여러분이 그리스도를 믿는다면 결코 멸
망하지 아니할 것이기 때문입니다. 오! 그 말씀을 바꿔서 생각해 보십시오. 여러
분은 결코, 결코, 결단코, 정말 결단코 멸망하지 않을 것입니다! 그 영광의 영원성
이여, 이 약속 안에 말로 할 수 없는 기쁨이 보자기에 싸여 있는 셈입니다. "그들
은 결코 멸망하지 아니할 것이요."

또한 여기 미래를 바라보게 하는 또다른 측면이 있습니다. "또 그들을 내 손
에서 빼앗을 자가 없느니라." 우리는 영원토록 주님의 장중에 존재하게 될 것입
니다. 영원히 그 품에 있게 될 것이고, 영원토록 그분 자신 속에 존재하게 될 것
입니다. 그분과 하나가 될 것입니다. 그러니 우리를 거기서 낚아채 갈 자가 없습
니다. 그와 같은 약속을 자기의 것으로 알고, 부여잡을 수 있는 사람은 복되고
복됩니다!

오! 저는 이 약속이 여러분에게 속해 있기를 바랍니다. 이 약속은 매우 풍성
하고, 위로로 충만해 있습니다. 저는 그 약속이 여러분에게 속한 것이기를 원합
니다. 여러분이 "저도 그 약속이 제게 속해 있기를 바라요"라고 말합니까? 오! 친

구들이여, 저는 그대들이 그와 같이 말하는 것을 좋아합니다. 영혼이여, 이 보배로운 보고를 열 수 있는 열쇠는 하나밖에 없으며, 그 열쇠는 주 예수 그리스도의 십자가의 열쇠임을 아십니까? 여러분은 도대체 뭐라고 말하고 있습니까? 여러분이 그를 믿을 수 있습니까? 어떤 분이 언젠가 제게, 자기는 그리스도를 믿을 수 없노라고 말했습니다. 그래서 저는 그녀를 빤히 쳐다보면서 "그리스도께서 무슨 일을 하셨기에 믿지 못한다는 것입니까? 그러면 자매님은 '저'를 믿을 수 있습니까?" 그 자매는 말했습니다. "그렇죠. 저는 제 동료들을 믿을 수 있습니다. 그러나 하나님은 믿을 수 없어요." 오! 정말 그야말로 신성모독적인 죄악이라고 생각했습니다. 물론 그 말을 자기 나름대로는 정직하게 했죠. 그 말이 얼마나 죄악되는지를 알지 못해서 그런 말을 한 것이죠. 그러나 "내가 하나님을 믿을 수 없어요"라고 말하는 것보다 더 악한 일이 있는지 저는 모르겠습니다.

좋습니다. 선생이여, 그대는 그렇게 말함으로써 하나님을 거짓말쟁이로 만들었습니다! 그렇게 말한 실제적인 결과가 그것입니다. 어떤 사람이 정직하다고 믿는다면 그건 믿을 수 있죠. 내 동료는 믿을 수 있는데 하나님은 믿을 수 없다니 그게 무슨 말입니까? 오! 그런 생각 자체가 너무나 가공스러운 것입니다! 정말 그것은 분명 다시 인용해선 안 될 만큼 엄청난 무서운 신성모독적인 발언이었습니다. 그리스도를 믿지 못하다니요!

또 어떤 분은 이렇게 말하겠죠. "좋습니다. 우리가 자연적 믿음을 가지고 기만을 당하는 일이 존재하지 않습니까?" 저는 그리스도를 믿되 영적인 믿음 이외에 그 어느 것에 대해서도 알지 못합니다. 아니면 그 어느 누구도 믿지 않습니다. 만일 여러분이 그리스도를 믿는다면 그 일은 여러분 자신의 힘으로 한 것이 아닙니다. 성령 하나님께서 그 일을 하도록 능력을 주지 않았다면 그리스도를 믿을 영혼이 하나도 없습니다. 만일 여러분이 전적으로 단순하게 그리스도를 믿는다면, 자연적으로 믿는 것이나 영적으로 믿는 것에 관해서 어떤 질문도 제기할 필요가 없습니다. 여러분이 전적으로 주 예수 그리스도를 믿는다면 잘된 것입니다. 그때 그분을 의지하십시오. 오직 그분만 전적으로 의지하십시오. 만일 여러분이 그러함에도 불구하고 멸망한다면 저는 복음을 이해하지 못합니다. 성경이 의미하는 것이 무엇인지를 이해할 수 없습니다. 저는 여러분에게 한 가지를 말씀드리고 이 설교를 끝맺고자 합니다. 만일 그리스도를 믿고도 멸망할 수 있다면 제가 확실하게 멸망해야 마땅합니다. 또 예수님을 믿고 여기 계시는 여러 형제자매들 모두가 멸망해야 할 것입니다. 그것이 여러분 모두에게 해당된다면 우리에게도 다 해당되는 것입니다. 자, 폭풍이 몰아칠 때 어떤 승객이 배 안에 있다면 가라앉지 않을 수 있습니다. 배 안에 있는 모든 사람 전체가 다 가라앉지 않는다면 말입니다. 우리는 함께 가야 합니다. 우리는 구명선을 탔습니다. 만일 구명선이 여러분과 함께 가라앉는다면 그 구명선을 탄 모든 성도들도 다같이 물 아래로 가라앉아야 합니다. 모든 사도들과 순교자들도 마찬가지입니다. 그들은 그리스도를 의뢰하고 천국으로 갔습니다. 만일 여러분들이 그리스도를 의뢰한다면 여러분도 천국에 들어가게 될 것입니다.

오! 죄인이여, 오늘 그리스도를 의뢰하고, 그분만 의뢰하기를 바랍니다. 그리고 본문을 부여잡기를 바랍니다. 결코 두려워하지 마십시오. "내가 그들에게 영생을 주노니 영원히 멸망하지 아니할 것이요 또 그들을 내 손에서 빼앗을 자가 없느니라"(요 10:28). 아멘.

제
43
장

—

하나의 신비! 성도들은 슬퍼하고
예수님은 기뻐하고!

—

"이에 예수께서 밝히 이르시되 나사로가 죽었느니라 내가
거기 있지 아니한 것을 너희를 위하여 기뻐하노니 이는 너
희로 믿게 하려 함이라 그러나 그에게로 가자 하시니"

— 요 11:14-15

　　베다니라는 작은 마을에 매우 행복한 가족이 살고 있었습니다. 아버지와 어
머니는 계시지 않았습니다. 그 가족은 결혼하지 않은 나사로와 그의 누이들인
마르다와 마리아였는데, 그들은 어찌나 선하고 유쾌하게 연합하여 살고 있던지
주님께서 땅의 복을 주시고, 영생하는 복도 주셨습니다. 이 애정 어린 세 남매는
다 주 예수 그리스도를 사랑하는 자들이었고, 자주 주님과 함께 있는 은총을 누
리기도 하였습니다. 위대하신 선생님이 그들이 사는 곳을 지나가실 때에는 언제
라도 들리시곤 했습니다. 그리고 거기에는 선생님과 제자들을 위하여 선지자의
방에 항상 식탁과 침상과 촛대가 준비되어 있었습니다. 때로는 그 일행 전체를
위하여 많은 비용을 들여 잔치를 배설하기도 하였습니다. 그들은 정말 매우 행
복하였습니다. 자기들이 주 예수님 같이 가난하고 존귀하신 이를 섬길 수 있다
는 것을 생각하기만 하여도 좋았습니다. 그러나 안타까운 일입니다! 환난은 어
디서나 오는 것입니다. 덕(德)이 문을 지키고 있을 수도 있습니다. 그러나 슬픔
이라는 것이 사람이 사는 곳에서 제외될 수는 없는 것입니다. "사람은 고생을 위

하여 났으니 불꽃이 위로 날아 가는 것 같으니라"(욥 5:7).

타는 냄새가 좋은 백향단 나무 장작을 태워도 불티가 일어나기 마련입니다. 그와 같이 가장 행복한 가정들도 고통을 느끼게 되어 있는 것입니다. 나사로가 병이 들었습니다. 의사들이 손을 쓸 수 있는 한계를 벗어난 죽을 병이었습니다. 그러니 그 자매들이 친구 예수님께 사람을 보내어 그 사실을 알리는 것말고 자매들이 제일 먼저 생각한 것이 무엇이었겠습니까? 자매들은 주님의 입술에서 발해지는 한 마디의 말씀만으로도 오빠를 회복시킬 수 있음을 알았습니다. 베다니까지 오시느라 수고하실 필요가 전혀 없다는 것도 알고 있었습니다. 말씀만 하시면 오빠는 온전하게 낫게 될 것입니다!

그들은 불타는 소망감과 함께 염려를 억누르며 예수님께 부드러운 전갈을 보냈습니다. "보시옵소서, 사랑하시는 자가 병들었나이다." 예수님께서는 그 전갈을 받으시고 많은 위로가 담긴 답신을 보내셨습니다. 그러나 그 답신은 주님께서 직접 오시는 것을 대신하기에는 부족하였습니다. "이 병은 죽을 병이 아니라 하나님의 영광을 위함이요 하나님의 아들이 이로 말미암아 영광을 받게 하려 함이라"(요 11:4).

메시지가 당도하였어도 '나사로'는 여전히 병석에 누워 있고, 회복은 되지 않았습니다. 물론 마음에 약간 더 용기를 얻었을 것입니다. 자기의 병이 죽을병이 아니라는 것을 들었기 때문입니다. 그러나 그의 고통은 감해지지 않습니다. 죽음의 신호와도 같은 축축한 땀방울이 이마에 송송 맺힙니다. 혀는 말라가고, 고통에 겨워 견딜 수가 없고 기운이 진합니다. 결국 그는 죽음의 철문을 지나서 가버렸습니다. 그의 시체가 흐느끼는 자매들 앞에 누워 있습니다. 그런데 예수님은 왜 오시지 않나요? 항상 그렇게 친절하시던 분이 어떻게 해서 그렇게 무자비한 분이 되셨나요? 어째서 그리 지체하십니까? 오시는 데 어찌 그리 오래 걸리시나요? 하신 말씀이 어떻게 진실할 수 있나요? "이 병은 죽을 병이 아니라"고 하셨지 않습니까? 그런데 저기 저 착한 사람이 죽어 차갑게 시체가 되어 누워 있고, 애곡하는 자들이 장례를 위하여 모이고 있습니다.

'마르다'를 보십시오! 자기의 불쌍한 오빠를 몇 날 며칠을 밤낮으로 간호하며 앉아 있던 저 여자를 보십시오. 그보다 더 정성이 담긴 간호를 어떻게 할 수 있나요? 그보다 더 자애 어린 돌봄이 어디 있을까요! 자기의 가정에서 할 수 있는 한 무엇을 먹여 보지 않은 것이 없습니다. 이 약초, 저 약초, 약이 될 만한 것은 다 뜯어서 혼합하여 약을 만들어 마시게 하였고, 영양 있는 음식이라는 음식은 다 먹어 보았습니다. 걱정스럽게 지켜보다가 잠이 모자라 눈이 충혈되곤 하였습니다. 예수님께서는 이 자매의 모든 수고를 덜 수도 있으셨습니다. 그런데 어째서 그렇게 하지 않으셨습니까? 만일 주님께서 원하시기만 하셨다면, 나사로의 볼에 홍조가 띠고 회복의 기미가 금방 나타났을 것이고, 이러한 모든 지치게 하는 간호나 사람을 잡을 것 같은 이 지켜봄의 수고가 더 이상 전혀 필요가 없었을 것입니다. 그런데 예수님은 무엇을 하고 계십니까? 마르다는 주님을 기꺼이 섬기려 하고 있습니다. 그런데 주님께서는 그녀를 섬기지 않으실 것인가요? 그녀는 주님을 위하여 많은 것을 드려 자기는 불편을 감수하였습니다. 필요한 일용할 것을 드렸을 뿐 아니라 아주 값비싼 대접도 마다하지 않았습니다. 그런데 주님께서는 그녀가 그렇게 마음으로 바라고 있고, 그녀의 행복에 그렇게 중요한 진수가 되는 것, 곧 그녀 오빠의 목숨을 주시지 않으실 것인가요? 주님께서는 어떻게 지키지 않으실 것 같은 약속을 그녀에게 주실 수 있으며, 소망감으로 부풀게만 하시고 그녀의 믿음을 그렇게 송두리째 던지실 수 있나요?

　'마리아'는 어떠합니까? 그녀는 여전히 오빠 편에 붙어 앉아 있습니다. 죽어가면서 하는 오빠의 말을 청종하고 있고, 그 귀에다가 주님의 발 밑에서 늘 듣던 예수님의 말씀을 반복하여 들려주었습니다. 그러면서 오빠의 꺼져 가는 숨결을 놓치지 않고 있습니다. 그녀는 마르다보다는 약이나 음식에 대하여는 덜 생각하고서 말입니다. 그녀는 오빠의 영적인 건강과 그 영혼의 행복을 위하여 더 많은 생각을 하고 있습니다. "주님께서 지체할 수 있으시나, 저는 알아요. 그분의 마음은 정말 자비하십니다. 결국 오실 거예요. 비록 오빠를 죽음 속에 잠들게 하셔도 잠시 동안일 것입니다. 그분은 나인 성문에서 과부의 아들을 살리셨어요. 분명히 그보다 더 사랑하시는 오빠를 반드시 살리실 것입니다. 야이로의 딸을 살리신 일을 들었잖아요? 오빠, 그가 오셔서 살려 주실 거예요. 우리에게 아직 행복한 시간이 많을 것입니다. 그리고 주님께서 오빠를 죽은 자 가운데서 살리심으로 우리 구주께서 우리를 사랑하시는 특별한 증표를 가지게 될 것입니다."

　그러나 자기 오빠가 정말 죽었음을 알게 되었을 때에 그 볼을 타고 흘러내리는 눈물을 어찌 막을 수 있겠습니까? 마리아는 믿을 수가 없었습니다. 그녀는 자기 오빠의 이마에 입 맞추었으나 대리석같이 차가운 오빠의 이마여! 그녀는 오빠의 손을 들었습니다. "오빠는 죽을 수 없다. 예수님께서 이 병은 죽을 병이 아니라고 하셨는데." 그러나 자기가 처든 오빠의 손은 아래로 떨어져 내렸습니다. 이미 그는 시체가 되어 있었습니다. 그리고 썩는 일이 금방 시작이 된 것입니다. 그리고 그 오빠의 진토로 된 몸도 부패가 가져온 모든 수치를 면하지 못하였다는 것을 알았습니다.

가련한 마리아여! 예수님께서 그대를 사랑하셨습니다. 이것이 주님의 사랑을 보여주는 이상한 방식입니다. 그가 어디 계십니까? 멀리 수십 리 떨어진 곳에 머물러 계십니다. 주님은 그대의 오빠가 병들었다는 것을 아시고, 아니 그가 죽은 것도 아십니다. 그러나 그는 계신 그곳에서 아직도 머물러 계십니다.

오 서글픈 신비입니다! 그렇게 자애 어린 분이 다림줄 아래까지 가라앉아 내려가시다니, 아니 그의 긍휼이 그들의 힘이 미치지 않는 높은 곳을 향하여 겨누어지다니 말입니다.

예수님께서는 자기 친구의 죽음에 대하여 말씀하시고 계십니다. 그의 말씀을 들어 봅시다. 아마 우리는 그분의 입술에서 나오는 말씀 속에서 그분의 행동의 열쇠를 발견할 수도 있습니다. 그는 "그렇게 오래 기다리는 게 아닌데 후회가 된다"고 말씀하지 않으셨습니다. 또는 "나는 서둘러야 했다. 그러나 이제 때는 너무 늦었다"고 말씀하지도 않으셨습니다. 잘 들어 보면 정말 기이하다는 느낌이 들 것입니다. 정말 이상하게도 "내가 거기 없었던 것을 기뻐한다"고 말씀하십니다. '기쁘다'니! 그 말은 격을 벗어난 말이지요? 그 때쯤 나사로는 무덤에서 썩어 냄새가 나고 있습니다. 그런데 구주께서는 거기서 기뻐하고 있습니다. 마르다와 마리아는 슬픔에서 벗어나기 위하여 눈물을 닦고 있습니다. 그런데 그들의 친구 예수라는 이는 기뻐하고 있다니! 정말 이상한 일입니다! 아무튼 우리는 예수님께서는 우리가 아는 것보다 더 잘 아신다는 것을 확신해도 좋습니다. 그러므로 우리의 믿음은 여전히 가만히 앉아서 우리의 이성으로는 얼른 보아서 알 수 없는 말씀의 의미를 알아내려고 애를 써야 합니다.

"내가 거기 없었던 것을 '너희'를 위하여 기뻐하노니 이는 너희로 믿게 하려 함이라"고 말씀하십니다. 아! 이제 알았습니다. 그리스도께서는 슬픔 때문에 기뻐하신 것이 아닙니다. 그 결과 때문에 기뻐하시는 것입니다. 주님은 이 잠시 있는 시련이 자기 제자들을 도와서 더 큰 믿음을 가지게 할 것을 아셨습니다. 주님께서는 믿음 안에서 제자들이 성장하는 것을 그렇게 좋아하시니 슬픔이라도 믿음의 성장을 가져오는 기회가 되면 그 슬픔도 기뻐하시는 분이십니다. 사실 이렇게 말씀하신 것이나 마찬가지입니다. "내가 거기 없어 문제를 해결하여 주지 않은 것이 너희를 위하여 잘된 일이다. 이제 때가 되면 그것이 너희로 나를 믿게 가르칠 것이다. 환난을 감하는 것보다 바로 그 일이 너희에게는 훨씬 더 낫다."

그래서 우리는 우리 앞에 분명한 원리를 정립하여 놓은 셈입니다. 곧 우리 주님께서는 무한하신 지혜와 흘러넘치는 사랑으로 인하여 자기 백성들의 믿음을 너무나 존귀하게 여기사 믿음이 강화되기만 하면 그런 시련들도 당하게 하시는 일을 마다하지 않으신다는 것입니다. 우리는 본문의 포도송이로부터 위로의 포도주를 짜내어야 합니다. 묵상이라는 포도즙 틀로부터 아주 좋은 포도즙을 세 잔 가득 받아 내게 될 것입니다.

무엇보다 먼저, 형제들이 그리스도 예수님께서는 그 시련이 온 것을 기뻐하셨습니다. 사도들의 믿음의 강화를 위하여 기뻐하셨고, 다음으로는, 그 가정의 믿음을 강화시킴으로 말미암아 기뻐하셨습니다. 그리고 세 번째로, 다른 이들에게 믿음을 주는 일로 인하여 기뻐하셨습니다. 여러분은 45절에서 그 잔이 동정하는 친구들에게 돌려진 것을 발견할 것입니다. "마리아에게 와서 예수께서 하신 일을 본 많은 유대인이 그를 믿었더라."

1. 사도들의 믿음을 강화시키기 위하여 계획하신 일

예수 그리스도께서 나사로가 죽고 그 후에 다시 살아난 일을 계획하신 것은, "사도들의 믿음을 강화시키기 위함"이었습니다. 이것은 두 가지 방식으로 작용하였습니다. 하나는 시련 자체로 그들의 믿음을 강화시키게 하는 쪽으로 작용하였습니다. 그러나 그리스도께서는 그 시련에서 건지신 그 주목할 만한 구원을 보여주심으로 말미암아 그리스도를 믿는 그들 사도들의 확신이 자라게 하셨습니다. 그러한 쪽으로 자라게 하신 것입니다.

1) 우리는 먼저 시련 자체가 사도들의 믿음을 증가시키는 경향을 가진 것이 분명하다는 사실을 주목하기로 합시다. 시련을 당하지 않은 믿음도 참 믿음일 수 있습니다. 그러나 그런 믿음은 작은 믿음에 분명합니다. 시련을 전혀 당하지 않은 이들에게도 믿음이 있다는 것을 믿습니다. 그러나 제가 말하는 것과는 거리가 멉니다. 형제들이여, 전혀 시련을 만나 보지 않은 믿음도 그 생명을 유지하기에 충분한 호흡을 할 수 있습니다. 그러나 그것이 전부일 뿐입니다. 우화에 나오는 불도마뱀같이 믿음은 그 자체의 고유한 요소로 불을 가지고 있기 때문입니다. 믿

음은 사방에 대적하는 자들로 에워쌈을 당할 때 가장 잘 번성합니다. 바다가 고요하여 원하는 대로 돛을 펼 때 배는 항구에까지 움직여 갈 수 없습니다. 잠자는 것 같은 대양 위에 떠 있는, 밑이 평평한 배는 역시 잠이 든 것같이 가만히 있습니다. 바람이 이리저리 불고 물결이 일어나면, 배가 좌초될 수 있고 갑판에 물이 덮칠 수 있고, 돛대도 팽팽하게 압력을 받을 수가 있지만, 배는 원하는 항구를 향하여 항해할 수 있는 것입니다.

빙하 밑에서 자라는 꽃들보다 더 사랑스러운 푸르름을 지닌 꽃은 없습니다. 지구의 극지점(極地點)의 하늘에서 반짝이는 별들보다 더 밝은 별은 없습니다. 사막의 모래 가운데서 솟아나는 샘물보다 더 단 물은 세상에 없습니다. 역경 중에서 살아 승리하는 믿음보다 더 보배로운 믿음은 없습니다. 그래서 주님께서는 선지자의 입을 통하여 말씀하셨습니다. "내가 곤고하고 가난한 백성을 네 가운데에 남겨 두리니 그들이 여호와의 이름을 의탁하여 보호를 받을지라"(습 3:12). 어째서 곤고하고 가난한 백성들을 그렇게 남겨 두시는 것입니까? 주의 백성들 중에 곤고하고 가난한 자들이 주를 믿는 쪽으로 적응하는 일이 있기 때문입니다. 주님은 "내가 너희 중에 번성하고 부요한 백성들을 남겨 두리니 그들이 믿으리라" 하지 않으십니다. 결코 아닙니다! 이들은 환난을 당하는 자들과 가난한 사람들 같은 정도의 믿음의 수용성을 갖지 않는 것 같기 때문입니다. 주님께서는 "오히려 내가 너희 중에 곤고하고 가난한 백성들을 남겨 두리니 그들이 자기들의 고난과 궁핍 때문에 주님을 믿는 쪽으로 마음을 더 은혜롭게 기울일 것이라"고 말씀하고 계신 것입니다.

시련을 당하지 않은 믿음은 언제나 크기가 작습니다. 믿음은 시련을 만나보지 않고는 난쟁이로 남아 있기가 쉽습니다. 안일하고 조용한 연못 같은 환경에선 믿음이 거대하게 번성할 만한 여지가 없습니다. 믿음이 하나님이 역사하는 가장 중요한 방식 중 하나가 되기 위해서는 풍랑 이는 바다에 거해야 합니다.

시련 받는 믿음은 체험을 수반합니다. 정말이지, 곤고하고 환난을 당하는 자들 같이 믿음의 가능성을 많이 가진 자들이 없는 것 같습니다. 그래서 주님께서는 말씀하시는 것입니다. "오히려 나는 너희 가운데 환난을 당하고 가난한 자들을 남겨 둘 것이다." 그들이 그 환난과 궁핍 때문에 주님을 믿는 믿음에 안착하는 은혜로운 경향을 더 많이 띠게 될 것이기 때문입니다.

연단된 믿음이 체험을 가져 옵니다. 여러분! 체험을 한 이는 누구나 체험을 통해서 믿음이 더욱 '절실하게' 되었음을 알고 있을 것임에 분명합니다. 죄의 쓴 맛과 용서의 달콤함을 맛보고 느끼기 전에는 그것이 무엇인지 전혀 알지 못하는 것입니다. 자신이 강물을 건너보지 않으면 그 깊음과 물살의 세찬 정도를 잘 모릅니다. 만일 고난의 풍파 가운데서 붙들어 주시는 하나님의 은혜를 체험하지 못하였다면 하나님의 능력을 전혀 알지 못하였을 것입니다. 믿음을 체험하지 않고 믿음에 대해 말하는 것은 단순하게 말하는 것에 불과합니다. 만일 우리가 적은 체험만 가지고 있다면 더 심오하고 깊은 체험을 한 자들같이 적극적으로 말할 수 없습니다.

한번은 제가 목회 초년의 단련의 시기에 하나님의 신실하심에 대해서 설교하고 있었는데, 제 존경하는 할아버지께서 강단 뒤에 바로 앉아 계셨습니다. 그런데 할아버지께서 갑자기 일어나 제가 서 있는 앞쪽으로 와서 말씀하셨습니다. "내 손자는 이것을 이론으로 설교할 수 있습니다. 그러나 나는 그것은 체험의 문제라고 말하고 싶습니다. 나는 큰물에서 일하면서 주님께서 나를 위해 하시는 일을 보았기 때문입니다."

다른 사람이 그림이나 지도에서 보았던 대로 말할 수 있는 것들을 직접 개인적으로 겪어 본 이들은 그만큼 증거 속에 힘이 축적되어 있습니다. 자기들이 침실에서 알았던 것을 의자에 앉아서 글로 쓸 수 있는 여행자들은 게으르게 집에서 소일하는 자들에게 읽을거리를 제공하는 책을 쓸 수 있습니다. 그러나 위험천만한 지역을 가로질러 지나야 하는 이는 정말 그 길을 밟아 본 가이드를 찾게 됩니다. 작가가 말로는 풍성하기 짝이 없는 글을 쓸 수 있습니다. 그러나 진짜 여행자에게는 참되고 가치 있는 지혜가 있습니다. 믿음이 견실하고 확신에 차고 깊어지게 되면, 환난을 더 만나게 되고, 더욱더 나동그라지고 다시 일어서고 하는 일을 더 많이 겪게 되는 것입니다.

그러나 이 말을 듣고 아직 믿음이 어린 자들이 용기를 잃지 않기를 바랍니다. 연단을 구하지 않더라도 연단하는 시련을 충분하게 만날 것이기 때문입니다. 모든 것이 다 때에 맞게 자신에게 주어졌다고 고백하게 될 것입니다. 한동안, 오랫동안의 체험의 열매를 외칠 수 없다 하더라도, 자기에게 주어진 은혜로 인하여 하나님께 감사하십시오. 여기까지 이르게 하신 하나님께 찬미를 드리십시오. 그 원칙에 따라서 걷다가 보면 하나님의 복락을 더욱더 많이 소유하게 되어 그 믿음이 산을 옮길 정도가 될 것이고, 불가능을 극복하게 될 것입니다.

이런 질문을 던질 수 있습니다. 시련이 믿음을 강화시키는 방식은 무엇인가? 여러 가지 방식으로 답할 수 있습니다. 시련은 믿음의 저해 요소들을 제거해 줍니다. 육체의 안일은 하나님을 의지하는데 있어서 가장 악한 원수입니다. 만일 앉아서 "영혼아, 평안할지어다. 여러 해 쓸 물건이 쌓였도다"라고 말한다면, 그 사람은 믿음의 길에 바리케이드를 설치해 놓고 있는 것입니다. 그러나 역경이 곳간을 태우고, "여러 해 쓸 물건"이 더 이상 믿음의 길을 막아서지 못하게 되는 것입니다.

오, 복된 슬픔의 도끼여! 그대는 내 지상의 안위라는 거센 나무들을 베어 주어 내 하나님께 이르는 길을 시원하게 뚫어 주는구나! "내 산이 견고하게 서 있으니 나는 요동하지 않을 것이라"고 말할 때 눈에 보이지 않는 보호자보다는 눈에 보이는 요새가 내 시선을 장악하는 것입니다. 그러나 큰 지진이 일어나 바위를 흔들고, 산이 그 지진에 의해 무너지게 되면, 나는 내 확고한 기반을 세울 요동치 않을 만세 반석으로 날아갑니다. 세상적인 안일은 믿음에 큰 원수입니다. 그것이 거룩한 용맹이라는 관절들을 느슨하게 하고, 거룩한 용기의 근육들을 갑자기 부숴 버리는 것입니다. 기구(氣球)(이 설교를 할 당시 비행기가 없었던 때이니 공중을 날아가는 오직 유일한 수단은 바로 이 기구였을 것이다 - 역주)가 올라가려면 묶은 끈을 끊어야 합니다. 환난은 믿는 영혼들을 위해 아주 놀라운 봉사를 하는 것입니다. 곡식이 껍질을 쓰고 평안히 자고 있으면 사람에게 소용이 없습니다. 그 가치를 발휘하려면 그 평안히 있는 곳에서 내어 탈곡해야 합니다. 시련은 믿음의 화살을 화살통의 안일한 곳에서 꺼내어 원수를 향해 그 믿음의 화살을 쏩니다.

또한 환난이 사람의 연약함을 노출시킬 때 믿음을 위해 결코 적지 않은 봉사를 하기도 합니다. 이 시련은 사도들에게 유한한 어떤 사람도 의지해서는 안 된다는 것을 보여주었을 것입니다. 나사로가 자기들을 쉽게 해 주고 자기들의 작은 전대를 음식으로 가득 채워 주곤 하였지만 이제 죽습니다. 마리아도 죽을 수 있고, 마르다도 죽을 수 있고, 모든 친구들도 결국 죽기 마련입니다. 이것을 통해서 사도들은 터진 웅덩이를 바라보지 말고, 항상 흘러넘치는 샘 근원으로 달려가야 함을 배웠을 것입니다.

오, 사랑하는 친구들이여! 우리는 우리에게 자비를 베푸는 우상을 만들 위험에 항상 처해 있습니다! 하나님께서는 순례 길에서 우리를 유쾌하게 하시려고 잠시 어떤 호의를 만나게 하십니다. 그래서 우리가 즉시 무릎을 꿇고 "오 이스라엘이여, 이것들이 네 신들이라"고 울부짖는 것입니다. 이 우상의 신상들이 산산 조각이 나는 것은 주님의 자비하심으로 되어진 일입니다. 주님께서는 우리가 그 넓은 그늘에서 쉬며 즐거워하는 박넝쿨을 말려 버립니다. 그래서 우리가 주께 부르짖고 주님만을 의뢰하게 하시려는 것입니다. 피조물이 아무것도 아니라는 교훈을 우리는 참 더디게 배웁니다. 환난의 매로써 엄격한 방식으로라야 배우게 되는 교훈이 바로 그것입니다. 그러나 그 교훈은 정말 배워야 합니다. 그렇지 않고는 믿음이 결코 탁월함에 이를 수가 없습니다.

더구나, 시련이 하나님을 믿도록 몰아가니 믿음을 특별하게 돕는 것입니다. 제가 서글프게도 솔직하게 고백할 것이 있습니다. 저는 그 일에 대해 애통해하고 있습니다. 통상적으로 제 영혼이 행복하고 일이 잘되어 나갈 때는 수치와 경멸을 받을 때만큼 하나님께 가까이 살지 않습니다.

오, 나의 하나님! 밤이 올 때 주님은 제게 얼마나 사랑스러운지요! 해가 지면 주님은 밝게 빛나는 새벽별, 얼마나 아름답게 환히 비춰는지요! 그런데 세상적인 빵에 설탕과 버터가 발라지고 나면 우리는 병이 날 때까지 게걸스레 먹습니다. 그러나 세상이 우리의 식단(食單)을 바꾸어 식초를 우리 입에 가득 넣어 주고, 마시는 물을 쑥과 같이 쓰게 하면, 그제야 다시 우리는 사랑하시는 하나님의 품을 찾아 부르짖게 됩니다. 세상의 우물은 달지만 독이 들어 있는 물을 낼 때, 우리는 문(門) 안에 있는 베들레헴의 우물을 잊고, 그 우물 옆에 장막을 치고 그 물을 거듭거듭 마십니다. 그러나 세상의 물이 마라의 물과 같이 쓰게 되면, 그제야 병들고 연약한 모든 것들을 뒤로 하고 생명수를 찾아 "오! 샘이여 솟아나라"고 울부짖습니다. 그래서 환난이 우리를 하나님께 데리고 갑니다. 짖는 개가, 무리에서 떨어져 배회하는 양을 몰아 목자의 손에까지 오게 하듯이 말입니다.

그러니 시련은 믿음을 견고하게 하는 효과를 가지고 있습니다. 스파르타식 교육을 받은 젊은이들이 소년 시절에 받은 그 모진 훈련 덕에 싸움을 위한 준비가 되었습니다. 그러하듯이 하나님의 종들은 하나님께서 보내시는 환난을 통해서 영적인 전투를 위해 연단을 받는 것입니다. 우리는 보병과 함께 뛰어야 합니다. 아니면 말들과 싸워 이길 수 없습니다. 우리는 물속에도 던져지는 연단을 받아야 합니다. 그렇지 않으면 헤엄치는 법을 배우지 못할 것입니다. 총알이 지나가는 소리를 들어야 합니다. 그렇지 않으면 역전의 정예 병사가 될 수 없는 것입니다. 정원사는 자기의 꽃들을 유리 온실에 가두어 높은 온도 속에서 키우게 되면 밖에 내놓았을 때 날씨가 추우면 금방 죽는다는 것을 알고 있습니다. 그래서 꽃을 키울 때는 많은 열을 주지 않습니다. 단계적으로 밖에 노출시키기도 합니다. 때로는 추위에도 잘 견디게 합니다. 그래야 노천에 내놔도 견딜 수가 있습니다. 그와 같이 오직 지혜로우신 하나님께서는 당신의 종들을 온실 속에서 아주 온화하게 기르지 않으십니다. 시련을 만나게 하여 시련이 올 때에 어떻게 그 시련을 감내하는지 익히게 하는 것입니다. 만일 자기 아들을 망하게 하고 싶으면 어려운 일을 시키지 마십시오. 어릴 때에 팔에 안고 다니고, 젊었을 때 여전히 얼러 주기만 해 보십시오. 그리고 어른이 되었는데도 여전히 돌보는 사람을 붙여 보십시오. 그러면 이름난 바보로 만드는 데 성공할 것입니다. 만일 세상에서 쓸모 있는 사람이 되기를 원하지 않으면 흙에 닿지 않게 기르십시오. 그로 투쟁하는 일을 못하게 하십시오. 이마에서 땀을 닦아 주며 "사랑하는 아가야, 그렇게 힘든 일은 전혀 하지 마라"고 말해 주십시오. 벌을 받아야 할 때 동정하십시오. 원하는 대로 다 해 주십시오. 그리고 낙담시키는 일을 다 피하게 하십시오. 고통이란 고통은 다 면제시켜 주십시오. 그러면 분명하게 말해서 패륜아로 키우고 있는 것이고, 부모의 마음을 부수는 아이로 만드는데 대성공을 할 것입니다.

그러나 일해야 할 데로 데리고 가고, 어려움들에 노출시키고, 일부러 위험한 데로 몰아넣으십시오. 그러한 식으로 하면 그 사내를 남자로 만들고 있는 것이고, 그가 남자가 할 일을 하고 남자가 당할 시련을 만나 감내할 때가 되면 그러한 것을 다 감내할 것입니다.

나의 구주께서는 자기 자녀들이 혼자 뛰어야 할 때는 옆에서 얼러 주지 않습니다. 뛰기 시작하였을 때 주님께서는 그 자녀들이 의지할 주님의 손가락을 항상 내미는 것이 아닙니다. 오히려 넘어져 무릎이 까지게 내버려 두십니다. 그래야 더욱 조심하여 행하게 되고, 믿음이 부여하는 힘에 따라서 곧게 서는 법을 익히게 될 것입니다.

사랑하는 교우 여러분! 예수 그리스도께서는 자기의 제자들이 고통을 통해서 복을 받는 것을 보시고 정말 기뻐하시는 것입니다. 오늘 아침, 고통을 당하고 있는 분들이 이에 대해서 생각하시고 감사하게 되기를 바랍니다. 그리스도께서 여러분에게 동정하십니다. 그러하나 지혜롭게 말씀하실 것입니다. "나는 내가 거기 없었던 것을 너희를 위해 기뻐한다."

주님께서는 여러분의 남편이 세상을 뜬 것을 기뻐하실 수 있습니다. 여러분의 자녀가 죽는 것을 기뻐하시는 것입니다. 여러분의 사업이 번영하지 못하는 것을 기뻐하십니다. 여러분이 아프고 고통을 당하고 있는 것을 인하여 주님께서는 기뻐하십니다. 또한 여러분의 몸이 그렇게 약한 것을 인하여 기뻐하시는 것입니다. 그것은 여러분이 그러한 일로 인하여 주님을 믿게 될 것이기 때문입니다. 만일 믿음의 시련이 불과 같이 일어나지 않았었다면, 지금 여러분을 받치고 있는 보배로운 믿음을 여러분은 결코 소유하지 못하였을 것입니다. 바람이 여러분을 이리저리 흔들어 대어 은혜의 언약의 보배로운 진리에 확고하게 서 있게 하지 않았으면, 그렇게 뿌리가 잘 박힌 나무가 되지 못하였을 것입니다.

　2) 그러하나 이 점에 머물러 오래 끌지 않기 위하여, 우리는 그리스도께서 나사로의 부활로 인하여 행하신 구원이 역시 사도들의 믿음을 강화시키는 쪽으로 작용하였다는 것을 주목하도록 합시다. 그리스도께서는 가장 나쁜 상태 속에서도 일하실 수 있습니다.

　그들이 지금 그렇게 큰 곤경에 처하게 된 이유가 무엇입니까! 상황이 아주 악화되고 있었습니다. 나사로는 단순하게 죽은 것이 아니었습니다. 매장이 되어 버렸습니다. 돌을 굴려 그 무덤의 문을 막아 버렸습니다. 그 상황은 그저 악취가 나게 되었다는 것보다 더 나쁜 상황입니다. 여기 나사로가 다시 살아난 이적은 하나의 단순한 이적으로 묘사하지 말아야 합니다. 여기에는 정말 많은 이적이 한꺼번에 응축되어 있습니다. 놀라운 기사(奇事)의 총집합입니다. 우리는 그것이 무엇인가를 상세하게 살펴보지는 않을 것입니다. 다만 이 사실을 언급하는 것으로 족하게 여겨야 할 판입니다. 벌레들이 파먹고 있는 몸에 생명과 건강을 회복시킨 것만큼 신적인 능력을 크게 과시한 것이 있을 것 같지 않다고 말입니다. 인간의 능력으로는 전혀 할 수 없는 일이었습니다.

　자, 비파와 수금을 가지고 와서 그 매력을 연주하시라. 의사여! 이리로 생명수를 가져오시오. 그대가 할 수 있는 것이 무엇임을 보라! 그 기가 막힌 연금술도 실패하는가! 의사는 메스꺼워 돌아서 나갑니다. 의사가 그 시체를 회복시키기는커녕 냄새가 금방이라도 의사의 생명을 파멸시킬지 모릅니다. 자, 세상에 있는 여러분! 모든 이들에게 물어 보십시오. 헤롯과 그 호위병들과 황제의 자리에 있는 가이사에게 물어 보십시오. "여기서 그대는 어떠한 일을 할 수 있는가?" 라고 말입니다. 아니 사망은 그 모든 이들을 향해 조롱할 것입니다. "나는 너희 힘이 미치지 못하는 데서 나사로를 잡고 있다."

여기에 신적인 동정심이 아주 명백해졌습니다. 예수님께서는 나사로와 그 우는 누이동생들을 생각하고 우셨습니다. 그가 우셨다는 것을 복음서에서 자주 대하지 못합니다. 그는 "슬픔의 사람이었고 질고를 아는 자"이셨습니다. 그러나 죽은 몸을 향해 흘린 그 눈물방울은 정말 희귀하고 중요한 가치를 지닌 것입니다. 그는 예루살렘을 생각하실 때에 정말 슬퍼하시어 우셨습니다. 나사로를 생각하실 때에도 그에 못지않았습니다.

제자들은 신적인 동정심뿐만 아니라 신적 능력의 나타남도 목격하게 된 것입니다. 그리스도께서 "나사로야 나오거라"고만 말씀하셔도 사망이 그 포로를 더 이상 붙잡아 두지 못하였습니다. 그가 무덤에서 나와 완전한 건강을 회복하였습니다.

여러분은 이 모든 일이 사도들의 믿음을 확실하게 하는 성향을 가졌음에 분명하다고 생각하지 않습니까? 제가 볼 때 이 경우야말로 그들의 장래의 사역을 위해서 가장 좋은 교육의 일부를 받았던 것입니다.

훗날 사도들은 감옥에 갇히게 됩니다. 또한 사형 판결을 받게 됩니다. 그러나 베드로는 요한에게 "주께서 감옥에서 우리를 인도하여 내실 수 있다. 무덤에서 나사로를 끌어내신 것을 기억하지 못하는가? 분명히 우리에게 나타나셔서 해방시켜 주실 수 있다"고 말함으로써 위로하였습니다. 죄인에게 설교하러 나갈 때, 이러한 경우들을 기억함으로써 얼마나 큰 힘을 얻었겠습니까! 그들의 설교를 들을 사람들은 타락하고 부패하고 부도덕한 사람들이었습니다. 사도들은 인간 본성이 나타낼 수 있는 가장 악한 상태에 빠진 사람들에게 가야만 했습니다. 그들은 그들에게 설교하면서 그 설교의 결과가 어떠할 것인가에 대해서 두려워하지 않았습니다. 썩어 냄새 나는 나사로가 그리스도의 말씀으로 살아난 것을 알기 때문입니다. 베드로는 이러한 논리로 생각했을 것입니다. '나사로의 몸이 썩어 냄새가 나는데도 그리스도께서 그를 살리지 아니하셨는가? 그리스도께서는 분명히 이 가장 패역한 사람들의 마음을 인도하셔서 진리에 순종하게 하실 수 있으시다. 가장 비열한 자를 일으키사 새 생명을 갖게 하실 수 있다.'

사도 시대의 많은 교회들이 타락했습니다. 사도의 교회들 속에는 쓸모 없는 지체들이 있었습니다. 그러나 이 말이 사도들의 믿음을 그만큼 손상시켰다는 말은 아닙니다. 사도들은 다음과 같이 말할 줄 아는 사람들이었기 때문입니다. "나사로를 살리신 그리스도께서 사데와 버가모와 두아디라 교회를 칭찬받는 교회로 만드실 수 있다. 지존자가 볼 때 부패하고 냄새 나 보이는 교회들이라도 영광의 광채를 발하며 그리스도의 향기를 드러내는 교회들로 만들어질 수 있다." 그들은 그와 같은 이적을 자주 생각하였을 것입니다. 저는 이 점에 대해서 확신합니다. 고난과 수고로 마음이 짓눌릴 때 그러한 것을 생각하면서 힘을 얻었을 것입니다. 그리하여 환난을 참아낼 수 있었고, 그리스도를 확신하면서 순교까지 할 수 있었습니다.

　　그러나 저는 그 이상은 말하지 않겠습니다. 너무나 자명해 보이기 때문입니다. 다만 여러분은 우리가 제시하려고 하는 원리를 망각하지 말아야 합니다. 그리스도께서는 사도들의 믿음이 강해지는 것이라면 그 어떠한 대가를 치르는 것이라도 지나치지 않다고 생각하셨다는 그 원리 말입니다. 그것이 마리아나 마르다에게 고통을 얼마나 크게 주었는지, 아니면 예수님 자신이나 그 사도들에게 얼마나 큰 슬픔을 가져왔는지 문제삼지 않았습니다. 그들 사도들은 그것을 감내해야만 했습니다. 왜냐하면 그 결과는 그처럼 놀라운 유익을 가져다주는 것이었기 때문입니다. 외과의사는 눈물을 흘리지 않고 수술칼을 들고 상처 부위를 쨉니다. 그 아픔은 대단합니다. 그러나 의사는 그 아픔이 치료를 가져다준다는 것을 알고 있습니다. 엄마는 어린아이의 입에 약을 집어넣습니다. 그러면 어린아이는 울면서 그 쓴맛을 뱉어 내려고 애를 씁니다. 그러면 어머니는 말합니다. "다 마셔라, 아가야!" 왜냐하면 그 약 방울 하나하나에 어린아이의 생명을 지키는 것이 있다는 것을 알고 있기 때문입니다. 그와 같이 그리스도께서도 사도들을 위해서 그들로 믿게 하시려는 의도에서 거기 계시지 않았던 것을 기뻐하셨습니다.

2. 그 가족의 유익

　　예수 그리스도께서는 또한 그 가족의 유익을 내다보셨습니다. 마리아와 마르다가 믿음을 가지고 있었습니다. 그러나 그 믿음은 그렇게 강한 것이 아니었습니다. 그들이 "주여 주께서 만일 여기 계셨다면 내 오라비가 죽지 않았을 것입니다"라고 말할 때 그리스도의 '사랑'을 의심하였습니다. 그 말 속에는 다음과 같은 일종의 원망이 숨어 있었습니다. "어째서 여기 계시지 않았나요? 주님께서 우리를 사랑하시잖아요? 어째서 그렇게 더디 오셨나요?" 그들은 분명 예수님의 능력을 의심하였습니다. 마르다가 부활을 믿는다고 했지마는 자기 오빠가 지금 당장에 부활할 수 있다는 사실은 믿지 않았습니다. 또한 "죽은지 나흘이 되었습니다"라고 말할 때도 믿음을 가지고 있기는 했지만 매우 약하였습니다. 그래서 그리스도께서는 마리아와 마르다를 위해서 그 시련을 보내셨고, 그 시련을 보내신 것을 기뻐하셨습니다. 그들로 믿도록 하기 위해서입니다.

사랑하는 교우 여러분! 이 사람들은 우리 주 예수 그리스도로부터 가장 총애를 받은 사람들이었습니다. 주님께서는 당신의 택한 모든 백성들을 사랑하십니다. 그러나 그 세 사람은 택한 백성 가운데서도 가장 사랑을 받는 사람들이었습니다. 다시 말하면, 매우 특이한 관심을 받았던 "특별한 총애의 사람들"이었다는 것입니다. 그래서 주님께서는 그들에게 "특별한 시련"을 보내셨던 것입니다. 보석 감정사가 어떤 돌을 들어 보았더니 별로 가치가 없는 것을 알게 되었습니다. 그러면 그 사람은 그 돌을 잘라 보려고 애를 쓰지 않습니다. 그런데 참으로 희귀한 다이아몬드를 만나게 되면, 다듬고 또 다듬고, 또다시 섬세하게 세공을 하려고 애를 쓸 것임에 틀림없습니다. 주님께서 당신이 많이 사랑하시는 성도를 만나면 그 성도에게 그와 같은 식의 일을 하실 것입니다. 다른 사람들에게는 시련이나 환난을 보내지 아니하실지라도 그 성도에게는 보내시는 것입니다. 만일 그렇게 하지 않는다면 그는 주님의 사랑받는 자가 아닐 것임에 틀림없을 것입니다. 사랑을 받을수록 더 많은 시련을 받게 됩니다.

하늘의 은총을 받는다고 하는 것은 정말 외경스러운 일입니다. 정말 그 일은 추구하고 기뻐해야 하는 일입니다. 그러나 기억하십시오. 그 왕의 회의실에 속한 자가 된다는 것은 믿음을 위해서 그러한 어려운 일을 당한다는 것을 의미합니다. 그 일이 어찌나 어려운지 혈육적인 생각으로는 차라리 그 고통스러운 복락을 받지 않는 것이 낫다고 생각할 정도입니다. 정원사가 한 나무를 얻었다고 합시다. 그런데 그 나무가 별로 좋은 품종이 아니면 멋대로 자라게 내버려 둘 것입니다. 그리고 무슨 열매를 맺든지 별로 관심을 두지 않을 것입니다. 그러나 그 품종이 매우 희귀한, 가치 있는 것이라면 합당한 전지(剪枝)를 꼼꼼히 하고 싶어할 것입니다. 왜냐하면 그래야 좋은 열매를 잘 맺을 수 있기 때문입니다. 칼을 가지고 여기저기를 잘라 냅니다. 그 이유는 무엇입니까? "이 나무는 대단히 좋은 나무예요. 정말 그 나무에서 많은 좋은 열매를 맺기를 바라요. 그러자면 그것을 방해하는 것은 무엇이든지 남겨 두어서는 안 되지요."

하나님의 은총을 입은 여러분은 시련당하는 것을 기이히 여기지 말아야 합니다. 오히려 시련당할 것을 각오하고 문을 활짝 열어 놓아야 합니다. 그래서 그 시련이 올 때에 "오 왕이 보낸 사신이여! 주님의 발소리가 그대 뒤에 있구나. 어서 오게나. 주님이 보낸 자여"라고 말해야 합니다.

　　특별한 시련은 특별한 방문을 동반합니다. 만일 나사로가 죽지 않았다면 그리스도가 베다니에 오지 않았을 것입니다. 그러나 그 나사로의 집에 시체가 있자마자 그리스도께서 바로 그 집에 계셨던 것입니다. 오 그리스도인이여, 이것이 바로 여러분에게 큰 위로가 될 것입니다. 그리스도께서 환난 중에 여러분에게 오신다는 것이야말로 여러분의 믿음을 북돋는 좋은 위로입니다. 제가 말씀드리건대, 여러분이 잘될 때 예수님의 얼굴에서 그 어떠한 미소도 발견하지 못한다면 역경을 당할 때는 반드시 그 예수님의 얼굴의 미소를 발견하게 될 것입니다. 그 때에는 주 예수님께서 여러분을 만나시기 위해서 가던 길을 바꾸실 것입니다. 어머니가 자기 자식에게 정말 친절하기 때문에 이리저리 뛰어다니게 내버려 둡니다. 잘 뛰어다닐 때는 별 주목을 하지 않습니다. 그러나 그 어린아이가 "머리 아파, 머리 아파"라고 하면서 울면 어떻게 합니까? 사람들이 그 아이를 엄마에게 데리고 가서 아이가 병이 난 것을 얘기해 줍니다. 그러면 그 아이에 대해서 그 엄마는 얼마나 다정하게 그 아이를 품어줍니까! 그 아픈 자기 자식에게 온갖 사랑의 달램과 애정의 입맞춤을 쏟아 붓습니다! 여러분에게도 마찬가지입니다. 여러분이 시련을 만날 때에 주님께서 특별하게 여러분을 찾아오십니다. 그러면 여러분이 다른 사람보다도 훨씬 더 총애를 받고 있다는 사실을 알게 될 것입니다.

　　예수님께서 이렇게 특별하게 찾아오시는 일에는 특별한 교제도 허락하시는 것입니다. 예수님께서 우셨습니다. 우는 자들과 함께 우셨다는 것입니다. 아! 예수님께서 침대 곁에 앉으셔서 아파하는 여러분과 함께 우신다는 말씀입니다. 여러분이 건강하고 강하고 모든 것이 잘 되어 나갈 때는 그리스도와의 교제가 크지 못할 수도 있습니다. 그러나 병들어 침상에 누워 있을 때는 그리스도와 더 큰 교제를 하게 됩니다. 푸른 잔디를 거닐 때는 주님 없이 걸을 수 있겠지만, 사드락, 메삭, 아벳느고와 같이 풀무 불 가운데로 들어갈 때에는 반드시 주님과 함께 할 것입니다. 우리가 깊은 시련 속에 있을 때에 그리스도와 교제하는 것처럼 가깝고 그렇게 달콤한 교제는 없다는 사실을 저는 간증합니다. 그때 구주께서는 자신의 품을 여시고 자기 자녀를 안으십니다. 무릎이 아니라 당신 가슴으로 안으시며, 그 머리를 심장이 고동치는 가슴에 대도록 하십니다. 세상이 여러분을 대적하고, 온통 시련으로 둘러싸여 있을 때, 그리스도께서는 비밀을 은밀하게 보여주십니다. "여호와의 친밀하심이 그를 경외하는 자들에게 있음이여 그 언약을 그들에게 보이시리로다"(시 24:4). 가장 어둡고 가장 어려운 시련의 때에 그 주님의 친밀하심과 언약을 가장 필요로 합니다. 그때처럼 그 하나님의 친밀하심과 언약을 깨닫게 되는 때가 없습니다. 그러니 특별한 사랑에는 특별한 시련이, 특별한 시련에는 특별한 주님의 찾아오심이, 그리고 주님의 찾아오심에는 주님의 특별한 교제가 있습니다.

곧이어서 특별한 구원이 오게 될 것입니다. 머지않은 날에 여러분은 이 시련들에 대해서 대화를 나누게 될 것입니다. "나는 당황하게 되었고 어쩔 줄을 몰랐습니다. 그러나 일의 시작뿐만 아니라 끝을 알 수만 있었다면 나는 이렇게 말했을 것입니다."

"오 달콤한 환난이여! 오 달콤한 환난이여!
그 환난을 통해서 내 주님을 가까이 하게 되었네."

저는 여러분에게 말씀드립니다. 여러분은 여러분의 포도나무 아래, 무화과나무 아래에 앉아서, 그리고 저 가련한 시련받는 성도를 향해서, "낙망하지 마시오. '내가 환난 중에 여호와께 부르짖었더니 내게 응답하셨도다'라는 말씀이 있지 않습니까?"라고 말하게 될 것입니다. 아마 하늘에서는 이것이 여러분의 행복의 일부가 되도록 도와줄 것입니다. 그리고 환난당한 여러분에게 하나님의 사랑을 기억하는 데도 도움을 줄 것입니다.

"꽃이 만발한 푸른 산언덕에
우리 곤고한 영혼들 앉으리
말로 할 수 없는 기쁨으로
우리 발의 수고를 대신할 것일세."

우리가 천사들과 정사들과 권세자들에게 그리스도의 신실하심을 말씀드리지 않을 것입니까? 우리는 하늘에 있는 모든 자들에게 "하나님의 사랑은 죽음 같이 강하고 질투는 스올 같이 잔인하다"고 말할 것이며, "많은 물도 이 사랑을 끄지 못하겠고 홍수라도 삼키지 못하나니"라고 말할 것입니다(아 8:6-7).

　　사랑하는 친구 여러분! 찌르는 채찍 같은 아픔을 가져다주는 시련을 만나서 뭐라고 말할 것입니까? 더 이상 불만을 품을 것입니까? 계속 그것을 향하여 불평의 모진 말을 할 것입니까? 저는 여러분에게 권고합니다. 이 본문을 다른 각도에서 읽고 이렇게 말하기를 바랍니다 ―이 일에 하나님께서 도우시기를 바랍니다― "나는 그 시련이 내 믿음을 강화시켰기 때문에 나를 그 시련에서 금방 건지지 아니한 것을 기뻐한다. 내가 주의 이름에 감사할 것은 나로 하여금 그 십자가의 무거운 끝을 들도록 큰 은혜를 주셨기 때문이다. 내가 아버지께 감사하는 것은 징계를 받지 않은 채 내버려 두지 아니하셨기 때문이다. 왜냐하면 '고난 당하기 전에는 내가 그릇 행하였더니 이제는 주의 말씀을 지키나이다'(시 119:67). '고난 당한 것이 내게 유익이라'(시 119:71)고 말할 수 있기 때문이다."

　　저는 여러분에게 말씀드립니다. 바로 이것이야말로 고통당할 때 심령으로 가장 유익하게 하는 방식일 뿐만 아니라, 그 고통에서 빠져 나오는 가장 빠른 지름길이기도 합니다. 주님께서는 일반적으로 자기 자녀가 징계의 막대기를 은총으로 받아들이는 것을 보실 때에 그 막대기를 놓으십니다. 하나님의 징계의 막대기를 보고 하나님께 굴복하면 더 이상 그 막대기를 가지고 여러분과 다투려 하지 아니하실 것입니다. 아버지의 눈을 들여다보면서 "주의 뜻이 이루어지이다"라고 말하면, 여러분을 고통스럽게 하는 그 하나님의 손은 그 목적을 다 이룬 셈이 되는 것입니다.

3. 다른 이들의 믿음을 위해서

　　저는 이제 세 번째 요점에 이르게 되었습니다. 성령 하나님께서 이 말씀에 복 주시기를 바랍니다. 이 고통이 허락되는 것은 "다른 이들에게 믿음을 주기 위해서"였습니다.

　　저는 특별히, 자기가 하나님의 백성이라고 고백하지 않을 수 없으며 그리스도를 향하여 어떤 소원을 가지고 있는 사람들에게 말씀드립니다. 여러분의 삶 속에서 어떤 큰 고통을 만나기가 십상입니다. 뒤를 돌아다보면 그와 같은 고통을 당하지 않았다면 좋을 뻔했다는 생각을 가질 것입니다. 그러나 여러분보다 더 잘 아시는 주님께서 "내가 거기 있지 아니한 것을 너희를 위하여 기뻐하노니 이는 너희로 믿게 하려 함이라"고 말씀하십니다.

여러분은 확실히 알아야 합니다. 환난이 흔히 사람들을 인도하여 그리스도를 믿게 하는데, 그 이유는 그 환난을 통해서 생각할 기회를 얻기 때문입니다. 예를 들어서, 어떤 사람이 건강하고 튼튼하며 매일같이 열심히 일을 하고 있으나, 하나님에 관하여는 어떤 생각도 하지 않고 있습니다. "소도 그 임자를 알고 나귀도 그 주인의 구유를 압니다"(사 1:3). 그러나 그는 알지 못하고 관심을 두지 않았습니다. 영혼에 대한 모든 생각들은, 종교적일 정도로 충분히 어리석은 사람들에게나 해당이 되는 것이고 자기에게는 전혀 해당이 되지 않는다고 생각했었습니다. ─ 도대체 그것이 내게 무슨 문제란 말이야? 그런데 죽음이 멀리서 그에게 보이며, 그의 곁으로 다가오고 있었습니다. 만일 그러한 일이 없었다면 죽음에 대해서 생각할 시간을 전혀 갖지 않았을 것입니다. 사고가 일어난 것입니다. 그래서 그는 병상에 눕게 되었습니다. 처음에 그는 당황하고 어찌할 바를 몰랐습니다. 그 건강의 상태가 호전될 것처럼 보이지 않았습니다. 그는 밤중에 병실의 침대에서 곤고하고 고통스러운 시간을 보냈습니다. 그가 무슨 생각을 할 수 있었겠습니까? 그때서야 그 사람은 자신에 관해서 생각하기 시작했고, 하나님 앞에서의 자기의 상태, 죽는다면 자기에게 어떤 몫이 주어질 것인가에 대한 생각을 하기 시작했습니다. 그의 생명이 작은 천칭처럼 두려워 떨고 있을 때, 아무도 어떤 방법으로 그 상황을 호전시킬 수 있는지에 대해서 말해 줄 수 없었습니다. 그 때 그 사람은 생각하지 않을 수 없었습니다. 많은 사람들이 병원에서 자기 영혼의 밭을 갈고, 그 성소에서 씨 뿌림을 당합니다. 많은 사람들이 사지를 잃거나, 오랜 질병이나, 극심한 가난을 통해서 하나님을 처음으로 생각하기 시작하는 것입니다.

환난은 사람들을 인도하여 믿음을 갖게 하되, **죄를 방지함으로써** 믿음을 충만하게 갖게 하는 경우가 잦습니다. 어떤 젊은 사람이 산을 오르기로 결심했습니다. 그는 어떤 선한 충고도 받지 않고 그 정상에 올라가겠다고 마음의 결심을 한 것입니다. 자기보다 훨씬 더 나이 많은 사람이 거기에 가면 큰 위험이 있다는 사실을 경고했음에도 말입니다. 그는 산을 올라가다가 자기를 빽빽하게 감싸고 있는 안개에 휩싸이며 더 이상 높이 올라가지 못했습니다. 그는 놀랐습니다. 안개가 너무 짙어 자기 손도 볼 수 없을 지경이 되었습니다. 그는 자기가 올라온 길을 더듬어 내려가기로 마음을 정하고, 그 길을 따라 내려가 우울하게 그 아버지의 집에 당도하였습니다. 그러면서 자기가 큰 위험을 만났었다고 아버지에게 말씀드립니다. 그 아버지는 그것을 듣고 기쁘다고 말합니다. 만일 그 위험을 만나지 않았다면 조금 더 나아가다 떨어져서 다시는 집으로 돌아오지 못했을 것이라고 생각되었기 때문입니다. 자주 고난은 시험에 빠지지 않도록 사람을 단속해 줍니다. 그렇지 않았더라면 악한 부류 속에 끼어들어 주정뱅이가 되고, 정욕에 눈이 먼 사람이 되었을 것입니다. 그러나 환난 때문에 그렇게 하지 못했습니다. 이미 약속했고, 저녁 시간을 떼어 놓았습니다. 그런데, 바로 그 밤에 하나님의 자비로운 천사의 검은 손이 찾아왔습니다. 나는 그것을 검은 손이라고 말씀드렸는데, 제가 볼 때 그렇게 보이기 때문입니다. 그래서 그 사람은 자기가 하고 싶어 하는 것을 하지 못했습니다. 그의 길이 차단되었고, 하나님의 손 안에서 그것이 믿음을 갖게 하는 방편이 되었습니다.

다시, 환난은 흔히 사람들을 인도하여 예수님을 믿게 합니다. 왜냐하면 그들은 엄숙한 현실과 대면하여 서지 않을 수 없었기 때문입니다. 한 주간 동안 죽음의 언저리에 누워 있었던 적이 있었습니까? 말로 할 수 없는 고통을 겪으며 누워 있었거나, 의사가 여러분의 병상에서 속삭이는 소리를 듣고 회복될 가망이 1 퍼센트밖에 되지 않는다는 식으로 중얼거리는 소리를 들었습니까? 죽음이 여러분 가까이에 와 있다고 느꼈습니까? 여러분이 염려하는 눈으로 영혼을 들여다본 적이 있습니까? 지옥을 그려 놓고 그 앞에 여러분 자신이 있다고 생각해 보신 적이 있습니까? 누워 있으나 깨어서 하늘을 그려 보며, 그 하늘에서 여러분 자신이 쫓겨났다는 사실을 마음속으로 그려 본 적이 있습니까? 바로 그 때입니다! 하나님의 성령께서 사람들을 위해서 큰 일을 행하시는 것이 바로 그와 같은 때라는 말입니다. 그래서 그리스도께서는 그들이 침잠(沈潛)하고, 그들의 영혼이 전혀 먹기를 싫어하고, 고난 중에서 하나님께 부르짖는 것을 보시며 기뻐하시는 것입니다. 주님께서는, 그것을 징검다리로 하여 그리스도를 진실로 믿어 영생에 이르게 된다는 것을 아시기 때문에 기뻐하십니다. 한 눈이나 한 손을 잃을지라도 지옥에 들어가지 않는 것이 온 몸 전체로 지옥에 들어가게 되는 것보다 더 낫습니다. 부자로 지옥에 가는 것보다 가난하고 남루하게 천국에 가는 것이 훨씬 낫습니다. 튼튼한 뼈와 강건한 힘으로 지옥에 내려가는 것보다 기진하여 천국으로 들어가는 것이 훨씬 좋습니다. 우리 중 어떤 사람들이 만난 환난과 시련 때문에 영광을 돌립니다. 그 환난과 시련을 방편으로 하여 우리가 그리스도께 더 가까이 인도함을 받았다면 말입니다.

시련은 건진 바 된 후에 그리스도를 믿도록 사람들을 인도하는 경향이 있습니다. 아마 여러분 중 어떤 사람은 병상에서 건강을 회복하고 일어났거나, 아니면 잠시 당하는 고통의 때에서 벗어났던 적이 있을 것입니다. 그럴 때 여러분은 아무런 감사를 하지 않았나요? 하나님의 자비하심을 생각하고 하나님을 사랑하지 않았나요? 주님께 마음이 녹지 않았습니까? 자기에게 행해 주신 그 친절하신 행사 때문에 말입니다. 주님의 이름을 찬미하는 노래를 부르지 않았습니까? 저는 이렇게 말한 사람을 잘 알고 있습니다. "이제 하나님께서 이렇게 나를 일으키시고 이런 방식으로 나를 도우시기를 기뻐하셨습니다. 제 마음을 하나님께 드리고 싶습니다. 나를 위해서 그렇게 많은 일을 행하신 하나님께 제가 무엇을 해 드릴 수 있습니까?"

저는 의심하지 않습니다. 감사하는 마음은 많은 사람들을 인도하여 그리스도를 믿게 만든다고 말입니다. 그 밖에, 여러분이 환난 때에 하나님을 찾아 그 도움을 구하고, 하나님께서 도와주시면, 그것이 다시 여러분이 기도하도록 용기를 북돋아 주게 되는 것입니다. 그 때 하나님께서 여러분을 도우셨다면 이제도 도우실 것입니다. 만일 그 때 여러분의 목숨을 지켜 주셨다면, 여러분의 영혼을 앞으로도 지켜 주지 아니하시겠습니까? 하나님이 무덤에서 여러분을 들어 일으켜 세워 주셨다면, 어째서 지옥의 구덩이에서 여러분을 건져 주실 수가 없겠습니까? 저는 이 교회에 있는 많은 사람들 때문에 하나님께 감사하며 찬미를 드립니다. 많은 사람들이 주님께 기도함으로 응답을 받아 주님을 더 찾게 되었습니다. 하나님께서는 곤고에 빠진 자들에게 은혜로우셨습니다. 긍휼에 풍성하신 주님께서는 그들의 기도를 경청하셨고, 복을 주셨습니다. 그 결과 그들이 주님께 울부짖으며, 살아 있는 동안 계속 울부짖을 것입니다.

우리가 만일 하나님께 아뢰고, 하나님을 믿고, 하나님께서 주시는 어떤 구원을 맛보았다면, 그것이 장래에 범사에 하나님을 신뢰하도록 만드는 쪽으로 작용하기를 바랍니다. 영생을 위해서 한 가지 필요한 것은 주 예수 그리스도를 믿는 것임을 기억하십시오. 여러분이 자신은 완전하지 못하다고 말할 것을 알고 있습니다. 정말 여러분은 완전하지 못합니다. 또한 여러분은 이렇게 말할 것입니다. "저는 많은 죄를 지었어요. 잘못된 일을 정말 많이 했어요." 정말 사실입니다. 그러나 주 예수 그리스도를 믿는 자는 죄를 용서받습니다. 여러분은 그 이야기를 알고 있습니다. 그리스도께서 하늘로부터 내려오사 그 백성의 죄를 어깨에 짊어지셨다는 사실을 말입니다. 하나님께서 죄인을 치기 위해서 나오실 때, 공의가 "그가 어디 있느냐?"라고 말했습니다. 그리스도께서 죄인 대신 그 자리에 섰습니다. 하나님의 칼이 구세주의 심장을 꿰뚫었습니다. 어째서입니까? 예수께서 택하신 자들의 심장에 그 어느 상처도 내지 못하도록 하기 위함입니다. 그가 여러분을 위해서 죽으셨습니까? 만일 여러분이 그를 믿으면 그렇게 하신 것입니다. 여러분의 믿음이 그리스도께서 여러분을 위해서 대신 죽으셨다는 사실을 증거하는 것이 될 것입니다. 오! 만일 그리스도께서 여러분을 위해서 고난당하셨다면, 여러분은 죄의 형벌을 결코 당하지 아니하실 것입니다. 만일 하나님께서 그리스도를 징벌하셨다면, 그분은 여러분을 결코 징벌하지 않을 것입니다. 만일 예수 그리스도께서 여러분의 빚을 갚으셨다면, 여러분은 자유함을 얻은 것입니다. 여러분이 믿는다면, 하늘의 심판대 앞에서 하늘의 천사들과 똑같이 깨끗한 사람들로 서 있는 것입니다. 그리스도의 속죄의 은혜를 의지하고 있으면 여러분은 구원 받은 영혼입니다. 그리고 여러분은 길을 가면서 이렇게 노래할 수 있습니다.

> "이제 나는 죄에서 자유하여 이렇게 활보하고 있네
> 구주의 피가 내 모든 짐을 벗기셨으니
> 주님의 사랑하시는 발 앞에 내 영혼을 맡기리라
> 구원받은 죄인이 경의를 드리리라."

환난이 이러한 결과를 여러분에게 가져왔다면, 그리스도께서는 "내가 거기 있지 아니한 것을 너희를 위하여 기뻐하노니 이는 너희로 믿게 하려 함이라"고 말씀하실 것입니다. 하나님께서 예수님을 위하여 여러분을 믿음으로 인도하시기를 바랍니다. 아멘.

제
44
장

—

선생님

—

"이 말을 하고 돌아가서 가만히 그 자매 마리아를 불러
말하되 선생님이 오셔서 너를 부르신다 하니" —요 11:28

마르다가 마리아의 귀에 대고 작은 소리로 "선생님"이라고 속삭인 것을 보아 이 자매들이 예수님께서 안 계실 때 우리 주님을 공통적으로 선생님(Master)이라고 불렀을 것이라고 나는 추측합니다. 아마 제자들도 모두 주님을 보통 선생님이라고 불렀을 것입니다. 왜냐하면 예수님께서 "너희가 나를 선생이라 또는 주라 하니 너희 말이 옳도다 내가 그러하다"(요 13:13)고 말씀하셨기 때문입니다. 우리가 사랑하는 사람들에게 우리는 특별한 칭호를 붙이며, 이로써 그들에 대한 존경을 나타냅니다. 그들의 공식적인 칭호나 실제 이름을 언제나 사용하는 것은 아니며, 그 대신에 우리가 그들을 부르는 어떤 한 이름이 있습니다. 그 이름은 그들과 우리의 즐거운 연합을 자극하며, 혹은 그들의 사랑스러운 성품을 상기시켜 주며, 따라서 그 이름은 우리가 부르기에 너무 편안합니다. 이처럼 제자들 대부분이 예수님을 "선생님"이라고 불렀으며, 많은 제자들이 이 이름을 "주님"이라는 말과 함께 사용하였을 것입니다.

내가 추측하기에, 마리아는 눈에 띄게 이 칭호를 많이 사용하였으며, 이 칭호는 그녀가 주님을 부를 때마다 사용한 이름이었습니다. 아마도 그녀는 주님을 "나의 선생님"이라고 불렀을 것입니다. 물론 마르다가 마리아에게 "너의 선생님께서 오셨다"고 말하지는 않았을 것입니다. 그렇다면 예수님에 대한 마르다의

충성이 의심받았을 것이기 때문입니다. 아마도 마르다는 마음속으로 주님을 "우리 선생님"이라고 느끼지 못하였을 것이며, 더 많은 사람들에게 선생님이 되신다는 사실을 알지 못하였을 것입니다. 또한 죽음까지도 주관하시는 선생님이시라는 사실을 거의 생각하지 못하였을 것입니다. 그래서 마르다는 "그 선생님"이라고 불렀습니다. "그 선생님이 오셨다"라는 말은 주님을 강조적으로 지칭한 말이었습니다.

마리아와 같은 심정을 가진 사람들이 이처럼 항상 "선생님"이라는 칭호를 즐겨 사용하였던 것은 주목할 만한 일입니다. 또한 놀랍고 감미롭고 신비적인 시인이자 주님을 사랑한 조지 허버트(George Herbert, 1593-1633; 영국의 시인이자 성직자)가 예수님의 이름을 들을 때마다 항상 "나의 선생님"이라고 말하였다는 것은 더욱 주목할 만한 일입니다. 그는 "그 향기"(The Odour)라는 기묘한 시를 우리에게 남겼는데 다음과 같이 시작됩니다.

> "나의 선생님이란 칭호가 어찌나 달콤하게 들리는지요
>   나의 선생님."

아시다시피 이 말은 "Teacher", 곧 권위 있는 Teacher라고 번역할 수 있습니다. 선생님(Master)이란 단어의 핵심적인 의미가 바로 Teacher이기 때문입니다. 나는 Master라고 부르는 것이 좋습니다. 왜냐하면 용법이나 그 단어에서 연상되는 의미가 Teacher라는 뜻을 포함하고 있기 때문입니다. 또한 우리가 중고등학교나 대학교에서 담임선생님을 Master라고 부르는 습관이 지금도 남아 있기 때문입니다. 하지만 우리의 성경에 "Teacher께서 오셨다"고 번역되었다면 한층 과녁에 가까웠을 것입니다.

1. 먼저 우리 주님에게 이러한 칭호가 타당한 이유에 대하여 잠시 말씀드리겠습니다.

주님은 참으로 the Master-the Teacher이십니다. 내가 두 단어를 조합한들 어떻겠습니까? 주님은 이 직무에 특별히 잘 어울리십니다. 사람이 master-teacher(대가 선생님)가 되려면 대가다운(masterly) 정신을 가져야 합니다. 대가다운 정신은 타고난 우수성으로 사람들에게 인정받으며, 그런 정신을 가진 사람들

은 이 때문에 전면에 나설 수밖에 없습니다. 나폴레옹의 도덕적 자질은 제쳐놓고, 나폴레옹의 광대한 정신은 사병들 가운데서 영원히 감추어질 수 없었습니다. 이와 마찬가지로, 크롬웰이나 워싱턴 같은 사람들도 사람들 가운데 대가로 올라섰는데, 그 이유는 그들의 정신적인 도량(度量)이 대가다웠기 때문입니다.

그런 사람들은 사물을 빨리 봅니다. 그들은 사물을 포괄적으로 파악합니다. 그리고 그들은 사람들에게 자기의 도량에 대한 믿음을 심어 주어 오래지않아 대가의 자리에 오르며, 주변의 모든 사람들이 공통적으로 이를 승낙합니다. 여러분은 작은 마음을 가진 사람을 대가 선생님(master-teacher)으로 모실 수 없습니다. 작은 마음을 가진 사람이 사람들의 환심을 사 선생의 자리에 오를 수는 있지만, 그것이 그의 자리가 아니라는 사실을 누구나 다 압니다. 아무도 그를 대가로 생각하지 않을 것입니다.

많은 화가들이 있었지만, 지금까지 라파엘로나 미켈란젤로와 같이 그들의 이름을 남길 만한 화파(畵派)를 창시한 화가들은 그리 많지 않습니다. 지금까지 많은 시인들이 있었지만, 아름다운 시의 대가가 될 만큼 아름다운 사상의 학풍을 발견한 시인들은 그리 많지 않습니다. 지금까지 많은 철학자들이 있었지만, 소크라테스나 아리스토텔레스와 같은 사람들이 매일 발견되지는 않을 것입니다. 위대한 선생들은 분명히 위대한 정신을 가졌으며, 이런 사람들은 흔치 않습니다. 모든 선생들 가운데 선생, 모든 선생들 가운데 대가는 틀림없이 위대하고 거대한 정신을 가지고 있으며, 그들의 머리와 노력이 다른 사람들보다 뛰어납니다.

마리아는 주 예수 그리스도 안에서 그런 정신을 보았으며, 우리도 역시 그러합니다. 그래서 우리가 우리 주님에 대하여 "선생님"이라고 부르는 것입니다. 그 이름에는 전지(全知)하시고 오류가 없으신 신성(神性)이 포함되어 있으며, 동시에 모든 덕목이 조화를 이룬 완전하고 원만한 인품, 더하지도 모자라지도 않은 균형 잡힌 미덕이 포함되어 있습니다. 여러분은 주님 안에서 완전한 정신을 볼 수 있는데, 이는 대단히 남성적이면서도 또한 대단히 여성적인 인간다운 정신입니다. 예수님 안에는 여성의 부드러움과 인정, 남성의 힘과 용기가 결합되어 있었습니다. 예수님의 사랑은 여성적이나 나약하지 않았습니다. 예수님의 마음은 남성적이나 완고하거나 가혹하지 않았습니다. 예수님은 완전한 인간이셨으며, 타락하지 아니한 완전한 인성(人性)을 갖추셨습니다.

우리 주님은 그에게 가까이 온 모든 사람들에게 깊은 인상을 주셨으며, 그들은 주님을 아주 싫어하든지, 아니면 뜨겁게 사랑하였습니다. 예수님은 어디에 계시든지 사람들 가운데 대가로 보였습니다. 마귀도 예수님을 인정하고 다른 모든 사람들보다도 예수님을 시험하였습니다. 마귀는 자기의 좋은 적수를 발견하고 예수님을 광야로 데려가 결투를 하였습니다. 인류의 명백한 우두머리를 패배시킴으로써 인류를 처부수려고 하였습니다. 서기관과 바리새인들이 옷술을 크게 하지 아니한 모든 사람을 경멸하였지만 이분을 멸시할 수는 없었습니다.

그들이 예수님을 미워하였지만 그들의 미움은 최상의 선과 위대함에 대하여 악이 돌릴 수밖에 없는 무의식적인 존경이었습니다. 예수님은 그들이 무시할 수 없고 무심코 지나칠 수 없는 분이었습니다. 예수님은 어느 곳에서나 권세와 능력이 있었습니다. 그렇습니다. 예수님은 master, 곧 "그 선생님"이셨습니다. 예수님은 전인격적으로 위대하시고, 따라서 마치 작은 산들보다 높이 솟아 있고 모든 골짜기들을 그늘로 가리는 알프스의 굉장한 산봉우리처럼 모든 사람들 위에 뛰어나십니다.

사람이 master-teacher(대가 선생님)가 되기 위해서는 대가의 정신을 가져야 할 뿐만 아니라 대가다운 지식을 갖추어야 합니다. 교육으로 얻은 지식보다는 경험으로 얻은 지식이 최고입니다. 우리 주 예수님의 경우가 바로 그러했습니다. 예수님은 생명의 학문을 우리에게 가르쳐 주시려고 오셨으며, 그 안에 생명이 있었습니다. 예수님은 모든 면에서 삶을 경험하셨으며, 우리와 똑같이 모든 면에서 시험을 받으셨지만 죄는 없으십니다. 가장 높이 있는 사람도 그보다 높지 않으며, 가장 낮게 있는 사람도 그보다 낮게 여겨지지 않았습니다. 주님은 자기를 낮추사 사람들의 연약함과 슬픔을 당하셨습니다. 주님이 밟아보지 못한 황량하고 우울한 골짜기는 없으며, 주님이 오르지 못한 기쁨의 높은 봉우리는 없습니다. 주님은 자기 백성을 광야에서 인도하시며, 옛적의 호밥처럼 그들이 광야 어디에다 진을 쳐야 하는지 아시며, 어디로 가야 약속의 땅에 이르는지 그 길을 훤히 알고 계십니다. 주님은 "고난을 통하여 온전하게"(히 2:10) 되셨습니다. 주님은 단순한 이론으로 진리를 가르치지 않으시고 몸소 체험한 것으로 진리를 우리에게 가르치십니다. 주님의 치료법은 이미 자신이 검증하신 것입니다. 우리에게 쓰라림이 있다면 주님은 그 쓰라림의 사발들을 통째로 들이키셨습니다. 주님의 컵에 달콤함이 있다면 기꺼이 우리에게 주실 것입니다. 그래서 주님은 이생과 경건에 관련된 모든 사실들, 지옥문에서 하나님의 보좌로 인도하는 구원의 모든 도리를 친히 잘 이해하십니다.

게다가 본문에서 우리의 위대하신 선생님께서는 대가답게 가르치는 모습을 보여주셨으며, 이는 대가에게 꼭 필요한 것입니다. 왜냐하면 많은 지식과 위대한 정신이 있는 사람이라고 누구나 다 다른 사람을 가르칠 수 있는 것은 아니기 때문입니다. 선생님에게는 가르치는 재능이 필요합니다. 내가 알고 있는 어떤 사람들의 말씨는 평범한 사람들의 말씨와 아주 다른 것 같습니다. 그들이 무언가 말을 할 때 알아들을 수 없는 말로 횡설수설합니다. 아마 자기 자신과 소수의 제자들은 무슨 말인지 이해하지만 평범한 사람들은 무슨 소린지 알아들을 수 없습니다. 자기가 이해하고 있는 바를 다른 사람들이 이해할 수 있도록 가르칠 수 있는 그런 선생님이 훌륭한 분입니다. 나는 옛 사람 코벳(Cobbett)의 표현을 좋아합니다. 그는 "나는 사람들이 내 말을 이해할 수 있도록 말할 뿐만 아니라 그들이 내 말을 오해하지 않도록 말합니다"라고 말하였습니다. 바로 그리스도께서 제자들에게 그렇게 가르치신 선생님이셨습니다. 제자들이 주님의 발 아래 앉았을 때 주님은 그런 어리석은 사람들도 오해하지 않도록 진리를 분명하게 가르치셨습니다. 주님은 소박한 비유와 말씨로 그들의 귀와 마음을 사로잡으셨고, 하늘의 진리들을 아주 쉽게 이해하게 만드셨으며, 주님께서 가르치실 때 하나님의 성령께서 그들의 머리를 맑게 해 주셨으며, 그들로 하여금 진리를 받아들일 수 있도록 만들어 주셨습니다.

게다가 주님은 분명하게 가르치셨을 뿐만 아니라 사랑으로 가르치셨습니다. 주님은 매우 친절하게 제자들에게 계시하셨기 때문에 그들은 무지한 것이 오히려 즐거웠습니다. 왜냐하면 무지하기에 배워야 했고, 그들이 배우는 즐거움이 컸기 때문입니다. 주님은 그럴 정도로 친절하게 가르쳐 주셨던 것입니다. 주님께서 가르치신 방법은 가르치신 진리만큼이나 귀하였습니다. 그리스도의 학교에 온 사람들은 누구나 집에 온 느낌을 받았으며, 자기 선생님이 마음에 들었으며, 어딘가에 배울 수 있는 곳이 있더라도 자기들은 반드시 선생님 밑에서 배워야 한다는 확신을 가졌습니다.

선생님께서 가르치실 때 성령을 조금씩 — 충만히는 아니고 — 베푸셨습니다. 왜냐하면 승천하실 때까지, 그리고 성령께서 교회에 세례를 베푸실 때까지는 성령충만이 보류되었기 때문입니다. 하지만 주님은 자기 백성에게 하나님의 성령을 조금씩 베풀어 주셨으며, 이로써 그들은 진리를 귀가 아니라 마음으로 배웠습니다. 우리는 그리스도와 같은 선생들이 아닙니다. 우리가 아무리 잘해야 다만 사람들의 귀에 대고 가르칠 수 있을 뿐입니다. 우리는 성령을 베풀 수 없습니다. 오직 주님만이 성령을 베푸실 수 있습니다. 오늘 성령께서 그리스도로부터 오셔서 그리스도에 관한 일들을 우리에게 계시하시면, 우리는 우리 주님의 대가다운 교육법을 한층 더 볼 수 있으며 예수님께서 얼마나 위대하신 선생님이신지 알 수 있을 것입니다. 예수님은 그의 교훈을 칠판에 쓰지 않으시고 육의 마음판에 새기는 분이십니다. 예수님은 교과서를 우리에게 주십니다. 아니 예수님 자신이 교과서입니다. 예수님은 우리에게 교훈을 베푸시는데 예수님 자신이 교훈 자체이십니다. 우리가 해야 할 일을 예수님께서 우리 앞에서 행하여 보여주십니다. 그래서 우리가 예수님을 알기만 하면 예수님께서 우리에게 무엇을 가르치기를 원하시는지 알 수 있습니다. 그리고 우리가 예수님을 본받기만 하면 우리는 주님께서 베푸신 교훈을 이미 따른 것입니다.

교훈을 자신 속에서 구현하신 우리 주님의 방법은 아주 훌륭한 방법이며, 이런 면에서 어느 누구도 예수님에게 견줄 수 없습니다. 자녀들에게 훈계하기보다 모범을 보임으로써 그들이 더 많은 것을 배우지 않겠습니까? 이것이 바로 우리 선생님께서 우리를 가르치신 방법입니다. "그 사람이 말하는 것처럼 말한 사람은 이 때까지 없었나이다"(요 7:46). 이 말씀이야말로 기독교의 위대한 교훈입니다. 하지만 이 말씀은 "이 사람이 행하는 것처럼 행한 사람은 이 때까지 없었다"는 말씀에 의해 무색해집니다. 왜냐하면 이 사람의 행위와 말씀이 서로 일치하며, 그 행위가 그의 말씀을 구현하고 시행하며, 그 행위가 그의 말씀에 생명을 주며, 또한 우리가 그의 행위를 통해 그의 말씀을 이해하게 되기 때문입니다.

그는 말과 행동에 다 능하시기 때문에 모세 같은 선지자시며, 또한 선지자와 교사들의 선생님이십니다. 주님께는 대가다운 정신, 대가다운 체험, 대가다운 교수법이 있습니다. 그러므로 "선생님"이라고 불리는 것이 합당합니다.

게다가 사랑하는 친구들이여, 우리 선생님에 대하여 ― 내가 이미 말한 내용에 이것이 포함되지 않았다면 ― 추가해야 할 내용이 있습니다. 그것은 예수님께서 선생님으로서 자신의 범위 안에 들어온 자들에게 대가로서 영향을 끼치셨다는 사실입니다. 그들은 단순히 보기만 한 것이 아니라 느꼈습니다. 그들은 알기만 한 것이 아니라 사랑하였습니다. 그들은 단순히 선생님의 교훈을 고맙게 여기기만 한 것이 아니라 그 선생님을 경배하였습니다. 그리스도의 존재 자체가 죄를 제어하고 궁극적으로는 내쫓아 버리는 능력이 되었고, 덕을 심고 새 생명을 태동시키고 양육하고 온전하게 만드는 능력이 되었으니 이러한 그리스도께서 얼마나 위대한 선생님이셨는지요! 가르칠 자격을 갖춘 어머니, 곧 달콤한 사랑의 설탕 안에 자신의 교훈을 절임으로써 달콤하게 가르칠 줄 아는 어머니가 아이를 가장 잘 가르칠 수 있습니다. 그 때에 배운다는 것은 의무인 동시에 즐거움입니다. 지금까지 부드럽고 애정이 깊은 어머니들이 있었지만 어떠한 어머니도 예수님께서 마리아의 마음을 사로잡은 것처럼 완벽하게 자기 자녀의 마음을 사로잡지는 못하였습니다. 또는 내 마음이 주님에 대하여 느끼는 것처럼 여러분이 주님에 대하여 느낀다면, 자녀의 마음을 사로잡은 그 어떤 어머니보다도 예수님께서 여러분과 나의 마음을 더욱 완전하게 사로잡으셨다고 나는 말할 수 있습니다. 주님께서 말씀하신 바를 입증할 어떠한 증거도 우리는 바라지 않습니다. 주님 자신이 증거가 되시기 때문에 증거나 논거가 필요없는 것입니다. 주님의 사랑이 우리에게 모든 것을 입증하는 증거입니다. 우리가 주님에 대하여 깊이 숙고하지 않아도, 주님께서 우리를 위하여 행하신 일이 우리가 제기하는 모든 질문에 대하여 이미 답변을 하였습니다.

설령 우리가 이해하지 못하는 말씀을 주님께서 우리에게 하신다 할지라도 우리는 그 말씀을 믿을 것입니다. 우리가 그 말씀을 이해하게 해 달라고 요구할 때 주님께서 우리에게 "안 돼"라고 말씀하실지라도, 우리는 있는 자리에 그대로 있을 것이며, 그 신비의 말씀을 믿을 것입니다. 우리가 주님을 이처럼 사랑하기에, 몰라도 아는 것만큼 기뻐합니다. 설령 우리가 모르는 것을 주님이 원하실지라도 우리는 기뻐합니다. 주님의 침묵이 주님의 말씀만큼 우리에게 감동을 준다고 믿습니다. 우리가 주님을 사랑하기에 우리는 곧바로 그의 가르침을 존경하고 받아들이며, 그만큼 주님은 우리에게 감동을 주십니다. 우리가 주님을 알면 알수록 표현하기 어려울 정도로 유쾌한 주님의 감동이 우리의 본성을 지배하며, 우리의 상상, 생각, 이유, 모든 것이 주님 앞에서 더 완전하게 굴복합니다.

이 때문에 사람들이 우리를 바보라고 부를 수 있습니다. 하지만 우리는 예수님의 발 아래서 "이 세상이 자기 지혜로 하나님을 알지 못하고"(고전 1:21), 우리가 회개하고 어린아이들처럼 되지 아니하면 결단코 천국에 들어가지 못한다고 배웠습니다. 그러므로 우리는 세상이 우리를 어린애 같이 잘 속는다고 생각해도 당황하지 않습니다. 세상은 점점 사나워지고 어리석어지지만 우리는 점점 더 어린아이다워지고 지혜로워집니다. 우리가 낮아져서 주 예수님처럼 되는 것이 가장 확실하고 참된 성장이라고 우리는 생각합니다. 우리가 더 이상 내려갈 데가 없을 때, 우리가 아무것도 아닌 존재가 될 때까지 더욱더 낮아질 때, 우리는 예수님의 학교에서 충분히 성장할 것이며, 진정한 배움을 크게 얻고 지식에 넘치는 그리스도의 사랑을 알 것입니다.

지금까지 우리의 가장 사랑하는 주님께서 "선생님"이라는 이름을 받을 자격이 있다는 것을 증거하였습니다. 이제 추가로 주님께서 직분상 교회의 유일한 선생님이 되신다는 사실을 말씀드리겠습니다.

교회에서는 오직 그리스도의 말씀만이 교리의 근거가 됩니다. 주님께서 일점 일획이라도 절대로 더하거나 빼지 말라고 부탁하시고 우리에게 남기신 이 영감된 성경, 바로 이것이 최고 권위를 가진 우리의 법전(法典)이며, 우리의 공인된 신조이며, 신앙의 확고한 기준입니다. 너무나 많은 사람들이 다양한 "신학체계들"을 주장하였다고 합니다. 하지만 내 생각에는 오직 하나의 신학체계만이 있었으며, 앞으로도 반드시 그럴 것입니다. "그(예수 그리스도) 안에는 신성의 모든 충만이 육체로 거하시고"(골 2:9). 정통교회의 신학체계는 그리스도 자신이십니다. 어떤 교회들은 다른 기준들을 말하지만, 우리는 우리 선생님 외에 어떠한 신학기준도 알지 못합니다. 주님은 "내가 땅에서 들리면 모든 사람을 내게로 이끌겠노라"(요 12:32)고 말씀하셨습니다. 우리는 다른 선생님에 대한 필요성을 느끼지 못합니다. 주님께서 기준이십니다. "그에게 모든 백성이 복종하리로다"(창 49:10).

우리는 마르틴 루터와 같이 하지 않는 사람들과 함께 하지 않습니다. 마르틴 루터를 주신 하나님을 찬송할지로다! 마르틴 루터를 경멸하는 말을 하나님께서 금하십니다. 하지만 우리가 마르틴 루터에게 세례를 받았습니까? 그렇지 않습니다. 어떤 이들은 존 칼빈(John Calvin)의 사상만을 고집합니다. 나 또한 칼빈을 죽을 인생들 가운데 가장 존경합니다. 그럴지라도 존 칼빈이 우리의 선생님은 아니며, 다만 그리스도의 학교에서 뛰어난 학생일 뿐입니다. 칼빈이 그리스도께서 가르치신 대로 가르치는 한 그의 가르침은 권위가 있습니다. 하지만 칼빈이 예수님에게서 벗어난다면 그는 볼테르(Voltaire)의 전철을 밟게 될 것입니다. 무엇이든지 존 웨슬리(John Wesley)의 말에 의존하는 형제들이 있습니다.

"웨슬리가 뭐라고 말하였을까?" 이것이 그들에게는 중요한 물음입니다. 그가 죽은 지 오래된 지금, 그가 그리스도인들을 인도하기 위해 무엇이라고 말할까, 혹은 말했을까 하는 물음이 우리에게는 그렇게 중요한 것이 아닙니다. 그보다 훨씬 더 중요한 것은 예수님께서 뭐라고 말씀하셨는가라고 묻는 것입니다. 지금까지 존재한 위대한 인물들 중에 한 사람이 웨슬리였지만 그가 우리의 선생님은 아닙니다. "우리의 선생님은 오직 그리스도 한 분뿐입니다." 모든 그리스도인들이 이 진리에 굳게 서기를 나는 하나님께 간구합니다. 그때에

> "분파들과 이름들과 당파들은 쇠하고
> 예수 그리스도께서 만유 안에 계시나이다."

예수 그리스도만이 유일한 선생님이시며 유일한 입법자이십니다. 교회는 그리스도의 법을 시행할 권한이 있지만 법을 제정할 권한은 없습니다. 그리스도의 사역자들은 그리스도의 명령을 수행해야 합니다. 그들이 그렇게 할 때 땅에서 매이면 하늘에서도 매일 것입니다. 하지만 그들이 이 성경책의 명령 외에 다른 어떠한 명령을 따른다면 그들의 법은 멸시받아 마땅합니다. 그 내용이 어떠하든지 그러한 법은 그리스도인의 마음을 매지 못할 것입니다. "그러므로 아들이 너희를 자유롭게 하면 너희가 참으로 자유로우리라"(요 8:36). "그리스도께서 우리를 자유롭게 하려고 자유를 주셨으니 그러므로 굳건하게 서서 다시는 종의 멍에를 메지 말라"(갈 5:1).

"선생님"(Master), 바로 그 이름은 전 세계 교회를 통해서 마땅히 받아야 하는 이름입니다. 언제나 그분은 그렇게 여김을 받아야 합니다. 영적인 주제들과 관련하여 항상 어느 때에나 그러한 차원에서 그분은 존귀히 여김을 받아야 합니다. 최고 재판소처럼, 주님의 말씀은

> "분쟁을 끝내는 재판관, 지혜와 이성은 실패하도다."

여태까지 이 칭호의 적절함을 살펴보았습니다.

2. 이제 두 번째로, 그리스도를 선생님으로 알아본 마리아의 특별한 인식을 생각해 봅시다.

마리아가 어떻게 그런 인식을 하였을까요? 마리아는 그리스도의 학생이 되었습니다. 그녀는 겸손하게 그리스도의 발 아래 앉았습니다. 사랑하는 자들이여, 그리스도께서 우리의 선생님이시라면 우리도 마리아처럼 합시다. 예수님의 모든 말씀을 받고, 고찰하며, 읽고, 주목하고, 배우며, 그 말씀을 먹고 마음속으로 소화시킵시다. 우리가 마땅히 읽어야 할 성경을 읽지 않는 것은 유감이며, 우리 선생님께서 사용하신 표현의 아주 작은 부분까지 마땅히 관심을 가져야 하는데 그렇지 못한 것 또한 유감입니다. 나는 선생님의 발 아래 앉아 있는 마리아의 모습을 보고 싶습니다. 위대한 화가들이 동정녀 마리아의 그림을 자주 그렸는데, 그래서 변화를 주어 이 마리아를 그렸는지도 모릅니다. 그 그림에서 마리아는 한 곳만을 뚫어지게 응시하고, 완전히 도취된 채 교훈을 마음속에 간직하는 모습을 보여주었습니다. 때로는 새로운 생각과 새로운 교리에 깜짝 놀라는 모습입니다. 그리고 호기심에 찬 얼굴로 기다리다가 마침내 그녀의 마음에 새로운 빛이 홍수처럼 쏟아질 때 말로 할 수 없는 기쁨으로 그녀의 얼굴이 밝게 빛납니다. 제자로서 집중력을 보인 그녀의 모습은 그녀가 예수님을 선생님으로 얼마나 진실하게 모셨는지 보여주었습니다.

또한 주목할 것은 마리아가 예수님의 제자였을 뿐만 아니라 다른 어느 누구의 제자도 아니었다는 사실입니다. 당시 가말리엘(Gamaliel)이 인기가 있었는지 모르겠지만 마리아는 가말리엘의 발 아래 앉지 않았습니다. 아마도 랍비 벤 시몬(Rabbi Ben Simon) 같은 사람들이나 당시에 유명한 학자가 있었을 것이나 마리아는 그들에게 단 한 시간도 허비하지 않았습니다. 왜냐하면 그녀는 시간 날 때마다 이들보다 훨씬 더 소중하신 랍비의 발 아래서 기쁘게 시간을 보냈기 때문입니다. 그녀가 약간 귀가 먹어서 한 마디 말씀도 놓치지 않으려고 선생님 가까운 곳에 앉았을지 모르겠습니다. 아마도 마리아는 마음이 느슨해질까봐 염려했을 것입니다. 그래서 그녀는 귀가 약간 먹은 사람처럼 설교자 가까이에 앉았을 것입니다. 어쨌든 마리아가 가장 좋아한 자리는 주님 발 앞이었습니다. 우리 심령의 청각(聽覺)이 언제나 둔하기 때문에 우리가 예수님의 말씀을 듣고 예수님과 교제할 때 예수님 가까이에 있는 것이 좋다는 것을 이로써 우리는 알 수 있습니다. 마리아는 여러 가지 이유로 예수님으로부터 다른 어떤 사람으로 선생님을 바꾸지 않았습니다. 그녀의 유일한 선생님은 나사렛 사람이었습니다. 다른 사람들은 나사렛 사람을 멸시하였지만 그녀는 그분을 주님이라고 불렀습니다.

마리아는 자발적인 학생이었습니다. 예수님께서 "마리아는 이 좋은 편을 택하였다"(눅 10:42)고 말씀하셨습니다. 아무도 예수님 앞에 마리아를 보내지 않았습니다. 예수님께서 그녀를 끌어당기셨기에 그녀는 오지 않을 수 없었으나 그녀는 그곳에 있는 것이 너무 좋았습니다. 마리아는 예수님의 말씀을 자발적이고 적극적으로 경청하는 학생이었습니다. 학생들은 배우고자 할 때 언제나 잘 배울 수 있습니다. 학생들이 마지못해 학교에 간다면 그들은 비교적 조금밖에 배우지 못할 것이지만, 학생들이 학교에 가고 싶어하며 선생님을 사랑한다면, 그들은 빨리 배울 것입니다. 자신들을 가르쳐 달라고 학생들의 선택을 받은 선생님은 행복합니다.

마리아가 예수님만 주목하고, 또한 사랑과 기쁨으로 주목하였기 때문에 예수님을 "선생님"이라고 부를 수 있었습니다. 그리고 마리아가 그리스도를 선생님으로 택한 후 끈질기게 붙잡았다는 사실을 주목하십시오. 그녀는 자신의 선택을 돌이키지 않았으며 포기하지 않았습니다. 마르다는 어느 날 곁눈질을 하였습니다. 그 때에 마르다가 고기 굽고 삶고, 어떻게 다 할 수 있었겠습니까? 부엌에서 상을 차려 주고, 불을 살펴 주었으면 하고 마르다가 마리아에게 얼마나 많이 기대하였을까요? 그런데 마리아가 왜 오지 않는 걸까? 그 때에 마르다가 얼굴을 찌푸리고 있었을 것이라고 나는 믿어 의심치 않습니다. 하지만 찌푸린 얼굴은 전혀 소용이 없었습니다. 마리아는 여전히 그 자리에 앉아 있었습니다. 아마도 마리아는 마르다의 얼굴을 보지도 못하였을 것이라고 나는 생각합니다. 왜냐하면 성도가 그리스도의 아름다움을 발견할 때 다른 사람들의 얼굴이 보이지 않기 때문입니다. 그리스도에게는 성도들의 마음을 흡수하는 무언가가 있습니다. 그리스도는 여러분 모두를 자신에게로 흡수하여 가지고 가 버리시며, 그리스도께서 잡아끄시면 모든 사람들뿐만 아니라 사람들 속에 있는 모든 것을 이끄십니다. 그래서 마리아가 그곳에 계속 앉아서 그리스도의 말씀을 경청하고 있었던 것입니다. 책을 놓치 않는 자녀들, 가끔씩 공부하지 않고 항상 공부하는 그런 자녀들이 공부를 잘할 것입니다. 이렇듯 마리아는 주님을 끈질기게 주목함으로써 주 예수 그리스도의 선생님 되심을 인식하였던 것입니다. 학생은 마땅히 대가 선생님(Master-teacher)을 끈질기게 주목해야 합니다.

마리아는 예수님에게 겸손하게 나아갔습니다. 마리아가 예수님의 발 아래 가까이 앉아 있는 동안 매우 겸손한 마음으로 그곳에 앉아 있었습니다. 마리아는 마음이 겸손하였기 때문에 가장 낮은 자리에 앉아 있는 것이 자신의 가장 큰 영광이라고 생각했습니다. 자신을 가장 작게 여기는 자들이 그리스도를 가장 잘 배울 것입니다. 주님의 발 아래에 있는 자리가 우리에게 너무나 좋게 보일 때, 혹은 하여튼 그 자리가 과분하다고 생각될 때, 비로소 주님의 설교가 비처럼 임하고 이슬처럼 떨어질 것이며, 이에 우리는 향기로운 원기(元氣)를 흡수하는 어린 풀잎처럼 우리의 심령이 성장할 것입니다.

3. 세 번째 대지는, 그 이름이 우리에게 특별히 아름답다는 점입니다.

"Master(선생님)" 혹은 "나의 Master," 혹은 "나의 Teacher." 나는 마음속으로 그 이름을 사랑합니다. 왜냐하면 한 선생님으로서 예수 그리스도께서 나의 구세주이시기 때문입니다.

회개하는 영혼들이 없을 때 쓸쓸하며 사람의 마음이 무겁지만, 여러분의 선생님에게 나아가 이야기하는 것은 달콤한 일입니다. 영혼들이 회심하고 여러분의 마음이 기쁠 때, 여러분의 선생님에게 모든 영광을 돌리는 것은 즐겁고 건강한 일입니다. 영국 왕실에서 파견된 대사가 전신(電信)이 없는 아득히 먼 땅에 있다는 것은 분명히 힘든 일입니다. 그곳에서 대사는 자신의 책임을 수행하여야 합니다. 그는 자신의 책임이 너무 무겁다고 느낍니다. 하지만 하나님을 찬송합시다. 진실한 모든 사역자와 그의 선생님 사이에는 전신으로 교통합니다. 그는 결단코 자기 혼자서 무언가를 할 필요가 없습니다. 사역자들은 요한의 제자들을 본받아 행하면 됩니다. 요한의 제자들은 세례 요한의 목 베인 시신을 가지고 왔을 때 이 사실을 예수님께 가서 말씀드렸습니다. 이것이 바로 그들이 할 일입니다. 모든 교회에 어려움이 있고, 모든 가정에 괴로움이 있으며, 모든 일에 걱정거리가 있지만, 여러분은 선생님의 종으로서 "모든 일의 책임은 내가 아니라 그분에게 있다. 나는 그분이 명하신 바를 행할 뿐이다"라는 마음가짐으로 선생님을 모시는 것이 옳습니다. 만일 우리가 주님의 명령을 벗어난다면 그 책임은 우리에게 있으며, 우리의 불행이 시작될 것입니다. 하지만 우리가 주님을 따르기만 한다면 우리는 길을 잃어버릴 수가 없습니다.

사랑하는 친구들이여, 여러분이 고통을 당할 때 불러야 할 아름다운 이름이 바로 이것이 아닙니까? 아마도 여러분 가운데 어떤 이들은 지금 고통 중에 있을 것입니다. 여러분에게 고통을 보내신 분이, 고통으로써 여러분을 가르치시는 바로 그 선생님이시라는 사실을 여러분이 깨달을 때, 여러분은 두려움에서 크게 벗어날 수 있을 것입니다. 그 선생님은 자기 방식대로 여러분을 가르칠 권한이 있습니다. 우리들의 학교에서는 칠판을 통해 많은 것을 배우지만 그리스도의 학교에서는 고통을 통해 많은 것을 배웁니다.

여러분이 다음의 이야기를 여러 번 들었지만 나는 용기를 내어 다시 이야기합니다. 아주 예쁜 장미를 심혈을 기울여 가꾼 정원사가 있었습니다. 어느 날 아침 그가 정원에 가 보니까 그 장미가 사라졌습니다. 그는 동료 하인들을 꾸짖었습니다. 그리고 몹시 가슴 아파하다가 누군가 이렇게 말하는 소리를 들었습니다. "오늘 아침에 주인님(master)이 정원을 거니시는 것을 제가 봤습니다. 나는 주인님께서 그 장미를 가져가셨다고 믿습니다." 그러자 그 정원사는 "오 그래, 주인님께서 가져가셨다면 그야 문제없지"라고 말하였습니다. 여러분이 사랑하는 자녀나 아내, 혹은 친구를 잃었습니까? 여러분의 꽃을 가져가신 이는 바로 예수님이십니다. 여러분의 꽃은 그분께 속한 것입니다. 예수님께서 그것을 갖고 싶어하시는데 여러분이 꼭 지켜야 하겠습니까?

우리는 때로 선한 사람들의 목숨을 위하여 기도해야 합니다. 그럴 수 있다고 나는 생각합니다. 하지만 간청하는 것이 언제나 믿음을 발휘하는 것은 아닙니다. 왜냐하면 그리스도께서는 이쪽으로 잡아당기시는데 나는 저쪽으로 잡아당기기 때문입니다. 나는 "아버지여, 그들을 이곳에 있게 하옵소서"라고 말하지만, 예수님은 "아버지여, 내게 주신 자도 나 있는 곳에 나와 함께 있게 하옵소서"(요 17:24)라고 말씀하셨습니다. 그렇다면 주님께서 어렵지 않게 취하시도록 해야 할 것입니다. 그리스도께서 반대쪽으로 끌고 계신다고 생각되면 여러분은 즉시 포기하십시오. "주인님(Master)께서 가지세요. 종이 주인님을 반대할 수 없잖아요"라고 말씀드리세요. 가져가신 이는 주님이십니다. 주님으로 하여금 선하신 뜻대로 행하시도록 합시다. 나는 벙어리와 다름없이 침묵하였습니다. 주님께서 그 일을 행하셨기 때문에 나는 입을 열지 않았습니다.

우리 선생님께서 우리에게 가르치시는 그러한 교훈을 먼저 몸소 배우셨습니다. 다음의 표현은 매우 인상적입니다. "천지의 주재이신 아버지여, 이것을 지혜롭고 슬기 있는 자들에게는 숨기시고 어린아이들에게는 나타내심을 감사하나이다. 옳소이다. 이렇게 된 것이 아버지의 뜻이니이다"(눅 10:21). 하나님께서 지혜롭고 슬기 있는 자들을 지나치시기를 기뻐하셨기에 그리스도도 그렇게 되기를 기뻐하셨습니다. 우리의 마음이 저 가난한 목자를 닮는 것이 좋습니다.

한 신사가 가난한 목자에게 "당신에게 좋은 날이 있기를 바랍니다"라고 말했습니다. 그러자 가난한 목자는 "내게는 단 하루도 나쁜 날이 없었소"라고 대답했습니다.

"나의 친구여, 어떻게 그럴 수 있소?"

"모든 날은 하나님께서 만드시고 택하신 날들이오. 그러니 모든 날이 좋은 날들인 것이오."

"그래요, 하지만 어떤 날들은 다른 날들보다 당신을 더 기쁘게 하지 않소?"

"아니요, 하나님을 기쁘시게 하는 것이 나를 기쁘게 하오."

"그래요, 하지만 기쁜지 아닌지 당신이 선택을 하는 것이 아니오?"

"맞아요. 내가 선택을 합니다. 바꿔 말하면, 하나님께서 나를 위해 선택하신 것을 나는 선택합니다."

"그러나 살지 죽을지 당신이 선택하지 않습니까?"

"아니요, 내가 이 땅에 있다면 그리스도께서 나와 함께 하실 것이오, 내가 천국에 있다면 내가 그리스도와 함께 할 것이오."

"하지만 당신이 선택해야만 한다고 가정한다면?"

"나는 하나님께서 나를 위해 선택해 달라고 간구할 것이오."

모든 것을 하나님께 맡기는 단순함이 얼마나 아름다운지! 이것이 바로 예수님을 완전하게 선생님이라고 부르는 참된 의미입니다.

> "주님께서 공급하시는 모든 것으로 만족하고
> 그 밖에 세상의 모든 것을 버렸도다."

다시 말하건대, 사랑하는 친구들이여, 예수님을 선생님(Master, 주인님)이라고 부르는 것이 아름답지 않습니까? 왜냐하면 우리가 예수님을 선생님(주인님)이라고 부를 때 예수님에게 다가가기가 쉽고 아울러 마음이 매우 즐겁기 때문입니다. 예수님을 신랑이라고 부르는 것은 하나님의 아들과 매우 친근해지는 것이니 참으로 큰 영광입니다! 친구라는 말은 허물이 없고 영광스러운 호칭입니다.

하지만 예수님을 선생님(주인님)이라고 부르는 것이 종종 더 편안하며, 우리로 하여금 아름답게 주님을 섬기게 해 주며, 비록 우리가 높은 자리를 얻지 못한다 하더라도 우리에게 순전한 기쁨을 줍니다. 우리의 마음이 올바르다면 주님의 명령을 행하는 것은 우리의 바라는 만큼 이루어질 것입니다. 지금 우리가 아들이요 종이 아니지만, 그래서 우리의 섬김이 이전의 섬김의 성격과 다르지만, 여전히 주님을 섬기는 것은 우리의 기쁨입니다. 하늘나라가 영원히 섬기는 곳이 아니고 그 무엇이겠습니까? 이 땅에서 우리는 안식에 들어가려고 수고하지만, 하늘에서는 우리가 수고하면서 안식에 들어갑니다. 하늘의 안식은 온전히 성화된 심령들의 완전한 순종입니다. 여러분도 이런 안식을 갈망하지 않습니까?

여러분이 주님의 종이 되는 것이 하늘에서 느낄 수 있는 가장 큰 기쁨 중 하나가 아닐까요? 영화를 얻는 성도들이 하늘나라에서 주님의 종들이라 일컬어집니다. "그의 종들이 그를 섬기며 그의 얼굴을 볼 터이요 그의 이름도 그들의 이마에 있으리라"(계 22:3-4). 죄를 벗어 버립시다. 그러면 바로 지금 우리는 하늘나라를 체험할 것이며, 이 땅이 우리에게 하늘나라가 될 것입니다.

여러분이 교회당 문 밖으로 나갈 때 여러분의 혀로 이 아름다운 이름을 부르며 나가기를 바랍니다. "나의 선생님, 나의 선생님." 여러분은 이보다 더 아름다운 곡조를 결단코 듣지 못할 것입니다. 가서 종들이 사는 것처럼 사세요. 예수님을 진정 여러분의 선생님(주인님)으로 모시는 것을 잊지 마세요. 왜냐하면 예수님께서 "내가 주인일진대 나를 두려워함이 어디 있느냐?"(말 1:6)고 말씀하시기 때문입니다. 주님을 찬양하십시오. 종들은 선한 주인을 찬양하는 것이 마땅하기 때문입니다. 그리고 지금까지 어떠한 종도 이렇게 귀하신 선생님을 모셔본 적이 없었기 때문에 주님을 찬양하는 것이 마땅합니다.

그렇게 말할 수 없는 분들이 여기 있을 것입니다. 그러나 저는 여러분들이 그렇게 말할 수 있기를 바랍니다. 아직 그런 이들에게 있어서 예수님은 선생님이 아닐 것입니다. 그러면 누구입니까? 아직도 예수님을 선생님으로 섬기지 못하는 사람들은 여전히 다른 어떤 이를 주인으로 섬길 것입니다. "너희 자신을 종으로 내주어 누구에게 순종하든지 그 순종함을 받는 자의 종이 되는 줄을 너희가 알지 못하느냐"(롬 6:16). 자, 여러분이 육체의 정욕을 순종하면 여러분의 육체가 그 주인이 되는 것이고, 그 삯은 부패가 될 것입니다. 육신에서는 썩음 이외에 그 어느 것도 나오지 않습니다. 여러분의 주인이 마귀라면, 그가 여러분에게 주는 삯은 사망일 것임에 틀림없을 것입니다. 그러한 주인에게서 도망쳐 나와야 합니다. 종들이 자기 주인을 떠날 때는 거의 다 조심을 해야 합니다. 그러나 이 경우에는 더 이상 뭘 따지고 조심할 필요가 없이 도망쳐 나와야 합니다. 탕자가 쥐엄 열매를 먹는 데서 도망쳐 나올 때 돼지들을 되돌아볼 필요가 없었습니다. 그는 즉시 떠났습니다. 저는 모든 죄인이 하나님의 은혜로 말미암아 자기 죄에서 즉각적으로 돌아서기를 권고합니다. 사람들이 주춤거리기 때문에 망하는 것입니다. 그들은 물론 진지해 보려고 애를 쓰지요. 그러나 자기들의 선한 결심을 이런저런 이유로 실행하지를 못합니다. 신적인 것들에 대해서 생각을 가지고 있습니다. 그러면서도 극장에 한 번 더 갔다와서 생각한다는 식입니다. 그리스도를 섬긴다는 것은 참 좋은 일이지만 내일이나 섬기지 오늘 밤에는 섬기지 않겠다는 식입니다. 제가 여러분과 같은 주인을 두고 있다면 ― 죄 가운데 사는 여러분이 가진 그 주인을 말입니다 ― 저는 하나님의 은혜로 말미암아 두말 않고 도망쳐 나올 것입니다. 그러면서 "나는 그리스도를 나의 주님으로 섬길 것이다"라고 외칠 것입니다. 여러분의 그 험상궂은 주인을 보세요. 그 교활한 눈을 보십시오. 그가 아첨꾼인지를 여러분은 알지 못했습니까? 그가 여러분을 망하게 하려고 합니다. 그 수많은 사람들을 파멸시킨 것처럼 여러분을 파멸시킬 것입니다. 그 죄의 가공스러움, 그 회칠한 얼굴, 그 모든 것들을 생각만 해도 지겹지 않습니까? 아무리 번지르르한 약속을 한다 할지라도 여러분을 망하게 하려고 애를 쓰고 있는 그 주인을 섬기다니요! 일어나 도망치십시오. 죄의 종들이여!

영원한 성령이시여, 오셔서 그 죄인들을 묶고 있는 사슬을 끊으소서! 자유의 저 아름다운 별이시여, 자유의 땅으로 그들을 인도하시고, 예수 그리스도 안에서 그들의 자유를 발견하게 하옵소서.

내 주인되신 우리 주님께서는 도망쳐 나오는 자들을 기쁘게 받으십니다. 그의 문은 항상 그러한 자들을 위해서 활짝 열려 있습니다. 자기 자신에 대해서 만족하지 못하고 삶에 있어서 진정한 기쁨이 없는 곤고한 사람들, 그래서 누워서 죽기만을 기다리고 있는 그러한 사람들에게 우리 주님께서는 문을 열어 놓고 계십니다. "이 사람이 죄인을 영접하고"(눅 15:2). 그는 다윗과 같은 분이십니다. 다윗은 아둘람 굴에 들어갔고, 빚진 자와 원통한 자들이 그에게 왔습니다. 그리고 다윗은 그들의 대장이 되었습니다. 로마의 창건자 로물루스와 레무스는 도망친 노예들과 강도들을 숨겨 주고 그들을 새로운 로마의 시민으로 받아들여 주었습니다. 그리고 그들을 용감한 병사들로 만들었습니다. 그와 같이 내 구주께서도 새로운 예루살렘에 초석을 놓으셨습니다. 그리고 그의 시민들을 찾으십니다. 저기 서 있는 가장 고상한 사람들을 찾으십니까? 아닙니다. 죄와 사탄이 포로로 잡았던 사람들을 찾으십니다. 그는 우리더러 은 나팔을 불어 죄의 노예들에게 말하라고 명하십니다. 당신께로 도망쳐 나오기만 하면 옛 주인이 다시 너희를 잡지 못하게 하겠다고 말하라고 명하십니다. 주님께서는 그들을 받으셔서 당신의 위대한 도성의 시민들로 삼으시고, 그의 풍성함에 참여자가 되게 하시고, 그의 승리를 함께 누리게 해 주십니다. 그들은 주님께서 그 왕관을 쓰시고 보좌에 앉으시는 날에 그의 백성들이 될 것입니다.

한 번은 제가 상당히 긴장하여 설교했던 기억이 납니다. 늙은 선장이 설교를 마친 다음에 제게 이런 말을 했습니다. 50년 동안 자기는 해적선에서 섬겨 왔지만, 하나님의 은혜로 말미암아 그 옛 넝마조각을 찢어 버리고, 그 돛대에 피 묻은 붉은 십자가를 매달겠다고 하였습니다. 저는 그 깃발만 고치지 말고 그 배도 수선해야 될 것이라고 권해 드렸습니다. 그랬더니 그가 지혜롭게 대답을 하였습니다. 통나무로 만든 그 허름한 배를 고쳐 봤자 소용이 없고, 그래서 그 옛 배를 구멍을 뚫어 침몰시키고, 이제 새로운 배를 구하겠노라고 하였습니다. 정말 그것이 바로 최고의 방식입니다. 옛 타락한 본성의 그 곤고한 가련함에 대하여 여러분이 할 수 있는 일을 하십시오. 그 옛 타락한 파선된 배를 계속 띄우지 마십시오. 옛 사람이 그리스도와 함께 십자가에 못 박혀 죽어야 합니다. 죽어서 장사지내되 천 길이나 되는 저 웅덩이로 집어던져야 합니다. 그래서 다시는 그 옛 사람의 소리가 들리지 않아야 합니다. 우리가 거듭날 때 예수님께서 건조하신 새로운 그 배에, 우리를 대속하신 보배 피의 복된 깃발을 꽂고, 영원히 영광을 하나님께 돌리면서 우리는 천국을 향해서 저항할 수 없는 은혜를 힘입고 항해를 할 것입니다. 아멘.

제
45
장

—

예수께서 눈물을 흘리시더라

—

"예수께서 눈물을 흘리시더라." — 요 11:35

　　큰 격정이 일어 예수님의 마음을 요동치게 하고 있었습니다. 원어를 살펴보면 예수님께서 의분에 차시고 민망해하셨다는 것을 발견합니다. RV(개정역)의 난하주에는 그 말이 문자적으로 번역되어 있습니다. "그가 심령으로 신음하시고 괴로워하셨다"고 하는 대신 "심령이 의분으로 가득 차서 스스로 괴로워하셨다"입니다. 이 의분이란 무엇이었습니까? 그의 친구들의 불신앙으로 말미암아 그의 의분이 드러났거나, 자기를 바리새인들에게 고소하려고 서둘렀던 악의에 찬 유대인들의 가식 어린 동정 때문에 그 의분이 일어났다고 생각할 수 없습니다. 오히려 격정에 대한 이유를 다른 더 깊은 데서 찾아보아야 할 것입니다. 예수님께서는 지금 마지막 원수인 사망과 대면하고 계셨습니다. 죄가 인생을 파멸시키면서 어떤 일을 했으며, 하나님의 손으로 지으신 인간의 몸을 어떻게 부패시키고 있는가를 보고 계셨습니다. 또한 사탄이 이 모든 일에 어떻게 참여하고 있는가를 주목하셨습니다. 그래서 그 의분이 일어난 것입니다. 아니, 그의 성품 전체가 요동쳤던 것입니다. 그래서 어떤 사람은 그 대목을 "그가 스스로 격동되셨다"라고 읽습니다. 우리 번역본(KJV)엔 "민망히 여기셨다"라고 되어 있는 대신 그렇게 읽습니다. 분명히 그 표현에는 능동적인 느낌을 주는 것이 있습니다. 그가 괴로워하셨다기보다는 "자신을 괴롭게 하셨다"고 하는 것이 더 나을 것 같은 분위기를 드러내고 있습니다. 그의 영혼의 물결은 수정처럼 맑습니다. 그러므로 그 마음이 괴로우실 때에도 그 영혼의 물은 결코 진흙탕이 되지를 않습니다. 그럼에도 불구하고 그 영혼의 물이 모두 다 요동쳤습니다. 그의 거룩한 성품이 들끓어 올랐으며, 정확하게 표현하기 힘든 고통이 그에게서 보였습니다. 악의 세력들에 대한 의분, 가족을 사별한 가정의 슬픔, 불신앙 가운데 곁에 서 있는 사람들에 대한 슬픔, 죄의 효과를 인식하고 괴로워하는 것 등 그 많은 여러 가지 생각속에서 주님의 마음은 분명 큰 요동을 치고 있었습니다. 그 내면적인 폭풍우를 감지하게 하는 것은 위협적인 천둥이나 저주의 벼락을 통해서가 아니라 눈물이소낙비처럼 쏟아지는 것을 통해서입니다. "예수께서 눈물을 흘리시더라."

태풍이 그의 심령을 몰아쳤습니다. 그의 영혼의 모든 세력들이 어지럽힘을당하였습니다. 자기 앞에 세워져 있는 것을 보시고 몸서리를 치셨습니다. 머리부터 발끝까지 그 정서로 떨렸습니다. 그럼에도 불구하고 그 폭풍의 결과는 가공할 말이나, 심판 어린 눈초리가 아니었습니다. 그저 눈물을 복되게 쏟아 내시는 것이었습니다. "예수께서 눈물을 흘리시더라." 만일 우리의 의분이 동정심의눈물로 표현된다면 "분을 내어도 죄를 짓지 말라"(엡 4:26)는 말씀의 교훈을 이룬 셈입니다.

저는 가끔 신약성경을 여러 구절로 나누어 분해하는 사람을 만나면 자주 당황하곤 합니다. 그런 사람은 분별없이 여기저기를 아무렇게나 난도질하는 것처럼 보입니다. 그러나 본문에서 두 단어만으로 한 구절을 이루도록 한 그 사람의지혜에 대해서 크게 생각하며, 구절들을 너무 심하게 나눈 그 사람의 잘못을 용서하곤 합니다. "예수께서 눈물을 흘리시더라(Jesus wept)." 정말 이 구절은 최상급 다이아몬드입니다. 거기에 다른 어떤 찌꺼기가 있을 수 없습니다. 이 대목은 아주 독특합니다. 말씀 중에서 가장 짧은 구절이면서, 의미에 있어서 이보다더 긴 구절이 없을 것 같은 구절입니다. 그 구절에다가 단어 하나를 더 붙인다면정말 격에 어울리지 않을 것입니다. 그 두 단어만으로 한 구절이 되도록 내버려두어야 고상함과 단순성을 독특하게 유지합니다. 이 구절 뒤에 일종의 큰 외침을 나타내는 표시를 할 수도 있습니다. 그러니 두 단어로 된 구절을 대문자로, "예수께서 눈물을 흘리시더라(JESUS WEPT)"고 해야 되는 것이 좋습니다. 이두 단어로 된 구절 속에는 말씀을 연구하는 사람이나 말씀을 통해서 설교하려는그 어떤 사람도 다 길어 낼 수 없는 무한한 요점이 들어 있습니다. 가장 세심한주의를 기울여 현미경을 들이대어 그 말씀을 탐사한다 할지라도 다 길어 내지 못할 것입니다. "예수께서 눈물을 흘리시더라." 정말 교훈적인 사실입니다. 간단하면서도 놀라운 사실입니다. 위로가 충만한 말씀이요, 우리가 정말 주목할 가치가 있는 말씀입니다. 오, 성령이여 오셔서 우리를 도우사 이 두 단어 속에 내포되어 있는 그 부요한 의미를 스스로 발견하게 하소서!

　다른 사람들이 눈물을 흘린 것에 대하여 책에서 읽습니다. 아브라함이 사라를 장사하고 나서 울었습니다. 야곱도 천사와 힘을 겨루어 이긴 후 형 에서와 상봉하고 울었으며, 다윗이 울었다는 대목은 계속 발견합니다. 그의 친구 요나단과 그가 함께 울었던 적도 있었습니다. 그들은 툭하면 우는 사람들이 아니었습니다. 그들이 울었다는 것은 좀 더 진실한 사람들임을 드러낸 것입니다. 히스기야도 곤혹스럽게 울었습니다. 요시야도 유다의 죄를 보고 눈물을 쏟았습니다. 예레미야는 눈물의 선지자였습니다. 우리는 계속 성경에 나타나는 인물들을 들어가며 말할 수 있습니다. 그러나 그렇게 한다 할지라도 타락한 조상의 자녀들이 우는 것은 정말 주목할 만한 일이 아닐 수도 있습니다.

　우리 인생을 감싸고 있는 그 모든 죄와 슬픔 때문에 어떤 사람이 "울었다"는 말을 들어도 놀라운 일이 아닙니다. 땅은 가시와 엉겅퀴를 내고 있습니다. 마음은 슬픔과 탄식을 발하고 있습니다. 울지 않는 사람이 어디 있습니까? 우리는 다 때로 눈물을 통해서 고통이 달콤하게 감소하는 그런 느낌을 가지지 않았습니까? 여기 모인 이 큰 무리를 둘러보면서 저는 여러분 하나하나를 지적합니다. "저분도 울고 이분도 울고, 저기 앉아 있는 여성분도 울고, 또 그 옆에 있는 여자분도 울었다"고 말할 수 있습니다. 그렇게 울었다 해서 아무도 이상하게 여기지 않을 것입니다. 기이한 것은 죄 없으신 하나님의 아들이 육체를 입고 계신 동안에 큰 울부짖음과 눈물의 의미를 아셨다는 것입니다. 주목할 만하고 기록될 가치가 있는 사실은 "예수께서 눈물을 흘리셨다"는 점입니다. 우리는 그 주제를 가지고 오늘 아침 묵상을 하고자 합니다. 주께서 우리의 생각을 주장하사 유익한 교훈을 얻게 하옵소서!

　첫째, 저는 여러분으로 하여금 예수께서 우신 이유는 그분이 참 사람이셨기 때문이라는 점을 상기시켜 드리고자 합니다. 두 번째로 예수님이 우신 것은 "당신의 인간적인 연약을 부끄러워하지 아니하셨기 때문입니다. 예수님께서는 바로 이 점에서도 당신의 형제들과 같이 되셨다는 사실을 스스로 드러내신 것입니다. 셋째로, 예수님께서 눈물을 흘리신 점에서, 예수님이 우리를 가르치시는 분이라는 것입니다. 넷째로 그는 우리의 위로자이십니다. 마지막으로, 그는 우리의 중보자이십니다. 우리는 이 다섯 가지 항목으로 각각 간단하게 살펴보고자 하는 것입니다.

1. 참 사람이라서 우신 예수님

먼저 "예수님께서는 눈물을 흘리셨습니다." 그것은 그가 "참 사람이시기" 때문입니다. 많은 사실들이 우리 주님께서 완전한 인성을 취하셨음을 입증합니다. 그저 환영(幻影)으로나 어떤 허구로 사람처럼 보이신 것이 아닙니다. 정말 있는 그대로 우리 중 한 사람이 되셨습니다. 여자에게서 나시고, 강보에 싸이시고, 그 어머니 품에서 젖을 빠셨습니다. 어린아이로서 자라나셨고, 그 부모들에게 순종하셨고, 그 키와 지혜가 자라셨습니다. 인성(人性)을 가지고 일을 하셨으며, 걸으셨고, 피곤해지기도 하셨습니다. 우리처럼 잠수셨습니다. 그가 굶주리시고 배가 고프셨다는 언급을 발견합니다. 부활하신 후에 구운 생선 한 조각과 구운 떡을 드셨습니다. 그럼으로써 그분의 육체가 실제 육체라는 것을 보여주셨습니다. 그의 인성이 우리의 인성처럼 음식으로 보전이 되었습니다. 물론 어떤 경우에는 그분의 신적 능력으로 그 인생이 지탱되었지만, 사십 주야를 금식하셨습니다. 어쨌든 예수님은 사람으로서 일반적으로 음식을 필요로 하셨습니다. 마시기도 하셨고, 음식을 주신 일에 대해 감사도 하셨습니다. 베개를 베고 주무시는 그분의 모습을 보기도 합니다. 수가성의 우물가에서 앉아 쉬기도 하셨습니다. 예수님께서는 죄가 전혀 없으시지만 우리 인성의 모든 연약의 고통을 받으셨습니다. 예수님은 시장하기도 하셨고, 아침에 무화과 열매를 구하다가 없으니 낙담하기도 하셨습니다. 곤비해지기도 하셨습니다. "예수께서 길 가시다가 피곤하여 우물 곁에 그대로 앉으시니"(요 4:6). 그가 목마르셨다는 것을 우리는 압니다. 사마리아 여자에게서 "물 좀 달라"고 말씀하셨기 때문입니다. 십자가에서도 타는 열기 속에서 "내가 목마르다"고 외치셨습니다.

그 모든 일에 있어서 당신의 형제들과 같이 되셨습니다. "우리의 연약한 것을 친히 담당하시고 병을 짊어지셨도다"(마 8:17). 그의 인성은 우리의 인성과 완전히 똑같았습니다. 물론 죄는 없으셨지만 말입니다. 죄는 인성에 있어서 본질적인 것이 아닙니다. 죄는 성품의 질병입니다. 죄는 창조자의 손에서 온 인성의 특성이 아닙니다. 사람들 중의 사람이신 그리스도 예수님 속에서는 참된 인성의 완전함이 발견됩니다.

예수께서 눈물을 흘리셨다는 사실은 이에 대한 분명한 증거입니다. 그가 눈물을 흘리신 것은 인간적인 우정을 갖고 계셨기 때문입니다. 우정은 사람에게 자연스러운 것입니다. 사랑할 친구를 전혀 갖지 않기란 어려운 것입니다. 사람들이 이 세상을 살아가면서 다른 사람과 많은 친분을 가지고 있습니다. 그러한 이들 중에서 특별한 존경의 대상들을 가지게 되는데, 그런 사람들을 친구라 부릅니다. 많은 친구를 가지고 있다고 생각하는 사람이 있다면 친구라는 말을 잘못 사용하고 있는 것입니다. 지혜롭고 선한 사람들은 친구들에 대해 각별한 심정을 가지고 있습니다. 그 친구들과의 교제가 좀 더 자유롭습니다. 다른 사람들보다 그 친구들에 대해 더 많이 신뢰합니다. 예수님께서는 베다니의 조용한 가정에서 휴식을 취하기를 좋아하셨습니다. "예수께서 본래 마르다와 그 동생과 나사로를 사랑하셨다"는 것을 말씀을 통해 읽습니다. 안타깝습니다. 나의 사랑하는 형제들이여! 모든 우정마다 슬픔을 위한 새로운 문을 열기 마련입니다. 친구들이 우리 자신들보다 결코 더 오래 사는 것은 아니기 때문입니다. "예수께서 눈물을 흘리셨습니다." 저와 여러분이 하는 것처럼 그 친구의 무덤에서 말입니다. 보십시오. 여러분의 주님이 요나단을 위해서 울었던 다윗같이 하고 있습니다. 그가 그 우정에 있어서 얼마나 인간적인 모습을 보여주는지 주목하십시오.

"예수께서 눈물을 흘리시더라." 그 이유는 참 사람으로서 **진정한 동정심**을 가지고 있기 때문입니다. 우리 중에서 그저 지나다니시는 분이 아니셨습니다. 사람으로서 그저 여기저기 둘러보고 다니는 분이 아니셨습니다. 일천 가지 요점에서 우리와 접촉을 가지셨습니다. 예수께서는 항상 슬픔과 접촉하셨습니다. 예수님과 접촉하는 사람들은 복이 있습니다! 우리 주님께서는 마리아와 마르다가 우는 것을 보셨습니다. 마르다와 함께 있는 유대인들이 우는 것도 보셨습니다. 예수님께서는 그들의 슬픔에 전염되셨습니다. "예수께서 눈물을 흘리시더라." 그의 동정심은 슬퍼하는 자들과 함께하는 동정심이었습니다. 이 때문에 주님께서는 사람들 가운데서 "슬픔의 사람이요 질고를 아는 자"였습니다. 먼저 하늘에 계신 그 아버지를 사랑하셨습니다. 아버지의 영광이 예수님의 주요 목적이었습니다. 그러나 예수님께서는 하나님의 택한 백성들을 깊이 사랑하셨습니다. 그들에 대한 동정심은 한이 없었습니다. "그들의 모든 환난에 동참하사"(사 63:9). 예수님께서는 다른 어떤 사람보다도 인간성에 대해서 훨씬 더 자애로우신 분이셨습니다. 정말 예수님은 위대한 박애주의자셨습니다. 안타깝습니다. 사람들은 자주 인간을 대적하는 가장 잔인한 원수입니다. 인간들처럼 사람에 대하여 더 불친절한 존재는 없습니다. 인간들의 분노 속에 들어 있는 요소, 광분하는 짐승 같은 야비한 습성들, 그들의 포악 속에 들어 있는 질병들 ─ 그러한 것들이 호전적인 정신으로 바뀌어 사람들을 이상하게 만들어 버렸습니다. 피에 굶주린 전사(戰士)들의 마음속에서 들끓고 있는 그 야만적인 괴물처럼 인간을 향하여 잔인한 미움을 갖고 있는 것이 있습니까? 우리 주님께서는 이 미움에 대하여 전적으로 외인이셨습니다. 그 마음에 미움의 자국이 전혀 없었습니다. 오직 사랑만 가지고 계셨습니다. 그 사랑을 통해서 슬픔의 몫을 가지고 있는 사랑하는 자들과 그 슬픔의 깊은 밑바닥까지 내려오셨습니다. 그리고 거룩하신 교훈, "우는 자들과 함께 우는" 교훈을 완전하게 실천하셨습니다. 예수님께서는 슬퍼할 수 없는 그룹(cherub)이나, 고통을 모르는 스랍(seraph)과 같은 존재가 아니셨습니다. 그분은 우리의 뼈 중의 뼈요 살 중의 살이셨습니다. 그러므로 "예수님께서는 눈물을 흘리셨던 것입니다."

사랑하는 교우 여러분! 그분은 사람이셨습니다. 인간적인 정서로 격동되셨기 때문입니다. 죄악적인 것이 아닌 한도 내에서 우리 가슴속에서 일렁이는 모든 정서가 주 예수 그리스도의 가슴속에서도 그 양상을 가지고 있었습니다. 분을 내실 수도 있었습니다. "분노하심으로 그들을 둘러보셨다"는 말씀을 읽습니다. 또 동정 어린 모습을 보이실 수도 있었습니다. 또한 먹지 못해 기진해 있는 군중들을 보시고 긍휼 어린 생각으로 감동되셨고, 교활한 통치자에 대해서는 조소 어린 심정을 가지셨습니다. 바리새인들과 서기관들에 대해서는 큰 의분을 가지고 말씀하지 아니하셨습니까? 그럼에도 불구하고 그분이 회개하는 죄인에게 힘을 북돋아 주는데 있어서는 유모처럼 부드럽게 대하지 아니하셨습니까? 그분은 상한 갈대를 꺾지 아니하시고, 꺼져 가는 심지도 끄지 아니하셨습니다. 그럼에도 불구하고 그는 신실한 경고를 발하셨습니다. 모든 외식을 무섭게 들추어 내셨습니다. 우리 구주께서는 본문에 묘사된 순간에 의분과, 동정심과, 사랑, 소원, 그밖에 다른 여러 가지의 정서들을 느끼셨던 것입니다. 자애로움으로 충만하셨던 그분이 머리에서 발끝까지 격동되셨습니다. 그분은 괴로워하셨고, 자신을 괴롭히셨습니다. 물이 작은 유리병 속에서 흔들릴 때처럼 큰 정서로 그 전체 성품이 흔들렸습니다. 나사로의 무덤에 서 계시면서 죽음과 그 죽음의 세력을 가지고 있는 자를 대면하여 그러한 정서로 그 마음이 파동쳤습니다. 우리 주님께서는 "예수께서 눈물을 흘리셨다"는 말씀을 통해서 당신 자신이 사랑임을 드러내셨습니다.

주님의 순전한 몸과 죄 없는 영혼은 본래 우리의 몸과 영혼처럼 구성되어 있음을 주목하시기 바랍니다. "주께서 나를 위해서 한 몸을 예비하셨다"고 하신 성경 말씀을 따라서 그의 몸이 조성되었습니다. 그때 그 거룩한 체질 속에 슬퍼할 수 있는 온전한 장치가 들어 있었습니다. 또한 그의 눈속에는 눈물샘이 들어 있었습니다. 죄가 없는 곳에는 슬픔도 전혀 없을 것이라고 말하는 사람이 있습니다. 그러나 그 복되신 몸이 조성될 때 슬픔을 표현할 수 있는 모든 장치가 질서정연하게 예비되어 넣어졌습니다. 마치 우리 자신의 경우와 마찬가지로 말입니다. 그의 눈이 눈물샘이 되도록 만들어졌습니다. 우리의 눈도 그러합니다. 예수님께서는 정신적 슬픔을 위한 그 모든 능력을 그 영혼에 가지고 계셨습니다. 언젠가 말씀드린 바와 같이 다시 한 번 말씀드립니다. 범죄함이 없었다면 전혀 눈물도 없을 것처럼 보입니다. 그러나 구주의 마음은 슬픔에 차도록 만들어졌습니다. 마치 포도주를 위해서 항아리가 만들어지듯이 말입니다. 더구나 그의 마음은 슬픔의 큰 홍수를 담아 두기에 충분할 만큼의 용량을 가지도록 만들어졌습니다. 슬픔이 거센 홍수처럼 폭발하는 것을 여러분은 알고 계실 것입니다. "예수께서 눈물을 흘리시더라"는 이 기이한 말씀 속에 그 슬픔이 홍수처럼 넘쳐나는 일이 기록된 것입니다.

사랑하는 여러분! 주와 하나님으로 섬겨 마땅한 그분의 인성을 분명하게 믿어야 합니다. 의심할 여지 없이 그의 신성을 붙들고 있으면서도, 실수 없이 그의 인성도 붙잡고 있어야 합니다. 예수님의 실제적인 인성을 모든 빛 가운데서 비추어 보아야 합니다. 예수님께서 우신 경우를 우리는 세 번 만나게 됩니다. 물론 남이 보지 않는 데서 자주 슬픔에 차 계셨습니다. 그러나 알게 우신 것은 세 번입니다.

여기 본문 속에서 예수님이 우신 것은 친구의 무덤에서 "한 친구로서" 우신 경우입니다. 좀 더 나아가 예루살렘에 입성한 날 이후에 주님께서는 그 성을 내려다보시면서 우셨습니다. 미리 내다보시는 심판을 생각하시면서 선지자로서 우신 것입니다. 복음서 기자들은 기록하지 않았으나, 바울은 히브리서에서, 심한 애통과 눈물로 능히 자기를 죽음에서 구원하실 수 있는 자에게 호소하셨고, 그리고 그의 경외하심을 인하여 들으심을 얻었다고 말합니다. 세 번째의 기록은 우리를 대속하신 대속주로서의 눈물이었습니다. 희생 제물로 하나님 앞에 바쳐질 자로서의 눈물이요, 하나님 앞에서 관제와 같이 자신을 부어 드리는 눈물이었습니다. 예수님이 눈물 흘린 이 세 경우를 마음속에 담아 두십시오. 친구가 자기 친구를 여읜 슬픔과 동정심을 가지고 우신 경우이고, 그분이 내려야 할 선고를 슬퍼하는 재판장의 눈물이었고, 마지막은 우리 때문에 형벌을 받으신 보증인으로서의 눈물임을 기억하십시오. 그분은 자신의 것이 아닌 슬픔을 담당하셨고, 자신이 짓지 아니한 죄를 위해서 그렇게 대신 형벌을 받으신 것입니다. "예수께서 눈물을 흘리신" 세 번의 경우가 그렇게 진실한 것이었습니다.

2. 인간적 연약함을 부끄러워 아니하시는 주님

이제 우리는 생각의 방향을 조금 바꿔 봅시다. "예수께서 눈물을 흘리시더라"고 말씀하셨습니다. 다시 말하면 "인간적 연약함을 부끄러워 아니하셨다"는 것입니다. 주님께서는 눈물을 억제하실 수도 있으셨습니다. 습관적으로 많은 사람들이 그렇게 하고 있습니다. 드러나게 표현하지는 않지만, 매우 큰 슬픔이 있음을 저는 의심하지 않습니다. 사실 여러분 거의 모두는 슬픔이 어쩌나 큰 타격을 주는지 울 수도 없는 경우들을 느끼기 마련입니다. 여러분 자신을 충분히 회복시켜 눈물을 흘리게 할 수 없습니다. 마음은 고통으로 타오르고 눈은 눈물을 싫어합니다. 구주께서는 의심할 여지 없이 자기 슬픔을 숨길 수도 있었습니다. 그러나 그렇게 숨기려고 하지 않으셨습니다. 왜냐하면 그분은 부자연스러운 분이 아니기 때문입니다. "거룩하신 자녀 예수"로서 그분은 교만과는 상관없는 분이셨습니다. 사람들이 볼 수 있도록 그 마음을 드러내면서도 교만하지 아니하신 분이었습니다.

먼저, 그 제자들에게 말씀하시는 그의 모습을 주목하십시오. 예수님은 결코 자기의 궁핍을 감추려 들지 않으셨습니다. 실상은 궁핍한데 그것을 숨기고 부자인 체하면서 다른 사람들로부터 존경을 받아내려는 사상이 널리 유포되어 있습니다. 실상은 가난하면서도 가난하게 보이는 것이 사람들에게 창피하게 보입니다. 이러한 생각에 일리가 있습니다만, 주님은 찬성하시지 않았습니다. "여우도 굴이 있고 공중의 새도 집이 있으되 인자는 머리 둘 곳이 없도다"(눅 9:58)라고 말씀하셨습니다. 그가 부유하시면서도 우리를 위하여 가난하게 되셨고, 당신이 가난하다는 것을 알리시기를 부끄러워 아니하셨습니다. 그와 같이 그는 "사람들에게 싫어버린 바가 되셨습니다." 또한 그것을 모르는 체하지도 아니하셨습니다. 큰 인기를 누리려고 애쓰지도 않으셨습니다. 또 한 사람도 자기를 거슬려 나쁜 말을 하지 못하게 하려고 애를 쓰지도 않으셨습니다. 사람들이 그를 바알세불이라고 불렀다는 것을 알고 계셨습니다. 사람들은 예수님을 그렇게 불렀습니다. 그런 조롱과 질책의 대상이 되는 것을 부끄러워하지 아니하셨습니다. 그분이 이적을 행하는 것이 사탄의 능력에 의한 것이라고 사람들이 둘러댈 때, 제압하는 대답으로 그 비난에 대처하셨습니다. 그러나 가난처럼 중상모략이 자기에게 떨어진다 할지라도 부끄러워하지 아니하셨습니다. 그분이 당할 고난과 죽음에 대해서 그 제자에게 얼마나 자주 말씀하시는지 우리는 발견합니다. 그래서 베드로는 심지어 그렇게 하지 않으시도록 강하게 요청하였던 것입니다.

　　우리 주님께서는 자신이 죄인의 손에 팔려 멸시받고 침 뱉음을 당할 것을 말씀하셨습니다. "자신이 높이 들리어질" 것을 공개적으로 말씀하셨습니다. 자신에게 다가오는 수난의 그 상세한 요점들을 다 알고 계셨습니다. 자신을 기다리고 있는 피할 수 없는 사실을 부정하고 싶은 생각이 없으셨습니다. 마땅히 죽어야 한다면, 왜 죽지 않아야 하며 그것에 대해서 말하지 않아야 합니까? 우리 주님께서는 그 사실을 당당히 대면하셨습니다. 그는 사람이 되셨습니다. 그는 낮아지심의 일부로 필연적으로 수반될 그 일을 부끄러워하지 아니하셨습니다. 사람의 모양으로 발견되시어, 인성의 모든 것에 복종하게 되셨습니다. 모든 사람들이 보는 앞에서 자신의 자리를 잡으셨습니다. "예수께서 눈물을 흘리시더라."

　　이 때에 예수께서 눈물을 흘리신 것은 오해될 수도 있었고 와전될 수도 있었습니다. 그럼에도 불구하고 그는 눈물을 흘리셨습니다. 거기 섰던 유대인들이 조롱 어린 투로 "보라. 그가 눈물을 흘린다. 이적을 행하는 자가 운다! 그러면서 자신을 하나님의 아들이라고 한다. 저기 저 보통 사람처럼 서서 우는 것을 보라"고 말하지 않았을까요? 분명하게 나타나고 있는 그 예수님의 연약함을 비웃을 기회가 생긴 것이죠. 또 그 연약함의 분명한 표정을 보고 모독할 절호의 기회가 주어진 것입니다. 그러나 우리 주님께서는 그 일을, 술책을 써서 행하신 것이 아닙니다. 참된 느낌을 그냥 그대로 드러내신 것입니다. 스토아학파 사람들처럼 하지 아니하셨습니다. 자신의 마음의 정서를 속에다 담아 둠으로 자기 인성을 존중히 여기도록 요구하는 일을 하지 않으셨습니다(스토아학파 사람들은 자기의 감정을 밖으로 드러내지 아니하고 체념하는 것을 덕으로 보았음 — 역주). 또한 사람들이 자기들과 같은 감정을 갖고 계신 예수님의 모습을 보도록 드러내셨습니다. "예수께서 눈물을 흘리셨습니다." 눈물을 흘리는 것이 남자답지 못하게 여겨질 수도 있습니다. 그러나 눈물은 사람에게 자연스러운 것입니다. 예수님께서는 부자연스럽지 않으실 뿐입니다. 원수들이 자기 좋아하는 대로 말할 수 있고, 예수님과 그의 하나님을 다 같이 모독할 수도 있습니다. 그러나 그들을 침묵하게 할 양으로 어떤 연기를 하지 아니하실 것입니다. 예수님께서는 진리 그대로 행동하시고, 그의 친절한 마음이 돌아가는 대로 눈물을 흘리십니다. 예수님께서는 불신자들이 악의 어리게 험담하는 것보다 더 마리아와 마르다를 생각하시고, 그 예수님의 동정이 그들에게 위로를 산출할 수 있습니다. 악의 어린 험담을 하는 그 불신자들은 예수님의 인성의 사랑스러운 그 연약함에서 자기들의 주장의 구실을 찾아내려고 할 수도 있을 것입니다.

"예수님께서 눈물을 흘리시더라." 그럼으로써 그는 나사로에 대한 사랑을 드러내셨습니다. 그럼으로써 다른 사람들이 그것을 보고, "보라. 그가 어떻게 그를 사랑하셨는지!"라고 소리치게 만들었습니다. 이것은 주님께서 그의 백성들에 대한 사랑을 서슴없이 선언하셨다는 한 증표입니다. 주님께서 지상에서 계실 때에 보통 인생들 속에서 친구들을 찾으시는 것을 부끄러워하지 아니하셨습니다. 우리의 영광스러운 주님께서 보좌에 앉아 계신 지금도 "우리를 형제로 부르는 것을 부끄러워하지 아니하십니다." 주님께서는 그의 백성들과 함께 하늘의 명부에 그 이름이 올라 있는 것을 부끄러워하지 아니하십니다. 예수님의 볼에 눈물이 방울방울 맺혀 흘러내렸습니다. 우리 눈에서 나는 눈물방울이 줄기가 되어 흐르는 것처럼 말입니다. 우리는 그 눈물방울들을 통해서 당신의 택한 백성들에 대한 사랑의 방식이 어떠한지를 알게 됩니다. 그의 이름을 찬미합시다! 많은 대단한 사람들은 돈을 가지고 불쌍한 사람들을 친구로 만들려고 기꺼운 자세를 가질 수 있습니다. 그러나 눈물 어린 사랑을 가지고 친구를 사으려고 하지는 않습니다. 그러나 여기 복되신 구주께서는 거기 수많은 사람들이 모인 자리에서 죽어 있고 썩어 냄새나는 나사로를 자기 친구로 인정했습니다. 그리고 눈물로 그 사랑의 언약을 인치십니다.

"예수께서 눈물을 흘리시더라." 예수님께서는 죄를 보시며 그 영혼이 느끼는 아픔을 나타내기를 부끄러워하지 아니하셨습니다. 죽음을 보는 것마저 그의 마음은 큰 고통을 느끼셨는데 그것을 그대로 드러내셨습니다. 무덤과 그 무덤 속의 썩어 가는 것을 차마 보실 수 없으셨습니다. 우리는 죄와 우리 인간의 비참에 대하여 생각할 때 반드시 슬픔도 함께 생각하지 않을 수 없습니다! 저는 솔직히 이 거대한 도시를 통과할 때마다 불행을 느끼지 않을 수 없음을 말씀드립니다. 런던 이 끝에서 저 끝까지 검고 두꺼운 이 구름을 느끼지 않은 적이 없습니다. 내 영 위에 걸려 있는 검은 장막같이 말입니다. 내 심령은 너 슬픔에 찬 런던 시를 향하여 찢어지도다! 내 형제들이여, 여러분은 그렇지 않습니까? 이 도시의 빈민굴과 궁핍과 빈민들과 불경건함과 술 취함과 그 모든 사악을 생각해 보십시오! 이러한 것들이 사람의 마음을 비수처럼 찌릅니다. 예수님께서 런던에 계시면 얼마나 눈물을 흘리시겠습니까? 무덤 속에 시체가 있는 것을 바라보시면서 눈물을 흘리지 않을 수 없을 것입니다. 그 한 주검을 통해서 죄가 저지른 그 엄청난 일이 무엇인가를 보고 계셨습니다. 죄가 행한 일이 너무나도 엄청나서 그 참화를 다 계산하기가 불가능합니다. 그래서 주님은 우신 것입니다. 오 죄여, 네가 행하지 않은 것이 무엇이냐! 오 죽음이여, 너는 이 모든 자들을 죽였도다! 사탄이 이 땅을 얼마나 무서운 피로 물들였는가! 구주께서는 그 파괴자 앞에서 가만히 그냥 서 계실 수 없으셨습니다. 죽음의 궁정문을 향하여 나아가실 때 아무런 깊은 감회를 갖지 않을 수 없었습니다. 주님께서는 그 마음의 정서를 드러내시는 걸 결코 부끄러워하지 아니하셨습니다. 그래서 그는 눈물을 감추지 않으셨습니다. "예수께서 눈물을 흘리시더라."

형제들이여! 거룩한 정서는 부끄러워할 연약함이 아닙니다. 만일 어느 때 세상의 악함과 그 환락을 보면서 눈물이 흐르거든, 그 눈물을 감추지 마십시오. 부주의한 자들은 알아야 할 것입니다. 거룩하신 자가 진노하실 때, 하나님을 두려워하고 무서워하는 사람이 있음을, 부주의한 사람은 알아야 합니다.

"예수께서 눈물을 흘리시더라." 놀라운 이적을 행하려 하시면서도 눈물을 흘리셨습니다. 예수님의 신성의 영광은 그 인성을 부끄러워하지 않게 하셨습니다. 참 독특한 일입니다. 죽은 자를 사랑하게 하는 기쁨의 놀라운 사건 바로 직전에 눈물을 흘리셨다니 말입니다. 그는 하나님이십니다. 이제 나사로를 무덤에서 불러내려 하십니다. 그러나 예수님은 언제나처럼 사람이셨습니다. 그러므로 그는 우십니다. 우리 주님께서는 나사렛의 목수로 일하실 때와 똑같이 죽은 자를 살리실 때도 여전히 사람이셨습니다. 예수님께서는 스스로 부활과 생명임을 입증하시면서도 그의 진정한 인성을 부끄러워하지 아니하셨습니다. 지금 예수님께서는 하늘 영광 가운데서도 그의 상처의 흔적을 갖고 계십니다. 그가 하나님이시라도 사람으로서 인정되기를 부끄러워하지 아니하심을 보여주시기 위해서입니다. 예수님께서는 그의 영광스러운 여러 이름들 가운데 이런 이름을 갖고 계십니다. "곧 살아 있는 자라 내가 전에 죽었었노라 볼지어다 이제 세세토록 살아 있다"(계 1:18). 그 이름을 통해서 예수님은 삶과 죽음 속에서 우리 인성과 연관되셨음을 묘사하신 것입니다. 사랑하는 자들이여! "예수님께서 우셨습니다." 그가 취하신 인성의 연약함을 무시하지 아니하심을 보여주시기 위해서입니다. 그분은 그가 취하신 그 인성을 하나님께 값으로 드리기 위해서 그렇게 하신 것입니다.

기억하십시오. 우리 주님 예수께서는 3년 공생애의 기간을 지나셨습니다. 매년 부활의 사건을 통해서 당신의 영광을 드러내셨습니다. 야이로의 어린 딸을 살려 내시는 일을 먼저 하셨습니다. 그 상하지 아니한 어린 딸의 얼굴에 사망이 인을 치지 못하게 하신 것입니다. 그 다음에, 나인 성문에서 청년을 살리셨습니다. 그 청년은 곧 장사될 참이었습니다. 그 경우는 죽어 있었으나 아직 썩지는 않았었습니다. 그러나 이제 지금 나사로를 살리심으로써 그 영광을 온전히 드러내신 것입니다. 그 나사로는 죽은 지 나흘이 되었습니다. 그러나 이 참으로 놀라운 기사를 행하심으로써 그의 신성의 완벽함을 드러내려고 하실 때, 모든 사람 앞에 서서 눈물을 흘리는 것을 조금도 가치 없는 것으로 여기지 아니하셨습니다. 예수님은 부활이요 생명이십니다. 그럼에도 "예수님은 눈물을 흘리셨습니다."

3. 우리를 가르치시는 예수님

세 번째로, "우리 주 예수께서는 눈물을 흘리시는 것을 통해서 우리에게 교훈을 주고 계십니다." 이 부분은 이 강론의 가장 실제적인 부분입니다. 성령의 가르치심을 통해서 그 교훈을 받으시기 바랍니다.

어째서 예수님께서 눈물을 흘리셨는지 주목하시고, 그 일을 통해서 교훈을 배워야 합니다. 그가 눈물을 흘리신 것은 그것이 바로 이런 경우의 그의 기도의 방식이었기 때문입니다. 이제 큰 이적이 행해질 참이었습니다. 위로부터 큰 능력이 주어질 필요가 있었습니다. 사람으로서 주 예수 그리스도께서는 아주 간절하게 하나님께 울부짖으십니다. 그리고 눈물을 흘리심으로써 그 기도를 가장 정확하게 구체화시키고 계십니다. 눈물 어린 간구보다 하나님께 더 잘 상달되는 기도는 없습니다. 그 간구는 마음에서 일어나 눈에서 눈물방울을 자극하고, 볼에 물방울이 져 내려오는 것입니다. 하나님께서 여러분의 울음 섞인 목소리로 기도하는 것을 들으실 때 여러분에게 감동하시는 것입니다. 마른 손으로는 브니엘의 천사를 붙들 수 없습니다. 그러나 눈물로 손을 적시면 그 천사를 꼭 붙들 수 있을 것입니다. 주 예수님께서 나사로를 무덤에서 살려 내실 능력을 발하시기 전에, 강한 통곡과 눈물로 하나님께 호소하십니다. 아버지께서는 당신의 눈물 흘리시는 아들을 위해서 나타나십니다. 사랑하는 교우 여러분! 만일 여러분이 기도를 통해서 승리하고 싶으면, 기도 속에서 눈물을 흘려야 합니다. 여러분의 영혼이 간절한 소원으로 분발되며, 고뇌 어리게 고민하여 기도하면 이길 것입니다. "예수님께서 눈물을 흘리셨습니다." 그것은 우리의 기도를 마음의 슬픔의 파도 속에 잠기게 하여 하나님께 드리는 법을 가르쳐 주시기 위한 것입니다.

　　예수님께서 눈물을 흘리신 또다른 이유는 죽은 자를 살려 내시기 전에 당신 자신을 분기시켜야 했기 때문입니다. 그분의 말 한 마디만으로도 이적을 행할 수 있었습니다. 아니 그분의 의지만으로도 충분하였습니다. 그러나 우리를 가르쳐 주시기 위해서 그렇게 하지 아니하셨습니다. 기도와 금식을 함께 하지 않으면 나가지 않는 유의 악이 있습니다. 구주께서 탄식하시고 우시기 전에는 항복하지 아니하는 유의 죽음이 있었습니다. 예수님께서 생명을 쏟아 내시는 그 큰 일이 없이는 나사로 속에 있는 죽음은 제압당할 수 없었습니다. 그러므로 주님께서는 자신을 분기(奮起)시킨 것입니다. 자기의 모든 능력을 다 발휘하고, 그가 감당할 갈등을 위해서 자기 모두를 다 일으켜 세우셨습니다.

　　그러니 내 형제여! 죄인을 구원하는 일에 있어서 어떤 큰 선을 행하고 싶다면 "반 잠이 든 상태에서는 결코 안 되는 것입니다." 괴로움을 받되 눈물 어리기까지 해야 합니다. 아마 영혼을 얻는데 있어서 가장 어려운 것은 자신을 적합한 상태로 들어가게 하는 것입니다. 죽은 자가 죽은 자를 장사할 수 있습니다. 그러나 죽은 자를 살려 내지는 못합니다. 자기 자신의 영혼 전체가 감동되기 전에는 다른 사람을 감동시키지 못할 것입니다. 감동을 받으려고 기꺼운 마음 자세를 가지는 사람들에 대해서는 성공할 수가 있습니다. 그러나 스스로 감동받지 아니한 그 어떠한 사람을 통해서도 부주의한 자가 감동받지는 않을 것입니다. 눈물은 경고의 말을 강하게 합니다. 그리스도의 전 존재를 분기시키고 난 다음에 나사로가 살아났다면, 한 영혼을 얻을 수 있으려면 먼저 우리 자신이 감격해야 합니다. 썩은 손가락들이 나사로의 영혼에 입었던 그 좋은 천(육체를 말함 - 역주)을 헤어지게 하고 있습니다. 그 어떠한 목소리도 그 일을 멈추라고 효과적으로 명할 수 없습니다. 오직 폭발하는 마음에서 나오는 소리만이 그 일을 중단하라고 명할 수 있습니다. 마르다가 말했던 그 "썩어 냄새나는 것"이 은혜로운 생명의 달콤한 향기로 바뀌려면, 무한한 사랑의 소금기 어린 눈물이 있어야 합니다. 우리의 경우에 있어서는 더욱 그러합니다. 다른 사람들로 하여금 느끼게 하려면 우리가 먼저 느껴야 합니다. 사랑하는 자매여, 여기 보십시오. 오후에 주일학교에 나오는 것은 바로 그렇게 해야만 되기 때문입니다. 그런데 그러한 의무감으로서만 나와서는 안 됩니다. 여러분의 반 학생들에게 말씀을 설교하고 가르치려고 하는 형제들이여! 한 눈만 뜨고 나와서는 안 됩니다. 결코 그러지 말아야 합니다. 우리 주님께서는 모든 감각을 다 분기시키며 모든 예민함을 다 동원시키셨습니다. 여러분도 그래야 합니다. 만일 여러분 자신 속에 주님의 정서를 느끼지 못한다면, 다른 사람들에게 주님의 능력이 역사하는 것을 어떻게 기대할 수 있습니까? 예수님께서 자애로움으로 깨어 계셨던 것처럼 여러분도 그러해야 합니다. 그렇지 않다면 그리스도의 생명을 주시는 능력을 받지 못할 것입니다. 내가 약할 그 때에 강하게 됩니다. 그가 죽은 나사로를 살리실 때 "눈물을 흘리셨습니다."

예수님께서 눈물을 흘리시되 자기로 눈물을 흘리지 못하게 방해할 수 있었던 여러 가지 것들을 충분히 아시고 눈물을 흘리신 것입니다. 때로 사랑하는 자녀 또는 아내 또는 남편의 무덤에서 눈물을 흘릴 때 그들에게 잘못한 것이 생각납니다. 그러나 이 경우는 그러한 것이 아닙니다. 우리 구주께서는 나사로가 충분히 안전하게 살아난다는 것을 알면서도 우셨습니다. 저는 나사로의 영혼에 어떤 일이 일어났는지 모릅니다. 성경이 침묵하고 있으니 저도 그것을 말할 수 없습니다. 그러나 그가 어느 곳에 있었든지 그는 완전히 안전하였습니다. 그럼에도 불구하고 "예수께서 눈물을 흘리셨습니다." 더구나 예수님께서는 나사로를 살리실 뜻을 가지고 계셨습니다. 이제 그 나사로가 다시 살아날 일이 금방 눈앞에 와 있었습니다. 그런데도 "예수께서 눈물을 흘리셨습니다."

우리 친구들이 다시 살 것을 정말 믿기만 하고, 정말 지금이라도 안전하고 행복하게 있을 수만 있다면 무엇 때문에 우리가 울겠는가라는 식의 말을 할 것입니다. 뭐라구요? 울 수 없다구요? 그러나 예수님은 우셨습니다. 예수님께서 가신 길을 따라가는 데 하등의 실수가 있을 수 없습니다. 예수님께서는 나사로의 죽음이 하나님의 영광을 위한 것임을 알고 계셨습니다. "이 병은 죽을 병이 아니라 하나님의 영광을 위함이라"고 말씀하셨습니다. 그런데도 그분은 우셨습니다! "가족을 여의는 그 일이 하나님께 영광이 된다는 것을 알고서도 운다면 그것은 분명 나쁜 일이다"라는 생각을 하지 않았습니까? 결코 나쁜 일이 아닙니다. 아니면 그 유사한 상황 속에서 예수님은 우시지 않으셨을 것입니다. 거기서 교훈을 배우십시오. 다른 경우라면 해서는 안 될 일로 여길 그 눈물이 거룩의 영역 속에서는 자유롭게 허용이 됩니다. 왜냐하면 "예수께서 우셨기" 때문입니다. 예수님께서 우셨으니, 자매 여러분, 여러분도 우실 수 있습니다. 나사로의 행복에 대한 모든 것을 다 알고 계신 분이 우셨습니다. 그가 부활하실 것에 대한 완전한 기대를 갖고 있으면서도 우셨습니다. 그의 죽음을 통해서 하나님께서 영광을 받으신다는 사실을 확신하고서도 우셨습니다. 그러니 그리스도께서 허락하신 것을 비난하지 말아야 합니다.

"예수께서 눈물을 흘리시더라." 그러나 그는 죄를 짓지는 않으셨습니다. 구속주의 눈물은 어느 방울 속에서도 악의 티끌이 하나도 없었습니다. 그 눈물 속에는 소금기가 있었을 것입니다. 그러나 실수는 없었습니다. 사랑하는 여러분! 우리는 울면서도 죄를 짓지 않을 수 있습니다. 이제까지 우리가 울면서도 죄를 짓지 않았다고 생각하지 않습니다. 그러나 그러한 일은 가능합니다. 하나님께서 우리에게서 취하여 가신 자들 때문에 우는 것은 죄가 아닙니다. 또 고난당한 자들을 인해서 우는 것도 죄가 아닙니다. 그리스도께서 눈물 흘리신 일에 있어서 아무런 죄가 없었다는 이유를 말씀드리려 합니다. 그것은 아버지 앞에서 눈물을 흘리셨기 때문입니다. 슬픔 속에 말씀하실 때 첫 마디가 "아버지"였습니다. 그는 "아버지께 감사하나이다"라고 아뢰었습니다. 만일 여러분이, 하나님이 여러분의 아버지라고 느끼면서 그런 식으로 부를 수 있고, 아버지께 감사할 수 있고, 또 자기가 아버지 앞에 있다는 것을 알고 있다면, 그런 경우 눈물을 흘리는 것은 비난받을 만한 일이 아니라 건강한 일입니다. 그러한 눈물이 흘러넘치기를 바랍니다. 예수께서 눈물을 흘리셨고, "아버지여 감사하나이다"라고 말씀하셨기 때문입니다. 형제들이여! 우리가 하나님께 등을 돌리고 웃거나 우는 것은 죄가 되는 것입니다. 하나님 없이 행하는 것이 죄의 요소입니다. 하나님과 그 율법을 생각하지 않고 웃거나 울 수 있다면, 그런 경우 범법을 하고 있는 것입니다. 그러나 만일 여러분의 위대하신 아버지의 품속에 머리를 묻고 흐느낄 수 있다면 잘못이 아닙니다. 아버지께서 허락하신 것은 분명히 죄가 될 수 없습니다. "예수께서 눈물을 흘리시더라." 그러나 그는 결코 불평을 늘어놓지 않으셨습니다. "예수께서 눈물을 흘리시더라." 그러나 그는 하나님의 경륜에 대해 원망하지 않으셨습니다. 달콤하게 복종하시는 가운데서 "예수께서 눈물을 흘리셨습니다." 그저 악의에 차서 거역하는 심령으로 눈물을 흘리신 것이 아닙니다. 여기 바로 우리를 위해서 좋은 교훈이 있음을 생각합니다. 성령께서 그 교훈을 우리에게 가르쳐 주시기를 바랍니다! 주님께서 모든 우는 자들의 마음에 그 교훈을 새겨 주시기 바랍니다. 슬픔의 정신을 가지고 있는 한나와 같은 여인이여, 엘리가 그대를 책망했습니까? 엘리의 상전이신 대제사장에게로 나아가십시오. 그분은 여러분을 꾸짖지 아니하실 것이며, 울 수 있으면 울라고 말씀하실 것입니다. 왜냐하면 그도 우셨기 때문입니다.

4. 우리의 위로자로 눈물 흘리신 예수님

이제 저는 네 번째 요점에 대해서 간단히 말씀드리겠습니다. "예수께서 눈물을 흘리시더라." 이 말씀 속에서 그는 우리의 위로자로 서 계십니다.

무거운 마음을 가지고 있는 사람들에게 저는 말씀드립니다. "예수께서 눈물을 흘리셨습니다." 바로 여기에 우리의 영예가 있는 것입니다. 왜냐하면 예수께서 눈물을 흘리셨기 때문입니다. 나의 친구여! 아무도 그대를 비난하지 못하게 하십시오. 그 선한 친구들이나 예수님도 그대를 책망하지 않습니다.

"예수께서 눈물을 흘리시더라." 여기에 우리의 하나님의 아들됨이 입증되고 있습니다. "내가 하나님의 자녀라면 그렇게 울 수 있습니까?"라고 말합니다. 예수님은 하나님의 사랑하시는 아들이 아니었습니까? 그런데도 우셨습니다. 아! 질문은 또다른 방향에서 나오지요. "아버지께서 징계하지 아니하는 아들이 무슨 아들입니까?" 하나님께서는 울지 아니하는 아들을 가지신 적이 있었습니까? 그분은 죄 없으신 아들을 갖고 계십니다. 그러나 슬픔을 모르는 아들은 하나도 없습니다. 채찍을 맞지 않아도 될 아들이 한 분 계십니다. 그러나 그 아들을 향해 칼이 겨누어졌습니다. 우는 자여, 그대는 "울며 예배하는 무리들의 한 사람입니다." 예수님은 바로 그 울며 예배하는 자들의 존귀하신 주인이십니다. 그분은 그 애통하는 자들의 머리이십니다. 여러분이 검은 색 십자가와 빨간색 십자가를 새긴 격자무늬 옷을 입을 수 있습니다. 왜냐하면 그대의 대장이 바로 그 옷을 입으셨기 때문입니다.

자, 이제 그리스도께서 그 백성들에게 진정한 동정심을 가지고 계시다는 사실을 보시기 바랍니다. 왜냐하면 거기에 위로가 있기 때문입니다. 그 동정심은 말로만 나타난 것이 아닙니다. 또 행실 전체로서만 나타난 것도 아닙니다. 그러한 것들보다 더 자유롭게 나타났습니다. 그의 마음은 자비로운 동정심을 표현할 수 있었습니다. 그러나 눈물로 그 동정심이 표현된 것입니다. 마음의 금광에서 비추어 나는 금처럼 그 눈물이 흘러내렸습니다. 그 눈물은 그 눈에서 만들어져, 상인의 화폐처럼 통용됩니다. 눈물방울마다 왕의 초상과 문양이 새겨져 있습니다. 예수님은 우리와 같은 고난자이십니다. 이것이 우리에게 가장 큰 위로가 되는 것입니다. 오, 만일 우리와 같이 고난받는 것이 무엇인지를 알지 못하는 대제사장이 있다면, 그것은 정말 우리에게 불행한 것이 될 것입니다! 우리가 피난처로 그분에게 달려갑니다. 그런데 알고 보니 그는 슬픔을 전혀 알지 못하는 분입니다. 따라서 그분은 우리를 이해할 수 없습니다. 만일 그러한 경우라면 마음을 부서뜨릴 만큼 불행한 일이 될 것입니다. 어제 저는 어린 새 한 마리가 자기가 날아들 수 있는 곳으로 생각하고 그리로 날아가는 것을 보았습니다. 그러나 안타깝게도 눈에 보이지 않는 장애가 있었습니다. 유리창에 부딪혀 그만 자신을 죽이고 말았습니다. 저는 창문 밖에 죽어 있는 그 새를 보며 슬펐습니다. 만일 내가 슬퍼하며 예수님께 달려갔는데, 전혀 내게 동정심을 발할 능력이 없다는 것을 알고, 나를 그 마음으로 받아들일 준비가 되어 있지 않은 것을 알았다면, 그 장애가 아무리 수정같이 맑은 것이라 할지라도, 저는 거기에 부딪혀 절망 가운데 죽고 말 것입니다. 결코 눈물을 흘리지 아니하신 예수님이라면, 제 눈물을 닦을 수도 없을 것입니다. 만일 그분이 나와 교제하지 않아서 내 슬픔이 무엇인지 이해할 수 없다면, 그것은 감당할 수 없는 슬픔입니다.

사랑하는 자여! 우리 주님께서 얼마나 용기 있게 참아 내셨는지를 생각하십시오. 여기에 우리의 확신이 있습니다. 눈물은 하나님께 대한 구주의 소망입니다. 좌절시키지 않았습니다. 그의 모든 슬픔에도 불구하고 승리하셨습니다. 그가 살아 계시니 우리도 살 것입니다. "담대하라. 내가 세상을 이기었노라"고 말씀하십니다. 우리의 영웅 되신 예수님이 그 싸움에서 눈물을 흘리셔야 했다 하여도 패퇴한 것은 아니었습니다. 오셨고, 눈물을 흘리셨고, 정복하셨습니다. 저와 여러분은 예수님과 함께 몫을 나누게 되었습니다. 우리는 그분의 눈물을 함께 나누고, 그분의 면류관의 다이아몬드도 함께 누리게 될 것입니다. 여기 지상에 있을 때에는 가시 면류관을 쓰십시오. 그러면 차후에는 영광의 면류관을 쓰게 될 것입니다.

그가 눈물을 흘리셨지만 더 이상은 흘리지 아니하셨다는 사실을 여러분의 위로로 삼으십시오. 여기에 바로 지상에서도 천국이 시작된 사실을 발견합니다. "사망이 다시 그를 주장하지 못할 줄을 앎이로라"(롬 6:9). 그 어떠한 세력도 그렇게 할 수 없습니다. 주님께서는 더 이상 우시지 않습니다. 그 일을 끝내셨습니다. 머지않아 우리에게도 그와 같은 일이 있을 것입니다. 저는 "고통도 눈물도 없을 것이라"는 약속을 얼마나 사랑하는지요! 천국에는 성전이 없습니다. 왜냐하면 천국이 모두 다 하나님께 예배함으로 가득 차 있기 때문입니다. 병원도 없습니다. 건강과 사랑뿐이기 때문입니다. "그 하늘의 거민들이 더 이상 내가 병들었다 말하지 않을 것이다." "더 이상 애통하는 것도 없고!" 머지않아 우리에게 그런 일이 주어질 것입니다. 그 일이 예수님께 주어졌습니다. "하나님은 친히 그들과 함께 계셔서 모든 눈물을 그 눈에서 닦아 주시니"(계 21:3-4). 우리는 머지않아서 더 이상 슬픔의 원인을 만나지 않을 것입니다. 슬퍼할 가능성도 전혀 없게 될 것입니다. 우리도 그가 계신 그대로 존재할 것입니다. 그가 완전히 복되신 것처럼 우리도 그분 안에서 복될 것입니다. "예수께서 눈물을 흘리시더라." 그러나 이 슬픔은 이제 지나간 과거가 되었습니다. 우리에게도 머지않아 그와 같은 일이 있을 것입니다.

5. 우리에게 본을 보여주신 예수님

다섯째로, 그러면서 마지막으로 예수님께서 우신 것을 통해서 "예수님은 우리에게 본을 보여주셨습니다." 예수님께서 우셨으니 우리도 울어야 합니다. "예수님께서 다른 사람들을 위해서 우셨습니다." 자신을 위해서 우셨다는 것을 들어 보지 못했습니다. 그의 눈물은 동정 어린 눈물이었습니다. "우는 자들과 함께 울라"는 명령을 구체화시키신 분이십니다. 그 영혼을 자신의 갈빗대 안에 국한시키는 사람은 편협한 영혼을 갖고 있습니다. 그리스도인의 영혼은 참된 영혼으로서 자기 자신뿐만 아니라 다른 사람들의 영혼과 몸 속에서도 살아 있습니다. 완전히 그리스도인다운 영혼은 그 영혼이 거처하는 곳으로 온 세상이라도 좁습니다. 왜냐하면 그 영혼은 살아 있고 사랑하기 때문입니다. 사랑함으로 살아 있고, 살아 있기에 사랑합니다. 다른 우는 자들을 생각해 보십시오. 슬픔에 찬 자녀들을 불쌍히 여기십시오. 오늘날 저는 여러분의 마음을 건드려 격동시키고 싶습니다. 고통당하고 고뇌 어린 많은 사람들, 우리의 병원 뜰에 누워 있는 그 많은 사람들의 고통을 동정할 만큼 여러분의 마음이 움직이기를 바랍니다. 약이 모자라서 고통당하는 사람들의 더 큰 비참을 생각하였으면 합니다. 그들은 병원에 갈 수가 없습니다. 그저 절망적인 질병 속에서 어쩔 줄을 모르고 있는 것입니다. 돌보아 주는 사람도 거의 없고 먹을 것도 적은 사람들은 얼마나 고통을 당하겠습니까? 그런 사람들은 이 겨울 추위에 참으로 곤고합니다. 여러분과 저는 그들과 같이 고통을 당할 수는 없습니다. 그러나 적어도 그들 때문에 우리가 슬퍼해야 합니다. 우리가 할 수 있는 범위 안에서 최선을 다하여 그들에게 힘을 줄 마음을 가져야 합니다.

또다른 문제에서 우리 주님께서는 우리의 본이십니다. 악을 향하여 의분을 가지는 것은 죄인들을 불쌍히 여기는 것을 통해서 가장 훌륭하게 드러날 것이라는 교훈을 주님으로부터 배우십시오. 나의 사랑하는 교우 여러분! 여러분이 술취함에 대해서 아주 나쁘다고 선언하는 것을 저는 듣습니다. 그렇게 말하는 것을 듣는 것이 저는 좋습니다. 그러한 비열한 악에 대해서 아무리 모질게 말한다 할지라도 지나칠 수 없습니다. 그러나 저는 여러분에게 간절히 바랍니다. 여러분이 그 악에 대한 비난을 불쌍한 주정뱅이를 위해서 눈물을 흘리는 보자기로 싸시기 바랍니다. 또 다른 친구가 "순결 동맹"이라고 하는 것을 결성하여 선한 일을 행하려고 애를 쓰는 사람들에 대해서 잘 얘기하는 것을 들었습니다. 음탕한 악에 대해서 있는 힘을 다하여 비난을 퍼붓는 것을 저는 들었습니다. 저는 여러분이 그러한 악을 공격하는 것에 힘을 더 실어 드리고 싶습니다. 그러나 그런 일을 한 후에는 앉아서 우시기 바랍니다. 음탕함이 사람들을 더럽히고 있음을 생각하고서 말입니다. 그 사람들도 여러분과 똑같은 동료들입니다. 소원하는 대로라면 의회에서 그러한 악을 제거할 법령을 만들라고 호소해야 합니다. 그러나 의회 자체가 교정되어야 하고 정결될 필요가 있습니다. 거룩하신 성삼위 하나님 앞에서 눈물 흘리는 것이 상원의원들에게 우리의 탄원장을 수북이 쌓아 올리는 것보다 더 많은 일을 할 것입니다. "예수께서 눈물을 흘리시더라." 그의 눈물은 죄와 사망을 대적하는 강력한 무기들이었습니다. 여러분은 나태한 방종아들에 대하여 의분을 느껴야 합니다. 그들의 그 불행은 그들 자신의 악에 의해서 만들어지는 것이기 때문입니다. 저는 그렇게 정당하게 노를 발하는 것에 비난할 수 없습니다. 그러나 만일 그러한 모든 일에 있어서 예수님을 본받고자 한다면, 예수님께서 벽력같이 소리를 지르셨다고 기록되지 않았음을 주목하시기 바랍니다. 오히려 "예수께서 눈물을 흘리셨더라." 의분과 함께 동정심도 섞어야 합니다. 나는 비 없는 번개를 좋아하지 않고, 눈물 없는 의분을 좋아하지 않습니다. 가난한 사람들에게 절약하는 습성이 부족하다는 것에 대해서 말할 것이라고 저는 알고 있습니다. 또는 그들에게 진지함이 부족하고 부지런함이 부족합니다. 뭐, 그밖에 여러 가지 약점들이 있지요. 이 모든 것을 인정하되 슬픔에 겨워 인정해야 합니다. 또한 부드럽게 책망하여야 합니다. 그러나 그 다음에는 눈물을 흘려야 합니다. 동정심으로 모든 것을 적시면, 범죄자에게도 더 많은 선을 행하며, 자신에게도 그러하고, 가장 훌륭한 대의를 위해서도 더 좋은 일이 될 것입니다. 하고자 하면 엄청난 북을 두드리고, 경고의 나팔을 불어야 합니다. 그러나 그 시끄러움은 부드럽게 하기보다는 오히려 더 귀를 막게 할 것입니다. 여러분의 흐느껴 우는 소리가 그 영혼 속 깊은 데서 들려질 것이고, 수천 마디로 비난하는 것보다 더 많은 기사를 행할 것입니다.

끝으로, 울게 될 때, 여러분의 구주를 본받으시고 어떤 일이든지 하십시오! 만일 여기 요한복음 11장이 "예수께서 눈물을 흘리시더라"는 말씀으로 끝이 났다면, 아주 보잘것없는 것이 될 것입니다. 사람들이 그 무덤에 왔는데 "예수께서 눈물을 흘리시는 모습을" 보았고, "그 예수님께서 그 다음에 그저 일상으로 돌아가셨다면," 이 대목 속에서 별 많은 위로를 느끼지 못했을 것입니다. 눈물만 흘리시고 그밖에 다른 일이 일어나지 않았다면, 우리의 복되신 구주의 통상적인 방식으로부터 아주 모자라는 일이 되었을 것입니다. 눈물들! 그것만이면 무슨 소용이 있겠습니까? 눈물은 소금기 어린 물입니다. 그 눈물을 한 잔 가득 담는다 할지라도 누구에게나 별 가치가 없습니다. 그러나 사랑하는 여러분! "예수께서 눈물을 흘리시더라." 그 다음에 "돌을 굴려 옮겨 놓으라"고 명하셨습니다. 그리고 "나사로야 나오너라"고 부르짖으셨습니다. 나사로가 애써 무덤 밖으로 나왔을 때 예수께서 "풀어 놓아 다니게 하라"고 말씀하셨습니다. 여러분 중의 어떤 이들은 병든 자들에 대한 동정심을 가득 가지고 있습니다. 그러나 단순한 감상으로 끝내 버려서는 안 되는 것입니다. "우리가 병든 자를 보니 참으로 안됐구나. 그러나 아주 조금밖에는 헌금을 못했어"라고 말하지 맙시다. 만일 그러한 식으로 끝내 버렸다면, 오늘 아침 이 본문을 묵상한다는 것이 참으로 부끄러울 것입니다. 정말 그렇게 끝나지 않았습니다.

　만일 여러분이 죽은 자를 다시 살리지 못하며, 병원 문에 가난한 사람들이 들어오지 못하도록 막고 있는 장애물을 치우기 위해 무엇인가를 하지 못했다 할지라도, 또한 그들에게 건강을 회복시켜 줄 수 없다 할지라도, 적어도 그들의 병을 제거하기 위한 무엇인가를 해야 합니다. 그들을 사람들이 우글거리는 도시에서 벗어나게 해 주고, 시골로 보내어 요양소로 가 있게 하십시오. 교우들이여! 그렇게 함으로써 우리는 우리 동정심의 진실을 실천적으로 입증할 수 있는 것입니다. 그러므로 모금함을 돌리십시오!

제
46
장
—

그리스도의 종
- 그의 의무와 보상

—

"사람이 나를 섬기려면 나를 따르라. 나 있는 곳에
나를 섬기는 자도 거기 있으리니, 사람이 나를 섬기면
내 아버지께서 그를 귀히 여기시리라"— 요 12:26

헬라인 중에 몇 사람이 이 장에서 언급되고 있습니다. 그들은 예수님을 만나 보기를 원했지만, 그분을 섬기려고 하지는 않았습니다. 호기심에 이끌려 그들은 무언가를 알기 위해 왔습니다. 그들은 메시야 직분과 관련하여 예수님의 주장을 조사하기를 원했으며, 그분이 전하시는 특별한 진리에 대해 숙고해 보기를 원했습니다. 하지만 그 이상을 넘어서는 일을 시도하려 하지 않았습니다. 그들은 비평하는 것에 관심이 있었습니다. 그들은 복음에 무관심하지는 않았습니다. 하지만 그들의 관심은 마치 자연주의자들이 새롭게 발견된 곤충을 살펴보는 것이나, 혹은 지질학자가 지구 단층의 새로운 지역을 연구하는 일과 다를 것이 없었습니다. 진리의 신성한 영향력을 개인적으로 느끼는 문제에 대해서, 그들은 그것이 무슨 의미인지 알지 못합니다. 여기 나오는 헬라인들은 일반적인 헬라인들보다 좀 더 나아갑니다. 그들은 예수님의 가르침과 성품에 감탄했습니다. 그들은 정직한 찬사를 표현했습니다. 하지만 그들의 평가가 얼마나 피상적인지를 보십시오. 그들은 자기들이 순종하기를 거부하는 인물(the

Person)에게 갈채를 보냅니다. 그들은 자기들이 실천하지 않을 가르침에 감탄합니다. 그들은 거룩한 말씀에 귀를 기울이지만, 단지 듣기만 하는 자들일 뿐, 진리를 행하는 자들은 아닙니다. 아마도 이 무리들 중 몇몇 사람들에게는 기독교 종교가 언제나 존중할 만한 관심의 주제였을 것입니다. 그들은 결코 그리스도의 이름을 비방하지 않았습니다. 그들은 성경의 영감설도 의심하지 않았습니다. 아니, 그들은 하나님의 말씀을 연구하기도 했습니다. 그들은 교리에도 상당한 관심을 기울였습니다. 그들은 거기서 더 나아가 계시들을 더욱 자세히 연구하기를 원했습니다. 그런 관심의 표시들이 얼마나 유쾌하고 소망스러운 것인지요? 하지만 이 탐구자들(inquirers) 중에서 많은 사람들이 참된 제자도에서 얼마나 멀리 떨어져 있는지요? 낮아지지 못한 그들의 마음은 복음의 명령에 순종하지 않습니다. 십자가는 그들에게 있어서 짊어지기에는 너무나 무거운 짐입니다. 그들에게는 "그리스도의 멍에"를 지려는 마음이 없습니다. 그들은 그리스도의 거룩함을 보고, 또한 그분의 제자들이 그분을 본받는 것을 보기만 할 뿐, 그들 자신이 날마다 십자가를 지고 그리스도를 따르지는 않습니다.

나의 청중이여, 나로 하여금 여러분에게 이 사실을 엄숙히 상기하게 해 주십시오. 호기심에 자극을 받고, 어떤 규칙을 연구하듯이 지식을 탐구하고, 자만심에 뿌리를 둔 사변적인 신앙은 결코 영혼을 구원하지 못합니다. 여러분이 할 일은 비평하는 것이 아니라, 회개하는 것입니다. 여러분이 할 일은 판단하는 것이 아니라 믿는 것입니다. 감탄하는 것이 아니라 순종하는 것이 여러분이 할 일입니다. 칭찬하고 갈채를 보내는 것이 아니라, 즐거이 고개를 숙이고 그리스도를 본받고 따르는 것이 여러분이 할 일입니다. 우리로 하여금 개인적으로 그리스도를 섬기게 하고, 우리에게 새로운 마음과 정직한 영을 주고, 우리가 우리의 것이 아니라 값 주고 사신 바 되었음을 느끼게 하는 것이 아니라면, 그것은 신앙이라 할 수 없습니다. 그 기준에 미달된 것은 결코 지속적인 마음의 평화를 주지 못하며, 우리를 하나님의 얼굴을 기쁘게 볼 수 있는 곳까지 데리고 가지 못합니다.

많은 사람들이 거만하게도 그리스도를 섬기는 일이 불명예스러운 일일 것이라고 꿈을 꿉니다. 어린 양을 겸손히 따르는 자들이 되면 스스로를 떨어뜨리는 일이라고 생각합니다. 내가 그들에게 상기시키고 싶은 것은, 그런 견해를 가지고 있는 사람들을 우리는 높이 평가하지 않는다는 것입니다. 심지어 이교도조차도 이렇게 말할 수 있습니다. "하나님을 섬기는 일은 다스리는 일입니다." 세례 요한이 등장하기 전까지 여자가 낳은 사람 중에 가장 고귀한 사람이었던 모세, 곧 여수룬의 왕이요(참조. 신 33:5) 하나님의 백성들의 지도자였던 모세조차도, 그의 가장 높은 칭호가 "하나님의 종 모세"였습니다. 심지어 우리로서는 그 신의 끈을 풀기에도 합당치 못한 우리 주님도 종의 형체를 가지셨으며, 비록 그분이 아들이시면서도 받으신 고난으로 순종함을 배우셨습니다(히 5:8). 우리 구주의 시대 이래로, 그리스도의 교회에서 가장 위대한 사람들도 모든 사람의 종들이 되었습니다. 그리스도의 교회가 수여한 가장 높은 위엄과 영예를 얻는 자들도 즐거이 허리를 숙이고서 가장 천한 직업에 종사했으며, 또한 기꺼이 지극히 작은 자보다 더 작은 자가 됨으로써, 모든 자보다 큰 자가 되었던 것입니다. "왕들의 왕"이시며 또한 "종들의 종"이셨던 그분을 본받도록 합시다. 금줄을 허리에 띠시고 빛을 의복처럼 입으신 분이면서도, 스스로 그 의복을 벗으시고 종처럼 수건을 두르시고 제자들의 발을 씻기셨던 그분을 따르도록 합시다. 웨일스 왕자의 구호는 "나는 섬긴다(I serve)"입니다. 그것이 하늘의 왕족의 모든 왕자들의 구호이어야 합니다. 모든 그리스도인들은 지금부터 머리 깃 장식에 "나는 섬긴다"는 문구를 써야 합니다. 이 날부터 그리스도인들은 어디에 있든지 군림하려 해서는 안 됩니다. 그런 일은 이방인들에게나 세상 군주들에게 맡겨둘 것이며, 그리스도인은 섬기는 일을 찾아야 하며, 그리스도의 몸인 교회에 유익이 되는 것이라면 무슨 일이든 하고, 무엇이든 되려고 해야 합니다.

우리는 이제 복되신 성령님이 도우시는 대로 삼중의 교훈을 강해할 것입니다. 우선, 당신은 아주 영예로운 직무를 위한 명백한 지침들에 주목하게 될 것입니다. "사람이 나를 섬기려면 나를 따르라." 둘째로, 고귀한 스승의 아주 관대한 규정입니다. "나 있는 곳에 나를 섬기는 자도 거기 있으리니." 셋째로, 불완전한 섬김에 대한 아주 영광스러운 보상입니다. "사람이 나를 섬기면 내 아버지께서 그를 귀히 여기시리라."

1. 영예로운 직무를 위한 명백한 지침들

여기서 우리는 아주 영예로운 직무를 위한 명백한 지침들을 대합니다. "사람이 나를 섬기려면 나를 따르라." 황금률로서, 상아 판에 새겨진 계명입니다.

나는 여기 있는 사람들 대다수가 "우리 모두는 그리스도를 섬기기를 원합니다"

라는 감정을 가지고 있다고 생각합니다. 지금 여기에 있는 사람들은 그분을 위해 하지 못할 일이 아무것도 없을 것이라고 느낍니다. 이 본문에 세 번씩 사용된 "섬긴다"는 단어는 "집사의 직무를 수행한다"로 옮겨지는 것이 아주 적절합니다. "나를 위해 집사의 직무를 수행하기를 원하는 사람은, 나를 따르라. 나 있는 곳에 나의 집사도 거기 있으리니, 사람이 나에 대해 집사의 직무를 수행하면 내 아버지께서 그를 귀히 여기시리라." 헬라어에서 "집사"라는 단어는 종이라는 의미에 지나지 않으며, 그리고 모든 집사는 즐겁고 충성되게 교회를 위해 수고하는 종이 되어야 합니다. 초대 교회에서 집사의 임무는 무엇이었습니까? 온갖 종류의 일에서 하나님의 백성을 섬기는 일이었습니다. 우리들 중에서 누가 그리스도의 집사들이 되는 것을 부끄러워하겠습니까? 그분의 몸종이요, 그분의 하인이 되는 것을 누가 싫어하겠습니까? 우리는 그분을 시중들기를 원하지 않습니까? 우리는 최대한 그분을 섬기는 종이 되기를 원합니다. 만일 더러운 곳에서 낡은 옷을 입고 있는 그분을 돕기 위해 우리의 옷을 벗어 드릴 수 있다면, 우리는 그 일을 고상하게 간주해야 할 것입니다. 우리가 그분에게 먹을 것을 드리기를 원합니까? 그렇다면 우리들의 집에는 전에 없었던 잔치가 있어야 합니다. 우리가 그분의 필요를 공급하기를 원한다면, 배고픈 자들에게 우리의 것을 나누어 주어야합니다. 만일 열두 명의 가난한 어부들이 그분과 함께 있다면, 우리는 그들 중 하나도 내쫓지 않고 그들 모두를 집 안으로 들어오라고 요청할 것입니다. 우리 스스로 집을 비워주고 온 밤을 거리에서 보낸다 할지라도 그들에게 휴식처를 제공하려 할 것입니다. 만일 그 복되신 분이 여기 계시다면, 그분에게 편익을 제공하는 일이 매우 영예로울 것이라고 우리는 느끼기 때문입니다. 하지만, 내가 이런 말을 하는 것을 용인해 주십시오. 그 중에 상당 부분은 단순한 감상에 불과한 것입니다. 사실상 우리는 우리 자신을 알지 못합니다. 만일 그리스도께서 처음에 세상에 오실 때처럼 우리가 알아보지 못하는 모습으로 지금 여기에 오신다면, 여기 참석한 이들 중 상당수가 그분을 영접하지 않을 것이며, 오히려 그 반대로 대할 것입니다. 그분의 면전에서 문을 닫아 외면할 것이며, 어쩌면 피에 굶주린 목소리로 "그를 십자가에 못 박게 하소서!"라고 소리칠지도 모릅니다. 예수님께 드리는 경의와 관대함에 대한 이 모든 말들이 대부분 단순한 감정, 단순한 말에 지나지 않습니다. 실제로 그렇게 해야 할 경우에 우리는 그렇게 하지 않습니다. 내 말을 주목하십시오. 만일 우리가 이런 일들을 하고자 한다면, 우리는 당장 그 일들을 할 수 있습니다. 우리가 그리스도를 섬기고자 하고, 그분의 집사요 종이 되고자 하는 것이 진심이라면, 마치 그분이 지상에 계시듯이 우리는 지금 그 일을 할 수가 있습니다. 우리가 이 의무를 태만히 여기며 사는 한, 우리는 그 문제에서 스스로를 속이지 말아야 합니다. 어떤 일이 일어나면 지금 하는 행동과는 다르게 행동할 것이라고 착각해서는 안 됩니다. 그리스도를 섬기는 문제와 관련된 이 감상주의 밑바닥에는 그것으로써 우리 자신을 영예롭게 하려는 생각이 깔려 있습니다. 이는 그리스도를 향한 진정한 우정과는 관련이 없는 정신입니다. 그리스도를 사랑하는 자는 실제로 그분을 섬깁니다. 그분에 의해 영예를 얻기 위해서가 아니라, 그분에게 영예를 드리기 위해서입니다. 우리가 응접실로 주님을 기쁘게 영접하는 것은 사람들이 우리에 대해 이렇게 말하는 것을 듣고 싶어하기 때문입니다. "그는 영광의 주님을 환대했다! 그는 그분과 함께 지냄으로써 영예를 얻었다!" 하지만 오, 만일 사람들이 이렇게 말한다면 어떨까요? "저 바보가 더러운 거지를 집에 묵도록 함으로써 자신의 명예를 깎아내렸다. 그가 우리가 바알세불이라고 부르는 자를 환대했다." 지금은 그리스도에 대해 좋게 말하지만, 만일 온 세상이 그분을 반대하면, 그분을 환대할 수 있는 특권을 거절할 사람들이 많을 거라고 나는 생각합니다.

하지만 사랑하는 여러분, 다시 말합니다. 만일 여러분 중에 누구든 그리스도를 섬기고자 한다면, 당신에게는 지금 그럴 힘이 있습니다. 어떤 일을 언제나 수행할 의향이 있다면, 오늘 그 일을 수행할 수 있는 것입니다. 이 본문을 통해 보자면 그리스도를 따르는 일, 혹은 그분을 닮는 일은 실제로 그분을 섬기는 것입니다. 우리는 이 점을 분명히 볼 수 있습니다. 한 사람이 말합니다. "오, 나는 내가 진실로 나의 주님께 순종하는 것을 입증하기 위해 무언가를 행하고 싶습니다. 나는 그분의 종임을 고백하며, 단지 이름만 종이 아니라는 것을 보이기 원하며, 무엇이든 나의 주님이 말씀하시는 것을 행할 것입니다." 좋습니다, 당신에게 오늘 기회가 있습니다. 그리스도를 본받아, 당신의 순종을 입증하십시오. 이 명령은 이렇게 요약될 수 있습니다. "나처럼 되라." 그분이 행하기 원하시는 일이 무엇인지 알기 원한다면, 그분이 친히 행하신 일을 보십시오. 그분의 생애가 당신의 법으로서, 살아 있는 성품 속에 새겨지는 것입니다. 입으로만 섬기는 자가 아니라 참된 제자임을 입증하기 위해, 당신이 보일 수 있는 최상의 증거는 아주 사소한 것까지도 그리스도를 진지하고 성실하게 본받는 것입니다.

　　또 한 사람이 말합니다. "오, 나는 즐거이 그분의 필요들을 후원하기를 원합니다. 나는 그분에게 빵을 제공하고, 마실 냉수를 갖다드리고 싶습니다. 그분이 '여우도 굴이 있고 공중의 새도 거처가 있으되 인자는 머리 둘 곳이 없다'(마 8:20)고 하신 말씀을 다시 하지 않으시기를 바랍니다. 나는 그분의 필요를 결코 외면하지 않으려 합니다." 그렇다면 그분을 본받으십시오. 당신은 그 일을 할 수 있습니다. 그분이 가난한 자들에게 재물을 나누어 주시지 않았습니까? 그분이 모든 사람의 필요를 돌보지 않으셨습니까? 그분에 대해 이렇게 기록되어 있지 않습니까? "그가 두루 다니시며 선한 일을 행하시고"(행 10:38). 당신이 그분의 필요를 공급하고자 한다면, 가난한 성도들에게서 그분을 보십시오. 당신이 그분에게 먹을 것을 드리기 원한다면, 그분의 배고픈 자녀들의 입을 보십시오. 당신이 그분에게 옷을 입혀드리기 원한다면, 그분의 헐벗은 백성들의 등을 보십시오. 당신이 그분을 돕기를 원한다면, 가난한 자들과, 과부들과, 고아들과, 돕는 자가 없는 사람들을 구제하십시오. 그분의 삶의 관대함에서 그분을 본받으십시오. 사람들의 필요를 돌보십시오. 이 점에서 그분을 따르십시오. 당신은 그분의 필요를 공급하는 일에서 그분을 섬기게 될 것입니다.

> "주여, 당신에겐 여기 이곳에 형제들이 있으니,
> 　은혜로써 당신의 살 중의 살이 된 이들입니다.
> 　당신의 성도들에게서 당신을 보도록 우리를 가르치시고,
> 　그들의 얼굴에서 당신의 슬픔을 보게 하소서.
>
> 　그들 중에서 당신은 옷을 입고 음식을 먹으며
> 　방문을 하고 즐거워하십니다.
> 　그들의 고통스러운 말투에서
> 　내 주님의 음성이 들립니다.
>
> 　존경과 사랑으로 당신을 대하듯이
> 　가난한 자들에게서 당신의 얼굴을 보게 하소서!
> 　오, 우리의 빵을 구걸할지언정

당신에게 빵을 주기를 거절하지 말게 하소서."

또 한 사람이 말합니다. "하지만 나는 그분을 기쁘시게 하기 위해 무언가를 하고 싶습니다. 만일 그분이 여기에 계신다면, 나는 그분의 깊이 팬 주름을 펴드리기 위해 노력할 것입니다. 나는 저 슬픔의 사람(the Man of Sorrow)의 마음을 즐겁게 해 드리려고 애를 쓸 것이며, 어느 정도 기쁘게 해 드리기를 원합니다. 나는 내 영혼의 평화와 안식이신 그분께 평화를 드리기 위해서라면 목숨이라도 내드리고 싶습니다." 당신은 그 일을 할 수 있습니다. 할 수 있고말고요. 당신이 그렇게 그분을 섬기며 그분의 마음을 즐겁게 해 드리기 원한다면, 그분을 따르십시오. 그분의 자녀들이 그분의 계명에 순종하는 것, 이것이 그분의 슬픔에 대한 위안이며, 그분의 수고에 대한 보상입니다. 모든 성도들이 의와 진실과 거룩함에 있어서 그분처럼 되는 것, 이것이 그분에게는 강한 자와 함께 나누는 전리품이며, 힘센 자에게서 빼앗으신 탈취물입니다. 당신이 그분의 형상을 닮을 때, 그리고 사람들 가운데 그분의 성품을 나타낼 때, 바로 그것이 그분의 영혼의 수고의 보상이며, 그것을 보고 그분은 만족하십니다. 오! 만일 당신이 그리스도를 닮는다면, 당신은 천사들의 모든 노래들보다도 그리스도를 더 기쁘시게 하는 것입니다. 만일 사람들이 당신에 대해 "저 사람은 예수님과 함께 다니고 그분에게서 배웠어"라고 말한다면, 당신은 그룹과 스랍 천사들이 연주하는 것보다 더 좋은 음악을 그분께 연주해드리는 것입니다.

다른 사람이 이렇게 말하는군요. "예, 하지만 나는 **그분을 높이고** 싶습니다. 그분이 여기 계신다면 나는 나무에 올라가서 가지들을 꺾어 그분의 길에 깔아드릴 것입니다. 그분 앞에서 즐겁게 달리면서 이렇게 외치고 싶습니다. 호산나! 주의 이름으로 오시는 이여, 호산나!" 당신은 그렇게 주님을 섬기고 싶습니까? 그분을 높이고 그분의 이름을 영화롭게 하고 싶습니까? 당신은 그 일을 할 수 있습니다. 그분을 따르십시오. 그분이 사셨던 것처럼 사십시오. 그분이 행동하셨듯이 행동하십시오. 그러면 당신은 종려나무 가지와 옷을 길에 흩뿌리는 것보다 더욱더 크게 그분을 높여드릴 수 있습니다. 언제 그리스도께서 크게 영예를 얻으실까요? 그분의 성도가 성화될 때가 아니겠습니까! 그분의 이름이 높임을 받는 것은 언제일까요? 하나님의 아들들이 아주 신중하게 행하고, 늘 기도하며, 하나님을 가까이 하며 살아가는 것을 통해서가 아니겠습니까! 만일 당신이 그분의 명백한 교훈을 겸비하게 받아들이고, 그분이 보이신 본을 따르며, 그분의 발자취를 따라간다면, 당신은 오늘 그리스도를 섬길 수 있습니다.

사랑하는 여러분, 우리가 그리스도를 섬길 가능성이 있다는 것을 명백하고도 충분하게 제시했다고 생각합니다. 그분의 성품을 본받음으로써 우리는 그리스도를 향해 집사의 직무를 수행할 수 있습니다. 내가 "집사의 직무를 수행하다"는 헬라어 단어를 인용한 것은, 이 구절을 살펴볼 때, 그 의미가 이 주제의 좋은 예시를 제공한다고 여기기 때문입니다. 지난달 첫 번째 주일에 우리는 여기서 오루미아(Oroomiah)에 있는 네스토리우스파 교회의 존경스러운 장로인 마르 요하난(Mar Yohanan)을 만났습니다. 그리고 그와 함께 온 마르 이삭(Mar Isaak)이라고 하는 한 집사를 만났습니다. 이 두 사람은 거의 믿기 어려운 여행을 했던 사람들입니다. 그들은 페르시아의 국경에서부터 먼 거리를 걸어서 왔습니다. 아르메니아(Armenia)와 시르카시아(Circassia)의 산맥을 넘고, 러시아의 대초원지대를 가로질러, 독일, 네덜란드를 지나 마침내 런던에 도착했습니다. 나는 그들이 우리와 함께 머무는 동안, 그 집사님이 모든 일에서 그 덕망 있는 장로님을 얼마나 신중하게 섬기는지를 관찰할 수 있었습니다. 그의 모든 행동과 표정에서 그가 존경하는 지도자를 한순간도 소홀히 하지 않으려는 마음을 볼 수 있었습니다.

아마도 요하난 장로가 이번 여행을 처음으로 구상했던 날 그는 이삭에게 이렇게 말했을 것입니다. "이삭, 당신은 참된 종인가?" 그가 대답합니다. "예, 교회가 나를 집사로 세운 이후로 나는 당신을 나 자신처럼 사랑했습니다. 그리고 당신을 섬기기 위해서라면 무슨 일이든 즐거이 할 것입니다." 요하난이 말합니다. "그렇다면, 만일 당신이 나를 섬기고자 한다면, 나를 **따라오게**." "하지만 그러자면 자녀들과 집을 떠나야 하는데요?" 그 장로가 말합니다. "진실로, 그렇게 해야 할 것일세. 나 역시 아내와 자녀들을 남겨두고 멀고 힘든 여행을 떠날 테니까. 나는 저 멀리 수백 마일 떨어진 영국으로 떠날 텐데, 그곳에는 우리 주님을 사랑하는 이들이 많고, 그들이 이 지역의 박해받는 성도들을 도울 수 있을 것일세." 이삭은 가슴에 통증을 느꼈고, 만일 그가 그 장로님을 섬기려 한다면, 그를 따라가야 했습니다. 그는 섬김을 거부하지 않았습니다. 그가 집사의 직무를 받아들였을 때, 그는 진정으로 그리스도의 종이요 교회의 일꾼이 되기로 결심했으며, 이제 그는 그 장로님과 함께 여행을 떠나기로 작정하였습니다. 그들이 함께 출발하는 장면이 눈에 그려집니다. 그들은 언제나 그리스도인의 피에 굶주려 있고, 이슬람교도들보다 그리스도를 더 증오하는 쿠르드족(Kurds) 사이를 지나왔습니다. 아마도 이삭은 몹시도 마음을 졸였을 것이며, 되돌아가고 싶은 마음이 굴뚝같았을 것입니다. "사람이 나를 섬기려면 나를 따르라"고 말하며 저 백발이 성성한 장로는 지팡이로 땅을 두드리면서 앞으로 나아갑니다. 원수도 두려워하지 않습니다. 하나의 위험을 지나면 또다른 위험이 다가옵니다. 산은 그들의 길이요, 눈 덮인 봉우리는 마치 하늘에라도 닿을 듯 합니다. 저 은빛의 수염을 날리는 설교자가 앞서가면서 이렇게 외칩니다. "이삭, 나를 섬기기원하거든 나를 따르게." 그들은 그렇게 계속해서 전진하며, 험한 바위산들을 끊임없이 오르고, 사람이 지나지 않은 길, 산염소의 발자국조차도 좀처럼 찾아보기 힘든 길을 따라 갑니다. 골짜기를 지나고, 황무지를 지나고, 눈에 덮여 길이보이지 않는 광야를 지나면서, 그 장로님은 계속해서 이렇게 말합니다. "형제여, 당신이 나에 대해 집사의 직무를 수행하려면 나를 따르게. 지금이 자네가 교회의 참된 일꾼인지를 증명해야 할 때이며, 기꺼이 장로를 따라 땅 끝까지라도 가는 사람인 것을 세상에 보여줄 때라네." 이삭은 줄곧 신실하게 그를 따랐으며, 마침내 그들은 여행의 목적지에 함께 도착했습니다. 자, 이것이 예수 그리스도께서 우리에게 말씀하시는 바로 그것입니다. 우리는 모두 그분의 집사들이며, 그분의 종들입니다. 우리는 모두 우리 자신을 그분에게 드리던 날 우리의 십자가를 지고 그분을 따를 것이라고 다짐했습니다. 이제 그분은 오늘 어떤 높은 산을 가리키며 말씀하십니다. "만일 네가 나를 섬기려면 나를 따르라." 그분은 당신에게 앞장설 것을 요구하지 않으십니다. 그분 자신이 앞서 가셨기 때문입니다. 그분은 당신에게 그분이 이미 성취하신 일 외에 다른 수고를 바라지 않으십니다. 오! 당신은 오늘 진심으로 이렇게 말할 수 있습니까?

> "예수님이 인도하시면 물도 지나고 불도 지나리.
> 그분이 가는 곳이라면 어디든 따라가리.
> 세상이나 지옥이 나를 막는다 해도,
> '나를 막지 말라'가 나의 외침이 되리라."

그분이 가는 곳이라면 어디든 따라가는 이것이 참된 섬김입니다. 그 길이 아무리 험하고 또는 힘겨워도, 끝까지 인내하면서, 순교의 죽음에 이르더라도, 그분을 따르는 것이 최상의 섬김입니다.

　　형제들이여 오십시오. 특별히 막 신앙생활을 시작한 사람들과 최근에 그리스도의 대의(大義)에 참여한 자들이여, 여러분이 그분을 섬기려거든, 그분을 따라 가십시오. 나는 교만한 사람들이 스스로 길을 개척함으로써 그리스도를 섬기고 싶어하는 것을 압니다. 거만한 사람은 새로운 교리를 전하기를 바라고, 새로운 교회를 세우고자 하며, 독창적인 사상가가 되고 싶어하며, 판단하고, 숙고하며, 순종하는 일만 빼고는 무슨 일이든 하려고 합니다. 이것은 그리스도를 섬기는 것이 전혀 아닙니다. 그리스도를 섬기려는 자는 그분을 따라야 합니다. 그는 오직 옛 발자국들 안에서만 걷는 것에 만족해야 하며, 그리스도께서 앞서신 길에서만 걸어가야 합니다. 원조(元祖)가 되는 일이 당신이나 내가 해야 할 일이 아닙니다. 우리는 그리스도의 겸손한 모방자들이 되어야 합니다. 우리의 신앙에는 우리 자신이 고안하는 것이 아무것도 있어서는 안 됩니다. 우리가 할 일은 우리의 생각과 판단과 의견을 그리스도의 발 아래 내려놓고, 단순히 그분이 명하셨다는 이유 때문에, 그분이 명하시는 일을 하는 것입니다. 그러므로 제자들이여, 당신의 주님을 바라보십시오. 나는 구주를 보고 있다고 생각합니다. 오! 당신이 오늘 그분을 따르기를 바랍니다! 나는 그분이 오시는 것을 그려봅니다. 그분이 세상에 처음 오실 때입니다. 그런데 그분이 어디로 가십니까? 그분이 사람들 중에서 공적인 사역을 시작하려고 하십니다. 그분은 당신의 출발이 무엇이어야 하는지를 당신에게 보여주려 하십니다. 그분은 요단 강으로 가십니다. 거기에 세례 요한이 서 있고, 회개의 세례를 받으려 하는 무리들이 있습니다. 요한이 그곳에 서 있을 때, 오, 보십시오! 인자께서 그곳에 나타나십니다. 그러자 요한이 말합니다. "내가 당신에게서 세례를 받아야 할 터인데 당신이 내게로 오시나이까"(마 3:14). 하지만, 우리가 섬기기를 원하면 따라야 할 주님께서 이렇게 말씀하십니다. "이제 허락하라 우리가 이와 같이 하여 모든 의를 이루는 것이 합당하니라"(마 3:15). 그분은 강으로 내려오시고, 물 속에 잠기셨습니다. 그리고 다시 잠긴 상태에서 올라오실 때, 하늘이 열리고 성령이 비둘기처럼 내려오십니다. 당신이 그분을 섬기기 원하면, 그분을 따르십시오. "하지만 — 하지만 — 하지만." 오호라, 내 형제여, 그런 말은 제자에게 합당한 말이 아닙니다. 질문을 하기 시작하면 섬김을 잊어버립니다. 당신이 그분을 섬기기 원하면, 그분을 따르십시오. 종으로서 당신의 일은 반대를 제기하는 것이 아니라 순종하는 것입니다. 당신이 당신의 종에게 욕조에 물을 가득 채우도록 요청했다고 가정해 보십시오. "하지만 —"이라고 당신의 종이 말합니다. "욕조를 가득 채워야 해요"라고 당신이 말합니다. 하지만 그녀가 다시 묻고, 또다시 묻고, 또 묻고, 결국에는 기껏해야 물방울을 몇 번 뿌리고는 매정하게 거절합니다. 당신은 그를 더 이상 종이라고 부르겠습니까? 나는 그렇지 않다고 생각합니다. 여러분은 주님께서 공생애를 시작하실 때에 세례를 받으셨다는 것을 아주 분명히 보았습니다. 그런데도 여러분 중 어떤 이들은 의문의 여지가 없는 곳에서 질문들을 제기합니다. 당신은 성경에서 명백하게 나타난 의무를 무시하려고 합니다. 당신은 믿음에 의한 칭의의 교리만큼이나 직접적인 말로 분명히 가르쳐진 세례에서 빗나갑니다. 당신은 해야 할 의무를 수행하지 않는 것입니다. 당신은 이렇게 말합니다. "하지만 그것은 본질적인 것이 아닙니다." 그것이 종이 할 일인가요? "하지만 그것이 무슨 유익이 있을까요?" 이것이 종이 할 질문입니까? 그리스도께서는 "사람이 나를 섬기려면 나에게 질문하라. 내가 무언가를 명할 때에 왜, 무엇 때문에 그것을 명하는지 계속해서 질문하라"고 말씀하시지 않았습니다. 아닙니다. 그렇게 말씀하시지 않았습니다. 오히려 그분은 "사람이 나를 섬기려면 나를 따르라"고 말씀하셨습니다. "하지만 나는 평판이 두렵고, 의식(성례)이 두렵습니다." 그것을 두려워하는 것은 당신의 교만한 육신입니다. 그것을 당신의 발로 밟고, 당신의 십자가를 짊어지십시오. 이보다 훨씬 무거운 십자가들도 있습니다. 그래서 당신의 주님이 이렇게 말씀하십니다. "사람이 나를 섬기려면 나를 따르라."

이제 그분은 요단 강에서 나오십니다. 성령이 그분을 광야로 이끌어 마귀에게 시험을 받도록 하십니다. 당신 역시 시험을 받을 것입니다. 그러므로 당신이 시험을 받을 때에 그리스도 밖에 있다고 생각하지 마십시오. 그렇지 않습니다. 당신이 그분의 종이 되길 원한다면, 당신은 반드시 그분을 따라야 하며, 그분처럼 시험도 받아야 합니다. 여러 면에서 당신은 공격을 받을 것입니다. 화살은 위에서도 날아오고 아래에서도 날아올 것입니다. 당신은 모든 면에서 모든 방식으로 시험을 받을 것입니다. 그 싸움에서 도망치지 마십시오. 사람이 그리스도를 섬기려면 반드시 그분을 따라야 하며, 가장 즐거운 경험뿐만 아니라 가장 혹독한 시험의 과정도 거쳐야 합니다. 주님께서 오셔서 담대하게 가르치고,

전하며, 일하셨습니다. 당신이 그분을 섬기려면 그분을 따르십시오. 그분을 위해 일하고, 어떤 방식으로든 그분의 복음을 전하고 가르치십시오. 수천 명에게 가르칠 수 없다면 수십 명에게라도 가르치십시오. 군중들과 대화할 수 없다면, 그리스도께서 수가 마을 우물에서 그러셨듯이 한 사람과 대화하십시오. 당신이 그분의 종이 되려 한다면, 그분의 삶을 당신의 삶의 모범으로 삼고, 당신의 삶이 그리스도의 삶의 축소판이 되게 하십시오. 당신은 주님께서 대적자들 앞에서도 담대하게 증언하신 것을 봅니다. 그분은 바리새인들의 면전에서 꺼리지 않고 말씀하셨으며, 반대하는 위선자들을 심하게 책망하셨습니다. 그분을 섬기려면 그분을 따르십시오. 그분의 대의를 변호하기 위해서라면 어떤 적대자 앞에서도 두려워하지 마십시오. 그분의 이름을 위해 분명하게 말하십시오. 얼굴에 부끄러운 기색을 나타내지 마십시오. 왕들 앞에서 그분의 이름을 말하고, 죄인처럼 부끄러워하지 마십시오. 하지만 주님께서 비난의 먹구름 속으로 들어오신 것을 보십시오. 사람들은 그분에 대해 귀신들렸다고도 하고 미쳤다고도 합니다. 거기에서도 그분을 따르십시오. 여러분 하나님의 종들이여, 지금이 시험의 때입니다. 지금 그분을 따르십시오. 그분과 함께 거절당하고, 멸시받으며, 야유를 받으십시오. 그리고 그 모든 것을 겪으면서 이렇게 노래하십시오.

> "당신의 귀한 이름을 위해, 내 얼굴에
>   수치와 조롱이 쏟아진다 해도,
>   당신이 나를 기억하신다면,
>   비난에도 환호하고, 수치까지 반기겠나이다."

그분이 오셔서 죽으신 것을 보십시오. 당신이 그분을 섬기려면, 그분을 따라야 합니다. 그분의 이름을 위해 재판정에 끌려갈 준비를 하십시오. 그분의 명령에 따라 목숨을 버릴 각오를 하십시오. 순교자의 시대가 되돌아온다면, 우물에서 길은 물을 주듯이 기꺼이 당신의 피도 바치십시오. 혹 그런 시대가 오지 않는다면, 그 피를, 그 피가 주는 당신의 생명을, 매일 매순간 당신이 섬기기를 원한다고 고백하는 그분의 대의를 위해 사용하십시오. 새로운 유행들, 새로운 시각과 견해들을 따르지 말고, 그리스도를 본받는 것을 당신의 유일한 섬김의 방식으로 삼으십시오. 당신이 진정으로 그분을 섬긴 적이 있는지 스스로의 양심에 물어보십시오. "사람이 나를 섬기려면 나를 따르라." 그리스도의 길에서 걸으십시오. 그것이 왕의 대로입니다. 나는 이 넓은 공간에서 이 회중들 가운데 이런 질문을 한 사람 한 사람에게 돌리고 싶습니다. 당신은 그리스도를 섬기고 있습니까? "글쎄요, 저는 자선을 하고 있습니다." 당신은 그리스도를 섬기고 있습니까? "저는 사설 구빈원을 세울 의향을 가지고 있습니다." 나의 사랑하는 형제들이여, 당신은 이 모든 일을 하면서도 그리스도를 섬기고 있지 않을 수 있습니다. 당신의 주님께서 그분을 섬기는 것은 그분을 따르는 것이라고 말씀하셨기 때문입니다. 당신은 그분을 따라왔습니까? 당신은 그분을 믿습니까? 그분이 당신의 전부이시며, 그분의 삶이 당신의 삶을 인도하는 별입니까? 당신은 그분이 원하시는 모든 일에 순종하면서, 가능한 한 그분처럼 되기를 열망하며, 또 그렇게 되었습니까? 하나님께서 임마누엘을 섬기고자 하는 열망을 우리에게 주시고, 우리로 하여금 그분을 따름으로써 그렇게 할 수 있게 해 주시기를 바랍니다!

2. 고귀한 스승의 관대한 규정

이제 우리는 두 번째 요점을 살피고자 합니다. 그것은 고귀한 스승으로부터 듣는 관대한 규정입니다. "나 있는 곳에 나를 섬기는 자도 거기 있으리니."

보통의 스승에게서 그런 조건들을 들어본 적이 있습니까? 스승은 응접실에 있고 종은 부엌에 있습니다. 스승은 휴게실에 있고 종은 작업장에 있습니다. 스승은 친구들과 식탁에 앉아 있고 종은 거기서 시중을 듭니다. 스승이 이런 말씀을 하시다니 얼마나 관대한 규정입니까? "나 있는 곳에 나를 섬기는 자도 거기 있으리니!" 자, 이제 우리가 앞서 사용했던 예시로 되돌아가 봅시다. "나 있는 곳에 나의 집사도 거기 있어야 하리라." 여전히 저 연로한 요하난과 이삭을 당신의 모범으로 제시할 수 있습니다. 그 연로한 장로가 가는 곳이라면 어디든지 이삭도 그의 곁에 있었다는 것을 기억할 것입니다. 나는 그들이 많은 밤을 넓은 나무 그늘에서 보냈다고 생각합니다. 요하난이 있던 그곳에 그 집사도 역시 있었습니다. 그들이 서로의 관대한 우정에 의해 위로를 받지 않았을까요? 그들은 하나의 침상을 나누어 썼습니다. 종종 그들은 따뜻한 불가에 둘러앉았습니다. 같은 자리에 앉았습니다. 이따금씩 그들은 겨울의 추위에 몸을 떨었지만, 그들은 함께 떨었습니다. 그 기나긴 여행을 하는 동안 그들의 운명은 하나였고, 또 그들이 여기 도착했을 때 그들은 같은 식탁에서 우리와 함께 앉았습니다. 우리는 그들을 친밀한 친구들로 대하며 이야기를 나누었습니다. 나는 그들의 낭만적인 여행의 전 과정에서, 그 장로님이 있는 곳에 그 집사님도 함께 있었다는 것을 압니다.

　당신은 바로 이것이 그리스도께서 일생 동안 지켰던 규정이었다는 것을 이해합니까? 그분은 혼인 잔치에 가셨습니다. 거기에 예수님의 제자들도 함께 있었다고 기록되어 있지 않던가요? 예수님은 이 택하신 자들, 어린아이와 같고 젖먹이 같은 이들에게 하나님이 계시된 것으로 인해 기뻐하셨습니다. 또한 제자들은 사탄이 하늘에서 번개처럼 떨어지고, 귀신들조차 그들에게 복종한 것을 보고서 주님과 기쁨을 나누었습니다. 주님은 종종 나사로의 집에 가셨습니다. 마르다와 마리아는 큰 잔치를 준비했고, 제자들은 언제나 그곳에 주님과 함께 있었습니다. 때때로 그들은 저명하고 존중받는 바리새인의 집에도 가셨습니다. 만일 예수님이 평범한 사람이었더라면 그분은 이렇게 말씀하셨을 것입니다. "나는 저 가난한 어부들을 나를 따라오도록 할 수가 없다. 어중이떠중이들이 내 발꿈치를 따르는 것을 사람들이 보면 내 체면이 손상될 것이다." 하지만 그렇지 않았습니다. 그분이 계시는 곳에는 그분의 종들도 있었습니다. 사랑하는 이여, 당신은 그분이 한때 나귀를 타고 의기양양하게 예루살렘 거리로 들어가신 적이 있었음을 알 것입니다. 그 때도 그분은 제자들에게 이렇게 말씀하시지 않았습니다. "지금은 너희가 멀리 떨어져 있는 것이 좋겠다. 이 날은 내가 영예를 얻는 날인데, 너희들이 어부 복장으로 나와 함께 걷는다면 이 화려한 행차를 망칠 거라고 생각한다." 그렇지 않았습니다. 그분이 계신 곳에 그분의 종들도 함께 있었습니다. 군중들이 "호산나"라고 외치고 주님을 맞이했을 때에, 제자들도 그 환대에 참여했습니다. 그 후 마지막 만찬이 있었습니다. 그분이 말씀하셨습니다. "너희와 함께 이 유월절 먹기를 원하고 원하였노라"(눅 22:15). "너희와 함께"였습니다. 그분은 마지막 만찬을 그들을 빼고 즐기실 수가 없었습니다. "나 있는 곳에 나를 섬기는 자도 거기 있으리니." 예수님은 제자들과 같은 것을 나누셨습니다. 그분의 운명이 제자들의 운명이었고, 그분의 몫이 제자들의 몫이었습니다.

　사랑하는 이여, 만일 주님께서 이렇게 그분의 위로를 제자들과 나누신다면, 그분이 슬픔까지도 제자들과 나누기를 원하신다는 것을 기억하십시오. 그분은 거대한 폭풍 속의 배 안에 계실 때, 제자들도 비록 두렵기는 하지만 그분과 함께 있어야 합니다. 그분은 겟세마네로 가십니다. 거기서 마치 핏방울을 흘리듯이 땀을 흘리십니다. 그분의 제자들은 그곳에 그분과 함께 있어야 합니다. 비록 그들이 슬픔을 감당치 못해 잠이 든다고 하더라도 말입니다. 또한 비록 그분의 마지막 고난에 그들이 그분과 함께 할 수 없었다고 하더라도, 그분 홀로 포도주 틀을 밟으셔야 했다고 하더라도, 하지만 제자들은 그 후에 그분과 함께 있었다는 것을 기억해야 합니다. 그분이 왕들 앞에 끌려갔듯이, 그분의 제자들도 그랬습니다. 그분이 거짓 고소를 당하셨듯이, 제자들도 얼마 후에는 그렇게 되었습니다. 그분이 십자가에서 순교자로 죽으셨듯이, 제자들도 그렇게 했습니다. 삼백 년 동안, 그리스도께서 죽으신 곳에서 그분의 교회도 역시 같은 일을 당했습니다. 교수대와, 십자가와, 화형대와, 단두대와, 피의 도끼들에 의해 그리스도의 교회가 잔혹한 일을 당한 것은 이 말씀을 이루기 위함입니다. "나 있는 곳에 나를 섬기는 자도 거기 있으리니."

사랑하는 이여, 이 사실은 오늘 아침 당신과 나에게도 여전히 진실입니다. 그리스도께서 계시는 곳에 우리도 있어야 합니다. "제자가 그 선생보다, 또는 종이 그 상전보다 높지 못하나니"(마 10:24). 그분의 이름을 찬송합니다. 그분은 이제 하늘로 가셨습니다. 그리고 그분이 계신 곳, 그분의 아버지의 집, 동일한 천국에, 그분의 종들도 있을 것입니다. 예, 그분은 보좌에 오르셨고, 그분이 계신 곳에 그분의 종들이 있을 것입니다. "이기는 그에게는 내가 내 보좌에 함께 앉게 하여 주기를 내가 이기고 아버지 보좌에 함께 앉은 것과 같이 하리라"(계 3:21). 그분은 아버지의 기쁨을 누리고 계시며, 그분이 계신 곳에 틀림없이 그분의 종들도 있을 것입니다. 그분의 기쁨이 가득하기 위해서 우리 역시 그분의 기쁨에 참여할 것입니다. 보십시오, 그분이 오십니다! 나팔이 울립니다! 예수님이 오십니다! 재림이 가까워옵니다. 그분이 오실 때 그분의 모든 성도들도 그분과 함께 올 것입니다. 나의 하나님이 오실 것이고, 그분의 모든 성도들이 그분과 함께 할 것입니다. 그분이 다스리십니다. 왕들과 제후들이여, 그대들의 홀은 그대들의 것이 아닙니다! 예수님이 오셔서 그대들의 손에서 홀을 취하시고, 그대들의 머리에서 왕관을 취하실 것이며, 땅 끝까지 다스리실 것이며, 그 때 우리도 그분과 함께 다스릴 것입니다. 왜냐하면 주님이 있는 곳에 주님을 섬기는 자들도 함께 있을 것이기 때문입니다. 이제 당신은 섬김의 조건들이 다음과 같다는 것을 이해하리라고 생각합니다. 형편이 나쁘든지 좋든지, 우리는 그리스도와 하나로 결탁되었습니다. 어떤 운명이 되더라도, 수치나 명예 속에서, 비난과 칭찬 속에서, 부요와 궁핍 속에서, 삶과 죽음에서, 시간과 영원 속에서, 우리는 그분을 섬겨야 합니다. "나 있는 곳에 나를 섬기는 자도 거기 있으리니." 나는 내 주님의 조건들을 좋아합니다! 그분은 고귀한 스승이십니다! 그분이 가시는 곳에 가기를 내가 부끄러워하겠습니까? 하나님이 금하십니다! 만일 내가 그런다면 마지막 날에 그분이 나를 모른다 하실까 두렵고, 그분이 계신 곳에 내가 함께 있는 것을 허락지 않으실까 두렵습니다.

재미있는 옛 이야기를 들은 적이 있습니다. 그 예화를 제시함으로써 이 요점을 정리할까 합니다. 나는 어떤 저명한 감리교 설교자에 대해 들었습니다. 그는 아주 젊어서부터 사역을 시작하였고, 그의 천한 출신과 호감이 가지 않은 외모 때문에 처음에는 적지 않은 고통을 겪었습니다. 순회 전도 계획의 일환으로 그는 어느 토요일 밤에 어느 가정을 방문하게 되었고, 그곳에서 주일 설교를 준비하게 되었습니다. 그 선한 여인은, 그의 외모를 좋아하지 않았고, 그를 주방으로 보냈습니다. 그곳에는 하인이 있었는데, 그는 그 때 그 집을 섬기고 있었으며, 한때 석탄 광산과 제철소에서도 일한 사람이었습니다. 그가 일을 마치고 왔을 때 부엌에서 목사님을 보고서는 놀랐습니다. 존은 비록 투박한 사람이긴 했지만 그 멸시받는 설교자를 환대했으며, 그의 마음을 격려하려고 노력했습니다. 그 목사는 존의 죽을 함께 나누어 먹었고, 존의 다락방을 함께 썼고, 존의 소박한 아침도 함께 나누었으며, 그리고 아침에 존과 함께 하나님의 집으로 갔습니다. 그 설교자는, 비록 그 때는 알려지지 않았지만, 유명한 분이었습니다. 회중들이 그에게 무언가가 있다는 것을 알아차리기 전까지, 그리고 그를 아주 푸대접했던 그 여주인이 약간의 불안감을 느끼기 시작할 때까지, 그는 오랫동안 입을 열지 않았습니다. 설교가 끝났을 때 그 목사님을 집으로 모시려는 많은 초대가 있었습니다. 그리고 그 여주인도, 이제는 아주 존중받게 된 그 손님을 놓쳐버릴까 염려되어 함께 집으로 걸어가지 않겠느냐고 요청했습니다. 그가 이렇게 말했을 때 여인은 놀랐습니다. "나는 존과 저녁을 같이 먹었고, 존과 함께 잠을 잤고, 아침도 존과 함께 먹었고, 또 여기에 존과 함께 걸어왔습니다. 그러니 집으로 갈 때도 존과 함께 걷도록 하겠습니다." 물론, 저녁이 되자 그는 가장 좋은 방으로 오라는 간청을 받았고, 많은 친구들이 이 젊은 목사와 함께 저녁을 먹기를 바랐습니다. 그만큼 그는 사람들로부터 찬사와 존중을 얻었습니다. 하지만 그는 부엌에서 저녁을 먹기를 원했습니다. 그는 존과 함께 저녁을 먹었고, 존과 함께 아침을 먹었으니, 역시 존과 함께 만찬을 먹고자 했습니다. 그들은 그에게 응접실로 오라고 간청했고, 그는 마침내 존이 같은 식탁에 앉는다는 조건으로 그들의 말에 동의했습니다. 그는 이렇게 말했습니다. "왜냐하면, 존이 내가 굴욕을 당할 때도 나와 함께 있었으니, 내가 높임을 받을 때, 그가 함께 하지 않는다면 내가 그 자리에 앉지 않는 것이 당연합니다." 그렇게 해서 그들은 월요일 아침까지 함께 지냈으며, 역시 같은 조건을 고수하며 존과 함께 그 밤을 지냈습니다. "나는 존과 함께 저녁을 먹었고, 존과 함께 잠을 잤으며, 존과 함께 아침을 먹었고, 존과 함께 걸었으니, 존과 함께 집으로 걸을 것이며, 존과 함께 만찬을 먹을 것입니다. 처음에 존이 나와 함께 했으니 마지막에도 그는 나와 함께 할 것입니다."

형제들이여, 이 이야기는 이렇게 바꾸어서 말할 수 있습니다. 우리 주님이 한때 이 세상에 오셨습니다. 사람들은 그분을 종의 자리로 보냈습니다. 그들은 그분을 가난하고 멸시받는 자들에게로 보내고 이렇게 말했습니다. "그들과 함께 사시오. 외양간과 오두막집이면 당신에게 충분할 것이오." 그분은 가난한 자들과 함께 사셨고 고통받는 자들과 저녁을 나누셨습니다. 이제 그리스도의 이름이 존귀를 얻었습니다. 왕들과 추기경들과 교황들과 주교들도 이렇게 말합니다. "주님, 오셔서 우리와 함께 만찬을 드시지요." 예, 저 거만한 황제와 철학자도 그분과 함께 식사를 하기를 바랍니다. 하지만 그분은 이렇게 말씀하십니다. "아니다, 내가 지상에 있을 때 가난하고 고통 받는 자들과 함께 있었으니, 끝까지 그들과 함께 있을 것이다. 거대한 연회가 천국에 준비되리니, 겸손한 자들이 나와 함께 앉게 될 것이다. 나를 부끄러워하지 않았던 가난하고 멸시받는 자들을, 나 역시 내 아버지의 영광과 모든 천사들 가운데 거할 때에 부끄러워하지 않을 것이다."

3. 불완전한 섬김에 대한 영광스러운 보상

세 번째로, 불완전한 섬김에 대한 영광스러운 보상에 대해 생각해 봅시다. "사람이 나를 섬기면 내 아버지께서 그를 귀히 여기시리라."

나는 확신합니다. 누구든지 그리스도께서 명하신 방법대로, 즉 그리스도를 따름으로써 그리스도를 섬긴다면, 누구든지 사람이 아니라 그리스도를 따르는 것에 만족하고, 모든 습관과 규정들과 부패한 형식들을 깨어버리고 그리스도께서 하신 대로 따른다면, 그 사람은 무엇보다 그의 영혼 안에서 영예를 얻을 것입니다. 그는 복된 양심의 평화를 얻을 것이며, 그리스도와의 친밀한 교제를 나눌 것이며, 아버지께로부터 오는 깊은 평강을 누릴 것이며, 아버지께서 그를 귀하게 여기시는 것을 분명히 느낄 것입니다. 존 녹스(John Knox)를 보십시오. 그는 결코 사람의 얼굴을 두려워하지 않았습니다. 그는 그리스도를 따르되 그분의 빛이 인도하는 데까지 따랐습니다. 아버지께서 그에게 마음의 평온함을 주심으로써 그를 얼마나 귀하게 여기셨는지 모릅니다. 그 거대한 심령이 누린 침착함이 얼마나 놀라운지, 온 세상이 그를 반대하여 소요를 일으켜도, 그는 성난 군중들 앞에서도 평온하게 미소를 지을 수 있었습니다. 주님 앞에서 옳다고 의식하는 내적 평안을 하나님이 그에게 주셨기 때문입니다.

또한 하나님께서 그런 사람을 성공하게 하심으로써, 그의 사역에서나 또는 그가 그리스도를 위해 시도하는 어떤 일에서든지 형통하게 하심으로써, 존귀하게 하신다고 확신합니다. 하나님을 위해 수고하는 자들이 그토록 적게 성공을 거두는 것은 무엇 때문일까요? 그들이 그리스도께서 원하시는 방식대로, 곧 그분을 본받음으로써 그분을 섬기지 않기 때문입니다. 교회법들, 예식 규정들, 규칙들, 형식들, 예배 의식들, 그런 것들이 너무 많은 사람들을 얽어매고 있습니다. 만일 그들이 그 속박들을 풀고자 하면 주님께서 높임을 받으실 것입니다. 만일 무엇이라도 내가 비성경적인 것으로 간주하는 것이 이 교회와 관련이 있다면, 나는 하나님의 복을 기대할 수 없을 것입니다. 혹시 이 교회의 지체 중에 이렇게 말할 수 있는 사람이 있습니까? "음, 이 교회에는 잘못된 것들이 많이 있어. 하지만 이 교회에서 나가야 한다고는 생각하지 않아." 그렇다면 그 사람은 하나님의 복을 기대할 수 없습니다. 그리스도를 섬기고자 하는 자는 큰 일들에서 뿐 아니라 작은 일들에서도 그리스도를 따라야 합니다. 우리가 언제라도 "내 위치에 잘못된 것들이 있어. 하지만 내가 있는 곳에서 더 유익한 일을 할 수 있을 거야"라고 말한다면, 우리는 종이 되기보다는 스스로를 주인의 위치로 높이는 것입니다. 우리의 일은, 빛이 인도하는 데까지, 모든 면에서, 의식적으로 그리스도의 모범을 따르는 것입니다. 만일 이 일로 인해 우리의 현재 지위나 기회를 포기해야 한다고 해도, 우리는 그 결과를 숙고할 것이 아니라, 즉각적으로 주님의 명령에 순종해야 할 것입니다. 즉각적으로, 물을 것도 없이, 무조건적으로, 그분의 말씀에 순종해야 한다고 나는 주님을 위해 주장합니다. 나는 그분의 이름으로 당신에게 요구합니다. 당신은 당신을 온전케 하는 것을 방해하는 모든 것을 단념하고, 옳은 것에서 떠나게 하는 모든 것에서 떠나야 합니다. 당신이 모든 일에서 그분을 따름으로써 그분을 높이지 않는 한 하나님으로부터의 큰 성공을 기대할 수 없기 때문입니다. 만일 당신이 그리스도보다 더 잘 알고 있다고 생각한다면, 나로서는 당신을 상대할 이유가 없습니다. 만일 당신이 더 좋은 삶을 스스로 영위하거나, 혹은 더 나은 본보기를 세울 수 있다고 생각한다면, 당신은 정말이지 교만한 자입니다! 혹은, 만일 당신이 자신의 위치에서 그분의 명령에 불순종하는 일을 용인할 수 있다고 상상한다면, 당신은 한담이나 일삼는 어리석은 여자들 중의 한 사람과 같으며, 그리스도의 제자라 할 수 없습니다. 다시 말합니다. 만일 당신이 하나님에 의해 귀하게 여김을 받고 싶다면, 먼저 그리스도를 따름으로써 그분을 섬기십시오.

마지막으로, 그리스도를 따름으로써 그분을 섬기는 자는, 마지막에 큰 영예를 얻을 것입니다. 웨일스의 왕자가 어떤 항해에서 난파를 당하여, 오직 한 사람의 동료와 함께 해안에 버려졌다고 가정해 봅시다. 그 왕자는 야만인들의 수중에 빠졌으며, 그의 동료에게는 빠져나갈 기회가 있습니다. 하지만 그는 말합니다. "안 됩니다. 나의 왕자님. 저는 끝까지 당신과 함께 있을 것입니다. 만일 우리가 죽는다면, 우리는 함께 죽을 것입니다." 그 왕자는 동굴 감옥에 던져졌고, 그의 동료 역시 그와 함께 감옥에 있습니다. 그리고 그분을 섬기며 그분의 시중을 듭니다. 왕자가 아픕니다. 아주 심한 열병입니다. 그의 동료가 그분을 간호합니다. 시원한 물을 그의 입에 넣어주고, 어머니의 보살핌처럼 그를 돌봅니다. 왕자가 조금 회복합니다. 그 애정 많은 시종이 어린 왕자를 업고서 바깥 시원한 공기가 있는 곳으로 빠져나옵니다. 마치 어머니가 자녀를 돌보듯이 그를 돌봅니다. 그들은 혹독한 빈곤을 겪어야 했고, 마지막 빵 조각도 함께 나누었습니다. 그들은 조롱을 받으며 거리를 통과해야 했고, 함께 조롱을 받았습니다. 마침내 어떤 섭리의 개입에 의해, 그 왕자가 어디에 있는지 발견되었고, 그는 집으로 돌아오게 되었습니다. 여왕이 즐거워하며 존귀하게 대해 줄 사람이 누구이겠습니까? "이 사람의 행차를 위해 길을 열어라. 그는 감옥에서 내 아들과 함께 있었고, 내 아들이 죽음 가까이에 이르렀을 때도 함께 있었다. 그는 내 아들을 돌보았으며, 그와 함께 고통을 겪었으며, 그를 위해 비방을 받았다." 나는 여왕이 가장 위대한 정치가보다도 그 가난한 종에게 더 큰 애정을 보일 것이라고 생각합니다. 그녀가 사는 동안 그녀는 다른 누구보다도 그를 기억할 것이며, 이렇게 말할 것입니다. "그는 모든 슬픔과 고통 중에서도 내 아들과 함께 있었다. 내가 이 땅의 유력자들보다도 그를 귀하게 여기노라."

　　사랑하는 형제들과 자매들이여, 만일 지금 당신과 내가 왕의 아들이신 그리스도와 함께 있다면, 그리고 그분과 함께 고통을 당하고, 그분과 함께 비난을 받으며, 그리고 길이 험하든 평탄하든 푸른 잔디밭이든 더러운 습지이든 관계없이 어떤 길이라도 그분이 가는 곳을 뒤따르며, 또 그럴 때가 올 때 감옥이든 죽음이든 그분과 함께 갈 수 있다면, 우리는 하늘의 왕이 즐거이 높이기를 원하시는 그런 사람이 될 것입니다. "그를 위해 처소를 예비하라, 너희 천사들이여! 그의 방을 예비하라. 너희 그룹과 스랍들이여! 너희 하늘의 귀족들이여 물러서거라! 여기 그 사람이 온다. 그는 가난하고, 천하고, 고통을 받는 자였다. 하지만 그는 내 아들과 함께 있었으며, 또 내 아들을 닮았다. 여기 그 사람이 온다! 저기, 그대의 면류관을 받고서, 내 아들과 함께 영광스러운 자리에 앉으라. 네가 수치의 때에 내 아들과 함께 했으니, 이제는 내 아들과 함께 영광의 자리에 앉으라." 오, 성령이여, 우리에게 어떻게 예수님을 따라야 할지 가르쳐 주시고, 또 그분의 발자취를 따라가도록 힘을 주소서!

　　이제 한 가지 중요한 질문을 제기함으로써 설교를 마치려 합니다. 당신은 오늘 그리스도와 함께 있습니까? 당신은 영원히 그리스도와 함께 있기 위해 그리스도의 손을 붙들고 있습니까? 나의 청중이여, 설교자는 이 질문이 당신의 귀에 울리기를 원합니다. 당신은 오늘 그리스도와 함께 있습니까? 그분과 함께 있지 않는 자는 그분을 대적하는 자이며, 그분을 따르지 않는 자는 널리 흩어버리는 자이기 때문입니다. 당신은 그리스도를 신뢰합니까? 오, 죄인이여, 만일 그렇지 않다면, 지금 그분을 신뢰하고 구원을 얻으라고 당신에게 호소합니다. 만일 당신이 그리스도를 신뢰한다면, 그것이 참된 신뢰입니까? 당신이 진정 그분을 따르기 원한다면, 당신은 그분의 모든 소원과 말씀에 순종해야 합니다. 성령이 주시는 믿음은 언제나 순종으로 이끕니다. 그렇습니까? 확실히 그렇습니까? 만일 그렇지 않다면, 하나님 앞에 자신을 낮추십시오. 죄인이 희망을 둘 수 있는 유일한 토대인 그분을 믿으십시오. 당신의 십자가를 매일 지고

서, 좋은 평판과 나쁜 평판을 다 통과하면서 마지막까지 주님을 따르십시오. 그러면 주 하나님께서, 존귀의 원천이신 하늘과 땅의 하나님께서, 그리스도께서 그분의 나라와 함께 임하실 때에 당신을 영화롭게 하실 것입니다.

🔵 독자 여러분들께 알립니다!

'CH북스'는 기존 '크리스천다이제스트'의 영문명 앞 2글자와
도서를 의미하는 '북스'를 결합한 출판사의 새로운 이름입니다.

스펄전 설교전집 24

요한복음 I

초판 발행 2012년 1월 20일
중쇄 발행 2020년 10월 28일

발행인 박명곤
사업총괄 박지성
기획편집 채대광, 김준원, 이은빈
디자인 구경표, 한승주
마케팅 박연주, 유진선, 이호
재무 김영은
펴낸곳 CH북스
출판등록 제406-1999-000038호
대표전화 070-7791-2136 **팩스** 031-944-9820
주소 경기도 파주시 회동길 37-20
홈페이지 www.hdjisung.com **이메일** main@hdjisung.com
제작처 영신사 월드페이퍼

"크리스천의 영적 성장을 돕는 고전"
세계기독교고전 목록